24 years

24年匠心沉淀，虔诚如一

只 为 您 轻 松 过 关

1998-2022
轻松过关成长史

再升级 2022

《轻一》开创「解释区」阅读体验，匠心独运！

飞跃 2016-2021

连续6年蝉联“天猫双11”图书考试行业销量冠军。
2020~2021年，连续2年登顶天猫教育行业榜首，“双11”销量破亿。

驰名 2001-2007

2001年《轻一》发行超千万册，被考生奉为「备考圣经」。
2007年东奥网校上线，书课同频，受百万考生热追。

诞生 1998

东奥诞生。
“轻松过关”品牌图书面世。

历经雕琢，方有绽放

这本《轻一》是如何诞生的？

STEP1 初稿研磨

每年考试结束，名师们就迅速围绕命题和趋势、时事热点，开启为期150余天的研讨，撰写。

STEP2 深度优化

初稿落成后，编著团队结合学员反馈与市场调研，优化内容和体验，迭代超30稿。

STEP3 融入变化

围绕教材变化，名师精解、精编新题。1道紧扣变化的好题，至少需投入6小时。

STEP4 三审三校

融入新变化的书稿，将历经教务团队再次严苛的校对、审核，终成定稿。

翻开这本《轻一》

名师就在您身边

名师将多年的教学经验灌注其中，
让您的备考之旅不再孤单。

「五大模块」

带您跨越沟坎，轻松过关。

1 方法： *学习指南区*

—「开篇」分析最新考纲考情，
明确目标，制定规划。

2 重点： *考点精讲区*

—「正文」全面渗透考点，
通过图、表、例题等形式，深入解读。

3 独创： *点睛解释区*

—「解释区」精妙点拨，
绘制图解，力破症结，应变自如。

4 做题： *同步练习区*

— 精编「同步练习」，
巩固考点，查漏补缺，高效提升。

5 复盘： *章节“导图课”*

— 每章结尾处，凝练重点，
「导图」总结，视频讲解，及时复盘。

轻松过关® 1

2022 年注册会计师考试
应试指导及全真模拟测试

经济法

（上册）

郭守杰　主编
东奥会计在线　编

北京科学技术出版社

本书封面具有正版标识，请认真识别

（1）本书封面附有一枚防伪标签，上有二维码，扫描并激活账户即可获赠正版图书超值专享服务。
（2）本书防伪标签为正版标识，若无此标识即盗版，请广大读者拒绝购买。
（3）盗版举报电话：400-627-5599。

“轻松过关”小程序

扫描右侧的二维码进入“图书伴学”小程序，开启名师课堂、精编试题在线学习。更有轻松拍考点、看解析、图书笔记一键收藏，马上扫码开启“轻松过关”图书伴学之旅。

图书在版编目 (CIP) 数据

2022年注册会计师考试应试指导及全真模拟测试. 经济法：上中下册 / 郭守杰主编；东奥会计在线编. —北京：北京科学技术出版社，2022.3

（轻松过关. 1）

ISBN 978-7-5714-2067-3

Ⅰ. ①2… Ⅱ. ①郭… ②东… Ⅲ. ①经济法—中国—资格考试—自学参考资料 Ⅳ. ① F23

中国版本图书馆 CIP 数据核字（2022）第 015469 号

责任编辑：李 鹏
责任校对：贾 荣
装帧设计：韩文静 晓 莉
责任印制：张 良
出 版 人：曾庆宇
出版发行：北京科学技术出版社
社 址：北京西直门南大街 16 号
邮政编码：100035
电 话：0431-87635566（编辑部）
010-66135495（总编室）
网 址：www. bkydw. cn
印 刷：中教科（保定）印刷股份有限公司
开 本：787 mm × 1092 mm 1/16
字 数：1000 千字
印 张：46
版 次：2022 年 3 月第 1 版
印 次：2022 年 3 月第 1 次印刷

ISBN 978-7-5714-2067-3

定 价：127.00 元（上中下册）

目录 CONTENTS

上册

第一部分　2022年CPA经济法备考指南

第二部分　考点精讲及同步训练

中册

下册

第三部分 跨章节案例分析题演练

01

第一部分
2022年CPA经济法备考指南

备考指南

一、考试政策

1. 2022年CPA经济法将安排两场考试,第一场考试时间为8月26日17：00～19：00,第二场考试时间为8月28日17：00～19：00。考试时长为120分钟。具体的考试时间,以自己的准考证为准。

2. 考试采用闭卷、计算机化考试方式。考生在计算机终端获取试题、作答并提交答题结果。

3. 考生答卷由中注协组织集中评阅。预计2022年11月下旬可登录“注册会计师全国统一考试网上报名系统”查询成绩并下载打印成绩单。

4. 每科考试均实行百分制，60分为成绩合格分数线。

二、考试题型

2021年CPA经济法的考试题型包括单选题（26小题26分）、多选题（16小题24分）和案例分析题（4题50分）。

1. 单选题

单选题共26个小题，每小题1分，共26分。单选题有四个备选项，每小题只有一个正确答案。做单选题时，考生应注意以下问题:（1）要保证单选题的准确率，除了直接考数字的题目，在四个备选项中找出一个最佳答案并不是特别难;（2）最好把四个备选项都认真看一遍，仔细权衡后，再选出最符合题意的正确答案;（3）有些题目要求考生选择“不正确”或者“不符合规定”的选项，千万不要大意，否则出了考场，自己都无法原谅自己。

2. 多选题

多选题共16个小题,每小题1.5分,共24分。多选题有四个备选项,正确答案2～4个,四个选项有可能全部正确。如果正确答案为AC，考生只有选AC才能得1.5分，不选、错选或者漏选均不得分。多选题的评分标准十分苛刻，或者1.5分或者0分。

3. 案例分析题

案例分析题共四个题目，合计50分，每个题目的分值会明确标注。其中，只有一个题目（会明确标注）考生可以选择使用“中文或者英文”解答，如果使用英文解答，该题目必须全部使用英文，答案正确的话可以多得5分。因此，CPA经济法的最高分数为105分，但合格分数线仍为60分。

三、案例分析题的命题方向和答题步骤

1. 命题方向

一般情况下，案例分析题来自以下章节：

（1）破产法律制度（10分）

（2）票据法律制度（10分）

（3）物权法律制度和合同法律制度的结合（15分）

（4）公司法律制度和证券法律制度的结合（15分）

2. 答题步骤

对于案例分析题的答题步骤，我们以2020年第4个案例分析题第2个小问题为例进行说明。题目的要求是：甲公司董事长关于“公司董事和高管不应该作为共同被告”的主张是否成立？并说明理由。（本小题3分）

第一步，作出明确判断（1分）。考生最好完整地写出：甲公司董事长关于“公司董事和高管不应该作为共同被告”的主张不成立。如果简单写成“甲公司董事长的主张不成立”，照样得分。

第二步，说明理由（2分）。标准答案是：根据证券法律制度的规定，信息披露义务人虚假陈述致使投资者在证券交易中遭受损失的，信息披露义务人应当承担赔偿责任，发行人的控股股东、实际控制人、董事、监事、高级管理人员和其他直接责任人员以及保荐人、承销的证券公司及其直接责任人员，应当与发行人承担连带赔偿责任（1分），但是能够证明自己没有过错的除外（1分）。

首先，“根据证券法律制度的规定”只是过渡性语言，为了节省时间，考生简单地敲上“根据规定”四个字即可。

其次，是否要求考生必须一字不差地引述法律条文？不要求。考生可以对法律条文进行适当变通，但关键词必须交代清楚。如果考生写成“信息披露义务人的董事、高管与信息披露义务人针对虚假陈述民事赔偿责任承担连带责任，除非能证明自己没有过错”，照样可以得到2分。讲到这里，考生可能松了一口气，既然不要求必须一字不差地去引述法律条文，就不用像小学生背诵课文那样费劲了。但是，考生必须注意三个问题：第一，在复习过程中必须加深对法律条文的准确理解，清楚地知道该法律条文的“关键词”是什么；第二，在答题过程中必须做到“有的放矢”，您首先应当清楚这个题目的“进攻点”，然后才能组织清晰、有效的“防守”；第三，什么叫“适当变通”？一千个人心中有一万个“哈姆雷特”。如果您能做到“八九不离十”，阅卷老师一般不会扣分。如果法律条文已经“面目全非”了，肯定没分。所以，对一些重要的法律条文，考试之前最好背一下，即使做不到“一字不差”，至少应做到“差不太多”。

最后，如果考生根本不会引述法律条文，只能用“胡同语言”进行具体分析。只要关键词交代清楚了，照样可以得到2分。

简而言之，如果考生能够相对准确地引述法律条文，可以采用“判断＋条文”的模式，不得已的情况下也可以采用“判断＋具体分析”的模式。如果时间允许（CPA经济法的考试时间不太够用），最好选择“三步走”（判断＋条文＋具体分析）的模式。

四、2022年教材的主要变化

第一章 对“习近平法治思想引领全面依法治国基本方略”的内容进行了调整。

第五章 根据国务院发布的《市场主体登记管理条例》(自2022年3月1日起施行)，对“合伙企业的设立登记、注销登记”等内容进行了重大调整。

第六章

1. 根据中国证监会2022年1月发布的《上市公司独立董事规则》，对“独立董事”的内容进行了重大调整；
2. 根据国务院发布的《市场主体登记管理条例》，对“公司设立登记、注销登记”的内容进行了重大调整。

第七章

1. 根据最高人民法院2022年1月21日发布的《最高人民法院关于审理证券市场虚假陈述侵权民事赔偿案件的若干规定》，对“虚假陈述”的内容进行了重大调整；
2. 根据中国证监会2021年2月26日发布的《公司债券发行与交易管理办法》，对“公司债券”的内容进行了重大调整；
3. 根据中国证监会2021年3月18日发布的《上市公司信息披露管理办法》，对“信息披露制度”的内容进行了重大调整；
4. 对“上市公司收购”的内容进行了多处调整；
5. 对“非上市公众公司”的内容进行了多处调整。

第八章 根据国家发展改革委员会、最高人民法院、财政部等部门于2021年2月25日联合下发的《关于推动和保障管理人在破产程序中依法履职进一步优化营商环境的意见》，对本章内容进行了多处调整。

第十一章

1. 根据2019年发布的《国务院反垄断委员会垄断案件经营者承诺指南》，对“经营者承诺”的内容进行了重大调整；
2. 对“反垄断民事诉讼”的内容进行了调整；
3. 根据2019年发布的《国务院反垄断委员会横向垄断协议案件宽大制度适用指南》，对“宽大制度”的内容进行了调整；
4. 根据2021年发布的《国务院反垄断委员会关于平台经济领域的反垄断指南》，对“市场支配地位认定”的内容进行了调整；
5. 根据市场监管总局等五部委2021年6月29日联合下发的《公平竞争审查制度实施细则》，对“公平竞争审查制度”的内容进行了重大调整。

第十二章 对“间接投资项下外汇管理”的内容进行了重大调整。

由于2022年经济法教材进行了多处重大调整，有三个问题已经不需要回答了：

第一，2021年的教材今年还能用吗？

第二，2021年的辅导书今年还能用吗？

第三，2021年的课件今年还能用吗？

2022年教材基本情况

章节	2021年试卷一分值	2021年试卷二分值	2022年教材变化幅度	复习难度	考试重要性
第1章	2	2	★	★	★
第2章	5	5	未进行重大调整	★	★★
第3章	8.5	5	★	★★★	★★★
第4章	13.5	16	★	★★★	★★★
第5章	7	7	★★	★★	★★
第6章	9.5	12	★★	★★★	★★★
第7章	18.5	16	★★★	★★★	★★★
第8章	11	11	★	★★★	★★★
第9章	12.5	12.5	★	★★★	★★★
第10章	2.5	2.5	未进行重大调整	★	★
第11章	5	5	★★★	★★	★★
第12章	5	5	★	★★	★★

五、2022年备考指南

1. 2022年教材

（1）教材的地位不容挑战！买不买教材，这不是一个可以讨论的问题。

（2）上考场之前，确认自己曾经非常认真地看过一遍2022年的教材，要求家长签字（具备完全民事行为能力的考生可以自己签名或者盖章）。

（3）如果考生真的没有时间把2022年教材完完整整地看一遍，至少要保证最后三章要认认真真地看两遍（注意不是一遍）。最后三章的分值合计在13分左右，最后三章的得分率直接决定了考生能否顺利地通过CPA经济法的考试。最后三章，考生千万不要选择放弃，这绝对不属于“战略放弃”的范围。

2. 历年试题

历年试题是最好的复习资料，通过对历年试题的研究，考生可以准确把握CPA经济法的考试难度、命题风格和命题方向。但是，由于CPA经济法教材每年都进行重大调整，考生很难准确把握哪些试题的考点2022年教材已经删掉了，哪些试题的考点2022年教材已经进行了重大调整。因此，考生千万不要在网上随便下载一套“考试真题”就开始做，真的会“走火入魔”。

对于最近10年的考试真题，我们严格按照2022年教材进行了筛查和修补，所有有价值的客观题，根据其考点进行分门别类之后，放在了“本章核心考点解读”模块中。所有有价值的案例分析题，我们根据2022年教材进行修补之后，放在了“案例分析题专项演练”模块中，希望考生高度重视。

对于最近5年的试题，我们已经根据2022年教材进行了筛查、修补和解析，汇编成《轻松过关3》，大家可以放心使用。

3. 如何做题？

（1）CPA经济法大多数考点需要考生准确理解，希望考生至少拿出60%的时间用于对考点的理解和记忆，这是前提，也是关键。千万不要“本末倒置”，搞“题海战术”效果并不好。

（2）要保证做题的质量。每做完一个题目，考生都应该总结一下，这个题目涉及了哪些考点？这些考点自己是否已经掌握了？能否做到举一反三？不要为了做题而做题，因为做题本身不是目的，而是手段。翻译成胡同语言：您做题的目的是为了通过考试，而不是要做多少道破题。

（3）要真正去做题。许多考生习惯一边看题，一边看答案。这个习惯最好改掉，因为能否看懂答案和自己是否真的会做题是两个完全不同的层次。否则，平时复习时感觉案例分析题很容易，答案全都看得懂（只要认识汉字都能看得懂）；到了考场上没有答案可以看了，傻了，晚了。

4. 并非多余的话

（1）“地毯式轰炸”绝非最有效的复习方式，就算您下定了决心准备搞“地毯式轰炸”，没过几天您就会发现前几天刚刚背完的东西又忘得一干二净，没信心了。一开始头大，再后来头疼，最后头不疼了，放弃了。

（2）要想通过CPA经济法的考试，靠的是准确理解，当然还有死记硬背。

（3）2022年CPA经济法教材虽然很厚，但80%的重要考点集中在教材20%的篇幅之中，应当将有限的时间聚焦在那些重点章节和重要考点上。

（4）别忘了自己的奋斗目标只是60分，而不是100分，要学会“有所为、有所不为”，要知道对某些无关痛痒的问题进行“战略放弃”未尝不是一个明智的选择。但是，应该“有所为”的时候千万不要耍“小聪明”，CPA考试需要的是真正聪明的考生。

（5）要知道自己只是第一次学习CPA经济法的“菜鸟”，出题老师也知道您的水平，CPA经济法的试题不要求您掌握多么深奥的理论，解决多么复杂的现实问题。不要去“钻牛角尖儿”，不要去钻研法律还没有明确规定的东西。如果您真的有兴趣，通过考试之后再去慢慢研究它，您还有一辈子的时间。

（6）要分清“轻重缓急”，您的任务是在考试之前完成所有的战斗准备，而不是成为《民法典》的专家，因为那需要一生的努力，或者更长的时间。要从投入产出的角度科学、合理地分配自己有限的时间。

（7）要制订一个明确、可行的复习计划，然后认真去执行。时钟滴答在响，时间在一分一秒中流逝。不要在网上随便下载一堆破题就不管不顾地做上三天，这三天足以把合同法律制度复习完了。

（8）要知道自己只是第一次接触CPA经济法，第一轮复习时肯定有看不懂的地方，别着急，别看到第二章就放弃了，事后您会发现第二章其实并不难。每年全国都有数以万计的考生通过了CPA经济法的考试，他们都是和您一样的普通人，这件事情真的不需要太高的智商。

（9）没有人会随随便便成功，幸福都是拼出来的！

（10）如果您自己想通过考试，没有人会拦得住您。在复习过程中，最大的问题不是教材，不是“证券法律制度”，而是您自己。您的手机、您的拖延、您的动摇，这才是最大的问题。解决了自己的问题，任何考试都不是问题！

5.您不是一个人在战斗！

（1）鉴于CPA经济法的考试难度，如果不考虑资金成本，建议您最好报一个辅导班，找一位有经验的老师带着您一起跑。如果考虑时间成本，东奥会计在线是您最好的选择，没有之一。

（2）对于大多数考点，本书只能以文字的形式进行讲解，难免有些晦涩。在本书作者主讲的“基础精讲班”（70个课时左右）中，老师以手工画图的形式进行的讲解可能更直观、更有效。您会发现，CPA经济法其实并没有别人说的那么难，有时还挺“好玩儿”。本书就是“基础精讲班”的讲义，如果您报了这个班次，就不用再去下载、打印讲义了。

（3）对于考生比较头痛的案例分析题，哪些考点需要掌握？怎么审题？怎么答题？本书作者将在“习题精讲班”（15个课时左右）中为您详细讲解。

（4）考前30天左右，“逆袭提分班”将陆续上线。

人世间，平凡的我们都不容易。

祝大家轻松过关！

郭守杰

2022年3月10日

第二部分
考点精讲及同步训练

第一编

法律概论

第一章　法律基本原理

CHAPTER-1

本章考情分析

在最近 3 年的考试中，本章的平均分值为 2.5 分，2021 年试卷一和试卷二的分值均为 2 分。

本章分为三个单元，共计 13 个考点。大多数考点需要准确理解，需要死记硬背的考点并不多，复习难度不大。复习本章需要 3 个小时左右。

温馨小提示

拿下本章的 2 分，难度真的不大，但务必要看一遍教材。

2022 年教材对“习近平法治思想引领全面依法治国基本方略”的内容进行了调整。

最近 3 年题型题量分析表

题型	2019 年试卷一	2019 年试卷二	2020 年试卷一	2020 年试卷二	2021 年试卷一	2021 年试卷二
单选题	2 题 2 分	2 题 2 分	2 题 2 分	2 题 2 分	2 题 2 分	2 题 2 分
多选题			1 题 1.5 分	1 题 1.5 分		
合计	2 分	2 分	3.5 分	3.5 分	2 分	2 分

历年试题涉及本章的主要考点

考点	年份 / 题型
法的特征	2018 年多选题、2020 年单选题、2020 年多选题
法律体系	2020 年多选题
法律渊源	2015 年多选题、2016 年单选题、2018 年多选题
法律规范	2015 年单选题、2017 年单选题、2018 年单选题、2021 年单选题
法律关系的特征	2016 年多选题
法律关系主体的种类	2015 年多选题、2017 年多选题
权利能力和行为能力	2013 年单选题、2018 年单选题、2019 年单选题、2020 年单选题、2021 年单选题
法律关系的客体	2017 年多选题
法律事实	2014 年多选题
习近平法治思想引领全面依法治国基本方略	2019 年单选题、2021 年单选题

本章思维导图

- **第一章**
  - 法律基本概念
    - 法的特征
    - 法律体系
    - 法律渊源
    - 法律规范
  - 法律关系
    - 法律关系的特征和种类
    - 法律关系的主体
    - 权利能力和行为能力
    - 法律关系的客体
    - 法律事实
  - 习近平法治思想引领全面依法治国基本方略
    - 全面依法治国新理念新思想新战略
    - 习近平法治思想
    - 全面推进依法治国的基本原则
    - 建设中国特色社会主义法治体系

本章核心考点解读

第一单元　法律基本概念

使用“会计云课堂”App或“微信”扫码查看本单元视频，快速GET知识点。

【考点1】法的特征（P3）★★[1]

1. 法是由一定物质生活条件所决定的统治阶级意志的体现。

【解释】马克思所说的“君主们在任何时候都不得不服从经济条件，并且从来不能向经济条件发号施令”，即表明统治阶级的意志必须服从于社会的物质生活条件。

[1] 为方便您在学习中可以快速了解知识点的重要程度，本书中将知识点进行分类。★★★代表重要知识点，★★代表次重要知识点，★代表非重要知识点。

2. 法是由国家制定或者认可的行为规范。

3. 法是由国家强制力保证实施的行为规范。

4. 法是调整人的行为和社会关系的行为规范。

（1）行为规范大致可以分为两大类：一类是社会规范，调整人与人之间的关系，约束人的行为；另一类是技术规范（如度量衡），调整人与自然、人与劳动工具之间的关系，技术规范一般不属于法的范畴。

（2）环境保护、食品安全、建筑质量标准等社会技术规范，经过国家制定或者认可后，也纳入法律规范的范畴。

5. 法是确定社会关系参加者的权利和义务的规范。

（1）法律虽是调整人类社会关系的重要社会规范，但并不是唯一的社会规范。

（2）从法律与道德之间的关系看，一方面，法律意识与道德观念紧密联系、相互重叠，法律规范与道德规范的调整范围相互交叉、相互包容。另一方面，法律与道德也存在区别。法律属于社会制度的范畴，道德属于社会意识形态的范畴；法律规范的主要内容是权利与义务，并且强调两者之间的平衡，道德则强调对他人、对社会集体履行义务、承担责任；法律规范是由国家强制力保证实施的，而道德规范则主要依靠社会舆论、人的内心信念以及宣传教育等手段来实现。

名师敲黑板

法是行为规范、社会规范，而非技术规范、道德规范。

经典题解

【例题 1 · 多选题】下列关于法的规范属性的表述中，正确的有（　　）。（2018 年）

A. 法是社会规范

B. 法是行为规范

C. 法是技术规范

D. 法是道德规范

【答案】AB

【例题 2 · 单选题】“君主们在任何时候都不得不服从经济条件，并且从来不能向经济条件发号施令。”马克思的这句名言所体现的法的特征是（　　）。（2020 年）

A. 法是统治阶级意志的体现

B. 法受物质生活条件的制约

C. 法是由国家强制力保障实施的行为规范

D. 法是国家意志的体现

【答案】B

【例题 3 · 多选题】下列关于法律与道德的关系的表述中，正确的有（　　）。（2020 年）

A. 法律属于社会制度，道德属于社会意识形态

B. 法律规范和道德规范的调整范围相互交叉

C. 法律规定的是权利，道德强调的是义务

D. 法律由国家强制力保障实施，道德主要靠舆论、内心信仰和宣传教育等手段实现

【答案】ABD

【考点2】法律体系（P5）★

我国社会主义法律体系包含以下七个法律部门：

1. 宪法及宪法相关法

【解释】宪法相关法主要包括四个方面：（1）有关国家机构的产生、组织、职权和基本工作制度的法律；（2）有关民族区域自治制度、特别行政区制度、基层群众自治组织的法律；（3）有关维护国家主权、领土完整和国家安全的法律；（4）有关保障公民基本权利的法律。

2. 刑法

3. 行政法

4. 民商法

（1）民法调整平等主体的自然人、法人和其他组织之间的人身关系和财产关系，主要包括物权、债权、婚姻、家庭、收养、继承等方面的法律规范。

（2）商法主要包括公司、证券、破产、保险、票据、海商等领域的法律规范。

（3）根据全国人大对社会主义法律体系的划分，知识产权法律制度也被划入民商法部门。

> **名师敲黑板**
>
> 知识产权法律制度属于民商法部门，而非经济法部门。

5. 经济法

按照全国人大对社会主义法律体系划分的说明，税收法律制度、宏观调控和经济管理法律制度、维护市场秩序的法律制度、行业管理和产业促进法律制度、农业法律制度、自然资源法律制度、能源法律制度、产品质量法律制度、企业国有资产法律制度、金融监管法律制度、对外贸易和经济合作法律制度等内容都属于经济法部门。

6. 社会法

社会法是调整劳动关系、社会保障关系、社会福利和特殊群体权益保障方面关系的法律规范的总称。

7. 诉讼与非诉讼程序法

经典题解

【例题·多选题】根据全国人大常委会有关文件的规定，中国特色社会主义法律体系包括七个法律部门。下列各项中，属于民商法部门的有（　　）。（2020 年）

A. 民法　　B. 商法

C. 知识产权法　　D. 经济法

【答案】ABC

【考点 3】法律渊源（P7）★★★

温馨小提示

法律渊源是指法律的存在或者表现形式，我国的法律渊源主要表现为制定法，不包括判例法。

1. 宪法：由全国人民代表大会制定

广义的宪法不仅包括《中华人民共和国宪法》，还包括其他附属性宪法性文件，如《中华人民共和国选举法》《香港特别行政区基本法》等。

2. 法律

（1）基本法律：由全国人民代表大会制定；

（2）一般法律：由全国人民代表大会常务委员会制定。

【解释 1】全国人民代表大会制定和修改的，调整国家和社会生活中带有普遍性的社会关系的规范性法律文件，属于基本法律。如《刑法》《民法典》。

【解释 2】全国人民代表大会常务委员会制定和修改的，调整国家和社会生活中某一方面社会关系的规范性法律文件，属于一般法律。如《公司法》《证券法》。

【解释 3】在全国人民代表大会闭会期间，全国人民代表大会常务委员会可对基本法律进行部分补充和修改，但是不得同该法律的基本原则相抵触。

【解释 4】全国人民代表大会常务委员会负责解释法律，其作出的法律解释与法律具有同等效力。例如，2016 年 11 月 7 日，全国人民代表大会常务委员会对《香港特别行政区基本法》第 104 条进行了解释，明确了相关公职人员"就职时必须依法宣誓"的具体含义。

3. 法规

（1）行政法规：由国务院制定；

（2）地方性法规：由有地方立法权的地方人民代表大会及其常务委员会制定。

【解释】省、自治区、直辖市的人民代表大会及其常务委员会，有权制定地方性法规；自治州和设区的市的人民代表大会及其常务委员会有权对城乡建设与管理、环境保护、历史文化保护等方面的事项制定地方性法规。

4. 规章

（1）部门规章：由国务院各部、委员会、中国人民银行、审计署和具有行政管理职能的直属机构制定；

（2）地方政府规章：由有地方立法权的地方人民政府制定。

名师敲黑板

地方性法规由地方人民代表大会及其常务委员会制定，地方政府规章由地方人民政府制定。

【解释1】设区的市、自治州的人民政府有权就城乡建设与管理、环境保护、历史文化保护等方面的事项制定地方政府规章。

【解释2】没有法律或者国务院的行政法规、决定、命令的依据，部门规章不得设定减损公民、法人和其他组织权利或者增加其义务的规范，不得增加本部门的权力或者减少本部门的法定职责。

【解释3】没有法律、行政法规、地方性法规的依据，地方政府规章不得设定减损公民、法人和其他组织权利或者增加其义务的规范。

温馨小提示

法律解释权归全国人民代表大会常务委员会，司法解释权归最高人民法院和最高人民检察院。

5. 司法解释：由最高人民法院、最高人民检察院制定

最高人民法院和最高人民检察院的解释如果有原则性的分歧，报请全国人民代表大会常务委员会解释或者决定。

6. 国际条约和协定

国际条约和协定是指我国作为国际法主体同其他国家或者地区缔结的双边、多边协议和其他具有条约、协定性质的文件。

【解释】效力等级：（1）宪法＞法律＞行政法规＞地方性法规＞本级和下级地方政府规章；（2）宪法＞法律＞行政法规＞部门规章。

经典题解

【例题1·多选题】下列各项中，属于我国法律渊源的有（　　）。（2015年）

A. 联合国宪章

B. 某公立大学的章程

C.《最高人民法院公报》公布的案例

D. 中国证监会发布的《上市公司收购管理办法》

【解析】（1）选项A：属于“国际条约”；（2）选项C：我国的法律渊源主要表现为制定法，不包括判例法；（3）选项D：属于“部门规章”。

【答案】AD

【例题2·单选题】下列关于法律渊源的表述中，正确的是（　　）。（2016年）

A. 全国人大常委会有权依法部分修改由全国人大制定的基本法律

B. 部门规章可以设定减损公民、法人和其他组织权利或者增加其义务的规范

C. 地方性法规是指地方人民政府对地方性事务制定的规范性法律文件的总称

D. 除最高人民法院外，其他国家机关无权解释法律

【解析】（1）选项B：没有法律或者国务院的行政法规、决定、命令的依据，部门规章不得设定减损公民、法人和其他组织权利或者增加其义务的规范；（2）选项C：地方性法规由有地方立法权的地方人民代表大会及其常委会（而非地方人民政府）制定；（3）选项D：法律解释权归全国人民代表大会常务委员会，司法解释权归最高人民法院和最高人民检察院。

【答案】A

【例题3·多选题】下列各项中，属于我国法律渊源的有（　　）。（2018年）

A. 中国人民银行发布的《支付结算办法》

B. 最高人民法院《关于适用〈中华人民共和国公司法〉若干问题的规定（三）》

C.《中华人民共和国立法法》

D. 中国证监会发布的《上市公司信息披露管理办法》

【解析】（1）选项 AD：属于“部门规章”；（2）选项 B：属于“司法解释”；（3）选项 C：属于“法律”。

【答案】ABCD

【考点 4】法律规范（P8）★★

1. 法律规范的概念

（1）法律规范是由国家制定或者认可的，具体规定主体权利、义务及法律后果的行为准则。

（2）法律规范是法律构成的基本单位，具体体现法律的属性，实现法律的功能。

温馨小提示

一个完整的法律规范由假定（发生何种情况或者具备何种条件）、模式（可以做什么、应当做什么或者禁止做什么）和后果（合法后果或者违法后果）三部分组成。

经典题解

【例题·单选题】下列各项中，属于法律构成的基本单位，并具体体现法律属性、实现法律功能的是（　　）。（2021 年）

A. 法律制度　　　　B. 法律条文

C. 法律规范　　　　D. 法律文件

【答案】C

2. 法律规范与法律条文

（1）法律规范不同于法律条文，法律规范是法律条文的内容，法律条文是法律规范的表现形式。

（2）法律规范是法律条文的主要内容，但法律条文的内容还可能包含其他法律要素（如法律原则）。

（3）法律规范与法律条文不是一一对应的，一项法律规范的内容可以表现在不同法律条文甚至不同的规范性法律文件中。同样，一个法律条文中也可以反映若干法律规范的内容。

【解释 1】《公司法》第 1 条（为了规范公司的组织和行为，保护公司、股东和债权人的合法权益，维护社会经济秩序，促进社会主义市场经济的发展，制定本法）只是说明了立法目的，不属于法律规范。

【解释 2】一项法律规范的内容可以表现在不同法律条文中。例如《公司法》第 171 条规定：公司除法定的会计账簿外，不得另立会计账簿。《公司法》第 201 条规定：公司违反本法规定，在法定的会计账簿以外另立会计账簿的，由县级以上人民政府财政部门责令改正，处以 5 万元以上 50 万元以下的罚款。

【解释 3】一个法律条文中也可以反映若干法律规范的内容。例如《公司法》第 147 条规定：董事、监事、高级管理人员应当遵守法律、行政法规和公司章程，对公司负有忠实义务和勤勉义务。董事、监事、高级管理人员不得利用职权收受贿赂或者其他非法收入，不得侵占公司的财产。

经典题解

【例题·单选题】下列关于法律规范与法律条文关系的表述中，正确的是（　　）。（2017 年）

A. 法律规范是法律条文的表现形式

B. 法律规范等同于法律条文

C. 法律规范与法律条文一一对应

D. 法律条文的内容除法律规范外，还包括法律原则等法律要素

【答案】D

3. 法律规范的种类

（1）授权性规范和义务性规范

这是根据法律规范为主体提供行为模式的不同方式进行的区分。其中，义务性规范可分为命令性规范和禁止性规范。

①授权性规范是规定人们可以作出一定行为或者可以要求别人作出一定行为的法律规范。授权性规范的立法语言表达式为"可以……""有权……""享有……权利"等。

②命令性规范是指规定人们的积极义务，即规定主体应当或者必须作出一定积极行为的规范。命令性规范的立法语言表达式为"应当……""必须……""有……义务"等。

③禁止性规范是指规定人们的消极义务（不作为义务），即禁止人们作出一定行为的规范。禁止性规范的立法语言表达式为"不得……""禁止……"等。

【解释 1】《票据法》第 5 条："票据当事人可以委托其代理人在票据上签章。"此规定属于授权性规范。

【解释 2】《民法典》第 1067 条："成年子女不履行赡养义务的，缺乏劳动能力或者生活困难的父母，有要求成年子女给付赡养费的权利。"此规定属于授权性规范。

【解释 3】《票据法》第 10 条："票据的签发、取得和转让，应当遵循诚实信用的原则，具有真实的交易关系和债权债务关系。"此规定属于命令性规范。

【解释 4】《民法典》第 1071 条："非婚生子女享有与婚生子女同等的权利，任何组织或者个人不得加以危害和歧视。"此规定属于禁止性规范。

（2）强行性规范和任意性规范

强行性规范是指所规定的义务具有确定的性质，不允许任意变动和伸缩。任意性规范是指在法定范围内允许行为人自行确定其权利义务的具体内容。

（3）确定性规范和非确定性规范

确定性规范是指内容已经完备明确，无须再援引或者参照其他规范来确定其内容的法律规范。非确定性规范是指没有明确具体的行为模式或者法律后果，需要引用其他法律规范来说明或者补充的规范，具体包括委任性规范和准用性规范。

> **温馨小提示**
>
> 结合下面的解释，注意委任性规范和准用性规范的区别。

①委任性规范是指只规定某种概括性指示，具体内容由有关国家机关通过相应途径或者程序加以确定的法律规范。

②准用性规范是指本身没有具体的规则内容，而是规定可以援引或者参照其他有关规定内容的法律规范。

【解释 1】《民法典》第 1047 条："结婚年龄，男不得早于 22 周岁，女不得早于 20 周岁。"此规定属于确定性规范。

【解释 2】《反垄断法》第 9 条："国务院反垄断委员会的组成和工作规则由国务院规定。"此规定属于委任性规范。

【解释 3】《民法典》第 656 条："供用水、供用气、供用热力合同，参照适用供用电合同的有关规定。"此规定属于准用性规范。

经典题解

【例题 1 · 单选题】法律规范可以分为授权性规范和义务性规范，根据这一分类标准，下列法律规范中，与"当事人依法可以委托代理人订立合同"属于同一规范类型的是（　　）。（2015 年）

A. 中华人民共和国境内经济活动中的垄断行为，适用本法

B. 公司股东依法享有资产收益、参与重大决策和选择管理者等权利

C. 未经证券交易所许可，任何单位和个人不得发布证券交易即时行情

D. 票据的签发、取得和转让，应当遵循诚实信用的原则，具有真实的交易关系和债权债务关系

【解析】"当事人依法可以委托代理人订立合同"，属于授权性规范。在本题中：（1）选项 A：属于确定性规范；（2）选项 B：属于授权性规范；（3）选项 C：属于禁止性规范（义务性规范）；（4）选项 D：属于命令性规范（义务性规范）。

【答案】B

【例题 2 · 单选题】下列各项法律规范中，属于确定性规范的是（　　）。（2018 年）

A. 供用水、供用气、供用热力合同，参照适用供用电合同的有关规定

B. 法律、行政法规禁止或者限制转让的标的物，依照其规定

C. 国务院反垄断委员会的组成和工作规则由国务院规定

D. 因正当防卫造成损害的，不承担民事责任

【解析】（1）选项 AB：属于准用性规范；（2）选项 C：属于委任性规范。

【答案】D

第二单元　法律关系

使用"会计云课堂"App 或"微信"扫码查看本单元视频，快速 GET 知识点。

> **温馨小提示**
>
> 并非所有的社会关系均属于法律关系。法律关系（如夫妻关系、合同关系）是以相应法律规范的存在为前提的社会关系，没有相应的法律规范就不可能产生相应的法律关系。例如，同学关系、恋人关系。

【考点 1】法律关系的特征和种类（P10）★

1. 法律关系的概念和特征

法律关系是根据法律规范产生，以主体之间的权利与义务关系为内容的特殊的社会关系。法律关系包括三个要素：主体、内容和客体。法律关系具有以下特征：

（1）法律关系是以法律规范为前提的社会关系；

（2）法律关系是以权利义务为内容的社会关系；

（3）法律关系是以国家强制力为保障的社会关系。

经典题解

【例题·多选题】甲、乙均为完全民事行为能力人，甲、乙之间的下列约定中，能够产生法律上的权利义务的有（　　）。（2016年）

A. 甲将房屋出租给乙　　B. 二人此生不离不弃

C. 二人共进晚餐　　D. 甲送给乙一部手机

【解析】（1）选项AD:《民法典》明确规定了租赁合同、赠与合同中当事人的权利和义务;（2）选项BC：因不存在相应的法律规范，也就不存在相应的法律关系，无从产生法律上的权利和义务。

【答案】AD

温馨小提示

绝对法律关系以“一个主体对其他一切主体”的形式表现出来，如所有权法律关系、人身权法律关系等。相对法律关系以“某个主体对某个主体”的形式表现出来，如债权法律关系。

2. 绝对法律关系和相对法律关系

根据法律关系的主体是单方确定还是双方确定，可以将法律关系分为绝对法律关系和相对法律关系。

（1）绝对法律关系中主体的一方（权利人）是确定的、具体的，另一方（义务人）则是除了权利人以外的所有的人。

（2）相对法律关系的主体，无论是权利人还是义务人，都是确定的。

【考点2】法律关系的主体（P12）★★★

1. 法律关系主体的种类

温馨小提示

自然人既包括本国公民，也包括居住在一国境内或者在境内活动的外国公民和无国籍人。

（1）自然人

（2）法人和非法人组织

温馨小提示

国家可以直接以自己的名义参与国内法律关系（如发行国债）。

（3）国家

2. 法人的分类

（1）法人分为营利法人、非营利法人和特别法人。

（2）营利法人包括有限责任公司、股份有限公司和其他企业法人等。

（3）非营利法人包括事业单位、社会团体、基金会、社会服务机构等。

名师敲黑板

考生应准确区分非营利法人和特别法人，注意多选题。

（4）特别法人包括特定的机关法人、农村集体经济组织法人、城镇农村的合作经济组织法人、基层群众性自治组织法人。

3. 非法人组织

（1）非法人组织是不具有法人资格，但是能够依法以自己的名义从事民事活动的组织。

（2）非法人组织包括个人独资企业、合伙企业、不具有法人资格的专业服务机构等。

经典题解

【例题1·多选题】下列各项中，属于法律关系主体的有（　　）。（2015年）

A. 有限责任公司　　B. 国家

C. 无国籍人士　　D. 公立医院

【答案】ABCD

【例题 2 · 多选题】 下列各项中，属于法人的有（　　）。（2017 年）

A. 北京大学

B. 中华人民共和国最高人民法院

C. 中国人民保险集团股份有限公司

D. 中国注册会计师协会

【解析】 法人分为营利法人（选项 C）、非营利法人（选项 AD）和特别法人（选项 B）。

【答案】 ABCD

【考点 3】权利能力和行为能力（P12）★★★

1. 权利能力和行为能力

（1）权利能力是指权利主体享有权利和承担义务的能力，它反映了权利主体取得权利和承担义务的资格。各种具体权利的产生必须以主体的权利能力为前提。

（2）行为能力是指权利主体能够通过自己的行为取得权利和承担义务的能力。

（3）法律关系主体要自己参与法律活动，必须具备相应的行为能力。

（4）行为能力必须以权利能力为前提，无权利能力就谈不上行为能力。

（5）作为民事法律关系主体的法人，其权利能力从法人成立时产生，其行为能力伴随着权利能力的产生而同时产生；法人终止时，其权利能力和行为能力同时消灭。

（6）自然人从出生时起到死亡时止，具有民事权利能力，依法享有民事权利，承担民事义务。自然人的民事权利能力一律平等。

（7）自然人的行为能力一般通过自身实现，而法人的行为能力则通过法定代表人或其他代理人来实现。

名师敲黑板

权利能力解决的是资格问题，权利能力是前提。

经典题解

【例题 1 · 单选题】 下列关于法律关系主体的权利能力的表述中，正确的是（　　）。（2018 年）

A. 权利能力是指权利主体能够通过自己的行为取得权利和承担义务的能力

B. 自然人的权利能力可分为完全权利能力、限制权利能力与无权利能力

C. 营利法人、非营利法人与特别法人均具有权利能力

D. 权利能力以行为能力为前提，无行为能力即无权利能力

【解析】（1）选项 A：行为能力（而非权利能力）是指权利主体能够通过自己的行为取得权利和承担义务的能力；（2）选项 B：自然人的民事权利能力一律平等；（3）选项 C：作为民事法律关系主体的法人，其权利能力从法人成立时产生；（4）选项 D：行为能力必须以权利能力为前提，无权利能力就谈不上行为能力。

【答案】 C

【例题 2 · 单选题】 下列关于法人权利能力与行为能力的表述中，正确的是（　　）。（2020 年）

A. 法人终止时，权利能力和行为能力同时消灭

B. 法人先取得权利能力，后取得行为能力

C. 所有法人都有权利能力，但并非所有法人都有行为能力

D. 法人的行为能力只能通过其法定代表人实现

【解析】（1）选项ABC：法人的权利能力从法人成立时产生，其行为能力伴随着权利能力的产生而同时产生；法人终止时，其权利能力和行为能力同时消灭；（2）选项D：法人的行为能力通过法定代表人或其他代理人来实现。

【答案】A

名师敲黑板

自然人的民事权利能力一律平等。自然人的民事行为能力分为完全民事行为能力、限制民事行为能力和无民事行为能力。

2. 自然人的民事行为能力

（1）完全民事行为能力人

①18周岁以上（≥18周岁）的自然人为成年人，成年人为完全民事行为能力人，可以独立实施民事法律行为。

②16周岁以上（≥16周岁）的未成年人，以自己的劳动收入为主要生活来源的，视为完全民事行为能力人，可以独立实施民事法律行为。

温馨小提示

劳动收入应当是固定的收入（如工资收入），不能是偶然的、不确定的收入（如继承遗产）。

（2）限制民事行为能力人

8周岁以上（≥8周岁）的未成年人和不能完全辨认自己行为的成年人为限制民事行为能力人。

（3）无民事行为能力人

不满8周岁（＜8周岁）的未成年人，不能辨认自己行为的成年人，以及8周岁以上的未成年人不能辨认自己行为的，为无民事行为能力人，由其法定代理人代理实施民事法律行为。

温馨小提示

无民事行为能力人、限制民事行为能力人的监护人是其法定代理人。

表1-1　自然人的民事行为能力

年龄	具体情形	民事行为能力
X ≥ 18周岁	一般情况下	完全民事行为能力人
	不能完全辨认自己的行为	限制民事行为能力人
	不能辨认自己的行为	无民事行为能力人
8周岁 ≤ X ＜ 18周岁	一般情况下	限制民事行为能力人
	①16周岁 ≤ X ＜ 18周岁 ②以自己的劳动收入为主要生活来源	视为完全民事行为能力人
	不能辨认自己的行为	无民事行为能力人
X ＜ 8周岁	无论能否辨认自己的行为	无民事行为能力人

经典题解

【例题1·单选题】小明今年3周岁，智力正常，但先天腿部残疾。下列关于小明民事权利能力和民事行为能力的表述中，正确的是（　　）。（2013年）

A. 小明无民事权利能力，属于无民事行为能力人

B. 小明无民事权利能力，属于限制民事行为能力人

C. 小明具有民事权利能力，属于无民事行为能力人

D. 小明具有民事权利能力，属于限制民事行为能力人

【解析】(1) 自然人从出生时起到死亡时止，具有民事权利能力；(2) 不满 8 周岁的未成年人，属于无民事行为能力人。

【答案】C

【例题 2·单选题】下列主体中，具有完全民事行为能力的是（ ）。(2018 年)

A. 刚出生的甲　　B. 8 周岁的乙

C. 15 周岁的少年天才丙　　D. 18 周岁的大学生丁

【解析】(1) 选项 A：属于无民事行为能力人；(2) 选项 BC：属于限制民事行为能力人。

【答案】D

【例题 3·单选题】下列主体中，属于无民事权利能力的是（ ）。(2019 年)

A. 刚出生的婴儿　　B. 智能机器人

C. 植物人　　D. 病理性醉酒的人

【解析】(1) 选项 ACD：自然人从出生时起到死亡时止，具有民事权利能力；(2) 选项 B：民事权利能力是指法律关系主体享有民事权利和承担民事义务的能力，智能机器人尚不能成为法律关系的主体。

【答案】B

【例题 4·单选题】某国际高中的学生现年 17 周岁。根据我国相关法律的规定，该学生是（ ）。(2021 年)

A. 无民事行为能力人　　B. 限制民事行为能力人

C. 视为完全民事行为能力人　　D. 完全民事行为能力人

【答案】B

【考点 4】法律关系的客体 (P13) ★

法律关系的客体，是指法律关系主体间权利义务所指向的对象。法律关系的客体通常包括：

1. 物

物（如土地、机器设备、货币、有价证券）是物权法律关系的客体。

2. 行为

行为包括作为（如客运合同的客体是运送旅客的行为）和不作为（如竞业禁止合同的客体是不从事相同或者相似的经营活动）。给付行为是债权法律关系（如合同之债）的客体。

3. 人格利益

人格利益（如公民的肖像、名誉、人身）是人身权法律关系的客体，也是诸多行政、刑事法律关系的客体。

4. 智力成果

智力成果（如文学艺术作品、科学著作、专利、商标）是知识产权法律关系的客体。

经典题解

【例题·多选题】下列各项中，属于法律关系客体的有（　　）。（2017年）

A. 建筑物　　B. 自然人的不作为

C. 有价证券　　D. 人格利益

【答案】ABCD

【考点5】法律事实（P13）★★

温馨小提示

法律关系包括三个要素：主体、内容和客体。法律事实是法律关系的变动原因。

法律事实是指法律规范所规定的，能够引起法律关系产生、变更或者消灭的客观现象。根据是否以权利主体的意志为转移，法律事实分为行为和事件两类。

1. 事件（与当事人的意志无关）

（1）人的出生与死亡

（2）自然灾害与意外事件

（3）时间的经过

2. 行为

（1）法律行为（以行为人的意思表示为要素，如订立合同）

（2）事实行为（与意思表示无关，如创作行为、侵权行为）

【案例】（1）甲公司和乙公司因订立有效合同（法律行为）而发生合同关系（法律关系）；（2）因甲公司对乙公司的侵权行为（事实行为），甲公司应当对乙公司承担民事赔偿责任；（3）因甲死亡（事件），其继承人乙继承了房屋的所有权。

经典题解

【例题·多选题】下列各项中，能导致一定法律关系产生、变更或者消灭的有（　　）。（2014年）

A. 人的出生　　B. 时间的经过

C. 侵权行为　　D. 自然灾害

【解析】法律事实分为事件（选项ABD）和行为（选项C）。

【答案】ABCD

温馨小提示

本单元的重要性无须强调，希望考生认认真真、仔仔细细地读一遍。

第三单元　习近平法治思想引领全面依法治国基本方略

使用“会计云课堂”App或“微信”扫码查看本单元视频，快速GET知识点。

【考点1】全面依法治国新理念新思想新战略（P14）★★★

1. 全面依法治国是坚持和发展中国特色社会主义的本质要求和重要保障，是实现国家治理体系和治理能力现代化的必然要求，是全面建设社会主义现代化国家、实现中华民族伟大复兴的中国梦的重要保证，是事关我们党执政兴国、人民幸福安康，实现党和国家长治久安的长远考虑，具有基础性、保障性作用。

2. 法治是最好的营商环境。坚持和完善法治，可以使各类市场主体的产权和合法权益受到平等保护；可以规范政府和市场的边界，尊重市场经济规律，通过市场化手段，在法治框架内调整各类市场主体的利益关系；可以强化企业合规意识，保障和服务高水平对外开放。

3. 全面推进依法治国的总目标是建设中国特色社会主义法治体系、建设社会主义法治国家。

4. 2018 年 3 月，中共中央印发《深化党和国家机构改革方案》，组建中央全面依法治国委员会，负责全面依法治国的顶层设计、总体布局、统筹协调、整体推进、督促落实，作为党中央决策议事协调机构。中央全面依法治国委员会办公室设在司法部。

【考点 2】习近平法治思想（2022 年调整）（P15）★★★

1. 贯彻落实全面依法治国各项工作必须以科学理论为指导。2020 年 11 月召开的中央全面依法治国工作会议，首次明确习近平法治思想为全面依法治国的指导思想。

2. 2021 年 11 月，党的十九届六中全会通过《中共中央关于党的百年奋斗重大成就和历史经验的决议》。在中国共产党成立百年之际总结党的百年奋斗重大成就和历史经验，《决议》指出："党中央强调，法治兴则国家兴，法治衰则国家乱；全面依法治国是中国特色社会主义的本质要求和重要保障，是国家治理的一场深刻革命；坚持依法治国首先要坚持依宪治国，坚持依法执政首先要坚持依宪执政。必须坚持中国特色社会主义法治道路，贯彻中国特色社会主义法治理论，坚持依法治国、依法执政、依法行政共同推进，坚持法治国家、法治政府、法治社会一体建设，全面增强全社会尊法学法守法用法意识和能力。"

3. 习近平法治思想是顺应实现中华民族伟大复兴时代要求应运而生的重大理论创新成果，是马克思主义法治理论中国化的最新成果，是习近平新时代中国特色社会主义思想的重要组成部分，是全面依法治国的根本遵循和行动指南。习近平法治思想高屋建瓴、视野宏阔、内涵丰富、论述深刻。其核心要义如下：

第一，坚持党对全面依法治国的领导。党的领导是推进全面依法治国的根本保证。

第二，坚持以人民为中心。全面依法治国最广泛、最深厚的基础是人民，必须坚持为了人民，依靠人民；必须把体现人民利益、反映人民愿望、维护人民权益、增进人民福祉落实到全面依法治国各领域全过程，保障和促进社会公平正义，努力让人民群众在每一项法律制度、每一个执法决定、每一宗司法案件中都感受到公平正义。推进全面依法治国，根本目的是依法保障人民权益。

> **名师敲黑板**
>
> （1）推进全面依法治国的根本目的是什么？
>
> （2）推进全面依法治国的根本保证是什么？
>
> （3）全面推进依法治国的总目标是什么？
>
> （4）全面推进依法治国的基本原则是什么？

第三，坚持中国特色社会主义法治道路。中国特色社会主义法治道路本质上是中国特色社会主义道路在法治领域的具体体现。

第四，坚持依宪治国、依宪执政。党领导人民制定宪法法律，领导人民实施宪法法律，领导健全保证宪法全面实施的体制机制，确立宪法宣誓制度。党自身要在宪法法律范围内活动。

第五，坚持在法治轨道上推进国家治理体系和治理能力现代化。法治是国家治理体系和治理能力的重要依托。

第六，坚持建设中国特色社会主义法治体系。中国特色社会主义法治体系是推进全面依法治国的总抓手。

第七，坚持依法治国、依法执政、依法行政共同推进，法治国家、法治政府、法治社会一体建设。

第八，坚持全面推进科学立法、严格执法、公正司法、全民守法。

第九，坚持统筹推进国内法治和涉外法治。

第十，坚持建设德才兼备的高素质法治工作队伍。

第十一，坚持抓住领导干部这个“关键少数”。各级领导干部需要坚决贯彻党中央关于全面依法治国的重大决策部署，带头尊崇法治、敬畏法律、了解法律、掌握法律，不断提高运用法治思维和法治方式深化改革、推动发展、化解矛盾、维护稳定、应对风险的能力，做尊法、学法、守法、用法的模范。

经典题解

【例题 1 · 单选题】推进全面依法治国的根本目的是（　　）。（2021 年）

A. 依法保障人民权益

B. 坚持中国特色社会主义法治道路

C. 推进国家治理体系和治理能力现代化

D. 建设中国特色社会主义法治体系

【答案】A

【例题 2 · 单选题】推进全面依法治国的根本保证是（　　）。（2021 年）

A. 坚持以人民为中心

B. 坚持依宪治国、依宪执政

C. 坚持党对全面依法治国的领导

D. 坚持建设中国特色社会主义法治体系

【答案】C

【例题 3 · 单选题】全面推进依法治国的总目标是（　　）。（2019 年）

A. 坚持中国共产党的领导，坚持人民主体地位

B. 坚持法律面前人人平等

C. 建设中国特色社会主义法治体系，建设社会主义法治国家

D. 坚持依法治国和以德治国相结合

【答案】C

【考点 3】全面推进依法治国的基本原则（P16）★★★

1. 坚持中国共产党的领导

党的领导是中国特色社会主义最本质的特征，是社会主义法治最根本的保障。

2. 坚持人民主体地位

必须坚持法治建设为了人民、依靠人民、造福人民、保护人民，以保障人民根本权益为出发点和落脚点，保证人民依法享有广泛的权利和自由、承担应尽的义务，

维护社会公平正义，促进共同富裕。

3. 坚持法律面前人人平等

平等是社会主义法律的基本属性。任何组织和个人都必须尊重宪法法律权威，都必须在宪法法律范围内活动，都必须依照宪法法律行使权力或权利、履行职责或义务，都不得有超越宪法法律的特权。必须维护国家法制统一、尊严、权威，切实保证宪法法律有效实施，绝不允许任何人以任何借口、任何形式以言代法、以权压法、徇私枉法。必须以规范和约束公权力为重点，加大监督力度，做到有权必有责、用权受监督、违法必追究，坚决纠正有法不依、执法不严、违法不究行为。

4. 坚持依法治国和以德治国相结合

国家和社会治理需要法律和道德共同发挥作用。必须坚持一手抓法治、一手抓德治，大力弘扬社会主义核心价值观，弘扬中华传统美德，培育社会公德、职业道德、家庭美德、个人品德，既重视发挥法律的规范作用，又重视发挥道德的教化作用，以法治体现道德理念、强化法律对道德建设的促进作用，以道德滋养法治精神、强化道德对法治文化的支撑作用，实现法律和道德相辅相成、法治和德治相得益彰。

5. 坚持从中国实际出发

必须从我国基本国情出发，同改革开放不断深化相适应，总结和运用党领导人民实行法治的成功经验，围绕社会主义法治建设重大理论和实践问题，推进法治理论创新，发展符合中国实际、具有中国特色、体现社会发展规律的社会主义法治理论，为依法治国提供理论指导和学理支撑。

【考点 4】建设中国特色社会主义法治体系（P17）★★★

1. 建设中国特色社会主义法治体系，首要的是完善以宪法为核心的中国特色社会主义法律体系。

2. 法的生命力和权威在于实施。建设中国特色社会主义法治体系，还需要建立高效的法治实施体系。坚持依法治国、依法执政，首先是要坚持依宪治国、依宪执政，加强宪法实施。同时，需要坚持严格执法、公正司法、全民守法，切实维护法律尊严和权威，确保法律全面有效实施。

3. 建设中国特色社会主义法治体系，要建立严密的法治监督体系。要以规范和约束公权力为重点，构建党统一指挥、全面覆盖、权威高效的监督体系，加大监督力度，把党内监督同国家机关监督、民主监督、司法监督、群众监督、舆论监督贯通，努力形成科学有效的权力运行制约和监督体系，增强监督合力和实效，做到有权必有责、用权受监督、有责要担当、失责必追究。

4. 建设中国特色社会主义法治体系，必须健全法治保障体系，为全面依法治国提供有力的政治和组织保障。

5. 建设中国特色社会主义法治体系，必须加强党内法规制度建设。要坚持依法治国和制度治党、依规治党的统筹推进、一体建设，完善党内法规制定机制体制，注重党内法规同国家法律的衔接和协调，构建以党章为根本、若干配套党内法规为支撑的党内法规制度体系，提高党内法规的执行能力和水平。

本章小结

1032616

下载“会计云课堂”App 学习

您已成功完成“第一章”的学习，本章共 13 个考点，您都学会了吗？

为了让您对章节有更清晰的理解，加倍巩固。本书作者郭守杰老师将通过**“视频导图课”**的方式，带您回顾重要考点。

名师点拨，视听结合，高效提分。

※ 欢迎您扫码，免费观看学习。

同步强化练习题

使用“会计云课堂”App 或“微信”扫码快速做题、对答案、看解析、掌握解题思路，开启轻松过关之旅。

1037150

一、单项选择题

1. 根据全国人大常委会有关文件的规定，我国社会主义法律体系包括七个法律部门。下列各项中，属于经济法部门的是（　　）。
   A. 企业国有资产法律制度
   B. 知识产权法律制度
   C. 票据法律制度
   D. 证券法律制度

2. 下列规范性文件中，属于行政法规的是（　　）。
   A. 全国人民代表大会常务委员会制定的《中华人民共和国公司法》
   B. 国务院制定的《中华人民共和国外汇管理条例》
   C. 深圳市人民代表大会常务委员会制定的《深圳经济特区注册会计师条例》
   D. 中国人民银行制定的《人民币银行结算账户管理办法》

3. 中国证券监督管理委员会制定的《上市公司信息披露管理办法》属于（　　）。
   A. 法律
   B. 行政法规
   C. 部门规章
   D. 司法解释

4. 下列关于法律渊源的表述中，不正确的是（　　）。
   A. 全国人大常委会负责解释法律，其作出的法律解释与法律具有同等效力

B. 地方性法规不得与宪法、法律和行政法规相抵触

C. 没有法律、行政法规、地方性法规的依据，地方政府规章不得设定减损公民、法人和其他组织权利或者增加其义务的规范

D. 最高人民法院和最高人民检察院的司法解释如果有原则性的分歧，应报请全国人民代表大会解释或者决定

5.《反垄断法》第 9 条规定："国务院反垄断委员会的组成和工作规则由国务院规定"。该法律规范属于（　　）。

A. 授权性规范

B. 确定性规范

C. 委任性规范

D. 准用性规范

6. 下列各项中，属于确定性规范的是（　　）。

A. 继承开始后，继承人放弃继承的，应当在遗产处理前，以书面形式作出放弃继承的表示；没有表示的，视为接受继承

B. 国务院反垄断委员会的组成和工作规则由国务院规定

C. 供用水、供用气、供用热力合同，参照适用供用电合同的有关规定

D. 拾得漂流物、发现埋藏物或者隐藏物的，参照适用拾得遗失物的有关规定

7. 下列关于法律关系的表述中，不正确的是（　　）。

A. 法律关系是以法律规范为前提的社会关系

B. 法律关系是以权利义务为内容的社会关系

C. 物权法律关系属于相对法律关系

D. 债权法律关系属于相对法律关系

8. 根据《民法典》的规定，下列各项中，属于非法人组织的是（　　）。

A. 基金会

B. 有限责任公司

C. 事业单位

D. 合伙企业

9. 根据《民法典》的规定，下列各项中，属于非营利法人的是（　　）。

A. 农村集体经济组织法人

B. 基金会

C. 基层群众性自治组织法人

D. 城镇农村的合作经济组织法人

10. 下列自然人中，属于完全民事行为能力人的是（　　）。

A. 王某，7 周岁，智力超常，已参与拍摄电视剧两部，获酬 300 万元

B. 张某，8 周岁，完全不能辨认自己的行为

C. 刘某，15 周岁，体操运动员，以自己的收入为主要生活来源

D. 李某，18 周岁，大学生，学费和生活费由父母负担

11. 小明今年 8 周岁，智力正常。下列关于小明民事权利能力和民事行为能力的表述中，正确的是（　　）。

A. 小明无民事权利能力，属于无民事行为能力人

B. 小明无民事权利能力，属于限制民事行为能力人

C. 小明具有民事权利能力，属于无民事行为能力人

D. 小明具有民事权利能力，属于限制民事行为能力人

12. 下列各项中，不属于法律关系主体的是（　　）。

A. 甲个人独资企业

B. 乙公立小学

C. 智能机器人阿尔法

D. 大学生张某

13. 下列关于法律关系主体的权利能力与行为能力的表述中，不正确的是（　　）。
A. 自然人的民事权利能力一律平等
B. 自然人从出生时起到死亡时止，具有民事权利能力
C. 权利能力必须以行为能力为前提
D. 自然人的行为能力一般通过自身实现，而法人的行为能力则通过法定代表人或其他代理人来实现

14. 下列法律事实中，属于事实行为的是（　　）。
A. 人的死亡　　B. 签发汇票
C. 创作行为　　D. 自然灾害

15. 甲公司与乙公司签订租赁合同，约定甲公司承租乙公司一台挖掘机，租期1个月，租金1万元。引起该租赁法律关系发生的法律事实是（　　）。
A. 租赁的挖掘机
B. 甲公司和乙公司
C. 1万元租金
D. 签订租赁合同的行为

16. 中央全面依法治国委员会办公室设在（　　）。
A. 最高人民法院
B. 最高人民检察院
C. 司法部
D. 国务院法制办

17. 建设中国特色社会主义法治体系，首要的是（　　）。
A. 建立高效的法治实施体系
B. 建立严密的法治监督体系
C. 完善以宪法为核心的中国特色社会主义法律体系
D. 健全法治保障体系

二、多项选择题

1. 下列关于法的特征的表述中，正确的有（　　）。
A. 法是由国家制定或者认可的行为规范
B. 法是由国家强制力保证实施的行为规范
C. 法是调整人的行为和社会关系的行为规范
D. 法是由一定物质生活条件所决定的统治阶级意志的体现

2. 下列关于法律与道德的表述中，正确的有（　　）。
A. 法律属于社会制度的范畴
B. 道德属于社会意识形态的范畴
C. 法律规范的主要内容是权利与义务，并且强调两者之间的平衡
D. 道德规范主要依靠社会舆论、人的内心信念以及宣传教育等手段来实现

3. 根据全国人大常委会有关文件的规定，我国社会主义法律体系包括七个法律部门。下列各项中，属于经济法部门的有（　　）。
A. 产品质量法律制度
B. 能源法律制度
C. 票据法律制度
D. 公司法律制度

4. 下列事项中，设区的市、自治州的人民政府有权制定地方政府规章的有（　　）。
A. 外商直接投资
B. 城乡建设与管理
C. 环境保护
D. 历史文化保护

5. 下列关于法律规范的表述中，正确的有（　　）。
A. 法律规范不同于规范性法律文件
B. 法律规范不同于国家的个别命令
C. 法律规范不同于法律条文
D. 法律规范是法律构成的基本单位

6.《公司法》第51条规定："董事、高级管理人员不得兼任监事"。该法律规范属于（　　）。

A. 禁止性规范
B. 命令性规范
C. 强行性规范
D. 确定性规范

7. 下列各项中，可以成为法律关系主体的有（　　）。
A. 无国籍人
B. 国家
C. 合伙企业
D. 社会团体

8. 根据《民法典》的规定，下列各项中，属于非营利法人的有（　　）。
A. 社会团体
B. 基金会
C. 国家机关
D. 基层群众性自治组织

9. 下列关于自然人民事行为能力的表述中，正确的有（　　）。
A. 14 周岁的李某，以自己的劳动收入为主要生活来源，视为完全民事行为能力人
B. 7 周岁的王某，不能完全辨认自己的行为，是限制民事行为能力人
C. 18 周岁的周某，能够完全辨认自己的行为，是完全民事行为能力人
D. 20 周岁的赵某，完全不能辨认自己的行为，是无民事行为能力人

10. 下列自然人中，具有民事权利能力的有（　　）。
A. 王某，7 周岁，智力超常，已参与拍摄电视剧两部，获酬 300 万元
B. 张某，8 周岁，完全不能辨认自己的行为
C. 刘某，15 周岁，体操运动员，以自己的收入为主要生活来源
D. 李某，18 周岁，大学生，学费和生活费由父母负担

11. 下列各项中，可以成为法律关系客体的有（　　）。
A. 森林
B. 运送旅客的行为
C. 公民的肖像
D. 专利

12. 下列各项中，可以成为法律关系客体的有（　　）。
A. 土地
B. 自然人的不作为
C. 尊严
D. 商标

13. 为实现全面推进依法治国的总目标，应坚持的基本原则包括（　　）。
A. 坚持中国共产党的领导
B. 坚持人民主体地位
C. 坚持法律面前人人平等
D. 坚持依法治国和以德治国相结合

14. 下面关于推进全面依法治国的表述中，正确的有（　　）。
A. 习近平法治思想为全面依法治国的指导思想
B. 党的领导是推进全面依法治国的根本保证
C. 推进全面依法治国的根本目的是依法保障人民权益
D. 全面推进依法治国的总目标是建设中国特色社会主义法治体系、建设社会主义法治国家

同步强化练习题参考答案及解析

使用“会计云课堂”App或“微信”扫码对答案、看解析、掌握解题思路，开启轻松过关之旅。

一、单项选择题

1.【答案】A

【解析】选项BCD：属于“民商法”部门。

2.【答案】B

【解析】(1)选项A：属于“法律”；(2)选项B：属于“行政法规”；(3)选项C：属于“地方性法规”；(4)选项D：属于“部门规章”。

3.【答案】C

4.【答案】D

【解析】选项D：应报请全国人民代表大会常务委员会解释或者决定。

5.【答案】C

6.【答案】A

【解析】(1)选项B：属于委任性规范；(2)选项CD：属于准用性规范。

7.【答案】C

【解析】选项C：物权法律关系属于绝对法律关系。

8.【答案】D

【解析】(1)选项AC：属于“非营利法人”；(2)选项B：属于“营利法人”。

9.【答案】B

【解析】选项ACD：属于“特别法人”。

10.【答案】D

【解析】(1)选项A：不满8周岁(<8周岁)的未成年人，无论能否辨认自己的行为，均属于无民事行为能力人(年龄是硬伤)；(2)选项B：8周岁以上(≥8周岁)的未成年人完全不能辨认自己行为的，属于无民事行为能力人；(3)选项C：16周岁以上的未成年人，以自己的劳动收入为主要生活来源的，才视为完全民事行为能力人(刘某还是嫩了点儿)；(4)选项D：18周岁以上(≥18周岁)的自然人一般情况下属于完全民事行为能力人，除非题目明确指出该自然人完全不能辨认自己的行为或者不能完全辨认自己的行为。

11.【答案】D

【解析】(1)自然人从出生时起到死亡时止，具有民事权利能力；(2)8周岁以上(≥8周岁)的未成年人一般属于限制民事行为能力人。

12.【答案】C

【解析】选项C：可以成为法律关系的客体，目前尚不能成为法律关系的主体。

13.【答案】C

【解析】选项C：行为能力必须以权利能力为前提，无权利能力就谈不上行为能力。

14.【答案】C

【解析】(1)选项AD：属于事件；(2)选项B：属于法律行为。

15.【答案】D

【解析】法律事实（签订租赁合同的行为）是法律关系发生、变更、消灭的直接原因。

16.【答案】C

17.【答案】C

二、多项选择题

1.【答案】ABCD

2.【答案】ABCD

3.【答案】AB

【解析】选项CD：属于"民商法"部门。

4.【答案】BCD

【解析】设区的市、自治州的人民政府有权就"城乡建设与管理、环境保护、历史文化保护等方面的事项"制定地方政府规章。

5.【答案】ABCD

6.【答案】ACD

7.【答案】ABCD

8.【答案】AB

【解析】(1)选项AB：属于"非营利法人"；(2)选项CD：属于"特别法人"。

9.【答案】CD

【解析】(1)选项A：属于限制民事行为能力人；(2)选项B：7周岁（年龄是硬伤）的王某，无论能否辨认自己的行为，均属于无民事行为能力人。

10.【答案】ABCD

【解析】自然人从出生时起到死亡时止，具有民事权利能力，自然人的民事权利能力一律平等。

11.【答案】ABCD

12.【答案】ABCD

13.【答案】ABCD

14.【答案】ABCD

第二编

民事法律制度

第二章　基本民事法律制度

CHAPTER-2

本章考情分析

在最近 3 年的考试中，本章的平均分值为 3 分，2021 年试卷一和试卷二的分值均为 5 分，题型主要为客观题。值得注意的是，2017 年的案例分析题涉及“可撤销的民事法律行为”，2018 年的案例分析题涉及“单方民事法律行为”。

本章分为三个单元，共计 13 个考点。大多数考点需要准确理解，需要死记硬背的考点并不多，复习难度不大。复习本章需要 5 个小时左右。

温馨小提示

本章复习难度真的不大，分值5分，您值得拥有！前提是考生务必要看一遍教材。

2022 年对本章内容未进行重大调整。

最近 3 年题型题量分析表

题型	2019 年试卷一	2019 年试卷二	2020 年试卷一	2020 年试卷二	2021 年试卷一	2021 年试卷二
单选题	2 题 2 分	1 题 1 分	2 题 2 分	2 题 2 分	2 题 2 分	2 题 2 分
多选题	1 题 1.5 分	1 题 1.5 分			2 题 3 分	2 题 3 分
合计	3.5 分	2.5 分	2 分	2 分	5 分	5 分

历年试题涉及本章的主要考点

考点	年份 / 题型
民事法律行为的概念	2020 年单选题
单方民事法律行为、双方民事法律行为和多方民事法律行为	2018 年单选题、2019 年多选题、2021 年单选题、2021 年多选题
负担行为与处分行为	2018 年单选题、2020 年单选题
意思表示	2018 年多选题、2019 年单选题、2021 年单选题、2021 年多选题
无效的民事法律行为	2015 年多选题
可撤销的民事法律行为	2015 年单选题、2017 年案例分析题、2018 年单选题、2021 年多选题
效力待定的民事法律行为	2021 年单选题
附条件的民事法律行为	2017 年单选题

续表

考点	年份 / 题型
代理与传达的区别	2019年单选题
委托代理中的代理权	2018年案例分析题
代理权的滥用	2015年多选题
表见代理	2015年案例分析题
诉讼时效的适用对象	2021年单选题
最长诉讼时效期间	2020年单选题
诉讼时效期间的起算	2017年单选题
诉讼时效的中止与中断	2016年单选题、2017年多选题、2019年多选题、2021年多选题

本章思维导图

- 第二章
  - 民事法律行为制度
    - 民事法律行为的分类
    - 意思表示
    - 民事法律行为的生效
    - 无效的民事法律行为
    - 可撤销的民事法律行为
    - 效力待定的民事法律行为
    - 附条件和附期限的民事法律行为
  - 代理制度
    - 代理的概念
    - 委托代理
  - 诉讼时效制度
    - 诉讼时效的基本理论
    - 诉讼时效的种类和起算
    - 诉讼时效的中止
    - 诉讼时效的中断事由

本章核心考点解读

第一单元 民事法律行为制度

使用“会计云课堂”App或“微信”扫码查看本单元视频，快速GET知识点。

【考点1】民事法律行为的分类（P23）★★★

1. 民事法律行为的概念

（1）民事法律行为是民事主体通过意思表示设立、变更、终止民事法律关系的行为。

（2）民事法律行为是有目的的行为，此处的“目的”仅指当事人实施民事法律行为所追求的法律后果，不包括行为人实施行为的动机。这一特征使得民事法律行为区别于其他法律事实，如侵权行为。

温馨小提示

意思表示是民事法律行为的核心，也是民事法律行为与事实行为相区别的重要标准。

温馨小提示

侵权行为虽然也产生一定的法律后果，但该法律后果并非由当事人自己主张，而是由法律规定的。

经典题解

【例题·单选题】根据基本民事法律制度的规定，下列关于民事法律行为概念的表述中，正确的是（　　）。（2020年）

A. 民事法律行为包括事实行为

B. 民事法律行为包括侵权行为

C. 民事法律行为以意思表示为要素

D. 民事法律行为的目的是指行为人实施行为的动机

【解析】选项AB：法律事实分为事件与行为，其中行为分为法律行为与事实行为，侵权行为属于事实行为。

【答案】C

2. 单方民事法律行为、双方民事法律行为和多方民事法律行为

（1）单方民事法律行为，是指根据一方当事人的意思表示而成立的民事法律行为（如订立遗嘱、撤销权的行使、解除权的行使、效力待定行为的追认等）。

名师敲黑板

这些例子需要记住的！

（2）双方民事法律行为，是指两个当事人之间意思表示一致而成立的民事法律行为。

（3）多方民事法律行为，是指三个以上的当事人意思表示一致而成立的民事法律行为。

【解释1】（1）甲、乙订立赠与合同（甲将吉他赠与乙）属于双方民事法律行为，只有双方意思表示一致合同才能成立；（2）甲订立遗嘱（甲去世后将其全部财产送给乙）属于单方民事法律行为，该行为根据甲单方的意思表示即可成立并生效。事后，如果乙不想要甲的遗产，可以放弃遗赠。

【解释2】合同是常见的双方民事法律行为，决议则是典型的多方民事法律行为。决议是指多个主体依据表决规则作出的决定，决议当事人的意思表示可以多数决的方式作出，而且对没有表示同意的成员也具有拘束力；决议中的意思表示不仅针对发出表示的成员，而且主要针对表示者共同代表的法人。

温馨小提示

上市公司股东大会依法作出的决议，对全体股东（包括投反对票的股东）均有约束力。

经典题解

【例题1·单选题】根据基本民事法律制度的规定，下列各项中，属于双方民事法律行为的是（　　）。（2018年）

A. 订立遗嘱　　B. 无权代理的追认

C. 房屋的赠与　　D. 委托代理的撤销

【解析】选项ABD：属于单方民事法律行为。

【答案】C

【例题2·多选题】根据基本民事法律制度的规定，下列各项中，属于单方民事法律行为的有（　　）。（2019年）

A. 赠与　　B. 撤销

C. 借贷　　D. 追认

【解析】（1）选项AC：属于双方民事法律行为；（2）选项BD：属于单方民事法律行为。

【答案】BD

【例题3·多选题】根据基本民事法律制度的规定，下列各项中，属于单方民事法律行为的有（　　）。（2021年）

A. 债务的免除　　B. 效力待定行为的追认

C. 撤销权的行使　　D. 赠与

【解析】CPA教材收录“债务的免除”属于单方民事法律行为，但根据《民法典》的规定，债权人免除债务人部分或者全部债务的，债权债务部分或者全部终止，但是债务人在合理期限内拒绝的除外。依据该规定，债务的免除不应界定为单方民事法律行为。本题是按照教材的观点给出的答案。

【答案】ABC

【例题4·单选题】根据基本民事法律制度的规定，下列关于决议的表述中，正确的是（　　）。（2021年）

A. 决议是指多个主体根据表决规则作出的决定

B. 决议中的意思表示主要针对发出表示的成员

C. 决议当事人的意思表示对不同意的成员没有拘束力

D. 决议为双方民事法律行为

【答案】A

温馨小提示

一般说来，负担行为是以发生债权债务为内容的法律行为。负担行为一般通过合同表现出来，也可以通过单方民事法律行为表现。

3. 负担行为与处分行为

（1）负担行为是使一方（义务人）相对于他方（权利人）承担一定给付义务的法律行为，这种给付义务既可以是作为的（如交付货物），也可以是不作为的（如保密义务）。因此负担行为产生的是债法上的法律效果，其中负有给付义务的主体是债务人。负担行为中的权利人可以享有要求履行的请求权，义务人的履行行为是请求权实现的重要前提。

（2）处分行为是直接导致权利发生变动的法律行为（如甲抛弃自己的动产），并不需要义务人积极履行给付义务。物权变动是典型的处分行为。

温馨小提示

处分行为是直接使某种权利发生、变更或者消灭的法律行为，其处分的客体是权利。处分行为包括物权行为及准物权行为，包括契约（如所有权的移转、抵押权的设定）及单方民事法律行为（如所有权的抛弃）。

经典题解

【例题1·单选题】根据基本民事法律制度的规定，下列各项中，属于民事法律行为中的处分行为的是（　　）。（2018年）

A. 订立租赁合同　　B. 所有权转让

C. 订立买卖合同　　D. 拆除房屋

【解析】（1）选项AC：属于负担行为；（2）选项B：属于处分行为；（3）选项D：属于事实行为（而非民事法律行为）。

【答案】B

【例题2·单选题】根据基本民事法律制度的规定，下列关于负担行为与处分行为的表述中，正确的是（　　）。（2020年）

A. 负担行为直接导致既有权利的变动

B. 民事主体根据负担行为所负担的义务不包括不作为义务

C. 处分行为中的权利人享有履行请求权

D. 负担行为产生的是债法上的法律效果

【解析】（1）选项AC：处分行为是直接导致权利发生变动的法律行为，并不需要义务人积极履行给付义务；（2）选项B：负担行为是使一方相对于他方承担一定给付义务的法律行为，这种给付义务既可以是作为的，也可以是不作为的。

【答案】D

温馨小提示

该考点希望考生高度重视！

【考点2】意思表示（P25）★★★

1. 民事法律行为以意思表示为核心，意思表示可以分为无相对人的意思表示和有相对人的意思表示。

【解释】遗嘱行为、抛弃动产等单方民事法律行为，属于无相对人的意思表示。值得注意的是，并非所有的单方民事法律行为都属于无相对人的意思表示，如撤销权的行使、授予代理权、法定代理人的追认等单方民事法律行为，属于有相对人的意思表示。

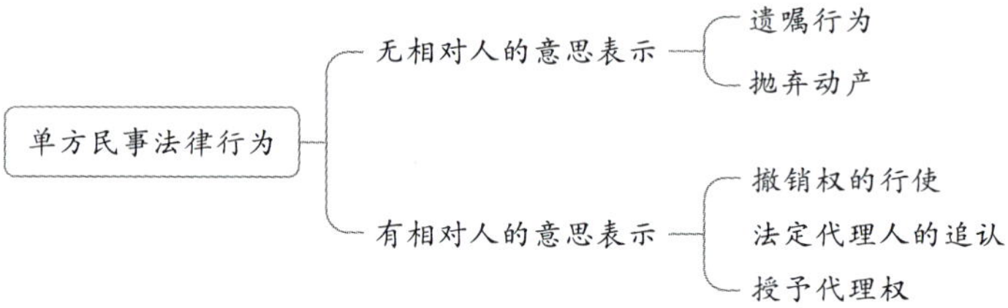

2. 无相对人的意思表示，表示完成时生效。法律另有规定的，依照其规定。

3. 有相对人的意思表示分为对话的意思表示和非对话的意思表示。

（1）以对话方式作出的意思表示，相对人知道其内容时生效。

（2）以非对话方式作出的意思表示，到达相对人时生效。订立合同过程中的要约和承诺、授予代理权、合同解除等意思表示，均采取到达主义。

（3）以非对话方式作出的采用数据电文形式的意思表示，相对人指定特定系统接收数据电文的，该数据电文进入该特定系统时生效；未指定特定系统的，相对人知道或者应当知道该数据电文进入其系统时生效。当事人对采用数据电文形式的意思表示的生效时间另有约定的，按照其约定。

（4）以公告方式作出的意思表示，公告发布时生效。

4. 行为人可以明示或者默示作出意思表示。沉默只有在有法律规定、当事人约定或者符合当事人之间的交易习惯时，才可以视为意思表示。

【解释】根据《民法典》的规定，继承开始后，继承人放弃继承的，应当在遗产处理前，以书面形式作出放弃继承的表示；没有表示的（属于法定沉默），视为接受继承。

名师敲黑板

再强调一遍：视为“接受继承”。

5. 行为人可以撤回意思表示。撤回意思表示的通知应当在意思表示到达相对人前或者与意思表示同时到达相对人。

6. 对意思表示的解释

（1）有相对人的意思表示的解释，应当按照所使用的词句，结合相关条款、行为的性质和目的、习惯以及诚信原则，确定意思表示的含义。

（2）无相对人的意思表示的解释，不能完全拘泥于所使用的词句，而应当结合相关条款、行为的性质和目的、习惯以及诚信原则，确定行为人的真实意思。

经典题解

【例题1·多选题】根据基本民事法律制度的规定，下列各项中，属于无相对

人的意思表示的有（ ）。（2018 年）

A. 抛弃动产　　B. 授予代理权

C. 设立遗嘱　　D. 行使解除权

【解析】选项 BD：属于有相对人的意思表示。

【答案】AC

【例题 2 · 多选题】根据基本民事法律制度的规定，下列情形中，沉默可以视为行为人的意思表示的有（ ）。（2018 年）

A. 当事人有约定　　B. 法律有明文规定

C. 符合当事人之间的交易习惯　　D. 当事人纯获利益

【答案】ABC

【例题 3 · 单选题】根据基本民事法律制度的规定，下列关于意思表示的表述中，正确的是（ ）。（2019 年）

A. 要约不属于意思表示

B. 继承开始后，继承人没有作出表示的，视为放弃继承

C. 以公告方式作出的意思表示，公告发布时生效

D. 非对话的意思表示属于无相对人的意思表示

【解析】（1）选项 A：要约属于有相对人的意思表示；（2）选项 B：继承开始后，继承人没有表示的，视为接受继承；（3）选项 D：有相对人的意思表示分为对话的意思表示和非对话的意思表示。

【答案】C

【例题 4 · 单选题】根据基本民事法律制度的规定，下列关于意思表示的表述中，正确的是（ ）。（2021 年）

A. 以对话方式作出的意思表示，相对人知道其内容时生效

B. 沉默只有在有法律规定的情形下才可视为意思表示

C. 有相对人的意思表示也称对话的意思表示

D. 以公告方式作出的意思表示，到达相对人时生效

【解析】（1）选项 B：沉默只有在有法律规定、当事人约定或者符合当事人之间的交易习惯时，才可以视为意思表示；（2）选项 C：有相对人的意思表示分为对话的意思表示和非对话的意思表示；（3）选项 D：以公告方式作出的意思表示，公告发布时生效。

【答案】A

【例题 5 · 多选题】根据基本民事法律制度的规定，下列关于意思表示的表述中，正确的有（ ）。（2021 年）

A. 撤销权的行使属于无相对人的意思表示

B. 授予代理权属于有相对人的意思表示

C. 抛弃动产属于无相对人的意思表示

D. 遗嘱行为属于有相对人的意思表示

【解析】（1）选项 AB：撤销权的行使、授予代理权、法定代理人的追认等单方民事法律行为，属于有相对人的意思表示；（2）选项 CD：遗嘱行为、抛弃动产等

单方民事法律行为，属于无相对人的意思表示。

【答案】BC

温馨小提示

民事法律行为分为有效的民事法律行为、无效的民事法律行为、可撤销的民事法律行为和效力待定的民事法律行为。

【考点3】民事法律行为的生效（P26）★

1. 民事法律行为有效的实质要件

（1）行为人具有相应的民事行为能力；

（2）行为人的意思表示真实；

（3）不违反法律、行政法规的强制性规定，不违背公序良俗。

温馨小提示

公序良俗是“公共秩序和善良风俗”的简称。

2. 民事法律行为有效的形式要件

（1）民事法律行为可以采用书面形式、口头形式或者其他形式（如推定形式、沉默形式）；法律、行政法规规定或者当事人约定采用特定形式的，应当采用特定形式。

（2）推定形式，是指当事人并不直接用书面形式或者口头形式进行意思表示，而是通过实施某种积极的行为，使得他人可以推定其意思表示。

温馨小提示

王某在超市购物，王某向售货员交付货币的行为可以推定为王某具有购买商品的意思。

（3）沉默形式，是指行为人没有以积极的作为进行意思表示，而是以消极的不作为代替意思表示。根据《民法典》的规定，沉默只有在有法律规定、当事人约定或者符合当事人之间的交易习惯时，才可以视为意思表示。

【考点4】无效的民事法律行为（P27）★★★

1. 无效民事法律行为的特征

（1）自始无效

无效的民事法律行为从行为开始时就没有法律约束力。

（2）当然无效

不论当事人是否主张，是否知道，也不论是否经过人民法院或者仲裁机构的确认，该民事法律行为当然无效。

（3）绝对无效

无效的民事法律行为绝对不发生法律效力，不能通过当事人的行为进行补正。

温馨小提示

无效民事法律行为不可能咸鱼翻身，当事人通过一定行为消除无效原因，使之有效，这不是对无效民事法律行为的补正，而是消灭旧的民事法律行为，成立新的民事法律行为。

经典题解

【例题·多选题】根据基本民事法律制度的规定，下列关于无效的民事法律行为特征的表述中，正确的有（　　）。（2015年）

A. 不能通过当事人的行为进行补正

B. 其无效需以当事人主张为前提

C. 从行为开始起就没有法律约束力

D. 其无效须经人民法院或者仲裁机构确认

【答案】AC

2. 无效的民事法律行为的种类

（1）无民事行为能力人独立实施的民事法律行为无效。

（2）违背公序良俗的民事法律行为无效。

（3）行为人与相对人恶意串通，损害他人合法权益的民事法律行为无效。

（4）行为人与相对人以虚假的意思表示实施的民事法律行为无效。

（5）违反法律、行政法规的强制性规定的民事法律行为无效，但是该强制性规定不导致该民事法律行为无效的除外。

【解释1】如果民事法律行为违反的是法律、行政法规强制性规定中的“效力性规范”，则该民事法律行为无效。例如，根据《保险法》的规定，人身保险的投保人在保险合同订立时，对被保险人应当具有保险利益。因此，人身保险合同订立时，如果投保人对被保险人不具有保险利益，则保险合同无效。

【解释2】如果民事法律行为违反的是法律、行政法规强制性规定中的“管理性规范”，并不导致该民事法律行为无效。例如，根据《证券法》的规定，通过证券交易所的证券交易，投资者持有或者通过协议、其他安排与他人共同持有一个上市公司已发行的有表决权股份达到5%时，应当在该事实发生之日起3日内，向国务院证券监督管理机构、证券交易所作出书面报告，通知该上市公司，并予公告，在上述期限内不得再行买卖该上市公司的股票，但国务院证券监督管理机构规定的情形除外。如果当事人违反该项规定，买入上市公司股票的，在买入后的36个月内，对该超过规定比例部分的股份不得行使表决权，但并不导致股票交易行为的无效。

温馨小提示

恶意串通损害他人合法权益的民事法律行为中，当事人所表达的意思是真实的，但这种意思表示是非法的，因此是无效的。

温馨小提示

如债务人为避免财产被强制执行，虚假地将房子卖给自己的朋友。通谋虚假表示实施的民事法律行为之所以无效，主要是因为对于双方当事人而言，均无真实的意思表示。

温馨小提示

这句话如何理解？考生可以看下面的两个解释，但最好不看。

【考点5】可撤销的民事法律行为（P28）★★★

1. 可撤销的民事法律行为与无效的民事法律行为的区别

（1）法律效力不同

可撤销的民事法律行为在撤销前已经生效，在被撤销之前，其法律效果可以对抗除撤销权人以外的任何人。而无效的民事法律行为在法律上当然无效，从一开始即不发生法律效力。

（2）主张权利的主体不同

可撤销的民事法律行为的撤销，应由撤销权人申请，人民法院不主动干预。而无效的民事法律行为的确认，不以当事人的意志为转移，人民法院或者仲裁机构可以在诉讼或者仲裁程序中主动宣告其无效。

（3）行为效果不同

可撤销的民事法律行为的撤销权人对权利的行使拥有选择权，如果撤销权人未在法定的期限内行使撤销权的，可撤销的民事法律行为将终局有效，不得再被撤销。可撤销的民事法律行为一经撤销，则视同无效的民事法律行为，其效力溯及至行为开始，即自行为开始时无效。而无效的民事法律行为则自始无效、绝对无效。

（4）行使时间不同

可撤销的民事法律行为，其撤销权的行使有时间限制。而无效的民事法律行为不存在此种限制。

温馨小提示

可撤销的民事法律行为，在撤销前已经生效，其结局或者有效或者无效。如果撤销权人选择不撤销或者撤销权消灭，自行为开始时有效；如果被撤销，自行为开始时无效。

经典题解

【例题1·单选题】根据基本民事法律制度的规定，下列关于可撤销的民事法律行为的表述中，正确的是（　　）。（2015年）

A. 可撤销的民事法律行为一经撤销，自始无效

B. 可撤销的民事法律行为在撤销前效力待定

C. 可撤销的民事法律行为的撤销权人只能选择撤销该行为

D. 法官审理案件时发现民事法律行为具有可撤销事由的，可依职权撤销

【答案】A

【例题2·单选题】根据基本民事法律制度的规定，下列关于可撤销的民事法律行为的表述中，正确的是（　　）。（2018年）

A. 行为在撤销前已经生效

B. 撤销权可由司法机关主动行使

C. 撤销权的行使不受时间限制

D. 被撤销行为在撤销之前的效力不受影响

【答案】A

2. 可撤销的民事法律行为的种类

（1）重大误解

基于重大误解实施的民事法律行为，行为人有权请求人民法院或者仲裁机构予以撤销。

温馨小提示：误解方有撤销权。

（2）显失公平

一方利用对方处于危困状态、缺乏判断能力等情形，致使民事法律行为成立时显失公平的，受损害方有权请求人民法院或者仲裁机构予以撤销。

温馨小提示：在民事法律行为成立之后发生的情势变化，导致双方利益显失公平的，不属于可撤销的民事法律行为，而应当按照诚实信用原则处理。

（3）胁迫

一方或者第三人以胁迫手段，使对方在违背真实意思的情况下实施的民事法律行为，受胁迫方有权请求人民法院或者仲裁机构予以撤销。

【解释】受胁迫的对象可以是相对人，也可以是相对人的亲友。受胁迫的客体可以是生命、健康、荣誉、名誉、财产等。

（4）欺诈

①一方以欺诈手段，使对方在违背真实意思的情况下实施的民事法律行为，受欺诈方有权请求人民法院或者仲裁机构予以撤销。（2017年案例分析题）

②第三人实施欺诈行为，使一方在违背真实意思的情况下实施的民事法律行为，对方知道或者应当知道该欺诈行为的，受欺诈方有权请求人民法院或者仲裁机构予以撤销。

名师敲黑板：（1）对于第三人欺诈，只有相对人“知道或者应当知道”时才可以撤销；（2）对于第三人胁迫，无论相对人是否“知道或者应当知道”，均可以撤销。

【解释】欺诈是指当事人一方故意编造虚假情况或者隐瞒真实情况，使对方陷入错误而为违背自己真实意思表示的行为。

3. 撤销权的消灭

有下列情形之一的，撤销权消灭：

（1）当事人自知道或者应当知道撤销事由之日起 1 年内、重大误解的当事人自知道或者应当知道撤销事由之日起 90 日内没有行使撤销权；

（2）当事人受胁迫，自胁迫行为终止之日起 1 年内没有行使撤销权；

（3）当事人知道撤销事由后明确表示或者以自己的行为表明放弃撤销权；

（4）当事人自民事法律行为发生之日起 5 年内没有行使撤销权。

【解释 1】撤销权在性质上属于形成权，依撤销权人单方的意思表示即可产生相应的法律效力，无须相对人同意。

温馨小提示

形成权是指依照权利人单方意思表示就可以使已经成立的民事法律关系发生变化的权利。如追认权、解除权、撤销权等。

【解释 2】撤销权应依诉行使，由人民法院或者仲裁机构作出。撤销权有存续时间，该存续时间为除斥期间。

4. 法律后果

（1）无效的或者被撤销的民事法律行为自始没有法律约束力。

（2）民事法律行为部分无效，不影响其他部分效力的，其他部分仍然有效。

（3）民事法律行为无效、被撤销或者确定不发生效力后，行为人因该行为取得的财产，应当予以返还；不能返还或者没有必要返还的，应当折价补偿。有过错的一方应当赔偿对方由此所受到的损失；各方都有过错的，应当各自承担相应的责任。法律另有规定的，依照其规定。

表 2-1 可撤销的民事法律行为

<table>
<tr><th>类型</th><th>撤销权人</th><th colspan="2">撤销权的消灭</th></tr>
<tr><td>重大误解</td><td>行为人</td><td>自知道或者应当知道撤销事由之日起 90 日内没有行使撤销权</td><td rowspan="4">（1）当事人知道撤销事由后明确表示或者以自己的行为表明放弃撤销权
（2）自民事法律行为发生之日起 5 年内没有行使撤销权</td></tr>
<tr><td>显失公平</td><td>受损害方</td><td rowspan="2">自知道或者应当知道撤销事由之日起 1 年内没有行使撤销权</td></tr>
<tr><td>欺诈</td><td>受欺诈方</td></tr>
<tr><td>胁迫</td><td>受胁迫方</td><td>自胁迫行为终止之日起 1 年内没有行使撤销权</td></tr>
</table>

经典题解

【例题 1 · 多选题】根据基本民事法律制度的规定，下列各项中，属于可撤销合同的有（　　）。（2021 年）

A. 因受欺诈而订立的合同　　B. 因重大误解而订立的合同

C. 以虚假表示订立的合同　　D. 因受胁迫而订立的合同

【解析】选项 C：属于无效合同。

【答案】ABD

【例题 2 · 多选题】齐某在路边摆放一尊廉价购得的旧蟾蜍石雕，冒充玉雕等待买主。甲曾以 5000 元从齐某处买过一尊同款石雕，发现被骗后正在和齐某交涉时，乙过来询问。甲有意让乙也上当，以便讨好齐某，要回自己被骗的款项，未等齐某开口便对乙说："我之前从他这里买了一个玉雕，转手就赚了 8000 元，这个你不要我就要了。"乙信以为真，以 5000 元赶紧买下石雕。根据基本民事法律制度的规定，下列表述中，正确的有（　　）。

A. 甲有权请求人民法院或者仲裁机构撤销自己与齐某之间的买卖合同

B. 乙有权请求人民法院或者仲裁机构撤销自己与齐某之间的买卖合同

C. 乙自知道或者应当知道撤销事由之日起 1 年内没有行使撤销权的，撤销权消灭

D. 乙的撤销权自购买行为发生之日起 2 年内不行使而消灭

【解析】（1）选项 A：对于甲和齐某签订的买卖合同，一方（齐某）以欺诈手段，使对方（甲）在违背真实意思的情况下实施的民事法律行为，只有受欺诈方（甲）有权请求人民法院或者仲裁机构予以撤销；（2）选项 B：对于乙和齐某签订的买卖合同，由于第三人（甲）实施欺诈行为，使一方（乙）在违背真实意思的情况下实施的民事法律行为，对方（齐某）知道或者应当知道该欺诈行为，只有受欺诈方（乙）有权请求人民法院或者仲裁机构予以撤销，甲和齐某均无权请求人民法院或者仲裁机构予以撤销；（3）选项 C：对于欺诈行为，当事人自知道或者应当知道撤销事由之日起 1 年内没有行使撤销权的，撤销权消灭；（4）选项 D：当事人自民事法律行为发生之日起 5 年内没有行使撤销权的，撤销权消灭。

【答案】ABC

【例题 3 · 单选题】甲欲购买乙收藏的一幅名画，乙不同意。甲的朋友丙得知此事后，找到乙说："如果你不将此画卖给甲，就公布你的不雅视频"。乙被迫与甲订立买卖合同，甲对此并不知情。根据基本民事法律制度的规定，下列表述中，不正确的是（　　）。

A. 对于该民事法律行为，甲有权请求人民法院或者仲裁机构予以撤销

B. 对于该民事法律行为，乙有权请求人民法院或者仲裁机构予以撤销

C. 乙自胁迫行为终止之日起 1 年内没有行使撤销权的，撤销权消灭

D. 乙自买卖行为发生之日起 5 年内没有行使撤销权的，撤销权消灭

【解析】（1）对于第三人欺诈，只有相对人"知道或者应当知道"时才可以撤销；对于第三人胁迫，无论相对人是否"知道或者应当知道"，均可以撤销；（2）只有受胁迫方（乙）才享有撤销权，甲没有撤销权。

【答案】A

【考点 6】效力待定的民事法律行为（P29）★★★

【解释】效力待定的民事法律行为，是指民事法律行为成立时尚未生效（而非无效），须经权利人追认才能生效。追认的意思表示自到达相对人时生效。一旦追认，则民事法律行为自成立时起生效；如果权利人拒绝追认，则民事法律行为自成立时起无效。

名师敲黑板

可撤销的民事法律行为，该行为成立时已经生效，其结局或者有效或者无效。效力待定的民事法律行为，该行为成立时尚未生效，其结局或者有效或者无效。

1. 限制民事行为能力人独立实施的民事法律行为

（1）直接有效

限制民事行为能力人实施的纯获利益（如接受奖励、赠与）的民事法律行为或者与其年龄、智力、精神健康状况相适应的民事法律行为直接有效。

【相关链接】无民事行为能力人独立实施的民事法律行为无效。

（2）效力待定

限制民事行为能力人实施的其他民事法律行为经法定代理人同意或者追认后有效。

①相对人的催告权

相对人可以催告法定代理人自收到通知之日起30日内予以追认；法定代理人未作表示的，视为拒绝追认。

②相对人的撤销权

民事法律行为被追认前，善意相对人有撤销的权利。撤销应当以通知的方式作出。

温馨小提示

无论相对人是否善意均可行使催告权，但只有善意相对人才可以行使撤销权。

经典题解

【例题·多选题】王某10周岁生日时，爷爷送其价值5000元的电脑一台，奶奶送其价值5元的草帽一顶。第二天，王某未事先征得其法定代理人的同意，将电脑赠送给同学小灰灰，将草帽作价6元卖给同学小红红。根据基本民事法律制度的规定，下列关于王某行为效力的表述中，不正确的有（　　）。

A. 受赠电脑的行为效力待定　　B. 赠送电脑的行为无效

C. 受赠草帽的行为有效　　D. 出售草帽的行为有效

【解析】（1）限制民事行为能力人独立实施的纯获利益（受赠电脑、受赠草帽）的民事法律行为或者与其年龄、智力、精神健康状况相适应（买卖6元的草帽）的民事法律行为，直接有效；（2）其他民事法律行为（将5000元电脑赠送他人），属于效力待定的民事法律行为。

【答案】AB

2. 无权代理

（1）狭义的无权代理：效力待定

行为人没有代理权、超越代理权或者代理权终止后，仍然实施代理行为，未经被代理人追认的，对被代理人不发生效力。

①相对人的催告权

相对人可以催告被代理人自收到通知之日起30日内予以追认；被代理人未作表示的，视为拒绝追认。

②相对人的撤销权

行为人实施的行为被追认前，善意相对人有撤销的权利。撤销应当以通知的方式作出。

温馨小提示

无论相对人是否善意均可行使催告权，但只有善意相对人才可以行使撤销权。

【解释1】（1）追认权在性质上属于形成权，仅凭被代理人的单方意思表示就可以使效力待定的合同转化为有效合同；（2）撤销权属于形成权，但催告权不属于形成权。

【解释2】无权代理人以被代理人的名义订立合同，被代理人已经开始履行合同义务或者接受相对人履行的，视为对合同的追认。

【解释3】行为人实施的行为未被追认的：（1）善意相对人有权请求行为人履行债务或者就其受到的损害请求行为人赔偿，但是赔偿的范围不得超过被代理人追认时相对人所能获得的利益；（2）相对人知道或者应当知道行为人无权代理的，相对人和行为人按照各自的过错承担责任。

（2）表见代理：直接有效

行为人没有代理权、超越代理权或者代理权终止后，仍然实施代理行为，相对人有理由相信行为人有代理权的，代理行为有效。（2015年案例分析题）

温馨小提示

该条文需要准确理解，注意案例分析题。

【解释1】表见代理的构成要件：（1）代理人实际上无代理权；（2）相对人主观上为善意且无过失；（3）客观上有使相对人相信无权代理人具有代理权的情形；（4）相对人基于这个客观情形而与无权代理人成立民事法律行为。

【解释2】相对人有理由相信无权代理人具有代理权的情形包括但不限于：（1）被代理人对相对人表示已将代理权授予无权代理人，而实际并未授权；（2）无权代理人持有被代理人的介绍信或者盖有印章的空白合同书，使得相对人相信其有代理权；（3）代理关系终止后，被代理人未采取必要的措施而使相对人仍然相信行为人有代理权，并与之进行民事法律行为。

经典题解

【例题1·单选题】2020年3月，甲公司聘用乙为业务经理，委托其负责与丙公司的业务往来。2021年4月，甲公司将乙解聘，但未收回乙所持盖有甲公司公章的空白合同书，亦未通知丙公司。2021年5月，乙以甲公司业务经理的身份，持盖有甲公司公章的空白合同书，与丙公司签订了一份买卖合同。根据基本民事法律制度的规定，下列关于该买卖合同效力的表述中，正确的是（　　）。

A. 合同无效　　B. 合同有效

C. 合同效力待定　　D. 合同可撤销

【解析】乙的行为构成表见代理，买卖合同直接有效。

【答案】B

【例题2·单选题】甲是乙公司的采购员，已离职。丙公司是乙公司的客户，已被告知甲离职的事实，但当甲持乙公司盖章的空白合同书，以乙公司名义与丙公司洽购100吨白糖时，丙公司仍与其签订了买卖合同。根据基本民事法律制度的规定，下列表述中，正确的是（　　）。

A. 甲的行为构成无权代理，合同效力待定

B. 甲的行为构成无权代理，合同无效

C. 丙公司有权在乙公司追认合同之前，行使撤销权

D. 丙公司可以催告乙公司追认合同，如乙公司在30日内未作表示，合同有效

【解析】（1）选项AB：丙公司已经知道甲离职的事实，不属于表见代理，甲的行为构成狭义的无权代理，合同的效力待定（而非无效合同）；（2）选项C：只有善意相对人才享有撤销权，既然丙公司已经知道甲离职的事实，丙公司不能行使撤销权；（3）选项D：被代理人未作表示的，视为拒绝追认。

【答案】A

【例题3·单选题】根据基本民事法律制度的规定，下列民事法律行为中，属于效力待定的是（　　）。（2021年）

A. 孙某和李某订立演出合同，为了逃税，将实际金额为1亿元人民币的演出报酬记载为1千万元

B. 周某丧失代理权后，仍以原被代理人万某的名义与吴某订立钢材买卖合同

C. 郑甲将其手机赠与其15周岁的孙子郑丙

D. 7周岁的赵某从小卖部老板钱某处购买书包一个

【解析】(1)选项A：行为人与相对人以虚假的意思表示实施的民事法律行为无效；(2)选项B：属于狭义的无权代理，其行为效力待定；(3)选项C：限制民事行为能力人独立实施的纯获利益的民事法律行为有效；(4)选项D：无民事行为能力人独立实施的民事法律行为无效。

【答案】B

【考点7】附条件和附期限的民事法律行为(P30)★

1. 附条件的民事法律行为

(1)附生效条件的民事法律行为，自条件成就时生效。

(2)附解除条件的民事法律行为，自条件成就时失效。

(3)附条件的民事法律行为，当事人为自己的利益不正当地阻止条件成就的，视为条件已成就；不正当地促成条件成就的，视为条件不成就。

【解释1】所附条件，可以是自然现象、事件，也可以是人的行为。但应当具备下列特征：(1)必须是将来发生的事实；(2)必须是将来不确定的事实；(3)条件应当是双方当事人约定的；(4)条件必须合法。

【解释2】所附条件应当是双方当事人约定的，如果是法律规定的特定民事法律行为的成立条件，不属于此处所谓的“条件”。例如，根据《民法典》的规定，定金合同自实际交付定金时成立。交付定金是法律规定的定金合同成立的条件，不属于此处所谓的“条件”。

【解释3】下列民事法律行为不得附条件：(1)条件与行为性质相违背的，如根据《民法典》的规定，法定抵销不得附条件或者附期限；(2)条件违背社会公共利益或者社会公德的，如结婚、离婚等身份性民事法律行为，原则上不得附条件。

经典题解

【例题1·多选题】甲打算卖房，问乙是否愿买，乙一向迷信，就跟甲说：“如果明天早上7点你家屋顶上来了喜鹊，我就出10万块钱买你的房子。”甲同意。乙回家后非常后悔。第二天早上6点55分，恰有一群喜鹊停在甲家的屋顶上，乙正要将喜鹊赶走，甲不知情的儿子拿起弹弓把喜鹊打跑了，至7点再无喜鹊飞来。根据基本民事法律制度的规定，下列表述中，正确的有(　　)。

A. 甲、乙之间的合同属于附生效条件的合同

B. 甲、乙之间的合同属于附解除条件的合同

C. 所附条件未成就，乙有权拒绝履行该合同

D. 所附条件已成就，乙应当履行该合同

【解析】(1)选项AB：该合同属于附生效条件的合同；(2)选项CD：如果乙恶意阻止条件成就的(假设乙亲自动手将喜鹊打跑)，视为条件已经成就。在本题中，将喜鹊打跑的并不是乙，因此，所附条件未成就，乙有权拒绝履行该合同。

【答案】AC

【例题2·单选题】根据基本民事法律制度的规定，下列关于附条件民事法律行为所附条件的表述中，正确的是(　　)。(2017年)

A. 既可以是将来的事实，也可以是过去的事实
B. 既可以是人的行为，也可以是自然现象
C. 既可以是确定发生的事实，也可以是不确定发生的事实
D. 所附条件可以合法，也可以不合法
【答案】B

2. 附期限的民事法律行为
（1）附生效期限的民事法律行为，自期限届至时生效。
（2）附终止期限的民事法律行为，自期限届满时失效。

【解释1】所附的条件将来可能成立也可能不成立。例如，陈某与李某约定，在李某结婚时，陈某将自己的一套房屋赠与李某。该赠与行为属于附生效条件的民事法律行为。

【解释2】所附的期限可以是未来一个确定的日期（如2022年11月11日），也可以是一个不确定的日期（如雷某死亡之日），但无论是不是一个确定的日期，必然会到来。

第二单元　代理制度

使用“会计云课堂”App或“微信”扫码查看本单元视频，快速GET知识点。

【考点1】代理的概念（P32）★

1. 代理是指代理人在代理权限内，以被代理人的名义与第三人实施民事法律行为，由此产生的法律后果直接由被代理人承担的一种法律制度。

2. 依照法律规定、当事人约定或者民事法律行为的性质，应当由本人亲自实施的民事法律行为（如订立遗嘱、婚姻登记、收养子女等），不得代理。

3. 代理与行纪的区别

> 温馨小提示
> 建议考生复习完第四章的行纪合同后，再看一遍该考点。

（1）行纪人以自己的名义实施民事法律行为，而代理人以被代理人的名义实施民事法律行为。
（2）行纪的法律后果由行纪人自行承担，然后会通过其他法律关系（如委托合同）转给委托人；而代理产生的法律后果直接由被代理人承担。
（3）行纪必须为有偿民事法律行为，而代理既可以有偿，也可以无偿。

【解释】行纪是指行纪人接受他人委托以自己的名义从事商业活动的行为。拍卖公司（行纪人）与委托人之间的合同是一种典型的行纪合同。

> 温馨小提示
> 可以设想这样一个情节：A不好意思当面向B求婚，于是派自己3岁的外甥去传达。至于故事的结局，此处略去250字。

4. 代理与传达的区别
（1）传达的任务是忠实传递委托人的意思表示，传达人自己不进行意思表示，传达人不以具有民事行为能力为条件。
（2）代理人在代理权限内可以独立向第三人进行意思表示，因此代理人必须具

有相应的民事行为能力。

（3）身份行为（如结婚行为、收养行为）必须由本人亲自实施，不能代理；但身份行为可以借助传达人传递意思表示。

经典题解

【例题·单选题】根据基本民事法律制度的规定，下列关于传达的表述中，正确的是（　　）。（2019年）

A. 传达人以自己的名义为意思表示

B. 单方意思表示不能传达

C. 传达人需具备完全民事行为能力

D. 身份行为的意思表示可以传达

【解析】（1）选项A：传达人自己不进行意思表示；（2）选项B：民事法律行为可以分为单方民事法律行为、双方民事法律行为和多方民事法律行为，而意思表示没有单方意思表示、双方意思表示和多方意思表示的分类；（3）选项C：传达人应忠实传递委托人的意思表示，不以具有民事行为能力为条件。

【答案】D

【考点2】委托代理（P33）★★★

1. 委托代理是指基于被代理人授权的意思表示而发生的代理。

2. 委托授权为不要式行为，既可以采用书面形式，也可以采用口头或者其他方式授权。

> 温馨小提示
>
> 要式法律行为指法律规定应当采用某种特定形式的民事法律行为。不要式法律行为指法律没有规定必须采用某种特定形式，采用任何一种形式都可以成立的民事法律行为。

3. 委托代理中的授权行为是一种单方民事法律行为，仅凭被代理人一方的意思表示，即可发生授权的效果。被代理人的授权行为，既可以向代理人进行，也可以向相对人进行，二者效力相同。

【解释】被代理人与代理人之间的委托合同属于双方民事法律行为，但授权行为一定是单方民事法律行为。（2018年案例分析题）

4. 职务授权

执行法人或者非法人组织工作任务的人员，就其职权范围内的事项，以法人或者非法人组织的名义实施民事法律行为，对法人或者非法人组织发生效力。法人或者非法人组织对执行其工作任务的人员职权范围的限制，不得对抗善意相对人。

【相关链接】合伙企业对合伙人执行合伙事务以及对外代表合伙企业权利的限制，不得对抗善意第三人。

5. 代理权的滥用

（1）自己代理

代理人不得以被代理人的名义与自己实施民事法律行为，但是被代理人同意或者追认的除外。

（2）双方代理

代理人不得以被代理人的名义与自己同时代理的其他人实施民事法律行为，但是被代理的双方同意或者追认的除外。

（3）恶意串通

代理人和相对人恶意串通，损害被代理人合法权益的，代理人和相对人应当承担连带责任。

【案例】乙委托甲买入一台机器设备（授权价格为80～100万元），同时丙委托甲卖出一台机器设备（授权价格为80～100万元）。如果甲分别以乙、丙的名义签订了90万元的买卖合同，则甲的行为构成双方代理，因为代理人在代理权限内可以独立进行意思表示，甲分别以乙、丙的名义签订买卖合同时，很难同时最大程度地保护两个委托方的利益。自己代理与双方代理应当定性为效力待定的民事法律行为，如果经被代理人同意或者追认，该行为有效。

经典题解

【例题·多选题】乙公司有个塔吊，甲和乙公司签订了委托合同，甲代理乙公司将该塔吊出售。根据代理法律制度的规定，甲的下列行为中，属于滥用代理权的有（　　）。（2015年）

A. 甲以乙公司的名义将塔吊卖给自己

B. 甲以乙公司的名义将塔吊卖给自己代理的丙公司

C. 甲与丁公司恶意串通，将塔吊低价卖给丁公司，损害了乙公司的利益

D. 代理权被收回后，甲仍以乙公司的名义将塔吊卖给戊公司

【解析】（1）滥用代理权包括：自己代理（选项A）、双方代理（选项B）、代理人与相对人恶意串通，损害被代理人的合法权益（选项C）；（2）选项D：属于无权代理。

【答案】ABC

第三单元　诉讼时效制度

使用“会计云课堂”App或“微信”扫码查看本单元视频，快速GET知识点。

【考点1】诉讼时效的基本理论（P36）★★★

1. 诉讼时效的概念

（1）诉讼时效期间届满的，义务人可以提出不履行义务的抗辩。诉讼时效期间届满后，义务人同意履行的，不得以诉讼时效期间届满为由抗辩；义务人已经自愿履行的，不得请求返还。

（2）诉讼时效期间届满时债务人获得抗辩权，但债权人的实体权利并不消灭。

（3）权利人超过诉讼时效期间后起诉的，人民法院应当受理（起诉权并不丧失）。义务人提出诉讼时效抗辩的，人民法院查明无中止、中断、延长事由的，判决驳回权利人的诉讼请求（权利人丧失胜诉权），但权利人的实体权利并不消灭。

（4）义务人未提出诉讼时效抗辩的，人民法院不应对诉讼时效问题进行释明及

温馨小提示

不能躺在权利上睡大觉！否则，等您睡醒了，对方就可以搞事情了。

主动适用诉讼时效的规定进行裁判。

（5）当事人在一审期间未提出诉讼时效抗辩，在二审期间提出的，人民法院不予支持；但其基于新的证据能够证明对方当事人的请求权已过诉讼时效期间的情形除外。

【案例】甲公司欠乙银行的100万元贷款到期，甲公司拒绝还本付息，诉讼时效期间届满日为2021年12月31日。乙银行于2022年4月1日对甲公司提起诉讼。在本案中：（1）人民法院应当受理，乙银行并不丧失起诉权；（2）如果债务人甲公司提出诉讼时效抗辩，人民法院在确认诉讼时效期间届满的情况下，应驳回乙银行的诉讼请求，乙银行丧失胜诉权；（3）乙银行的实体权利（债权）并没有消灭，乙银行可以自己找甲公司主张债权。甲公司突然良心发现，主动还钱的，可以。但还钱后又以诉讼时效期间届满为由要求乙银行退钱的，不可以。

2. 诉讼时效具有强制性

（1）当事人对诉讼时效利益的预先放弃无效。

（2）诉讼时效的期间、计算方法以及中止、中断的事由由法律规定，当事人约定无效。

3. 下列请求权不适用诉讼时效的规定：

（1）请求停止侵害、排除妨碍、消除危险；

（2）不动产物权和登记的动产物权的权利人请求返还财产；

（3）请求支付抚养费、赡养费或者扶养费；

（4）依法不适用诉讼时效的其他请求权。

名师敲黑板

（1）登记的动产物权的权利人请求返还财产，不适用诉讼时效的规定；

（2）未登记的动产物权的权利人请求返还财产，适用诉讼时效的规定。

经典题解

【例题·单选题】出国访学的甲回国后，发现邻居乙的房屋外墙摇摇欲坠，随时可能倒向自己的房屋，更发现乙存在擅自入住自己房屋、在自己房屋门口随意倾倒垃圾、毁坏自己房屋门窗等不当行为，遂向乙提出若干请求。根据诉讼时效法律制度的规定，下列请求权中，适用诉讼时效的是（　　）。（2021年）

A. 请求乙返还房屋

B. 请求乙赔偿毁坏的门窗损失

C. 请求乙加固其随时可能倒塌的房屋外墙

D. 请求乙停止在自己房屋门口倾倒垃圾

【解析】（1）选项A：不动产物权的权利人请求返还财产，不适用诉讼时效的规定；（2）选项CD：请求停止侵害、排除妨碍、消除危险，不适用诉讼时效的规定。

【答案】B

4. 下列债权请求权不适用诉讼时效的规定：

（1）支付存款本金及利息请求权；

（2）兑付国债、金融债券以及向不特定对象发行的企业债券本息请求权；

（3）基于投资关系产生的缴付出资请求权；

（4）其他依法不适用诉讼时效规定的债权请求权。

经典题解

【例题·多选题】根据诉讼时效法律制度的规定，下列请求权中，适用诉讼时效规定的有（ ）。

A. 向特定对象发行的企业债券本息请求权

B. 向不特定对象发行的企业债券本息请求权

C. 登记的动产物权的权利人请求返还财产的权利

D. 未登记的动产物权的权利人请求返还财产的权利

【答案】AD

5. 诉讼时效期间与除斥期间

除斥期间是指法律规定某种权利预定存续的期间，如果债权人在此期间不行使权利，预定期间届满后，该权利消灭。诉讼时效期间与除斥期间的区别如下：

温馨小提示

对于可撤销的民事法律行为，当事人自民事法律行为发生之日起5年内没有行使撤销权的，撤销权消灭。该“5年”的期间为除斥期间。

（1）适用对象不同

①诉讼时效适用于债权请求权；

②除斥期间一般适用于形成权（如追认权、解除权、撤销权等），也可能适用于请求权（如受遗赠权）。

（2）可以援用的主体不同

①人民法院不能主动援用诉讼时效，诉讼时效须由当事人主张后，人民法院才能审查；

②除斥期间无论当事人是否主张，人民法院均可主动审查。

【相关链接1】可撤销的民事法律行为的撤销，应由撤销权人申请，人民法院不主动干预。

【相关链接2】无效的民事法律行为的确认，不以当事人的意志为转移，人民法院或者仲裁机构可以在诉讼或者仲裁程序中主动宣告其无效。

（3）法律效力不同

①诉讼时效届满只是让债务人取得抗辩权，债权人的实体权利并不消灭；

②除斥期间届满，实体权利消灭。

【考点2】诉讼时效的种类和起算（P37）★★★

1. 诉讼时效的种类

（1）普通诉讼时效

向人民法院请求保护民事权利的诉讼时效期间为3年。法律另有规定的，依照其规定。

【相关链接】因国际货物买卖合同和技术进出口合同争议提起诉讼或者申请仲裁的时效期间为4年。

（2）最长诉讼时效

自权利受到损害之日起超过20年的，人民法院不予保护；有特殊情况的，人民法院可以根据权利人的申请决定延长。

名师敲黑板

普通诉讼时效期间有中止、中断的问题，但不能延长；20年的最长诉讼时效期间不发生中止、中断的问题，但可以延长。

【解释】普通诉讼时效期间自权利人知道或者应当知道权利受到损害以及义务人之日起计算；法律另有规定的，依照其规定。20年的最长诉讼时效期间自权利侵害发生之日起计算。

【案例】甲公司对乙公司的权利侵害发生于2010年1月1日，适用3年的普通诉讼时效期间：（1）如果乙公司于2018年4月1日（20年之内）知道自己的权利受到侵害以及义务人，应当在2021年4月1日前对甲公司提起诉讼；（2）如果乙公司于2088年8月8日才知道自己的权利受到侵害以及义务人，由于超过了20年的最长诉讼时效期间，人民法院不予保护。

经典题解

【例题·单选题】根据诉讼时效法律制度的规定，下列关于最长诉讼时效的表述中，正确的是（　　）。（2020年）

A. 最长诉讼时效期间为20年

B. 最长诉讼时效期间从权利人知道或者应当知道权利被侵害时起算

C. 最长诉讼时效期间可中止、中断

D. 最长诉讼时效期间不可延长

【答案】A

2. 诉讼时效期间的起算

（1）无民事行为能力人或者限制民事行为能力人对其法定代理人的请求权，诉讼时效期间自该法定代理终止之日起算。

（2）未成年人遭受性侵害的损害赔偿请求权的诉讼时效期间，自受害人年满18周岁之日起算。

（3）附条件或者附期限的债的请求权，从条件成就或者期限届满之日起算。

（4）约定有履行期限的债的请求权，从清偿期限届满之日起算；当事人约定同一债务分期履行的，诉讼时效期间从最后一期履行期限届满之日起计算。

（5）未约定履行期限或者履行期限不明确的债的请求权，依照《民法典》的规定可以确定履行期限的，诉讼时效期间从履行期限届满之日起计算；不能确定履行期限的，诉讼时效期间从债权人要求债务人履行义务的宽限期届满之日起计算，但债务人在债权人第一次向其主张权利之时明确表示不履行义务的，诉讼时效期间从债务人明确表示不履行义务之日起计算。

（6）请求他人不作为的债权请求权，应当自权利人知道义务人违反不作为义务时起算。

（7）国家赔偿的诉讼时效的起算，自赔偿请求人知道或者应当知道国家机关及其工作人员行使职权时的行为侵犯其人身权、财产权之日起计算，但被羁押等限制人身自由期间不计算在内。

经典题解

【例题·单选题】根据诉讼时效法律制度的规定，下列关于诉讼时效期间起算的表述中，正确的是（　　）。（2017年）

A. 当事人约定同一债务分期履行的，从最后一期履行期限届满之日起算

B. 附条件或者附期限的合同的债权请求权，从合同成立之日起算

C. 请求他人不作为的债权请求权，自义务人违反不作为义务时起算

D. 国家赔偿的，自国家机关及其工作人员实施违法行为时起算

【答案】A

温馨小提示

考生应准确区分诉讼时效中止、中断的情形，注意多选题。

【考点3】诉讼时效的中止（P38）★★★

1. 诉讼时效中止的事由

在诉讼时效期间的最后6个月内，因下列障碍，不能行使请求权的，诉讼时效中止：

（1）不可抗力；

（2）无民事行为能力人或者限制民事行为能力人没有法定代理人，或者法定代理人死亡、丧失民事行为能力、丧失代理权；

（3）继承开始后未确定继承人或者遗产管理人；

（4）权利人被义务人或者其他人控制；

（5）其他导致权利人不能行使请求权的障碍。

2. 诉讼时效中止的时间

自中止时效的原因消除之日起满6个月，诉讼时效期间届满。

【解释】在20年的最长诉讼时效期间内，诉讼时效中止的持续时间没有限制。

【案例】假设甲公司对乙公司的诉讼时效期间为2019年1月1日～2022年1月1日：（1）如果2021年3月1日发生地震，4月1日障碍消除。由于不可抗力发生在最后6个月之前，不能中止诉讼时效的进行，诉讼时效期间仍为原来的期间；（2）如果2021年8月1日发生地震，9月1日障碍消除。自诉讼时效中止的原因消除之日（2021年9月1日）起满6个月，诉讼时效期间届满。

【考点4】诉讼时效的中断事由（P39）★★★

1. 基本规定

有下列情形之一的，诉讼时效中断，从中断、有关程序终结时起，诉讼时效期间重新计算：

（1）权利人向义务人提出履行请求；

（2）义务人同意履行义务；

（3）权利人提起诉讼或者申请仲裁；

（4）与提起诉讼或者申请仲裁具有同等效力的其他情形。

温馨小提示

诉讼时效的中止，类似于按下计时器的“暂停键”；诉讼时效的中断，类似于按下计时器的“清零键”。

【解释】中断事由发生后，已经经过的诉讼时效期间归零。诉讼时效的中断如果是一个时间点，则从该时间点重新起算；诉讼时效的中断如果是一个程序，则从有关程序终结时重新起算。

2. 权利人向义务人提出履行请求

具有下列情形之一的，应当认定“权利人向义务人提出履行请求”：

（1）当事人一方直接向对方当事人送交主张权利文书，对方当事人在文书上签名、盖章、按指印或者虽未签名、盖章、按指印但能够以其他方式证明该文书到达对方当事人的。

【解释】（1）对方当事人为法人或其他组织的，签收人可以是其法定代表人、主要负责人、负责收发信件的部门或者被授权主体；（2）对方当事人为自然人的，签收人可以是本人、同住的具有完全民事行为能力的亲属或者被授权主体。

（2）当事人一方以发送信件或者数据电文方式主张权利，信件或者数据电文到达或者应当到达对方当事人的。

（3）当事人一方为金融机构，依照法律规定或者当事人约定从对方当事人账户中扣收欠款本息的。

（4）当事人一方下落不明，对方当事人在国家级或者下落不明的当事人一方住所地的省级有影响的媒体上刊登具有主张权利内容的公告的，但法律和司法解释另有特别规定的，适用其规定。

（5）权利人对同一债权中的部分债权主张权利，诉讼时效中断的效力及于剩余债权，但权利人明确表示放弃剩余债权的情形除外。

3. 义务人同意履行义务

义务人作出分期履行、部分履行、提供担保、请求延期履行、制定清偿债务计划等承诺或者行为的，应当认定为“义务人同意履行义务”。

4. 权利人提起诉讼或者申请仲裁

（1）当事人一方向人民法院提交起诉状或者口头起诉的，诉讼时效从提交起诉状或者口头起诉之日起中断。

（2）权利人向人民调解委员会以及其他依法有权解决相关民事纠纷的国家机关、事业单位、社会团体等社会组织提出保护相应民事权利的请求，诉讼时效从提出请求之日起中断。

（3）权利人向公安机关、人民检察院、人民法院报案或者控告，请求保护其民事权利的，诉讼时效从其报案或者控告之日起中断。

（4）上述机关决定不立案、撤销案件、不起诉的，诉讼时效期间从权利人知道或者应当知道不立案、撤销案件、不起诉之日起重新计算。

5. 下列事项与提起诉讼或者申请仲裁具有同等的中断效力：

（1）申请支付令；

（2）申请破产、申报破产债权；

（3）为主张权利而申请宣告义务人失踪或者死亡；

（4）申请诉前财产保全、诉前临时禁令等诉前措施；

（5）申请强制执行；

（6）申请追加当事人或者被通知参加诉讼；

（7）在诉讼中主张抵销。

6. 诉讼时效中断的其他情形

（1）对于连带债权人、连带债务人中的一人发生诉讼时效中断效力的事由，应当认定对其他连带债权人、连带债务人也发生诉讼时效中断的效力。

（2）债权人提起代位权诉讼的，应当认定对债权人的债权和债务人的债权均发生诉讼时效中断的效力。

温馨小提示

第四章会涉及“代位权诉讼”的内容，先别着急。

（3）债权转让的，应当认定诉讼时效从债权转让通知到达债务人之日起中断。

【案例】债务人甲公司拒绝清偿乙银行的到期贷款100万元（诉讼时效期间为2020年1月1日～2023年1月1日）。2022年4月1日，债权人乙银行与丙银行达成债权转让协议。2022年4月10日，债权转让通知送达甲公司。在本案中：（1）乙银行与丙银行之间的债权转让协议于2022年4月1日成立并生效；（2）该债权转让于2022年4月10日对甲公司发生效力（债权转让不以债务人的同意为生效条件，但要对债务人发生效力，则必须通知债务人）；（3）如果甲公司拒绝向丙银行清偿债务，则丙银行对甲公司提起诉讼的诉讼时效期间为3年，自2022年4月10日（债权转让通知到达债务人之日）重新计算。

（4）债务承担情形下，构成原债务人对债务承认的，应当认定诉讼时效从债务承担意思表示到达债权人之日起中断。

温馨小提示

第（3）（4）的关键词都是“到达”，您发现了吗？

【案例】债务人甲公司拒绝清偿乙银行的到期贷款100万元（诉讼时效期间为2020年1月1日～2023年1月1日）。2022年4月1日，甲公司拟将100万元的债务转移给丙公司，双方签订了书面协议。2022年4月10日，甲公司将该事项书面通知乙银行，请求乙银行予以同意（债务人将债务全部或者部分转让给第三人的，应当经债权人同意）。在本案中，如果该事项经乙银行同意，新债务人丙公司向乙银行清偿债务之后，就谈不上诉讼的问题了；如果新债务人丙公司拒绝向乙银行清偿债务，则乙银行对丙公司提起诉讼的诉讼时效期间为3年，自2022年4月10日重新计算（在4月10日的通知中，甲公司承认自己欠乙银行的钱，但请求由丙公司来偿还，可以理解为“义务人同意履行义务”，应当认定诉讼时效自该意思表示到达债权人之日起中断）。

经典题解

【例题1·单选题】根据诉讼时效法律制度的规定，下列各项中，属于诉讼时效中止事由的是（　　）。（2016年）

A. 申请仲裁

B. 权利被侵害的无民事行为能力人没有法定代理人

C. 申请宣告义务人死亡

D. 申请支付令

【解析】选项ACD：属于诉讼时效中断的事由。

【答案】B

【例题2·多选题】根据诉讼时效法律制度的规定，下列各项中，导致诉讼时效中断的有（　　）。（2017年）

A. 申请强制执行　　B. 申请仲裁

C. 在诉讼中主张抵销　　D. 申请追加当事人

【答案】ABCD

【例题3·多选题】根据诉讼时效法律制度的规定，下列各项中，属于诉讼时效中断事由的有（　　）。（2019年）

A. 债权人发送催收信件到达债务人　　B. 债务人向债权人请求延期履行

C. 债权人申请诉前财产保全　　D. 债务人向债权人承诺提供担保

【答案】ABCD

【例题4·多选题】根据诉讼时效法律制度的规定，下列各项中，致使诉讼时效中断的有（　　）。（2021年）

A. 义务人同意履行义务　　B. 权利人提起诉讼

C. 权利人申请仲裁　　D. 权利人向义务人提出履行请求

【答案】ABCD

本章小结

下载"会计云课堂"App学习

您已成功完成"第二章"的学习，本章共13个考点，您都学会了吗？

为了让您对章节有更清晰的理解，加倍巩固。本书作者郭守杰老师将通过**"视频导图课"**的方式，带您回顾重要考点。

名师点拨，视听结合，高效提分。

※ 欢迎您扫码，免费观看学习。

同步强化练习题

使用"会计云课堂"App或"微信"扫码快速做题、对答案、看解析、掌握解题思路，开启轻松过关之旅。

一、单项选择题

1. 根据基本民事法律制度的规定，下列关于意思表示的表述中，不正确的是（　　）。

A. 所有单方民事法律行为均为无相对人的意思表示

B. 继承开始后，继承人放弃继承的，应当在遗产处理前，以书面形式作出放弃继承的表示；没有表示的，视为接

受继承
C. 以非对话方式作出的意思表示，到达相对人时生效
D. 以公告方式作出的意思表示，公告发布时生效

2. 根据基本民事法律制度的规定，下列关于无效民事法律行为的表述中，不正确的是（　　）。
A. 从行为开始时就没有法律约束力
B. 不论当事人是否主张，是否知道，该民事法律行为当然无效
C. 不论是否经过人民法院或者仲裁机构的确认，该民事法律行为当然无效
D. 可以通过当事人的行为进行补正

3. 根据基本民事法律制度的规定，下列关于可撤销的民事法律行为的表述中，不正确的是（　　）。
A. 该行为在撤销前已经生效
B. 可撤销的民事法律行为的撤销，应由撤销权人申请撤销，人民法院不主动干预
C. 撤销权的行使不受时间限制
D. 可撤销的民事法律行为一经撤销，自行为开始时无效

4. 根据基本民事法律制度的规定，当事人一方受胁迫实施民事法律行为，依法行使撤销权的，应自胁迫行为终止之日起一定期限内行使。该期限为（　　）。
A. 90日　　B. 1年
C. 3年　　D. 5年

5. 根据基本民事法律制度的规定，下列关于可撤销的民事法律行为的表述中，不正确的是（　　）。
A. 撤销权应依诉行使，向人民法院或者仲裁机构提出
B. 撤销权在性质上属于形成权
C. 当事人自民事法律行为发生之日起5年内没有行使撤销权，撤销权消灭
D. 重大误解的当事人自知道或者应当知道撤销事由之日起6个月内没有行使撤销权的，撤销权消灭

6. 甲欲购买乙收藏的一件古董，乙不同意。甲的朋友丙得知此事后，找到乙说："如果你不将此古董卖给甲，就公布你的不雅视频"。乙被迫与甲订立买卖合同。甲对丙的所作所为并不知情。根据基本民事法律制度的规定，该民事法律行为的效力为（　　）。
A. 无效　　B. 效力待定
C. 有效　　D. 可撤销

7. 甲向乙兜售毒品时，虽然提供了真实的毒品作为样品，但实际交付的却是面粉。根据基本民事法律制度的规定，下列关于该民事法律行为效力的表述中，正确的是（　　）。
A. 无效　　B. 可撤销
C. 有效　　D. 效力待定

8. 7周岁的张某未经其法定代理人同意，将一台价值5000元的笔记本电脑赠与同学李某。根据基本民事法律制度的规定，该赠与合同的效力是（　　）。
A. 有效　　B. 无效
C. 可撤销　　D. 效力待定

9. 8周岁的张某未经其法定代理人的同意，将一台价值5000元的笔记本电脑赠与同学李某。根据基本民事法律制度的规定，该赠与行为的效力是（　　）。
A. 有效　　B. 无效
C. 可撤销　　D. 效力待定

10. 15周岁的小林参加中学生科技创意大赛，其作品"厨房定时器"获得组委会奖励。张某对此非常感兴趣，现场支付给小林5万元，买下该作品的制作方法。根据基本民事法律制度的规定，下列关于该合同效力的表述中，正确的是（　　）。

A. 该合同可撤销，因小林是限制民事行为能力人
B. 该合同无效，因小林是限制民事行为能力人
C. 该合同有效，因该合同对小林而言是纯获利益的
D. 该合同效力待定，因需要由小林的法定代理人决定是否追认

11. 下列关于民事行为能力的表述中，不正确的是（　　）。
A. 6 周岁的赵某将其家中价值 2000 元的玩具赠与同学的行为无效
B. 10 周岁的孙某接受其父亲同事赠与的 200 元红包，必须征得孙某法定代理人的同意
C. 12 周岁的李某单独购买价格为 10 元的练习册的法律行为有效
D. 25 周岁的钱某不能辨认自己的行为，用价值 5000 元的手机换取 1 颗棒棒糖的法律行为无效

12. 下列行为中，不属于可撤销的民事法律行为的是（　　）。
A. 李某误以为赵某的镀金表为纯金表而花高价购买
B. 陈某受王某胁迫与其签订房屋租赁合同
C. 刘某超越代理权以甲公司的名义与乙公司签订买卖合同
D. 孙某受蔡某欺诈与其签订买卖合同

13. 甲为乙公司业务员，负责某小区的订奶业务多年，每月月底在小区摆摊，更新订奶户并收取下月订奶款。2022 年 4 月 29 日，甲从乙公司辞职。4 月 30 日，甲仍照常前往小区摆摊收取订奶款，订奶户不知内情，照例交款，甲亦如常开出盖有乙公司公章的订奶款收据，之后甲下落不明。根据基本民事法律制度的规定，下列表述中，正确的是（　　）。
A. 甲的行为构成无权处分，应由乙公司向订奶户承担损害赔偿责任后，再向甲追偿
B. 甲的行为构成狭义无权代理，应由甲向订奶户承担损害赔偿责任
C. 甲的行为与乙公司无关，应由甲向订奶户承担合同履行义务
D. 甲的行为构成表见代理，应由乙公司向订奶户承担合同履行义务

14. 孙某与赵某约定，赵某若于年内结婚，孙某将把其名下一套房屋借给赵某使用 1 年。根据基本民事法律制度的规定，该约定的性质是（　　）。
A. 附期限的民事法律行为
B. 附条件的民事法律行为
C. 单方民事法律行为
D. 不属于民事法律行为

15. 根据基本民事法律制度的规定，下列民事法律行为中，属于附条件民事法律行为的是（　　）。
A. 钱某承诺如果郑某考上研究生，则赠与郑某一部手机
B. 孙某承诺在其去世后将生前收藏的一幅名画赠与张某
C. 赵某和王某订立赠与合同，约定合同自签订之日起两个月后生效
D. 李某承诺 2021 年 10 月 1 日赠与周某一台电脑

16. 根据代理法律制度的规定，下列行为中，可以由他人代理实施的是（　　）。
A. 婚姻登记
B. 签订收养子女协议
C. 签订房屋租赁合同
D. 订立遗嘱

17. 下列关于代理与行纪的表述中，不正确的是（　　）。
A. 行纪人以自己的名义实施民事法律行为

B. 代理人以被代理人的名义实施民事法律行为
C. 代理的法律效果直接归属被代理人享有
D. 代理与行纪均为有偿民事法律行为

18. 根据代理法律制度的规定，下列关于委托代理的表述中，不正确的是（　　）。
A. 委托代理中的授权行为属于单方民事法律行为
B. 代理人与被代理人订立委托代理合同属于单方民事法律行为
C. 委托授权为不要式行为，既可以采用书面形式，也可以采用口头或者其他方式授权
D. 被代理人的授权行为，既可以向代理人进行，也可以向相对人进行，二者效力相同

19. 甲公司授予乙公司代理权，委托乙公司向丙公司采购货物。乙公司和丙公司串通，乙公司以甲公司的名义从丙公司购进的货物质次价高，致使甲公司遭受严重的经济损失。根据代理法律制度的规定，下列关于甲公司损失承担的表述中，正确的是（　　）。
A. 甲公司的损失应当由甲公司和乙公司平均分担
B. 甲公司的损失应当由乙公司和丙公司承担连带赔偿责任
C. 甲公司的损失应当由乙公司和丙公司承担按份赔偿责任
D. 甲公司的损失应当由乙公司承担全部赔偿责任

20. 根据诉讼时效法律制度的规定，下列关于诉讼时效期间届满法律效力的表述中，不正确的是（　　）。
A. 诉讼时效期间届满后，权利人丧失胜诉权
B. 诉讼时效期间届满后，权利人的实体权利归于消灭
C. 诉讼时效期间届满后，当事人起诉的，人民法院应当受理
D. 诉讼时效期间届满后，义务人同意履行的，不得以诉讼时效期间届满为由抗辩

21. 根据诉讼时效法律制度的规定，下列权利中，属于诉讼时效适用对象的是（　　）。
A. 支付存款本金及利息请求权
B. 基于投资关系产生的缴付出资请求权
C. 未登记的动产物权的权利人请求返还财产的权利
D. 登记的动产物权的权利人请求返还财产的权利

22. 根据诉讼时效法律制度的规定，下列请求权中，适用诉讼时效的是（　　）。
A. 甲公司请求乙公司停止侵害
B. 张某请求丙银行支付存款本金
C. 丁公司要求股东李某缴付出资
D. 王某要求戊公司支付加工费用

23. 根据诉讼时效法律制度的规定，因国际货物买卖合同和技术进出口合同争议提起诉讼或者申请仲裁的时效期间为（　　）。
A. 2年　　B. 3年
C. 4年　　D. 5年

24. 根据诉讼时效法律制度的规定，下列关于诉讼时效期间起算的表述中，不正确的是（　　）。
A. 当事人约定同一债务分期履行的，诉讼时效期间自第一期履行期限届满之日起算
B. 附条件之债的诉讼时效期间，自该条件成就之日起计算
C. 赔偿请求人请求国家赔偿的诉讼时效期间，自其知道或者应当知道国家机关及其工作人员行使职权时的行为侵犯其人身权、财产权之日起算
D. 不作为义务之债的诉讼时效期间，自债权人知道或者应当知道债务人作为之日开始计算

25. 根据诉讼时效法律制度的规定，下列情形中，导致诉讼时效中止的是（　　）。
A. 债权人向人民法院申请支付令
B. 债务人向债权人请求延期履行
C. 未成年债权人的监护人在一次事故中遇难，尚未确定新的监护人
D. 债权人向人民法院申请债务人破产

26. 根据诉讼时效法律制度的规定，下列关于诉讼时效中断的表述中，正确的是（　　）。
A. 甲欠乙10万元到期未还，乙要求甲先清偿8万元，乙的行为仅导致8万元债务诉讼时效中断
B. 甲和乙对丙因共同侵权而需承担连带赔偿责任10万元，丙要求甲承担8万元，丙的行为导致甲和乙对丙负担的连带债务诉讼时效均中断
C. 乙欠甲10万元到期未还，丙欠乙10万元到期未还，甲对丙提起代位权诉讼，甲的行为不会导致丙对乙的债务诉讼时效中断
D. 乙欠甲10万元，甲将该债权转让给丙，自甲与丙签订债权转让协议之日起，乙的10万元债务诉讼时效中断

二、多项选择题

1. 根据基本民事法律制度的规定，下列各项中，属于单方民事法律行为的有（　　）。
A. 授予代理权
B. 抛弃动产
C. 无权代理的追认
D. 订立遗嘱

2. 根据基本民事法律制度的规定，下列各项中，属于有相对人的意思表示的有（　　）。
A. 抛弃动产
B. 设立遗嘱
C. 无权代理的追认
D. 授予代理权

3. 根据基本民事法律制度的规定，下列关于意思表示的表述中，正确的有（　　）。
A. 无相对人的意思表示，表示完成时生效，法律另有规定的除外
B. 以对话方式作出的意思表示，相对人知道其内容时生效
C. 以非对话方式作出的意思表示，到达相对人时生效
D. 以公告方式作出的意思表示，公告发布时生效

4. 根据基本民事法律制度的规定，下列关于负担行为与处分行为的表述中，正确的有（　　）。
A. 负担行为产生的是债法上的法律效果
B. 负担行为中的给付义务既可以是作为的，也可以是不作为的
C. 负担行为中的权利人可以享有要求履行的请求权
D. 处分行为是直接导致权利发生变动的民事法律行为

5. 根据基本民事法律制度的规定，下列各项中，属于无效民事法律行为的有（　　）。
A. 6周岁的钱某将自己的电话手表赠与赵某
B. 宋某以泄露王某隐私为由，胁迫王某以超低价格将祖传古董卖给自己
C. 张某以高于市场价30%的价格将房屋出售给李某
D. 甲公司代理人刘某与乙公司负责人串通，以甲公司名义向乙公司购买质次价高的商品

6. 根据基本民事法律制度的规定，下列各项中，属于可撤销的民事法律行为的有（　　）。
A. 甲医院以国产假肢冒充进口假肢，高价卖给乙
B. 某照相机实际价格为7998元，营业员赵某误看成1998元卖给王某
C. 7周岁的图图自己决定将10000元的

压岁钱捐赠给希望工程

D. 丙落水，请求路过的丁施救，丁趁机提出以低价收购丙收藏的一幅名画，丙无奈与丁签订了买卖合同

7. 乙公司以国产牛肉为样品，谎称美国进口牛肉，与甲公司签订了买卖合同，后甲公司得知该事实。此时恰逢美国流行疯牛病，美国进口牛肉滞销，国产牛肉价格上涨。根据基本民事法律制度的规定，下列表述中，正确的有（　　）。

A. 甲公司有权自知道样品为国产牛肉之日起1年内主张撤销该合同

B. 乙公司有权自合同成立之日起5年内主张撤销该合同

C. 甲公司有权决定履行该合同，乙公司无权拒绝履行

D. 在甲公司决定撤销该合同之前，该合同的效力待定

8. 甲是乙公司的采购员，已离职。丙公司是乙公司的客户，已被告知甲离职的事实，但当甲持乙公司盖章的空白合同书，以乙公司的名义与丙公司洽购100吨白糖时，丙公司仍与其签订了买卖合同。之后，丙公司催告乙公司自接到通知之日起30日内对该合同予以追认。根据代理法律制度的规定，下列表述中，不正确的有（　　）。

A. 丙公司没有催告权

B. 在乙公司追认合同之前，丙公司可以行使撤销权

C. 如果乙公司在30日内未作表示，合同有效

D. 如果乙公司拒绝追认，丙公司有权请求甲履行合同或者就其受到的损害请求甲赔偿

9. 根据诉讼时效法律制度的规定，当事人对下列债权请求权提出诉讼时效抗辩，人民法院不予支持的有（　　）。

A. 支付存款本息请求权

B. 兑付国债本息请求权

C. 兑付金融债券本息请求权

D. 基于投资关系产生的缴付出资请求权

10. 根据诉讼时效法律制度的规定，下列关于除斥期间的表述中，正确的有（　　）。

A. 除斥期间一般适用于形成权

B. 除斥期间无论当事人是否主张，人民法院均可主动审查

C. 除斥期间届满，实体权利消灭

D. 除斥期间届满，实体权利并不消灭

11. 根据民事法律制度的规定，下列表述中，正确的有（　　）。

A. 无效民事法律行为的确认，不以当事人的意志为转移，人民法院或者仲裁机构可以在诉讼或者仲裁程序中主动宣告其无效

B. 可撤销的民事法律行为的撤销，应由撤销权人申请，人民法院不主动干预

C. 当事人未提出诉讼时效抗辩，人民法院不应对诉讼时效问题进行释明及主动适用诉讼时效的规定进行裁判

D. 除斥期间无论当事人是否主张，人民法院均可主动审查

12. 根据诉讼时效法律制度的规定，下列关于诉讼时效期间起算的表述中，正确的有（　　）。

A. 当事人约定同一债务分期履行的，诉讼时效期间从最后一期履行期限届满之日起计算

B. 未成年人遭受性侵害的损害赔偿请求权的诉讼时效期间，自受害人年满18周岁之日起算

C. 无民事行为能力人或者限制民事行为能力人对其法定代理人的请求权，诉讼时效期间自该法定代理终止之日起算

D. 请求他人不作为的债权请求权，自权利人知道义务人违反不作为义务时起算

13. 根据诉讼时效法律制度的规定，下列各项中，属于诉讼时效中断事由的有（　　）。
A. 权利受到侵害的无民事行为能力人的法定代理人死亡
B. 继承开始后未确定继承人或者遗产管理人
C. 权利人申请强制执行
D. 权利人申请义务人破产

14. 根据诉讼时效法律制度的规定，下列情形中，导致诉讼时效中断的有（　　）。
A. 债权人向人民法院申请对债务人的财产实施诉前财产保全
B. 债务人否认对债权人负有债务
C. 债权人向人民法院申请债务人破产，但被人民法院驳回
D. 债权人向人民调解委员会请求调解

15. 王某借给李某1000万元，李某未按期还本付息。根据诉讼时效法律制度的规定，在诉讼时效期间内发生的下列情形中，能够导致诉讼时效期间中断的有（　　）。
A. 李某向王某请求延期还款
B. 李某向王某作出分期履行的承诺
C. 李某向王某提供履行担保
D. 李某向王某还款100万元

16. 甲向乙借款100万元，借款到期后甲分文未还。根据诉讼时效法律制度的规定，在诉讼时效期间内发生的下列情形中，能够引起诉讼时效中断的有（　　）。
A. 乙在大街上碰到甲，甲向乙表示将在3日内先支付约定的利息
B. 乙以特快专递发送催款函件给甲，甲签收后未拆封
C. 乙遇到车祸，变成了植物人，且没有法定代理人
D. 乙向人民法院申请支付令

同步强化练习题参考答案及解析

使用“会计云课堂”App或“微信”扫码对答案、看解析、掌握解题思路，开启轻松过关之旅。

一、单项选择题

1.【答案】A
【解析】选项A：并非所有的单方民事法律行为都属于无相对人的意思表示，如撤销权的行使、法定代理人的追认等单方民事法律行为，属于有相对人的意思表示。

2.【答案】D
【解析】选项D：无效的民事法律行为绝对不发生法律效力，不能通过当事人的行为进行补正。

3.【答案】C
【解析】选项C：可撤销的民事法律行为，其撤销权的行使有时间限制。

4.【答案】B

5.【答案】D

【解析】选项D：重大误解的当事人自知道或者应当知道撤销事由之日起90日内没有行使撤销权的，撤销权消灭。

6.【答案】D

【解析】(1)如果是第三人欺诈，只有甲“知道或者应当知道”时才可以撤销；(2)如果是第三人胁迫(丙的行为构成胁迫),无论甲是否“知道或者应当知道”，均可以撤销。

7.【答案】A

【解析】合同中约定的标的物属于违法标的物，不论实际交付的是不是毒品，该买卖合同在订立时都是无效的。

8.【答案】B

【解析】无民事行为能力人独立实施的民事法律行为无效。

9.【答案】D

【解析】8周岁的张某属于限制民事行为能力人，未经其法定代理人同意，将价值5000元的笔记本电脑赠与同学李某，不属于纯获利益的民事法律行为或者与其年龄、智力、精神健康状况相适应的民事法律行为，该民事法律行为的效力待定。

10.【答案】D

【解析】15周岁的小林属于限制民事行为能力人，将其“厨房定时器”的制作方法作价5万元卖给张某，并非纯获利益，合同的效力待定。

11.【答案】B

【解析】(1)选项AD：赵某年龄不足8周岁、钱某不能辨认自己的行为，二者均属于无民事行为能力人，无民事行为能力人独立实施的民事法律行为无效；(2)选项B：孙某属于限制民事行为能力人，限制民事行为能力人独立实施的纯获利益的民事法律行为，直接有效，不必征得其法定代理人的同意；(3)选项C：李某属于限制民事行为能力人，限制民事行为能力人独立实施的与其年龄、智力、精神健康状况相适应的民事法律行为，直接有效。

12.【答案】C

【解析】(1)选项A：行为人(李某)对行为内容有重大误解，属于可撤销的民事法律行为；(2)选项B：一方(王某)以胁迫手段，使对方在违背真实意思的情况下实施的民事法律行为，受胁迫方(陈某)有权请求人民法院或者仲裁机构予以撤销；(3)选项C：构成狭义的无权代理，属于效力待定的民事法律行为；(4)选项D：一方(蔡某)以欺诈手段，使对方在违背真实意思的情况下实施的民事法律行为，受欺诈方(孙某)有权请求人民法院或者仲裁机构予以撤销。

13.【答案】D

14.【答案】B

【解析】选项CD：孙某与赵某的约定属于双方民事法律行为。

15.【答案】A

【解析】条件不一定会成就，而期限一定会届至：(1)选项A：“考上研究生”不一定会成就，属于附条件；(2)选项BCD：均属于一定会届至的期限。

16.【答案】C

【解析】依照法律规定、当事人约定或者民事法律行为的性质，应当由本人亲自实施的民事法律行为(如订立遗嘱、婚姻登记、收养子女等)，不得代理。

17.【答案】D

【解析】选项D：行纪必须为有偿民事法律行为，而代理既可以有偿，也可以无偿。

18.【答案】B

【解析】选项AB：订立委托代理合同属于双方民事法律行为，但授权行为一定是单方民事法律行为。

19.【答案】B

【解析】代理人和相对人恶意串通，损害被代理人合法权益的，代理人（乙公司）和相对人（丙公司）应当承担连带责任。

20.【答案】B

21.【答案】C

【解析】(1)登记的动产物权的权利人请求返还财产，不适用诉讼时效的规定；(2)未登记的动产物权的权利人请求返还财产，适用诉讼时效的规定。

22.【答案】D

23.【答案】C

24.【答案】A

【解析】选项A：当事人约定同一债务分期履行的，诉讼时效期间自最后一期履行期限届满之日起算。

25.【答案】C

【解析】选项ABD：属于诉讼时效中断的事由。

26.【答案】B

【解析】(1)选项A：权利人对同一债权的部分债权（8万元）主张权利，诉讼时效中断的效力及于剩余债权（2万元），但权利人明确表示放弃剩余债权的情形除外；(2)选项B：对于连带债权人、连带债务人中的一人发生诉讼时效中断效力的事由，应当认定对其他连带债权人、连带债务人也发生诉讼时效中断的效力；(3)选项C：债权人提起代位权诉讼的，应当认定对债权人的债权和债务人的债权均发生诉讼时效中断的效力；(4)选项D：债权转让的，应当认定诉讼时效从债权转让通知到达债务人之日起中断。

二、多项选择题

1.【答案】ABCD

2.【答案】CD

【解析】(1)选项AB：属于“无相对人的意思表示”；(2)选项CD：属于“有相对人的意思表示”。

3.【答案】ABCD

4.【答案】ABCD

5.【答案】AD

【解析】(1)选项A：无民事行为能力人独立实施的民事法律行为无效；(2)选项B：一方以胁迫手段，使对方在违背真实意思的情况下实施的民事法律行为，受胁迫方有权请求人民法院或者仲裁机构予以撤销；(3)选项C：属于有效的民事法律行为；(4)选项D：行为人与相对人恶意串通，损害他人合法权益的民事法律行为无效。

6.【答案】ABD

【解析】(1)选项A：一方以欺诈手段，使对方在违背真实意思的情况下实施的民事法律行为，受欺诈方（乙）有权请求人民法院或者仲裁机构予以撤销；(2)选项B：基于重大误解实施的民事法律行为，行为人（赵某）有权请求人民法院或者仲裁机构予以撤销；(3)选项C：无民事行为能力人独立实施的民事法律行为无效；(4)选项D：一方利用对方处于危困状态、缺乏判断能力等情形，致使民事法律行为成立时显失公平的，受损害方（丙）有权请求人民法院或者仲裁机构予以撤销。

7.【答案】AC

【解析】（1）选项 B：只有受欺诈方（甲公司）有撤销权，乙公司没有撤销权；（2）选项 CD：可撤销的民事法律行为在撤销前已经生效，在被撤销之前，其法律效果可以对抗除撤销权人（甲公司）以外的任何人。

8.【答案】ABCD

【解析】（1）选项 A：无论相对人是否善意均可行使催告权；（2）选项 B：只有善意相对人才可以行使撤销权，由于丙公司已被告知甲离职的事实，不属于善意相对人，丙公司不享有撤销权；（3）选项 C：被代理人在 30 日内未作表示的，视为拒绝追认，合同无效；（4）选项 D：如果乙公司拒绝追认，由于丙公司知道甲无权代理，丙公司和甲应按照各自的过错承担责任。

9.【答案】ABCD

10.【答案】ABC

11.【答案】ABCD

12.【答案】ABCD

13.【答案】CD

【解析】选项 AB：属于诉讼时效中止的事由。

14.【答案】ACD

【解析】（1）选项 B：义务人同意履行义务，才导致诉讼时效中断；如果债务人否认对债权人负有债务，不能引起诉讼时效的中断；（2）选项 C：债权人申请债务人破产，即导致诉讼时效中断（破产申请被人民法院驳回后，债权人可以继续对债务人提起民事诉讼，诉讼时效期间从申请破产之日起中断）。

15.【答案】ABCD

【解析】义务人作出分期履行、部分履行、提供担保、请求延期履行、制定清偿债务计划等承诺或者行为的，应当认定为“义务人同意履行义务”，导致诉讼时效中断。

16.【答案】ABD

【解析】（1）选项 A：义务人作出分期履行、部分履行、提供担保、请求延期履行、制定清偿债务计划等承诺或者行为的，应当认定为“义务人同意履行义务”，导致诉讼时效中断；（2）选项 B：当事人一方以发送信件或者数据电文方式主张权利，信件或者数据电文到达或者应当到达对方当事人的（甲已经签收），应当认定为“权利人向义务人提出履行请求”，导致诉讼时效中断；（3）选项 C：权利被侵害的无民事行为能力人、限制民事行为能力人没有法定代理人的，导致诉讼时效的中止（而非中断）。

第三章　物权法律制度

CHAPTER-3

本章考情分析

在最近3年的考试中，本章的平均分值为9分，2021年试卷一的分值为8.5分，试卷二的分值为5分。在四个案例分析题中，肯定有一个题目来自物权法律制度和合同法律制度的结合，希望考生高度重视。

温馨小提示

不管本章的分值是多少，物权法律制度是考生无论如何必须翻越的一座大山。

本章分为十一个单元，共计39个考点。绝大多数考点需要准确理解，只有几个数字需要死记硬背，复习难度其实并不大。复习本章需要10个小时左右。本章内容表面看比较晦涩，但本章是与我们的日常生活最贴近的一章。大多数考生可能没见过真正的银行承兑汇票，没见过真正的有限合伙企业，但肯定见过房屋、小汽车，这就足够了，本章讲的就是关于房屋（不动产）和小汽车（动产）的故事。

2022年教材对本章内容未进行重大调整。需要说明的是，为了帮助考生更好地理解教材内容，我们并未按照2022年教材的顺序进行编写，而且还穿插了第四章的部分内容。

最近3年题型题量分析表

题型	2019年试卷一	2019年试卷二	2020年试卷一	2020年试卷二	2021年试卷一	2021年试卷二
单选题	1题1分	2题2分	1题1分	1题1分	2题2分	1题1分
多选题	1题1.5分	2题3分	2题3分	2题3分	1题1.5分	1题1.5分
案例分析题	7分	17分		2.5分	5分	2.5分
合计	9.5分	22分	4分	6.5分	8.5分	5分

历年试题涉及本章的主要考点

考点	年份/题型
物的概念	2013年多选题、2019年单选题
物的种类	2017年单选题、2018年单选题、2021年单选题
物权的种类	2017年单选题
物权法律制度的基本原则	2015年多选题、2021年多选题
不动产的物权变动	2011年案例分析题、2016年案例分析题

续表

考点	年份 / 题型
不动产登记制度	2015年单选题、2017年单选题
动产的所有权	2013年案例分析题、2015年案例分析题、2017年案例分析题、2019年案例分析题
指示交付	2020年案例分析题
占有改定	2020年单选题
添附	2020年多选题
善意取得制度	2014年案例分析题、2015年案例分析题、2019年案例分析题
拾得遗失物	2019年多选题
共有	2015年多选题、2016年单选题、2017年单选题、2019年案例分析题、2021年单选题
建设用地使用权	2013年单选题、2014年单选题、2016年多选题、2017年多选题、2019年单选题、2021年单选题
担保的类型	2020年多选题
抵押合同	2019年案例分析题
抵押财产	2021年单选题
不动产的抵押	2013年案例分析题、2016年案例分析题、2021年案例分析题
动产的抵押	2015年案例分析题、2019年案例分析题
物上代位性	2014年案例分析题
抵押物的出租	2014年案例分析题
抵押物的转让	2021年案例分析题
同一财产向两个以上债权人设定抵押时的清偿顺序	2018年案例分析题
权利质押	2014年单选题、2018年多选题、2020年单选题、2021年多选题
留置权	2019年多选题
人保与物保的并存	2015年案例分析题、2017年案例分析题、2021年案例分析题

本章思维导图

- **第三章**
  - 物权法律制度概述
    - 物的种类
    - 物权的种类
    - 物权法律制度的基本原则
  - 不动产的物权变动
    - 基于法律行为的物权变动
    - 非基于法律行为的物权变动
    - 不动产登记制度
  - 动产的物权变动
    - 动产的所有权
    - 特殊的交付方式
    - 动产所有权的特殊取得方式
  - 有权处分与无权处分
    - 有权处分
    - 善意取得制度
    - 拾得遗失物
  - 共有
    - 基本规定
    - 按份共有人转让自己的个人份额
    - 共有物的处分
  - 建设用地使用权
    - 建设用地使用权的设立
    - 建设用地使用权的期限
    - 建设用地使用权的转让
    - 集体土地的建设使用
  - 担保的一般规定
    - 担保的类型
    - 担保合同的效力
    - 担保合同无效的法律责任
    - 借新还旧的担保责任
    - 不可分性
  - 抵押权
    - 抵押财产
    - 抵押合同
    - 不动产的抵押
    - 动产的抵押
    - 动产的浮动抵押
    - 抵押物的转让
    - 抵押物的出租
    - 抵押权的效力
  - 质权
    - 动产质押
    - 权利质押
  - 留置权
    - 留置权
    - 担保物权与诉讼时效
  - 担保的并存
    - 人保＋物保
    - 动产抵押权、质权与留置权的竞存
    - 动产抵押权人的超级优先权

本章核心考点解读

第一单元 物权法律制度概述

使用“会计云课堂”App 或“微信”扫码查看本单元视频，快速 GET 知识点。

【考点 1】物的种类（P42）★★★

1. 物的概念与特征

根据《民法典》的规定，物包括不动产和动产。法律规定权利作为物权客体的，依照其规定。

（1）有体性

《民法典》上的物仅指有体物，行为、智力成果（包括电脑程序）以及各项权利等均不属于物权的客体。行为属于债权的客体，智力成果属于知识产权的客体。需要说明的是，某些权利经法律特别规定可以成为物权的客体，如以股权、票据权利等出质构成权利质权，也称“准质权”。

（2）可支配性

《民法典》上的物应具有可支配性，能为人力所支配并满足人的需要。因此，不能为人力所支配（如太阳、月亮、星星等）或者不为人所需之物（如汽车尾气），不属于《民法典》上的物。

（3）在人的身体之外

人是权利主体，不能成为物权的客体。但人体器官脱离人的身体之后，可以成为物权的客体。

经典题解

【例题 1 · 多选题】根据物权法律制度的规定，下列各项中，能够成为所有权客体的有（　　）。（2013 年）

A. 月球表面　　B. 药品

C. 土地　　D. 计算机程序

【解析】（1）选项 A：月球表面不具有可支配性，不能成为物权的客体；（2）选项 D：智力成果（包括电脑程序）属于知识产权的客体，不能成为物权的客体。

【答案】BC

【例题 2 · 单选题】根据物权法律制度的规定，下列各项中，属于《民法典》上的物的是（　　）。（2019 年）

A. 太阳　　B. 海域

C. 月亮　　D. 星星

【解析】选项 B：属于不动产，属于《民法典》上的物。
【答案】B

2. 动产与不动产

不动产包括土地、海域以及房屋、林木等地上定着物。

3. 可分物与不可分物

可分物是指不因分割而变更其性质或者减损其价值的物。牛肉属于可分物，一头牛则属于不可分物。

4. 可替代物与不可替代物

该分类仅限于动产。交易客体为可替代物（如冰棍）时，可以同类物替代履行；不可替代物（如齐白石的某一幅字画）一旦发生毁损、灭失，就只能转化为金钱赔偿。

5. 消耗物与非消耗物

该分类仅限于动产。消耗物只能一次性使用或者让与（如苹果），非消耗物（如苹果手机）则相反。以让与为目的的消耗物（如金钱）转移占有即转移所有权。

6. 流通物、限制流通物与禁止流通物

流通物可以自由进入市场流通（如冰棍），限制流通物是指被法律限制市场流通之物（如文物、黄金、药品），禁止流通物是指法律规定禁止流通之物。根据《民法典》的规定，法律规定专属于国家所有的不动产和动产，任何组织或者个人不能取得所有权。

名师敲黑板

文物、黄金、药品属于限制流通物，金钱属于消耗物，海域属于不动产，您记住了吗？

7. 主物与从物

认定主物、从物关系，必须同时具备两个条件：（1）二者在物理上互相独立；（2）二者在经济用途上存在主从关系。A 物脱离 B 物，不损害 A 物的独立用途，则 A 物为主物；B 物脱离 A 物，丧失其本来的用途，则 B 物为从物。

【案例】（1）鞋子与袜子均具有独立的经济用途，不属于主物、从物关系；（2）茶杯和杯盖属于主物、从物关系。

8. 原物与孳息

（1）孳息是独立于原物的物，原物、孳息属于两个物。因此，尚在母牛身体里的小牛属于母牛的组成部分，不属于孳息；尚未与苹果树相分离的苹果，也不属于孳息。

（2）孳息分为天然孳息和法定孳息（如储蓄存款的利息、出租房屋获得的租金）。

（3）天然孳息，由所有权人取得；既有所有权人又有用益物权人的，由用益物权人取得。当事人另有约定的，按照其约定。

（4）法定孳息，当事人有约定的，按照约定取得；没有约定或者约定不明确的，按照交易习惯取得。

经典题解

【例题 1 · 单选题】根据物权法律制度的规定，下列关于物的种类的表述中，正确的是（　　）。（2017 年）

A. 海域属于不动产　　B. 文物属于禁止流通物

C. 金钱属于非消耗物　　D. 牛属于可分物

【解析】（1）选项B：文物属于限制流通物；（2）选项C：金钱属于消耗物；（3）选项D：牛属于不可分物。

【答案】A

【例题2·单选题】根据物权法律制度的规定，下列各项中，属于动产的是（　　）。（2018年）

A. 海域　　B. 房屋　　C. 林木　　D. 船舶

【解析】选项ABC：属于不动产。

【答案】D

【例题3·单选题】根据物权法律制度的规定，下列关于物的种类的表述中，正确的是（　　）。（2021年）

A. 汽车属于可分物

B. 消费物与非消费物的分类仅限于动产

C. 可替代物与不可替代物的分类仅限于不动产

D. 文物属于禁止流通物

【解析】（1）选项A：汽车属于不可分物；（2）选项C：可替代物与不可替代物的分类仅限于动产；（3）选项D：文物属于限制流通物。

【答案】B

【考点2】物权的种类（P43）★★

1. 物权的概念

物权是权利人依法对特定的物享有直接支配和排他的权利，包括所有权、用益物权和担保物权。与债权相比，物权具有以下特征：

（1）支配性

物权人有权仅以自己的意志实现权利，无须第三人的积极行为协助，属于支配权。而债权属于请求权，其实现有赖于债务人的履行行为。

（2）排他性

物权具有排他性，一物之上只能成立一项所有权。而债权具有兼容性，同一标的物之上可以成立多重买卖合同，几个买卖合同均可有效，并不相互排斥。

（3）绝对性

物权是可以对抗所有人的财产权，排除任何他人的干涉，他人有义务予以尊重，属于绝对权、对世权。而债权仅对特定的债务人存在，属于相对权、对人权。

温馨小提示

绝对法律关系以“一个主体对其他一切主体”的形式表现出来，如所有权等物权法律关系。相对法律关系以“某个主体对某个主体”的形式表现出来，如债权法律关系。

表3-1　物权vs债权

物权	债权
支配权	请求权
绝对权	相对权
对世权	对人权
排他性	兼容性

2. 物权的种类

（1）物权包括所有权、用益物权和担保物权。

（2）《民法典》规定的用益物权包括土地承包经营权、建设用地使用权、宅基地使用权、居住权和地役权。

（3）担保物权包括抵押权、质权和留置权。

3. 自物权和他物权

所有权属于自物权（亦称完全物权），用益物权和担保物权属于他物权（亦称限制物权）。

4. 独立物权和从物权

（1）独立物权是指能够独立存在的物权，包括所有权、建设用地使用权、土地承包经营权、宅基地使用权和居住权。

（2）从物权是指从属于其他权利、不能独立存在的物权，包括担保物权和地役权。

温馨小提示

担保物权从属于主债权而存在，主债权消灭的，担保物权随之消灭。

表 3-2　物权的分类

物权的类型		自物权	他物权	独立物权	从物权
所有权		√		√	
用益物权	建设用地使用权		√	√	
	土地承包经营权		√	√	
	宅基地使用权		√	√	
	居住权		√	√	
	地役权		√		√
担保物权（抵押权、质权和留置权）			√		√

经典题解

【例题·单选题】根据物权法律制度的规定，下列各项中，属于独立物权的是（　　）。（2017 年）

A. 地役权　　B. 建设用地使用权

C. 质权　　D. 抵押权

【解析】选项 ACD：属于从物权。

【答案】B

【考点 3】物权法律制度的基本原则（P44）★★

1. 物权法定原则

根据《民法典》第 116 条的规定，物权的种类和内容，由法律规定。

【解释1】《民法典》第116条所称的“法律”，不限于《民法典》，包括一切由全国人大及其常务委员会制定的“法律”，但不包括行政法规与地方性法规，亦不包括司法解释与司法判例。

【解释2】（1）行为人违反“种类法定”原则，在法定物权种类之外创设物权的，该行为无效；（2）行为人违反“内容法定”原则，设定与法定物权相异的内容，该行为无效。

2. 物权客体特定原则（一物一权原则）

（1）物权只存在于确定的一物之上，物尚未确定谈不上物权；而债权的客体是当事人的给付行为，即使物尚未确定、尚不存在，也不影响债权合同（如贾某将正在研发的汽车作价100万卖给孙某）的有效性。

（2）一物之上只能有一个所有权，但所有权人可以为多人（如甲、乙按份共有或者共同共有一辆汽车）。

（3）一物之上只能有一个所有权，但一物之上可以成立数个互不冲突的物权。如所有权和他物权的共容、用益物权与担保物权的共容。

【案例】甲（所有权人）将其手表抵押给乙（乙享有抵押权），之后甲将该手表质押给丙（丙享有质权），后手表损坏，丙将其送至丁处修理，由于丙不支付修理费，该手表被丁留置（丁享有留置权）。

温馨小提示

物权的享有必须为人所知，物权以法定方式公之于外，称为公示原则。

3. 物权公示原则

（1）不动产物权的设立、变更、转让和消灭，应当依照法律规定登记。

（2）动产物权的设立和转让，应当依照法律规定交付。

经典题解

【例题1·多选题】下列各项中，属于物权法律制度基本原则的有（　　）。（2015年）

A. 物权相对原则　　B. 物权法定原则

C. 物权公示原则　　D. 物权客体特定原则

【答案】BCD

【例题2·多选题】下列各项中，属于物权法律制度的基本原则的有（　　）。（2021年）

A. 物权法定原则　　B. 物权优先原则

C. 物权相对原则　　D. 物权公示原则

【答案】AD

第二单元 不动产的物权变动

使用“会计云课堂”App 或“微信”扫码查看本单元视频，快速 GET 知识点。

【考点 1】基于法律行为的物权变动（P47）★★★

1. 登记生效

名师敲黑板：这是考生必须掌握的考点，今年继续关注案例分析题。

（1）不动产物权的设立、变更、转让和消灭，经依法登记，发生效力；未经登记，不发生效力，但是法律另有规定的除外。（2011 年案例分析题）

【解释 1】设立建设用地使用权的，应当向登记机构申请建设用地使用权登记。建设用地使用权自登记时设立。

【解释 2】设立居住权的，应当向登记机构申请居住权登记。居住权自登记时设立。（2022 年新增）

【解释 3】以建筑物和其他土地附着物、建设用地使用权、海域使用权和正在建造的建筑物抵押的，应当办理抵押登记，抵押权自登记时设立。（2016 年案例分析题）

【解释 4】不动产权属证书是权利人享有该不动产物权的证明。不动产权属证书记载的事项，应当与不动产登记簿一致；记载不一致的，除有证据证明不动产登记簿确有错误外，以不动产登记簿为准。

（2）当事人之间订立有关设立、变更、转让和消灭不动产物权的合同，除法律另有规定或者当事人另有约定外，自合同成立时生效；未办理物权登记的，不影响合同效力。（2011 年案例分析题、2016 年案例分析题）

【案例】甲公司以建设用地使用权作为抵押向乙银行贷款 1000 万元，双方 4 月 1 日签订了抵押合同，4 月 10 日办理了抵押登记。在本案中：（1）抵押合同的生效日期为 4 月 1 日；（2）抵押权的设立日期为 4 月 10 日。

2. 登记对抗

（1）土地承包经营权自土地承包经营权合同生效时设立。土地承包经营权互换、转让的，当事人可以向登记机构申请登记；未经登记，不得对抗善意第三人。

（2）地役权自地役权合同生效时设立。当事人要求登记的，可以向登记机构申请地役权登记；未经登记，不得对抗善意第三人。

【案例】甲为了能在自己建造的房子里欣赏大海，便与相邻的乙约定：乙盖的楼房不得超过 1 米，作为补偿，甲每年支付给乙 8000 万元。双方于 4 月 1 日签订了地役权合同，于 4 月 10 日办理了地役权登记手续。乙的土地属于供役地，甲的土地属于需役地。在本案中：（1）地役权自 4 月 1 日（地役权合同生效时）设立；（2）如果乙将其建设用地使用权转让给丁，由于地役权进行了登记，则甲可以向丁主张地役权；如果地役权未经登记，且丁属于不知情的善意第三人，则甲不能向丁主张地役权；（3）地役权属于用益物权、从物权，地役权从属于需役地的所有权或者使用权而存在。

名师敲黑板

这是考生必须掌握的考点，今年继续关注案例分析题。

【考点2】非基于法律行为的物权变动（P47）★★★

1. 基于事实行为

因合法建造、拆除房屋等事实行为设立或者消灭物权的，自事实行为成就时发生效力。

温馨小提示

民事法律行为以意思表示为要素，事实行为与意思表示无关。

【解释】非基于法律行为的不动产物权变动不以登记为前提，但获得不动产物权之人再处分该不动产时，依照法律规定需要办理登记的，未经登记，不发生物权效力。

【案例】甲公司合法建造一幢办公楼，建成之日为4月1日。4月10日，甲公司办理了房屋产权首次登记。4月20日，甲公司将该办公楼作价2000万元卖给乙公司，并于4月30日办理了房屋产权转移登记。在本案中：（1）甲公司基于合法建造（事实行为）自4月1日建成之日起即享有该办公楼的所有权，甲公司的所有权属于原始取得，登记与否不影响其所有权；（2）如果甲公司将该办公楼转让给乙公司，则甲公司应首先将该办公楼登记在自己的名下，然后才能过户到乙公司的名下。由于乙公司所有权的取得（继受取得）是基于房屋买卖（法律行为），因此，乙公司自房屋产权转移登记之日（4月30日）起才能取得该办公楼的所有权。

2. 基于法律规定

因继承取得物权的，自继承开始时发生效力。

【案例】甲死亡，其房屋由乙继承，乙自继承开始时即取得该房屋的所有权。如果乙将该房屋出售给丙，乙必须首先将该房屋过户登记在自己的名下，然后才能过户到丙的名下。

3. 基于公法行为

因人民法院、仲裁机构的法律文书或者人民政府的征收决定等，导致物权设立、变更、转让或者消灭的，自法律文书或者征收决定等生效时发生效力。

【解释】人民法院、仲裁机构在分割共有不动产或者动产等案件中作出并依法生效的改变原有物权关系的判决书、裁决书、调解书，以及人民法院在执行程序中作出的拍卖成交裁定书、变卖成交裁定书、以物抵债裁定书，应当认定为“导致物权设立、变更、转让或者消灭的人民法院、仲裁机构的法律文书”。这些“法律文书”具有直接改变原有物权关系、不必由当事人履行的形成效力。如果判决内容是一方当事人向另一方履行，那么，让物权发生变动的，是当事人的履行行为而非判决本身。

【案例1】甲、乙婚后购买一套房屋，所有权登记在甲、乙二人的名下。后二人离婚，人民法院判决房屋归乙所有，该判决的生效时间为2022年4月1日。4月10日，甲、乙办理了房屋产权转移登记手续。4月20日，乙将该房屋作价250万元卖给了隔壁老王，并于当日办理了房屋产权转移登记手续。在本案中：（1）人民法院作出并依法生效的判决书直接改变了原有物权关系（由夫妻共同共有直接变更为全部归乙所有），乙自法律文书生效之日（4月1日）起即取得该房屋的单独所有权；（2）乙将该房屋卖给隔壁老王时，属于一般的房屋买卖，老王自登记之日（4月20日）起取得该房屋的所有权。

【案例2】甲向乙购买一套房屋，并已支付一半价款，剩余价款约定在过户登记手续办理完毕后3个工作日内付清。乙在办理房屋过户登记手续前反悔，要求解除合同。甲诉至人民法院，要求乙继续履行合同。2022年4月1日，人民法院依法判决乙应当在6月1日之前配合甲完成房屋产权的转移登记手续，乙当庭表示不上诉。4月20日，甲、乙二人嘟嘟囔囔地办理了房屋产权转移登记手续。在本案中，人民法院的判决并非直接改变原有物权关系，其判决内容是乙向甲履行义务（配合甲完成房屋产权的转移登记手续）。让物权发生变动的，是当事人的履行行为而非判决本身。因此，甲自转移登记之日（4月20日）起才能取得该房屋的所有权。

【考点3】不动产登记制度（P49）★★

1. 首次登记

不动产首次登记，是指不动产权利第一次登记。未办理不动产首次登记的，不得办理不动产其他类型登记，但法律、行政法规另有规定的除外。

2. 变更登记

变更登记，是指不动产登记事项发生不涉及权利转移的变更所需进行的登记。有下列情形之一的，不动产权利人可以向不动产登记机构申请变更登记：

（1）权利人的姓名、名称、身份证明类型或者身份证明号码发生变更的；

（2）不动产的坐落、界址、用途、面积等状况变更的；

（3）不动产权利期限、来源等状况发生变化的；

（4）同一权利人分割或者合并不动产的；

（5）抵押担保的范围、主债权数额、债务履行期限、抵押权顺位发生变化的；

（6）最高额抵押担保的债权范围、最高债权额、债权确定期间等发生变化的；

（7）地役权的利用目的、方法等发生变化的；

（8）共有性质发生变更的；

（9）法律、行政法规规定的其他不涉及不动产权利转移的变更情形。

3. 转移登记

转移登记，是指不动产权利在不同主体之间发生转移所需进行的登记。因下列情形导致不动产权利转移的，当事人可以向不动产登记机构申请转移登记：

（1）买卖、互换、赠与不动产的；

（2）以不动产作价出资（入股）的；

（3）法人或者其他组织因合并、分立等原因致使不动产权利发生转移的；

（4）不动产分割、合并导致权利发生转移的；

（5）继承、受遗赠导致权利发生转移的；

（6）共有人增加或者减少以及共有不动产份额变化的；

（7）因人民法院、仲裁委员会的生效法律文书导致不动产权利发生转移的；

（8）因主债权转移引起不动产抵押权转移的；

（9）因需役地不动产权利转移引起地役权转移的；

（10）法律、行政法规规定的其他不动产权利转移情形。

4. 注销登记

不动产权利消灭时，需要办理注销登记。有下列情形之一的，当事人可以申请办理注销登记：

（1）不动产灭失的；

（2）权利人放弃不动产权利的；

（3）不动产被依法没收、征收或者收回的；

（4）人民法院、仲裁委员会的生效法律文书导致不动产权利消灭的；

（5）法律、行政法规规定的其他情形。

5. 更正登记与异议登记

（1）更正登记

权利人、利害关系人认为不动产登记簿记载的事项错误的，可以申请更正登记。不动产登记簿记载的权利人书面同意更正或者有证据证明登记确有错误的，登记机构应当予以更正。

（2）异议登记

不动产登记簿记载的权利人不同意更正的，利害关系人可以申请异议登记。登记机构予以异议登记，申请人自异议登记之日起15日内不提起诉讼的，异议登记失效。异议登记不当，造成权利人损害的，权利人可以向申请人请求损害赔偿。

6. 预告登记

（1）当事人签订买卖房屋的协议或者签订其他不动产物权的协议，为保障将来实现物权，按照约定可以向登记机构申请预告登记。预告登记后，未经预告登记的权利人同意，处分该不动产的，不发生物权效力。

> 温馨小提示
>
> 未经预告登记的权利人同意，转让不动产所有权等物权，或者设立建设用地使用权、居住权、地役权、抵押权等其他物权的，应当认定其不发生物权效力。

（2）预告登记后，债权消灭或者自能够进行不动产登记之日起90日内未申请登记的，预告登记失效。

> 温馨小提示
>
> 买卖不动产物权的协议被认定无效、被撤销，或者预告登记的权利人放弃债权的，应当认定为“债权消灭”。

【解释】具有下列情形之一的，当事人可以申请预告登记：（1）预购商品房；（2）以预购商品房设定抵押；（3）房屋所有权转让、抵押；（4）法律、法规规定的其他情形。

经典题解

【例题1·单选题】根据物权法律制度的规定，下列关于更正登记与异议登记的表述中，正确的是（　　）。（2015年）

A. 提起更正登记之前，须先提起异议登记

B. 更正登记的申请人可以是权利人，也可以是利害关系人

C. 异议登记之日起10日内申请人不起诉的，异议登记失效

D. 异议登记不当造成权利人损害的，登记机关应承担损害赔偿责任

【答案】B

【例题2·单选题】甲公司与乙银行签订300万元的借款合同，以甲公司的房屋提供债权额为300万元的抵押担保，并已办理登记。其后，借款合同的借款金额增加为400万元，仍以该房屋提供抵押担保，担保债权额相应增加为400万元。为

使新增抵押生效，根据物权法律制度的规定，乙银行应向不动产登记机构申请的登记类型是（ ）。（2017 年）

A. 更正登记　B. 预告登记　C. 变更登记　D. 转移登记

【答案】C

第三单元 动产的物权变动

使用“会计云课堂”App 或“微信”扫码查看本单元视频，快速 GET 知识点。

【考点 1】动产的所有权（2013 年案例分析题、2015 年案例分析题、2017 年案例分析题、2019 年案例分析题）（P49）★★★

名师敲黑板

这是考生必须掌握的考点，今年继续关注案例分析题。

1. 一般动产：交付生效

动产物权的设立和转让，自交付时发生效力，但是法律另有规定的除外。

2. 特殊动产：交付生效 + 登记对抗

船舶、航空器和机动车等的物权的设立、变更、转让和消灭，未经登记，不得对抗善意第三人。

【解释 1】对于船舶、航空器和机动车等动产，其所有权的移转仍以交付为生效要件，而不以登记为生效要件。但登记具有对抗效力，如果交付后没有办理过户登记，不得对抗善意第三人。

【解释 2】转让人转让船舶、航空器和机动车等所有权，受让人已经支付合理价款并取得占有，虽未经登记，但转让人的债权人主张其为“善意第三人”的，人民法院不予支持，法律另有规定的除外。

【案例 1】4 月 1 日，甲、乙之间签订一份买卖小汽车的合同。买方乙于 4 月 10 日付款，甲于 4 月 20 日将小汽车交付给乙，双方于 4 月 25 日办理了过户登记手续。在本案中，乙自交付之日（4 月 20 日）起取得该车的所有权。

【案例 2】4 月 1 日，甲将自己的一辆小汽车作价 20 万元卖给乙，双方签订了买卖合同，乙向甲支付了 20 万元的车款，甲向乙交付了该车，但未办理过户登记手续。4 月 20 日，甲向丙借款 20 万元，将该车抵押给不知情的丙，双方签订了抵押合同并办理了抵押登记。因甲到期无力清偿对丙的债务，丙拟对该小汽车行使抵押权。在本案中：（1）乙基于交付已经取得了该车的所有权；（2）丙依法取得了对该车的抵押权；（3）由于甲、乙之间未办理过户登记手续，乙不能对抗善意第三人丙。因此，丙有权对该车行使抵押权，乙的损失只能要求甲赔偿。

【考点 2】特殊的交付方式（P49）★★★

1. 简易交付

动产物权设立和转让前，权利人已经占有该动产的，物权自民事法律行为生效时发生效力。

温馨小提示

转让动产民事法律行为生效时为动产交付之时。

【案例】4月1日，甲将其耕牛出租给乙使用，租期3个月。4月10日，乙提出要买下此耕牛，甲表示同意。双方在买卖合同中约定，转让价款为1000元，1个月后付款。在本案中：（1）在双方订立买卖合同之前该耕牛已经被乙占有，谈不上再交付的问题；（2）耕牛的所有权自买卖合同生效时（4月10日）转移。

2. 指示交付（2020年案例分析题）

动产物权设立和转让前，第三人占有该动产的，负有交付义务的人可以通过转让请求第三人返还原物的权利代替交付。

温馨小提示

转让人与受让人之间有关转让返还原物请求权的协议生效时为动产交付之时。

【案例】4月1日，甲将其耕牛出租给乙使用，租期3个月。4月10日，甲将该耕牛卖给第三人丙，双方约定，租期届满后（7月1日）由乙将该耕牛直接返还给丙，甲将此事书面通知了乙。在本案中：（1）买卖不破租赁：租赁物在承租人按照租赁合同占有期限内发生所有权变动的，不影响租赁合同的效力；（2）丙于4月10日（甲、丙之间的协议生效时）取得该耕牛的所有权。

3. 占有改定

动产物权转让时，当事人又约定由出让人继续占有该动产的，物权自该约定生效时发生效力。

【案例】4月1日，甲将其耕牛卖给乙。双方同时约定，由于正值春耕农忙季节，耕牛先借给甲使用，5月1日甲再将耕牛交给乙。在本案中：（1）耕牛的所有权自4月1日起转移；（2）所谓占有改定，是指甲对耕牛的占有自4月1日发生改变：在4月1日之前，甲拥有耕牛的所有权，甲对耕牛的占有属于"自主占有"；4月1日之后，耕牛的所有权已经归乙，甲只是借用人，甲对耕牛的占有属于"他主占有"。

经典题解

【例题·单选题】物权法律制度规定："动产物权转让时，当事人又约定由出让人继续占有该动产的，物权自该约定生效时发生效力。"本条规定的交付形式是（　　）。（2020年）

A. 现实交付　　B. 简易交付

C. 占有改定　　D. 指示交付

【答案】C

【考点3】动产所有权的特殊取得方式（P59）★

1. 先占

所谓先占，是指以所有权人的意思占有无主动产。先占人基于先占行为取得无主动产的所有权。

2. 添附

（1）添附是附合、混合与加工的总称。

（2）因加工、附合、混合而产生的物的归属，有约定的，按照约定；没有约定或者约定不明确的，依照法律规定；法律没有规定的，按照充分发挥物的效用以及保护无过错当事人的原则确定。因一方当事人的过错或者确定物的归属造成另一方当事人损害的，应当给予赔偿或者补偿。

经典题解

【例题·多选题】根据物权法律制度的规定，下列各项中，属于添附的有（　　）。（2020 年）

A. 先占　　B. 加工　　C. 混合　　D. 附合

【答案】BCD

第四单元　有权处分与无权处分

使用“会计云课堂”App 或“微信”扫码查看本单元视频，快速 GET 知识点。

【考点 1】有权处分（P48、111）★★★

1. 普通动产的一物二卖（第 4 章）

> 温馨小提示
>
> 交付 > 付款 > 合同成立时间。

出卖人就同一普通动产订立多重买卖合同，在买卖合同均有效的情况下，买受人均要求实际履行合同的，应当按照以下情形分别处理：

（1）先行受领交付的买受人请求确认所有权已经转移的，人民法院应予支持；

（2）均未受领交付，先行支付价款的买受人请求出卖人履行交付标的物等合同义务的，人民法院应予支持；

（3）均未受领交付，也未支付价款，依法成立在先合同的买受人请求出卖人履行交付标的物等合同义务的，人民法院应予支持。

【解释】订立买卖合同只是债权行为，债权行为的效力，是在当事人之间确立债权债务关系，并不直接导致标的物所有权的转移。在同一标的物上成立的多重买卖合同均可有效。但是，出卖人只能履行其中一个买卖合同，其他未能获得标的物所有权的买受人有权请求出卖人承担违约责任。

【案例】王某将一个冰棍先后卖给甲、乙、丙三人，买卖合同签订日分别为 4 月 1 日、4 月 2 日、4 月 3 日。在三个买卖合同均有效、三人均要求实际履行合同时：（1）如果王某已经将冰棍交付给丙，则丙依法取得了该冰棍的所有权，此时，因甲、乙不能按照合同约定取得冰棍的所有权，甲、乙可以请求追究出卖人王某的违约责任；（2）如果均未交付，但乙最先付款，当乙请求王某履行交付冰棍义务的，人民法院应予支持；（3）如果均未交付，三人也均未付款，则最先订立合同的甲请求王某履行交付冰棍义务的，人民法院应予支持。

> 温馨小提示
>
> 交付 > 登记 > 合同成立时间。

> 温馨小提示
>
> 对于船舶、航空器和机动车等特殊动产，其所有权的移转仍以交付为生效要件，而不以登记为生效要件。

2. 特殊动产的一物二卖（第 4 章）

出卖人就同一船舶、航空器、机动车等特殊动产订立多重买卖合同，在买卖合同均有效的情况下，买受人均要求实际履行合同的，应当按照以下情形分别处理：

（1）先行受领交付的买受人请求出卖人履行办理所有权转移登记手续等合同义

务的，人民法院应予支持；

（2）均未受领交付，先行办理所有权转移登记手续的买受人请求出卖人履行交付标的物等合同义务的，人民法院应予支持；

（3）均未受领交付，也未办理所有权转移登记手续，依法成立在先合同的买受人请求出卖人履行交付标的物和办理所有权转移登记手续等合同义务的，人民法院应予支持；

（4）出卖人将标的物交付给买受人之一，又为其他买受人办理所有权转移登记，已受领交付的买受人请求将标的物所有权登记在自己名下的，人民法院应予支持。

【案例】王某将一辆小汽车先后卖给甲、乙、丙三人，买卖合同签订日分别为4月1日、4月2日、4月3日。在三个买卖合同均有效、三人均要求实际履行合同时：（1）如果王某已经将小汽车交付给丙，则丙依法取得了该小汽车的所有权（与是否登记无关），此时，因甲、乙不能按照合同约定取得小汽车的所有权，甲、乙可以请求追究王某的违约责任；（2）如果均未交付，但王某已经将小汽车过户登记给乙，当乙请求王某履行交付小汽车义务的，人民法院应予支持；（3）如果王某已经将小汽车交付给丙，又将小汽车过户登记给乙，当丙请求将小汽车的所有权过户登记在自己名下的，人民法院应予支持；（4）如果均未交付、均未登记，则最先订立合同的甲请求王某履行交付小汽车和办理所有权转移登记手续等合同义务的，人民法院应予支持。考生应注意的是，冰棍的问题与付款时间有关，而小汽车的问题则与付款时间没有任何关系。

名师敲黑板

这是考生必须掌握的考点，今年继续关注案例分析题。

【考点2】善意取得制度（2014年案例分析题、2015年案例分析题、2019年案例分析题）（P56）★★★

1. 合同有效

因出卖人未取得处分权致使标的物所有权不能转移的，买受人可以解除合同并请求出卖人承担违约责任。

【解释】无权处分是指无处分权人以自己的名义实施的民事法律行为；而无权代理是指行为人没有代理权、超越代理权或者代理权终止后，以被代理人的名义实施的民事法律行为。例如，甲在未获得乙授权的情况下，将乙的手机卖给丙，如果甲以乙的名义与丙订立买卖合同，则构成无权代理；如果甲以自己的名义与丙订立买卖合同，则构成无权处分。考生应清楚的是：（1）在无权代理的情况下，甲以乙的名义与丙订立的买卖合同，为什么属于效力待定的合同（构成表见代理的情形除外）？因为甲擅自为乙设定合同义务，只有得到被代理人乙的追认，该合同才对乙有约束力。如果全国人民在未经马云授权的情况下，每人以马云的名义和第三人订立一份买卖合同，假设法律规定这些合同均属于有效合同，马云需要履行多少合同？需要承担多少违约责任？（2）在无权处分的情况下，甲以自己的名义与丙订立买卖合同，为什么属于有效合同？因为甲只是为自己设定合同义务，如果甲不能按照合同约定向丙交付手机，丙可以解除合同并请求甲承担违约责任，并未影响到乙的利益。

【案例1】甲于4月1日将其小汽车作价10万元卖给乙，但尚未交付。4月5日，甲又将该车作价15万元卖给不知情的丙。在本案中，4月5日甲将该车卖给丙的行为属于有权处分，有权处分不涉及"善意取得"的问题。本案属于"一物二卖"的情形，在两个合同均有效的情况下，需要解决的是谁能取得该车的所有权？其处理规则是：交付＞登记＞合同成立时间。

【案例2】甲于4月1日将其小汽车作价10万元卖给乙，并于当日完成交付（该车的所有权已经转移给乙）。4月10日，甲又以自己的名义将该车卖给丙。在本案中，甲的行为构成无权处分，甲、丙之间的买卖合同属于有效合同。但丙能否取得该车的所有权？（1）如果甲的处分行为得到了乙的追认，或者甲事后取得了对该车的处分权，甲的无权处分行为将转化为有权处分，无论丙是否善意、是否支付对价，丙均自交付之日起取得该车的所有权；（2）如果甲的行为未得到乙的追认，甲也未取得对该车的处分权，如何处理？考生应区分两种情况：①如果丙符合善意取得的要件（善意且无重大过失、合理对价、已经交付），则丙基于善意取得制度依法取得该车的所有权；②如果丙不符合善意取得的要件（如尚未完成交付），则丙不能取得该车的所有权。

2. 善意取得制度

无处分权人将不动产或者动产转让给受让人的，所有权人有权追回；除法律另有规定外，符合下列情形的，受让人取得该不动产或者动产的所有权：

（1）受让人受让该不动产或者动产时是善意；

（2）以合理的价格转让；

（3）转让的不动产或者动产依照法律规定应当登记的已经登记，不需要登记的已经交付给受让人。

受让人依据上述规定取得不动产或者动产的所有权的，原所有权人有权向无处分权人请求损害赔偿。

【解释1】有权处分还是无权处分？（1）如果转让人对于所转让的标的物享有处分权，则适用正常的物权变动规则；（2）善意取得制度必须以转让人无处分权为前提。

温馨小提示

不动产自登记之日起转移所有权、动产自交付之日起转移所有权。

【解释2】基于真实权利人的意思而合法占有之物，称为委托物（如承租人基于租赁合同而合法占有租赁物）。非基于真实权利人的意思而占有之物称为脱手物（如遗失物、盗窃物）。善意取得制度适用于委托物，不适用于脱手物。

【解释3】判断是否构成"合理的价格"，应当根据转让标的物的性质、数量以及付款方式等具体情况，参考转让时交易地市场价格以及交易习惯等因素综合认定。受让人无偿或者以明显不合理的价格取得财产时，不适用善意取得制度。

【解释4】受让人是否善意的判断时点，以受让时（依法完成不动产物权转移登记或者动产交付之时）为准。如果受让人事后得知转让人无处分权的，不影响受让人的善意取得。

【解释5】受让人受让不动产或者动产时，不知道转让人无处分权，且无重大过失的，应当认定受让人为善意。真实权利人主张受让人不构成善意的，应当承担举证证明责任。

【解释6】具有下列情形之一的，应当认定不动产受让人知道转让人无处分权：（1）登记簿上存在有效的异议登记；（2）预告登记有效期内，未经预告登记的权利人同意；（3）登记簿上已经记载司法机关或者行政机关依法裁定、决定查封或者以其他形式限制不动产权利的有关事项；（4）受让人知道登记簿上记载的权利主体错误；（5）受让人知道他人已经依法享有不动产物权。真实权利人有证据证明不动产受让人应当知道转让人无处分权的，应当认定受让人具有重大过失。

【解释7】受让人受让动产时，交易的对象、场所或者时机等不符合交易习惯的，应当认定受让人具有重大过失。

【解释8】动产的善意取得以交付为要件，不动产则以登记为要件。如果当事人之间仅签订了买卖合同，但动产尚未交付或者不动产尚未办理产权转移登记，则受让人不能善意取得标的物的所有权。

【解释9】具有下列情形之一，受让人主张依据《民法典》的规定取得所有权的，人民法院不予支持：（1）转让合同被认定无效；（2）转让合同被撤销。

【解释10】（1）动产、不动产均可适用善意取得制度；（2）脱手物（遗失物、盗窃物）不适用善意取得制度；（3）善意取得制度不仅适用于所有权，建设用地使用权、抵押权、质权、留置权等他物权也可以善意取得。

【案例1】4月1日，甲将其手机出租给乙，租期1年。7月1日，乙将该手机以市价3000元卖给不知情的第三人丙，乙向丙交付了手机，但丙尚未支付价款。在本案中：（1）乙基于租赁合同对该手机合法占有（该手机为委托物）；（2）乙的行为构成无权处分；（3）乙、丙之间的买卖合同有效；（4）丙基于善意取得制度依法取得了该手机的所有权（与是否付款无关）；（5）由于甲已经丧失了该手机的所有权，甲无权请求丙返还手机；但甲有权请求乙承担损害赔偿责任。

【案例2】甲、乙外出游玩，向丙借相机一部，用毕甲将相机带回家。丁到甲家见此相机，执意要以市价3000元买下，甲便隐瞒实情表示同意并将相机交付与丁。不久，丁因手头拮据又向乙以100元兜售该相机。乙见此相机眼熟，便向丁询问，丁如实相告，乙遂将之买下。在本案中：（1）甲将相机卖给丁时，甲的行为构成无权处分，但丁基于善意取得制度依法取得了该相机的所有权；（2）丁作为所有权人将该相机卖给乙时，属于有权处分（这是问题的关键），乙自交付之日起取得该相机的所有权（无须考虑乙是否善意、是否支付对价的问题）。考生应清楚的是，只有在无权处分的情况下，才需考虑能否善意取得的问题。

温馨小提示

拾得漂流物、发现埋藏物或者隐藏物的，参照适用拾得遗失物的有关规定。法律另有规定的，依照其规定。这属于准用性规范。

【考点3】拾得遗失物（P60）★★

1. 拾得遗失物，应当返还权利人。拾得人应当及时通知权利人领取，或者送交公安等有关部门。有关部门收到遗失物，知道权利人的，应当及时通知其领取；不知道的，应当及时发布招领公告。遗失物自发布招领公告之日起1年内无人认领的，归国家所有。

名师敲黑板

《民法典》对该考点进行了重大调整，注意单选题。

2. 权利人领取遗失物时，应当向拾得人或者有关部门支付保管遗失物等支出的必要费用。

3. 权利人悬赏寻找遗失物的，领取遗失物时应当按照承诺履行义务。

4. 所有权人或者其他权利人有权追回遗失物。该遗失物通过转让被他人占有的，权利人有权向无处分权人请求损害赔偿，或者自知道或者应当知道受让人之日起2年内向受让人请求返还原物；但是，受让人通过拍卖或者向具有经营资格的经营者购得该遗失物的，权利人请求返还原物时应当支付受让人所付的费用。权利人向受让人支付所付费用后，有权向无处分权人追偿。

【案例】甲的钻石手表不慎丢失，被乙拾得。乙的朋友丙表示十分喜欢该手表，乙遂以5000元售之。在本案中：(1)即使丙善意、支付了合理对价而且手表已经交付，丙也不能善意取得该手表的所有权，因为遗失物不适用善意取得制度；(2)甲并未丧失对该手表的所有权，因此，甲有权请求乙赔偿损失，或者自知道或者应当知道受让人丙之日起2年内请求丙返还该手表；(3)一般情况下，丙应当向甲无偿返还该手表，之后丙可以向乙追偿5000元的手表价款；(4)如果丙是通过拍卖或者向具有经营资格的经营者购得该手表的（丙通过正规渠道购得，根本不会想到自己买到了遗失物），丙虽不能取得该手表的所有权，但甲请求丙返还手表时，甲应当先向倒霉的丙支付5000元，之后再向乙追偿。

经典题解

【例题·多选题】乙拾得甲丢失的手机，以市场价500元转让给不知情的旧手机经销商丙。根据物权法律制度的规定，下列表述中，正确的有（　　）。（2019年）

A. 乙拾得手机后，甲即丧失了手机的所有权

B. 乙将手机转让给丙的行为属于无权处分

C. 甲有权请求乙给予损害赔偿

D. 甲有权请求丙返还手机，但应向丙支付500元

【解析】(1)选项AB：乙不能取得遗失物的所有权，乙将手机转让给丙的行为属于无权处分；(2)选项CD：该遗失物通过转让被他人占有的，权利人有权向无处分权人（乙）请求损害赔偿，或者自知道或者应当知道受让人之日起2年内向受让人（丙）请求无偿返还原物；但是，受让人通过拍卖或者向具有经营资格的经营者购得该遗失物的，权利人请求返还原物时应当支付受让人所付的费用。

【答案】BC

第五单元　共　有

使用“会计云课堂”App或“微信”扫码查看本单元视频，快速GET知识点。

【考点1】基本规定（P52）★★★

1. 按份共有还是共同共有？

（1）共有人对共有的不动产或者动产没有约定为按份共有或者共同共有，或者约定不明确的，除共有人具有家庭关系等外，视为按份共有。

（2）按份共有人对共有的不动产或者动产享有的份额，没有约定或者约定不明

确的，按照出资额确定；不能确定出资额的，视为等额享有。

2. 共有物的管理

（1）共有人按照约定管理共有的不动产或者动产；没有约定或者约定不明确的，各共有人都有管理的权利和义务。

（2）共有人对共有物的管理费用以及其他负担，有约定的，按照其约定；没有约定或者约定不明确的，按份共有人按照其份额负担，共同共有人共同负担。（2019年案例分析题）

3. 共有物的分割

共有人约定不得分割共有的不动产或者动产，以维持共有关系的，应当按照约定，但是共有人有重大理由需要分割的，可以请求分割；没有约定或者约定不明确的，按份共有人可以随时请求分割，共同共有人在共有的基础丧失或者有重大理由需要分割时可以请求分割。因分割造成其他共有人损害的，应当给予赔偿。

4. 对外债权债务

（1）因共有的不动产或者动产产生的债权债务，在对外关系上，共有人享有连带债权、承担连带债务，但是法律另有规定或者第三人知道共有人不具有连带债权债务关系的除外。（2019年案例分析题）

（2）在共有人内部关系上，除共有人另有约定外，按份共有人按照份额享有债权、承担债务，共同共有人共同享有债权、承担债务。偿还债务超过自己应当承担份额的按份共有人，有权向其他共有人追偿。

温馨小提示

按份共有人对外承担连带责任、内部承担按份责任。

经典题解

【例题·单选题】根据物权法律制度的规定，下列关于共有的表述中，正确的是（　　）。（2021年）

A. 按份共有的共有人对外债务，由各共有人按照各自份额对债权人负责，但法律另有规定或者共有人另有约定的除外

B. 按份共有的共有人按照约定管理共有物，没有约定时，由占多数份额的共有人管理

C. 共有人对共有物没有约定为按份共有或者共同共有的，视为共同共有

D. 共同共有关系存续期间，原则上禁止分割共有物

【答案】D

【考点2】按份共有人转让自己的个人份额（P54）★★★

1. 按份共有人可以转让其享有的共有的不动产或者动产份额，其他共有人在同等条件下享有优先购买的权利。

2. 按份共有人转让其享有的共有的不动产或者动产份额的，应当将转让条件及时通知其他共有人。其他共有人应当在合理期限内行使优先购买权。（2019年案例分析题）

温馨小提示

民法典所称的“同等条件”，应当综合共有份额的转让价格、价款履行方式及期限等因素确定。

3. 优先购买权的行使期间，按份共有人之间有约定的，按照约定处理；没有约定或者约定不明的，按照下列情形确定：

（1）转让人向其他按份共有人发出的包含同等条件内容的通知中载明行使期间

的，以该期间为准；

（2）通知中未载明行使期间，或者载明的期间短于通知送达之日起 15 日的，为 15 日；

（3）转让人未通知的，为其他按份共有人知道或者应当知道最终确定的同等条件之日起 15 日；

（4）转让人未通知，且无法确定其他按份共有人知道或者应当知道最终确定的同等条件的，为共有份额权属转移之日起 6 个月。

表 3-3　优先购买权的行使期间

<table>
<tr><td colspan="4">按份共有人之间有约定</td><td>按照约定处理</td></tr>
<tr><td rowspan="5">没有约定或者约定不明</td><td rowspan="3">有通知</td><td rowspan="2">载明了行使期间</td><td>≥ 15 日</td><td>按通知载明的期间</td></tr>
<tr><td>< 15 日</td><td rowspan="2">15 日</td></tr>
<tr><td colspan="2">未载明行使期间</td></tr>
<tr><td rowspan="2">未通知</td><td colspan="2">其他按份共有人知道或者应当知道最终确定的同等条件</td><td>知道或者应当知道最终确定的同等条件之日起 15 日</td></tr>
<tr><td colspan="2">无法确定其他按份共有人知道或者应当知道最终确定的同等条件</td><td>共有份额权属转移之日起 6 个月</td></tr>
</table>

4. 两个以上其他共有人主张行使优先购买权的，协商确定各自的购买比例；协商不成的，按照转让时各自的共有份额比例行使优先购买权。

5. 按份共有人向共有人之外的人转让其份额，其他按份共有人根据法律、司法解释规定，请求按照同等条件优先购买该共有份额的，人民法院应予支持。其他按份共有人的请求具有下列情形之一的，人民法院不予支持：

（1）未在司法解释规定的期间内主张优先购买，或者虽主张优先购买，但提出减少转让价款、增加转让人负担等实质性变更要求；

（2）以其优先购买权受到侵害为由，仅请求撤销共有份额转让合同或者认定该合同无效。

6. 按份共有人之间转让共有份额，其他按份共有人主张依据《民法典》的规定优先购买的，人民法院不予支持，但按份共有人之间另有约定的除外。

7. 共有份额的权利主体因继承、遗赠等原因发生变化时，其他按份共有人主张优先购买的，人民法院不予支持，但按份共有人之间另有约定的除外。

【考点 3】共有物的处分（P53）★★★

1. 按份共有

处分共有的不动产或者动产以及对共有的不动产或者动产作重大修缮、变更性质或者用途的，应当经占份额 2/3 以上的按份共有人同意，但是共有人之间另有约定的除外。（2019 年案例分析题）

2. 共同共有

处分共有的不动产或者动产以及对共有的不动产或者动产作重大修缮、变更

性质或者用途的，应当经全体共同共有人同意，但是共有人之间另有约定的除外。（2019年案例分析题）

【案例】甲在未征得其妻子乙同意的情况下，擅自将家中的电视机作价250元卖给丙。已知甲、乙之间对共有物的处分无特别约定。在本案中：（1）电视机由甲乙共同共有，甲擅自处分共有物的行为构成无权处分；（2）无论乙是否追认，甲丙之间买卖电视机的合同均属于有效合同；（3）如果甲的行为事后得到了乙的追认，则甲的行为转化为有权处分，无论丙是否善意、是否支付了对价，丙均自交付之日起取得该电视机的所有权；（4）如果甲的行为未得到乙的追认，考生应区分两种情况：①如果符合善意取得的条件（丙善意且无重大过失、合理对价、已经交付），则丙基于善意取得制度依法取得该电视机的所有权；②如果不符合善意取得的条件（如电视机尚未交付），丙不能取得该电视机的所有权。

经典题解

【例题1·多选题】甲、乙、丙、丁、戊、庚六人对一台挖掘机按份共有，甲的份额是2/3，其余五人的份额各为1/15。根据物权法律制度的规定，没有特别约定时，下列转让挖掘机的行为中，有效的有（　　）。（2015年）

A. 甲将挖掘机转让给辛，乙、丙、丁、戊、庚均表示反对

B. 甲、乙将挖掘机转让给辛，丙、丁、戊、庚均表示反对

C. 乙、丙、丁、戊、庚将挖掘机转让给辛，甲表示反对

D. 丙、丁、戊、庚将挖掘机转让给辛，甲、乙均表示反对

【答案】AB

【例题2·单选题】朋友6人共同出资购买一辆小汽车，未约定共有形式，且每人的出资额也不能确定。部分共有人欲对外转让该车。为避免该转让成为无权处分，在没有其他约定的情况下，根据物权法律制度的规定，同意转让的共有人至少应当达到的人数是（　　）。（2017年）

A. 4人　　B. 3人　　C. 6人　　D. 5人

【答案】A

【例题3·单选题】甲、乙、丙三兄弟共同继承一幅古董字画，由甲保管。甲擅自将该画以市场价出卖给丁并已交付，丁对该画的共有权属关系并不知情。根据物权法律制度的规定，下列表述中，正确的是（　　）。（2016年）

A. 丁取得该画的所有权，但须以乙和丙均追认为前提

B. 无论乙和丙追认与否，丁均不能取得该画的所有权

C. 无论乙和丙追认与否，丁均可取得该画的所有权

D. 经乙和丙中一人追认，丁即可取得该画的所有权

【解析】（1）如果乙、丙不追认，则甲的行为构成无权处分，但丁基于善意取得制度（善意且无重大过失、合理对价并完成交付）依法取得该画的所有权；（2）如果乙、丙追认，则甲的行为转为有权处分，则丁基于交付取得该画的所有权。因此，无论乙和丙追认与否，丁均可取得该画的所有权。

【答案】C

第六单元 建设用地使用权

使用“会计云课堂”App或“微信”扫码查看本单元视频，快速GET知识点。

温馨小提示

本单元属于单选题或者多选题的必考考点。

【考点1】建设用地使用权的设立（P61）★★★

1. 设立建设用地使用权的，应当向登记机构申请建设用地使用权登记。建设用地使用权自登记时设立。

2. 设立建设用地使用权，可以采取出让或者划拨等方式。

3. 严格限制以划拨方式设立建设用地使用权。下列建设用地的土地使用权，确属必需的，可以由县级以上人民政府依法批准划拨：

（1）国家机关用地和军事用地；

（2）城市基础设施用地和公益事业用地；

（3）国家重点扶持的能源、交通、水利等项目用地；

（4）法律、行政法规规定的其他用地。

4. 用于商业开发的建设用地，不得以划拨方式取得建设用地使用权。

5. 建设用地使用权出让，可以采取拍卖、招标或者双方协议的方式。其中，工业、商业、旅游、娱乐和商品住宅等经营性用地以及同一土地有两个以上意向用地者的，应当采取招标、拍卖等公开竞价的方式出让；没有条件，不能采取拍卖、招标方式的，可以采取双方协议的方式。

【考点2】建设用地使用权的期限（P63）★★★

温馨小提示

这是考生必须掌握的考点，注意单选题。

1. 以无偿划拨方式取得的建设用地使用权，除法律、行政法规另有规定外，没有使用期限的限制。

2. 以有偿出让方式取得的建设用地使用权，出让最高年限按下列用途确定：

（1）居住用地70年；

（2）工业用地50年；

（3）教育、科技、文化、卫生、体育用地50年；

（4）商业、旅游、娱乐用地40年；

（5）综合或者其他用地50年。

3. 住宅建设用地使用权期限届满的，自动续期。续期费用的缴纳或者减免，依照法律、行政法规的规定办理。

4. 非住宅建设用地使用权期限届满后的续期，依照法律规定办理。该土地上的房屋以及其他不动产的归属，有约定的，按照约定；没有约定或者约定不明确的，依照法律、行政法规的规定办理。

【解释】关于非住宅建设用地使用权，土地使用权出让合同约定的使用年限届满，土地使用者需要继续使用土地的，应当至迟于届满前1年申请续期，除根据社会公共利益需要收回该幅土地的，应当予以批准。经批准准予续期的，应当重新签订土地使用权出让合同，依照规定支付土地使用权出让金。土地使用权出让合同约定的使用年限届满，土地使用者未申请续期或者虽申请续期但依照前述规定未获批准的，土地使用权由国家无偿收回。

【考点3】建设用地使用权的转让（P63）★★★

1. 建设用地使用权转让、互换、出资、赠与或者抵押的，当事人应当采用书面形式订立相应的合同。使用期限由当事人约定，但是不得超过建设用地使用权的剩余期限。

2. 建设用地使用权转让、互换、出资或者赠与的，应当向登记机构申请变更登记。

3. 以划拨方式取得土地使用权的，转让房地产时，应当按照国务院规定，报有批准权的人民政府审批。有批准权的人民政府准予转让的，应当由受让方办理土地使用权出让手续，并依照国家有关规定缴纳土地使用权出让金。

4. 以出让方式取得土地使用权的，转让房地产时，应当符合下列条件：

（1）按照出让合同约定已经支付全部土地使用权出让金，并取得土地使用权证书；

（2）按照出让合同约定进行投资开发，属于房屋建设工程的，完成开发投资总额的25%以上，属于成片开发土地的，形成工业用地或者其他建设用地条件；

（3）转让房地产时房屋已经建成的，还应当持有房屋所有权证书。

经典题解

【例题1·单选题】根据物权法律制度的规定，以有偿出让方式取得居住用地的建设用地使用权，出让的最高年限是（　　）。（2013年）

A. 50年　　B. 60年　　C. 30年　　D. 70年

【答案】D

【例题2·单选题】下列关于以无偿划拨方式取得的建设用地使用权期限的表述中，符合物权法律制度规定的是（　　）。（2014年）

A. 最长期限为50年　　B. 最长期限为70年

C. 最长期限为30年　　D. 一般无使用期限的限制

【答案】D

【例题3·多选题】根据物权法律制度的规定，以出让方式取得土地使用权的，转让房地产时，应当符合的条件有（　　）。（2016年）

A. 按照出让合同约定已经支付全部土地使用权出让金，并取得土地使用权证书

B. 按照出让合同约定投资开发，属于成片开发土地的，形成工业用地或者其他建设用地条件

C. 转让房地产时房屋已经建成的，应当持有房屋所有权证书

D. 按照出让合同约定投资开发，属于房屋建设工程的，完成开发投资总额的20%以上的

【答案】ABC

【例题4·多选题】根据物权法律制度的规定，下列关于建设用地使用权的表述中，正确的有（ ）。（2017年）

A. 建设用地使用权自登记时设立

B. 住宅建设用地使用权期限届满的，自动续期

C. 建设用地使用权出让，应当优先考虑双方协议的方式；协议不成，则采取拍卖、招标方式

D. 用于商业开发的建设用地，不得以划拨方式取得建设用地使用权

【答案】ABD

【例题5·单选题】根据物权法律制度的规定，下列关于建设用地使用权的表述中，正确的是（ ）。（2019年）

A. 建设用地使用权自登记时设立

B. 以划拨方式取得的建设用地使用权，最高使用年限为70年

C. 以划拨方式取得的建设用地使用权，非经国务院审批不得转让

D. 建设用地使用权期限届满自动续期

【解析】（1）选项B：以无偿划拨方式取得的建设用地使用权，除法律、行政法规另有规定外，没有使用期限的限制；（2）选项C：以划拨方式取得土地使用权的，转让房地产时，应当按照国务院规定，报有批准权的人民政府（而非国务院）审批；（3）选项D：住宅建设用地使用权（并非所有的建设用地使用权）期限届满的，自动续期。

【答案】A

【例题6·单选题】根据物权法律制度的规定，以有偿出让方式取得的工业用建设用地使用权，出让最高年限是（ ）。（2021年）

A. 50年　　B. 40年

C. 70年　　D. 30年

【答案】A

【考点4】集体土地的建设使用（P64）★

1. 农田

建设占用土地，涉及农用地转为建设用地的，应当办理农用地转用审批手续。其中：

（1）永久基本农田转为建设用地的，由国务院批准。

（2）在土地利用总体规划确定的城市和村庄、集镇建设用地规模范围内，为实施该规划而将永久基本农田以外的农用地转为建设用地的，按土地利用年度计划分批次按照国务院规定由原批准土地利用总体规划的机关或者其授权的机关批准。在已批准的农用地转用范围内，具体建设项目用地可以由市、县人民政府批准。

（3）在土地利用总体规划确定的城市和村庄、集镇建设用地规模范围外，将永久基本农田以外的农用地转为建设用地的，由国务院或者国务院授权的省、自治区、直辖市人民政府批准。

2. 集体经营性建设用地

城市规划区内的集体所有的土地，经依法征收转为国有土地后，该幅国有土地的使用权方可有偿出让，但法律另有规定的除外。

第七单元　担保的一般规定

使用“会计云课堂”App或“微信”扫码查看本单元视频，快速GET知识点。

【考点1】担保的类型（P65）★

1. 保证、抵押、质押和定金，都是依据当事人的合同而设立，称为约定担保。留置则是直接依据法律的规定而设立，无须当事人之间特别约定，称为法定担保。

2. 保证是以保证人的财产和信用为担保的基础，属于人的担保。抵押、质押和留置，是以一定的财产为担保的基础，属于物的担保。定金是以一定的金钱为担保的基础，称为金钱担保。此外，所有权保留、融资租赁也可具有担保的功能。

> **温馨小提示**
>
> 当事人约定出卖人保留合同标的物的所有权，在标的物所有权转移前，买受人未按照约定支付价款，经催告后在合理期限内仍未支付，造成出卖人损害的，除当事人另有约定外，出卖人有权取回标的物。

> **温馨小提示**
>
> 融资租赁合同的承租人经催告后在合理期限内仍不支付租金的，出租人可以请求支付全部租金；也可以解除合同，收回租赁物。

3. 担保物权分为意定担保物权（抵押权、质权）和法定担保物权（留置权）。

4. 反担保

（1）第三人为债务人向债权人提供担保的，可以要求债务人提供反担保。

（2）反担保方式可以是债务人提供的抵押或者质押，也可以是其他人提供的保证、抵押、质押。

> **名师敲黑板**
>
> 留置和定金不能作为反担保方式。

经典题解

【例题·多选题】担保有约定担保和法定担保之分，下列各项中，属于约定担保的有（　　）。（2020年）

A. 保证　　B. 抵押　　C. 定金　　D. 留置

【答案】ABC

【考点2】担保合同的效力（P94）★★

1. 登记为营利法人的学校、幼儿园、医疗机构、养老机构等提供担保，当事人以其不具有担保资格为由主张担保合同无效的，人民法院不予支持。

2. 以公益为目的的非营利性学校、幼儿园、医疗机构、养老机构等提供担保的，人民法院应当认定担保合同无效，但是有下列情形之一的除外：

（1）在购入或者以融资租赁方式承租教育设施、医疗卫生设施、养老服务设施和其他公益设施时，出卖人、出租人为担保价款或者租金实现而在该公益设施上保留所有权；

（2）以教育设施、医疗卫生设施、养老服务设施和其他公益设施以外的不动产、动产或者财产权利设立担保物权。

【考点3】担保合同无效的法律责任（P94）★★★

1. 主合同有效而第三人提供的担保合同无效

（1）债权人与担保人均有过错的，担保人承担的赔偿责任不应超过债务人不能清偿部分的1/2；

（2）担保人有过错而债权人无过错的，担保人对债务人不能清偿的部分承担赔偿责任；

（3）债权人有过错而担保人无过错的，担保人不承担赔偿责任。

2. 主合同无效导致第三人提供的担保合同无效

（1）担保人无过错的，不承担赔偿责任；

（2）担保人有过错的，其承担的赔偿责任不应超过债务人不能清偿部分的1/3。

【相关链接】主合同解除后，担保人对债务人应当承担的民事责任仍应当承担担保责任，但是担保合同另有约定的除外。

温馨小提示

担保合同被确认无效后，债务人、担保人、债权人有过错的，应当根据其过错各自承担相应的民事责任，即承担《民法典》规定的缔约过失责任。

名师敲黑板

主合同解除后，担保合同继续有效，担保人仍应承担担保责任，除非担保合同另有约定。

【考点4】借新还旧的担保责任（P96）★

1. 主合同当事人协议以新贷偿还旧贷，债权人请求旧贷的担保人承担担保责任的，人民法院不予支持；债权人请求新贷的担保人承担担保责任的，按照下列情形处理：

（1）新贷与旧贷的担保人相同的，人民法院应予支持；

（2）新贷与旧贷的担保人不同，或者旧贷无担保新贷有担保的，人民法院不予支持，但是债权人有证据证明新贷的担保人提供担保时对以新贷偿还旧贷的事实知道或者应当知道的除外。

2. 主合同当事人协议以新贷偿还旧贷，旧贷的物的担保人在登记尚未注销的情形下同意继续为新贷提供担保，在订立新的贷款合同前又以该担保财产为其他债权人设立担保物权，其他债权人主张其担保物权顺位优先于新贷债权人的，人民法院不予支持。

温馨小提示

该考点适当关注一下即可。

【考点5】不可分性（P66）★

1. 主债权未受全部清偿，担保物权人主张就担保财产的全部行使担保物权的，人民法院应予支持，但是留置权人行使留置权，如果留置财产为可分物的，留置财产的价值应当相当于债务的金额。

2. 担保财产被分割或者部分转让，担保物权人主张就分割或者转让后的担保财产行使担保物权的，人民法院应予支持，但是法律或者司法解释另有规定的除外。

3. 主债权被分割或者部分转让，各债权人主张就其享有的债权份额行使担保物权的，人民法院应予支持，但是法律另有规定或者当事人另有约定的除外。

4. 主债务被分割或者部分转移，债务人自己提供物的担保，债权人请求以该担保财产担保全部债务履行的，人民法院应予支持；第三人提供物的担保，主张对未经其书面同意转移的债务不再承担担保责任的，人民法院应予支持。

名师敲黑板

这是考生必须掌握的考点，注意案例分析题。

第八单元　抵押权

使用“会计云课堂”App或“微信”扫码查看本单元视频，快速GET知识点。

【考点1】抵押财产（P67）★★

【解释】所谓抵押，是指为担保债务的履行，债务人或者第三人不转移财产的占有，将该财产抵押给债权人，债务人不履行到期债务或者发生当事人约定的实现抵押权的情形，债权人有权就该财产优先受偿。其中，债务人或者第三人为抵押人，债权人为抵押权人，提供担保的财产为抵押财产。

1. 债务人或者第三人有权处分的下列财产可以抵押：

（1）建筑物和其他土地附着物；

（2）建设用地使用权；

（3）海域使用权；

温馨小提示：这是《民法典》的新规定。

（4）生产设备、原材料、半成品、产品；

（5）正在建造的建筑物、船舶、航空器；

（6）交通运输工具；

（7）法律、行政法规未禁止抵押的其他财产。

温馨小提示：根据《农村土地承包法》的规定，家庭承包方式取得的土地经营权以及通过招标、拍卖、公开协商等方式承包农村土地并经依法登记取得权属证书的土地经营权，亦可抵押。

2. 下列财产不得抵押：

（1）土地所有权；

（2）宅基地、自留地、自留山等集体所有土地的使用权，但是法律规定可以抵押的除外；

（3）学校、幼儿园、医疗机构等为公益目的成立的非营利法人的教育设施、医疗卫生设施和其他公益设施；

（4）所有权、使用权不明或者有争议的财产；

（5）依法被查封、扣押、监管的财产；

（6）法律、行政法规规定不得抵押的其他财产。

【解释1】当事人以所有权、使用权不明或者有争议的财产抵押，经审查构成无权处分的，人民法院应当依照《民法典》善意取得制度的规定处理。

【解释2】当事人以依法被查封或者扣押的财产抵押，抵押权人请求行使抵押权，经审查查封或者扣押措施已经解除的，人民法院应予支持。抵押人以抵押权设立时财产被查封或者扣押为由主张抵押合同无效的，人民法院不予支持。

【解释3】以违法的建筑物抵押的，抵押合同无效，但是一审法庭辩论终结前已经办理合法手续的除外。

经典题解

【例题·单选题】根据物权法律制度的规定，下列各项中，属于禁止抵押的财产的是（　　）。（2021年）

A. 土地所有权　　B. 海域使用权

C. 生产设备　　D. 正在建造的建筑物

【答案】A

3. 房地一体原则

（1）城市房地产

以建筑物抵押的，该建筑物占用范围内的建设用地使用权一并抵押。以建设用地使用权抵押的，该土地上的建筑物一并抵押。

温馨小提示

房随地走、地随房走。

（2）农村集体土地

乡镇、村企业的建设用地使用权不得单独抵押。以乡镇、村企业的厂房等建筑物抵押的，其占用范围内的建设用地使用权一并抵押。

温馨小提示

只能“地随房走”。

【考点2】抵押合同（P67）★★★

1. 设立抵押权，当事人应当采用书面形式订立抵押合同。

2. 抵押权人在债务履行期限届满前，与抵押人约定债务人不履行到期债务时抵押财产归债权人所有的，只能依法就抵押财产优先受偿。（2019年案例分析题）

名师敲黑板

这是考生必须掌握的考点，今年继续关注案例分析题。

3. 担保物权的担保范围包括主债权及其利息、违约金、损害赔偿金、保管担保财产和实现担保物权的费用。当事人另有约定的，按照其约定。

【相关链接】保证的范围包括主债权及其利息、违约金、损害赔偿金和实现债权的费用。当事人另有约定的，按照其约定。

【考点3】不动产的抵押（P68）★★★

1. 登记生效

以建筑物和其他土地附着物、建设用地使用权、海域使用权和正在建造的建筑物抵押的，应当办理抵押登记，抵押权自登记时设立。（2016年案例分析题、2021年案例分析题）

名师敲黑板

这是考生必须掌握的考点，今年继续关注案例分析题。

【案例】甲公司以建设用地使用权设定抵押向乙银行贷款1000万元，双方4月1日签订了抵押合同，4月10日办理了抵押登记。在本案中：（1）抵押合同的生效日期为4月1日；（2）抵押权的设立日期为4月10日。

2. 不能办理抵押登记时的责任承担

（1）不动产抵押合同生效后未办理抵押登记手续，债权人请求抵押人办理抵押登记手续的，人民法院应予支持。

（2）抵押财产因不可归责于抵押人自身的原因灭失或者被征收等导致不能办理抵押登记，债权人请求抵押人在约定的担保范围内承担责任的，人民法院不予支持；但是抵押人已经获得保险金、赔偿金或者补偿金等，债权人请求抵押人在其所获金额范围内承担赔偿责任的，人民法院依法予以支持。

（3）因抵押人转让抵押财产或者其他可归责于抵押人自身的原因导致不能办理抵押登记，债权人请求抵押人在约定的担保范围内承担责任的，人民法院依法予以支持，但是不得超过抵押权能够设立时抵押人应当承担的责任范围。

（4）当事人申请办理抵押登记手续时，因登记机构的过错致使其不能办理抵押登记，当事人请求登记机构承担赔偿责任的，人民法院依法予以支持。

3. 以划拨方式取得的建设用地使用权

名师敲黑板

这是考生必须掌握的考点，今年继续关注案例分析题。

（1）当事人以划拨方式取得的建设用地使用权抵押，抵押人以未办理批准手续为由主张抵押合同无效或者不生效的，人民法院不予支持。已经依法办理抵押登记，抵押权人主张行使抵押权的，人民法院应予支持。抵押权依法实现时所得的价款，应当优先用于补缴建设用地使用权出让金。（2013年案例分析题）

（2）抵押人以划拨建设用地上的建筑物抵押，当事人以该建设用地使用权不能抵押或者未办理批准手续为由主张抵押合同无效或者不生效的，人民法院不予支持。抵押权依法实现时，拍卖、变卖建筑物所得的价款，应当优先用于补缴建设用地使用权出让金。

4. 土地上新增的建筑物

名师敲黑板

这是考生必须掌握的考点，今年继续关注案例分析题。

（1）建设用地使用权抵押后，该土地上新增的建筑物不属于抵押财产。该建设用地使用权实现抵押权时，应当将该土地上新增的建筑物与建设用地使用权一并处分。但是，新增建筑物所得的价款，抵押权人无权优先受偿。（2013年案例分析题）

（2）当事人仅以建设用地使用权抵押，债权人主张抵押权的效力及于土地上已有的建筑物以及正在建造的建筑物已完成部分的，人民法院应予支持。债权人主张抵押权的效力及于正在建造的建筑物的续建部分以及新增建筑物的，人民法院不予支持。

（3）当事人以正在建造的建筑物抵押，抵押权的效力范围限于已办理抵押登记的部分。当事人按照担保合同的约定，主张抵押权的效力及于续建部分、新增建筑物以及规划中尚未建造的建筑物的，人民法院不予支持。

（4）抵押人将建设用地使用权、土地上的建筑物或者正在建造的建筑物分别抵押给不同债权人的，人民法院应当根据抵押登记的时间先后确定清偿顺序。

5. 预告登记

温馨小提示

未办理不动产首次登记的，不得办理不动产其他类型登记（如不动产抵押登记），但法律、行政法规另有规定的除外。

当事人办理抵押预告登记后，预告登记权利人请求就抵押财产优先受偿，经审查存在尚未办理建筑物所有权首次登记、预告登记的财产与办理建筑物所有权首次登记时的财产不一致、抵押预告登记已经失效等情形，导致不具备办理抵押登记条件的，人民法院不予支持；经审查已经办理建筑物所有权首次登记，且不存在预告登记失效等情形的，人民法院应予支持，并应当认定抵押权自预告登记之日起设立。

【案例】2022年4月1日，甲公司以其预购商品房设定抵押，向乙银行贷款1000万元，并于2022年4月10日办理了抵押预告登记。贷款到期后，甲公司无力清偿贷款本息，乙银行提起诉讼，请求人民法院就该商品房优先受偿。在本案中：（1）如果该商品房尚未办理所有权首次登记，导致其不具备办理抵押登记条件，人民法院对乙银行的诉讼请求不予支持；（2）如果经审查该商品房已经办理所有权首次登记，且不存在预告登记失效等情形，人民法院对乙银行的诉讼请求应予支持，并应当认定抵押权自预告登记之日（2022年4月10日）起设立。

【考点 4】动产的抵押（P68）★★★

1. 以动产抵押的，抵押权自抵押合同生效时设立；未经登记，不得对抗善意第三人。（2015 年案例分析题、2019 年案例分析题）

2. 动产抵押合同订立后未办理抵押登记，动产抵押权的效力按照下列情形分别处理：

（1）抵押人转让抵押财产，受让人占有抵押财产后，抵押权人向受让人请求行使抵押权的，人民法院不予支持，但是抵押权人能够举证证明受让人知道或者应当知道已经订立抵押合同的除外；

（2）抵押人将抵押财产出租给他人并移转占有，抵押权人行使抵押权的，租赁关系不受影响，但是抵押权人能够举证证明承租人知道或者应当知道已经订立抵押合同的除外；

（3）抵押人的其他债权人向人民法院申请保全或者执行抵押财产，人民法院已经作出财产保全裁定或者采取执行措施，抵押权人主张对抵押财产优先受偿的，人民法院不予支持；

（4）抵押人破产，抵押权人主张对抵押财产优先受偿的，人民法院不予支持。

【案例】甲汽车制造公司（以下简称“甲公司”）以其数控机床作为抵押向乙银行贷款 8000 万元，双方 4 月 1 日签订了书面抵押合同，但未办理抵押登记。4 月 5 日，甲公司将该数控机床按照市场价格卖给了不知情的丙公司，并完成交付。在本案中：（1）抵押合同的生效日期为 4 月 1 日，抵押权的设立日期为 4 月 1 日；（2）由于未办理抵押登记，乙银行的抵押权虽然已经设立，但不得对抗善意第三人，即乙银行无权对丙公司取得的数控机床行使抵押权。

3. 以动产抵押的，不得对抗正常经营活动中已经支付合理价款并取得抵押财产的买受人。

【解释 1】所谓“正常经营活动”，是指出卖人的经营活动属于其营业执照明确记载的经营范围，且出卖人持续销售同类商品。

【解释 2】买受人在出卖人正常经营活动中通过支付合理对价取得已被设立担保物权的动产，担保物权人请求就该动产优先受偿的，人民法院不予支持，但是有下列情形之一的除外：（1）购买商品的数量明显超过一般买受人；（2）购买出卖人的生产设备；（3）订立买卖合同的目的在于担保出卖人或者第三人履行债务；（4）买受人与出卖人存在直接或者间接的控制关系；（5）买受人应当查询抵押登记而未查询的其他情形。

【案例】甲汽车制造公司（以下简称“甲公司”）以其生产的一辆货车作为抵押向乙公司借款 50 万元，双方于 2022 年 4 月 1 日签订了书面抵押合同，4 月 10 日办理了抵押登记。4 月 20 日，甲公司在正常经营活动中将该货车按照市场价格卖给了丙公司，丙公司已经付款并完成交付。在本案中：（1）抵押合同的生效日期为 4 月 1 日，抵押权的设立日期为 2022 年 4 月 1 日；（2）无论是否进行了抵押登记，无论丙公司是否善意，乙公司均不得以其抵押权对抗正常经营买受人丙公司。

名师敲黑板

以动产抵押的，无论是否办理了抵押登记，抵押权均自抵押合同生效时设立。这是考生必须掌握的考点，今年继续关注案例分析题。

名师敲黑板

该考点可能出现在企业破产法律制度的案例分析题中，希望考生高度重视。

名师敲黑板

《民法典》将“正常经营买受人规则”扩大到所有的动产抵押，无论是否进行了抵押登记，也无论买受人是否善意，均不得对抗正常经营买受人。这是考生必须掌握的考点，注意案例分析题。

名师敲黑板

善意取得的构成要件：（1）善意且无重大过失；（2）合理对价；（3）已经完成交付或者登记。与是否已经付款无关。

名师敲黑板

【考点5】动产的浮动抵押（P67）★★★

这是考生必须掌握的考点，注意案例分析题。

1. 企业、个体工商户、农业生产经营者可以将现有的以及将有的生产设备、原材料、半成品、产品抵押，债务人不履行到期债务或者发生当事人约定的实现抵押权的情形，债权人有权就抵押财产确定时的动产优先受偿。

2. 抵押权自抵押合同生效时设立；未经登记，不得对抗善意第三人。

3. 动产浮动抵押无论是否办理抵押登记，均不得对抗正常经营活动中已支付合理价款并取得抵押财产的买受人。

4. 抵押财产自下列情形之一发生时确定：

（1）债务履行期限届满，债权未实现；

（2）抵押人被宣告破产或者解散；

（3）当事人约定的实现抵押权的情形；

（4）严重影响债权实现的其他情形。

【案例】2022年3月1日，刚刚投产的甲汽车制造公司（以下简称“甲公司”）向乙银行贷款1亿元，期限6个月，甲公司以其现有的以及将有的汽车抵押给乙银行，双方当日签订了书面抵押合同，并于2022年3月10日办理了抵押登记。2022年6月5日，甲公司将其生产的一辆汽车按照市场价格卖给丙公司，丙公司已经付款并完成交付。2022年9月1日，甲公司未按期偿还借款。在本案中：（1）抵押权自抵押合同生效时（2022年3月1日）设立；（2）无论是否办理了抵押登记，无论丙公司是否知道甲公司已经向乙银行设定了浮动抵押，乙银行均不能对抗“正常经营买受人”丙公司；（3）当甲公司到期不能清偿债务时，乙银行有权就实现抵押权时的动产（甲公司抵押财产确定后的那些汽车）行使抵押权。

名师敲黑板

【考点6】抵押物的转让（P70）★★★

这是考生必须掌握的考点，今年继续关注案例分析题。

1.《民法典》的规定

（1）抵押期间，抵押人可以转让抵押财产。当事人另有约定的，按照其约定。抵押财产转让的，抵押权不受影响。（2021年案例分析题）

（2）抵押人转让抵押财产的，应当及时通知抵押权人。抵押权人能够证明抵押财产转让可能损害抵押权的，可以请求抵押人将转让所得的价款向抵押权人提前清偿债务或者提存。转让的价款超过债权数额的部分归抵押人所有，不足部分由债务人清偿。

【案例】甲公司将其办公楼设定抵押向乙银行贷款1000万元，并依法办理了抵押登记手续，双方在抵押合同中未约定禁止或者限制转让抵押财产。后甲公司将该办公楼转让给丙公司，并依法办理了过户登记手续。在本案中：（1）甲公司可以转让抵押财产，无须经乙银行同意，但应当及时通知乙银行；（2）乙银行的抵押权不受影响，如果甲公司不能清偿到期债务，乙银行有权就该办公楼行使抵押权。

2. 关于“当事人约定禁止或者限制转让抵押财产”的司法解释

（1）未将约定登记

当事人约定禁止或者限制转让抵押财产但是未将约定登记，抵押人违反约定转让抵押财产：

①抵押权人请求确认转让合同无效的，人民法院不予支持；

②抵押财产已经交付或者登记，抵押权人请求确认转让不发生物权效力的，人民法院不予支持，但是抵押权人有证据证明受让人知道的除外；

③抵押权人请求抵押人承担违约责任的，人民法院依法予以支持。

（2）已经将约定登记

当事人约定禁止或者限制转让抵押财产且已经将约定登记，抵押人违反约定转让抵押财产：

①抵押权人请求确认转让合同无效的，人民法院不予支持；

②抵押财产已经交付或者登记，抵押权人主张转让不发生物权效力的，人民法院应予支持，但是因受让人代替债务人清偿债务导致抵押权消灭的除外。

【案例】甲公司将其办公楼设定抵押向乙银行贷款1000万元，并依法办理了抵押登记手续。双方在抵押合同中约定禁止甲公司转让该办公楼，但未将该约定进行登记。后甲公司违反约定将该办公楼转让给丙公司，并依法办理了过户登记手续。在本案中：（1）乙银行请求确认转让合同无效的，人民法院不予支持；（2）乙银行请求确认转让不发生物权效力的，人民法院不予支持，但乙银行有证据证明受让人丙公司知道的除外；（3）乙银行请求甲公司承担违约责任的，人民法院依法予以支持。

3. 动产抵押的特殊规定

（1）以动产抵押的，不得对抗正常经营活动中已经支付合理价款并取得抵押财产的买受人。

（2）动产抵押合同订立后未办理抵押登记，抵押人转让抵押财产，受让人占有抵押财产后，抵押权人向受让人请求行使抵押权的，人民法院不予支持，但是抵押权人能够举证证明受让人知道或者应当知道已经订立抵押合同的除外。

【考点7】抵押物的出租（P70）★★★

名师敲黑板

这是考生必须掌握的考点，今年继续关注案例分析题。

1. 先出租后抵押

抵押权设立前，抵押财产已经出租并转移占有的，原租赁关系不受该抵押权的影响。（2014年案例分析题）

【相关链接1】租赁物在承租人按照租赁合同占有期限内发生所有权变动的，不影响租赁合同的效力。

【相关链接2】出租人出卖租赁房屋的，应当在出卖之前的合理期限内通知承租人，承租人享有以同等条件优先购买的权利；但是，房屋按份共有人行使优先购买权或者出租人将房屋出卖给近亲属的除外。

【相关链接3】出租人未通知承租人或者有其他妨害承租人行使优先购买权情

形的，承租人可以请求出租人承担赔偿责任。但是，出租人与第三人订立的房屋买卖合同的效力不受影响。

【案例】2022年1月1日，甲将其房屋出租给乙，租期为1年。2022年4月1日，甲以该房屋设定抵押向丙借款100万元，借款期限3个月，当日双方办理了抵押登记手续。2022年7月1日，甲到期无力还本付息。丙与甲达成协议，以变卖该房屋所得的价款优先受偿。2022年7月4日，甲将该房屋作价200万元出售给其路人丁，并于2022年7月10日办理了房屋产权过户登记手续，但甲未将此事告知乙。在本案中：（1）甲先将房屋出租给乙，事后再转让给丁时，承租人乙享有同等条件下的优先购买权；（2）由于出租人甲侵害了承租人乙的优先购买权，乙可以请求甲承担赔偿责任。但是，甲与丁之间房屋买卖合同的效力不受影响；（3）由于出租在先，抵押权设定在后，原租赁关系不受该抵押权的影响，租赁合同在有效期内对抵押物的受让人丁继续有效，即在2023年1月1日之前，丁无权要求乙搬出房屋。

2. 先抵押后出租

动产抵押合同订立后未办理抵押登记，抵押人将抵押财产出租给他人并移转占有，抵押权人行使抵押权的，租赁关系不受影响，但是抵押权人能够举证证明承租人知道或者应当知道已经订立抵押合同的除外。

【考点8】抵押权的效力（P68）★★★

名师敲黑板

这是考生必须掌握的考点，今年继续关注案例分析题。

1. 物上代位性

（1）担保期间，担保财产毁损、灭失或者被征收等，担保物权人可以就获得的保险金、赔偿金或者补偿金等优先受偿。（2014年案例分析题）

（2）被担保债权的履行期限未届满的，也可以提存该保险金、赔偿金或者补偿金等。

温馨小提示

该考点适当关注一下即可。

2. 孳息

债务人不履行到期债务或者发生当事人约定的实现抵押权的情形，致使抵押财产被人民法院依法扣押的，自扣押之日起，抵押权人有权收取该抵押财产的天然孳息或者法定孳息，但是抵押权人未通知应当清偿法定孳息义务人的除外。收取的孳息应当先充抵收取孳息的费用。

【相关链接1】质权人有权收取质押财产的孳息，但合同另有约定的除外。所收取的孳息应当首先充抵收取孳息的费用。

【相关链接2】留置权人有权收取留置财产的孳息，所收取的孳息应当首先充抵收取孳息的费用。

【解释】（1）抵押物被扣押之前的孳息归抵押人，与抵押权人没有关系；（2）抵押物被扣押之后，抵押权人有权收取该抵押物的天然孳息（不用通知），但并非取得该孳息的所有权，而是将孳息一并计入抵押财产；（3）如果收取法定孳息（如房租），应通知义务人（如承租人）。

【案例】2022 年 1 月 1 日，甲向乙借款 2000 元，期限 3 个月，甲以自己的一头母牛设定抵押。2022 年 3 月 1 日，该母牛产下一头小牛，该小牛不属于抵押财产。到了 2022 年 4 月 1 日，甲拒绝偿还借款，母牛被人民法院依法扣押，因受到惊吓，该母牛于 2022 年 4 月 16 日产下一只小羊，该小羊应计入抵押财产（其所有权仍属于甲）。考生应注意的是，如果母牛（1800 元）和小羊（700 元）共卖了 2500 元，剩余的 500 元仍属于抵押人甲。

3. 从物

（1）从物产生于抵押权依法设立前，抵押权人主张抵押权的效力及于从物的，人民法院应予支持，但是当事人另有约定的除外。

（2）从物产生于抵押权依法设立后，抵押权人主张抵押权的效力及于从物的，人民法院不予支持，但是在抵押权实现时可以一并处分。

4. 添附

温馨小提示：添附包括附合、混合与加工，该考点适当关注一下即可。

（1）抵押权依法设立后，抵押财产被添附，添附物归第三人所有，抵押权人主张抵押权效力及于补偿金的，人民法院应予支持。

（2）抵押权依法设立后，抵押财产被添附，抵押人对添附物享有所有权，抵押权人主张抵押权的效力及于添附物的，人民法院应予支持，但是添附导致抵押财产价值增加的，抵押权的效力不及于增加的价值部分。

（3）抵押权依法设立后，抵押人与第三人因添附成为添附物的共有人，抵押权人主张抵押权的效力及于抵押人对共有物享有的份额的，人民法院应予支持。

【案例】甲以其刚刚冲好的咖啡设定抵押向乙借款 10 元。几分钟后，同事丙不慎将其牛奶倒入甲的咖啡中（丙的眼神不太好）。在本案中：（1）如果咖啡的价值远大于牛奶，双方商定这杯牛奶咖啡归甲所有，则乙的抵押权及于这杯牛奶咖啡（由于添附导致抵押财产价值增加，抵押权的效力不及于增加的价值部分）；（2）如果咖啡与牛奶的价值相当，双方商定按份共有这杯牛奶咖啡，每人各占 50% 的份额，则乙的抵押权及于这杯牛奶咖啡的 50%；（3）如果咖啡的价值远小于牛奶，双方商定这杯牛奶咖啡归丙所有，同时丙向甲补偿 10 元，则乙的抵押权及于这 10 元的补偿金。

5. 同一财产向两个以上债权人设定抵押时的清偿顺序（2018 年案例分析题）

同一财产向两个以上债权人抵押的，拍卖、变卖抵押财产所得的价款依照下列规定清偿：

（1）抵押权已经登记的，按照登记的时间先后确定清偿顺序；

（2）抵押权已经登记的先于未登记的受偿；

（3）抵押权未登记的，按照债权比例清偿。

名师敲黑板：抵押权均未登记的，按照债权比例（而非抵押权设立的时间先后）清偿。

6. 抵押权顺位的变更

抵押权人与抵押人可以协议变更抵押权顺位以及被担保的债权数额等内容。但是，抵押权的变更未经其他抵押权人书面同意的，不得对其他抵押权人产生不利影响。

7. 债务人以自己的财产设定抵押，抵押权人放弃该抵押权、抵押权顺位或者变更抵押权的，其他担保人在抵押权人丧失优先受偿权益的范围内免除担保责任，但是其他担保人承诺仍然提供担保的除外。

【案例】A公司向B银行贷款100万元，A公司以其机器设备设定抵押，同时C公司以其厂房设定抵押，A公司到期未还本付息。在本案中:（1）应首先执行主债务人提供的担保，如果A公司的机器设备变卖价款为80万元，则不足的20万元，B银行再要求C公司承担;（2）如果B银行放弃了主债务人提供的抵押，则C公司在B银行丧失优先受偿权益的范围内（80万元）免除担保责任，C公司只承担20万元的担保责任，除非C公司傻乎乎地主动承诺仍承担100万元的担保责任。

第九单元　质　权

使用“会计云课堂”App或“微信”扫码查看本单元视频，快速GET知识点。

【考点1】动产质押（P74）★★

【解释】所谓动产质押，是指为担保债务的履行，债务人或者第三人将其动产出质给债权人占有的，债务人不履行到期债务或者发生当事人约定的实现质权的情形，债权人有权就该动产优先受偿。其中，债务人或者第三人为出质人，债权人为质权人，交付的动产为质押财产。

1. 动产质权的设立

动产质权自出质人交付质押财产时设立。

【相关链接】以动产抵押的，抵押权自抵押合同生效时设立；未经登记，不得对抗善意第三人。

【案例】甲向乙借款100万元，甲以其小汽车设定质押。双方于4月1日订立了质押合同，甲于4月10日将该车交付给乙。在本案中:（1）质押合同于4月1日生效;（2）质权于4月10日设立。

2. 质物处分的限制

（1）质权人在质权存续期间，未经出质人同意，擅自使用、处分质押财产，造成出质人损害的，应当承担赔偿责任。

（2）质权人在质权存续期间，未经出质人同意转质，造成质押财产毁损、灭失的，应当承担赔偿责任。

3. 质权人妥善保管质物的义务

（1）因保管不善致使质押财产毁损、灭失的，应当承担赔偿责任。

（2）质权人的行为可能使质押财产毁损、灭失的，出质人可以请求质权人将质押财产提存，或者请求提前清偿债务并返还质押财产。

4. 及时行使质权请求权

（1）出质人可以请求质权人在债务履行期限届满后及时行使质权；质权人不行使的，出质人可以请求人民法院拍卖、变卖质押财产。

（2）出质人请求质权人及时行使质权，因质权人怠于行使权利造成出质人损害的，由质权人承担赔偿责任。

【考点2】权利质押（P74）★★★

温馨小提示

不动产、建设用地使用权、海域使用权可以设定抵押，但不能设定质押。股权、应收账款等权利可以设定质押，但不能设定抵押。

1. 债务人或者第三人有权处分的下列权利可以出质：

（1）汇票、本票、支票；

（2）债券、存款单；

（3）仓单、提单；

（4）可以转让的基金份额、股权；

（5）可以转让的注册商标专用权、专利权、著作权等知识产权中的财产权；

（6）现有的以及将有的应收账款；

（7）法律、行政法规规定可以出质的其他财产权利。

2. 以汇票、本票、支票、债券、存款单、仓单、提单出质的，质权自权利凭证交付质权人时设立；没有权利凭证的，质权自办理出质登记时设立。

（1）以汇票出质，当事人以背书记载“质押”字样并在汇票上签章，汇票已经交付质权人的，人民法院应当认定质权自汇票交付质权人时设立。

（2）存货人或者仓单持有人在仓单上以背书记载“质押”字样，并经保管人签章，仓单已经交付质权人的，人民法院应当认定质权自仓单交付质权人时设立。没有权利凭证的仓单，依法可以办理出质登记的，仓单质权自办理出质登记时设立。

（3）出质人既以仓单出质，又以仓储物设立担保，按照公示的先后确定清偿顺序；难以确定先后的，按照债权比例清偿。

（4）保管人为同一货物签发多份仓单，出质人在多份仓单上设立多个质权，按照公示的先后确定清偿顺序；难以确定先后的，按照债权比例受偿。

3. 以可以转让的基金份额、股权出质的，质权自办理出质登记时设立。基金份额、股权出质后，不得转让，但是出质人与质权人协商同意的除外。

4. 以可以转让的注册商标专用权、专利权、著作权等知识产权中的财产权出质的，质权自办理出质登记时设立。知识产权中的财产权出质后，出质人不得转让或者许可他人使用，但是出质人与质权人协商同意的除外。

5. 以现有的以及将有的应收账款出质的，质权自办理出质登记时设立。应收账款出质后，不得转让，但是出质人与质权人协商同意的除外。

（1）以现有的应收账款出质，应收账款债务人向质权人确认应收账款的真实性后，又以应收账款不存在或者已经消灭为由主张不承担责任的，人民法院不予支持。

（2）以现有的应收账款出质，应收账款债务人未确认应收账款的真实性，质权人以应收账款债务人为被告，请求就应收账款优先受偿，能够举证证明办理出质登记时应收账款真实存在的，人民法院应予支持；质权人不能举证证明办理出质登记时应收账款真实存在，仅以已经办理出质登记为由，请求就应收账款优先受偿的，人民法院不予支持。

（3）以现有的应收账款出质，应收账款债务人已经向应收账款债权人履行了债务，质权人请求应收账款债务人履行债务的，人民法院不予支持，但是应收账款债务人接到质权人要求向其履行的通知后，仍然向应收账款债权人履行的除外。

（4）以基础设施和公用事业项目收益权、提供服务或者劳务产生的债权以及其他将有的应收账款出质，当事人为应收账款设立特定账户，发生法定或者约定的质权实现事由时，质权人请求就该特定账户内的款项优先受偿的，人民法院应予支持；特定账户内的款项不足以清偿债务或者未设立特定账户，质权人请求折价或者拍卖、变卖项目收益权等将有的应收账款，并以所得的价款优先受偿的，人民法院依法予以支持。

名师敲黑板

这是考生必须掌握的考点。

表 3-4 登记在物权变动中的地位

<table>
<tr><td rowspan="4">动产</td><td>一般动产的所有权</td><td>交付生效</td></tr>
<tr><td>船舶、航空器、机动车的所有权</td><td>交付生效、登记对抗</td></tr>
<tr><td>动产的抵押权</td><td>登记对抗</td></tr>
<tr><td>动产的质权</td><td>交付生效</td></tr>
<tr><td rowspan="7">不动产</td><td>房屋的转让、抵押</td><td rowspan="4">登记生效</td></tr>
<tr><td>建设用地使用权的设立、转让、抵押</td></tr>
<tr><td>海域使用权的抵押</td></tr>
<tr><td>居住权的设立</td></tr>
<tr><td>土地承包经营权的设立</td><td rowspan="3">登记对抗</td></tr>
<tr><td>地役权的设立</td></tr>
<tr><td>以家庭承包方式取得的土地经营权的抵押</td></tr>
<tr><td rowspan="4">权利质押</td><td>可以转让的基金份额、股权</td><td rowspan="3">登记生效</td></tr>
<tr><td>可以转让的知识产权中的财产权</td></tr>
<tr><td>现有的以及将有的应收账款</td></tr>
<tr><td>票据、债券、存款单、仓单、提单</td><td>交付（登记）生效</td></tr>
</table>

经典题解

【例题 1·多选题】根据物权法律制度的规定，下列各项中，可以出质的有（　　）。（2018年）

A. 支票　　B. 存款单

C. 仓单　　D. 可以转让的股权

【答案】ABCD

【例题 2·单选题】根据物权法律制度的规定，以下列权利出质时，质权自权利凭证交付时设立的是（　　）。（2014年）

A. 仓单　　B. 可以转让的基金份额

C. 现有的以及将有的应收账款　　D. 可以转让的股权

【答案】A

【例题 3 · 单选题】根据物权法律制度的规定，下列物权变动中，以登记为生效要件的是（ ）。（2020 年）

A. 设定地役权　　B. 转让土地承包经营权

C. 在生产设备上设定抵押权　　D. 设立建设用地使用权

【解析】（1）选项 ABC：登记对抗；（2）选项 D：建设用地使用权自登记时设立。

【答案】D

【例题 4 · 多选题】根据物权法律制度的规定，下列物权变动中，以登记为生效要件的有（ ）。（2021 年）

A. 在在建房屋上设定抵押权

B. 在已建成房屋上设定抵押权

C. 在土地上设定地役权

D. 在生产设备上设定抵押权

【解析】（1）选项 C：地役权自地役权合同生效时设立，未经登记，不得对抗善意第三人；（2）选项 D：以动产抵押的，抵押权自抵押合同生效时设立，未经登记，不得对抗善意第三人。

【答案】AB

第十单元 留置权

使用“会计云课堂”App 或“微信”扫码查看本单元视频，快速 GET 知识点。

【考点 1】留置权（P77）★★★

1. 债务人不履行到期债务，债权人可以留置已经合法占有的债务人或者第三人的动产，并有权就该动产优先受偿。其中，债权人为留置权人，占有的动产为留置财产。

名师敲黑板

留置权的行使对象仅限于动产，而且必须是债权人已经合法占有的债务人或者第三人的动产。

【解释 1】留置权属于法定担保物权，只要具备法定要件，债权人就可以依法行使留置权。但是，当事人可以通过合同约定事先排除留置权的适用。例如，甲、乙公司订立保管合同，双方事先约定，即使债务人甲公司不能按期支付保管费，债权人乙公司也不得行使留置权，该约定有效。

【解释 2】留置财产为可分物的，留置财产的价值应当相当于债务的金额。

经典题解

【例题 · 多选题】根据物权法律制度的规定，下列权利中，可以设定在动产之上的有（ ）。（2019 年）

A. 抵押权　　B. 所有权

C. 质权　　D. 留置权

【答案】ABCD

名师敲黑板

这是考生必须掌握的考点，注意案例分析题。

2. 债权人留置的动产，应当与债权属于同一法律关系，但是企业之间留置的除外。

【解释】所谓“同一法律关系”，是指占有人交付或者返还占有物的义务与留置所担保的债权属于同一法律关系。

【案例】甲公司向乙公司购买100万元的建筑材料，甲公司已经支付了60万元货款，约定其余的40万元在3个月内付清。后甲公司将一台价值30万元的施工设备交由乙公司代为保管。3个月后，几经催告，甲公司仍未支付乙公司40万元货款，当甲公司要求提取该施工设备时，乙公司可以将该设备留置以担保货款债权的实现。在本案中，尽管买卖建筑材料和保管施工设备属于两个不同的法律关系，但由于甲公司和乙公司均为企业，乙公司可以依法行使留置权。

名师敲黑板

这是考生必须掌握的考点，注意案例分析题。

3. 债务人不履行到期债务，债权人因同一法律关系留置合法占有的第三人的动产，并主张就该留置财产优先受偿的，人民法院应予支持。第三人以该留置财产并非债务人的财产为由请求返还的，人民法院不予支持。

【案例】甲公司将其生产设备出租给乙公司，后该设备出现故障，承租人乙公司请求出租人甲公司维修时，甲公司未予理会。乙公司将该设备交由丙公司维修，但乙公司未按照合同约定向丙公司支付10万元的维修费用，丙公司遂将该设备留置。在本案中:(1)债权人(丙公司)基于同一法律关系留置合法占有的第三人(甲公司)的动产，并主张就该留置财产优先受偿的，人民法院应予支持;(2)第三人(甲公司)以该留置财产并非债务人(乙公司)的财产为由请求返还的，人民法院不予支持。

名师敲黑板

这是考生必须掌握的考点，注意案例分析题。

4. 企业之间留置的动产与债权并非同一法律关系，债权人留置第三人的财产，第三人请求债权人返还留置财产的，人民法院应予支持。

【案例】甲公司将其生产设备出租给乙公司，后该设备出现故障，承租人乙公司请求出租人甲公司维修时，甲公司未予理会。乙公司将该设备交由丙公司维修，因此前乙公司拖欠丙公司100万元的货款，丙公司遂将该设备留置。在本案中，企业之间留置的动产与债权并非同一法律关系，债权人留置第三人(甲公司)的财产，第三人(甲公司)请求债权人(丙公司)返还留置财产的，人民法院应予支持。

5. 企业之间留置的动产与债权并非同一法律关系，债务人以该债权不属于企业持续经营中发生的债权为由请求债权人返还留置财产的，人民法院应予支持。

6. 留置权人与债务人应当约定留置财产后的债务履行期限；没有约定或者约定不明确的，留置权人应当给债务人60日以上履行债务的期限，但是鲜活易腐等不易保管的动产除外。债务人逾期未履行的，留置权人可以与债务人协议以留置财产折价，也可以就拍卖、变卖留置财产所得的价款优先受偿。留置财产折价或者变卖的，应当参照市场价格。

7. 债务人可以请求留置权人在债务履行期限届满后行使留置权；留置权人不行使的，债务人可以请求人民法院拍卖、变卖留置财产。

【相关链接】动产质押的出质人可以请求质权人在债务履行期限届满后及时行使质权；质权人不行使的，出质人可以请求人民法院拍卖、变卖质押财产。

【考点 2】担保物权与诉讼时效（P66）★★

1. 抵押权

抵押权人应当在主债权诉讼时效期间行使抵押权；未行使的，人民法院不予保护。抵押人以主债权诉讼时效期间届满为由，主张不承担担保责任的，人民法院应予支持。

2. 留置权

主债权诉讼时效期间届满后，财产被留置的债务人或者对留置财产享有所有权的第三人请求债权人返还留置财产的，人民法院不予支持；债务人或者第三人请求拍卖、变卖留置财产并以所得价款清偿债务的，人民法院应予支持。

3. 质权

主债权诉讼时效期间届满的法律后果，以登记作为公示方式的权利质权，参照适用抵押权的规定；动产质权、以交付权利凭证作为公示方式的权利质权，参照适用留置权的规定。

温馨小提示

以可以转让的基金份额、股权出质的，质权自办理出质登记时设立。

温馨小提示

以汇票、本票、支票、债券、存款单、仓单、提单出质的，质权自权利凭证交付质权人时设立；没有权利凭证的，质权自办理出质登记时设立。

第十一单元 担保的并存

使用“会计云课堂”App 或“微信”扫码查看本单元视频，快速 GET 知识点。

【考点 1】人保 + 物保（2015 年案例分析题、2017 年案例分析题、2021 年案例分析题）（P99）★★★

名师敲黑板

这是考生必须掌握的考点，今年继续关注案例分析题。

被担保的债权既有物的担保又有人的担保的，债务人不履行到期债务或者发生当事人约定的实现担保物权的情形，债权人应当按照约定实现债权；没有约定或者约定不明确：

1. 债务人自己提供物的担保的，债权人应当先就该物的担保实现债权。同一债权既有债务人自己提供的物的担保，又有第三人提供的担保，承担了担保责任或者赔偿责任的第三人，主张行使债权人对债务人享有的担保物权的，人民法院应予支持。

2. 第三人提供物的担保的，债权人可以就物的担保实现债权，也可以请求保证人承担保证责任。提供担保的第三人承担担保责任后，有权向债务人追偿。

【相关链接】主债务被分割或者部分转移，债务人自己提供物的担保，债权人请求以该担保财产担保全部债务履行的，人民法院应予支持；第三人提供物的担保，主张对未经其书面同意转移的债务不再承担担保责任的，人民法院应予支持。

【案例 1】甲公司向乙银行贷款 100 万元，甲公司（主债务人）以其机器设备设定抵押（物保），丙公司为保证人（次债务人）。当甲公司到期不能清偿债务时：（1）如果当事人对担保责任的承担顺序事先有明确约定的，按照约定执行；（2）当事人没有约定或者约定不明确的，先主后次，即首先执行主债务人甲公司提供的抵押财产，如果抵押物的拍卖价款只有 80 万元，则保证人丙公司仅对不足的 20 万元承担保证责任。

【案例2】甲公司向乙银行贷款100万元，丙公司（次债务人）以其机器设备设定抵押（物保），丁公司为保证人（次债务人）。在本案中，人保、物保均由“次债务人”提供，当甲公司到期不能清偿债务时：（1）如果当事人对担保责任的承担顺序事先有明确约定的，按照约定执行；（2）当事人没有约定或者约定不明确的，在执行顺序上没有先后之分，债权人乙银行可以首先要求丁公司承担保证责任，也可以首先要求丙公司承担担保责任；（3）如果保证人丁公司应乙银行的要求承担了100万元的保证责任后，只能向主债务人甲公司追偿，而不能向丙公司追偿。

名师敲黑板

这是考生必须掌握的考点，注意案例分析题。

【考点2】动产抵押权、质权与留置权的竞存（P78）★★★

1. 同一动产向两个以上债权人设定抵押时的清偿顺序

（1）抵押权已经登记的，按照登记的时间先后确定清偿顺序；

（2）抵押权已经登记的先于未登记的受偿；

（3）抵押权未登记的，按照债权比例清偿。

2. 动产抵押权与质权的竞存

同一财产既设立抵押权又设立质权的，拍卖、变卖该财产所得的价款按照登记、交付的时间先后确定清偿顺序。

【案例】甲公司向乙银行贷款100万元，将其生产设备设定抵押，双方于2022年4月1日签订了抵押合同，并于4月10日办理了抵押登记。2022年6月1日，甲公司与丙公司签订买卖合同，甲公司将该生产设备质押给丙公司，双方当日签订了质押合同，甲公司于6月5日将该生产设备交付给丙公司。在本案中：（1）乙银行的抵押权于2022年4月1日（抵押合同生效时）设立；（2）丙公司的质权于2022年6月5日（交付时）设立；（3）对于该生产设备的拍卖、变卖价款，按照登记（4月10日）、交付（6月5日）的时间先后顺序，乙银行优先于丙公司受偿。

3. 动产抵押权、质权与留置权的竞存

同一动产上已经设立抵押权或者质权，该动产又被留置的，留置权人优先受偿。

名师敲黑板

这是考生必须掌握的考点，注意案例分析题。

【考点3】动产抵押权人的超级优先权（P72）★★★

1.《民法典》的规定

动产抵押担保的主债权是抵押物的价款，标的物交付后10日内办理抵押登记的，该抵押权人优先于抵押物买受人的其他担保物权人受偿，但是留置权人除外。

2. 司法解释

（1）担保人在设立动产浮动抵押并办理抵押登记后又购入或者以融资租赁方式承租新的动产，下列权利人为担保价款债权或者租金的实现而订立担保合同，并在该动产交付后10日内办理登记，主张其权利优先于在先设立的浮动抵押权的，人民法院应予支持：

①在该动产上设立抵押权或者保留所有权的出卖人；

②为价款支付提供融资而在该动产上设立抵押权的债权人；

③以融资租赁方式出租该动产的出租人。

（2）买受人取得动产但未付清价款或者承租人以融资租赁方式占有租赁物但是未付清全部租金，又以标的物为他人设立担保物权，上述权利人为担保价款债权或者租金的实现而订立担保合同，并在该动产交付后10日内办理登记，主张其权利优先于买受人为他人设立的担保物权的，人民法院应予支持。

（3）同一动产上存在多个价款优先权的，人民法院应当按照登记的时间先后确定清偿顺序。

【解释】在现实交易中，抵押人购买动产时，经常需要向出卖人或者金融机构融资，并就该债权提供担保，通常是在该动产上设定抵押。与此同时，抵押人可能之前已经设定过浮动抵押，该动产可能会被纳入抵押财产中，进而成为其他债权担保的一部分。在这种情况下，对于该动产的拍卖价款，谁优先受偿？

【案例】2022年2月1日，甲公司向乙银行贷款10亿元，期限6个月，甲公司以其现有的以及将有的生产设备、原材料、半成品、产品一并抵押给乙银行，双方当日签订了书面抵押合同，并于2022年2月4日办理了抵押登记。2022年4月1日，甲公司向丙公司购买一台2000万元的数控机床，付款日期为2022年8月1日。出卖人丙公司要求甲公司提供担保，甲公司遂以该数控机床为丙公司的价款债权设定抵押担保，双方于4月1日签订了书面抵押合同，丙公司于4月3日向甲公司交付了数控机床，双方于4月10日办理了抵押登记。在本案中：（1）乙银行的浮动抵押权于2022年2月1日（抵押合同生效时）设立；（2）丙公司的抵押权于2022年4月1日（抵押合同生效时）设立；（3）到了2022年8月1日，如果甲公司不能清偿乙银行的贷款，也不能向丙公司按期支付货款，对于该数控机床的拍卖价款，丙公司优先于乙银行受偿，前提是自数控机床交付后10日内办理了抵押登记；（4）如果该数控机床出现故障，甲公司将其送至丁公司修理，因甲公司不能按期支付100万元的修理费，该数控机床被丁公司依法留置。对于该数控机床的拍卖价款，留置权人丁公司优先于丙公司受偿。

本章小结

同步强化练习题

使用“会计云课堂”App或“微信”扫码快速做题、对答案、看解析、掌握解题思路，开启轻松过关之旅。

一、单项选择题

1. 根据物权法律制度的规定，下列关于物的种类的表述中，不正确的是（　　）。
A. 海域属于不动产
B. 牛属于不可分物
C. 黄金属于禁止流通物
D. 文物属于限制流通物

2. 根据物权法律制度的规定，下列各项中，属于从物权的是（　　）。
A. 建设用地使用权
B. 土地承包经营权
C. 宅基地使用权
D. 地役权

3. 根据物权法律制度的规定，下列表述中，不正确的是（　　）。
A. 所有权属于自物权
B. 地役权属于担保物权
C. 建设用地使用权属于独立物权
D. 抵押权属于从物权

4. 甲向乙购买房屋一套，已支付一半价款，剩余价款双方约定在过户登记手续办理完毕后10日内付清。乙在办理房屋过户登记手续前反悔，要求解除合同。甲诉至人民法院，要求乙继续履行合同。根据物权法律制度的规定，下列表述中，正确的是（　　）。
A. 房屋产权未过户，合同尚未成立
B. 房屋产权未过户，合同尚未生效
C. 合同已经生效，但人民法院应当判决解除合同，乙赔偿甲的损失
D. 合同已经生效，乙应当继续履行合同

5. 根据物权法律制度的规定，下列情形中，不动产权利人可以向不动产登记机构申请转移登记的是（　　）。
A. 共有性质发生变更的
B. 同一权利人分割或者合并不动产的
C. 因需役地不动产权利转移引起地役权转移的
D. 地役权的利用目的、方法等发生变化的

6. 根据物权法律制度的规定，下列关于物权变动的表述中，不正确的是（　　）。
A. 甲将其房屋转让给乙，乙自转移登记之日起取得该房屋的所有权
B. 甲将其房屋作为抵押向丙借款，丙的抵押权自抵押登记之日起设立
C. 甲继承其父母作为遗产的房屋，甲自继承开始时取得该房屋的所有权
D. 甲自建两间房屋，甲自办理首次登记之日起取得该房屋的所有权

7. 张某有一件画作拟出售，于2022年4月10日与王某签订买卖合同，约定4日后交货付款；4月11日，丁某愿以更高的价格购买该画作，张某遂与丁某签订合同，约定3日后交货付款；4月12日，

张某又与林某签订合同，将该画作卖给林某，林某当即支付了价款，约定两日后交货。后因张某未交付画作，王某、丁某、林某均要求张某履行合同，诉至人民法院。根据合同法律制度的规定，下列关于该画作交付和所有权归属的表述中，正确的是（　　）。

A. 应支持林某对张某交付该画作的请求

B. 应支持王某对张某交付该画作的请求

C. 应支持丁某对张某交付该画作的请求

D. 应认定王某、丁某、林某共同取得该画作的所有权

8. 2022年4月1日，赵某与孙某签订某货车买卖合同，赵某为孙某办理了该货车所有权转移登记，但尚未将该货车交付孙某，孙某已支付合同价款。2022年4月14日，赵某又与钱某签订该货车买卖合同，赵某将该货车交付钱某，钱某尚未支付合同价款。后孙某、钱某均向法院起诉，请求确认取得货车的所有权。根据合同法律制度的规定，下列关于该货车所有权归属的表述中，正确的是（　　）。

A. 归属赵某，因涉及多重买卖，合同均无效

B. 归属钱某，因为货车已交付给钱某

C. 归属孙某，因为孙某已经支付了合同价款

D. 归属孙某，因为赵某为孙某办理了货车所有权转移登记

9. 王某在吃饭时丢失手表一块，餐厅人员拾得后交给公安机关。公安机关发布招领公告后，王某未在规定期限内前去认领，公安机关遂按照有关规定交寄售商店出售。孙某从该商店买得此手表，将其送给女友林某作为生日礼物。林某第二天乘坐公共汽车时，手表被偷走，小偷下车后即以500元的市场价格卖给不知情的郑某。根据物权法律制度的规定，该手表的所有权属于（　　）。

A. 王某　　　　B. 孙某

C. 林某　　　　D. 郑某

10. 甲、乙、丙、丁按份共有一栋房屋，份额相同。为提高该房屋使用价值，甲向乙、丙、丁提议拆旧翻新。在共有人之间未就该事项做出明确约定的情况下，下列表述中，符合物权法律制度规定的是（　　）。

A. 即使乙、丙、丁不同意，甲仍可以拆旧翻新

B. 只要乙、丙、丁中有一人同意，甲就可以拆旧翻新

C. 只要乙、丙、丁中有二人同意，甲就可以拆旧翻新

D. 只有乙、丙、丁均同意，甲才可以拆旧翻新

11. 甲、乙、丙三兄弟共同继承一台挖掘机，由甲保管。甲擅自将该挖掘机以市场价格出卖给丁并已交付，丁对该挖掘机的共有权属关系并不知情。根据物权法律制度的规定，下列表述中，正确的是（　　）。

A. 经乙和丙中的一人追认，丁即可取得该挖掘机的所有权

B. 经乙和丙同时追认，丁才能取得该挖掘机的所有权

C. 无论乙和丙追认与否，丁均不能取得该挖掘机的所有权

D. 无论乙和丙追认与否，丁均可取得该挖掘机的所有权

12. 根据物权法律制度的规定，下列关于建设用地使用权的表述中，不正确的是（　　）。

A. 用于商业开发的建设用地，不得以划拨方式取得建设用地使用权

B. 以无偿划拨方式取得的建设用地使用权，除法律、行政法规另有规定外，没有使用期限的限制

C. 商业、旅游、娱乐用地，出让最高年

限为50年

D. 教育、科技、文化、卫生、体育用地，出让最高年限为50年

13. 根据物权法律制度的规定，永久基本农田转为建设用地的，由（ ）批准。

A. 县级人民政府

B. 省级人民政府

C. 国家发展和改革委员会

D. 国务院

14. 根据合同法律制度的规定，下列各项中，属于法定担保的是（ ）。

A. 抵押　B. 质押

C. 留置　D. 保证

15. 根据担保法律制度的规定，下列各项中，不能作为反担保方式的是（ ）。

A. 抵押　B. 质押

C. 保证　D. 留置

16. 主合同有效而第三人提供的担保合同无效。根据担保法律制度的规定，下列表述中，不正确的是（ ）。

A. 债权人有过错而担保人无过错的，担保人不承担赔偿责任

B. 担保人有过错而债权人无过错的，担保人对债务人不能清偿的部分承担赔偿责任

C. 债权人与担保人均有过错的，担保人承担的赔偿责任不应超过债务人不能清偿部分的1/3

D. 债权人与担保人均有过错的，担保人承担的赔偿责任不应超过债务人不能清偿部分的1/2

17. 根据物权法律制度的规定，以特定财产作为抵押物的，抵押权自登记时设立。下列各项中，属于该类特定财产的是（ ）。

A. 交通运输工具

B. 正在建造的轮船

C. 正在建造的航空器

D. 海域使用权

18. 甲企业将其现有的以及将有的生产设备、原材料、半成品、产品一并抵押给乙银行，但未办理抵押登记。抵押期间，甲企业未经乙银行同意以合理价格将一批产品出售给知情的丙公司，丙公司已支付价款并已交付。后甲企业不能向乙银行履行到期债务，乙银行拟行使抵押权。根据物权法律制度的规定，下列关于该抵押权效力的表述中，正确的是（ ）。

A. 该抵押权已成立且可以对抗知情的丙公司

B. 该抵押权因未办理抵押登记而不能成立

C. 该抵押权因抵押物不特定而不能成立

D. 该抵押权已成立但不得对抗丙公司

19. 甲向乙借款1000元，4月1日双方签订了书面质押合同，约定甲于4月5日将一头母牛作为质物交付给乙，甲如期交付。6月1日，母牛生下一头小牛。根据物权法律制度的规定，下列表述中，不正确的是（ ）。

A. 质押合同的生效时间为4月1日

B. 质权的设立时间为4月5日

C. 小牛应归乙所有

D. 小牛应归甲所有，但乙对小牛享有质权

20. 根据物权法律制度的规定，下列权利中，不能设定权利质权的是（ ）。

A. 专利权

B. 现有的以及将有的应收账款

C. 可以转让的股权

D. 建设用地使用权

21. 根据物权法律制度的规定，下列权利出质时，质权自权利凭证交付时设立的是（ ）。

A. 支票

B. 可以转让的基金份额

C. 现有的以及将有的应收账款

D. 专利权

22. 李某向陈某借款 10 万元，将一辆卡车抵押给陈某。抵押期间，卡车因车祸严重受损，李某将卡车送到某修理厂大修。后李某无力支付 2 万元修理费，修理厂遂将卡车留置。经催告，李某在约定的合理期间内仍未支付修理费。此时，李某亦无法偿还欠陈某的到期借款，陈某要求修理厂将卡车交给自己依法进行拍卖，修理厂拒绝。根据物权法律制度的规定，下列表述中，正确的是（　　）。
A. 修理厂应将卡车交给陈某依法拍卖，修理费只能向李某主张
B. 陈某应当向修理厂支付修理费，其后修理厂应向陈某交付卡车
C. 修理厂应将卡车交给陈某依法拍卖，拍卖所得资金优先偿付借款，剩余部分修理厂有优先受偿权
D. 修理厂可将卡车依法拍卖，所得资金优先偿付修理费，剩余部分陈某有优先受偿权

二、多项选择题

1. 根据物权法律制度的规定，下列各项中，属于不动产的有（　　）。
A. 海域　B. 船舶
C. 林木　D. 飞机

2. 根据物权法律制度的规定，下列关于物的种类的表述中，正确的有（　　）。
A. 金钱属于非消耗物
B. 黄金属于禁止流通物
C. 文物属于限制流通物
D. 海域属于不动产

3. 根据物权法律制度的规定，下列关于物权的表述中，正确的有（　　）。
A. 物权属于请求权
B. 物权属于绝对权
C. 物权属于对人权
D. 物权具有排他性

4. 根据物权法律制度的规定，下列各项中，属于他物权的有（　　）。
A. 地役权
B. 建设用地使用权
C. 质权
D. 抵押权

5. 根据物权法律制度的规定，下列各项中，属于独立物权的有（　　）。
A. 建设用地使用权
B. 土地承包经营权
C. 地役权
D. 抵押权

6. 根据物权法律制度的规定，下列情形中，不动产权利人可以向不动产登记机构申请变更登记的有（　　）。
A. 抵押担保的范围发生变化的
B. 抵押担保的主债权数额发生变化的
C. 抵押担保的债务履行期限发生变化的
D. 抵押担保的抵押权顺位发生变化的

7. 根据物权法律制度的规定，下列情形中，不动产权利人可以向不动产登记机构申请变更登记的有（　　）。
A. 共有性质发生变更的
B. 共有人增加或者减少以及共有不动产份额变化的
C. 因需役地不动产权利转移引起地役权转移的
D. 地役权的利用目的、方法等发生变化的

8. 根据物权法律制度的规定，未经预告登记的权利人同意，下列行为中，应当认定其不发生物权效力的有（　　）。
A. 转让不动产所有权
B. 设立建设用地使用权
C. 设立地役权
D. 设立抵押权

9. 某房屋登记的所有权人为甲，乙认为自己是所有权人，遂向登记机构申请更正登记。甲不同意，乙于2022年3月15日申请了异议登记。3月20日，丙打算购买甲的房屋，但是到登记机构查询时发现甲的房屋存在异议登记，遂放弃购买。乙申请异议登记后，发现自己的证据不足，遂对此事置之不理。根据物权法律制度的规定，下列表述中，正确的有（ ）。

A. 异议登记于3月31日失效

B. 异议登记于4月16日失效

C. 甲有权向乙请求损害赔偿

D. 甲有权向登记机构请求损害赔偿

10. 吴某和李某共同共有一套房屋，所有权登记在吴某的名下。后二人离婚，人民法院判决房屋归李某所有，该判决的生效时间为2022年2月1日，但双方并未办理房屋所有权的转移登记。3月1日，李某将该房屋出卖给张某，张某基于对判决书的信赖向李某支付了500万元价款，并入住了该房屋。4月1日，吴某又将该房屋卖给王某，双方当日签订了房屋买卖合同。王某在产权登记机构查阅了房屋登记簿确认该房屋归吴某所有后，向吴某支付了500万元价款，并于5月10日办理了房屋所有权的转移登记手续。根据物权法律制度的规定，下列表述中，正确的有（ ）。

A. 2022年5月10日前，吴某是房屋所有权人

B. 2022年2月1日至5月10日，李某是房屋所有权人

C. 2022年3月1日至5月10日，张某是房屋所有权人

D. 2022年5月10日后，王某是房屋所有权人

11. 2022年4月1日，甲将其自行车借给乙使用，期限3个月。4月10日，双方达成转让协议，乙以80元的价格买下该自行车，6月10日付款。4月20日，乙将该自行车以90元的价格转卖给丙，双方同时约定由乙继续使用1个月。关于该自行车的归属，根据物权法律制度的规定，下列表述中，正确的有（ ）。

A. 乙自4月1日起取得该自行车的所有权

B. 乙自4月10日起取得该自行车的所有权

C. 丙自4月20日起取得该自行车的所有权

D. 丙自5月20日起取得该自行车的所有权

12. 甲、乙、丙、丁按份共有一艘货船，份额分别为10%、20%、30%、40%。甲欲将其共有份额对外转让，戊愿意以500万元的价格购买，价款一次付清。根据物权法律制度的规定，下列表述中，不正确的有（ ）。

A. 甲向戊转让其共有份额时，须经乙、丙、丁同意

B. 如果乙、丙、丁均以同等条件主张优先购买权，则丁的主张应得到人民法院的支持

C. 如果丙以500万元分期付款的方式要求购买该份额，人民法院应予支持

D. 如果甲改由向乙转让其共有份额，丙、丁在同等条件下享有优先购买权

13. 甲、乙、丙、丁按份共有某商铺，各自份额均为25%。因经营理念发生分歧，甲与丙商定将其份额以100万元转让给丙，并通知了乙、丁。乙与戊约定将其份额以120万元转让给戊，但未通知甲、丙、丁。根据物权法律制度的规定，下列表述中，正确的有（ ）。

A. 乙、丁对甲的份额享有优先购买权

B. 甲、丙、丁在同等条件下对乙的份额享有优先购买权

C. 如果甲、丙、丁均对乙的份额主张优先购买权，三人可协商确定各自购买的份额

D. 甲、丙、丁可以其优先购买权受到侵害为由，仅请求人民法院认定乙与戊之间的份额转让合同无效

14. 根据物权法律制度的规定，以有偿出让方式取得的建设用地使用权，下列各项中，出让最高年限为50年的有（ ）。

A. 工业用地　　B. 商业用地

C. 教育用地　　D. 综合用地

15. 根据物权法律制度的规定，若当事人仅以建设用地使用权抵押，下列表述中，正确的有（ ）。

A. 债权人主张抵押权的效力及于土地上已有的建筑物的，人民法院应予支持

B. 债权人主张抵押权的效力及于土地上正在建造的建筑物已完成部分的，人民法院应予支持

C. 债权人主张抵押权的效力及于土地上正在建造的建筑物的续建部分的，人民法院应予支持

D. 债权人主张抵押权的效力及于土地上新增建筑物的，人民法院应予支持

16. 当事人约定禁止或者限制转让抵押财产但是未将约定登记，抵押人违反约定转让抵押财产。根据物权法律制度的规定，下列表述中，正确的有（ ）。

A. 抵押权人请求确认转让合同无效的，人民法院不予支持

B. 抵押权人请求确认转让合同无效的，人民法院应予支持

C. 抵押财产已经交付或者登记，抵押权人请求确认转让不发生物权效力的，人民法院不予支持，但是抵押权人有证据证明受让人知道的除外

D. 抵押权人请求抵押人承担违约责任的，人民法院依法予以支持

17. 甲向乙借款，欲以轿车作担保。根据物权法律制度的规定，下列表述中，正确的有（ ）。

A. 甲以该轿车设定抵押的，乙的抵押权自抵押合同生效时设立

B. 甲以该轿车设定抵押的，乙的抵押权自登记时设立

C. 甲以该轿车设定质押的，乙的质权自质押合同生效时设立

D. 甲以该轿车设定质押的，乙的质权自甲向乙交付轿车时设立

18. 根据物权法律制度的规定，下列权利出质的，质权自交付权利凭证时设立的有（ ）。

A. 可以转让的基金份额

B. 可以转让的注册商标专用权

C. 仓单

D. 存款单

19. 根据物权法律制度的规定，债务人有权处分的下列权利中，可以设定权利质押的有（ ）。

A. 建设用地使用权

B. 可以转让的基金份额

C. 房屋所有权

D. 现有的以及将有的应收账款

20. 根据物权法律制度的规定，下列情形中，担保物权已经设立的有（ ）。

A. 甲和乙签订以某房屋为抵押物的抵押合同，但未办理抵押登记

B. 甲和乙签订以某机器设备为抵押物的抵押合同，但未办理抵押登记

C. 甲和乙签订以某机器设备为质物的质押合同，该设备已交付，但未办理质押登记

D. 甲和乙签订以甲持有的丙有限责任公司的股权为质押标的的质押合同，但未办理质押登记

21. 2022年4月1日，甲向乙借款10万元，约定还款日期为2022年7月1日。借款当日，甲将自己价值5万元的名贵宠物鹦鹉交付给乙作为质押担保。另外，第三人丙提供了连带责任保证。根据物权法律制度的规定，下列表述中，正确的有（　　）。
A. 2022年5月5日，鹦鹉产蛋一枚，市值2000元，应当交由甲处置
B. 如果因乙照管不善致使鹦鹉死亡，乙应当承担赔偿责任
C. 2022年7月1日，甲无力偿还借款，如果乙未及时行使质权，甲可以请求乙及时行使质权
D. 如果乙放弃该质权，丙可在乙丧失优先受偿权益的范围内免除相应的保证责任

22. 根据物权法律制度的规定，下列物权变动中，以登记为生效要件的有（　　）。
A. 甲公司将其建设用地使用权转让给乙公司
B. 甲公司与乙公司之间订立合同，在甲的土地上设定地役权
C. 甲公司将一架飞机的所有权转让给乙公司
D. 自然人丙将其继承的房屋转让给丁，该房屋尚登记在其去世的父亲名下

23. 根据物权法律制度的规定，下列用益物权中，自登记时设立的有（　　）。
A. 建设用地使用权
B. 土地承包经营权
C. 居住权
D. 地役权

24. 根据物权法律制度的规定，下列权利中，可以设定在不动产之上的有（　　）。
A. 抵押权
B. 用益物权
C. 质权
D. 留置权

25. 根据担保法律制度的规定，下列表述中，正确的有（　　）。
A. 抵押权人应当在主债权诉讼时效期间行使抵押权；未行使的，人民法院不予保护
B. 以登记作为公示方式的权利质权，质权人应当在主债权诉讼时效期间行使质权；未行使的，人民法院不予保护
C. 主债权诉讼时效期间届满后，财产被留置的债务人请求债权人返还留置财产的，人民法院应予支持
D. 主债权诉讼时效期间届满后，财产被留置的债务人请求拍卖、变卖留置财产并以所得价款清偿债务的，人民法院应予支持

26. 2022年4月1日，赵某向钱某借款，双方签订了借款合同。赵某请李某和孙某为该笔债务提供担保。4月4日，钱某与李某签订抵押合同，以李某所有的一套房屋为抵押物，双方办理了抵押登记。4月5日，孙某为该笔借款提供连带责任保证。借款期限届满，因赵某拒绝还款，钱某向李某提出行使抵押权，并请求孙某承担保证责任。根据担保法律制度的规定，下列关于当事人权利义务的表述中，正确的有（　　）。
A. 钱某必须先行使抵押权，再要求孙某承担保证责任
B. 孙某享有先诉抗辩权
C. 孙某承担保证责任后，有权向赵某进行追偿
D. 李某承担担保责任后，有权向赵某进行追偿

同步强化练习题参考答案及解析

使用“会计云课堂”App或“微信”扫码对答案、看解析、掌握解题思路，开启轻松过关之旅。

一、单项选择题

1.【答案】C

【解析】选项C：黄金属于限制流通物。

2.【答案】D

【解析】(1)选项ABC：属于独立物权；(2)选项D：属于从物权。

3.【答案】B

【解析】选项B：地役权属于用益物权、从物权。

4.【答案】D

【解析】当事人之间订立有关设立、变更、转让和消灭不动产物权的合同，除法律另有规定或者当事人另有约定外，自合同成立时生效；未办理物权登记的，不影响合同效力。

5.【答案】C

【解析】选项ABD：不动产权利人可以向不动产登记机构申请变更登记。

6.【答案】D

【解析】选项D：因合法建造、拆除房屋等事实行为设立或者消灭物权的，自事实行为成就时发生效力。

7.【答案】A

【解析】普通动产：交付>付款>合同成立时间。

8.【答案】B

【解析】机动车：交付>登记>合同成立时间。

9.【答案】C

【解析】(1)遗失物自发布招领公告之日起1年内无人认领的，归国家所有，王某已经丧失了所有权；(2)林某基于赠与自交付之日起取得该手表的所有权；(3)脱手物不适用善意取得制度，郑某不能善意取得所有权。

10.【答案】C

【解析】处分共有的不动产或者动产以及对共有的不动产或者动产作重大修缮、变更性质或者用途的，应当经占份额2/3以上的按份共有人同意，但是共有人之间另有约定的除外。

11.【答案】D

【解析】(1)如果乙、丙不追认，则甲的行为构成无权处分，但丁基于善意取得制度（善意且无重大过失、合理对价并完成交付）依法取得该挖掘机的所有权；(2)如果乙、丙追认，则甲的行为转为有权处分，则丁基于交付取得该挖掘机的所有权。因此，无论乙和丙追认与否，丁均可取得该挖掘机的所有权。

12.【答案】C

【解析】选项C：商业、旅游、娱乐用地，

出让最高年限为40年。

13.【答案】D

14.【答案】C

【解析】选项ABD：属于约定担保。

15.【答案】D

【解析】反担保方式可以是债务人提供的抵押或者质押，也可以是其他人提供的保证、抵押、质押。留置和定金不能作为反担保方式。

16.【答案】C

17.【答案】D

18.【答案】D

【解析】(1) 在浮动抵押中，抵押权自抵押合同生效时设立；(2) 在浮动抵押中，无论是否办理了抵押登记，均不得对抗正常经营活动中已支付合理对价并取得抵押财产的买受人（无论丙公司是否知情）。

19.【答案】C

【解析】(1) 选项AB：质押合同自成立时生效，动产质权自出质人交付质押财产时设立；(2) 选项CD：质权人有权收取质押财产的孳息（并非取得孳息的所有权，而是将孳息作为质押标的），但是合同另有约定的除外。

20.【答案】D

【解析】选项D：建设用地使用权可以抵押，但不能设定权利质押。

21.【答案】A

【解析】选项BCD：质权自办理出质登记时设立。

22.【答案】D

【解析】同一动产上已设立抵押权或者质权，该动产又被留置的，留置权人（修理厂）优先受偿。

二、多项选择题

1.【答案】AC

【解析】不动产包括土地、海域以及房屋、林木等地上定着物。

2.【答案】CD

【解析】(1) 选项A：金钱属于消耗物；(2) 选项BC：文物、黄金、药品属于限制流通物。

3.【答案】BD

【解析】(1) 物权属于支配权、绝对权、对世权，具有排他性；(2) 债权属于请求权、相对权、对人权，具有兼容性。

4.【答案】ABCD

5.【答案】AB

【解析】(1) 选项AB：所有权和用益物权（不包括地役权）属于独立物权；(2) 选项CD：担保物权（包括抵押权、质权和留置权）和地役权属于从物权。

6.【答案】ABCD

【解析】抵押担保的范围、主债权数额、债务履行期限、抵押权顺位发生变化的，不动产权利人可以向不动产登记机构申请变更登记。

7.【答案】AD

【解析】选项BC：不动产权利人可以向不动产登记机构申请转移登记（而非变更登记）。

8.【答案】ABCD

【解析】未经预告登记的权利人同意，转让不动产所有权等物权，或者设立建设用地使用权、居住权、地役权、抵押权等其他物权的，应当认定其不发生物权效力。

9.【答案】AC

【解析】(1) 选项AB：申请人自异议登记之日起15日内不起诉的，异议登记失效；（2）选项 CD：异议登记不当，造成权利人损害的，权利人可以向申请人（而非登记机构）请求损害赔偿。

10.【答案】BD

【解析】（1）选项 AB：因人民法院的法律文书，导致物权设立、变更、转让或者消灭的，自法律文书生效时发生效力，李某基于人民法院的判决自 2 月 1 日起取得该房屋的所有权；（2）选项 C：张某未经登记，不能取得该房屋的所有权；（3）选项 D：吴某将该房屋卖给王某时，吴某的行为构成无权处分，但王某基于善意取得制度依法取得了该房屋的所有权，李某则丧失了所有权。

11.【答案】BC

【解析】（1）选项 AB：动产物权设立和转让前，权利人已经占有该动产的，物权自民事法律行为生效时（4 月 10 日）发生效力；（2）选项 CD：动产物权转让时，当事人又约定由出让人继续占有该动产的，物权自该约定生效时（4 月 20 日）发生效力。

12.【答案】ABCD

【解析】（1）选项 A：按份共有人可以转让其享有的共有的不动产或者动产份额，无须经其他按份共有人同意；（2）选项 B：两个以上其他共有人主张行使优先购买权的，协商确定各自的购买比例；协商不成的，按照转让时各自的共有份额比例行使优先购买权；（3）选项 C：戊采取一次付清的方式，而丙采取分期付款的方式，并非同等条件，丙无权主张优先购买权；（4）选项 D：按份共有人之间转让共有份额，其他按份共有人主张优先购买的，人民法院不予支持，但按份共有人之间另有约定的除外。

13.【答案】BC

【解析】（1）选项 A：按份共有人之间转让共有份额，其他按份共有人主张优先购买的，人民法院不予支持，但按份共有人之间另有约定的除外；（2）选项 B：按份共有人可以转让其享有的共有的不动产或者动产份额，其他共有人在同等条件下享有优先购买的权利；（3）选项 C：两个以上其他共有人主张行使优先购买权的，协商确定各自的购买比例；协商不成的，按照转让时各自的共有份额比例行使优先购买权；（4）选项 D：按份共有人向共有人之外的人转让其份额，其他按份共有人以其优先购买权受到侵害为由，仅请求撤销共有份额转让合同或者认定该合同无效的，人民法院不予支持。

14.【答案】ACD

15.【答案】AB

16.【答案】ACD

17.【答案】AD

【解析】（1）选项 AB：以动产设定抵押的，抵押权自抵押合同生效时设立；（2）选项 CD：动产质权自出质人交付质押财产时设立。

18.【答案】CD

19.【答案】BD

【解析】选项 AC：可以设定抵押，但不能设定权利质押。

20.【答案】BC

【解析】（1）选项 A：以不动产抵押的，抵押权自登记时设立；（2）选项 B：以动产抵押的，抵押权自抵押合同生效时设立；（3）选项 C：动产质权自出质人交付质押财产时设立；（4）选项 D：以可以转让的基金份额、股权出质的，质权自办理出质登记时设立。

21.【答案】BCD

【解析】(1)选项A：质权人乙有权收取质押财产的孳息，但合同另有约定的除外；(2)选项B：质权人负有妥善保管质押财产的义务，因保管不善致使质押财产毁损、灭失的，应当承担赔偿责任；(3)选项C：出质人可以请求质权人在债务履行期届满后及时行使质权，质权人不行使的，出质人可以请求人民法院拍卖、变卖质押财产；(4)选项D：债务人以自己的财产出质，质权人放弃该质权的，其他担保人在质权人丧失优先受偿权益的范围内免除担保责任，但其他担保人承诺仍然提供担保的除外。

22.【答案】AD

【解析】(1)选项B：地役权自地役权合同生效时设立，未经登记的，不得对抗善意第三人；(2)选项C：对于船舶、航空器和机动车等动产，其所有权的移转仍以交付为生效要件，而不以登记为生效要件；(3)选项D：因继承取得物权的，自继承开始时发生效力。该物权变动不以登记为生效要件，但事后处分时仍需登记。

23.【答案】AC

【解析】(1)选项B：土地承包经营权自土地承包经营权合同生效时设立；(2)选项D：地役权自地役权合同生效时设立。

24.【答案】AB

【解析】(1)选项C：质押包括动产质押与权利质押，不动产可以抵押，但不能质押；(2)选项D：留置权的行使对象仅限于动产。

25.【答案】ABD

26.【答案】CD

【解析】(1)选项A：当事人未约定担保物权实现的顺序且物的担保由第三人提供，债权人可以选择先就物的担保实现债权，也可以选择直接请求保证人承担保证责任；(2)选项B：孙某为该笔借款提供的是连带责任保证，不享有先诉抗辩权；(3)选项CD：在共同担保中，提供担保的第三人(孙某、李某)承担担保责任后，有权向债务人(赵某)追偿。

第四章　合同法律制度

CHAPTER-4

本章考情分析

在最近3年的考试中，本章的平均分值为13分，2021年试卷一的分值为13.5分，试卷二的分值为16分。在四个案例分析题中，肯定有一个15分的题目来自物权法律制度和合同法律制度的结合，希望考生高度重视。

本章分为三个单元，共计36个考点。大多数考点需要准确理解，需要死记硬背的考点不多，复习难度并不大。复习本章需要10个小时左右。

2022年教材对本章内容未进行重大调整。

温馨小提示

本章复习难度真的不大，无非多用一点点时间。本章的考点是考生完全可以把握和控制的。

温馨小提示

2021年教材根据《民法典》和相关司法解释对本章内容进行了重大调整。

最近3年题型题量分析表

题型	2019年试卷一	2019年试卷二	2020年试卷一	2020年试卷二	2021年试卷一	2021年试卷二
单选题	1题1分	1题1分	2题2分	2题2分	2题2分	2题2分
多选题	1题1.5分				1题1.5分	1题1.5分
案例分析题	10分		17分	14.5分	10分	12.5分
合计	12.5分	1分	19分	16.5分	13.5分	16分

历年试题涉及本章的主要考点

考点	年份 / 题型
承诺	2020年单选题、2021年单选题
合同成立的时间	2020年案例分析题
缔约过失责任	2016年单选题、2018年单选题
附生效条件的合同	2016年案例分析题
约定不明的处理	2014年单选题
同时履行抗辩权	2016年案例分析题
先履行抗辩权	2011年案例分析题、2017年单选题
不安抗辩权	2017年案例分析题
债权转让	2016年案例分析题、2019年多选题、2021年案例分析题

续表

考点	年份 / 题型
合同的解除	2015 年案例分析题、2017 年案例分析题
抵销	2017 年单选题
提存	2015 年单选题
违约责任	2016 年案例分析题、2017 年案例分析题、2020 年案例分析题
合同的相对性	2015 年案例分析题
保证	2014 年案例分析题、2017 年多选题、2017 年案例分析题、2019 年单选题、2021 年案例分析题
定金	2017 年案例分析题
标的物的风险负担	2011 年案例分析题、2017 年案例分析题、2020 年案例分析题
标的物的检验	2015 年案例分析题、2017 年案例分析题、2020 年案例分析题
买卖合同的特别解除规则	2014 年案例分析题、2020 年单选题、2020 年案例分析题、2021 年多选题
特种买卖合同	2021 年单选题
不定期租赁	2013 年案例分析题、2019 年案例分析题
租赁物的维修义务	2014 年案例分析题、2016 年案例分析题、2018 年案例分析题、2019 年案例分析题、2020 年案例分析题
转租	2014 年案例分析题、2016 年单选题、2016 年案例分析题、2020 年案例分析题
买卖不破租赁	2013 年案例分析题、2016 年案例分析题、2018 年案例分析题
承租人的优先购买权	2013 年案例分析题、2014 年案例分析题、2016 年案例分析题、2018 年案例分析题
融资租赁合同	2014 年案例分析题、2018 年案例分析题、2020 年案例分析题
借款合同	2021 年案例分析题
赠与合同	2010 年单选题、2012 年单选题、2014 年案例分析题、2017 年多选题、2020 年单选题、2021 年多选题
建设工程合同	2016 年单选题、2018 年案例分析题
承揽合同	2021 年单选题
货运合同	2020 年案例分析题
委托合同	2015 年单选题、2018 年案例分析题
行纪合同	2021 年单选题

本章思维导图

- **第四章**
  - 通则
    - 要约
    - 承诺
    - 合同成立的时间和地点
    - 格式条款与免责条款
    - 缔约过失责任
    - 合同的生效
    - 合同的履行规则
    - 涉及第三人的合同
    - 按份之债与连带之债
    - 双务合同履行中的抗辩权
    - 债权人代位权
    - 债权人撤销权
    - 债权转让
    - 债务承担
    - 合同解除
    - 抵销
    - 提存
    - 债权债务的终止
    - 违约责任
    - 合同的相对性
  - 合同的担保
    - 保证合同的一般规定
    - 保证方式
    - 保证期间
    - 保证责任
    - 定金
  - 典型合同
    - 买卖合同
    - 租赁合同
    - 融资租赁合同
    - 借款合同
    - 民间借贷合同
    - 赠与合同
    - 承揽合同
    - 建设工程合同
    - 货运合同
    - 委托合同
    - 行纪合同

本章核心考点解读

第一单元 通 则

使用“会计云课堂”App或“微信”扫码查看本单元视频，快速GET知识点。

【考点1】要约（P83）★★

1. 当事人订立合同，可以采用书面形式、口头形式或者其他形式。

2. 要约

要约是希望与他人订立合同的意思表示，该意思表示应当符合下列条件：

（1）内容具体确定；

（2）表明经受要约人承诺，要约人即受该意思表示约束。

3. 要约邀请

（1）要约邀请是希望他人向自己发出要约的表示。拍卖公告、招标公告、招股说明书、债券募集办法、基金招募说明书、商业广告和宣传、寄送的价目表等为要约邀请。

（2）商业广告和宣传的内容符合要约条件的，构成要约。

4. 要约的生效

（1）以对话方式作出的意思表示，相对人知道其内容时生效。

（2）以非对话方式作出的意思表示，到达相对人时生效。以非对话方式作出的采用数据电文形式的意思表示，相对人指定特定系统接收数据电文的，该数据电文进入该特定系统时生效；未指定特定系统的，相对人知道或者应当知道该数据电文进入其系统时生效。当事人对采用数据电文形式的意思表示的生效时间另有约定的，按照其约定。

5. 要约的撤回

（1）要约在发出后、生效前，要约人可以撤回要约。

（2）撤回意思表示的通知应当在意思表示到达相对人前或者与意思表示同时到达相对人。

6. 要约的撤销

在要约生效后、受要约人承诺前，要约人可以撤销要约，但是有下列情形之一的除外：

（1）要约人以确定承诺期限或者其他形式明示要约不可撤销；

（2）受要约人有理由认为要约是不可撤销的，并已经为履行合同做了合理准备工作。

【解释】撤销要约的意思表示以对话方式作出的，该意思表示的内容应当在受要约人作出承诺之前为受要约人所知道；撤销要约的意思表示以非对话方式作出的，应当在受要约人作出承诺之前到达受要约人。（2022年新增）

7. 要约的失效

有下列情形之一的，要约失效：

（1）要约被拒绝；

（2）要约被依法撤销；

（3）承诺期限届满，受要约人未作出承诺；

（4）受要约人对要约的内容作出实质性变更。

温馨小提示

有关合同标的、数量、质量、价款或者报酬、履行期限、履行地点和方式、违约责任和解决争议方法等的变更，是对要约内容的实质性变更。

经典题解

【例题·单选题】甲公司于4月1日向乙公司发出订购一批实木沙发的要约，要求乙公司于4月8日前答复。4月2日，乙公司收到该要约。4月3日，甲公司欲改向丙公司订购实木沙发，遂向乙公司发出撤销要约的信件，该信件于4月4日到达乙公司。4月5日，甲公司收到乙公司的回复，乙公司表示暂无实木沙发，问甲公司是否愿意选购布艺沙发。根据合同法律制度的规定，甲公司要约失效的时间是（　　）。

A. 4月3日　B. 4月4日　C. 4月5日　D. 4月8日

【解析】（1）甲公司在要约中确定了承诺期限，该要约不得撤销，因此4月4日撤销要约的通知到达时，不产生撤销要约的效力；（2）乙公司对要约的内容作出了实质性变更（将实木沙发变更为布艺沙发），原要约失效。

【答案】C

【考点2】承诺（P84）★★★

1. 承诺是受要约人同意要约的意思表示。承诺应当在要约确定的期限内到达要约人。要约没有确定承诺期限的，承诺应当依照下列规定到达：

（1）要约以对话方式作出的，应当即时作出承诺；

（2）要约以非对话方式作出的，承诺应当在合理期限内到达。

2. 承诺期限的起算

（1）要约以信件或者电报作出的，承诺期限自信件载明的日期或者电报交发之日开始计算。信件未载明日期的，自投寄该信件的邮戳日期开始计算。

（2）要约以电话、传真、电子邮件等快速通讯方式作出的，承诺期限自要约到达受要约人时开始计算。

经典题解

【例题·单选题】赵某以信件形式向钱某发出要约，信件未载明承诺期限的开始日期，仅规定承诺期限为15天。7月4日，赵某将信件交付邮局，邮局将信件加盖7月5日的邮戳发出；7月7日，信件送达受要约人钱某的信箱；钱某因出差，直至7月15日才阅读信件内容。根据合同法律制度的规定，该承诺期限的起算日期为（　　）。

A. 7月7日　B. 7月4日　C. 7月5日　D. 7月15日

【解析】信件未载明日期的，自投寄该信件的邮戳日期（7月5日）开始计算。

【答案】C

3. 承诺的生效

（1）承诺自通知到达要约人时生效。承诺不需要通知的，根据交易习惯或者要约的要求作出承诺的行为时生效。

（2）承诺生效时合同成立，但是法律另有规定或者当事人另有约定的除外。（2020年案例分析题）

经典题解

【例题·单选题】4月30日，甲以手机短信形式向乙发出购买一台笔记本电脑的要约，乙于当日回短信同意要约。但由于“五一”期间短信系统繁忙，甲于5月3日才收到乙的短信，并因个人原因于5月8日才阅读乙的短信，后于5月9日回复乙“短信收到”。根据合同法律制度的规定，甲、乙之间买卖合同的成立时间是（　　）。

A. 4月30日　　B. 5月3日

C. 5月8日　　D. 5月9日

【解析】（1）承诺到达对方时（5月3日）生效；（2）承诺生效时合同成立，但是法律另有规定或者当事人另有约定的除外。

【答案】B

4. 承诺的撤回

承诺可以撤回，撤回承诺的通知应当在承诺通知到达相对人前或者与承诺通知同时到达相对人。

【解释】（1）要约的撤回，目的是阻止要约生效，因此撤回要约的通知应当在要约到达受要约人之前或者与要约同时到达受要约人；（2）要约的撤销，是指让已经生效的要约归于失效；（3）要约可以依法撤回和撤销，承诺可以依法撤回但不能撤销（由于承诺生效时合同已经成立）。

5. 承诺的迟延与迟到

（1）承诺的迟延

受要约人超过承诺期限发出承诺，或者在承诺期限内发出承诺，按照通常情形不能及时到达要约人的，为新要约；但是，要约人及时通知受要约人该承诺有效的除外。

> 温馨小提示：一般情况下属于新要约，除非要约人及时通知受要约人该承诺有效。

（2）承诺的迟到

受要约人在承诺期限内发出承诺，按照通常情形能够及时到达要约人，但是因其他原因致使承诺到达要约人时超过承诺期限的，除要约人及时通知受要约人因承诺超过期限不接受该承诺外，该承诺有效。

> 温馨小提示：一般情况下承诺有效，除非要约人及时通知受要约人因承诺超过期限不接受该承诺。

6. 承诺的内容

（1）受要约人对要约的内容作出实质性变更的，为新要约。

（2）承诺对要约的内容作出非实质性变更的，除要约人及时表示反对或者要约表明承诺不得对要约的内容作出任何变更外，该承诺有效，合同的内容以承诺的内容为准。

经典题解

【例题1·单选题】2022年4月24日，甲向乙发出函件称："本人欲以每吨5000元的价格出售螺纹钢100吨。如欲购买，请于5月10日前让本人知悉。"乙于4月27日收到甲的函件，并于次日回函表示愿意购买。但由于投递错误，乙的回函于5月11日方到达甲处。因已超过5月10日的最后期限，甲未再理会乙，而将钢材售与他人。乙要求甲履行钢材买卖合同。根据合同法律制度的规定，下列表述中，正确的是（ ）。

A. 甲、乙之间的合同未成立，甲对乙不承担任何责任

B. 甲、乙之间的合同未成立，但乙有权要求甲赔偿信赖利益损失

C. 甲、乙之间的合同成立但未生效，甲有权撤销要约

D. 甲、乙之间的合同成立且已生效，乙有权要求甲履行合同

【解析】受要约人乙在承诺期限内发出承诺，按照通常情况能够及时到达要约人，但因其他原因致使承诺到达要约人甲时超过了承诺期限，由于甲未及时通知乙"因承诺超过期限不接受该承诺"，因此，该承诺于5月11日已经生效，甲、乙之间的合同已经成立且生效，乙有权要求甲履行合同。

【答案】D

【例题2·单选题】根据合同法律制度的规定，下列关于承诺的表述中，正确的是（ ）。（2020年）

A. 承诺人可以撤回承诺，但撤回承诺的通知不得晚于承诺通知到达要约人

B. 要约以对话方式作出的，承诺应当在合理期限内到达

C. 受要约人超过承诺期限发出承诺的，除要约人表示反对外，该承诺有效

D. 承诺的内容应与要约的内容一致，否则视为新要约

【答案】A

【例题3·单选题】根据合同法律制度的规定，下列关于承诺的表述中，正确的是（ ）。（2021年）

A. 承诺自承诺通知到达要约人时生效

B. 承诺人发出承诺后，不得反悔

C. 迟到承诺视为新要约

D. 受要约人超过承诺期限发出承诺，属于迟到承诺

【答案】A

【考点3】合同成立的时间和地点（P85）★

1. 合同成立的时间

（1）承诺生效时合同成立，但是法律另有规定或者当事人另有约定的除外。

（2）当事人采用合同书形式订立合同的，自当事人均签名、盖章或者按指印时合同成立。在签名、盖章或者按指印之前，当事人一方已经履行主要义务，对方接受时，该合同成立。

> 温馨小提示
>
> "对方是否接受"是判断合同是否处于实际履行状态的关键。

（3）当事人采用信件、数据电文等形式订立合同要求签订确认书的，签订确认

书时合同成立。

（4）法律、行政法规规定或者当事人约定合同应当采用书面形式订立，当事人未采用书面形式但是一方已经履行主要义务，对方接受时，该合同成立。

2. 合同成立的地点

（1）一般来说，承诺生效的地点为合同成立的地点。

（2）采用数据电文形式订立合同的，收件人的主营业地为合同成立的地点；没有主营业地的，其住所地为合同成立的地点。

（3）当事人采用合同书形式订立合同的，最后签名、盖章或者按指印的地点为合同成立的地点，但是当事人另有约定的除外。

【考点4】格式条款与免责条款（P86）★

温馨小提示

格式条款是当事人为了重复使用而预先拟定，并在订立合同时未与对方协商的条款。

1. 格式条款的无效

有下列情形之一的，该格式条款无效：

（1）提供格式条款的一方不合理地免除或者减轻其责任、加重对方责任、限制对方主要权利。

（2）提供格式条款的一方排除对方主要权利。

（3）格式条款具有《民法典》规定的无效情形（见第二章“无效的民事法律行为”和无效的免责条款）。

2. 对格式条款的理解发生争议的，应当按照通常理解予以解释。对格式条款有两种以上解释的，应当作出不利于提供格式条款一方的解释。格式条款和非格式条款不一致的，应当采用非格式条款。

【案例】甲提供了格式条款，乙签字同意。内容如下：“乙还欠款10万元”。如何理解？（1）乙还（hai）欠款10万元；（2）乙还（huan）欠款10万元。既然对格式条款有两种以上解释，应当作出不利于甲（提供格式条款的一方）的解释。

3. 合同中的下列免责条款无效：

（1）造成对方人身损害的；

（2）因故意或者重大过失造成对方财产损失的。

【考点5】缔约过失责任（P86）★★

1. 缔约过失责任的概念

当事人在订立合同过程中有下列情形之一，造成对方损失的，应当承担赔偿责任：

（1）假借订立合同，恶意进行磋商；

（2）故意隐瞒与订立合同有关的重要事实或者提供虚假情况；

（3）有其他违背诚信原则的行为。

2. 当事人在订立合同过程中知悉的商业秘密或者其他应当保密的信息，无论合同是否成立，不得泄露或者不正当地使用；泄露、不正当地使用该商业秘密或者信息，造成对方损失的，应当承担赔偿责任。

3. 缔约过失责任与违约责任的区别

（1）缔约过失责任适用于合同未成立、合同未生效或者合同无效等情形；违约责任适用于生效合同。

（2）缔约过失责任赔偿的是信赖利益的损失；而违约责任赔偿的是可期待利益的损失。可期待利益的损失要大于或者等于信赖利益的损失。

经典题解

【例题 1·单选题】根据合同法律制度的规定，下列关于缔约过失责任的表述中，正确的是（　　）。（2016 年）

A. 一方当事人假借订立合同恶意进行磋商，给他人造成损失的，可成立缔约过失责任

B. 缔约过失责任仅在合同成立时适用

C. 缔约过失责任赔偿的是可期待利益损失

D. 缔约过失责任的赔偿额通常大于违约责任

【答案】A

【例题 2·单选题】根据合同法律制度的规定，下列各项中，应当承担缔约过失责任的是（　　）。（2018 年）

A. 甲假借订立合同，恶意与乙进行磋商

B. 丙未按时履行支付租金的义务

C. 丁驾驶机动车违反交通规则撞伤行人

D. 戊辞职后违反竞业禁止约定从事同业竞争

【解析】（1）选项 BD：应承担违约责任；（2）选项 C：应承担侵权责任。

【答案】A

【考点 6】合同的生效（P87）★

1. 诺成合同

保证合同、抵押合同、质押合同、赠与合同、金融机构贷款的借款合同等均属于诺成合同，当事人意思表示一致时，合同成立。依法成立的合同，原则上自成立时生效。

2. 实践合同

（1）定金合同自实际交付定金时成立。

（2）自然人之间的借款合同，自贷款人提供借款时成立。

3. 附条件、附期限的合同（2016 年案例分析题）

（1）附生效条件的合同，自条件成就时生效。

（2）附生效期限的合同，自期限届至时生效。

4. 应当登记备案，但登记备案并非合同的生效要件

（1）当事人之间订立有关设立、变更、转让和消灭不动产物权的合同，除法律另有规定或者当事人另有约定外，自合同成立时生效；未办理物权登记的，不影响合同的效力。

（2）当事人未依照法律、行政法规规定办理租赁合同登记备案手续的，不影响

合同的效力。

（3）对自由进出口的技术，实行合同登记制度。但是，该技术进出口合同自依法成立时生效，不以登记作为合同生效的条件。（第12章）

5. 经许可合同才生效

对限制进出口的技术，实行许可证管理，该技术进出口合同自许可证颁发之日起生效。（第12章）

【考点7】合同的履行规则（P88）★★★

名师敲黑板：这是考生必须掌握的考点，注意案例分析题。

1. 约定不明的处理

合同生效后，当事人就质量、价款或者报酬、履行地点等内容没有约定或者约定不明确的，可以协议补充；不能达成补充协议的，按照合同相关条款或者交易习惯确定。仍不能确定的，适用下列规定：

（1）质量要求不明确的，按照强制性国家标准履行；没有强制性国家标准的，按照推荐性国家标准履行；没有推荐性国家标准的，按照行业标准履行；没有国家标准、行业标准的，按照通常标准或者符合合同目的的特定标准履行。

（2）价款或者报酬不明确的，按照订立合同时履行地的市场价格履行；依法应当执行政府定价或者政府指导价的，依照规定履行。

（3）履行地点不明确，给付货币的，在接受货币一方所在地履行；交付不动产的，在不动产所在地履行；其他标的，在履行义务一方所在地履行。

（4）履行期限不明确的，债务人可以随时履行，债权人也可以随时请求履行，但是应当给对方必要的准备时间。

（5）履行方式不明确的，按照有利于实现合同目的的方式履行。

（6）履行费用的负担不明确的，由履行义务一方负担；因债权人原因增加的履行费用，由债权人负担。

【案例】甲、乙签订买卖合同，根据合同约定，甲先发货，乙收到货物后10日内付款。如果双方对运费的负担约定不明确，可以协议补充；不能达成补充协议的，按照合同相关条款或者交易习惯确定。还不能确定的，运费由甲负担。买卖合同属于双务合同，在发货环节，甲属于履行义务一方。

经典题解

【例题1·多选题】X市甲公司因购买Y市乙公司的一批木材与乙公司签订了一份买卖合同，但合同中未约定交货地与付款地，双方就此未达成补充协议，按照合同相关条款或者交易习惯也不能确定。根据合同法律制度的规定，下列关于交货地及付款地的表述中，正确的有（　　）。

A. X市为交货地　　B. Y市为交货地

C. X市为付款地　　D. Y市为付款地

【解析】（1）付款地不明确的，在接受货币的一方（出卖人）所在地履行；（2）交货地不明确的，在履行义务的一方（出卖人）所在地履行。

【答案】BD

【例题 2·单选题】甲、乙两公司的住所地分别位于北京和海口，甲公司向乙公司购买一批海南产香蕉，3 个月后交货，但合同对于履行地点以及价款均无明确约定，双方也未能就有关内容达成补充协议，按照合同相关条款或者交易习惯也无法确定。根据合同法律制度的规定，下列关于合同履行价格的表述中，正确的是（ ）。（2014 年）

A. 按合同订立时海口的市场价格履行

B. 按合同履行时海口的市场价格履行

C. 按合同履行时北京的市场价格履行

D. 按合同订立时北京的市场价格履行

【解析】（1）履行地点约定不明确，给付货币的，在接受货币一方所在地履行（海口的乙公司作为接受货币一方，履行地点为海口）；（2）价款约定不明确的，按照订立合同时履行地（海口）的市场价格履行。

【答案】A

2. 电子合同

（1）通过互联网等信息网络订立的电子合同的标的为交付商品并采用快递物流方式交付的，收货人的签收时间为交付时间。电子合同的标的为提供服务的，生成的电子凭证或者实物凭证中载明的时间为提供服务时间；前述凭证没有载明时间或者载明时间与实际提供服务时间不一致的，以实际提供服务的时间为准。

（2）电子合同的标的物为采用在线传输方式交付的，合同标的物进入对方当事人指定的特定系统且能够检索识别的时间为交付时间。

（3）电子合同当事人对交付商品或者提供服务的方式、时间另有约定的，按照其约定。

3. 提前履行与部分履行

（1）提前履行

债权人可以拒绝债务人提前履行债务，但是提前履行不损害债权人利益的除外。债务人提前履行债务给债权人增加的费用，由债务人负担。

（2）部分履行

债权人可以拒绝债务人部分履行债务，但是部分履行不损害债权人利益的除外。债务人部分履行债务给债权人增加的费用，由债务人负担。

4. 情势变更

合同成立后，合同的基础条件发生了当事人在订立合同时无法预见的、不属于商业风险的重大变化，继续履行合同对于当事人一方明显不公平的，受不利影响的当事人可以与对方重新协商；在合理期限内协商不成的，当事人可以请求人民法院或者仲裁机构变更或者解除合同。

【考点 8】涉及第三人的合同（P88）★★★

1. 向第三人履行的合同

（1）当事人约定由债务人向第三人履行债务，债务人未向第三人履行债务或者履行债务不符合约定的，应当向债权人（而非第三人）承担违约责任。

（2）法律规定或者当事人约定第三人可以直接请求债务人向其履行债务，第三人未在合理期限内明确拒绝，债务人未向第三人履行债务或者履行债务不符合约定的，第三人可以请求债务人承担违约责任。债务人对债权人的抗辩，可以向第三人主张。

【解释】该条款规定的是“利他合同”，在利他合同中，虽然第三人并非合同的当事人，但是合同的效力可以拓展到第三人，第三人可以取得履行请求权。利他合同的构成要件：（1）必须约定由债务人向第三人履行债务；（2）根据法律规定或者当事人的约定，第三人可以直接请求债务人向其履行债务。如果债务人未向第三人履行债务或者履行债务不符合约定的，第三人可以请求债务人承担违约责任。

温馨小提示：该情形突破了合同的相对性。

【案例】投保人甲与乙保险公司订立人身保险合同，约定如果甲的妻子丙意外身故，其儿子丁为唯一受益人。在本案中：（1）保险合同的当事人为投保人甲和乙保险公司；（2）被保险人丙、受益人丁并非保险合同的当事人；（3）根据《保险法》的规定，在发生特定情形时，第三人丁可以直接请求乙保险公司支付保险金。如果乙保险公司未按照保险合同的约定向第三人丁支付保险金，第三人丁可以请求乙保险公司承担违约责任。

2. 由第三人履行的合同

当事人约定由第三人向债权人履行债务，第三人不履行债务或者履行债务不符合约定的，债务人（而非第三人）应当向债权人承担违约责任。

温馨小提示：该合同以债权人、债务人为合同当事人，第三人并非合同当事人。

经典题解

【例题·单选题】王某向张某购买一台电脑，与张某约定一个月后由李某支付电脑价款。一个月后，李某未支付电脑价款。根据合同法律制度的规定，下列关于张某请求承担违约责任的表述中，正确的是（　　）。

A. 请求王某或者李某承担　　B. 请求李某承担

C. 请求王某承担　　D. 请求王某和李某共同承担

【解析】当事人约定由第三人向债权人履行债务，第三人不履行债务或者履行债务不符合约定的，债务人（王某）应当向债权人承担违约责任。

【答案】C

温馨小提示：该考点考生适当关注一下即可。

3. 第三人单方自愿代为履行

（1）债务人不履行债务，第三人对履行该债务具有合法利益的，第三人有权向债权人代为履行；但是，根据债务性质、按照当事人约定或者依照法律规定只能由债务人履行的除外。

（2）债权人接受第三人履行后，其对债务人的债权转让给第三人，但是债务人和第三人另有约定的除外。

【解释1】第三人单方自愿代为履行应当符合以下条件：（1）合同未约定第三人具有履行义务；（2）债务人不履行债务；（3）第三人对履行该债务具有合法利益；（4）根据债务性质、合同约定或者法律规定，未明确将第三人代为履行排除在外。

【解释2】无论是“第三人单方自愿代为履行”还是“由第三人履行的合同”，

第三人均不是合同当事人。

【解释 3】"由第三人履行的合同"需要以债权人和债务人对第三人履行债务事先作出明确约定为前提，而"第三人单方自愿代为履行"的前提是，债权人和债务人在合同中未约定第三人具有履行义务。

【解释 4】债权人接受"第三人单方自愿代为履行"后，其对债务人的债权转让给第三人（但是债务人和第三人另有约定的除外），这种债权转让是法定的，第三人代为履行后即自然取得该债权。

【考点 9】按份之债与连带之债（P89）★

1. 按份之债

（1）债权人为二人以上，标的可分，按照份额各自享有债权的，为按份债权。

（2）债务人为二人以上，标的可分，按照份额各自负担债务的，为按份债务。

（3）按份债权人或者按份债务人的份额难以确定的，视为份额相同。

2. 连带之债

（1）债权人为二人以上，部分或者全部债权人均可以请求债务人履行债务的，为连带债权。

（2）债务人为二人以上，债权人可以请求部分或者全部债务人履行全部债务的，为连带债务。

（3）连带债权或者连带债务，由法律规定或者当事人约定。

> 温馨小提示
>
> 代理人和相对人恶意串通，损害被代理人合法权益的，代理人和相对人应当承担连带责任。

3. 连带债务

（1）连带债务人之间的份额难以确定的，视为份额相同。实际承担债务超过自己份额的连带债务人，有权就超出部分在其他连带债务人未履行的份额范围内向其追偿，并相应地享有债权人的权利，但是不得损害债权人的利益。其他连带债务人对债权人的抗辩，可以向该债务人主张。被追偿的连带债务人不能履行其应分担份额的，其他连带债务人应当在相应范围内按比例分担。

【案例】甲、乙、丙、丁为连带债务人（内部约定各承担 1/4 的份额），戊为债权人，债权额为 120 万元。甲对戊承担 120 万元的清偿责任后，有权就超过部分（90 万元）分别向乙、丙、丁各追偿 30 万元。乙、丙分别向甲清偿了 30 万元，但丁无力清偿。对于丁不能履行的部分（30 万元），甲、乙、丙按比例分担（各承担 10 万元），因此，甲可以继续向乙、丙各追偿 10 万元。

（2）部分连带债务人履行、抵销债务或者提存标的物的，其他债务人对债权人的债务在相应范围内消灭；该债务人可以依据前述规定向其他债务人追偿。

【案例】甲、乙、丙、丁为连带债务人（内部约定各承担 1/4 的份额），戊为债权人，债权额为 120 万元，已经到期。戊欠甲 120 万元的到期债务，甲向戊主张抵销 120 万元（假设符合法定抵销的条件）。抵销之后，乙、丙、丁对戊的债务消灭。此时，甲有权就超过部分（90 万元）分别向乙、丙、丁各追偿 30 万元。乙、丙分别向甲清偿了 30 万元，但丁无力清偿。对于丁不能履行的部分（30 万元），甲、乙、丙按比例分担（各承担 10 万元），因此，甲可以继续向乙、丙各追偿 10 万元。

（3）部分连带债务人的债务被债权人免除的，在该连带债务人应当承担的份额范围内，其他债务人对债权人的债务消灭。

【案例】甲、乙、丙、丁为连带债务人（内部约定各承担 1/4 的份额），戊为债权人，债权额为 120 万元。如果甲的债务被戊免除，在甲应当承担的份额范围内（30 万元），其他债务人对债权人的债务消灭，即乙、丙、丁对戊的债务总额为 90 万元。

（4）部分连带债务人的债务与债权人的债权同归于一人的，在扣除该债务人应当承担的份额后，债权人对其他债务人的债权继续存在。

【案例】甲、乙、丙、丁为连带债务人（内部约定各承担 1/4 的份额），戊为债权人，债权额为 120 万元。如果甲被戊吸收合并，在扣除甲应当承担的份额（30 万元）后，债权人戊对其他债务人（乙、丙、丁）的债权（90 万元）继续存在。

（5）债权人对部分连带债务人的给付受领迟延的，对其他连带债务人发生效力。

名师敲黑板

行使同时履行抗辩权、先履行抗辩权和不安抗辩权的前提：当事人基于同一双务合同。

【考点 10】双务合同履行中的抗辩权（P90）★★★

1. 同时履行抗辩权（2016 年案例分析题）

当事人互负债务，没有先后履行顺序的，应当同时履行。一方在对方履行之前有权拒绝其履行请求。一方在对方履行债务不符合约定时，有权拒绝其相应的履行请求。

2. 先履行抗辩权（2011 年案例分析题）

当事人互负债务，有先后履行顺序，应当先履行债务一方未履行的，后履行一方有权拒绝其履行请求。先履行一方履行债务不符合约定的，后履行一方有权拒绝其相应的履行请求。

名师敲黑板

这是考生必须掌握的考点，今年继续关注案例分析题。

3. 不安抗辩权（2017 年案例分析题）

（1）中止履行

应当先履行债务的当事人，有确切证据证明对方有下列情形之一的，可以中止履行：

温馨小提示

当事人没有确切证据中止履行的，应当承担违约责任。

①经营状况严重恶化；

②转移财产、抽逃资金，以逃避债务；

③丧失商业信誉；

④有丧失或者可能丧失履行债务能力的其他情形。

（2）解除合同

当事人中止履行的，应当及时通知对方。对方提供适当担保的，应当恢复履行。中止履行后，对方在合理期限内未恢复履行能力且未提供适当担保的，视为以自己的行为表明不履行主要债务，中止履行的一方可以解除合同并可以请求对方承担违约责任。

经典题解

【例题 1·单选题】甲、乙双方签订买卖合同，约定甲支付货款一周后乙交付货

物。甲未在约定日期付款，却请求乙交货。根据合同法律制度的规定，对于甲的请求，乙可行使的抗辩权是（ ）。（2017 年）

A. 不安抗辩权　　B. 先诉抗辩权

C. 不履行抗辩权　　D. 先履行抗辩权

【答案】D

【例题 2·单选题】3 月 8 日，自然人甲向自然人乙借用电脑一台。3 月 15 日，乙向甲借用名牌手表一块。5 月 10 日，借用合同期限均届满，甲要求乙返还手表，乙以甲尚未归还电脑为由，拒绝返还手表。下列表述中，正确的是（ ）。

A. 乙是在行使同时履行抗辩权，可以暂不返还手表

B. 乙是在行使不安抗辩权，可以暂不返还手表

C. 乙是在行使留置权，可以暂不返还手表

D. 乙应当返还手表

【解析】（1）选项 AB：抗辩权的行使限于同一双务合同，甲向乙借用电脑和乙向甲借用名牌手表属于两个合同；（2）选项 C：债权人留置的动产与债权应当属于同一法律关系，企业之间留置的除外。在本题中，甲向乙借用电脑和乙向甲借用手表属于两个法律关系，甲、乙均为自然人，乙不能行使留置权。

【答案】D

【考点 11】债权人代位权（P91）★★★

1. 代位权的概念

因债务人怠于行使其债权或者与该债权有关的从权利，影响债权人的到期债权实现的，债权人可以向人民法院请求以自己的名义代位行使债务人对相对人的权利，但是该权利专属于债务人自身的除外。

温馨小提示

从权利是附属于主债权的权利，如担保物权中的抵押权、质权以及附属于主债权的利息、建设工程价款优先受偿权等。

【解释 1】债务人的懈怠行为必须是债务人不以诉讼方式或者仲裁方式向次债务人主张其享有的债权或者与该债权有关的从权利，如果债务人以书面或者口头方式催促次债务人履行债务，但没有就此提起诉讼或者申请仲裁，仍然构成懈怠。

【解释 2】所谓“专属于债务人自身的权利”，是指基于扶养关系、抚养关系、赡养关系、继承关系产生的给付请求权和劳动报酬、退休金、养老金、抚恤金、安置费、人寿保险、人身伤害赔偿请求权等权利。

温馨小提示

债权人必须以自己的名义通过诉讼形式行使代位权。

【解释 3】债权人的债权不受是否专属于债权人自身的限制。

【案例】2022 年 4 月 1 日，甲在一次交通事故中将乙撞伤，因事故中的人身伤害乙对甲享有 10 万元的债权，但债务人甲不履行到期债务。债权人乙经调查发现：（1）丙欠甲 10 万元的货款已经到期，虽然甲多次以书面或者口头方式催促丙履行债务，但甲一直未对丙提起诉讼或者申请仲裁；（2）2021 年 9 月 1 日，甲在一次交通事故中被丁撞伤，因事故中的人身伤害对丁享有 2 万元债权，但甲一直未对丁提起诉讼。在本案中：（1）债权人乙对债务人甲享有的 10 万元人身伤害赔偿请求权，为专属于债权人自身的债权，债权人乙能否对次债务人丙行使代位权？可以。因为债权人的债权不受是否专属于债权人自身的限制，而且债务人甲虽然多次以书面或者口头方式催促次债务人丙履行债务，但甲一直未对丙提起诉讼或者申请仲裁，仍

然构成懈怠；（2）债务人甲对次债务人丁享有的2万元人身伤害赔偿请求权，为专属于债务人自身的债权。债权人乙能否对次债务人丁行使代位权？不能。因为，对专属于债务人自身的债权，不能行使代位权。

2. 债权人行使代位权的必要费用，由债务人负担。

【解释】在代位权诉讼中，债权人是原告，次债务人是被告，债务人为诉讼上的第三人。如果债权人胜诉的，诉讼费用由次债务人承担，代位权诉讼的其他必要费用则由债务人承担。

3. 代位权的行使范围以债权人的到期债权为限。

4. 债权人的债权到期前，债务人的债权或者与该债权有关的从权利存在诉讼时效期间即将届满或者未及时申报破产债权等情形，影响债权人的债权实现的，债权人可以代位向债务人的相对人请求其向债务人（而非债权人）履行、向破产管理人申报或者作出其他必要的行为。

5. 相对人对债务人的抗辩，可以向债权人主张。

6. 人民法院认定代位权成立的，由债务人的相对人向债权人履行义务，债权人接受履行后，债权人与债务人、债务人与相对人之间相应的权利义务终止。

【相关链接】债权人提起代位权诉讼的，应当认定对债权人的债权和债务人的债权均发生诉讼时效中断的效力。

名师敲黑板

代位权和撤销权，这是考生必须熟练掌握的考点，注意案例分析题。

【考点12】债权人撤销权（P92）★★★

1. 可以撤销的行为

（1）债务人以放弃其债权、放弃债权担保、无偿转让财产等方式无偿处分财产权益，或者恶意延长其到期债权的履行期限，影响债权人的债权实现的，债权人可以请求人民法院撤销债务人的行为。

（2）债务人以明显不合理的低价转让财产、以明显不合理的高价受让他人财产或者为他人的债务提供担保，影响债权人的债权实现，债务人的相对人知道或者应当知道该情形的，债权人可以请求人民法院撤销债务人的行为。

【解释】转让价格达不到交易时交易地的指导价或市场交易价70%的，一般可视为“明显不合理的低价”；转让价格高于交易时交易地的指导价或市场交易价30%的，一般可视为“明显不合理的高价”。

温馨小提示

（1）对于债务人的“无偿处分”行为，不论相对人是否善意，均可撤销；（2）对于债务人的“有偿处分”行为，只有相对人恶意的，才可以撤销。

2. 撤销权的行使范围以债权人的债权为限。

3. 债权人行使撤销权的必要费用（如律师代理费、差旅费），由债务人负担。

4. 撤销权自债权人知道或者应当知道撤销事由之日起1年内行使。自债务人的行为发生之日起5年内没有行使撤销权的，该撤销权消灭。

5. 债务人影响债权人的债权实现的行为被撤销的，自始没有法律约束力。

温馨小提示

撤销权行使的目的是恢复债务人的财产，债权人就撤销权行使的结果并无优先受偿的权利。

【考点13】债权转让（P101）★★★

1. 债权人可以将债权的全部或者部分转让给第三人，但是有下列情形之一的除外：

（1）根据债权性质不得转让；

（2）按照当事人约定不得转让；

（3）依照法律规定不得转让。

2. 能否对抗第三人？

（1）当事人约定非金钱债权不得转让的，不得对抗善意第三人。

（2）当事人约定金钱债权不得转让的，不得对抗第三人。

3. 债权人转让债权，未通知债务人的，该转让对债务人不发生效力。债务人接到债权转让通知后，债权让与行为对债务人生效，债务人应当对受让人履行义务。（2016 年案例分析题、2021 年案例分析题）

4. 因债权转让增加的履行费用，由让与人负担。

5. 债权人转让债权的，受让人取得与债权有关的从权利，但是该从权利专属于债权人自身的除外。受让人取得从权利不因该从权利未办理转移登记手续或者未转移占有而受到影响。

温馨小提示

出版合同中出版公司的债权、委托合同中委托人的债权，根据债权性质不得转让。

名师敲黑板

金钱债权不得转让的约定，对于任何第三人均不发生效力，无论第三人是否善意。

【案例】3 月 1 日，甲公司以其机器设备设定抵押向乙银行贷款 100 万元，并办理了抵押登记。4 月 1 日，乙银行与丙银行签订债权转让协议，乙银行将其对甲公司的债权全部转让给丙银行。4 月 10 日，乙银行将该事项通知了债务人甲公司。在本案中：（1）乙银行与丙银行的债权转让协议于 4 月 1 日成立并生效；（2）该转让于 4 月 10 日对甲公司发生效力；（3）受让人丙银行成为新的债权人，甲公司应向丙银行履行债务；（4）因债权转让增加的履行费用，由让与人乙银行负担；（5）丙银行在取得对甲公司主债权的同时，也取得了对该机器设备的抵押权（从权利），该抵押权不因未办理转移登记手续而受到影响。

6. 债务人接到债权转让通知后，债务人对让与人的抗辩（如诉讼时效抗辩），可以向受让人主张。

7. 有下列情形之一的，债务人可以向受让人主张抵销：

（1）债务人接到债权转让通知时，债务人对让与人享有债权，且债务人的债权先于转让的债权到期或者同时到期；

（2）债务人的债权与转让的债权是基于同一合同产生。

经典题解

【例题·多选题】根据合同法律制度的规定，下列关于债权转让的表述中，正确的有（ ）。（2019 年）

A. 债权转让无须债务人同意

B. 债权转让应当通知债务人

C. 债务人可与债权人约定债权不得转让

D. 债权转让后，受让人不能取得债权的从权利

【答案】ABC

【考点 14】债务承担（P102）★★★

1. 债务转移

（1）债务人将债务的全部或者部分转移给第三人的，应当经债权人同意。

（2）债务人或者第三人可以催告债权人在合理期限内予以同意，债权人未作表示的，视为不同意。

（3）债务人转移债务的，新债务人可以主张原债务人对债权人的抗辩；原债务人对债权人享有债权的，新债务人不得向债权人主张抵销。

【案例】甲向乙借款100万元，此外甲对乙享有80万元的货款债权。经乙同意，甲将100万元的债务转移给丙（甲并未将80万元的债权转让给丙）。在本案中，新债务人丙不得向债权人乙主张抵销。只有双方互负债务的前提下，才涉及抵销的问题。

（4）债务人转移债务的，新债务人应当承担与主债务有关的从债务，但是该从债务专属于原债务人自身的除外。

【案例】甲是著名画家，甲向乙借款1000万元，双方约定甲除到期返还1000万元的本金之外，还要给乙画一幅肖像作为利息。之后，经乙同意，甲将其1000万元的债务转移给非著名相声演员丙。在本案中，由于该从债务（给乙画一幅肖像）专属于原债务人甲，新债务人丙无须承担该从债务。

2. 债务加入

第三人与债务人约定加入债务并通知债权人，或者第三人向债权人表示愿意加入债务，债权人未在合理期限内明确拒绝的，债权人可以请求第三人在其愿意承担的债务范围内和债务人承担连带债务。

【解释】所谓“债务加入”，是指原债务人并不脱离债权债务关系，第三人加入后，与原债务人共同向债权人履行债务（原债务人和第三人均为债务人）。第三人的加入，不仅对债权人没有风险，反而增加了债权实现的安全性。因此，在债务加入的情形下，无须征得债权人的同意。第三人与债务人约定加入债务时，只需通知债权人，只要债权人未在合理期限内明确拒绝（除非债权人有洁癖），债权人就可以请求第三人（在其愿意承担的债务范围内）和债务人承担连带债务。

【考点15】合同解除（P104）★★★

1. 协商解除

当事人协商一致，可以解除合同。

2. 约定解除

当事人可以约定一方解除合同的事由。解除合同的事由发生时，解除权人可以解除合同。

3. 法定解除（2015年案例分析题、2017年案例分析题）

名师敲黑板：这是考生必须掌握的考点，今年继续关注案例分析题。

有下列情形之一的，当事人可以解除合同：

（1）因不可抗力致使不能实现合同目的；

（2）在履行期限届满前，当事人一方明确表示或者以自己的行为表明不履行主要债务；

（3）当事人一方迟延履行主要债务，经催告后在合理期限内仍未履行；

（4）当事人一方迟延履行债务或者有其他违约行为致使不能实现合同目的；

（5）法律规定的其他情形。

【相关链接】当事人行使不安抗辩权，中止履行后，对方在合理期限内未恢复履行能力且未提供适当担保的，视为以自己的行为表明不履行主要债务，中止履行的一方可以解除合同并可以请求对方承担违约责任。

4. 随时解除

（1）以持续履行的债务为内容的不定期合同，当事人可以随时解除合同，但是应当在合理期限之前通知对方。

（2）定作人在承揽人完成工作前可以随时解除合同，造成承揽人损失的，应当赔偿损失。

（3）在承运人将货物交付收货人之前，托运人可以要求承运人中止运输、返还货物、变更到达地或者将货物交给其他收货人，但是应当赔偿承运人因此受到的损失。

（4）委托人或者受托人可以随时解除委托合同。因解除合同造成对方损失的，除不可归责于该当事人的事由外，无偿委托合同的解除方应当赔偿因解除时间不当造成的直接损失，有偿委托合同的解除方应当赔偿对方的直接损失和合同履行后可以获得的利益。

名师敲黑板

注意无偿委托合同和有偿委托合同的区别。

5. 解除权的行使

（1）法律规定或者当事人约定解除权行使期限，期限届满当事人不行使的，该权利消灭。

（2）法律没有规定或者当事人没有约定解除权行使期限，自解除权人知道或者应当知道解除事由之日起 1 年内不行使，或者经对方催告后在合理期限内不行使的，该权利消灭。

（3）当事人一方依法主张解除合同的，应当通知对方。合同自通知到达对方时解除；通知载明债务人在一定期限内不履行债务则合同自动解除，债务人在该期限内未履行债务的，合同自通知载明的期限届满时解除。

（4）对方对解除合同有异议的，任何一方当事人均可以请求人民法院或者仲裁机构确认解除行为的效力。

（5）当事人一方未通知对方，直接以提起诉讼或者申请仲裁的方式依法主张解除合同，人民法院或者仲裁机构确认该主张的，合同自起诉状副本或者仲裁申请书副本送达对方时解除。

6. 合同解除的效力

（1）合同解除后，尚未履行的，终止履行；已经履行的，根据履行情况和合同性质，当事人可以请求恢复原状或者采取其他补救措施，并有权请求赔偿损失。

（2）合同因违约解除的，解除权人可以请求违约方承担违约责任，但是当事人另有约定的除外。

（3）主合同解除后，担保人对债务人应当承担的民事责任仍应当承担担保责任，但是担保合同另有约定的除外。

温馨小提示

主合同解除后，担保合同继续有效。

【考点 16】抵销（P106）★★★

1. 约定抵销

当事人互负债务，标的物种类、品质不相同的，经协商一致，可以抵销。

温馨小提示

合同标的物一般分为四类：
（1）有形财产；
（2）无形财产；
（3）劳务；
（4）工作成果（如建设工程合同中由承包人完成的建设项目）。

2. 法定抵销

（1）当事人互负债务，该债务的标的物种类、品质相同的，任何一方可以将自己的债务与对方的到期债务抵销；但是，根据债务性质、按照当事人约定或者依照法律规定不得抵销的除外。

温馨小提示

提供劳务的债务、不作为的债务，根据债务性质不得抵销。

（2）法定抵销中的抵销权在性质上属于形成权，当事人主张抵销的，应当通知对方。抵销不得附条件或者附期限。通知为非要式（可以是口头形式），通知自到达对方时生效。抵销的意思表示溯及于得为抵销之时。

温馨小提示

因故意侵权产生的债务，依照法律规定不得抵销。

【案例】甲公司欠乙公司100万元的货款，乙公司欠甲公司100万元的货款，于2022年4月1日同时到期。2022年6月1日，甲公司书面通知乙公司主张抵销。该抵销的意思表示往前追溯于2022年4月1日得为抵销之时（满足法定抵销的条件之时），即自2022年4月1日起双方的债权债务关系归于消灭。

经典题解

【例题1·单选题】根据合同法律制度的规定，下列关于法定抵销权性质的表述中，正确的是（ ）。（2017年）

A. 支配权　　B. 请求权

C. 抗辩权　　D. 形成权

【答案】D

【例题2·单选题】根据合同法律制度的规定，下列关于法定抵销的表述中，正确的是（ ）。（2017年）

A. 抵销通知为要式

B. 抵销的意思表示溯及于得为抵销之时

C. 抵销的通知自发出时生效

D. 抵销可以附条件或者附期限

【答案】B

【考点17】提存（P107）★★★

1. 有下列情形之一，难以履行债务的，债务人可以将标的物提存：

温馨小提示

标的物不适于提存或者提存费用过高的，债务人依法可以拍卖或者变卖标的物，提存所得的价款。

（1）债权人无正当理由拒绝受领；

（2）债权人下落不明；

（3）债权人死亡未确定继承人、遗产管理人，或者丧失民事行为能力未确定监护人；

（4）法律规定的其他情形。

2. 提存成立的，视为债务人在其提存范围内已经交付标的物。

3. 标的物提存后，债务人应当及时通知债权人或者债权人的继承人、遗产管理人、监护人、财产代管人。

4. 提存的法律效力

（1）标的物提存后，毁损、灭失的风险由债权人承担。

（2）提存期间，标的物的孳息归债权人所有。

（3）提存费用由债权人负担。

5. 债权人可以随时领取提存物。但是，债权人对债务人负有到期债务的，在债权人未履行债务或者提供担保之前，提存部门根据债务人的要求应当拒绝其领取提存物。

6. 债权人领取提存物的权利，自提存之日起 5 年内不行使而消灭，提存物扣除提存费用后归国家所有。但是，债权人未履行对债务人的到期债务，或者债权人向提存部门书面表示放弃领取提存物权利的，债务人负担提存费用后有权取回提存物。

温馨小提示

该期间为除斥期间。

温馨小提示

遗失物自发布招领公告之日起 1 年内无人认领的，归国家所有。

经典题解

【例题·单选题】债权人甲下落不明，致使债务人乙难以履行债务，乙依法将标的物提存。根据合同法律制度的规定，下列表述中，不正确的是（　　）。（2015 年）

A. 提存费用由甲负担

B. 提存物毁损、灭失的风险由乙承担

C. 提存期间，标的物的孳息归甲所有

D. 甲领取提存物的权利，自提存之日起 5 年内不行使而消灭

【解析】选项 B：标的物提存后，毁损、灭失的风险由债权人（甲）承担。

【答案】B

【考点 18】债权债务的终止（P103）★

1. 有下列情形之一的，债权债务终止：

（1）债务已经履行；

（2）债务相互抵销；

（3）债务人依法将标的物提存；

（4）债权人免除债务；

（5）债权债务同归于一人；

（6）法律规定或者当事人约定终止的其他情形。

2. 合同解除的，该合同的权利义务关系终止。

3. 债权人免除债务人部分或者全部债务的，债权债务部分或者全部终止，但是债务人在合理期限内拒绝的除外。

4. 债权和债务同归于一人的，债权债务终止，但是损害第三人利益的除外。

【考点 19】违约责任（P107）★★★

1. 预期违约

当事人一方明确表示或者以自己的行为表明不履行合同义务的，对方可以在履行期限届满前请求其承担违约责任。

温馨小提示

在履行期限届满前，当事人一方明确表示或者以自己的行为表明不履行主要债务，对方可以解除合同。

2. 届期违约

（1）当事人一方不履行合同义务或者履行合同义务不符合约定的，应当承担继续履行、采取补救措施或者赔偿损失等违约责任。

（2）因当事人一方的违约行为，损害对方人身权益、财产权益的，受损害方有权选择请求其承担违约责任或者侵权责任。

名师敲黑板

受损害方只能在违约责任、侵权责任中2选1。

3. 金钱债务

当事人一方未支付价款、报酬、租金、利息，或者不履行其他金钱债务的，对方可以请求其支付。

4. 非金钱债务

当事人一方不履行非金钱债务或者履行非金钱债务不符合约定的，对方可以请求履行，但是有下列情形之一的除外：

（1）法律上或者事实上不能履行；

（2）债务的标的不适于强制履行或者履行费用过高；

（3）债权人在合理期限内未请求履行。

【解释】非金钱债务存在上述除外情形之一，致使不能实现合同目的的，人民法院或者仲裁机构可以根据当事人的请求终止合同权利义务关系，但是不影响违约责任的承担。

5. 采取补救措施（2017年案例分析题）

履行不符合约定的，应当按照当事人的约定承担违约责任。对违约责任没有约定或者约定不明确，可以协议补充；不能达成补充协议的，按照合同相关条款或者交易习惯确定；仍不能确定的，受损害方根据标的的性质以及损失的大小，可以合理选择请求对方承担修理、重作、更换、退货、减少价款或者报酬等违约责任。

6. 赔偿损失（2016年案例分析题）

（1）当事人一方不履行合同义务或者履行合同义务不符合约定的，在履行义务或者采取补救措施后，对方还有其他损失的，应当赔偿损失。

（2）当事人一方不履行合同义务或者履行合同义务不符合约定，造成对方损失的，损失赔偿额应当相当于因违约所造成的损失，包括合同履行后可以获得的利益；但是，不得超过违约一方订立合同时预见到或者应当预见到的因违约可能造成的损失。

（3）当事人一方违约后，对方应当采取适当措施防止损失的扩大；没有采取适当措施致使损失扩大的，不得就扩大的损失请求赔偿。当事人因防止损失扩大而支出的合理费用，由违约方负担。

（4）当事人一方违约造成对方损失，对方对损失的发生有过错的，可以减少相应的损失赔偿额。

【案例】张某与甲公司订立汽车买卖合同，后张某驾驶该汽车超载行驶，由于汽车钢圈（质量不合格）破损导致翻车，给张某造成损失。人民法院经审理认为，甲公司（产品质量不合格）应承担主要责任，张某（超载）也应承担一定责任。

7. 支付违约金

（1）约定的违约金低于造成的损失的，人民法院或者仲裁机构可以根据当事人的请求予以增加；约定的违约金过分高于造成的损失的，人民法院或者仲裁机构可以根据当事人的请求予以适当减少。

（2）当事人就迟延履行约定违约金的，违约方支付违约金后，还应当履行债务。

8. 定金

名师敲黑板

这是考生必须掌握的考点，今年继续关注案例分析题。

（1）当事人既约定违约金，又约定定金的，一方违约时，对方可以选择适用违约金或者定金条款。（2020年案例分析题）

（2）定金不足以弥补一方违约造成的损失的，对方可以请求赔偿超过定金数额的损失。（2017年案例分析题）

【案例】甲、乙订立买卖合同，双方约定：甲向乙交付200吨铜材，货款为200万元；乙向甲支付定金20万元（已经交付）；如任何一方不履行合同应支付违约金30万元。甲因将铜材卖给丙而无法向乙交货，给乙造成50万元的实际损失。在本案中：（1）20万元的定金本来就是乙的，现在甲违约，暂时不用考虑怎么惩罚甲，首先甲应当将20万元的定金返还给乙；（2）定金、违约金不能并用，二者只能选其一，如果乙选择了违约金罚则，由于合同约定的违约金（30万元）低于造成的损失（50万元），乙可以请求人民法院或者仲裁机构予以增加，增加后的违约金数额（30+20=50万元）以不超过实际损失为限；（3）如果乙选择了定金罚则（20万元），由于定金不足以弥补甲违约造成的损失（50万元），乙可以请求甲再赔偿30万元，但定金和损失赔偿的数额总和（20+30=50万元）不应高于因违约造成的损失。

9. 不可抗力

（1）当事人一方因不可抗力不能履行合同的，根据不可抗力的影响，部分或者全部免除责任，但是法律另有规定的除外。

（2）当事人迟延履行后发生不可抗力的，不免除其违约责任。

【考点20】合同的相对性（P82）★★★

1. 由于合同关系具有相对性，因此，违约责任也具有相对性，即违约责任只能在特定的具有合同关系的当事人之间发生。（2015年案例分析题）

名师敲黑板

这是考生必须掌握的考点，今年继续关注案例分析题。

2. 转租

承租人经出租人同意，可以将租赁物转租给第三人。承租人转租的，承租人与出租人之间的租赁合同继续有效；第三人造成租赁物损失的，承租人应当赔偿损失。

【案例】甲将房屋出租给乙，承租人乙经出租人甲同意，可以将该房屋转租给第三人丙。在本案中：（1）甲、乙之间的租赁合同继续有效；（2）如果丙将房屋损坏，由乙向甲赔偿损失（甲和乙之间有直接的合同关系）；（3）由于甲和丙之间并无直接的合同关系，甲无权要求丙承担违约责任。

3. 承揽合同

承揽人将其承揽的主要工作交由第三人完成的，应当就该第三人完成的工作成果向定作人负责；未经定作人同意的，定作人也可以解除合同。

4. 合同相对性的例外

（1）代位权

在代位权中，突破了合同的相对性，使得债权人可以向合同关系以外的第三人提起诉讼，主张权利。

（2）买卖不破租赁

租赁物在承租人按照租赁合同占有期限内发生所有权变动的，不影响租赁合同的效力。即租赁合同在有效期限内对承租人和新的所有权人继续有效，突破了合同关系的相对性。

（3）建设工程合同

总承包人或者勘察、设计、施工承包人经发包人同意，可以将自己承包的部分工作交由第三人完成。第三人就其完成的工作成果与总承包人或者勘察、设计、施工承包人向发包人承担连带责任。

第二单元 合同的担保

使用“会计云课堂”App或“微信”扫码查看本单元视频，快速GET知识点。

【考点1】保证合同的一般规定（P96）★

1. 保证合同

（1）保证合同为单务合同、无偿合同、诺成合同。

（2）保证合同可以是单独订立的书面合同，也可以是主债权债务合同中的保证条款。

（3）第三人单方以书面形式向债权人作出保证，债权人接收且未提出异议的，保证合同成立。（2014年案例分析题）

> **名师敲黑板**
> 这是考生必须掌握的考点，今年继续关注案例分析题。

（4）第三人向债权人提供差额补足、流动性支持等类似承诺文件作为增信措施，具有提供担保的意思表示，债权人请求第三人承担保证责任的，人民法院应当依照保证的有关规定处理。第三人向债权人提供的承诺文件，具有加入债务或者与债务人共同承担债务等意思表示的，人民法院应当认定为债务加入。第三人提供的承诺文件难以确定是保证还是债务加入的，人民法院应当将其认定为保证。

经典题解

【例题·多选题】根据合同法律制度的规定，下列关于保证合同性质的表述中，正确的有（ ）。（2017年）

A. 单务合同　　B. 无偿合同

C. 有偿合同　　D. 诺成合同

【答案】ABD

2. 保证人

（1）机关法人不得为保证人，但是经国务院批准为使用外国政府或者国际经济组织贷款进行转贷的除外。

（2）以公益为目的的非营利法人、非法人组织不得为保证人。

【考点2】保证方式（P97）★★★

1. 当事人在保证合同中对保证方式没有约定或者约定不明确的，按照一般保证承担保证责任。（2021年案例分析题）

> 名师敲黑板
> 这是《民法典》的重大调整，今年继续关注案例分析题。

2. 一般保证

当事人在保证合同中约定，债务人不能履行债务时，由保证人承担保证责任的，为一般保证。一般保证人享有先诉抗辩权，即在主合同纠纷未经审判或者仲裁，并就债务人财产依法强制执行仍不能履行债务前，有权拒绝向债权人承担保证责任。（2021年案例分析题）

> 名师敲黑板
> 这是考生必须掌握的考点，今年继续关注案例分析题。

【解释】有下列情形之一的，一般保证人不得行使先诉抗辩权：（1）债务人下落不明，且无财产可供执行；（2）人民法院已经受理债务人破产案件；（3）债权人有证据证明债务人的财产不足以履行全部债务或者丧失履行债务能力；（4）保证人书面表示放弃先诉抗辩权。

3. 连带责任保证

当事人在保证合同中约定保证人和债务人对债务承担连带责任的，为连带责任保证。连带责任保证的债务人不履行到期债务或者发生当事人约定的情形时，债权人可以请求债务人履行债务，也可以请求保证人在其保证范围内承担保证责任。

【考点3】保证期间（P98）★★★

1. 债权人与保证人可以约定保证期间，但是约定的保证期间早于主债务履行期限或者与主债务履行期限同时届满的，视为没有约定；没有约定或者约定不明确的，保证期间为主债务履行期限届满之日起6个月。

> 名师敲黑板
> 保证期间无论是未约定还是约定不明确，均为主债务履行期限届满之日起6个月。这是《民法典》的重大调整，今年继续关注案例分析题。

【解释1】保证合同约定"保证人承担保证责任直至主债务本息还清时为止"等类似内容的，视为约定不明，保证期间为主债务履行期限届满之日起6个月。

【解释2】债权人与债务人对主债务履行期限没有约定或者约定不明确的，保证期间自债权人请求债务人履行债务的宽限期届满之日起计算。

2. 连带责任保证

（1）连带责任保证的债权人未在保证期间请求保证人承担保证责任的，保证人不再承担保证责任。

（2）连带责任保证的债权人在保证期间届满前请求保证人承担保证责任的，从债权人请求保证人承担保证责任之日起，开始计算保证债务的诉讼时效。

3. 一般保证

（1）一般保证的债权人未在保证期间对债务人提起诉讼或者申请仲裁的，保证人不再承担保证责任。

（2）一般保证的债权人在保证期间届满前对债务人提起诉讼或者申请仲裁的，从保证人拒绝承担保证责任的权利消灭之日起，开始计算保证债务的诉讼时效。

4. 债权人在保证期间内未依法行使权利的，保证责任消灭。保证责任消灭后，债权人书面通知保证人要求承担保证责任，保证人在通知书上签字、盖章或者按指印，债权人请求保证人继续承担保证责任的，人民法院不予支持，但是债权人有证据证明成立了新的保证合同的除外。

名师敲黑板

这是考生必须掌握的考点，今年继续关注案例分析题。

【考点4】保证责任（P98）★★★

1. 保证的范围

保证的范围包括主债权及其利息、违约金、损害赔偿金和实现债权的费用。当事人另有约定的，按照其约定。

2. 债权转让

（1）债权人转让全部或者部分债权，未通知保证人的，该转让对保证人不发生效力。

（2）保证人与债权人约定禁止债权转让，债权人未经保证人书面同意转让债权的，保证人对受让人不再承担保证责任。（2021年案例分析题）

3. 债务转移

债权人未经保证人书面同意，允许债务人转移全部或者部分债务，保证人对未经其同意转移的债务不再承担保证责任，但是债权人和保证人另有约定的除外。

【案例】甲公司向乙银行贷款100万元，丙公司为保证人。如果债务人甲公司将40万元的债务转让给丁公司时，未经保证人丙公司的书面同意，保证人对这40万元的债务不再承担保证责任，但对尚未转让的60万元债务仍应承担保证责任。

4. 债务加入

第三人加入债务的，保证人的保证责任不受影响。

5. 主合同的变更（2017年案例分析题）

（1）债权人和债务人未经保证人书面同意，协商变更主债权债务合同内容，减轻债务的，保证人仍对变更后的债务承担保证责任；加重债务的，保证人对加重的部分不承担保证责任。

（2）债权人和债务人变更主债权债务合同的履行期限，未经保证人书面同意的，保证期间不受影响。

【解释】未经保证人书面同意的，避重就轻，不加重保证人的责任：100万元变更为80万元的，按照80万元承担保证责任；100万元变更为180万元的，按照100万元承担保证责任。

经典题解

【例题·单选题】甲向乙借款200万元，期限自2019年1月1日起至2020年12月31日止。丙为保证人，乙和丙在保证合同中未约定保证期间。2020年6月5日，甲向乙追加借款100万元，双方约定全部借款于2021年3月31日清偿。丙对甲向乙追加借款与首期借款期限延长之事并不知情。根据合同法律制度的规定，下列关于丙的保证责任的表述中，正确的是（　　）。（2019年）

A. 保证责任范围是200万元，保证期间截至2021年6月30日

B. 保证责任范围是200万元，保证期间截至2021年9月30日

C. 保证责任范围是 300 万元，保证期间截至 2021 年 6 月 30 日

D. 保证责任范围是 300 万元，保证期间截至 2021 年 9 月 30 日

【解析】(1）债权人和债务人未经保证人书面同意，协商变更主债权债务合同内容，加重债务的，保证人对加重的部分不承担保证责任。因此，丙的保证责任范围还是原来的 200 万元；(2）债权人与保证人没有约定保证期间或者约定不明确的，保证期间为主债务履行期限届满之日起 6 个月（2021 年 1 月 1 日～2021 年 6 月 30 日）；债权人和债务人变更主债权债务合同的履行期限，未经保证人书面同意的，保证期间不受影响。

【答案】A

6. 共同保证

同一债务有两个以上保证人的，保证人应当按照保证合同约定的保证份额，承担保证责任；没有约定保证份额的，债权人可以请求任何一个保证人在其保证范围内承担保证责任。

7. 保证人承担保证责任后，除当事人另有约定外，有权在其承担保证责任的范围内向债务人追偿，享有债权人对债务人的权利，但是不得损害债权人的利益。

8. 保证人知道或者应当知道主债权诉讼时效期间届满仍然提供保证或者承担保证责任，又以诉讼时效期间届满为由拒绝承担保证责任或者请求返还财产的，人民法院不予支持；保证人承担保证责任后向债务人追偿的，人民法院不予支持，但是债务人放弃诉讼时效抗辩的除外。

【考点 5】定金（P100）★★★

1. 定金合同

（1）定金合同自实际交付定金时成立。

（2）定金的数额由当事人约定；但是，不得超过主合同标的额的 20%，超过部分不产生定金的效力。（2017 年案例分析题）

2. 定金罚则

（1）给付定金的一方不履行债务或者履行债务不符合约定，致使不能实现合同目的的，无权请求返还定金；收受定金的一方不履行债务或者履行债务不符合约定，致使不能实现合同目的的，应当双倍返还定金。

（2）因不可抗力、意外事件致使主合同不能履行的，不适用定金罚则。

（3）因合同关系以外的第三人的过错，致使主合同不能履行时，适用定金罚则。受定金处罚的一方当事人，可以依法向第三人追偿。

（4）当事人一方不完全履行合同的，应当按照未履行部分所占合同约定内容的比例，适用定金罚则。

（5）当事人既约定违约金，又约定定金的，一方违约时，对方可以选择适用违约金或者定金条款。

（6）定金不足以弥补一方违约造成的损失的，对方可以请求赔偿超过定金数额的损失。

第三单元 典型合同

使用"会计云课堂"App或"微信"扫码查看本单元视频，快速GET知识点。

【考点1】买卖合同（P110）★★★

1. 标的物的风险负担

（1）标的物毁损、灭失的风险，在标的物交付之前由出卖人承担，交付之后由买受人承担，但是法律另有规定或者当事人另有约定的除外。（2011年案例分析题、2017年案例分析题）

（2）因标的物不符合质量要求，致使不能实现合同目的的，买受人可以拒绝接受标的物或者解除合同。买受人拒绝接受标的物或者解除合同的，标的物毁损、灭失的风险由出卖人承担。

（3）因买受人的原因致使标的物未按照约定的期限交付的，买受人应当自违反约定时起承担标的物毁损、灭失的风险。

（4）出卖人按照约定或者依照法律规定将标的物置于交付地点，买受人违反约定没有收取的，标的物毁损、灭失的风险自违反约定时起由买受人承担。

（5）出卖人出卖交由承运人运输的在途标的物，除当事人另有约定外，毁损、灭失的风险自合同成立时起由买受人承担。但是，如果出卖人出卖交由承运人运输的在途标的物，在合同成立时知道或者应当知道标的物已经毁损、灭失却没有告知买受人，买受人主张出卖人负担标的物毁损、灭失风险的，人民法院应予支持。

名师敲黑板：这是考生必须掌握的考点，今年继续关注案例分析题。

（6）当事人没有约定交付地点或者约定不明确的，可以协议补充；不能达成补充协议的，按照合同相关条款或者交易习惯确定；仍不能确定，标的物需要运输的，出卖人将标的物交付给第一承运人后，标的物毁损、灭失的风险由买受人承担。（2020年案例分析题）

【相关链接】出卖人应当按照约定的地点交付标的物。当事人没有约定交付地点或者约定不明确的，可以协议补充；不能达成补充协议的，按照合同相关条款或者交易习惯确定；仍不能确定，标的物需要运输的，出卖人应当将标的物交付给第一承运人以运交给买受人。

【案例】2022年6月5日，北京的甲公司和上海的乙公司签订一份100万元的买卖合同。根据合同约定，出卖人甲公司应于7月1日之前交货。甲公司将货物备好之后，发现双方并未约定交货地点。双方当事人未能达成补充协议，按照合同的相关条款或者交易习惯仍不能确定交货地点，因标的物需要运输，出卖人甲公司应当将标的物交付给第一承运人（如丙运输公司）以运交给买受人乙公司。出卖人甲公司将标的物交付给第一承运人后（视为完成交付），标的物毁损、灭失的风险由买受人乙公司承担。

（7）出卖人按照约定未交付有关标的物的单证和资料的，不影响标的物毁损、灭失风险的转移。

（8）标的物毁损、灭失的风险由买受人承担的，不影响因出卖人履行义务不符合约定，买受人请求其承担违约责任的权利。

【相关链接】出卖人依法将标的物提存后，毁损、灭失的风险由买受人承担。

2. 标的物的检验

名师敲黑板：这是考生必须掌握的考点，今年继续关注案例分析题。

（1）约定检验期限的

当事人约定检验期限的，买受人应当在检验期限内将标的物的数量或者质量不符合约定的情形通知出卖人。买受人怠于通知的，视为标的物的数量或者质量符合约定。（2015 年案例分析题、2017 年案例分析题）

（2）未约定检验期限的

当事人没有约定检验期限的，买受人应当在发现或者应当发现标的物的数量或者质量不符合约定的合理期限内通知出卖人。买受人在合理期限内未通知或者自收到标的物之日起 2 年内未通知出卖人的，视为标的物的数量或者质量符合约定；但是，对标的物有质量保证期的，适用质量保证期，不适用该 2 年的规定。（2020 年案例分析题）

温馨小提示：《民法典》规定的“2年”是最长的合理期限，该期限为不变期间，不适用诉讼时效中止、中断或者延长的规定。

3. 买卖合同的特别解除规则

（1）因标的物的主物不符合约定而解除合同的，解除合同的效力及于从物。因标的物的从物不符合约定被解除的，解除的效力不及于主物。

（2）标的物为数物，其中一物不符合约定的，买受人可以就该物解除。但是，该物与他物分离使标的物的价值显受损害的，买受人可以就数物解除合同。（2020 年案例分析题）

（3）出卖人分批交付标的物的，出卖人对其中一批标的物不交付或者交付不符合约定，致使该批标的物不能实现合同目的的，买受人可以就该批标的物解除。出卖人不交付其中一批标的物或者交付不符合约定，致使之后其他各批标的物的交付不能实现合同目的的，买受人可以就该批以及之后其他各批标的物解除。买受人如果就其中一批标的物解除，该批标的物与其他各批标的物相互依存的，可以就已经交付和未交付的各批标的物解除。

（4）分期付款的买受人未支付到期价款的数额达到全部价款的 20%，经催告后在合理期限内仍未支付到期价款的，出卖人可以请求买受人支付全部价款或者解除合同。出卖人解除合同的，可以向买受人请求支付该标的物的使用费。（2014 年案例分析题）

名师敲黑板：这是考生必须掌握的考点，今年继续关注案例分析题。

经典题解

【例题 1·单选题】根据合同法律制度的规定，下列关于买卖合同解除规则的表述中，正确的是（　　）。（2020 年）

A. 因标的物的主物不符合约定而解除合同的，解除的效力及于从物

B. 标的物为数物，其中一物不符合约定的，买受人不得单就该物解除合同

C. 出卖人分批交付标的物的，不交付其中一批致使今后其他各批的交付不能实现合同目的的，买受人仅有权就该批标的物解除合同

D. 出卖人分批交付标的物的，其中一批标的物不符合约定时，买受人不得单就该批标的物解除合同

【答案】A

【例题2·多选题】根据合同法律制度的规定，下列关于买卖合同解除规则的表述中，正确的有（ ）。（2021年）

A. 因标的物的主物不符合约定而解除合同的，解除效力及于从物

B. 出卖人分批交付标的物的，不交付其中一批致使今后其他各批交付不能实现合同目的的，买受人可以就该批及今后其他各批标的物解除合同

C. 出卖人分批交付标的物的，其中一批标的物不符合约定时，买受人不得单就该批标的物解除合同

D. 标的物为数物，其中一物不符合约定的，买受人可以就该物解除合同

【答案】ABD

4. 以招标投标方式订立的买卖合同

（1）招标公告在性质上属于要约邀请；

（2）投标人投标为要约；

（3）招标人组织评标并定标，定标为承诺；

（4）中标人与招标人签订书面合同，买卖合同正式成立。

5. 试用买卖合同

（1）对试用期限没有约定或者约定不明确，依照法律有关规定仍不能确定的，由出卖人确定。

（2）试用期限届满，买受人对是否购买标的物未作表示的，视为购买。

（3）试用买卖的买受人在试用期内已经支付部分价款或者对标的物实施出卖、出租、设立担保物权等行为的，视为同意购买。

6. 凭样品买卖合同

凭样品买卖的当事人应当封存样品，并可以（而非应当）对样品质量予以说明。

经典题解

【例题·单选题】根据合同法律制度的规定，下列表述中，正确的是（ ）。（2021年）

A. 分期付款的买受人未支付到期价款的金额达到全部价款的1/5的，出卖人可以直接解除合同

B. 凭样品买卖的当事人应当封存样品，并对样品质量予以说明

C. 以招标投标方式订立买卖合同的，投标人投标为要约

D. 试用买卖的当事人未约定试用期限，并且依照法律有关规定仍不能确定的，由买受人确定

【答案】C

名师敲黑板

这是考生必须掌握的考点，今年继续关注案例分析题。

【考点2】租赁合同（P120）★★★

1. 租赁期限

（1）租赁期限不得超过20年。超过20年的，超过部分无效。

（2）租赁期限届满，当事人可以续订租赁合同；但是，约定的租赁期限自续订之日起不得超过20年。

2. 登记备案

当事人未依照法律、行政法规规定办理租赁合同登记备案手续的，不影响合同的效力。（2011 年案例分析题）

3. 不定期租赁（2013 年案例分析题、2019 年案例分析题）

名师敲黑板

对于不定期租赁，当事人可以随时解除合同，但是应当在合理期限之前通知对方。

（1）租赁期限6个月以上的，应当采用书面形式。当事人未采用书面形式，无法确定租赁期限的，视为不定期租赁。

（2）当事人对租赁期限没有约定或者约定不明确的，可以协议补充；不能达成补充协议的，按照合同相关条款或者交易习惯确定；仍不能确定的，视为不定期租赁。

（3）租赁期限届满，承租人继续使用租赁物，出租人没有提出异议的，原租赁合同继续有效，但是租赁期限为不定期。

4. 租赁物危及承租人的安全或者健康的，即使承租人订立合同时明知该租赁物质量不合格，承租人仍然可以随时解除合同。

5. 维修义务（2014 年案例分析题、2016 年案例分析题、2018 年案例分析题、2019 年案例分析题、2020 年案例分析题）

（1）出租人应当履行租赁物的维修义务，但是当事人另有约定或者因承租人的过错致使租赁物需要维修的除外。

（2）承租人在租赁物需要维修时可以请求出租人在合理期限内维修。出租人未履行维修义务的，承租人可以自行维修，维修费用由出租人负担。因维修租赁物影响承租人使用的，应当相应减少租金或者延长租期。

名师敲黑板

该考点在案例分析题中多次出现，考生必须掌握。

6. 租金的支付期限

（1）承租人应当按照约定的期限支付租金。对支付租金的期限没有约定或者约定不明确的，可以协议补充；不能达成补充协议的，按照合同相关条款或者交易习惯确定；仍不能确定，租赁期限不满 1 年的，应当在租赁期限届满时支付；租赁期限 1 年以上的，应当在每届满 1 年时支付，剩余期限不满 1 年的，应当在租赁期限届满时支付。

（2）承租人无正当理由未支付或者迟延支付租金的，出租人可以请求承租人在合理期限内支付；承租人逾期不支付的，出租人可以解除合同。

7. 承租人的权利和义务

（1）在租赁期限内因占有、使用租赁物获得的收益，归承租人所有，但是当事人另有约定的除外。

（2）承租人未按照约定的方法或者未根据租赁物的性质使用租赁物，致使租赁物受到损失的，出租人可以解除合同并请求赔偿损失。（2014 年案例分析题）

（3）承租人经出租人同意，可以对租赁物进行改善或者增设他物。承租人未经出租人同意，对租赁物进行改善或者增设他物的，出租人可以请求承租人恢复原状或者赔偿损失。（2016 年案例分析题）

（4）因不可归责于承租人的事由，致使租赁物部分或者全部毁损、灭失的，承租人可以请求减少租金或者不支付租金；因租赁物部分或者全部毁损、灭失，致使不能实现合同目的的，承租人可以解除合同。

【解释】租赁期间，租赁物毁损、灭失的风险由出租人承担。例如，甲将其机器设备出租给乙使用，在租赁期间，该机器设备因遭遇泥石流全部毁损（并非乙故意将其砸烂），致使承租人乙的合同目的不能实现，乙可以解除合同。

名师敲黑板

该考点在案例分析题中多次出现，考生必须掌握。

8. 转租（2014年案例分析题、2016年案例分析题、2020年案例分析题）

（1）承租人经出租人同意，可以将租赁物转租给第三人。承租人转租的，承租人与出租人之间的租赁合同继续有效；第三人造成租赁物损失的，承租人应当赔偿损失。

（2）承租人未经出租人同意转租的，出租人可以解除合同。

经典题解

【例题·多选题】乙承租甲的房屋，约定租赁期间为2019年1月1日至2022年12月31日。经甲同意，乙将该房屋转租给丙，租赁期间为2021年4月1日至2022年12月31日。根据合同法律制度的规定，下列表述中，正确的有（　　）。

A. 甲和乙之间的租赁合同失效

B. 甲和乙之间的租赁合同继续有效

C. 如果丙对该房屋造成损失，丙应当向甲承担违约责任

D. 如果丙对该房屋造成损失，乙应当向甲赔偿损失

【解析】承租人经出租人同意转租的，承租人与出租人之间的租赁合同继续有效；第三人造成租赁物损失的，承租人应当赔偿损失。

【答案】BD

名师敲黑板

该考点在案例分析题中多次出现，考生必须掌握。

9. 买卖不破租赁

租赁物在承租人按照租赁合同占有期限内发生所有权变动的，不影响租赁合同的效力。（2013年案例分析题、2016年案例分析题、2018年案例分析题）

【相关链接1】抵押权设立前，抵押财产已经出租并转移占有的，原租赁关系不受该抵押权的影响。

【相关链接2】动产抵押合同订立后未办理抵押登记，抵押人将抵押财产出租给他人并移转占有，抵押权人行使抵押权的，租赁关系不受影响，但是抵押权人能够举证证明承租人知道或者应当知道已经订立抵押合同的除外。

10. 承租人的优先购买权

（1）出租人出卖租赁房屋的，应当在出卖之前的合理期限内通知承租人，承租人享有以同等条件优先购买的权利；但是，房屋按份共有人行使优先购买权或者出租人将房屋出卖给近亲属的除外。（2016年案例分析题）

【解释】只有房屋租赁的承租人才享有优先购买权。其他标的物的租赁，承租人并不享有优先购买权。（2013年案例分析题）

（2）出租人履行通知义务后，承租人在15日内未明确表示购买的，视为承租人放弃优先购买权。

（3）出租人委托拍卖人拍卖租赁房屋的，应当在拍卖5日前通知承租人。承租

人未参加拍卖的，视为放弃优先购买权。

（4）出租人未通知承租人或者有其他妨害承租人行使优先购买权情形的，承租人可以请求出租人承担赔偿责任。但是，出租人与第三人订立的房屋买卖合同的效力不受影响。（2014 年案例分析题、2018 年案例分析题）

名师敲黑板

该考点在案例分析题中多次出现，考生必须掌握。

11. 承租人在房屋租赁期限内死亡的，与其生前共同居住的人或者共同经营人可以按照原租赁合同租赁该房屋。

【考点 3】融资租赁合同（P122）★★★

名师敲黑板

这是考生必须掌握的考点，今年继续关注案例分析题。

1. 融资租赁合同是出租人根据承租人对出卖人、租赁物的选择，向出卖人购买租赁物，提供给承租人使用，承租人支付租金的合同。融资租赁合同应当采用书面形式。

2. 出租人根据承租人对出卖人、租赁物的选择订立的买卖合同，未经承租人同意，出租人不得变更与承租人有关的合同内容。

温馨小提示

融资租赁关系：

（1）三方当事人：出租人、承租人、出卖人；

（2）两个合同：融资租赁合同、买卖合同。

3. 索赔权

（1）出租人、出卖人、承租人可以约定，出卖人不履行买卖合同义务的，由承租人行使索赔的权利。

（2）承租人对出卖人行使索赔权利，不影响其履行支付租金的义务。但是，承租人依赖出租人的技能确定租赁物或者出租人干预选择租赁物的，承租人可以请求减免相应租金。

4. 租赁物不符合约定或者不符合使用目的的，出租人不承担责任。但是，承租人依赖出租人的技能确定租赁物或者出租人干预选择租赁物的除外。

5. 承租人占有租赁物期间，租赁物造成第三人人身损害或者财产损失的，出租人不承担责任。

温馨小提示

在租赁合同中，出租人应当履行租赁物的维修义务，但是当事人另有约定或者因承租人的过错致使租赁物需要维修的除外。

6. 承租人应当履行占有租赁物期间的维修义务。（2018 年案例分析题、2020 年案例分析题）

7. 承租人占有租赁物期间，租赁物毁损、灭失的，出租人有权请求承租人继续支付租金，但是法律另有规定或者当事人另有约定的除外。

温馨小提示

在租赁合同中，租赁物毁损、灭失的风险由出租人承担。

8. 承租人应当按照约定支付租金。承租人经催告后在合理期限内仍不支付租金的，出租人可以请求支付全部租金；也可以解除合同，收回租赁物。（2018 年案例分析题）

【相关链接】在买卖合同中，分期付款的买受人未支付到期价款的数额达到全部价款的 20%，经催告后在合理期限内仍未支付到期价款的，出卖人可以请求买受人支付全部价款或者解除合同。

9. 有下列情形之一，出租人请求解除融资租赁合同的，人民法院应予支持：

（1）承租人未按照合同约定的期限和数额支付租金，符合合同约定的解除条件，经出租人催告后在合理期限内仍不支付的；

（2）合同对于欠付租金解除合同的情形没有明确约定，但承租人欠付租金达到 2 期以上，或者数额达到全部租金 15% 以上，经出租人催告后在合理期限内仍不支付的；

（3）承租人违反合同约定，致使合同目的不能实现的其他情形。

10. 租赁期限届满租赁物的归属

（1）出租人和承租人可以约定租赁期限届满租赁物的归属；对租赁物的归属没有约定或者约定不明确的，可以协议补充；不能达成补充协议的，按照合同相关条款或者交易习惯确定；仍不能确定的，租赁物的所有权归出租人。（2014年案例分析题、2018年案例分析题、2020年案例分析题）

（2）当事人约定租赁期限届满租赁物归承租人所有，承租人已经支付大部分租金，但是无力支付剩余租金，出租人因此解除合同收回租赁物，收回的租赁物的价值超过承租人欠付的租金以及其他费用的，承租人可以请求相应返还。

（3）当事人约定租赁期限届满租赁物归出租人所有，因租赁物毁损、灭失或者附合、混合于他物致使承租人不能返还的，出租人有权请求承租人给予合理补偿。

（4）当事人约定租赁期限届满，承租人仅需向出租人支付象征性价款的，视为约定的租金义务履行完毕后租赁物的所有权归承租人。

11. 售后回租

承租人将其自有物出卖给出租人，再通过融资租赁合同将租赁物从出租人处租回的，人民法院不应仅以承租人和出卖人系同一人为由认定不构成融资租赁法律关系。

12. 行政许可

依照法律、行政法规的规定，对于租赁物的经营使用应当取得行政许可的，出租人未取得行政许可不影响融资租赁合同的效力。

【考点4】借款合同（P117）★★★

1. 借款合同应当采用书面形式，但是自然人之间借款另有约定的除外。

2. 自然人之间的借款合同，自贷款人提供借款时成立。（2021年案例分析题）

3. 借款合同对支付利息没有约定的，视为没有利息。

4. 借款合同对支付利息约定不明确，当事人不能达成补充协议的，按照当地或者当事人的交易方式、交易习惯、市场利率等因素确定利息；自然人之间借款的，视为没有利息。

5. 借款的利息不得预先在本金中扣除。利息预先在本金中扣除的，应当按照实际借款数额返还借款并计算利息。（2021年案例分析题）

6. 借款人未按照约定的借款用途使用借款的，贷款人可以停止发放借款、提前收回借款或者解除合同。

> 名师敲黑板
>
> 这是考生必须掌握的考点，今年继续关注案例分析题。

7. 借款人应当按照约定的期限支付利息。对支付利息的期限没有约定或者约定不明确的，可以协议补充；不能达成补充协议的，按照合同相关条款或者交易习惯确定；仍不能确定，借款期间不满1年的，应当在返还借款时一并支付；借款期间1年以上的，应当在每届满1年时支付，剩余期间不满1年的，应当在返还借款时一并支付。

8. 借款人应当按照约定的期限返还借款。对借款期限没有约定或者约定不明确的，可以协议补充；不能达成补充协议的，按照合同相关条款或者交易习惯确定；仍不能确定的，借款人可以随时返还；贷款人可以催告借款人在合理期限内返还。

9. 借款人未按照约定的期限返还借款的，应当按照约定或者国家有关规定支付逾期利息。

10. 借款人提前返还借款的，除当事人另有约定外，应当按照实际借款的期间计算利息。

11. 禁止高利放贷，借款的利率不得违反国家有关规定。

【考点 5】民间借贷合同（P117）★★★

温馨小提示

民间借贷是指自然人、法人和非法人组织之间进行资金融通的行为。

1. 借期内利息

（1）未约定

借贷双方没有约定利息，出借人主张支付利息的，人民法院不予支持。

（2）约定不明

自然人之间借贷对利息约定不明，出借人主张支付利息的，人民法院不予支持。除自然人之间借贷的外，借贷双方对借贷利息约定不明，出借人主张利息的，人民法院应当结合民间借贷合同的内容，并根据当地或者当事人的交易方式、交易习惯、市场报价利率等因素确定利息。

（3）有约定

出借人请求借款人按照合同约定利率支付利息的，人民法院应予支持，但是双方约定的利率超过合同成立时一年期贷款市场报价利率四倍的除外。

温馨小提示

所谓"一年期贷款市场报价利率"，是指中国人民银行授权全国银行间同业拆借中心自 2019 年 8 月 20 日起每月发布的一年期贷款市场报价利率。

2. 逾期利率

借贷双方对逾期利率有约定的，从其约定，但是以不超过合同成立时一年期贷款市场报价利率四倍为限。未约定逾期利率或者约定不明的，人民法院可以区分不同情况处理：

名师敲黑板

这是考生必须掌握的考点，关注案例分析题。

（1）既未约定借期内利率，也未约定逾期利率，出借人主张借款人自逾期还款之日起参照当时一年期贷款市场报价利率标准计算的利息承担逾期还款违约责任的，人民法院应予支持。

（2）约定了借期内利率但是未约定逾期利率，出借人主张借款人自逾期还款之日起按照借期内利率支付资金占用期间利息的，人民法院应予支持。

3. 出借人与借款人既约定了逾期利率，又约定了违约金或者其他费用，出借人可以选择主张逾期利息、违约金或者其他费用，也可以一并主张，但是总计超过合同成立时一年期贷款市场报价利率四倍的部分，人民法院不予支持。

名师敲黑板

这是考生必须掌握的考点，关注案例分析题。

【相关链接】在同一合同中，当事人既约定违约金，又约定定金的，一方违约时，对方可以选择适用违约金或者定金条款，二者不能并用。

【案例】2020 年 9 月 1 日，甲公司向乙公司借款 1000 万元，借款期限 1 年，借期内的年利率为 10%，逾期年利率为 15%。双方同时约定，如果甲公司不能按期还款，应向乙公司支付 80 万元的违约金。甲公司逾期 1 年才偿还。假设合同成立时一年期贷款市场报价利率为 5%。在本案中：（1）乙公司可以选择主张逾期利息或者违约金，也可以一并主张；（2）如果乙公司同时主张 150 万元的逾期利息和 80 万元的违约金，对于超过合同成立时一年期贷款市场报价利率四倍的部分（150+80−1000×20% =30 万元），人民法院不予支持。

4. 诉讼当事人

（1）保证人为借款人提供连带责任保证，出借人仅起诉借款人的，人民法院可以不追加保证人为共同被告；出借人仅起诉保证人的，人民法院可以追加借款人为共同被告。

（2）保证人为借款人提供一般保证，出借人仅起诉保证人的，人民法院应当追加借款人为共同被告；出借人仅起诉借款人的，人民法院可以不追加保证人为共同被告。

5. 自然人之间的借款合同

自然人之间的借款合同具有下列情形之一的，可以视为合同成立：

温馨小提示

自然人之间的借款合同，自贷款人提供借款时成立。

（1）以现金支付的，自借款人收到借款时；

（2）以银行转账、网上电子汇款等形式支付的，自资金到达借款人账户时；

（3）以票据交付的，自借款人依法取得票据权利时；

（4）出借人将特定资金账户支配权授权给借款人的，自借款人取得对该账户实际支配权时；

（5）出借人以与借款人约定的其他方式提供借款并实际履行完成时。

6. 民间借贷合同的无效

具有下列情形之一的，人民法院应当认定民间借贷合同无效：

（1）套取金融机构贷款转贷的；

（2）以向其他营利法人借贷、向本单位职工集资或者以向公众非法吸收存款等方式取得的资金转贷的；

（3）未依法取得放贷资格的出借人，以营利为目的向社会不特定对象提供借款的；

（4）出借人事先知道或者应当知道借款人借款用于违法犯罪活动仍然提供借款的；

（5）违反法律、行政法规强制性规定的；

（6）违背公序良俗的。

7. 网络贷款平台

（1）借贷双方通过网络贷款平台形成借贷关系，网络贷款平台的提供者仅提供媒介服务，当事人请求其承担担保责任的，人民法院不予支持。

（2）网络贷款平台的提供者通过网页、广告或者其他媒介明示或者有其他证据证明其为借贷提供担保，出借人请求网络贷款平台的提供者承担担保责任的，人民法院应予支持。

8. 法定代表人

（1）法人的法定代表人或者非法人组织的负责人以单位名义与出借人签订民间借贷合同，有证据证明所借款项系法定代表人或者负责人个人使用，出借人请求将法定代表人或者负责人列为共同被告或者第三人的，人民法院应予准许。

（2）法人的法定代表人或者非法人组织的负责人以个人名义与出借人订立民间借贷合同，所借款项用于单位生产经营，出借人请求单位与个人共同承担责任的，人民法院应予支持。

9. 以订立买卖合同作为民间借贷合同的担保

（1）当事人以订立买卖合同作为民间借贷合同的担保，借款到期后借款人不能还款，出借人请求履行买卖合同的，人民法院应当按照民间借贷法律关系审理。当事人根据法庭审理情况变更诉讼请求的，人民法院应当准许。

（2）按照民间借贷法律关系审理作出的判决生效后，借款人不履行生效判决确定的金钱债务，出借人可以申请拍卖买卖合同标的物，以偿还债务。就拍卖所得的价款与应偿还借款本息之间的差额，借款人或者出借人有权主张返还或者补偿。

名师敲黑板

赠与合同属于诺成合同，而非实践合同。

【考点 6】赠与合同（P116）★★

1. 赠与合同是赠与人将自己的财产无偿给予受赠人，受赠人表示接受赠与的合同。赠与合同是诺成合同、单务合同、无偿合同。

名师敲黑板

赠与合同属于单务合同，订立赠与合同属于双方民事法律行为。

2. 赠与人的义务

（1）赠与的财产有瑕疵的，赠与人不承担责任。附义务的赠与，赠与的财产有瑕疵的，赠与人在附义务的限度内承担与出卖人相同的责任。

（2）赠与人故意不告知瑕疵或者保证无瑕疵，造成受赠人损失的，应当承担赔偿责任。

（3）赠与人的经济状况显著恶化，严重影响其生产经营或者家庭生活的，可以不再履行赠与义务。

3. 任意撤销

（1）一般情况下，赠与人在赠与财产的权利转移之前可以撤销赠与。

（2）经过公证的赠与合同或者依法不得撤销的具有救灾、扶贫、助残等公益、道德义务性质的赠与合同，不得任意撤销。赠与人不交付赠与财产的，受赠人可以请求交付。依据前述规定应当交付的赠与财产因赠与人故意或者重大过失致使毁损、灭失的，赠与人应当承担赔偿责任。

4. 赠与的法定撤销

温馨小提示

受赠人有忘恩行为时，无论赠与财产的权利是否转移，赠与是否经过公证或者具有救灾、扶贫、助残等公益、道德义务性质，赠与人或其继承人、法定代理人均可撤销该赠与。

（1）赠与人的撤销权

受赠人有下列情形之一的，赠与人可以撤销赠与：

①严重侵害赠与人或者赠与人近亲属的合法权益；

②对赠与人有扶养义务而不履行；

③不履行赠与合同约定的义务。

（2）赠与人的继承人或者法定代理人的撤销权

因受赠人的违法行为致使赠与人死亡或者丧失民事行为能力的，赠与人的继承人或法定代理人可以撤销赠与。

【解释】（1）赠与人的撤销权，自知道或者应当知道撤销事由之日起 1 年内行使；（2）赠与人的继承人或者法定代理人的撤销权，自知道或者应当知道撤销事由之日起 6 个月内行使。

经典题解

【例题 1·单选题】甲曾经搭救过乙的性命，乙遂将一枚祖传宝珠装在一个精美木匣中，前往甲家相赠，以示感谢。甲同意留下木匣，但请乙将宝珠带回。甲后来有些后悔，又向乙表示愿意接受宝珠。下列表述中，正确的是（　　）。（2010 年）

A. 甲已经取得宝珠的所有权，有权请求乙返还宝珠

B. 甲尚未取得宝珠的所有权，但有权请求乙转移宝珠的所有权

C. 甲、乙之间的赠与合同成立，但乙有权撤销该合同并拒绝交付

D. 甲无权请求乙转移宝珠的所有权

【解析】(1)选项A：宝珠并未完成交付，其所有权未发生转移；(2)选项BCD：赠与合同是诺成合同，双方意思表示达成一致时合同成立。甲当时并未同意受赠宝珠，赠与合同仅在木匣上成立，甲无权要求乙转移宝珠的所有权。

【答案】D

【例题2·单选题】2011年10月8日，甲提出将其正在使用的轿车赠送给乙，乙欣然接受。10月21日，甲将车交付给乙，但未办理过户登记。交车时，乙向甲询问车况，甲称"一切正常，放心使用"。事实上，该车三天前曾出现刹车失灵，故障原因尚未查明。乙驾车回家途中，刹车再度失灵，车毁人伤。根据合同法律制度的规定，下列表述中，正确的是（　　）。(2012年)

A. 该赠与合同的成立时间是2011年10月8日

B. 该赠与合同的成立时间是2011年10月21日

C. 双方没有办理过户登记，因此轿车的所有权尚未转移

D. 乙无权就车毁人伤的损失要求甲赔偿

【解析】(1)选项AB：赠与合同是诺成合同，当事人双方达成意思表示一致时(2011年10月8日)合同成立；(2)选项C：对于船舶、航空器和机动车等特殊动产，其所有权的移转仍以交付为生效要件，而不以登记为生效要件；(3)选项D：赠与人故意不告知瑕疵或者保证无瑕疵，造成受赠人损失的，应当承担赔偿责任。

【答案】A

【例题3·多选题】根据合同法律制度的规定，下列情形中，赠与人可以撤销赠与的有（　　）。(2017年)

A. 受赠人严重侵害赠与人近亲属的合法权益

B. 受赠人严重侵害赠与人的合法权益

C. 受赠人不履行赠与合同约定的义务

D. 受赠人对赠与人有扶养义务而不履行

【答案】ABCD

【例题4·单选题】根据合同法律制度的规定，下列关于赠与合同撤销规则的表述中，正确的是（　　）。(2020年)

A. 受赠人不履行赠与合同约定的义务，赠与人可以撤销赠与

B. 受赠人严重侵害赠与人近亲属的合法权益，赠与人不得以此为由撤销赠与

C. 赠与人因受赠人的侵害行为而死亡的，赠与人的继承人行使撤销权的期间是自知道或者应当知道撤销原因之日起1年

D. 赠与人的撤销权，须从撤销原因发生之日起1年内行使

【答案】A

【例题5·多选题】根据合同法律制度的规定，下列关于赠与合同撤销规则的表述中，正确的有（　　）。（2021年）

A. 赠与人因受赠人的侵害行为而死亡的，赠与人的继承人行使撤销权的期间为自撤销原因发生之日起6个月

B. 赠与人的撤销权，自知道或者应当知道撤销原因之日起1年内行使

C. 当受赠人有法律规定的忘恩行为时，赠与人可以撤销赠与，但赠与具有救灾性质的除外

D. 受赠人严重侵害赠与人的近亲属的，赠与人可以此为由撤销赠与

【解析】（1）选项A：赠与人的继承人或者法定代理人的撤销权，自知道或者应当知道撤销事由之日起6个月内行使；（2）选项C：受赠人有法律规定的忘恩行为时，即使赠与具有救灾性质，赠与人也可以撤销赠与。

【答案】BD

【考点7】承揽合同（P123）★

1. 承揽合同是双务、有偿、诺成合同。

2. 承揽人应当按照定作人的要求保守秘密，未经定作人许可，不得留存复制品或者技术资料。

3. 承揽人应当以自己的设备、技术和劳力，完成主要工作，但是当事人另有约定的除外。承揽人将其承揽的主要工作交由第三人完成的，应当就该第三人完成的工作成果向定作人负责；未经定作人同意的，定作人也可以解除合同。

4. 承揽人可以将其承揽的辅助工作交由第三人完成。承揽人将其承揽的辅助工作交由第三人完成的，应当就该第三人完成的工作成果向定作人负责。

> 温馨小提示
>
> （1）主要工作：应当经定作人同意；（2）辅助工作：可以不经同意。

5. 承揽人交付的工作成果不符合质量要求的，定作人可以合理选择请求承揽人承担修理、重作、减少报酬、赔偿损失等违约责任。

6. 定作人在承揽人完成工作前可以随时解除合同，造成承揽人损失的，应当赔偿损失。

经典题解

【例题·单选题】根据合同法律制度的规定，下列关于承揽合同的表述中，正确的是（　　）。（2021年）

A. 承揽人有权留存工作成果的复制品或者技术资料

B. 定作人在承揽人完成工作前可以随时解除承揽合同

C. 承揽人应当以自己的设备、技术和劳力，完成全部工作

D. 承揽合同是双务、有偿、实践合同

【答案】B

【考点8】建设工程合同（P124）★★★

1. 建设工程施工合同的无效

建设工程施工合同具有下列情形之一的，应当依据《民法典》的规定，认定无效：

（1）承包人未取得建筑业企业资质或者超越资质等级的；
（2）没有资质的实际施工人借用有资质的建筑施工企业名义的；
（3）建设工程必须进行招标而未招标或者中标无效的。

【解释1】承包人超越资质等级许可的业务范围签订建设工程施工合同，在建设工程竣工前取得相应资质等级，当事人请求按照无效合同处理的，人民法院不予支持。（2018年案例分析题）

【解释2】缺乏资质的单位或者个人借用有资质的建筑施工企业名义签订建设工程施工合同，发包人请求出借方与借用方对建设工程质量不合格等因出借资质造成的损失承担连带赔偿责任的，人民法院应予支持。

2. 分包

（1）总承包人或者勘察、设计、施工承包人经发包人同意，可以将自己承包的部分工作交由第三人完成。第三人就其完成的工作成果与总承包人或者勘察、设计、施工承包人向发包人承担连带责任。

温馨小提示：突破了合同的相对性。

（2）承包人不得将其承包的全部建设工程转包给第三人或者将其承包的全部建设工程支解以后以分包的名义分别转包给第三人。

（3）禁止承包人将工程分包给不具备相应资质条件的单位。禁止分包单位将其承包的工程再分包。

（4）建设工程主体结构的施工必须由承包人自行完成。

（5）承包人将建设工程转包、违法分包的，发包人可以解除合同。

【解释1】因建设工程质量发生争议的，发包人可以以总承包人、分包人和实际施工人为共同被告提起诉讼。

【解释2】因承包人的原因致使建设工程在合理使用期限内造成人身损害和财产损失的，承包人应当承担赔偿责任。

3. 委托监理合同

（1）建设工程实行监理的，发包人应当与监理人采用书面形式订立委托监理合同。

（2）发包人与监理人的权利和义务以及法律责任，应当依照委托合同以及其他有关法律、行政法规的规定。

4. 实际竣工日期

当事人对建设工程实际竣工日期有争议的，人民法院应当分别按照以下情形予以认定：

（1）建设工程经竣工验收合格的，以竣工验收合格之日为竣工日期；

（2）承包人已经提交竣工验收报告，发包人拖延验收的，以承包人提交验收报告之日为竣工日期；

（3）建设工程未经竣工验收，发包人擅自使用的，以转移占有建设工程之日为竣工日期。

经典题解

【例题·单选题】根据合同法律制度的规定，建设工程合同当事人对工程实际竣工日期有争议时，下列表述中，正确的是（ ）。（2016年）

A. 工程竣工验收合格的，以工程转移占有之日为竣工日期

B. 工程未经竣工验收，发包人擅自使用的，以开始使用之日为竣工日期

C. 工程未经竣工验收，发包人擅自使用的，以工程封顶之日为竣工日期

D. 承包人已提交竣工验收报告，发包人拖延验收的，以承包人提交验收报告之日为竣工日期

【答案】D

5. 垫资

（1）当事人对垫资和垫资利息有约定，承包人请求按照约定返还垫资及其利息的，人民法院应予支持，但是约定的利息计算标准高于垫资时的同类贷款利率或者同期贷款市场报价利率的部分除外。

（2）当事人对垫资没有约定的，按照工程欠款处理。

（3）当事人对垫资利息没有约定，承包人请求支付利息的，人民法院不予支持。

6. 工程欠款

（1）当事人对欠付工程价款利息计付标准有约定的，按照约定处理。

（2）没有约定的，按照同期同类贷款利率或者同期贷款市场报价利率计息。

（3）利息从应付工程价款之日开始计付。当事人对付款时间没有约定或者约定不明的，下列时间视为应付款时间：

①建设工程已实际交付的，为交付之日；

②建设工程没有交付的，为提交竣工结算文件之日；

③建设工程未交付，工程价款也未结算的，为当事人起诉之日。

表4-1 垫资vs工程欠款

	垫资	工程欠款
未约定利息	不支付利息	按照同期同类贷款利率或者同期贷款市场报价利率计息
约定利息	按照约定，但是约定的利息计算标准高于垫资时的同类贷款利率或者同期贷款市场报价利率的部分除外	按照约定

7. 承包人建设工程价款的优先受偿权

名师敲黑板

这是考生必须掌握的考点，今年继续关注案例分析题。

（1）发包人未按照约定支付价款的，承包人可以催告发包人在合理期限内支付价款。发包人逾期不支付的，除根据建设工程的性质不宜折价、拍卖外，承包人可以与发包人协议将该工程折价，也可以请求人民法院将该工程依法拍卖。建设工程的价款就该工程折价或者拍卖的价款优先受偿。

（2）承包人享有的建设工程价款优先受偿权优于抵押权和其他债权。（2018年

案例分析题）

（3）承包人就逾期支付建设工程价款的利息、违约金、损害赔偿金等主张优先受偿的，人民法院不予支持。

（4）承包人应当在合理期限内行使建设工程价款优先受偿权，但最长不得超过18 个月，自发包人应当给付建设工程价款之日起算。

名师敲黑板

2022 年教材对该考点进行了调整。

（5）发包人与承包人约定放弃或者限制建设工程价款优先受偿权，损害建筑工人利益，发包人根据该约定主张承包人不享有建设工程价款优先受偿权的，人民法院不予支持。

【案例】甲公司和乙公司于 2020 年 4 月 1 日签订一份建筑工程承包合同，合同约定：建筑工程竣工时间为 2021 年 4 月 1 日，发包人甲公司应当在 2021 年 6 月 1 日前向承包人乙公司支付全部工程款 8000 万元。2020 年 9 月 1 日，甲公司以该在建工程作抵押向丙银行贷款 8000 万元，并办理了抵押登记手续。建筑工程如期竣工并办理验收，但发包人甲公司未按期付款，经乙公司催告后，甲公司在合理期限内仍未支付。乙公司于 2021 年 8 月 1 日向人民法院申请将该工程依法拍卖，拍卖所得价款 6000 万元。在本案中：（1）乙公司的优先受偿权优于丙银行的抵押权；（2）乙公司行使建设工程价款优先受偿权的期限最长为 18 个月，自发包人甲公司应当给付建设工程价款之日（2021 年 6 月 1 日）起计算；（3）乙公司就甲公司逾期支付建设工程价款的利息、违约金、损害赔偿金等主张优先受偿的，人民法院不予支持。

【考点 9】货运合同（P130）★★

1. 在承运人将货物交付收货人之前，托运人可以要求承运人中止运输、返还货物、变更到达地或者将货物交给其他收货人，但是应当赔偿承运人因此受到的损失。

2. 承运人对运输过程中货物的毁损、灭失承担赔偿责任。但是，承运人证明货物的毁损、灭失是因不可抗力、货物本身的自然性质或者合理损耗以及托运人、收货人的过错造成的，不承担赔偿责任。（2020 年案例分析题）

名师敲黑板

这是考生必须掌握的考点，今年继续关注案例分析题。

3. 货物在运输过程中因不可抗力灭失，未收取运费的，承运人不得请求支付运费；已经收取运费的，托运人可以请求返还。法律另有规定的，依照其规定。

4. 货物的毁损、灭失的赔偿额，当事人有约定的，按照其约定；没有约定或者约定不明确的，可以协议补充；不能达成补充协议的，按照合同相关条款或者交易习惯确定；仍不能确定的，按照交付或者应当交付时货物到达地的市场价格计算。法律、行政法规对赔偿额的计算方法和赔偿限额另有规定的，依照其规定。

5. 托运人或者收货人不支付运费、保管费或者其他费用的，承运人对相应的运输货物享有留置权，但是当事人另有约定的除外。

6. 收货人不明或者收货人无正当理由拒绝受领货物的，承运人依法可以提存货物。

【考点 10】委托合同（P128）★

1. 委托人可以特别委托受托人处理一项或者数项事务，也可以概括委托受托人处理一切事务。

2. 两个以上的受托人共同处理委托事务的，对委托人承担连带责任。

3. 报酬

（1）受托人完成委托事务的，委托人应当按照约定向其支付报酬。

（2）因不可归责于受托人的事由，委托合同解除或者委托事务不能完成的，委托人应当向受托人支付相应的报酬。当事人另有约定的，按照其约定。

4. 费用

（1）委托人应当预付处理委托事务的费用。

（2）受托人为处理委托事务垫付的必要费用，委托人应当偿还该费用并支付利息。

5. 损失赔偿

（1）有偿的委托合同，因受托人的过错造成委托人损失的，委托人可以请求赔偿损失。

（2）无偿的委托合同，因受托人的故意或者重大过失造成委托人损失的，委托人可以请求赔偿损失。

6. 随时解除

（1）委托人或者受托人可以随时解除委托合同。

（2）因解除合同造成对方损失的，除不可归责于该当事人的事由外，无偿委托合同的解除方应当赔偿因解除时间不当造成的直接损失，有偿委托合同的解除方应当赔偿对方的直接损失和合同履行后可以获得的利益。

7. 转委托

（1）经委托人同意，受托人可以转委托。转委托经同意或者追认的，委托人可以就委托事务直接指示转委托的第三人，受托人仅就第三人的选任及其对第三人的指示承担责任。

（2）转委托未经同意或者追认的，受托人应当对转委托的第三人的行为承担责任；但是，在紧急情况下受托人为了维护委托人的利益需要转委托第三人的除外。

8. 隐名代理

温馨小提示

该考点适当关注一下即可。

（1）受托人以自己的名义，在委托人的授权范围内与第三人订立的合同，第三人在订立合同时知道受托人与委托人之间的代理关系的，该合同直接约束委托人和第三人；但是，有确切证据证明该合同只约束受托人和第三人的除外。

（2）受托人以自己的名义与第三人订立合同时，第三人不知道受托人与委托人之间的代理关系的，受托人因第三人的原因对委托人不履行义务，受托人应当向委托人披露第三人，委托人因此可以行使受托人对第三人的权利。但是，第三人与受托人订立合同时如果知道该委托人就不会订立合同的除外。

（3）受托人因委托人的原因对第三人不履行义务，受托人应当向第三人披露委托人，第三人因此可以选择受托人或者委托人作为相对人主张其权利，但是第三人不得变更选定的相对人。

（4）委托人行使受托人对第三人的权利的，第三人可以向委托人主张其对受托人的抗辩。第三人选定委托人作为其相对人的，委托人可以向第三人主张其对受托人的抗辩以及受托人对第三人的抗辩。

经典题解

【例题1·单选题】甲委托乙销售一批首饰并交付，乙经甲同意转委托给丙。丙以其名义与丁签订买卖合同，丙依约向丁交付首饰，但丁拒绝向丙支付首饰款。根据合同法律制度的规定，下列表述中，正确的是（　　）。

A. 乙的转委托行为无效

B. 丙与丁签订的买卖合同直接约束甲和丁

C. 丙应向甲披露丁，甲可以行使丙对丁的权利

D. 丙应向丁披露甲，丁可以行使丙对甲的权利

【解析】（1）选项A：经委托人同意，受托人可以转委托；（2）选项B：受托人以自己的名义，在委托人的授权范围内与第三人订立的合同，只有在“第三人在订立合同时知道受托人与委托人之间的代理关系”的情况下，该合同才直接约束委托人和第三人，本题并没有指明“第三人当时知道”；（3）选项CD：受托人（丙）因第三人（丁）的原因对委托人（甲）不履行义务（因丁拒绝向丙支付首饰款，导致丙不能向甲付款），受托人（丙）应当向委托人（甲）披露第三人（丁），委托人（甲）因此可以行使受托人（丙）对第三人（丁）的权利。

【答案】C

【例题2·单选题】根据合同法律制度的规定，下列关于委托合同的表述中，正确的是（　　）。（2015年）

A. 无偿的委托合同，因受托人的一般过失给委托人造成损失的，委托人可以要求赔偿损失

B. 原则上受托人有权转委托，不必征得委托人的同意

C. 有偿的委托合同，因不可归责于受托人的事由，委托事务不能完成的，委托人有权拒绝支付报酬

D. 两个以上的受托人共同处理委托事务的，对委托人承担连带责任

【答案】D

【考点11】行纪合同（P131）★

1. 行纪合同是行纪人以自己的名义为委托人从事贸易活动，委托人支付报酬的合同。

2. 行纪人处理委托事务支出的费用，由行纪人负担，但是当事人另有约定的除外。

表4-2 委托合同vs行纪合同

	委托合同	行纪合同
委托事项的范围	非常宽泛	仅限于贸易活动
以谁的名义与第三人订立合同？	受托人可以委托人的名义，也可以自己的名义	必须以自己的名义
是否支付报酬？	可以是有偿合同，也可以是无偿合同	均为有偿合同

续表

	委托合同	行纪合同
费用承担	委托人	行纪人（当事人另有约定的除外）

3. 行纪人低于委托人指定的价格卖出或者高于委托人指定的价格买入的，应当经委托人同意；未经委托人同意，行纪人补偿其差额的，该买卖对委托人发生效力。

4. 行纪人高于委托人指定的价格卖出或者低于委托人指定的价格买入的，可以按照约定增加报酬；没有约定或者约定不明确的，可以协议补充；不能达成补充协议的，按照合同相关条款或者交易习惯确定；仍不能确定的，该利益属于委托人。

5. 行纪人卖出或者买入具有市场定价的商品，除委托人有相反的意思表示外，行纪人自己可以作为买受人或者出卖人。在这种情形下，行纪人仍然可以请求委托人支付报酬。

温馨小提示

代理人不得以被代理人的名义与自己实施民事法律行为，但是被代理人同意或者追认的除外。

6. 行纪人与第三人订立合同的，行纪人对该合同直接享有权利、承担义务。第三人不履行义务致使委托人受到损害的，行纪人应当承担赔偿责任，但是行纪人与委托人另有约定的除外。

7. 行纪人完成或者部分完成委托事务的，委托人应当向其支付相应的报酬。委托人逾期不支付报酬的，行纪人对委托物享有留置权，但是当事人另有约定的除外。

经典题解

【例题 1 · 单选题】根据合同法律制度的规定，下列关于行纪的表述中，正确的是（　　）。（2021 年）

A. 行纪人处理委托事务产生的费用，由委托人承担

B. 行纪人与第三人订立合同的，委托人直接享有该合同的权利

C. 行纪人以低于委托人指定的价格卖出货物的，应当经委托人同意

D. 行纪人未完成全部委托事务的，不得请求报酬

【答案】C

【例题 2 · 多选题】甲公司将 10 吨大米委托乙商行出售，双方约定，乙商行以自己名义对外销售，每公斤售价 2 元，乙商行的报酬为价款的 5%。根据合同法律制度的规定，下列表述中，正确的有（　　）。

A. 甲公司与乙商行之间成立的是行纪合同关系

B. 乙商行为销售大米支出的费用应由自己负担

C. 如乙商行以每公斤 2.5 元的价格将大米售出，双方对多出价款的分配无法达成补充协议时，则应平均分配

D. 如乙商行与丙食品厂订立买卖大米的合同，则乙商行对该合同直接享有权利、承担义务

【解析】选项 C：行纪人以高于委托人指定的价格卖出的，可以按照约定增加报酬；没有约定或者约定不明确的，可以协议补充；不能达成补充协议的，按照合同相关条款或者交易习惯确定；仍不能确定的，该利益属于委托人（甲公司）。

【答案】ABD

本章小结

下载“会计云课堂”App学习

您已成功完成“第四章”的学习，本章共36个考点，您都学会了吗？

为了让您对章节有更清晰的理解，加倍巩固。本书作者郭守杰老师将通过**“视频导图课”**的方式，带您回顾重要考点。

名师点拨，视听结合，高效提分。

※ 欢迎您扫码，免费观看学习。

案例分析题专项演练

使用“会计云课堂”App或“微信”扫码快速做题、对答案、看解析、掌握解题思路，开启轻松过关之旅。

【案例1】（2011年）

【解释】本题根据2022年教材进行了修改。

2006年7月10日，甲与乙订立买卖合同，以500万元的价格向乙购买一套精装修住房。当日，甲支付了40万元定金，乙将房屋交付给甲。双方约定：甲应于8月1日之前付清余款；乙应在收到余款后3日内办理房屋过户手续。7月15日，当地突降特大暴雨，该房屋被淹没，损失额达60万元。甲认为该损失应当由乙承担。8月1日，甲向乙支付余款时直接扣除60万元，仅付400万元，同时要求乙办理房屋过户手续。乙收到上述款项后拒绝办理房屋过户手续。后经协商，甲于8月20日再向乙支付30万元，同日，乙将房屋过户至甲的名下。

2006年11月1日，甲将房屋出租给丙，约定租期1年，但双方未按照规定办理登记备案手续。租期届满后，丙将房屋交还甲，但以房屋租赁合同未登记备案因而无效为由，拒绝支付所欠剩余租金。

2008年4月1日，甲与丁订立房屋买卖合同，约定价款600万元。丁依约于4月5日付清了全部价款，甲将房屋钥匙交给丁。但甲与丁在办理过户登记时，登记机构因电脑系统发生故障停止办公，申请未被受理。因丁需紧急出差，双方遂约定待丁回来之后再办理房屋过户登记手续。

2008 年 4 月 10 日，不知甲、丁之间已签订房屋买卖合同的戊向甲表示愿以 650 万元的价格购买该房屋。甲同意，即刻与戊订立了房屋买卖合同。戊于次日付清了全部房款，双方于 4 月 15 日办理了过户登记手续。

2008 年 4 月 20 日，丁出差归来，要求甲尽快办理房屋过户手续。甲告知丁已将房屋卖给他人，愿意退还丁 600 万元并要求解除合同。丁当即拒绝，坚持要甲办理过户手续。2008 年 5 月 10 日，丁在确悉房屋已过户至戊名下时，以自己与甲订约在先，甲、戊之间的房屋买卖合同无效为由，要求甲、戊退还房屋。戊则认为，由于甲、丁未办理房屋过户手续，他们之间的房屋买卖合同尚未生效。

要求：

根据上述内容，分别回答下列问题：

（1）甲提出 60 万元的房屋损失应由乙承担的主张是否成立？并说明理由。

（2）甲于 2006 年 8 月 1 日向乙支付 400 万元房款后，乙是否有权拒绝为之办理房屋过户登记手续？并说明理由。

（3）甲与丙之间的房屋租赁合同是否有效？并说明理由。

（4）甲与丁之间的房屋买卖合同是否已经生效？并说明理由。

（5）戊是否取得了房屋所有权？并说明理由。

【案例 2】（2013 年）

【解释】本题根据 2022 年教材进行了修改。

2011 年 9 月 8 日，甲公司与乙公司订立合同，以每台 30 万元的价格购买 20 台货车。双方约定，甲公司应在乙公司交货后半年内付清全部货款，并以甲公司通过划拨方式取得的某国有建设用地使用权提供抵押担保。双方办理了抵押登记。

2011 年 10 月 12 日，乙公司交付了 20 台货车。次日，双方办理了货车所有权登记。

2011 年 11 月，甲公司在已设定抵押的土地上开始建造办公楼，2012 年 6 月建成。

2012 年 8 月，甲公司以该办公楼作抵押，从丙银行贷款 300 万元，期限 6 个月。双方办理了抵押登记。

2012 年 1 月 26 日，甲公司将 20 台货车出租给丁公司，每台月租金 1 万元。双方在租赁合同中对租赁期限没有约定，事后未能达成补充协议，按照合同相关条款或者交易习惯仍无法确定。由于资金周转困难，甲公司于 2012 年 10 月 10 日以每台 20 万元的价格将 20 台货车卖给戊公司。

戊公司受让货车后，通知丁公司向自己缴纳租金，丁公司主张：戊公司并非出租人，无权向其收取租金；甲公司侵害了其优先购买权，应承担损害赔偿责任。戊公司催收租金无果，遂通知丁公司解除租赁合同，要求其立刻交回货车。

甲公司未按期向乙公司支付购车款，乙公司遂提起诉讼，并主张实现抵押权。在强制执行过程中，甲公司已设定抵押的建设用地使用权连同地上的办公楼共拍卖得款 1200 万元，其中办公楼的对应价款为 350 万元。土地管理部门提出，应从拍卖款中优先补缴 650 万元的建设用地使用权出让金。丙银行则主张对拍卖款中办公楼的对应价款享有优先受偿权。

要求：

根据上述内容，分别回答下列问题：

（1）甲公司何时取得货车的所有权？并说明理由。

（2）戊公司是否有权要求丁公司支付租金？并说明理由。

（3）戊公司是否有权要求丁公司立刻交回货车？并说明理由。

（4）丁公司是否对货车享有优先购买权？并说明理由。

（5）土地管理部门是否有权要求从拍卖价款中优先补缴650万元的建设用地使用权出让金？并说明理由。

（6）乙公司在实现抵押权时享有优先受偿权的金额是多少？并说明理由。

【案例3】（2014年）

【解释】本题根据2022年教材进行了修改。

2008年1月，A公司与B公司签订书面合同，将其房屋出租给B公司，租期5年，月租金5万元，每年1月底前一次付清全年租金。2009年1月，经A公司同意，B公司与C公司订立书面合同，将该房屋转租给C公司，租期4年，月租金8万元。根据约定，C公司的租金缴付方式为：每年1月底前向B公司缴付36万元，向A公司缴付60万元。但合同签订后，C公司除向B公司缴付了36万元租金外，一直未向A公司缴付，B公司也未向A公司缴付2009年租金。

2008年10月，A公司向D银行借款2000万元，期限1年。A公司将该房屋作为抵押并办理了抵押登记。后A公司无力清偿对D银行的借款，经D银行同意，A公司于2009年12月与E公司签订买卖合同，以2000万元的市场价格将房屋售与E公司，并约定2010年1月初办理过户登记。

2009年8月1日，C公司因违反约定使用房屋引发火灾，造成房屋损失100万元。B公司为此解除了与C公司的转租合同并收回房屋。2009年8月10日，B公司对因火灾造成的房屋损失向A公司赔偿100万元。

A公司与E公司于2010年1月4日依约办理了房屋过户手续。E公司要求B公司腾退房屋，B公司以"买卖不破租赁"为由予以拒绝。次日，B公司进而向A公司主张，A公司未告知其房屋出售之事，侵害了自己的优先购买权，A公司和E公司之间的买卖合同因此无效。

E公司发现房屋受损，经与A公司协商，E公司在应支付房屋价款中扣除100万元，只向A公司支付了1900万元。A公司将此1900万元支付给D银行，D银行则认为，其对于A公司因房屋受损而获得的100万元赔偿款享有优先受偿权。

要求：

根据上述内容，分别回答下列问题：

（1）B公司关于A公司和E公司之间房屋买卖合同无效的主张是否成立？并说明理由。

（2）B公司能否以"买卖不破租赁"为由拒绝E公司腾退房屋的要求？并说明理由。

（3）B公司是否有权解除与C公司的租赁合同？并说明理由。

（4）B公司是否有义务就房屋毁损向A公司赔偿100万元？并说明理由。

（5）D银行关于其对A公司获得的100万元赔偿款享有优先受偿权的主张是否成立？并说明理由。

【案例 4】(2014 年)

【解释】本题根据 2022 年教材进行了修改。

2013 年 3 月 18 日，甲机械公司（以下简称“甲公司”）与乙融资租赁公司（以下简称“乙公司”）接洽融资租赁某型号数控机床事宜。同年 4 月 1 日，乙公司按照甲公司的要求与丙精密设备公司（以下简称“丙公司”）签订了购买 1 台某型号数控机床的买卖合同。丁以乙公司保证人的身份单方以书面形式向债权人丙公司作出保证，丙公司接收且未提出异议，丙公司和丁未另行签订保证合同。乙公司和丙公司之间签订的买卖合同约定，机床价格为 1200 万元，乙公司在缔约当日向丙公司支付首期价款 400 万元，丙公司在收到首期价款后 1 个月内将机床交付给甲公司，乙公司在机床交付之后的 8 个月内，每月向丙公司支付价款 100 万元。

乙公司与丙公司签订买卖合同的当日，与甲公司签订了融资租赁合同，但该合同未就租赁期届满后租赁物所有权的归属作出约定。2013 年 5 月 1 日，丙公司依约向甲公司交付了机床。

2013 年 8 月 8 日，甲公司在未告知乙公司的情况下，以所有权人的身份将该机床以市场价格出售给戊公司，戊公司不知甲公司只是机床承租人，收到机床后即付清约定价款。乙公司知悉上述情况后，以甲公司不是机床所有权人为由，主张甲公司与戊公司之间的买卖合同无效，并主张自己仍为机床所有权人，要求戊公司返还机床。

2013 年 11 月 2 日，由于乙公司连续 3 个月未支付机床价款 300 万元，经多次催告，乙公司仍未支付，丙公司要求乙公司一次性支付到期和未到期的全部价款共 500 万元，乙公司认为丙公司无权要求其支付尚未到期的 200 万元价款，并拒绝支付任何款项。丙公司遂要求丁承担保证责任，丁予以拒绝，理由是：双方并未签订保证合同，因此保证关系不成立。

要求：

根据上述内容，分别回答下列问题：

（1）乙公司关于甲公司与戊公司之间买卖合同无效的主张是否成立？并说明理由。

（2）乙公司关于自己仍为机床所有权人并要求戊公司返还机床的主张是否成立？并说明理由。

（3）乙公司关于丙公司无权要求其支付尚未到期的 200 万元价款的主张是否成立？并说明理由。

（4）丁与丙公司之间的保证关系是否成立？并说明理由。

（5）如果该机床未被甲公司出售给戊公司，甲公司和乙公司之间的融资租赁合同到期后，该机床的所有权归属于谁？并说明理由。

【案例 5】(2015 年)

【解释】本题根据 2022 年教材进行了修改。

甲曾任乙装修公司（以下简称“乙公司”）经理，2013 年 3 月辞职。5 月 8 日，为获得更多折扣，甲使用其留存的盖有乙公司公章的空白合同书，以乙公司的名义与丙公司订立买卖合同，购买总价 15 万元的地板，合同约定，6 月 7 日丙公司将地板送至指定地点，乙公司于收到地板后3日内验货，地板经验收合格后，乙公司一次性付清全部价款，对于甲离职一事，丙公司并不知情。

丙公司于约定日期将地板送至指定地点，并要求乙公司付款，乙公司同意付款，并同意将地板以相同价格转卖给甲，但要求甲为该笔货款提供担保。6月8日，丁以其所有的一辆小汽车为甲提供抵押担保，但未办理抵押登记；戊也为甲提供了连带责任保证，但当事人未约定丁和戊分别为甲提供担保的实现顺序。

乙公司在未检验地板的情况下，即于6月10日向丙公司付清了货款，但甲未向乙公司付款，乙公司要求戊承担保证责任，戊拒绝，理由是：乙公司必须先向丁实现抵押权。

乙公司多次催告，甲仍不付款，8月25日，乙公司主张解除与甲的地板转卖合同，将地板从甲处取回。次日，乙公司发现丙公司交付的地板约有1/3质量不符合合同约定，遂向丙公司要求退货。

要求：

根据上述内容，分别回答下列问题：

（1）甲以乙公司的名义与丙公司签订的地板买卖合同是否有效？并说明理由。

（2）乙公司是否取得了对小汽车的抵押权？并说明理由。

（3）戊关于乙公司必须先向丁实现抵押权的主张是否成立？并说明理由。

（4）乙公司是否有权解除与甲的地板转卖合同？并说明理由。

（5）乙公司是否有权向丙公司要求退货？并说明理由。

【案例6】（2015年）

2015年3月2日，甲将其生产的一批价值30万元的设备寄存于乙的仓库，寄存期限截至2015年4月30日。3月5日，甲将该批设备抵押给债权人A公司，双方签订了书面抵押合同，但未办理抵押登记。

3月9日，乙向丙谎称该批设备属于自己，以35万元的价格将该批设备卖给丙。事后，不知情的丙全额付款并取走设备。3月16日，丙将该批设备以40万元的价格卖给丁。3月20日，丙交付设备，丁向丙付款。

3月25日，A公司对甲的债权到期，甲无力偿还，A公司拟就该批设备行使抵押权。此时，甲才得知乙已将该批设备出卖给丙，甲要求乙承担违约责任并要求丙返还设备，丙告知甲已将设备转卖给丁。甲要求丁返还设备，A公司则向丁主张就该批设备行使抵押权，均遭丁的拒绝。

4月9日，丁发现该批设备存在严重质量瑕疵，无法投入使用，遂主张解除与丙之间的买卖合同，并要求丙赔偿损失，丙以该质量瑕疵在乙向其交付设备时已经存在为由拒绝，丁遂要求乙承担违约责任。

要求：

根据上述内容，分别回答下列问题：

（1）丙是否取得了从乙处购买的设备的所有权？并说明理由。

（2）甲是否有权要求丁返还设备？并说明理由。

（3）A公司能否就该批设备行使抵押权？并说明理由。

（4）丁是否有权解除与丙之间的买卖合同？并说明理由。

（5）丁是否有权要求乙承担违约责任？并说明理由。
（6）对于甲的损失，谁是赔偿义务人？并说明理由。

【案例 7】（2016 年）

2014 年 3 月 5 日，机床生产商甲公司向乙公司出售机床 20 台，每台 20 万元。乙公司因资金周转困难，欲向丙银行贷款 400 万元，并与甲公司约定："仅在乙公司的 400 万元银行贷款于 2014 年 6 月 2 日前到账时，机床买卖合同才生效。"

2014 年 4 月 2 日，乙公司与丙银行签订借款合同，并以其自有房屋一套为丙银行设定抵押。双方签订了书面抵押合同，但未办理抵押登记。直至 6 月 16 日，乙公司才获得丙银行发放的 3 个月短期贷款 400 万元。6 月 17 日，乙公司请求甲公司履行机床买卖合同，甲公司以合同未生效为由拒绝。

2014 年 5 月 20 日，甲公司与丁公司签订买卖合同。双方约定："甲公司向丁公司出售机床 5 台，每台 21 万元；甲公司应于 2014 年 7 月 11 日前交付机床，交付机床的同时，丁支付货款。"6 月 20 日，丁公司与乙公司签订买卖合同，将拟从甲公司购入的 5 台机床以每台 22 万元的价格转售给乙公司。双方约定于 7 月 12 日交货付款。

6 月 5 日，甲公司的债权人戊公司要求其清偿到期债务 100 万元。甲公司遂将对丁公司的合同债权让与戊公司用于抵债，并通知丁公司，丁公司表示反对。7 月 11 日，甲公司欲向丁公司交付机床，同时要求丁公司将货款支付给戊公司。丁公司拒绝向戊公司付款，甲公司遂停止交付机床。

7 月 12 日，乙公司请求丁公司交付机床，丁公司无货可交。7 月 20 日，乙公司另行购得机床 5 台，共计花费 120 万元。7 月 28 日，乙公司请求丁公司赔偿其另行购买机床多花费的 10 万元。

9 月 16 日，乙公司无力偿还丙银行的到期贷款，丙银行要求实现其在乙公司房屋上设定的抵押权。

要求：

根据上述内容，分别回答下列问题：
（1）甲公司是否有义务向乙公司交付机床？并说明理由。
（2）乙公司与丙银行之间的抵押合同是否有效？并说明理由。
（3）丁公司反对甲公司将债权转让给戊公司，该债权转让是否有效？并说明理由。
（4）丁公司拒绝向戊公司付款，甲公司是否有权停止向丁公司交付机床？并说明理由。
（5）乙公司是否有权请求丁公司赔偿其另行购买机床多花费的 10 万元？并说明理由。
（6）丙银行要求实现抵押权的主张能否得到支持？并说明理由。

【案例 8】（2016 年）

【解释】本题根据 2022 年教材进行了修改。

2020 年 4 月 1 日，甲将其位于某住宅楼顶层的一套住房出租给乙，租期 2 年，月租金 9000 元，双方签订了书面租赁合同。

2020 年 5 月，房屋天花板严重漏雨。乙通知甲维修，甲以合同未约定维修条款为由拒绝。乙只好自己找人维修，花去维修费8000元，维修期间房屋无法居住，乙全家住酒店10天，住宿费用3000元。

2020年8月，乙全家出国半年。行前，乙经甲同意将房屋转租给丙，租期半年，月租金10000元。丙租住期间，因使用不当，将甲的洗衣机损坏。乙回国后，甲要求乙赔偿损失，乙以洗衣机系由丙损坏为由表示拒绝。

2021年4月，乙在未告知甲的情况下，在客厅造了一个壁炉。甲知悉后，要求乙拆除。

2021年5月，甲在未通知乙的情况下，将房屋出卖给自己的姐姐丁并于3天后办理了房屋产权转移登记手续。乙以优先购买权受到侵害为由，要求甲承担赔偿责任，丁则通知乙1个月内搬出。

要求：

根据上述内容，分别回答下列问题：

（1）甲是否有义务维修房屋天花板？并说明理由。

（2）乙是否有权要求甲支付天花板维修费用并减免维修期间相当于酒店住宿费用的租金？并说明理由。

（3）甲是否有权要求乙赔偿洗衣机损坏的损失？并说明理由。

（4）甲是否有权要求乙拆除壁炉？并说明理由。

（5）乙关于其优先购买权受到侵害的主张是否成立？并说明理由。

（6）丁是否有权要求乙1个月内搬出？并说明理由。

【案例9】（2017年）

【解释】本题根据2022年教材进行了修改。

2016年4月4日，甲公司从乙银行借款80万元，用于购置A型号自行车1000辆，借款期限自2016年4月4日至2016年6月4日，并以价值90万元的自有房屋一套为乙银行设定抵押并办理了抵押登记。同时，乙银行与丙公司签订书面保证合同，约定丙公司为甲公司的借款承担连带保证责任。

因自行车价格上调，甲公司于4月5日，又向乙银行追加借款20万元，借款期限自2016年4月5日至2016年6月4日。丙公司对追加借款事项并不知情。

4月7日，甲公司与自行车生产商丁公司正式签署买卖合同。合同约定：丁公司为甲公司提供A型号自行车1000辆，总价100万元，甲公司应于4月9日、4月20日分别支付价款50万元，丁公司应于4月16日、4月27日分别交付A型号自行车500辆。双方未就自行车质量问题作出约定。

4月9日，甲公司向丁公司支付第一期自行车价款50万元。4月16日，丁公司交付A型号自行车500辆。甲公司在验货时发现该批自行车存在严重质量瑕疵，非经维修无法符合使用要求。4月18日，甲公司表示同意收货，但要求丁公司减少价款，被丁公司拒绝。理由是：第一，双方未就自行车的质量要求作出约定；第二，即使自行车存在质量问题，甲公司也只能就质量问题导致的损失要求赔偿。

4月20日，丁公司请求甲公司支付第二期自行车价款50万元，甲公司调查发现，丁公司经营状况严重恶化，可能没有能力履行合同，遂告知丁公司暂不履行合同并要求丁公司在15天内提供具有足够履约能力的保证，丁公司未予理会。

5月6日，丁公司发函告知甲公司：如果再不付款，将向人民法院起诉甲公司违约。甲公司收到函件后，了解到丁公司经营状况继续恶化，便通知丁公司解除未交付的500辆自行车买卖合同。

5月20日，甲公司隐瞒已受领的500辆自行车的质量瑕疵，将该批自行车以30万元卖与戊公司，约定6月30日付款交货。5月25日，庚公司告知甲公司，愿以35万元购买上述500辆自行车。5月30日，甲公司以自己隐瞒质量瑕疵为由，主张撤销与戊公司之间的买卖合同。

6月4日，甲公司无力偿还乙银行两笔贷款，乙银行考虑到拍卖抵押房屋比较繁琐，遂直接要求丙公司还贷，被丙公司拒绝。

要求：

根据上述内容，分别回答下列问题：

（1）甲公司是否取得已受领自行车的所有权？并说明理由。

（2）甲公司是否有权要求减少价款？并说明理由。

（3）甲公司中止履行向丁公司支付第二期自行车价款的义务，是否构成违约？并说明理由。

（4）甲公司是否有权就未交付的自行车解除合同？并说明理由。

（5）甲公司是否有权请求人民法院撤销与戊公司的买卖合同？并说明理由。

（6）乙银行是否有权直接要求丙公司偿还第一笔贷款？并说明理由。

（7）乙银行是否有权要求丙公司偿还第二笔贷款？并说明理由。

【案例10】（2017年）

【解释】本题根据2022年教材进行了修改。

2021年4月，甲公司因业务需要分别向乙公司和丙公司购买绒布面料和丝质面料。为筹措面料采购资金，甲公司与丁银行签订借款合同，约定借款50万元。借款合同签订当日，丁银行预先扣除相应利息后发放贷款48万元。戊公司为甲公司的借款提供保证，戊公司与丁银行签订了书面保证合同，但未约定保证方式。

甲公司和乙公司在绒布面料买卖合同中约定：面料总价40万元，乙公司交付绒布面料之日起3日内一次付清；合同签订次日，甲公司给付定金10万元。合同签订后，甲公司如数给付定金。后因绒布面料价格上涨，乙公司要求加价，被甲公司拒绝。最终，乙公司比约定交货日期迟延10日才向甲公司交货。此时，甲公司因无原料投产，不能向买方按时交货，订单已被买方取消，甲公司为此遭受损失19万元。鉴于乙公司的履行已无意义，甲公司拒绝接受乙公司的履行，通知乙公司解除合同，要求适用定金罚则由乙公司双倍返还定金共20万元，并赔偿全部损失19万元。乙公司不同意解除合同，拒绝赔偿19万元损失，要求甲公司收货并支付货款。

甲公司和丙公司在丝质面料买卖合同中约定：甲公司向丙公司购买丝质面料100匹，甲公司应在收货后10日内检验面料质量并通知丙公司，甲公司于质量检验后3日内支付价款。甲公司收货后，由于业务繁忙，至收货后的第12日才开箱验货，发现面料质量存在严重问题，不能正常使用，遂通知丙公司解除合同，丙公司拒绝。验货次日，甲公司所在地山洪暴发，丝质面料全部毁损。

甲公司未能按期偿还丁银行的借款。丁银行要求戊公司承担保证责任，戊公司拒绝，理由是：自己承担的是一般保证责任，享有先诉抗辩权。

要求：

根据上述内容，分别回答下列问题：

（1）甲公司是否有权解除与乙公司的绒布面料买卖合同？并说明理由。

（2）甲公司能否要求乙公司双倍返还定金20万元？并说明理由。

（3）适用定金罚则后，甲公司能否要求乙公司赔偿全部损失19万元？并说明理由。

（4）甲公司是否有权解除与丙公司的丝质面料买卖合同？并说明理由。

（5）丝质面料遭山洪毁损的损失由谁承担？并说明理由。

（6）戊公司拒绝承担保证责任的理由是否成立？并说明理由。

【案例11】（2018年）

2016年6月6日，甲与乙签订委托合同，委托乙出租自有房屋一套并代收租金，委托期间为2016年6月6日至2018年7月31日。2016年7月4日，甲向乙出具了授权委托书，载明乙有权代理甲处理房屋出租及租金收取事宜，代理期间为2016年7月4日至2018年7月31日。

2016年8月1日，乙以甲的名义与丙签订书面房屋租赁合同，租期为2016年8月1日至2018年7月31日，租金每月2万元。2017年6月，该房屋卫生间管道严重漏水，丙请求甲维修，甲以租赁合同中未约定由其承担维修义务为由拒绝，丙自行维修，花费2000元。

2018年2月，甲欲出售该房屋，遂通知丙解除租赁合同，丙以甲无权任意解除合同为由拒绝。2018年3月5日，甲在未告知丙的情况下，与丁签订买卖合同，以800万元的价格将房屋出售给丁。为支付房款，2018年3月11日，丁与戊、庚签订借款合同，分别向戊、庚借款500万元和300万元，借款期限均为3个月。同时，丁还分别与戊、庚约定以房屋作为借款抵押。次日，丁向甲支付了房款。2018年3月20日，甲和丁办理了房屋过户登记。随后，丁为戊、庚先后办理了房屋抵押登记。

2018年4月2日，丁以其为房屋所有权人为由，要求丙搬离，丙拒绝，并以承租人享有优先购买权为由，主张甲与丁的买卖合同无效。

因丁无力偿还戊、庚的借款，2018年7月12日，戊、庚主张实现抵押权。房屋拍卖所得价款为720万元，戊、庚均要求就拍卖所得价款全额实现自己的债权。

要求：

根据上述内容，分别回答下列问题：

（1）甲与乙的委托合同何时生效？乙何时取得代理权？并分别说明理由。

（2）卫生间管道严重漏水的维修费用2000元应当由谁承担？并说明理由。

（3）甲是否有权解除与丙的租赁合同？并说明理由。

（4）丁是否有权要求丙搬离？并说明理由。

（5）丙是否有权主张甲与丁的买卖合同无效？并说明理由。

（6）戊和庚应如何就房屋拍卖所得价款实现各自的抵押权？并说明理由。

【案例 12】(2018 年)

【解释】本题根据 2022 年教材进行了修改。

2015 年 4 月，甲公司与乙建筑公司（以下简称“乙公司”）签订写字楼建筑工程总承包合同。双方约定：工程造价 4000 万元，工期一年。合同签订后，甲公司依约先行支付 2000 万元工程款，剩余 2000 万元在工程竣工合格后一次付清。

2015 年 5 月，乙公司从丙融资租赁公司（以下简称“丙公司”）租赁塔吊一台。双方约定：租金共计 48 万元，从当年 6 月开始，按月分 12 期支付，每期 4 万元。双方未就乙公司拖欠租金时如何处理以及塔吊在租赁期满后的归属作出约定。

2015 年 8 月，因遭受强台风袭击，塔吊损坏。乙公司为修复塔吊花去维修费 3 万元。乙公司要求丙公司承担维修费，丙公司拒绝。为此，乙公司从 2015 年 9 月开始停止支付租金。

经多次催告，乙公司仍未在合理期限内支付到期租金。2016 年 1 月，丙公司通知乙公司：由于欠交 4 个月租金，乙公司须在 2016 年 2 月的租金支付日支付全部剩余租金，否则解除合同。乙公司无奈，在 2016 年 2 月将剩余租金一次性全部支付。

租赁期满后，丙公司要求乙公司返还塔吊，乙公司拒绝。

2015 年 10 月，甲公司以在建写字楼作为抵押向 A 银行借款 3 亿元，借期 1 年。双方办理了抵押登记。2016 年 4 月，甲公司从丁公司借款 5000 万元，借期 1 个月，甲公司仍以在建写字楼作为抵押，并为丁公司办理了第二顺位抵押登记。

2016 年 4 月，乙公司如期完成工程建设，要求甲公司验收，并要求支付剩余 2000 万元工程款。甲公司验收合格，但拒绝支付剩余工程款，理由是：根据相关规定，承包该工程需具备一级承包资质，但乙公司在签订建设工程总承包合同时仅有二级资质，一级资质直到 2016 年 1 月才取得，故合同无效。

2016 年 6 月，甲公司无力偿还丁公司借款，丁公司诉至人民法院，请求拍卖甲公司写字楼，偿还所欠其借款本金 5000 万元及利息。2016 年 6 月，写字楼拍卖价款 3.5 亿元。乙公司要求首先清偿其工程款债权 2000 万元。A 银行要求提存 3 亿元及利息以确保其债权到期后能获清偿。

要求：

根据上述内容，分别回答下列问题：

（1）甲公司关于乙公司签订建设工程总承包合同时仅有二级资质，合同因此无效的主张是否成立？并说明理由。

（2）丙公司是否有权拒绝承担塔吊的维修费用？并说明理由。

（3）丙公司是否有权要求乙公司在 2016 年 2 月支付全部剩余租金？并说明理由。

（4）租赁到期后，塔吊应归属于谁？并说明理由。

（5）乙公司关于写字楼拍得价款首先清偿其工程款债权的主张是否成立？并说明理由。

（6）A 银行要求提存 3 亿元及利息，以确保债权到期后能获清偿的主张是否成立？并说明理由。

【案例 13】(2019 年)

【解释】本题根据 2022 年教材进行了修改。

甲、乙是在某技校结识的朋友。2017 年 10 月 12 日，二人共同出资购买了一台 50 万元的挖掘机，甲出资 10 万元，乙出资 40 万元，双方约定按出资比例共有。2018 年 7 月 9 日，挖掘机出现故障，无法正常工作。乙在未征得甲同意的情况下请丙维修，维修费 3 万元。乙要求甲分担 20% 的维修费用，甲以维修未征得自己同意为由拒绝。丙要求乙支付全部维修费，乙拒绝。

乙不想再与甲合作，欲将其份额对外转让。2018 年 8 月 2 日，乙发函征询丁的购买意向，同时告知甲：正在寻找份额买主，甲须在接到通知之日起 15 日内决定是否行使优先购买权。甲认为，份额转让须经其同意，况且乙尚在寻找份额买主，在未告知任何交易条件的情况下，要求自己在接到通知之日起 15 日内决定是否行使优先购买权，不符合法律规定，故对乙的通知置之不理。

2018 年 8 月 3 日，甲在未告知乙的情况下，将挖掘机以市价卖给不知情的戊，约定 3 日后交付。

2018 年 8 月 4 日，丁向乙回函称，对乙所占挖掘机份额不感兴趣，想要整台挖掘机。由于甲对乙之前的通知置之不理，乙也不再告知甲，于 8 月 4 日当天将挖掘机转让给丁，并同时交付。

2018 年 8 月 6 日，戊要求甲交付挖掘机时，发现挖掘机已被乙交付给了丁，遂要求丁交出挖掘机，丁拒绝。

要求：

根据上述内容，分别回答下列问题：

(1) 挖掘机维修是否需要征得甲的同意？乙是否有权要求甲分担 20% 的维修费用？并分别说明理由。

(2) 乙是否有权拒绝向丙支付全部维修费用？并说明理由。

(3) 乙的份额转让是否需要征得甲的同意？并说明理由。

(4) 乙在寻找份额买主时要求甲在接到通知之日起 15 日内决定是否行使优先购买权，是否符合法律规定？并说明理由。

(5) 丁是否取得了挖掘机的所有权？并说明理由。

(6) 甲与戊之间买卖挖掘机的合同是否有效？并说明理由。

(7) 丁是否有权拒绝戊交出挖掘机的请求？并说明理由。

【案例 14】(2019 年)

【解释】本题根据 2022 年教材进行了修改。

2018 年 6 月 18 日，甲向乙银行借款 100 万元，借期一年。同时，甲以其市价 100 万元的挖掘机作抵押，并约定：借款到期，若甲不能偿还借款本息，挖掘机直接归乙银行所有。双方签订了书面抵押合同，但未办理抵押登记。

7 月 17 日，甲将挖掘机出租给丙，双方在租赁合同中对租赁期限没有约定，事后未能达成补充协议，按照合同相关条款或者交易习惯仍无法确定。此外，双方对租赁物的维修义务未作约定。

9 月 20 日，挖掘机出现故障，无法正常工作。丙要求甲维修，甲拒绝。丙遂自行维修，花去维修费 3 万元。丙要求甲支付该笔维修费，未果。

11 月 2 日，甲电话通知丙解除租赁合同，要求丙在 15 日内返还挖掘机，但未给出任何理由。丙表示拒绝。

11 月 5 日，丙将挖掘机出售于丁，丁不知道丙并非挖掘机的所有权人。同日，丁向丙支付 100 万元，双方约定 11 月 16 日交付挖掘机。

11 月 15 日，丁得知挖掘机的所有权人是甲而不是丙，并且甲不知晓自己与丙的交易。当晚，丁在未通知甲、丙的情况下，自行将挖掘机开走。

11 月 16 日，丁将挖掘机以 110 万元出售于戊。当日，戊依约付款，丁亦依约交付挖掘机。戊不了解挖掘机之前的交易情况,亦不知道丁并非挖掘机的所有权人。

11 月 17 日，甲要求丙返还挖掘机，发现挖掘机已辗转至戊手。甲遂请求戊返还挖掘机。

甲向乙银行的借款到期后，甲无力偿还借款本息，乙银行诉至人民法院，主张根据抵押合同的约定直接取得该挖掘机的所有权。

要求：

根据上述内容，分别回答下列问题：

（1）乙银行对挖掘机的抵押权是否已经设立？并说明理由。

（2）乙银行主张根据抵押合同的约定直接取得该挖掘机的所有权，能否获得人民法院的支持？并说明理由。

（3）丙是否有权要求甲支付维修费？并说明理由。

（4）甲与丙之间的租赁合同是否因甲的解约通知而解除？并说明理由。

（5）丙与丁之间买卖挖掘机的合同是否有效？并说明理由。

（6）甲是否有权要求戊返还挖掘机？并说明理由。

【案例 15】（2020 年）

2018 年 10 月 12 日,甲医院向乙公司承租呼吸机 10 台,双方签订书面合同,约定：租期 3 个月，每台租金 12000 元，全部租金 120000 元于租期届满时一次性支付。双方未约定租赁期间的维修事项。

2018 年 11 月 11 日，1 台呼吸机在正常使用的情况下出现故障，无法继续使用。甲医院要求乙公司维修，乙公司提出，呼吸机由甲医院使用，应当由甲医院负责维修。此后，该故障机因未得到维修而一直处于闲置状态。

2018 年 11 月 23 日，甲医院将其承租乙公司的 2 台呼吸机转租给丙医院，租期 1 个月。乙公司于次日知悉，当即表示呼吸机不得转租，并要求甲医院取回，否则将收回这 2 台呼吸机。为避免纷争，甲医院不得不从丙医院将转租的呼吸机取回，但是，因丙医院操作不当，其中 1 台损坏。甲医院将损坏的呼吸机修好后，又要求乙公司支付维修费，乙公司拒绝。

2018 年 11 月 28 日，甲医院向丁公司以融资租赁的方式承租呼吸机 5 台，租期 1 年，双方未约定租赁期间的维修以及租期届满呼吸机的归属等事项。为防止与乙公司的呼吸机混淆，5 台呼吸机上均贴有“本呼吸机租自丁公司”的明显标识。

2019 年 1 月 11 日，甲医院与乙公司的租赁合同期间届满，但乙公司未与甲医院联系，甲医院遂继续使用呼吸机。2019 年 2 月 11 日，乙公司要求甲医院返还呼吸机并要求支付 4 个月的租金。

2019 年 1 月 15 日，丁公司租给甲医院的 2 台呼吸机在正常使用的情况下出现故障，甲医院要求丁公司维修，丁公司拒绝。

2019年3月29日，丙医院再次要求甲医院支援呼吸机。甲医院遂将丁公司的2台呼吸机以市价出售给丙医院并交付。

2019年11月27日，融资租赁期限届满，丁公司要求甲医院返还呼吸机。

要求：

根据上述内容，分别回答下列问题：

（1）乙公司是否有义务维修出现故障的呼吸机？并说明理由。

（2）乙公司知悉甲医院向丙医院转租2台呼吸机后，是否有权收回？并说明理由。

（3）丙医院损坏1台呼吸机，甲医院维修后，是否有权要求乙公司支付维修费？并说明理由。

（4）2019年2月11日，甲医院应向乙公司支付多少租金？并说明理由。

（5）丁公司是否有义务维修出现故障的呼吸机？并说明理由。

（6）丙医院是否取得所购2台呼吸机的所有权？并说明理由。

（7）融资租赁期满后，丁公司是否有权要求甲医院返还呼吸机？并说明理由。

【案例16】（2020年）

甲公司获悉乙医院欲购10台呼吸机，遂于2017年6月3日向乙医院发出要约函，称愿以30万元的总价向乙医院出售呼吸机10台，乙医院须先支付定金5万元，货到后10日内支付剩余货款，质量保证期为5年。2017年7月6日，乙医院获知信件内容，并于同日向甲公司发出传真表示同意要约，但同时提出：总价降为28万元，2017年9月5日前交付全部货物，我方于2017年10月10日前支付剩余货款；任何一方未按约履行，均须向对方支付违约金5万元。次日，甲公司回复传真表示同意。双方未约定货物交付地点及方式。

2017年7月29日，乙医院向甲公司支付定金5万元。次日，甲公司将呼吸机交付承运人丙公司。2017年8月10日，乙医院收到8台呼吸机，其中2台存在瑕疵：1台外观有轻微划痕，1台严重变形无法正常使用。经查，甲公司漏发1台，实际只发了9台，运输途中遇山洪突然暴发被洪水冲走1台，2台呼吸机的瑕疵系因甲公司员工不慎碰撞所致。

2017年10月13日，乙医院要求甲公司另行交付4台呼吸机，否则将就未收到的2台呼吸机以及存在瑕疵的2台呼吸机部分解除合同，并要求甲公司支付违约金5万元，同时双倍返还定金。甲公司要求乙医院支付剩余货款23万元，并告知乙医院，甲公司之前委托丁公司保管1台全新呼吸机，已通知丁公司向乙医院交付以补足漏发的呼吸机，其余则未作出回应。乙医院表示同意接收丁公司交来的呼吸机。

甲公司交付乙医院的呼吸机中有1台一直未启用。直至2019年12月6日启用时，乙医院才发现该台呼吸机也因质量瑕疵无法使用，遂向甲公司主张赔偿，甲公司拒绝。

要求：

根据上述内容，分别回答下列问题：

（1）甲公司与乙医院的买卖合同何时成立？并说明理由。

（2）乙医院是否有权分别就外观有划痕和严重变形无法使用的呼吸机部分解除

合同？并说明理由。

（3）甲公司是否有权要求丙公司赔偿被洪水冲走的呼吸机？并说明理由。

（4）甲公司是否有权要求乙医院支付被洪水冲走呼吸机的价款？并说明理由。

（5）乙医院是否有权要求甲公司同时支付违约金和双倍返还定金？并说明理由。

（6）甲公司通知丁公司向乙医院交付呼吸机，是否构成甲公司向乙医院的交付？并说明理由。

（7）乙医院是否有权要求甲公司就 2019 年 12 月 6 日发现的呼吸机质量瑕疵进行赔偿？并说明理由。

【案例 17】（2021 年）

2021 年 1 月 5 日，赵某向钱某表示希望借款 100 万元。钱某同意借款，但要求先扣除 5 万元利息，并且须为该笔借款提供抵押担保与保证担保。赵某愿以自有房屋 A 提供抵押，朋友孙某则愿提供保证。1 月 11 日，赵某与钱某签订书面借款合同，约定：借款金额 100 万元，借期 6 个月，年利率 10%，届期一次性偿还。同日，孙某与钱某签订书面保证合同，约定孙某就赵某届期未能偿还的全部借款本息承担保证责任，但未约定保证方式；同时，赵某与钱某就房屋 A 签订书面抵押合同。次日，钱某扣除 5 万元利息后，向赵某汇款 95 万元。1 月 15 日，赵某与钱某就房屋 A 办理抵押登记。

2021 年 5 月 25 日，赵某欲将房屋 A 以市价卖与李某，并将此事通知钱某，钱某未作回复。2021 年 6 月 2 日，赵某与李某签订书面房屋买卖合同，并于当日办理过户登记。

赵某届期未能偿还钱某借款。钱某要求就房屋 A 实现抵押权，遭李某拒绝。钱某转而要求保证人孙某承担保证责任，孙某以享有先诉抗辩权为由予以拒绝。经赵某劝说，孙某同意承担保证责任，但在计算作为保证责任范围的本息金额时，各方发生分歧。分歧解决后，孙某将所有欠款偿还给钱某。事后，孙某向李某主张行使抵押权，遭李某拒绝。

要求：

根据上述内容，分别回答下列问题：

（1）赵某与钱某之间的借款合同何时成立？并说明理由。

（2）钱某对赵某出售房屋之通知未作回复是否影响李某取得房屋 A 的所有权？并说明理由。

（3）钱某是否有权就房屋 A 实现抵押权？并说明理由。

（4）什么是先诉抗辩权？孙某是否享有先诉抗辩权？并说明理由。

（5）孙某须承担多少金额的保证责任？并说明理由。

（6）孙某是否有权向李某主张行使抵押权？并说明理由。

【案例 18】（2021 年）

2021 年 1 月 5 日，赵某与钱某订立书面借款合同。次日，赵某按照约定向钱某提供借款 220 万元。钱某的朋友孙某与李某分别为该笔借款提供担保。其中，孙某以其自有房屋提供抵押担保，双方于 1 月 5 日签订房屋抵押合同，于 1 月 8 日办理抵押登记；李某则为之提供连带责任保证，保证合同还约定赵某对钱某的债权不得转让。孙某和李某之间未对担保责任的承担顺序作出约定。

借款债权到期后，钱某无力偿还。赵某要求孙某承担担保责任，孙某拒绝，理由是，自己所提供的抵押属于第三人提供的物的担保，赵某应先向李某主张连带保证责任。赵某转而要求李某承担保证责任，李某拒绝，理由是，自己只是保证人，赵某不应当在未起诉债务人钱某并强制执行的情况下要求自己承担保证责任。

先后遭到孙某和李某的拒绝后，赵某将对钱某的债权转让给周某，并通知钱某。钱某未作回复。周某要求钱某偿还债务，钱某拒绝，理由是，债权转让未得到自己的同意，该转让无效。周某不想与之纠缠，转而要求李某承担保证责任，李某再次拒绝，除重申之前对赵某的拒绝理由外，并进一步提出，保证合同明确约定赵某对钱某的债权不得转让，赵某违反约定，自己不再承担保证责任。

要求：

根据上述内容，分别回答下列问题：

（1）赵某与钱某的借款合同何时成立？并说明理由。

（2）赵某何时取得房屋的抵押权？并说明理由。

（3）孙某对赵某提出的“自己所提供的抵押属于第三人提供的物的担保，赵某应先向李某主张连带保证责任”的理由是否成立？并说明理由。

（4）李某对赵某提出的“自己只是保证人，赵某不应当在未起诉债务人钱某并强制执行的情况下要求自己承担保证责任”的理由是否成立？并说明理由。

（5）钱某对周某提出的“债权转让未得到自己的同意，该转让无效”的理由是否成立？并说明理由。

（6）李某对周某提出的“保证合同明确约定赵某对钱某的债权不得转让，赵某违反约定，自己不再承担保证责任”的理由是否成立？并说明理由。

案例分析题专项演练参考答案及解析

【案例 1 答案】

（1）甲的主张不成立。根据规定，标的物毁损、灭失的风险，在标的物交付之前由出卖人承担，交付之后由买受人承担，但是法律另有规定或者当事人另有约定的除外。在本题中，房屋损失的风险应由甲承担。

（2）乙有权拒绝。根据规定，双务合同的当事人互负债务，有先后履行顺序，应当先履行一方履行债务不符合约定的，后履行一方有权拒绝其相应的履行请求。在本题中，当事人在买卖合同中约定“乙应在收到余款后 3 日内办理房屋过户手续”，由于甲在支付余款时直接扣除 60 万元不合法，应视为甲未按照合同约定付清余款，因此，乙有权拒绝为之办理房屋过户登记手续。

（3）房屋租赁合同有效。根据规定，当事人未依照法律、行政法规规定办理租赁合同登记备案手续的，不影响合同的效力。

（4）甲与丁之间的房屋买卖合同已经生效。根据规定，当事人之间订立有关设立、变更、转让和消灭不动产物权的合同，除法律另有规定或者当事人另有约定外，自合同成立时生效；未办理物权登记的，不影响合同效力。

（5）戊取得了房屋所有权。根据规定，不动产物权的设立、变更、转让和消灭，经依法登记，发生效力；未经登记，不发生效力，但是法律另有规定的除外。

【案例 2 答案】

（1）甲公司于 2011 年 10 月 12 日取得货车的所有权。根据规定，对于船舶、航空器和机动车等动产，其所有权的移转仍以交付为生效要件，而不以登记为生效要件。

（2）戊公司有权要求丁公司支付租金。根据规定，租赁物在承租人按照租赁合同占有期限内发生所有权变动的，不影响租赁合同的效力。在本题中，原租赁合同对承租人丁公司和新出租人戊公司继续有效，戊公司有权要求丁公司支付租金。

（3）戊公司无权要求丁公司立刻交回货车。根据规定，当事人对租赁期限没有约定或者约定不明确的，可以协议补充；不能达成补充协议的，按照合同相关条款或者交易习惯确定；仍不能确定的，视为不定期租赁。对于不定期租赁，当事人可以随时解除合同，但是应当在合理期限之前通知对方。

（4）丁公司对货车不享有优先购买权。根据规定，只有房屋租赁的承租人才享有优先购买权。其他标的物的租赁，承租人并不享有优先购买权。

（5）土地管理部门有权要求从拍卖价款中优先补缴 650 万元土地出让金。根据规定，当事人以划拨方式取得的建设用地使用权抵押，抵押权依法实现时，拍卖、变卖建设用地使用权所得的价款，应当优先用于补缴建设用地使用权出让金。

（6）乙公司在实现抵押权时享有优先受偿权的金额是 200 万元。根据规定，建设用地使用权抵押后，该土地上新增的建筑物不属于抵押财产。该建设用地使用权实现抵押权时，应当将该土地上新增的建筑物与建设用地使用权一并处分。但是，新增建筑物所得的价款，抵押权人无权优先受偿。在本题中，甲公司已设定抵押的建设用地使用权连同地上的办公楼共拍卖得款 1200 万元，扣掉办公楼的对应价款 350 万元后，余款 850 万元应当依法补缴 650 万元土地出让金，乙公司对剩余的 200 万元享有优先受偿权。

【案例 3 答案】

（1）B 公司的主张不成立。根据规定，出租人未通知承租人或者有其他妨害承租人行使优先购买权情形的，承租人可以请求出租人承担赔偿责任。但是，出租人与第三人订立的房屋买卖合同的效力不受影响。

（2）B 公司有权拒绝 E 公司腾退房屋的要求。根据规定，租赁物在承租人按照租赁合同占有期限内发生所有权变动的，不影响租赁合同的效力。

（3）B 公司有权解除与 C 公司的租赁合同。根据规定，承租人未按照约定的方法或者未根据租赁物的性质使用租赁物，致使租赁物受到损失的，出租人可以解除合同并请求赔偿损失。

（4）B 公司有义务就房屋毁损向 A 公司赔偿 100 万元。根据规定，承租人经出租人同意，可以将租赁物转租给第三人。承租人转租的，承租人与出租人之间的租赁合同继续有效；第三人造成租赁物损失的，承租人应当赔偿损失。

（5）D 银行的主张成立。根据规定，担保期间，担保财产毁损、灭失或者被征收等，担保物权人可以就获得的保险金、赔偿金或者补偿金等优先受偿。

【案例 4 答案】

（1）乙公司的主张不成立。根据规定，出卖人对标的物没有所有权或者处分权，并不影响买卖合同的效力。

（2）乙公司的主张不成立。根据规定，尽管承租人甲公司的行为构成无权处分，但戊公司基于善意取得制度已经依法取得了该机床的所有权，乙公司已经丧失了对该机床的所有权，乙公司无权要求戊公司返还该机床。

（3）乙公司的主张不成立。根据规定，分期付款的买受人未支付到期价款的数额达到全部价款的 20%，经催告后在合理期限内仍未支付到期价款的，出卖人可以请求买受人支付全部价款或者解除合同。在本题中，乙公司未支付的到期价款为 300 万元，已经超过了全部价款（1200 万元）的 20%，丙公司有权要求乙公司支付到期（300 万元）与未到期（200 万元）的全部价款。

（4）保证关系成立。根据规定，第三人单方以书面形式向债权人作出保证，债权人接收且未提出异议的，保证合同成立。

（5）该机床的所有权归出租人乙公司。根据规定，出租人和承租人可以约定租赁期限届满租赁物的归属；对租赁物的归属没有约定或者约定不明确的，可以协议补充；不能达成补充协议的，按照合同相关条款或者交易习惯确定；仍不能确定的，租赁物的所有权归出租人。

【案例 5 答案】

（1）买卖合同有效。根据规定，行为人没有代理权、超越代理权或者代理权终止后，仍然实施代理行为，相对人有理由相信行为人有代理权的，代理行为有效。

（2）乙公司取得了抵押权。根据规定，以动产抵押的，抵押权自抵押合同生效时设立；未经登记，不得对抗善意第三人。

（3）戊的主张不成立。根据规定，被担保的债权既有物的担保又有人的担保的，债务人不履行到期债务或者发生当事人约定的实现担保物权的情形，债权人应当按照约定实现债权；没有约定或者约定不明确，第三人提供物的担保的，债权人可以就物的担保实现债权，也可以请求保证人承担保证责任。

（4）乙公司有权解除合同。根据规定，当事人一方迟延履行主要债务，经催告后在合理期限内仍未履行，对方当事人可以解除合同。

（5）乙公司无权要求丙公司退货。根据规定，当事人约定检验期限的，买受人应当在检验期限内将标的物的数量或者质量不符合约定的情形通知出卖人。买受人怠于通知的，视为标的物的数量或者质量符合约定。

【案例 6 答案】

（1）丙取得了该批设备的所有权。根据规定，乙的行为构成无权处分，但丙基于善意取得制度依法取得了该设备的所有权。

（2）甲无权要求丁返还设备。根据规定，丙基于善意取得制度已经依法取得了该批设备的所有权，丙将该批设备再卖给丁时，丙的行为属于有权处分，且该批设备已经交付，故丁自交付之日起即取得该批设备的所有权，因此甲无权要求丁返还设备。

（3）A 公司不能行使抵押权。根据规定，以动产抵押的，抵押权自抵押合同生效时设立；未经登记，不得对抗善意第三人。

（4）丁有权解除买卖合同。根据规定，因当事人一方的违约行为致使不能实现合同目的的，对方当事人有权解除合同。

（5）丁无权要求乙承担违约责任。根据合同的相对性原理，违约责任只能在特定的具有合同关系的当事人之间发生。在本题中，乙和丁之间并无合同关系，丁无权要求乙承担违约责任。

（6）乙是赔偿义务人。根据合同的相对性原理，由于甲、乙之间存在保管合同关系，保管人乙违反保管合同的约定，构成违约，因此乙应当向甲承担赔偿责任。

【案例 7 答案】

（1）甲公司没有义务向乙公司交付机床。根据规定，附生效条件的合同，自条件成就时生效。在本题中，双方约定合同生效的条件为“乙公司的银行贷款于 2014 年 6 月 2 日前到账”，但乙公司的银行贷款于 6 月 16 日才到账，不满足双方约定的生效条件，机床买卖合同未生效，甲公司没有义务向乙公司交付机床。

（2）抵押合同有效。根据规定，当事人之间订立有关设立、变更、转让和消灭不动产物权的合同，除法律另有规定或者当事人另有约定外，自合同成立时生效；未办理物权登记的，不影响合同效力。

（3）债权转让有效。根据规定，债权人转让债权，未通知债务人的，该转让对债务人不发生效力。在本题中，甲公司转让债权无须取得债务人丁公司的同意，甲公司通知丁公司后，该债权转让即对丁公司发生效力。

（4）甲公司有权停止向丁公司交付机床。根据规定，双务合同的当事人互负债务，没有先后履行顺序的，应当同时履行。一方在对方履行之前有权拒绝其履行请求。在本题中，双方约定甲公司交付机床的同时，丁公司支付货款。当丁公司拒绝支付货款时，甲公司可以行使同时履行抗辩权，停止交付机床。

（5）乙公司有权请求丁公司赔偿其另行购买机床多花费的 10 万元。根据规定，当事人一方不履行合同义务或者履行合同义务不符合约定，造成对方损失的，损失赔偿额应当相当于因违约所造成的损失，包括合同履行后可以获得的利益；但是，不得超过违约一方订立合同时预见到或者应当预见到的因违约可能造成的损失。在本题中，乙公司另行购买机床所花费的 10 万元属于因丁公司违约所遭受的损失，乙公司有权要求丁公司赔偿。

（6）丙银行要求实现抵押权的主张不能得到支持。根据规定，以建筑物抵押的，应当办理抵押登记，抵押权自登记时设立。在本题中，乙公司以房屋设定抵押时并未办理抵押登记，丙银行的抵押权未设立。

【案例8答案】

（1）甲有义务维修天花板。根据规定，出租人（甲）应当履行租赁物的维修义务，但是当事人另有约定或者因承租人的过错致使租赁物需要维修的除外。

（2）乙有权要求甲支付天花板维修费用并减免维修期间相当于酒店住宿费用的房屋租金。根据规定，出租人未履行维修义务的，承租人可以自行维修，维修费用由出租人负担。因维修租赁物影响承租人使用的，应当相应减少租金或者延长租期。

（3）甲有权要求乙赔偿洗衣机损坏的损失。根据规定，承租人经出租人同意，可以将租赁物转租给第三人，承租人与出租人的租赁合同继续有效，第三人（丙）对租赁物造成损失的，承租人（乙）应当承担赔偿责任。

（4）甲有权要求乙拆除壁炉。根据规定，承租人未经出租人同意，对租赁物进行改善或者增设他物的，出租人可以请求承租人恢复原状或者赔偿损失。

（5）乙关于其优先购买权受到侵害的主张不成立。根据规定，出租人出卖租赁房屋的，应当在出卖之前的合理期限内通知承租人，承租人享有以同等条件优先购买的权利；但是，房屋按份共有人行使优先购买权或者出租人将房屋出卖给近亲属的除外。

（6）丁无权要求乙1个月内搬出。根据规定，租赁物在承租人按照租赁合同占有期限内发生所有权变动的，不影响租赁合同的效力。

【案例9答案】

（1）甲公司取得已受领自行车的所有权。根据规定，动产物权的设立和转让，自交付时发生效力，但是法律另有规定的除外。

（2）甲公司有权要求减少价款。根据规定，履行不符合约定的，应当按照当事人的约定承担违约责任。对违约责任没有约定或者约定不明确，可以协议补充；不能达成补充协议的，按照合同相关条款或者交易习惯确定；仍不能确定的，受损害方根据标的的性质以及损失的大小，可以合理选择请求对方承担修理、重作、更换、退货、减少价款或者报酬等违约责任。

（3）甲公司的行为不构成违约。根据规定，应当先履行债务的当事人，有确切证据证明对方经营状况严重恶化的，可以行使不安抗辩权，中止合同履行。

（4）甲公司有权解除合同。根据规定，中止履行后，对方在合理期限内未恢复履行能力且未提供适当担保的，视为以自己的行为表明不履行主要债务，中止履行的一方可以解除合同并可以请求对方承担违约责任。

（5）甲公司无权请求人民法院撤销与戊公司的买卖合同。根据规定，一方以欺诈手段，使对方在违背真实意思的情况下实施的民事法律行为，受欺诈方有权请求人民法院或者仲裁机构予以撤销。在本题中，只有受欺诈方（戊公司）有撤销权，甲公司没有撤销权。

（6）乙银行无权直接要求丙公司偿还第一笔贷款。根据规定，被担保的债权既有物的担保又有人的担保的，债务人不履行到期债务或者发生当事人约定的实现担保物权的情形，债权人应当按照约定实现债权；没有约定或者约定不明确，债务人自己提供物的担保的，债权人应当先就该物的担保实现债权。

（7）乙银行无权要求丙公司偿还第二笔贷款。根据规定，债权人和债务人未经保证人书面同意，协商变更主债权债务合同内容，加重债务的，保证人对加重的部分不承担保证责任。

【案例 10 答案】

（1）甲公司有权解除买卖合同。根据规定，当事人一方迟延履行债务或者有其他违约行为致使不能实现合同目的的，对方当事人可以解除合同。

（2）甲公司不能要求乙公司双倍返还定金 20 万元。根据规定，定金的数额不得超过主合同标的额的 20%，超过部分不产生定金的效力。在本题中，甲公司向乙公司给付的 10 万元中，仅有 8 万元属于有效定金，剩余 2 万元不产生定金的效力,因此,甲公司只能要求乙公司返还 18 万元（退 10 万元 + 定金惩罚 8 万元）。

（3）甲公司不能要求乙公司赔偿全部损失 19 万元。根据规定，定金不足以弥补一方违约造成的损失的，对方可以请求赔偿超过定金数额的损失。在本题中，乙公司向甲公司返还 18 万元（其中对乙公司的定金惩罚为 8 万元）之后，甲公司只能再要求乙公司赔偿损失 11 万元（19-8=11 万元）。

（4）甲公司无权解除与丙公司的合同。根据规定，当事人约定检验期限的，买受人应当在检验期限内将标的物的数量或者质量不符合约定的情形通知出卖人。买受人怠于通知的，视为标的物的数量或者质量符合约定。

（5）损失由甲公司承担。根据规定，标的物毁损、灭失的风险，在标的物交付之前由出卖人承担，交付之后由买受人承担，但是法律另有规定或者当事人另有约定的除外。在本题中，由于标的物质量视为符合约定，应认定丙公司已经完成交付，标的物毁损、灭失的风险应由甲公司承担。

（6）戊公司的理由成立。根据规定，当事人在保证合同中对保证方式没有约定或者约定不明确的，按照一般保证承担保证责任，一般保证人享有先诉抗辩权。

【案例 11 答案】

（1）①委托合同于 2016 年 6 月 6 日生效。根据规定，委托合同属于诺成合同，自双方当事人意思表示一致时成立并生效；②乙于 2016 年 7 月 4 日取得代理权。根据规定，授权行为属于单方民事法律行为，自授权人甲完成授权意思表示时成立并生效。

（2）维修费用应当由甲承担。根据规定，出租人应当履行租赁物的维修义务，但是当事人另有约定或者因承租人的过错致使租赁物需要维修的除外。承租人在租赁物需要维修时可以请求出租人在合理期限内维修。出租人未履行维修义务的，承租人可以自行维修，维修费用由出租人（甲）负担。

（3）甲无权解除合同。根据规定，依法成立的合同，对双方当事人均具有法律约束力，一方当事人不得擅自变更或者解除合同。

（4）丁无权要求丙搬离。根据规定，租赁物在承租人按照租赁合同占有期限内发生所有权变动的，不影响租赁合同的效力。

（5）丙无权主张甲与丁的买卖合同无效。根据规定，出租人未通知承租人或者有其他妨害承租人行使优先购买权情形的，承租人可以请求出租人承担赔偿责任。但是，出租人与第三人订立的房屋买卖合同的效力不受影响。

（6）按照抵押登记的时间先后确定清偿顺序。根据规定，同一财产向两个以上债权人抵押的，对于拍卖、变卖抵押财产所得的价款，抵押权已经登记的，按照登记的时间先后确定清偿顺序。

【案例 12 答案】

（1）甲公司的主张不成立。根据规定，承包人超越资质等级许可的业务范围签订建设工程施工合同，在建设工程竣工前取得相应资质等级，当事人请求按照无效合同处理的，人民法院不予支持。

（2）丙公司有权拒绝承担塔吊的维修费用。根据规定，在融资租赁合同中，承租人（乙公司）应当履行占有租赁物期间的维修义务。

（3）丙公司有权要求乙公司支付全部剩余租金。根据规定，在融资租赁合同中，承租人应当按照约定支付租金。承租人经催告后在合理期限内仍不支付租金的，出租人可以请求支付全部租金；也可以解除合同，收回租赁物。

（4）塔吊应归丙公司。根据规定，在融资租赁合同中，出租人和承租人可以约定租赁期限届满租赁物的归属；对租赁物的归属没有约定或者约定不明确的，可以协议补充；不能达成补充协议的，按照合同相关条款或者交易习惯确定；仍不能确定的，租赁物的所有权归出租人（丙公司）。

（5）乙公司的主张成立。根据规定，承包人的优先受偿权优于抵押权和其他债权。

（6）A 银行的主张成立。根据规定，同一财产向两个以上债权人抵押，抵押权均已办理登记的，按照登记时间的先后确定清偿顺序。在本题中，写字楼的拍卖价款应首先清偿乙公司工程价款 2000 万元，然后将应支付 A 银行的 3 亿元及其利息提存，剩余部分再向丁公司清偿。

【案例 13 答案】

（1）①挖掘机维修不需要征得甲的同意。根据规定，处分共有的不动产或者动产以及对共有的不动产或者动产作重大修缮、变更性质或者用途的，应当经占份额 2/3 以上的按份共有人同意，但是共有人之间另有约定的除外。在本题中，乙占 80% 的份额，乙对挖掘机进行维修时不需要征得甲的同意；②乙有权要求甲分担 20% 的维修费用。根据规定，共有人对共有物的管理费用以及其他负担，有约定的，按照其约定；没有约定或者约定不明确的，按份共有人按照其份额负担。

（2）乙无权拒绝向丙支付全部维修费用。根据规定，因共有的不动产或者动产产生的债权债务，在对外关系上，共有人享有连带债权、承担连带债务，但是法律另有规定或者第三人知道共有人不具有连带债权债务关系的除外。

（3）乙的份额转让不需要征得甲的同意。根据规定，按份共有人可以转让其享有的共有的不动产或者动产份额，无须征得其他按份共有人的同意。

（4）不符合法律规定。根据规定，按份共有人转让其享有的共有的不动产或者动产份额的，应当将转让条件及时通知其他共有人，其他共有人应当在合理期限内行使优先购买权。在本题中，乙的通知中未包含转让条件，乙要求甲自接到通知之日起 15 日内决定是否行使优先购买权，不符合法律规定。

（5）丁取得了挖掘机的所有权。根据规定，动产物权的设立和转让，自交付时发生效力，但是法律另有规定的除外。

（6）甲与戊之间买卖挖掘机的合同有效。根据规定，无权处分不影响合同效力，因出卖人未取得处分权致使标的物所有权不能转移的，买受人可以解除合同并请求出卖人承担违约责任。

（7）丁有权拒绝戊交出挖掘机的请求。根据规定，因出卖人未取得处分权致使标的物所有权不能转移，买受人可以解除合同并请求出卖人承担违约责任。在本题中，丁依法取得了挖掘机的所有权，戊有权解除合同并请求出卖人承担违约责任，但无权要求丁交出挖掘机。

【案例 14 答案】

（1）乙银行的抵押权已经设立。根据规定，以动产抵押的，抵押权自抵押合同生效时设立；未经登记，不得对抗善意第三人。

（2）不能获得人民法院的支持。根据规定，抵押权人在债务履行期限届满前，与抵押人约定债务人不履行到期债务时抵押财产归债权人所有的，只能依法就抵押财产优先受偿。

（3）丙有权要求甲支付维修费。根据规定，出租人应当履行租赁物的维修义务，但是当事人另有约定或者因承租人的过错致使租赁物需要维修的除外。承租人在租赁物需要维修时可以请求出租人在合理期限内维修。出租人未履行维修义务的，承租人可以自行维修，维修费用由出租人（甲）负担。

（4）甲与丙之间的租赁合同因甲的解约通知而解除。根据规定，当事人对租赁期限没有约定或者约定不明确的，可以协议补充；不能达成补充协议的，按照合同相关条款或者交易习惯确定；仍不能确定的，视为不定期租赁。对于不定期租赁，当事人可以随时解除合同，但是应当在合理期限之前通知对方。

（5）丙与丁之间买卖挖掘机的合同有效。根据规定，无权处分不影响合同效力，因出卖人未取得处分权致使标的物所有权不能转移的，买受人可以解除合同并请求出卖人承担违约责任。

（6）甲有权要求戊返还挖掘机。根据规定，丁在未通知甲、丙的情况下自行将挖掘机开走，该挖掘机属于甲的“脱手物”，不适用善意取得制度，戊不能善意取得该挖掘机的所有权，该挖掘机的所有权仍属于甲，甲有权要求戊返还挖掘机。

【案例 15 答案】

（1）乙公司有义务维修出现故障的呼吸机。根据规定，出租人应当履行租赁物的维修义务，但是当事人另有约定或者因承租人的过错致使租赁物需要维修的除外。

（2）乙公司有权收回甲医院向丙医院转租的 2 台呼吸机。根据规定，承租人未经出租人同意转租的，出租人可以解除合同。在本题中，甲医院未经出租人乙公司同意擅自将租赁物转租给丙医院，出租人乙公司有权就这 2 台呼吸机解除合同并要求甲医院返还租赁物。

（3）甲医院维修后无权要求乙公司支付维修费。根据规定，因承租人的过错致使租赁物需要维修的，出租人不承担维修义务。在本题中，甲医院擅自转租导致租赁物损坏，出租人乙公司不承担维修义务。

（4）甲医院应向乙公司支付租金 148000 元。其中：①租赁期限届满，承租人继续使用租赁物，出租人没有提出异议的，原租赁合同继续有效，但是租赁期限为不定期，租金支付期限除了合同约定的 2018 年 10 月 12 日至 2019 年 1 月 11 日外，2019 年 1 月 12 日至 2019 年 2 月 11 日也应按原租赁合同约定支付租金；②有 1 台呼吸机只正常使用了 1 个月即因故障而出租人未及时维修导致闲置，闲置期间甲医院有权拒付租金。因此，一直正常使用的 9 台呼吸机应付租金 =12000 元 ÷ 3 个月 ×9 台 ×4 个月 =144000（元），只用了 1 个月之后闲置的 1 台呼吸机应付租金 =12000 元 ÷3 个月 =4000（元），合计应付租金 148000 元。

（5）丁公司没有义务维修出现故障的呼吸机。根据规定，在融资租赁合同中，承租人应当履行占有租赁物期间的维修义务。

（6）丙医院未取得这 2 台呼吸机的所有权。根据规定，出租人丁公司已在租赁物上作出“本呼吸机租自丁公司”的明显标识，丙医院在与甲医院交易时应当知道该物为租赁物，不满足善意取得的条件，丙医院未取得这 2 台呼吸机的所有权。

（7）丁公司有权要求甲医院返还呼吸机。根据规定，出租人和承租人可以约定租赁期限届满租赁物的归属；对租赁物的归属没有约定或者约定不明确的，可以协议补充；不能达成补充协议的，按照合同相关条款或者交易习惯确定；仍不能确定的，租赁物的所有权归出租人（丁公司）。

【案例 16 答案】

（1）买卖合同于 7 月 7 日成立。根据规定，承诺生效时合同成立，但是法律另有规定或者当事人另有约定的除外。在本题中，7 月 6 日乙医院的传真为新要约，7 月 7 日甲公司的传真为承诺。

（2）外观有划痕的呼吸机不能解除合同，严重变形无法使用的呼吸机可以解除合同。根据规定，当事人一方有违约行为致使不能实现合同目的，另一方当事人可以解除合同。因此，乙医院无权就外观有划痕的呼吸机解除合同。标的物为数物，其中一物不符合约定的，买受人可以就该物解除。但是，该物与他物分离使标的物的价值显受损害的，买受人可以就数物解除合同。因此，乙医院仅能就严重变形无法使用的呼吸机解除合同。

（3）甲公司不能要求丙公司赔偿。根据规定，承运人对运输过程中货物的毁损、灭失承担赔偿责任。但是，承运人证明货物的毁损、灭失是因不可抗力、货物本身的自然性质或者合理损耗以及托运人、收货人的过错造成的，不承担赔偿责任。

（4）甲公司有权要求乙医院支付价款。根据规定，当事人没有约定交付地点或者约定不明确的，可以协议补充；不能达成补充协议的，按照合同相关条款或者交易习惯确定；仍不能确定，标的物需要运输的，出卖人将标的物交付给第一承运人后，标的物毁损、灭失的风险由买受人承担。

（5）乙医院无权要求甲公司同时支付违约金和双倍返还定金。根据规定，当事人既约定违约金，又约定定金的，一方违约时，对方可以选择适用违约金或者定金条款。

（6）构成向乙医院的交付。根据规定，动产物权设立和转让前，第三人占有该动产的，负有交付义务的人可以通过转让请求第三人返还原物的权利代替交付。

（7）乙医院有权要求甲公司赔偿。根据规定，买受人在合理期限内未通知或者自收到标的物之日起 2 年内未通知出卖人的，视为标的物的数量或者质量符合约定；但是，对标的物有质量保证期的，适用质量保证期，不适用该 2 年的规定。

【案例 17 答案】

（1）赵某与钱某之间的借款合同于 2021 年 1 月 12 日成立。根据规定，自然人之间的借款合同，自贷款人提供借款时成立。在本题中，钱某于 2021 年 1 月 12 日向赵某汇款 95 万元，因此赵某与钱某之间的借款合同于 2021 年 1 月 12 日成立。

（2）钱某对赵某出售房屋之通知未作回复不影响李某取得房屋 A 的所有权。根据规定，抵押期间，抵押人可以转让抵押财产。当事人另有约定的，按照其约定。抵押人转让抵押财产的，应当及时通知抵押权人。在本题中，赵某与钱某并未约定禁止转让抵押房屋 A，赵某在转让前通知了抵押权人钱某，因此赵某可以将该房屋 A 转让。此外，不动产物权的设立、变更、转让和消灭，经依法登记，发生效力；未经登记，不发生效力，但是法律另有规定的除外。在本题中，赵某与李某于 2021 年 6 月 2 日签订书面房屋买卖合同并办理过户登记，因此李某取得了房屋 A 的所有权。

（3）钱某有权就房屋 A 实现抵押权。根据规定，抵押期间，抵押财产转让的，抵押权不受影响。因此，当赵某届期未能偿还钱某借款时，钱某有权就房屋 A 实现抵押权。

（4）①先诉抗辩权是指一般保证的保证人在主合同纠纷未经审判或者仲裁，并就债务人财产依法强制执行用于清偿债务前，对债权人可以拒绝承担保证责任；②孙某享有先诉抗辩权。根据规定，当事人在保证合同中对保证方式没有约定或者约定不明确的，按照一般保证承担保证责任。在本题中，孙某与钱某签订的书面保证合同中未约定保证方式，因此孙某按照一般保证承担保证责任，故孙某享有先诉抗辩权。

（5）孙某承担保证责任的金额为 99.75 万元（95+95×5% =99.75 万元）。根据规定，借款的利息不得预先在本金中扣除。利息预先在本金中扣除的，应当按照实际借款数额返还借款并计算利息。

（6）孙某有权向李某主张行使抵押权。根据规定，同一债权既有债务人自己提供的物的担保，又有第三人提供的担保，承担了担保责任或者赔偿责任的第三人，主张行使债权人对债务人享有的担保物权的，人民法院应予支持。在本题中，对于钱某的债权，既有债务人赵某以自己的房屋 A 设定的抵押担保，又有第三人孙某提供的保证，因此，承担了保证责任的孙某，有权主张行使债权人钱某对债务人赵某享有的抵押权，该抵押权的效力不因抵押财产转让而受到影响，因此，孙某有权向李某主张行使抵押权。

【案例 18 答案】

（1）赵某与钱某之间的借款合同于 2021 年 1 月 6 日成立。根据规定，自然人之间的借款合同，自贷款人提供借款时成立。

（2）赵某 1 月 8 日取得房屋的抵押权。根据规定，以建筑物和其他土地附着物、建设用地使用权、海域使用权以及正在建造的建筑物抵押的，应当办理抵押登记，抵押权自登记时设立。

（3）孙某的理由不成立。根据规定，被担保的债权既有物的担保又有人的担保的，债务人不履行到期债务或者发生当事人约定的实现担保物权的情形，债权人应当按照约定实现债权；没有约定或者约定不明确，第三人提供物的担保的，债权人可以就物的担保实现债权，也可以请求保证人承担保证责任。

（4）李某的理由不成立。根据规定，一般保证人享有先诉抗辩权，连带责任保证的保证人则不享有。

（5）钱某的理由不成立。根据规定，债权人转让债权的，无须债务人同意，但应当通知债务人。债务人接到债权转让通知后，债权让与行为对债务人生效，债务人应当对受让人履行义务。

（6）李某的理由成立。根据规定，保证人与债权人约定禁止债权转让，债权人未经保证人书面同意转让债权的，保证人对受让人不再承担保证责任。

同步强化练习题

使用“会计云课堂”App或“微信”扫码快速做题、对答案、看解析、掌握解题思路，开启轻松过关之旅。

一、单项选择题

1. 根据合同法律制度的规定，下列各项中，属于实践合同的是（　　）。

A. 质押合同　　B. 定金合同

C. 抵押合同　　D. 保证合同

2. 3月1日，甲公司经理赵某在产品洽谈会上遇见钱某，钱某告知赵某其所在公司欲出售一批钢材，赵某要求钱某给甲公司发一份要约。3月2日，钱某用快递给甲公司发出要约，收件人为赵某。3月3日，快递被送达甲公司传达室。3月5日，赵某出差归来，传达室将快递送给赵某。3月6日，赵某拆阅快递内容。根据合同法律制度的规定，该要约生效的时间是（　　）。

A. 3月6日　　B. 3月2日

C. 3月5日　　D. 3月3日

3. 甲商场向乙企业发出采购100台电冰箱的要约，乙企业于5月1日寄出承诺信件，5月8日该信件寄至甲商场，时逢其总经理外出，5月9日总经理知悉了该信内容，遂于5月10日电话告知乙企业收到承诺。根据合同法律制度的规定，该承诺的生效时间是（　　）。

A. 5月1日　　B. 5月8日

C. 5月9日　　D. 5月10日

4. 陈某以信件发出要约，信件未载明承诺开始日期，仅确定承诺期限为10天。5月8日，陈某将信件投入邮箱；邮局将信件加盖5月9日邮戳发出；5月11日，信件送达受要约人李某的办公室；李某因外出，直至5月15日才知悉信件内容。根据合同法律制度的规定，该承诺期限的起算日期是（　　）。

A. 5月8日　　B. 5月9日

C. 5月11日　　D. 5月15日

5. 根据合同法律制度的规定，下列情形中，构成有效承诺的是（　　）。

A. 受要约人向要约人发出承诺函后，随即又发出一份函件表示撤回承诺，两封函件同时到达要约人

B. 受要约人在承诺期限内发出承诺，正常情形下可如期到达要约人，但因连日暴雨致道路冲毁，承诺通知到达要约人时已超过承诺期限，要约人收到承诺通知后未作任何表示

C. 受要约人发出表示承诺的函件时已超过要约人规定的承诺期限，要约人收到后未作任何表示

D. 受要约人向要约人回函表示："若价格下调5%，我司即与贵司订立合同"

6. 2022年4月24日，甲向乙发出函件称："本人欲以每吨5000元的价格出售螺纹钢100吨。如欲购买，请于5月10日前让本人知悉。"乙于4月27日收到甲的函件，并于5月12日回函表示愿意购买。乙的回函于5月15日到达甲处。因已超过5月10日的最后期限，甲未理会乙，而将钢材售与他人。乙要求甲履行钢材买卖合同。根据合同法律制度的规定，下列表述中，正确的是（　　）。

A. 甲、乙之间的合同未成立，甲对乙不承担任何责任

B. 甲、乙之间的合同未成立，但乙有权要求甲赔偿信赖利益损失

C. 甲、乙之间的合同已经成立但未生效，甲有权撤销要约

D. 甲、乙之间的合同已经成立且已生效，乙有权要求甲履行合同

7. 梁某在路上遇见同村的丁某，询问丁某是否愿意购买其某辆摩托车，价格2000元，丁某当场未答复。次日，丁某找到梁某表示同意以2000元的价格购买该摩托车，梁某告知丁某该摩托车已卖给邻村的林某。根据合同法律制度的规定，丁某表示同意以2000元的价格购买该摩托车的意思表示属于（　　）。

A. 要约邀请　　B. 承诺

C. 单方法律行为　　D. 要约

8. 陈某在8月1日向李某发出一份传真，出售房屋一套，面积90平方米，价款260万元，合同订立7日内一次性付款，如欲购买请在3日内回复。李某当日传真回复，表示同意购买，但要求分期付款，陈某未回复。8月3日，李某再次给陈某发传真，表示同意按照陈某传真的条件购买，陈某仍未回复。根据合同法律制度的规定，下列表述中，正确的是（　　）。

A. 李某的第一次传真回复为承诺，合同成立

B. 李某的第二次传真回复为承诺，合同成立

C. 李某的两次传真回复，均为新要约，合同不成立

D. 李某的第二次传真回复为新要约，陈某未表示反对，合同成立

9. 根据合同法律制度的规定，下列关于缔约过失责任的表述中，不正确的是（　　）。

A. 缔约过失责任适用于合同未成立、合同未生效、合同无效等情形

B. 缔约过失责任赔偿的是可期待利益的损失

C. 缔约过失责任赔偿的是信赖利益的损失

D. 可期待利益的损失要大于或者等于信赖利益的损失

10. 甲公司向乙公司订购一台生产设备，双方约定，由乙公司委托其控股的丙公司生产该设备并交付给甲公司。甲公司在使用该设备时发现存在严重的质量问题。根据合同法律制度的规定，下列关于甲公司权利的表述中，正确的是（　　）。

A. 甲公司有权请求乙公司承担违约责任

B. 甲公司有权请求丙公司承担违约责任

C. 甲公司有权请求乙、丙公司连带承担违约责任

D. 甲公司有权请求乙、丙公司按照责任大小按份承担违约责任

11. 甲、乙在买卖合同中约定：甲先付款，乙再发货。后甲未付款却要求乙发货，乙予以拒绝。根据合同法律制度的规定，乙可以行使（　　）。
A. 同时履行抗辩权
B. 先履行抗辩权
C. 先诉抗辩权
D. 不安抗辩权

12. 根据合同法律制度的规定，下列关于债权人代位权行使的表述中，不正确的是（　　）。
A. 债权人必须以自己的名义通过诉讼形式行使代位权
B. 债权人以债务人为被告向人民法院提起代位权诉讼
C. 代位权的行使范围以债权人的到期债权为限
D. 债权人行使代位权的必要费用，由债务人负担

13. 根据合同法律制度的规定，下列关于债权人撤销权行使的表述中，不正确的是（　　）。
A. 撤销权的行使范围以债权人的债权为限
B. 债权人行使撤销权的必要费用，由债务人负担
C. 撤销权自债权人知道或者应当知道撤销事由之日起1年内行使
D. 自债务人的行为发生之日起3年内没有行使撤销权的，该撤销权消灭

14. 根据合同法律制度的规定，下列关于债权转让的表述中，不正确的是（　　）。
A. 当事人约定金钱债权不得转让的，不得对抗第三人
B. 当事人约定非金钱债权不得转让的，不得对抗善意第三人
C. 因债权转让增加的履行费用，由债务人负担
D. 委托合同中委托人的债权不得转让

15. 根据合同法律制度的规定，下列关于法定抵销的表述中，不正确的是（　　）。
A. 法定抵销中的抵销权在性质上属于形成权
B. 抵销不得附条件或者附期限
C. 抵销的效果自通知发出时生效
D. 抵销的意思表示溯及于得为抵销之时

16. 根据合同法律制度的规定，下列关于提存的表述中，不正确的是（　　）。
A. 提存成立的，视为债务人在其提存范围内已经交付标的物
B. 标的物不适于提存或者提存费用过高的，债务人依法可以拍卖或者变卖标的物，提存所得的价款
C. 标的物提存后，毁损、灭失的风险由债权人承担
D. 提存期间，标的物的孳息归债务人所有

17. 张某从华丰商场购买了一台热水器，该热水器因质量问题给张某造成了人身伤害。张某向华丰商场提出交涉，双方协商未果，张某拟向人民法院提起诉讼。根据合同法律制度的规定，下列表述中，正确的是（　　）。
A. 张某只能请求华丰商场承担侵权责任
B. 张某只能请求华丰商场承担违约责任
C. 张某有权请求华丰商场承担侵权责任和违约责任
D. 张某可以请求华丰商场承担侵权责任或违约责任

18. 根据合同法律制度的规定，下列情形中，出卖人应承担标的物损毁、灭失风险的是（　　）。
A. 买受人下落不明，出卖人将标的物提存
B. 标的物已经交付给买受人，但出卖人按照约定未交付标的物的单证
C. 出卖人按照约定将标的物置于交付地点，约定时间已过，买受人未前往提货

D. 标的物已运抵交付地点，买受人因标的物质量不合格致使不能实现合同目的而拒绝接受

19. 甲、乙签订买卖合同，甲向乙购买5台机器及附带的维修工具，机器编号分别为E、F、G、X、Y，拟分别用于不同厂区。乙向甲如期交付5台机器及附带的维修工具。经验收，E机器存在重大质量瑕疵而无法使用，F机器附带的维修工具亦属不合格品，其他机器及维修工具不存在质量问题。根据合同法律制度的规定，下列关于甲如何解除合同的表述中，正确的是（　　）。

A. 甲可以解除5台机器及维修工具的买卖合同

B. 甲只能就买卖合同中E机器的部分进行解除

C. 甲可以就买卖合同中E机器与F机器的部分进行解除

D. 甲可以就买卖合同中F机器的维修工具与E机器的部分进行解除

20. 甲公司与乙公司签订大型机械设备融资租赁合同，合同约定：根据乙公司的选择，甲公司向丙公司订购一台大型机械设备，出租给乙公司使用，乙公司向甲公司支付租金。根据合同法律制度的规定，下列关于甲公司权利义务的表述中，正确的是（　　）。

A. 乙公司占有机械设备期间，甲公司履行该机械设备的维修义务

B. 乙公司占有机械设备期间，该机械设备造成第三人人身伤害的，甲公司承担责任

C. 甲公司要求丙公司变更订购的机械设备型号，无须经乙公司同意

D. 在租赁期间内，甲公司享有该机械设备的所有权

21. 李某为资助15周岁的王某上学，与王某订立赠与合同，赠与王某10万元，并就该赠与合同办理了公证。后李某无正当理由，在交付给王某6万元后就表示不再赠与了。根据合同法律制度的规定，下列表述中，正确的是（　　）。

A. 李某应当再给付王某4万元，因该赠与合同不可任意撤销

B. 李某可不再给付王某4万元，因王某属于限制民事行为能力人，该赠与合同效力待定

C. 李某可向王某要求返还6万元，因该赠与合同可撤销

D. 李某可不再给付王某4万元，因该赠与合同可撤销

22. 经发包人甲公司同意，总承包人乙公司将自己承包的部分建设工程分包给丙公司。因丙公司完成的工程质量出现问题，给甲公司造成1000万元的经济损失。根据合同法律制度的规定，下列关于对甲公司损失承担责任的表述中，正确的是（　　）。

A. 由乙公司承担赔偿责任

B. 由丙公司承担赔偿责任

C. 先由丙公司承担赔偿责任，不足部分由乙公司承担

D. 由乙公司和丙公司承担连带赔偿责任

23. 甲、乙订立承揽合同，甲提供木料，乙为其加工家具。在乙已完成加工工作的50%时，甲通知乙解除合同。根据合同法律制度的规定，下列表述中，正确的是（　　）。

A. 甲有权解除合同，但应按约定金额向乙支付报酬

B. 甲有权解除合同，且无须赔偿乙的损失

C. 甲有权解除合同，但应赔偿乙的损失

D. 甲无权解除合同，并应依约向乙支付报酬

24. 根据合同法律制度的规定，在保证人与债权人没有约定保证期间的情形下，保

证期间为（　　）。

A. 3个月　　B. 6个月

C. 9个月　　D. 12个月

25. 甲公司向乙银行申请贷款，还款日期为2020年12月31日。丙公司为该债务提供保证担保，约定保证方式为连带责任保证，但未约定保证期间。后甲公司申请展期，与乙银行就还款期限作了变更，还款期限延至2021年8月1日，但未征得丙公司的书面同意。展期到期，甲公司无力还款。2021年8月10日，乙银行遂要求丙公司承担保证责任。根据合同法律制度的规定，下列关于丙公司是否承担保证责任的表述中，正确的是（　　）。

A. 不承担，因为乙银行未在保证期间内请求丙公司承担保证责任

B. 不承担，因为保证合同无效

C. 应承担，因为保证合同有效

D. 应承担，因为丙公司为连带责任保证人

二、多项选择题

1. 根据合同法律制度的规定，下列合同中，属于诺成合同的有（　　）。

A. 质押合同

B. 定金合同

C. 自然人之间的借款合同

D. 赠与合同

2. 根据合同法律制度的规定，下列合同中，应当采用书面形式订立的有（　　）。

A. 租赁合同

B. 建设工程合同

C. 自然人之间的借款合同

D. 融资租赁合同

3. 根据合同法律制度的规定，下列各项中，属于要约邀请的有（　　）。

A. 债券募集办法

B. 基金招募说明书

C. 招股说明书

D. 拍卖公告

4. 根据合同法律制度的规定，下列各项中，属于无效格式条款的有（　　）。

A. 有两种以上解释的格式条款

B. 就内容理解存在争议的格式条款

C. 因重大过失造成对方财产损失的免责条款

D. 造成对方人身损害的免责条款

5. 根据合同法律制度的规定，应当先履行债务的当事人，有确切证据证明对方具有下列情形时，可以行使不安抗辩权的有（　　）。

A. 转移财产、抽逃资金，以逃避债务

B. 丧失商业信誉

C. 经营状况严重恶化

D. 变更经营方式

6. 甲公司向乙银行借款100万元，借款期限2年。2022年4月1日，借款到期，甲公司无力偿还借款本息。2022年4月10日，乙银行在调查中发现，甲公司曾于2021年4月1日主动放弃其对丙公司的到期债权200万元，损害了乙银行债权的实现，乙银行拟行使撤销权。根据合同法律制度的规定，下列表述中，正确的有（　　）。

A. 乙银行在行使撤销权时应以自己的债权为限

B. 乙银行行使撤销权的必要费用，由丙公司负担

C. 乙银行应当自知道撤销事由之日起1年内行使撤销权

D. 自甲公司的行为发生之日起5年内没有行使撤销权的，该撤销权消灭

7. 根据合同法律制度的规定，下列关于法定抵销的表述中，正确的有（　　）。

A. 抵销可以附条件或者附期限

B. 因故意侵权行为产生的债务，债务人不得主张抵销

C. 提供劳务的债务，债务人不得主张抵销

D. 不作为的债务，债务人不得主张抵销

8. 甲、乙双方签订一份合同，约定甲向乙购买水泥10吨。乙按约定日期向甲交货，但甲因躲避他人债务不知去向。乙无奈，将水泥提存。提存当晚，突降特大暴雨，库房坍塌，水泥被水浸泡，全部毁损。1个月后，甲躲债归来，请求乙交付水泥。乙拒绝，并要求甲支付水泥价款和提存费用。根据合同法律制度的规定，下列表述中，正确的有（　　）。

A. 乙有权拒绝甲交付水泥的请求

B. 乙有权要求甲支付水泥价款

C. 水泥毁损的损失应由甲承担

D. 乙有权要求甲支付提存费用

9. 甲公司向乙公司订购了一套生产设备，双方签订的买卖合同中对设备的型号、规格、质量等作了明确约定，但未约定质量检验期限，也未约定质量保证期。甲公司收到设备后，因故一直未使用，亦未支付剩余货款。收到货物2年后，甲公司才开始使用该设备，却发现该设备的质量与合同约定不符。当乙公司要求甲公司支付剩余货款时，甲公司以设备质量不合格为由拒绝，并要求乙公司承担违约责任。根据合同法律制度的规定，下列关于甲公司权利义务的表述中，正确的有（　　）。

A. 因未在法定期间内提出质量异议，甲公司应当向乙公司支付剩余货款

B. 虽未在法定期间提出质量异议，但因设备存在质量问题，甲公司有权拒付剩余货款

C. 因设备质量不合格，甲公司有权要求乙公司承担违约责任

D. 因未在法定期间内提出质量异议，甲公司无权要求乙公司承担违约责任

10. 2021年4月1日，甲与乙书面约定，甲将一处门面房出租给乙，租期2年，月租金5000元。2022年4月1日，乙向甲提出能否将该门面房转租给丙，甲表示同意。乙遂与丙达成租期1年、月租金6000元的书面协议。之后，丙擅自拆除了门面房隔墙。根据合同法律制度的规定，下列表述中，正确的有（　　）。

A. 乙将房屋转租后，甲有权按每月5000元向乙收取租金

B. 乙将房屋转租后，甲有权按每月6000元向乙收取租金

C. 甲有权要求乙赔偿损失

D. 甲无权要求乙赔偿损失

11. 根据合同法律制度的规定，下列关于租赁合同解除的表述中，正确的有（　　）。

A. 租赁物在租赁期间发生所有权变动，买受人不愿继续出租的，可以解除租赁合同

B. 承租人无正当理由未支付或者迟延支付租金的，出租人可以请求承租人在合理期限内支付；承租人逾期不支付的，出租人可以解除合同

C. 租赁物危及承租人的安全或者健康的，承租人可以随时解除合同

D. 承租人未经出租人同意转租的，出租人可以解除合同

12. 2020年4月1日，甲将其房屋出租给乙，租期为3年。2022年4月1日，甲在未通知乙的情况下将该房屋出售给好友丙，并办理了房屋产权转移登记。根据合同法律制度的规定，下列表述中，正确的有（　　）。

A. 乙请求甲承担赔偿责任的，人民法院不予支持

B. 乙请求甲承担赔偿责任的，人民法院应予支持

C. 乙请求确认甲与丙之间签订的房屋买卖合同无效的，人民法院不予支持

D. 乙请求确认甲与丙之间签订的房屋买卖合同无效的，人民法院应予支持

13. 甲、乙签订融资租赁合同，出租人甲根据承租人乙的选择，向丙购买了一台大型设备，出租给乙使用。双方对租赁期间届满后租赁物的归属未作约定。乙在该设备安装完毕后，发现不能正常运行。根据合同法律制度的规定，下列表述中，正确的有（　　）。
A. 甲应当向乙承担违约责任
B. 甲不对乙承担违约责任
C. 乙应当按照约定向甲支付租金
D. 租赁期满后由乙取得该设备的所有权

14. 甲公司欲购买乙公司生产的塔吊，因缺乏资金，遂由丙公司提供融资租赁。由于塔吊存在质量问题，吊装的物品坠落并砸伤行人丁，甲公司被迫停产修理。根据合同法律制度的规定，下列各项中，正确的有（　　）。
A. 甲公司无权请求丙公司赔偿修理塔吊的费用
B. 甲公司不得以塔吊存在质量问题并发生事故为由，延付或者拒付租金
C. 丙公司应当对甲公司承担违约责任
D. 丁可以请求丙公司赔偿损失

15. 根据合同法律制度的规定，下列关于借款合同的表述中，正确的有（　　）。
A. 自然人之间的借款合同，自贷款人提供借款时成立
B. 借款合同对支付利息没有约定的，视为没有利息
C. 自然人之间的借款合同，对支付利息约定不明确的，视为没有利息
D. 借款人提前返还借款的，除当事人另有约定外，应当按照实际借款的期间计算利息

16. 甲表示将赠与乙5000元，乙欣然同意。甲已经交付给乙2000元，后乙将甲的儿子丙打成重伤。根据合同法律制度的规定，下列表述中，正确的有（　　）。
A. 甲可以撤销对乙的赠与
B. 丙可以撤销对乙的赠与
C. 甲应当自知道丙被打伤之日起6个月内行使撤销权
D. 甲有权要求乙返还已赠与的2000元

17. 甲委托乙用货车将一批水果运往A地，不料途中遭遇山洪，水果全部毁损。甲委托乙运输时已向乙支付运费。根据合同法律制度的规定，下列表述中，正确的有（　　）。
A. 乙应当赔偿因水果毁损给甲造成的损失
B. 甲自行承担因水果毁损造成的损失
C. 甲有权要求乙返还运费
D. 甲无权要求乙返还运费

18. 根据合同法律制度的规定，下列关于保证的表述中，正确的有（　　）。
A. 当事人在保证合同中对保证方式没有约定或者约定不明确的，按照一般保证承担保证责任
B. 没有约定保证期间或者约定不明确的，保证期间为主债务履行期限届满之日起2年
C. 第三人加入债务的，保证人的保证责任不受影响
D. 债权人和债务人变更主债权债务合同的履行期限，未经保证人书面同意的，保证期间不受影响

19. 陈某向李某借款100万元，并签订了借款合同。张某向李某单方面提交了保证书，李某接收且未提出异议。该保证书未约定保证方式，也未约定保证的范围。借款到期后，陈某无力清偿借款本息。根据合同法律制度的规定，下列表述中，正确的有（　　）。
A. 张某可以以自己未与李某签订保证合同为由主张保证合同不成立

B. 张某提供保证的范围包括主债权及其利息、违约金、损害赔偿金和实现债权的费用
C. 张某须向李某承担一般保证责任
D. 张某须向李某承担连带保证责任

20. 2022 年 4 月 1 日，甲、乙两公司签订一份买卖合同，约定甲公司向乙公司购买机床一台，价格为 300 万元。同时，丙公司向乙公司出具一份内容为“丙公司愿为甲公司应付乙公司 300 万元机床货款承担保证责任”的保函，乙公司接收且未提出异议。之后，由于市场变化，甲公司、乙公司双方协商同意将机床价格变更为 350 万元，但未通知丙公司。乙公司向甲公司交付机床后，甲公司无力按期支付货款，乙公司遂要求丙公司代为清偿。根据合同法律制度的规定，下列表述中，正确的有（　　）。
A. 丙公司出具保函是其单方行为，因此保证合同不成立
B. 丙公司应在 300 万元范围内承担保证责任
C. 丙公司应承担连带保证责任
D. 保证期间为 6 个月，自主债务履行期限届满之日起计算

三、案例分析题

【案例 1】

2022 年 4 月 1 日，上海的甲公司与北京的乙公司签订了一份买卖合同，约定：甲公司向乙公司购买 1000 吨化工原料，总价款为 200 万元；乙公司在合同签订后 1 个月内交货，甲公司在验货后 7 日内付款。双方没有明确约定货物的交付地点。

2022 年 4 月 2 日，甲公司以其办公用房作抵押向丙银行借款 200 万元，并办理了抵押登记手续。由于办公用房的价值仅为 100 万元，甲公司又请求丁公司为该笔借款提供保证担保。丙银行与丁公司签订了书面保证合同，约定保证方式为连带责任保证，但未约定保证期间和保证的范围。

2022 年 4 月 10 日，乙公司准备通过铁路运输部门发货时，甲公司的竞争对手告知乙公司，甲公司经营状况不佳，将要破产。乙公司随即暂停了货物发运，并电告甲公司暂停发货的原因，要求甲公司提供担保。甲公司告知乙公司：本公司经营正常，货款已经备齐，乙公司应尽快履行合同，否则将追究其违约责任。但乙公司坚持要求甲公司提供担保，因甲公司急需这批货物，只好按照乙公司的要求提供了银行保函。5 月 25 日，乙公司收到银行保函，当日向铁路运输部门支付了运费并发货。货物在运输途中，遇泥石流灾害全部灭失。

借款合同到期后，甲公司无力偿还丙银行的借款本息。

要求：

根据上述内容，分别回答下列问题：
（1）乙公司暂停发货是否有法律依据？并说明理由。
（2）在买卖合同对交付地点约定不明确的情况下，应当如何交付标的物？
（3）货物灭失的损失应当由谁承担？并说明理由。
（4）丁公司的保证期间为多长？并说明理由。
（5）丁公司的保证范围如何界定？
（6）如果当事人对承担担保责任的顺序未进行约定，丙银行可否直接要求丁公司承担 200 万元的保证责任？并说明理由。

【案例 2】

甲公司于 2021 年 10 月 10 日通过拍卖方式拍得位于北京郊区的一块工业建设用地；2021 年 10 月 15 日，甲公司与北京市土地管理部门签订《建设用地使用权出让合同》；2021 年 10 月 21 日，甲公司缴纳全部土地出让金；2021 年 11 月 5 日，甲公司办理完毕建设用地使用权登记，并获得建设用地使用权证。

2021 年 11 月 21 日，甲公司与相邻土地的建设用地使用权人乙公司签订地役权合同，该合同约定：甲公司在乙公司的土地上修筑一条机动车道，以利于交通方便；使用期限为 20 年；甲公司每年向乙公司支付 100 万元。双方未办理登记手续。

2022 年 3 月 1 日，甲公司以取得的上述建设用地使用权作抵押，向丙银行借款 5000 万元，借款期限 3 年。该抵押权办理了登记手续。此后，甲公司依法办理了各项立项、规划、建筑许可、施工许可等手续之后开工建设厂房。

2022 年 7 月，因城市修改道路规划，政府提前收回甲公司取得的尚未建设厂房的部分土地，用于市政公路建设。甲公司因该原因办理建设用地使用权变更登记手续时，发现登记机构登记簿上记载的建设用地使用权面积与土地使用权证上的记载不尽一致。

要求：

根据上述内容，分别回答下列问题：

（1）甲公司于何时取得建设用地使用权？并说明理由。

（2）甲公司的地役权是否已经设立？并说明理由。

（3）甲公司建造的厂房已经完工，在未办理房屋所有权登记的情况下，能否取得该厂房的所有权？并说明理由。

（4）甲公司建造的厂房是否属于丙银行抵押权涉及的抵押物范围？并说明理由。丙银行如何实现自己的抵押权？

（5）在政府提前收回甲公司部分建设用地使用权的情况下，丙银行能否就甲公司获得的补偿金主张优先受偿权？并说明理由。

同步强化练习题参考答案及解析

使用“会计云课堂”App 或“微信”扫码对答案、看解析、掌握解题思路，开启轻松过关之旅。

一、单项选择题

1.【答案】B

【解析】选项 ACD：属于诺成合同。

2.【答案】D

【解析】以非对话方式作出的意思表示，到达相对人时（3 月 3 日）生效。

3.【答案】B

【解析】承诺自通知到达要约人时（5 月 8 日）生效。

4.【答案】B

【解析】信件未载明日期的，承诺期限自投寄该信件的邮戳日期（5 月 9 日）开始计算。

5.【答案】B

【解析】（1）选项 A：受要约人依法撤回了承诺，该承诺并未生效；（2）选项 B：受要约人在承诺期限内发出承诺，按照通常情形能够及时到达要约人，但是因其他原因致使承诺到达要约人时超过承诺期限的，除要约人及时通知受要约人因承诺超过期限不接受该承诺外，该承诺有效；（3）选项 C：受要约人超过承诺期限发出承诺的，为新要约；但是，要约人及时通知受要约人该承诺有效的除外；（4）选项 D：受要约人对要约的内容作出实质性变更的，为新要约。

6.【答案】A

【解析】由于乙超过承诺期限发出回函，除非甲及时通知乙该承诺有效，否则该回函为新要约。甲未理会乙的回函，说明甲对乙的新要约未作出承诺，合同未成立，甲对乙不承担任何责任。

7.【答案】D

【解析】梁某的要约没有确定承诺期限且以对话方式作出，丁某未即时作出承诺，梁某的要约已经失效。次日，丁某找到梁某表示同意以 2000 元的价格购买该摩托车的意思表示应视为“丁某向梁某发出的新要约”。

8.【答案】C

【解析】（1）李某 8 月 1 日的传真中要求分期付款，属于对要约内容的实质性变更，该传真属于“新要约”，原要约已经失效；（2）8 月 3 日李某再次给陈某发传真，表示同意按照陈某传真所列的条件购买，属于“新要约”，而非对原要约的承诺，因为原要约早已失效。

9.【答案】B

10.【答案】A

【解析】当事人约定由第三人向债权人履行债务的，第三人不履行债务或者履行债务不符合约定的，应当由债务人（乙公司）向债权人（甲公司）承担违约责任。

11.【答案】B

12.【答案】B

【解析】选项 B：债权人以次债务人为被告向人民法院提起代位权诉讼。

13.【答案】D

【解析】选项 D：自债务人的行为发生之日起 5 年内没有行使撤销权的，该撤销权消灭。

14.【答案】C

【解析】选项 C：因债权转让增加的履行费用，由让与人负担。

15.【答案】C

【解析】选项 C：抵销的效果自通知到达对方时生效。

16.【答案】D

【解析】选项 D：提存期间，标的物的孳息归债权人所有。

17.【答案】D

【解析】因当事人一方的违约行为，损害对方人身权益、财产权益的，受损害方有权选择请求其承担违约责任或者侵权责任。

18.【答案】D

【解析】选项 D：因标的物不符合质量要求，致使不能实现合同目的的，买受人可以拒绝接受标的物或者解除合同；买受人拒绝接受标的物或者解除合同的，标的物毁损、灭失的风险由出卖人承担。

19.【答案】D

【解析】（1）E 机器存在重大质量瑕疵不会导致其他机器无法使用或者价值明显受损害，买受人可以就“E 机器及其维修工具”进行解除，但不能解除全部 5 台机器及维修工具的买卖合同；（2）标的物的从物（F 机器的维修工具）因不符合约定被解除的，解除的效力不及于主物（F 机器）。

20.【答案】D

【解析】(1)选项A：融资租赁期间，机械设备的维修义务由承租人(乙公司)承担；(2)选项B：承租人占有租赁物期间，租赁物造成第三人人身损害或者财产损失的，出租人(甲公司)不承担责任；(3)选项C：出租人根据承租人对出卖人、租赁物的选择订立的买卖合同，未经承租人同意，出租人不得变更与承租人有关的合同内容。

21.【答案】A

【解析】(1)选项ACD：经过公证的赠与合同，赠与人不得行使任意撤销权；(2)选项B：限制民事行为能力人实施的纯获利益的民事法律行为有效。

22.【答案】D

23.【答案】C

24.【答案】B

25.【答案】A

【解析】(1)未约定保证期间的，保证期间为主债务履行期届满之日起6个月(2021年1月1日～2021年6月30日)；(2)债权人与债务人变更主债权债务合同的履行期限，未经保证人书面同意的，保证期间不受影响；(3)连带责任保证的债权人未在保证期间请求保证人承担保证责任的，保证人不再承担保证责任。

二、多项选择题

1.【答案】AD

【解析】选项BC：属于实践合同。

2.【答案】BD

【解析】(1)选项A：租赁期限6个月以上的，应当采用书面形式；当事人未采用书面形式，无法确定租赁期限的，视为不定期租赁；(2)选项C：借款合同应当采用书面形式，但是自然人之间借款另有约定的除外。

3.【答案】ABCD

4.【答案】CD

【解析】(1)选项A：对格式条款有两种以上解释的，应当作出不利于提供格式条款一方的解释(该条款有效)；(2)选项B：对格式条款的理解发生争议的，应当按照通常理解予以解释(该条款有效)。

5.【答案】ABC

【解析】选项D：变更经营方式不会直接导致"对方当事人丧失或者可能丧失履行债务的能力"，不能行使不安抗辩权。

6.【答案】ACD

【解析】选项B：债权人行使撤销权的必要费用，由债务人(甲公司)负担。

7.【答案】BCD

【解析】选项A：抵销不得附条件或者附期限。

8.【答案】ABCD

【解析】(1)选项AB：提存成立的，视为债务人在其提存范围内已经交付标的物，乙有权拒绝甲交付水泥的请求并有权要求甲支付水泥价款；(2)选项C：标的物提存后，毁损、灭失的风险由债权人(甲)承担；(3)选项D：提存费用由债权人(甲)负担。

9.【答案】AD

【解析】买受人自收到标的物之日起2年内未通知出卖人的，视为标的物的数量或者质量符合约定；但是，对标的物有质量保证期的，适用质量保证期，不适用该2年的规定。

10.【答案】AC

【解析】承租人经出租人同意，可以将租赁物转租给第三人，承租人与出租人之间的租赁合同继续有效（甲只能按每月5000元向乙收取租金）；第三人（丙）造成租赁物损失的，承租人（乙）应当向出租人（甲）赔偿损失。

11.【答案】BCD

【解析】选项A：租赁物在承租人按照租赁合同占有期限内发生所有权变动的，不影响租赁合同的效力，买受人无权解除租赁合同。

12.【答案】BC

【解析】出租人未通知承租人或者有其他妨害承租人行使优先购买权情形的，承租人可以请求出租人承担赔偿责任。但是，出租人与第三人订立的房屋买卖合同的效力不受影响。

13.【答案】BC

【解析】（1）选项ABC：租赁物不符合约定或者不符合使用目的的，出租人不承担责任。但是，承租人依赖出租人的技能确定租赁物或者出租人干预选择租赁物的除外；（2）选项D：对租赁物的归属没有约定或者约定不明确的，可以协议补充；不能达成补充协议的，按照合同相关条款或者交易习惯确定；仍不能确定的，租赁物的所有权归出租人（甲）。

14.【答案】AB

【解析】（1）选项A：融资租赁期间，维修义务由承租人（甲公司）承担；（2）选项BC：租赁物不符合租赁合同约定或者不符合使用目的的，出租人（丙公司）不承担责任，但承租人依赖出租人的技能确定租赁物或者出租人干预选择租赁物的除外；（3）选项D：承租人占有租赁物期间，租赁物造成第三人人身损害或者财产损失的，出租人（丙公司）不承担责任。

15.【答案】ABCD

16.【答案】AD

【解析】（1）选项AB：受赠人严重侵害赠与人或者赠与人近亲属的合法权益的，赠与人可以撤销赠与（赠与人本人完好无损，甲有权撤销赠与，丙没有撤销权）；（2）选项C：赠与人的撤销权，自知道或者应当知道撤销事由之日起1年内行使；（3）选项D：撤销权人撤销赠与的，可以向受赠人请求返还赠与的财产。

17.【答案】BC

【解析】（1）选项AB：承运人能够证明货物的毁损、灭失是因不可抗力造成的，不承担损害赔偿责任；（2）选项CD：货物在运输过程中因不可抗力灭失，未收取运费的，承运人不得请求支付运费；已经收取运费的，托运人可以请求返还。法律另有规定的，依照其规定。

18.【答案】ACD

【解析】选项B：没有约定保证期间或者约定不明确的，保证期间为主债务履行期限届满之日起6个月。

19.【答案】BC

【解析】（1）选项A：第三人单方以书面形式向债权人作出保证，债权人接收且未提出异议的，保证合同成立；（2）选项B：保证的范围包括主债权及其利息、违约金、损害赔偿金和实现债权的费用。当事人另有约定的，按照其约定；（3）选项CD：当事人在保证合同中对保证方式没有约定或者约定不明确的，按照一般保证承担保证责任。

20.【答案】BD

【解析】（1）选项A：第三人单方以书面形式向债权人作出保证，债权人接收且未提出异议的，保证合同成立；（2）选项B：债权人和债务人未经保证人书面同意，协商变更主债权债务合同内容，加重债务的，保证人对加重的部分不承担保证责任；（3）选项C：当事人在保证合同中对保证方式没有约定或者约定不明确的，按照一般保证承担保证责任；（4）选项D：保证期间没有约定或者约定不明确的，为主债务履行期限届满之日起6个月。

三、案例分析题

【案例1答案】

（1）乙公司暂停发货没有法律依据。根据规定，应当先履行债务的当事人，有确切证据证明对方经营状况严重恶化的，可以行使不安抗辩权，中止合同履行。在本题中，乙公司并没有确切证据证明甲公司经营状况严重恶化，因此，乙公司不能以不安抗辩权为由暂停发货。

（2）当事人没有约定交付地点或者约定不明确的，可以协议补充；不能达成补充协议的，按照合同相关条款或者交易习惯确定；仍不能确定，标的物需要运输的，出卖人应当将标的物交付给第一承运人以运交给买受人。

（3）货物灭失的损失由甲公司承担。根据规定，当事人没有约定交付地点或者约定不明确的，可以协议补充；不能达成补充协议的，按照合同相关条款或者交易习惯确定；仍不能确定，标的物需要运输的，出卖人将标的物交付给第一承运人后，标的物毁损、灭失的风险由买受人（甲公司）承担。

（4）丁公司的保证期间为6个月。根据规定，当事人未约定保证期间的，保证期间为主债务履行期限届满之日起6个月。

（5）保证的范围包括主债权及其利息、违约金、损害赔偿金和实现债权的费用。

（6）丙银行不能直接要求丁公司承担保证责任。根据规定，被担保的债权既有物的担保又有人的担保的，债务人不履行到期债务或者发生当事人约定的实现担保物权的情形，债权人应当按照约定实现债权；没有约定或者约定不明确，债务人自己提供物的担保的，债权人应当先就该物的担保实现债权。

【案例2答案】

（1）甲公司于2021年11月5日取得建设用地使用权。根据规定，建设用地使用权自登记时设立。

（2）甲公司的地役权已经设立。根据规定，地役权自地役权合同生效时（2021年11月21日）设立。

（3）甲公司能取得该厂房的所有权。根据规定，因合法建造、拆除房屋等事实行为设立或者消灭物权的，自事实行为成就时发生效力。

（4）①厂房不属于抵押物的范围。根据规定，建设用地使用权抵押后，该土地上新增的建筑物不属于抵押财产；②丙银行在实现自己的抵押权时，应当将该土地上新增的建筑物与建设用地使用权一并处分。但是，新增建筑物所得的价款，丙银行无权优先受偿。

（5）丙银行可以就甲公司获得的补偿金主张优先受偿权。根据规定，担保期间，担保财产毁损、灭失或者被征收等，担保物权人可以就获得的保险金、赔偿金或者补偿金等优先受偿。

轻松过关® 1

2022年注册会计师考试
应试指导及全真模拟测试

经济法

（中册）

郭守杰　主编
东奥会计在线　编

北京科学技术出版社

目录 CONTENTS

第三编

商事法律制度

第五章 合伙企业法律制度

CHAPTER-5

本章考情分析

在最近 3 年的考试中，本章的平均分值为 7 分，2021 年两份试卷的分值均为 7 分，题型全部为客观题。

温馨小提示

如果第七章丢几分，考生可以原谅自己，本章就别再丢分了。

本章分为两个单元，共计 22 个考点。大部分考点需要准确理解，需要死记硬背的考点并不多。考生应熟练掌握普通合伙人与有限合伙人的区别以及“约定与法定”的问题。复习本章需要 5 个小时左右。

根据国务院发布的《市场主体登记管理条例》(自 2022 年 3 月 1 日起施行)，2022 年教材对“合伙企业的设立登记、注销登记”等内容进行了重大调整。

最近 3 年题型题量分析表

题型	2019 年试卷一	2019 年试卷二	2020 年试卷一	2020 年试卷二	2021 年试卷一	2021 年试卷二
单选题	4 题 4 分	4 题 4 分	4 题 4 分	4 题 4 分	4 题 4 分	4 题 4 分
多选题	2 题 3 分	2 题 3 分	2 题 3 分	2 题 3 分	2 题 3 分	2 题 3 分
合计	7 分	7 分	7 分	7 分	7 分	7 分

历年试题涉及本章的主要考点

考点	年份 / 题型
合伙企业的特征	2018 年单选题、2021 年单选题、2021 年多选题
普通合伙企业的设立条件	2015 年单选题、2016 年单选题、2017 年单选题、2019 年单选题、2020 年单选题、2021 年单选题、2021 年多选题
合伙企业财产的构成	2014 年多选题、2021 年多选题
合伙企业财产的性质	2018 年单选题
普通合伙人财产份额的转让	2018 年单选题、2019 年单选题、2021 年单选题、2021 年多选题
普通合伙人财产份额的出质	2017 年单选题
普通合伙企业的事务执行	2019 年单选题

续表

考点	年份 / 题型
重大事项的决议办法	2016年单选题、2020年多选题
合伙企业的损益分配原则	2015年单选题、2018年单选题、2019年多选题
普通合伙企业的债务清偿	2015年单选题、2019年单选题
普通合伙人的债务清偿	2017年单选题、2018年多选题
退伙的类型	2014年单选题、2017年单选题、2018年多选题、2019年多选题、2020年单选题、2020年多选题
财产继承	2017年单选题
特殊的普通合伙企业	2013年单选题、2016年多选题
有限合伙企业的设立	2015年单选题、2018年单选题
有限合伙企业的事务执行	2014年多选题、2017年多选题、2020年单选题、2020年多选题、2021年单选题
有限合伙人财产份额的出质	2019年单选题
有限合伙人财产份额的转让	2020年单选题、2021年单选题
有限合伙人的入伙和退伙	2016年多选题、2017年多选题、2021年单选题
合伙人性质的转变	2013年单选题、2014年多选题
法定事项与约定事项	2015年单选题、2016年单选题
合伙企业的解散和清算	2019年单选题、2020年单选题、2021年单选题

本章思维导图

第五章（一）
- 普通合伙企业
  - 合伙企业的特征
  - 合伙企业的类型
  - 普通合伙企业的设立条件
  - 合伙企业的财产
  - 合伙企业的事务执行
  - 合伙企业与第三人的关系
  - 退伙的类型
  - 财产继承
  - 特殊的普通合伙企业

第五章（二）— 有限合伙企业

- 有限合伙企业的设立
- 有限合伙企业的事务执行
- 交易
- 竞争
- 出质
- 财产份额的对外转让
- 有限合伙人的债务清偿
- 入伙
- 退伙
- 合伙人性质的转变
- 法定事项与约定事项
- 合伙企业的设立登记
- 合伙企业的解散与清算

本章核心考点解读

第一单元　普通合伙企业

使用“会计云课堂”App 或“微信”扫码查看本单元视频，快速 GET 知识点。

【考点 1】合伙企业的特征（P135）★

1. 合伙企业是合伙人共同出资、共同经营、共享收益、共担风险的自愿联合。其中，最关键的是共担风险，这是合伙关系不同于其他合同关系的最关键之处。

2. 合伙企业的信用基础最终取决于普通合伙人的偿付能力。

> 温馨小提示
>
> 普通合伙人无论出资多少，均须对企业债务承担无限连带责任。

3. 合伙企业不具有法人资格，但可以以自己的名义从事法律行为，可以以自己的名义起诉和应诉。

4. 合伙企业的内部治理高度灵活。

5. 合伙企业并非企业所得税的纳税人。合伙企业的生产经营所得和其他所得，按照国家有关税收规定，由合伙人分别缴纳所得税。

经典题解

【例题 1 · 单选题】根据合伙企业法律制度的规定，与其他合同关系相比，合伙关系的最关键特征是（　　）。（2021 年）

A. 合伙人共同出资　　B. 合伙人共担风险

C. 合伙人共享收益　　D. 合伙人共同经营

【答案】B

【例题2·多选题】根据合伙企业法律制度的规定，下列关于合伙企业特征的表述中，正确的有（　　）。（2021年）

A. 合伙企业缴纳企业所得税

B. 合伙企业具有法人资格

C. 合伙企业的内部治理高度灵活

D. 合伙企业的信用基础最终取决于普通合伙人的偿付能力

【解析】选项AB：合伙企业属于非法人组织，不具有法人资格，不缴纳企业所得税。

【答案】CD

【例题3·单选题】2017年甲有限合伙企业实现利润300万元。2018年初，合伙企业向普通合伙人乙、丙及有限合伙人丁各分配利润100万元。根据合伙企业法律制度的规定，就上述可分配利润应缴纳所得税的主体是（　　）。（2018年）

A. 乙和丙　　B. 乙、丙和丁

C. 丁　　D. 甲、乙、丙和丁

【解析】合伙企业的生产经营所得和其他所得，由合伙人（乙、丙和丁）分别缴纳所得税，合伙企业不缴纳企业所得税。

【答案】B

【考点2】合伙企业的类型（P136）★

1. 合伙企业分为普通合伙企业（其中包括特殊的普通合伙企业）和有限合伙企业。

2. 普通合伙企业的特征是"所有"：所有的合伙人（不论其出资比例、不论其是否执行合伙事务）对所有的企业债务均应承担无限连带责任。

3. 特殊的普通合伙企业的特征是"先看债务再找人"：（1）一般的企业债务，所有的合伙人均应承担无限连带责任；（2）特定的企业债务，由特定的合伙人承担无限（连带）责任，一个合伙人或者数个合伙人在执业活动中因故意或者重大过失造成合伙企业债务的，应当承担无限责任或者无限连带责任，其他合伙人以其在合伙企业中的财产份额为限承担有限责任。

【案例】甲、乙、丙三个注册会计师各出资100万元，设立A会计师事务所（特殊的普通合伙企业），三人各占1/3的财产份额。甲、乙因重大过失出具了虚假的审计报告，致使合伙企业应赔偿丁1000万元。在本案中：（1）甲、乙在执业活动中出具虚假审计报告造成的债务，属于合伙企业的债务，首先以合伙企业的全部财产予以清偿；（2）如果合伙企业的全部财产只有600万元，对于不足的400万元，由甲、乙承担无限连带责任；（3）丙以其在合伙企业中的财产份额为限承担有限责任（丙并非不承担任何责任，合伙企业全部财产600万元已经用于清偿对丁的债务，丙占1/3的财产份额，说明丙承担了200万元的清偿责任，丙的义务已经完成，对于不足的400万元，跟丙就没有关系了）。

4. 有限合伙企业的特征是“先找人再确定责任”:（1）有限合伙企业至少应当有1个普通合伙人和1个有限合伙人;（2）普通合伙人应当对所有的企业债务承担无限连带责任;（3）有限合伙人以其认缴的出资额为限对合伙企业债务承担责任。

【例外情形】第三人有理由相信有限合伙人为普通合伙人并与其交易的，该有限合伙人对该笔交易承担与普通合伙人同样的责任（无限连带责任）。有限合伙人未经授权以有限合伙企业名义与他人进行交易，给有限合伙企业或者其他合伙人造成损失的，该有限合伙人应当承担赔偿责任。

【案例】甲、乙、丙、丁出资设立A有限合伙企业（以下简称“A企业”），甲、乙为普通合伙人，丙、丁为有限合伙人。丙代表A企业与B公司签订了100万元的买卖合同（假设B公司有理由相信丙为普通合伙人），B公司按照合同约定发货后，A企业无力支付货款。经人民法院强制执行，A企业的全部财产只有60万元，对于不足的40万元:（1）普通合伙人甲、乙应对所有的企业债务承担无限连带责任;（2）第三人有理由相信有限合伙人丙为普通合伙人并与其交易的，该有限合伙人对该笔交易承担与普通合伙人同样的责任（无限连带责任）;（3）有限合伙人丁以其认缴的出资额为限对合伙企业的债务承担责任。

【考点3】普通合伙企业的设立条件（P138）★★★

1. 有两个以上合伙人

（1）合伙人至少为2个以上，对于普通合伙企业合伙人数的最高限额，《合伙企业法》未作规定。

（2）合伙人可以是自然人，也可以是法人或者其他组织。

（3）合伙人为自然人的，应当具有完全民事行为能力，无民事行为能力人和限制民事行为能力人不得成为普通合伙人。

（4）国有独资公司、国有企业、上市公司以及公益性的事业单位、社会团体不得成为普通合伙人，但可以成为有限合伙人。

> **温馨小提示**
> 个人独资企业、合伙企业可以成为合伙人。

> **名师敲黑板**
> 这是考生必须死记硬背的考点。

经典题解

【例题1·单选题】甲国有独资公司、乙上市公司、丙外商独资企业、丁民营投资有限公司拟成立一家有限合伙企业。根据合伙企业法律制度的规定，上述投资主体中，可以担任普通合伙人的是（　　）。（2015年）

A. 甲和丙　　B. 乙和丙　　C. 丙和丁　　D. 甲和丁

【答案】C

【例题2·单选题】根据合伙企业法律制度的规定，下列关于普通合伙企业合伙人的表述中，正确的是（　　）。（2017年）

A. 非法人组织不能成为合伙人

B. 国有企业不能成为合伙人

C. 限制民事行为能力的自然人可以成为合伙人

D. 公益性社会团体可以成为合伙人

【答案】B

【例题3·单选题】根据合伙企业法律制度的规定，下列主体中，可以成为普通合伙人的是（　　）。（2020年）

A. 某公益性事业单位

B. 股票在创业板上市的某民营企业

C. 某个人独资企业

D. 某大型国有企业

【答案】C

【例题4·单选题】根据合伙企业法律制度的规定，下列主体中，可以成为有限合伙企业普通合伙人的是（　　）。（2021年）

A. 上市公司　　B. 国有独资公司

C. 公益性事业单位　　D. 一人有限责任公司

【答案】D

2. 有书面合伙协议

（1）合伙协议应当依法由全体合伙人协商一致，以书面形式订立。合伙协议经全体合伙人签名、盖章后生效。

（2）修改或者补充合伙协议，应当经全体合伙人一致同意；但是，合伙协议另有约定的除外。

> 温馨小提示：修改或者补充合伙协议时，先约定后法定：先看合伙协议是否另有约定（爱怎么约定就怎么约定），合伙协议没有约定的，才看法定（经全体合伙人一致同意）。

3. 有合伙人认缴或者实际缴纳的出资

（1）合伙人可以用货币、实物、知识产权、土地使用权或者其他财产权利出资，普通合伙人也可以用劳务出资。

（2）合伙人应当按照合伙协议约定的出资方式、数额和缴付期限履行出资义务。

（3）合伙人以实物、知识产权、土地使用权或者其他财产权利出资，需要评估作价的，可以由全体合伙人协商确定，也可以由全体合伙人委托法定评估机构评估。

> 名师敲黑板：必须由全体合伙人（不能是个别合伙人）委托法定评估机构评估。

（4）合伙人以劳务出资的，其评估办法由全体合伙人协商确定，并在合伙协议中载明。

> 名师敲黑板：（1）实物、知识产权、土地使用权或者其他财产权利：协商确定或者委托法定评估机构评估；（2）劳务：只能协商确定。

【解释】只有普通合伙人可以以劳务出资，有限合伙人不得以劳务出资。

经典题解

【例题1·单选题】根据合伙企业法律制度的规定，下列出资形式中，只能由全体合伙人协商确定其评估办法的是（　　）。（2016年）

A. 实物　　B. 土地使用权

C. 知识产权　　D. 劳务

【答案】D

【例题2·单选题】根据合伙企业法律制度的规定，合伙人以劳务出资的，确定评估办法的主体应当是（　　）。（2019年）

A. 全体合伙人　　B. 合伙企业事务执行人

C. 法定评估机构　　D. 合伙企业登记机关

【答案】A

【例题3·单选题】甲、乙、丙、丁四人拟成立一家普通合伙企业。合伙协议约定，甲以货币出资，乙以国有土地使用权出资，丙以专利技术出资，丁以劳务出资。合伙协议对出资的评估和缴纳方法未作约定。根据合伙企业法律制度的规定，下列关于各合伙人出资的表述中，正确的是（　　）。（2020年）

A. 甲的货币出资不得分期缴付

B. 乙可以自行委托评估机构评估土地使用权的价值

C. 丁的劳务出资价值评估办法应由全体合伙人协商确定，并在合伙协议中载明

D. 丙的专利技术出资可以由全体合伙人协商确定其价值，也可以由丙自行委托法定评估机构评估

【解析】（1）选项A：合伙人应当按照合伙协议约定的出资方式、数额和缴付期限履行出资义务；（2）选项BD：合伙人以实物、知识产权、土地使用权或者其他财产权利出资，需要评估作价的，可以由全体合伙人协商确定，也可以由全体合伙人委托法定评估机构评估。

【答案】C

4. 有合伙企业的名称和生产经营场所

（1）普通合伙企业应当在名称中标明“普通合伙”字样。

（2）特殊的普通合伙企业应当在名称中标明“特殊普通合伙”字样。

（3）有限合伙企业名称中应当标明“有限合伙”字样。

经典题解

【例题·多选题】根据合伙企业法律制度的规定，下列关于普通合伙企业设立条件的表述中，正确的有（　　）。（2021年）

A. 有合伙企业的名称和生产经营场所

B. 有书面或者口头的合伙协议

C. 有2个以上合伙人

D. 有合伙人认缴或者实际缴付的出资

【答案】ACD

【考点4】合伙企业的财产（P141）★★★

1. 合伙企业财产的构成

（1）合伙人的出资

合伙人的出资形成合伙企业的原始财产，合伙企业的原始财产是全体合伙人认缴的财产，而非各合伙人实际缴纳的财产。

（2）以合伙企业名义取得的收益

主要包括合伙企业的公共积累资金、未分配的利润、合伙企业债权、合伙企业取得的工业产权和非专利技术等财产权利。

（3）依法取得的其他财产

合伙企业根据法律、行政法规的规定合法取得的其他财产，如合法接受的赠与财产等。

经典题解

【例题1·多选题】根据合伙企业法律制度的规定，下列各项中，属于合伙企业财产的有（　　）。（2014年）

A. 合伙人缴纳的实物出资

B. 合伙企业对某公司的债权

C. 合伙企业合法接受的赠与财产

D. 合伙企业借用的某合伙人的电脑

【答案】ABC

【例题2·多选题】根据合伙企业法律制度的规定，下列各项中，构成合伙企业财产的有（　　）。（2021年）

A. 合伙企业未分配的利润

B. 合伙人的出资

C. 合伙企业的债权

D. 合伙企业合法取得的赠与财产

【答案】ABCD

2. 合伙企业财产的性质

（1）独立性

合伙企业的财产独立于合伙人，合伙人出资之后，便丧失了对作为其出资财产的所有权，合伙企业财产的所有权属于合伙企业，而不是某一个合伙人。某一个合伙人对合伙企业财产的权益，表现形式为依照合伙协议所确定的财产收益份额或者比例。

（2）合伙人在合伙企业清算前私自转移或者处分合伙企业财产的，合伙企业不得以此对抗善意第三人。

经典题解

【例题·单选题】甲为普通合伙企业执行合伙事务的合伙人。甲为清偿其对合伙企业以外的第三人乙的20万元个人债务，私自将合伙企业的一台工程机械以25万元的市价卖给善意第三人丙并交付。甲用所获价款中的20万元清偿了对乙的债务，剩余5万元被其挥霍一空。根据合伙企业法律制度的规定，下列表述中，正确的是（　　）。（2018年）

A. 合伙企业有权从丙处取回工程机械

B. 乙应将20万元款项直接返还给合伙企业

C. 甲与丙的工程机械买卖合同不成立

D. 合伙企业有权就企业所受损失向甲追偿

【解析】（1）选项AD：合伙人在合伙企业清算前私自转移或者处分合伙企业财产的，合伙企业不得以此对抗善意第三人，合伙企业无权从丙处取回工程机械，合伙企业的损失只能向甲进行追偿；（2）选项C：甲的行为构成无权处分，但买卖合同有效；（3）选项B：乙接受甲的清偿合法有效，不必返还。

【答案】D

3. 财产份额的转让

（1）对内转让

普通合伙人之间转让在合伙企业中的全部或者部分财产份额时，应当通知其他合伙人。

> 温馨小提示
> 对内转让时，其他合伙人并无优先购买权。

【解释】审判实践中，合伙协议如果明确约定合伙人之间转让合伙财产份额需经全体合伙人一致同意，且该约定不违反法律、行政法规的强制性规定，亦不违背公序良俗，人民法院通常认定其合法有效。基于此种特别约定，在其他合伙人未同意合伙财产份额转让之前，当事人就合伙财产份额转让签订的转让协议，应当认定为成立但未生效。如其他合伙人明确不同意该合伙财产份额转让，则转让协议确定不生效，不能在当事人之间产生履行力。当事人请求履行转让协议的，人民法院不予支持。（2022 年新增）

（2）对外转让

①除合伙协议另有约定外，普通合伙人向合伙人以外的人转让其在合伙企业中的全部或者部分财产份额时，须经其他合伙人一致同意。

> 温馨小提示
> 普通合伙人对外转让财产份额时，先约定后法定：先看合伙协议是否另有约定（爱怎么约定就怎么约定）；合伙协议未约定的，才看法定（必须经其他合伙人一致同意）。

②普通合伙人向合伙人以外的人转让其在合伙企业中的财产份额的，在同等条件下，其他合伙人有优先购买权；但是，合伙协议另有约定的除外。

> 温馨小提示
> 其他合伙人是否享有优先购买权？先约定后法定：先看合伙协议是否另有约定（爱怎么约定就怎么约定）；合伙协议未约定的，才看法定（在同等条件下其他合伙人才有优先购买权）。

【解释】合伙人以外的人依法受让合伙人在合伙企业中的财产份额的，经修改合伙协议即成为合伙企业的合伙人。

经典题解

【例题 1 · 单选题】某普通合伙企业合伙人甲拟对外转让其持有的合伙企业财产份额，合伙协议对于转让程序无特别约定。根据合伙企业法律制度的规定，下列关于该转让的表述中，正确的是（　　）。（2018 年）

A. 须经全体合伙人 1/2 以上同意

B. 须经全体合伙人 2/3 以上同意

C. 须经甲以外的其他合伙人 2/3 以上同意

D. 须经甲以外的其他合伙人一致同意

【答案】D

【例题 2 · 单选题】普通合伙人甲、乙、丙、丁分别持有某合伙企业 18%、20%、27% 和 35% 的财产份额。合伙协议约定，合伙人对外转让财产份额应当经持有 3/5 以上合伙财产份额的合伙人同意。合伙协议对合伙人之间转让财产份额无特别约定。现甲欲将其持有的 10% 财产份额转让给非合伙人戊，并将剩余 8% 的财产份额转让给合伙人丙。根据合伙企业法律制度的规定，下列表述中，正确的是（　　）。（2019 年）

A. 未经乙、丙、丁一致同意，甲不得将其财产份额转让给戊

B. 经丙、丁同意，甲即可将其财产份额转让给戊

C. 未经丁同意，甲不得将其财产份额转让给丙

D. 未经乙同意，甲不得将其财产份额转让给丙

【解析】（1）选项AB：普通合伙人对外转让财产份额时，先看合伙协议是否另有约定（有约定的必须按照约定）；合伙协议未约定的，才看法定（必须经其他合伙人一致同意）。在本题中，合伙协议事先约定合伙人对外转让财产份额应当经持有3/5以上合伙财产份额的合伙人同意，因此，经丙、丁（合计62%）同意，甲即可对外转让财产份额；（2）选项CD：普通合伙人之间转让在合伙企业中的全部或者部分财产份额时，通知其他合伙人即可。

【答案】B

【例题3·单选题】甲、乙、丙共同出资设立某普通合伙企业，合伙协议对于合伙人财产份额转让没有约定。在合伙企业存续期间，甲欲转让其部分财产份额给合伙人乙和非合伙人丁。根据合伙企业法律制度的规定，下列表述中，正确的是（　　）。（2021年）

A. 甲向乙转让部分财产份额需要经过丙同意

B. 丙对于甲向乙转让的财产份额有优先购买权

C. 甲向丁转让部分财产份额需要经过乙、丙同意

D. 丙对于甲向丁转让的财产份额无优先购买权

【解析】（1）选项AB：向乙转让属于内部转让，应当通知其他合伙人，无须其他合伙人同意，其他合伙人不享有优先购买权；（2）选项CD：向丁转让属于对外转让，由于合伙协议没有特别约定，须经其他合伙人一致同意，其他合伙人有优先购买权。

【答案】C

【例题4·多选题】甲、乙、丙共同出资设立某普通合伙企业。在合伙企业经营期间，甲拟将其在合伙企业的财产份额部分转让给乙，另一部分转让给合伙人以外的第三人丁。合伙协议对于合伙财产份额转让事项没有约定。根据合伙企业法律制度的规定，下列表述中，正确的有（　　）。（2021年）

A. 甲将部分财产份额转让给乙，只需通知丙

B. 甲将部分财产份额转让给乙，需经丙同意

C. 甲将部分财产份额转让给丁，只需通知乙、丙

D. 甲将部分财产份额转让给丁，需经乙、丙一致同意

【解析】（1）选项AB：向乙转让属于内部转让，应当通知其他合伙人，无须其他合伙人同意；（2）选项CD：向丁转让属于对外转让，由于合伙协议没有特别约定，须经其他合伙人一致同意。

【答案】AD

名师敲黑板

普通合伙人以其财产份额出质的，必须经其他合伙人一致同意，这是法律的强制性规定，合伙协议不得任意约定。

4. 财产份额的出质

普通合伙人以其在合伙企业中的财产份额出质的，须经其他合伙人一致同意；未经其他合伙人一致同意，其行为无效，由此给善意第三人造成损失的，由行为人依法承担赔偿责任。

【案例】甲、乙、丙共同设立一个普通合伙企业，甲持有该合伙企业20%的财产份额。甲个人向丁借款10万元，未经其他合伙人同意，甲擅自将其在合伙企业

中的财产份额质押给丁。在本案中，由于普通合伙人甲的出质行为未经其他合伙人一致同意，即使丁属于善意第三人，该出质行为照样无效，由此给善意第三人丁造成损失的，由甲向丁承担赔偿责任。

经典题解

【例题·单选题】某普通合伙企业合伙人甲因个人借款，拟将其合伙财产份额质押给债权人乙。根据合伙企业法律制度的规定，为使该质押行为有效，同意质押的合伙人人数应当是（　　）。（2017年）

A. 超过全体合伙人的二分之一

B. 超过全体合伙人的三分之二

C. 超过全体合伙人的四分之三

D. 全体合伙人

【答案】D

【考点5】合伙企业的事务执行（P143）★★★

1. 合伙事务执行的形式

（1）普通合伙人无论其出资多少，都需要对企业债务承担无限连带责任，因此，各合伙人无论其出资多少，都有权平等享有执行合伙企业事务的权利。

（2）一般情况下，由全体合伙人共同执行合伙事务。按照合伙协议的约定或者经全体合伙人决定，也可以委托一个或者数个合伙人执行合伙事务，其他合伙人不再执行合伙事务。由一个或者数个合伙人执行合伙事务的，执行事务的合伙人应当定期向其他合伙人报告事务执行情况以及合伙企业的经营和财务状况。

> **温馨小提示**
>
> 法人如果是普通合伙人，则可以担任合伙事务执行人，由其委派的代表执行。

2. 由一个或者数个合伙人执行合伙事务的

（1）对外代表权

委托一个或者数个合伙人执行合伙事务的，执行合伙事务的合伙人对外代表合伙企业，其他合伙人不得对外代表合伙企业。

（2）监督权

委托一个或者数个合伙人执行合伙事务的，其他合伙人不再执行合伙事务，但不执行合伙事务的合伙人有权监督执行事务合伙人执行合伙事务的情况。

（3）查阅账簿权

合伙人有权查阅合伙企业会计账簿等财务资料。

（4）撤销委托权

受委托执行合伙事务的合伙人不按照合伙协议或者全体合伙人的决定执行事务的，其他合伙人可以决定撤销该委托。

（5）异议权

合伙人分别执行合伙事务的，执行事务合伙人可以对其他合伙人执行的事务提出异议。提出异议时，应当暂停该项事务的执行。如果发生争议，按照合伙协议约定的表决办法办理，合伙协议未约定或者约定不明确的，实行合伙人一人一票并经全体合伙人过半数通过的表决办法。

> **名师敲黑板**
>
> 不执行合伙事务的合伙人有监督权、撤销委托权、查阅账簿权，但无异议权。异议权是指当两个以上的合伙人分别执行合伙事务的（一个负责卖西瓜，一个负责卖南瓜），执行事务合伙人可以对其他合伙人执行的事务提出异议。异议权的行使主体只能是执行合伙事务的合伙人。

经典题解

【例题 1 · 单选题】赵某、钱某、孙某、李某设立一家普通合伙企业。经全体合伙人决定，委托赵某、钱某执行合伙事务，对外代表合伙企业。根据合伙企业法律制度的规定，下列表述中，错误的是（　　）。

A. 孙某、李某有权监督赵某、钱某执行合伙事务的情况

B. 如赵某单独执行某一合伙事务，钱某可以对赵某执行的事务提出异议

C. 如赵某单独执行某一合伙事务，孙某可以对赵某执行的事务提出异议

D. 如赵某执行事务违反合伙协议，孙某、李某、钱某有权决定撤销对赵某的委托

【解析】（1）选项 ACD：不执行合伙事务的合伙人（孙某、李某）有监督权、撤销委托权、查阅账簿权，但无异议权；（2）选项 B：当两个以上的合伙人分别执行合伙事务的，执行事务合伙人（钱某）可以对其他合伙人（赵某）执行的事务提出异议。

【答案】C

【例题 2 · 单选题】根据合伙企业法律制度的规定，下列关于普通合伙企业合伙事务执行的表述中，正确的是（　　）。（2019 年）

A. 合伙人对执行合伙事务享有同等权利

B. 合伙人不得监督合伙事务执行情况

C. 合伙事务应由出资最多的合伙人执行

D. 法人不得担任合伙事务执行人

【解析】（1）选项 AC：普通合伙人无论其出资多少，都有权平等享有执行合伙企业事务的权利；（2）选项 B：不执行合伙事务的合伙人有权监督执行事务合伙人执行合伙事务的情况；（3）选项 D：法人如果是普通合伙人，则可以担任合伙事务执行人，由其委派的代表执行。

【答案】A

3. 重大事项的决议办法

> **名师敲黑板**
>
> 重大事项的决议办法，先约定后法定：先看合伙协议是否另有约定（爱怎么约定就怎么约定），合伙协议没有约定的，才看法定（经全体合伙人一致同意）。

除合伙协议另有约定外，合伙企业的下列事项应当经全体合伙人一致同意：

（1）改变合伙企业的名称；

（2）改变合伙企业的经营范围、主要经营场所的地点；

（3）处分合伙企业的不动产；

（4）转让或者处分合伙企业的知识产权和其他财产权利；

（5）以合伙企业名义为他人提供担保；

（6）聘任合伙人以外的人担任合伙企业的经营管理人员。

经典题解

【例题 1 · 单选题】某普通合伙企业拟变更企业名称，但合伙协议对该事项的决议规则未作约定。下列表述中，符合合伙企业法律制度规定的是（　　）。（2016 年）

A. 该事项经全体合伙人一致同意方可通过

B. 该事项经半数以上合伙人同意即可通过

C. 该事项经 2/3 以上合伙人同意即可通过

D. 该事项经出资占比 2/3 以上的合伙人同意即可通过

【答案】A

【例题 2 · 多选题】甲、乙、丙三人共同出资成立某普通合伙企业，合伙协议约定甲担任合伙事务执行人，但并未约定其执行事务的权限。根据合伙企业法律制度的规定，下列事项中，甲无权单独决定的有（　　）。（2020 年）

A. 变更该企业的经营范围

B. 变更该企业的名称

C. 变更该企业主要经营场所的地点

D. 聘任丁担任该合伙企业总经理

【解析】选项 ABCD：除合伙协议另有约定外，应当经全体合伙人一致同意。

【答案】ABCD

4. 非合伙人参与经营管理

（1）除合伙协议另有约定外，经全体合伙人一致同意，可以聘任合伙人以外的人担任合伙企业的经营管理人员。

（2）被聘任的合伙企业的经营管理人员，超越合伙企业授权范围履行职务，或者在履行职务过程中因故意或者重大过失给合伙企业造成损失的，依法承担赔偿责任。

5. 合伙企业的损益分配

（1）合伙企业的利润分配、亏损分担，按照合伙协议的约定办理。

（2）合伙协议未约定或者约定不明确的，由合伙人协商决定；协商不成的，由合伙人按照实缴出资比例分配、分担；无法确定出资比例的，由合伙人平均分配、分担。

（3）合伙协议不得约定将全部利润分配给部分合伙人或者由部分合伙人承担全部亏损。

【解释】合伙企业损益分配原则：约定→协商→实缴出资比例→平均。

温馨小提示

合伙人以外的经营管理人员属于非合伙人，无须对企业债务承担无限连带责任。

温馨小提示

亏损是指以合伙企业的名义从事经营活动所形成的亏损（利润为负数的状态）。

名师敲黑板

合伙企业是契约式企业，损益分配首先看合伙协议的约定，合伙协议爱怎么约定就怎么约定，但有一个例外，普通合伙企业的合伙协议绝对不得约定将全部利润分配给部分合伙人或者由部分合伙人承担全部亏损。

经典题解

【例题 1 · 单选题】根据合伙企业法律制度的规定，合伙企业利润分配的首要依据是（　　）。（2015 年）

A. 合伙协议约定的比例　　B. 合伙人均等的比例

C. 合伙人实缴出资的比例　　D. 合伙人认缴出资的比例

【答案】A

【例题 2 · 单选题】2017 年 6 月，自然人甲、乙、丙设立某合伙企业。合伙协议约定：甲、乙各出资 30 万元，丙出资 90 万元，均应于合伙企业成立之日起 2 年内缴清；合伙协议未约定利润分配事项。2018 年 6 月，合伙企业拟分配利润，此时甲、乙已完全履行出资义务，丙已向合伙企业出资 60 万元，在甲、乙、丙未能就此次利润分配方案达成一致意见的情形下，下列关于此次利润应如何分配的表述中，正确的是（　　）。（2018 年）

A. 甲、乙、丙应按 1 ∶ 1 ∶ 2 的比例分配

B. 甲、乙、丙应按 1 ∶ 1 ∶ 3 的比例分配

C. 甲、乙、丙应按 1 ∶ 1 ∶ 1 的比例分配

D. 甲、乙、丙应按各自对合伙企业的贡献度分配

【答案】A

【例题 3 · 多选题】根据合伙企业法律制度的规定，普通合伙企业发生的下列事项中，除合伙协议另有约定外，须经全体合伙人一致同意方能通过的有（　　）。（2019 年）

A. 合伙人向合伙人以外的人转让其财产份额

B. 合伙企业处分其不动产

C. 合伙企业聘任合伙人以外的人担任企业经营管理人员

D. 合伙企业分配利润

【解析】选项 D：合伙协议未约定或者约定不明确的，由合伙人协商决定；协商不成的，由合伙人按照实缴出资比例分配、分担；无法确定出资比例的，由合伙人平均分配、分担。

【答案】ABC

【考点 6】合伙企业与第三人的关系（P146）★★★

1. 对外代表权的效力

合伙企业对合伙人执行合伙事务以及对外代表合伙企业权利的限制，不得对抗善意第三人。

【相关链接 1】合伙人在合伙企业清算前私自转移或者处分合伙企业财产的，合伙企业不得以此对抗善意第三人。

【相关链接 2】普通合伙人以其在合伙企业中的财产份额出质的，须经其他合伙人一致同意；未经其他合伙人一致同意，其行为无效，由此给善意第三人造成损失的，由行为人依法承担赔偿责任。

2. 企业的债务清偿

（1）先企业后个人

> 名师敲黑板：只有合伙企业以其全部财产不能清偿到期债务时，普通合伙人才承担无限连带责任。

合伙企业对其债务，应先以其全部财产进行清偿。

（2）无限连带责任

合伙人之间的分担比例对债权人没有约束力。债权人可以根据自己的清偿利益，请求全体合伙人中的一人或者数人承担全部清偿责任，也可以按照自己确定的清偿比例向各合伙人分别追索。

> 温馨小提示：债权人爱找谁找谁，爱要多少要多少。

（3）内部追偿

如果某一合伙人实际支付的清偿数额超过其依照既定比例所应承担的数额，该合伙人有权就超过部分向其他未支付或者未足额支付应承担数额的合伙人追偿。

> 名师敲黑板：普通合伙人对外承担连带责任，对内承担按份责任。合伙人之间进行内部追偿时，不能爱找谁找谁，爱要多少要多少。

经典题解

【例题 1 · 单选题】根据合伙企业法律制度的规定，下列关于普通合伙企业债务清偿的表述中，正确的是（　　）。（2015 年）

A. 债权人应当首先向合伙企业求偿

B. 债权人应当首先向合伙人求偿

C. 债权人应当同时向合伙企业及其合伙人求偿

D. 债权人可以选择向合伙企业或其合伙人求偿

【答案】A

【例题 2·多选题】甲、乙、丙为普通合伙企业的合伙人。该合伙企业向丁借款 15 万元，甲、乙、丙之间约定，如果到期合伙企业无力偿还该借款，甲、乙、丙各自负责偿还 5 万元。借款到期时，该合伙企业没有财产向丁清偿。根据合伙企业法律制度的规定，下列关于该债务清偿的表述中，正确的有（　　）。

A. 丁有权直接向甲要求偿还 15 万元

B. 只有在甲、乙确实无力清偿的情况下，丁才有权要求丙偿还 15 万元

C. 乙仅负有向丁偿还 5 万元的义务

D. 丁可以根据各合伙人的实际财产情况，要求甲偿还 10 万元，乙偿还 3 万元，丙偿还 2 万元

【答案】AD

【例题 3·单选题】某普通合伙企业有甲、乙、丙、丁四位合伙人，合伙协议约定，合伙企业债务由各合伙人平均承担。现该合伙企业无力清偿到期债务 12 万元，甲向债权人清偿了 9 万元，乙向债权人清偿了 3 万元。根据合伙企业法律制度的规定，下列关于合伙企业债务内部追偿的表述中，正确的是（　　）。（2019 年）

A. 甲无权向丙或者丁追偿

B. 甲可以向丁追偿 3 万元

C. 甲可以向乙追偿 3 万元

D. 甲可以向丙追偿 6 万元

【解析】如果某一合伙人实际支付的清偿数额超过其依照既定比例所应承担的数额，该合伙人有权就超过部分向其他未支付或者未足额支付应承担数额的合伙人追偿。在本题中，合伙协议约定合伙企业债务由各合伙人平均清偿，即每人应承担 3 万元，因此甲可以向丙和丁各追偿 3 万元，不能向乙追偿。

【答案】B

3. 合伙人的债务清偿

（1）合伙人发生与合伙企业无关的债务，相关债权人不得以其债权抵销其对合伙企业的债务；也不得代位行使合伙人在合伙企业中的权利。

（2）合伙人的自有财产不足清偿其与合伙企业无关的债务的，该合伙人可以以其从合伙企业中分取的收益用于清偿；债权人也可以依法请求人民法院强制执行该合伙人在合伙企业中的财产份额用于清偿。

名师敲黑板

债权人不能自行接管或者直接变卖该合伙人在合伙企业中的财产份额。

经典题解

【例题 1·单选题】某普通合伙企业合伙人甲享有合伙财产份额价值为 10 万元，因个人车辆修理而欠乙修理费 5 万元，到期无力清偿。同时乙欠合伙企业 5 万元货款未清偿；合伙企业未向甲支付上一年度应分配利润 10 万元。债权人乙提出的下

列主张中，符合合伙企业法律制度规定的是（ ）。（2017年）

A. 以甲欠乙的修理费抵销乙欠合伙企业的货款

B. 请求人民法院强制执行甲在合伙企业中的财产份额以清偿修理费

C. 代位行使甲对合伙企业上一年度全部可分配利润的请求权

D. 直接取得甲在合伙企业中价值5万元的财产份额

【答案】B

【例题2·多选题】甲为普通合伙企业的合伙人，因个人原因欠合伙企业以外的第三人乙10万元。乙欠合伙企业货款15万元。现甲无力以个人财产清偿欠乙的债务，乙的下列主张中，符合合伙企业法律制度规定的有（ ）。（2018年）

A. 以其对甲的债权部分抵销其欠合伙企业的债务

B. 以甲从合伙企业中分得的利润偿付债务

C. 代位行使甲在合伙企业中的各项权利

D. 请求人民法院强制执行甲在合伙企业中的财产份额偿付债务

【答案】BD

【考点7】退伙的类型（P149）★★★

温馨小提示

这是每年必考的考点。

【解释】退伙包括自愿退伙（协议退伙、通知退伙）和强制退伙（当然退伙、除名）。

1. 协议退伙

合伙协议约定合伙期限的，在合伙企业存续期间，有下列情形之一的，合伙人可以退伙：

（1）合伙协议约定的退伙事由出现；

（2）经全体合伙人一致同意；

（3）发生合伙人难以继续参加合伙的事由；

（4）其他合伙人严重违反合伙协议约定的义务。

2. 通知退伙

温馨小提示

协议退伙与通知退伙的主要区别是：合伙协议是否约定了合伙期限。

合伙协议未约定合伙期限的，合伙人在不给合伙企业事务执行造成不利影响的情况下，可以退伙，但应当提前30日通知其他合伙人。

3. 当然退伙

（1）作为合伙人的自然人死亡或者被依法宣告死亡；

（2）个人丧失偿债能力；

（3）作为合伙人的法人或者其他组织依法被吊销营业执照、责令关闭、撤销，或者被宣告破产；

名师敲黑板

合伙人被宣告破产，当然退伙；如果只是被债权人申请破产，是否被宣告破产并不确定，并不导致当然退伙。

（4）法律规定或者合伙协议约定合伙人必须具有相关资格而丧失该资格；

（5）合伙人在合伙企业中的全部财产份额被人民法院强制执行。

【解释1】退伙事由实际发生之日为退伙生效日。例如，合伙人甲公司于2022年4月1日被人民法院宣告破产，其退伙生效日为2022年4月1日。

【解释2】（1）普通合伙人丧失偿债能力的，当然退伙；（2）有限合伙人丧失偿债能力的，无须退伙。

【解释3】（1）普通合伙人被依法认定为无民事行为能力人或者限制民事行为能力人的，经其他合伙人一致同意，可以依法转为有限合伙人，普通合伙企业依法转为有限合伙企业；其他合伙人未能一致同意的，该无民事行为能力或者限制民事行为能力的合伙人当然退伙；（2）作为有限合伙人的自然人在有限合伙企业存续期间丧失民事行为能力的，其他合伙人不得因此要求其退伙。

表5-1　当然退伙

	普通合伙人	有限合伙人
作为合伙人的自然人死亡或者被依法宣告死亡	√	√
作为合伙人的法人或者其他组织依法被吊销营业执照、责令关闭、撤销，或者被宣告破产	√	√
法律规定或者合伙协议约定合伙人必须具有相关资格而丧失该资格	√	√
全部财产份额被人民法院强制执行	√	√
丧失偿债能力	√	×
丧失民事行为能力	经其他合伙人一致同意，可以依法转为有限合伙人，普通合伙企业依法转为有限合伙企业；否则退伙	×

4. 除名

合伙人有下列情形之一的，经其他合伙人一致同意，可以决议将其除名：

（1）未履行出资义务；

（2）因故意或者重大过失给合伙企业造成损失；

（3）执行合伙事务时有不正当行为；

（4）发生合伙协议约定的事由。

【解释】对合伙人的除名决议应当书面通知被除名人。被除名人接到除名通知之日，除名生效，被除名人退伙。被除名人对除名决议有异议的，可以自接到除名通知之日起30日内，向人民法院起诉。

经典题解

【例题1·单选题】某普通合伙企业的合伙人包括有限责任公司甲、乙，自然人丙、丁。根据合伙企业法律制度的规定，下列情形中，属于当然退伙事由的是（　　）。（2014年）

A. 甲被债权人申请破产　　B. 丙被依法宣告失踪

C. 丁因斗殴被公安机关拘留　　D. 乙被吊销营业执照

【答案】D

【例题2·单选题】根据合伙企业法律制度的规定，下列各项中，构成有限合伙人当然退伙情形的是（　　）。（2017年）

A. 作为有限合伙人的法人被宣告破产

B. 作为有限合伙人的自然人故意给合伙企业造成损失

C. 作为有限合伙人的自然人被宣告失踪

D. 作为有限合伙人的自然人丧失民事行为能力

【解析】（1）选项B：可以决议将其“除名”；（2）选项C：作为有限合伙人的自然人死亡或者被依法宣告死亡（不包括被宣告失踪）的，当然退伙；（3）选项D：作为有限合伙人的自然人在有限合伙企业存续期间丧失民事行为能力的，其他合伙人不得因此要求其退伙。

【答案】A

【例题3·多选题】根据合伙企业法律制度的规定，下列各项中，属于普通合伙企业合伙人当然退伙的情形有（　　）。（2018年）

A. 法人合伙人被吊销营业执照　B. 因重大过失给合伙企业造成损失

C. 自然人合伙人被宣告死亡　　D. 未履行出资义务

【解析】选项BD：属于可以“除名”的情形。

【答案】AC

【例题4·多选题】根据合伙企业法律制度的规定，合伙协议约定合伙期限的，在合伙企业存续期间，下列情形中，合伙人可以退伙的有（　　）。（2019年）

A. 发生合伙协议约定的退伙事由

B. 其他合伙人严重违反合伙协议约定的义务

C. 全体合伙人一致同意退伙

D. 发生合伙人难以继续参加合伙的事由

【答案】ABCD

【例题5·单选题】根据合伙企业法律制度的规定，下列情形中，属于普通合伙人当然退伙事由的是（　　）。（2020年）

A. 合伙人未履行出资义务

B. 合伙人个人丧失偿债能力

C. 合伙人因故意或者重大过失给合伙企业造成损失

D. 合伙人执行合伙事务时有不正当行为

【解析】选项ACD：属于可以“除名”的情形。

【答案】B

【例题6·多选题】根据合伙企业法律制度的规定，下列各项中，属于合伙人通知退伙应当满足的条件的有（　　）。（2020年）

A. 合伙协议未约定合伙企业的经营期限

B. 退伙不给合伙企业事务执行造成不利影响

C. 其他合伙人一致同意

D. 提前30日通知其他合伙人

【答案】ABD

【考点8】财产继承（P150）★★★

1. 如果继承人不愿意成为合伙人或者不能成为合伙人的，合伙企业应当向其退还被继承合伙人的财产份额。

2. 能否成为合伙人？

（1）有限合伙人

作为有限合伙人的自然人死亡、被依法宣告死亡或者作为有限合伙人的法人及其他组织终止时，其继承人或者权利承受人可以依法取得该有限合伙人在有限合伙企业中的资格。

【解释】有限合伙人不执行合伙事务，无须对企业债务承担无限连带责任，因此，有限合伙人死亡后，无论其继承人是否具备完全民事行为能力，都可以依法取得该有限合伙人在有限合伙企业中的资格。

（2）普通合伙人

①继承人具备完全民事行为能力的，按照合伙协议的约定或者经全体合伙人一致同意，从继承开始之日起，可以取得普通合伙人资格。

②继承人为无民事行为能力人或者限制民事行为能力人的，经全体合伙人一致同意，可以依法成为有限合伙人，普通合伙企业依法转为有限合伙企业。全体合伙人未能一致同意的，合伙企业应当将被继承合伙人的财产份额退还该继承人。

【解释】普通合伙人应具备承担无限连带责任的能力：（1）如果其继承人为无民事行为能力人或者限制民事行为能力人的，不可能成为普通合伙人，但有机会成为有限合伙人。经全体合伙人一致同意，可以依法成为有限合伙人（而非自动取得有限合伙人的资格），此时普通合伙企业依法转为有限合伙企业；（2）如果其继承人具备完全民事行为能力，有机会成为普通合伙人，而非自动取得普通合伙人的资格。先看合伙协议对普通合伙人的继承资格问题有没有约定，有约定按照约定处理。如果合伙协议对此没有约定，经全体合伙人一致同意，才能取得普通合伙人的资格；如果不能取得一致同意，合伙企业应当向其退还被继承合伙人的财产份额。此时，该继承人能否成为有限合伙人？法律并未明确规定，希望考生就此打住，千万别作茧自缚。

经典题解

【例题1·单选题】甲、乙、丙共同投资设立一个普通合伙企业，合伙协议对合伙人的资格取得或者丧失未作约定。合伙企业存续期间，甲因车祸去世，甲妻丁是唯一继承人。下列表述中，符合合伙企业法律制度规定的是（　　）。

A. 丁自动取得该企业合伙人资格

B. 经乙、丙一致同意，丁取得该企业合伙人资格

C. 丁不能取得该企业合伙人资格，只能由该企业向丁退还甲在企业中的财产份额

D. 丁自动成为有限合伙人，该企业转为有限合伙企业

【解析】甲的妻子丁具备完全民事行为能力，按照合伙协议的约定或者经全体合伙人一致同意，丁可以取得普通合伙人资格。

【答案】B

【例题2·单选题】某普通合伙企业合伙人甲死亡，其未成年子女乙、丙是其全部合法继承人。根据合伙企业法律制度的规定，下列表述中，正确的是（　　）。（2017年）

A. 乙、丙可以继承甲的财产份额，但不能成为合伙人

B. 乙、丙因继承甲的财产份额而自动取得合伙人资格

C. 经全体合伙人一致同意，乙、丙可以成为有限合伙人

D. 应解散合伙企业，清算后向乙、丙退还甲的财产份额

【解析】普通合伙人的继承人乙、丙为无民事行为能力人或者限制民事行为能力人，经全体合伙人一致同意，可以依法成为有限合伙人，普通合伙企业依法转为有限合伙企业；全体合伙人未能一致同意的，合伙企业应当将被继承合伙人的财产份额退还该继承人。

【答案】C

温馨小提示

特殊的普通合伙企业（如会计师事务所、律师事务所）适用普通合伙企业的一般规定，其特殊性主要体现在“债务责任的承担”上。

【考点9】特殊的普通合伙企业（P151）★★

1. 普通债务

合伙人在执业活动中非因故意或者重大过失造成的合伙企业债务以及合伙企业的其他债务，由全体合伙人承担无限连带责任。

2. 特定债务

（1）对外

一个合伙人或者数个合伙人在执业活动中因故意或者重大过失造成合伙企业债务的，应当承担无限责任或者无限连带责任，其他合伙人以其在合伙企业中的财产份额为限承担责任。

（2）对内

合伙人在执业活动中因故意或者重大过失造成的合伙企业债务，以合伙企业财产对外承担责任后，该合伙人应当按照合伙协议的约定对给合伙企业造成的损失承担赔偿责任。

3. 执业风险防范

（1）特殊的普通合伙企业应当建立执业风险基金，办理职业责任保险。

（2）执业风险基金，主要是指为了化解经营风险，特殊的普通合伙企业从其经营收益中提取相应比例的资金，用于偿付合伙人执业活动造成的债务。执业风险基金应当单独立户管理。

经典题解

【例题1·单选题】注册会计师甲、乙、丙共同出资设立一特殊的普通合伙制会计师事务所。因甲、乙在某次审计业务中故意出具不实审计报告，人民法院判决会计师事务所赔偿当事人50万元。根据合伙企业法律制度的规定，下列关于该赔偿责任承担的表述中，正确的是（　　）。（2013年）

A. 甲、乙、丙均承担无限连带责任

B. 甲、乙、丙均以其在会计师事务所中的财产份额为限承担责任

C. 以该会计师事务所的全部财产为限承担责任

D. 甲、乙承担无限连带责任，丙以其在会计师事务所中的财产份额为限承担责任

【答案】D

【例题 2·多选题】根据合伙企业法律制度的规定，下列关于特殊的普通合伙企业执业风险防范措施的表述中，正确的有（　　）。（2016 年）

A. 企业可以选择建立执业风险基金或者办理职业保险

B. 执业风险基金用于偿付合伙人执业活动造成的债务

C. 执业风险基金应当单独立户管理

D. 企业应当从其经营收益中提取相应比例资金作为执业风险基金

【解析】选项 A：特殊的普通合伙企业应当建立执业风险基金和办理职业保险。

【答案】BCD

第二单元　有限合伙企业

使用“会计云课堂”App 或“微信”扫码查看本单元视频，快速 GET 知识点。

【考点 1】有限合伙企业的设立（P153）★★★

1. 有限合伙企业由 2 个以上 50 个以下合伙人设立；但是，法律另有规定的除外。

2. 有限合伙企业至少应当有 1 个普通合伙人和 1 个有限合伙人。有限合伙企业仅剩有限合伙人的，应当解散；有限合伙企业仅剩普通合伙人的，应当转为普通合伙企业。

3. 国有独资公司、国有企业、上市公司以及公益性的事业单位、社会团体不得成为普通合伙人，可以成为有限合伙人。

4. 有限合伙人可以用货币、实物、知识产权、土地使用权或者其他财产权利作价出资；有限合伙人不得以劳务出资。

5. 有限合伙企业名称中应当标明“有限合伙”字样。

6. 有限合伙人应当按照合伙协议的约定按期足额缴纳出资，未按期足额缴纳的，应当承担补缴义务，并对其他合伙人承担违约责任。

温馨小提示

普通合伙企业的合伙人为 2 个以上，法律并未规定最高限额。

经典题解

【例题·单选题】根据合伙企业法律制度的规定，下列关于有限合伙企业的表述中，错误的是（　　）。（2018 年）

A. 除法律另有规定外，有限合伙人人数不得超过 200 人

B. 国有独资公司及公益性的事业单位，不得担任普通合伙人

C. 法人及其他组织均可依照法律规定设立有限合伙企业

D. 有限合伙企业仅剩下普通合伙人的，应当转为普通合伙企业

【答案】A

【考点2】有限合伙企业的事务执行（P154）★★★

1. 有限合伙企业由普通合伙人执行合伙事务。

（1）执行事务合伙人可以要求在合伙协议中确定执行事务的报酬及报酬提取方式。

（2）如合伙协议无约定，全体普通合伙人是合伙事务的共同执行人。

（3）合伙事务执行人若因自己的过错造成合伙财产损失的，应向合伙企业或其他合伙人负赔偿责任。

2. 有限合伙人不执行合伙事务，不得对外代表有限合伙企业。

> **名师敲黑板**
>
> 有限合伙人不执行合伙事务，不得对外代表有限合伙企业，这是法律的强制性规定，合伙协议不得任意约定。

3. 有限合伙人的下列行为，不视为执行合伙事务：

> **温馨小提示**
>
> 有限合伙人不执行合伙事务，仅承担有限责任，有限合伙人只是一种不参与具体事务管理的财务投资者。但是，对涉及有限合伙人根本利益的事项，有限合伙人享有一定的参与权、监督权和救济权。

（1）参与决定普通合伙人入伙、退伙；

（2）对企业的经营管理提出建议；

（3）参与选择承办有限合伙企业审计业务的会计师事务所；

（4）获取经审计的有限合伙企业财务会计报告；

（5）对涉及自身利益的情况，查阅有限合伙企业财务会计账簿等财务资料；

（6）在有限合伙企业中的利益受到侵害时，向有责任的合伙人主张权利或者提起诉讼；

（7）执行事务合伙人怠于行使权利时，督促其行使权利或者为了本企业的利益以自己的名义提起诉讼；

（8）依法为本企业提供担保。

【相关链接】除合伙协议另有约定外，普通合伙企业的下列事项应当经全体合伙人一致同意：（1）改变合伙企业的名称；（2）改变合伙企业的经营范围、主要经营场所的地点；（3）处分合伙企业的不动产；（4）转让或者处分合伙企业的知识产权和其他财产权利；（5）以合伙企业名义为他人提供担保；（6）聘任合伙人以外的人担任合伙企业的经营管理人员。

经典题解

【例题1·多选题】某产业投资基金的组织形式为有限合伙企业，其有限合伙人的下列行为中，符合合伙企业法律制度规定的有（　　）。（2014年）

A. 担任该基金总经理

B. 参与选择承办该基金审计业务的会计师事务所

C. 依法为该基金提供担保

D. 对该基金的经营管理提出建议

【解析】（1）选项A：有限合伙人不得执行合伙事务（担任该基金总经理）；（2）选项BCD：不视为执行合伙事务。

【答案】BCD

【例题2·多选题】根据合伙企业法律制度的规定，有限合伙人的下列行为中，视为执行合伙事务的有（　　）。（2017年）

A. 参与决定普通合伙人退伙

B. 参与决定合伙企业为第三人提供担保

C. 参与决定出售合伙企业房产

D. 为合伙企业提供担保

【解析】选项 AD：不视为执行合伙事务。

【答案】BC

【例题 3·单选题】根据合伙企业法律制度的规定，下列关于有限合伙企业合伙事务执行人的表述中，正确的是（ ）。（2020 年）

A. 合伙协议无约定的情况下，全体普通合伙人是合伙事务的共同执行人

B. 合伙协议可以约定由有限合伙人担任合伙事务执行人

C. 合伙事务执行人执行合伙事务造成合伙财产损失的，应向合伙企业或其他合伙人承担赔偿责任

D. 合伙事务执行人不得要求合伙企业就执行事务的劳动付出支付报酬

【解析】（1）选项 B：有限合伙人不执行合伙事务，不得对外代表有限合伙企业，这是法律的强制性规定，合伙协议不得约定由有限合伙人担任合伙事务执行人；（2）选项 C：合伙事务执行人若因自己的过错造成合伙企业财产损失的，应向合伙企业或其他合伙人负赔偿责任（如果没有过错，则无须承担赔偿责任）。

【答案】A

4. 利润分配

（1）有限合伙企业不得将全部利润分配给部分合伙人；但是，合伙协议另有约定的除外。

（2）普通合伙企业的合伙协议不得约定将全部利润分配给部分合伙人或者由部分合伙人承担全部亏损。

> **名师敲黑板**
>
> 合伙协议绝对不得约定由部分合伙人承担全部亏损。但合伙协议能否约定将全部利润分配给部分合伙人？
>
> （1）普通合伙企业：绝对不行；（2）有限合伙企业：可以约定在一定时期内将全部利润只分配给有限合伙人。

经典题解

【例题·单选题】根据合伙企业法律制度的规定，下列各项中，属于有限合伙企业合伙协议可以约定的是（ ）。（2021 年）

A. 有限合伙人对外代表有限合伙企业

B. 有限合伙人执行合伙事务

C. 有限合伙人享有全部企业利润

D. 有限合伙人完全不承担企业亏损

【解析】（1）选项 AB：有限合伙人不执行合伙事务，不得对外代表有限合伙企业，这是法律的强制性规定，合伙协议不得任意约定；（2）选项 C：有限合伙企业的合伙协议可以约定在一定时期内将全部利润分配给有限合伙人；（3）选项 D：合伙协议不得约定由部分合伙人承担全部亏损，这是法律的强制性规定，合伙协议不得任意约定。

【答案】C

【考点 3】交易（P155）★★★

1. 普通合伙人

> **名师敲黑板**
>
> 先看合伙协议的约定（爱怎么约定就怎么约定），合伙协议没有约定的，经全体合伙人一致同意才能同本合伙企业进行交易，否则，普通合伙人不得同本合伙企业进行交易。

除合伙协议另有约定或者经全体合伙人一致同意外，普通合伙人不得同本合伙

企业进行交易。

名师敲黑板

先看合伙协议的约定（爱怎么约定就怎么约定），合伙协议没有约定的，有限合伙人可以同本合伙企业进行交易。

2. 有限合伙人

有限合伙人可以同本有限合伙企业进行交易；但是，合伙协议另有约定的除外。

经典题解

【例题·多选题】甲、乙、丙、丁四人拟共同出资设立一个有限合伙企业，其中甲、乙为普通合伙人，丙、丁为有限合伙人。在其订立合伙协议时约定的下列事项中，符合合伙企业法律制度规定的有（　　）。

A. 甲、乙、丙、丁均可以同本合伙企业进行交易

B. 甲、乙、丙、丁均不得同本合伙企业进行交易

C. 甲、乙可以同本合伙企业进行交易，丙、丁不得同本合伙企业进行交易

D. 甲、乙不得同本合伙企业进行交易，丙、丁可以同本合伙企业进行交易

【答案】ABCD

名师敲黑板

普通合伙人绝对不能从事同本合伙企业相竞争的业务，这是法律的强制性规定，合伙协议不能"越雷池半步"。

名师敲黑板

先看合伙协议的约定（爱怎么约定就怎么约定），合伙协议没有约定的，有限合伙人可以自营或者同他人合作经营与本合伙企业相竞争的业务。

【考点4】竞争（P156）★★★

1. 普通合伙人

普通合伙人不得自营或者同他人合作经营与本合伙企业相竞争的业务。

2. 有限合伙人

有限合伙人可以自营或者同他人合作经营与本有限合伙企业相竞争的业务；但是，合伙协议另有约定的除外。

经典题解

【例题1·多选题】甲、乙、丙、丁四人拟共同出资设立一个有限合伙企业，其中甲、乙为普通合伙人，丙、丁为有限合伙人。在其订立合伙协议时约定的下列事项中，符合合伙企业法律制度规定的有（　　）。

A. 甲、乙、丙、丁均可以自营与本合伙企业相竞争的业务

B. 甲、乙、丙、丁均不得自营与本合伙企业相竞争的业务

C. 甲、乙可以自营与本合伙企业相竞争的业务，丙、丁不得自营与本合伙企业相竞争的业务

D. 甲、乙不得自营与本合伙企业相竞争的业务，丙、丁可以自营与本合伙企业相竞争的业务

【答案】BD

【例题2·多选题】根据合伙企业法律制度的规定，下列各项中，属于有限合伙人可以从事的行为的有（　　）。（2020年）

A. 对外代表企业

B. 以劳务向合伙企业出资

C. 在合伙协议无相反约定的情况下，同本企业进行交易

D. 在合伙协议无相反约定的情况下，经营与本企业相竞争的业务

【解析】（1）选项 A：有限合伙人不执行合伙事务，不得对外代表有限合伙企业；（2）选项 B：有限合伙人不得以劳务出资。

【答案】CD

【考点 5】出质（P156）★★★

1. 普通合伙人

普通合伙人以其在合伙企业中的财产份额出质的，须经其他合伙人一致同意；未经其他合伙人一致同意，其行为无效，由此给善意第三人造成损失的，由行为人依法承担赔偿责任。

> 名师敲黑板
>
> 必须经其他合伙人一致同意，这是法律的强制性规定，合伙协议不能“越雷池半步”。

2. 有限合伙人

有限合伙人可以将其在有限合伙企业中的财产份额出质；但是，合伙协议另有约定的除外。

> 名师敲黑板
>
> 先看合伙协议的约定（爱怎么约定就怎么约定），合伙协议没有约定的，有限合伙人可以出质。

经典题解

【例题 1·单选题】甲为某有限合伙企业的有限合伙人，欲将其财产份额出质。合伙协议对该类事项的批准方式未作约定。下列关于该事项批准方式的表述中，符合合伙企业法律制度规定的是（　　）。（2019 年）

A. 其他合伙人一致同意　　B. 无须其他合伙人同意

C. 普通合伙人一致同意　　D. 有限合伙人一致同意

【答案】B

【例题 2·多选题】甲、乙、丙、丁共同投资设立一个有限合伙企业，甲、乙为普通合伙人，丙、丁为有限合伙人。下列有关合伙人以财产份额出质的表述中，符合合伙企业法律制度规定的有（　　）。

A. 经乙、丙、丁同意，甲可以其在合伙企业中的财产份额出质

B. 如果合伙协议没有约定，即使甲、乙均不同意，丁也可以其在合伙企业中的财产份额出质

C. 合伙协议可以约定，经 2 个以上合伙人同意，乙可以其在合伙企业中的财产份额出质

D. 合伙协议可以约定，未经 2 个以上合伙人同意，丙不得以其在合伙企业中的财产份额出质

【答案】ABD

【考点 6】财产份额的对外转让（P156）★★★

1. 普通合伙人

除合伙协议另有约定外，普通合伙人向合伙人以外的人转让其在合伙企业中的全部或者部分财产份额时，须经其他合伙人一致同意。

2. 有限合伙人

（1）有限合伙人可以按照合伙协议的约定向合伙人以外的人转让其在有限合伙企业中的财产份额，但应当提前 30 日通知其他合伙人。

> 温馨小提示
>
> 这是法律的强制性规定。

（2）有限合伙人对外转让其在有限合伙企业的财产份额时，有限合伙企业的其他合伙人有优先购买权。

名师敲黑板

其他普通合伙人和有限合伙人均有优先购买权。

经典题解

【例题1·单选题】根据合伙企业法律制度的规定，在合伙协议没有特别约定的情况下，下列关于有限合伙人对外转让所持合伙企业财产份额的表述中，正确的是（　　）。（2020年）

A. 需全体普通合伙人一致同意

B. 需其他合伙人一致同意

C. 只有有限合伙人有优先购买权

D. 需提前30日通知其他合伙人

【答案】D

【例题2·单选题】根据合伙企业法律制度的规定，有限合伙人按照合伙协议的约定向合伙人以外的人转让其在有限合伙企业中的财产份额，应当提前一定期限通知其他合伙人。该期限是（　　）。（2021年）

A. 30日　　B. 10日　　C. 15日　　D. 20日

【答案】A

【考点7】有限合伙人的债务清偿（P156）★

1. 有限合伙人

有限合伙人的自有财产不足清偿其与合伙企业无关的债务的，该合伙人可以以其从有限合伙企业中分取的收益用于清偿；债权人也可以依法请求人民法院强制执行该合伙人在有限合伙企业中的财产份额用于清偿。

2. 普通合伙人

普通合伙人的自有财产不足清偿其与合伙企业无关的债务的，该合伙人可以以其从合伙企业中分取的收益用于清偿；债权人也可以依法请求人民法院强制执行该合伙人在合伙企业中的财产份额用于清偿。

温馨小提示

有限合伙人参与决定普通合伙人入伙、退伙，不视为执行合伙事务。

【考点8】入伙（P157）★★★

1. 普通合伙人

（1）新入伙的普通合伙人对入伙前合伙企业的债务承担无限连带责任。

（2）新合伙人入伙，除合伙协议另有约定外，应当经全体合伙人一致同意，并依法订立书面入伙协议。

温馨小提示

先看合伙协议是否另有约定，合伙协议没有约定的，才看法定（入伙的新合伙人与原合伙人享有同等权利、承担同等责任）。

（3）入伙的新合伙人与原合伙人享有同等权利，承担同等责任。入伙协议另有约定的，从其约定。

2. 有限合伙人

新入伙的有限合伙人对入伙前有限合伙企业的债务，以其认缴的出资额为限承担责任。

经典题解

【例题·单选题】普通合伙人甲和有限合伙人乙出资设立某有限合伙企业。该企业经营1年后丙以普通合伙人身份入伙，丁以有限合伙人身份入伙。此时，该合伙企业负债20万元。根据合伙企业法律制度的规定，下列关于新合伙人对该20万元债务责任承担的表述中，正确的是（ ）。（2021年）

A. 丙不承担责任

B. 丙承担无限连带责任

C. 丁不承担责任

D. 丁以其实缴的出资额为限承担有限责任

【解析】（1）丙：新入伙的普通合伙人对入伙前合伙企业的债务承担无限连带责任；（2）丁：新入伙的有限合伙人对入伙前有限合伙企业的债务，以其认缴的出资额为限承担责任。

【答案】B

【考点9】退伙（P157）★★★

1. 普通合伙人

普通合伙人退伙后，对基于其退伙前的原因发生的合伙企业债务，承担无限连带责任。

温馨小提示

普通合伙人只是对基于退伙前的原因发生的企业债务承担无限连带责任，退伙后的企业债务与其无关（不在其位，不谋其政）。

2. 有限合伙人

有限合伙人退伙后，对基于其退伙前的原因发生的有限合伙企业债务，以其退伙时从有限合伙企业中取回的财产承担责任。

【解释】（1）有限合伙人甲以100万元的货币出资，退伙时从合伙企业取回20万元，则甲以20万元为限对基于其退伙前的原因发生的企业债务承担责任；（2）有限合伙人乙以100万元的货币出资，退伙时从合伙企业取回200万元，则乙以200万元为限对基于其退伙前的原因发生的企业债务承担责任。

经典题解

【例题1·多选题】某普通合伙企业经营期间，吸收甲入伙。甲入伙前合伙企业已负债20万元。甲入伙1年后退伙，在此期间合伙企业新增负债10万元。甲退伙后半年，合伙企业解散，以企业全部财产清偿债务后，尚有80万元债务不能清偿，根据合伙企业法律制度的规定，下列关于甲承担清偿责任的表述中，正确的有（ ）。（2016年）

A. 甲对入伙前合伙企业的20万元债务承担无限连带责任

B. 甲对入伙后至合伙企业解散时新增的60万元债务承担无限连带责任

C. 甲对合伙企业解散后尚未清偿的全部80万元债务承担无限连带责任

D. 甲对担任合伙人期间合伙企业新增的10万元债务承担无限连带责任

【解析】（1）选项A：新入伙的普通合伙人对入伙前合伙企业的债务（20万元）承担无限连带责任；（2）选项D：退伙的普通合伙人对基于其退伙前的原因发生的

合伙企业债务（10万元）承担无限连带责任;（3）选项BC：退伙的普通合伙人对其退伙后的企业债务不承担责任。

【答案】AD

【例题2·多选题】甲、乙、丙设立某普通合伙企业，从事餐饮服务。2017年6月5日，甲退伙。6月10日，丁入伙。6月9日，合伙企业经营的餐厅发生卡式燃气炉灼伤顾客戊的事件，需要支付医疗费用等总计45万元。经查，该批燃气炉系当年4月合伙人共同决定购买，其质量不符合相关国家标准。该合伙企业支付30万元赔偿后已无赔偿能力。现戊请求合伙人承担其余15万元赔偿责任。根据合伙企业法律制度的规定，应承担赔偿责任的合伙人有（　　）。（2017年）

A. 甲　　B. 乙

C. 丙　　D. 丁

【解析】（1）乙、丙作为普通合伙人，应当对合伙企业不能清偿的债务承担无限连带责任;（2）普通合伙人甲退伙后，对基于其退伙前的原因（发生事故的破燃气炉系甲、乙、丙共同决定购买）发生的合伙企业债务，承担无限连带责任;（3）新入伙的普通合伙人丁应当对入伙前合伙企业的债务承担无限连带责任。

【答案】ABCD

【例题3·单选题】甲、乙设立某有限合伙企业。甲为普通合伙人，乙为有限合伙人。该企业经营一年后产生债务20万元。现乙退伙，丙以有限合伙人身份入伙。根据合伙企业法律制度的规定，下列关于乙、丙对该20万元债务责任承担的表述中，正确的是（　　）。（2021年）

A. 丙以其实缴的出资额为限承担责任

B. 丙不承担责任

C. 乙以其认缴的出资额为限承担责任

D. 乙以其退伙时从有限合伙企业中取回的财产承担责任

【解析】（1）选项AB：新入伙的有限合伙人对入伙前有限合伙企业的债务，以其认缴的出资额为限承担责任;（2）选项CD：有限合伙人退伙后，对基于其退伙前原因发生的有限合伙企业债务，以其退伙时从有限合伙企业中取回的财产承担责任。

【答案】D

> **温馨小提示**
>
> 如果有限合伙人胆敢“弃明投暗”，不顾一切地往火坑里跳，就应当对身份转变之前、转变之后的合伙企业债务均承担无限连带责任（普通合伙人对所有的企业债务均承担无限连带责任）。

【考点10】合伙人性质的转变（P157）★★★

1. 有限合伙人转变为普通合伙人的，对其作为有限合伙人期间有限合伙企业发生的债务承担无限连带责任。

2. 普通合伙人转变为有限合伙人的，对其作为普通合伙人期间合伙企业发生的债务承担无限连带责任。

> **温馨小提示**
>
> 普通合伙人可以选择“弃暗投明”，但不能“立地成佛”，需要把“旧账”处理完了再重新做人，必须对身份转变之前的合伙企业债务承担无限连带责任。

经典题解

【例题1·多选题】甲、乙分别为某有限合伙企业的普通合伙人和有限合伙人，后甲变更为有限合伙人，乙变更为普通合伙人。下列关于甲、乙对其合伙人性质互换前的企业债务承担的表述中，符合合伙企业法律制度规定的有（　　）。（2014年）

A. 甲对其作为普通合伙人期间的企业债务承担无限连带责任

B. 甲对其作为普通合伙人期间的企业债务承担有限责任

C. 乙对其作为有限合伙人期间的企业债务承担无限连带责任

D. 乙对其作为有限合伙人期间的企业债务承担有限责任

【答案】AC

【例题2·单选题】甲、乙、丙、丁设立一个有限合伙企业，其中甲、乙为普通合伙人，丙、丁为有限合伙人。1年后，甲转为有限合伙人，同时丙转为普通合伙人。合伙企业设立之初，企业欠银行50万元，该债务直至合伙企业被宣告破产仍未偿还。下列关于该50万元债务清偿责任的表述中，符合合伙企业法律制度规定的是（　　）。（2013年）

A. 乙、丙承担无限连带责任，甲、丁以其出资额为限承担责任

B. 甲、乙、丙承担无限连带责任，丁以其出资额为限承担责任

C. 甲、乙承担无限连带责任，丙、丁以其出资额为限承担责任

D. 乙承担无限责任，甲、丙、丁以其出资额为限承担责任

【解析】（1）甲：普通合伙人转变为有限合伙人的，对其作为普通合伙人期间合伙企业发生的债务承担无限连带责任；（2）丙：有限合伙人转变为普通合伙人的，对其作为有限合伙人期间有限合伙企业发生的债务承担无限连带责任。

【答案】B

表5-2　普通合伙人与有限合伙人的比较

	普通合伙人	有限合伙人
能否以劳务出资	√	×
国有独资公司、国有企业、上市公司以及公益性的事业单位、社会团体	×	√
事务执行	√	×
交易	约定⟶一致同意⟶ ×	约定⟶√
竞争	×	约定⟶√
出质	必须经其他合伙人一致同意	约定⟶√
对外转让财产份额	约定⟶一致同意	提前30日通知

续表

	普通合伙人	有限合伙人
丧失偿债能力时是否当然退伙	√	×
丧失民事行为能力时是否当然退伙	经其他合伙人一致同意，可以依法转为有限合伙人；其他合伙人未能一致同意的，只能退伙	×
继承	（1）继承人具备完全民事行为能力的，按照合伙协议的约定或者经全体合伙人一致同意，从继承开始之日起，取得普通合伙人资格 （2）继承人为无民事行为能力人或者限制民事行为能力人的，经全体合伙人一致同意，可以依法成为有限合伙人，普通合伙企业依法转为有限合伙企业	无论其继承人是否具备完全民事行为能力，都可以依法取得有限合伙人的资格
新入伙	新入伙的普通合伙人对入伙前合伙企业的债务承担无限连带责任	新入伙的有限合伙人对入伙前有限合伙企业的债务，以其认缴的出资额为限承担责任
退伙	对基于其退伙前的原因发生的合伙企业债务，承担无限连带责任	对基于其退伙前的原因发生的有限合伙企业债务，以其退伙时从有限合伙企业中取回的财产承担责任
合伙人的性质转变	普通合伙人转变为有限合伙人的，对其作为普通合伙人期间合伙企业发生的债务承担无限连带责任	有限合伙人转变为普通合伙人的，对其作为有限合伙人期间有限合伙企业发生的债务承担无限连带责任
人数不够时	有限合伙企业仅剩普通合伙人的，应当转为普通合伙企业	有限合伙企业仅剩有限合伙人的，应当解散

【考点11】法定事项与约定事项（P138、141）★★★

温馨小提示：合伙协议不得任意约定。

1. 法定事项

某些事项法律有明确规定的，合伙协议的约定不得与法律规定相抵触，其中包括但不限于：

（1）普通合伙人以其财产份额出质的，必须经其他合伙人一致同意。

（2）普通合伙人绝对不得从事同本企业相竞争的业务。

（3）普通合伙企业的合伙协议绝对不得约定将全部利润分配给部分合伙人或者由部分合伙人承担全部亏损。

（4）国有独资公司、国有企业、上市公司以及公益性的事业单位、社会团体不得成为普通合伙人。

（5）有限合伙人不得以劳务出资。

（6）有限合伙企业由普通合伙人执行合伙事务，有限合伙人不执行合伙事务，不得对外代表有限合伙企业。

2. 先约定后法定

温馨小提示

合伙协议爱怎么约定就怎么约定。

（1）除合伙协议另有约定外，合伙企业的下列事项应当经全体合伙人一致同意：

①改变合伙企业的名称；

②改变合伙企业的经营范围、主要经营场所的地点；

③处分合伙企业的不动产；

④转让或者处分合伙企业的知识产权和其他财产权利；

⑤以合伙企业名义为他人提供担保；

⑥聘任合伙人以外的人担任合伙企业的经营管理人员。

（2）合伙协议未约定的，法律规定必须经全体合伙人一致同意的事项还包括：

①除合伙协议另有约定外，修改或者补充合伙协议，应当经全体合伙人一致同意。

②新合伙人入伙，除合伙协议另有约定外，应当经全体合伙人一致同意。

③除合伙协议另有约定外，普通合伙人转变为有限合伙人，或者有限合伙人转变为普通合伙人，应当经全体合伙人一致同意。

④除合伙协议另有约定外，普通合伙人向合伙人以外的人转让其在合伙企业中的全部或者部分财产份额时，须经其他合伙人一致同意。

（3）有限合伙人可以同本有限合伙企业进行交易；但是，合伙协议另有约定的除外。

（4）有限合伙人可以自营或者同他人合作经营与本有限合伙企业相竞争的业务；但是，合伙协议另有约定的除外。

（5）有限合伙人可以将其在有限合伙企业中的财产份额出质；但是，合伙协议另有约定的除外。

（6）有限合伙企业不得将全部利润分配给部分合伙人；但是，合伙协议另有约定的除外。

3. 兜底条款

合伙协议未约定或者约定不明确、法律也没有特别规定时，实行合伙人一人一票并经全体合伙人过半数通过的表决办法。

经典题解

【例题 1 · 单选题】某合伙企业举行合伙人会议表决对外投资事项，但合伙协议对该事项的表决办法未作约定。根据合伙企业法律制度的规定，下列关于合伙企业表决办法的表述中，正确的是（　　）。（2015 年）

A. 须经持有过半数财产份额的合伙人同意

B. 须经全体合伙人一致同意

C. 须经过半数合伙人同意

D. 须经 2/3 以上合伙人同意

【解析】对于合伙企业的对外投资事项，由于合伙协议未作约定、法律也没有特别规定，因此实行合伙人一人一票并经全体合伙人过半数通过的表决办法。

【答案】C

【例题2·单选题】甲、乙、丙、丁拟共同投资设立一个有限合伙企业，甲、乙为普通合伙人，丙、丁为有限合伙人。各合伙人经协商后草拟了一份合伙协议。该合伙协议的下列约定中，符合合伙企业法律制度规定的是（　　）。

A. 甲以房屋作价15万元出资，乙以专利技术作价12万元出资，丙以劳务作价10万元出资，丁以现金20万元出资

B. 经3个以上合伙人同意，甲、乙可以向合伙人以外的第三人转让其在合伙企业中的全部或者部分财产份额

C. 合伙事务由甲、丁共同执行，乙、丙不参与合伙事务的执行

D. 甲、乙以自己的财产份额出质的，须经其他合伙人过半数同意

【解析】（1）选项A：有限合伙人丙不得以劳务出资，这是法律的强制性规定，合伙协议不能“踩地雷”；（2）选项B：普通合伙人对外转让财产份额时，先看合伙协议的约定（爱怎么约定就怎么约定）；（3）选项C：有限合伙人丁不得执行合伙企业事务，这是法律的强制性规定，合伙协议不能“踩地雷”；（4）选项D：普通合伙人以其在合伙企业中的财产份额出质的，必须经其他合伙人一致同意，这是法律的强制性规定，合伙协议不能“踩地雷”。

【答案】B

【例题3·单选题】根据合伙企业法律制度的规定，下列关于有限合伙企业的表述中，正确的是（　　）。

A. 国有企业可以成为有限合伙企业的普通合伙人

B. 有限合伙人可以土地使用权、机器设备和劳务出资

C. 自然人作为有限合伙人，可以执行合伙事务，对外代表有限合伙企业

D. 若合伙协议无相反约定，有限合伙人可以经营与本有限合伙企业相竞争的业务

【解析】（1）选项A：国有企业不得成为普通合伙人，但可以成为有限合伙人；（2）选项B：有限合伙人不得以劳务出资；（3）选项C：有限合伙人不执行合伙事务，不得对外代表有限合伙企业。

【答案】D

【例题4·单选题】某有限合伙企业合伙协议的下列约定中，符合合伙企业法律制度规定的是（　　）。

A. 普通合伙人以现金出资，有限合伙人以劳务出资

B. 合伙企业成立后前3年的利润全部分配给有限合伙人

C. 有限合伙人甲对外代表本合伙企业，执行合伙事务

D. 合伙企业由普通合伙人1人、有限合伙人99人组成

【解析】（1）选项A：有限合伙人不得以劳务出资，这是法律的强制性规定，合伙协议不能“踩地雷”；（2）选项B：有限合伙企业的合伙协议可以约定在一定时期内将全部利润分配给部分合伙人；（3）选项C：有限合伙人不执行合伙企业事务，不得对外代表有限合伙企业，这是法律的强制性规定，合伙协议不能“踩地雷”；（4）选项D：有限合伙企业由2个以上50个以下合伙人设立，这是法律的强制性规定，合伙协议不能“踩地雷”。

【答案】B

【例题 5·单选题】甲、乙、丙拟设立一个有限合伙企业。甲为普通合伙人，乙、丙为有限合伙人。下列合伙协议内容中，符合合伙企业法律制度规定的是（ ）。（2015 年）

A. 乙以劳务作价 20 万元出资

B. 甲以其出资金额的 2 倍为限对合伙债务承担责任

C. 丙不得将其在合伙企业中的财产份额出质

D. 丙为合伙事务执行人

【解析】（1）选项 A：有限合伙人乙不得以劳务出资，这是法律的强制性规定，合伙协议不能“踩地雷”；（2）选项 B：普通合伙人甲应当对合伙企业债务承担无限连带责任，这是法律的强制性规定，合伙协议不能“踩地雷”；（3）选项 C：有限合伙人丙以其财产份额出质的，先看合伙协议的约定（爱怎么约定就怎么约定）；（4）选项 D：有限合伙人丙不得执行合伙事务，这是法律的强制性规定，合伙协议不能“踩地雷”。

【答案】C

【例题 6·单选题】甲、乙、丙、丁拟共同投资设立一有限合伙企业，甲、乙为普通合伙人，丙、丁为有限合伙人。四人草拟了一份合伙协议。该合伙协议的下列内容中，符合合伙企业法律制度规定的是（ ）。（2016 年）

A. 丙任执行事务合伙人

B. 甲以房屋作价 30 万元出资，乙以专利技术作价 15 万元出资，丙以劳务作价 20 万元出资，丁以现金 50 万元出资

C. 丙、丁可以将其在合伙企业中的财产份额出质

D. 合伙企业名称为“环宇商贸有限公司”

【解析】（1）选项 A：有限合伙人丙不得执行合伙事务，这是法律的强制性规定，合伙协议不能“踩地雷”；（2）选项 B：有限合伙人丙不得以劳务出资，这是法律的强制性规定，合伙协议不能“踩地雷”；（3）选项 C：有限合伙人丙、丁以其财产份额出质的，先看合伙协议的约定（爱怎么约定就怎么约定）；（4）选项 D：有限合伙企业名称中必须标明“有限合伙”字样，这是法律的强制性规定，合伙协议不能“踩地雷”。

【答案】C

【考点 12】合伙企业的设立登记（2022 年重大调整）（P139）★

1. 登记事项

合伙企业应当向登记机关登记以下事项：（1）名称；（2）合伙类型；（3）经营范围；（4）主要经营场所；（5）合伙人的出资额；（6）执行事务合伙人；（7）合伙人名称或者姓名、住所、承担责任方式；（8）法律、行政法规规定的其他事项。

2. 备案事项

合伙企业应当向登记机关备案以下事项：（1）合伙协议；（2）合伙期限；（3）合伙人认缴或者实际缴付的出资数额、缴付期限和出资方式；（4）合伙企业登记联络员；（5）合伙企业受益所有人（最终控制或者享有企业收益的人）相关信息；（6）法律、行政法规规定的其他事项。

3. 营业执照签发日期为合伙企业的成立日期。

4. 歇业

（1）因自然灾害、事故灾难、公共卫生事件、社会安全事件等原因造成经营困难的，合伙企业可以自主决定在一定时期内歇业，法律、行政法规另有规定的除外。

（2）合伙企业应当在歇业前向登记机关办理备案。登记机关通过国家企业信用信息公示系统向社会公示歇业期限、法律文书送达地址等信息。

（3）合伙企业歇业的期限最长不得超过3年。

（4）合伙企业在歇业期间开展经营活动的，视为恢复营业，合伙企业应当通过国家企业信用信息公示系统向社会公示。

（5）合伙企业歇业期间，可以以法律文书送达地址代替住所或者主要经营场所。

【考点13】合伙企业的解散与清算（P158）★★

1. 解散事由

（1）合伙期限届满，合伙人决定不再经营；

（2）合伙协议约定的解散事由出现；

（3）全体合伙人决定解散；

（4）合伙人已不具备法定人数满30天；

（5）合伙协议约定的合伙目的已经实现或者无法实现；

（6）依法被吊销营业执照、责令关闭或者被撤销；

（7）法律、行政法规规定的其他原因。

【相关链接1】有限合伙企业仅剩有限合伙人的，应当解散。

【相关链接2】（1）合伙协议未约定合伙期限的，合伙人在不给合伙企业事务执行造成不利影响的情况下，可以退伙，但应当提前30日通知其他合伙人；（2）被除名人对除名决议有异议的，可以自接到除名通知之日起30日内，向人民法院起诉；（3）有限合伙人可以按照合伙协议的约定向合伙人以外的人转让其在有限合伙企业中的财产份额，但应当提前30日通知其他合伙人。

2. 清算人

（1）清算人由全体合伙人担任。

（2）经全体合伙人过半数同意，可以自合伙企业解散事由出现后15日内指定一个或者数个合伙人，或者委托第三人担任清算人。

（3）自合伙企业解散事由出现之日起15日内未确定清算人的，合伙人或者其他利害关系人可以申请人民法院指定清算人。

3. 债权申报期限

（1）清算人自被确定之日起10日内将合伙企业解散事项通知债权人，将清算人成员、清算人的负责人名单通过国家企业信用信息公示系统公告，并于60日内在报纸上公告。清算人可以通过国家企业信用信息公示系统发布债权人公告。（2022年调整）

（2）债权人应当自接到通知书之日起30日内，未接到通知书的自公告之日起45日内，向清算人申报债权。

4. 财产清偿顺序

合伙企业的财产在支付清算费用后，清偿顺序依次为：

（1）职工工资、社会保险费用和法定补偿金；

（2）缴纳所欠税款；

（3）清偿债务。

5. 民事赔偿优先执行

违反《合伙企业法》的规定，应当承担民事赔偿责任和缴纳罚款、罚金，其财产不足以同时支付的，首先承担民事赔偿责任。

6. 注销登记（2022 年重大调整）

（1）清算人应当自清算结束之日起 30 日内向登记机关申请注销登记。

（2）合伙企业申请注销登记前，应当依法办理分支机构注销登记。

（3）合伙企业未发生债权债务或者已将债权债务清偿完结，未发生或者已结清清偿费用、职工工资、社会保险费用、法定补偿金、应缴纳税款（滞纳金、罚款），并由全体投资人书面承诺对上述情况的真实性承担法律责任的，可以按照简易程序办理注销登记。合伙企业应当将承诺书及注销登记申请通过国家企业信用信息公示系统公示，公示期为 20 日。在公示期内无相关部门、债权人及其他利害关系人提出异议的，合伙企业可以于公示期届满之日起 20 日内向登记机关申请注销登记。合伙企业注销依法须经批准的，或者合伙企业被吊销营业执照、责令关闭、撤销，或者被列入经营异常名录的，不适用简易注销程序。

（4）人民法院裁定强制清算或者裁定宣告破产的，有关清算人、破产管理人可以持人民法院终结强制清算程序的裁定或者终结破产程序的裁定，直接向登记机关申请办理注销登记。

经典题解

【例题 1 · 单选题】根据合伙企业法律制度的规定，合伙企业清算时，企业财产在支付清算费用后，应当最先支付的是（　　）。（2019 年）

A. 所欠银行借款　　B. 所欠税款

C. 所欠货款　　D. 所欠职工工资

【答案】D

【例题 2 · 单选题】根据合伙企业法律制度的规定，合伙企业解散的，应当进行清算。下列各项中，应当以合伙企业财产优先支付的是（　　）。（2020 年）

A. 清算费用　　B. 所欠税款

C. 职工工资　　D. 所欠债务

【答案】A

【例题 3 · 单选题】根据合伙企业法律制度的规定，下列各项中，属于合伙企业应当解散的法定情形是（　　）。（2021 年）

A. 合伙人已不具备法定人数满 15 天

B. 过半数合伙人提议解散

C. 合伙企业严重亏损

D. 合伙期限届满，合伙人决定不再经营

【答案】D

本章小结

下载“会计云课堂”App学习

您已成功完成“第五章”的学习，本章共22个考点，您都学会了吗？

为了让您对章节有更清晰的理解，加倍巩固。本书作者郭守杰老师将通过**“视频导图课”**的方式，带您回顾重要考点。

名师点拨，视听结合，高效提分。

※ 欢迎您扫码，免费观看学习。

同步强化练习题

使用“会计云课堂”App或“微信”扫码快速做题、对答案、看解析、掌握解题思路，开启轻松过关之旅。

一、单项选择题

1. 根据合伙企业法律制度的规定，下列主体中，可以成为普通合伙企业合伙人的是（　　）。
   A. 甲国有独资公司
   B. 乙慈善基金会
   C. 丙公立大学
   D. 丁个人独资企业

2. 根据合伙企业法律制度的规定，下列关于普通合伙企业设立的表述中，正确的是（　　）。
   A. 合伙人不得以劳务出资
   B. 合伙协议可以采取口头形式
   C. 合伙企业名称应当标有“普通合伙”字样
   D. 合伙人只能为自然人

3. 甲普通合伙企业的合伙人孙某将其在合伙企业中的财产份额转让给非合伙人赵某。根据合伙企业法律制度的规定，下列关于赵某取得合伙人资格的时间的表述中，正确的是（　　）。
   A. 与合伙人孙某签订财产份额转让合同之日
   B. 与合伙人孙某签订财产份额转让合同且支付相应价款之日
   C. 修改合伙协议，将赵某列为合伙人之日
   D. 企业登记机关变更登记之日

4. 某普通合伙企业合伙人甲，在未告知其他合伙人的情况下，以其在合伙企业中的财产份额出质，其他合伙人知悉后表示反对。根据合伙企业法律制度的规定，

下列关于该出质行为效力的表述中，正确的是（　　）。

A. 有效　　B. 可撤销

C. 效力未定　　D. 无效

5. 根据合伙企业法律制度的规定，除合伙协议另有约定外，普通合伙企业的下列事项中，需全体合伙人一致同意的是（　　）。

A. 聘任合伙人以外的人担任企业的财务负责人

B. 出售合伙企业名下的动产

C. 合伙人以其个人财产为他人提供担保

D. 聘请会计师事务所承办合伙企业的审计业务

6. 甲普通合伙企业全体合伙人张某、李某、赵某决定，委托张某和李某负责执行合伙事务。合伙协议对合伙事务执行的决议办法未作特别约定。根据合伙企业法律制度的规定，下列关于合伙事务执行的表述中，正确的是（　　）。

A. 张某和李某可以共同决定处分合伙企业的不动产

B. 执行合伙事务产生的费用和亏损由张某和李某承担

C. 张某不可以对李某执行的事务提出异议

D. 赵某有权监督合伙事务的执行情况

7. 甲、乙、丙拟设立一个普通合伙企业，出资比例为4∶4∶2。合伙协议约定的利润分配和亏损分担的下列方案中，不符合合伙企业法律制度规定的是（　　）。

A. 按4∶4∶2的比例分配、分担损益

B. 在合伙人之间平均分配、分担损益

C. 按3∶3∶4的比例分配、分担损益

D. 利润按3∶3∶4的比例分配，亏损由丙承担

8. 某普通合伙企业委托合伙人杨某执行合伙事务。根据合伙企业法律制度的规定，下列表述中，正确的是（　　）。

A. 只能由杨某对外代表该合伙企业

B. 除合伙协议另有约定外，杨某可以自行决定改变该合伙企业主要经营场所的地点

C. 除合伙协议另有约定外，杨某可以自行处分该合伙企业的不动产

D. 杨某可以自营与该合伙企业相竞争的业务

9. 赵某、钱某、孙某三人共同出资设立甲普通合伙企业（以下简称“甲企业”）。赵某个人欠李某50万元，无力偿还。根据合伙企业法律制度的规定，李某可以采取的法律措施是（　　）。

A. 自行接管赵某在甲企业中的财产份额

B. 请求人民法院强制执行赵某在甲企业中的财产份额用于清偿

C. 留置甲企业委托李某修理的一辆汽车

D. 代位行使赵某在甲企业中的权利

10. 某普通合伙企业的合伙人甲因执行合伙事务有不正当行为，经合伙人会议决议将其除名，甲接到除名通知后不服，诉至人民法院。根据合伙企业法律制度的规定，该合伙企业对甲除名的生效日期为（　　）。

A. 甲的不正当行为作出之日

B. 除名决议作出之日

C. 甲接到除名通知之日

D. 甲的诉讼请求被人民法院驳回之日

11. 根据合伙企业法律制度的规定，下列各项中，不属于有限合伙人当然退伙情形的是（　　）。

A. 作为有限合伙人的自然人被依法宣告死亡

B. 有限合伙人在合伙企业中的全部财产份额被人民法院强制执行

C. 作为有限合伙人的自然人丧失民事行为能力

D. 作为有限合伙人的法人被责令关闭

12. 根据合伙企业法律制度的规定，下列行为中，禁止由有限合伙人实施的是（　　）。
A. 为本合伙企业提供担保
B. 参与决定普通合伙人入伙
C. 以合伙企业的名义对外签订买卖合同
D. 对涉及自身利益的情况，查阅合伙企业的财务会计账簿

13. 甲、乙、丙、丁、戊共同出资设立一个有限合伙企业，甲、乙、丙为普通合伙人，丁、戊为有限合伙人。执行事务合伙人甲提议接收庚为普通合伙人，乙、丙反对，丁、戊同意。合伙协议对新合伙人入伙的表决办法未作约定。根据合伙企业法律制度的规定，下列表述中，正确的是（　　）。
A. 庚可以入伙，因甲作为执行事务合伙人有权自行决定接收新合伙人
B. 庚可以入伙，因全体合伙人过半数同意
C. 庚不得入伙，因丁、戊作为有限合伙人无表决权，而反对庚入伙的普通合伙人占全体普通合伙人的2/3
D. 庚不得入伙，因未得到全体合伙人一致同意

14. 甲、乙、丙出资设立一个普通合伙企业。2022年4月1日，甲因车祸去世，其妻子戊为唯一继承人。合伙协议对合伙人资格的取得或者丧失未作约定。根据合伙企业法律制度的规定，下列选项中，正确的是（　　）。
A. 合伙企业无须向戊退还甲在合伙企业中的财产份额
B. 只能由合伙企业向戊退还甲在合伙企业中的财产份额
C. 戊自动取得普通合伙人的资格
D. 经乙、丙一致同意，戊可以取得普通合伙人的资格

15. 注册会计师甲、乙、丙共同出资设立一个会计师事务所（特殊的普通合伙企业）。甲、乙在某次审计业务中，因故意出具虚假审计报告被人民法院判决由会计师事务所赔偿当事人80万元。根据合伙企业法律制度的规定，下列有关该赔偿责任承担的表述中，正确的是（　　）。
A. 甲、乙、丙均承担无限连带责任
B. 甲、乙、丙均以其在会计师事务所中的财产份额为限承担责任
C. 甲、乙应当承担无限连带责任，丙不承担责任
D. 甲、乙应当承担无限连带责任，丙以其在会计师事务所中的财产份额为限承担责任

16. 根据合伙企业法律制度的规定，下列关于有限合伙企业事务执行的表述中，不正确的是（　　）。
A. 除合伙协议另有约定外，有限合伙人可以与本企业进行交易
B. 除合伙协议另有约定外，有限合伙人可以经营与本企业相竞争的业务
C. 有限合伙人可以对本企业的经营管理提出建议
D. 有限合伙企业由有限合伙人执行合伙事务

17. 2018年4月，李军出资20万元加入某有限合伙企业，成为有限合伙人。后该企业的另一名有限合伙人退伙，李军便成为唯一的有限合伙人。2022年4月，李军不幸发生车祸，虽经抢救保住性命，但已成为植物人。根据合伙企业法律制度的规定，下列表述中，正确的是（　　）。
A. 就李军入伙前该合伙企业的债务，李军仅需以20万元为限承担责任
B. 如李军因负债累累而丧失偿债能力，该合伙企业有权要求其退伙

C. 因李军已成为植物人，故该合伙企业有权要求其退伙

D. 因唯一的有限合伙人已成为植物人，故该有限合伙企业应转为普通合伙企业

18. 杨某入伙时甲普通合伙企业（以下简称“甲企业”）负债30万元，杨某退伙时甲企业已负债80万元。后甲企业解散，尚欠100万元不能清偿。根据合伙企业法律制度的规定，下列关于杨某对甲企业债务承担责任的表述中，正确的是（　　）。

A. 杨某对其退伙前的80万元债务承担无限连带责任

B. 杨某对其入伙前的30万元债务不承担无限连带责任

C. 杨某已退伙，不再对甲企业债务承担责任

D. 杨某对甲企业解散时的100万元债务承担无限连带责任

19. 2018年10月，李某、王某共同投资设立了甲有限合伙企业（以下简称“甲企业”），李某为普通合伙人，出资10万元；王某为有限合伙人，出资15万元。2021年6月，张某、孟某加入甲企业，其中张某为普通合伙人，孟某为有限合伙人，二人各出资30万元。2021年12月，甲企业无力清偿欠乙银行的60万元债务。根据合伙企业法律制度的规定，下列关于该债务承担的表述中，正确的是（　　）。

A. 李某以出资额10万元为限对该债务承担责任

B. 乙银行可以要求孟某承担全部60万元债务

C. 乙银行可以要求王某承担全部60万元债务

D. 乙银行可以要求张某承担全部60万元债务

20. 甲、乙、丙、丁成立一有限合伙企业，其中甲、乙为普通合伙人，丙、丁为有限合伙人。1年后甲转为有限合伙人，丙转为普通合伙人。此前，合伙企业欠银行50万元，该债务直至合伙企业被宣告破产仍未偿还。下列有关对该50万元债务清偿责任的表述中，符合合伙企业法律制度规定的是（　　）。

A. 甲、乙承担无限连带责任，丙、丁以其认缴的出资额为限承担责任

B. 乙、丙承担无限连带责任，甲、丁以其认缴的出资额为限承担责任

C. 甲、乙、丙承担无限连带责任，丁以其认缴的出资额为限承担责任

D. 乙承担无限连带责任，甲、丙、丁以其认缴的出资额为限承担责任

21. 甲是某有限合伙企业的有限合伙人，在合伙协议无特别约定的情况下，甲在合伙期间未经其他合伙人同意实施的下列行为中，违反合伙企业法律制度规定的是（　　）。

A. 将自己的机器设备出租给合伙企业使用

B. 以合伙企业的名义购买一辆汽车归合伙企业使用

C. 以自己在合伙企业中的财产份额出质向银行借款100万元

D. 自营与本合伙企业相竞争的业务

22. 甲合伙企业拟聘请乙会计师事务所承办合伙企业的审计业务，但合伙协议对该事项的表决办法未作约定。根据合伙企业法律制度的规定，下列关于合伙企业表决办法的表述中，正确的是（　　）。

A. 合伙人一人一票并经全体合伙人半数以上同意

B. 合伙人一人一票并经全体合伙人过半数同意

C. 合伙人一人一票并经全体合伙人2/3以上同意

D. 合伙人一人一票并经全体合伙人一致同意

23. 根据合伙企业法律制度的规定，下列关于合伙企业清算人确定的表述中，正确的是（　　）。
A. 自合伙企业解散事由出现之日起15日内未确定清算人的，合伙人可以申请人民法院指定清算人
B. 清算人只能在执行合伙企业事务的合伙人中选任
C. 合伙企业不可以委托合伙人以外的第三人担任清算人
D. 合伙人担任清算人必须经全体合伙人一致同意

24. 根据合伙企业法律制度的规定，下列关于有限合伙企业解散和清算的表述中，不正确的是（　　）。
A. 有限合伙企业仅剩有限合伙人的，应当解散
B. 经全体合伙人过半数同意，可以自合伙企业解散事由出现后15日内指定一个或者数个合伙人，或者委托第三人担任清算人
C. 清算人自被确定之日起15日内将合伙企业解散事项通知债权人，并于60日内在报纸上公告
D. 债权人应当自接到通知书之日起30日内，未接到通知书的自公告之日起45日内，向清算人申报债权

25. 根据合伙企业法律制度的规定，合伙企业解散清算时，企业财产首先应当清偿或者支付的是（　　）。
A. 所欠税款
B. 所欠银行借款
C. 所欠职工工资
D. 清算费用

26. 根据《市场主体登记管理条例》的规定，因自然灾害、事故灾难、公共卫生事件、社会安全事件等原因造成经营困难的，合伙企业可以自主决定在一定时期内歇业，法律、行政法规另有规定的除外。合伙企业歇业的期限最长不得超过（　　）。
A. 6个月　　B. 1年
C. 2年　　D. 3年

二、多项选择题

1. 陈某、郑某与甲有限责任公司拟共同设立一家普通合伙企业。根据合伙企业法律制度的规定，下列关于该合伙企业设立的表述中，正确的有（　　）。
A. 应当有生产经营场所
B. 甲有限责任公司可以是国有企业
C. 陈某、郑某均应当具有完全民事行为能力
D. 名称中必须包含“普通合伙”字样

2. 根据合伙企业法律制度的规定，下列关于普通合伙企业合伙人出资的表述中，正确的有（　　）。
A. 出资必须一次性实缴
B. 可以土地使用权出资
C. 以实物出资需要评估作价的，可以由全体合伙人协商确定
D. 以劳务出资的，其评估办法由全体合伙人协商确定

3. 张某、李某和王某三人成立了一家普通合伙企业。合伙协议约定：由张某对外代表合伙企业，执行合伙事务；张某代表合伙企业签订标的额超过50万元的合同时，应当经过李某和王某的同意。根据合伙企业法律制度的规定，下列关于该合伙企业执行合伙事务的表述中，正确的有（　　）。
A. 该合伙企业对张某对外签订合同金额的限制条款不得对抗善意第三人
B. 李某有权监督张某执行合伙事务的情况
C. 张某执行合伙事务所产生的收益直接归属于合伙人
D. 张某应当定期向李某和王某报告执行合伙事务的情况

4. 根据合伙企业法律制度的规定，除合伙协议另有约定外，普通合伙企业的下列事项中，应当经全体合伙人一致同意的有（　　）。
A. 改变合伙企业的名称
B. 处分合伙企业的动产
C. 以合伙企业的名义为他人提供担保
D. 聘任合伙人以外的人担任合伙企业的经营管理人员

5. 根据合伙企业法律制度的规定，下列关于普通合伙企业的损益分配的表述中，不正确的有（　　）。
A. 合伙协议约定平均分配利润
B. 合伙协议约定按照出资比例分配利润
C. 合伙协议约定将全部利润分配给部分合伙人
D. 合伙协议约定由部分合伙人承担全部亏损

6. 甲普通合伙企业（以下简称“甲企业”）的合伙人赵某由于个人原因对李某负有到期债务 20 万元，其自有财产不足以清偿该债务，同时李某对甲企业负有到期债务 50 万元。根据合伙企业法律制度的规定，下列关于李某债权实现方式的表述中，正确的有（　　）。
A. 李某可以其对赵某的债权抵销其对甲企业的债务
B. 赵某可以其从甲企业分取的收益清偿对李某所负的债务
C. 李某可代位行使赵某在甲企业中的权利
D. 李某可请求人民法院强制执行赵某在甲企业中的财产份额用以清偿债务

7. 根据合伙企业法律制度的规定，下列各项中，属于普通合伙企业的合伙人当然退伙情形的有（　　）。
A. 个人丧失偿债能力
B. 经全体合伙人一致同意
C. 合伙人在合伙企业中的全部财产份额被人民法院强制执行
D. 发生合伙人难以继续参加合伙的事由

8. 根据合伙企业法律制度的规定，在合伙协议无特别约定的情况下，合伙人发生的下列情形中，属于经其他合伙人一致同意即可除名的有（　　）。
A. 未履行出资义务
B. 因故意或者重大过失给合伙企业造成损失
C. 执行合伙事务时有不正当行为
D. 被依法宣告死亡

9. 根据合伙企业法律制度的规定，下列情形中，属于有限合伙人当然退伙的有（　　）。
A. 作为有限合伙人的自然人死亡
B. 有限合伙人个人丧失偿债能力
C. 有限合伙人在合伙企业中的全部财产份额被人民法院强制执行
D. 作为有限合伙人的自然人在有限合伙企业存续期间丧失民事行为能力

10. 甲是某普通合伙企业的合伙人，因飞机失事死亡，其 12 岁的儿子乙为唯一继承人。根据合伙企业法律制度的规定，下列表述中，正确的有（　　）。
A. 乙因继承当然成为合伙企业的普通合伙人
B. 乙只能要求分割甲在合伙企业的财产份额
C. 经全体合伙人同意，乙可以成为有限合伙人，普通合伙企业依法转为有限合伙企业
D. 全体合伙人未能一致同意的，合伙企业应当将甲的财产份额退还给乙

11. 甲、乙、丙三个注册会计师出资成立一个特殊的普通合伙制的会计师事务所。甲在一次审计业务中因重大过失给客户造成 200 万元的损失。下列关于该损失责任承担的表述中，符合合伙企业法律制度规定的有（　　）。
A. 甲、乙、丙承担无限连带责任
B. 甲承担无限责任

C. 乙、丙不承担责任

D. 乙、丙以其在会计师事务所中的财产份额为限承担责任

12. 根据合伙企业法律制度的规定，下列各项中，有限合伙人不能用作合伙企业出资的有（　　）。

A. 为合伙企业提供财务管理

B. 债权

C. 社会关系

D. 为合伙企业提供战略咨询

13. 根据合伙企业法律制度的规定，有限合伙人的下列行为中，不视为执行合伙事务的有（　　）。

A. 参与决定转让合伙企业的不动产

B. 参与决定普通合伙人退伙

C. 参与决定合伙企业为第三人提供担保

D. 参与选择承办有限合伙企业审计业务的会计师事务所

14. 根据合伙企业法律制度的规定，除合伙协议另有约定外，有限合伙人可以从事的行为有（　　）。

A. 同本企业进行交易

B. 将其在合伙企业中的财产份额出质

C. 执行合伙企业事务

D. 经营与本企业相竞争的业务

15. 甲、乙、丙、丁拟共同出资设立一个有限合伙企业，其中甲、乙为普通合伙人，丙、丁为有限合伙人。在其订立合伙协议时约定的下列事项中，符合合伙企业法律制度规定的有（　　）。

A. 甲、乙可以同本合伙企业进行交易，丙、丁不得同本合伙企业进行交易

B. 甲、乙、丙、丁均不得从事同本合伙企业相竞争的业务

C. 甲、乙、丙、丁以其在合伙企业中的财产份额出质的，均须经其他合伙人一致同意

D. 甲、乙、丙、丁向合伙人以外的人转让其在合伙企业中的财产份额时，应提前30日通知其他合伙人

16. 某普通合伙企业在经营期间吸收甲入伙。甲入伙前，合伙企业对乙负债10万元。甲入伙后，该合伙企业继续亏损，甲遂要求退伙，获其他合伙人一致同意。在此期间，该合伙企业欠丙货款20万元。甲退伙后，合伙企业又向丁借款20万元。后合伙企业解散，上述债务均未清偿。下列表述中，符合合伙企业法律制度规定的有（　　）。

A. 对于合伙企业对乙的债务，甲应承担无限连带责任

B. 对于合伙企业对丙的债务，甲应承担无限连带责任

C. 对于合伙企业对丁的债务，甲应承担无限连带责任

D. 对于合伙企业对乙、丁的债务，甲均不承担责任

17. 甲、乙、丙、丁拟设立一个有限合伙企业，合伙协议中约定了如下内容，其中不符合合伙企业法律制度规定的有（　　）。

A. 甲以认缴的出资额为限对企业债务承担责任，同时被推举为合伙事务执行人

B. 乙为有限合伙人，乙在合伙企业存续期间不得从事同本合伙企业相竞争的业务

C. 丙以劳务出资，为普通合伙人，丙在合伙企业存续期间可以同本合伙企业进行交易

D. 经全体合伙人同意，有限合伙人可以全部转为普通合伙人，普通合伙人也可以全部转为有限合伙人

18. 国有企业甲、上市公司乙和自然人丙拟共同投资设立一个合伙企业。根据合伙

企业法律制度的规定，下列选项中，正确的有（　　）。

A. 该合伙企业可以是普通合伙企业，也可以是有限合伙企业

B. 丙不能以劳务作为出资方式

C. 国有企业甲有权参与选择承办合伙企业审计业务的会计师事务所

D. 三方可以约定不经全体合伙人一致同意而吸收新的普通合伙人

19. 贾某是某有限合伙企业的有限合伙人。根据合伙企业法律制度的规定，下列选项中，正确的有（　　）。

A. 若贾某被法院判决认定为无民事行为能力人，其他合伙人可以因此要求其退伙

B. 若贾某死亡，其继承人可以取得贾某在有限合伙企业中的资格

C. 若贾某转为普通合伙人，必须对其作为有限合伙人期间企业发生的债务承担无限连带责任

D. 如果合伙协议没有特别约定，贾某可以不经过其他合伙人同意而将其在合伙企业中的财产份额出质

20. 根据合伙企业法律制度的规定，下列各项中，属于合伙企业应当向登记机关进行登记的事项有（　　）。

A. 合伙类型

B. 合伙人认缴或者实际缴付的出资数额、缴付期限和出资方式

C. 合伙期限

D. 合伙人名称或者姓名、住所、承担责任方式

21. 根据合伙企业法律制度的规定，下列各项中，属于合伙企业应当解散的情形有（　　）。

A. 合伙人已不具备法定人数满 30 天

B. 合伙期限届满，合伙人决定不再经营

C. 合伙协议约定的解散事由出现

D. 合伙企业被责令停业整顿

三、案例分析题

【案例 1】

甲、乙、丙、丁四人出资设立 A 有限合伙企业（以下简称“A 企业”），其中甲、乙为普通合伙人，丙、丁为有限合伙人。合伙企业存续期间，发生以下事项：

（1）5 月，合伙人丙同 A 企业进行了 120 万元的交易，合伙人甲认为，由于合伙协议对此没有约定，因此，有限合伙人丙不得同本合伙企业进行交易。

（2）6 月，合伙人丁自营同 A 企业相竞争的业务，获利 150 万元。合伙人乙认为，由于合伙协议对此没有约定，因此，丁不得自营同本合伙企业相竞争的业务，其获利 150 万元应当归 A 企业所有。

（3）7 月，A 企业向 B 银行贷款 100 万元。

（4）8 月，经全体合伙人一致同意，普通合伙人乙转变为有限合伙人，有限合伙人丙转变为普通合伙人。

（5）9 月，甲、丁提出退伙。经结算，甲从 A 企业分回 10 万元，丁从 A 企业分回 20 万元。

（6）10 月，戊、庚新入伙，戊为有限合伙人，庚为普通合伙人。其中，戊、庚认缴的出资均为 30 万元。

（7）12 月，B 银行 100 万元的贷款到期，A 企业的全部财产只有 40 万元。

要求：

根据上述内容，分别回答下列问题：

（1）根据本题要点（1）所提示的内容，指出甲的主张是否符合法律规定？并说明理由。

（2）根据本题要点（2）所提示的内容，指出乙的主张是否符合法律规定？并说明理由。

（3）对于不足的 60 万元，债权人 B 银行能否要求甲清偿全部的 60 万元？并说明理由。

（4）对于不足的 60 万元，债权人 B 银行能否要求乙清偿全部的 60 万元？并说明理由。

（5）对于不足的60万元，债权人B银行能否要求丙清偿全部的60万元？并说明理由。
（6）对于不足的60万元，债权人B银行能否要求丁清偿全部的60万元？并说明理由。
（7）对于不足的60万元，债权人B银行能否要求戊清偿全部的60万元？并说明理由。
（8）对于不足的60万元，债权人B银行能否要求庚清偿全部的60万元？并说明理由。

【案例2】

甲、乙、丙、丁共同投资设立了A有限合伙企业（以下简称“A企业”）。合伙协议约定：甲、乙为普通合伙人，分别出资10万元；丙、丁为有限合伙人，分别出资15万元；甲执行合伙企业事务，对外代表A企业。2021年A企业发生下列事实：

2月，甲以A企业的名义与B公司签订了一份12万元的买卖合同。乙获知后，认为该买卖合同损害了A企业的利益，且甲的行为违反了A企业内部规定的甲无权单独与第三人签订超过10万元合同的限制，遂要求各合伙人作出决议，撤销甲代表A企业签订合同的资格。

4月，乙、丙分别征得甲的同意后，以自己在A企业中的财产份额出质，为自己向银行借款提供质押担保。丁对上述事项均不知情，乙、丙之间也对质押担保事项互不知情。

8月，丁退伙，并从A企业取得退伙结算财产12万元。

9月，A企业吸收庚作为普通合伙人入伙，庚出资8万元。

10月，A企业的债权人C公司要求A企业偿还6月份所欠款项50万元。

11月，丙因所设个人独资企业发生严重亏损不能清偿D公司到期债务，D公司申请人民法院强制执行丙在A企业中的财产份额用于清偿其债务。人民法院强制执行丙在A企业中的全部财产份额后，甲、乙、庚决定A企业以现有企业组织形式继续经营。

经查：A企业内部约定，甲无权单独与第三人签订超过10万元的合同，B公司与A企业签订买卖合同时，不知A企业该内部约定。合伙协议未对合伙人以财产份额出质事项进行约定。

要求：

根据上述内容，分别回答下列问题：

（1）甲以A企业的名义与B公司签订的买卖合同是否有效？并说明理由。
（2）合伙人对撤销甲代表A企业签订合同的资格事项作出决议，在合伙协议未约定表决办法的情况下，应当如何表决？
（3）乙、丙的质押担保行为是否有效？并分别说明理由。
（4）如果A企业的全部财产不足清偿C公司的债务，对不足清偿的部分，哪些合伙人应当承担清偿责任？如何承担清偿责任？
（5）人民法院强制执行丙在A企业中的全部财产份额后，甲、乙、庚决定A企业以现有企业组织形式继续经营是否合法？并说明理由。

【案例3】

2021年1月，甲、乙、丙、丁、戊共同出资设立A有限合伙企业（以下简称“A企业”），从事产业投资活动。其中，甲、乙、丙为普通合伙人，丁、戊为有限合伙人。丙负责执行合伙事务。

2021年2月，丙请丁物色一家会计师事务所，以承办本企业的审计业务。丁在合伙人会议上提议聘请自己曾任合伙人的B会计师事务所。对此，丙、戊表示同意，甲、乙则以丁是有限合伙人、不应参与执行合伙事务为由表示反对。A企业的合伙协议未对聘请会计师事务所的表决办法作出约定。

2021年4月，戊投资设立从事产业投资的C个人独资企业（以下简称“C企业”）。后因C企业开始涉足A企业的主要投资领域，甲、乙、丙认为戊违反竞业禁止义务，要求戊从A企业退出。戊以合伙协议并未对此作出约定为由予以拒绝。

2021年5月，戊以其在A企业中的财产份额出质向庚借款200万元，但未告知A企业的其他合伙人。A企业的合伙协议未对合伙人的出质事项作出约定。

2021年8月，因戊投资连续失败，其个人财产损失殆尽，无力偿还所欠庚的到期借款。经评估，戊在A企业中的财产份额价值150万元。庚因欠A企业50万元到期债务，遂自行以该笔债务抵销戊所欠其借款50万元，并同时向A企业提出就戊在A企业中的财产份额行使质权。对于庚的抵销行为与行使质权之主张，A企业均表示反对。

要求：

根据上述内容，分别回答下列问题：

（1）甲、乙反对丁提议B会计师事务所承办A企业审计业务的理由是否成立？并说明理由。

（2）在甲、乙反对，其他合伙人同意的情况下，丁关于聘请B会计师事务所承办A企业审计业务的提议能否通过？并说明理由。

（3）甲、乙、丙关于戊违反竞业禁止义务的主张是否成立？并说明理由。

（4）庚能否以其对戊的债权抵销所欠A企业的债务？并说明理由。

（5）戊以其在A企业中的财产份额向庚出质的行为是否有效？并说明理由。

（6）庚是否有权请求人民法院强制执行戊在A企业中的财产份额？并说明理由。

【案例4】

A有限合伙企业（以下简称“A企业”）于2020年1月设立，出资人由20名有限合伙人和1名普通合伙人组成。普通合伙人为甲有限责任公司（以下简称“甲公司”）。合伙协议约定如下内容：（1）本企业主要从事生物制药行业的股权投资；（2）甲公司以其专业化的投资管理服务折价500万元出资，有限合伙人均以现金出资；（3）本企业成立后第一个会计年度的利润按有限合伙人的出资比例全部分配给有限合伙人。

2021年2月，有限合伙人乙发现甲公司持股60%的丙有限责任公司（以下简称“丙公司”）也从事生物制药行业的股权投资。乙在A企业的合伙人会议上提议更换甲公司，理由是丙公司与A企业存在竞争关系，甲公司已违反竞业禁止义务，应当将其持有的丙公司股权转让给他人，或者退伙。甲公司则认为，有限合伙企业的合伙人不受竞业禁止义务的约束，且乙作为有限合伙人无权干预合伙事务，无权参与决定普通合伙人的更换。

2021年3月，甲公司与各有限合伙人协商未果，拟将其在A企业中的全部财产份额转让给丁国有独资公司（以下简称“丁公司”）。

要求：

根据上述内容，分别回答下列问题：

（1）甲公司以投资管理服务折价的出资方式是否符合合伙企业法律制度的规定？并说明理由。

（2）合伙协议约定第一个会计年度的利润按有限合伙人的出资比例全部分配给有限合伙人是否符合合伙企业法律制度的规定？并说明理由。

（3）甲公司作为A企业的普通合伙人持有丙公司的股权是否违反竞业禁止义务？并说明理由。

（4）乙是否有权参与决定普通合伙人的更换？并说明理由。

（5）丁公司是否有资格受让甲公司在A企业中的财产份额？并说明理由。

同步强化练习题参考答案及解析

使用“会计云课堂”App或“微信”扫码对答案、看解析、掌握解题思路，开启轻松过关之旅。

一、单项选择题

1.【答案】D

【解析】国有独资公司（选项A）、国有企业、上市公司、公益性事业单位（选项C）、公益性社会团体（选项B），不得成为普通合伙人。

2.【答案】C

【解析】(1)选项A：普通合伙人可以劳务出资；(2)选项B：合伙协议应当依法由全体合伙人协商一致，以书面形式订立；(3)选项D：合伙人可以是自然人，也可以是法人或者其他组织。

3.【答案】C

4.【答案】D

5.【答案】A

6.【答案】D

【解析】(1)选项A：除合伙协议另有约定外，应当经全体合伙人一致同意；(2)选项B：由一个或者数个合伙人执行合伙事务的，所产生的费用和亏损由合伙企业承担；(3)选项C：合伙人分别执行合伙事务的，执行事务合伙人可以对其他合伙人执行的事务提出异议；(4)选项D：不执行合伙事务的合伙人有权监督执行事务合伙人执行合伙事务的情况。

7.【答案】D

【解析】(1)选项ABC：合伙企业的损益分配、分担比例由合伙协议自由约定；(2)选项D：普通合伙企业的合伙协议不得约定由部分合伙人（丙）承担全部亏损。

8.【答案】A

【解析】(1)选项BC：除合伙协议另有约定外，应当经全体合伙人一致同意，杨某不得自行决定或者处分；(2)选项D：普通合伙人绝对不得自营或者同他人合作经营与本合伙企业相竞争的业务。

9.【答案】B

【解析】选项C：债务人不履行到期债务时，债权人可以留置已经合法占有的债务人的动产；在本题中，甲企业与李某之间不存在债权债务关系，李某不能对甲企业的汽车行使留置权。

10.【答案】C

11.【答案】C

【解析】作为有限合伙人的自然人在有限合伙企业存续期间丧失民事行为能力的，其他合伙人不得因此要求其退伙。

12.【答案】C

【解析】选项ABD：不视为执行合伙事务。

13.【答案】D

【解析】(1)选项ABD：新合伙人入伙，除合伙协议另有约定外，应当经全体合伙人一致同意；(2)选项C：有限合伙人参与决定普通合伙人入伙、退伙的，不视为执行合伙事务。

14.【答案】D

【解析】(1)选项A：普通合伙人死亡，其继承人不愿意成为合伙人或者继承人未取得合伙协议约定的合伙人资格时，合伙企业应当向合伙人的继承人退还被继承合伙人的财产份额；(2)选项BCD：继承人戊具备完全民事行为能力，按照合伙协议的约定或者经全体合伙人一致同意，从继承开始之日起，可以取得普通合伙人资格。

15.【答案】D

16.【答案】D

【解析】选项D：有限合伙人不执行合伙企业事务，不得对外代表有限合伙企业。

17.【答案】A

【解析】(1)选项A：新入伙的有限合伙人对入伙前有限合伙企业的债务，以其认缴的出资额(20万元)为限承担责任；(2)选项B：有限合伙人丧失偿债能力的，其他合伙人不得因此要求其退伙；(3)选项C：作为有限合伙人的自然人在有限合伙企业存续期间丧失民事行为能力的，其他合伙人不得因此要求其退伙；(4)选项D：李军仍是有限合伙人，该合伙企业依然是有限合伙企业，不应转为普通合伙企业。

18.【答案】A

【解析】(1)新入伙的普通合伙人对入伙前合伙企业的债务(30万元)承担无限连带责任；(2)退伙的普通合伙人对基于其退伙前的原因发生的合伙企业债务(80万元)，应当承担无限连带责任。

19.【答案】D

【解析】(1)选项A：李某是普通合伙人，对合伙企业债务应当承担无限连带责任；(2)选项B：孟某是新入伙的有限合伙人，无论是对入伙前还是入伙后发生的企业债务，只需承担有限责任；(3)选项C：王某是有限合伙人，对合伙企业债务只承担有限责任；(4)选项D：张某是新入伙的普通合伙人，无论是对入伙前还是入伙后发生的企业债务，均应承担无限连带责任。

20.【答案】C

【解析】(1)乙：合伙企业依法被宣告破产的，普通合伙人乙对合伙企业债务仍应承担无限连带责任；(2)甲：普通合伙人转变为有限合伙人的，对其作为普通合伙人期间合伙企业发生的债务承担无限连带责任；(3)丙：有限合伙人转变为普通合伙人的，对其作为有限合伙人期间有限合伙企业发生的债务承担无限连带责任。

21.【答案】B

【解析】(1)选项A：在合伙协议无特别约定的情况下，有限合伙人可以同本有限合伙企业进行交易；(2)选项B：有限合伙人不执行合伙事务，不得对外代表有限合伙企业，这是法律的强制性规定；(3)选项C：在合伙协议无特别约定的情况下，有限合伙人可以将其在有限合伙企业中的财产份额出质；(4)选项D：在合伙协议无特别约定的情况下，有限合伙人可以自营或者同他人合作经营与本有限合伙企业相竞争的业务。

22.【答案】B

【解析】由于合伙协议未作约定、法律也没有特别规定，实行合伙人一人一票并经全体合伙人过半数通过的表决办法。

23.【答案】A

24.【答案】C

【解析】选项C：清算人自被确定之日起10日内将合伙企业解散事项通知债权人，将清算人成员、清算人的负责人名单通过国家企业信用信息公示系统公告，并于60日内在报纸上公告。

25.【答案】D

26.【答案】D

二、多项选择题

1.【答案】ACD

【解析】选项B：国有企业不得成为普通合伙人。

2.【答案】BCD

【解析】选项A：合伙人可以分期缴纳出资。

3.【答案】ABD

【解析】选项C：由一个或者数个合伙人执行合伙事务的，其执行合伙事务所产生的收益归合伙企业（而非合伙人），所产生的费用和亏损由合伙企业承担。

4.【答案】ACD

5.【答案】CD

6.【答案】BD

7.【答案】AC

【解析】选项BD：属于“协议退伙”的情形。

8.【答案】ABC

【解析】选项D：属于“当然退伙”的情形。

9.【答案】AC

【解析】（1）选项B：有限合伙人丧失偿债能力的，无须退伙；（2）选项D：作为有限合伙人的自然人在有限合伙企业存续期间丧失民事行为能力的，其他合伙人不得因此要求其退伙。

10.【答案】CD

11.【答案】BD

12.【答案】ACD

【解析】（1）选项AD：有限合伙人不得用劳务出资；（2）选项C：无法评估作价，不得用于出资。

13.【答案】BD

14.【答案】ABD

【解析】选项C：有限合伙人不得执行合伙事务，不得对外代表有限合伙企业，这是法律的强制性规定。

15.【答案】ABCD

【解析】（1）选项A：无论是普通合伙人还是有限合伙人，能否同本企业进行交易，先看合伙协议的约定（合伙协议爱怎么约定就怎么约定）；（2）选项B：普通合伙人绝对不能从事同本企业相竞争的业务（这是法律的强制性规定，合伙协议不得自由约定）；有限合伙人能否从事同本企业相竞争的业务，先看合伙协议的约定（合伙协议爱怎么约定就怎么约定）；（3）选项C：普通合伙人的出质，必须经过其他合伙人一致同意（这是法律的强制性规定，合伙协议不得自由约定）；有限合伙人能否出质，先看合伙协议的约定（合伙协议爱怎么约定就怎么约定）；（4）选项D：普通合伙人对外转让财产份额时，先看合伙协议的约定（合伙协议爱怎么约定就怎么约定）；有限合伙人可以按照合伙协议的约定向合伙人以外的人转让其在有限合伙企业中的财产份额，但应当提前 30 日通知其他合伙人。

16.【答案】AB

【解析】（1）选项 AD：新入伙的普通合伙人对入伙前合伙企业的债务（对乙的债务 10 万元）承担无限连带责任；（2）选项 B：退伙的普通合伙人对基于其退伙前的原因发生的合伙企业债务（对丙的债务 20 万元）承担无限连带责任；（3）选项 C：退伙的普通合伙人对退伙后的债务（对丁的债务 20 万元）不承担责任。

17.【答案】AD

【解析】（1）选项 A：甲以认缴的出资额为限对企业债务承担责任，说明甲为有限合伙人，因此甲不能执行合伙事务，这是法律的强制性规定；（2）选项 B：有限合伙人能否自营或者同他人合作经营与本有限合伙企业相竞争的业务，先看合伙协议的约定，合伙协议爱怎么约定就怎么约定；（3）选项 C：普通合伙人能否同本合伙企业进行交易，先看合伙协议的约定，合伙协议爱怎么约定就怎么约定；（4）选项 D：有限合伙企业至少应当有 1 个普通合伙人和 1 个有限合伙人，因此普通合伙人不能全部转为有限合伙人。

18.【答案】CD

【解析】（1）选项 AB：国有企业甲和上市公司乙只能作为有限合伙人，该合伙企业只能是有限合伙企业；由于有限合伙企业至少应当有 1 个普通合伙人和 1 个有限合伙人，自然人丙只能是普通合伙人，因此丙可以劳务出资；（2）选项 C：有限合伙人甲参与选择承办有限合伙企业审计业务的会计师事务所，不视为执行合伙事务；（3）选项 D：普通合伙人新入伙时，先看合伙协议的约定，合伙协议爱怎么约定就怎么约定。

19.【答案】BCD

【解析】（1）选项 A：作为有限合伙人的自然人在有限合伙企业存续期间丧失民事行为能力的，其他合伙人不得因此要求其退伙；（2）选项 B：作为有限合伙人的自然人死亡，其继承人（无论是否具备完全民事行为能力）可以依法取得该有限合伙人在有限合伙企业中的资格；（3）选项 C：有限合伙人转变为普通合伙人的，对其作为有限合伙人期间有限合伙企业发生的债务承担无限连带责任；（4）选项 D：有限合伙人可以将其在有限合伙企业中的财产份额出质，但合伙协议另有约定的除外。

20.【答案】AD

【解析】选项 BC：属于备案事项。

21.【答案】ABC

【解析】选项 D：合伙企业依法被吊销营业执照、责令关闭或者被撤销时，合伙企业应当解散。

三、案例分析题

【案例 1 答案】

（1）甲的主张不符合规定。根据规定，有限合伙人可以同本有限合伙企业进行交易；但是，合伙协议另有约定的除外。

（2）乙的主张不符合规定。根据规定，有限合伙人可以自营或者同他人合作经营与本有限合伙企业相竞争的业务；但是，合伙协议另有约定的除外。

（3）债权人 B 银行可以要求甲清偿全部的 60 万元。根据规定，退伙的普通合伙人对基于其退伙前的原因发生的合伙企业债务，承担无限连带责任。

（4）债权人 B 银行可以要求乙清偿全部的 60 万元。根据规定，普通合伙人转变为有限合伙人的，对其作为普通合伙人期间合伙企业发生的债务承担无限连带责任。

（5）债权人B银行可以要求丙清偿全部的60万元。根据规定，有限合伙人转变为普通合伙人的，对其作为有限合伙人期间有限合伙企业发生的债务承担无限连带责任。

（6）债权人B银行不能要求丁清偿全部的60万元。根据规定，有限合伙人退伙后，对基于其退伙前的原因发生的有限合伙企业债务，以其退伙时从有限合伙企业中取回的财产（20万元）承担责任。

（7）债权人B银行不能要求戊清偿全部的60万元。根据规定，新入伙的有限合伙人对入伙前有限合伙企业的债务，以其认缴的出资额为限承担责任。

（8）债权人B银行可以要求庚清偿全部的60万元。根据规定，新入伙的普通合伙人对入伙前合伙企业的债务承担无限连带责任。

【案例2答案】

（1）买卖合同有效。根据规定，合伙企业对合伙人执行合伙企业事务以及对外代表合伙企业权利的限制，不得对抗善意第三人。在本题中，B公司属于不知情的善意第三人，买卖合同有效。

（2）实行合伙人一人一票并经全体合伙人过半数通过的表决方式。

（3）①乙的质押行为无效。根据规定，普通合伙人以其在合伙企业中的财产份额出质的，须经其他合伙人一致同意；未经其他合伙人一致同意的，其行为无效，由此给善意第三人造成损失的，由行为人依法承担赔偿责任。在本题中，普通合伙人乙的质押行为未经其他合伙人的一致同意，因此，质押行为无效。②丙的质押行为有效。根据规定，有限合伙人可以将其在有限合伙企业中的财产份额出质；但是，合伙协议另有约定的除外。在本题中，由于合伙协议未对合伙人以财产份额出质事项进行约定，因此，有限合伙人丙的质押行为有效。

（4）①普通合伙人甲、乙、庚应承担无限连带责任；②退伙的有限合伙人丁以其退伙时从A企业分回的12万元财产承担责任。

（5）甲、乙、庚决定A企业以现有企业组织形式继续经营不合法。根据规定，有限合伙企业仅剩普通合伙人的，应当转为普通合伙企业。

【案例3答案】

（1）甲、乙的理由不成立。根据规定，有限合伙人参与选择承办本企业审计业务的会计师事务所，不视为执行合伙事务。

（2）该提议能够通过。根据规定，合伙协议未约定或者约定不明确、法律也没有特别规定时，实行合伙人一人一票并经全体合伙人过半数通过的表决办法。在本题中，合伙协议对该事项未约定表决办法，法律也没有特别规定，丙、丁、戊合计超过全体合伙人的半数，故丁的提议可以通过。

（3）甲、乙、丙的主张不成立。根据规定，有限合伙人可以自营或者同他人合作经营与本有限合伙企业相竞争的业务，但是，合伙协议另有约定的除外。

（4）庚不能以其对戊的债权抵销所欠A企业的债务。根据规定，合伙人发生与合伙企业无关的债务，相关债权人不得以其债权抵销对合伙企业的债务。

（5）戊的出质行为有效。根据规定，除非合伙协议另有约定，有限合伙人可以将其在有限合伙企业中的财产份额出质。

（6）庚有权请求人民法院强制执行戊在A企业中的财产份额。根据规定，当合伙人的自有财产不足清偿其与合伙企业无关的债务时，债权人可以请求人民法院强制执行该合伙人在合伙企业中的财产份额用于清偿。

【案例4答案】

（1）甲公司的出资方式符合规定。根据规定，普通合伙人可以劳务出资。

（2）合伙协议的约定符合规定。根据规定，有限合伙企业不得将全部利润分配给部分合伙人，但是，合伙协议另有约定的除外。

（3）甲公司违反了竞业禁止义务。根据规定，普通合伙人不得自营或者同他人合作经营与本合伙企业相竞争的业务。

（4）乙有权参与决定普通合伙人的更换。根据规定，有限合伙人参与决定普通合伙人入伙、退伙，不视为执行合伙事务。

（5）丁公司没有资格受让甲公司在A企业中的财产份额。根据规定，国有独资公司不得成为普通合伙人。

第六章　公司法律制度

CHAPTER-6

本章考情分析

在最近 3 年的考试中，本章的平均分值为 9 分，2021 年试卷一的分值为 9.5 分，试卷二的分值为 12 分。在四个案例分析题中，肯定有一个 15 分的题目来自公司法律制度和证券法律制度的结合，希望考生高度重视。

本章分为八个单元，共计 42 个考点。本章考点较多，大多数考点需要准确理解，部分考点需要死记硬背，复习难度较大。复习本章需要 12 个小时左右。

温馨小提示

公司法律制度和证券法律制度是考生必须翻越的两座大山。与证券法律制度相比，本章的复习难度其实并不大，无非多用一点点时间。

2022 年教材的主要变化：（1）根据中国证监会 2022 年 1 月发布的《上市公司独立董事规则》，对“独立董事”的内容进行了重大调整；（2）根据国务院发布的《市场主体登记管理条例》（自 2022 年 3 月 1 日起施行），对“公司设立登记、注销登记”的内容进行了重大调整。

最近 3 年题型题量分析表

题型	2019 年试卷一	2019 年试卷二	2020 年试卷一	2020 年试卷二	2021 年试卷一	2021 年试卷二
单选题	4 题 4 分	4 题 4 分	3 题 3 分	3 题 3 分	4 题 4 分	4 题 4 分
多选题	2 题 3 分	2 题 3 分	2 题 3 分	1 题 1.5 分	2 题 3 分	2 题 3 分
案例分析题	5 分	2 分			2.5 分	5 分
合计	12 分	9 分	6 分	4.5 分	9.5 分	12 分

历年试题涉及本章的主要考点

考点	年份 / 题型
有限责任公司的设立	2021 年多选题
股份有限公司的设立	2021 年多选题
股东的出资形式	2012 年单选题、2017 年单选题、2018 年单选题、2021 年多选题
股东违反出资义务的责任	2012 年单选题、2019 年多选题、2020 年单选题、2021 年单选题
名义股东与实际出资人	2017 年单选题、2021 年单选题
公司设立阶段的债务	2017 年单选题、2019 年单选题

续表

考点	年份 / 题型
增资优先认缴权	2020 年多选题
分红权	2015 年单选题、2018 年单选题、2020 年单选题
查阅权	2013 年案例分析题、2016 年多选题、2019 年多选题、2021 年多选题
异议股东的回购请求权	2015 年案例分析题、2018 年案例分析题、2021 年案例分析题
股东诉讼	2015 年案例分析题、2016 年案例分析题
解散诉讼	2016 年单选题、2021 年单选题
董事、监事和高级管理人员	2013 年案例分析题、2015 年单选题、2017 年案例分析题
公司对外担保	2021 年单选题
公积金	2017 年单选题、2019 年案例分析题、2020 年单选题
股东会、董事会和监事会的职权	2015 年单选题、2017 年多选题、2019 年单选题
有限责任公司的股东会	2010 年多选题、2016 年多选题
有限责任公司的董事会	2020 年单选题、2021 年单选题
国有独资公司	2015 年单选题
有限责任公司的股权转移	2013 年多选题、2014 年单选题、2018 年单选题、2019 年单选题
股东大会的会议制度	2015 年多选题、2019 年案例分析题、2020 年多选题、2021 年案例分析题
上市公司股东大会的决议方式	2015 年案例分析题、2019 年单选题、2019 年多选题
上市公司的对外担保	2018 年多选题
股份有限公司的董事会	2013 年案例分析题、2016 年案例分析题
公司决议的效力	2016 年单选题、2018 年单选题、2018 年案例分析题、2019 年单选题、2019 年多选题、2019 年案例分析题、2020 年单选题
上市公司独立董事制度	2018 年单选题
股份有限公司股份转让的限制	2013 年案例分析题、2016 年单选题、2018 年单选题
股份回购	2021 年案例分析题
公司合并	2018 年案例分析题
公司分立	2019 年单选题、2021 年单选题
公司减资	2018 年多选题
公司清算	2017 年多选题、2021 年单选题

本章思维导图

- 第六章（一）
  - 公司的设立
    - 有限责任公司的设立
    - 股份有限公司的设立
    - 公司的设立登记
    - 股东的出资形式
    - 股东违反出资义务的责任
    - 名义股东与实际出资人
    - 公司设立阶段的债务
  - 股东权利
    - 表决权、分红权与增资优先认缴权
    - 查阅权（知情权）
    - 异议股东的回购请求权
    - 股东诉讼
    - 关联交易
    - 解散诉讼
    - 有限责任公司股东的分歧解决机制
  - 公司的经营管理
    - 董事、监事和高级管理人员
    - 公司对外担保
    - 公积金
  - 有限责任公司的组织机构
    - 股东会、董事会和监事会的职权
    - 董事会、监事会中的职工代表
    - 有限责任公司的股东会
    - 有限责任公司的董事会
    - 一人有限责任公司
    - 国有独资公司
    - 约定与法定的关系（考点综述）
  - 有限责任公司的股权转移
    - 股东资格的继承
    - 自愿转让
    - 强制移转
    - 一股二卖

- 第六章（二）
  - 上市公司的组织机构
    - 股东大会的会议制度
    - 上市公司股东大会的决议方式
    - 上市公司的对外担保
    - 股份有限公司的董事会
    - 股份有限公司的经理
    - 股份有限公司的监事会
    - 公司决议的效力
    - 上市公司独立董事制度
  - 股份有限公司的股份转让
    - 股份转让的限制
    - 股份回购
  - 公司合并、分立、减资与清算
    - 公司合并
    - 公司分立
    - 公司减资
    - 公司清算

本章核心考点解读

第一单元　公司的设立

使用“会计云课堂”App或“微信”扫码查看本单元视频，快速GET知识点。

【考点1】有限责任公司的设立（P203）★

1. 有限责任公司由50个以下股东出资设立，允许设立一人有限责任公司。

2. 有限责任公司的注册资本为在公司登记机关登记的全体股东认缴的出资额。

3. 公司章程

（1）设立有限责任公司必须由股东共同依法制定公司章程，股东应当在公司章程上签名、盖章。

（2）公司章程对公司、股东、董事、监事和高级管理人员均有约束力。

（3）高级管理人员是指公司的经理、副经理、财务负责人，上市公司董事会秘书和公司章程规定的其他人员。

> **温馨小提示**
>
> 公司章程对公司的实际控制人没有约束力。

经典题解

【例题·多选题】根据公司法律制度的规定，下列主体中，属于公司高级管理人员的有（ ）。（2021年）

A. 总经理　　B. 财务负责人

C. 董事　　D. 监事

【答案】AB

【考点2】股份有限公司的设立（P188）★

1. 发起人

（1）发起人既可以是自然人，也可以是法人；既可以是中国公民，也可以是外国公民。

（2）设立股份有限公司，应当有2人以上200人以下为发起人。其中，须有半数以上（≥1/2）的发起人在中国境内有住所。

> 温馨小提示：发起人是否在中国境内有住所，要视其经常居住地或者主要办事机构所在地是否在中国境内。法律只要求半数以上的发起人在中国境内有住所，并没有要求半数以上的发起人为中国公民。

2. 发起设立

股份有限公司采取发起设立方式设立的，注册资本为在公司登记机关登记的全体发起人认购的股本总额。

3. 募集设立

（1）股份有限公司采取募集方式设立的，注册资本为在公司登记机关登记的实收股本总额。

（2）股份有限公司采取募集方式设立的，发起人认购的股份不得少于公司股份总数的35%；但法律、行政法规另有规定的，从其规定。

（3）发起人应当在股款缴足之日起30日内主持召开创立大会。创立大会应有代表股份总数过半数（＞1/2）的发起人、认股人出席，方可举行。

（4）发起人、认股人缴纳股款或者交付抵作股款的出资后，除未按期募足股份、发起人未按期召开创立大会或者创立大会决议不设立公司的情形外，不得抽回其股本。

> 温馨小提示：这是考生必须掌握的考点，注意多选题。

【案例】甲、乙、丙三个发起人拟以募集方式设立一个股份有限公司，股本总额为5000万股。三个发起人认购其中的40%（2000万股），其余3000万股向社会公开募集，其中投资者王某（认股人）认购2000股。发起人应当自股款缴足之日起30日内主持召开创立大会。由于募集设立是先交钱后登记，其注册资本为实收股本总额。

4. 创立大会的职权

（1）审议发起人关于公司筹办情况的报告；

（2）通过公司章程；

（3）选举董事会成员；

（4）选举监事会成员；

（5）对公司的设立费用进行审核；

（6）对发起人用于抵作股款的财产的作价进行审核；

（7）发生不可抗力或者经营条件发生重大变化直接影响公司设立的，可以作出不设立公司的决议。

经典题解

【例题·多选题】根据公司法律制度的规定，下列各项中，属于创立大会职权范围的有（　　）。（2021年）

A. 审核发起人以外的认购人用于抵作股款的财产的评估作价

B. 发生不可抗力直接影响公司设立的，可以作出不设立公司的决议

C. 审核公司的设立费用

D. 选举监事会成员

【答案】BCD

【考点3】公司的设立登记（2022年重大调整）（P166）★★

1. 登记事项

根据《市场主体登记管理条例》，公司的登记事项包括：（1）名称；（2）公司类型；（3）经营范围；（4）住所；（5）注册资本；（6）法定代表人姓名；（7）有限责任公司股东或者股份有限公司发起人的姓名或者名称；（8）法律、行政法规规定的其他事项。

【解释】公司变更登记事项，应当自作出变更决议、决定或者法定变更事项发生之日起30日内向登记机关申请变更登记。

2. 备案事项

公司的下列事项应当向登记机关办理备案：（1）公司章程；（2）经营期限；（3）有限责任公司股东或者股份有限公司发起人认缴的出资数额、缴付期限和出资方式；（4）公司董事、监事、高级管理人员；（5）公司登记联络员、外商投资企业法律文件送达接受人；（6）公司受益所有人相关信息；（7）法律、行政法规规定的其他事项。

【解释】公司变更备案事项的，应当自作出变更决议、决定或者法定变更事项发生之日起30日内向登记机关办理备案。

3. 营业执照

（1）营业执照签发日期为公司的成立日期。

（2）营业执照分为正本和副本，具有同等法律效力。

（3）电子营业执照与纸质营业执照具有同等法律效力。

4. 歇业

（1）因自然灾害、事故灾难、公共卫生事件、社会安全事件等原因造成经营困难的，公司可以自主决定在一定时期内歇业，法律、行政法规另有规定的除外。

（2）公司应当在歇业前向登记机关办理备案。

（3）公司歇业的期限最长不得超过3年。

温馨小提示

合伙企业歇业的期限最长不得超过3年。

（4）公司在歇业期间开展经营活动的，视为恢复营业，公司应当通过国家企业信用信息公示系统向社会公示。

（5）公司歇业期间，可以以法律文书送达地址代替住所或者主要经营场所。

【考点4】股东的出资形式（P170）★★★

1. 股东的出资形式

（1）股东可以用货币出资，也可以用实物、知识产权、土地使用权等可以用货币估价并可以依法转让的非货币财产（如股权、债权）作价出资。

（2）股东不得以劳务、信用、自然人姓名、商誉、特许经营权或者设定担保的财产等作价出资。

温馨小提示

这是考生必须掌握的考点，今年继续关注选择题。

经典题解

【例题1·单选题】根据公司法律制度的规定，下列各项中，不得作为出资的是（　　）。（2018年）

A. 债权　　B. 特许经营权

C. 股权　　D. 知识产权

【答案】B

【例题2·多选题】根据公司法律制度的规定，下列各项中，公司股东可以用于出资的有（　　）。（2021年）

A. 土地使用权　　B. 劳务

C. 商誉　　D. 知识产权

【答案】AD

2. 事后贬值的

出资人以符合法定条件的非货币财产出资后，因市场变化或者其他客观因素导致出资财产贬值，公司、其他股东或者公司债权人请求该出资人承担补足出资责任的，人民法院不予支持；当事人另有约定的除外。

3. 登记

（1）已经交付公司使用但未办理权属变更手续

出资人以房屋、土地使用权或者需要办理权属登记的知识产权等财产出资，已经交付公司使用但未办理权属变更手续的，公司、其他股东或者公司债权人主张认定出资人未履行出资义务的，人民法院应当责令当事人在指定的合理期间内办理权属变更手续；在指定的合理期间内办理了权属变更手续的，人民法院应当认定其已经履行了出资义务；出资人主张自其实际交付财产给公司使用时享有相应股东权利的，人民法院应予支持。

温馨小提示

股东以非货币财产出资的，应当依法办理其财产权的转移手续，该转移手续一般在6个月内办理完毕。

【案例】甲、乙共同出资设立A有限责任公司，甲以房屋出资。甲于2021年7月1日将房屋交付给A公司使用，但一直未办理房屋产权的转移登记。2022年4月1日，A公司的债权人B公司主张认定甲未履行出资义务。在本案中：（1）如果甲在人民法院指定的合理期间内办理了权属变更手续，人民法院应当认定甲已经履行了出资义务;(2)如果甲主张自2021年7月1日起享有相应股东权利的，人民法院应予支持。

(2)已经办理权属变更手续但未交付给公司使用

出资人以房屋、土地使用权或者需要办理权属登记的知识产权等财产出资，已经办理权属变更手续但未交付给公司使用的，公司或者其他股东主张其向公司交付，并在实际交付之前不享有相应股东权利的，人民法院应予支持。

【案例】甲、乙共同出资设立A有限责任公司，甲以房屋出资。2021年7月1日，办理了房屋所有权的转移登记手续，但甲一直未将该房屋交付给A公司使用。在本案中，如果A公司或者其他股东主张甲向公司交付房屋，并在实际交付之前不享有相应股东权利的，人民法院应予支持。

经典题解

【例题·单选题】甲有限责任公司成立于2017年1月5日。公司章程规定，股东乙以其名下的一套房产出资。乙于1月7日将房产交付公司，但未办理权属变更手续。5月9日，股东丙诉至人民法院，要求乙履行出资义务。5月31日，人民法院责令乙于10日内办理权属变更手续。6月6日，乙完成办理权属变更手续。根据公司法律制度的规定，乙享有股东权利的起始日期是(　　)。(2017年)

A. 1月7日　　B. 1月5日

C. 6月6日　　D. 5月31日

【答案】A

4. 无权处分

出资人以其不享有处分权的财产出资，当事人之间对于出资行为的效力产生争议的，人民法院可以参照善意取得制度的规定予以认定。

经典题解

【例题·单选题】甲向乙借用一台机床。借用期间，未经乙同意，甲以所有权人的名义，以该机床作为出资，与他人共同设立丙有限责任公司(以下简称“丙公司”)。甲向丙公司交付了机床，丙公司其他股东对甲并非机床所有权人的事实并不知情。乙发现上述情况后，要求返还机床。根据公司法律制度的规定，下列表述中，正确的是(　　)。(2012年)

A. 甲出资无效，不能取得股东资格，乙有权要求返还机床

B. 甲出资无效，应以其他方式补足出资，乙有权要求返还机床

C. 甲出资有效，乙无权要求返还机床，但甲应向乙承担赔偿责任

D. 甲出资有效，乙无权要求返还机床，但丙公司应向乙承担赔偿责任

【答案】C

5. 出资人以贪污、受贿、侵占、挪用等违法犯罪所得的货币出资后取得股权的，司法机关对违法犯罪行为予以追究、处罚时，应当采取拍卖或者变卖的方式处置其股权。

温馨小提示

股东违反出资义务的行为包括“根本未履行出资义务”“未全面履行出资义务”和“抽逃出资”。

【考点5】股东违反出资义务的责任（P172）★★★

1. 抽逃出资的界定

公司成立后，公司、股东或者公司债权人以相关股东的行为符合下列情形之一且损害公司权益为由，请求认定该股东抽逃出资的，人民法院应予支持：

（1）制作虚假财务会计报表虚增利润进行分配；

（2）通过虚构债权债务关系将其出资转出；

（3）利用关联交易将出资转出；

（4）其他未经法定程序将出资抽回的行为。

2. 全面履行

股东未履行或者未全面履行出资义务或者抽逃出资，公司或者其他股东请求其向公司依法全面履行出资义务或者返还出资本息的，人民法院应予支持。

【解释】有限责任公司成立后，股东未按章程规定缴纳出资，除应当向公司足额缴纳外，还应当向已按期足额缴纳出资的股东承担违约责任。

经典题解

【例题·多选题】甲公司股东吴某抽逃出资。根据公司法律制度的规定，下列各项中，有资格对吴某提起向公司返还出资本息之诉的有（ ）。（2019年）

A. 甲公司　　B. 甲公司其他股东

C. 甲公司董事会　　D. 甲公司监事会

【答案】AB

3. 股东权利

股东未履行或者未全面履行出资义务或者抽逃出资，公司根据公司章程或者股东会决议对其利润分配请求权、新股优先认购权、剩余财产分配请求权等股东权利作出相应的合理限制，该股东请求认定该限制无效的，人民法院不予支持。

名师敲黑板

股东会可以，董事会不行！

4. 股东资格

有限责任公司的股东未履行出资义务或者抽逃全部出资，经公司催告缴纳或者返还，在合理期间内仍未缴纳或者返还出资，公司以股东会决议解除该股东的股东资格，该股东请求确认该解除行为无效的，人民法院不予支持。

经典题解

【例题1·单选题】甲有限责任公司的职工股东乙未履行出资义务，经公司催告在合理期间内仍拒绝缴纳。根据公司法律制度的规定，有权作出决议解除乙股东资格的公司机构是（ ）。（2020年）

A. 董事会　　B. 监事会

C. 职工代表大会　　D. 股东会

【答案】D

【例题2·单选题】甲是某有限责任公司的股东。在公司章程没有特别规定时，下列情形中，构成公司以股东会决议解除甲股东资格事由的是（ ）。（2021年）

A. 甲未履行出资义务，经公司催告，在合理期间内仍未缴纳出资
B. 甲滥用表决权，导致公司长期不分配利润
C. 甲与其他股东长期不和，导致公司僵局
D. 甲与公司进行关联交易，损害公司利益

【答案】A

5. 公司债权人

（1）未尽出资义务

①公司债权人请求未履行或者未全面履行出资义务的股东在未出资本息范围内对公司债务不能清偿的部分承担补充赔偿责任的，人民法院应予支持。未履行或者未全面履行出资义务的股东已经承担上述责任，其他债权人提出相同请求的，人民法院不予支持。

②股东在公司设立时未履行或者未全面履行出资义务，公司的发起人与被告股东承担连带责任。但是，公司的发起人承担责任后，可以向被告股东追偿。

（2）抽逃出资

公司债权人请求抽逃出资的股东在抽逃出资本息范围内对公司债务不能清偿的部分承担补充赔偿责任，并要求协助抽逃出资的其他股东、董事、高级管理人员或者实际控制人对此承担连带责任的，人民法院应予支持；抽逃出资的股东已经承担上述责任，其他债权人提出相同请求的，人民法院不予支持。

温馨小提示

公司债权人有权请求股东在其未出资本息范围内对公司债务不能清偿的部分承担补充赔偿责任，无权请求股东承担无限连带责任。

名师敲黑板

这是考生必须掌握的考点，注意案例分析题。

【解释】（1）股东在公司设立时未履行或者未全面履行出资义务的，所有的发起人股东（无论是否存在过错）均应承担连带责任；（2）公司成立后，股东抽逃出资的，只有协助抽逃出资的其他股东、实际控制人、董事、高级管理人员（不包括监事）才承担连带责任。

【案例】甲、乙、丙各出资100万元（均为货币出资），设立A有限责任公司（以下简称“A公司”）。A公司欠B公司货款250万元，A公司的全部财产只有150万元。B公司经调查发现，甲在股东乙、董事王某的协助下抽逃出资80万元。在本案中：（1）对于A公司不能清偿的100万元（250-150=100万元），债权人B公司有权要求甲承担88万元（抽逃出资80万元，假设其利息为8万元）的补充赔偿责任；（2）协助其抽逃出资的股东乙、董事王某对此应承担连带责任；（3）如果甲已经向A公司的债权人B公司承担了88万元的赔偿责任后，A公司的债权人C公司再要求甲承担88万元的赔偿责任时，人民法院不予支持（不能千刀万剐，惩罚一次就够了）。

6. 能否提出诉讼时效抗辩？

（1）股东未履行或者未全面履行出资义务或者抽逃出资，公司或者其他股东请求其向公司全面履行出资义务或者返还出资，被告股东以诉讼时效为由进行抗辩的，人民法院不予支持。

（2）公司债权人的债权未过诉讼时效期间，其请求未履行或者未全面履行出资义务或者抽逃出资的股东承担赔偿责任，被告股东以出资义务或者返还出资义务超过诉讼时效期间为由进行抗辩的，人民法院不予支持。

温馨小提示

基于投资关系产生的缴付出资请求权，不适用诉讼时效的规定。

7. 股东未尽出资义务时的股权转让

（1）有限责任公司的股东未履行或者未全面履行出资义务即转让股权，受让人对此知道或者应当知道，公司请求该股东履行出资义务，受让人对此承担连带责任的，人民法院应予支持。公司债权人依法对该股东提起承担补充赔偿责任的诉讼，同时请求受让人对此承担连带责任的，人民法院应予支持。

（2）受让人承担连带责任后，向该未履行或者未全面履行出资义务的股东追偿的，人民法院应予支持。但是，当事人另有约定的除外。

经典题解

【例题·单选题】某有限责任公司的股东甲将其所持全部股权转让给该公司股东乙。乙受让该股权时，知悉甲尚有70%的出资款项未按期缴付。下列关于甲不按规定出资责任的表述中，符合公司法律制度规定的是（　　）。（2012年）

A. 甲继续向公司承担足额缴纳出资的义务，乙对此不承担责任

B. 甲继续向公司承担足额缴纳出资的义务，乙对此承担连带责任

C. 乙代替甲向公司承担足额缴纳出资的义务，甲对此不再承担责任

D. 乙代替甲向公司承担足额缴纳出资的义务，甲对此承担补充清偿责任

【答案】B

【考点6】名义股东与实际出资人（P173）★★

1. 名义股东与实际出资人之间的内部约定有效吗？

（1）有限责任公司的实际出资人与名义出资人订立合同，约定由实际出资人出资并享有投资权益，以名义出资人为名义股东，实际出资人与名义股东对该合同效力发生争议的，如无法律规定的无效情形，人民法院应当认定该合同有效。

（2）实际出资人与名义股东因投资权益的归属发生争议，实际出资人以其实际履行了出资义务为由向名义股东主张权利的，人民法院应予支持。名义股东以公司股东名册记载、公司登记机关登记为由否认实际出资人权利的，人民法院不予支持。

2. 实际出资人想"转正"怎么办？

实际出资人未经公司其他股东半数以上（≥ 1/2）同意，请求公司变更股东、签发出资证明书、记载于股东名册、记载于公司章程并办理公司登记机关登记的，人民法院不予支持。

> 温馨小提示：此处看人数，与股权无关。

3. 名义股东"犯坏"怎么办？

（1）名义股东将登记于其名下的股权转让、质押或者以其他方式处分，实际出资人以其对于股权享有实际权利为由，请求认定处分股权行为无效的，人民法院可以参照《民法典》中关于善意取得制度的规定处理。

（2）名义股东处分股权造成实际出资人损失，实际出资人请求名义股东承担赔偿责任的，人民法院应予支持。

【案例】甲（名义股东）持有A有限责任公司20%的股权，乙为实际出资人。2022年4月1日，未经乙同意，甲将该股权作价1000万元转让给了不知情的丙，并办理了股权变更登记手续。在本案中，如果符合善意取得条件，丙依法取得该股权，乙无权要求丙返还该股权，但乙有权要求甲承担赔偿责任。

4. 如何面对公司的债权人？

公司债权人以登记于公司登记机关的股东未履行出资义务为由，请求其对公司债务不能清偿的部分在未出资本息范围内承担补充赔偿责任，股东以其仅为名义股东而非实际出资人为由进行抗辩的，人民法院不予支持。但是，名义股东承担赔偿责任后，向实际出资人追偿的，人民法院应予支持。

5.“被股东”了怎么办？

冒用他人名义出资并将该他人作为股东在公司登记机关登记的，冒名登记行为人应当承担相应责任；公司、其他股东或者公司债权人以未履行出资义务为由，请求被冒名登记为股东的承担补足出资责任或者对公司债务不能清偿部分的赔偿责任的，人民法院不予支持。

【解释】（1）名义股东与实际出资人之间毕竟签有股权代持协议，名义股东主动做了实际出资人的傀儡（当然也会得到一定的好处），名义股东对外不能对抗公司债权人；（2）被冒名人对自己“被股东”一事事先毫不知情，自己也是“受害者”，被冒名人不属于“名义股东”，对“公司、其他股东或者公司债权人”不承担任何责任。

经典题解

【例题 1 · 单选题】甲盗用乙的身份证，以乙的名义向丙公司出资。乙被记载于丙公司股东名册，并进行了登记，但直至出资期限届满仍未履行出资义务。根据公司法律制度的规定，下列关于出资责任承担的表述中，正确的是（　　）。（2017 年）

A. 乙承担出资责任

B. 甲承担出资责任

C. 乙首先承担出资责任，不足部分再由甲补足

D. 甲、乙对出资承担连带责任

【答案】B

【例题 2 · 单选题】甲有限责任公司股东名册记载有赵某、钱某、孙某和李某 4 名股东。其中，李某为名义股东，实际出资人为周某。现周某要求公司变更股东名册，将其登记为正式股东。根据公司法律制度的规定，应当满足的条件是（　　）。（2021 年）

A. 须 4 名股东一致同意

B. 除李某外的其余 3 名股东半数以上同意

C. 仅需李某本人同意

D. 除李某外的其余 3 名股东所持表决权半数以上同意

【答案】B

【例题 3 · 单选题】陈某与曾某就投资星星有限公司订立一份合作出资协议，约定陈某为实际出资人，曾某为名义股东；曾某行使股东权利并每年从陈某处获得固定报酬，投资收益归属于陈某。合作出资协议不存在违法情形。根据公司法律制度的规定，下列表述中，正确的是（　　）。（2021 年）

A. 曾某可以以其是名义股东为由不履行对公司的出资义务

B. 星星公司可依其股东名册记载否认陈某的股东资格

C. 陈某可以以其履行了出资义务为由要求星星公司其他股东承认其股东资格

D. 曾某可以以其是星星公司股东名册记载的股东为由对抗陈某的投资收益请求

【解析】（1）选项A：公司债权人以登记于公司登记机关的股东未履行出资义务为由，请求其对公司债务不能清偿的部分在未出资本息范围内承担补充赔偿责任，股东以其仅为名义股东而非实际出资人为由进行抗辩的，人民法院不予支持；（2）选项BC：实际出资人未经公司其他股东半数以上同意，请求公司变更股东、签发出资证明书、记载于股东名册、记载于公司章程并办理公司登记机关登记的，人民法院不予支持；（3）选项D：实际出资人与名义股东因投资权益的归属发生争议，实际出资人有权以其实际履行了出资义务为由向名义股东主张权利。名义股东不得以公司股东名册记载、公司登记机关登记为由否认实际出资人的权利。

【答案】B

名师敲黑板

这是考生必须掌握的考点，今年继续关注多选题。

【考点7】公司设立阶段的债务（P168）★★★

1. 合同之债

（1）以发起人的名义订立合同

发起人为设立公司以自己的名义与他人订立合同，合同相对人有权选择请求该发起人或者成立后的公司承担合同义务。

（2）以公司的名义订立合同

发起人为设立公司以设立中公司的名义与他人订立合同，公司成立后自动承担该合同义务。公司未成立，则单一发起人独自承担设立所产生的债务；发起人为数人的，连带承担债务。

经典题解

【例题·单选题】甲、乙拟共同投资设立丙公司，约定由乙担任法定代表人。在公司设立过程中，甲以丙公司的名义与丁公司签订房屋租赁合同。后丙公司因故未成立，尚欠丁公司房租20万元。根据公司法律制度的规定，下列关于该租金清偿责任的表述中，正确的是（　　）。（2019年）

A. 由甲承担全部责任

B. 由乙承担全部责任

C. 由甲、乙依出资比例按份承担责任

D. 由甲、乙承担连带责任

【答案】D

2. 侵权之债

（1）公司成立的

发起人因履行公司设立职责造成他人损害，公司成立后，受害人请求公司承担侵权赔偿责任的，人民法院应予支持。

（2）公司未成立

发起人因履行公司设立职责造成他人损害，公司未成立，受害人请求全体发起人承担连带赔偿责任的，人民法院应予支持。

经典题解

【例题·单选题】甲、乙、丙三人拟设立一有限责任公司。在公司设立过程中，甲在搬运为公司购买的办公家具时，不慎将丁撞伤。根据公司法律制度的规定，下列关于对丁的侵权责任承担的表述中，正确的是（　　）。（2017 年）

A. 若公司未成立，丁仅能请求甲承担该侵权责任

B. 若公司未成立，丁应先向甲请求赔偿，不足部分再由乙、丙承担

C. 若公司成立，则由公司自动承受该侵权责任

D. 无论公司是否成立，该侵权责任应由甲、乙、丙共同承担

【答案】C

第二单元　股东权利

使用“会计云课堂”App 或“微信”扫码查看本单元视频，快速 GET 知识点。

【考点 1】表决权、分红权与增资优先认缴权（P176、178）★★★

1. 表决权

有限责任公司的股东按照出资比例行使表决权，但公司章程另有规定的除外。

> **温馨小提示**
>
> 有限责任公司股东的表决权，先看公司章程的规定；公司章程没有规定的，按照出资比例行使表决权。至于是实缴的出资比例还是认缴的出资比例，法律并没有明确规定。

2. 增资优先认缴权

有限责任公司新增资本时，股东有权优先按照实缴的出资比例认缴出资；但是，全体股东可以事先约定不按照出资比例优先认缴出资。

【解释】（1）增资优先认缴权的行使条件是，公司决定接受外部投资者认缴出资而新增注册资本，因此公司吸收合并导致其注册资本增加的情况下，原有股东不享有增资优先认缴权；（2）在具备行使该项权利的条件的前提下，股东应当在公司形成增资决议的过程中，向公司作出明确且合格的行使增资优先认缴权的意思表示；（3）增资优先认缴权性质上属于形成权，股东作出意思表示后即与公司形成认缴出资的合意；（4）股东可以放弃行使自己的增资优先认缴权，其放弃的认缴份额并不当然成为其他股东行使增资优先认缴权的对象；（5）增资优先认缴权可以在公司原股东之间自由转让，但不得转让给股东以外的人；（6）针对侵害增资优先认缴权的不同行为，股东可提起的诉讼请求包括：请求人民法院否定相关决议、责令公司恢复原状、行使增资优先认缴权或者责令公司继续履行增资认缴协议、损害赔偿等。

> **温馨小提示**
>
> 这是 2020 年教材新增的内容，当年考了多选题，今年适当关注一下即可。

经典题解

【例题·多选题】根据公司法律制度的规定，下列关于有限责任公司股东增资优先认缴权的表述中，正确的有（　　）。（2020 年）

A. 股东享有优先认缴权须以公司决议为前提

B. 股东的优先认缴权只能依其实缴出资比例行使

C. 股东可以将其优先认缴权转让给其他股东

D. 股东可以放弃优先认缴权

【解析】(1) 选项A：有限责任公司股东的增资优先认缴权是法定权利，不以公司决议为前提；(2) 选项B：有限责任公司新增资本时，股东有权优先按照实缴的出资比例认缴出资。但是，全体股东约定不按照出资比例优先认缴出资的除外。

【答案】CD

3. 分红权

(1) 有限责任公司的股东按照实缴的出资比例分取红利；但是，全体股东可以事先约定不按照出资比例分取红利。

(2) 股份有限公司按照股东持有的股份比例分配利润，但股份有限公司章程规定不按持股比例分配的除外。

(3) 公司持有的本公司股份不得分配利润。

温馨小提示：有限责任公司和股份有限公司在法定条件下可以回购本公司的股权(股份)。

4. 关于分红权的司法解释

(1) 股东请求公司分配利润案件，应当列公司为被告。

(2) 一审法庭辩论终结前，其他股东基于同一分配方案请求分配利润并申请参加诉讼的，应当列为共同原告。

(3) 分配利润的股东会或者股东大会决议作出后，公司应当在决议载明的时间内完成利润分配。决议没有载明时间的，以公司章程规定的为准。决议、章程中均未规定时间或者时间超过1年的，公司应当自决议作出之日起1年内完成利润分配。决议中载明的利润分配完成时间超过公司章程规定时间的，股东可以自决议作出之日起60日内，请求人民法院撤销决议中关于该时间的规定。

温馨小提示：股东会或者股东大会、董事会的决议内容违反公司章程的，股东可以自决议作出之日起60日内，请求人民法院撤销。

经典题解

【例题1·单选题】甲、乙成立有限责任公司，甲认缴出资4万元，乙认缴出资2万元。1年后公司利润为9万元，甲实缴1万元，乙缴足出资，设立公司时未约定利润分配方式。根据公司法律制度的规定，甲应分配的利润是(　　)。(2015年)

A. 6万元　　　　B. 3万元

C. 4.5万元　　　D. 9.5万元

【解析】由于股东未事先约定利润分配方式，应按股东实缴的出资比例进行分配，甲可以分得1/3×9=3(万元)。

【答案】B

【例题2·单选题】根据公司法律制度的规定，在股东请求公司分配利润的案件中，应当列为被告的是(　　)。(2018年)

A. 公司　　　　B. 反对分配利润的董事

C. 反对分配利润的股东　　　D. 公司及反对分配利润的股东

【答案】A

【例题 3·单选题】甲有限责任公司的股东乙起诉公司请求分配利润。该公司另一股东丙得知后，在一审法庭辩论终结前，基于同一分配方案也提出分配利润的请求并申请参加诉讼。根据公司法律制度的规定，丙在本案中的诉讼地位是(　　)。(2020 年)

A. 共同被告　　B. 共同原告

C. 无独立请求权的第三人　　D. 有独立请求权的第三人

【答案】B

【考点 2】查阅权（知情权）(P177) ★★★

1. 有限责任公司

（1）股东有权查阅、复制公司章程、股东会会议记录、董事会会议决议、监事会会议决议和财务会计报告。

（2）股东可以要求查阅（不包括复制）公司会计账簿。股东要求查阅公司会计账簿的，应当向公司提出书面请求，说明目的。公司有合理根据认为股东查阅会计账簿有不正当目的的，可能损害公司合法利益的，可以拒绝提供查阅，并应当自股东提出书面请求之日起 15 日内书面答复股东并说明理由。

（3）有限责任公司有证据证明股东存在下列情形之一的，人民法院应当认定股东“有不正当目的”：

①股东自营或者为他人经营与公司主营业务有实质性竞争关系业务的，但公司章程另有规定或者全体股东另有约定的除外；

②股东为了向他人通报有关信息查阅公司会计账簿，可能损害公司合法利益的；

③股东在向公司提出查阅请求之日前的 3 年内，曾通过查阅公司会计账簿，向他人通报有关信息损害公司合法利益的；

④股东有不正当目的的其他情形。

2. 股份有限公司

股东有权查阅（不包括复制）公司章程、股东大会会议记录、董事会会议决议、监事会会议决议、财务会计报告、股东名册和公司债券存根。(2013 年案例分析题)

名师敲黑板

股东有权查阅股东（大）会的“会议记录”，但只能查阅董事会和监事会的“会议决议”。

名师敲黑板

有限责任公司的股东要求查阅会计账簿时，必须向公司提出“书面请求”；对于其他情形，法律并没有要求必须提出“书面请求”。

名师敲黑板

有限责任公司与股份有限公司股东知情权的范围不同：股份有限公司增加了“股东名册和公司债券存根”两项内容。有限责任公司的股东有权要求查阅“会计账簿”，而股份有限公司的股东并没有该项权利。

表 6-1　查阅权

查阅权的范围	有限责任公司	股份有限公司
公司章程	查阅、复制	查阅
股东（大）会会议记录	查阅、复制	查阅
董事会会议决议	查阅、复制	查阅
监事会会议决议	查阅、复制	查阅
财务会计报告	查阅、复制	查阅
股东名册	×	查阅
公司债券存根	×	查阅
会计账簿	查阅	×

经典题解

【例题1·多选题】甲为某有限责任公司的小股东，不参与公司经营管理。根据公司法律制度的规定，下列文件中，甲有权查阅和复制的有（　　）。

A. 股东会会议记录　　B. 财务会计报告

C. 公司会计账簿　　D. 公司章程

【解析】选项C：可以查阅，但不能复制。

【答案】ABD

【例题2·多选题】根据公司法律制度的规定，股份有限公司的下列文件中，股东有权查阅的有（　　）。（2016年）

A. 公司债券存根　　B. 股东名册

C. 董事会会议决议　　D. 公司会计账簿

【答案】ABC

【例题3·多选题】根据公司法律制度的规定，下列各项中，股份有限公司的所有股东均有权查阅的有（　　）。（2019年）

A. 股东名册　　B. 股东大会会议记录

C. 董事会会议记录　　D. 监事会会议记录

【答案】AB

3. 股东资格

公司有证据证明原告在起诉时不具有公司股东资格的，人民法院应当驳回起诉，但原告有初步证据证明在持股期间其合法权益受到损害，请求依法查阅或者复制其持股期间的公司特定文件材料的除外。

4. 辅助查阅

人民法院审理股东请求查阅或者复制公司特定文件材料的案件，对原告诉讼请求予以支持的，应当在判决中明确查阅或者复制公司特定文件材料的时间、地点和特定文件材料的名录。股东依据人民法院生效判决查阅公司文件材料的，在该股东在场的情况下，可以由会计师、律师等依法或者依据执业行为规范负有保密义务的中介机构执业人员辅助进行。

5. 保密义务

股东行使知情权（查阅权）后泄露公司商业秘密导致公司合法利益受到损害，公司请求该股东赔偿相关损失的，人民法院应当予以支持。辅助股东查阅公司文件材料的会计师、律师等泄露公司商业秘密导致公司合法利益受到损害，公司请求其赔偿相关损失的，人民法院应当予以支持。

经典题解

【例题·多选题】根据公司法律制度的规定，下列主体中，可以辅助股东行使公司文件资料查阅权的有（　　）。（2021年）

A. 检察官　　B. 税务机关工作人员

C. 会计师　　D. 律师

【答案】CD

【考点 3】异议股东的回购请求权（P179）★★★

1. 有限责任公司

有限责任公司出现下列情形之一的，对股东会决议投反对票的股东，可以请求公司按照合理价格收购其股权：

（1）公司连续 5 年不向股东分配利润，而公司该 5 年连续盈利，并且符合法律规定的分配利润条件的；

（2）公司合并、分立、转让主要财产的；

（3）公司章程规定的营业期限届满或者章程规定的其他解散事由出现，股东会会议通过决议修改章程使公司存续的。

【解释】自股东会会议决议通过之日起 60 日内，股东与公司不能达成股权收购协议的，股东可以自股东会会议决议通过之日起 90 日内向人民法院提起诉讼，请求公司回购股权。

2. 股份有限公司

股份有限公司异议股东的股份回购请求权仅限于对股东大会作出的公司合并、分立决议持有异议的情形。（2015 年案例分析题、2018 年案例分析题、2021 年案例分析题）

> **名师敲黑板**
> 这是考生必须掌握的考点，今年继续关注案例分析题。

【考点 4】股东诉讼（P180）★★★

1. 股东直接诉讼

公司董事、高级管理人员违反法律、行政法规或者公司章程的规定，损害股东利益的，股东可以依法向人民法院提起诉讼。

> **温馨小提示**
> 股东代表诉讼（股东间接诉讼）的前提条件是侵犯了公司利益，股东直接诉讼的前提条件是侵犯了个别股东的利益。

> **温馨小提示**
> 利益受到侵犯的个别股东，以自己的名义直接提起诉讼（无须先找董事会或者监事会），对股东的持股比例、持股期限没有限制。

2. 股东代表诉讼（2015 年案例分析题、2016 年案例分析题）

（1）董事、高级管理人员侵犯公司利益：找监事会

股东（有限责任公司的股东、股份有限公司连续 180 日以上单独或者合计持有公司 1% 以上股份的股东）可以书面请求监事会（或者不设监事会的有限责任公司的监事）向人民法院提起诉讼。如果监事会（或者不设监事会的有限责任公司的监事）收到股东的书面请求后拒绝提起诉讼，或者自收到请求之日起 30 日内未提起诉讼，或者情况紧急、不立即提起诉讼将会使公司利益受到难以弥补的损害的，股东有权为了公司的利益以自己的名义直接向人民法院提起诉讼。

（2）监事侵犯公司利益：找董事会

股东（有限责任公司的股东、股份有限公司连续 180 日以上单独或者合计持有公司 1% 以上股份的股东）可以书面请求董事会（或者不设董事会的有限责任公司的执行董事）向人民法院提起诉讼。如果董事会（或者不设董事会的有限责任公司的执行董事）收到股东的书面请求后拒绝提起诉讼，或者自收到请求之日起 30 日内未提起诉讼，或者情况紧急、不立即提起诉讼将会使公司利益受到难以弥补的损害的，股东有权为了公司的利益以自己的名义直接向人民法院提起诉讼。

名师敲黑板

这是考生必须掌握的考点，今年继续关注案例分析题。

【解释1】哪个股东有资格代表公司提起诉讼？（1）有限责任公司：任何一个股东均可，没有持股比例和持股期限的限制；（2）股份有限公司：只有“连续180日以上单独或者合计持有公司1%以上股份的股东”才有资格。

【解释2】找董事会还是监事会？（1）“董事、高级管理人员”侵犯公司利益：找监事会；（2）“监事”侵犯公司利益：找董事会；（3）公司董事、监事、高级管理人员以外的他人侵犯公司利益：找董事会或者监事会。

【解释3】谁是原告？（1）监事会（或者不设监事会的有限责任公司的监事）依法对董事、高级管理人员提起诉讼的，应当列公司为原告，由监事会主席（或者不设监事会的有限责任公司的监事）代表公司进行诉讼；（2）董事会（或者不设董事会的有限责任公司的执行董事）依法对监事或者他人提起诉讼的，应当列公司为原告，由董事长（或者执行董事）代表公司进行诉讼；（3）如果董事会或者监事会收到股东的书面请求后拒绝提起诉讼，或者自收到请求之日起30日内未提起诉讼，股东代表公司对董事、监事、高级管理人员或者他人提起诉讼的，股东只能以自己的名义提起诉讼，不能列公司为原告。

【解释4】胜诉利益归谁所有？股东代表公司对董事、监事、高级管理人员或者他人提起诉讼的案件，胜诉利益归属于公司。股东请求被告直接向其承担民事责任的，人民法院不予支持。

【解释5】费用由谁承担？股东代表公司对董事、监事、高级管理人员或者他人提起诉讼的案件，其诉讼请求部分或者全部得到人民法院支持的，公司应当承担股东因参加诉讼支付的合理费用。

经典题解

【例题1·单选题】郑贺为甲有限责任公司的经理，利用职务之便为其妻吴悠经营的乙公司谋取本来属于甲公司的商业机会，致使甲公司损失50万元。甲公司小股东付冰欲通过诉讼维护公司利益。甲公司设立了董事会、监事会，根据公司法律制度的规定，关于付冰的做法，下列表述中，正确的是（　　）。

A. 必须先书面请求甲公司董事会对郑贺提起诉讼

B. 必须先书面请求甲公司监事会对郑贺提起诉讼

C. 只有在董事会拒绝起诉的情况下，才能请求监事会对郑贺提起诉讼

D. 只有在其股权达到1%时，才能请求甲公司有关部门对郑贺提起诉讼

【解析】（1）选项ABC：“董事、高级管理人员”损害公司利益时，先找“监事会”；（2）选项D：有限责任公司的任何一个股东均有权代表公司提起诉讼，不受1%的限制。

【答案】B

【例题2·多选题】刘某是甲有限责任公司的董事。任职期间，多次利用职务之便，指示公司会计将资金借贷给一家主要由刘某的儿子投资设立的乙公司。对此，持有公司股权0.5%的股东王某自行直接向人民法院对刘某提起股东代表诉讼。根据公司法律制度的规定，下列选项中，正确的有（　　）。

A. 王某持有公司股权不足1%，不具有提起股东代表诉讼的资格

B. 王某不能直接提起诉讼，必须先向监事会提出书面请求

C. 王某应以甲公司的名义提起股东代表诉讼

D. 王某应以自己的名义提起股东代表诉讼

【解析】(1) 选项 A：有限责任公司任何一个股东均有资格代表公司提起诉讼，不受 1% 的限制；(2) 选项 B：董事、高级管理人员侵犯公司利益，在非紧急情况下，王某必须先向监事会提出书面请求；(3) 选项 CD：王某应以自己的名义提起诉讼。

【答案】BD

> 温馨小提示
>
> 根据《民法典》第 84 条的规定，营利法人的控股出资人、实际控制人、董事、监事、高级管理人员不得利用其关联关系损害法人的利益；利用关联关系造成法人损失的，应当承担赔偿责任。

【考点 5】关联交易（P182）★★

1. 根据《公司法》第 21 条的规定，公司的控股股东、实际控制人、董事、监事、高级管理人员不得利用其关联关系损害公司利益。违反前述规定，给公司造成损失的，应当承担赔偿责任。

2. 关联交易损害公司利益，原告公司依据《民法典》第 84 条、《公司法》第 21 条的规定请求控股股东、实际控制人、董事、监事、高级管理人员赔偿所造成的损失，被告仅以该交易已经履行了信息披露、经股东会或者股东大会同意等法律、行政法规或者公司章程规定的程序为由抗辩的，人民法院不予支持。

> 温馨小提示
>
> 该司法解释明确规定了关联交易损害公司利益的，履行法定程序不能豁免关联交易的赔偿责任。

3. 公司没有提起诉讼的，有限责任公司的股东、股份有限公司连续 180 日以上单独或者合计持有公司 1% 以上股份的股东，可以书面请求董事会（或者不设董事会的有限责任公司的执行董事）或者监事会（或者不设监事会的有限责任公司的监事）向人民法院提起诉讼；董事会（或者不设董事会的有限责任公司的执行董事）或者监事会（或者不设监事会的有限责任公司的监事）收到股东书面请求后拒绝提起诉讼，或者自收到请求之日起 30 日内未提起诉讼，或者情况紧急、不立即提起诉讼将会使公司利益受到难以弥补的损害的，该股东有权为了公司的利益以自己的名义直接向人民法院提起诉讼。

> 温馨小提示
>
> 该司法解释明确了股东在相应情况下可以提起股东代表诉讼，给中小股东提供了追究关联人责任，保护公司和自身利益的利器。

【解释】(1)"董事、高级管理人员"损害公司利益：找监事会；(2)"监事"损害公司利益：找董事会；(3) 董事、监事、高级管理人员以外的他人损害公司利益：找董事会或者监事会。

4. 关联交易合同存在无效、可撤销或者对公司不发生效力的情形，公司没有起诉合同相对方的，有限责任公司的股东、股份有限公司连续 180 日以上单独或者合计持有公司 1% 以上股份的股东，可以书面请求董事会（或者不设董事会的有限责任公司的执行董事）或者监事会（或者不设监事会的有限责任公司的监事）向人民法院提起诉讼；董事会（或者不设董事会的有限责任公司的执行董事）或者监事会（或者不设监事会的有限责任公司的监事）收到股东书面请求后拒绝提起诉讼，或者自收到请求之日起 30 日内未提起诉讼，或者情况紧急、不立即提起诉讼将会使公司利益受到难以弥补的损害的，该股东有权为了公司的利益以自己的名义直接向人民法院提起诉讼。

> 温馨小提示
>
> 该司法解释明确了在公司没有起诉合同相对方的情形下，符合条件的股东可根据法律规定提起股东代表诉讼，来维护公司利益，进而维护股东自身利益。

【考点 6】解散诉讼（P220）★★★

1. 人民法院应当受理的情形

单独或者合计持有公司全部股东表决权 10% 以上的股东，有下列事由之一，公司继续存续会使股东利益受到重大损失，通过其他途径不能解决，提起解散公司诉讼，人民法院应当受理：

（1）公司持续2年以上无法召开股东会或者股东大会，公司经营管理发生严重困难的；

（2）股东表决时无法达到法定或者公司章程规定的比例，持续2年以上不能做出有效的股东会或者股东大会决议，公司经营管理发生严重困难的；

（3）公司董事长期冲突，并且无法通过股东会或者股东大会解决，公司经营管理发生严重困难的；

（4）经营管理发生其他严重困难，公司继续存续会使股东利益受到重大损失的情形。

温馨小提示

"公司经营管理发生严重困难"的侧重点在于公司管理方面存有严重内部障碍，如股东会机制失灵、无法就公司的经营管理进行决策等，不应片面理解为公司资金缺乏、严重亏损等经营性困难。

2. 人民法院不予受理的情形

股东以知情权、利润分配请求权等权益受到损害，或者公司亏损、财产不足以偿还全部债务，以及公司被吊销企业法人营业执照未进行清算等为由，提起解散公司诉讼的，人民法院不予受理。

温馨小提示

个别股东的知情权、利润分配请求权受到损害时，该股东可以提起"股东直接诉讼"解决自己的问题，谈不上解散公司的问题。

温馨小提示

公司亏损、财产不足以偿还全部债务时，可以申请公司破产（而非解散公司）。

温馨小提示

公司被吊销企业法人营业执照（公司已经解散了）未进行清算的，应提起清算诉讼（而非解散诉讼）。

【解释】股东提起解散公司诉讼，同时又申请人民法院对公司进行清算的，人民法院对其提出的"清算申请"不予受理（对"解散申请"仍应受理）。人民法院可以告知原告，在人民法院判决公司解散后，依法自行组织清算或者另行申请人民法院对公司进行清算。

3. 股东提起解散公司诉讼，应当以公司为被告。

经典题解

【例题1·单选题】根据公司法律制度的规定，公司经营管理发生严重困难，继续存续会使股东利益受到重大损失，通过其他途径不能解决的，持有全部股东表决权一定比例以上的股东有权请求人民法院判决解散该公司。该比例是（　　）。（2021年）

A. 3%　　B. 5%　　C. 10%　　D. 15%

【答案】C

【例题2·单选题】根据公司法律制度的规定，下列情形中，构成股东要求司法解散公司的正当理由的是（　　）。（2016年）

A. 公司最近3年未开股东会，无法形成股东会决议，经营管理严重困难，继续存续会使股东利益严重受损，且无其他途径解决

B. 公司连续3年亏损，累计亏损达到实收股本总额的1/2

C. 公司连续5年盈利，并符合法律规定的利润分配条件，但不分红

D. 公司无故拒绝股东查阅公司会计账簿

【解析】（1）选项BD：股东以知情权、利润分配请求权等权益受到损害，或者公司亏损、财产不足以偿还全部债务为由，提起解散公司诉讼的，人民法院不予受理；（2）选项C：有限责任公司连续5年不向股东分配利润，而公司该5年连续盈利，并且符合法律规定的分配利润条件的，对股东会决议投反对票的股东可以请求公司按照合理的价格收购其股权，而非提起解散公司诉讼。

【答案】A

【例题 3 · 单选题】某有限责任公司有甲、乙、丙三名股东，甲、乙各持 8% 的股权，丙持 84% 的股权。丙任执行董事，乙任监事。甲发现丙将公司资产以极低价格转让给其妻开办的公司，严重损害了本公司利益，遂书面请求乙对丙提起诉讼。乙碍于情面予以拒绝。根据公司法律制度的规定，下列表述中，正确的是（　　）。（2016 年）

A. 甲可以提议召开临时股东会，要求丙对相关事项作出说明

B. 甲可以以自己的名义对丙提起诉讼，要求其赔偿公司损失

C. 甲可以以公司内部监督机制失灵、公司和股东利益严重受损为由，请求人民法院判决解散公司

D. 甲可以请求公司以合理价格收购其股权，从而退出公司

【解析】（1）选项 A：有限责任公司代表 10% 以上表决权的股东，才有权提议召开临时股东会；（2）选项 C：公司经营管理发生严重困难，继续存续会使股东利益受到重大损失，通过其他途径不能解决的，单独或者合计持有公司全部股东表决权 10% 以上的股东，可以请求人民法院解散公司。本题所述情形（丙的行为严重损害了公司利益，但不意味着公司经营管理发生严重困难）不具备请求人民法院解散公司的法定条件；（3）选项 D：本题所述情形不具备有限责任公司的股东可以请求公司以合理价格回购其股权的法定条件（召开股东会了吗？投反对票了吗？属于那三种法定情形吗？）。

【答案】B

【考点 7】有限责任公司股东的分歧解决机制（P221）★

1. 人民法院审理涉及有限责任公司股东重大分歧案件时，应当注重调解。

2. 当事人协商一致以下列方式解决分歧，且不违反法律、行政法规的强制性规定的，人民法院应予支持：

（1）公司回购部分股东股份；

（2）其他股东受让部分股东股份；

（3）他人受让部分股东股份；

（4）公司减资；

（5）公司分立；

（6）其他能够解决分歧，恢复公司正常经营，避免公司解散的方式。

第三单元　公司的经营管理

使用“会计云课堂”App 或“微信”扫码查看本单元视频，快速 GET 知识点。

【考点 1】董事、监事和高级管理人员（P183）★★★

1. 基本规定

（1）公司法定代表人依照公司章程的规定，由董事长、执行董事或者经理担任。

（2）公司章程对公司、股东、董事、监事和高级管理人员均有约束力。

名师敲黑板

公司章程只能在“董事长、执行董事或者经理”中 3 选 1，公司章程不能规定由副经理、财务负责人担任法定代表人。

（3）高级管理人员是指公司的经理、副经理、财务负责人，上市公司董事会秘书和公司章程规定的其他人员。

（4）董事、高级管理人员不得兼任监事。

2. 任职资格

有下列情形之一的，不得担任公司的董事、监事、高级管理人员：

（1）无民事行为能力或者限制民事行为能力。

（2）因贪污、贿赂、侵占财产、挪用财产或者破坏社会主义市场经济秩序，被判处刑罚，执行期满未逾5年，或者因犯罪被剥夺政治权利，执行期满未逾5年。

（3）担任破产清算的公司、企业的董事或者厂长、经理，对该公司、企业的破产负有个人责任的，自该公司、企业破产清算完结之日起未逾3年。

温馨小提示

第（4）条的范围仅限于"法定代表人"；第（3）（4）条的前提均为"负有个人责任"。

（4）担任因违法被吊销营业执照、责令关闭的公司、企业的法定代表人，并负有个人责任的，自该公司、企业被吊销营业执照之日起未逾3年。

（5）个人所负数额较大的债务到期未清偿。

3. 忠实义务

董事、高级管理人员不得有下列行为：

（1）挪用公司资金；

（2）将公司资金以其个人名义或者以其他个人名义开立账户存储；

（3）违反公司章程的规定，未经股东（大）会或者董事会同意，将公司资金借贷给他人或者以公司财产为他人提供担保；

温馨小提示

如果公司章程事先有规定，或者事先经股东（大）会同意，董事、高级管理人员可以同本公司进行交易。

（4）违反公司章程的规定或者未经股东（大）会同意，与本公司订立合同或者进行交易；

（5）未经股东（大）会同意，利用职务便利为自己或者他人谋取属于公司的商业机会，自营或者为他人经营与所任职公司同类的业务；

（6）接受他人与公司交易的佣金归为己有；

（7）擅自披露公司秘密；

（8）违反对公司忠实义务的其他行为。

【解释】公司董事、高级管理人员违反上述规定所得的收入应当归公司所有。董事、监事、高级管理人员执行公司职务时违反法律、行政法规或者公司章程的规定，给公司造成损失的，应当承担赔偿责任。

4. 勤勉义务（2017年案例分析题）

《公司法》对董事、监事和高级管理人员的勤勉义务只是提出了原则性要求，并没有具体规定。

经典题解

【例题·单选题】根据公司法律制度的规定，公司董事的下列行为中，涉嫌违反勤勉义务的是（ ）。（2015年）

A. 擅自披露公司商业秘密

B. 将公司资金以个人名义开立账户存储

C. 无正当理由长期不出席董事会会议

D. 篡夺公司商业机会

【解析】选项 ABD：属于违反“忠实义务”的行为。

【答案】C

5. 股份有限公司不得直接或者通过子公司向董事、监事、高级管理人员提供借款。（2013 年案例分析题、2017 年案例分析题）

名师敲黑板

这是考生必须掌握的考点，今年继续关注案例分析题。

经典题解

【例题·单选题】李某为甲股份有限公司的董事长，赵某为乙股份有限公司的董事长。甲公司持有乙公司 60% 的股份。甲、乙公司的下列行为中，公司法律制度不予禁止的是（　　）。（2015 年）

A. 甲公司向赵某提供 200 万元购房借款

B. 甲公司向李某提供 200 万元购房借款

C. 乙公司向赵某提供 200 万元购房借款

D. 甲公司通过乙公司向李某提供 200 万元购房借款

【解析】（1）选项 B：甲公司不得直接向其董监高提供借款；（2）选项 C：乙公司不得直接向其董监高提供借款；（3）选项 D：甲公司不得通过子公司（乙公司）向其董监高提供借款。

【答案】A

【考点 2】公司对外担保（P163）★★★

1. 决议程序

（1）公司为他人提供担保的，按照公司章程的规定由董事会或者股东（大）会决议。

（2）公司为股东或者实际控制人提供担保的，必须经股东（大）会决议。接受担保的股东或者受实际控制人支配的股东不得参加表决，该项表决由出席会议的其他股东所持表决权的过半数通过。

2. 公司分支机构的担保

公司的分支机构未经公司股东（大）会或者董事会决议以自己的名义对外提供担保，相对人不得请求公司或者其分支机构承担担保责任，但是相对人不知道且不应当知道分支机构对外提供担保未经公司决议程序的除外。

3. 法定代表人的越权代表

公司的法定代表人违反《公司法》关于公司对外担保决议程序的规定，超越权限代表公司与相对人订立担保合同，人民法院应当依照《民法典》第 61 条和第 504 条等规定处理：

（1）相对人善意的，担保合同对公司发生效力；相对人请求公司承担担保责任的，人民法院应予支持。

（2）相对人非善意的，担保合同对公司不发生效力；相对人请求公司承担赔偿责任的，参照“主合同有效而担保合同无效”的情形处理。

（3）法定代表人超越权限提供担保造成公司损失，公司请求法定代表人承担赔偿责任的，人民法院应予支持。

温馨小提示

根据《民法典》第 61 条的规定，法定代表人以法人名义从事的民事活动，其法律后果由法人承受。法人章程或者法人权力机构对法定代表人代表权的限制，不得对抗善意相对人。

温馨小提示

根据《民法典》第 504 条的规定，法人的法定代表人或者非法人组织的负责人超越权限订立的合同，除相对人知道或者应当知道其超越权限外，该代表行为有效，订立的合同对法人或者非法人组织发生效力。

温馨小提示

主合同有效而第三人提供的担保合同无效：

（1）债权人与担保人均有过错的，担保人承担的赔偿责任不应超过债务人不能清偿部分的 1/2；

（2）担保人有过错而债权人无过错的，担保人对债务人不能清偿的部分承担赔偿责任；

（3）债权人有过错而担保人无过错的，担保人不承担赔偿责任。

【解释】所谓善意，是指相对人在订立担保合同时不知道且不应当知道法定代表人超越权限。相对人有证据证明已对公司决议进行了合理审查的，应当认定其构成善意，但是公司有证据证明相对人知道或者应当知道决议系伪造、变造的除外。

经典题解

【例题·单选题】根据公司法律制度的规定，公司法定代表人未经授权擅自以公司名义为他人提供担保的行为属于（　　）。（2021年）

A. 越权代表　　B. 无权代理

C. 无因管理　　D. 无权处分

【答案】A

4. 公司应当承担担保责任的特殊情形

有下列情形之一，公司以其未依照《公司法》关于公司对外担保的规定作出决议为由主张不承担担保责任的，人民法院不予支持：

（1）金融机构开立保函或者担保公司提供担保；

（2）公司为其全资子公司开展经营活动提供担保；

（3）担保合同系由单独或者共同持有公司2/3以上对担保事项有表决权的股东签字同意。

温馨小提示：上市公司对外提供担保，不适用第（2）项、第（3）项的规定。

5. 对上市公司公开披露信息的信赖

（1）相对人根据上市公司公开披露的关于担保事项已经董事会或者股东大会决议通过的信息，与上市公司订立担保合同，相对人主张担保合同对上市公司发生效力，并由上市公司承担担保责任的，人民法院应予支持。

（2）相对人未根据上市公司公开披露的关于担保事项已经董事会或者股东大会决议通过的信息，与上市公司订立担保合同，上市公司主张担保合同对其不发生效力，且不承担担保责任或者赔偿责任的，人民法院应予支持。

名师敲黑板：在此情形下，上市公司既不承担担保责任，也不承担赔偿责任。

【相关链接】法定代表人超越权限提供担保造成公司损失，公司请求法定代表人承担赔偿责任的，人民法院应予支持。

【考点3】公积金（P214）★★★

1. 盈余公积金

（1）法定公积金

公司分配当年税后利润时，应当提取利润的10%列入公司法定公积金。公司法定公积金累计额为公司注册资本50%以上的，可以不再提取。法定公积金转为资本时，所留存的该项公积金不得少于转增前公司注册资本的25%。

（2）任意公积金

公司从税后利润中提取法定公积金后，经股东会或者股东大会决议，还可以从税后利润中提取任意公积金。用任意公积金转增资本时，不受25%的限制。

2. 资本公积金

（1）股份有限公司以超过股票票面金额的发行价格发行股份所得的溢价款，应当列为公司资本公积金。

（2）资本公积金不得用于弥补亏损。

名师敲黑板

您记住了吗?

3. 公积金的用途

公司的公积金用于弥补公司的亏损、扩大公司生产经营或者转为增加公司资本。（2019 年案例分析题）

经典题解

【例题 1·单选题】根据公司法律制度的规定，股份有限公司以超过股票票面金额的价格发行股份所得的溢价款，应当列为（ ）。（2017 年）

A. 盈余公积金　　B. 未分配利润

C. 法定公积金　　D. 资本公积金

【答案】D

【例题 2·单选题】某公司注册资本为 100 万元。2020 年该公司提取的法定公积金累计额为 60 万元，提取的任意公积金累计额为 40 万元。该公司拟用公积金转增公司资本 50 万元，下列方案中，不符合公司法律制度规定的是（ ）。

A. 用法定公积金 10 万元、任意公积金 40 万元转增资本

B. 用法定公积金 20 万元、任意公积金 30 万元转增资本

C. 用法定公积金 30 万元、任意公积金 20 万元转增资本

D. 用法定公积金 40 万元、任意公积金 10 万元转增资本

【解析】（1）法定公积金最多可以转增 35 万元（60－100×25％＝35 万元）；（2）任意公积金不受 25％的限制。

【答案】D

【例题 3·单选题】根据公司法律制度的规定，下列事项中，属于禁止使用公司资本公积金的情形是（ ）。（2020 年）

A. 转增公司资本　　B. 扩大生产经营

C. 弥补公司亏损　　D. 长期股权投资

【答案】C

第四单元　有限责任公司的组织机构

使用“会计云课堂”App 或“微信”扫码查看本单元视频，快速 GET 知识点。

名师敲黑板

决定公司的经营计划和投资方案属于董事会的职权。

【考点 1】股东会、董事会和监事会的职权（P204）★★★

温馨小提示

董事会、监事会中的职工代表由公司职工通过职工代表大会、职工大会或者其他形式民主选举产生。

1. 股东会的职权

（1）决定公司的经营方针和投资计划；

（2）选举和更换由非职工代表担任的董事、监事，决定有关董事、监事的报酬事项；

（3）审议批准董事会或者执行董事的报告；

（4）审议批准监事会或者监事的报告；

（5）审议批准公司的年度财务预算方案、决算方案；

（6）审议批准公司的利润分配方案和弥补亏损方案；

（7）对公司增加或者减少注册资本作出决议；

（8）对发行公司债券作出决议；

（9）对公司合并、分立、解散、清算或者变更公司形式作出决议；

（10）修改公司章程。

2. 董事会（或者不设董事会的执行董事）的职权

董事会的一般职权是"制订方案"，提交股东会表决通过。董事会有权决定的事项包括但不限于：

（1）决定公司的经营计划和投资方案；

（2）决定公司内部管理机构的设置；

（3）决定聘任或者解聘公司经理及其报酬事项；根据经理的提名，聘任或者解聘公司副经理、财务负责人，并决定其报酬事项。

温馨小提示

公司的高级管理人员（总经理、副总经理和财务负责人）由董事会任免。

3. 监事会（或者不设监事会的监事）的职权

（1）检查公司财务；

（2）对董事、高级管理人员执行公司职务的行为进行监督，对违反法律、行政法规、公司章程或者股东会决议的董事、高级管理人员提出罢免的建议；

（3）当董事、高级管理人员的行为损害公司的利益时，要求董事、高级管理人员予以纠正；

（4）对董事、高级管理人员提起诉讼；

（5）提议召开临时股东会会议，在董事会不履行召集和主持股东会会议职责时召集和主持股东会会议；

（6）向股东会会议提出提案；

（7）监事可以列席董事会会议，并对董事会决议事项提出质询或者建议；

（8）发现公司经营情况异常，可以进行调查。

温馨小提示

调查费用由公司承担。

经典题解

【例题1·多选题】乙有限责任公司不设监事会，只设了一名监事甲。甲的下列做法中，符合公司法律制度规定的有（　　）。

A. 提议召开临时股东会会议

B. 制订公司的年度财务预算方案，提交股东会讨论

C. 制订公司分立的方案，提交股东会讨论

D. 向股东会提议罢免违反公司章程的董事的职务

【解析】选项BC：属于董事会的职权。

【答案】AD

【例题2·单选题】根据公司法律制度的规定，下列各项中，属于董事会职权的是（　　）。（2015年）

A. 决定有关董事的报酬事项

B. 修改公司章程

C. 决定公司内部管理机构的设置

D. 决定发行公司债券

【解析】选项 ABD：属于股东（大）会的职权。

【答案】C

【例题 3 · 多选题】甲有限责任公司未设董事会，股东乙为执行董事。根据公司法律制度的规定，在公司章程无特别规定的情形下，乙可以行使的职权有（　　）。（2017 年）

A. 决定公司的投资计划　　B. 决定公司的投资方案

C. 决定公司的利润分配方案　　D. 决定聘任公司经理

【解析】选项 AC：属于股东会的职权。

【答案】BD

【例题 4 · 单选题】根据公司法律制度的规定，下列各项中，有权制订公司年度财务预算、决算方案的是（　　）。（2019 年）

A. 总经理　　B. 股东大会　　C. 董事会　　D. 监事会

【答案】C

【考点 2】董事会、监事会中的职工代表（P206）★★★

1. 监事会

所有的监事会（不论是有限责任公司还是股份有限公司）均应包括职工代表，且职工代表的比例不得低于监事会人数的 1/3。

2. 董事会

（1）股份有限公司

股份有限公司的董事会中可以（而非必须）包括职工代表。

（2）有限责任公司

一般有限责任公司的董事会中可以（而非必须）包括职工代表。只有国有独资公司以及由两个以上的国有企业或者其他两个以上的国有投资主体投资设立的有限责任公司的董事会，才必须包括职工代表。

> **温馨小提示**
>
> 董事会盯"国有"，监事会盯"所有"。

> **名师敲黑板**
>
> （1）监事会中的职工代表不得低于 1/3；（2）董事会中的职工代表不受 1/3 的限制。

【解释】董事会、监事会中的职工代表由公司职工通过职工代表大会、职工大会或者其他形式民主选举产生。因此，股东（大）会只能选举和更换由非职工代表担任的董事、监事。

经典题解

【例题 · 单选题】根据公司法律制度的规定，公司董事会、监事会的成员可以由公司职工代表出任。下列表述中，正确的是（　　）。

A. 国有独资公司的董事会、监事会成员中应当有职工代表，且其比例不得低于董事会、监事会成员的 1/3

B. 两个以上的国有企业投资设立的有限责任公司，其董事会、监事会成员中应当有职工代表，且其比例不得低于董事会、监事会成员的 1/3

C. 股份有限公司的董事会、监事会成员中均可以没有职工代表

D. 股份有限公司董事会成员中可以没有职工代表，监事会中应当有职工代表，且其比例不得低于监事会成员的1/3

【答案】D

【考点3】有限责任公司的股东会（P204）★★★

1. 法定事项

（1）首次股东会会议由出资最多的股东召集和主持。

（2）以后的股东会会议

①有限责任公司设立董事会的，由董事会召集，董事长主持；董事长不能履行职务或者不履行职务的，由副董事长主持；副董事长不能履行职务或者不履行职务的，由半数以上董事共同推举一名董事主持。有限责任公司不设董事会的，股东会会议由执行董事召集和主持。

②董事会或者执行董事不能履行或者不履行召集股东会会议职责的，由监事会或者不设监事会的公司的监事召集和主持。

③监事会或者监事不召集和主持的，代表10%以上表决权的股东可以自行召集和主持。

（3）临时股东会的召开条件

①代表10%以上表决权的股东提议召开；

② 1/3以上的董事提议召开；

③监事会（或者不设监事会的公司的监事）提议召开。

（4）股东会的特别决议

下列决议必须经代表2/3以上表决权的股东通过：

①修改公司章程；

②增加或者减少注册资本；

③公司合并、分立、解散；

④变更公司形式（有限责任公司变更为股份有限公司）。

名师敲黑板

（1）有限责任公司股东会的特别决议必须经代表全部表决权2/3以上的股东通过；（2）股份有限公司股东大会的特别决议由出席会议的股东所持表决权的2/3以上通过。

温馨小提示

有限责任公司变更为股份有限公司时，折合的实收股本总额不得高于有限责任公司的净资产额。

2. 先约定后法定

（1）会议通知

召开股东会会议，应当于会议召开15日以前通知全体股东，但公司章程另有规定或者全体股东另有约定的除外。

温馨小提示

如果公司章程规定提前20日通知全体股东，先看公司章程的规定。

（2）表决权

股东会会议由股东按照出资比例行使表决权，但公司章程另有规定的除外。

经典题解

【例题1·多选题】根据公司法律制度的规定，有限责任公司股东会会议的下列决议中，须经代表2/3以上表决权的股东通过的有（　　）。（2016年）

A. 修改公司章程　　B. 决定利润分配方案

C. 对外提供担保　　D. 增加注册资本

【答案】AD

【例题 2 · 单选题】某有限责任公司股东甲、乙、丙、丁分别持有公司 5%、20%、35% 和 40% 的股权，该公司章程未对股东行使表决权及股东会决议方式作出规定。根据公司法律制度的规定，下列关于该公司股东会会议召开及决议作出的表述中，正确的是（ ）。

A. 甲可以提议召开股东会临时会议

B. 只有丁可以提议召开股东会临时会议

C. 只要丙和丁表示同意，股东会即可作出增加公司注册资本的决议

D. 只要乙和丁表示同意，股东会即可作出变更公司形式的决议

【解析】（1）选项 AB：代表 10% 以上表决权的股东有权提议召开临时股东会。在本题中，甲无权提议召开股东会临时会议，而乙、丙、丁均有权提议召开股东会临时会议；（2）选项 CD：增加注册资本和变更公司形式均属于股东会的特别决议，必须经代表 2/3 以上表决权的股东通过。在本题中，乙和丁的表决权合计未达到 2/3。

【答案】C

【例题 3 · 多选题】甲、乙、丙三人共同出资 500 万元设立了一个有限责任公司，其中甲和乙各出资 40%，丙出资 20%。该公司章程约定的下列条款中，符合公司法律制度规定的有（ ）。（2010 年）

A. 股东会表决时，甲、乙、丙按照出资比例行使表决权

B. 召开股东会会议时，应提前 20 日通知全体股东

C. 公司分配利润时，丙有优先分配权；公司当年利润不足 10 万元的，仅分配给丙，超过 10 万元的，甲、乙、丙按照出资比例分配

D. 公司解散清算后，如有剩余财产，甲、乙、丙按照出资比例分配

【解析】（1）选项 A：有限责任公司股东的表决权，先看公司章程的约定（公司章程爱怎么约定就怎么约定）；（2）选项 B：股东会会议通知的时间，先看公司章程或者全体股东是否另有约定（爱怎么约定就怎么约定）；（3）选项 C：有限责任公司股东的分红权，先看公司章程的约定（公司章程爱怎么约定就怎么约定）；（4）选项 D：公司解散清算后，如有剩余财产，有限责任公司按照股东的出资比例分配。

【答案】ABCD

【考点 4】有限责任公司的董事会（P206）★★★

1. 董事会的组成

（1）有限责任公司董事会由 3 ～ 13 人组成。

（2）董事会设董事长一人，可以（而非必须）设副董事长。

（3）有限责任公司董事长、副董事长的产生办法由公司章程规定。

（4）董事任期由公司章程规定，但每届任期不得超过 3 年，连选可以连任。

名师敲黑板

董事的任期由公司章程自由规定，每届任期只要不超过 3 年即可（≤ 3 年）；监事每届任期法定为 3 年，公司章程不能自由规定。

【解释】董事、监事任期届满未及时改选，或者董事、监事在任期内辞职导致董事会、监事会成员低于法定人数（3 人）的，在改选出的董事、监事就任前，原董事、监事仍应当依照法律、行政法规和公司章程的规定履行职务。

2. 董事会的会议制度

董事会会议由董事长召集和主持，董事长不能或者不履行职务的，由副董事长履行职务；副董事长不能或者不履行职务的，由半数以上董事共同推举一名董事召集和主持。

经典题解

【例题1·单选题】根据公司法律制度的规定，有限责任公司董事长和副董事长均不能或者不履行职务时，下列主体中，有权召集和主持董事会会议的是（　　）。（2020年）

A. 总经理

B. 监事会主席

C. 半数以上监事共同推举的一名董事

D. 半数以上董事共同推举的一名董事

【答案】D

【例题2·单选题】某有限责任公司董事姚某在任期内辞职，导致董事会成员低于法定人数。根据公司法律制度的规定，在改选出的董事就任前，应当填补董事职位空缺，依法履行董事职务的主体是（　　）。（2021年）

A. 总经理王某　　B. 监事会主席周某或其指定的人

C. 董事长吴某指定的人　　D. 原董事姚某

【答案】D

3. 小公司的特别规定

（1）股东人数较少或者规模较小的有限责任公司，可以不设立董事会，只设1名执行董事，执行董事可以兼任公司经理。

（2）股东人数较少或者规模较小的有限责任公司，可以不设立监事会，只设1～2名监事。

> **温馨小提示**
> 公司法定代表人依照公司章程的规定，由董事长、执行董事或者经理担任。

> **温馨小提示**
> （1）小公司设立监事会的，必须包括职工代表，且职工代表的比例不得低于1/3；（2）小公司不设立监事会的，可以不考虑职工代表的问题。

经典题解

【例题·多选题】甲、乙、丙三人共同出资80万元设立了一家有限责任公司，其中甲出资40万元，乙出资25万元，丙出资15万元。公司成立后，召开了第一次股东会会议。有关这次会议的下列情况中，符合公司法律制度规定的有（　　）。

A. 会议由甲召集和主持

B. 会议决定不设董事会，由甲担任执行董事，甲为公司的法定代表人

C. 会议决定设1名监事，由乙担任，任期2年

D. 会议决定了公司的经营方针和投资计划

【解析】（1）选项A：有限责任公司首次股东会由出资最多的股东召集和主持；（2）选项B：股东人数较少或者规模较小的有限责任公司，可以不设董事会，只设1名执行董事，执行董事可以为公司的法定代表人；（3）选项C：股东人数较少或者规模较小的有限责任公司，可以不设监事会，只设1～2名监事，监事任期为3年（不能为2年）；（4）选项D：决定公司的经营方针和投资计划属于股东会的职权。

【答案】ABD

【考点 5】一人有限责任公司（P207）★★

1. 计划生育政策

一个自然人只能投资设立 1 个一人有限责任公司，该一人有限责任公司不能再投资设立新的一人有限责任公司。

> 温馨小提示
>
> 一个自然人只能投资设立 1 个一人公司（"独生子女"政策），该一人公司不能再投资设立新的一人公司（"断子绝孙"政策）；但该政策不适用于法人。

2. 公示

一人有限责任公司应当在公司登记中注明自然人独资或者法人独资，并在营业执照中载明。

3. 公司章程

一人有限责任公司的公司章程由股东制定。

4. 组织机构

（1）一人有限责任公司不设股东会，股东作出决议时，应当采用书面形式，并由股东签字后置备于公司。

（2）一人有限责任公司可以设 1 名执行董事，不设立董事会，执行董事可以兼任公司经理。

（3）一人有限责任公司可以设 1 ~ 2 名监事，不设立监事会。

5. 财务监督

一人有限责任公司应当在每一个会计年度结束时编制财务会计报告，并经会计师事务所审计。

> 温馨小提示
>
> 并非所有公司的财务会计报告都需要年度审计。

6. 法人的人格否定原则

一人有限责任公司的股东不能证明公司财产独立于股东自己财产的，应当对公司债务承担连带责任。

【相关链接】股东滥用公司法人独立地位和股东有限责任，逃避债务，严重损害公司债权人利益的，股东应当对公司债务承担连带责任。

经典题解

【例题·单选题】刘某出资 12 万元设立了一个一人有限责任公司。公司存续期间，刘某的下列行为中，符合公司法律制度规定的是（　　）。

A. 决定由其本人担任公司经理和法定代表人

B. 决定用公司盈利再投资设立另一个一人有限责任公司

C. 决定不制定公司章程

D. 决定不编制财务会计报告

【解析】（1）选项 A：由刘某担任公司经理和法定代表人没问题，但由刘某担任公司副经理和法定代表人就不行（因为法定代表人依照公司章程的规定，由"董事长、执行董事或者经理"担任）；（2）选项 B：一个自然人只能投资设立 1 个一人有限责任公司，该一人有限责任公司不能再投资设立新的一人有限责任公司。

【答案】A

【考点6】国有独资公司（P208）★★★

1. 股东会

（1）国有独资公司不设股东会，由国有资产监督管理机构行使股东会职权。

（2）国有资产监督管理机构可以授权董事会行使股东会的部分职权，但"合并、分立、解散、增减注册资本和发行公司债券"，必须由国有资产监督管理机构决定。

（3）重要的国有独资公司的"合并、分立、解散、申请破产"，应当由国有资产监督管理机构审核后，报本级人民政府批准。

2. 董事会

（1）董事会中应当包括职工代表，职工代表由职工代表大会选举产生，其他董事由国有资产监督管理机构委派。

（2）必须设董事长1人，可以（而非必须）设副董事长。

（3）董事长、副董事长由国有资产监督管理机构从董事会成员中指定。

（4）国有独资公司的董事长、副董事长、董事、高级管理人员，未经国有资产监督管理机构同意，不得在其他公司或者经济组织兼职。

（5）国有独资公司设经理，由董事会聘任或者解聘。

（6）经国有资产监督管理机构同意，董事会成员可以兼任经理。

温馨小提示

（1）对于一般的有限责任公司，公司章程可以规定不设经理，而设总裁、首席执行官等职务，行使公司的管理职权；（2）对于国有独资公司和股份有限公司，必须设立经理，由董事会聘任或者解聘。

3. 监事会

（1）监事会成员不得少于5人，其中职工代表的比例不得低于1/3。

温馨小提示

一般的有限责任公司监事会成员不得少于3人。

（2）监事会成员由国有资产监督管理机构委派，但监事会中的职工代表由职工代表大会选举产生。

（3）监事会主席由国有资产监督管理机构从监事会成员中指定。

温馨小提示

一般的有限责任公司监事会主席由全体监事过半数选举产生。

4. 公司章程

国有独资公司的公司章程由国有资产监督管理机构制定，或者由董事会制订报国有资产监督管理机构批准。

表6-2 人数要求

投资人	普通合伙企业	≥2人
	有限合伙企业	2～50人
	有限责任公司	1～50人
	股份有限公司的发起人	2～200人
董事会	有限责任公司	3～13人
	股份有限公司	5～19人
监事会	有限责任公司	≥3人
	股份有限公司	
	国有独资公司	≥5人

表 6-3　公司的组织机构

公司类型	股东（大）会	董事会	监事会	经理
一人有限责任公司	×	可以不设	可以不设	可以不设
有限责任公司（股东≥2人）	√	小公司可以不设	小公司可以不设	可以不设
国有独资公司	×	√	√	√
股份有限公司	√	√	√	√

表 6-4　机构负责人

有限责任公司	董事长	由公司章程规定
	监事会主席	选举
股份有限公司	董事长、监事会主席	选举
国有独资公司	董事长、监事会主席	由国资委指定
债权人会议	债权人会议主席	由人民法院指定

经典题解

【例题 1 · 单选题】某有限责任公司共有股东 3 人，根据公司法律制度的规定，下列各项中，该公司必须设置的是（　　）。（2015 年）

A. 董事会　　B. 股东会

C. 监事会　　D. 经理

【答案】B

【例题 2 · 单选题】甲公司为国有独资公司，其董事会作出的下列决议中，符合公司法律制度规定的是（　　）。

A. 聘任张某为公司经理

B. 增选职工王某为公司董事

C. 批准董事林某兼任乙有限责任公司经理

D. 决定发行公司债券 500 万元

【解析】（1）选项 A：国有独资公司的经理由董事会聘任或者解聘；（2）选项 B：国有独资公司董事会中的职工代表由职工代表大会选举产生；（3）选项 C：国有独资公司的董事长、副董事长、董事、高级管理人员，未经国有资产监督管理机构（而非董事会）同意，不得在其他公司兼职；（4）选项 D：国有独资公司发行公司债券，由国有资产监督管理机构（而非董事会）决定。

【答案】A

【例题 3 · 单选题】甲、乙两个国有企业出资设立丙有限责任公司。下列关于丙有限责任公司组织机构的表述中，不符合公司法律制度规定的是（　　）。

A. 丙公司监事会成员中应当有公司职工代表

B. 丙公司董事会成员中应当有公司职工代表

C. 丙公司董事长须由国有资产监督管理机构从董事会成员中指定

D. 丙公司监事会主席由全体监事过半数选举产生

【解析】(1)选项A：所有的监事会中必须包括职工代表；(2)选项B：两个以上的国有企业投资设立的有限责任公司，董事会中必须包括职工代表；(3)选项C：丙公司有两个股东，并非国有独资公司，谈不上由国有资产监督管理机构指定的问题；(4)选项D：普通有限责任公司的监事会主席由全体监事过半数选举产生。

【答案】C

【考点7】约定与法定的关系（考点综述）(P163、193)★★★

1. 法定

大多数条文属于此类，其中包括但不限于：

(1)公司为股东或者实际控制人提供担保的，必须经股东会或者股东大会决议。接受担保的股东或者受实际控制人支配的股东不得参加表决，该项表决由出席会议的其他股东所持表决权的过半数通过。

(2)监事每届任期为3年。

2. 先法定后约定

在法定的范围之内公司章程可以自由规定，其中包括但不限于：

(1)董事任期由公司章程规定，但每届任期不得超过3年。

(2)公司法定代表人依照公司章程的规定，由董事长、执行董事或者经理担任。

(3)公司为他人提供担保的，按照公司章程的规定由董事会或者股东(大)会决议。

(4)公司对外投资时，按照公司章程的规定由董事会或者股东(大)会决议。

3. 先约定后法定

公司章程可以自由规定或者全体股东可以自由约定，只有公司章程未规定或者全体股东未约定的，才看《公司法》的规定。其中包括但不限于：

(1)有限责任公司的股东按照实缴的出资比例分取红利；但是，全体股东可以事先约定不按照出资比例分取红利。

(2)有限责任公司新增资本时，股东有权优先按照实缴的出资比例认缴出资；但是，全体股东可以事先约定不按照出资比例优先认缴出资。

(3)有限责任公司的股东会会议由股东按照出资比例行使表决权，但公司章程另有规定的除外。

(4)有限责任公司召开股东会会议，应当于会议召开15日以前通知全体股东，但公司章程另有规定或者全体股东另有约定的除外。

(5)有限责任公司的股东对外转让股权时，公司章程对其另有规定的，从其规定。

第五单元　有限责任公司的股权转移

使用“会计云课堂”App或“微信”扫码查看本单元视频，快速GET知识点。

【考点1】股东资格的继承（P210）★

1. 自然人股东死亡后，其合法继承人（无论是否具备完全民事行为能力）可以继承股东资格；但是，公司章程另有规定的除外。

2. 有限责任公司的自然人股东因继承发生变化时，其他股东主张同等条件下行使优先购买权的，人民法院不予支持，但公司章程另有规定或者全体股东另有约定的除外。

> 温馨小提示
>
> 无民事行为能力人或者限制民事行为能力人，不得担任公司的董事、监事和高级管理人员，不得成为普通合伙人。

【相关链接】共有份额的权利主体因继承、遗赠等原因发生变化时，其他按份共有人主张优先购买的，人民法院不予支持，但按份共有人之间另有约定的除外。

经典题解

【例题1·单选题】某有限责任公司的自然人股东甲死亡，公司章程对于股权继承无特别规定。根据公司法律制度的规定，甲的合法继承人享有的权利是（　　）。（2018年）

A. 继承甲的股东资格，并享有全部股东权利

B. 继承甲的股东资格，但表决权受一定限制

C. 继承甲所持股权的财产利益，但不得继承股东资格

D. 继承甲所持股权的财产利益，但继承股东资格须经其他股东过半数通过

【答案】A

【例题2·多选题】某有限责任公司关于股东资格解除与认定的下列做法中，符合公司法律制度规定的有（　　）。（2013年）

A. 股东甲未依照章程规定缴纳出资，董事会通过决议解除其股东资格

B. 股东乙病故后，其妻作为合法继承人要求继承股东资格，公司依章程中关于股东资格不得继承的规定予以拒绝

C. 股东丙抽逃部分出资，股东会通过决议解除其股东资格

D. 实际出资人丁请求公司解除名义股东戊的股东资格，并将自己登记为股东，因未获公司其他股东半数以上同意，公司予以拒绝

【解析】（1）选项A：有限责任公司的股东未履行出资义务，经公司催告缴纳，在合理期间内仍未缴纳的，股东会（而非董事会）可以作出决议解除该股东的股东资格；（2）选项C：股东丙只是抽逃部分出资，股东会通过决议解除其股东资格不合法。

【答案】BD

【考点2】自愿转让（P209）★★★

1. 对内转让

有限责任公司的股东之间可以相互转让全部或者部分股权。《公司法》对此未设任何限制。

2. 对外转让

（1）有限责任公司的股东向股东以外的人转让股权，应当经其他股东过半数同意。

（2）有限责任公司的股东向股东以外的人转让股权，应就其股权转让事项以书面或者其他能够确认收悉的合理方式通知其他股东征求同意。其他股东自接到书面通知之日起满30日未答复的，视为同意转让。

（3）其他股东半数以上不同意转让，不同意的股东不购买的，人民法院应当认定视为同意转让。

（4）公司章程对股权转让另有规定的，从其规定。

温馨小提示

此处看人数，与股权无关。

温馨小提示

有限责任公司的股东对外转让股权时，先看公司章程的规定，公司章程没有规定的，才适用《公司法》的规定（经其他股东过半数同意）。

3. 优先购买权

（1）有限责任公司的股东向股东以外的人转让股权，在同等条件下，其他股东有优先购买权。人民法院在判断是否属于“同等条件”时，应当考虑转让股权的数量、价格、支付方式及期限等因素。

（2）两个以上股东主张行使优先购买权的，协商确定各自的购买比例；协商不成的，按照转让时各自的出资比例行使优先购买权。

（3）有限责任公司的股东主张优先购买转让股权的，应当在收到通知后，在公司章程规定的行使期间内提出购买请求。公司章程没有规定行使期间或者规定不明确的，以通知确定的期间为准，通知确定的期间短于30日或者未明确行使期间的，行使期间为30日。

温馨小提示

建议考生再回看一下按份共有人转让自己的个人份额时优先购买权的行使期间，注意二者的区别。

经典题解

【例题·单选题】甲有限公司章程规定，股东优先购买权的行使期间是收到书面转让通知之日起60日。股东赵某拟对外转让股权并书面通知其他股东：欲行使优先购买权者，请自收到通知之日起20日内提出。根据公司法律制度的规定，其他股东优先购买权的行使期间是（　　）。（2019年）

A. 自收到赵某书面通知之日起20日内

B. 自收到赵某书面通知之日起90日内

C. 自收到赵某书面通知之日起30日内

D. 自收到赵某书面通知之日起60日内

【答案】D

4. 转让程序

有限责任公司的股东向股东以外的人转让股权后，公司应当注销原股东的出资证明书，向新股东签发出资证明书，并相应修改公司章程和股东名册中有关股东及其出资额的记载。对公司章程的该项修改无须再由股东会表决。

5. 股东放弃转让

（1）有限责任公司的转让股东，在其他股东主张优先购买后又不同意转让股权的，对其他股东优先购买的主张，人民法院不予支持，但公司章程另有规定或者全体股东另有约定的除外。

（2）其他股东主张转让股东赔偿其损失合理的，人民法院应当予以支持。

6. 损害救济

温馨小提示

该考点适当关注一下即可。

（1）有限责任公司的股东向股东以外的人转让股权，未就其股权转让事项征求其他股东意见，或者以欺诈、恶意串通等手段，损害其他股东优先购买权，其他股东主张按照同等条件购买该转让股权的，人民法院应当予以支持，但其他股东自知道或者应当知道行使优先购买权的同等条件之日起 30 日内没有主张，或者自股权变更登记之日起超过 1 年的除外。

（2）如果其他股东仅提出确认股权转让合同及股权变动效力等请求，未同时主张按照同等条件购买转让股权的，人民法院不予支持，但其他股东非因自身原因导致无法行使优先购买权，请求损害赔偿的除外。

（3）股东以外的股权受让人，因股东行使优先购买权而不能实现合同目的的，可以依法请求转让股东承担相应民事责任。

【考点 3】强制移转（P210）★★

1. 人民法院依照强制执行程序转让股东的股权时，应当通知公司及全体股东，其他股东在同等条件下有优先购买权。

2. 其他股东自人民法院通知之日起满 20 日不行使优先购买权的，视为放弃优先购买权。

【相关链接 1】有限责任公司的股东向股东以外的人转让股权，其他股东自接到书面通知之日起满 30 日未答复的，视为同意转让。

【相关链接 2】出租人出卖租赁房屋，出租人履行通知义务后，承租人在 15 日内未明确表示购买的，视为承租人放弃优先购买权。

经典题解

【例题·单选题】某有限责任公司共有甲、乙、丙三名股东，因甲无法偿还个人到期债务，人民法院拟依强制执行程序变卖其股权偿债，根据公司法律制度的规定，下列表述中，正确的是（　　）。（2014 年）

A. 人民法院应当征得乙、丙同意，乙、丙在同等条件下有优先购买权

B. 人民法院应当征得公司及乙、丙同意，乙、丙在同等条件下有优先购买权

C. 人民法院应当通知乙、丙，乙、丙在同等条件下有优先购买权

D. 人民法院应当通知公司及全体股东，乙、丙在同等条件下有优先购买权

【答案】D

【考点 4】一股二卖（P211）★

1. 股权转让后尚未向公司登记机关办理变更登记，原股东将仍登记于其名下的股权转让、质押或者以其他方式处分的，受让股东以其对于股权享有实际权利为

由，请求认定处分股权行为无效的，人民法院可以参照善意取得制度的规定处理。第三人在受让原股东处分的股权时如果构成善意取得，则最终获得该股权。

2. 如果原股东处分股权造成受让股东损失，受让股东有权请求原股东承担赔偿责任。同时，受让股东还可以要求对于未及时办理变更登记有过错的董事、高级管理人员或者实际控制人承担相应责任。但是，受让股东对于未及时办理变更登记也有过错的，可以适当减轻上述董事、高级管理人员或者实际控制人的责任。

【案例】甲持有 A 有限责任公司 20% 的股权。2022 年 3 月 1 日，甲将其股权作价 100 万元转让给乙，但未及时办理股权变更登记。4 月 1 日，甲又将该股权作价 150 万元转让给不知情的丙，并办理了股权变更登记。在本案中：（1）如果丙善意、支付了合理对价并办理了股权变更手续，则丙基于善意取得制度依法取得该股权；（2）乙有权请求甲承担赔偿责任；（3）乙还可以要求对于未及时办理变更登记有过错的董事、高级管理人员或者实际控制人承担相应责任；但是，如果乙对于未及时办理变更登记也有过错的，可以适当减轻上述董事、高级管理人员或者实际控制人的责任。

第六单元　上市公司的组织机构

使用“会计云课堂”App 或“微信”扫码查看本单元视频，快速 GET 知识点。

【考点 1】股东大会的会议制度（P191）★★★

1. 年会

（1）上市公司的年度股东大会应当于上一会计年度结束后的 6 个月内举行。

（2）召开年度股东大会应当于会议召开 20 日前通知各股东。

> 温馨小提示
>
> 股份有限公司的财务会计报告应当在召开股东大会年会的 20 日前置备于本公司，供股东查阅。

【相关链接】临时股东大会应当于会议召开 15 日前通知各股东。

2. 临时股东大会

有下列情形之一的，应当在 2 个月内召开临时股东大会：

（1）董事人数不足法定最低人数 5 人或者不足公司章程规定人数的 2/3 时；

> 温馨小提示
>
> （1）董事人数不足 5 人时，应当召开临时股东大会；（2）董事人数虽然在 5 人以上但已经不足公司章程所规定人数的 2/3 时，也应当召开临时股东大会。

（2）公司未弥补的亏损达实收股本总额的 1/3 时；

> 温馨小提示
>
> 以募集方式设立的股份有限公司，注册资本为在公司登记机关登记的实收股本总额。

（3）单独或者合计持有公司 10% 以上股份的股东请求时；

（4）董事会认为必要时；

（5）监事会提议召开时。

经典题解

【例题 1 · 多选题】根据公司法律制度的规定，下列各项中，有权提议召开临时股东大会的有（　　）。（2015 年）

A. 持有公司 1/10 股份的股东　　B. 董事长

C. 1/3 的董事　　D. 监事会

【答案】AD

【例题 2 · 多选题】甲公司是一家以募集方式设立的股份有限公司，其注册资本为人民币 6000 万元，公司章程规定董事会有 8 名成员，最大股东李某持有公司 12% 的股份。根据公司法律制度的规定，下列各项中，属于甲公司应当在 2 个月内召开临时股东大会的情形有（　　）。

A. 董事人数减至 5 人

B. 监事陈某提议召开

C. 最大股东李某请求召开

D. 公司未弥补亏损达人民币 1600 万元

【解析】（1）选项 A：董事人数已经不足公司章程所规定人数的 2/3，应当召开临时股东大会；（2）选项 B：监事会（单个监事不行）有权提议召开临时股东大会；（3）选项 C：李某持有的表决权在 10% 以上，有权提议召开临时股东大会；（4）选项 D：公司未弥补的亏损未达到实收股本总额的 1/3，无须召开临时股东大会。

【答案】AC

表 6-5　临时股东（大）会的召开条件

	临时股东会	临时股东大会
董事人数不足法定最低人数 5 人或者不足公司章程规定人数的 2/3 时		√
未弥补的亏损达实收股本总额的 1/3 时		√
持有公司 10% 以上表决权 / 股份的股东请求时	√	√
监事会提议召开时	√	√
董事 / 董事会	≥ 1/3 的董事提议	董事会认为必要时

3. 股东大会的召集和主持

（1）股东大会由董事会召集，董事长主持。董事长不能履行职务或者不履行职务的，由副董事长主持；副董事长不能履行职务或者不履行职务的，由半数以上的董事共同推举一名董事主持。

（2）董事会不能履行或者不履行召集股东大会会议职责的，监事会应当及时召集和主持。

（3）监事会不召集和主持的，连续 90 日以上单独或者合计持有公司 10% 以上股份的股东可以自行召集和主持。

名师敲黑板

有限责任公司股东会会议的召集和主持与此类似，但股东资格中没有“连续 90 日”的时间限制。

【解释 1】考生应注意严格的先后顺序：董事会→监事会→股东。

【解释 2】在公司法律制度中，只有两处涉及持股期限：（1）股东代表诉讼：股份有限公司“连续 180 日以上单独或者合计持有公司 1% 以上股份的股东”才有资格代表公司提起诉讼；（2）股东大会的召集和主持：董事会、监事会不召集和主持的，“连续90日以上单独或者合计持有公司10%以上股份的股东”可以自行召集和主持。

名师敲黑板

这是考生必须掌握的考点，今年继续关注案例分析题。

4. 股东的临时提案权（2019年案例分析题、2021年案例分析题）

（1）单独或者合计持有公司3%以上股份的股东，可以在股东大会召开10日前提出临时提案并书面提交董事会。

（2）董事会应当在收到提案后2日内通知其他股东，并将该临时提案提交股东大会审议。

5. 股东大会不得对通知中未列明的事项作出决议。

6. 会议记录

股东大会的会议记录由主持人和出席会议的董事（而非股东）签名。

【相关链接1】有限责任公司股东会的会议记录由“出席会议的股东”签名。

【相关链接2】董事会的会议记录由“出席会议的董事”签名。

【相关链接3】监事会的会议记录由“出席会议的监事”签名。

温馨小提示

累积投票制的细节问题，考完之后再去琢磨。

7. 累积投票制

累积投票制，是指股东大会选举董事或者监事时，每一股份拥有与应选董事或者监事人数相同的表决权，股东拥有的表决权可以集中使用。

经典题解

【例题·多选题】根据公司法律制度的规定，股份有限公司可以实行累积投票制的情形有（　　）。（2020年）

A. 股东大会选举董事　　B. 股东大会选举监事

C. 监事会选举监事会主席　　D. 董事会选举董事长

【答案】AB

温馨小提示

股东（大）会是董事的产生机构，《公司法》不要求股东（大）会解除董事职务时必须提供法定理由。司法解释（五）明确了公司股东（大）会可以随时解除董事职务。

8. 董事职务的无因解除

（1）董事任期届满前被股东会或者股东大会有效决议解除职务，其主张解除不发生法律效力的，人民法院不予支持。

（2）董事职务被解除后，因补偿与公司发生纠纷提起诉讼的，人民法院应当依据法律、行政法规、公司章程的规定或者合同的约定，综合考虑解除的原因、剩余任期、董事薪酬等因素，确定是否补偿以及补偿的合理数额。

名师敲黑板

这是考生必须掌握的考点，今年继续关注案例分析题。

【考点2】上市公司股东大会的决议方式（P192、195）★★★

1. 出席＋＞1/2

股东大会的一般决议（对解聘会计师事务所作出决议、选举和更换独立董事、审议批准变更募集资金用途事项、发行公司债券等），由出席股东大会的股东所持表决权的过半数通过。（2015年案例分析题）

2. 回避＋出席＋＞1/2

股东大会在审议为股东、实际控制人及其关联方提供的担保议案时，该股东或者受该实际控制人支配的股东，不得参与该项表决，该项表决由出席股东大会的其他股东所持表决权的过半数通过。

3. 出席 + ≥ 2/3

上市公司的下列事项，应当经出席股东大会的股东所持表决权的 2/3 以上通过：

（1）修改公司章程；

（2）增加或者减少注册资本；

（3）公司合并、分立、解散；

（4）变更公司形式；

（5）重大资产重组；

（6）上市公司在 1 年内购买、出售重大资产或者担保金额超过公司资产总额 30% 的。

温馨小提示

普通股份有限公司股东大会的特别决议限于前 4 条。

4. 回避 + 出席 + ≥ 2/3

（1）上市公司重大资产重组事宜与本公司股东或者其关联人存在关联关系的，股东大会就重大资产重组事项进行表决时，关联股东应当回避表决，该事项由出席股东大会的其他股东所持表决权的 2/3 以上通过。（第 7 章）

（2）上市公司非公开发行股票，本次发行涉及关联股东的，应当回避表决，该事项由出席股东大会的其他股东所持表决权的 2/3 以上通过。（第 7 章）

（3）上市公司发行可转换公司债券的募集说明书约定转股价格向下修正条款的，转股价格修正方案须提交公司股东大会表决，且须经出席会议的股东所持表决权的 2/3 以上同意；股东大会进行表决时，持有公司可转换债券的股东应当回避。（第 7 章）

5. 分类表决：≥ 2/3+ ≥ 2/3

对于发行优先股的上市公司，一般情况下，优先股股东不出席股东大会会议，所持股份没有表决权。但以下情形，除须经出席会议的普通股股东（含表决权恢复的优先股股东）所持表决权的 2/3 以上通过之外，还须经出席会议的优先股股东（不含表决权恢复的优先股股东）所持表决权的 2/3 以上通过：

（1）修改公司章程中与优先股相关的内容；

（2）一次或者累计减少公司注册资本超过 10%；

（3）公司合并、分立、解散或者变更公司形式；

（4）发行优先股。

经典题解

【例题 1 · 单选题】根据公司法律制度的规定，上市公司在 1 年内出售重大资产超过公司资产总额一定比例的，应当由股东大会作出决议，并经出席会议的股东所持表决权的 2/3 以上通过。该比例是（　　）。（2019 年）

A. 30%　　B. 70%　　C. 50%　　D. 60%

【答案】A

【例题 2 · 多选题】根据公司法律制度的规定，在公司章程没有特别规定时，优先股股东可以出席股东大会会议并参与表决的事项有（　　）。（2019 年）

A. 公司合并

B. 变更公司形式

C. 累计减少公司注册资本超过 10%

D. 公司解散

【答案】ABCD

6. 主动退市

上市公司拟决定其股票不再在交易所交易，或者转而申请在其他交易场所交易或者转让的，应当召开股东大会作出决议，须经出席会议的股东所持表决权的 2/3 以上通过，且经出席会议的除以下股东以外的其他股东所持表决权的 2/3 以上通过：

（1）上市公司的董事、监事、高级管理人员；

（2）单独或者合计持有上市公司 5% 以上股份的股东。

温馨小提示：这是考生必须掌握的考点，注意案例分析题。

【考点 3】上市公司的对外担保（P191、195）★★★

1. 股东大会

（1）回避 + 出席 + > 1/2

上市公司为股东、实际控制人及其关联方提供担保，必须由股东大会作出决议；股东大会在审议为股东、实际控制人及其关联方提供的担保议案时，该股东或受该实际控制人支配的股东，不得参与该项表决，该项表决由出席股东大会的其他股东所持表决权的过半数通过。

（2）出席 + ≥ 2/3

上市公司在 1 年内购买、出售重大资产或者担保金额超过公司资产总额 30% 的，应当由股东大会作出决议，并经出席会议的股东所持表决权的 2/3 以上通过。

（3）出席 + > 1/2

上市公司提供的下列担保，应当经出席股东大会的股东所持表决权的过半数通过：

①单笔担保额超过最近一期经审计净资产 10% 的担保；

②上市公司及其控股子公司的对外担保总额，超过最近一期经审计净资产 50% 以后提供的任何担保；

③为资产负债率超过 70% 的担保对象提供的担保。

2. 董事会

应由董事会审批的对外担保，必须经出席董事会的 2/3 以上董事审议同意并作出决议。

经典题解

【例题·多选题】根据公司法律制度的规定，下列情形中，应当由上市公司股东大会作出决议的有（　　）。（2018 年）

A. 单笔担保额超过最近一期经审计净资产 10% 的担保

B. 为资产负债率超过 70% 的非关联方提供的担保

C. 公司对外担保总额超过最近一期经审计净资产的 50% 以后提供的担保

D. 为公司实际控制人及其关联方提供的担保

【答案】ABCD

【考点 4】股份有限公司的董事会（P192、195）★★★

1. 董事会的组成

（1）股份有限公司董事会成员为 5 ～ 19 人，董事会成员中可以有公司职工代表。

（2）董事会设董事长 1 人，可以设副董事长。

2. 董事会的会议制度（2013 年案例分析题、2016 年案例分析题）

（1）董事会每年度至少召开 2 次会议，每次会议应当于会议召开 10 日前通知全体董事和监事。

（2）董事会会议应有过半数（＞ 1/2）的董事出席方可举行。

（3）董事因故不能出席会议的，可以书面委托其他董事（不能是非董事）代为出席，委托书中应载明授权范围。

（4）董事会会议由董事长召集和主持，董事长不能或者不履行职务的，由副董事长履行职务；副董事长不能或者不履行职务的，由半数以上（≥ 1/2）董事共同推举一名董事履行职务。

（5）董事会的会议记录由出席会议的董事（不包括列席会议的监事）签名。

3. 临时董事会的召开条件（2016 年案例分析题）

（1）代表 10% 以上表决权的股东提议；

（2）1/3 以上董事提议；

（3）监事会提议。

【解释】上市公司独立董事有权提议召开董事会会议。

4. 董事会的决议方式（2016 年案例分析题）

（1）全体 + ＞ 1/2

董事会作出决议（如选举董事长、更换高级管理人员）必须经全体董事的过半数通过。

（2）出席 + ≥ 2/3

上市公司应由董事会审批的对外担保，必须经出席董事会的 2/3 以上董事审议同意并作出决议。

（3）回避 + ＞ 1/2

上市公司董事与董事会会议决议事项所涉及的企业有关联关系的，不得对该项决议行使表决权，也不得代理其他董事行使表决权。该董事会会议由过半数的无关联关系董事出席即可举行，董事会会议所作决议须经无关联关系董事过半数通过。出席董事会的无关联关系董事人数不足 3 人（≤ 2 人）的，应将该事项提交上市公司股东大会审议。

【案例】甲上市公司共有董事 9 人，其中股东乙企业派出的董事有 4 人。如果甲上市公司与股东乙企业进行关联交易，在董事会对该项关联交易进行表决时：（1）关联股东乙企业派出的那 4 名傻董事应当彻底回避（自己不能行使表决权，也不得代理其他董事行使表决权）；（2）在无关联关系董事（5 人）中，如果有 3 人出席（过了无关联关系董事的半数），即可召开董事会会议，董事会决议需要经无关联关系董事的过半数通过（赞成票至少为 3 票）；（3）如果只有 1 名无关联关系董

温馨小提示

董事会人数可以是双数。

名师敲黑板

股份有限公司的监事会每 6 个月至少召开 1 次会议。

温馨小提示

股份有限公司的监事会有权提议召开临时股东大会，也有权提议召开临时董事会。

名师敲黑板

这是考生必须掌握的考点，今年继续关注案例分析题。

事出席（对着镜子喊也不足3人，无法正常开会了），应将该事项提交上市公司股东大会审议。

5. 损失赔偿

董事会的决议违反法律、行政法规或者公司章程、股东大会决议，致使公司遭受严重损失的，参与决议的董事对公司负赔偿责任；但经证明在表决时曾表明异议并记载于会议记录的，该董事可以免除责任。

【考点5】股份有限公司的经理（P194）★

1. 股份有限公司设经理，由董事会决定聘任或者解聘。

2. 上市公司的总经理必须专职，总经理在集团等控股股东单位不得担任除董事以外的其他职务。

名师敲黑板

上市公司的总经理可以在集团等控股股东单位担任董事，但不得担任董事以外的其他职务。

3. 上市公司总经理及高层管理人员（副总经理、财务主管和董事会秘书）必须在上市公司领薪，不得由控股股东代发薪水。

【考点6】股份有限公司的监事会（P194）★

1. 股份有限公司监事会成员不得少于3人，其中职工代表的比例不得低于1/3。

2. 监事会设主席1人，可以设副主席。监事会主席和副主席由全体监事过半数选举产生。

3. 董事、高级管理人员不得兼任监事。

4. 监事每届任期为3年，连选可以连任。

5. 股份有限公司的监事会每6个月至少召开1次会议。

【考点7】公司决议的效力（P186）★★★

1. 决议不成立

股东（大）会、董事会决议存在下列情形之一，当事人主张决议不成立的，人民法院应当予以支持：

（1）公司未召开会议的，但依据公司法或者公司章程规定可以不召开股东会或者股东大会而直接作出决定，并由全体股东在决定文件上签名、盖章的除外；

（2）会议未对决议事项进行表决的；

（3）出席会议的人数或者股东所持表决权不符合公司法或者公司章程规定的；

（4）会议的表决结果未达到公司法或者公司章程规定的通过比例的；

（5）导致决议不成立的其他情形。

名师敲黑板

这是考生必须掌握的考点，今年继续关注案例分析题。

2. 决议无效

股东（大）会、董事会的决议内容违反法律、行政法规的无效。

3. 决议的撤销（2018年案例分析题、2019年案例分析题）

温馨小提示

60日期限为除斥期间（不变期间），自决议作出之日起计算，超过该期限，股东即丧失撤销权。

（1）股东（大）会、董事会的会议召集程序、表决方式违反法律、行政法规或者公司章程，或者决议内容违反公司章程的，股东可以自决议作出之日起60日内，请求人民法院撤销。

（2）会议召集程序或者表决方式仅有轻微瑕疵，且对决议未产生实质影响，股东请求撤销的，人民法院不予支持。

表 6-6　决议无效 vs 可撤销

	违反	法律效力
决议内容	法律、行政法规	无效
	公司章程	可撤销
会议召集程序、表决方式	法律、行政法规	
	公司章程	

表 6-7　原告与被告

诉讼请求	原告	被告
请求确认股东会或者股东大会、董事会决议无效或者不成立	股东、董事、监事等	公司
请求撤销股东会或者股东大会、董事会决议	股东	
请求解散公司	股东	
请求公司分配利润	股东	

4. 原告资格

（1）公司股东、董事、监事等请求确认股东（大）会、董事会决议无效或者不成立的，人民法院应当依法予以受理。

（2）请求撤销股东（大）会、董事会决议的原告，应当在起诉时具有公司股东资格。

温馨小提示

（1）决议无效或者不成立：股东、董事、监事、公司高级管理人员、员工、公司债权人等与诉讼决议有直接利害关系的当事人均可以作为原告；

（2）撤销决议：在起诉时必须具有股东资格。

5. 被告

原告请求确认股东（大）会、董事会决议不成立、无效或者撤销决议的案件，应当列公司为被告。对决议涉及的其他利害关系人，可以依法列为第三人。

6. 股东（大）会、董事会决议被人民法院判决确认无效或者撤销的，公司依据该决议与善意相对人形成的民事法律关系不受影响。

经典题解

【例题 1 · 单选题】根据公司法律制度的规定，有限责任公司发生的下列情形中，股东会决议无效的是（　　）。

A. 股东会的决议内容违反法律的

B. 股东会的决议内容违反公司章程的

C. 股东会的会议召集程序违反法律的

D. 股东会的会议表决方式违反公司章程的

【解析】选项 A：决议内容违反法律、行政法规的，决议无效。

【答案】A

【例题2·单选题】某股份有限公司董事会有9名董事。该公司召开董事会会议，甲、乙、丙、丁、戊5名董事出席，其余4名董事缺席。会议表决前，丁因故提前退席，亦未委托他人代为表决。会议最终由4名董事一致作出一项决议。根据公司法律制度的规定，下列关于该决议法律效力的表述中，正确的是（　　）。（2016年）

A. 有效　　B. 无效

C. 可撤销　　D. 不成立

【解析】董事会作出决议必须经全体董事的过半数通过。在本题中，赞成票仅为4票，未达到法定要求，该决议不成立。

【答案】D

【例题3·单选题】某有限责任公司有甲、乙两名股东，分别持有70%和30%的股权。2018年3月，乙发现该公司基于股东会2017年2月作出的增资决议增加了注册资本，乙的持股比例被稀释。经查，该公司2017年2月并未召开股东会作出增资决议。根据公司法律制度的规定，如果乙拟提起诉讼推翻增资决议，其诉讼请求应当是（　　）。（2018年）

A. 撤销决议　　B. 确认决议不成立

C. 确认决议无效　　D. 确认决议效力待定

【答案】B

【例题4·多选题】根据公司法律制度的规定，下列情形中，人民法院应当确认董事会决议不成立的有（　　）。（2019年）

A. 公司未召开董事会会议作出该决议

B. 董事会会议表决结果未达到公司法或者公司章程规定的通过比例

C. 公司召开了董事会会议，但未表决该决议事项

D. 公司召开董事会会议时，到会董事人数不符合公司法或者公司章程规定

【答案】ABCD

【例题5·单选题】根据公司法律制度的规定，确认董事会决议无效之诉的被告是（　　）。（2019年）

A. 公司　　B. 对该决议投赞成票的董事

C. 董事会　　D. 出席会议的董事

【答案】A

【例题6·单选题】根据公司法律制度的规定，原告请求人民法院确认公司董事会决议不成立的案件中，被告应当是（　　）。（2020年）

A. 公司

B. 公司董事会

C. 对该决议投赞成票的董事

D. 公司全体董事

【答案】A

【考点 8】上市公司独立董事制度（P196）★★★

名师敲黑板

2022 年教材根据中国证监会 2022 年 1 月发布的《上市公司独立董事规则》，对该考点进行了重大调整，希望考生高度重视。

1. 独立性

（1）独立董事是指不在上市公司担任除董事外的其他职务，并与其所受聘的上市公司及其主要股东不存在可能妨碍其进行独立客观判断的关系的董事。

（2）独立董事必须具有独立性。独立董事应当独立履行职责，不受上市公司主要股东、实际控制人或者其他与上市公司存在利害关系的单位或个人的影响。

（3）独立董事原则上最多在 5 家上市公司兼任独立董事，并确保有足够的时间和精力有效地履行独立董事的职责。

2. 人数要求

（1）上市公司董事会成员中应当至少包括 1/3 独立董事。

（2）上市公司应当在公司章程中明确，聘任适当人员担任独立董事，其中至少包括 1 名会计专业人士。

（3）上市公司董事会下设薪酬与考核、审计、提名等专门委员会的，独立董事应当在审计委员会、提名委员会、薪酬与考核委员会成员中占多数，并担任召集人。

3. 独立董事的任职条件

（1）根据法律、行政法规及其他有关规定，具备担任上市公司董事的资格；

（2）具有《上市公司独立董事规则》所要求的独立性；

（3）具备上市公司运作的基本知识，熟悉相关法律、行政法规、规章及规则；

（4）具有 5 年以上法律、经济或者其他履行独立董事职责所必需的工作经验；

（5）法律法规、公司章程规定的其他条件。

4. 下列人员不得担任独立董事

名师敲黑板

该考点必须掌握，注意案例分析题。

（1）在上市公司或者其附属企业任职的人员及其直系亲属（配偶、父母、子女等）、主要社会关系（兄弟姐妹、配偶的父母、子女的配偶、兄弟姐妹的配偶、配偶的兄弟姐妹等）；

（2）直接或者间接持有上市公司已发行股份 1% 以上或者是上市公司前 10 名股东中的自然人股东及其直系亲属；

名师敲黑板

第（1）条"本人及其直系亲属和主要社会关系"均不得担任独立董事，第（2）（3）条仅限于"本人及其直系亲属"不得担任独立董事。考生必须掌握"直系亲属"和"主要社会关系"的范围。

（3）在直接或者间接持有上市公司已发行股份 5% 以上的股东单位或者在上市公司前 5 名股东单位任职的人员及其直系亲属；

（4）最近 1 年内曾经具有前三项所列举情形的人员；

（5）为上市公司或者其附属企业提供财务、法律、咨询等服务的人员；

（6）法律、行政法规、部门规章等规定的其他人员；

（7）公司章程规定的其他人员；

（8）中国证监会认定的其他人员。

经典题解

【例题·单选题】甲、乙、丙、丁拟任 A 上市公司独立董事。根据公司法律制度的规定，下列选项中，不影响当事人担任独立董事的情形是（　　）。

A. 甲之妻半年前卸任 A 上市公司之附属企业 B 公司总经理之职

B. 乙于 1 年前卸任 C 公司副董事长之职，C 公司持有 A 上市公司已发行股份的 7%

C. 丙正在担任A上市公司之附属企业B公司的法律顾问

D. 丁是持有A上市公司已发行股份2%的自然人股东

【解析】(1)选项A：现在或者最近1年内曾经在上市公司或者其附属企业任职的人员及其直系亲属和主要社会关系，不得担任独立董事。在本题中，由于甲妻半年前刚刚卸任A上市公司之附属企业B公司总经理之职，因此甲夫妇二人均不得担任A上市公司的独立董事；(2)选项B：现在或者最近1年内曾经在直接或间接持有上市公司已发行股份5%以上的股东单位或者在上市公司前5名股东单位任职的人员及其直系亲属，不得担任独立董事。在本题中，尽管乙曾经在C公司(持有A上市公司已发行股份5%以上的股东单位)任职，但1年前已经卸任，不影响其担任A上市公司的独立董事；(3)选项C：为上市公司或者其附属企业提供财务、法律、咨询等服务的人员，不得担任上市公司的独立董事；(4)选项D：现在或者最近1年内曾经是直接或间接持有上市公司已发行股份1%以上或者是上市公司前10名股东中的自然人股东及其直系亲属，不得担任上市公司独立董事。

【答案】B

温馨小提示：此处没有持股期限的限制。

5. 独立董事的提名

(1)上市公司董事会、监事会、单独或者合并持有上市公司已发行股份1%以上的股东可以提出独立董事候选人，并经股东大会选举决定。

(2)独立董事的提名人在提名前应当征得被提名人的同意。提名人应当充分了解被提名人职业、学历、职称、详细的工作经历、全部兼职等情况，并对其担任独立董事的资格和独立性发表意见，被提名人应当就其本人与上市公司之间不存在任何影响其独立客观判断的关系发表公开声明。

经典题解

【例题1·单选题】根据公司法律制度的规定，下列主体中，有资格提出上市公司独立董事候选人的是(　　)。(2018年)

A. 持有上市公司已发行股份1%以上的股东

B. 上市公司的董事长

C. 上市公司的职工代表大会

D. 上市公司的监事会主席

【答案】A

【例题2·多选题】根据公司法律制度的规定，下列选项中，属于上市公司监事会职权的有(　　)。

A. 检查公司财务

B. 提议召开临时股东大会

C. 提名独立董事候选人

D. 决定公司内部管理机构的设置

【解析】选项D：属于董事会的职权。

【答案】ABC

6. 独立董事的任期

（1）独立董事每届任期与该上市公司其他董事任期相同，任期届满，连选可以连任，但是连任时间不得超过6年。

（2）独立董事连续3次未亲自出席董事会会议的，由董事会提请股东大会予以撤换。

（3）独立董事任期届满前，上市公司可以经法定程序解除其职务。提前解除职务的，上市公司应将其作为特别披露事项予以披露。

（4）独立董事在任期届满前可以提出辞职。独立董事辞职应向董事会提交书面辞职报告，对任何与其辞职有关或其认为有必要引起公司股东和债权人注意的情况进行说明。

（5）如因独立董事辞职导致公司董事会中独立董事所占的比例低于《上市公司独立董事规则》规定的最低要求（≥1/3）时，该独立董事的辞职报告应当在下任独立董事填补其缺额后生效。

【相关链接】董事、监事任期届满未及时改选，或者董事、监事在任期内辞职导致董事会、监事会成员低于法定人数（3人）的，在改选出的董事、监事就任前，原董事、监事仍应当依照法律、行政法规和公司章程的规定履行职务。

（6）独立董事出现不符合独立性条件或者其他不适宜履行独立董事职责的情形，由此造成上市公司独立董事达不到本规则要求的人数时，上市公司应按规定补足独立董事人数。

7. 独立董事的特别职权

为了充分发挥独立董事的作用，独立董事除应当具有《公司法》和其他相关法律、法规赋予董事的职权外，上市公司还应当赋予独立董事以下特别职权：

名师敲黑板

该考点必须掌握，注意案例分析题。

（1）重大关联交易（指上市公司拟与关联人达成的总额高于300万元或者高于上市公司最近经审计净资产值的5%的关联交易）应由独立董事事前认可，独立董事作出判断前，可以聘请中介机构出具独立财务顾问报告，作为其判断的依据；

（2）向董事会提议聘用或者解聘会计师事务所；

（3）向董事会提请召开临时股东大会；

（4）提议召开董事会；

（5）在股东大会召开前公开向股东征集投票权；

（6）独立聘请外部审计机构和咨询机构，对公司的具体事项进行审计和咨询。

【解释1】独立董事行使上述第（1）项至第（5）项职权，应当取得全体独立董事的1/2以上同意；行使第（6）项职权，应当经全体独立董事同意。

【解释2】第（1）（2）项事项应由1/2以上独立董事同意后，方可提交董事会讨论。

【解释3】如果独立董事的上述第（1）项至第（6）项所列提议未被采纳或者上述职权不能正常行使，上市公司应将有关情况予以披露。

温馨小提示

独立意见的类型：（1）同意；（2）保留意见及其理由；（3）反对意见及其理由；（4）无法发表意见及其障碍。

名师敲黑板

前3条涉及董事、高级管理人员（不包括监事）的任免和薪酬。

8. 应当发表独立意见的事项

独立董事应当对以下事项向董事会或者股东大会发表独立意见：

（1）提名、任免董事；

（2）聘任或者解聘高级管理人员；

（3）公司董事、高级管理人员的薪酬；

（4）上市公司的股东、实际控制人及其关联企业对上市公司现有或者新发生的总额高于300万元或者高于上市公司最近经审计净资产值的5%的借款或其他资金往来，以及公司是否采取有效措施回收欠款；

（5）独立董事认为可能损害中小股东权益的事项；

（6）法律、行政法规、中国证监会和公司章程规定的其他事项。

【解释】如上述事项属于需要披露的事项，上市公司应当将独立董事的意见予以公告，独立董事出现意见分歧无法达成一致时，董事会应将各独立董事的意见分别披露。

9. 述职报告

（1）独立董事应当按时出席董事会会议，了解上市公司的生产经营和运作情况，主动调查、获取作出决策所需要的情况和资料。

（2）独立董事应当向公司股东大会提交年度述职报告，对其履行职责的情况进行说明。

10. 独立董事的履职保障

（1）为了保证独立董事有效行使职权，上市公司应当为独立董事履行职责提供所必需的工作条件。上市公司董事会秘书应积极为独立董事履行职责提供协助，如介绍情况、提供材料等，定期通报公司运营情况，必要时可组织独立董事实地考察。独立董事发表的独立意见、提案及书面说明应当公告的，上市公司应及时协助办理公告事宜。

（2）上市公司应当保证独立董事享有与其他董事同等的知情权。凡须经董事会决策的事项，上市公司必须按法定的时间提前通知独立董事并同时提供足够的资料，独立董事认为资料不充分的，可以要求补充。当2名或者2名以上独立董事认为资料不充分或者论证不明确时，可联名书面向董事会提出延期召开董事会会议或者延期审议该事项，董事会应予以采纳。上市公司向独立董事提供的资料，上市公司及独立董事本人应当至少保存5年。

（3）独立董事行使职权时，上市公司有关人员应当积极配合，不得拒绝、阻碍或者隐瞒，不得干预其独立行使职权。

（4）独立董事聘请中介机构的费用及其他行使职权时所需的费用由上市公司承担。

（5）上市公司应当给予独立董事适当的津贴。津贴的标准应当由董事会制订预案，股东大会审议通过，并在公司年报中进行披露。除上述津贴外，独立董事不应从该上市公司及其主要股东或者有利害关系的机构和人员取得额外的、未予披露的其他利益。

（6）上市公司可以建立必要的独立董事责任保险制度，以降低独立董事正常履行职责可能引致的风险。

第七单元 股份有限公司的股份转让

使用“会计云课堂”App或“微信”扫码查看本单元视频，快速GET知识点。

【考点1】股份转让的限制（P201）★★★

名师敲黑板

这是考生必须掌握的考点，今年继续关注案例分析题。

1. 发起人

发起人持有的本公司股份，自公司成立之日起1年内不得转让。

2. 公开发行股份前已发行的股份

公司公开发行股份前已发行的股份，自公司股票在证券交易所上市交易之日起1年内不得转让。

3. 董事、监事、高级管理人员（2013年案例分析题）

（1）董事、监事、高级管理人员所持本公司股份，自公司股票上市交易之日起1年内不得转让。

（2）董事、监事、高级管理人员在任职期间每年转让的股份不得超过其所持有本公司股份总数的25%（≤25%）。上市公司董事、监事和高级管理人员所持股份不超过1000股（≤1000股）的，自公司股票上市交易之日起1年后可以一次性全部转让，不受25%的限制。

（3）董事、监事、高级管理人员离职后6个月内，不得转让其所持有的本公司股份。

【解释】因司法强制执行、继承、遗赠、依法分割财产等导致股份变动的，不受上述限制。

（4）上市公司董事、监事和高级管理人员在下列期间不得买卖本公司股票：

①上市公司年度报告、半年度报告公告前30日内；

②上市公司季度报告、业绩预告、业绩快报公告前10日内；

③自可能对本公司证券及其衍生品种交易价格产生较大影响的重大事件发生之日或在决策过程中，至依法披露之日内；

④证券交易所规定的其他期间。

温馨小提示

中国证监会2022年1月5日发布了《上市公司董事、监事和高级管理人员所持本公司股份及其变动管理规则（2022年修订）》，本书是根据该规则编写的。

经典题解

【例题1·单选题】某股份有限公司于2016年3月7日首次公开发行股份并在上海证券交易所上市交易。2016年4月8日，该公司召开股东大会，拟审议的有关董事、高级管理人员持股事项的议案中包含下列内容，其中，符合公司法律制度规定的是（　　）。（2016年）

A. 董事、高级管理人员离职后半年内，不得转让其所持有的本公司股份

B. 董事、高级管理人员持有的本公司股份，自决议通过之日起6个月后可以对外自由转让

C. 董事、高级管理人员持有的本公司股份，自决议通过之日起3个月后可以内部自由转让

D. 董事、高级管理人员在任职期间每年转让的股份不得超过其所持有的本公司股份总数的50%

【答案】A

【例题2·单选题】根据公司法律制度的规定，股份有限公司发起人持有的本公司股份，自公司成立之日起一定期限内不得转让。该期限是（　　）。（2018年）

A. 1年　　B. 2年

C. 3年　　D. 6个月

【答案】A

名师敲黑板

这是考生必须掌握的考点，今年继续关注案例分析题。

【考点2】股份回购（2021年案例分析题）（P202）★★★

1. 公司不得收购本公司股份。但是，有下列情形之一的除外：

（1）减少公司注册资本；

（2）与持有本公司股份的其他公司合并；

（3）股东因对股东大会作出的公司合并、分立决议持异议，要求公司收购其股份；

（4）将股份用于员工持股计划或者股权激励；

（5）将股份用于转换上市公司发行的可转换为股票的公司债券；

（6）上市公司为维护公司价值及股东权益所必需。

2. 公司不得接受本公司的股票作为质押权的标的。

表6-8　股份回购

<table>
<tr><th>可以回购的情形</th><th>具体规定</th></tr>
<tr><td>减少公司注册资本</td><td>（1）经股东大会决议
（2）应当自收购之日起10日内注销</td></tr>
<tr><td>与持有本公司股份的其他公司合并</td><td>（1）经股东大会决议
（2）应当在6个月内转让或者注销</td></tr>
<tr><td>股东因对股东大会作出的公司合并、分立决议持异议，要求公司收购其股份</td><td>应当在6个月内转让或者注销</td></tr>
<tr><td>将股份用于员工持股计划或者股权激励</td><td rowspan="3">（1）可以依照公司章程的规定或者股东大会的授权，经2/3以上董事出席的董事会会议决议
（2）公司合计持有的本公司股份数不得超过本公司已发行股份总额的10%，并应当在3年内转让或者注销
（3）上市公司应当通过公开的集中交易方式进行</td></tr>
<tr><td>将股份用于转换上市公司发行的可转换为股票的公司债券</td></tr>
<tr><td>上市公司为维护公司价值及股东权益所必需</td></tr>
</table>

第八单元 公司合并、分立、减资与清算

使用“会计云课堂”App或“微信”扫码查看本单元视频，快速GET知识点。

【考点1】公司合并（P215）★★★

1. 公司合并是指两个以上的公司依照法定程序，不需要经过清算程序，直接合并为一个公司的行为。

2. 公司合并可以采取吸收合并或者新设合并。一个公司吸收其他公司为吸收合并，被吸收的公司解散。两个以上公司合并设立一个新的公司为新设合并，合并各方解散。

3. 公司合并，应当由合并各方签订合并协议，并编制资产负债表及财产清单。

4. 公司应当自作出合并决议之日起10日内通知债权人，并于30日内在报纸上公告。债权人自接到通知书之日起30日内，未接到通知书的自公告之日起45日内，可以要求公司清偿债务或者提供相应的担保。（2018年案例分析题）

5. 公司合并时，合并各方的债权、债务，应当由合并后存续的公司或者新设的公司承继。

> **温馨小提示**
>
> 因合并、分立而解散公司，因其债权债务由合并、分立后继续存续的公司承继，在解散时不需要清算。

> **名师敲黑板**
>
> 这是考生必须掌握的考点，今年继续关注案例分析题。

【解释1】（1）有限责任公司的股东会对公司合并作出决议时，必须经代表2/3以上表决权的股东通过；（2）股份有限公司的股东大会对公司合并作出决议时，必须经出席会议的股东所持表决权的2/3以上通过。

【解释2】合并是公司行为，只要股东（大）会依法通过即可，不需要征求每一个股东的同意。但《公司法》赋予了对合并决议投反对票的小股东一个“逃生的机会”：投反对票的股东有权请求公司按照合理价格收购其股权。

【解释3】参与合并的公司（无论其是否消灭）均应当履行通知、公告义务。

【解释4】被消灭公司的债务转移不需要经过债权人的同意，合并各方的债权债务，直接由合并后继续存续的公司或者新设立的公司承继。但《公司法》赋予了债权人一次“举手发言的机会”：无论其债权是否到期，均可以在法定期限内要求公司提前清偿债务或者提供相应的担保。

【考点2】公司分立（P217）★★

1. 公司分立，应当编制资产负债表及财产清单。

2. 公司应当自作出分立决议之日起10日内通知债权人，并于30日内在报纸上公告。

3. 公司分立前的债务由分立后的公司承担连带责任。但是，公司在分立前与债权人就债务清偿达成的书面协议另有约定的除外。

> **名师敲黑板**
>
> 由于公司分立前的债务由分立后的公司承担连带责任，公司分立并未增加债权人的风险。因此，公司分立时应通知、公告债权人，但债权人没有“请求公司清偿债务或者提供相应担保”的权利。

经典题解

【例题1·单选题】甲公司分立成乙、丙两公司。根据分立协议，乙公司承继

甲公司20%净资产，丙公司承继甲公司80%净资产以及所有负债。甲公司的到期债权人丁公司接到分立通知后，要求上述相关公司立即清偿债务。下列关于丁公司债务清偿请求的表述中，符合公司法律制度规定的是（　　）。（2019年）

A. 丁公司仅能请求乙公司对该债务承担20%的责任

B. 丁公司仅能请求丙公司对该债务承担80%的责任

C. 丁公司仅能请求丙公司对该债务承担责任，不能请求乙公司对该债务承担责任

D. 丁公司可请求乙、丙公司对该债务承担连带责任

【答案】D

【例题2·单选题】美丽公司股东会作出分立决议，拟分立为美美公司和丽丽公司，飞和公司是美丽公司的债权人，与美丽公司就分立后债务清偿未达成协议。根据公司法律制度的规定，下列表述中，正确的是（　　）。（2021年）

A. 飞和公司可选择向美美公司或者丽丽公司请求履行全部债务

B. 飞和公司有权要求美丽公司提供相应担保

C. 飞和公司有权要求美丽公司提前清偿债务

D. 美丽公司应在作出分立决议之日起60日内在报纸上公告

【解析】选项BCD：公司应当自作出分立决议之日起10日内通知债权人，并于30日内在报纸上公告，但债权人没有"请求公司清偿债务或者提供相应担保"的权利。

【答案】A

温馨小提示

减资是指公司根据需要，依照法定条件和程序，减少公司的注册资本额。

【考点3】公司减资（P219）★

1. 减资的方式

（1）返还出资或者股款；

（2）减免出资或者购股义务；

（3）缩减股权或者股份。

2. 减资程序

温馨小提示

对于股东（大）会通过的减少注册资本决议，表决时投反对票的股东无权请求公司按照合理的价格收购其股权。

（1）股东（大）会作出减资的决议，并相应地修改公司章程。

（2）公司应当编制资产负债表及财产清单。

（3）通知、公告债权人

公司应当自作出减少注册资本决议之日起10日内通知债权人，并于30日内在报纸上公告。债权人自接到通知书之日起30日内，未接到通知书的自公告之日起45日内，可以要求公司清偿债务或者提供相应的担保。

（4）实施减资。

（5）办理变更登记

公司减少注册资本的，应当自公告之日起45日后申请变更登记，并应当提交公司在报纸上登载减少注册资本公告的有关证明和公司债务清偿或者债务担保情况的说明。

温馨小提示

这是2021年教材新增的内容，考生适当关注一下即可。

【解释】总的来看，《公司法》减资规则的特点是：减资事项完全交给公司自行办理，并无外部机构事前或者事中介入监管；减资目的不受限制，也不区分减资目

的和方式，一律适用统一的规则。实践中，有些公司在减资时不向已知债权人发出通知，致使债权人没有机会对公司提出清偿债务或者提供担保的请求。对于此类做法，通行的裁判观点并非确认该公司的减资决议或者减资行为无效，而是确认减资对起诉的债权人"不发生法律效力"或者不能"对抗该债权人"。这就意味着减资尽管是有效的，但对于提起诉讼的债权人来说，减资公司的股东基于减资而取回的资产，仍然属于减资公司责任财产的一部分。基于这一认定，法院通常会判令减资公司的股东，在减资全额范围内对起诉的债权人承担补充清偿责任。

经典题解

【例题·多选题】根据公司法律制度的规定，下列选项中，属于公司减少注册资本可以采取的方式有（　　）。（2018 年）

A. 向股东返还出资或者股款

B. 减免股东的出资或者购股义务

C. 股东对外转让股权

D. 缩减股权或者股份

【答案】ABD

表 6-9　合并、分立和减资的区别

	合并	分立	减资
通知、公告	√	√	√
债权人要求公司清偿债务或提供担保	√	×	√
异议股东的回购请求权	√	√	×

【考点 4】公司清算（P222）★★

1. 是否需要清算？

（1）因合并、分立而解散公司，因其债权债务由合并、分立后继续存续的公司承继，在解散时不需要清算。

（2）公司债权债务无人承继的，在解散时应当清算。

2. 自行清算

（1）公司应当在解散事由出现之日起 15 日内成立清算组。

（2）有限责任公司的清算组由股东组成。

（3）股份有限公司的清算组由董事或者股东大会确定的人员组成。

（4）清算义务人（有限责任公司的股东、股份有限公司的董事和控股股东）因怠于履行义务，导致公司主要财产、账册、重要文件等灭失，无法进行清算，债权人主张其对公司债务承担连带清偿责任的，人民法院应依法予以支持。

3. 人民法院指定清算组（2022 年调整）

有下列情形之一，债权人、公司股东、董事或者其他利害关系人申请人民法院指定清算组进行清算时，人民法院应予受理：

（1）公司解散逾期不成立清算组进行清算的；

（2）虽然成立清算组但故意拖延清算的；

（3）违法清算可能严重损害债权人或者股东利益的。

4. 人民法院受理公司清算案件，清算组成员可以从下列人员或者机构中产生：

（1）公司股东、董事、监事、高级管理人员；

（2）依法设立的会计师事务所、律师事务所、破产清算事务所等社会中介机构；

（3）依法设立的会计师事务所、律师事务所、破产清算事务所等社会中介机构中具备相关专业知识并取得执业资格的人员。

5. 公司解散时，股东尚未缴纳的出资，包括到期应缴未缴的出资以及依法分期缴纳尚未届满缴纳期限的出资，均作为清算财产。

6. 清算组的职权

（1）清理公司财产，分别编制资产负债表和财产清单；

（2）通知、公告债权人；

（3）处理与清算有关的公司未了结的业务；

（4）清缴所欠税款以及清算过程中产生的税款；

（5）清理债权、债务；

（6）处理公司清偿债务后的剩余财产；

（7）代表公司参与民事诉讼活动。

7. 清算程序

（1）通知债权人（2022年调整）

清算组应当自成立之日起10日内将公司解散清算事宜书面通知全体已知债权人，将清算组成员、清算组负责人通过国家企业信用信息公示系统公告，并于60日内在报纸上公告。清算组可以通过国家企业信用信息公示系统发布债权人公告。

温馨小提示

在公司合并、分立、减资程序中，应于30日内在报纸上公告。

（2）债权申报

债权人应当自接到通知书之日起30日内，未接到通知书的自公告之日起45日内，向清算组申报其债权。

（3）清算方案的确认

公司自行清算的，清算方案应当报股东（大）会决议确认；人民法院组织清算的，清算方案应当报人民法院确认。

（4）公告公司终止

公司清算结束后，清算组应当制作清算报告，报股东（大）会或者人民法院确认，并报送公司登记机关，申请注销公司登记，公告公司终止。

经典题解

【例题1·多选题】根据公司法律制度的规定，清算组在清算期间可以行使的职权有（　　）。（2017年）

A. 清理公司财产，分别编制资产负债表和财产清单

B. 处理公司清偿债务后的剩余财产

C. 通知、公告债权人

D. 代表公司参与民事诉讼

【答案】ABCD

【例题 2 · 单选题】根据公司法律制度的规定，股份有限公司非破产清算程序的清算义务人是（　　）。（2021 年）

A. 控股股东和主要债权人

B. 董事和控股股东

C. 董事和主要债权人

D. 董事和监事

【答案】B

8. 注销登记（2022 年重大调整）

（1）清算组应当自清算结束之日起 30 日内向登记机关申请注销登记。

（2）公司未发生债权债务或者已将债权债务清偿完结，未发生或者已结清清偿费用、职工工资，社会保险费用、法定补偿金、应缴纳税款（滞纳金、罚款），并由全体股东书面承诺对上述情况的真实性承担法律责任的，可以按照简易程序办理注销登记。公司应当将承诺书及注销登记申请通过国家企业信用信息公示系统公示，公示期为 20 日。在公示期内无相关部门、债权人及其他利害关系人提出异议的，公司可以于公示期届满之日起 20 日内向登记机关申请注销登记。

（3）公司注销依法须经批准的，或者公司被吊销营业执照、责令关闭、撤销，或者被列入经营异常名录的，不适用简易注销程序。

（4）人民法院裁定强制清算或者裁定宣告破产的，有关清算组、破产管理人可以持人民法院终结强制清算程序的裁定或者终结破产程序的裁定，直接向登记机关申请办理注销登记。

本章小结

同步强化练习题

使用“会计云课堂”App或“微信”扫码快速做题、对答案、看解析、掌握解题思路，开启轻松过关之旅。

一、单项选择题

1. 张某、马某、孙某拟设立甲有限责任公司，于2021年5月9日共同制定了公司章程，并于2021年6月14日向公司登记机关提出设立申请。公司登记机关于2021年6月26日签发营业执照，张某等股东于2021年7月2日取回了营业执照。根据公司法律制度的规定，甲有限责任公司的成立日期为（　　）。
   A. 2021年5月9日
   B. 2021年7月2日
   C. 2021年6月26日
   D. 2021年6月14日

2. 甲、乙两公司与郑某、张某欲共同出资设立一家有限责任公司，下列股东的出资中，符合公司法律制度规定的是（　　）。
   A. 甲公司以其获得的某知名品牌特许经营权评估作价20万元出资
   B. 乙公司以其商誉评估作价30万元出资
   C. 郑某以其享有的某项专利权评估作价40万元出资
   D. 张某以其设定了抵押权的某房产作价50万元出资

3. 郑某、吴某、蔡某共同出资设立甲有限责任公司。郑某在规定时间缴纳了认缴出资额的一半；吴某以房产出资，但未按章程规定办理房屋所有权转移手续；蔡某如期足额缴纳出资。根据公司法律制度的规定，下列关于郑某承担责任的表述中，正确的是（　　）。
   A. 郑某应向公司足额缴纳出资，但无须向吴某、蔡某承担违约责任
   B. 郑某可将出资抽回，退出公司，但应向吴某、蔡某承担违约责任
   C. 郑某应向公司足额缴纳出资，并向蔡某承担违约责任
   D. 郑某应向公司足额缴纳出资，并向吴某、蔡某承担违约责任

4. 在乙公司设立过程中，发起人甲以乙公司的名义与他人签订一份房屋租赁合同，所租房屋作为乙公司的办公用房。乙公司成立后，下列关于该房屋租赁合同责任承担的表述中，符合公司法律制度规定的是（　　）。
   A. 由甲承担合同义务
   B. 由乙公司承担合同义务
   C. 由甲和乙公司连带承担合同义务
   D. 先由甲承担合同义务，乙公司承担补充责任

5. 甲、乙拟设立一家贸易公司，委派乙负责租赁仓库供贸易公司使用，乙以自己的名义与丙签订仓库租赁合同。贸易公司成立后，下列关于该仓库租赁合同责任承担的表述中，符合公司法律制度规定的是（　　）。

A. 丙只能请求乙承担合同义务
B. 丙只能请求贸易公司承担合同义务
C. 丙有权选择请求乙或者贸易公司承担合同义务
D. 丙有权选择请求乙或者甲承担合同义务

6. 根据公司法律制度的规定，分配利润的股东会或者股东大会决议、公司章程中均未规定完成利润分配的时间的，公司应当自决议作出之日起一定期限内完成利润分配。该期限是（　　）。
A. 1 个月　　B. 2 个月
C. 6 个月　　D. 1 年

7. 根据公司法律制度的规定，下列关于股东知情权的表述中，正确的是（　　）。
A. 有限责任公司的股东有权查阅并复制公司会计账簿
B. 股份有限公司的股东有权查阅并复制公司会计账簿
C. 有限责任公司的股东有权查阅并复制公司财务会计报告
D. 股份有限公司的股东有权查阅并复制公司财务会计报告

8. 根据公司法律制度的规定，下列各项中，股份有限公司的股东有权查阅的是（　　）。
A. 股东大会会议记录
B. 董事会会议记录
C. 监事会会议记录
D. 公司会计账簿

9. 甲有限责任公司设立了股东会、董事会和监事会，该公司经理王某违反法律规定，拖延向股东张某分配利润，张某拟通过诉讼维护自己的权利。下列表述中，符合公司法律制度规定的是（　　）。
A. 张某有权直接向人民法院起诉王某
B. 张某有权书面请求监事会起诉王某
C. 张某有权书面请求董事会起诉王某
D. 张某有权书面请求股东会起诉王某

10. 郑贺为甲有限责任公司（以下简称“甲公司”）的经理，利用职务之便为其妻子吴悠经营的乙公司牟取本来属于甲公司的商业机会，致使甲公司损失 500 万元。甲公司小股东付冰书面请求甲公司监事会对郑贺提起诉讼，遭到监事会的拒绝。根据公司法律制度的规定，下列表述中，不正确的是（　　）。
A. 付冰有权以自己的名义对郑贺提起诉讼
B. 付冰代表甲公司对郑贺提起诉讼，胜诉利益归属于甲公司
C. 付冰代表甲公司对郑贺提起诉讼，其诉讼请求部分或者全部得到人民法院支持的，甲公司应当承担付冰因参加诉讼支付的合理费用
D. 付冰代表甲公司对郑贺提起诉讼，即使其诉讼请求部分或者全部得到人民法院的支持，付冰仍应自行承担因参加诉讼支付的合理费用

11. 甲股份有限公司（以下简称“甲公司”）董事长王某违反公司章程的规定，将公司 300 万资金投入某网络借贷平台。2022 年 4 月，该平台倒闭，甲公司损失惨重，部分股东书面请求甲公司监事会对王某提起诉讼，监事会拒绝。根据公司法律制度的规定，该部分股东中的下列股东因此拟单独向人民法院提起股东代表诉讼，其中有资格单独提起股东代表诉讼的是（　　）。
A. 已经连续 120 日持有甲公司 1.2% 股份的乙公司
B. 已经连续 200 日持有甲公司 0.8% 股份的李某
C. 已经连续 90 日持有甲公司 3% 股份的郑某
D. 已经连续 180 日持有甲公司 2% 股份的赵某

12. 根据公司法律制度的规定，当公司出现特定情形，继续存续会使股东利益受到重大损失，通过其他途径不能解决，单独或者合计持有公司全部股东表决权10%以上的股东提起解散公司诉讼的，人民法院应当受理。下列各项中，属于此类特定情形的是（　　）。
   A. 甲公司连续2年严重亏损，已濒临破产
   B. 乙公司由大股东控制，连续4年不分配利润
   C. 丙公司股东之间发生矛盾，持续3年无法召开股东会，经营管理发生严重困难
   D. 丁公司2年来一直拒绝小股东查阅公司会计账簿的请求

13. 某有限责任公司股东甲、乙、丙的持股比例分别为9%、9%和82%。公司未设董事会和监事会，乙任监事，丙任执行董事。甲发现丙擅自将公司资产低于市价转让给丙妻，严重损害公司利益，遂书面请求乙对丙提起诉讼。乙碍于情面，未提起诉讼。甲的下列行为中，符合公司法律制度规定的是（　　）。
   A. 以自己的名义对丙提起诉讼，要求其赔偿公司损失
   B. 提议召开临时股东会，要求丙对相关事项作出说明
   C. 请求公司以合理价格收购其股权，从而退出公司
   D. 以公司监督机构失灵、公司和股东利益受到严重损害为由，请求人民法院解散公司

14. 根据公司法律制度的规定，下列人员中，可以担任公司监事的是（　　）。
   A. 职工代表
   B. 财务负责人
   C. 总经理
   D. 独立董事

15. 甲有限责任公司董事陈某拟出售一辆轿车给本公司，公司章程对董事、高级管理人员与本公司交易事项未作规定。根据公司法律制度的规定，陈某与本公司进行交易须满足的条件是（　　）。
   A. 经股东会同意
   B. 经董事会同意
   C. 经监事会同意
   D. 经总经理同意

16. 李某是甲股份有限公司（以下简称“甲公司”）的控股股东，因借款需要请求甲公司为其提供担保。甲公司遂召开股东大会对此事项进行表决。根据公司法律制度的规定，下列关于甲公司股东大会决议的表述中，正确的是（　　）。
   A. 李某不可以参加表决，该项决议由出席会议的其他股东过半数通过
   B. 李某不可以参加表决，该项决议由出席会议的其他股东所持表决权的过半数通过
   C. 李某可以参加表决，该项决议由全体股东所持表决权的过半数通过
   D. 李某可以参加表决，该项决议由出席会议的股东所持表决权的过半数通过

17. 甲公司注册资本为700万元，公司当年税后利润300万元，法定公积金累计额310万元，公司无亏损。根据公司法律制度的规定，甲公司当年应提取的法定公积金金额是（　　）万元。
   A. 30　　B. 40
   C. 50　　D. 60

18. 下列关于股份有限公司公积金的表述中，不符合公司法律制度规定的是（　　）。
   A. 法定公积金按照公司税后利润的10%提取
   B. 法定公积金累计额为公司注册资本的50%以上时，可以不再提取
   C. 资本公积金可用于弥补公司的亏损

D. 公司以超过股票票面金额的发行价格发行股份所得的溢价款，应列为资本公积金

19. 根据公司法律制度的规定，下列各项中，属于有限责任公司董事会职权的是（ ）。

A. 对公司增加注册资本作出决议

B. 决定公司内部管理机构的设置

C. 对发行公司债券作出决议

D. 审议批准公司的利润分配方案和弥补亏损方案

20. 张某、王某、李某、赵某共同出资设立甲有限责任公司（以下简称“甲公司”），出资比例分别为5%、15%、36%和44%。甲公司章程对股东会召开及表决事项无特别规定。下列表述中，符合公司法律制度规定的是（ ）。

A. 首次股东会会议由赵某召集和主持

B. 张某有权提议召开股东会临时会议

C. 张某、王某和李某行使表决权赞成即可通过修改公司章程的决议

D. 王某和李某行使表决权赞成即可通过解散公司的决议

21. 甲公司聘请张某担任经理，公司章程未对经理职权作特别规定，董事会未作特别授权。根据公司法律制度的规定，下列关于张某职权的表述中，正确的是（ ）。

A. 有权制订甲公司的年度财务预算方案

B. 有权组织实施甲公司的年度经营计划和投资方案

C. 有权决定聘任其好友李某担任甲公司的财务负责人

D. 有权制定甲公司的基本管理制度

22. 根据公司法律制度的规定，下列关于有限责任公司监事会及监事的表述中，正确的是（ ）。

A. 监事会主席由股东会选举产生

B. 公司章程可以规定监事的任期为每届5年

C. 高级管理人员可以兼任监事

D. 规模较小的公司可以不设监事会

23. 王某投资设立了一人有限责任公司。公司存续期间，王某实施的下列行为中，违反了公司法律制度规定的是（ ）。

A. 决定由其本人担任公司执行董事兼公司经理

B. 决定公司不设立监事会，仅由其亲戚张某担任公司监事

C. 决定用公司资本的一部分与他人共同投资另一有限责任公司，但未作书面记载

D. 未召开任何会议，自作主张制定公司经营方针

24. 根据公司法律制度的规定，下列关于国有独资公司组织机构的表述中，不正确的是（ ）。

A. 国有独资公司设经理，由董事会聘任或者解聘

B. 董事长、副董事长由国有资产监督管理机构从董事会成员中指定

C. 董事会中应当包括职工代表，职工代表的比例不得低于董事会成员的1/3

D. 监事会成员不得少于5人

25. 下列关于国有独资公司监事会组成的表述中，不符合公司法律制度规定的是（ ）。

A. 监事会主席由全体监事过半数选举产生

B. 监事会成员不得少于5人

C. 公司董事不得兼任监事

D. 监事会成员中职工代表的比例不得低于1/3

26. 甲、乙、丙、丁共同出资设立一家有限责任公司，其草拟的公司章程规定的下

列事项中，符合公司法律制度规定的是（　　）。

A. 公司由副经理王某担任法定代表人

B. 公司不设董事会，由甲担任执行董事，任期为4年

C. 公司不设监事会，由乙担任监事，任期为2年

D. 股东向股东以外的人转让股权，应当经其他股东2/3以上同意

27. 根据公司法律制度的规定，在公司章程对临时股东大会召开未作特别规定时，股份有限公司发生的下列情形中，应当在2个月内召开临时股东大会的是（　　）。

A. 甲股份有限公司章程规定董事人数为19人，现有董事15人

B. 乙股份有限公司实收股本总额为5000万元，目前未弥补的亏损为1000万元

C. 持有丙股份有限公司5%股份的股东提议召开临时股东大会

D. 丁股份有限公司监事会提议召开临时股东大会

28. 甲有限责任公司注册资本为120万元，股东人数为9人，董事会成员为5人，监事会成员为5人。股东一次缴清出资，该公司章程对股东表决权行使事项未作特别规定。根据公司法律制度的规定，该公司出现的下列情形中，属于应当召开临时股东会的是（　　）。

A. 出资10万元的股东张某提议召开

B. 公司未弥补的亏损达到60万元

C. 2名董事提议召开

D. 3名监事提议召开

29. 张某持有甲上市公司（以下简称“甲公司”）于2021年10月首次发行的优先股。甲公司章程对优先股股东行使表决权的情形未作特别规定。根据公司法律制度的规定，甲公司的下列事项中，张某有权行使优先股表决权的是（　　）。

A. 增发普通股

B. 公司分立

C. 首次减资5%

D. 对外大额担保

30. 某上市公司董事会成员共9名，监事会成员共3名。下列关于该公司董事会召开的情形中，符合公司法律制度规定的是（　　）。

A. 经2名董事提议可召开董事会临时会议

B. 公司董事长、副董事长不能履行职务时，可由4名董事共同推举1名董事履行职务

C. 经2名监事提议可召开董事会临时会议

D. 董事会每年召开2次会议，并在会议召开10日前通知全体董事和监事

31. 根据公司法律制度的规定，下列关于上市公司组织机构的表述中，不正确的是（　　）。

A. 上市公司设立董事会秘书，董事会秘书是上市公司高级管理人员

B. 上市公司董事会成员中应当至少1/3为独立董事

C. 上市公司董事会中应当包括职工代表

D. 上市公司的总经理必须专职，总经理在集团等控股股东单位不得担任除董事以外的其他职务

32. 甲有限责任公司股东王某认为公司董事会作出的一项决议内容违反公司章程，向人民法院提起诉讼，请求撤销该项决议。根据公司法律制度的规定，王某提起诉讼的被告应当是（　　）。

A. 总经理

B. 董事会

C. 董事长

D. 甲有限责任公司

33. 根据公司法律制度的规定，下列表述中，不正确的是（　　）。
A. 公司股东、董事、监事等请求确认股东大会、董事会决议无效的，人民法院应当依法予以受理
B. 公司股东、董事、监事等请求确认股东大会、董事会决议不成立的，人民法院应当依法予以受理
C. 公司股东、董事、监事等请求撤销股东大会、董事会决议的，人民法院应当予以受理
D. 原告请求确认股东大会、董事会决议不成立、无效或者撤销决议的案件，应当列公司为被告

34. 根据公司法律制度的规定，下列独立董事的特别职权中，应当经全体独立董事同意方可行使的是（　　）。
A. 向董事会提议聘用或者解聘会计师事务所
B. 向董事会提请召开临时股东大会
C. 在股东大会召开前公开向股东征集投票权
D. 独立聘请外部审计机构和咨询机构，对公司的具体事项进行审计和咨询

35. 甲公司于2020年6月在上海证券交易所上市交易，甲公司有关人员的下列股份转让行为中，符合公司法律制度规定的是（　　）。
A. 李某于2021年4月将其持有的甲公司公开发行股份前已发行的股份20000股一次性转让
B. 董事罗某于2021年5月将其持有的甲公司股份800股一次性转让
C. 监事吴某于2021年8月将其持有的甲公司股份1000股一次性转让
D. 副经理王某2021年1月离职，2021年6月将其持有的甲公司股份5000股一次性转让

36. 甲股份有限公司控股股东曹某因怠于履行义务导致公司的主要财产、账册、重要文件等灭失，公司无法进行清算，公司债权人主张曹某对公司债务承担责任。根据公司法律制度的规定，下列关于曹某对公司债务承担责任的表述中，正确的是（　　）。
A. 曹某以出资额为限对公司债务承担有限责任
B. 曹某与其他股东对公司债务承担连带清偿责任
C. 曹某与公司对公司债务承担连带清偿责任
D. 曹某与公司对公司债务平均承担清偿责任

二、多项选择题

1. 根据公司法律制度的规定，下列人员中，公司章程可以规定由其担任法定代表人的有（　　）。
A. 财务负责人　　B. 总经理
C. 执行董事　　D. 监事

2. 根据公司法律制度的规定，下列人员中，受公司章程约束的有（　　）。
A. 公司经理
B. 公司副经理
C. 公司董事
D. 公司财务负责人

3. 根据公司法律制度的规定，下列各项中，属于公司设立登记事项的有（　　）。
A. 注册资本
B. 经营期限
C. 法定代表人姓名
D. 公司董事、监事、高级管理人员

4. 根据公司法律制度的规定，下列关于股份有限公司发起人的表述中，正确的有（　　）。
A. 应当有2人以上200人以下为发起人

B. 发起人只能是中国公民
C. 须有半数以上的发起人为中国公民
D. 须有半数以上的发起人在中国境内有住所

5. 根据公司法律制度的规定，股份有限公司采取募集方式设立的，认股人缴纳出资后，有权要求返还出资的情形有（　　）。
A. 公司未按期募足股份
B. 创立大会决议不设立公司
C. 公司发起人抽逃出资、情节严重
D. 发起人未按期召开创立大会

6. 甲、乙、丙三人拟设立一家有限责任公司。在公司设立过程中，甲在搬运为公司购买的办公设备时，不慎将丁砸伤。根据公司法律制度的规定，下列关于对丁的侵权责任承担的表述中，正确的有（　　）。
A. 若公司未成立，丁仅能请求甲承担该侵权责任
B. 若公司未成立，由全体发起人承担连带责任
C. 若公司成立，丁有权请求公司承担侵权赔偿责任
D. 即使公司成立，该侵权责任由甲、乙、丙共同承担，丁无权请求公司承担侵权赔偿责任

7. 甲、乙、丙出资设立一个有限责任公司，在其拟订的公司章程中约定的下列事项中，符合公司法律制度规定的有（　　）。
A. 甲、乙、丙按照出资比例分配红利
B. 甲、乙、丙不按照出资比例分配红利
C. 甲、乙、丙按照出资比例行使表决权
D. 甲、乙、丙不按照出资比例行使表决权

8. 张某是红叶有限责任公司的小股东，同时张某还在枫林有限责任公司任董事，而红叶公司与枫林公司均从事保险经纪业务。红叶公司多年没有给张某分红，张某一直对红叶公司的会计账簿存有疑惑。根据公司法律制度的规定，下列表述中，正确的有（　　）。
A. 张某可以口头提出查阅公司会计账簿的请求
B. 张某有权要求查阅和复制公司会计账簿
C. 如果红叶公司有证据证明张某是为了向枫林公司通报有关信息而要求查阅公司会计账簿，可能损害红叶公司合法利益的，可以拒绝提供查阅
D. 如果红叶公司有证据证明张某在向公司提出查阅请求之日前的3年内，曾通过查阅公司会计账簿，向枫林公司通报有关信息损害了红叶公司合法利益的，可以拒绝提供查阅

9. 根据公司法律制度的规定，股份有限公司的下列文件中，股东有权要求查阅的有（　　）。
A. 股东名册
B. 董事会会议决议
C. 公司会计账簿
D. 公司债券存根

10. 根据公司法律制度的规定，对有限责任公司股东会的有关决议投反对票的股东，可以请求公司按照合理的价格收购其股权。下列各项中，属于该有关决议的有（　　）。
A. 公司增加注册资本的决议
B. 公司减少注册资本的决议
C. 公司转让主要财产的决议
D. 公司分立的决议

11. 甲、乙、丙、丁共同设立A有限责任公司，丙持有A公司20%的股权。丙拟提起解散公司诉讼。根据公司法律制度的规定，丙拟提出的下列理由中，人民法院不予受理的有（　　）。
A. 公司董事长甲严重侵害其股东知情权
B. 公司管理层严重侵害其利润分配请求权

C. 公司被吊销企业法人营业执照未进行清算
D. 公司亏损、财产不足以偿还全部债务

12. 下列关于公司利润分配的表述中，符合公司法律制度规定的有（　　）。
A. 公司持有的本公司股份不得分配利润
B. 资本公积金可用于弥补公司的亏损
C. 有限责任公司的股东可以约定不按出资比例分配利润
D. 股份有限公司章程可以规定不按持股比例分配利润

13. 下列关于公司公积金用途的表述中，符合公司法律制度规定的有（　　）。
A. 资本公积金可以用于弥补公司亏损
B. 法定公积金不得转增公司资本
C. 任意公积金可以转增公司资本
D. 盈余公积金可以用来扩大公司生产经营

14. 某股份有限公司注册资本为3000万元，公司现有法定公积金1000万元，任意公积金500万元，现该公司拟以公积金500万元增资派股。下列方案中，符合公司法律制度规定的有（　　）。
A. 将法定公积金500万元转为公司资本
B. 将任意公积金500万元转为公司资本
C. 将法定公积金200万元，任意公积金300万元转为公司资本
D. 将法定公积金300万元，任意公积金200万元转为公司资本

15. 根据公司法律制度的规定，下列各项中，属于有限责任公司董事会职权的有（　　）。
A. 决定公司的经营方针
B. 决定公司的经营计划
C. 决定公司的投资计划
D. 决定公司的投资方案

16. 甲有限责任公司未设董事会，股东乙为执行董事。根据公司法律制度的规定，在公司章程无特别规定的情形下，乙可以行使的职权有（　　）。
A. 决定公司的投资计划
B. 决定公司内部管理机构的设置
C. 决定公司的利润分配方案
D. 决定聘任公司经理

17. 甲、乙、丙三个国有企业共同投资设立了一家有限责任公司，该公司设立了董事会和监事会。股东会通过的下列决议中，不符合公司法律制度规定的有（　　）。
A. 选举和更换全部董事
B. 选举和更换全部监事
C. 解聘公司经理
D. 决定公司内部管理机构的设置

18. 甲、乙、丙共同出资80万元设立了一个有限责任公司，其中甲出资40万元，乙出资25万元，丙出资15万元。公司成立后，召开了第一次股东会会议。有关这次会议的下列情况中，符合公司法律制度规定的有（　　）。
A. 会议由甲召集和主持
B. 会议决定不设董事会，由甲担任执行董事，甲为公司的法定代表人
C. 会议决定设1名监事，由乙担任，任期2年
D. 会议决定了公司的经营方针和投资计划

19. 王某、刘某拟共同出资设立甲有限责任公司（以下简称“甲公司”），其拟订的公司章程中规定的下列条款中，不符合公司法律制度规定的有（　　）。
A. 甲公司不设董事会，由王某担任执行董事，任期为2年
B. 甲公司不设监事会，由刘某担任监事，任期为2年
C. 由执行董事王某兼任经理
D. 由监事刘某担任甲公司法定代表人

20. 根据公司法律制度的规定，下列关于国有独资公司组织机构的表述中，正确的有（　　）。
A. 国有独资公司董事会成员中应当有公司职工代表
B. 国有独资公司不设立股东会，由国有资产监督管理机构行使股东会职权
C. 国有独资公司的董事每届任期不得超过3年
D. 国有独资公司监事会成员不得少于3人

21. 甲公司是一家以募集方式设立的股份有限公司，其注册资本为人民币6000万元，甲公司章程规定董事会人数为10人，最大股东李某持有公司9%的股份。根据公司法律制度的规定，下列各项中，属于甲公司应当在两个月内召开临时股东大会的情形有（　　）。
A. 董事人数减至5人
B. 监事陈某提议召开
C. 最大股东李某请求召开
D. 公司未弥补亏损达人民币2400万元

22. 根据公司法律制度的规定，下列各项中，可以提议召开股份有限公司临时董事会会议的有（　　）。
A. 代表20%表决权的股东提议
B. 40%的董事提议
C. 总经理提议
D. 监事会提议

23. 某股份有限公司董事会由11人组成，其中董事长1人，副董事长2人。该董事会某次会议发生的下列情形中，不符合公司法律制度规定的有（　　）。
A. 因董事长不能出席会议，副董事长王某主持该次会议
B. 通过了增加公司注册资本的决议
C. 通过解聘公司现任经理，由副董事长王某兼任经理的决议
D. 会议所有议决事项均载入会议记录后，由主持会议的副董事长王某和记录员签名存档

24. 某上市公司董事会成员共11人，根据公司章程的规定就与其股东甲公司签订重要采购合同的事项召开临时董事会会议，其中董事李某是甲公司董事长，董事张某、刘某因故未出席本次会议，也未委托其他董事代为出席，表决时有3名董事投了反对票。根据公司法律制度的规定，下列表述中，正确的有（　　）。
A. 该董事会会议由过半数的无关联关系董事出席，因此可以举行
B. 该董事会会议决议经出席会议的无关联关系董事半数以上通过，该决议有效
C. 该董事会会议决议未经无关联关系董事过半数通过，该决议无效
D. 该董事会会议决议未经无关联关系董事过半数通过，该决议不成立

25. 星煌公司是一家上市公司，现董事长吴某就星煌公司向坤诚公司的投资之事准备召开董事会。因公司资金比较紧张，董事梁某的妻子又在坤诚公司任副董事长，有部分董事对此投资事宜表示异议。根据公司法律制度的规定，下列表述中，正确的有（　　）。
A. 梁某不应参加董事会表决
B. 吴某可代梁某在董事会上表决
C. 如果参加董事会的无关联关系董事人数不足3人，则应提交股东大会审议
D. 如果参加董事会的无关联关系董事人数不足5人，则应提交股东大会审议

26. 根据公司法律制度的规定，下列各项中，属于上市公司监事会职权的有（　　）。
A. 提议召开临时董事会
B. 提议召开临时股东大会
C. 选举和更换由股东代表出任的监事
D. 提名独立董事候选人

27. 甲上市公司拟聘请独立董事。根据公司法律制度的规定，下列人员中，不得担任该上市公司独立董事的有（　　）。
A. 王某，因侵占财产被判处3年有期徒刑，刑满释放未逾3年
B. 张某，甲上市公司的法律顾问
C. 赵某，个人负债100万元到期未清偿
D. 李某，甲上市公司某监事的弟弟

28. 某上市公司拟聘请独立董事。根据公司法律制度的规定，下列人员中，可以担任该上市公司独立董事的有（　　）。
A. 该上市公司经理的父亲
B. 该上市公司董事会秘书配偶的弟弟
C. 持有该上市公司已发行股份1%的股东王某的岳父
D. 持有该上市公司已发行股份4%的甲公司的董事张某的配偶

29. 根据公司法律制度的规定，下列主体中，有资格提出上市公司独立董事候选人的有（　　）。
A. 单独或者合计持有上市公司已发行股份1%以上的股东
B. 上市公司的董事长
C. 上市公司的监事会
D. 上市公司的职工代表大会

30. 根据公司法律制度的规定，上市公司的下列事项中，独立董事应当发表独立意见的有（　　）。
A. 公司董事的提名
B. 解聘公司经理
C. 公司高级管理人员的薪酬
D. 公司内部管理机构的设置

31. 根据公司法律制度的规定，下列关于独立董事的表述中，正确的有（　　）。
A. 上市公司董事会成员中应当至少包括1/3独立董事
B. 独立董事应当具有5年以上法律、经济或者其他履行独立董事职责所必需的工作经验
C. 独立董事连续3次未亲自出席董事会会议的，由董事会提请股东大会予以撤换
D. 独立董事原则上最多在5家上市公司兼任独立董事，并确保有足够的时间和精力有效地履行独立董事的职责

32. 根据公司法律制度的规定，下列诉讼中，应当列公司为被告的有（　　）。
A. 股东请求公司分配利润案件
B. 股东提起解散公司诉讼
C. 原告请求确认股东大会决议不成立案件
D. 原告请求撤销董事会决议案件

33. 根据公司法律制度的规定，下列人员中，可以作为原告请求人民法院确认股东大会决议不成立的有（　　）。
A. 与该决议有直接利害关系的公司股东
B. 与该决议有直接利害关系的公司董事
C. 与该决议有直接利害关系的公司监事
D. 与该决议有直接利害关系的公司债权人

34. 2022年5月，甲上市公司拟收购本公司股份用于实施员工持股计划。根据公司法律制度的规定，下列关于该公司股份收购的表述中，不正确的有（　　）。
A. 该收购计划可以由董事会授权董事长决定
B. 该公司应当通过公开的集中交易方式进行此次收购
C. 该公司收购的股份可以在收购后第5年转让给公司员工
D. 该公司在此次收购后合计持有的本公司股份数可以达到本公司已发行股份总额的20%

35. 根据公司法律制度的规定，因股份有限公司的相关责任人怠于履行义务，导致公司主要财产、账册、重要文件灭失，无法进

行清算的，公司债权人有权主张相关责任人对公司债务承担连带清偿责任。下列各项中，属于该责任人的有（　　）。
A. 公司监事
B. 公司董事
C. 公司的控股股东
D. 公司的中小股东

36. 根据公司法律制度的规定，下列情形中，不适用简易注销程序的有（　　）。
A. 公司注销依法须经批准
B. 公司被吊销营业执照
C. 公司被责令关闭
D. 公司被列入经营异常名录

同步强化练习题参考答案及解析

使用“会计云课堂”App或“微信”扫码对答案、看解析、掌握解题思路，开启轻松过关之旅。

一、单项选择题

1.【答案】C
【解析】公司企业法人营业执照的签发日期为公司成立日期。

2.【答案】C

3.【答案】C
【解析】股东不按照规定缴纳出资的，除应当向公司足额缴纳外，还应当向已按期足额缴纳出资的其他股东（蔡某）承担违约责任。

4.【答案】B
【解析】发起人为设立公司以设立中公司的名义与他人订立合同，公司成立后自动承担该合同义务。

5.【答案】C
【解析】发起人为设立公司以自己的名义与他人订立合同，合同相对人有权选择请求该发起人或者成立后的公司承担合同义务。

6.【答案】D

7.【答案】C
【解析】（1）选项AB：有限责任公司的股东有权要求查阅（不包括复制）公司会计账簿，而股份有限公司的股东没有该项权利；（2）选项D：股份有限公司的股东有权查阅（不包括复制）公司财务会计报告。

8.【答案】A
【解析】（1）选项ABC：股份有限公司的股东有权查阅公司章程、股东大会会议记录、董事会会议决议、监事会会议决议、财务会计报告、股东名册和公司债券存根；（2）选项D：有限责任公司的股东有权要求查阅会计账簿，而股份有限公司的股东没有该项权利。

9.【答案】A
【解析】公司董事、高级管理人员违反法律、行政法规或者公司章程的规定，损害股东利益的，股东可以依法直接向人民法院提起诉讼（无须先找董事会或者监事会）。

10.【答案】D

【解析】(1) 选项 B：股东代表公司对董事、监事、高级管理人员或者他人提起诉讼的案件，胜诉利益归属于公司；(2) 选项 CD：股东代表公司对董事、监事、高级管理人员或者他人提起诉讼的案件，其诉讼请求部分或者全部得到人民法院支持的，公司应当承担股东因参加诉讼支付的合理费用。

11.【答案】D

【解析】(1) 有限责任公司：任何一个股东都可以，没有持股比例和持股期限的限制；(2) 股份有限公司："连续 180 日以上单独或者合计持有公司 1% 以上股份的股东"才有资格。

12.【答案】C

【解析】股东以知情权（选项 D）、利润分配请求权（选项 B）等权益受到损害，或者公司亏损、财产不足以偿还全部债务（选项 A）为由提起解散公司诉讼的，人民法院不予受理。

13.【答案】A

14.【答案】A

【解析】选项 BCD：董事、高级管理人员不得兼任监事。

15.【答案】A

16.【答案】B

17.【答案】A

【解析】法定公积金按照税后利润（300 万元）的 10% 提取，当法定公积金累计额为注册资本的 50%（350 万元）以上时可以不再提取。

18.【答案】C

【解析】选项 C：资本公积金不得用于弥补亏损。

19.【答案】B

【解析】选项 ACD：属于股东会的职权。

20.【答案】A

【解析】(1) 选项 A：有限责任公司首次股东会会议由出资最多的股东召集和主持；(2) 选项 B：代表 10% 以上表决权的股东有权提议召开股东会临时会议，张某的表决权仅为 5%；(3) 选项 CD：修改公司章程、解散公司属于有限责任公司股东会的特别决议事项，必须经代表 2/3 以上表决权的股东通过，张某、王某和李某的表决权合计为 56%，王某和李某的表决权合计为 51%，均未达到 2/3 以上的法定要求。

21.【答案】B

【解析】选项 ACD：属于董事会的职权。

22.【答案】D

【解析】(1) 选项 A：监事会主席由全体监事过半数选举产生；(2) 选项 B：监事每届任期法定为 3 年，公司章程不能自由规定；(3) 选项 C：董事、高级管理人员不得兼任监事；(4) 选项 D：股东人数较少或者规模较小的有限责任公司，可以不设监事会，设 1 ~ 2 名监事。

23.【答案】C

【解析】(1) 选项 A：一人有限责任公司可以不设立董事会，只设 1 名执行董事，执行董事可以兼任公司经理；(2) 选项 B：一人有限责任公司可以不设立监事会，设 1 ~ 2 名监事（无须考虑职工代表的问题）；(3) 选项 C：一人有限责任公司不设股东会，股东作出决定时，应当采用书面形式，并由股东签名后置备于公司。

24.【答案】C

【解析】(1)监事会中的职工代表不得低于1/3;(2)董事会中的职工代表不受1/3的比例限制。

25.【答案】A

26.【答案】D

【解析】(1)选项A:公司法定代表人依照公司章程的规定,由董事长、执行董事或者经理担任(副经理不能担任法定代表人);(2)选项B:股东人数较少或者规模较小的有限责任公司,可以不设立董事会,只设1名执行董事,但董事的任期不得超过3年(不能是4年);(3)选项C:股东人数较少或者规模较小的有限责任公司,可以不设立监事会,只设1~2名监事,不设立监事会的,可以不考虑职工代表的问题,但监事任期为法定制3年(不能是2年);(4)选项D:有限责任公司的股东对外转让股权时,先看公司章程的规定(公司章程爱怎么规定就怎么规定),公司章程未规定时,才适用《公司法》的规定(经其他股东过半数同意)。

27.【答案】D

28.【答案】C

【解析】(1)选项A:代表1/10以上表决权的股东提议时,应当召开临时股东会;(2)选项B:股份有限公司未弥补的亏损达到实收股本总额1/3时,应当召开临时股东大会,但有限责任公司并没有该规定;(3)选项C:1/3以上的董事提议时,应当召开临时股东会;(4)选项D:有限责任公司设立监事会的,由监事会(部分监事不行)提议召开临时股东会。

29.【答案】B

【解析】选项A:甲公司发行优先股(不包括普通股)时,张某才能行使表决权。

30.【答案】D

【解析】(1)选项AC:经代表1/10以上表决权的股东、1/3以上的董事(至少3名董事)或者监事会(2名监事不行)提议,可以召开股份有限公司临时董事会;(2)选项B:董事长、副董事长不能履行职务或者不履行职务的,由半数以上董事(至少5名董事)共同推举一名董事履行职务。

31.【答案】C

【解析】选项C:股份有限公司董事会成员中可以(而非必须)有公司职工代表。

32.【答案】D

33.【答案】C

【解析】选项C:请求撤销股东大会、董事会决议的原告,应当在起诉时具有公司股东资格。

34.【答案】D

35.【答案】C

【解析】(1)选项A:公司公开发行股份前已发行的股份,自公司股票在证券交易所上市交易之日起1年内不得转让;(2)选项B:董事、监事、高级管理人员所持本公司股份,自公司股票上市交易之日起1年内不得转让;(3)选项C:上市公司董事、监事、高级管理人员在任职期间每年转让的股份不得超过其所持有本公司股份总数的25%;但其所持股份不超过1000股的,自公司股票上市交易之日起1年后可以一次性全部转让,不受25%的限制;(4)选项D:董事、监事、高级管理人员离职后6个月内,不得转让其所持有的本公司股份。

36.【答案】C

二、多项选择题

1.【答案】BC

2.【答案】ABCD

3.【答案】AC
【解析】选项 BD：属于备案事项。

4.【答案】AD
【解析】（1）选项 B：发起人既可以是中国公民，也可以是外国公民；（2）选项 ACD：设立股份有限公司，应当有 2 人以上 200 人以下为发起人。其中，须有半数以上的发起人在中国境内有住所。

5.【答案】ABD
【解析】投资人可以抽回出资的情形：（1）未按期募足股份；（2）发起人未按期召开创立大会；（3）创立大会决议不设立公司。

6.【答案】BC
【解析】（1）选项 AB：公司未成立的，受害人有权请求全体发起人承担连带责任；（2）选项 CD：公司成立的，受害人有权请求公司承担侵权赔偿责任。

7.【答案】ABCD
【解析】（1）选项 AB：有限责任公司的股东按照实缴的出资比例分取红利；但是，全体股东可以事先约定不按照出资比例分取红利；（2）选项 CD：有限责任公司的股东按照出资比例行使表决权，但公司章程另有规定的除外。

8.【答案】CD
【解析】选项 AB：有限责任公司的股东有权要求查阅（不包括复制）公司会计账簿，但应当向公司提出书面请求（口头不行），说明目的。

9.【答案】ABD

10.【答案】CD

11.【答案】ABCD

12.【答案】ACD
【解析】（1）选项 B：资本公积金不得用于弥补亏损；（2）选项 C：有限责任公司按照股东实缴的出资比例分配，但全体股东约定不按照出资比例分配的除外；（3）选项 D：股份有限公司按照股东持有的股份比例分配，但股份有限公司章程规定不按持股比例分配的除外。

13.【答案】CD
【解析】（1）选项 A：资本公积金不得用于弥补亏损；（2）选项 B：法定公积金可以转增公司资本，但所留存的该项公积金不得少于转增前公司注册资本的 25%。

14.【答案】BC
【解析】（1）用法定公积金转增资本时，转增后所留存的该项公积金不得少于转增前公司注册资本的 25%，本次最多转增 250 万元；（2）用任意公积金转增资本的，不受 25% 的限制。

15.【答案】BD
【解析】（1）决定公司的经营方针和投资计划，属于股东会的职权；（2）决定公司的经营计划和投资方案属于董事会的职权。

16.【答案】BD
【解析】选项 AC：属于股东会的职权。

17.【答案】ABCD
【解析】（1）选项 A：两个以上的国有企业投资设立的有限责任公司，董事会中应当包括职工代表，股东会只能选举和更换由非职工代表担任的董事；（2）选项 B：监事会中应当包括职工代表，股东会只能选举和更换由非职工代表担任的监事；（3）选项 CD：属于董事会的职权。

18.【答案】ABD

【解析】(1)选项A：有限责任公司首次股东会由出资最多的股东召集和主持；(2)选项B：股东人数较少或者规模较小的有限责任公司，可以不设董事会，只设1名执行董事，执行董事可以为公司的法定代表人；(3)选项C：股东人数较少或者规模较小的有限责任公司，可以不设监事会，只设1～2名监事，监事任期为3年(不能为2年)；(4)选项D：决定公司的经营方针和投资计划属于股东会的职权。

19.【答案】BD

【解析】(1)选项AC：股东人数较少或者规模较小的有限责任公司，可以不设董事会，只设1名执行董事，执行董事可以兼任公司经理；董事任期由公司章程自由规定，每届任期只要不超过3年即可；(2)选项B：股东人数较少或者规模较小的有限责任公司，可以不设监事会，只设1～2名监事；未设监事会的，可以不考虑职工代表的问题；监事每届任期法定为3年，公司章程不能自由规定；(3)选项D：公司法定代表人依照公司章程的规定，由董事长、执行董事或者经理(不包括监事)担任。

20.【答案】ABC

【解析】选项D：国有独资公司设监事会，其成员不得少于5人。

21.【答案】AD

【解析】(1)选项A：董事人数已经不足公司章程所规定人数的2/3，应当召开临时股东大会；(2)选项B：监事会(单个监事不行)有权提议召开临时股东大会；(3)选项C：单独或者合计持有公司有表决权股份总数10%以上的股东请求时，才能召开临时股东大会；(4)选项D：公司未弥补的亏损达到实收股本总额的1/3时，应当召开临时股东大会。

22.【答案】ABD

23.【答案】BD

【解析】(1)选项A：董事会会议由董事长召集和主持，董事长不能或者不履行职务的，由副董事长履行职务；(2)选项B：对增加注册资本作出决议属于股东大会的职权；(3)选项C：聘任或者解聘公司经理属于董事会的职权；(4)选项D：董事会的会议记录由出席会议的董事签名(只有王某的签名不行，而且记录员无须签名)。

24.【答案】AD

【解析】(1)董事李某应当回避，无关联关系的董事人数为10人；(2)董事张某、刘某未参加本次会议，出席会议的无关联关系董事人数为8人，超过了无关联关系董事人数的半数，符合会议召开条件；(3)无关联关系的董事人数为10人，赞成票为5票，未超过无关联关系董事人数的半数，该决议不成立(而非无效)。

25.【答案】AC

【解析】(1)选项AB：上市公司董事(梁某)与董事会会议决议事项所涉及的企业(坤诚公司)有关联关系的，梁某不得对该项决议行使表决权，吴某也不得代梁某行使表决权；(2)选项CD：出席董事会的无关联关系董事人数不足3人的，应将该事项提交上市公司股东大会审议。

26.【答案】ABD

【解析】选项C：属于股东大会的职权。

27.【答案】ABCD

【解析】(1)选项A：因贪污、贿赂、侵占财产、挪用财产或者破坏社会主义市场经济秩序，被判处刑罚，执行期满未逾5年的，不得担任董事、监事、高级管理人员；(2)选项B：为上市公司或者其附属企业提供财务、法律、咨询等服务的人员，不得担任独立董事；（3）选项C：个人所负数额较大的债务到期未清偿的，不得担任董事、监事、高级管理人员；（4）选项D：在上市公司或者其附属企业任职的人员及其直系亲属和主要社会关系，不得担任独立董事。

28.【答案】CD

【解析】（1）选项AB：在上市公司或者其附属企业任职的人员及其直系亲属（配偶、父母、子女等）和主要社会关系（兄弟姐妹、配偶的父母、子女的配偶、兄弟姐妹的配偶、配偶的兄弟姐妹等），不得担任独立董事；（2）选项C：直接或者间接持有上市公司已发行股份1%以上的自然人股东及其直系亲属（不包括主要社会关系），不得担任独立董事；岳父属于主要社会关系，但不属于直系亲属，老先生可以担任独立董事；（3）选项D：在直接或者间接持有上市公司已发行股份5%以上的股东单位任职的人员及其直系亲属（不包括主要社会关系），不得担任独立董事。

29.【答案】AC

30.【答案】ABC

31.【答案】ABCD

32.【答案】ABCD

33.【答案】ABCD

【解析】公司股东、董事、监事、高级管理人员、员工、公司债权人等与诉讼决议有直接利害关系的当事人请求确认股东（大）会、董事会决议无效或者不成立的，人民法院应当依法予以受理。

34.【答案】ACD

【解析】（1）选项A：依照公司章程的规定或者股东大会的授权，经2/3以上董事出席的董事会会议决议；（2）选项CD：公司合计持有的本公司股份数不得超过本公司已发行股份总额的10%，并应当在3年内转让或者注销。

35.【答案】BC

36.【答案】ABCD

第七章　证券法律制度

CHAPTER-7

本章考情分析

在最近3年的考试中，本章的平均分值为19.5分，2021年试卷一的分值为18.5分，试卷二的分值为16分，这是分值最高的一章，也是复习难度最大的一章。在四个案例分析题中，肯定有一个15分的题目来自公司法律制度和证券法律制度的结合，希望考生高度重视。

本章分为十一个单元，共计54个考点。大多数考点需要准确理解，大多数考点需要死记硬背，复习本章需要20个小时或者更长的时间，自己花钱报的CPA，含泪也得坚持下去。

如果一个主板上市公司需要筹资10亿元，是发行普通股、优先股还是公司债券？如果发行普通股，是公开发行（包括配股和增发）还是非公开发行（向不超过35名的特定对象进行定向增发）？如果发行优先股，是公开发行还是非公开发行？如果发行普通的公司债券，是公开发行还是非公开发行？如果发行可转换公司债券，是发行普通的可转换公司债券还是发行公司债券与认股权证分离交易的可转换公司债券？不同融资工具的发行条件，考生需要死记硬背，复习难度的确很大。但考生应清楚的是，本章的重中之重首先是上市公司的收购与重组，其次是虚假陈述与内幕交易（这两部分的内容复习难度并不是特别大，需要死记硬背的东西并不多），再次才是各种融资工具的发行条件。

CPA经济法教材每年都会对本章内容进行重大调整，今年也没有例外。由于新《证券法》自2020年3月1日起施行，中国证监会最近两年陆续出台了N个最新规定。2022年教材的主要变化：（1）根据最高人民法院2022年1月21日发布的《最高人民法院关于审理证券市场虚假陈述侵权民事赔偿案件的若干规定》，对“虚假陈述”的内容进行了重大调整；（2）根据中国证监会2021年2月26日发布的《公司债券发行与交易管理办法》，对“公司债券”的内容进行了重大调整；（3）根据中国证监会2021年3月18日发布的《上市公司信息披露管理办法》，对“信息披露制度”的内容进行了重大调整；（4）对“上市公司收购”的内容进行了多处调整；（5）对“非上市公众公司”的内容进行了多处调整。

需要说明的是，为了帮助考生更好地理解教材内容，本章未按照2022年教材的顺序进行编写。

最近 3 年题型题量分析表

题型	2019 年试卷一	2019 年试卷二	2020 年试卷一	2020 年试卷二	2021 年试卷一	2021 年试卷二
单选题	2 题 2 分	2 题 2 分	3 题 3 分	3 题 3 分	3 题 3 分	3 题 3 分
多选题	1 题 1.5 分	1 题 1.5 分	1 题 1.5 分	2 题 3 分	2 题 3 分	2 题 3 分
案例分析题	13 分	16 分	18 分	18 分	12.5 分	10 分
合计	16.5 分	19.5 分	22.5 分	24 分	18.5 分	16 分

历年试题涉及本章的主要考点

考点	年份 / 题型
《证券法》的适用范围	2020 年多选题
证券市场	2020 年单选题、2021 年多选题
证券的承销	2015 年多选题
投资者保护制度	2021 年单选题、2021 年多选题、2021 年案例分析题
在主板上市的公司首次公开发行股票	2017 年单选题、2021 年多选题
首次公开发行股票时的老股转让	2020 年单选题
主板上市公司非公开发行股票	2018 年案例分析题、2019 年案例分析题
在科创板上市的公司首次公开发行股票	2019 年单选题
主板上市公司配股的条件	2021 年单选题
主板上市公司发行可转换公司债券	2021 年案例分析题
优先股	2014 年案例分析题、2021 年单选题、2021 年案例分析题
公司债券	2014 年案例分析题、2015 年案例分析题、2017 年多选题
上市公司收购	2014 年案例分析题、2015 年多选题、2015 年案例分析题、2016 年单选题、2016 年案例分析题、2018 年案例分析题、2019 年案例分析题、2020 年案例分析题、2021 年案例分析题
上市公司重大资产重组	2015 年案例分析题、2016 年单选题、2016 年多选题、2016 年案例分析题、2017 年多选题、2018 年案例分析题、2021 年单选题、2021 年案例分析题
信息披露制度	2016 年案例分析题、2017 年单选题、2019 年案例分析题、2020 年单选题、2020 年案例分析题

续表

考点	年份 / 题型
虚假陈述	2013年案例分析题、2014年单选题、2016年单选题、2016年案例分析题、2017年案例分析题、2020年案例分析题
内幕交易	2014年案例分析题、2015年案例分析题、2016年案例分析题、2018年单选题、2018年案例分析题、2019年案例分析题、2020年案例分析题
编造、传播虚假信息的行为	2020年案例分析题
操纵证券市场行为	2020年单选题、2020年案例分析题、2021年单选题
主动退市	2020年多选题
非上市公众公司	2014年单选题、2019年多选题

本章思维导图

- **第七章（一）**
  - 证券法律制度概述
    - 《证券法》的适用范围
    - 证券市场
    - 证券的承销
    - 投资者保护制度
  - 主板上市公司
    - 在主板上市的公司首次公开发行股票
    - 主板上市公司公开发行证券的一般条件
    - 主板上市公司配股的条件
    - 主板上市公司增发的条件
    - 主板上市公司非公开发行股票
  - 优先股
    - 优先股的发行
    - 上市公司公开发行优先股
    - 优先股股东的表决权
  - 公司债券
    - 普通投资者和专业投资者
    - 公开发行公司债券
    - 公司债券持有人的权益保护
    - 非公开发行公司债券
    - 主板上市公司发行可转换公司债券
    - 主板上市公司发行分离交易的可转换公司债券

- **第七章（二）**
  - 上市公司收购
    - 收购人
    - 权益变动披露
    - 权益披露的内容
    - 全面要约还是部分要约?
    - 免于发出要约
    - 要约收购
    - 协议收购
    - 管理层收购
  - 上市公司重大资产重组
    - 重大资产重组行为的界定
    - 发行股份购买资产
    - 借壳上市
    - 公司决议
  - 强制信息披露制度
    - 定期报告
    - 重大事件
    - 信息披露的具体规定
  - 内幕交易
    - 内幕信息
    - 内幕交易行为
    - 短线交易
    - 股份转让的限制（综述）
  - 虚假陈述
    - 虚假陈述行为的界定
    - 虚假陈述行为的行政责任
    - 虚假陈述行为的民事赔偿责任
    - 过错认定
    - 责任主体
    - 因果关系
    - 损失认定
    - 虚假陈述民事诉讼
    - 证券纠纷代表人诉讼
    - 操纵证券市场行为
    - 编造、传播虚假信息的行为
  - 科创板和创业板上市公司
    - 在科创板上市的公司首次公开发行股票
    - 科创板上市公司发行股票
  - 证券法律制度的其他问题
    - 上市条件
    - 主动退市
    - 强制退市
    - 非上市公众公司

本章核心考点解读

第一单元 证券法律制度概述

使用“会计云课堂”App或“微信”扫码查看本单元视频，快速GET知识点。

【考点1】《证券法》的适用范围（P228）★

名师敲黑板

政府债券的发行、证券投资基金份额的募集，不适用《证券法》。目前，我国中央政府债券的发行适用《中华人民共和国国库券条例》，地方政府债券的发行适用《地方政府债券发行管理办法》，证券投资基金份额的募集适用《证券投资基金法》。

1. 在中华人民共和国境内，股票、公司债券（包括可转换公司债券）、存托凭证和国务院依法认定的其他证券的发行和交易，适用《证券法》。

2. 政府债券、证券投资基金份额的上市交易，适用《证券法》；其他法律、行政法规另有规定的，适用其规定。

3. 资产支持证券、资产管理产品发行、交易的管理办法，由国务院依照《证券法》的原则规定。

表7-1 是否适用《证券法》？

类型	发行	上市交易
股票	√	√
公司债券（包括可转换公司债券）	√	√
存托凭证	√	√
政府债券	×	√
证券投资基金份额	×	√

经典题解

【例题·多选题】根据证券法律制度的规定，在我国境内发行下列证券时，应当适用《中华人民共和国证券法》的有（ ）。（2020年）

A. 公司债券 B. 股票 C. 政府债券 D. 存托凭证

【解析】选项C：政府债券的发行不适用《证券法》，政府债券的上市交易适用《证券法》。

【答案】ABD

【考点2】证券市场（P231）★

1. 公开发行的界定

（1）向不特定对象发行证券；

（2）向特定对象发行证券累计超过200人，但依法实施员工持股计划的员工人数不计算在内。

【解释】非公开发行证券，不得采用广告、公开劝诱和变相公开方式。反而言之，如果采用了广告、公开劝诱等方式宣传证券发行活动，即可认定其构成了公开发行。

2. 公开发行的证券，应当在依法设立的证券交易所上市交易或者在国务院批准的其他全国性证券交易场所交易。

3. 非公开发行的证券，可以在证券交易所、国务院批准的其他全国性证券交易场所、按照国务院规定设立的区域性股权市场转让。

【解释1】在我国，交易所市场（场内市场）表现为上海、深圳、北京三大证券交易所；集中交易的公开型场外市场目前主要是全国中小企业股份转让系统；而非集中交易的场外市场主要是区域性股权市场。

【解释2】上海证券交易所的主板和深圳证券交易所的主板被视为我国的主板市场。科创板设在上海证券交易所，创业板设在深圳证券交易所。

【解释3】目前，公开发行公司债券实行注册制，创业板和科创板实行注册制，主板继续实行核准制。

【解释4】全国中小企业股份转让系统服务于中小微企业，市场定位为三板市场。全国中小企业股份转让系统与上海、深圳、北京三大证券交易所市场一起构成了我国的公开证券市场。在全国中小企业股份转让系统的公开发行和公开交易，适用《证券法》。

温馨小提示

北京证券交易所于2021年9月3日注册成立，是经国务院批准设立的中国第一家公司制证券交易所，受中国证监会监督管理。目前，上海、深圳证券交易所的组织形式是会员制，北京证券交易所的组织形式是公司制。

温馨小提示

北京证券交易所适用注册制，公开发行申请报北京证券交易所审核并经中国证监会注册。北京证券交易所投资者的范围有法定限制，即发行人只能向不特定的合格投资者进行公开发行。

表7-2　证券的交易场所

类型	公开发行的证券	非公开发行的证券
证券交易所	√	√
全国中小企业股份转让系统	√	√
区域性股权市场	×	√

4. 区域性股权市场

根据《证券法》的规定，按照国务院规定设立的区域性股权市场为非公开发行证券的发行、转让提供场所和设施。我国的区域性股权市场主要表现为各地的产权交易所。区域性股权市场的相关规定如下：

（1）不得将任何权益拆分为均等份额公开发行；

（2）不得采取集中交易方式进行交易；

（3）不得将权益按照标准化交易单位持续挂牌交易；

（4）权益持有人累计不得超过200人；

（5）不得以集中交易方式进行标准化合约交易；

（6）未经国务院相关金融管理部门批准，不得设立从事保险、信贷、黄金等金融产品交易的交易场所，其他任何交易场所也不得从事保险、信贷、黄金等金融产品交易。

经典题解

【例题1·单选题】根据证券法律制度的规定，下列关于区域性股权市场相关规则的表述中，正确的是（　　）。（2020年）

A. 可采用协议转让的方式进行交易

B. 可将权益拆分为均等份额公开发行

C. 可将权益按照标准化交易单位持续挂牌交易

D. 权益持有人累计可超过200人

【答案】A

【例题2·多选题】根据证券法律制度的规定，下列各项中，属于公开发行证券的交易场所的有（　　）。（2021年）

A. 区域性股权市场　　B. 证券交易所

C. 全国中小企业股份转让系统　　D. 各地产权交易所

【答案】BC

【考点3】证券的承销（P259）★

1. 证券承销业务采取代销或者包销方式。证券代销是指证券公司代发行人发售证券，在承销期结束时，将未售出的证券全部退还给发行人的承销方式。证券包销是指证券公司将发行人的证券按照协议全部购入或者在承销期结束时将售后剩余证券全部自行购入的承销方式。

2. 向不特定对象发行证券聘请承销团承销的，承销团应当由主承销和参与承销的证券公司组成。

3. 证券的代销、包销期限最长不得超过90日。

4. 证券公司在代销、包销期内，对所代销、包销的证券应当保证先行出售给认购人，证券公司不得为本公司预留所代销的证券和预先购入并留存所包销的证券。

5. 股票发行采取溢价发行的，其发行价格由发行人与承销的证券公司协商确定。

6. 股票发行采用代销方式，代销期限届满，向投资者出售的股票数量未达到拟公开发行股票数量70%的，为发行失败。发行人应当按照发行价并加算银行同期存款利息返还股票认购人。

经典题解

【例题·多选题】甲公司委托乙证券公司以代销方式公开发行股票6000万股，代销期限届满，投资者认购甲公司股票的数量为4000万股。根据证券法律制度的规定，下列表述中，正确的有（　　）。（2015年）

A. 甲公司应当以自有资金购入剩余的2000万股

B. 股票发行失败

C. 甲公司可以更换承销商，继续销售剩余的2000万股

D. 应当返还已收取的4000万股发行价款，并加算银行同期存款利息

【答案】BD

【考点4】投资者保护制度（P246）★★★

名师敲黑板

这是考生必须掌握的考点，2021年在单选题、多选题和案例分析题中多次出现。

1. 普通投资者和专业投资者

（1）根据财产状况、金融资产状况、投资知识和经验、专业能力等因素，投资者可以分为普通投资者和专业投资者。专业投资者的标准由国务院证券监督管理机构（中国证监会）规定。普通投资者和专业投资者在一定条件下可以相互转化。

（2）普通投资者与证券公司发生纠纷的，证券公司应当证明其行为符合法律、行政法规以及国务院证券监督管理机构的规定，不存在误导、欺诈等情形。证券公司不能证明的，应当承担相应的赔偿责任。

温馨小提示

普通投资者与证券公司发生纠纷时，由证券公司自证清白。否则，由证券公司承担赔偿责任。

2. 投资者保护机构

我国的投资者保护机构主要在代理权征集、证券纠纷调解、证券支持诉讼、股东派生诉讼、代表人诉讼等方面履行相应投资者保护的职能。

（1）代理权征集（2021年案例分析题）

除了上市公司董事会、独立董事、持有1%以上有表决权股份的股东之外，依照法律、行政法规或者国务院证券监督管理机构的规定设立的投资者保护机构，也可以作为征集人，自行或者委托证券公司、证券服务机构，公开请求上市公司股东委托其代为出席股东大会，并代为行使提案权、表决权等股东权利。

温馨小提示

应理解为“单独持有”1%以上，而非“单独或者合并持有”。

温馨小提示

对于被征集主体，应理解为上市公司发行在外所有持有表决权股份的股东，不得对被征集主体设置比例限制。

【解释】征集人应当披露征集文件，上市公司应当予以配合。禁止以有偿或者变相有偿的方式公开征集股东权利。公开征集股东权利违反法律、行政法规或者中国证监会有关规定，导致上市公司或者其股东遭受损失的，应当依法承担赔偿责任。

【相关链接】上市公司董事会、监事会、单独或者合并持有上市公司已发行股份1%以上的股东可以提出独立董事候选人，并经股东大会选举决定。

表7-3 代理权征集vs独立董事候选人

类型	代理权征集	独立董事候选人
董事会	√	√
监事会	×	√
1%以上的股东	√	√
独立董事	√	×
投资者保护机构	√	×

（2）证券纠纷调解

投资者与发行人、证券公司等发生纠纷的，双方可以向投资者保护机构申请调解。普通投资者与证券公司发生证券业务纠纷，普通投资者提出调解请求的，证券公司不得拒绝。

（3）证券支持诉讼

投资者保护机构对损害投资者利益的行为，可以依法支持投资者向人民法院提起诉讼。

（4）股东派生诉讼

发行人的董事、监事、高级管理人员执行公司职务时违反法律、行政法规或者公司章程的规定给公司造成损失，发行人的控股股东、实际控制人等侵犯公司合法权益给公司造成损失，投资者保护机构持有该公司股份的，可以为公司的利益以自己的名义向人民法院提起诉讼，持股比例和持股期限不受《公司法》规定的限制。

名师敲黑板

投资者保护机构哪怕只持有该上市公司100股股票，就可以为了公司的利益以自己的名义向人民法院提起诉讼，不受《公司法》规定的持股比例（1%以上）和持股期限（180日以上）的限制。

（5）代表人诉讼

投资者提起虚假陈述等证券民事赔偿诉讼时，诉讼标的是同一种类，且当事人一方人数众多的，可以依法推选代表人进行诉讼。投资者保护机构受50名以上投资者委托，可以作为代表人参加诉讼，并为经证券登记结算机构确认的权利人依照规定向人民法院登记，但投资者明确表示不愿意参加该诉讼的除外。

3. 先行赔付

发行人因欺诈发行、虚假陈述或者其他重大违法行为给投资者造成损失的，发行人的控股股东、实际控制人、相关的证券公司可以委托投资者保护机构，就赔偿事宜与受到损失的投资者达成协议，予以先行赔付。先行赔付后，可以依法向发行人以及其他连带责任人追偿。

经典题解

【例题1·单选题】根据证券法律制度的规定，投资者保护机构受一定数量以上的投资者委托，可以作为代表人参加虚假陈述等证券民事赔偿诉讼。该数量为（　　）。（2021年）

A. 10名　　B. 50名

C. 20名　　D. 15名

【答案】B

【例题2·多选题】根据证券法律制度的规定，甲上市公司的下列机构或者人员中，可以作为征集人，自行或者委托证券公司、证券服务机构，公开请求上市公司股东委托其代为出席股东大会，并代为行使表决权等股东权利的有（　　）。（2021年）

A. 持有甲公司3%有表决权股份的股东王某

B. 甲公司董事会

C. 独立董事刘某

D. 职工监事李某

【答案】ABC

【例题3·多选题】根据证券法律制度的规定，下列因素中，可用于区分普通投资者和专业投资者的有（　　）。（2021年）

A. 财产状况　　B. 金融资产状况

C. 投资知识和经验　　D. 专业能力

【答案】ABCD

【例题4·单选题】根据证券法律制度的规定，普通投资者与证券公司发生纠纷时，对证券公司行为是否存在误导、欺诈等情形负证明责任的是（　　）。（2021年）

A. 普通投资者　　B. 投资者保护机构

C. 证券公司　　D. 相关证券交易所

【答案】C

第二单元　主板上市公司

使用“会计云课堂”App或“微信”扫码查看本单元视频，快速GET知识点。

【考点1】在主板上市的公司首次公开发行股票（P253）★★★

【解释】根据《证券法》的规定，公司首次公开发行新股，应当符合下列条件：（1）具备健全且运行良好的组织机构；（2）具有持续经营能力；（3）最近3年财务会计报告被出具无保留意见审计报告；（4）发行人及其控股股东、实际控制人最近3年不存在贪污、贿赂、侵占财产、挪用财产或者破坏社会主义市场经济秩序的刑事犯罪；（5）经国务院批准的中国证监会规定的其他条件。

根据中国证监会《首发管理办法》的规定，公司在主板上市，首次公开发行股票，应当符合下列条件：

1. 主体资格

（1）发行人应当是依法设立且合法存续的股份有限公司。发行人自股份有限公司成立后，持续经营时间应当在3年以上，但经国务院批准的除外。有限责任公司按原账面净资产值折股整体变更为股份有限公司的，持续经营时间可以从有限责任公司成立之日起计算。

> 温馨小提示：有限责任公司变更为股份有限公司时，折合的实收股本总额不得高于有限责任公司的净资产额。

（2）发行人的注册资本已足额缴纳，发起人或者股东用作出资的资产的财产权转移手续已办理完毕，发行人的主要资产不存在重大权属纠纷。

（3）发行人的生产经营符合法律、行政法规和公司章程的规定，符合国家产业政策。

（4）发行人最近3年内主营业务和董事、高级管理人员没有发生重大变化，实际控制人没有发生变更。

> 名师敲黑板：此处不包括监事。

（5）发行人的股权清晰，控股股东和受控股股东、实际控制人支配的股东持有的发行人股份不存在重大权属纠纷。

2. 规范运行

（1）发行人已经依法建立健全股东大会、董事会、监事会、独立董事、董事会秘书制度，相关机构和人员能够依法履行职责。

（2）发行人的董事、监事和高级管理人员符合法律、行政法规和规章规定的任职资格，且不得有下列情形：

①被中国证监会采取证券市场禁入措施尚在禁入期的；

②最近36个月内受到中国证监会行政处罚，或者最近12个月内受到证券交易所公开谴责；

③因涉嫌犯罪被司法机关立案侦查或者涉嫌违法违规被中国证监会立案调查，尚未有明确结论意见。

（3）发行人的内部控制制度健全且被有效执行，能够合理保证财务报告的可靠性、生产经营的合法性、营运的效率与效果。

（4）发行人不得有下列情形：

①最近36个月内未经法定机关核准，擅自公开或者变相公开发行过证券；或者有关违法行为虽然发生在36个月前，但目前仍处于持续状态；

②最近36个月内违反工商、税收、土地、环保、海关以及其他法律、行政法规，受到行政处罚，且情节严重；

③最近36个月内曾向中国证监会提出发行申请，但报送的发行申请文件有虚假记载、误导性陈述或者重大遗漏；或者不符合发行条件以欺骗手段骗取发行核准；或者以不正当手段干扰中国证监会及其发行审核委员会审核工作；或者伪造、变造发行人或其董事、监事、高级管理人员的签字、盖章；

④本次报送的发行申请文件有虚假记载、误导性陈述或者重大遗漏；

⑤涉嫌犯罪被司法机关立案侦查，尚未有明确结论意见；

⑥严重损害投资者合法权益和社会公共利益的其他情形。

（5）发行人的公司章程中已明确对外担保的审批权限和审议程序，不存在为控股股东、实际控制人及其控制的其他企业进行违规担保的情形。

（6）发行人有严格的资金管理制度，不得有资金被控股股东、实际控制人及其控制的其他企业以借款、代偿债务、代垫款项或者其他方式占用的情形。

3. 财务与会计

（1）发行人资产质量良好，资产负债结构合理，盈利能力较强，现金流量正常。

（2）发行人的内部控制在所有重大方面是有效的，并由注册会计师出具了无保留结论的内部控制鉴证报告。

（3）发行人会计基础工作规范，财务报表的编制符合企业会计准则和相关会计制度的规定，在所有重大方面公允地反映了发行人的财务状况、经营成果和现金流量，并由注册会计师出具了无保留意见的审计报告。

（4）发行人编制财务报表应以实际发生的交易或者事项为依据；在进行会计确认、计量和报告时应当保持应有的谨慎；对相同或者相似的经济业务，应选用一致的会计政策，不得随意变更。

（5）发行人应完整披露关联方关系并按重要性原则恰当披露关联交易。关联交易价格公允，不存在通过关联交易操纵利润的情形。

（6）发行人应当符合下列条件：

名师敲黑板

在“借壳上市”的案例分析题中，可能涉及该考点。

①最近3个会计年度净利润均为正数且累计超过人民币3000万元，净利润以扣除非经常性损益前后较低者为计算依据；

②最近3个会计年度经营活动产生的现金流量净额累计超过人民币5000万元；或者最近3个会计年度营业收入累计超过人民币3亿元；

③发行前股本总额不少于人民币3000万元；

④最近一期末无形资产（扣除土地使用权、水面养殖权和采矿权等后）占净资产的比例不高于20%；

⑤最近一期末不存在未弥补亏损。

温馨小提示

中国证监会根据《关于开展创新企业境内发行股票或存托凭证试点的若干意见》等规定认定的试点企业，可不适用第①项、第⑤项规定。

（7）发行人依法纳税，各项税收优惠符合相关法律法规的规定。发行人的经营成果对税收优惠不存在严重依赖。

（8）发行人不存在重大偿债风险，不存在影响持续经营的担保、诉讼以及仲裁等重大或有事项。

（9）发行人申报文件中不得有下列情形：

①故意遗漏或虚构交易、事项或者其他重要信息；

②滥用会计政策或者会计估计；

③操纵、伪造或篡改编制财务报表所依据的会计记录或者相关凭证。

（10）发行人不得有下列影响持续盈利能力的情形：

①发行人的经营模式、产品或服务的品种结构已经或者将发生重大变化，并对发行人的持续盈利能力构成重大不利影响；

②发行人的行业地位或发行人所处行业的经营环境已经或者将发生重大变化，并对发行人的持续盈利能力构成重大不利影响；

③发行人最近1个会计年度的营业收入或净利润对关联方或者存在重大不确定性的客户存在重大依赖；

④发行人最近1个会计年度的净利润主要来自合并财务报表范围以外的投资收益；

⑤发行人在用的商标、专利、专有技术以及特许经营权等重要资产或技术的取得或者使用存在重大不利变化的风险；

⑥其他可能对发行人持续盈利能力构成重大不利影响的情形。

4. 发行程序

（1）发行人应当按照中国证监会的有关规定制作申请文件，由保荐人保荐并向中国证监会申报。

（2）自中国证监会核准发行之日起，发行人应在6个月内发行股票；超过6个月未发行的，核准文件失效，须重新经中国证监会核准后方可发行。

（3）招股说明书的有效期为6个月，自公开发行前招股说明书最后一次签署之日起计算。

（4）招股说明书中引用的财务报表在其最近一期截止日后6个月内有效，特殊情况下发行人可申请适当延长，但至多不超过3个月。财务报表应当以年度末、半年度末或者季度末为截止日。

5. 老股转让

根据《首次公开发行股票时公司股东公开发售股份暂行规定》，公司首次公开发行时，公司股东公开发售的股份，其持有时间应当在36个月以上。

经典题解

【例题1·单选题】根据证券法律制度的规定，在主板上市的公司首次公开发行股票，招股说明书的有效期为6个月。该有效期的起算日是（　　）。（2017年）

A. 发行人全体董事在招股说明书上签名、盖章之日
B. 招股说明书在中国证监会指定网站第一次全文刊登之日
C. 公开发行前招股说明书最后一次签署之日
D. 保荐人及保荐代表人在核查意见上签字、盖章之日

【答案】C

【例题2·单选题】根据证券法律制度的规定，公司首次公开发行股份时，老股东可以公开发售其持有时间达到一定期限的股份。该期限至少应当是（　　）。（2020年）

A. 1年　　B. 2年
C. 4年　　D. 3年

【答案】D

【例题3·多选题】根据证券法律制度的规定，下列各项中，属于公司首次公开发行新股应当符合的条件的有（　　）。（2021年）

A. 具备健全且运行良好的组织机构
B. 具有持续经营能力
C. 发行人及其控股股东、实际控制人最近3年不存在贪污、贿赂、侵占财产、挪用财产或者破坏社会主义市场经济秩序的刑事犯罪
D. 最近3年财务会计报告被出具无保留意见审计报告

【答案】ABCD

【考点2】主板上市公司公开发行证券的一般条件（P261）★★★

1. 上市公司的组织机构健全、运行良好，符合下列规定：

（1）公司章程合法有效，股东大会、董事会、监事会和独立董事制度健全，能够依法有效履行职责。

（2）公司内部控制制度健全，能够有效保证公司运行的效率、合法合规性和财务报告的可靠性；内部控制制度的完整性、合理性、有效性不存在重大缺陷。

（3）现任董事、监事和高级管理人员具备任职资格，能够忠实和勤勉地履行职务，不存在违反《公司法》第147条、第148条规定的行为，且最近36个月内未受到过中国证监会的行政处罚、最近12个月内未受到过证券交易所的公开谴责。

【《公司法》第147条】董事、监事、高级管理人员不得利用职权收受贿赂或者其他非法收入，不得侵占公司的财产。

【《公司法》第148条】董事、高级管理人员不得有下列行为（包括但不限于）：（1）违反公司章程的规定或者未经股东会、股东大会同意，与本公司订立合同或者进行交易；（2）未经股东会或者股东大会同意，利用职务便利为自己或者他人谋取属于公司的商业机会，自营或者为他人经营与所任职公司同类的业务。

（4）上市公司与控股股东或者实际控制人的人员、资产、财务分开，机构、业务独立，能够自主经营管理。

（5）最近12个月内不存在违规对外提供担保的行为。

2. 上市公司的盈利能力具有可持续性，符合下列规定：

（1）最近3个会计年度连续盈利。扣除非经常性损益后的净利润与扣除前的净利润相比，以低者作为计算依据。

（2）业务和盈利来源相对稳定，不存在严重依赖于控股股东、实际控制人的情形。

（3）现有主营业务或者投资方向能够可持续发展，经营模式和投资计划稳健，主要产品或者服务的市场前景良好，行业经营环境和市场需求不存在现实或者可预见的重大不利变化。

（4）高级管理人员和核心技术人员稳定，最近12个月内未发生重大不利变化。

温馨小提示

主板上市公司首发股票：发行人最近3年内主营业务和董事、高级管理人员没有发生重大变化，实际控制人没有发生变更。

（5）公司重要资产、核心技术或其他重大权益的取得合法，能够持续使用，不存在现实或者可预见的重大不利变化。

（6）不存在可能严重影响公司持续经营的担保、诉讼、仲裁或其他重大事项。

（7）最近24个月内曾公开发行证券的，不存在发行当年营业利润比上年下降50%以上的情形。

3. 上市公司的财务状况良好，符合下列规定：

（1）会计基础工作规范，严格遵循国家统一会计制度的规定。

（2）最近3年及1期财务报表未被注册会计师出具保留意见、否定意见或者无法表示意见的审计报告；被注册会计师出具带强调事项段的无保留意见审计报告的，所涉及的事项对发行人无重大不利影响或者在发行前重大不利影响已经消除。

（3）资产质量良好，不良资产不足以对公司财务状况造成重大不利影响。

（4）经营成果真实，现金流量正常。营业收入和成本费用的确认严格遵循国家有关企业会计准则的规定，最近3年资产减值准备计提充分合理，不存在操纵经营业绩的情形。

（5）最近3年以现金方式累计分配的利润不少于最近3年实现的年均可分配利润的30%。

4. 上市公司最近36个月内财务会计文件无虚假记载，且不存在下列重大违法行为：

（1）违反证券法律、行政法规或者规章，受到中国证监会的行政处罚，或者受到刑事处罚。

（2）违反工商、税收、土地、环保、海关法律、行政法规或者规章，受到行政处罚且情节严重，或者受到刑事处罚。

（3）违反国家其他法律、行政法规且情节严重的行为。

5. 上市公司募集资金的数额和使用应当符合下列规定：

（1）募集资金数额不超过项目需要量。

（2）募集资金用途符合国家产业政策和有关环境保护、土地管理等法律和行政法规的规定。

（3）除金融类企业外，本次募集资金使用项目不得为持有交易性金融资产和可供出售的金融资产、借予他人、委托理财等财务性投资，不得直接或者间接投资于以买卖有价证券为主要业务的公司。

（4）投资项目实施后，不会与控股股东或者实际控制人产生同业竞争或者影响公司生产经营的独立性。

（5）建立募集资金专项存储制度，募集资金必须存放于公司董事会决定的专项账户。

6. 上市公司存在下列情形之一的，不得公开发行证券：

（1）本次发行申请文件有虚假记载、误导性陈述或者重大遗漏。

（2）擅自改变前次公开发行证券募集资金的用途而未作纠正。

（3）上市公司最近12个月内受到过证券交易所的公开谴责。

（4）上市公司及其控股股东或者实际控制人最近12个月内存在未履行向投资者作出的公开承诺的行为。

（5）上市公司或其现任董事、高级管理人员因涉嫌犯罪被司法机关立案侦查或者涉嫌违法违规被中国证监会立案调查。

（6）严重损害投资者的合法权益和社会公共利益的其他情形。

7. 股东大会

股东大会就发行证券事项作出决议，必须经出席会议的股东所持表决权的2/3以上通过。

8. 中国证监会的核准

（1）上市公司申请公开发行证券或者非公开发行新股，应当由保荐人保荐，并向中国证监会申报。

（2）自中国证监会核准发行之日起，上市公司应在12个月内发行证券；超过12个月未发行的，核准文件失效，须重新经中国证监会核准后方可发行。

温馨小提示

首次公开发行股票，自中国证监会核准发行之日起，发行人应在6个月内发行股票。

【考点3】主板上市公司配股的条件（P262）★★

上市公司配股，除了应满足公开发行证券的一般条件外，还应当符合以下条件：

1. 拟配售股份数量不超过本次配售股份前股本总额的30%。

2. 控股股东应当在股东大会召开前公开承诺认配股份的数量。

3. 采用代销方式发行。

控股股东不履行认配股份的承诺，或者代销期限届满，原股东认购股票的数量未达到拟配售数量70%的，发行人应当按照发行价并加算银行同期存款利息返还已经认购的股东。

【案例】2020年1月13日，国海证券发布配股发行结果公告。本次国海证券配股按照每10股配3股的比例配售，发行价格为3.25元/股，全部采取网上定价发行方式。截至认购缴款结束日，有效认购数量为12.29亿股，占本次可配售股份总数的97.15%（超过了拟配售数量的70%），认购金额为39.94亿元。其中，控股股东广西投资集团及其他主要股东均履行了全额认购的承诺。

经典题解

【例题·单选题】根据证券法律制度的规定，主板上市公司拟配售股份数量不得超过本次配售股份前股本总额的一定比例。该比例为（　　）。（2021年）

A. 30%　　　　B. 10%

C. 5%　　　　D. 20%

【答案】A

【考点 4】主板上市公司增发的条件（P263）★★

上市公司向不特定对象公开募集股份（以下简称“增发”），除了应满足公开发行证券的一般条件外，还应当符合以下条件：

1. 最近 3 个会计年度加权平均净资产收益率平均不低于 6%，扣除非经常性损益后的净利润与扣除前的净利润相比，以低者作为加权平均净资产收益率的计算依据。

2. 除金融类企业外，最近一期期末不存在持有金额较大的交易性金融资产和可供出售的金融资产、借予他人款项、委托理财等财务性投资的情形。

3. 发行价格应不低于公告招股意向书前 20 个交易日公司股票均价或者前一个交易日的均价。

温馨小提示

考生无须关注该指标的具体计算方法，记住 6% 就可以了。

名师敲黑板

“和”还是“或者”，您注意到了吗？

【考点 5】主板上市公司非公开发行股票（P263）★★★

名师敲黑板

2021 年教材对该考点进行了重大调整，今年继续关注案例分析题。

1. 发行对象

（1）发行对象不超过 35 名，即认购并获得本次非公开发行股票的法人、自然人或者其他合法投资组织不超过 35 名。

（2）证券投资基金管理公司、证券公司、合格境外机构投资者、人民币合格境外机构投资者以其管理的两只以上产品认购的，视为一个发行对象。

（3）信托公司作为发行对象，只能以自有资金认购。

（4）发行对象为境外战略投资者的，应当遵守国家的相关规定。

2. 发行价格

（1）发行价格不低于定价基准日前 20 个交易日公司股票均价的 80%。

（2）定价基准日一般为本次非公开发行股票的发行期首日。

3. 锁定期（2018 年案例分析题）

（1）18 个月

上市公司董事会决议提前确定全部发行对象，且属于下列情形之一的，定价基准日可以为关于本次非公开发行股票的董事会决议公告日、股东大会决议公告日或者发行期首日，认购的股份自发行结束之日起 18 个月内不得转让：

①上市公司的控股股东、实际控制人或其控制的关联人；

②通过认购本次发行的股份取得上市公司实际控制权的投资者；

③董事会拟引入的境内外战略投资者。

温馨小提示

董事会决议确定具体发行对象的，上市公司应当在召开董事会的当日或者前一日与相应发行对象签订附条件生效的股份认购合同。

（2）6 个月

发行对象属于上述情形之外的，上市公司应当在取得发行核准批文后，按照规定以竞价方式确定发行价格和发行对象。发行对象认购的股份自发行结束之日起 6 个月内不得转让。

4. 不得非公开发行股票的情形

（1）本次发行申请文件有虚假记载、误导性陈述或者重大遗漏；

（2）上市公司的权益被控股股东或者实际控制人严重损害且尚未消除；

（3）上市公司及其附属公司违规对外提供担保且尚未解除；

（4）现任董事、高级管理人员最近 36 个月内受到过中国证监会的行政处罚，或者最近 12 个月内受到过证券交易所公开谴责；

（5）上市公司或其现任董事、高级管理人员因涉嫌犯罪正被司法机关立案侦查或者涉嫌违法违规正被中国证监会立案调查；

（6）最近一年及一期财务报表被注册会计师出具保留意见、否定意见或者无法表示意见的审计报告。保留意见、否定意见或者无法表示意见所涉及事项的重大影响已经消除或者本次发行涉及重大重组的除外；

（7）严重损害投资者合法权益和社会公共利益的其他情形。

5. 股东大会决议（2019年案例分析题）

（1）上市公司非公开发行股票，应当经出席股东大会的股东所持表决权的2/3以上通过。

（2）本次发行涉及关联股东的，应当回避表决。关联股东是指董事会决议已确定为本次发行对象的股东及其关联人。

表7-4 公开发行vs非公开发行

具体情形	公开发行	非公开发行
违规担保	最近12个月内不存在违规对外提供担保的行为	上市公司及其附属公司不得存在违规对外提供担保且尚未解除的情形
最近36个月内受到过中国证监会的行政处罚或者最近12个月内受到过证券交易所公开谴责	现任董事、监事和高级管理人员	现任董事、高级管理人员
审计报告的期限	最近3年及1期	最近1年及1期
被注册会计师出具保留意见、否定意见或者无法表示意见的审计报告	不得公开发行	不得非公开发行，但保留意见、否定意见或者无法表示意见所涉及事项的重大影响已经消除或者本次发行涉及重大重组的除外

名师敲黑板

2021年教材对“优先股”的内容进行了重大调整，今年继续关注上市公司公开发行优先股的案例分析题。

第三单元 优先股

使用“会计云课堂”App或“微信”扫码查看本单元视频，快速GET知识点。

【考点1】优先股的发行（P270）★★★

1. 发行主体

（1）只有上市公司和非上市公众公司可以发行优先股。

（2）上市公司可以公开发行优先股，也可以非公开发行优先股；而非上市公众公司只能非公开发行优先股。

2. 发行优先股的一般条件

（1）公司已发行的优先股不得超过公司普通股股份总数的50%，且筹资金额

不得超过发行前净资产的50%，已回购、转换的优先股不纳入计算。（2014年案例分析题、2021年案例分析题）

（2）上市公司发行优先股，最近3个会计年度实现的年均可分配利润应当不少于优先股1年的股息。

（3）上市公司最近3年现金分红情况应当符合公司章程及中国证监会的有关监管规定。

（4）公开发行优先股，最近3年财务报表被注册会计师出具的审计报告应当为标准审计报告或者带强调事项段的无保留意见的审计报告；非公开发行优先股，最近1年财务报表被注册会计师出具的审计报告为非标准审计报告的，所涉及事项对公司无重大不利影响或者在发行前重大不利影响已经消除。

（5）上市公司同一次发行的优先股，条款应当相同。每次优先股发行完毕前，不得再次发行优先股。

3. 上市公司存在下列情形之一的，不得发行优先股：

（1）本次发行申请文件有虚假记载、误导性陈述或者重大遗漏；

（2）最近12个月内受到过中国证监会的行政处罚；

（3）因涉嫌犯罪正被司法机关立案侦查或者涉嫌违法违规正被中国证监会立案调查；

（4）上市公司的权益被控股股东或者实际控制人严重损害且尚未消除；

（5）上市公司及其附属公司违规对外提供担保且尚未解除；

（6）存在可能严重影响公司持续经营的担保、诉讼、仲裁、市场重大质疑或者其他重大事项；

（7）其董事和高级管理人员不符合法律、行政法规和规章规定的任职资格；

（8）严重损害投资者合法权益和社会公共利益的其他情形。

表7-5 审计报告

具体情形	审计报告的期限	被注册会计师出具保留意见、否定意见或者无法表示意见的审计报告
公开发行普通股	最近3年及1期	不得公开发行
公开发行优先股	最近3年	不得公开发行
非公开发行普通股	最近1年及1期	所涉及事项的重大影响已经消除或者本次发行涉及重大重组的，可以非公开发行
非公开发行优先股	最近1年	所涉及事项对公司无重大不利影响或者在发行前重大不利影响已经消除的，可以非公开发行

【考点2】上市公司公开发行优先股（P271）★★★

1. 上市公司公开发行优先股，应当符合以下情形之一：

（1）其普通股为上证50指数成份股；

（2）以公开发行优先股作为支付手段收购或者吸收合并其他上市公司；

> 温馨小提示
>
> 中国证监会核准公开发行优先股后不再符合第（1）项情形的，上市公司仍可实施本次发行。

（3）以减少注册资本为目的回购普通股的，可以公开发行优先股作为支付手段，或者在回购方案实施完毕后，可公开发行不超过回购减资总额的优先股。

2. 上市公司公开发行优先股的特殊条件

上市公司公开发行优先股，除了应满足发行优先股的一般条件外，还应当满足以下条件：

（1）上市公司最近3个会计年度应当连续盈利。扣除非经常性损益后的净利润与扣除前的净利润相比，以孰低者作为计算依据。

（2）上市公司公开发行优先股，公司及其控股股东或者实际控制人最近12个月内应当不存在违反向投资者作出的公开承诺的行为。

（3）除了上述“不得发行优先股”的情形外，上市公司最近36个月内因违反工商、税收、土地、环保、海关法律、行政法规或者规章，受到行政处罚且情节严重的，不得公开发行优先股。

3. 上市公司公开发行优先股应当在公司章程中规定的事项（2014年案例分析题、2021年案例分析题）

（1）采取固定股息率；

（2）在有可分配税后利润的情况下必须向优先股股东分配股息；

（3）未向优先股股东足额派发股息的差额部分应当累积到下一会计年度；

（4）优先股股东按照约定的股息率分配股息后，不再同普通股股东一起参加剩余利润分配。

【解释】优先股股东的权利主要是优先分配利润和剩余财产。在利润分配上，优先股股东按照约定的票面股息率，优先于普通股股东分配公司利润。公司应当以现金的形式向优先股股东支付股息，在完全支付约定的股息之前，不得向普通股股东分配利润。

经典题解

【例题·单选题】根据证券法律制度的规定，下列各项中，公开发行优先股的上市公司应当在公司章程中予以明确规定的是（　　）。（2021年）

A. 有可分配税后利润时，普通股股东与优先股股东同时分配

B. 优先股股东按约定股息率分配股息后，同普通股股东一起参加剩余利润分配

C. 未向优先股股东足额派发股息的差额部分累积到下一会计年度

D. 浮动股息率的浮动范围

【答案】C

【考点3】优先股股东的表决权（P179、199）★★★

1. 表决权的恢复

公司累计3个会计年度或者连续2个会计年度未按约定支付优先股股息的，优先股股东有权出席股东大会，每股优先股股份享有公司章程规定的表决权。

2. 优先股股东权利的限制

除以下情况外，优先股股东不出席股东大会会议，所持股份没有表决权：

（1）修改公司章程中与优先股相关的内容；

（2）一次或者累计减少公司注册资本超过 10%；

（3）公司合并、分立、解散或者变更公司形式；

（4）发行优先股；

（5）公司章程规定的其他情形。

【解释】股东大会对上述事项进行表决时，应采取“分类表决”的方式，除须经出席会议的“普通股股东”（含表决权恢复的优先股股东）所持表决权的 2/3 以上通过之外，还须经出席会议的“优先股股东”（不含表决权恢复的优先股股东）所持表决权的 2/3 以上通过。

3. 相关条款的适用

计算股东的持股比例时，仅计算“普通股和表决权恢复的优先股”，其中包括但不限于：

（1）临时股东大会的召开条件（单独或者合计持有公司 10% 以上股份的股东请求时）。

（2）股东大会的临时提案权（单独或者合计持有公司 3% 以上股份的股东，可以在股东大会召开 10 日前提出临时提案并书面提交董事会）。

第四单元 公司债券

使用“会计云课堂”App 或“微信”扫码查看本单元视频，快速 GET 知识点。

温馨小提示

根据中国证监会 2021 年 2 月 26 日发布的《公司债券发行与交易管理办法》，2022 年教材对“公司债券”的内容进行了重大调整，今年继续关注案例分析题。

【考点 1】普通投资者和专业投资者（P246）★★

1. 根据财产状况、金融资产状况、投资知识和经验、专业能力等因素，公司债券投资者可以分为普通投资者和专业投资者。专业投资者的标准按照中国证监会的相关规定执行。

2. 发行人的董事、监事、高级管理人员及持股比例超过 5% 的股东，可视同专业投资者参与发行人相关公司债券的认购或交易、转让。

【考点 2】公开发行公司债券（P274）★★★

1. 公开发行公司债券的条件（2014 年案例分析题）

（1）具备健全且运行良好的组织机构；

（2）最近 3 年平均可分配利润足以支付公司债券 1 年的利息；

（3）国务院规定的其他条件。

2. 存在下列情形之一的，不得再次公开发行公司债券：

（1）对已公开发行的公司债券或者其他债务有违约或者延迟支付本息的事实，仍处于继续状态；

（2）违反《证券法》规定，改变公开发行公司债券所募资金用途。

3. 资信状况符合以下标准的公开发行公司债券，专业投资者和普通投资者可以参与认购：

（1）发行人最近3年无债务违约或者延迟支付本息的事实；

（2）发行人最近3年平均可分配利润不少于债券1年利息的1.5倍；

（3）发行人最近一期末净资产规模不少于250亿元；

（4）发行人最近36个月内累计公开发行债券不少于3期，发行规模不少于100亿元；

（5）中国证监会根据投资者保护的需要规定的其他条件。

【解释】未达到上述规定标准的公开发行公司债券，仅限于专业投资者参与认购。

4. 募集资金的用途

（1）公开发行公司债券筹集的资金，必须按照公司债券募集说明书所列资金用途使用；改变资金用途，必须经债券持有人会议作出决议。

（2）公开发行公司债券筹集的资金，不得用于弥补亏损和非生产性支出。

温馨小提示：资本公积金不得用于弥补亏损。

5. 注册制

（1）公开发行公司债券，由证券交易所负责受理、审核，并报中国证监会注册。证券交易所应当自受理注册申请文件之日起2个月内出具审核意见，中国证监会应当自证券交易所受理注册申请文件之日起3个月内作出同意注册或者不予注册的决定。

（2）公开发行公司债券，可以申请一次注册，分期发行。中国证监会同意注册的决定自作出之日起2年内有效，发行人应当在注册决定有效期内发行公司债券，并自主选择发行时点。

（3）公开发行公司债券的募集说明书自最后签署之日起6个月内有效。发行人应当及时更新债券募集说明书等公司债券发行文件，并在每期发行前报证券交易所备案。

温馨小提示：招股说明书的有效期为6个月，自公开发行前招股说明书最后一次签署之日起计算。

6. 公开发行的公司债券，应当在证券交易场所交易。

温馨小提示：证券交易场所包括证券交易所、全国中小企业股份转让系统。

7. 资信评级机构为公开发行公司债券进行信用评级，公司债券的期限为1年以上的，在债券有效存续期间，应当每年至少向市场公布一次定期跟踪评级报告。

【考点3】公司债券持有人的权益保护（P276）★★★

1. 公司债券的受托管理

（1）公开发行公司债券的，发行人应当为债券持有人聘请债券受托管理人，并订立债券受托管理协议。

（2）债券受托管理人由本次发行的承销机构或者其他经中国证监会认可的机构担任。为本次发行提供担保的机构不得担任本次债券发行的受托管理人。

（3）受托管理人应当对发行人的偿债能力和增信措施的有效性进行全面调查和持续关注，并至少每年向市场公告一次受托管理事务报告。

（4）发行人不能按期兑付债券本息或者出现募集说明书约定的其他违约事件的，债券受托管理人可以接受全部或者部分债券持有人的委托，以自己的名义代表债券持有人提起、参加民事诉讼或者破产等法律程序，或者代表债券持有人申请处置抵质押物。

2. 债券持有人会议

存在下列情形的，债券受托管理人应当按规定或者约定召集债券持有人会议：

（1）拟变更债券募集说明书的约定；

（2）拟修改债券持有人会议规则；

（3）拟变更债券受托管理人或者受托管理协议的主要内容；

（4）发行人不能按期支付本息；

（5）发行人减资、合并等可能导致偿债能力发生重大不利变化，需要决定或者授权采取相应措施；

（6）发行人分立、被托管、解散、申请破产或者依法进入破产程序；

（7）保证人、担保物或者其他偿债保障措施发生重大变化；

（8）发行人、单独或者合计持有本期债券总额10%以上的债券持有人书面提议召开；

（9）发行人管理层不能正常履行职责，导致发行人债务清偿能力面临严重不确定性；

（10）发行人提出债务重组方案的；

（11）发生其他对债券持有人权益有重大影响的事项。

在债券受托管理人应当召集而未召集债券持有人会议时，单独或者合计持有本期债券总额10%以上的债券持有人有权自行召集债券持有人会议。

3. 公司债券的担保

发行人可采取内外部增信机制、偿债保障措施，提高偿债能力，控制公司债券风险。内外部增信机制、偿债保障措施包括但不限于下列方式：

（1）第三方担保；

（2）商业保险；

（3）资产抵押、质押担保；

（4）限制发行人债务及对外担保规模；

（5）限制发行人对外投资规模；

（6）限制发行人向第三方出售或者抵押主要资产；

（7）设置债券回售条款。

名师敲黑板

此处不包括增资。

温馨小提示

上市公司董事会不能履行或者不履行召集股东大会会议职责的，监事会应当及时召集和主持；监事会不召集和主持的，连续90日以上单独或者合计持有公司10%以上股份的股东可以自行召集和主持。

经典题解

【例题·多选题】根据证券法律制度的规定，下列各项中，属于债券受托管理人应当召集债券持有人会议的情形有（　　）。（2017年）

A. 发行人不能按期支付本息

B. 拟变更债券募集说明书的约定

C. 发行人拟增加注册资本

D. 担保物发生重大变化

【答案】ABD

【考点 4】非公开发行公司债券（P275）★★★

温馨小提示

主板上市公司非公开发行股票，发行对象不得超过 35 名。

1. 非公开发行的公司债券应当向专业投资者发行，不得采用广告、公开劝诱和变相公开方式，每次发行对象不得超过 200 人。（2015 年案例分析题）

2. 非公开发行的公司债券仅限于专业投资者范围内转让。转让后，持有同次发行债券的投资者合计不得超过 200 人。

【解释】发行人的董事、监事、高级管理人员及持股比例超过 5% 的股东，可视同专业投资者参与发行人相关公司债券的认购或者交易、转让。

温馨小提示

公开发行的公司债券，应当在证券交易场所交易。

3. 非公开发行公司债券，募集资金应当用于约定的用途；改变资金用途，应当履行募集说明书约定的程序。

4. 非公开发行公司债券，可以申请在证券交易场所、证券公司柜台转让。

温馨小提示

取得证券承销业务资格的证券公司、中国证券金融股份有限公司非公开发行公司债券可以自行销售。

5. 非公开发行公司债券，承销机构或者依法自行销售的发行人应当在每次发行完成后 5 个工作日内向中国证券业协会（而非中国证监会）报备。

【考点 5】主板上市公司发行可转换公司债券（P278）★★★

名师敲黑板

这是考生必须掌握的考点，今年继续关注案例分析题。

1. 发行条件

主板上市公司发行可转换公司债券（以下简称“可转债”），除了应满足公开发行证券的一般条件外，还应当符合以下条件：

（1）最近 3 个会计年度加权平均净资产收益率平均不低于 6%，扣除非经常性损益后的净利润与扣除前的净利润相比，以低者作为加权平均净资产收益率的计算依据；

（2）本次发行后累计公司债券余额不超过最近一期末净资产额的 40%；

（3）最近 3 个会计年度实现的年均可分配利润不少于公司债券 1 年的利息。

2. 可转换公司债券的期限最短为 1 年，最长为 6 年。可转换公司债券每张面值 100 元。

3. 担保（2021 年案例分析题）

（1）公开发行可转换公司债券，应当提供担保，但最近一期期末经审计的净资产不低于人民币 15 亿元的公司除外。

（2）提供担保的，应当为全额担保，担保范围包括债券本金及利息、违约金、损害赔偿金和实现债权的费用。

（3）以保证方式提供担保的，应当为连带责任担保，且保证人最近一期经审计的净资产额应不低于其累计对外担保的金额。

（4）证券公司或者上市公司不得作为发行可转债的担保人，但上市商业银行除外。

4. 转股期限

温馨小提示

转股期限可以是 9 个月，但不能是 3 个月。

（1）可转债自发行结束之日起不少于 6 个月方可转换为公司股票，转股期限由公司根据可转债的存续期限及公司财务状况确定。

（2）可转债持有人对转股或者不转股有选择权，并于转股的次日成为发行人股东。

5. 转股价格

（1）不特定对象

上市公司向不特定对象发行可转债的转股价格应当不低于募集说明书公告日前20个交易日发行人股票交易均价和前一个交易日均价，且不得向上修正。

名师敲黑板

“和”还是“或者”，您注意到了吗？

（2）特定对象

上市公司向特定对象发行可转债的转股价格应当不低于认购邀请书发出前20个交易日发行人股票交易均价和前一个交易日均价，且不得向下修正。

（3）发行可转债后，因配股、增发、送股、派息、分立及其他原因引起发行人股份变动的，应当同时调整转股价格。

6. 上市公司可转债募集说明书约定转股价格向下修正条款的，应当同时约定：

（1）转股价格修正方案须提交发行人股东大会表决，且须经出席会议的股东所持表决权的2/3以上同意，持有发行人可转债的股东应当回避；

（2）修正后的转股价格不低于前项规定的股东大会召开日前20个交易日该发行人股票交易均价和前一个交易日均价。

7. 可转换公司债券的交易（2021年案例分析题）

（1）不特定对象

向不特定对象发行的可转债应当在依法设立的证券交易所上市交易或者在国务院批准的其他全国性证券交易场所交易。

（2）特定对象

发行人向特定对象发行的可转债不得采用公开的集中交易方式转让。上市公司向特定对象发行的可转债转股的，所转换股票自可转债发行结束之日起18个月内不得转让。

8. 赎回条款和回售条款

（1）赎回条款

募集说明书可以约定赎回条款，规定发行人可按事先约定的条件和价格赎回尚未转股的可转债。

（2）回售条款

募集说明书可以约定回售条款，规定可转债持有人可按事先约定的条件和价格将所持可转债回售给发行人。募集说明书应当约定，发行人改变募集资金用途的，赋予可转债持有人一次回售的权利。

9. 可转债持有人不转换为股票的，上市公司应当在可转换公司债券期满后5个工作日内办理完毕偿还债券余额本息的事项。

【考点6】主板上市公司发行分离交易的可转换公司债券（P279）★★

名师敲黑板

这是考生必须掌握的考点，今年继续关注案例分析题。

1. 发行条件

主板上市公司公开发行认股权和债券分离交易的可转换公司债券，除了应满足公开发行证券的一般条件外，还应当符合以下条件：

（1）公司最近一期末经审计的净资产不低于人民币15亿元；

（2）最近3个会计年度实现的年均可分配利润不少于公司债券1年的利息；

（3）最近3个会计年度经营活动产生的现金流量净额平均不少于公司债券1年

的利息，但最近3个会计年度加权平均净资产收益率平均不低于6%的除外；

（4）本次发行后累计公司债券余额不超过最近一期末净资产额的40%，预计所附认股权全部行权后募集的资金总量不超过拟发行公司债券金额。

2. 分离交易的可转换公司债券的期限最短为1年。

【案例】 甲上市公司董事会于2006年11月7日发布公告：公司拟发行55亿元分离交易的可转换公司债券，票面金额为100元，债券期限为5年，票面利率为2%。本次发行的分离交易可转债的到期日为2011年11月13日，兑付日期为到期日2011年11月13日之后的5个工作日。每张分离交易可转债的最终认购人可以同时获得发行人派发的23份认股权证（有权认购23股甲上市公司股票），每张权证的认购价格为人民币3.40元/股。王某投资9000元购得90张分离交易可转债，同时也可获得甲上市公司派发的2070份（90×23）认股权证。注意公司债券与认股权证是分开上市交易的：（1）甲上市公司的公司债券上市首日开盘价为83元/张，王某抛售可获得7470元（83×90张）收益；（2）甲上市公司的认股权证上市首日开盘价为1.133元/份，王某抛售可获得2345.31元（1.133×2070份）收益；（3）两项收益合计扣除9000元成本可以获利815.31元（不考虑手续费等支出）；（4）在行权价格3.40元/股既定的情况下，为什么每张分离交易可转债的最终认购人不得获得40份认股权证？根据规定，预计所附认股权全部行权后募集的资金总量不超过拟发行公司债券金额。在本题中，每张分离交易可转债的面值为100元，假设该上市公司就发行1张，即本次发行公司债券的募集金额为100元；如果向每张公司债券的最终认购人派发40份认股权证，全部行权后募集的资金为136元（3.40×40），超过了拟发行公司债券金额100元。

表7-6 普通的可转债vs分离交易的可转债

发行条件	普通的可转债	分离交易的可转债
本次发行后累计公司债券余额不超过最近一期末净资产额的40%	√	√
最近3个会计年度实现的年均可分配利润不少于公司债券1年的利息	√	√
公司最近一期期末经审计的净资产不低于人民币15亿元	×	√
最近3个会计年度加权平均净资产收益率平均不低于6%	√	最近3个会计年度经营活动产生的现金流量净额平均不少于公司债券1年的利息，但最近3个会计年度加权平均净资产收益率平均不低于6%的除外

第五单元 上市公司收购

使用“会计云课堂”App或“微信”扫码查看本单元视频，快速GET知识点。

【考点1】收购人（P289）★★★

1. 实际控制权（2018年案例分析题）

收购的目的在于获得对上市公司的实际控制权。投资者可以采取要约收购、协议收购及其他合法方式收购上市公司。投资者可以通过取得股份的方式成为一个上市公司的控股股东，可以通过投资关系、协议、其他安排的途径成为一个上市公司的实际控制人，也可以同时采取上述方式和途径取得上市公司的实际控制权。有下列情形之一的，表明已获得或者拥有上市公司实际控制权：

（1）投资者为上市公司持股50%以上的控股股东；

（2）投资者可实际支配上市公司股份表决权超过30%；

（3）投资者通过实际支配上市公司股份表决权能够决定公司董事会半数以上成员选任；

（4）投资者依其可实际支配的上市公司股份表决权足以对公司股东大会的决议产生重大影响；

（5）中国证监会认定的其他情形。

经典题解

【例题·多选题】根据证券法律制度的规定，下列情形中，构成对上市公司实际控制的有（ ）。（2015年）

A. 投资者为上市公司持股56%的股东

B. 投资者可以实际支配上市公司股份表决权的40%

C. 投资者通过实际支配上市公司股份表决权能够决定公司董事会1/3成员的选任

D. 投资者依其可实际支配的上市公司股份表决权足以对公司股东大会的决议产生重大影响

【答案】ABD

2. 对收购人的限制

有下列情形之一的，不得收购上市公司：

（1）收购人负有数额较大债务，到期未清偿，且处于持续状态；

（2）收购人最近3年有重大违法行为或者涉嫌有重大违法行为；

（3）收购人最近3年有严重的证券市场失信行为；

（4）收购人为自然人的，存在《公司法》规定的“不得担任公司董事、监事、高级管理人员的五种情形”。

3. 一致行动人的界定（2014年案例分析题、2016年案例分析题）

在上市公司的收购及相关股份权益变动活动中有一致行动情形的投资者，互为

温馨小提示

投资者及其一致行动人在一个上市公司中拥有的权益应当合并计算。

一致行动人。如果没有相反证据，投资者有下列情形之一的，为一致行动人：

（1）投资者之间有股权控制关系；

（2）投资者受同一主体控制；

（3）投资者的董事、监事或者高级管理人员中的主要成员，同时在另一个投资者担任董事、监事或者高级管理人员；

（4）投资者参股另一投资者，可以对参股公司的重大决策产生重大影响；

（5）银行以外的其他法人、其他组织和自然人为投资者取得相关股份提供融资安排；

（6）投资者之间存在合伙、合作、联营等其他经济利益关系；

（7）持有投资者30%以上股份的自然人，与投资者持有同一上市公司股份；

（8）在投资者任职的董事、监事及高级管理人员，与投资者持有同一上市公司股份；

（9）持有投资者30%以上股份的自然人和在投资者任职的董事、监事及高级管理人员，其父母、配偶、子女及其配偶、配偶的父母、兄弟姐妹及其配偶、配偶的兄弟姐妹及其配偶等亲属，与投资者持有同一上市公司股份；

（10）在上市公司任职的董事、监事、高级管理人员及其前项所述亲属，同时持有本公司股份的，或者与其自己或者其前项所述亲属直接或者间接控制的企业同时持有本公司股份；

（11）上市公司董事、监事、高级管理人员和员工与其所控制或者委托的法人或者其他组织持有本公司股份；

（12）投资者之间具有其他关联关系。

【案例】甲、乙分别持有A上市公司4%、2%的股份，如何界定甲、乙是否属于一致行动人？

（1）甲、乙均为法人

①甲公司受乙公司的股权控制、乙公司受甲公司的股权控制（第1条）、甲公司和乙公司分别受丙公司的股权控制（第2条）；

②甲公司的重大决策受其股东乙公司的重大影响（第4条）、甲公司在取得A上市公司股份时乙公司（非银行）提供了借款（第5条）、甲公司和乙公司存在合作、联营等经济利益关系（第6条）；

③甲公司董事、监事或者高级管理人员中的主要成员在乙公司担任董事、监事或者高级管理人员（第3条）。

（2）甲是法人、乙是个人

①乙是甲公司持股30%以上的大股东（第7条）；

②乙是甲公司的董事、监事或者高级管理人员（第8条）；

③乙是甲公司“大股东（30%以上）、董事、监事或者高级管理人员”的亲属（第9条）；

④乙是A上市公司的董事、监事、高级管理人员或其亲属，甲公司是乙个人直接或者间接控制的企业（第10条）；

⑤乙是A上市公司的董事、监事、高级管理人员或者员工，甲公司是该上市公司控制或者委托的法人（第11条）。

经典题解

【例题·多选题】甲公司拟收购乙上市公司。根据证券法律制度的规定，下列投资者中，如无相反证据，属于甲公司一致行动人的有（　　）。

A. 由甲公司的监事会主席担任董事长的丙公司

B. 持有乙上市公司 1% 股份且为甲公司董事之弟的张某

C. 持有甲公司 20% 股份且持有乙上市公司 3% 股份的王某

D. 在甲公司中担任经理且持有乙上市公司 2% 股份的李某

【解析】选项 C：持有甲公司 30% 以上股份的自然人，与甲公司持有同一上市公司股份的，才属于一致行动人。

【答案】ABD

【考点 2】权益变动披露（P291）★★★

1. 通过证券交易所的证券交易，投资者持有或者通过协议、其他安排与他人共同持有一个上市公司已发行的有表决权股份达到 5% 时，应当在该事实发生之日起 3 日内，向中国证监会、证券交易所作出书面报告，通知该上市公司，并予公告，在上述期限内不得再行买卖该上市公司的股票，但中国证监会规定的情形除外。（2016 年案例分析题）

2. 投资者持有或者通过协议、其他安排与他人共同持有一个上市公司已发行的有表决权股份达到 5% 后，其所持该上市公司已发行的有表决权股份比例每增加或者减少 5%，应当依照上述规定进行报告和公告，在该事实发生之日起至公告后 3 日内，不得再行买卖该上市公司的股票，但中国证监会规定的情形除外。

温馨小提示

在计算持股比例时，仅计算"普通股和表决权恢复的优先股"，以下不再赘述。

【解释】违反上述规定买入上市公司有表决权的股份的，在买入后的 36 个月内，对该超过规定比例部分的股份不得行使表决权且不计入出席股东大会有表决权的股份总数。

3. 投资者持有或者通过协议、其他安排与他人共同持有一个上市公司已发行的有表决权股份达到 5% 后，其所持该上市公司已发行的有表决权股份比例每增加或者减少 1%，应当在该事实发生的次日（而非 3 日内）通知该上市公司，并予公告。

温馨小提示

（1）每增加或者减少 5% 时，在法定期限内必须暂停买卖，履行报告、通知和公告义务；

（2）每增加或者减少 1% 时，无须暂停买卖，无须向中国证监会、证券交易所作出书面报告，但次日必须履行通知和公告义务。

4. 协议转让

在协议转让股份的情况下，如果协议中拟转让的股份达到或者超过 5%，投资者应当在协议达成之日起 3 日内履行权益报告义务。

【解释】如果投资者通过行政划转或者变更、执行法院裁定、继承、赠与等方式拥有权益的股份变动达到上述规定比例的，也应当履行权益披露义务。

【案例】甲持有乙上市公司 6% 的股份。2022 年 4 月 1 日，甲与丙达成股份转让协议，丙拟协议受让甲持有的乙上市公司 6% 的股份。在本案中：（1）由于协议转让的股份一下子超过了 5%，丙应当在协议达成之日起 3 日内履行权益报告义务；（2）如果丙通过证券交易所的场内交易（这回可以控制节奏了）继续增持乙上市公司的股份，当其持股比例达到 7% 时，应当在该事实发生的次日通知乙上市公司，并予公告。当其持股比例达到10%时，应当在该事实发生之日起3日内，向中国证监会、证券交易所作出书面报告，通知乙上市公司，并予公告。

经典题解

【例题·单选题】甲持有某上市公司已发行股份的8%。2016年7月4日，投资者乙与甲签署股份转让协议，约定以6000万元的价格受让甲持有的该上市公司全部股份。7月6日，乙将股份转让事项通知该上市公司。7月11日，双方办理了股份过户手续。7月18日，乙通知该上市公司股份过户手续已办理完毕。根据证券法律制度的规定，乙应当向中国证监会和证券交易所作出书面报告的最迟日期是（　　）。（2016年）

A. 2016年7月6日　　B. 2016年7月8日

C. 2016年7月13日　　D. 2016年7月20日

【解析】在协议转让股份的情况下，如果协议中拟转让的股权达到或者超过5%，投资者应当在协议达成之日（7月4日）起3日内履行权益报告义务。

【答案】A

温馨小提示：该考点适当关注一下即可。

【考点3】权益披露的内容（P292）★

1. 简式权益变动报告书

投资者及其一致行动人不是上市公司的第一大股东或者实际控制人，其拥有权益的股份达到或者超过该公司已发行股份的5%，但未达到20%的，应当编制包括下列内容的简式权益变动报告书：

（1）投资者及其一致行动人的姓名、住所；投资者及其一致行动人为法人的，其名称、注册地及法定代表人；

（2）持股目的，是否有意在未来12个月内继续增加其在上市公司中拥有的权益；

（3）上市公司的名称、股票的种类、数量、比例；

（4）在上市公司中拥有权益的股份达到或者超过上市公司已发行股份的5%或者拥有权益的股份增减变化达到5%的时间及方式、增持股份的资金来源；

（5）在上市公司中拥有权益的股份变动的时间及方式；

（6）权益变动事实发生之日前6个月内通过证券交易所的证券交易买卖该公司股票的简要情况；

（7）中国证监会、证券交易所要求披露的其他内容。

2. 详式权益变动报告书（2020年案例分析题）

投资者及其一致行动人拥有权益的股份达到或者超过一个上市公司已发行股份的20%但未超过30%的，应当编制详式权益变动报告书，除须披露简式权益变动报告书规定的信息外，还应当披露以下内容（包括但不限于）：

（1）投资者及其一致行动人的控股股东、实际控制人及其股权控制关系结构图；

（2）取得相关股份的价格、所需资金额，或者其他支付安排；

（3）投资者、一致行动人及其控股股东、实际控制人所从事的业务与上市公司的业务是否存在同业竞争或者潜在的同业竞争，是否存在持续关联交易；存在同业竞争或者持续关联交易的，是否已做出相应的安排，确保投资者、一致行动人及其关联方与上市公司之间避免同业竞争以及保持上市公司的独立性；

（4）未来12个月内对上市公司资产、业务、人员、组织结构、公司章程等进行调整的后续计划；

（5）前24个月内投资者及其一致行动人与上市公司之间的重大交易。

【考点4】全面要约还是部分要约？（P296）★★★

1. 通过证券交易所的证券交易

通过证券交易所的证券交易，收购人持有一个上市公司的股份达到该公司已发行股份的30%时，继续增持股份的，应当采取要约方式进行，发出全面要约或者部分要约。

【解释】通过证券交易所的证券交易，收购人持有一个上市公司已发行的股份正好等于30%之后，老老实实不再增持了，并不触发要约收购义务。如果收购人继续增持股份（这下超过30%了），才触发要约收购义务。由于收购人当时在30%的点位上准确地踩住了刹车，收购人可以采取部分要约的方式，也可以采取全面要约的方式：（1）部分要约，即增持上市公司的部分股份，但必须向上市公司的所有剩余股东发出收购要约。部分要约应遵循“有计划、按比例”的原则。首先，以要约方式收购一个上市公司股份的，其预定收购的股份比例不得低于该上市公司已发行股份的5%；其次，收购期限届满，预受要约股份的数量超过预定收购数量时，收购人应当按照同等比例收购预受要约的股份。例如，甲上市公司总股本为1亿股，收购人乙计划通过部分要约的方式再增持8%的股份（800万股）。收购要约发出后，如果预受要约的股份（同意出售的股份）为1600万股，乙按照50%的比例收购即可，没有义务全部买下。部分要约的好处在于，收购人可以按照自己的计划增持上市公司的股份，不会引发上市公司退市的风险；（2）全面要约，即收购人向上市公司的所有剩余股东发出收购要约，收购期限届满，收购人必须按照收购要约约定的条件购买被收购公司股东预受的全部股份。例如，收购人乙向甲上市公司的所有剩余股东发出了全面要约，如果预受要约的股份为7000万股（所有剩余股东都同意将其股份卖给乙），乙必须照单全收、全部买入。收购完成后，乙将持有甲上市公司100%的股份。此时，由于甲上市公司的股权分布已经不具备上市条件，必须退市。全面要约可能引发上市公司的退市风险，这是大多数收购人不愿意看到的结局（本来还梦想着通过上市公司圈钱、圈钱、再圈钱呢）。如果这是乙从孩提时代就树立的远大理想（终止这家破公司的上市地位），值得手动点赞！

【案例】2013年6月19日，上市公司金马集团发布公告称，控股股东神华国能集团有限公司（以下简称“神华国能”）已于2013年6月14日获得中国证监会核准，将正式启动对公司的全面要约收购，以终止金马集团的上市地位。神华国能自2013年6月19日起向金马集团除收购人以外的全体股东发出全面要约，收购其所持有的金马集团股份。收购期限届满，预受要约的股份合计为1.54亿股。2013年7月23日，预受要约股份完成过户，神华国能持有金马集团9.51亿股股份，占金马集团股份总数的94.23%，金马集团的股权分布不再满足股票的上市条件。金马集团董事会向深交所提出终止上市的申请，该公司股票自2013年8月14日起终止上市。

名师敲黑板

这是考生必须掌握的考点，今年继续关注案例分析题。

2. 协议收购（2021年案例分析题）

（1）等于30%时踩住刹车了

收购人拥有权益的股份达到该公司已发行股份的30%时，继续进行收购的，应当依法向该上市公司的股东发出全面要约或者部分要约。如果符合中国证监会规定的“免于发出要约”的情形，收购人可以免于发出要约。

【案例】法国SEB公司收购苏泊尔时，SEB首先通过“协议转让和定向增发”的方式正好获得了苏泊尔30%的股份，然后再向苏泊尔的所有剩余股东发出一个“部分要约”，拟收购苏泊尔22.74%的股份。收购完成后，SEB公司将持有苏泊尔52.74%的股份，不会引发苏泊尔的退市风险。

（2）未踩刹车直接超过了30%

收购人拟通过协议方式收购一个上市公司的股份超过30%的，超过30%的部分，应当改以要约方式进行；如果符合中国证监会规定的“免于发出要约”的情形，收购人可以免于发出要约，直接履行其收购协议。如果不符合“免于发出要约”的情形，收购人及其一致行动人应当在30日内将其或者其控制的股东所持有的被收购公司股份减持到30%或者30%以下；否则，应当发出“全面要约”，即触发了强制性的“全面要约”收购义务。

【案例】根据中国证监会的规定，收购人与出让人能够证明本次股份转让是在同一实际控制人控制的不同主体之间进行，未导致上市公司的实际控制人发生变化的，收购人可以免于以要约方式增持股份。例如，甲上市公司的控股股东乙公司将其持有的甲上市公司40%的股份全部协议转让给丙公司，虽然丙公司持有甲上市公司的股份一下子超过了30%，但只要收购人丙公司与出让人乙公司能够证明，乙公司和丙公司均为丁公司的控股子公司，本次转让未导致上市公司的实际控制人发生变化（甲上市公司的实际控制人还是丁公司），就可以免于以要约方式增持股份（丙公司可以直接履行收购协议，不用向甲上市公司的所有剩余股东发出全面要约）。如果不符合“免于发出要约”的情形，丙公司应当在30日内将其持有的甲上市公司股份减持到30%或者30%以下。如果做不到这一点，丙公司就必须向甲上市公司的所有剩余股东发出“全面要约”。

3. 间接收购（2018年案例分析题）

（1）收购人虽不是上市公司的股东，但通过投资关系、协议、其他安排导致其拥有权益的股份超过该公司已发行股份的30%的，应当向该公司所有股东发出全面要约；收购人预计无法在该事实发生之日起30日内发出全面要约的，应当在该事实发生之日起30日内促使其控制的股东将所持有的上市公司股份减持至30%或者30%以下，并自减持之日起2个工作日内予以公告。

（2）在间接收购中，由于收购人只是上市公司的实际控制人，相关信息上市公司不能获得。因此，上市公司实际控制人及受其支配的股东，负有配合上市公司真实、准确、完整披露有关实际控制人发生变化的信息的义务。实际控制人及受其支配的股东拒不履行上述配合义务，导致上市公司无法履行法定信息披露义务而承担民事、行政责任的，上市公司有权对其提起诉讼。实际控制人、控股股东指使上市公司及其有关人员不依法履行信息披露义务的，中国证监会依法进行查处。（2022年新增）

【案例】甲公司持有乙上市公司40%的股份，该股份对甲公司的资产和利润均构成重大影响。2022年4月1日，丙公司取得了甲公司100%的股权。在本案中:(1)丙公司并非直接收购乙上市公司的股份，而是通过取得对甲公司的控制权，间接获得了对乙上市公司的实际控制权，丙公司的行为构成间接收购;(2)由于收购人丙公司拥有权益的股份已经超过了乙上市公司已发行股份的30%，丙公司应当向乙上市公司的所有剩余股东发出全面要约。

【考点5】免于发出要约（P297）★★★

> 名师敲黑板
>
> 这是考生必须掌握的考点，今年继续关注案例分析题。

1. 免于以要约方式增持股份（2021年案例分析题）

有下列情形之一的，收购人可以免于以要约方式增持股份:

(1)收购人与出让人能够证明本次股份转让是在同一实际控制人控制的不同主体之间进行，未导致上市公司的实际控制人发生变化。

(2)上市公司面临严重财务困难，收购人提出的挽救公司的重组方案取得该公司股东大会批准，且收购人承诺3年内不转让其在该公司中所拥有的权益。

> 温馨小提示
>
> 上市公司股东大会就重大资产重组事项作出决议，必须经出席会议的股东所持表决权的2/3以上通过。上市公司重大资产重组事宜与本公司股东或者其关联人存在关联关系的，股东大会就重大资产重组事项进行表决时，关联股东应当回避表决。

【案例】甲上市公司面临严重财务困难，已经被上海证券交易所实施了退市风险警示，甲上市公司的控股股东乙公司坐卧不安，后与丙公司达成股份转让协议，乙公司将其持有的甲上市公司40%的股份全部协议转让给丙公司，由丙公司对甲上市公司进行重大资产重组。如果丙公司提出的挽救上市公司的重组方案取得甲上市公司股东大会批准，而且丙公司承诺3年内不转让其持有的甲上市公司的股份，丙公司就可以免于以要约方式增持股份。

2. 免于发出要约

有下列情形之一的，投资者可以免于发出要约:

(1)经政府或者国有资产管理部门批准进行国有资产无偿划转、变更、合并，导致投资者在一个上市公司中拥有权益的股份占该公司已发行股份的比例超过30%。

(2)因上市公司按照股东大会批准的确定价格向特定股东回购股份而减少股本，导致投资者在该公司中拥有权益的股份超过该公司已发行股份的30%。

【案例】甲上市公司的总股本为1亿股，乙公司持有甲上市公司30%的股份(本来安然无恙)，丙公司持有甲上市公司2%的股份(200万股)。2022年4月1日，甲上市公司按照股东大会批准的确定价格向特定股东丙公司回购了200万股股份，导致甲上市公司的总股本下降至9800万股，乙公司的持股比例一下子超过了30%(躺着也中枪，此之谓也)。在本案中，乙公司可以免于发出要约。

> 温馨小提示
>
> 上市公司非公开发行股票，应当经出席股东大会的股东所持表决权的2/3以上通过。本次发行涉及关联股东的，应当回避表决。关联股东是指董事会决议已确定为本次发行对象的股东及其关联人。

(3)经上市公司股东大会非关联股东批准，投资者取得上市公司向其发行的新股，导致其在该公司拥有权益的股份超过该公司已发行股份的30%，投资者承诺3年内不转让本次向其发行的新股，且公司股东大会同意投资者免于发出要约。(2019年案例分析题)

【案例】甲上市公司的总股本为1亿股，乙公司持有甲上市公司25%的股份。2022年4月1日，经甲上市公司股东大会非关联股东批准，甲上市公司向乙公司非公开发行股票2000万股，本次发行后，乙公司持有的股份（2500+2000=4500万股）将超过甲上市公司已发行股份（10000+2000=12000万股）的30%。在本案中，只要乙公司承诺3年内不转让本次向其发行的新股（2000万股），且甲上市公司股东大会同意乙公司免于发出要约，乙公司就可以免于发出要约。

温馨小提示

上市公司持有5%以上股份的股东，将其持有的该公司股票在买入后6个月内卖出，或者在卖出后6个月内又买入，由此所得收益归该公司所有，公司董事会应当收回其所得收益。

（4）在一个上市公司中拥有权益的股份达到或者超过该公司已发行股份的30%的，自上述事实发生之日起1年后，每12个月内增持不超过该公司已发行的2%的股份。增持的不超过2%的股份锁定期为增持行为完成之日起6个月。（2014年案例分析题）

【案例】2020年4月1日，乙公司持有甲上市公司的股份达到30%。自2020年4月1日～2021年3月31日期间，乙公司一直未增持甲上市公司的股份。自2021年4月1日～2022年3月31日期间，乙公司只在2022年3月20日从丙公司协议受让了2%的股份。在本案中：（1）虽然乙公司持有甲上市公司的股份一下子超过了30%，但乙公司可以免于发出要约；（2）2022年3月20日增持的2%的股份，在6个月内不得转让。

温馨小提示

对于主板上市公司而言，股权分布不具备上市条件，是指社会公众股东持有的股份低于公司总股本的25%；公司股本总额超过人民币4亿元的，低于公司总股本的10%。

（5）在一个上市公司中拥有权益的股份达到或者超过该公司已发行股份的50%的，继续增加其在该公司拥有的权益不影响该公司的上市地位。（2015年案例分析题）

（6）证券公司、银行等金融机构在其经营范围内依法从事承销、贷款等业务导致其持有一个上市公司已发行股份超过30%，没有实际控制该公司的行为或者意图，并且提出在合理期限内向非关联方转让相关股份的解决方案。

（7）因继承导致在一个上市公司中拥有权益的股份超过该公司已发行股份的30%。

（8）因履行“约定购回式证券交易协议”购回上市公司股份导致投资者在一个上市公司中拥有权益的股份超过该公司已发行股份的30%，并且能够证明标的股份的表决权在协议期间未发生转移。

【案例】2014年9月4日，江阴中南重工股份有限公司（上市公司）的控股股东中南重工集团将其持有的1000万股股票质押给国联证券，用于办理“股票质押式回购交易业务”。初始交易日为2014年9月4日，回购交易日为2015年3月3日。双方约定，该股份的表决权在协议期间不发生转移（表决权仍属于中南重工集团）。2015年3月3日，中南重工集团因履行“约定购回式证券交易协议”购回该股份，导致其在该上市公司中拥有权益的股份一下子超过了30%。在本案中，中南重工集团只要能够证明标的股份的表决权在协议期间未发生转移，就可以免于发出要约。

（9）因所持优先股表决权依法恢复导致投资者在一个上市公司中拥有权益的股份超过该公司已发行股份的30%。

【案例】甲上市公司的总股本为1亿股（普通股），乙公司持有甲上市公司30%的股份。2018年4月1日，甲上市公司向乙公司非公开发行5000万股优先股（发行对象仅为乙公司）。在计算乙公司的持股比例时，优先股不计入，乙公司并未触发要约收购义务。但是，如果甲上市公司累计3个会计年度或者连续2个会计年度未按约定向乙公司支付优先股股息，则乙公司持有的5000万股优先股将全部恢复表决权。此时，在计算乙公司的持股比例时，“表决权恢复的优先股”将计入（分子分母），乙公司的持股比例 =（3000+5000）÷（10000+5000）=53.33%，一下子就超过了30%。但是，乙公司可以免于发出要约。

【考点6】要约收购（P294）★★★

名师敲黑板

这是考生必须掌握的考点，今年继续关注案例分析题。

1. 采取要约方式收购一个上市公司股份的，其预定收购的股份比例不得低于该上市公司已发行股份的5%。

2. 提示性公告

（1）以要约方式收购上市公司股份的，收购人应当编制要约收购报告书，聘请财务顾问，通知被收购公司，同时对要约收购报告书摘要作出提示性公告。

（2）收购人自作出要约收购提示性公告起60日内，未公告要约收购报告书的，收购人应当在期满后次一个工作日通知被收购公司，并予公告；此后每30日应当公告一次，直至公告要约收购报告书。

3. 收购要约约定的收购期限不得少于30日，并不得超过60日；但是出现竞争要约的除外。

4. 在收购要约确定的承诺期限内，收购人不得撤销其收购要约。

5. 收购人需要变更收购要约的，应当及时公告，载明具体变更事项，且不得存在下列情形：

（1）降低收购价格；

（2）减少预定收购股份数额；

（3）缩短收购期限；

（4）中国证监会规定的其他情形。

6. 收购要约期限届满前15日内，收购人不得变更收购要约；但是出现竞争要约的除外。

7. 在要约收购期限届满前3个交易日内，预受股东不得撤回其对要约的接受。（2018年案例分析题）

8. 要约价格（2018年案例分析题）

（1）对同一种类股票的要约价格，不得低于要约收购提示性公告日前6个月内收购人取得该种股票所支付的最高价格。

（2）要约价格低于提示性公告日前30个交易日该种股票的每日加权平均价格的算术平均值的，收购人聘请的财务顾问应当就该种股票前6个月的交易情况进行分析，说明是否存在股价被操纵、收购人是否有未披露的一致行动人、收购人前6个月取得公司股份是否存在其他支付安排、要约价格的合理性等。

9. 支付方式

收购人可以采用现金、依法可以转让的证券、现金与证券相结合等合法方式支付收购上市公司的价款。

10. 收购要约提出的各项收购条件，适用于被收购公司的所有股东。上市公司发行不同种类股份的，收购人可以针对不同种类股份提出不同的收购条件。

11. 采取要约收购方式的，收购人作出公告后至收购期限届满前，不得卖出被收购公司的股票，也不得采取要约规定以外的形式和超出要约的条件买入被收购公司的股票。

12. 被收购公司董事会的义务

（1）被收购公司董事会应当对收购人的主体资格、资信情况及收购意图进行调查，对要约条件进行分析，对股东是否接受要约提出建议，并聘请独立财务顾问提出专业意见。

（2）在收购人公告要约收购报告书后20日内，被收购公司董事会应当公告被收购公司董事会报告书与独立财务顾问的专业意见。（2018年案例分析题）

（3）收购人对收购要约条件做出重大变更的，被收购公司董事会应当在3个工作日内公告董事会及独立财务顾问就要约条件的变更情况所出具的补充意见。（2022年新增）

（4）收购人作出提示性公告后至要约收购完成前，被收购公司除继续从事正常的经营活动或者执行股东大会已经作出的决议外，未经股东大会批准，被收购公司董事会不得通过处置公司资产、对外投资、调整公司主要业务、担保、贷款等方式，对公司的资产、负债、权益或者经营成果造成重大影响。

13. 在要约收购期间，被收购公司董事不得辞职。（2018年案例分析题）

14. 收购期限届满后15日内，收购人应当向证券交易所提交关于收购情况的书面报告，并予以公告。

15. 收购人持有的被收购的上市公司的股票，在收购行为完成后的18个月内不得转让。

【考点7】协议收购（P300）★★

1. 过渡期安排（2020年案例分析题）

以协议方式进行上市公司收购的，自签订收购协议起至相关股份完成过户的期间为上市公司收购过渡期。在过渡期内：

（1）收购人不得通过控股股东提议改选上市公司董事会，确有充分理由改选董事会的，来自收购人的董事不得超过董事会成员的1/3。

（2）被收购公司不得为收购人及其关联方提供担保。

（3）被收购公司不得公开发行股份募集资金，不得进行重大购买、出售资产及重大投资行为或者与收购人及其关联方进行其他关联交易，但收购人为挽救陷入危机或者面临严重财务困难的上市公司的情形除外。

2. 上市公司控股股东的义务（2020年案例分析题）

（1）上市公司控股股东向收购人协议转让其所持有的上市公司股份的，应当对收购人的主体资格、诚信情况及收购意图进行调查，并在其权益变动报告书中披露有关调查情况。

（2）控股股东及其关联方未清偿其对公司的负债，未解除公司为其负债提供的担保，或者存在损害公司利益的其他情形的，被收购公司董事会应当对前述情形及时予以披露，并采取有效措施维护公司利益。

【考点8】管理层收购（P300）★

1. 上市公司董事、监事、高级管理人员、员工或者其所控制或者委托的法人或者其他组织，拟对本公司进行收购或者通过间接收购取得本公司控制权的，该上市公司应当具备健全且运行良好的组织机构以及有效的内部控制制度，公司董事会成员中独立董事的比例应当达到或者超过1/2。

2. 公司应当聘请符合《证券法》规定的资产评估机构提供公司资产评估报告。

3. 本次收购应当经董事会非关联董事作出决议，且取得2/3以上的独立董事同意后，提交公司股东大会审议，经出席股东大会的非关联股东所持表决权过半数通过。

4. 独立董事发表意见前，应当聘请独立财务顾问就本次收购出具专业意见，独立董事及独立财务顾问的意见应当一并予以公告。

5. 上市公司董事、监事、高级管理人员存在《公司法》第148条规定情形，或者最近3年有证券市场不良诚信记录的，不得收购本公司。

> 温馨小提示
>
> 上市公司董事会成员中应当至少1/3为独立董事。但在管理层收购中，董事会成员中独立董事的比例应当达到或者超过1/2。

第六单元　上市公司重大资产重组

使用“会计云课堂”App或“微信”扫码查看本单元视频，快速GET知识点。

【考点1】重大资产重组行为的界定（P302）★★★

1. 重大资产重组的概念

重大资产重组，是指上市公司及其控股或者控制的公司在日常经营活动之外购买、出售资产或者通过其他方式进行资产交易达到规定的比例，导致上市公司的主营业务、资产、收入发生重大变化的资产交易行为。所谓“通过其他方式进行资产交易”，包括：

（1）与他人新设企业、对已设立的企业增资或者减资；

（2）受托经营、租赁其他企业资产或者将经营性资产委托他人经营、租赁；

（3）接受附义务的资产赠与或者对外捐赠资产；

（4）中国证监会根据审慎监管原则认定的其他情形。

> 温馨小提示
>
> 上市公司按照经中国证监会核准的发行证券文件披露的募集资金用途，使用募集资金购买资产、对外投资的行为，不适用《重组办法》。

2. 重大资产重组行为的界定标准（2018年案例分析题）

上市公司及其控股或者控制的公司购买、出售资产，达到下列标准之一的，构成重大资产重组：

（1）购买、出售的资产总额占上市公司最近一个会计年度经审计的合并财务会计报告期末资产总额的比例达到50%以上。

（2）购买、出售的资产在最近一个会计年度所产生的营业收入占上市公司同期经审计的合并财务会计报告营业收入的比例达到50%以上。

（3）购买、出售的资产净额占上市公司最近一个会计年度经审计的合并财务会

> 温馨小提示
>
> 上市公司在1年内购买、出售重大资产或者担保金额超过公司资产总额30%的，应当经出席股东大会的股东所持表决权的2/3以上通过。

计报告期末净资产额的比例达到50%以上，且超过5000万元人民币。

3. 指标计算

温馨小提示

主板上市公司首发股票的条件之一是，最近3个会计年度净利润均为正数且累计超过人民币3000万元，净利润以扣除非经常性损益前后“较低者”为计算依据。

（1）购买的资产为股权的，其资产总额以被投资企业的资产总额与该项投资所占股权比例的乘积和成交金额二者中的较高者为准，营业收入以被投资企业的营业收入与该项投资所占股权比例的乘积为准，资产净额以被投资企业的净资产额与该项投资所占股权比例的乘积和成交金额二者中的较高者为准。但是，购买股权导致上市公司取得被投资企业控股权的，其资产总额以被投资企业的资产总额和成交金额二者中的较高者为准，营业收入以被投资企业的营业收入为准，资产净额以被投资企业的净资产额和成交金额二者中的较高者为准。

【案例1】甲上市公司购买乙公司20%的股权，成交金额为18亿元。乙公司的资产总额、净资产额和营业收入分别为100亿元、40亿元和20亿元。在判断该交易行为是否构成重大资产重组时：（1）购买的资产总额为20亿元（100×20%=20亿元和成交金额18亿元的较高者）；（2）购买的资产净额为18亿元（40×20%=8亿元和成交金额18亿元的较高者）；（3）购买的资产在最近一个会计年度所产生的营业收入为4亿元（20×20%=4亿元）。如果甲上市公司最近一个会计年度经审计的合并财务会计报告期末资产总额为30亿元，则购买的资产总额（20亿元）占上市公司最近一个会计年度经审计的合并财务会计报告期末资产总额的比例为66.67%（20÷30=66.67%），该行为构成重大资产重组。

【案例2】甲上市公司购买乙公司80%的股权（取得了控制权），成交金额为78亿元。乙公司的资产总额、净资产额和营业收入分别为100亿元、40亿元和20亿元。在判断该交易行为是否构成重大资产重组时：（1）购买的资产总额为100亿元（乙公司的资产总额100亿元和成交金额78亿元的较高者）；（2）购买的资产净额为78亿元（乙公司的资产净额40亿元和成交金额78亿元的较高者）；（3）购买的资产在最近一个会计年度所产生的营业收入为20亿元。

温馨小提示

出售的资产为股权的，与“成交金额”无关。

（2）出售的资产为股权的，其资产总额、营业收入以及资产净额分别以被投资企业的资产总额、营业收入以及净资产额与该项投资所占股权比例的乘积为准。但是，出售股权导致上市公司丧失被投资企业控股权的，其资产总额、营业收入以及资产净额分别以被投资企业的资产总额、营业收入以及净资产额为准。

（3）上市公司同时购买、出售资产的，应当分别计算购买、出售资产的相关比例，并以二者中比例较高者为准。

（4）上市公司在12个月内连续对同一或者相关资产进行购买、出售的，以其累计数分别计算相应数额。

4. 重大资产重组的一般要求

（1）符合国家产业政策和有关环境保护、土地管理、反垄断等法律和行政法规的规定。

（2）不会导致上市公司不符合股票上市条件。

（3）重大资产重组所涉及的资产定价公允，不存在损害上市公司和股东合法权益的情形。

（4）重大资产重组所涉及的资产权属清晰，资产过户或者转移不存在法律障碍，相关债权债务处理合法。

（5）有利于上市公司增强持续经营能力，不存在可能导致上市公司重组后主要资产为现金或者无具体经营业务的情形。

（6）有利于上市公司在业务、资产、财务、人员、机构等方面与实际控制人及其关联人保持独立，符合中国证监会关于上市公司独立性的相关规定。

（7）有利于上市公司形成或者保持健全有效的法人治理结构。

【考点 2】发行股份购买资产（P304）★★★

1. 上市公司为促进行业的整合、转型升级，在其控制权不发生变更的情况下，可以向控股股东、实际控制人或者其控制的关联人之外的特定对象发行股份购买资产。所购买资产与现有主营业务没有显著协同效应的，应当充分说明并披露本次交易后的经营发展战略和业务管理模式，以及业务转型升级可能面临的风险和应对措施。

2. 特定对象以现金或者资产认购上市公司发行的股份后，上市公司用同一次发行所募集的资金向该特定对象购买资产的，视同上市公司发行股份购买资产。

3. 发行股份购买资产的基本要求

（1）充分说明并披露本次交易有利于提高上市公司资产质量、改善财务状况和增强持续盈利能力，有利于上市公司减少关联交易、避免同业竞争、增强独立性。

（2）上市公司最近一年及最近一期财务会计报告被注册会计师出具无保留意见的审计报告；被出具保留意见、否定意见或者无法表示意见的审计报告的，须经注册会计师专项核查确认，该保留意见、否定意见或者无法表示意见所涉及事项的重大影响已经消除或者将通过本次交易予以消除。

（3）上市公司及其现任董事、高级管理人员不存在因涉嫌犯罪正被司法机关立案侦查或者涉嫌违法违规正被中国证监会立案调查的情形；但是，涉嫌犯罪或者违法违规的行为已经终止满 3 年，交易方案有助于消除该行为可能造成的不良后果，且不影响对相关行为人追究责任的除外。

（4）充分说明并披露上市公司发行股份所购买的资产为权属清晰的经营性资产，并能在约定期限内办理完毕权属转移手续。

4. 发行价格（2016 年案例分析题）

> **名师敲黑板**
> 这是考生必须掌握的考点，今年继续关注案例分析题。

（1）上市公司发行股份的价格不得低于市场参考价的 90%。

（2）市场参考价为本次发行股份购买资产的董事会决议公告日前 20 个交易日、60 个交易日或者 120 个交易日的公司股票交易均价之一。

【相关链接 1】主板上市公司非公开发行股票，发行价格不低于定价基准日前 20 个交易日公司股票均价的 80%。

【相关链接 2】主板上市公司向不特定对象公开募集股份，发行价格应不低于公告招股意向书前 20 个交易日公司股票均价或者前 1 个交易日的均价。

【相关链接 3】主板上市公司向不特定对象发行可转债的转股价格应当不低于募集说明书公告日前 20 个交易日发行人股票交易均价和前 1 个交易日均价，且不得向上修正。

【相关链接 4】主板上市公司向特定对象发行可转债的转股价格应当不低于认购邀请书发出前 20 个交易日发行人股票交易均价和前 1 个交易日均价，且不得向下修正。

经典题解

【例题1·多选题】某上市公司董事会作出决议，通过发行股份购买资产。根据证券法律制度的规定，股份发行价格不得低于市场参考价的90%，下列各项中，可以用于确定市场参考价的有（　　）。（2016年）

A. 本次董事会决议公告日前20个交易日的公司股票交易均价

B. 本次董事会决议公告日前60个交易日的公司股票交易均价

C. 本次董事会决议公告日前90个交易日的公司股票交易均价

D. 本次董事会决议公告日前120个交易日的公司股票交易均价

【答案】ABD

【例题2·多选题】上市公司发行股份购买资产时，发行股份的价格不得低于市场参考价的90%。市场参考价为本次发行股份购买资产的董事会决议公告日前特定时间段的公司股票交易均价之一。根据证券法律制度的规定，下列各项中，属于该特定时间段的有（　　）。（2017年）

A. 20个交易日　　B. 120个交易日

C. 60个交易日　　D. 90个交易日

【答案】ABC

名师敲黑板：这是考生必须掌握的考点，今年继续关注案例分析题。

5. 股份转让的限制（2016年案例分析题）

（1）特定对象以资产认购而取得的上市公司股份，自股份发行结束之日起12个月内不得转让。

（2）属于下列情形之一的，36个月内不得转让：

①特定对象为上市公司控股股东、实际控制人或者其控制的关联人。

②特定对象通过认购本次发行的股份取得上市公司的实际控制权。

③特定对象取得本次发行的股份时，对其用于认购股份的资产持续拥有权益的时间不足12个月。

【解释】上市公司发行股份购买资产，属于"借壳上市"情形的，上市公司原控股股东、原实际控制人及其控制的关联人，以及在交易过程中从该等主体直接或者间接受让该上市公司股份的特定对象应当公开承诺，在本次交易完成后36个月内不转让其在该上市公司中拥有权益的股份；除收购人及其关联人以外的特定对象应当公开承诺，其以资产认购而取得的上市公司股份自股份发行结束之日起24个月内不得转让。

经典题解

【例题·单选题】根据证券法律制度的规定，上市公司发行股份购买资产时，资产出让方为该上市公司控股股东的，此次发行的股份自发行结束之日起一定期限内不得转让。该期限是（　　）。（2021年）

A. 24个月　　B. 48个月

C. 12个月　　D. 36个月

【答案】D

6. 如果上市公司发行股份购买资产导致特定对象持有或者控制的股份达到法定比例的，应当按照《上市公司收购管理办法》的规定履行相关信息披露义务或者强制要约收购义务等。

【案例】在上海证券交易所主板上市的甲公司（股本总额为90亿股）向孙某、钱某分别发行9亿股、1亿股以购买其持有的乙有限责任公司90%、10%的股权。在本案中：(1)发行价格不得低于市场参考价的90%，市场参考价为本次发行股份购买资产的董事会决议公告日前20个交易日、60个交易日或者120个交易日的公司股票交易均价之一；(2)孙某持有上市公司发行后股本总额的9%（9÷100=9%），未取得上市公司的实际控制权，孙某取得的上市公司股份，自股份发行结束之日起12个月内不得转让；(3)因孙某持有的股份达到5%以上，应当按照《上市公司收购管理办法》的规定履行相关信息披露义务。

表7-7 非公开发行股票vs发行股份购买资产

	非公开发行股票	发行股份购买资产
发行价格	发行价格不低于定价基准日前20个交易日公司股票均价的80%	发行价格不得低于市场参考价的90%
定价基准日/市场参考价	定价基准日一般为本次非公开发行股票的发行期首日，特殊情况下可以为关于本次非公开发行股票的董事会决议公告日、股东大会决议公告日或者发行期首日	市场参考价为本次发行股份购买资产的董事会决议公告日前20个交易日、60个交易日或者120个交易日的公司股票交易均价之一
锁定期	6个月/18个月	(1)一般情况下：12个月/36个月 (2)借壳上市：24个月/36个月

【考点3】借壳上市（2015年案例分析题）(P302)★★★

名师敲黑板

这是考生必须掌握的考点，今年继续关注案例分析题。

1. 上市公司自控制权发生变更之日起36个月内，向收购人及其关联人购买资产，导致上市公司发生以下根本变化情形之一的，构成重大资产重组，应当经中国证监会核准：

(1)购买的资产总额占上市公司控制权发生变更的前一个会计年度经审计的合并财务会计报告期末资产总额的比例达到100%以上；

(2)购买的资产在最近一个会计年度所产生的营业收入占上市公司控制权发生变更的前一个会计年度经审计的合并财务会计报告营业收入的比例达到100%以上；

(3)购买的资产净额占上市公司控制权发生变更的前一个会计年度经审计的合并财务会计报告期末净资产额的比例达到100%以上；

(4)为购买资产发行的股份占上市公司首次向收购人及其关联人购买资产的董事会决议前一个交易日的股份的比例达到100%以上；

(5)上市公司向收购人及其关联人购买资产虽未达到上述第(1)至第(4)项标准，但可能导致上市公司主营业务发生根本变化。

【解释】借壳上市的最关键问题，是上市公司的控制权发生了变更。上市公司发行股份购买资产，不一定导致上市公司的控制权发生变更。如果因发行股份购买资产导致上市公司的控制权发生了变更，则应同时满足发行股份购买资产和借壳上市的相关规定。此处所称的“控制权”，按照《上市公司收购管理办法》的规定进行认定：（1）投资者为上市公司持股50%以上的控股股东；（2）投资者可实际支配上市公司股份表决权超过30%；（3）投资者通过实际支配上市公司股份表决权能够决定公司董事会半数以上成员选任；（4）投资者依其可实际支配的上市公司股份表决权足以对公司股东大会的决议产生重大影响；（5）中国证监会认定的其他情形。

2. 借壳上市除应满足重大资产重组的一般要求和发行股份购买资产的规定之外，还应符合下列规定：

（1）上市公司购买的资产对应的经营实体应当是股份有限公司或者有限责任公司，且符合《首次公开发行股票并上市管理办法》规定的其他发行条件。

【解释】在主板首发上市的条件包括但不限于：（1）股份有限公司自成立后，持续经营时间在3年以上（有限责任公司按原账面净资产值折股整体变更为股份有限公司的，持续经营时间可以从有限责任公司成立之日起计算）；（2）最近3个会计年度净利润均为正数且累计超过人民币3000万元。

（2）上市公司及其最近3年内的控股股东、实际控制人不存在因涉嫌犯罪正被司法机关立案侦查或者涉嫌违法违规正被中国证监会立案调查的情形。但是，涉嫌犯罪或者违法违规的行为已经终止满3年，交易方案能够消除该行为可能造成的不良后果，且不影响对相关行为人追究责任的除外。

（3）上市公司及其控股股东、实际控制人最近12个月内未受到证券交易所公开谴责，不存在其他重大失信行为。

（4）本次重大资产重组不存在中国证监会认定的可能损害投资者合法权益，或者违背公开、公平、公正原则的其他情形。

【案例】在上海证券交易所主板上市的甲公司（股本总额为8亿股）向孙某、钱某分别发行9亿股、1亿股以购买其持有的乙有限责任公司90%、10%的股权。在本案中：（1）发行价格不得低于市场参考价的90%，市场参考价为本次发行股份购买资产的董事会决议公告日前20个交易日、60个交易日或者120个交易日的公司股票交易均价之一；（2）孙某持有上市公司发行后股本总额的50%（9÷18=50%），取得了上市公司的实际控制权，孙某取得的上市公司股份，自股份发行结束之日起36个月内不得转让；（3）上市公司的实际控制权发生了变更，为购买资产发行的股份（10亿股）占上市公司首次向收购人及其关联人购买资产的董事会决议前一个交易日的股份（8亿股）的比例达到100%以上，本次发行股份购买资产构成“借壳上市”，上市公司购买的资产对应的经营实体（乙有限责任公司）应符合《首次公开发行股票并上市管理办法》规定的其他发行条件（包括但不限于最近3个会计年度净利润均为正数且累计超过人民币3000万元）。

【考点4】公司决议（P306）★★★

名师敲黑板

这是考生必须掌握的考点，今年继续关注案例分析题。

1. 公司决议（2015年案例分析题）

（1）上市公司股东大会就重大资产重组事项作出决议，必须经出席会议的股东所持表决权的2/3以上通过。

（2）上市公司重大资产重组事宜与本公司股东或者其关联人存在关联关系的，股东大会就重大资产重组事项进行表决时，关联股东应当回避表决。

（3）交易对方已经与上市公司控股股东就受让上市公司股权或者向上市公司推荐董事达成协议或者默契，可能导致上市公司的实际控制权发生变化的，上市公司控股股东及其关联人应当回避表决。

（4）除上市公司的董事、监事、高级管理人员、单独或者合计持有上市公司5%以上股份的股东外，其他股东的投票情况应当单独统计并予以披露。

（5）上市公司就重大资产重组事宜召开股东大会，应当以现场会议形式召开，并应当提供网络投票和其他合法方式为股东参加股东大会提供便利。

（6）上市公司应当在股东大会作出重大资产重组决议后的次一工作日公告该决议。

经典题解

【例题·单选题】根据证券法律制度的规定，上市公司进行重大资产重组须由股东大会作出决议。下列关于该股东大会会议召开和表决规则的表述中，正确的是（　　）。（2016年）

A. 股东大会会议应当以现场会议或者通讯方式举行

B. 决议经出席会议股东所持表决权过半数同意即可通过

C. 与重组事项有关联关系的股东应当回避表决

D. 持有上市公司股份不足5%的股东的投票情况无须单独统计或者披露

【答案】C

2. 中国证监会的核准

中国证监会设立上市公司并购重组审核委员会，以投票方式对提交其审议的借壳上市申请或者发行股份购买资产申请进行表决，提出审核意见。（2015年案例分析题）

【解释】重大资产重组有各种各样的类型，有的可能仅涉及“发行股份购买资产”，有的可能仅涉及“借壳上市”，有的可能同时涉及“发行股份购买资产和借壳上市”，有的可能均不涉及。并非所有的重大资产重组均须中国证监会的核准，须经中国证监会核准的仅限于“借壳上市和发行股份购买资产”。

【案例】顺丰借壳上市

2016年5月30日，上市公司鼎泰新材（002352）发布公告，顺丰控股拟借壳上市。

1. 重组方案的具体内容

（1）重大资产置换

鼎泰新材以全部资产及负债（作价8亿元）与顺丰控股全体股东持有的100%

股权（作价433亿元）的等值部分进行置换，二者的差额部分（425亿元）由鼎泰新材向顺丰控股全体股东非公开发行股份进行购买。换而言之，上市公司鼎泰新材要购买顺丰控股100%的股权，需要向顺丰控股的全体股东支付433亿元，而上市公司鼎泰新材的全部资产及负债只有8亿元，对于不足的425亿元，由上市公司鼎泰新材向顺丰控股的全体股东非公开发行股份作为对价。

（2）发行股份购买资产

本次发行股份购买资产的定价基准日为鼎泰新材第三届董事会第十三次会议决议公告日，股票发行价格为10.76元/股，不低于定价基准日前60个交易日股票均价的90%。按照本次股票发行价格10.76元/股计算，本次拟发行股份数量约为39.50亿股（10.76元/股 ×39.50亿股 =425亿元）。明德控股为顺丰控股的控股股东，持有顺丰控股68.40%的股权，而顺丰创始人王卫则持有明德控股99.90%的股权。明德控股将获得本次非公开发行股票的68.40%，即39.50×68.40% = 27.02亿股。

温馨小提示

上市公司发行股份购买资产，发行股份的价格不得低于市场参考价的90%。市场参考价为本次发行股份购买资产的董事会决议公告日前20个交易日、60个交易日或者120个交易日的公司股票交易均价之一。

（3）锁定期

由于本次交易完成后，明德控股将持有上市公司总股本的64.58%，取得上市公司的实际控制权。因此，明德控股在本次重组中取得的鼎泰新材股票，自该股票登记在明德控股名下之日起36个月内不得转让。

2. 本次重组交易的性质

（1）本次交易构成重大资产重组

本次交易拟购买的资产总额、资产净额以及购买的资产在最近一个会计年度所产生的营业收入占上市公司鼎泰新材最近一个会计年度经审计的合并财务会计报告相关指标的比例如下：

单位：亿元

	鼎泰新材	顺丰控股	交易金额	计算依据	指标占比
资产总额	8.85	347.17	433	433	433 ÷ 8.85=4893%
资产净额	7.08	136.96	433	433	433 ÷ 7.08=6116%
营业收入	6.68	481.01	—	481.01	481.01 ÷ 6.68=7201%

根据本次交易方案，上市公司鼎泰新材将购买顺丰控股100%的股权。按照《重组办法》的规定，购买股权导致上市公司（鼎泰新材）取得被投资企业（顺丰控股）控股权的，其资产总额以被投资企业的资产总额（347.17亿元）和成交金额（433亿元）两者中的较高者为准，资产净额以被投资企业的净资产额（136.96亿元）和成交金额（433亿元）两者中的较高者为准，营业收入以被投资企业的营业收入（481.01亿元）为准。以“资产总额”指标为例，上市公司购买的资产总额（433亿元）占上市公司最近一个会计年度经审计的合并财务会计报告期末资产总额（8.85亿元）的比例达到4893%，远远超过了50%，本次交易构成重大资产重组。

（2）本次交易构成借壳上市

本次交易完成后，明德控股的持股比例为64.58%，将成为上市公司的控股股东，王卫将成为上市公司的实际控制人。在本次交易中，上市公司鼎泰新材拟向收购人购买的资产总额为433亿元，占上市公司控制权发生变更的前一个会计年度经审计的合并财务会计报告期末资产总额（8.85亿元）的比例达到4893%，远远超过了100%，本次交易构成借壳上市，需提交中国证监会上市公司并购重组审核委员会审核并经中国证监会核准后方可实施。

3. 顺丰完成借壳上市

2017年2月15日，鼎泰新材召开2017年第二次临时股东大会，审议通过了《关于变更公司名称及证券简称的议案》。之后，经深圳证券交易所核准，自2017年2月24日起，公司证券简称由“鼎泰新材”变更为“顺丰控股”。

第七单元　强制信息披露制度

使用“会计云课堂”App或“微信”扫码查看本单元视频，快速GET知识点。

温馨小提示

根据中国证监会2021年3月18日发布的《上市公司信息披露管理办法》，2022年教材对“信息披露制度”的内容进行了重大调整。

【考点1】定期报告（P241）★

1. 披露时间

上市公司、公司债券上市交易的公司、股票在国务院批准的其他全国性证券交易场所（全国中小企业股份转让系统）交易的公司，应当按照中国证监会和证券交易场所规定的内容和格式编制定期报告，并按照以下规定报送和公告：

（1）年度报告

在每一会计年度结束之日起4个月内，报送并公告年度报告，其中年度报告中的财务会计报告应当经符合《证券法》规定的会计师事务所审计。

（2）中期报告

在每一会计年度的上半年结束之日起2个月内，报送并公告中期报告。

经典题解

【例题·单选题】根据证券法律制度的规定，上市公司应当在每个会计年度结束之日起一定期限内编制年度报告并披露。该期限是（　　）。（2020年）

A. 1个月　　B. 2个月

C. 4个月　　D. 6个月

【答案】C

2. 董事、监事和高级管理人员的责任

（1）董事、高级管理人员应当对定期报告签署书面确认意见。

（2）监事会应当对董事会编制的定期报告进行审核并提出书面审核意见。监事应当签署书面确认意见。

【考点2】重大事件（P241）★★★

1. 股票

根据《证券法》第80条的规定，发生可能对上市公司、股票在国务院批准的其他全国性证券交易场所交易的公司的股票交易价格产生较大影响的重大事件，投资者尚未得知时，公司应当立即将有关该重大事件的情况向国务院证券监督管理机构和证券交易场所报送临时报告，并予公告，说明事件的起因、目前的状态和可能产生的法律后果。其中的重大事件包括：

（1）公司的经营方针和经营范围的重大变化；

（2）公司的重大投资行为，公司在1年内购买、出售重大资产超过公司资产总额30%，或者公司营业用主要资产的抵押、质押、出售或者报废一次超过该资产的30%；

（3）公司订立重要合同、提供重大担保或者从事关联交易，可能对公司的资产、负债、权益和经营成果产生重要影响；

（4）公司发生重大债务和未能清偿到期重大债务的违约情况；

（5）公司发生重大亏损或者重大损失；

（6）公司生产经营的外部条件发生的重大变化；

（7）公司的董事、1/3以上监事或者经理发生变动，董事长或者经理无法履行职责；

（8）持有公司5%以上股份的股东或者实际控制人持有股份或者控制公司的情况发生较大变化，公司的实际控制人及其控制的其他企业从事与公司相同或者相似业务的情况发生较大变化；

（9）公司分配股利、增资的计划，公司股权结构的重要变化，公司减资、合并、分立、解散及申请破产的决定，或者依法进入破产程序、被责令关闭；

（10）涉及公司的重大诉讼、仲裁，股东大会、董事会决议被依法撤销或者宣告无效；

（11）公司涉嫌犯罪被依法立案调查，公司的控股股东、实际控制人、董事、监事、高级管理人员涉嫌犯罪被依法采取强制措施；

（12）国务院证券监督管理机构规定的其他事项。

> **名师敲黑板**
>
> （1）任何一个董事发生变动均属于重大事件，不受1/3的数量限制；
> （2）总经理（不包括副经理、财务负责人）发生变动，才属于重大事件。

> **温馨小提示**
>
> 持有上市公司5%以上股份的股东或者实际控制人，其持有股份或者控制公司的情况发生较大变化的，应当主动告知上市公司董事会，并配合上市公司履行信息披露义务。

【解释1】公司的控股股东或者实际控制人对重大事件的发生、进展产生较大影响的，应当及时将其知悉的有关情况书面告知公司，并配合公司履行信息披露义务。

【解释2】上市公司控股子公司发生重大事件，可能对上市公司证券及其衍生品种交易价格产生较大影响的，上市公司应当履行信息披露义务。

2. 公司债券

根据《证券法》第81条的规定，发生可能对上市交易公司债券的交易价格产生较大影响的重大事件，投资者尚未得知时，公司应当立即将有关该重大事件的情况向国务院证券监督管理机构和证券交易场所报送临时报告，并予公告，说明事件的起因、目前的状态和可能产生的法律后果。其中的重大事件包括：

（1）公司股权结构或者生产经营状况发生重大变化；

（2）公司债券信用评级发生变化；

（3）公司重大资产抵押、质押、出售、转让、报废；

（4）公司发生未能清偿到期债务的情况；

（5）公司新增借款或者对外提供担保超过上年末净资产的 20%；

（6）公司放弃债权或者财产超过上年末净资产的 10%；

（7）公司发生超过上年末净资产 10%的重大损失；

（8）公司分配股利，作出减资、合并、分立、解散及申请破产的决定，或者依法进入破产程序、被责令关闭；

（9）涉及公司的重大诉讼、仲裁；

（10）公司涉嫌犯罪被依法立案调查，公司的控股股东、实际控制人、董事、监事、高级管理人员涉嫌犯罪被依法采取强制措施；

（11）国务院证券监督管理机构规定的其他事项。

表 7-8　重大事件

	股票	公司债券
公司股权结构的重要变化	√	√
涉及公司的重大诉讼、仲裁	√	√
公司涉嫌犯罪被依法立案调查	√	√
公司的控股股东、实际控制人、董事、监事、高级管理人员涉嫌犯罪被依法采取强制措施	√	√
公司减资、合并、分立、解散及申请破产的决定，或者依法进入破产程序、被责令关闭	√	√
公司分配股利	√	√
公司增资的计划	√	×
股东大会、董事会决议被依法撤销或者宣告无效	√	×
公司的董事、1/3 以上监事或者经理发生变动，董事长或者经理无法履行职责	√	×
持有公司 5%以上股份的股东或者实际控制人持有股份或者控制公司的情况发生较大变化，公司的实际控制人及其控制的其他企业从事与公司相同或者相似业务的情况发生较大变化	√	×
公司订立重要合同或者从事关联交易，可能对公司的资产、负债、权益和经营成果产生重要影响	√	×
公司的经营方针和经营范围的重大变化	√	×
公司的重大投资行为，公司在 1 年内购买、出售重大资产超过公司资产总额 30%	√	×
公司债券信用评级发生变化	×	√

续表

	股票	公司债券
公司放弃债权或者财产超过上年末净资产的10%	×	√
对外担保	提供重大担保	公司新增借款或者对外提供担保超过上年末净资产的20%
重大损失	公司发生重大亏损或者重大损失	公司发生超过上年末净资产10%的重大损失
主要/重大资产的抵押、质押、出售或者报废	公司营业用主要资产的抵押、质押、出售或者报废一次超过该资产的30%	公司重大资产抵押、质押、出售、转让、报废
未能清偿到期债务	公司发生重大债务和未能清偿到期重大债务的违约情况	公司发生未能清偿到期债务的情况
生产经营	公司生产经营的外部条件发生的重大变化	生产经营状况发生重大变化

3. 重大事件的披露（2016年案例分析题、2019年案例分析题）

上市公司应当在最先发生的以下任一时点，及时履行重大事件的信息披露义务：

（1）董事会或者监事会就该重大事件形成决议时；

（2）有关各方就该重大事件签署意向书或者协议时；

（3）董事、监事或者高级管理人员知悉该重大事件发生时。

名师敲黑板

“及时”是指自起算日起或者触及披露时点的2个交易日内。

【解释】在上述规定的时点之前出现下列情形之一的，上市公司应当及时披露相关事项的现状、可能影响事件进展的风险因素：（1）该重大事件难以保密；（2）该重大事件已经泄露或者市场出现传闻；（3）公司证券及其衍生品种出现异常交易情况。

经典题解

【例题·单选题】甲上市公司（以下简称“甲公司”）上一期经审计的净资产额为50亿元人民币。甲公司拟为乙公司提供保证担保，担保金额为6亿元，并经董事会会议决议通过。甲公司章程规定，单笔对外担保额超过公司最近一期经审计净资产10%的担保须经公司股东大会批准。根据证券法律制度的规定，甲公司披露该笔担保的最早时点应当是（　　）。（2017年）

A. 甲公司股东大会就该笔担保形成决议时

B. 甲公司董事会就该笔担保形成决议时

C. 甲公司与乙公司的债权人签订保证合同时

D. 证券交易所核准同意甲公司进行担保时

【解析】(1)上市公司对外提供重大担保，属于重大事件;(2)董事会(而非股东大会)就该重大事件形成决议时，上市公司应当及时履行重大事件的信息披露义务。

【答案】B

【考点3】信息披露的具体规定(P238)★★

1. 信息披露义务人

信息披露义务人包括：上市公司及其董事、监事、高级管理人员、股东、实际控制人，收购人，重大资产重组、再融资、重大交易有关各方等自然人、单位及其相关人员，破产管理人及其成员，以及法律、行政法规和中国证监会规定的其他承担信息披露义务的主体。

2. 信息披露可以分为强制信息披露和自愿信息披露。强制信息披露规范主要适用于公开发行的证券。

3. 自愿披露的信息

(1)除依法需要披露的信息之外，信息披露义务人可以自愿披露与投资者作出价值判断和投资决策有关的信息，但不得与依法披露的信息相冲突，不得误导投资者。

(2)信息披露义务人自愿披露的信息应当真实、准确、完整。自愿性信息披露应当遵守公平原则，保持信息披露的持续性和一致性，不得进行选择性披露。

(3)信息披露义务人不得利用自愿披露的信息不当影响公司证券及其衍生品种交易价格，不得利用自愿性信息披露从事市场操纵等违法违规行为。

4. 上市公司信息披露的制度化管理

(1)上市公司应当制定信息披露事务管理制度。上市公司信息披露事务管理制度应当经公司董事会审议通过，报注册地证监局和证券交易所备案。

(2)上市公司应当制定定期报告的编制、审议、披露程序。经理、财务负责人、董事会秘书等高级管理人员应当及时编制定期报告草案，提请董事会审议；董事会秘书负责送达董事审阅；董事长负责召集和主持董事会会议审议定期报告；监事会负责审核董事会编制的定期报告；董事会秘书负责组织定期报告的披露工作。

(3)上市公司应当制定重大事件的报告、传递、审核、披露程序。董事、监事、高级管理人员知悉重大事件发生时，应当按照公司规定立即履行报告义务；董事长在接到报告后，应当立即向董事会报告，并敦促董事会秘书组织临时报告的披露工作。

(4)上市公司董事、监事、高级管理人员、持股5%以上的股东及其一致行动人、实际控制人应当及时向上市公司董事会报送上市公司关联人名单及关联关系的说明。上市公司应当履行关联交易的审议程序，并严格执行关联交易回避表决制度。交易各方不得通过隐瞒关联关系或者采取其他手段，规避上市公司的关联交易审议程序和信息披露义务。

5. 上市公司及其他信息披露义务人在信息披露工作中的职责

（1）信息披露义务人应当及时依法履行信息披露义务，披露的信息应当真实、准确、完整，简明清晰、通俗易懂，不得有虚假记载、误导性陈述或者重大遗漏。

（2）信息披露义务人披露的信息应当同时向所有投资者披露，不得提前向任何单位和个人泄露。但是，法律、行政法规另有规定的除外。

（3）在内幕信息依法披露前，内幕信息的知情人和非法获取内幕信息的人不得公开或者泄露该信息，不得利用该信息进行内幕交易。任何单位和个人不得非法要求信息披露义务人提供依法需要披露但尚未披露的信息。

（4）证券及其衍生品种同时在境内境外公开发行、交易的，其信息披露义务人在境外市场披露的信息，应当同时在境内市场披露。

（5）上市公司通过业绩说明会、分析师会议、路演、接受投资者调研等形式就公司的经营情况、财务状况及其他事件与任何单位和个人进行沟通的，不得提供内幕信息。

（6）信息披露义务人不得以新闻发布或者答记者问等任何形式代替应当履行的报告、公告义务，不得以定期报告形式代替应当履行的临时报告义务。

6. 上市公司的董事、监事、高级管理人员在信息披露工作中的职责

（1）上市公司的董事、监事、高级管理人员应当忠实、勤勉地履行职责，保证披露信息的真实、准确、完整，信息披露及时、公平。

（2）董事应当了解并持续关注公司生产经营情况、财务状况和公司已经发生的或者可能发生的重大事件及其影响，主动调查、获取决策所需要的资料。

（3）监事应当对公司董事、高级管理人员履行信息披露职责的行为进行监督；关注公司信息披露情况，发现信息披露存在违法违规问题的，应当进行调查并提出处理建议。

（4）高级管理人员应当及时向董事会报告有关公司经营或者财务方面出现的重大事件、已披露的事件的进展或者变化情况及其他相关信息。

（5）董事会秘书负责组织和协调公司信息披露事务，汇集上市公司应予披露的信息并报告董事会，持续关注媒体对公司的报道并主动求证报道的真实情况。董事会秘书负责办理上市公司信息对外公布等相关事宜。

（6）上市公司董事、监事、高级管理人员应当对公司信息披露的真实性、准确性、完整性、及时性、公平性负责，但有充分证据表明其已经履行勤勉尽责义务的除外。

（7）上市公司董事长、经理、董事会秘书，应当对公司临时报告信息披露的真实性、准确性、完整性、及时性、公平性承担主要责任。

（8）上市公司董事长、经理、财务负责人应当对公司财务会计报告的真实性、准确性、完整性、及时性、公平性承担主要责任。

7. 上市公司的股东、实际控制人在信息披露工作中的职责

（1）上市公司的股东、实际控制人发生以下事件时，应当主动告知上市公司董事会，并配合上市公司履行信息披露义务：

①持有公司5%以上股份的股东或者实际控制人持有股份或者控制公司的情况发生较大变化，公司的实际控制人及其控制的其他企业从事与公司相同或者相似业务的情况发生较大变化；

②法院裁决禁止控股股东转让其所持股份，任一股东所持公司5%以上股份被质押、冻结、司法拍卖、托管、设定信托或者被依法限制表决权等，或者出现被强制过户风险；

③拟对上市公司进行重大资产或者业务重组；

④中国证监会规定的其他情形。

（2）应当披露的信息依法披露前，相关信息已在媒体上传播或者公司证券及其衍生品种出现交易异常情况的，股东或者实际控制人应当及时、准确地向上市公司作出书面报告，并配合上市公司及时、准确地公告。（2020年案例分析题）

（3）上市公司的股东、实际控制人不得滥用其股东权利、支配地位，不得要求上市公司向其提供内幕信息。

（4）上市公司向特定对象发行股票时，其控股股东、实际控制人和发行对象应当及时向上市公司提供相关信息，配合上市公司履行信息披露义务。

（5）通过接受委托或者信托等方式持有上市公司5%以上股份的股东或者实际控制人，应当及时将委托人情况告知上市公司，配合上市公司履行信息披露义务。

8. 证券服务机构在信息披露工作中的职责

（1）为信息披露义务人履行信息披露义务出具专项文件的证券公司、证券服务机构及其人员，应当勤勉尽责、诚实守信，按照法律、行政法规、中国证监会规定、行业规范、业务规则等发表专业意见，保证所出具文件的真实性、准确性和完整性。

（2）证券公司、证券服务机构在为信息披露出具专项文件时，发现上市公司及其他信息披露义务人提供的材料有虚假记载、误导性陈述、重大遗漏或者其他重大违法行为的，应当要求其补充、纠正。

（3）证券服务机构应当妥善保存客户委托文件、核查和验证资料、工作底稿以及与质量控制、内部管理、业务经营有关的信息和资料。证券服务机构应当配合中国证监会的监督管理，在规定的期限内提供、报送或者披露相关资料、信息，保证其提供、报送或者披露的资料、信息真实、准确、完整，不得有虚假记载、误导性陈述或者重大遗漏。

（4）会计师事务所应当建立并保持有效的质量控制体系、独立性管理和投资者保护机制，秉承风险导向审计理念，遵守法律、行政法规、中国证监会的规定，严格执行注册会计师执业准则、职业道德守则及相关规定，完善鉴证程序，科学选用鉴证方法和技术，充分了解被鉴证单位及其环境，审慎关注重大错报风险，获取充分、适当的证据，合理发表鉴证结论。

（5）资产评估机构应当建立并保持有效的质量控制体系、独立性管理和投资者保护机制，恪守职业道德，遵守法律、行政法规、中国证监会的规定，严格执行评估准则或者其他评估规范，恰当选择评估方法，评估中提出的假设条件应当符合实际情况，对评估对象所涉及交易、收入、支出、投资等业务的合法性、未来预测的可靠性取得充分证据，充分考虑未来各种可能性发生的概率及其影响，形成合理的评估结论。

第八单元　内幕交易

使用“会计云课堂”App或“微信”扫码查看本单元视频，快速GET知识点。

名师敲黑板

这是考生必须掌握的考点，今年继续关注案例分析题。

【考点1】内幕信息（P318）★★★

1. 内幕交易的概念

根据《证券法》的规定，证券交易内幕信息的知情人和非法获取内幕信息的人，在内幕信息公开前，不得买卖该公司的证券，或者泄露该信息，或者建议他人买卖该证券。

【解释】内幕交易的形式：（1）自行买卖：行为人在内幕信息敏感期内，自行买卖与内幕信息直接相关的发行人的证券；（2）建议买卖：行为人在内幕信息敏感期内，（明示或者暗示）建议他人买卖与内幕信息直接相关的发行人的证券。建议买卖的构成要件有：建议人推荐、劝说或者怂恿他人买卖证券；被建议人知道或者应当知道建议人掌握内幕信息；建议行为导致了相关证券的买卖行为；（3）泄露内幕信息：行为人在内幕信息敏感期内，泄露内幕信息并导致他人买卖相关证券，而不论其泄露时的主观状态。泄露内幕信息的构成要件有：有泄露行为，包括非法获取内幕信息的人再次进行“信息传递”，但合法履行义务或者职责的除外；信息接收者知道或者应当知道其接收的信息是内幕信息，信息传递的次数和层级不影响内幕交易的构成。但是，如果信息接收者仅仅只是单纯接收信息，既未再次泄露，也未自行买卖或者建议他人买卖，则不属于内幕交易、泄露内幕信息的范畴。

2. 内幕信息的范围

（1）证券交易活动中，涉及发行人的经营、财务或者对该发行人证券的市场价格有重大影响的尚未公开的信息，为内幕信息。

（2）《证券法》第80条、第81条所列重大事件均属于内幕信息。（2019年案例分析题）

3. 内幕信息的敏感期

（1）内幕交易行为的认定首先需要确认存在内幕信息，内幕信息的一个重要特征是“尚未公开”。内幕交易只能发生在内幕信息形成至公开之间的这段时间内，这段时间被称为“内幕信息的敏感期”。

（2）内幕信息的形成（2018年案例分析题、2019年案例分析题）

影响内幕信息形成的动议、筹划、决策或者执行人员，其动议、筹划、决策或者执行初始时间，应当认定为内幕信息的形成之时。

（3）内幕信息的公开

内幕信息的公开，是指内幕信息在国务院证券、期货监督管理机构指定的报刊、网站等媒体披露。

【考点 2】内幕交易行为（2014 年案例分析题、2015 年案例分析题、2016 年案例分析题、2018 年案例分析题、2019 年案例分析题、2020 年案例分析题）（P319）★★★

名师敲黑板

这是考生必须掌握的考点，今年继续关注案例分析题。

1. 证券交易内幕信息的知情人

（1）发行人及其董事、监事、高级管理人员；

（2）持有公司 5%以上股份的股东及其董事、监事、高级管理人员，公司的实际控制人及其董事、监事、高级管理人员；

（3）发行人控股或者实际控制的公司及其董事、监事、高级管理人员；

（4）由于所任公司职务或者因与公司业务往来可以获取公司有关内幕信息的人员；

（5）上市公司收购人或者重大资产交易方及其控股股东、实际控制人、董事、监事和高级管理人员；

（6）因职务、工作可以获取内幕信息的证券交易场所、证券公司、证券登记结算机构、证券服务机构的有关人员；

（7）因职责、工作可以获取内幕信息的证券监督管理机构工作人员；

（8）因法定职责对证券的发行、交易或者对上市公司及其收购、重大资产交易进行管理可以获取内幕信息的有关主管部门、监管机构的工作人员；

（9）国务院证券监督管理机构规定的可以获取内幕信息的其他人员。

2. 非法获取证券内幕信息的人员

（1）利用窃取、骗取、套取、窃听、利诱、刺探或者私下交易等手段获取内幕信息的。

（2）内幕信息知情人员的近亲属或者其他与内幕信息知情人员关系密切的人员，在内幕信息敏感期内，从事或者明示、暗示他人从事，或者泄露内幕信息导致他人从事与该内幕信息有关的证券、期货交易，相关交易行为明显异常，且无正当理由或者正当信息来源的。

（3）在内幕信息敏感期内，与内幕信息知情人员联络、接触，从事或者明示、暗示他人从事，或者泄露内幕信息导致他人从事与该内幕信息有关的证券、期货交易，相关交易行为明显异常，且无正当理由或者正当信息来源的。

3. 内幕交易行为的认定

温馨小提示

当事人如果想否认内幕交易行为的存在，就必须负有举证责任：对其在内幕信息敏感期内从事的相关证券买卖行为作出合理说明或者提供证据排除其存在利用内幕信息从事相关证券交易活动的可能。

只要监管机构提供的证据能够证明以下情形之一，就可以确认内幕交易行为成立：

（1）证券交易内幕信息知情人员，进行了与该内幕信息有关的证券交易活动；

（2）内幕信息知情人员的配偶、父母、子女以及其他有密切关系的人，其证券交易活动与该内幕信息基本吻合；

（3）因履行工作职责知悉上述内幕信息并进行了与该信息有关的证券交易活动；

（4）非法获取内幕信息，并进行了与该内幕信息有关的证券交易活动；

（5）内幕信息公开前与内幕信息知情人员或者知晓该内幕信息的人员联络、接触，其证券交易活动与内幕信息高度吻合。

4. 不构成“内幕交易罪”的情形

根据《最高人民法院、最高人民检察院关于办理内幕交易、泄露内幕信息刑事案件具体应用法律若干问题的解释》的规定，具有下列情形之一的，不属于刑法上的内幕交易行为：

（1）持有或者通过协议、其他安排与他人共同持有上市公司 5%以上股份的自然人、法人或者其他组织收购该上市公司股份的；

（2）按照事先订立的书面合同、指令、计划从事相关证券、期货交易的；

（3）依据已被他人披露的信息而交易的；

（4）交易具有其他正当理由或者正当信息来源的。

5. 利用未公开信息进行的交易（2020年案例分析题）

禁止证券交易场所、证券公司、证券登记结算机构、证券服务机构和其他金融机构的从业人员、有关监管部门或者行业协会的工作人员，利用因职务便利获取的内幕信息以外的其他未公开的信息，违反规定，从事与该信息相关的证券交易活动，或者明示、暗示他人从事相关交易活动。

【解释】上述行为俗称“老鼠仓”行为。“老鼠仓”行为与内幕交易行为的主要区别:（1）主体范围不同。“老鼠仓”行为的主体特定，主要是证券交易场所、证券公司、证券登记结算机构、证券服务机构和其他金融机构的从业人员、有关监管部门或者行业协会的工作人员；而内幕交易的主体不仅包括证券交易内幕信息的知情人员，还包括非法获取内幕信息的人员；（2）所利用的信息不同。“老鼠仓”行为利用的是内幕信息以外的其他未公开的信息；而内幕交易利用的是涉及“发行人经营、财务”的具有重大性且未公开的信息。

名师敲黑板

“买入后6个月内卖出”是指从最后一笔买入时点起算6个月内卖出的。

【考点3】短线交易（2018年案例分析题）（P320）★★★

1. 上市公司、股票在国务院批准的其他全国性证券交易场所交易的公司持有5%以上股份的股东、董事、监事、高级管理人员，将其持有的该公司的股票或者其他具有股权性质的证券在买入后6个月内卖出，或者在卖出后6个月内又买入，由此所得收益归该公司所有，公司董事会应当收回其所得收益。但是，证券公司因购入包销售后剩余股票而持有5%以上股份，以及有国务院证券监督管理机构规定的其他情形的除外。

名师敲黑板

“卖出后6个月内又买入”是指从最后一笔卖出时点起算6个月内又买入的。

【解释】上述董事、监事、高级管理人员、自然人股东持有的股票或者其他具有股权性质的证券，包括其配偶、父母、子女持有的及利用他人账户持有的股票或者其他具有股权性质的证券。

2. 公司董事会不按规定执行的，股东有权要求董事会在30日内执行。公司董事会未在上述期限内执行的，股东有权为了公司的利益以自己的名义直接向人民法院提起诉讼。公司董事会不按规定执行的，负有责任的董事依法承担连带责任。

经典题解

【例题·单选题】甲为某上市公司董事。2018年1月8日和22日，甲通过其配偶的证券账户，以20元/股和21元/股的价格，先后买入本公司股票2万股和4万股。同年7月9日，甲以22元/股的价格将6万股全部卖出。根据证券法律制度的规定，甲通过上述交易所得收益中，应当归入该上市公司的金额是（　　）。（2018年）

A. 2万元　　B. 4万元　　C. 6万元　　D. 0元

【解析】(1)2018 年 1 月 8 日买入、7 月 9 日卖出的 2 万股，已经超过了 6 个月，不构成短线交易；(2)1 月 22 日买入、7 月 9 日卖出的 4 万股，未超过 6 个月，构成短线交易，其收益 =4×（22-21）=4（万元），应当归上市公司所有。

【答案】B

【考点 4】股份转让的限制（综述）（P202、320）★★★

1. 发起人持有的本公司股份，自公司成立之日起 1 年内不得转让。

2. 公司公开发行股份前已发行的股份，自公司股票在证券交易所上市交易之日起 1 年内不得转让。

3. 董事、监事、高级管理人员

（1）董事、监事、高级管理人员所持本公司股份，自公司股票上市交易之日起 1 年内不得转让。

（2）董事、监事、高级管理人员在任职期间每年转让的股份不得超过其所持有本公司股份总数的 25%；上市公司董事、监事和高级管理人员所持股份不超过 1000 股的，可以一次性全部转让，不受 25% 的比例限制。

（3）董事、监事、高级管理人员离职后 6 个月内，不得转让其所持有的本公司股份。

【解释】因司法强制执行、继承、遗赠、依法分割财产等导致股份变动的，不受上述期限的限制。

4. 短线交易

上市公司、股票在国务院批准的其他全国性证券交易场所交易的公司持有 5% 以上股份的股东、董事、监事、高级管理人员，将其持有的该公司的股票或者其他具有股权性质的证券在买入后 6 个月内卖出，或者在卖出后 6 个月内又买入，由此所得收益归该公司所有，公司董事会应当收回其所得收益。但是，证券公司因购入包销售后剩余股票而持有 5% 以上股份，以及有国务院证券监督管理机构规定的其他情形的除外。

5. 上市公司非公开发行股票

（1）18 个月

上市公司董事会决议提前确定全部发行对象，且属于下列情形之一的，定价基准日可以为关于本次非公开发行股票的董事会决议公告日、股东大会决议公告日或者发行期首日，认购的股份自发行结束之日起 18 个月内不得转让：

①上市公司的控股股东、实际控制人或其控制的关联人；

②通过认购本次发行的股份取得上市公司实际控制权的投资者；

③董事会拟引入的境内外战略投资者。

（2）6 个月

除此之外的发行对象，认购的股份自发行结束之日起 6 个月内不得转让。

6. 上市公司发行股份购买资产

（1）特定对象以资产认购而取得的上市公司股份，自股份发行结束之日起 12 个月内不得转让。

（2）属于下列情形之一的，36个月内不得转让：

①特定对象为上市公司控股股东、实际控制人或者其控制的关联人。

②特定对象通过认购本次发行的股份取得上市公司的实际控制权。

③特定对象取得本次发行的股份时，对其用于认购股份的资产持续拥有权益的时间不足12个月。

【解释】上市公司发行股份购买资产，属于“借壳上市”情形的，上市公司原控股股东、原实际控制人及其控制的关联人，以及在交易过程中从该等主体直接或者间接受让该上市公司股份的特定对象应当公开承诺，在本次交易完成后36个月内不转让其在该上市公司中拥有权益的股份；除收购人及其关联人以外的特定对象应当公开承诺，其以资产认购而取得的上市公司股份自股份发行结束之日起24个月内不得转让。

7. 上市公司的收购人

在上市公司收购中，收购人持有的被收购的上市公司的股票，在收购行为完成后的18个月内不得转让。

8. 上市公司向特定对象发行的可转债转股的，所转换股票自可转债发行结束之日起18个月内不得转让。

名师敲黑板

根据最高人民法院2022年1月21日发布的《最高人民法院关于审理证券市场虚假陈述侵权民事赔偿案件的若干规定》，2022年教材对“虚假陈述”的内容进行了重大调整，其重要性无须强调，今年继续关注案例分析题。

第九单元　虚假陈述

使用“会计云课堂”App或“微信”扫码查看本单元视频，快速GET知识点。

【考点1】虚假陈述行为的界定（P306）★

1. 虚假陈述，是指信息披露义务人违反证券法律规定，在证券发行或者交易过程中，对重大事件作出违背事实真相的虚假记载、误导性陈述，或者在披露信息时发生重大遗漏、不正当披露信息的行为。

2. 根据中国证监会2011年发布的《信息披露违法行为行政责任认定规则》，具体规定如下：

（1）信息披露义务人未按照法律、行政法规、规章和规范性文件，以及证券交易所业务规则规定的信息披露（包括报告）期限、方式等要求及时、公平披露信息，应当认定构成未按照规定披露信息的信息披露违法行为。

（2）信息披露义务人在信息披露文件中对所披露内容进行不真实记载，包括发生业务不入账、虚构业务入账、不按照相关规定进行会计核算和编制财务会计报告，以及其他在信息披露中记载的事实与真实情况不符的，应当认定构成所披露的信息有虚假记载的信息披露违法行为。（2020年案例分析题）

（3）信息披露义务人在信息披露文件中或者通过其他信息发布渠道、载体，作出不完整、不准确陈述，致使或者可能致使投资者对其投资行为发生错误判断的，应当认定构成所披露的信息有误导性陈述的信息披露违法行为。（2020年案例分析题）

（4）信息披露义务人在信息披露文件中未按照法律、行政法规、规章和规范性文件以及证券交易所业务规则关于重大事件或者重要事项信息披露要求披露信息，遗漏重大事项的，应当认定构成所披露的信息有重大遗漏的信息披露违法行为。

3. 最高人民法院 2022 年 1 月 21 日发布的《最高人民法院关于审理证券市场虚假陈述侵权民事赔偿案件的若干规定》（以下简称《虚假陈述民事赔偿规定》），将虚假陈述分为虚假记载、误导性陈述和重大遗漏。

（1）虚假记载，是指信息披露义务人披露的信息中对相关财务数据进行重大不实记载，或者对其他重要信息作出与真实情况不符的描述。

（2）误导性陈述，是指信息披露义务人披露的信息隐瞒了与之相关的部分重要事实，或者未及时披露相关更正、确认信息，致使已经披露的信息因不完整、不准确而具有误导性。

（3）重大遗漏，是指信息披露义务人违反关于信息披露的规定，对重大事件或者重要事项等应当披露的信息未予披露。

4. 未按照规定披露信息

（1）《证券法》第 85 条规定的"未按照规定披露信息"，是指信息披露义务人未按照规定的期限、方式等要求及时、公平披露信息。

（2）信息披露义务人"未按照规定披露信息"构成虚假陈述的，依照《虚假陈述民事赔偿规定》承担民事责任；构成内幕交易的，依照《证券法》第 53 条的规定承担民事责任；构成《公司法》第 152 条规定的损害股东利益行为的，依照该法承担民事责任。

【《证券法》第 85 条】信息披露义务人未按照规定披露信息，或者公告的证券发行文件、定期报告、临时报告及其他信息披露资料存在虚假记载、误导性陈述或者重大遗漏，致使投资者在证券交易中遭受损失的，信息披露义务人应当承担赔偿责任；发行人的控股股东、实际控制人、董事、监事、高级管理人员和其他直接责任人员以及保荐人、承销的证券公司及其直接责任人员，应当与发行人承担连带赔偿责任，但是能够证明自己没有过错的除外。

【《证券法》第 53 条】证券交易内幕信息的知情人和非法获取内幕信息的人，在内幕信息公开前，不得买卖该公司的证券，或者泄露该信息，或者建议他人买卖该证券。内幕交易行为给投资者造成损失的，应当依法承担赔偿责任。

【《公司法》第 152 条】董事、高级管理人员违反法律、行政法规或者公司章程的规定，损害股东利益的，股东可以向人民法院提起诉讼。

5. 预测性信息

原告以信息披露文件中的盈利预测、发展规划等预测性信息与实际经营情况存在重大差异为由主张发行人实施虚假陈述的，人民法院不予支持，但有下列情形之一的除外：

（1）信息披露文件未对影响该预测实现的重要因素进行充分风险提示的；

（2）预测性信息所依据的基本假设、选用的会计政策等编制基础明显不合理的；

（3）预测性信息所依据的前提发生重大变化时，未及时履行更正义务的。

【考点2】虚假陈述行为的行政责任（P308）★★★

1. 证券服务机构（2017年案例分析题）

证券服务机构违反《证券法》的规定，未勤勉尽责，所制作、出具的文件有虚假记载、误导性陈述或者重大遗漏的，责令改正，没收业务收入，并处以业务收入1倍以上10倍以下的罚款，没有业务收入或者业务收入不足50万元的，处以50万元以上500万元以下的罚款；情节严重的，并处暂停或者禁止从事证券服务业务。对直接负责的主管人员和其他直接责任人员给予警告，并处以20万元以上200万元以下的罚款。

2. 信息披露义务人

（1）信息披露义务人报送的报告或者披露的信息有虚假记载、误导性陈述或者重大遗漏的，责令改正，给予警告，并处以100万元以上1000万元以下的罚款；对直接负责的主管人员和其他直接责任人员给予警告，并处以50万元以上500万元以下的罚款。发行人的控股股东、实际控制人组织、指使从事上述违法行为，或者隐瞒相关事项导致发生上述情形的，处以100万元以上1000万元以下的罚款；对直接负责的主管人员和其他直接责任人员，处以50万元以上500万元以下的罚款。

（2）信息披露义务人未按照《证券法》的规定报送有关报告或者履行信息披露义务的，责令改正，给予警告，并处以50万元以上500万元以下的罚款；对直接负责的主管人员和其他直接责任人员给予警告，并处以20万元以上200万元以下的罚款。发行人的控股股东、实际控制人组织、指使从事上述违法行为，或者隐瞒相关事项导致发生上述情形的，处以50万元以上500万元以下的罚款；对直接负责的主管人员和其他直接责任人员，处以20万元以上200万元以下的罚款。

表7-9　虚假陈述行为的行政责任

责任主体	信息披露义务人报送的报告或者披露的信息有虚假记载、误导性陈述或者重大遗漏	信息披露义务人未按照规定报送有关报告或者履行信息披露义务
信息披露义务人	100～1000万元	50～500万元
信息披露义务人直接负责的主管人员和其他直接责任人员	50～500万元	20～200万元
组织、指使发行人从事该违法行为的控股股东、实际控制人	100～1000万元	50～500万元
控股股东、实际控制人直接负责的主管人员和其他直接责任人员	50～500万元	20～200万元

3.《信息披露违法行为行政责任认定规则》的规定（2013年案例分析题、2016年案例分析题、2017年案例分析题）

（1）上市公司发生信息披露违法行为的，对负有保证信息披露真实、准确、完整、及时和公平义务的董事、监事、高级管理人员，应当视情形认定其为直接负责的主管人员或者其他直接责任人员承担行政责任，但其能够证明已尽忠实、勤勉义务，没有过错的除外。

（2）如有证据证明因信息披露义务人受控股股东、实际控制人指使，未按照规定披露信息，或者所披露的信息有虚假记载、误导性陈述或者重大遗漏的，在认定信息披露义务人责任的同时，应当认定信息披露义务人控股股东、实际控制人的信息披露违法责任。信息披露义务人的控股股东、实际控制人是法人的，其负责人应当认定为直接负责的主管人员。

温馨小提示

控股股东、实际控制人直接授意、指挥从事信息披露违法行为，或者隐瞒应当披露信息、不告知应当披露信息的，应当认定控股股东、实际控制人指使从事信息披露违法行为。

（3）可以考虑“不予行政处罚”的情形

①当事人对认定的信息披露违法事项提出具体异议记载于董事会、监事会、公司办公会会议记录等，并在上述会议中投反对票的；

②当事人在信息披露违法事实所涉及期间，由于不可抗力、失去人身自由等无法正常履行职责的；

③对公司信息披露违法行为不负有主要责任的人员在公司信息披露违法行为发生后及时向公司和证券交易所、证券监管机构报告的。

（4）任何下列情形，不得单独作为不予处罚情形认定：

①不直接从事经营管理；

②能力不足、无相关职业背景；

③任职时间短、不了解情况；

④相信专业机构或者专业人员出具的意见和报告；

⑤受到股东、实际控制人控制或者其他外部干预。

【考点3】虚假陈述行为的民事赔偿责任（P310）★★★

1. 无过错责任

根据《证券法》第85条的规定，信息披露义务人未按照规定披露信息，或者公告的证券发行文件、定期报告、临时报告及其他信息披露资料存在虚假记载、误导性陈述或者重大遗漏，致使投资者在证券交易中遭受损失的，信息披露义务人应当承担赔偿责任。

2. 过错推定责任（2020年案例分析题）

（1）根据《证券法》第85条的规定，发行人的控股股东、实际控制人、董事、监事、高级管理人员和其他直接责任人员以及保荐人、承销的证券公司及其直接责任人员，应当与发行人承担连带赔偿责任，但是能够证明自己没有过错的除外。

（2）根据《证券法》第163条的规定，证券服务机构为证券的发行、上市、交易等证券业务活动制作、出具审计报告及其他鉴证报告、资产评估报告、财务顾问报告、资信评级报告或者法律意见书等文件，应当勤勉尽责，对所依据的文件资料内容的真实性、准确性、完整性进行核查和验证。其制作、出具的文件有虚假记载、误导性陈述或者重大遗漏，给他人造成损失的，应当与委托人承担连带赔偿责任，但是能够证明自己没有过错的除外。

表 7–10　虚假陈述的民事赔偿责任

责任类型	责任主体	具体内容
无过错责任	信息披露义务人	信息披露义务人只要存在虚假陈述行为，无论是否有过错，均应承担损害赔偿责任
过错推定责任	发行人的控股股东、实际控制人	首先推定其有过错，原告无须承担举证责任；如果被告不能证明自己没有过错，则应当承担连带赔偿责任
	发行人的董事、监事、高级管理人员和其他直接责任人员	
	保荐人、承销的证券公司及其直接责任人员	
	证券服务机构	

经典题解

【例题 1 · 单选题】根据证券法律制度的规定，下列主体中，对招股说明书中的虚假记载承担无过错责任的是（　　）。（2014 年）

A. 信息披露义务人　　B. 承销人

C. 实际控制人　　D. 保荐人

【答案】A

【例题 2 · 单选题】中国证监会经调查发现，一年前在上海证券交易所挂牌上市的甲公司在首次公开发行股票的过程中存在虚假陈述行为，并给投资者造成重大损失。乙是甲公司的董事长。根据证券法律制度的规定，下列关于乙责任承担的表述中，正确的是（　　）。（2016 年）

A. 无论乙有无过错，均应承担连带赔偿责任

B. 无论乙有无过错，均不承担赔偿责任

C. 乙应承担连带赔偿责任，除非乙能证明自己没有过错

D. 只有当投资者证明乙有过错时，乙才承担连带赔偿责任

【答案】C

【考点 4】过错认定（P313）★★

1. 过错的认定

根据《虚假陈述民事赔偿规定》,《证券法》第 85 条、第 163 条所称的过错，包括以下两种情形：

（1）行为人故意制作、出具存在虚假陈述的信息披露文件，或者明知信息披露文件存在虚假陈述而不予指明、予以发布；

（2）行为人严重违反注意义务，对信息披露文件中虚假陈述的形成或者发布存在过失。

2. 发行人的董事、监事、高级管理人员

（1）发行人的董事、监事、高级管理人员和其他直接责任人员主张对虚假陈述

没有过错的，人民法院应当根据其工作岗位和职责、在信息披露资料的形成和发布等活动中所起的作用、取得和了解相关信息的渠道、为核验相关信息所采取的措施等实际情况进行审查认定。

（2）上述人员不能提供勤勉尽责的相应证据，仅以其不从事日常经营管理、无相关职业背景和专业知识、相信发行人或者管理层提供的资料、相信证券服务机构出具的专业意见等理由主张其没有过错的，人民法院不予支持。

（3）发行人的董事、监事、高级管理人员依照《证券法》的规定，以书面方式发表附具体理由的意见并依法披露的，人民法院可以认定其主观上没有过错，但在审议、审核信息披露文件时投赞成票的除外。

3. 独立董事

独立董事能够证明下列情形之一的，人民法院应当认定其没有过错：

（1）在签署相关信息披露文件之前，对不属于自身专业领域的相关具体问题，借助会计、法律等专门职业的帮助仍然未能发现问题的；

（2）在揭露日或者更正日之前，发现虚假陈述后及时向发行人提出异议并监督整改或者向证券交易场所、监管部门书面报告的；

（3）在独立意见中对虚假陈述事项发表保留意见、反对意见或者无法表示意见并说明具体理由的，但在审议、审核相关文件时投赞成票的除外；

（4）因发行人拒绝、阻碍其履行职责，导致无法对相关信息披露文件是否存在虚假陈述作出判断，并及时向证券交易场所、监管部门书面报告的；

（5）能够证明勤勉尽责的其他情形。

独立董事提交证据证明其在履职期间能够按照法律、监管部门制定的规章和规范性文件以及公司章程的要求履行职责的，或者在虚假陈述被揭露后及时督促发行人整改且效果较为明显的，人民法院可以结合案件事实综合判断其过错情况。

4. 保荐机构、承销机构

保荐机构、承销机构等机构及其直接责任人员提交的尽职调查工作底稿、尽职调查报告、内部审核意见等证据能够证明下列情形的，人民法院应当认定其没有过错：

（1）已经按照法律、行政法规、监管部门制定的规章和规范性文件、相关行业执业规范的要求，对信息披露文件中的相关内容进行了审慎尽职调查；

（2）对信息披露文件中没有证券服务机构专业意见支持的重要内容，经过审慎尽职调查和独立判断，有合理理由相信该部分内容与真实情况相符；

（3）对信息披露文件中证券服务机构出具专业意见的重要内容，经过审慎核查和必要的调查、复核，有合理理由排除了职业怀疑并形成合理信赖。

5. 证券服务机构

（1）会计师事务所、律师事务所、资信评级机构、资产评估机构、财务顾问等证券服务机构制作、出具的文件存在虚假陈述的，人民法院应当按照法律、行政法规、监管部门制定的规章和规范性文件，参考行业执业规范规定的工作范围和程序要求等内容，结合其核查、验证工作底稿等相关证据，认定其是否存在过错。

（2）证券服务机构的责任限于其工作范围和专业领域。证券服务机构依赖保荐机构或者其他证券服务机构的基础工作或者专业意见致使其出具的专业意见存在虚假陈述，能够证明其对所依赖的基础工作或者专业意见经过审慎核查和必要的调查、复核，排除了职业怀疑并形成合理信赖的，人民法院应当认定其没有过错。

名师敲黑板

这是考生必须掌握的考点，今年继续关注案例分析题。

温馨小提示

发行人的董事、监事、高级管理人员单纯地只是在信息披露文件中声称自己无法保证该文件内容的真实性、准确性和完整性，不构成在主观上没有过错的理由。

温馨小提示

外部监事和职工监事，参照适用独立董事的规定。

（3）会计师事务所能够证明下列情形之一的，人民法院应当认定其没有过错：

①按照执业准则、规则确定的工作程序和核查手段并保持必要的职业谨慎，仍未发现被审计的会计资料存在错误的；

②审计业务必须依赖的金融机构、发行人的供应商、客户等相关单位提供不实证明文件，会计师事务所保持了必要的职业谨慎仍未发现的；

③已对发行人的舞弊迹象提出警告并在审计业务报告中发表了审慎审计意见的；

④能够证明没有过错的其他情形。

【考点5】责任主体（P311）★★★

1. 发行人的控股股东、实际控制人

温馨小提示

如果发行人虚假陈述行为的发生是源于其控股股东、实际控制人的组织、指使，则原告可以越过发行人，直接以该控股股东、实际控制人（元凶）为被告请求其承担民事赔偿责任。

（1）发行人的控股股东、实际控制人组织、指使发行人实施虚假陈述，致使原告在证券交易中遭受损失的，原告起诉请求直接判令该控股股东、实际控制人依照《虚假陈述民事赔偿规定》赔偿损失的，人民法院应当予以支持。

（2）控股股东、实际控制人组织、指使发行人实施虚假陈述，发行人在承担赔偿责任后要求该控股股东、实际控制人赔偿实际支付的赔偿款、合理的律师费、诉讼费用等损失的，人民法院应当予以支持。

2. 保荐机构、承销机构

温馨小提示

实践中经常出现证券公司与发行人签订协议，事先约定如果发生虚假陈述民事赔偿而导致证券公司承担赔偿责任时，由发行人对其进行补偿。这种约定实质上是将证券公司应当承担的民事责任予以"不当转嫁"。

保荐机构、承销机构等责任主体以存在约定为由，请求发行人或者其控股股东、实际控制人补偿其因虚假陈述所承担的赔偿责任的，人民法院不予支持。

3. 公司重大资产重组的交易对方

公司重大资产重组的交易对方所提供的信息不符合真实、准确、完整的要求，导致公司披露的相关信息存在虚假陈述，原告起诉请求判令该交易对方与发行人等责任主体赔偿由此导致的损失的，人民法院应当予以支持。

4. 发行人的供应商、客户以及为发行人提供服务的金融机构

有证据证明发行人的供应商、客户，以及为发行人提供服务的金融机构等明知发行人实施财务造假活动，仍然为其提供相关交易合同、发票、存款证明等予以配合，或者故意隐瞒重要事实致使发行人的信息披露文件存在虚假陈述，原告起诉请求判令其与发行人等责任主体赔偿由此导致的损失的，人民法院应当予以支持。

【考点6】因果关系（2017年案例分析题、2020年案例分析题）（P312、315）★★★

名师敲黑板

《虚假陈述民事赔偿规定》对该考点进行了重大调整，希望考生高度重视，注意案例分析题。

1. 虚假陈述实施日

（1）虚假陈述实施日，是指信息披露义务人作出虚假陈述或者发生虚假陈述之日。

（2）信息披露义务人在证券交易场所的网站或者符合监管部门规定条件的媒体上公告发布具有虚假陈述内容的信息披露文件，以披露日为实施日；通过召开业绩说明会、接受新闻媒体采访等方式实施虚假陈述的，以该虚假陈述的内容在具有全国性影响的媒体上首次公布之日为实施日。信息披露文

件或者相关报导内容在交易日收市后发布的，以其后的第一个交易日为实施日。

（3）因未及时披露相关更正、确认信息构成误导性陈述，或者未及时披露重大事件或者重要事项等构成重大遗漏的，以应当披露相关信息期限届满后的第一个交易日为实施日。

2. 虚假陈述揭露日或者更正日

（1）虚假陈述更正日，是指信息披露义务人在证券交易场所网站或者符合监管部门规定条件的媒体上，自行更正虚假陈述之日。

（2）虚假陈述揭露日，是指虚假陈述在具有全国性影响的报刊、电台、电视台或者监管部门网站、交易场所网站、主要门户网站、行业知名的自媒体等媒体上，首次被公开揭露并为证券市场知悉之日。

名师敲黑板

虚假陈述被揭露的意义在于其对证券市场发出了一个警示信号，提醒投资者重新判断股票价值，进而对市场价格产生影响。

（3）人民法院应当根据公开交易市场对相关信息的反应等证据，判断投资者是否知悉了虚假陈述。

（4）除当事人有相反证据足以反驳外，下列日期应当认定为揭露日：

①监管部门以涉嫌信息披露违法为由对信息披露义务人立案调查的信息公开之日；

②证券交易场所等自律管理组织因虚假陈述对信息披露义务人等责任主体采取自律管理措施的信息公布之日。

（5）信息披露义务人实施的虚假陈述呈连续状态的，以首次被公开揭露并为证券市场知悉之日为揭露日。信息披露义务人实施多个相互独立的虚假陈述的，人民法院应当分别认定其揭露日。

3. 原告能够证明下列情形的，人民法院应当认定原告的投资决定与虚假陈述之间的交易因果关系成立：

（1）信息披露义务人实施了虚假陈述；

（2）原告交易的是与虚假陈述直接关联的证券；

（3）原告在虚假陈述实施日之后、揭露日或者更正日之前实施了相应的交易行为，即在诱多型虚假陈述中买入了相关证券，或者在诱空型虚假陈述中卖出了相关证券。

名师敲黑板

所谓实施日之后、揭露日或者更正日之后、基准日之前，包括该日；揭露日或者更正日之前，不包括该日。

4. 被告能够证明下列情形之一的，人民法院应当认定交易因果关系不成立：

（1）原告的交易行为发生在虚假陈述实施前，或者是在揭露或更正之后；

（2）原告在交易时知道或者应当知道存在虚假陈述，或者虚假陈述已经被证券市场广泛知悉；

（3）原告的交易行为是受到虚假陈述实施后发生的上市公司的收购、重大资产重组等其他重大事件的影响；

（4）原告的交易行为构成内幕交易、操纵证券市场等证券违法行为的；

（5）原告的交易行为与虚假陈述不具有交易因果关系的其他情形。

【案例】甲上市公司诱多型虚假陈述的实施日为4月1日，揭露日为7月1日。在本案中：（1）投资者A于3月1日买入甲上市公司的股票，4月20日全部卖出，损失10万元，投资者的损失与甲上市公司的虚假陈述行为不存在因果关系；（2）投资者B于4月10日买入甲上市公司的股票，7月4日全部卖出，损失10万元，投资者的损失与甲上市公司的虚假陈述行为存在因果关系；（3）投资者C于7月4日买入甲上市公司的股票，7月10日全部卖出，损失10万元，投资者的损失与甲上市公司的虚假陈述行为不存在因果关系。

5. 重大性

有下列情形之一的，人民法院应当认定虚假陈述的内容具有重大性：

（1）虚假陈述的内容属于《证券法》规定的重大事件；

（2）虚假陈述的内容属于监管部门制定的规章和规范性文件中要求披露的重大事件或者重要事项；

（3）虚假陈述的实施、揭露或者更正导致相关证券的交易价格或者交易量产生明显的变化。

温馨小提示

无论有无行政处罚或者生效刑事判决，人民法院都应当在民事诉讼程序中对诉争信息是否构成“重大性”进行司法判断；而“重大性”的司法判断显然同时采纳了“一般理性人标准”和“价格测试标准”。

【解释1】上述第（1）项、第（2）项所列情形，被告提交证据足以证明虚假陈述并未导致相关证券交易价格或者交易量明显变化的，人民法院应当认定虚假陈述的内容不具有重大性。

【解释2】被告能够证明虚假陈述不具有重大性，并以此抗辩不应当承担民事责任的，人民法院应当予以支持。

【考点7】损失认定（P316）★★

1. 民事赔偿责任的范围

信息披露义务人在证券交易市场承担民事赔偿责任的范围，以原告因虚假陈述而实际发生的损失为限。原告实际损失包括投资差额损失、投资差额损失部分的佣金和印花税。

2. 基准日的确定

（1）投资差额损失计算的基准日，是指在虚假陈述揭露或者更正后，为将原告应获赔偿限定在虚假陈述所造成的损失范围内，确定损失计算的合理期间而规定的截止日期。

（2）在采用集中竞价的交易市场中，自揭露日或者更正日起，被虚假陈述影响的证券集中交易累计成交量达到可流通部分100%之日为基准日。

（3）自揭露日或者更正日起，集中交易累计换手率在10个交易日内达到可流通部分100%的，以第10个交易日为基准日；在30个交易日内未达到可流通部分100%的，以第30个交易日为基准日。

温馨小提示

集中竞价交易是指二个以上的买方和二个以上的卖方通过公开竞价形式来确定证券买卖价格的交易方式，集中竞价包括集合竞价和连续竞价两种形式。上交所规定，9:15~9:25采用集合竞价方式得到开盘价，9:30~11:30，13:00~14:57采用连续竞价方式，14:57~15:00采用集合竞价方式确定收盘价。

3. 基准价格

虚假陈述揭露日或者更正日起至基准日期间每个交易日收盘价的平均价格，为损失计算的基准价格。

4. 诱多型虚假陈述的投资差额损失

在采用集中竞价的交易市场中，原告因虚假陈述买入相关股票所造成的投资差额损失，按照下列方法计算：

（1）原告在实施日之后、揭露日或者更正日之前买入，在揭露日或者更正日之后、基准日之前卖出的股票，按买入股票的平均价格与卖出股票的平均价格之间的差额，乘以已卖出的股票数量；

（2）原告在实施日之后、揭露日或者更正日之前买入，基准日之前未卖出的股票，按买入股票的平均价格与基准价格之间的差额，乘以未卖出的股票数量。

【案例】甲上市公司诱多型虚假陈述的实施日为4月1日，揭露日为7月1日，基准日为7月15日，基准价格（7月1日至7月15日期间每个交易日收盘价的平均价格）为6元/股。投资者于4月10日买入甲上市公司股票1万股，买入股票的平均价格为10元/股。在本案中:（1）如果投资者于7月5日（基准日之前）将其持有的甲上市公司股票全部卖出，卖出股票的平均价格为8元，则投资差额损失为2万元;（2）如果投资者在基准日之前未卖出任何股票，则投资差额损失为4万元。

5. 诱空型虚假陈述的投资差额损失

在采用集中竞价的交易市场中，原告因虚假陈述卖出相关股票所造成的投资差额损失，按照下列方法计算：

（1）原告在实施日之后、揭露日或者更正日之前卖出，在揭露日或者更正日之后、基准日之前买回的股票，按买回股票的平均价格与卖出股票的平均价格之间的差额，乘以买回的股票数量；

（2）原告在实施日之后、揭露日或者更正日之前卖出，基准日之前未买回的股票，按基准价格与卖出股票的平均价格之间的差额，乘以未买回的股票数量。

【案例】甲上市公司诱空型虚假陈述的实施日为4月1日，揭露日为7月1日，基准日为7月15日，基准价格（7月1日至7月15日期间每个交易日收盘价的平均价格）为16元/股。投资者于4月10日卖出甲上市公司股票1万股，卖出股票的平均价格为10元/股。在本案中:（1）如果投资者于7月5日（基准日之前）将其卖出的甲上市公司股票全部买回，买回股票的平均价格为14元，则投资差额损失为4万元;（2）如果投资者在基准日之前未买回任何股票，则投资差额损失为6万元。

6. 人民法院应当查明虚假陈述与原告损失之间的因果关系，以及导致原告损失的其他原因等案件基本事实，确定赔偿责任范围。

7. 被告能够举证证明原告的损失部分或者全部是由他人操纵市场、证券市场的风险、证券市场对特定事件的过度反应、上市公司内外部经营环境等其他因素所导致的，对其关于相应减轻或者免除责任的抗辩，人民法院应当予以支持。

【考点8】虚假陈述民事诉讼（P312、318）★★

1. 原告提起证券虚假陈述侵权民事赔偿诉讼，符合《民事诉讼法》的规定，并提交以下证据或者证明材料的，人民法院应当受理：

（1）证明原告身份的相关文件；

（2）信息披露义务人实施虚假陈述的相关证据；

（3）原告因虚假陈述进行交易的凭证及投资损失等相关证据。

2. 人民法院不得仅以虚假陈述未经监管部门行政处罚或者人民法院生效刑事判决的认定为由裁定不予受理。

3. 诉讼时效

（1）当事人主张以揭露日或者更正日起算诉讼时效的，人民法院应当予以支持。揭露日与更正日不一致的，以在先的为准。

（2）对于虚假陈述责任人中的一人发生诉讼时效中断效力的事由，应当认定对其他连带责任人也发生诉讼时效中断的效力。

温馨小提示

信息披露义务人实施虚假陈述的相关证据，可以是已有的行政处罚或者生效刑事判决，也可以是其他能够证明被告实施了虚假陈述的证据。

名师敲黑板

《虚假陈述民事赔偿规定》对该考点进行了重大调整，希望考生高度重视，注意案例分析题。

（3）在诉讼时效期间内，部分投资者向人民法院提起人数不确定的普通代表人诉讼的，人民法院应当认定该起诉行为对所有具有同类诉讼请求的权利人发生时效中断的效果。

（4）在普通代表人诉讼中，未向人民法院登记权利的投资者，其诉讼时效自权利登记期间届满后重新开始计算。向人民法院登记权利后申请撤回权利登记的投资者，其诉讼时效自撤回权利登记之次日重新开始计算。

（5）投资者保护机构依照《证券法》的规定作为代表人参加诉讼后，投资者声明退出诉讼的，其诉讼时效自声明退出之次日起重新开始计算。

名师敲黑板：这是2021年教材新增的内容，今年继续关注案例分析题。

【考点9】证券纠纷代表人诉讼（P317）★★★

【解释】证券纠纷代表人诉讼包括因证券市场虚假陈述、内幕交易、操纵市场等行为引发的普通代表人诉讼和特别代表人诉讼。

1. 普通代表人诉讼

（1）投资者提起虚假陈述等证券民事赔偿诉讼时，诉讼标的是同一种类，且当事人一方人数众多的，可以依法推选代表人进行诉讼。

（2）对按照上述规定提起的诉讼，可能存在有相同诉讼请求的其他众多投资者的，人民法院可以发出公告，说明该诉讼请求的案件情况，通知投资者在一定期间向人民法院登记。人民法院作出的判决、裁定，对参加登记的投资者发生效力。

（3）根据《最高人民法院关于证券纠纷代表人诉讼若干问题的规定》，符合以下条件的，人民法院应当适用普通代表人诉讼程序进行审理：

①原告一方人数10人以上，起诉符合《民事诉讼法》的规定和共同诉讼条件；

②起诉书中确定2至5名拟任代表人且符合规定的代表人条件；

③原告提交有关行政处罚决定、刑事裁判文书、被告自认材料、证券交易所和国务院批准的其他全国性证券交易场所等给予的纪律处分或者采取的自律管理措施等证明证券侵权事实的初步证据。

2. 特别代表人诉讼

（1）投资者保护机构受50名以上投资者委托，可以作为代表人参加诉讼，并为经证券登记结算机构确认的权利人依照规定向人民法院登记，但投资者明确表示不愿意参加该诉讼的除外。

名师敲黑板：对于特别代表人诉讼，采用的是“默认加入、明示退出”的方式。在普通代表人诉讼中，投资者必须通过进行登记参与诉讼，即“明示加入”。

（2）投资者保护机构依据公告确定的权利人范围向证券登记结算机构调取的权利人名单，人民法院应当予以登记，列入代表人诉讼原告名单，并通知全体原告。

（3）投资者明确表示不愿意参加诉讼的，应当在公告期间届满后15日内向人民法院声明退出。未声明退出的，视为同意参加该代表人诉讼。对于声明退出的投资者，人民法院不再将其登记为特别代表人诉讼的原告，该投资者可以另行起诉。

（4）诉讼过程中由于声明退出等原因导致明示授权投资者的数量不足50名的，不影响投资者保护机构的代表人资格。

（5）针对同一代表人诉讼，原则上应当由一个投资者保护机构作为代表人参加诉讼。两个以上的投资者保护机构分别受50名以上投资者委托，且均决定作为代表人参加诉讼的，应当协商处理；协商不成的，由人民法院指定其中一个作为代表人参加诉讼。

（6）特别代表人诉讼案件，由涉诉证券集中交易的证券交易所、国务院批准的其他全国性证券交易场所所在地的中级人民法院或者专门人民法院管辖。

【考点10】操纵证券市场行为（2020年案例分析题）（P322）★★★

1. 禁止任何人以下列手段操纵证券市场，影响或者意图影响证券交易价格或者证券交易量：

（1）单独或者通过合谋，集中资金优势、持股优势或者利用信息优势联合或者连续买卖；

（2）与他人串通，以事先约定的时间、价格和方式相互进行证券交易；

（3）在自己实际控制的账户之间进行证券交易；

（4）不以成交为目的，频繁或者大量申报并撤销申报；

（5）利用虚假或者不确定的重大信息，诱导投资者进行证券交易；

（6）对证券、发行人公开作出评价、预测或者投资建议，并进行反向证券交易；

（7）利用在其他相关市场的活动操纵证券市场；

（8）操纵证券市场的其他手段。

2. 操纵证券市场行为给投资者造成损失的，应当依法承担赔偿责任。

> **名师敲黑板**
>
> "蛊惑交易"操纵行为的主体没有限定，且有操纵意图的主观要件和影响证券交易价格或者证券交易量的结果要件。而虚假陈述的主体是信息披露义务人，且不具备操纵意图的主观要件和结果要件。

> **名师敲黑板**
>
> 如果当事人没有提前进行反向交易，仅对证券、发行人公开作出评价、预测或者投资建议，并影响了证券交易价格或者证券交易量，则可能构成第（5）项的"蛊惑交易"操纵行为。

经典题解

【例题1·单选题】根据证券法律制度的规定，对证券、发行人公开作出评价、预测或者投资建议，并进行反向证券交易，影响或者意图影响证券交易价格的行为是（　　）。（2020年）

A. 虚假陈述行为　　B. 内幕交易行为

C. 操纵证券市场行为　　D. 编造、传播虚假信息的行为

【答案】C

【例题2·单选题】根据证券法律制度的规定，任何人不得与他人串通，以事先约定的时间、价格和方式进行证券交易，影响证券交易价格或者证券交易量。该违法行为属于（　　）。（2021年）

A. 编造、传播虚假信息行为　　B. 虚假陈述行为

C. 操纵证券市场行为　　D. 内幕交易行为

【答案】C

【考点11】编造、传播虚假信息的行为（2020年案例分析题）（P308）★

1. 禁止任何单位和个人编造、传播虚假信息或者误导性信息，扰乱证券市场。

2. 禁止证券交易场所、证券公司、证券登记结算机构、证券服务机构及其从业人员，证券业协会、证券监督管理机构及其工作人员，在证券交易活动中作出虚假陈述或者信息误导。

3. 各种传播媒介传播证券市场信息必须真实、客观，禁止误导。传播媒介及其从事证券市场信息报道的工作人员不得从事与其工作职责发生利益冲突的证券买卖。

【解释】根据《虚假陈述民事赔偿规定》，其适用范围是“信息披露义务人在证券交易场所发行、交易证券过程中实施虚假陈述引发的侵权民事赔偿案件”，即仅限于积极信息披露义务人的虚假陈述民事赔偿案件；而消极信息披露人编造、传播虚假信息或者误导性信息，给投资者造成损失而引发的民事责任，则适用上述《证券法》第56条的规定。

第十单元　科创板和创业板上市公司

使用“会计云课堂”App或“微信”扫码查看本单元视频，快速GET知识点。

【考点1】在科创板上市的公司首次公开发行股票（P255）★

1. 科创板定位

发行人申请首次公开发行股票并在科创板上市，应当符合科创板定位，面向世界科技前沿、面向经济主战场、面向国家重大需求。优先支持符合国家战略，拥有关键核心技术，科技创新能力突出，主要依靠核心技术开展生产经营，具有稳定的商业模式，市场认可度高，社会形象良好，具有较强成长性的企业。

2. 首次公开发行股票并在科创板上市的条件

（1）发行人是依法设立且持续经营3年以上的股份有限公司，具备健全且运行良好的组织机构，相关机构和人员能够依法履行职责。有限责任公司按原账面净资产值折股整体变更为股份有限公司的，持续经营时间可以从有限责任公司成立之日起计算。

（2）发行人会计基础工作规范，财务报表的编制和披露符合企业会计准则和相关信息披露规则的规定，在所有重大方面公允地反映了发行人的财务状况、经营成果和现金流量，并由注册会计师出具标准无保留意见的审计报告。发行人内部控制制度健全且被有效执行，能够合理保证公司运行效率、合法合规和财务报告的可靠性，并由注册会计师出具无保留结论的内部控制鉴证报告。

（3）发行人业务完整，具有直接面向市场独立持续经营的能力

①资产完整，业务及人员、财务、机构独立，与控股股东、实际控制人及其控制的其他企业间不存在对发行人构成重大不利影响的同业竞争，不存在严重影响独立性或者显失公平的关联交易。

②发行人主营业务、控制权、管理团队和核心技术人员稳定，最近2年内主营业务和董事、高级管理人员及核心技术人员均没有发生重大不利变化；控股股东和受控股股东、实际控制人支配的股东所持发行人的股份权属清晰，最近2年实际控制人没有发生变更，不存在导致控制权可能变更的重大权属纠纷。

名师敲黑板

主板上市公司首发股票：发行人最近3年内主营业务和董事、高级管理人员没有发生重大变化，实际控制人没有发生变更。

③发行人不存在主要资产、核心技术、商标等的重大权属纠纷，重大偿债风险，重大担保、诉讼、仲裁等或有事项，经营环境已经或者将要发生重大变化等对持续经营有重大不利影响的事项。

（4）生产经营合法合规，相关主体不存在法定的违法违规记录

①发行人生产经营符合法律、行政法规的规定，符合国家产业政策。

②最近3年内发行人及其控股股东、实际控制人不存在贪污、贿赂、侵占财产、挪用财产或者破坏社会主义市场经济秩序的刑事犯罪，不存在欺诈发行、重大信息披露违法或者其他涉及国家安全、公共安全、生态安全、生产安全、公众健康安全等领域的重大违法行为。

③董事、监事和高级管理人员不存在最近3年内受到中国证监会行政处罚，或者因涉嫌犯罪被司法机关立案侦查或者涉嫌违法违规被中国证监会立案调查，尚未有明确结论意见等情形。

3. 注册程序

（1）证券交易所应当自受理注册申请文件之日起3个月内形成审核意见。

（2）中国证监会收到证券交易所报送的审核意见、发行人注册申请文件及相关审核资料后，履行发行注册程序。中国证监会在20个工作日内对发行人的注册申请作出同意注册或者不予注册的决定。

（3）中国证监会同意注册的决定自作出之日起1年内有效，发行人应当在注册决定有效期内发行股票，发行时点由发行人自主选择。

经典题解

【例题·单选题】根据证券法律制度的规定，在科创板申请公开发行股票并上市的公司，作出同意或者不同意股票公开发行并上市的审核意见的是（　　）。（2019年）

A. 保荐人　　　　B. 中国证券业协会

C. 证券交易所　　D. 中国证监会

【答案】C

【考点2】科创板上市公司发行股票（P265）★

> 温馨小提示
>
> 科创板上市公司发行股票，可以向不特定对象发行，也可以向特定对象发行。

1. 上市公司向不特定对象发行股票，应当符合下列规定：

（1）具备健全且运行良好的组织机构；

（2）现任董事、监事和高级管理人员具备法律、行政法规规定的任职要求；

（3）具有完整的业务体系和直接面向市场独立经营的能力，不存在对持续经营有重大不利影响的情形；

（4）会计基础工作规范，内部控制制度健全且有效执行，财务报表的编制和披露符合企业会计准则和相关信息披露规则的规定，在所有重大方面公允反映了上市公司的财务状况、经营成果和现金流量，最近3年财务会计报告被出具无保留意见审计报告；

（5）除金融类企业外，最近一期末不存在金额较大的财务性投资。

2. 上市公司存在下列情形之一的，不得向不特定对象发行股票：

（1）擅自改变前次募集资金用途未作纠正，或者未经股东大会认可；

（2）上市公司及其现任董事、监事和高级管理人员最近3年受到中国证监会行政处罚，或者最近1年受到证券交易所公开谴责，或者因涉嫌犯罪正被司法机关立案侦查或者涉嫌违法违规正在被中国证监会立案调查；

（3）上市公司及其控股股东、实际控制人最近1年存在未履行向投资者作出的公开承诺的情形；

（4）上市公司及其控股股东、实际控制人最近3年存在贪污、贿赂、侵占财产、挪用财产或者破坏社会主义市场经济秩序的刑事犯罪，或者存在严重损害上市公司利益、投资者合法权益、社会公共利益的重大违法行为。

3. 上市公司存在下列情形之一的，不得向特定对象发行股票：

（1）擅自改变前次募集资金用途未作纠正，或者未经股东大会认可；

（2）最近1年财务报表的编制和披露在重大方面不符合企业会计准则或者相关信息披露规则的规定；最近1年财务会计报告被出具否定意见或者无法表示意见的审计报告；最近1年财务会计报告被出具保留意见的审计报告，且保留意见所涉及事项对上市公司的重大不利影响尚未消除。本次发行涉及重大资产重组的除外；

（3）现任董事、监事和高级管理人员最近3年受到中国证监会行政处罚，或者最近1年受到证券交易所公开谴责；

（4）上市公司及其现任董事、监事和高级管理人员因涉嫌犯罪正在被司法机关立案侦查或者涉嫌违法违规正被中国证监会立案调查；

（5）控股股东、实际控制人最近3年存在严重损害上市公司利益或者投资者合法权益的重大违法行为；

（6）最近3年存在严重损害投资者合法权益或者社会公共利益的重大违法行为。

4. 发行注册程序

（1）股东大会就发行证券事项作出决议，必须经出席会议的股东所持表决权的2/3以上通过，中小投资者表决情况应当单独计票。向本公司特定的股东及其关联人发行证券的，股东大会就发行方案进行表决时，关联股东应当回避。股东大会对引入战略投资者议案作出决议的，应当就每名战略投资者单独表决。

（2）上市公司就发行证券事项召开股东大会，应当提供网络投票方式，公司还可以通过其他方式为股东参加股东大会提供便利。

（3）上市公司年度股东大会可以根据公司章程的规定，授权董事会决定向特定对象发行融资总额不超过人民币3亿元且不超过最近一年末净资产20%的股票，该项授权在下一年度股东大会召开日失效。

（4）交易所按照规定的条件和程序，形成上市公司是否符合发行条件和信息披露要求的审核意见，认为上市公司符合发行条件和信息披露要求的，将审核意见、上市公司注册申请文件及相关审核资料报中国证监会注册。

第十一单元　证券法律制度的其他问题

使用“会计云课堂”App或“微信”扫码查看本单元视频，快速GET知识点。

【考点1】上市条件（P282）★

1. 申请证券上市交易，应当符合证券交易所上市规则规定的上市条件。

2. 上海证券交易所主板上市条件

根据上海证券交易所《股票上市规则》，发行人首次公开发行股票后申请其股票在主板上市，应当符合下列条件：

（1）股票已公开发行；

（2）具备健全且运行良好的组织机构；

（3）具有持续经营能力；

（4）公司股本总额不少于人民币 5000 万元；

（5）公开发行的股份达到公司股份总数的 25% 以上；公司股本总额超过人民币 4 亿元的，公开发行股份的比例达到 10% 以上；

（6）公司及其控股股东、实际控制人最近 3 年不存在贪污、贿赂、侵占财产、挪用财产或者破坏社会主义市场经济秩序的刑事犯罪；

（7）最近 3 个会计年度财务会计报告均被出具无保留意见审计报告；

（8）证券交易所要求的其他条件。

【考点 2】主动退市（P283）★

1. 上市公司出现下列情形之一的，可以向证券交易所申请主动终止上市：

（1）公司股东大会决议主动撤回其股票在证券交易所的交易，并决定不再在证券交易所交易；

（2）公司股东大会决议主动撤回其股票在证券交易所的交易，并转而申请在其他交易场所交易或者转让；

（3）公司向所有股东发出回购全部股份或者部分股份的要约，导致公司股本总额、股权分布等发生变化不再具备上市条件；

（4）公司股东向所有其他股东发出收购全部股份或者部分股份的要约，导致公司股本总额、股权分布等发生变化不再具备上市条件；

（5）除公司股东外的其他收购人向所有股东发出收购全部股份或者部分股份的要约，导致公司股本总额、股权分布等发生变化不再具备上市条件；

（6）公司因新设合并或者吸收合并，不再具有独立主体资格并被注销；

（7）公司股东大会决议公司解散；

（8）中国证监会和证券交易所认可的其他主动终止上市情形。

2. 股东大会决议

上市公司拟决定其股票不再在交易所交易，或者转而申请在其他交易场所交易或者转让的，应当召开股东大会作出决议，须经出席会议的股东所持表决权的 2/3 以上通过，且经出席会议的除以下股东以外的其他股东所持表决权的 2/3 以上通过：

（1）上市公司的董事、监事、高级管理人员；

（2）单独或者合计持有上市公司 5% 以上股份的股东。

经典题解

【例题·多选题】根据证券法律制度的规定，下列情形中，属于上市公司主动退市的有（　　）。（2020 年）

A. 上市公司股份被要约收购，不再具备上市条件

B. 上市公司向证券交易所主动提出退市申请

C. 上市公司被吸收合并，丧失法人资格

D. 上市公司股东大会决议解散公司

【答案】ABCD

【考点3】强制退市（P284）★

1. 根据上海证券交易所《股票上市规则》，强制退市分为重大违法类强制退市、交易类强制退市、财务类强制退市、规范类强制退市等情形。

2. 重大违法类强制退市

（1）上市公司存在欺诈发行、重大信息披露违法或者其他严重损害证券市场秩序的重大违法行为，且严重影响上市地位，其股票应当被终止上市。

（2）上市公司存在涉及国家安全、公共安全、生态安全、生产安全和公众健康安全等领域的违法行为，情节恶劣，严重损害国家利益、社会公共利益，或者严重影响上市地位，其股票应当被终止上市。

3. 退市整理期

（1）根据上海证券交易所《股票上市规则》，上市公司股票被证券交易所作出强制终止上市决定后，自证券交易所公告终止上市决定之日后5个交易日届满的次一交易日复牌，进入退市整理期交易，并在股票简称前冠以“退市”标识。

（2）退市整理期届满后5个交易日内，证券交易所对上市公司股票予以摘牌，公司股票终止上市。

（3）交易类强制退市公司股票和主动退市公司股票不进入退市整理期交易。

4. 退市后的去向和交易安排

强制退市公司应进入全国中小企业股份转让系统交易，而主动退市公司可以选择在证券交易场所交易或者转让其股票，或者依法作出其他安排。

【考点4】非上市公众公司（P249）★★★

1. 非上市公众公司的概念

非上市公众公司是指具有下列情形之一且其股票未在证券交易所上市交易的股份有限公司：

（1）股票向特定对象发行或者转让导致股东累计超过200人；

（2）股票公开转让。

2. 向特定对象转让

（1）股票向特定对象转让应当以非公开方式协议转让。股份有限公司的股票向特定对象转让后股东未超过200人（≤200）的，不属于非上市公众公司，无须向中国证监会申请核准。

（2）股份有限公司的股票向特定对象转让导致股东累计超过200人（>200）的，应当自该行为发生之日起3个月内，向中国证监会申请核准，成为非上市公众公司。如果股份有限公司在3个月内将股东人数降至200人以内（≤200）的，可以不向中国证监会提出核准申请。

3. 股票公开转让

（1）只要股份有限公司申请其股票在全国中小企业股份转让系统公开转让，不论其股东人数是否超过 200 人，该公司均成为非上市公众公司。

（2）申请公开转让之前，股东人数已经超过 200 人的，应当向中国证监会申请核准。

（3）申请公开转让之前，股东人数未超过 200 人的，豁免向中国证监会申请核准，由全国中小企业股份转让系统进行审查。

（4）如果公开转让后股东人数超过 200 人，则构成“公开发行”，需要向中国证监会申请核准。

【案例】2015 年 11 月 6 日，恒大淘宝（股票代码：834338）登陆全国中小企业股份转让系统正式挂牌交易。恒大地产集团有限公司和阿里巴巴（中国）网络技术有限公司分别持股 60% 和 40%。在申请公开转让之前只有两个股东，中国证监会豁免核准，由全国中小企业股份转让系统进行审查。

4. 向特定对象发行

（1）股东人数未超过 200 人的股份有限公司因向特定对象发行股票导致股东人数累计超过 200 人的，必须经过中国证监会的核准，成为非上市公众公司。

（2）已经成为非上市公众公司的，向特定对象发行股票时，必须经过中国证监会的核准。但是，在全国中小企业股份转让系统挂牌公开转让股票的非上市公众公司，向特定对象发行股票后股东累计不超过 200 人的，豁免向中国证监会申请核准，由全国中小企业股份转让系统自律管理。

【案例】因恒大淘宝在全国中小企业股份转让系统挂牌公开转让股票，成为非上市公众公司。之后，如果恒大淘宝向特定对象发行股票:（1）如果特定对象为 20 人，由于向特定对象发行股票后，股东累计为 22 人，仍未超过 200 人，豁免向中国证监会申请核准;（2）如果特定对象为 199 人，由于向特定对象发行股票后，股东累计为 201 人，必须经中国证监会核准。

表 7-11 非上市公众公司

<table>
<tr><th colspan="2">具体情形</th><th>股东人数</th><th>是否为非上市公众公司?</th><th>是否须向中国证监会申请核准?</th></tr>
<tr><td rowspan="3">向特定对象转让股票</td><td rowspan="3">转让后</td><td>≤ 200 人</td><td>×</td><td>×</td></tr>
<tr><td rowspan="2">> 200 人</td><td rowspan="2">√</td><td>√</td></tr>
<tr><td>在 3 个月内将股东人数降至 200 人以内的，可以不提出申请</td></tr>
<tr><td rowspan="2">申请公开转让股票</td><td rowspan="2">转让前</td><td>≤ 200 人</td><td>√</td><td>×</td></tr>
<tr><td>> 200 人</td><td>√</td><td>√</td></tr>
</table>

续表

具体情形		股东人数	是否为非上市公众公司?	是否须向中国证监会申请核准?
向特定对象发行股票	股东人数未超过200人的普通股份有限公司	发行后股东累计≤200人	×	×
		发行后股东累计＞200人	√	√
	已经成为非上市公众公司的		√	√
				在全国中小企业股份转让系统挂牌公开转让股票的非上市公众公司，向特定对象发行股票后股东累计不超过200人的，豁免向中国证监会申请核准

经典题解

【例题1·单选题】甲公司为发起设立的股份有限公司，现有股东199人，尚未公开发行或者转让过任何股票。根据证券法律制度的规定，下列情形中，需要向中国证监会申请核准的是（　　）。（2014年）

A. 股东乙向一位朋友转让部分股票

B. 股东丙将其持有的部分股票分别转让给丁和戊，约定2个月后全部买回

C. 甲公司向全国中小企业股份转让系统申请其股票公开转让

D. 甲公司向两家投资公司定向发行股票1000万股

【解析】（1）选项A：向特定对象转让后股东人数未超过200人，无须经中国证监会核准；（2）选项B：股票向特定对象转让导致股东累计超过200人，如果股份有限公司在3个月内将股东人数降至200人以内的，可以不提出核准申请；（3）选项C：申请公开转让之前，股东人数未超过200人的，中国证监会豁免核准；（4）选项D：股份有限公司向特定对象发行股票导致股东累计超过200人的，需经中国证监会核准，成为非上市公众公司。

【答案】D

【例题2·多选题】根据证券法律制度的规定，下列情形中，应当经中国证监会核准的有（　　）。（2019年）

A. 甲股份有限公司向特定对象发行股票，发行后股东人数为200人

B. 在上海证券交易所主板上市的乙公司公开发行新股

C. 股东人数为201人的丙股份有限公司申请股票在全国中小企业股份转让系统公开转让

D. 丁股份有限公司首次在科创板公开发行股票并上市

【解析】(1) 选项 A：股份有限公司向特定对象发行股票，发行后股东人数超过 200 人时，才需经中国证监会核准；(2) 选项 B：主板上市公司无论是公开发行新股还是非公开发行新股，均须经中国证监会核准；(3) 选项 C：申请公开转让之前，股东人数已经超过 200 人的，应当经中国证监会核准；(4) 选项 D：在科创板公开发行股票，实行注册制，无须中国证监会核准。

【答案】BC

本章小结

1032634

下载“会计云课堂”App 学习

您已成功完成“第七章”的学习，本章共 54 个考点，您都学会了吗？

为了让您对章节有更清晰的理解，加倍巩固。本书作者郭守杰老师将通过**“视频导图课”**的方式，带您回顾重要考点。

名师点拨，视听结合，高效提分。

※ 欢迎您扫码，免费观看学习。

案例分析题专项演练

使用“会计云课堂”App 或“微信”扫码快速做题、对答案、看解析、掌握解题思路，开启轻松过关之旅。

1037164

【案例 1】(2013 年)

赵某担任甲上市公司(以下简称“甲公司”)的总经理，并持有该公司股票 10 万股，钱某为甲公司的董事长兼法定代表人。

2011 年 7 月 1 日，钱某召集甲公司的董事会，9 名董事中有 4 人出席，另有 1 名董事孙某因故未能出席，书面委托钱某代为出席投票。经钱某提议，出席董事会的全体董事通过决议，从即日起免除赵某总经理的职务。12 月 20 日，赵某卖出所持的 2 万股甲公司股票。

2011 年 12 月 23 日，赵某向中国证监会书面举报称：(1) 甲公司的子公司乙公司曾向甲公司全体董事提供低息借款，用于个人购房；(2) 2011 年 4 月 1 日，甲公司召开的董事会通过决议为母公司丙公司向银行借款提供担保，但甲公司并未公开披露该担保事项。

2012 年 1 月 16 日，中国证监会宣布对甲公司涉嫌虚假陈述的行为立案调查。2012 年 3 月 1 日，中国证监会宣布：经调查，甲公司存在虚假陈述行为，决定对甲公司给予警告，并处罚款 100 万元；认定钱某为直接责任人员，并处罚款 50 万元；认定董事李某等人为其他直接责任人员，并处罚款 50 万元。钱某辩称，甲公司未披露担保事项是公司实际控制人的要求，自己只是遵照指令行事，不应受处罚；李某则辩称，自己是独立董事，并不参与甲公司的经营管理活动，因此不应对甲公司的虚假陈述行为承担任何责任。

要求：

根据上述内容，分别回答下列问题：

（1）2011 年 7 月 1 日甲公司董事会的出席人数是否符合规定？并说明理由。

（2）甲公司董事会能否在无正当理由的情况下解除赵某的总经理职务？并说明理由。

（3）2011 年 12 月 20 日赵某卖出所持甲公司 2 万股股票的行为是否合法？并说明理由。

（4）乙公司向甲公司的所有董事提供低息借款的行为是否合法？并说明理由。

（5）2011 年 4 月 1 日甲公司董事会通过的为丙公司提供担保的决议是否合法？并说明理由。

（6）钱某和李某的抗辩理由是否成立？并分别说明理由。

【案例 2】（2014 年）

【解释】本题根据 2022 年教材进行了修改。

大华股份有限公司（以下简称“大华公司”）于 2006 年在上海证券交易所主板上市，普通股总数为 5 亿股，甲、乙分别持有大华公司 31% 和 23% 的股份。截至 2013 年年底，大华公司净资产额为 10 亿元，最近 3 年可分配利润分别为 3000 万元、2000 万元和 1000 万元。2014 年 2 月，大华公司董事会决定，拟公开发行公司债券筹资 5 亿元，期限为 5 年，年利率为 6%。财务顾问四维公司认为，大华公司最近 3 年的可分配利润不符合公开发行公司债券的条件，建议考虑其他融资途径。2014 年 3 月，大华公司董事会作出决议，拟公开发行优先股，并拟订方案如下：（1）发行优先股 3 亿股，拟募资 5 亿元；（2）第一年股息率为 6%，此后每年根据市场利率调整一次；（3）优先股股东按照约定股息率分配股息后，还可以与普通股股东一起参加剩余利润分配。2014 年 4 月，在大华公司召开的年度股东大会上，优先股融资方案未获通过。

由于融资无望，大华公司股价持续走低。2014 年 5 月 8 日，丙公司通知大华公司和上海证券交易所，同时发布公告，称其已于 4 月 27 日与大华公司的股东丁达成股份转让协议，拟收购丁持有的大华公司 7% 的股份。与此同时，甲宣布将在未来 12 个月内增持大华公司不超过 2% 的股份。

某媒体经调查后披露，丙公司与乙共同设有一个普通合伙企业，因此，丙公司与乙构成一致行动人，丙公司在收购丁持有的大华公司 7% 的股份时必须采取要约收购方式。该媒体还披露，2014 年 4 月 28 日，股民 A 和 B 均在亏本卖出其证券账户中的全部股票后，分别买入大华公司股票 10 万股和 15 万股，此前两人均未买卖过大华公司股票，A 是股东丁之妻，B 与丙公司董事长 C 系好友。

中国证监会调查发现，B 与 C 曾于 4 月 27 日晚间通话，两人对此次交易均未提供合理解释；有关媒体披露的情况属实。

要求：

根据上述内容，分别回答下列问题：

（1）四维公司关于大华公司最近 3 年的可分配利润不符合公开发行公司债券条件的判断是否正确？并说明理由。

（2）大华公司董事会拟订的优先股融资方案中有哪些内容不符合规定？并分别说明理由。

（3）有关媒体关于丙公司与乙构成一致行动人的说法是否符合法律规定？并说明理由。

（4）有关媒体关于丙公司在收购丁所持大华公司 7%的股份时必须采取要约收购方式的说法是否符合法律规定？并说明理由。

（5）甲增持大华公司 2%的股份是否必须采取要约收购方式？并说明理由。

（6）A 和 B 买卖大华公司股票的行为是否构成内幕交易？并分别说明理由。

【案例 3】（2015 年）

【解释】本题根据 2022 年教材进行了修改。

大华公司是在上海证券交易所主板挂牌的上市公司，总股本为 10 亿股。公司董事长赵某通过自己控股的华星公司持有大华公司 51%的股份。

网商公司是一家有限责任公司，钱某持有 90%的股权、孙某持有 10%的股权。网商公司最近 3 年的净利润分别为 2 亿元、–1 亿元、3000 万元。

网商公司资产总额为大华公司资产总额的 1.5 倍，大华公司计划通过购买网商公司全部股权的方式将其收购。为此，大华公司拟订了两套收购方案：

方案一：大华公司向网商公司股东钱某、孙某分别发行新股 9 亿股、1 亿股，用于购买二人所持网商公司的全部股权。

方案二：大华公司先向华星公司发行 5 亿股新股，华星公司向大华公司支付 15 亿元现金。大华公司再向网商公司的股东钱某发行 4.5 亿股、向孙某发行 5000 万股新股，并分别向钱某支付 13.5 亿现金、向孙某支付 1.5 亿现金，用以收购二人所持网商公司的全部股权。

李某是大华公司的股东，持有大华公司 500 万股股份，持股期限超过 180 日。在大华公司重大资产重组的股东大会上，李某认为该次重组将会对公司造成重大不利影响，对此提出异议。但在之后的表决时，李某投了赞成票。最终，股东大会决议实施方案二。

方案二实施后，大华公司股价大幅下跌，李某要求公司回购其所持公司股份，被公司拒绝。李某书面请求大华公司监事会对董事长赵某提起诉讼，起诉赵某在担任公司董事长期间未尽到相应义务，其行为给公司造成重大损失，监事会对李某的请求未予理睬。随后，李某向人民法院提起股东代表诉讼；同时对赵某的妻子提出控诉，认为她买卖大华公司股票的行为构成内幕交易。

据查，5 月 10 日，赵某妻子将其所持现有股票全部卖出，亏损 50 万元，并全部买入大华公司股票。5月12日，大华公司对外公布重大资产重组的消息。赵某妻子听闻李某向人民法院提起诉讼后，又将其所持大华公司股票全部出售，亏损200万元。

要求：

根据上述内容，分别回答下列问题：

（1）方案一能否造成大华公司控制权发生变更？并说明理由。

（2）方案一是否符合证券法律制度的规定？并说明理由。

（3）李某对赵某提起的诉讼，人民法院是否应当受理？并说明理由。

（4）大华公司拒绝回购李某所持股份的做法是否符合公司法律制度的规定？并说明理由。

（5）根据方案二，华星公司是否应当向大华公司所有剩余股东发出收购要约？并说明理由。

（6）赵某妻子的行为是否构成内幕交易？并说明理由。

【案例4】(2015年)

【解释】本题根据2022年教材进行了修改。

恒利发展是在上海证券交易所主板挂牌的上市公司，股本总额为10亿元，主营业务为医疗器械的研发与生产。维义高科是从事互联网医疗业务的有限责任公司，甲公司和乙公司分别持有维义高科90%和10%的股权。为谋求业务转型，2015年6月3日，恒利发展与维义高科、甲公司、乙公司签署了四方重组协议，协议的主要内容包括：（1）恒利发展以主业资产及负债（资产净额经评估为9亿元），置换甲公司持有的维义高科的全部股权；（2）恒利发展以1亿元现金购买乙公司持有的维义高科的全部股权。恒利发展最近一个会计年度经审计的合并财务会计报告显示期末净资产额为17亿元。

恒利发展拟通过非公开发行公司债券的方式筹集1亿元收购资金，并拟订了发行方案，部分内容如下：（1）非公开发行公司债券1亿元，期限5年；（2）发行对象为不超过300名的专业投资者。董事会讨论后，对上述方案中不符合证券法律制度规定的内容进行了修改。

恒利发展召开的临时股东大会对资产重组和公司债券发行事项分别进行了表决，出席该次股东大会的股东共持有4.5亿股有表决权的股票，关于资产重组的议案获得3.1亿股赞成票，关于发行公司债券的议案获得2.3亿股赞成票，该次股东大会宣布两项议案均获得通过。在上述两项方案的表决中，持股比例为0.1%的股东孙某均投了反对票。根据前述表决结果，孙某认为，两项议案的赞成票数均未达到法定比例，不能形成有效的股东大会决议。孙某还对恒利发展通过置换方式出让主业资产持反对意见，遂要求公司回购其持有的恒利发展全部股份，被公司拒绝。随后，孙某书面请求监事会对公司全体董事提起诉讼，称公司全体董事在资产重组交易中低估了公司主业资产的价值，未尽到勤勉义务，给公司造成巨大损失，应承担赔偿责任，亦被拒绝，孙某遂直接向人民法院提起股东代表诉讼，人民法院裁定不予受理。

要求：

根据上述内容，分别回答下列问题：

（1）该资产重组交易是否应向中国证监会申请核准？并说明理由。

（2）公司拟订的非公开发行公司债券方案中，有哪些内容不符合证券法律制度的规定？并分别说明理由。

（3）临时股东大会作出的资产重组决议，是否符合法定表决权比例？并说明理由。

（4）临时股东大会作出的公司债券发行决议，是否符合法定表决权比例？并说明理由。

（5）恒利发展是否有义务回购股东孙某所持股份？并说明理由。

（6）人民法院对孙某的起诉裁定不予受理，是否符合法律规定？并说明理由。

【案例5】(2016年)

【解释】本题根据2022年教材进行了修改。

甲股份有限公司（以下简称“甲公司”）为在上海证券交易所主板挂牌的上市公司。2015年8月3日，乙有限责任公司（以下简称“乙公司”）向中国证监会、证券交易所提交书面报告，称其自2015年7月20日开始持有甲公司股份，截至8月1日，已经通过证券交易所的证券交易持有甲公司已发行的有表决权股份达到5%。乙公司同时将该情况通知了甲公司并予以公告。8月16日和9月3日，乙公司连续两次公告其所持甲公司有表决权股份分别增加5%，乙公司分别按照规定向中国证监会、证券交易所提交了书面报告并通知了甲公司。截至9月3日，乙公司已经成为甲公司的第一大股东，持股15%。甲公司原第一大股东丙有限责任公司（以下简称“丙公司”）持股13%，退居次位。

2015年9月15日，甲公司公告称因筹划重大资产重组事项，公司股票停牌3个月。2015年11月1日，甲公司召开董事会会议审议丁有限责任公司（以下简称“丁公司”）与甲公司的资产重组方案，该方案的主要内容如下：（1）甲公司拟向丁公司发行新股，购买丁公司价值60亿元的软件业务资产；（2）股份发行价格拟定为本次董事会决议公告前20个交易日交易均价的85%；（3）丁公司因本次重组取得的甲公司股份自发行结束之日起6个月后可自由转让。该项交易完成后，丁公司将持有甲公司12%的股份，但尚未取得甲公司的实际控制权；乙公司和丙公司的持股比例分别降至10%和8%。

甲公司董事会共有董事11人，7人到会。在讨论上述重组方案时，2名非执行董事认为，该重组方案对购入资产定价过高，同时严重稀释老股东的权益，在与其他董事激烈争论之后，这2名非执行董事愤然离席，未参加表决，其余5名董事均对重组方案投了赞成票，并决定于2015年12月25日召开临时股东大会审议该重组方案。

2015年11月5日，乙公司书面请求甲公司监事会起诉投票通过上述重组方案的5名董事违反忠实和勤勉义务，遭到拒绝。乙公司遂以自己的名义直接向人民法院起诉该5名董事。

2015年11月20日，甲公司向中国证监会举报乙公司在收购上市公司过程中存在违反信息披露义务的行为。中国证监会经调查发现：2015年8月1日至3日，戊公司和辛公司通过证券交易所的证券交易分别购入甲公司2%和3%的股份；

戊、辛两公司事先均向乙公司出具书面承诺，同意无条件按照乙公司的指令行使各自所持甲公司股份的表决权。戊、辛、乙三公司均未对上述情况予以披露。

要求：

根据上述内容，分别回答下列问题：

（1）乙、戊、辛公司在收购甲公司股份时，是否构成一致行动人？并说明理由。

（2）乙公司在收购甲公司股份时，存在哪些不符合证券法律制度规定的行为？并说明理由。

（3）甲公司与丁公司拟订的资产重组方案中，哪些内容不符合证券法律制度的规定？并说明理由。

（4）2015年11月1日董事会会议的到会人数是否符合公司法律制度的规定？并说明理由。

（5）2015年11月1日董事会作出的决议能否获得通过？并说明理由。

（6）人民法院应否受理乙公司的起诉？并说明理由。

【案例6】（2016年）

【解释】本题根据2022年教材进行了修改。

风顺科技是一家在深圳证券交易所主板上市的网络技术服务公司。2015年7月初，风顺科技拟与A公司签订一项技术服务合同，合同金额5亿元。经过谈判，双方于7月15日就合同主要条款达成一致并签署合作意向书。

7月8日，市场出现关于风顺科技即将签署重大交易合同的传闻。7月9日，风顺科技股票开盘即涨停，之后又一个交易日涨停。7月10日，证券交易所就股价异动向风顺科技提出问询，要求其发布澄清公告。7月10日晚间，风顺科技发布公告称，公司无应披露之信息。7月16日，风顺科技发布临时公告，披露公司已与A公司签订重大技术服务合同合作意向书。

2015年10月31日，中国证监会根据举报，对风顺科技股票交易异常情况立案调查，并查明如下事实：孙某系风顺科技董事长王某的表弟，2015年7月8日市场出现传闻后，孙某于当日向王某之妻了解情况，王妻向孙某确认风顺科技正与A公司商谈合作事宜，且签约可能性较大，孙某遂于7月9日买入风顺科技股票，并于7月15日卖出，获利30万元。

在中国证监会调查过程中，负责公司信息披露事务的董事会秘书郑某辩称，公司未正确披露重大技术服务合同的相关信息，是公司实际控制人授意而为，自己仅是遵照指令行事，不应受到处罚。

投资者刘某持有风顺科技11%的股份。刘某认为风顺科技董事长王某对这场股市风波负有直接责任，提议召开董事会临时会议罢免王某的董事长职务。

投资者钱某自2014年3月起一直持有风顺科技股票，持股比例为0.1%。钱某认为，董事长王某对公司信息披露不及时负主要责任，同时造成信息泄露，违反了忠实和勤勉义务，损害了公司利益。2015年10月7日，钱某书面请求公司监事会起诉王某，遭到拒绝。次日，钱某以个人名义直接向人民法院提起诉讼，要求王某赔偿公司损失。

要求：

根据上述内容，分别回答下列问题：

（1）风顺科技于7月10日发布公告称无应披露之信息，是否符合证券法律制度的规定？并说明理由。

（2）孙某买卖风顺科技股票的行为是否构成内幕交易？并说明理由。

（3）董事会秘书郑某主张其本人不应受到处罚的抗辩是否成立？并说明理由。

（4）刘某是否具有提议召开董事会临时会议的资格？并说明理由。

（5）人民法院应否受理钱某提起的诉讼？并说明理由。

【案例7】（2017年）

【解释】本题根据2022年教材进行了修改。

2014年11月，甲股份有限公司（以下简称“甲公司”）拟向中国证监会提交在深圳证券交易所主板首次公开发行股票并上市（以下简称“IPO”）的申请。为解决公司应收账款余额过大的问题，顺利实现上市目标，甲公司董事长赵某决定通过外部借款、伪造银行单据等方式冲减应收账款。2014年12月至2016年6月间，甲公司通过上述方式虚构回收应收账款1.5亿元。

2017年1月，甲公司取得中国证监会《关于核准甲公司首次公开发行股票并上市的批复》。2017年3月10日，甲公司发布招股说明书，其中包含上述2014年至2016年间应收账款回收情况的虚假财务数据。乙会计师事务所为甲公司IPO提供审计服务并开具了无保留意见的审计报告书。丙律师事务所为甲公司的招股说明书出具法律意见书，其中载明“根据上市申请人提供的相关文件、乙会计师事务所出具的审计报告及本所律师核查，……上市申请人在最近三年财务会计报告中无虚假记载……”。

2017年4月1日，甲公司股票在深圳证券交易所上市交易。

2017年4月12日，投资者钱某以每股16.5元的价格买入甲公司股票1万股。

2018年7月20日，中国证监会发布公告称，因甲公司涉嫌信息披露违法对其进行立案调查，甲公司股票当日跌停。经查，乙会计师事务所在对甲公司2015年财务报表中的应收账款进行审计时，向甲公司46家客户发出询证函，有30家客户未回函，会计师仅对其中4家进行了替代测试；丙律师事务所则未对甲公司为减少应收账款而伪造的重大借款合同进行核查、验证。

中国证监会还查明，赵某存在从甲公司借款供个人使用的情形。截至2016年12月31日，累计借款金额达6000万元；招股说明书中未披露该事项。

另外，在接受中国证监会调查过程中，甲公司董事孙某称：“公司都由董事长赵某说了算，我平时对公司事务不怎么关注，对公司会议只是例行参加，只负责签字。”

2018年8月8日，中国证监会对甲公司出具行政处罚决定书，认定甲公司在IPO申请文件中提供虚假财务数据，构成欺诈发行。

投资者李某于2018年8月14日以每股3.5元的价格买入甲公司股票2万股，之后甲公司股价持续下跌。李某于2018年8月22日以每股2.5元的价格将持有的2万股股票全部卖出。

投资者钱某于2018年8月25日以每股2.3元的价格将持有的甲公司1万股股票全部卖出。

要求：

根据上述内容，分别回答下列问题：

（1）赵某应否对招股说明书中的虚假财务数据承担行政责任？并说明理由。

（2）乙会计师事务所应否对招股说明书中的虚假财务数据承担行政责任？并说明理由。

（3）丙律师事务所应否对招股说明书中的虚假财务数据承担行政责任？并说明理由。

（4）赵某从公司借款的行为是否符合公司法律制度的规定？并说明理由。

（5）孙某“平时对公司事务不怎么关注，对公司会议只是例行参加，只负责签字”的行为是否符合公司法律制度的规定？并说明理由。

（6）投资者李某能否要求甲公司赔偿其投资损失？并说明理由。

（7）投资者钱某能否要求甲公司赔偿其投资损失？并说明理由。

【案例8】(2018年)

【解释】本题根据2022年教材进行了修改。

2020年4月，在深圳证券交易所主板上市的甲公司与乙有限责任公司（以下简称“乙公司”）达成合并意向。甲公司董事会拟订的合并及配套融资方案（以下简称“方案初稿”）包括以下要点：

（1）甲公司吸收合并乙公司，合并完成后，甲公司存续、承接乙公司全部资产和负债，乙公司注销，乙公司原股东获得现金补偿。

（2）根据合并双方的审计报告，截至2019年年末，乙公司资产总额占甲公司同期经审计资产总额的比例超过50%，但该年度乙公司营业收入占甲公司同期经审计营业收入的比例低于50%，故本次合并不构成甲公司重大资产重组。

（3）出席股东大会并对合并方案投反对票的股东，享有异议股东的股份回购请求权，有权要求甲公司以合理价格回购其股票。

（4）为筹集实施合并所需资金，甲公司拟向本公司控股股东A公司非公开发行股票，发行价不低于定价基准日前20个交易日公司股票均价的80%。A公司认购的股份自发行结束之日起12个月内不得转让。

甲公司董事会根据中介机构的意见修订方案初稿后，予以公告。

2020年6月1日，甲公司临时股东大会通过合并决议和非公开发行股票融资决议。同日，乙公司临时股东会也通过了合并决议。6月15日，中国证监会批准了甲公司的合并与配套融资方案。

B银行对甲公司享有一笔2020年10月20日到期的借款债权，接到甲公司合并通知后，B银行于6月20日向甲公司提出偿债请求，甲公司以债务未到期为由，予以拒绝。

2020年6月22日，乙公司股东贾某以“股东会召集程序违反公司章程”为由提起诉讼，请求人民法院撤销乙公司股东会6月1日通过的合并决议。经查，乙公司章程规定，召开股东会应当以电子邮件方式通知股东，但乙公司并未向贾某发送电子邮件，而是以手机短信方式通知。贾某及其他股东均出席了6月1日的股东会会议并表决。人民法院认为，乙公司股东会召集程序确有不符合公司章程之处，但仍然驳回了贾某的诉讼请求。

甲公司股东周某反对甲、乙公司合并，于2020年5月底向甲公司董事会邮寄了书面反对意见，但周某并未出席甲公司6月1日召开的临时股东大会，也未委托他人表决。6月6日，周某向甲公司提出行使异议股东的股份回购请求权，遭甲公司拒绝，拒绝理由是：只有出席股东大会并对合并事项投反对票的股东，才享有异议股东的股份回购请求权。

2020年10月7日，中国证监会接到举报称，甲公司董事雷某涉嫌短线交易。经查，雷某于2020年2月1日、2月10日及3月2日先后购入甲公司股票10万股、20万股、40万股，并于2020年8月25日全部卖出，获利100万元。根据以上事实，中国证监会认定雷某的行为违反证券法律制度，构成短线交易。

要求：

根据上述内容，分别回答下列问题：

（1）基于方案初稿所述情况，本次合并是否构成甲公司重大资产重组？并说明理由。

（2）方案初稿中关于非公开发行股票，有哪些内容不符合证券法律制度的规定？并说明理由。

（3）甲公司拒绝B银行偿债请求的理由是否成立？并说明理由。

（4）人民法院认为乙公司股东会召集程序确有不符合公司章程之处，但仍然驳回贾某的诉讼请求，是否符合公司法律制度的规定？并说明理由。

（5）甲公司拒绝周某股份回购请求的理由是否成立？并说明理由。

（6）计算雷某因短线交易所获利润时，应当以多少股份为基数？并说明理由。

（7）雷某短线交易所获利润应当归谁所有？并说明理由。

【案例9】（2018年）

【解释】本题根据2022年教材进行了修改。

林森木业是在深圳证券交易所主板挂牌的上市公司。林木集团系林森木业控股股东，持股比例为45%。

2016年10月27日，人民法院裁定受理林木集团的破产重整申请。2017年5月，林木集团第一股东赵某与新民投资开始实质性磋商，由新民投资以向林木集团注资的方式参与重整。2017年9月18日，新民投资与赵某等林木集团股东签署重组框架协议。2017年9月21日，林森木业对该重组框架协议签订事宜予以公告。

2017年12月26日，人民法院裁定批准林木集团的破产重整计划草案。根据该破产重整计划，新民投资向林木集团注资后，将持有重整后的林木集团85%的股权。

2018年2月12日，新民投资公布要约收购报告书，向林森木业除林木集团以外的所有股东发出收购其所持全部无限售流通股的要约。新民投资发布的要约收购报告书摘要的提示性公告显示：此次要约收购有效期为2018年2月14日至2018年4月10日；预定收购股份数量为6亿股；收购价格为每股9.77元；提示性公告日前6个月内，新民投资未买入林森木业任何股票。2月12日前30个交易日内，林森木业每日加权平均价格的算术平均值为每股9.76元。

2018年3月，林森木业独立董事钱某因个人健康原因向董事会提出辞职。

2018年4月9日，林森木业董事会发布《致全体股东报告书》，对股东是否接受新民投资的要约提出建议。

持有林森木业股票的孙某于2018年3月30日委托其开户的证券公司办理接受前述收购要约的预受手续。4月9日，孙某反悔前述预受承诺，并委托证券公司撤回预受。

2018年5月，中国证监会因新民投资副董事长李某涉嫌内幕交易对其立案调查。经查，李某于2017年9月15日以每股7.8元的价格买入林森木业10万股，并于要约收购有效期内接受了要约。李某辩称：其买入林森木业股票时，不仅重组框架协议尚未签署，林木集团重整计划草案能否获得通过也不确定，故新民投资向林木集团注资一事尚未形成内幕信息。李某对其买入行为未给出其他理由。

要求：

根据上述内容，分别回答下列问题：

（1）新民投资按照重整计划向林木集团注资，是否构成对林森木业的收购？并说明理由。

（2）新民投资按照重整计划向林木集团注资，是否必须向林森木业所有其他股东发出收购要约？并说明理由。

（3）新民投资对林森木业的要约收购价格是否符合证券法律制度的规定？并说明理由。

（4）钱某能否辞去独立董事职务？并说明理由。

（5）林森木业董事会发布《致全体股东报告书》的时间是否符合证券法律制度的规定？并说明理由。

（6）孙某能否撤回预受？并说明理由。

（7）李某关于其购买股票时内幕信息尚未形成的主张是否成立？李某的行为是否构成内幕交易？并分别说明理由。

【案例10】（2019年）

【解释】本题根据2022年教材进行了修改。

福明公司为在上海证券交易所主板挂牌的上市公司。2018年1月25日，福明公司实际控制人、董事长李某根据公司2017年度业绩情况，向董事会秘书赵某提出在当期实施股票“高送转”的利润分配动议。赵某起草了《高送转预期利润分配预案》等文件提交董事会审议，但由于董事会对具体实施方案存在较大分歧，未能形成有效决议，该方案未予披露。

孙某为赵某好友。2018年1月底，孙某在一次商业宴会上向赵某打听福明公司2017年度业绩和利润分配情况。赵某告知孙某“业绩不错，可能会做‘高送转’，但董事会还没通过，具体还不好说”。得此答复后，孙某于2018年2月2日买入福明公司股票。

2018年2月5日，赵某根据董事会意见修改了利润分配方案。2018年2月26日（星期一），福明公司召开董事会通过了修改后的利润分配方案。根据该方案，以盈余公积金向全体股东每10股转增10股，并派发2元红利。3月1日，福明公司公告董事会决议。

赵某将“高送转”信息告知妻子程某。随后，程某又将该信息转告福明公司股东王某。王某遂通过其控制的越野投资有限公司（以下简称“越野投资”）于2018年2月中旬多次买入福明公司股票。此前，王某已持有福明公司2%的股份，越野投资不持有福明公司股份。

2019年3月，中国证监会对福明公司内幕交易案立案调查。孙某在内幕交易调查中抗辩：福明公司的“高送转”方案在2018年1月底时董事会尚未通过，赵某于2月5日才修改“高送转”方案，其在2月2日买入股票时内幕信息尚未形成，故其买入行为不构成内幕交易。

调查期间，中国证监会认定王某与越野投资在2018年2月购入福明公司股票时，构成一致行动人，购入后二者合计持股比例为5.9%，未按规定履行重大持股信息披露义务。王某在内幕交易调查中未对自己的买入行为给出正当理由，但辩称：其于2018年2月的股票买入行为，属于相关司法解释中规定的“持有或者通过协议、其他安排与他人共同持有上市公司5%以上股份的自然人、法人或者其他组织收购该上市公司股份”的情形，不构成内幕交易。

要求：

根据上述内容，分别回答下列问题：

（1）本案“高送转”的利润分配方案是否构成内幕信息？并说明理由。

（2）赵某告知孙某“可能会做‘高送转’”的行为是否构成内幕交易？并说明理由。

（3）福明公司以盈余公积金转增股本的做法是否符合公司法律制度的规定？并说明理由。

（4）福明公司于2018年3月1日公告董事会决议，是否符合证券法律制度的规定？并说明理由。

（5）孙某关于其“在2月2日买入股票时内幕信息尚未形成”的抗辩是否成立？并说明理由。

（6）程某告知王某“福明公司将做‘高送转’”的行为是否构成内幕交易？并说明理由。

（7）王某所称“其于2018年2月的股票买入行为属于收购，不构成内幕交易”的抗辩理由是否成立？并说明理由。

【案例11】（2019年）

【解释】本题根据2022年教材进行了修改。

新银公司为在上海证券交易所主板挂牌的上市公司，股本总额为2亿股。2015年5月22日，新银公司召开临时股东大会，审议通过了《非公开发行股票议案》。该议案确定本次非公开发行对象为公司股东物灵公司、宝华公司与元基公司；股票发行数量不超过5000万股；物灵公司认购4000万股，宝华公司和元基公司共认购1000万股；发行价格为7.5元/股。5月26日，新银公司与三股东正式签订非公开发行股票认购协议。协议签订前，物灵公司持有新银公司的股份比例为28%；宝华公司和元基公司签有一致行动人协议，合计持股比例为10%；新银公司董事、监事及高级管理人员及其一致行动人合计持股比例为12%。宝华公司和元基公司承诺在此次非公开发行实施完毕前，不以任何形式增持新银公司股份。

自 2015 年 6 月起，宝华公司旗下管理的基金账户通过场内交易增持新银公司股份。截至 2015 年 12 月 8 日，宝华公司和元基公司合计持股比例达到 29%。物灵公司认为，宝华公司和元基公司不属于“社会公众股东”，在宝华公司通过场内交易增持后，新银公司如仍按《非公开发行股票议案》增资扩股，将导致新银公司的股权分布违反证券法律制度的规定。董事会决定调整非公开发行方案。2015 年 12 月 16 日，新银公司发布公告称，中国证监会已同意公司暂停非公开发行股票的申请。

新银公司董事会经与物灵公司协商，形成如下意见：鉴于宝华公司和元基公司的失信行为，不再将其作为本次非公开发行的认购对象，调整后的股票发行数量为 3000 万股，由物灵公司全额认购。物灵公司认购后，所持新银公司的股份比例将超过 30%，会触发强制要约收购义务。物灵公司认为，因其已承诺 3 年内不转让本次非公开发行的股票，所以只要新银公司股东大会的非关联股东豁免要约收购，可以免于发出要约。根据以上意见，2016 年 2 月 1 日，新银公司董事会审议通过《关于调整非公开发行股票发行对象、发行数量及募集资金数额的议案》（以下简称“议案 1”）。次日，新银公司发布公告：公司将于 2 月 19 日召开临时股东大会审议该议案，物灵公司、宝华公司和元基公司应当对该议案表决予以回避。

2016 年 2 月 5 日，宝华公司和元基公司向新银公司董事会提交《关于调整非公开发行股票方案的议案》（以下简称“议案 2”），提议宝华公司和元基公司全额认购拟非公开发行的 3000 万股。同时，对上述关于回避表决的要求提出异议。

2016 年 2 月 19 日，宝华公司和元基公司参加临时股东大会并进行表决，对议案 1 投了反对票，对议案 2 投了赞成票。议案 2 获得出席股东大会的股东所持表决权过半数通过，议案 1 未获通过。物灵公司未参与此次股东大会表决，但在会后向董事会提出质疑：宝华公司和元基公司无权提出临时提案，更无权参加此次股东大会并对议案 1 和议案 2 进行表决。

物灵公司认为，关联股东未回避表决属于股东大会决议撤销之诉的事由，故而于 2016 年 4 月 29 日向法院提起诉讼，请求撤销 2 月 19 日新银公司临时股东大会对议案 2 的决议。

要求：

根据上述内容，分别回答下列问题：

（1）物灵公司关于“因其已承诺 3 年内不转让本次非公开发行的股票，所以只要新银公司股东大会非关联股东豁免要约收购，可以免于发出要约”的观点，是否符合证券法律制度的规定？并说明理由。

（2）宝华公司和元基公司参加新银公司临时股东大会并对议案 1 进行表决，是否符合证券法律制度的规定？并说明理由。

（3）宝华公司和元基公司参加新银公司临时股东大会并对议案 2 进行表决，是否符合证券法律制度的规定？并说明理由。

（4）物灵公司关于“宝华公司和元基公司无权提出临时提案”的观点，是否符合公司法律制度的规定？并说明理由。

（5）物灵公司提起股东大会决议撤销之诉的日期是否符合公司法律制度的规定？并说明理由。

【案例12】（2020年）

【解释】本题根据2022年教材进行了修改。

甲公司为在上海证券交易所主板挂牌的上市公司。2019年5月，以甲公司董事长为首的8名董事和高管所持公司股票的限售期到期。

2019年5月底，农业农村部向社会通报猪瘟疫情。6月5日，财经媒体大同财经发布新闻报道称，甲公司正在与某科研机构合作研发“可有效预防非洲猪瘟的疫苗”；当日，甲公司股票交易价格明显上涨。6月18日，甲公司发布重大合同公告，声称公司研发的兽用疫苗注射液将投入产业化生产，对猪瘟的预防率达到100%，并将给公司带来显著业绩增长；当日，甲公司股票涨停，交易量显著增多，8名董事和高管各自售出部分股票。

6月19日，农业农村部发布公告称“目前尚未有任何猪瘟商品化疫苗获批或上市，且目前尚无预防率为100%的猪瘟疫苗”。证券交易所亦于同日就甲公司6月18日披露的公告向甲公司发出问询函。甲公司回复称，6月18日的公告误将“兽用注射液”写成“兽用疫苗注射液”。当日，甲公司股票跌停。

2020年2月4日，甲公司发布公告称：因公司涉嫌证券违法行为，证监会决定对甲公司立案调查。

投资者李某于2019年6月5日买入甲公司股票，于2019年6月19日卖出。投资者赵某于2019年6月18日买入甲公司股票，并一直持有。投资者孙某于2019年6月3日买入甲公司股票，于2020年3月陆续卖出。2020年5月，李某、赵某和孙某分别向人民法院提起虚假陈述民事赔偿诉讼，要求甲公司及其董事、高管赔偿投资损失。

李某向人民法院主张：虚假陈述实施日为2019年6月5日。孙某向人民法院主张：虚假陈述揭露日为2020年2月4日证监会立案调查公告之日。

人民法院查明：公司股票价格自2019年6月19日跌停后，一直处于相对低位；2020年2月4日公司股价没有明显下跌。人民法院将2019年6月19日认定为虚假陈述揭露日，并驳回李某和孙某的起诉。

在赵某提起的诉讼中，甲公司董事长等人提出：虚假陈述行为人是甲公司，公司董事和高管不应该作为虚假陈述民事赔偿诉讼的共同被告。

证监会在调查中发现：甲公司8名董事和高管在6月初向交易所报备减持计划的同时，授意大同财经记者袁某发布公司研发“非洲猪瘟疫苗”的新闻，有证据表明袁某应当知道该新闻是不真实的。稽查人员认为：甲公司8名董事和高管的行为构成操纵证券市场；袁某也违反了《证券法》的相关规定。袁某辩称：他不是信息披露义务人，其作为记者有权进行财经新闻报导，没有义务核实信息的真实性，因此没有违反《证券法》。

要求：

根据上述内容，分别回答下列问题：

（1）甲公司6月18日的公告构成哪些类型的信息披露违法行为？并分别说明理由。

（2）甲公司董事长关于“公司董事和高管不应该作为共同被告”的主张是否成

立？并说明理由。

（3）李某关于“虚假陈述实施日为2019年6月5日”的主张是否成立？并说明理由。

（4）法院将2019年6月19日认定为虚假陈述揭露日，是否符合证券法律制度的规定？并说明理由。

（5）法院认可投资者赵某的原告资格，是否符合证券法律制度的规定？并说明理由。

（6）甲公司董事和高管的行为是否构成操纵证券市场？并说明理由。

（7）袁某关于“他不是信息披露义务人”“没有义务核实信息的真实性”的辩解是否成立？并说明理由。

【案例13】（2020年）

【解释】本题根据2022年教材进行了修改。

恒发公司为在上海证券交易所主板挂牌的上市公司，明方公司持有恒发公司30%的股份，是其控股股东。

2018年8月，明方公司管理层与朱亚集团接触，拟将其持有的恒发公司全部股份转让给朱亚集团。8月16日，市场出现传闻，称明方公司拟将其持有的恒发公司股份售出以偿还质押融资款，恒发公司股价发生波动。恒发公司就市场传闻向明方公司发函问询，明方公司认为股价波动与明方公司无关，故未作回复。

10月8日，明方公司与朱亚集团签署“股份转让框架协议”并通知了恒发公司，同日，恒发公司发布提示性公告。11月6日，明方公司与朱亚集团签署“股份转让协议”。恒发公司在准备公告文件过程中发现：（1）朱亚集团的权益变动报告书表明了未来12个月内继续增持的意图，但拒绝提供未来12个月内对恒发公司的业务、人员等是否进行调整的后续计划且未说明理由。恒发公司要求朱亚集团补充相关内容，朱亚集团则认为自己没有义务披露是否调整恒发公司业务等后续计划。（2）明方公司的权益变动报告书中未说明其是否了解朱亚集团的诚信情况和收购意图。

朱亚集团要求明方公司在股份过户之前将恒发公司董事会半数以上成员更换为朱亚集团委派的人员。明方公司表示拒绝。

朱亚集团拟在本次协议收购恒发公司股份之后再通过集中竞价交易的方式继续增持恒发公司股份，预计最终持股比例为35%。

2019年6月，明方公司与朱亚集团无法就股份收购事项达成最终一致意见。8月6日，恒发公司发布“股份转让协议之终止协议的公告”。

朱亚集团董事张某的丈夫刘某是月环基金的产品经理，“月环1号”是刘某负责管理的基金产品。“月环1号”自2018年12月24日之后大量买入恒发公司的股票，但于2019年7月12日全部卖出。2019年12月，中国证监会对张某、刘某等人涉嫌内幕交易展开调查。张某辩称“月环1号”在7月12日全部卖出恒发公司股票的投资决策与自己无关，朱亚集团收购恒发公司的消息于2018年10月8日就已经公开，之后并不存在内幕消息，因此不存在内幕交易。

中国证监会在调查中还发现，月环基金投研部门的研发人员王某在工作中获知“月环1号”的投资信息，遂利用他人股票账户，与“月环1号”几乎同步买入、卖出恒发公司的股票，但没有证据证明王某与刘某之间存在关于朱亚集团终止收购的信息交流。稽查人员认为，王某与“月环1号”的趋同交易虽然不构成内幕交易，但仍然违反了证券法律制度。

要求：

根据上述内容，分别回答下列问题：

（1）明方公司对恒发公司问询函不予回复，是否符合证券法律制度的规定？并说明理由。

（2）朱亚集团拒绝披露未来12个月内对恒发公司业务、人员等是否进行后续调整的行为，是否符合证券法律制度的规定？并说明理由。

（3）明方公司的权益变动报告书中未说明其是否了解朱亚集团的诚信情况和收购意图，是否符合证券法律制度的规定？并说明理由。

（4）朱亚集团在股份过户之前就要求改选恒发公司半数以上董事会成员，是否符合证券法律制度的规定？并说明理由。

（5）朱亚集团拟在协议收购后再通过集中竞价交易方式继续增持恒发公司股份至35%的计划，是否符合证券法律制度的规定？并说明理由。

（6）张某关于“2018年10月8日之后不存在内幕消息”的辩解是否成立？并说明理由。

（7）王某与“月环1号”的趋同交易行为是否违反证券法律制度的规定？并说明理由。

【案例14】（2021年）

星美公司是上市公司，股本总额10亿元，控股股东晨亮集团持有该公司53%的股份。星美公司最近一期期末经审计的净资产为2.8亿元。

2019年1月21日，星美公司制订了优先股发行方案草案，计划通过公开发行优先股筹资1.5亿元，第一年采取5%的固定股息率，第二年起股息率参考银行同期贷款利率在3%至6%之间浮动。该方案未获董事会表决通过。

2020年3月26日，为整合行业资源，星美公司拟购买海蓝集团的全资子公司河瀚公司的全部股权。此前经双方审计报告确认，河瀚公司与星美公司最近一个会计年度的合并财务会计报告期末资产总额比为51%，营业收入比为21%，资产净额比为44%。

2021年6月，星美公司面临严重财务困难。豪鑫公司拟收购星美公司部分股份，并提出挽救星美公司的重组方案。该重组方案主要涉及星美公司出售部分资产以及豪鑫公司受让晨亮集团持有的星美公司33%的股份等事宜。

2021年6月16日，星美公司临时股东大会审议通过前述部分资产出售方案。持股0.1%的自然人股东张某在表决时投了反对票，并在会后以此为由请求星美公司按照市场价格回购其所持有的公司全部股份。星美公司拒绝。

之后，豪鑫公司拟以重组为由向中国证监会申请免于以要约收购的方式增持星美公司股份。申请材料初稿显示，豪鑫公司拟承诺1年内不转让其在星美公司中所拥有的权益。

2021年7月21日，豪鑫公司向星美公司全体股东发出收购其部分股份的要约。

要求：

根据上述内容，分别回答下列问题：

（1）星美公司优先股发行方案草案中确定的筹资1.5亿元的计划，是否符合证券法律制度的规定？并说明理由。

（2）星美公司优先股发行方案草案中确定的股息率是否符合证券法律制度的规定？并说明理由。

（3）星美公司购买海蓝集团的全资子公司河瀚公司的全部股权是否构成重大资产重组？并说明理由。

（4）星美公司拒绝张某的股份回购请求是否符合证券法律制度的规定？并说明理由。

（5）申请材料初稿中的“豪鑫公司拟承诺1年内不转让其在星美公司中所拥有的权益”内容，是否符合证券法律制度的规定？并说明理由。

（6）豪鑫公司向星美公司全体股东发出的部分股份收购要约是否符合证券法律制度的规定？并说明理由。

【案例15】（2021年）

上市公司华赢公司拟公开发行可转换债券，公司相关部门草拟了债券发行初步方案（以下简称“初步方案”），主要内容如下：（1）仅面向专业投资者发行；（2）以协议交易的方式回购股份，将股份用于拟发行的可转换债券的转股；（3）偿债保障措施是以公司自有房产、设备等资产作抵押，担保范围包括债券本金及利息，但不包括违约金、损害赔偿金和实现债权的费用；（4）可转换债券发行后，在交易所集中竞价系统面向普通投资者交易。上述初步方案经修订后，由华赢公司董事会决议通过。

2020年5月，华赢公司发布公告，称公司将于6月24日召开临时股东大会，审议有关董事选举、股权激励计划和公开发行债券等事宜。连续持股60天、持股0.5%的股东刘某随后请求华赢公司为其发布公告，就其所拟新增董事候选人事项向公司全体股东征集提案权委托。

在公司作出回应前，刘某通过某投资者论坛，自行联系了华赢公司3名股东，4人于6月15日共同向公司董事会书面提出新增董事候选人的临时提案。刘某等4名股东合计持股比例为2.9%。

另外，公司独立董事赵某拟作为征集人，就6月24日临时股东大会将要审议的股权激励相关议案，向单独持有1%以上有表决权股份的股东征集投票权委托。

要求：

根据上述内容，分别回答下列问题：

（1）根据华赢公司的初步方案，公司拟“以协议交易的方式回购股份，将股份用于转换拟发行的可转换债券”，该回购事由和回购方式是否符合公司法律制度的规定？并分别说明理由。

（2）华赢公司初步方案中的偿债保障措施和担保范围，是否符合证券法律制度的规定？并分别说明理由。

（3）华赢公司可转换公司债券拟“发行后在交易所集中竞价系统面向普通投资者交易”，该交易场所和交易对象是否符合证券法律制度的规定？并分别说明理由。

（4）根据证券法律制度的规定，刘某是否具有公开征集提案权委托的资格？并说明理由。

（5）刘某等4名股东向公司提出新增董事候选人临时提案的做法，是否符合公司法律制度的规定？并说明理由。

（6）独立董事赵某拟作为征集人向单独持有1%以上有表决权股份的股东征集投票权委托的做法，是否符合证券法律制度的规定？并说明理由。

案例分析题专项演练参考答案及解析

使用“会计云课堂”App或“微信”扫码对答案、看解析、掌握解题思路，开启轻松过关之旅。

【案例1答案】

（1）甲公司董事会的出席人数符合规定。根据规定，股份有限公司董事会会议应有过半数的董事出席方可举行。在本题中，9名董事中有4人出席，另有董事孙某书面委托董事钱某代为出席投票，出席会议的董事共计5人，超过了全体董事的半数。

（2）甲公司董事会可以在无正当理由的情况下解除赵某的总经理职务。首先，决定聘任或者解聘公司总经理属于董事会的职权；其次，法律并未规定董事会解聘公司总经理必须要有一定原因，甲公司章程对此也没有特别规定，因此，甲公司董事会可以在无正当理由的情况下解除赵某的总经理职务。

（3）赵某的行为不合法。根据规定，董事、监事、高级管理人员离职后6个月内，不得转让其所持有的本公司股份。

（4）乙公司的行为不合法。根据规定，股份有限公司不得直接或者通过子公司向董事、监事、高级管理人员提供借款。

（5）董事会的决议不合法。根据规定，公司为股东或者实际控制人提供担保的，必须经股东大会决议。

（6）①钱某的抗辩理由不成立。根据规定，受到股东、实际控制人控制或者其他外部干预，不得单独作为不予处罚的情形认定；②李某的抗辩理由不成立。根据规定，不直接从事经营管理，不得单独作为不予处罚的情形认定。

【案例2答案】

（1）四维公司的判断正确。根据规定，公开发行公司债券的条件之一，最近3年平均可分配利润足以支付公司债券1年的利息。在本题中，大华公司最近3年的年均可分配利润为2000万元，不足以支付公司债券1年应支付的利息3000

万元（5亿元 ×6% =3000万元）。

（2）①拟发行优先股的数量不符合规定。根据规定，公司已发行的优先股不得超过公司普通股股份总数的50%；②采取浮动股息率的做法不符合规定。根据规定，上市公司公开发行优先股时，必须采取固定股息率；③优先股股东按照约定的股息率分配股息后，还可以同普通股股东一起参加剩余利润分配不符合规定。根据规定，优先股股东按照约定的股息率分配股息后，不再同普通股股东一起参加剩余利润分配。

（3）有关媒体的说法符合规定。根据规定，如果没有相反证据，投资者之间存在合伙、合作、联营等其他经济利益关系，互为一致行动人。在本题中，丙公司与乙共同设有一个普通合伙企业，应界定为一致行动人。

（4）有关媒体的说法不符合规定。根据规定，丙公司与乙属于一致行动人，其所持股份应合并计算，二者所持的股份合计为30%（并未超过30%），并未触发要约收购义务。

（5）甲增持大华公司2%的股份无须采取要约收购方式。根据规定，在一个上市公司中拥有权益的股份达到或者超过该公司已发行股份的30%的，自上述事实发生之日起1年后，每12个月内增持不超过该公司已发行的2%的股份，可以免于发出要约。在本题中，甲在大华公司2006年上市时已经持有31%的股份，本次增持距大华公司上市时间早已超过1年，其在未来12个月内计划增持的股份未超过2%，可以免于发出要约。

（6）①A的行为构成内幕交易。根据规定，内幕信息知情人的配偶、父母、子女以及其他有密切关系的人，其证券交易活动与该内幕信息基本吻合，不能作出合理说明或者提供证据排除其存在利用内幕信息从事证券交易活动的，构成内幕交易；②B的行为构成内幕交易。根据规定，在内幕信息敏感期内，与内幕信息知情人员联络、接触，其证券交易活动与该内幕信息基本吻合，不能作出合理说明或者提供证据排除其存在利用内幕信息从事证券交易活动的，构成内幕交易。

【案例3答案】

（1）方案一实行后将导致大华公司控制权发生变更。根据方案一，新股发行后，大华公司总股本将增至20亿元。赵某通过华星公司持有5.1亿股，持股比例降至25.5%；钱某持有9亿股，持股比例为45%；孙某持有1亿股，持股比例为5%；其他股东共持有4.9亿股，持股比例合计为24.5%。钱某将成为大华公司第一大股东，获得大华公司的实际控制权，而原实际控制人赵某将丧失对大华公司的实际控制权。

（2）方案一不符合规定。根据规定，上市公司自控制权发生变更之日起36个月内，向收购人及其关联人购买的资产总额占上市公司控制权发生变更的前一个会计年度经审计的合并财务会计报告期末资产总额的比例达到100%以上的，构成借壳上市，上市公司购买的资产对应的经营实体应当是股份有限公司或者有限责任公司，且符合《首次公开发行股票并上市管理办法》规定的其他发行条件，其中包括最近3个会计年度净利润均为正数且累计超过人民币3000万元。在本题中，网商公司最近3个会计年度的净利润中存在负数，不符合规定。

（3）人民法院不应受理。根据规定，股份有限公司连续 180 日以上单独或者合计持有公司 1% 以上股份的股东，可以提起股东代表诉讼。在本题中，李某的持股比例未达到 1%，不具有提起股东代表诉讼的资格。

（4）大华公司的做法符合规定。根据规定，股份有限公司异议股东的股份回购请求权只限于对股东大会作出的公司合并、分立决议持有异议的情形。在本题中，李某投了赞成票，并非异议股东，而且该决议并非公司合并、分立。

（5）华星公司无须向大华公司所有剩余股东发出收购要约。根据规定，在一个上市公司中拥有权益的股份达到或者超过该公司已发行股份的 50% 的，继续增加其在该公司拥有的权益不影响该公司的上市地位的，可以免于发出要约。在本题中，华星公司已经持股 51%，继续增持 5 亿股并不影响大华公司的上市地位，可以免于发出要约。

（6）赵某妻子的行为构成内幕交易。根据规定，内幕信息知情人的配偶、父母、子女以及其他有密切关系的人，其证券交易活动与该内幕信息基本吻合，不能作出合理说明或者提供证据排除其存在利用内幕信息从事证券交易活动的，可以确认内幕交易行为成立。

【案例 4 答案】

（1）无须向中国证监会申请核准。根据规定，并非所有的重大资产重组事项均须中国证监会核准，须经中国证监会核准的仅限于“借壳上市和发行股份购买资产”。在本题中，恒利发展的资产重组交易不属于“借壳上市或者发行股份购买资产”，无须向中国证监会申请核准。

（2）专业投资者的数量不符合规定。根据规定，非公开发行的公司债券应当向专业投资者发行，每次发行对象不得超过 200 人。

（3）符合法定比例。根据规定，上市公司股东大会就重大资产重组事项作出决议，必须经出席会议的股东所持表决权的 2/3 以上通过。在本题中，出席本次股东大会的股东共持有表决权 4.5 亿股，资产重组的议案获得赞成票 3.1 亿股，占 69%。

（4）符合法定比例。根据规定，非公开发行公司债券属于股东大会的一般决议，由出席股东大会的股东所持表决权的过半数通过。在本题中，出席本次股东大会的股东共持有表决权 4.5 亿股，非公开发行公司债券获得赞成票 2.3 亿股，占 51%。

（5）恒利发展没有义务回购孙某的股份。根据规定，股份有限公司异议股东的股份回购请求权仅限于对股东大会作出的公司合并、分立决议持有异议的情形。

（6）符合法律规定。根据规定，股份有限公司连续 180 日以上单独或者合计持有公司 1% 以上股份的股东，可以提起股东代表诉讼。在本题中，孙某的持股比例仅为 0.1%，不具备提起股东代表诉讼的资格，人民法院应当裁定不予受理。

【案例 5 答案】

（1）乙、戊、辛公司构成一致行动人。根据规定，在上市公司的收购及相关股份权益变动活动中有一致行动情形的投资者，互为一致行动人。在本题中，戊、辛两公司书面承诺无条件按照乙公司的指令行使各自所持甲公司股份的表决权，三者构成一致行动人。

（2）① 2015年8月1日至3日，戊、辛公司继续收购甲公司股份不符合规定。根据规定，通过证券交易所的证券交易，投资者持有或者通过协议、其他安排与他人共同持有一个上市公司已发行的有表决权股份达到5%时，应当在该事实发生之日起3日内，向中国证监会、证券交易所作出书面报告，通知该上市公司，并予公告，在上述期限内不得再行买卖该上市公司的股票，但中国证监会规定的情形除外；②乙、戊、辛公司未对购入甲公司股份予以披露不符合规定。根据规定，投资者持有或者通过协议、其他安排与他人共同持有一个上市公司已发行的有表决权股份达到5%后，其所持该上市公司已发行的有表决权股份比例每增加或者减少1%，应当在该事实发生的次日通知该上市公司，并予公告。

（3）①股份发行价格不符合规定。根据规定，上市公司发行股份的价格不得低于市场参考价的90%，市场参考价为本次发行股份购买资产的董事会决议公告日前20个交易日、60个交易日或者120个交易日的公司股票交易均价之一；②丁公司获得的甲公司股份自发行结束之日起6个月后可自由转让不符合规定。根据规定，丁公司获得的甲公司股份自发行结束之日起12个月内不得转让。

（4）到会人数符合规定。根据规定，股份有限公司董事会会议应有过半数的董事出席方可举行。

（5）该项决议不能获得通过。根据规定，股份有限公司董事会作出决议必须经全体董事的过半数通过。在本题中，全体董事11人，对该项决议投赞成票的董事仅为5人，未超过全体董事的半数，该项决议不能获得通过。

（6）人民法院不应受理乙公司的起诉。根据规定，股份有限公司连续180日以上单独或者合计持有公司1%以上股份的股东，可以提起股东代表诉讼。在本题中，乙公司的持股期限不足180日，不具有提起股东代表诉讼的资格。

【案例6答案】

（1）风顺科技的做法不符合规定。根据规定，公司订立重要合同、提供重大担保或者从事关联交易，可能对公司的资产、负债、权益和经营成果产生重要影响，属于重大事件。出现下列情形之一的，上市公司应当及时披露相关事项的现状、可能影响事件进展的风险因素：①该重大事件难以保密；②该重大事件已经泄露或者市场出现传闻；③公司证券及其衍生品种出现异常交易情况。

（2）孙某的行为构成内幕交易。根据规定，内幕信息知情人的配偶、父母、子女以及其他有密切关系的人，其证券交易活动与该内幕信息基本吻合，不能作出合理说明或者提供证据排除其存在利用内幕信息从事证券交易活动的，构成内幕交易。

（3）郑某的抗辩不成立。根据规定，受到股东、实际控制人控制或者其他外部干预，不得单独作为不予处罚的情形认定。

（4）刘某具有提议召开董事会临时会议的资格。根据规定，股份有限公司代表10%以上表决权的股东可以提议召开董事会临时会议。

（5）人民法院不应受理钱某提起的诉讼。根据规定，股份有限公司连续180日以上单独或者合计持有公司1%以上股份的股东，可以提起股东代表诉讼。在本题中，钱某仅持有风顺科技0.1%的股份，不具有提起股东代表诉讼的资格。

【案例 7 答案】

（1）赵某应当承担行政责任。根据规定，上市公司发生信息披露违法行为的，对负有保证信息披露真实、准确、完整、及时和公平义务的董事、监事、高级管理人员，应当视情形认定其为直接负责的主管人员或者其他直接责任人员承担行政责任，但其能够证明已尽忠实、勤勉义务，没有过错的除外。在本题中，赵某为甲公司董事长，赵某直接决定通过外部借款、伪造银行单据等方式冲减应收账款，应当认定其为直接负责的主管人员，赵某应当承担行政责任。

（2）乙会计师事务所应当承担行政责任。根据规定，证券服务机构未勤勉尽责，所制作、出具的文件有虚假记载、误导性陈述或者重大遗漏的，应当承担行政责任。

（3）丙律师事务所应当承担行政责任。根据规定，证券服务机构未勤勉尽责，所制作、出具的文件有虚假记载、误导性陈述或者重大遗漏的，应当承担行政责任。

（4）赵某的行为不符合规定。根据规定，股份有限公司不得直接或者通过子公司向董事、监事、高级管理人员提供借款。

（5）孙某的行为不符合规定。根据规定，公司董事、监事和高级管理人员对公司负有勤勉义务和忠实义务。在本题中，孙某作为公司董事，却不关注公司事务，明显违反了勤勉义务。

（6）李某无权要求甲公司赔偿其投资损失。根据规定，原告的交易行为发生在虚假陈述实施前，或者是在揭露或更正之后的，人民法院应当认定交易因果关系不成立。在本题中，李某在甲公司的虚假陈述行为揭露日之后才买入甲公司股票，其投资损失与甲公司的虚假陈述行为不构成因果关系，李某无权要求甲公司赔偿其投资损失。

（7）钱某有权要求甲公司赔偿其投资损失。根据规定，原告能够证明下列情形的，人民法院应当认定原告的投资决定与虚假陈述之间的交易因果关系成立：①信息披露义务人实施了虚假陈述；②原告交易的是与虚假陈述直接关联的证券；③原告在虚假陈述实施日之后、揭露日或者更正日之前实施了相应的交易行为，即在诱多型虚假陈述中买入了相关证券，或者在诱空型虚假陈述中卖出了相关证券。在本题中，甲公司诱多型虚假陈述实施日为 2017 年 3 月 10 日，揭露日为 2018 年 7 月 20 日，钱某于 2017 年 4 月 12 日买入甲公司股票 1 万股，人民法院应当认定钱某的投资决定与虚假陈述之间的交易因果关系成立。

【案例 8 答案】

（1）本次合并构成甲公司重大资产重组。根据规定，上市公司及其控股或者控制的公司购买、出售资产，达到下列标准之一的，构成重大资产重组：①购买、出售的资产总额占上市公司最近一个会计年度经审计的合并财务会计报告期末资产总额的比例达到 50% 以上；②购买、出售的资产在最近一个会计年度所产生的营业收入占上市公司同期经审计的合并财务会计报告营业收入的比例达到 50% 以上；③购买、出售的资产净额占上市公司最近一个会计年度经审计的合并财务会计报告期末净资产额的比例达到 50% 以上，且超过 5000 万元人民币。

在本题中，乙公司资产总额占甲公司同期经审计资产总额的比例超过 50%，构成重大资产重组。

（2）A 公司认购股份的锁定期不符合规定。根据规定，上市公司非公开发行股票，上市公司的控股股东、实际控制人或其控制的关联人认购的股份，自发行结束之日起 18 个月内不得转让。

（3）甲公司的理由不成立。根据规定，公司合并的，债权人（不论债权是否到期）自接到通知书之日起 30 日内，未接到通知书的自公告之日起 45 日内，可以要求公司清偿债务或者提供相应的担保。

（4）人民法院驳回贾某的诉讼请求符合规定。根据规定，股东会的会议召集程序或者表决方式仅有轻微瑕疵，且对决议未产生实质影响，股东请求撤销的，人民法院不予支持。在本题中，乙公司未按照公司章程的规定发送电子邮件通知股东，但并未影响贾某及其他股东出席会议，对决议未产生实质影响。

（5）甲公司的理由成立。根据规定，异议股东股份回购请求权中的异议应当通过出席会议并参与决议提出，周某表达异议的途径不符合要求，甲公司有权拒绝其回购请求。

（6）应当以 40 万股为基数。在本题中，雷某于 2020 年 3 月 2 日购入甲公司股票 40 万股，于 2020 年 8 月 25 日卖出时，持有时间不足 6 个月，构成短线交易。雷某于 2020 年 2 月 1 日、2 月 10 日先后购入的甲公司股票 10 万股、20 万股，于 2020 年 8 月 25 日卖出时，持有时间均已超过 6 个月，不构成短线交易。

（7）雷某短线交易所获利润应当归甲公司所有。根据规定，上市公司的董事、监事、高级管理人员，将其持有的该公司股票在买入后 6 个月内卖出，或者在卖出后 6 个月内又买入，由此所得收益归该公司所有，公司董事会应当收回其所得收益。

【案例 9 答案】

（1）构成对林森木业的收购。根据规定，收购人通过协议、其他安排的方式获得上市公司控制权的，构成间接收购；投资者如实际支配上市公司股份表决权超过 30% 的，即可认为获得上市公司的控制权。在本题中，林木集团持有林森木业 45% 的股份，新民投资注资后，将持有林木集团 85% 的股权，可实际支配林森木业股份表决权比例超过 30%，可间接实现对林森木业的控制。

（2）新民投资必须向林森木业所有其他股东发出收购要约。根据规定，收购人虽不是上市公司的股东，但通过投资关系、协议、其他安排导致其拥有权益的股份超过该公司已发行股份的 30% 的，应当向该公司所有股东发出全面要约。

（3）要约收购价格符合规定。在本题中，新民投资在要约收购提示性公告日前 6 个月内并未取得过被收购人的股票，且要约收购价格（9.77 元 / 股）高于提示性公告日前 30 个交易日该种股票的每日加权平均价格的算术平均值（9.76 元 / 股），因此要约收购价格符合规定。

（4）钱某不能辞去独立董事职务。根据规定，在要约收购期间，被收购公司董事不得辞职。

（5）发布时间不符合规定。根据规定，在收购人公告要约收购报告书后 20 日内，被收购公司董事会应当公告被收购公司董事会报告书与独立财务顾问的专业意见。

（6）孙某不能撤回预受。根据规定，在要约收购期限届满前3个交易日内，预受股东不得撤回其对要约的接受。在本题中，要约收购期限4月10日届满，孙某4月9日不能撤回预受。

（7）①李某的主张不成立。根据规定，影响内幕信息形成的动议、筹划、决策或者执行人员，其动议、筹划、决策或者执行初始时间，应当认定为内幕信息的形成之时。在本题中，赵某与新民投资于2017年5月已经开始实质性磋商，应当认定内幕信息此时已经形成。

②李某的行为构成内幕交易。根据规定，证券交易内幕信息的知情人员和非法获取内幕信息的人员，在内幕信息公开前，不得买卖该公司的证券，或者泄露该信息，或者建议他人买卖该证券。在本题中，李某为内幕信息知情人员，李某在内幕信息敏感期内（2017年5月至2017年9月21日公告日）买卖与内幕信息相吻合的证券，又无法给出合理理由的，构成内幕交易。

【案例10答案】

（1）构成内幕信息。根据规定，公司分配股利的计划属于内幕信息。

（2）构成内幕交易。根据规定，李某于1月25日向赵某提出“高送转”利润分配动议，赵某属于内幕信息知情人员，在内幕信息敏感期内，泄露内幕信息导致他人从事与该内幕信息有关的证券、期货交易，相关交易行为明显异常，且无正当理由或者正当信息来源的，构成内幕交易。

（3）福明公司的做法符合规定。根据规定，公司的公积金可用于弥补公司的亏损、扩大公司生产经营或者转为增加公司资本。

（4）不符合规定。根据规定，公司分配股利的计划属于重大事件，上市公司应当在董事会形成决议的2个交易日内履行信息披露义务。在本题中，董事会于2月26日（星期一）形成决议，至3月1日（星期四）已经超过2个交易日。

（5）孙某的抗辩不成立。根据规定，影响内幕信息形成的动议、筹划、决策或者执行人员，其动议、筹划、决策或者执行初始时间（2018年1月25日），应当认定为内幕信息的形成之时。

（6）程某的行为构成内幕交易。根据规定，内幕信息知情人员的近亲属，在内幕信息敏感期内，泄露内幕信息导致他人从事与该内幕信息有关的证券、期货交易，相关交易行为明显异常，且无正当理由或者正当信息来源的，构成内幕交易。

（7）王某的抗辩理由不成立。根据相关司法解释，持有或者通过协议、其他安排与他人共同持有上市公司5%以上股份的自然人、法人或者其他组织收购该上市公司股份的，不属于内幕交易行为。但是，王某及其一致行动人越野投资并未按照上市公司收购程序履行持股权益披露义务，当其持有福明公司已发行的有表决权股份达到5%时，并未在该事实发生之日起3日内向中国证监会、证券交易所作出书面报告，并未通知福明公司，没有履行公告义务，也没有遵守相关禁止交易的规定。王某的行为构成内幕交易，其抗辩理由不成立。

【案例11答案】

（1）物灵公司的观点符合规定。根据规定，经上市公司股东大会非关联股东批准，投资者取得上市公司向其发行的新股，导致其在该公司拥有权益的股份超过该公司已发行股份的30%，投资者承诺3年内不转让本次向其发行的新股，且公司股东大会同意投资者免于发出要约的，可以免于发出要约。

（2）宝华公司和元基公司参加议案1的表决符合规定。根据规定，上市公司非公开发行股票，应当经出席股东大会的股东所持表决权的2/3以上通过。本次发行涉及关联股东的，应当回避表决。关联股东是指董事会决议已确定为本次发行对象的股东及其关联人。在本案中，议案1确定的发行对象为物灵公司，宝华公司和元基公司不属于该议案的关联方，可以参加表决。

（3）宝华公司和元基公司参加议案2的表决不符合规定。根据规定，上市公司非公开发行股票，应当经出席股东大会的股东所持表决权的2/3以上通过。本次发行涉及关联股东的，应当回避表决。关联股东是指董事会决议已确定为本次发行对象的股东及其关联人。在本案中，议案2的发行对象即为宝华公司和元基公司，故应当回避表决。

（4）物灵公司的观点不符合规定。根据规定，单独或者合计持有公司3%以上股份的股东，可以在股东大会召开10日前提出临时提案。在本案中，宝华公司和元基公司合计持股已达29%，2月5日提出临时提案距2月19日召开的临时股东大会超过了10日。

（5）物灵公司的起诉日期不符合规定。根据规定，股东可以自决议作出之日起60日内，请求人民法院予以撤销。在本案中，决议于2月19日作出，起诉日期为4月29日，已经超过了60日。

【案例12答案】

（1）甲公司6月18日的公告构成信息披露违法行为中的虚假记载和误导性陈述。根据规定，信息披露义务人在信息披露文件中对所披露内容进行不真实记载，应当认定构成所披露的信息有虚假记载的信息披露违法行为。信息披露义务人在信息披露文件中或者通过其他信息发布渠道、载体，作出不完整、不准确陈述，致使或者可能致使投资者对其投资行为发生错误判断的，应当认定构成所披露的信息有误导性陈述的信息披露违法行为。

（2）甲公司董事长的主张不成立。根据规定，信息披露义务人虚假陈述致使投资者在证券交易中遭受损失的，信息披露义务人应当承担赔偿责任，发行人的控股股东、实际控制人、董事、监事、高级管理人员和其他直接责任人员以及保荐人、承销的证券公司及其直接责任人员，应当与发行人承担连带赔偿责任，但是能够证明自己没有过错的除外。（或答：信息披露义务人的董事、高级管理人员与信息披露义务人针对虚假陈述民事赔偿责任承担连带责任，除非能证明自己没有过错。）

（3）李某的主张不成立。根据规定，虚假陈述实施日，是指信息披露义务人作出虚假陈述或者发生虚假陈述之日。在本题中，信息披露义务人是甲公司，甲公司于6月18日发布重大合同公告，该日即为甲公司实施虚假陈述的日期。

（4）法院将2019年6月19日认定为虚假陈述揭露日符合规定。根据规定，虚假陈述揭露日，是指虚假陈述在具有全国性影响的报刊、电台、电视台或者监管部门网站、交易场所网站、主要门户网站、行业知名的自媒体等媒体上，首次被公开揭露并为证券市场知悉之日。虚假陈述被揭露的意义在于其对证券市场发出了一个警示信号，提醒投资者重新判断股票价值，进而对市场价格产生影响。在本题中，市场在 2019 年 6 月 19 日对农业农村部的公告有明显反应，6 月 19 日被认定为虚假陈述揭露日符合规定。（或答：6 月 19 日农业农村部的公告起到了揭露或者澄清的效果，即可得分）

（5）法院认可投资者赵某的原告资格符合规定。根据规定，原告能够证明下列情形的，人民法院应当认定原告的投资决定与虚假陈述之间的交易因果关系成立：①信息披露义务人实施了虚假陈述；②原告交易的是与虚假陈述直接关联的证券；③原告在虚假陈述实施日之后、揭露日或者更正日之前实施了相应的交易行为，即在诱多型虚假陈述中买入了相关证券，或者在诱空型虚假陈述中卖出了相关证券。在本题中，甲公司诱多型虚假陈述实施日是 2019 年 6 月 18 日，赵某于当日买入后一直持有，符合原告资格。

（6）甲公司董事和高管的行为构成操纵证券市场。根据规定，利用虚假或者不确定的重大信息，诱导投资者进行证券交易，影响或者意图影响证券交易价格或者证券交易量，属于操纵证券市场行为。在本题中，甲公司高管授意袁某发布虚假信息，误导市场，致使 6 月 18 日当日股票涨停、影响了证券交易价格，该行为构成《证券法》规定的操纵证券市场。（或答：当日交易量显著增多、影响了证券交易量，构成《证券法》规定的操纵证券市场。）

（7）袁某的辩解不成立。根据规定，禁止任何单位和个人编造、传播虚假信息或者误导性信息，扰乱证券市场。各种传播媒介传播证券市场信息必须真实、客观，禁止误导。即使不是信息披露义务人，也有义务在知道或者应当知道该信息为虚假信息或者误导性信息时，不予传播。

【案例 13 答案】

（1）明方公司不予回复的行为不符合规定。根据规定，当应披露的信息在依法披露前已经在媒体上传播或者公司证券及其衍生品种出现交易异常情况的，股东或者实际控制人应当及时、准确地向上市公司作出书面报告，并配合上市公司及时、准确地公告。

（2）朱亚集团拒绝披露的行为不符合规定。根据规定，如果投资者拥有的股份达到或者超过 20% 但未超过 30% 的，应当编制详式权益变动报告书。详式权益变动报告书中应披露“未来 12 个月内对上市公司资产、业务、人员、组织结构、公司章程等进行调整的后续计划”。

（3）明方公司的行为不符合规定。根据规定，上市公司控股股东向收购人协议转让其所持有的上市公司股份的，应当对收购人的主体资格、诚信情况及收购意图进行调查，并在其权益变动报告书中披露有关调查情况。

（4）朱亚集团的要求不符合规定。根据规定，以协议方式进行上市公司收购的，自签订收购协议起至相关股份完成过户的期间为上市公司收购过渡期。在过渡期内，收购人不得通过控股股东提议改选上市公司董事会，确有充分理由改选董事会的，来自收购人的董事不得超过董事会成员的 1/3。

（5）朱亚集团的计划不符合规定。根据规定，采取协议收购方式的，收购人拥有权益的股份达到该公司已发行股份的 30%时，继续进行收购的，应当依法向该上市公司所有股东发出收购上市公司全部或者部分股份的要约。

（6）张某的辩解不成立。因为明方公司与朱亚集团股份收购“流产”一事属于对恒发公司证券的市场价格有重大影响的信息，在公开之前属于内幕信息。该信息形成于 2019 年 6 月，至 2019 年 8 月 6 日方公开，而“月环一号”7 月 12 日卖出全部股票。

（7）王某与“月环 1 号”的趋同交易行为违反规定。根据规定，禁止证券交易场所、证券公司、证券登记结算机构、证券服务机构和其他金融机构的从业人员、有关监管部门或者行业协会的工作人员，利用因职务便利获取的内幕信息以外的其他未公开的信息，违反规定，从事与该信息相关的证券交易活动，或者明示、暗示他人从事相关交易活动。在本题中，王某作为月环基金投研部门的研发人员，其所利用的“月环 1 号”投资信息属于“内幕信息以外的其他未公开的信息”，王某利用该信息从事相关证券交易活动，违反了《证券法》的规定。

【案例 14 答案】

（1）不符合规定。根据规定，上市公司已发行的优先股不得超过公司普通股股份总数的 50%，且筹资金额不得超过发行前净资产的 50%，已回购、转换的优先股不纳入计算。在本题中，拟发行的优先股筹资额 1.5 亿超过了星美公司发行前净资产（2.8 亿元）的 50%。

（2）不符合规定。根据规定，上市公司公开发行优先股应当在公司章程中规定采取固定股息率。在本题中，优先股发行方案草案中确定的股息率在第二年起为浮动股息率，不符合规定。

（3）构成重大资产重组。根据规定，上市公司购买的资产总额占上市公司最近 1 个会计年度经审计的合并财务会计报告期末资产总额的比例达到 50%以上的，构成重大资产重组。在本题中，河瀚公司与星美公司最近一个会计年度的合并财务会计报告期末资产总额比为 51%，因此构成重大资产重组。

（4）符合规定。根据规定，股份有限公司异议股东的股份回购请求权仅限于对股东大会作出的公司合并、分立决议持有异议的情形。

（5）不符合规定。根据规定，上市公司面临严重财务困难，收购人提出的挽救公司的重组方案取得该公司股东大会批准，且收购人承诺 3 年内不转让其在该公司中所拥有的权益的，收购人可以免于以要约方式增持股份。在本题中，豪鑫公司拟承诺 1 年内不转让其在星美公司中所拥有的权益不符合规定。

（6）不符合规定。根据规定，收购人拟通过协议方式收购一个上市公司的股份超过 30%的，超过 30%的部分，应当改以要约方式进行；但符合免除发出要约规定情形的，收购人可以免于发出要约。符合豁免规定情形的，收购人可以履行其收购协议；不符合豁免规定情形的，在履行其收购协议前，应当发出全面要约。在本题中，豪鑫公司拟受让晨亮集团持有的星美公司 33%的股份且不符合豁免发出要约的相关规定，因此，豪鑫公司应当向星美公司全体股东发出全面要约，豪鑫公司向星美公司全体股东发出收购其部分股份的要约不符合规定。

【案例 15 答案】

（1）①回购事由符合规定。根据规定，股份有限公司可以回购股份并将股份用于转换上市公司发行的可转换为股票的公司债券；②回购方式不符合规定。根据规定，上市公司回购股份用于转换上市公司发行的可转换为股票的公司债券的，应当通过公开的集中交易方式进行，不能采用协议交易的方式。

（2）①偿债保障措施不符合规定。根据规定，证券公司或者上市公司不得作为发行可转债的担保人，但上市商业银行除外；②担保范围不符合规定。根据规定，为可转债提供担保，应当为全额担保，担保范围包括债券的本金及利息、违约金、损害赔偿金和实现债权的费用。

（3）①交易场所不符合规定。根据规定，发行人向特定对象发行的可转债不得采用公开的集中交易方式转让，不得在交易所集中竞价系统交易；②交易对象不符合规定。根据规定，发行人向特定对象发行的可转债不得采用公开的集中交易方式转让，不得面向普通投资者交易。

（4）刘某没有资格公开征集提案权委托。根据规定，持有上市公司 1%以上有表决权股份的股东，可以作为征集人，自行或者委托证券公司、证券服务机构，公开请求上市公司股东委托其代为出席股东大会，并代为行使提案权、表决权等股东权利。

（5）不符合规定。根据规定，单独或者合计持有公司 3%以上股份的股东，可以在股东大会召开 10 日前提出临时提案并书面提交董事会。在本题中，刘某等 4 名股东合计持股比例仅为 2.9%。

（6）赵某的做法不符合规定。根据规定，独立董事可以作为征集人，自行或者委托证券公司、证券服务机构，公开征集（不能专门针对持有 1%以上有表决权股份的特定股东）股东权利，征集人应当披露征集文件，上市公司应当予以配合。

同步强化练习题

使用“会计云课堂”App 或“微信”扫码快速做题、对答案、看解析、掌握解题思路，开启轻松过关之旅。

一、单项选择题

1. 根据证券法律制度的规定，投资者保护机构受一定数量以上的投资者委托，可以作为代表人参加证券民事赔偿诉讼。该数量为（　　）。
   A. 20 名　　B. 30 名
   C. 40 名　　D. 50 名

2. 根据证券法律制度的规定，在主板上市的公司首次公开发行股票，下列关于招股说明书中引用的财务报表的有效期的表述中，正确的是（　　）。
   A. 招股说明书中引用的财务报表在其最近一期截止日后 6 个月内有效，特殊情况下发行人可申请适当延长，但至多不超过 1 个月

B. 招股说明书中引用的财务报表在其最近一期截止日后6个月内有效，特殊情况下发行人可申请适当延长，但至多不超过3个月

C. 招股说明书中引用的财务报表在其最近一期截止日后12个月内有效，特殊情况下发行人可申请适当延长，但至多不超过1个月

D. 招股说明书中引用的财务报表在其最近一期截止日后12个月内有效，特殊情况下发行人可申请适当延长，但至多不超过3个月

3. 根据证券法律制度的规定，下列关于证券承销的表述中，不正确的是（　　）。

A. 向不特定对象发行证券聘请承销团承销的，承销团应当由主承销和参与承销的证券公司组成

B. 证券的代销、包销期限最长不得超过90日

C. 证券公司在代销、包销期内，对所代销、包销的证券应当保证先行出售给认购人

D. 股票发行采用代销方式，代销期限届满，向投资者出售的股票数量未达到拟公开发行股票数量80%的，为发行失败

4. 根据证券法律制度的规定，下列关于主板上市公司公开发行证券的发行条件的表述中，不正确的是（　　）。

A. 最近12个月内不存在违规对外提供担保的行为

B. 高级管理人员和核心技术人员稳定，最近12个月内未发生重大不利变化

C. 最近3个会计年度连续盈利

D. 最近3年以现金方式累计分配的利润不少于最近3年实现的年均可分配利润的20%

5. 根据证券法律制度的规定，下列关于主板上市公司配股条件的表述中，不正确的是（　　）。

A. 拟配售股份数量不超过本次配售股份前股本总额的30%

B. 控股股东应当在股东大会召开前公开承诺认配股份的数量

C. 应当采用代销方式发行

D. 应当采用包销方式发行

6. 在上海证券交易所主板上市的甲公司拟于2022年4月非公开发行股票，其发行方案的下列内容中，符合证券法律制度规定的是（　　）。

A. 发行对象为40名机构投资者

B. 发行对象中包括乙信托公司管理的一个集合资金信托计划

C. 发行价格为定价基准日前20个交易日公司股票均价的85%

D. 控股股东在本次非公开发行中认购的股份，自发行结束之日起12个月内不得转让

7. 在上海证券交易所主板上市的甲公司拟发行可转换公司债券（以下简称“可转债”）。根据证券法律制度的规定，下列表述中，正确的是（　　）。

A. 向特定对象发行可转债的转股价格应当不低于认购邀请书发出前20个交易日发行人股票交易均价和前1个交易日均价，且不得向上修正

B. 向特定对象发行的可转债不得采用公开的集中交易方式转让

C. 向特定对象发行的可转债转股的，所转股票自可转债发行结束之日起12个月内不得转让

D. 可转债持有人对转股或者不转股有选择权，并于转股的当日成为甲公司股东

8. 在上海证券交易所主板上市的甲公司拟公开发行优先股。根据证券法律制度的规定，下列表述中，不正确的是（　　）。
A. 甲公司最近 3 个会计年度应当连续盈利
B. 应当采取固定股息率
C. 甲公司及其控股股东或者实际控制人最近 36 个月内应当不存在违反向投资者作出的公开承诺的行为
D. 甲公司最近 3 个会计年度实现的年均可分配利润应当不少于优先股 1 年的股息

9. 根据证券法律制度的规定，投资者持有或者通过协议、其他安排与他人共同持有一个上市公司已发行的有表决权股份达到 5%后，其所持该上市公司已发行的有表决权股份比例每增加或者减少 1%时，下列表述中，正确的是（　　）。
A. 投资者应当在该事实发生之日起 3 日内，向国务院证券监督管理机构作出书面报告
B. 投资者应当在该事实发生之日起 3 日内，向证券交易所作出书面报告
C. 投资者应当在该事实发生的次日通知该上市公司，并予公告
D. 投资者应当在该事实发生之日起 3 日内通知该上市公司，并予公告

10. 根据证券法律制度的规定，下列关于要约收购的表述中，不正确的是（　　）。
A. 在要约收购期间，被收购公司董事不得辞职
B. 在收购要约确定的承诺期限内，收购人不得撤销其收购要约
C. 收购要约期限届满前 15 日内，收购人不得变更收购要约；但是出现竞争要约的除外
D. 在要约收购期限届满前 5 个交易日内，预受股东不得撤回其对要约的接受

11. 根据证券法律制度的规定，下列关于要约收购的表述中，正确的是（　　）。
A. 收购要约期限届满前 20 日内，收购人不得变更要约
B. 收购人可以将原定的收购期限从 30 日改为 40 日
C. 收购人可以减少预定收购的股份数额
D. 收购人可以根据证券市场变化，降低收购价格

12. 根据证券法律制度的规定，在上市公司收购中，收购人持有的被收购的上市公司的股票，在收购行为完成后一定期限内不得转让。该期限是（　　）。
A. 6 个月
B. 12 个月
C. 18 个月
D. 36 个月

13. 根据证券法律制度的规定，上市公司进行重大资产重组须由股东大会作出决议。下列表述中，正确的是（　　）。
A. 股东大会会议可以采取现场会议或者网络投票的形式
B. 股东大会就重大资产重组事项进行表决时，关联股东应当回避表决
C. 上市公司股东大会就重大资产重组事项作出决议，必须经出席会议的股东所持表决权的过半数通过
D. 上市公司应当在股东大会作出重大资产重组决议后 3 个交易日内公告该决议

14. 根据证券法律制度的规定，股票上市交易后，甲上市公司发生的下列事项中，不属于重大事件的是（　　）。
A. 董事长赵某无法履行职责
B. 经理王某无法履行职责
C. 财务负责人郑某无法履行职责
D. 董事李某辞职

15. 根据证券法律制度的规定，股票上市交易后，甲上市公司发生的下列事项中，不属于内幕信息的是（　　）。
A. 董事长赵某辞职
B. 持有公司5%股份的股东李某，其持有股份的情况发生较大变化
C. 董事唐某涉嫌犯罪被依法采取强制措施
D. 董事会秘书王某辞职

16. 根据证券法律制度的规定，下列各项中，不属于证券交易内幕信息知情人员的是（　　）。
A. 上市公司的董事、监事、高级管理人员
B. 持有上市公司3%股份的股东的董事、监事、高级管理人员
C. 上市公司实际控制人的董事、监事、高级管理人员
D. 上市公司实际控制的公司的董事、监事、高级管理人员

17. 甲为乙上市公司的董事，并持有乙上市公司股票20万股，2021年3月1日和3月8日，甲以每股25元的价格先后卖出其持有的乙上市公司股票2万股和3万股。2021年9月3日，甲以每股15元的价格买入乙上市公司股票5万股。根据证券法律制度的规定，甲通过上述交易所获收益中，应当收归乙上市公司所有的金额是（　　）。
A. 20万元
B. 30万元
C. 50万元
D. 75万元

18. 吴某为甲上市公司的董事。吴某将其持有的甲公司股票在买入后的第5个月卖出，获利100万元。根据证券法律制度的规定，下列表述中，不正确的是（　　）。
A. 该收益应当全部归甲公司所有
B. 该收益应由甲公司董事会负责收回
C. 如果董事会不收回该收益的，股东有权要求董事会限期收回
D. 如果董事会未在规定期限内执行股东关于收回吴某收益的要求的，股东有权以甲公司的名义直接向人民法院提起收回该收益的诉讼

19. 中国证监会经调查发现，3年前在深圳证券交易所主板挂牌上市的甲公司在首次公开发行股票的过程中存在虚假陈述行为，并给投资者造成经济损失，乙证券公司系保荐人。根据证券法律制度的规定，下列关于乙证券公司就甲公司虚假陈述行为所致投资者损失承担赔偿责任的表述中，正确的是（　　）。
A. 无论乙证券公司有无过错，均须承担赔偿责任
B. 无论乙证券公司有无过错，均不承担赔偿责任
C. 只有当投资者能够证明乙证券公司有过错时，才承担赔偿责任
D. 乙证券公司应当承担连带赔偿责任，除非能够证明自己没有过错

20. 根据证券法律制度的规定，下列关于区域性股权市场相关规则的表述中，不正确的是（　　）。
A. 不得将任何权益拆分为均等份额公开发行
B. 不得采取集中交易方式进行交易
C. 不得将权益按照标准化交易单位持续挂牌交易
D. 权益持有人累计不得超过100人

二、多项选择题

1. 下列情形中，适用《证券法》的有（　　）。
A. 公司债券的发行和交易
B. 存托凭证的发行和交易
C. 政府债券的发行和交易
D. 证券投资基金份额的发行和交易

2. 根据证券法律制度的规定，下列各项中，可以作为征集人自行或者委托证券公司、证券服务机构，公开请求上市公司股东委托其代为出席股东大会，并代为行使提案权、表决权等股东权利的有（　　）。
A. 上市公司董事长
B. 上市公司监事会
C. 上市公司独立董事
D. 持有上市公司1%以上有表决权股份的股东

3. 根据证券法律制度的规定，发行人因欺诈发行给投资者造成损失的，特定主体可以委托投资者保护机构，就赔偿事宜与受到损失的投资者达成协议，予以先行赔付。该特定主体有（　　）。
A. 发行人的控股股东
B. 相关的证券公司
C. 发行人的实际控制人
D. 证券交易所

4. 根据证券法律制度的规定，下列关于发行人首次公开发行股票应具备条件的表述中，正确的有（　　）。
A. 具有持续经营能力
B. 具备健全且运行良好的组织机构
C. 实际控制人不存在债务违约情形
D. 最近3年财务会计报告被出具无保留意见的审计报告

5. 甲公司委托乙证券公司以代销方式公开发行股票8000万股，代销期限届满，投资者认购甲公司股票的数量为5000万股。根据证券法律制度的规定，下列表述中，不正确的有（　　）。
A. 甲公司应当以自有资金购入剩余的3000万股
B. 乙证券公司应当以自有资金购入剩余的3000万股
C. 甲公司应当按照发行价并加算银行同期存款利息返还股票认购人
D. 甲公司应当按照发行价并加算银行同期贷款利息返还股票认购人

6. 根据证券法律制度的规定，下列关于主板上市公司公开发行可转换公司债券的表述中，正确的有（　　）。
A. 最近一期期末经审计的净资产不低于人民币15亿元的，可以不提供担保
B. 证券公司不得作为上市公司公开发行可转换公司债券的担保人
C. 上市商业银行可以作为上市公司公开发行可转换公司债券的担保人
D. 以保证方式提供担保的，应当为连带责任担保

7. 根据证券法律制度的规定，公开发行优先股的公司必须在公司章程中规定的事项有（　　）。
A. 在有可分配税后利润的情况下必须向优先股股东分配股息
B. 未向优先股股东足额派发股息的差额部分应当累积到下一个会计年度
C. 采取固定股息率
D. 优先股股东按照约定的股息率分配股息后，不再同普通股股东一起参加剩余利润分配

8. 根据证券法律制度的规定，下列情形中，债券受托管理人应当召集债券持有人会议的有（　　）。
A. 保证人发生重大变化
B. 发行人增资
C. 发行人提出债务重组方案的
D. 拟变更债券受托管理人

9. 甲公司拟收购乙上市公司。根据证券法律制度的规定，下列持有乙上市公司股份的投资者中，如无相反证据，与甲公司互为一致行动人的有（　　）。
A. 甲公司董事张某妻子的弟弟
B. 甲公司经理赵某弟弟的妻子
C. 甲公司监事杨某的岳父
D. 甲公司副经理王某的儿媳妇

10. 根据证券法律制度的规定，下列关于要约收购的表述中，正确的有（　　）。
A. 收购要约约定的收购期限不得少于30日，并不得超过60日；但是出现竞争要约的除外
B. 收购要约期限届满前15日内，收购人不得变更收购要约；但是出现竞争要约的除外
C. 在要约收购期限届满前3个交易日内，预受股东不得撤回其对要约的接受
D. 在收购人公告要约收购报告书后15日内，被收购公司董事会应当公告被收购公司董事会报告书与独立财务顾问的专业意见

11. 2022年4月1日，某主板上市公司董事会作出通过发行股份购买资产的决议。根据证券法律制度的规定，股份发行价格不得低于市场参考价的90%。下列各项中，可以用于确定市场参考价的有（　　）。
A. 本次董事会决议公告日前20个交易日的公司股票交易均价
B. 本次董事会决议公告日前30个交易日的公司股票交易均价
C. 本次董事会决议公告日前60个交易日的公司股票交易均价
D. 本次董事会决议公告日前90个交易日的公司股票交易均价

12. 根据证券法律制度的规定，股票上市交易后，甲上市公司的下列事项中，属于重大事件的有（　　）。
A. 公司增资的计划
B. 公司减资、合并、分立、解散及申请破产的决定
C. 公司在1年内购买、出售重大资产超过公司资产总额30%
D. 公司营业用主要资产的抵押、质押、出售或者报废一次超过该资产的30%

13. 根据证券法律制度的规定，公司债券上市交易后，甲公司发生的下列事项中，属于重大事件的有（　　）。
A. 公司债券信用评级发生变化
B. 公司股权结构发生重大变化
C. 公司放弃债权或者财产超过上年末净资产的10%
D. 涉及公司的重大诉讼、仲裁

14. 根据证券法律制度的规定，股票上市交易后，甲上市公司发生的下列事项中，属于内幕信息的有（　　）。
A. 股东大会、董事会决议被依法撤销或者宣告无效
B. 公司发生重大亏损
C. 董事长周某病重无法履行职责
D. 总经理李某辞职

15. 根据证券法律制度的规定，下列各项中，属于证券交易内幕信息知情人员的有（　　）。
A. 负责发行人重大资产重组方案文印工作的秘书甲
B. 中国证监会负责审核发行人重大资产重组方案的工作人员乙
C. 为发行人重大资产重组进行审计的注册会计师丙
D. 重大资产重组交易方的董事丁

16. 根据证券法律制度的规定，发行人在公告的证券发行文件中存在虚假记载、误导性陈述或者重大遗漏，致使投资者在证券交易中遭受损失的，下列当事人中，如果不能证明自己没有过错，应当与发行人承担连带赔偿责任的有（　　）。
A. 发行人的控股股东、实际控制人
B. 发行人的董事、监事、高级管理人员
C. 保荐人
D. 承销的证券公司

17. 根据证券法律制度的规定，下列关于特别代表人诉讼的表述中，正确的有（　　）。

A. 投资者保护机构受 50 名以上投资者委托，可以作为代表人参加诉讼

B. 投资者明确表示不愿意参加诉讼的，应当在公告期间届满后 15 日内向人民法院声明退出

C. 对于声明退出的投资者，人民法院不再将其登记为特别代表人诉讼的原告，该投资者也不得另行起诉

D. 诉讼过程中由于声明退出等原因导致明示授权投资者的数量不足 50 名的，不影响投资者保护机构的代表人资格

18. 根据证券法律制度的规定，上市公司的下列人员中，应当及时向上市公司董事会报送上市公司关联人名单及关联关系说明的有（　　）。

A. 董事长　　B. 经理

C. 财务负责人　　D. 董事会秘书

19. 根据证券法律制度的规定，上市公司的下列人员中，应当对公司临时报告信息披露的真实性、准确性、完整性、及时性、公平性承担主要责任的有（　　）。

A. 董事长　　B. 经理

C. 财务负责人　　D. 董事会秘书

20. 根据证券法律制度的规定，上市公司的下列人员中，应当对公司财务会计报告的真实性、准确性、完整性、及时性、公平性承担主要责任的有（　　）。

A. 董事长　　B. 经理

C. 财务负责人　　D. 董事会秘书

21. 根据证券法律制度的规定，下列情形中，属于上市公司主动退市的有（　　）。

A. 上市公司股东大会决议解散公司

B. 上市公司因新设合并或者吸收合并，不再具有独立主体资格并被注销

C. 上市公司向所有股东发出回购全部股份或者部分股份的要约，导致公司股本总额、股权分布等发生变化不再具备上市条件

D. 上市公司股东向所有其他股东发出收购全部股份或者部分股份的要约，导致公司股本总额、股权分布等发生变化不再具备上市条件

同步强化练习题参考答案及解析

使用“会计云课堂”App 或“微信”扫码对答案、看解析、掌握解题思路，开启轻松过关之旅。

一、单项选择题

1.【答案】D

2.【答案】B

3.【答案】D

【解析】股票发行采用代销方式，代销期限届满，向投资者出售的股票数量未达到拟公开发行股票数量 70% 的，为发行失败。

4.【答案】D

【解析】选项 D：最近 3 年以现金方式累计分配的利润不少于最近 3 年实现的年均可分配利润的 30%。

5.【答案】D

【解析】选项 CD：配股只能采用代销方式发行。

6.【答案】C

【解析】（1）选项 A：发行对象不得超过 35 名；（2）选项 B：信托公司作为发行对象，只能以自有资金认购；（3）选项 C：发行价格不低于定价基准日前 20 个交易日公司股票均价的 80%；（4）选项 D：上市公司的控股股东、实际控制人或其控制的关联人认购的股份，自发行结束之日起 18 个月内不得转让。

7.【答案】B

【解析】（1）选项 A：向特定对象发行可转债的转股价格应当不低于认购邀请书发出前 20 个交易日发行人股票交易均价和前 1 个交易日均价，且不得向下修正；（2）选项 C：向特定对象发行的可转债转股的，所转换股票自可转债发行结束之日起 18 个月内不得转让；（3）选项 D：可转债持有人对转股或者不转股有选择权，并于转股的次日成为发行人股东。

8.【答案】C

【解析】选项 C：上市公司公开发行优先股，公司及其控股股东或者实际控制人最近 12 个月内应当不存在违反向投资者作出的公开承诺的行为。

9.【答案】C

10.【答案】D

【解析】选项 D：在要约收购期限届满前 3 个交易日内，预受股东不得撤回其对要约的接受。

11.【答案】B

12.【答案】C

13.【答案】B

【解析】（1）选项 A：上市公司就重大资产重组事宜召开股东大会，应当以现场会议形式召开，并应当提供网络投票和其他合法方式为股东参加股东大会提供便利；（2）选项 C：上市公司股东大会就重大资产重组事项作出决议，必须经出席会议的股东所持表决权的 2/3 以上通过；（3）选项 D：上市公司应当在股东大会作出重大资产重组决议后的次一工作日公告该决议。

14.【答案】C

【解析】公司的董事、1/3 以上监事或者经理（不包括财务负责人）发生变动，董事长或者经理无法履行职责，属于重大事件。

15.【答案】D

【解析】选项 D：董事会秘书发生变动，不属于重大事件（内幕信息）。

16.【答案】B

【解析】选项 B：持有上市公司 5% 以上股份的股东的董事、监事、高级管理人员，才属于内幕信息的知情人员。

17.【答案】B

【解析】（1）3 月 1 日卖出、9 月 3 日买入的 2 万股，已经超过了 6 个月，不构成短线交易；（2）3 月 8 日卖出、9 月 3 日买入的 3 万股，未超过 6 个月，构成短线交易，应当归上市公司所有的金额 = 3 万股 ×（25 元 −15 元）=30（万元）。

18.【答案】D

【解析】选项 D：股东应当以自己的名义向人民法院提起诉讼。

19.【答案】D

【解析】保荐人与承销的证券公司承担

过错推定责任：首先推定其有过错，如果其能够证明自己没有过错，应予免责。否则，应当承担连带赔偿责任。

20.【答案】D

【解析】选项D：权益持有人累计不得超过200人。

二、多项选择题

1.【答案】AB

2.【答案】CD

3.【答案】ABC

4.【答案】ABD

5.【答案】ABD

【解析】代销期限届满，向投资者出售的股票数量未达到拟公开发行股票数量70%的，为发行失败。发行人应当按照发行价并加算银行同期存款利息返还股票认购人。

6.【答案】ABCD

7.【答案】ABCD

8.【答案】ACD

9.【答案】ABCD

【解析】在投资者任职的董事、监事及高级管理人员，其父母、配偶、子女及其配偶、配偶的父母、兄弟姐妹及其配偶、配偶的兄弟姐妹及其配偶等亲属，与投资者持有同一上市公司股份，与投资者属于一致行动人。

10.【答案】ABC

【解析】选项D：在收购人公告要约收购报告书后20日内，被收购公司董事会应当公告被收购公司董事会报告书与独立财务顾问的专业意见。

11.【答案】AC

12.【答案】ABCD

13.【答案】ABCD

14.【答案】ABCD

【解析】选项CD：公司的董事、1/3以上监事或者经理发生变动，董事长或者经理无法履行职责，属于重大事件（内幕信息）。

15.【答案】ABCD

【解析】（1）选项A：由于所任公司职务或者因与公司业务往来可以获取公司有关内幕信息的人员，属于内幕信息知情人员；（2）选项B：因法定职责对证券的发行、交易或者对上市公司及其收购、重大资产交易进行管理可以获取内幕信息的有关主管部门、监管机构的工作人员，属于内幕信息知情人员；（3）选项C：因职务、工作可以获取内幕信息的证券交易场所、证券公司、证券登记结算机构、证券服务机构的有关人员，属于内幕信息知情人员；（4）选项D：上市公司收购人或者重大资产交易方及其控股股东、实际控制人、董事、监事和高级管理人员，属于内幕信息知情人员。

16.【答案】ABCD

17.【答案】ABD

【解析】选项C：对于声明退出的投资者，人民法院不再将其登记为特别代表人诉讼的原告，该投资者可以另行起诉。

18.【答案】ABCD

【解析】上市公司董事、监事、高级管理人员、持股5%以上的股东及其一致行动人、实际控制人应当及时向上市公司董事会报送上市公司关联人名单及关联关系的说明。

19.【答案】ABD

【解析】上市公司董事长、经理、董事会秘书，应当对公司临时报告信息披露的真实性、准确性、完整性、及时性、公平性承担主要责任。

20.【答案】ABC

【解析】上市公司董事长、经理、财务负责人应当对公司财务会计报告的真实性、准确性、完整性、及时性、公平性承担主要责任。

21.【答案】ABCD

◇中教科（保定）印刷股份有限公司

加赠“全真模拟测试题”3套

—— 轻1名师亲编 ——

考前点押

名师融汇政策及行业最新变化，亲撰好题，考点覆盖全面，难度贴近真实考题。

机考模拟

3套全真模拟测试题，同步上传至东奥“机考系统”，100%还原真实机考场景；客观题、主观题系统自动判分，帮您精准查缺补漏，做到心中有数。

三步实现「机考模拟」

STEP 1

扫码下载“会计云课堂”App

STEP 2

扫描轻1上册封面防伪码，即可激活领取正版服务

STEP 3

激活后，请用电脑登录 www.dongao.com
“学员中心”—“机考系统”即可轻松机考模拟

目录 CONTENTS

2022年注册会计师考试
全真模拟测试题（一）

使用“会计云课堂”App或“微信”扫码快速做题、对答案、看解析、掌握解题思路，开启轻松过关之旅。

- 建议答卷时长 120分钟
- 答卷开始时间 ______
- 答卷结束时间 ______

扫码做题

一、单项选择题

本题型共26小题，每小题1分，共26分。每小题只有一个正确答案，请从每小题的备选答案中选出一个你认为正确的答案。

1. 《公司法》第21条规定：“公司的控股股东、实际控制人、董事、监事、高级管理人员不得利用其关联关系损害公司利益”。该法律规范属于（　　）。
A. 授权性规范
B. 命令性规范
C. 禁止性规范
D. 任意性规范

2. 某小学校长甲欲将一套住房以500万元出售。某报社记者乙找到甲，出价300万元，甲拒绝。乙对甲说：“我有你贪污的材料，不答应我就举报你。”甲信以为真，以300万元将该住房卖给乙。乙实际上并无甲贪污的材料。根据基本民事法律制度的规定，下列表述中，正确的是（　　）。
A. 甲存在重大误解，甲有权请求人民法院或者仲裁机构撤销该合同
B. 乙存在欺诈行为，甲有权请求人民法院或者仲裁机构撤销该合同
C. 乙存在胁迫行为，甲有权请求人民法院或者仲裁机构撤销该合同
D. 乙存在胁迫行为，该合同无效

3. 根据诉讼时效法律制度的规定，下列关于诉讼时效期间届满后法律后果的表述中，不正确的是（　　）。
A. 当事人在诉讼时效期间届满后起诉的，人民法院不予受理
B. 诉讼时效期间届满的，义务人可以提出不履行义务的抗辩
C. 诉讼时效期间届满后，义务人同意履行的，不得以诉讼时效期间届满为由抗辩
D. 诉讼时效期间届满后，义务人已经自愿履行的，不得请求返还

4. 根据物权法律制度的规定，下列权利中，不能设定在不动产之上的是（　　）。
A. 抵押权　　B. 用益物权
C. 所有权　　D. 留置权

5. 根据合同法律制度的规定，下列各项中，属于实践合同的是（　　）。
A. 买卖合同
B. 赠与合同
C. 自然人之间的借款合同
D. 融资租赁合同

6. 根据合同法律制度的规定，下列关于要约撤销的表述中，不正确的是（　　）。
A. 要约人不得以对话方式作出撤销要约的意思表示
B. 受要约人有理由认为要约不可撤销，并已为履行合同做了合理准备工作的，要约不得撤销
C. 撤销要约的意思表示以非对话方式作出的，应当在受要约人作出承诺前到达受要约人
D. 要约人以确定承诺期限的形式明示要约不可撤销的，要约不得撤销

7. 根据合同法律制度的规定，下列关于委托合同的表述中，不正确的是（　　）。
A. 两个以上的受托人共同处理委托事务的，对委托人承担连带责任
B. 受托人为处理委托事务垫付的必要费用，委托人应当偿还该费用并支付利息
C. 委托人或者受托人可以随时解除委托合同
D. 因解除合同造成对方损失的，除不可归责于该当事人的事由外，无偿委托合同的解除方应当赔偿对方的直接损失和合同履行后可以获得的利益

8. 根据合伙企业法律制度的规定，下列关于合伙企业特征的表述中，不正确的是（　　）。
A. 合伙企业缴纳企业所得税
B. 合伙企业不具有法人资格
C. 合伙企业可以以自己的名义从事法律行为
D. 合伙企业可以以自己的名义起诉和应诉

9. 甲、乙、丙共同出资设立一个普通合伙企业，认缴的出资比例为1∶2∶2，实缴的出资比例为1∶2∶3。甲在执行合伙事务时因重大过失造成合伙企业亏损。已知合伙协议未约定合伙企业亏损分担比例，合伙人之间也不能通过协商达成一致。根据合伙企业法律制度的规定，下列关于合伙企业亏损分担的表述中，正确的是（　　）。
A. 平均分担
B. 由甲自己承担
C. 按实缴的出资比例分担
D. 按认缴的出资比例分担

10. 甲为某普通合伙企业的合伙人，该合伙企业经营手机销售业务。甲拟再设立一家经营手机销售业务的个人独资企业。根据合伙企业法律制度的规定，下列表述中，正确的是（　　）。
A. 甲经其他合伙人一致同意，可以设立该个人独资企业
B. 甲可以设立该个人独资企业，除非合伙协议另有约定
C. 甲如果不执行合伙企业事务，就可以设立该个人独资企业
D. 甲只要具有该合伙人的身份，就不可以设立该个人独资企业

11. 根据合伙企业法律制度的规定，合伙企业的清算人应当自清算结束之日起一定期限内向登记机关申请注销登记。该期限是（　　）。
A. 10日　　B. 15日
C. 30日　　D. 60日

12. 荣吉有限责任公司是一家商贸公司，刘壮任董事长，马姝任公司总经理。根据公司法律制度的规定，下列表述中，正确的是（　　）。
A. 马姝担任公司总经理须经刘壮的聘任
B. 马姝有权决定公司内部管理机构的设置
C. 马姝有权制定公司的具体规章
D. 马姝有权聘任公司的财务经理

13. 王某出资设立了甲一人有限责任公司（以下简称“甲公司”）。甲公司的下列事项中，符合公司法律制度规定的是（　　）。

A. 甲公司决定投资设立新的一人有限责任公司
B. 甲公司决定会计年度终了时不编制财务会计报告
C. 甲公司未设立股东会
D. 股东王某行使股东会相应职权作出决定时未使用书面形式

14. 甲有限责任公司（以下简称“甲公司”）于2018年7月注册成立，由于经营不善，于2022年4月解散并依法清算。根据公司法律制度的规定，下列财产中，不属于清算财产的是（　　）。
A. 股东李某分期缴纳但尚未到期的出资12万元
B. 股东王某到期未缴纳的出资10万元
C. 股东陈某从甲公司借用但尚未归还的资金8万元
D. 股东赵某出租给甲公司的价值20万元的设备

15. 甲上市公司董事会召开会议审议资产购买方案。董事会共11名董事，8名董事出席会议参与投票，未出席会议的董事中，1名未委托其他董事代为出席或者投票，2名与审议事项有关联关系。根据公司法律制度的规定，通过该资产购买方案的决议至少应获得的赞成票票数为（　　）。
A. 8票　　B. 5票
C. 4票　　D. 6票

16. 根据证券法律制度的规定，下列关于公开发行公司债券的表述中，不正确的是（　　）。
A. 公开发行公司债券筹集的资金，不得用于弥补亏损和非生产性支出
B. 公开发行公司债券，可以申请一次注册，分期发行
C. 公开发行公司债券的募集说明书自最后签署之日起1年内有效
D. 公开发行的公司债券，应当在证券交易场所交易

17. 根据证券法律制度的规定，下列关于非公开发行公司债券的表述中，不正确的是（　　）。
A. 非公开发行的公司债券应当向专业投资者发行，每次发行对象不得超过200人
B. 非公开发行的公司债券仅限于专业投资者范围内转让，转让后，持有同次发行债券的投资者合计不得超过200人
C. 非公开发行公司债券，可以申请在证券交易场所、证券公司柜台转让
D. 非公开发行公司债券，承销机构或者依法自行销售的发行人应当在每次发行完成后5个工作日内向中国证监会报备

18. 2021年7月，甲、乙公司签订一份买卖合同。按照合同约定，双方已于2021年8月31日前各自履行了合同义务的50%，并应于2021年年底将各自剩余的50%的合同义务履行完毕。2021年10月，人民法院受理了债务人甲公司的破产申请。2021年10月31日，甲公司管理人收到了乙公司关于是否继续履行该买卖合同的催告，但直至2021年12月3日，管理人尚未对乙公司的催告做出答复。根据企业破产法律制度的规定，下列关于该买卖合同的表述中，正确的是（　　）。
A. 乙公司应当继续履行合同
B. 乙公司无须继续履行合同
C. 乙公司有权要求管理人就合同履行提供担保
D. 乙公司有权就合同约定的违约金申报债权

19. 根据票据法律制度的规定，下列票据行为人中，其签章不符合规定可导致票据无效的是（　　）。
A. 出票人　　B. 背书人
C. 承兑人　　D. 保证人

20. 根据企业国有资产法律制度的规定，国家出资企业产权转让的，产权交易机构负责意向受让方的登记工作，对意向受让方是否符合受让条件提出意见并反馈转让方。产权交易机构与转让方意见不一致时，下列表述中，正确的是（　　）。
A. 由转让方决定意向受让方是否符合受让条件
B. 由产权交易机构决定意向受让方是否符合受让条件
C. 由履行出资人职责的机构决定意向受让方是否符合受让条件
D. 由转让行为批准单位决定意向受让方是否符合受让条件

21. 根据企业国有资产法律制度的规定，企业收到资产评估机构出具的评估报告后，将备案材料逐级报送履行出资人职责的机构或其所出资企业，自评估基准日起一定期限内提出备案申请。该期限是（　　）。
A. 6个月　B. 8个月
C. 9个月　D. 1年

22. 根据反垄断法律制度的规定，下列各项中，属于从供给角度界定相关商品市场时所应考虑的因素是（　　）。
A. 商品的销售渠道
B. 转产的难易程度
C. 需求者偏好
D. 商品之间的价格差异

23. 根据反垄断法律制度的规定，经营者违反规定，达成并实施垄断协议的，由反垄断执法机构责令停止违法行为，没收违法所得，并处一定数额的罚款。该罚款数额是（　　）。
A. 50万元以下
B. 100万元以下
C. 上一年度销售额1%以上10%以下
D. 违法所得1%以上10%以下

24. 某省属企业拟实施一项境外投资项目，中方投资额5亿美元，项目所在国家系敏感国家。下列表述中，符合对外直接投资法律制度规定的是（　　）。
A. 该项目应报国家发展改革委备案
B. 该项目应报国家发展改革委核准
C. 该项目应报该省发展改革部门备案
D. 该项目应报该省发展改革部门核准

25. 根据对外贸易法律制度的规定，在临时反倾销措施中，要求出口经营者提供保证金、保函或者其他形式的担保的，有权作出该决定的机构是（　　）。
A. 商务部
B. 海关总署
C. 国家税务总局
D. 国务院关税税则委员会

26. 根据对外贸易法律制度的规定，针对公平贸易条件下的特殊情形，可以采取特定的贸易救济措施，该措施是（　　）。
A. 反补贴税　B. 反倾销税
C. 价格承诺　D. 保障措施

二、多项选择题

本题型共16小题，每小题1.5分，共24分。每小题均有多个正确答案，请从每小题的备选答案中选出你认为正确的答案。每小题所有答案选择正确的得分；不答、错答、漏答均不得分。

1. 下列关于习近平法治思想的表述中，正确的有（　　）。
A. 党的领导是推进全面依法治国的根本保证
B. 推进全面依法治国，根本目的是依法保障人民权益
C. 中国特色社会主义法治道路本质上是中国特色社会主义道路在法治领域的

具体体现

D. 中国特色社会主义法治体系是推进全面依法治国的总抓手

2. 根据基本民事法律制度的规定，下列关于意思表示的表述中，正确的有（　　）。

A. 以对话方式作出的意思表示，相对人知道其内容时生效

B. 以公告方式作出的意思表示，公告发布时生效

C. 继承开始后，继承人放弃继承的，应当在遗产处理前，以书面形式作出放弃继承的表示；没有表示的，视为拒绝接受继承

D. 撤回意思表示的通知应当在意思表示到达相对人前或者与意思表示同时到达相对人

3. 根据诉讼时效法律制度的规定，下列情形中，能够引起诉讼时效中断的有（　　）。

A. 权利人申请仲裁

B. 权利人为主张权利而申请宣告义务人失踪或者死亡

C. 义务人作出分期履行的承诺

D. 权利人在诉讼中主张抵销

4. 根据担保法律制度的规定，主合同无效导致第三人提供的担保合同无效，下列表述中，正确的有（　　）。

A. 担保人无过错的，不承担赔偿责任

B. 担保人有过错的，其承担的赔偿责任不应超过债务人不能清偿部分的 1/3

C. 担保人有过错的，其承担的赔偿责任不应超过债务人不能清偿部分的 1/2

D. 担保人有过错的，其承担的赔偿责任不应超过债务人不能清偿部分的 2/3

5. 根据物权法律制度的规定，下列关于质权的表述中，正确的有（　　）。

A. 质权不能存在于不动产

B. 以汇票出质，当事人以背书记载“质押”字样并在汇票上签章，汇票已经交付质权人的，人民法院应当认定质权自汇票交付质权人时设立

C. 以现有的以及将有的应收账款出质的，质权自办理出质登记时设立

D. 动产质权自出质人交付质押财产时设立

6. 根据合同法律制度的规定，下列关于赠与合同的表述中，正确的有（　　）。

A. 赠与合同是诺成合同

B. 赠与人的经济状况显著恶化，严重影响其生产经营或者家庭生活的，可以不再履行赠与义务

C. 赠与人的撤销权，自知道或者应当知道撤销原因之日起 6 个月内行使

D. 赠与人的继承人或者法定代理人的撤销权，自知道或者应当知道撤销事由之日起 1 年内行使

7. 根据合伙企业法律制度的规定，下列各项中，可以作为有限合伙人出资形式的有（　　）。

A. 专利权　　B. 房屋所有权

C. 土地使用权　　D. 劳务

8. 根据公司法律制度的规定，下列关于股份有限公司监事会的表述中，正确的有（　　）。

A. 职工代表的比例不得少于监事会成员的 1/3

B. 总经理可以兼任监事

C. 监事会设主席 1 人

D. 监事会成员不得少于 3 人

9. 根据证券法律制度的规定，下列情形中，表明投资者获得或者拥有上市公司控制权的有（　　）。

A. 投资者为上市公司持股 50% 以上的控股股东

B. 投资者可实际支配上市公司股份表决权超过 30%

C. 投资者通过实际支配上市公司股份表决权能够决定公司董事会 1/3 成员选任

D. 投资者依其可实际支配的上市公司股份表决权足以对公司股东大会的决议产生重大影响

10. 根据证券法律制度的规定，下列各项中，可以作为征集人自行或者委托证券公司、证券服务机构，公开请求上市公司股东委托其代为出席股东大会，并代为行使提案权、表决权等股东权利的有（　　）。

A. 上市公司董事会

B. 上市公司监事会

C. 上市公司独立董事

D. 持有上市公司1%以上有表决权股份的股东

11. 2022年7月1日，人民法院裁定受理A公司的破产申请。根据企业破产法律制度的规定，下列关于破产债权申报的表述中，正确的有（　　）。

A. 甲对A公司的债权虽未到期，仍可以申报

B. 乙对A公司的债权因附有条件，不能申报

C. 丙对A公司的债权虽诉讼未决，仍可以申报

D. A公司欠职工丁的伤残补助，不必申报

12. 根据票据法律制度的规定，下列情形中，票据债务人可以对持票人行使票据抗辩权的有（　　）。

A. 票据上没有记载出票日期

B. 票据上没有记载付款地

C. 票据金额的中文大写与数码记载的内容不一致

D. 持票人向票据债务人交付的货物有严重的质量问题

13. 根据反垄断法律制度的规定，下列行为中，行为人可能承担刑事责任的有（　　）。

A. 阻碍、拒绝反垄断执法机构审查、调查

B. 反垄断执法机构的工作人员滥用职权、玩忽职守、徇私舞弊或者泄露执法过程中知悉的商业秘密

C. 经营者滥用市场支配地位

D. 经营者之间情节严重的串通招投标

14. 根据反垄断法律制度的规定，禁止具有市场支配地位的经营者没有正当理由，以低于成本的价格销售商品。下列各项中，属于法定正当理由的有（　　）。

A. 因清偿债务降价销售商品

B. 因转产降价销售商品

C. 在合理期限内为推广新商品进行促销

D. 降价处理有效期限即将到期的商品

15. 根据对外贸易法律制度的规定，因进口产品数量大量增加，对生产同类产品或者与其直接竞争的产品的国内产业造成严重损害或者严重损害威胁的，国家可以采取必要的保障措施。在确定进口产品数量增加对国内产业造成的损害时，应当审查的因素有（　　）。

A. 进口产品的绝对增长率与增长量

B. 进口产品的相对增长率与增长量

C. 增加的进口产品在国内市场中所占的份额

D. 进口产品对国内产业的影响

16. 根据外汇管理法律制度的规定，下列各项中，属于基金组织在认定成员国货币是否属于“可自由使用货币”时应当符合的条件有（　　）。

A. 事实上在国际交易中广泛用于支付

B. 在主要外汇市场上被广泛交易

C. 可自由兑换

D. 汇率自由浮动

三、案例分析题

本题型共4小题50分。

【案例1】（本小题10分。）

2022年3月1日，为支付货款，A公司向B公司签发一张以甲银行为付款人、金额为80万元、付款日期为2022年8月1日的纸质银行承兑汇票，甲银行作为承兑人在该汇票上签章。

2022年4月1日，B公司因急需现金，将该汇票背书转让给C公司，C公司向B公司支付现金70万元。

2022年4月10日，C公司将该汇票背书转让给D公司，以支付房屋租金，D公司对B公司与C公司之间票据转让的具体情况并不知情。

2022年4月20日，D公司将该汇票背书转让给E公司，以支付装修工程款，并在汇票上注明："本汇票转让于工程验收合格后生效"。后E公司施工的装修工程存在严重的质量问题。

2022年4月30日，E公司将该汇票背书转让给F公司，用于购买办公设备，并在汇票背书人栏内记载"不得转让"字样。

2022年5月10日，F公司将该汇票背书转让给G公司，用于支付咨询服务费用。

2022年8月4日，G公司向甲银行提示付款，甲银行以A公司未在该行存入足够资金为由拒付。G公司遂向A、E、F公司行使追索权。E公司以其在汇票上记载有"不得转让"字样为由拒绝承担票据责任。

要求：

根据上述内容，分别回答下列问题：

（1）C公司能否因B公司的背书转让行为而取得票据权利？并说明理由。

（2）D公司能否因C公司的背书转让行为而取得票据权利？并说明理由。

（3）在装修工程未验收合格的情况下，D公司对E公司的背书转让行为是否有效？并说明理由。

（4）甲银行拒绝向G公司付款的理由是否成立？并说明理由。

（5）E公司拒绝向G公司承担票据责任的理由是否成立？并说明理由。

【案例2】（本小题10分。）

2022年1月以来，债务人A公司出现不能清偿到期债务且明显缺乏清偿能力的情形。2022年6月21日，债权人B公司向人民法院提出对A公司进行破产清算的申请。A公司向人民法院提出异议，认为其所欠B公司的债务有C公司提供的连带责任保证，且C公司有能力承担保证责任，因此人民法院不应受理破产申请。人民法院驳回A公司的异议。2022年7月1日，人民法院裁定受理A公司的破产案件，同时指定了管理人。

2022年7月4日，人民法院发布受理破产申请的公告，确定了债权人申报债权的期限。在此期限内，管理人收到以下债权申报：

（1）甲公司向乙银行借款100万元，2022年12月1日到期。A公司为一般保证人。2022年7月10日，乙银行向A公司的管理人申报100万元借款本息的债权。管理人主张，A公司仅为一般保证人，享有先诉抗辩权；而且乙银行的债权尚未到期，因此，乙银行无权申报债权。

（2）A公司向丙银行借款200万元，D公司为连带保证人。借款到期后，D公司尚未履行保证责任。2022年7月11日，丙银行向A公司的管理人申报了200万元借款本息的债权。2022年7月14日，丙银行又向人民法院提起诉讼，请求D公司承担保证责任。

（3）A公司向丁银行借款300万元，A公司以其机器设备设定抵押，双方签订了书面抵押合同，但未办理抵押登记。

2022年7月12日，丁银行向A公司的管理人申报了300万元借款本息的债权，并主张对A公司设定抵押的机器设备行使优先受偿权。

要求：

根据上述内容，分别回答下列问题：

（1）A公司对破产申请提出的异议是否成立？并说明理由。

（2）债权人申报债权的最短期限和最长期限分别是多少？

（3）根据本题要点（1）提示的内容，管理人认为A公司享有先诉抗辩权的主张是否成立？管理人认为乙银行的债权尚未到期、无权申报债权的主张是否成立？并分别说明理由。

（4）根据本题要点（2）提示的内容，对于丙银行的诉讼请求，人民法院是否应予以支持？并说明理由。

（5）根据本题要点（3）提示的内容，丁银行对A公司设定抵押的机器设备是否享有优先受偿权？并说明理由。

【案例3】（本小题15分。）

2022年3月1日，甲公司将其挖掘机寄存于乙公司的仓库，寄存期限截至2022年4月30日。

2022年3月5日，甲公司将该挖掘机抵押给债权人A公司，双方签订了书面抵押合同，但未办理抵押登记。

2022年3月9日，乙公司以自己的名义将该挖掘机以35万元的市场价格卖给不知情的丙公司。当日，乙公司向丙公司交付了挖掘机，但丙公司尚未付款。

2022年3月10日，丙公司将该挖掘机以10万元的价格卖给丁公司。2022年3月12日，丙公司向丁公司交付了挖掘机，丁公司于2022年3月15日向丙公司支付了10万元的价款。

2022年4月5日，A公司对甲公司的债权到期，甲公司无力偿还，A公司拟就该挖掘机行使抵押权。此时，甲公司才得知乙公司已将该挖掘机出卖给丙公司，甲公司要求乙公司承担违约责任并要求丙公司返还挖掘机，丙公司告知甲公司已将挖掘机转卖给丁公司。甲公司要求丁公司返还挖掘机，A公司则向丁公司主张就该挖掘机行使抵押权，均遭丁公司的拒绝。

2022年4月9日，丁公司发现该挖掘机存在质量瑕疵，要求丙公司承担违约责任。丙公司表示该质量瑕疵在乙公司向其交付挖掘机时已经存在，丁公司遂要求乙公司承担违约责任，遭到乙公司的拒绝。

2022年5月1日，丁公司将该挖掘机出租给戊公司，租期1年。双方签订了书面租赁合同，但对租赁物的维修义务未作约定。2022年5月10日，挖掘机出现故障，无法正常工作。戊公司要求丁公司维修，丁公司拒绝。戊公司遂自行维修，花去维修费5万元。戊公司要求丁公司支付该笔维修费，未果。

2022年6月1日，丁公司将该挖掘机卖给庚公司。庚公司受让挖掘机后，通知戊公司向其缴纳租金，戊公司主张：（1）庚公司并非出租人，无权向其收取租金；（2）丁公司侵害了其优先购买权，应承担相应责任。

要求：

根据上述内容，分别回答下列问题：

（1）乙公司和丙公司之间买卖挖掘机的合同是否有效？并说明理由。

（2）甲公司是否有权要求丁公司返还挖掘机？并说明理由。

（3）A公司能否对该挖掘机行使抵押权？并说明理由。

（4）丁公司是否有权要求乙公司承担违约责任？并说明理由。

（5）戊公司是否有权要求丁公司支付维修费？并说明理由。

（6）庚公司是否有权要求戊公司支付租金？并说明理由。

（7）戊公司是否对该挖掘机享有优先购买权？并说明理由。

【案例4】（本小题15分。）

甲公司和乙公司均为在上海证券交易所主板上市的上市公司。甲公司的股本总额为50亿股，A公司为其控股股东，持有甲公司51%的股份。截至2021年12月31日，甲公司的净资产额为240亿元。甲公司最近3个会计年度连续盈利，实现的可分配利润分别为5亿元、6亿元和7亿元。甲公司2019年和2020年的财务报表被注册会计师出具了标准审计报告，但2021年的财务报表被注册会计师出具了带强调事项段的无保留意见的审计报告。

2022年2月1日，甲公司和乙公司达成合并意向。甲公司董事会拟订的合并方案包括以下要点：

（1）甲公司吸收合并乙公司，合并完成后，甲公司存续、承接乙公司全部资产和负债，乙公司注销。乙公司原股东将获得100亿元的现金补偿。

（2）根据合并双方的审计报告，截至2021年12月31日，乙公司资产总额占甲公司最近一个会计年度经审计的合并财务会计报告期末资产总额的比例为60%，但2021年度乙公司营业收入占甲公司同期经审计营业收入的比例仅为40%，故本次合并不构成重大资产重组。

为筹集实施合并所需资金，甲公司董事会拟订了以下两种融资方案：

方案一：甲公司拟向控股股东A公司非公开发行股票10亿股，A公司向甲公司支付100亿元的现金。发行价格为关于本次非公开发行股票的董事会决议公告日前20个交易日公司股票均价的80%。A公司认购的股份自发行结束之日起12个月内不得转让。

方案二：以公开发行优先股作为支付手段吸收合并乙公司，部分要点如下：（1）拟公开发行优先股20亿股，拟募集资金100亿元；（2）股息率固定为6%；（3）未向优先股股东足额派发股息的差额部分不予累积；（4）优先股股东按照约定股息率分配股息后，还可以与普通股股东一起参加剩余利润分配。

甲公司董事会根据财务顾问的意见对上述融资方案进行修订后，决定采用非公开发行股票的融资方案。

2022年6月1日，甲公司临时股东大会通过了合并决议和非公开发行股票的融资方案。B银行对甲公司享有一笔2022年12月3日到期的债权，接到甲公司的合并通知后，B银行于2022年6月20日向甲公司提出偿债请求，甲公司以债务未到期为由，予以拒绝。

要求：

根据上述内容，分别回答下列问题：

（1）本次合并是否构成甲公司重大资产重组？并说明理由。

（2）甲公司董事会拟订的非公开发行股票的融资方案中，有哪些内容不符合证券法律制度的规定？并说明理由。

（3）甲公司最近3年审计报告的情况是否符合公开发行优先股的条件？并说明理由。

（4）甲公司最近3个会计年度实现的可分配利润情况是否符合公开发行优先股的条件？并说明理由。

（5）甲公司董事会拟订的公开发行优先股的融资方案中，有哪些内容不符合证券法律制度的规定？并说明理由。

（6）甲公司拒绝B银行偿债请求的理由是否成立？并说明理由。

（7）甲公司向A公司非公开发行股票后，A公司是否应当向甲公司所有剩余股东发出收购要约？并说明理由。

（8）乙公司被吸收合并后，是否需要清算？并说明理由。

客观题答案速查

我做对了 ________ 题　我得了 ________ 分

一、单项选择题

序号	1	2	3	4	5	6	7	8	9	10
答案	C	C	A	D	C	A	D	A	C	D
序号	11	12	13	14	15	16	17	18	19	20
答案	C	C	C	D	B	C	D	B	A	D
序号	21	22	23	24	25	26				
答案	C	B	C	B	A	D				

二、多项选择题

序号	1	2	3	4	5	6	7	8	9	10
答案	ABCD	ABD	ABCD	AB	ABCD	AB	ABC	ACD	ABD	ACD
序号	11	12	13	14	15	16				
答案	ACD	ACD	ABD	ABCD	ABCD	AB				

参考答案及解析

使用“会计云课堂”App 或“微信”扫码对答案、看解析、掌握解题思路，开启轻松过关之旅。

扫码看解析

一、单项选择题

1.【答案】C

2.【答案】C

3.【答案】A

【解析】选项 A：权利人超过诉讼时效期间后起诉的，人民法院**应当受理**。

4.【答案】D

【解析】选项 D：留置权的行使对象**仅限于动产**。

5.【答案】C

【解析】选项 ABD：属于诺成合同。

6.【答案】A

【解析】选项 A：撤销要约的意思表示以对话方式作出的，该意思表示的内容应当在受要约人作出承诺之前为受要约人所知道。

7.【答案】D

【解析】因解除合同造成对方损失的，除不可归责于该当事人的事由外，**无偿**委托合同的解除方应当赔偿因解除时间不当造成的直接损失，**有偿**委托合同的解除方应当赔偿对方的直接损失和合同履行后可以获得的利益。

8.【答案】A

【解析】选项 A：合伙企业并非企业所得税的纳税人。

9.【答案】C

10.【答案】D

【解析】**普通合伙人**（无论是否执行合伙企业事务）绝对不得自营或者同他人合作经营与本合伙企业相竞争的业务，这是法律的强制性规定。

11.【答案】C

12.【答案】C

【解析】（1）选项 AD：有限责任公司的经理、副经理及财务负责人由董事会决定聘任或解聘；（2）选项 B：属于**董事会**的职权。

13.【答案】C

14.【答案】D

15.【答案】B

【解析】上市公司董事会会议由过半数的无关联关系董事出席即可举行，董事会会议所作决议须经无关联关系董事过半数通过。在本题中，无关联关系董事共 9 人，5 人表示同意，该决议即可通过。

16.【答案】C

【解析】选项 C：公开发行公司债券的

募集说明书自最后签署之日起**6 个月内**有效。

17.【答案】D

【解析】选项 D：非公开发行公司债券，承销机构或者依法自行销售的发行人应当在每次发行完成后 5 个工作日内向**中国证券业协会**（而非中国证监会）报备。

18.【答案】B

【解析】(1) 选项 ABD：管理人自收到乙公司催告之日起 30 日内未予以答复，视为解除合同，但乙公司申报的破产债权以实际损失为限，违约金不得作为破产债权申报；(2) 选项 C：只有当管理人决定继续履行合同时，乙公司才有权要求管理人提供担保。

19.【答案】A

20.【答案】D

【解析】转让行为批准单位可能是履行出资人职责的机构，也可能是本级人民政府。

21.【答案】C

22.【答案】B

23.【答案】C

24.【答案】B

25.【答案】A

26.【答案】D

二、多项选择题

1.【答案】ABCD

2.【答案】ABD

【解析】选项 C：没有表示的，视为**接受**继承。

3.【答案】ABCD

4.【答案】AB

5.【答案】ABCD

6.【答案】AB

7.【答案】ABC

8.【答案】ACD

【解析】选项 B：**董事、高级管理人员**不得兼任监事。

9.【答案】ABD

10.【答案】ACD

11.【答案】ACD

12.【答案】ACD

【解析】(1) 选项 A：出票日期属于绝对必要记载事项，未记载的票据无效，票据债务人可以对物抗辩；(2) 选项 B：付款地属于相对必要记载事项，未记载的票据有效，票据债务人不能对物抗辩；(3) 选项 C：票据金额的中文大写与数码记载不一致的，票据无效，票据债务人可以对物抗辩；(4) 选项 D：票据债务人可以对不履行约定义务的与自己有直接债权债务关系的持票人进行抗辩。

13.【答案】ABD

【解析】(1) 选项 ABC：《反垄断法》未对“垄断行为”规定刑事责任，仅对“阻碍、拒绝反垄断执法机构审查、调查行为以及反垄断执法机构的工作人员滥用职权、玩忽职守、徇私舞弊或者泄露执法过程中知悉的商业秘密”两种情形规定了刑事责任；(2) 选项 D：《政府采购法》《招标投标法》及《刑法》均对“情节严重的串通招投标行为”规定了刑事责任。

14.【答案】ABCD

15.【答案】ABCD

16.【答案】AB

三、案例分析题

【案例1答案】

（1）C公司不能取得票据权利。根据规定，票据贴现属于国家特许经营业务，只有经批准的金融机构才有资格从事票据贴现业务，其他组织与个人从事票据贴现业务的，票据贴现行为（背书转让）无效。在本题中，由于C公司并非有资格从事票据贴现业务的金融机构，B公司对C公司的背书转让行为无效，C公司不能取得票据权利。

（2）D公司能取得票据权利。根据规定，尽管C公司未取得票据权利，但是由于其形式上是票据权利人，在其向D公司背书转让时，D公司符合票据权利善意取得的构成要件，D公司善意取得票据权利。

（3）背书转让行为有效。根据规定，背书时附有条件的，所附条件不具有汇票上的效力，即不影响背书行为本身的效力。

（4）甲银行拒绝付款的理由不成立。根据规定，承兑人不得以其与出票人之间的资金关系来对抗持票人，拒绝支付汇票金额。

（5）E公司拒绝向G公司承担票据责任的理由成立。根据规定，背书人在汇票上记载“不得转让”字样，其后手再背书转让的，原背书人（E公司）对后手的被背书人（G公司）不承担保证责任。

【案例2答案】

（1）A公司的异议不成立。根据规定，相关当事人以对债务人的债务负有连带责任的人未丧失清偿能力为由，主张债务人不具备破产原因的，人民法院不予支持。

（2）债权人申报债权的期限，最短不得少于30日，最长不得超过3个月。

（3）①管理人认为A公司享有先诉抗辩权的主张不成立。根据规定，一般保证的保证人被裁定进入破产程序，保证人主张行使先诉抗辩权的，人民法院不予支持；②管理人认为乙银行无权申报债权的主张不成立。根据规定，一般保证的保证人被裁定进入破产程序，债权人有权申报其对保证人的保证债权。主债务未到期的，保证债权在保证人破产申请受理时视为到期。

（4）人民法院应予以支持。根据规定，人民法院受理债务人破产案件，债权人在破产程序中申报债权后又向人民法院提起诉讼，请求担保人承担担保责任的，人民法院依法予以支持。

（5）丁银行对A公司设定抵押的机器设备不享有优先受偿权。根据规定，动产抵押合同订立后未办理抵押登记，抵押人破产，抵押权人主张对抵押财产优先受偿的，人民法院不予支持。

【案例3答案】

（1）买卖合同有效。根据规定，出卖人对标的物没有所有权或者处分权，并不影响买卖合同的效力。

（2）甲公司无权要求丁公司返还挖掘机。根据规定，丙公司基于善意取得制度已经依法取得了该挖掘机的所有权，甲公司已经丧失了对该挖掘机的所有权。丙公司将该挖掘机转让给丁公司时，丙公司的行为属于有权处分，丁公司自交付时（2022年3月12日）起取得该挖掘机的所有权，甲公司无权要求丁公司返还挖掘机。

（3）A公司不能对该挖掘机行使抵押权。根据规定，以动产抵押的，抵押权自抵押合同生效时设立；未经登记的，不得对抗善意第三人。

（4）丁公司无权要求乙公司承担违约责任。根据合同的相对性原理，违约责任只能在特定的具有合同关系的当事人之间发生。在本题中，乙公司和丁公司之间并无合同关系，丁公司无权要求乙公司承担违约责任。

（5）戊公司有权要求丁公司支付维修费。根据规定，出租人应当履行租赁物的维修义务，但是当事人另有约定或者因承租人的过错致使租赁物需要维修的除外。承租人在租赁物需要维修时可以请求出租人在合理期限内维修，出租人未履行维修义务的，承租人可以自行维修，维修费用由出租人（丁公司）负担。

（6）庚公司有权要求戊公司支付租金。根据规定，租赁物在承租人按照租赁合同占有期限内发生所有权变动的，不影响租赁合同的效力。在本题中，原租赁合同对承租人戊公司和新出租人庚公司继续有效，庚公司有权要求戊公司支付租金。

（7）戊公司对该挖掘机不享有优先购买权。根据规定，只有房屋租赁的承租人才享有优先购买权。其他标的物的租赁，承租人并不享有优先购买权。

【案例 4 答案】

（1）本次合并构成重大资产重组。根据规定，上市公司及其控股或者控制的公司购买、出售资产，达到下列标准之一的，构成重大资产重组：①购买、出售的资产总额占上市公司最近一个会计年度经审计的合并财务会计报告期末资产总额的比例达到 50% 以上；②购买、出售的资产在最近一个会计年度所产生的营业收入占上市公司同期经审计的合并财务会计报告营业收入的比例达到 50% 以上；③购买、出售的资产净额占上市公司最近一个会计年度经审计的合并财务会计报告期末净资产额的比例达到 50% 以上，且超过 5000 万元人民币。在本题中，乙公司资产总额占甲公司最近一个会计年度经审计的合并财务会计报告期末资产总额的比例达到 60%，构成重大资产重组。

（2）A 公司认购股份的锁定期不符合规定。根据规定，上市公司非公开发行股票，上市公司的控股股东、实际控制人或其控制的关联人认购的股份，自发行结束之日起 18 个月内不得转让。

（3）符合公开发行优先股的条件。根据规定，公开发行优先股，最近 3 年财务报表被注册会计师出具的审计报告应当为标准审计报告或者带强调事项段的无保留意见的审计报告。

（4）符合公开发行优先股的条件。根据规定，上市公司发行优先股，最近 3 个会计年度实现的年均可分配利润应当不少于优先股 1 年的股息。在本题中，甲公司最近 3 个会计年度实现的年均可分配利润为 6 亿元，优先股 1 年的股息为 6 亿元（$100\times6\%=6$ 亿元），符合条件。

（5）①约定差额部分不予累积不符合规定。根据规定，公开发行优先股的，未向优先股股东足额派发股息的差额部分应当累积到下一个会计年度；②优先股股东按照约定股息率分配股息后，还可以同普通股股东一起参加剩余利润分配不符合规定。根据规定，公开发行优先股的，优先股股东按照约定的股息率分配股息后，不再同普通股股东一起参加剩余利润分配。

（6）甲公司的理由不成立。根据规定，公司合并的，债权人（不论债权是否到期）自接到通知书之日起 30 日内，未接到通知书的自公告之日起 45 日内，可以要求公司清偿债务或者提供相应的担保。

（7）A 公司可以免于发出要约。根据规定，在一个上市公司中拥有权益的股份达到或者超过该公司已发行股份的 50% 的，继续增加其在该公司拥有的权益不影响该公司的上市地位的，可以免于发出要约。

（8）乙公司不需要清算。根据规定，公司合并时，合并各方的债权、债务，应当由合并后存续的公司或者新设的公司承继，在解散时不需要清算。

2022 年注册会计师考试

全真模拟测试题（二）

使用“会计云课堂”App 或“微信”扫码快速做题、对答案、看解析、掌握解题思路，开启轻松过关之旅。

● 建议答卷时长 120 分钟　● 答卷开始时间 ________　● 答卷结束时间 ________

1037186

扫码做题

一、单项选择题

本题型共 26 小题，每小题 1 分，共 26 分。每小题只有一个正确答案，请从每小题的备选答案中选出一个你认为正确的答案。

1. 下列关于法律关系主体的表述中，不正确的是（　　）。
   A. 法律关系主体要自己参与法律活动，必须具备相应的行为能力
   B. 作为民事法律关系主体的法人，其行为能力伴随着权利能力的产生而同时产生
   C. 3 周岁的小明不具有民事权利能力
   D. 合伙企业不具有法人资格，但能够依法以自己的名义从事民事活动

2. 根据《民法典》的规定，下列法律行为中，属于无效的民事法律行为的是（　　）。
   A. 受欺诈的行为
   B. 受胁迫的行为
   C. 显失公平的行为
   D. 违背公序良俗的行为

3. 吴某与考上重点中学的 12 岁外甥孙某约定，将其收藏的一幅名画赠与孙某。根据基本民事法律制度的规定，下列关于吴某与孙某之间赠与合同效力的表述中，正确的是（　　）。
   A. 合同效力待定，因为吴某可以随时撤销赠与
   B. 合同无效，因为孙某为限制民事行为能力人
   C. 合同有效，因为限制民事行为能力人孙某可以签订纯获利益的合同
   D. 合同效力待定，孙某的法定代理人有权在 30 日内追认

4. 根据诉讼时效法律制度的规定，下列关于诉讼时效期间起算的表述中，不正确的是（　　）。
   A. 当事人约定同一债务分期履行的，诉讼时效期间自第一期履行期限届满之日起算
   B. 未成年人遭受性侵害的损害赔偿请求权的诉讼时效期间，自受害人年满 18 周岁之日起算
   C. 无民事行为能力人或者限制民事行为能力人对其法定代理人的请求权，诉讼时效期间自该法定代理终止之日起算
   D. 不作为义务之债的诉讼时效期间，自债权人知道或者应当知道债务人作为之日开始计算

5. 根据物权法律制度的规定，以有偿出让方式取得娱乐用地的建设用地使用权，出让的最高年限是（　　）。
A. 30年　　B. 40年
C. 50年　　D. 70年

6. 根据物权法律制度的规定，下列关于留置权的表述中，不正确的是（　　）。
A. 留置权属于法定担保物权
B. 债务人不履行到期债务，债权人因同一法律关系留置合法占有的第三人的动产，并主张就该留置财产优先受偿的，人民法院应予支持
C. 企业之间留置的动产与债权并非同一法律关系，债权人留置第三人的财产，第三人请求债权人返还留置财产的，人民法院不予支持
D. 留置财产为可分物的，留置财产的价值应当相当于债务的金额

7. 地处江南甲地的陈某向地处江北乙地的王某购买10吨苹果，约定江边交货，后双方就交货地点应在甲地的江边还是乙地的江边发生了争议，无法达成一致意见，且按合同相关条款或者交易习惯无法确定。根据合同法律制度的规定，苹果的交付地点应是（　　）。
A. 甲地的江边
B. 乙地的江边
C. 由陈某选择甲地或者乙地的江边
D. 由王某选择甲地或者乙地的江边

8. 根据合同法律制度的规定，下列关于债权转让的表述中，正确的是（　　）。
A. 因债权转让增加的履行费用，由受让人负担
B. 当事人约定金钱债权不得转让的，不得对抗第三人
C. 债务人接到债权转让通知后，不得向受让人主张债务人对让与人的抗辩
D. 受让人取得债权时，一并取得与债权相关的专属于让与人的从权利

9. 根据合同法律制度的规定，建设工程合同的承包人应当在合理期限内行使建设工程价款优先受偿权，自发包人应当给付建设工程价款之日起，最长不得超过（　　）。
A. 3个月　　B. 6个月
C. 12个月　　D. 18个月

10. 根据合伙企业法律制度的规定，下列各项中，不属于甲合伙企业财产的是（　　）。
A. 甲合伙企业对乙公司的应收账款
B. 甲合伙企业接受丙公司捐赠的原材料
C. 合伙人李某对王某的货款债权
D. 合伙人黄某出资的房屋

11. 根据合伙企业法律制度的规定，除合伙协议另有约定外，普通合伙企业的下列事项中，无须经全体合伙人一致同意的是（　　）。
A. 处分合伙企业的不动产
B. 合伙人之间转让在合伙企业中的部分财产份额
C. 以合伙企业的名义为他人提供担保
D. 改变合伙企业的经营范围

12. 根据合伙企业法律制度的规定，合伙协议未约定合伙期限的，在不给合伙企业事务执行造成不利影响的情况下，合伙人可以退伙，但应当提前一定期限通知其他合伙人，该期限是（　　）。
A. 10日　　B. 15日
C. 30日　　D. 60日

13. 甲为有限合伙企业的有限合伙人，经全体合伙人一致同意，甲转为普通合伙人。下列关于甲对其作为有限合伙人期间有限合伙企业发生的债务责任承担的表述中，符合合伙企业法律制度规定的是（　　）。
A. 以其认缴的出资额为限承担责任
B. 以其实缴的出资额为限承担责任

C. 承担无限连带责任
D. 不承担责任

14. 根据公司法律制度的规定，下列关于股东出资方式的表述中，正确的是（　　）。
A. 赵某以特许经营权作价出资
B. 李某以其自有的汽车作价出资
C. 张某以其姓名作价出资
D. 甲上市公司以其商誉作价出资

15. 根据公司法律制度的规定，对股份有限公司股东大会的有关决议投反对票的股东，可以请求公司按照合理的价格收购其股份。下列各项中，属于该有关决议的是（　　）。
A. 公司增加注册资本的决议
B. 公司减少注册资本的决议
C. 公司转让主要财产的决议
D. 公司分立的决议

16. 根据《市场主体登记管理条例》的规定，因自然灾害、事故灾难、公共卫生事件、社会安全事件等原因造成经营困难的，公司可以自主决定在一定时期内歇业，法律、行政法规另有规定的除外。公司歇业的期限最长不得超过（　　）。
A. 3个月　　B. 6个月
C. 12个月　　D. 3年

17. 根据证券法律制度的规定，在收购人公告要约收购报告书后一定期限内，被收购公司董事会应当公告被收购公司董事会报告书与独立财务顾问的专业意见。该期限是（　　）。
A. 10日　　B. 15日
C. 20日　　D. 30日

18. 人民法院受理债务人甲公司破产申请时，乙公司依照其与甲公司之间的买卖合同已向买受人甲公司发运了该合同项下的货物，但甲公司尚未支付价款。乙公司得知甲公司破产申请被受理后，立即通过传真向甲公司的管理人要求取回在运途中的货物。管理人收到乙公司传真后不久，即收到了乙公司发运的货物。根据企业破产法律制度的规定，下列表述中，正确的是（　　）。
A. 乙公司有权取回该批货物
B. 乙公司无权取回该批货物，但可以就买卖合同价款向管理人申报债权
C. 管理人已取得该批货物的所有权，但乙公司有权要求管理人立即支付全部价款
D. 管理人已取得该批货物的所有权，但乙公司有权要求管理人就价款支付提供担保

19. 根据票据法律制度的规定，下列各项中，属于商业汇票出票的相对必要记载事项的是（　　）。
A. 付款日期
B. 付款人名称
C. 确定的金额
D. 收款人名称

20. 根据支付结算法律制度规定，下列关于信用卡计息和收费的表述中，正确的是（　　）。
A. 发卡机构向信用卡持卡人按约定收取的违约金，不计收利息
B. 发卡机构向信用卡持卡人提供超过授信额度用卡的，应收取超限费
C. 发卡机构向信用卡持卡人收取的取现手续费，计收利息
D. 发卡机构向信用卡持卡人收取的年费，计收利息

21. 根据企业国有资产法律制度的规定，下列关于国家出资企业产权转让的表述中，不正确的是（　　）。
A. 交易双方不得以交易期间企业经营性损益等理由对已达成的交易条件和交易价格进行调整
B. 交易价款原则上应当自合同生效之日起5个工作日内一次付清

C. 采用分期付款方式的，首期付款不得低于总价款的20%，并在合同生效之日起5个工作日内支付

D. 采用分期付款方式的，付款期限不得超过1年

22. 下列关于《反垄断法》适用范围的表述中，正确的是（　　）。

A. 经营者依法行使知识产权的行为，不适用《反垄断法》

B. 农业生产中的协同行为，适用《反垄断法》

C. 国家机关的行为，不适用《反垄断法》

D. 电信、石油等特殊行业的国有企业的行为，不适用《反垄断法》

23. 根据反垄断法律制度的规定，滥用市场支配地位行为分为排他性滥用和剥削性滥用。下列行为中，属于剥削性滥用的是（　　）。

A. 不公平定价　　B. 掠夺定价

C. 拒绝交易　　D. 搭售

24. 根据外商投资法律制度的规定，下列关于准入前国民待遇加负面清单管理模式的表述中，正确的是（　　）。

A. 准入前国民待遇是指在投资运营阶段给予外国投资者及其投资不低于本国投资者及其投资的待遇

B. 准入前国民待遇加负面清单管理模式目前在我国仅适用于自由贸易试验区

C. 负面清单由商务部发布或者批准发布

D. 负面清单是指国家规定在特定领域对外商投资实施的准入特别管理措施

25. 甲、乙、丙三国企业均向中国出口某化工产品，中国生产同类化工产品的企业认为进口的这一化工产品价格过低，向商务部提出了反倾销调查申请。根据对外贸易法律制度的规定，下列表述中，正确的是（　　）。

A. 反倾销税税额不应超过终裁决定确定的倾销幅度

B. 反倾销税的纳税人为甲、乙、丙三国企业

C. 商务部可要求甲、乙、丙三国企业作出价格承诺，否则不能出口

D. 征收反倾销税，由商务部作出决定并予以公告

26. 根据对外贸易法律制度的规定，临时反补贴措施实施的期限，自临时反补贴措施决定公告规定实施之日起不得超过一定期限。该期限为（　　）。

A. 3个月　　B. 4个月

C. 180天　　D. 200天

二、多项选择题

本题型共16小题，每小题1.5分，共24分。每小题均有多个正确答案，请从每小题的备选答案中选出你认为正确的答案。每小题所有答案选择正确的得分；不答、错答、漏答均不得分。

---

1. 根据基本民事法律制度的规定，下列各项中，属于无效民事法律行为的有（　　）。

A. 无民事行为能力人独立实施的民事法律行为

B. 基于重大误解实施的民事法律行为

C. 行为人与相对人以虚假的意思表示实施的民事法律行为

D. 行为人与相对人恶意串通，损害他人合法权益的民事法律行为

2. 根据诉讼时效法律制度的规定，下列请求权中，不适用诉讼时效规定的有（　　）。

A. 请求停止侵害、排除妨碍、消除危险

B. 请求支付抚养费、赡养费或者扶养费

C. 不动产物权的权利人请求返还财产的权利

D. 未登记的动产物权的权利人请求返还财产的权利

3. 根据物权法律制度的规定，下列情形中，采取公示对抗主义的有（　　）。

A. 土地承包经营权的转让

B. 地役权的设立

C. 动产的抵押

D. 动产的质押

4. 根据合同法律制度的规定，下列关于债务承担的表述中，正确的有（　　）。

A. 债务人将债务的全部或者部分转移给第三人的，债务人或者第三人可以催告债权人在合理期限内予以同意，债权人未作表示的，视为同意

B. 债务人转移债务的，新债务人可以主张原债务人对债权人的抗辩

C. 原债务人对债权人享有债权的，新债务人可以向债权人主张抵销

D. 债务人转移债务的，新债务人应当承担与主债务有关的从债务，但是该从债务专属于原债务人自身的除外

5. 赵某、钱某、孙某、李某等10人为甲普通合伙企业的合伙人。合伙协议约定，赵某以货币20万元出资，企业成立3个月内存入企业的银行账户；赵某和钱某负责采购，孙某和李某负责销售。该合伙协议对除名事项未作特别约定。根据合伙企业法律制度的规定，下列合伙人中，可以经其他合伙人一致决议而被除名的有（　　）。

A. 利用执行合伙事务之便侵占销售货款的孙某

B. 名下部分房产被人民法院查封的李某

C. 因重大过失导致合伙企业损失100多万元的钱某

D. 企业成立后未履行出资义务的赵某

6. 某私募基金的组织形式为有限合伙企业，其有限合伙人陈某的下列行为中，不违反合伙企业法律制度规定的有（　　）。

A. 对该基金的经营管理提出建议

B. 未经授权代表该基金对外签订合同

C. 参与选择承办该基金审计业务的会计师事务所

D. 参与决定普通合伙人退伙

7. 甲、乙、丙、丁拟共同出资设立一个有限合伙企业，其中甲、乙为普通合伙人，丙、丁为有限合伙人。其拟订的合伙协议约定的下列事项中，符合合伙企业法律制度规定的有（　　）。

A. 经其他合伙人过半数同意，甲可以其在合伙企业中的财产份额出质

B. 经其他合伙人一致同意，乙可以其在合伙企业中的财产份额出质

C. 经其他合伙人过半数同意，丙可以其在合伙企业中的财产份额出质

D. 丁不得以其在合伙企业中的财产份额出质

8. 根据公司法律制度的规定，股份有限公司股东大会所作的下列决议中，必须经出席会议的股东所持有表决权的2/3以上通过的有（　　）。

A. 批准公司年度财务预算方案的决议

B. 公司合并、分立、解散的决议

C. 变更公司形式的决议

D. 增加或者减少注册资本的决议

9. 根据公司法律制度的规定，下列情形中，导致股份有限公司董事会的决议不成立的有（　　）。

A. 出席会议的董事人数不符合公司法或者公司章程的规定

B. 会议的表决结果未达到公司法或者公司章程规定的通过比例

C. 会议的召集程序、表决方式违反法律、行政法规或者公司章程

D. 决议内容违反公司章程

10. 根据证券法律制度的规定，下列各项中，属于收购人变更收购要约时不得存在的情形有（　　）。
A. 降低收购价格
B. 减少预定收购股份数额
C. 延长收购期限
D. 缩短收购期限

11. 根据证券法律制度的规定，股票上市交易后，甲上市公司发生的下列事项中，属于重大事件的有（　　）。
A. 公司30%的董事发生变动
B. 公司30%的监事发生变动
C. 公司经理发生变动
D. 公司经理无法履行职责

12. 甲公司向乙公司购买原材料，为支付货款，甲公司向乙公司签发一张金额为80万元的纸质银行承兑汇票，丙银行对该汇票进行了承兑。后乙公司不慎将该汇票丢失，乙公司立即向承兑人丙银行办理了挂失止付手续。根据票据法律制度的规定，下列表述中，正确的有（　　）。
A. 乙公司在遗失汇票后，必须首先办理挂失止付手续
B. 乙公司在遗失汇票后，可以直接向人民法院提起普通诉讼
C. 乙公司在遗失汇票后，可以直接向人民法院申请公示催告
D. 如果乙公司选择向人民法院申请公示催告，应当在通知挂失止付后12日内提出

13. 根据反垄断法律制度的规定，认定互联网等新经济业态经营者是否具有市场支配地位时，可以考虑的因素有（　　）。
A. 网络效应
B. 锁定效应
C. 掌握和处理相关数据的能力
D. 经营者在关联市场的市场力量

14. 根据反垄断法律制度的规定，下列经营者集中附加的限制性条件中，属于行为性条件的有（　　）。
A. 许可关键技术
B. 开放平台等基础设施
C. 剥离知识产权
D. 剥离有形资产

15. 根据对外贸易法律制度的规定，保障措施的实施期限不超过4年，符合一定条件时，保障措施的实施期限可以适当延长。下列各项中，属于该条件的有（　　）。
A. 按照《保障措施条例》规定的程序确定的保障措施对于防止或者补救严重损害仍有必要
B. 有证据表明相关国内产业正在进行调整
C. 已经履行有关对外通知、磋商的义务
D. 延长后的措施不严于延长前的措施

16. 根据外汇管理法律制度的规定，下列关于外保内贷的表述中，正确的有（　　）。
A. 债务人为在境内注册经营的非金融机构
B. 债权人为在境内注册经营的金融机构
C. 担保人为境外机构或者个人
D. 外保内贷业务发生担保履约的，金融机构可以直接与境外担保人办理担保履约收款

三、案例分析题

本题型共4小题50分。

【案例1】（本小题10分。）

2022年4月1日，A公司为支付货款，向B公司签发一张80万元的纸质银行承兑汇票，汇票到期日为2022年8月1日，甲银行与A公司签署承兑协议后，作为承兑人在票面上签章。后甲银行以对该承兑协议有重大误解为由向人民法院提起诉讼，请求人民法院撤销该承兑协议。B公司收到该汇票后，将其背书转让给C公司，用于支付房屋租金，但未在“被背书人”栏内记载C公司的名称。C公司欠D公司一笔应付账款，遂直接将D公司记载为B公司的被背书人，并将该汇票交付给D公司。

2022年6月1日，D公司财务人员王某将其负责保管的该汇票盗出，并伪造D公司的财务专用章和法定代表人的人名章，将该汇票背书转让给与其相互串通的E公司。

2022年6月10日，E公司将该汇票背书转让给F公司，用于支付货款，F公司对于王某的行为以及E公司获取该汇票的经过均不知情。

2022年8月4日，F公司持该汇票向甲银行提示付款，甲银行拒绝付款，理由有二：首先，甲银行与A公司之间的承兑协议已被人民法院撤销；其次，该汇票上D公司的签章是伪造的。

要求：

根据上述内容，分别回答下列问题：

（1）甲银行拒绝付款的两个理由是否成立？并分别说明理由。

（2）E公司是否取得票据权利？并说明理由。

（3）F公司是否取得票据权利？并说明理由。

（4）F公司能否向C公司行使追索权？并说明理由。

（5）F公司能否向王某行使追索权？并说明理由。

【案例2】（本小题10分。）

2022年1月以来，A公司出现不能清偿到期债务且明显缺乏清偿能力的情形。2022年7月1日，人民法院裁定受理A公司的破产申请，同时指定了管理人。2022年7月4日，人民法院发布受理破产申请的公告，确定了债权人申报债权的期限。在该破产案件中，存在以下情况：

（1）A公司欠B公司货款100万元（无财产担保），2021年4月1日到期未清偿。2021年11月11日，双方签订补充担保协议，A公司以其正在建造的厂房设定抵押，并办理了抵押预告登记。2022年7月10日，B公司向管理人申报了该债权，并主张在人民法院受理破产申请时抵押财产的价值范围内优先受偿。

（2）2021年12月12日，A公司和C公司签订一份200万元的买卖合同。根据买卖合同的约定，C公司于合同签订的当日向A公司交付货物，A公司10日内支付货款。同时，双方签订一份抵押合同，A公司以其数控机床设定抵押（办理了抵押登记），用于担保货款债务的履行。

（3）2021年4月10日，A公司向D公司借款50万元，A公司以其机动车设定抵押，双方签订了书面抵押合同，但未办理抵押登记。2022年7月12日，D公司向管理人申报了50万元借款本息的债权，并主张对A公司设定抵押的机动车行使优先受偿权。

（4）2021年4月20日，E公司向F银行借款500万元，期限1年，A公司以其办公楼为 E 公司的借款提供抵押担保，并办理了抵押登记。借款到期后，E 公司未能偿还借款本息，经 A 公司、E 公司和 F 银行协商，A 公司用于抵押的办公楼依法变现，所得价款全部用于偿还借款本息，但尚有 40 万元未能清偿。

（5）2021 年 6 月 1 日，A 公司向 G 银行借款 600 万元，期限 2 年，H 公司为连带保证人。2022 年 7 月 20 日，G 银行向管理人申报全部债权后，又向人民法院提起诉讼请求 H 公司承担担保责任。H 公司主张其担保债务自 2022 年 7 月 1 日起停止计息。

要求：

根据上述内容，分别回答下列问题：

（1）根据本题要点（1）提示的内容，对于 B 公司的主张，人民法院是否应予以支持？并说明理由。

（2）根据本题要点（2）提示的内容，对于 A 公司向 C 公司设定的抵押担保，管理人能否请求人民法院予以撤销？并说明理由。

（3）根据本题要点（3）提示的内容，D 公司对 A 公司设定抵押的机动车是否享有优先受偿权？并说明理由。

（4）根据本题要点（4）提示的内容，F 银行能否将尚未得到清偿的 40 万元向管理人申报破产债权？并说明理由。

（5）根据本题要点（5）提示的内容，G 银行是否可以向人民法院提起诉讼请求 H 公司承担担保责任？H 公司关于其担保债务自 2022 年 7 月 1 日起停止计息的主张能否获得人民法院的支持？并分别说明理由。

【案例 3】（本小题 15 分。）

甲企业营业执照上载明的主营业务为生产销售挖掘机。2022 年 4 月 1 日，甲企业与乙银行签订借款合同，借款合同约定：甲企业向乙银行借款 8000 万元，借款期限自 2022 年 4 月 1 日至 2022 年 6 月 30 日。甲企业将其现有的以及将有的生产设备、原材料、半成品、产品等一并抵押给乙银行，双方于 2022 年 4 月 1 日签订了抵押合同，并于 2022 年 4 月 5 日办理了抵押登记。此外，王某向乙银行提供了一份承诺文件，表示与甲企业共同承担 8000 万元的借款本息，乙银行未表示拒绝。

2022 年 4 月 20 日，甲企业未经乙银行同意，将一台挖掘机以 40 万元的市场价格卖给丙公司，丙公司支付了货款，甲企业已经将该挖掘机交付给丙公司。

2022 年 5 月 1 日，甲企业向丁公司购买一台 2000 万元的数控机床。双方在买卖合同中约定，甲企业于 2022 年 5 月 10 日前支付首期价款 800 万元，丁公司自收到首期价款后 3 日内交付数控机床；剩余价款分三期支付，即甲企业分别在 6 月 10 日、7 月 10 日、8 月 10 日向丁公司支付 400 万元；在甲企业付清全部价款之前，丁公司保留对该数控机床的所有权。

为了支付该数控机床的首期价款，2022 年 5 月 1 日，甲企业以该数控机床作为抵押向戊公司借款 800 万元，借期 2 个月。双方在借款合同中既未约定借期内利率，也未约定逾期利率。

2022 年 5 月 8 日，甲企业依约向丁公司支付了首期价款，丁公司于 2022 年 5 月 10 日向甲企业交付了数控机床。2022 年 5 月 14 日，甲企业和丁公司将所有权保留事项进行了登记。2022 年 5 月 15 日，甲企业和戊公司将抵押担保事项进行了登记。

2022 年 7 月 1 日，甲企业向乙银行的借款到期，甲企业无力偿还借款本息。

甲企业向戊公司的借款到期后，甲企业未按期还款，戊公司向人民法院提起诉讼，主张甲企业自逾期还款之日起参照当时一年期贷款市场报价利率四倍标准计算的利息承担逾期还款违约责任。

要求：

根据上述内容，分别回答下列问题：

（1）乙银行的抵押权何时设立？并说明理由。

（2）乙银行是否有权请求王某承担连带清偿责任？并说明理由。

（3）乙银行是否有权就丙公司所购买的挖掘机主张抵押权？并说明理由。

（4）丁公司主张其权利优先于乙银行的浮动抵押权时，人民法院是否应予支持？并说明理由。

（5）戊公司主张其权利优先于乙银行的浮动抵押权时，人民法院是否应予支持？并说明理由。

（6）如果丁公司和戊公司均主张优先权，人民法院应如何确定二者的清偿顺序？

（7）戊公司主张甲企业自逾期还款之日起参照当时一年期贷款市场报价利率四倍标准计算的利息承担逾期还款违约责任，人民法院是否应予支持？并说明理由。

【案例 4】（本小题 15 分。）

甲股份有限公司（以下简称“甲公司”）拟向中国证监会提交首次公开发行股票并在上海证券交易所主板上市（以下简称“IPO”）的申请。为解决甲公司应收账款余额过大的问题，顺利实现上市目标，甲公司的控股股东乙公司组织、指使甲公司通过外部借款、伪造银行单据等方式冲减应收账款。2019 年 6 月至 2021 年 6 月，甲公司通过上述方式虚构回收应收账款 3 亿元。

2022 年 2 月 20 日，甲公司取得中国证监会《关于核准甲公司首次公开发行股票并上市的批复》。2022 年 3 月 10 日，甲公司发布招股说明书，其中包含上述 2019 年至 2021 年应收账款回收情况的虚假财务数据。丙会计师事务所为甲公司 IPO 提供审计服务并出具了无保留意见的审计报告书。丁律师事务所为甲公司的招股说明书出具法律意见书，其中载明“根据上市申请人提供的相关文件、丙会计师事务所出具的审计报告及本所律师核查，……上市申请人在最近三年财务会计报告中无虚假记载……”。

2022 年 4 月 1 日，甲公司股票在深圳证券交易所主板上市交易。2022 年 4 月 12 日，投资者钱某以每股 16 元的价格买入甲公司股票 10 万股。

2022 年 7 月 4 日，中国证监会宣布对甲公司涉嫌欺诈发行的行为进行立案调查。经查，丙会计师事务所在对甲公司 2020 年财务报表中的应收账款进行审计时，向甲公司 46 家客户发出询证函，有 30 家客户未回函，会计师仅对其中 4 家进行了替代测试；丁律师事务所则未对甲公司为减少应收账款而伪造的重大借款合同进行核查、验证。

中国证监会还查明，甲公司直接向董事长赵某提供借款供其个人购买住房，累计金额达 3000 万元。

2022 年 8 月 8 日，中国证监会认定甲公司在 IPO 申请文件中提供虚假财务数据，构成欺诈发行。决定对甲公司给予警告，并处罚款 1000 万元；认定董事长赵某等 7 名董事为直接责任人员，并处罚款 500 万元。赵某辩称，甲公司虚构回收应收账款的行为是甲公司控股股东的要求，自己只是遵照指令行事，不应受到处罚；独立董事王某则辩称，自己并不直接参与甲公司的经营管理活动，因此不应对甲公司的虚假陈述行为承担任何责任。

投资者钱某于 2022 年 7 月 10 日以每股 4 元的价格将其持有的 10 万股股票全部卖出。

投资者李某于 2022 年 7 月 16 日以每股 3 元的价格买入甲公司股票 2 万股，之后甲公司股价持续下跌。李某于 2022 年 8 月 10 日以每股 2 元的价格将其持有的 2 万股股票全部卖出。

2022年8月20日，戊投资者保护机构受50名投资者的委托，作为代表人向人民法院提起民事诉讼，要求甲公司对投资者的损失承担赔偿责任，要求乙公司、丙会计师事务所和丁律师事务所承担连带赔偿责任。丁律师事务所辩称，原告应举证证明其存在过错，否则不承担连带赔偿责任。

经查，戊投资者保护机构依据人民法院公告确定的权利人范围向证券登记结算机构调取了权利人名单，人民法院均依法予以登记，列入代表人诉讼原告名单，并通知了全体原告。投资者钱某未明确表示参加该诉讼，也未在人民法院公告期间届满后15日内向人民法院声明退出。戊投资者保护机构的工作人员周某认为，应视为钱某不同意参加该代表人诉讼。

要求：

根据上述内容，分别回答下列问题：

（1）丙会计师事务所应承担何种行政责任？

（2）乙公司应承担何种行政责任？

（3）赵某和王某的抗辩理由是否成立？并分别说明理由。

（4）甲公司向赵某提供借款的行为是否符合公司法律制度的规定？并说明理由。

（5）投资者李某能否要求甲公司赔偿其投资损失？并说明理由。

（6）投资者钱某能否要求甲公司赔偿其投资损失？并说明理由。

（7）戊投资者保护机构是否可以作为代表人参加诉讼？并说明理由。

（8）周某的观点是否正确？并说明理由。

（9）丁律师事务所的抗辩理由是否成立？并说明理由。

客观题答案速查

我做对了 ________ 题　　我得了 ________ 分

一、单项选择题

序号	1	2	3	4	5	6	7	8	9	10
答案	C	D	C	A	B	C	B	B	D	C
序号	11	12	13	14	15	16	17	18	19	20
答案	B	C	C	B	D	D	C	A	A	A
序号	21	22	23	24	25	26				
答案	C	A	A	D	A	B				

二、多项选择题

序号	1	2	3	4	5	6	7	8	9	10
答案	ACD	ABC	ABC	BD	ACD	ACD	BCD	BCD	AB	ABD
序号	11	12	13	14	15	16				
答案	ACD	BC	ABCD	AB	ABCD	ABCD				

参考答案及解析

“使用“会计云课堂”App或“微信”扫码对答案、看解析、掌握解题思路，开启轻松过关之旅。

扫码看解析

一、单项选择题

1.【答案】C

【解析】选项C：自然人从出生时起到死亡时止，具有民事权利能力。

2.【答案】D

【解析】选项ABC：属于可撤销的民事法律行为。

3.【答案】C

4.【答案】A

【解析】选项A：当事人约定同一债务分期履行的，诉讼时效期间自最后一期履行期限届满之日起算。

5.【答案】B

6.【答案】C

7.【答案】B

【解析】由王某向陈某交付苹果，因此应当在**履行义务一方**（王某）所在地（乙地）履行。

8.【答案】B

9.【答案】D

10.【答案】C

11.【答案】B

【解析】选项B：普通合伙人之间转让在合伙企业中的全部或者部分财产份额时，应当**通知**其他合伙人。

12.【答案】C

13.【答案】C

14.【答案】B

【解析】股东不得以劳务、信用、自然人姓名（选项C）、商誉（选项D）、特许经营权（选项A）或者设定担保的财产等作价出资。

15.【答案】D

【解析】股份有限公司异议股东的股份回购请求权仅限于对股东大会作出的公司**合并、分立**决议持有异议的情形。

16.【答案】D

17.【答案】C

18.【答案】A

19.【答案】A

20.【答案】A

21.【答案】C

【解析】选项C：采用分期付款方式的，首期付款**不得低于总价款的30%**，并在合同生效之日起5个工作日内支付。

22.【答案】A

23.【答案】A

24.【答案】D

【解析】（1）选项B：准入前国民待遇加负面清单的管理模式目前在全国范围内适用；（2）选项C：负面清单由国务院发布或者批准发布。

25.【答案】A

【解析】（1）选项B：反倾销税的纳税人为倾销进口产品的**进口经营者**；（2）选项C：商务部可以向出口经营者提出价格承诺的建议，但商务部不得强迫出口经营者作出价格承诺；（3）选项D：征收反倾销税，由商务部提出建议，国务院**关税税则委员会**根据商务部的建议作出决定，由商务部予以公告。

26.【答案】B

二、多项选择题

1.【答案】ACD

【解析】选项B：属于**可撤销的**民事法律行为。

2.【答案】ABC

3.【答案】ABC

【解析】选项D：采取**公示生效主义**，动产质权自出质人交付质押财产时生效。

4.【答案】BD

【解析】（1）选项A：债权人未作表示的，视为不同意；（2）选项C：原债务人对债权人享有债权的，新债务人**不得**向债权人主张抵销。

5.【答案】ACD

6.【答案】ACD

【解析】选项B：有限合伙人不执行合伙企业事务，不得对外代表有限合伙企业。

7.【答案】BCD

【解析】（1）选项AB：**普通合伙人**的出质必须经其他合伙人一致同意，这是法律的强制性规定，合伙协议不能“踩地雷”；（2）选项CD：**有限合伙人**的出质，先看合伙协议的约定，爱怎么约定就怎么约定。

8.【答案】BCD

9.【答案】AB

【解析】选项CD：股东可以自决议作出之日起60日内，请求人民法院撤销。

10.【答案】ABD

11.【答案】ACD

【解析】公司的董事、1/3以上监事或者经理发生变动，董事长或者经理无法履行职责的，属于重大事件。

12.【答案】BC

【解析】挂失止付并非票据丧失后票据权利补救的必经程序，失票人应当在通知挂失止付后3日内，依法向人民法院申请公示催告或者提起普通诉讼，也可以在票据丧失后直接向人民法院申请公示催告或者提起普通诉讼。

13.【答案】ABCD

14.【答案】AB

【解析】选项CD：属于结构性条件。

15.【答案】ABCD

16.【答案】ABCD

三、案例分析题

【案例1答案】

（1）①第一个理由不成立。根据规定，基于票据行为的无因性，票据基础关系的瑕疵并不影响票据行为的效力。在本题中，虽然甲银行与A公司之间的承兑协议已被人民法院撤销，但并不影响甲银行承兑行为的效力，甲银行仍应对持票人承担票据责任；②第二个理由不成立。根据规定，票据上有伪造签章的，不影响票据上其他真实签章的效力。在票据上真实签章的当事人（包括但不限于甲银行），仍应对被伪造的票据的权利人承担票据责任。

（2）E公司不能取得票据权利。根据规定，以欺诈、偷盗或者胁迫等手段取得票据的，或者明知有前列情形，出于恶意取得票据的，不得享有票据权利。

（3）F公司取得票据权利。根据规定，虽然E公司实质上不享有票据权利，但形式上享有票据权利，在其向F公司背书转让时，F公司符合票据权利善意取得的构成要件，F公司善意取得票据权利。

（4）F公司不能向C公司行使追索权。根据规定，C公司并未在票据上签章，并非票据债务人，因此不承担票据责任。

（5）F公司不能向王某行使追索权。根据规定，由于伪造人（王某）没有以自己的名义在票据上签章，因此不承担票据责任。

【案例2答案】

（1）人民法院不予支持。根据规定，当事人办理了抵押预告登记，抵押人破产，经审查抵押财产属于破产财产，预告登记权利人主张就抵押财产优先受偿的，人民法院应当在受理破产申请时抵押财产的价值范围内予以支持，但是在人民法院受理破产申请前1年内，债务人对没有财产担保的债务设立抵押预告登记的除外。

（2）管理人不能请求人民法院予以撤销。根据规定，对没有财产担保的债务提供财产担保的，是指对原来已经成立的无财产担保的债务事后补充设置物权担保，只要补充设置担保的行为发生在人民法院受理破产申请前1年内，就可以撤销；但不包括债务人在可撤销期间内设定债务的同时提供的财产担保。

（3）D公司不享有优先受偿权。根据规定，动产抵押合同订立后未办理抵押登记，抵押人破产，抵押权人主张对抵押财产优先受偿的，人民法院不予支持。

（4）F银行不能申报破产债权。根据规定，破产企业不是主债务人，在担保物价款不足以清偿担保债权额时，余债不得作为破产债权向破产企业要求清偿，只能向主债务人（E公司）求偿。

（5）①G银行可以向人民法院提起诉讼请求H公司承担担保责任。根据规定，人民法院受理债务人破产案件，债权人在破产程序中申报债权后又向人民法院提起诉讼，请求担保人承担担保责任的，人民法院依法予以支持；②H公司的主张能够获得人民法院的支持。根据规定，人民法院受理债务人破产案件后，债权人请求担保人承担担保责任，担保人主张担保债务自人民法院受理破产申请之日起停止计息的，人民法院对担保人的主张应予支持。

【案例3答案】

（1）乙银行的抵押权于2022年4月1日设立。根据规定，动产浮动抵押的抵押权自抵押合同生效时设立。

（2）乙银行有权请求王某承担连带清偿责任。根据规定，第三人向债权人提供的承诺文件，具有加入债务或者与债务人共同承担债务等意思表示的，人民法院应当认定为债务加入。第三人与债务人约定加入债务并通知债权人，或者第三人向债权人表示愿意加入债务，债权人未在合理期限内明确拒绝的，债权人可以请求第三人在其愿意承担的债务范围内和债务人承担连带债务。

（3）乙银行无权就丙公司所购买的挖掘机主张抵押权。根据规定，动产浮动抵押无论是否办理抵押登记，均不得对抗正常经营活动中已支付合理价款并取得抵押财产的买受人。

（4）人民法院应予支持。根据规定，担保人在设立动产浮动抵押并办理抵押登记后又购入新的动产，在该动产上保留所有权的出卖人，为担保价款债权的实现而订立担保合同，并在该动产交付后10日内办理登记，该出卖人主张其权利优先于在先设立的浮动抵押权的，人民法院应予支持。

（5）人民法院应予支持。根据规定，担保人在设立动产浮动抵押并办理抵押登记后又购入新的动产，为价款支付提供融资而在该动产上设立抵押权的债权人，为担保价款债权的实现而订立担保合同，并在该动产交付后10日内办理登记，该债权人主张其权利优先于在先设立的浮动抵押权的，人民法院应予支持。

（6）同一动产上存在多个价款优先权的，人民法院应当按照登记的时间先后确定清偿顺序。

（7）人民法院不予支持。根据规定，在民间借贷合同中，借贷双方既未约定借期内利率，也未约定逾期利率，出借人主张借款人自逾期还款之日起参照当时一年期贷款市场报价利率标准计算的利息承担逾期还款违约责任的，人民法院应予支持。

【案例4答案】

（1）证券服务机构违反《证券法》的规定，未勤勉尽责，所制作、出具的文件有虚假记载、误导性陈述或者重大遗漏的，责令改正，没收业务收入，并处以业务收入1倍以上10倍以下的罚款，没有业务收入或者业务收入不足50万元的，处以50万元以上500万元以下的罚款；情节严重的，并处暂停或者禁止从事证券服务业务。对直接负责的主管人员和其他直接责任人员给予警告，并处以20万元以上200万元以下的罚款。

（2）甲公司在招股说明书中有虚假记载，乙公司的行为属于组织、指使甲公司从事上述违法行为，中国证监会可以对乙公司处以100万元以上1000万元以下的罚款；对直接负责的主管人员和其他直接责任人员，处以50万元以上500万元以下的罚款。

（3）①赵某的抗辩理由不成立。根据规定，受到股东、实际控制人控制或者其他外部干预，不得单独作为不予处罚的情形认定；②王某的抗辩理由不成立。根据规定，不直接从事经营管理，不得单独作为不予处罚的情形认定。

（4）甲公司向赵某提供借款的行为不符合规定。根据规定，股份有限公司不得直接或者通过子公司向董事、监事、高级管理人员提供借款。

（5）李某无权要求甲公司赔偿其投资损失。根据规定，李某的交易行为发生在揭露日（2022年7月4日）之后，人民法院应当认定交易因果关系不成立。

（6）钱某有权要求甲公司赔偿其投资损失。根据规定，钱某在甲公司诱多型虚假陈述行为实施日（2022年3月10日）之后、揭露日（2022年7月4日）之前买入了甲公司股票，人民法院应当认定钱某的投资决定与虚假陈述之间的交易因果关系成立。

（7）戊投资者保护机构可以作为代表人参加诉讼。根据规定，投资者保护机构受50名以上投资者委托，可以作为代表人参加诉讼。

（8）周某的观点不正确。根据规定，对于特别代表人诉讼,采用的是“默认加入、明示退出”的方式。投资者明确表示不愿意参加诉讼的，应当在人民法院公告期间届满后15日内向人民法院声明退出。未声明退出的，视为同意参加该代表人诉讼。

（9）丁律师事务所的抗辩理由不成立。根据规定，证券服务机构为证券的发行、上市、交易等证券业务活动制作、出具审计报告或者法律意见书等文件，应当勤勉尽责，对所依据的文件资料内容的真实性、准确性、完整性进行核查和验证。其制作、出具的文件有虚假记载、误导性陈述或者重大遗漏，给他人造成损失的，应当与委托人承担连带赔偿责任，但是能够证明自己没有过错的除外。在本题中，如果被告丁律师事务所不想承担连带赔偿责任，应当由其承担举证责任（证明自己没有过错），原告无须承担举证责任。

2022年注册会计师考试
全真模拟测试题（三）

使用“会计云课堂”App或“微信”扫码快速做题、对答案、看解析、掌握解题思路，开启轻松过关之旅。

● 建议答卷时长 120分钟　● 答卷开始时间 ______　● 答卷结束时间 ______

扫码做题

一、单项选择题

本题型共26小题，每小题1分，共26分。每小题只有一个正确答案，请从每小题的备选答案中选出一个你认为正确的答案。

1. 根据全国人大常委会有关文件的规定，我国社会主义法律体系包括七个法律部门。下列各项中，属于民商法部门的是（　　）。
   A. 企业国有资产法律制度
   B. 知识产权法律制度
   C. 能源法律制度
   D. 农业法律制度

2. 下列自然人中，属于无民事行为能力人的是（　　）。
   A. 15周岁的小赵，先天腿部残疾
   B. 70周岁的老钱，已经不能完全辨认自己的行为
   C. 8周岁的小孙，智力超常
   D. 20周岁的小李，先天智障，完全不能辨认自己的行为

3. 根据基本民事法律制度的规定，下列各项中，属于附期限的民事法律行为的是（　　）。
   A. 赵某与家政人员林某约定：若林某负责护理的赵某爷爷去世，家政服务合同终止
   B. 李某与王某签订3年期限的房屋租赁合同约定：若李某儿子3年内从国外回来定居，租赁合同终止
   C. 郑某与其朋友蔡某约定：若蔡某1年内应聘到甲大学工作，郑某将其在甲大学附近的房屋出借给蔡某使用2年
   D. 张某与其外甥孙某于2021年12月约定：若孙某2022年考上研究生，张某将把自己的名牌自行车赠与孙某

4. 根据诉讼时效法律制度的规定，下列关于最长诉讼时效期间20年的表述中，正确的是（　　）。
   A. 该期间不可以延长
   B. 该期间可以中断
   C. 该期间可以中止
   D. 自权利受到侵害之日起算

5. 根据诉讼时效法律制度的规定，下列情形中，导致诉讼时效中止的是（　　）。
   A. 权利人为主张权利而申请宣告义务人失踪
   B. 债务人向债权人请求延期履行
   C. 继承开始后未确定继承人或者遗产管理人
   D. 债权人在诉讼中主张抵销

6. 根据物权法律制度的规定，下列关于用益物权的表述中，不正确的是（　　）。
A. 建设用地使用权自登记时设立
B. 居住权自登记时设立
C. 土地承包经营权自登记时设立
D. 地役权自地役权合同生效时设立

7. 根据合同法律制度的规定，保证合同约定“保证人承担保证责任直至主债务本息还清时为止”等类似内容的，保证期间为主债务履行期限届满之日起（　　）。
A. 3个月　　B. 6个月
C. 9个月　　D. 12个月

8. 2022年4月，甲科研所与乙企业签订一份设备改造的技术服务合同，约定自2022年7月1日至12月1日，甲科研所负责对乙企业的自动生产线进行技术改造。合同签订后，乙企业为履行合同做了相关准备工作。5月，甲科研所通知乙企业，因负责该项目的技术人员辞职，不能履行合同。根据合同法律制度的规定，下列表述中，正确的是（　　）。
A. 乙企业有权解除合同，并要求甲科研所赔偿损失
B. 乙企业有权主张合同无效，并要求甲科研所承担缔约过失责任
C. 乙企业有权撤销合同，并要求甲科研所承担缔约过失责任
D. 乙企业至7月1日方有权要求甲科研所承担违约责任

9. 2021年3月1日，出卖人甲公司与买受人乙公司订立电脑买卖合同，未约定交付地点和风险转移时间。甲公司分别委托独立承运人丙公司和丁公司负责海上运输和公路运输。3月15日，甲公司将电脑交给丙公司。3月30日，丙公司将电脑交给丁公司。4月10日，丁公司按照约定将电脑运送至乙公司，因乙公司未做好收货准备而未能交付。4月15日，丁公司将电脑交给乙公司。根据合同法律制度的规定，该批电脑毁损、灭失的风险转移给乙公司的时间为（　　）。
A. 4月15日　　B. 3月30日
C. 3月15日　　D. 4月10日

10. 根据合伙企业法律制度的规定，下列出资形式中，只能由全体合伙人协商确定其评估办法的是（　　）。
A. 土地使用权
B. 劳务
C. 知识产权
D. 实物

11. 2021年7月1日，郑某、丁某、马某分别出资20000元设立了普通合伙企业。11月1日，郑某拟将自己在合伙企业的财产份额的50%按10000元转让。郑某通知丁某、马某后，丁某表示愿意以8000元买下，马某未表态。11月3日，郑某的好友齐某知道后，愿意以10000元购买该份额；马某得知后，随即表示愿以10000元购买该份额。该合伙企业的合伙协议对合伙人转让财产份额未作特别约定。根据合伙企业法律制度的规定，下列关于郑某财产份额转让的表述中，正确的是（　　）。
A. 郑某应将其财产份额转让给齐某
B. 郑某应将其财产份额转让给马某
C. 郑某应将其财产份额转让给丁某
D. 郑某的财产份额不可以转让

12. 根据合伙企业法律制度的规定，下列各项中，不属于普通合伙人当然退伙情形的是（　　）。
A. 作为合伙人的自然人被依法宣告死亡
B. 作为合伙人的自然人被依法宣告失踪
C. 作为合伙人的法人被宣告破产
D. 作为合伙人的法人被吊销营业执照

13. 根据合伙企业法律制度的规定，下列关于有限合伙人的表述中，不正确的是（　　）。
A. 除合伙协议另有约定外，有限合伙人可以与本企业进行交易
B. 除合伙协议另有约定外，有限合伙人可以经营与本企业相竞争的业务
C. 除合伙协议另有约定外，有限合伙人可以将其在有限合伙企业中的财产份额出质
D. 除合伙协议另有约定外，有限合伙人可以执行合伙企业事务

14. 李某以违法犯罪所得的20万元出资并取得公司股权。根据公司法律制度的规定，对李某的犯罪行为予以追究、处罚时，就其股权处置的下列表述中，正确的是（　　）。
A. 将李某的出资从公司中抽出，补偿受害人损失
B. 将李某的出资从公司中抽出，并将公司注册资本减少20万元
C. 将李某的出资从公司中抽出，其他股东对20万元出资承担连带责任
D. 采取拍卖或者变卖的方式处置李某的股权

15. 中国公民甲、乙、丙共同设立一家有限责任公司，根据公司法律制度的规定，该公司必须设立的组织机构是（　　）。
A. 董事会
B. 监事会
C. 股东会
D. 职工代表大会

16. 根据公司法律制度的规定，有限责任公司非破产清算程序的清算义务人是（　　）。
A. 股东　　B. 董事
C. 监事　　D. 经理

17. 根据证券法律制度的规定，公司债券上市交易后，甲公司发生的下列事项中，不属于重大事件的是（　　）。
A. 公司新增借款超过上年末净资产的20%
B. 公司对外提供担保超过上年末净资产的20%
C. 公司发生超过上年末净资产10%的重大损失
D. 公司增资的计划

18. 根据企业破产法律制度的规定，下列有关和解制度的表述中，正确的是（　　）。
A. 对债务人的特定财产享有担保权的权利人，自人民法院裁定和解之日起可行使担保权
B. 债务人、债权人均可提出和解申请
C. 债务人提出的和解协议草案未获债权人会议通过的，人民法院应当裁定中止和解程序
D. 债权人会议通过的和解协议未获得人民法院认可的，人民法院应当裁定中止和解程序

19. 甲公司持商业汇票在法定期限内向付款人提示承兑，付款人在3日内未作承兑与否的表示。根据票据法律制度的规定，下列关于该汇票承兑效力的表述中，正确的是（　　）。
A. 承兑的效力待定
B. 应视为拒绝承兑，甲公司可以请求付款人作出拒绝承兑证明
C. 应视为同意承兑，甲公司可以在汇票到期后请求付款人付款
D. 应视为同意承兑，甲公司可以请求付款人在汇票上签章

20. 根据企业国有资产法律制度的规定，下列关于国家出资企业改制的表述中，不正确的是（　　）。

A. 重要的国有独资公司的改制，履行出资人职责的机构在作出决定之前，应当将改制方案报请上级人民政府批准
B. 重要的国有资本控股公司的改制，履行出资人职责的机构在向其委派参加股东会或者股东大会的股东代表作出指示之前，应当将改制方案报请本级人民政府批准
C. 企业改制涉及重新安置企业职工的，职工安置方案须经职工代表大会或者职工大会审议通过
D. 企业实施改制时，必须向职工公布企业主要财务指标的财务审计、资产评估结果

21. 根据企业国有资产法律制度的规定，下列关于国有股东所持上市公司股份公开征集转让的表述中，不正确的是（　　）。
A. 公开征集信息对受让方的资格条件不得设定指向性或者违反公平竞争要求的条款
B. 公开征集期限不得少于20个交易日
C. 国有股东应在股份转让协议签订后5个工作日内收取不低于转让价款30%的保证金
D. 在全部转让价款支付完毕或者交由转让双方共同认可的第三方妥善保管前，不得办理股份过户登记手续

22.《反垄断法》规定："中华人民共和国境内经济活动中的垄断行为，适用本法。"该规定所确定的适用原则是（　　）。
A. 属地原则
B. 属人原则
C. 普遍原则
D. 效果原则

23. 下列行为中，不违反反垄断法律制度规定的是（　　）。
A. 某市市政府办公厅发布通知，要求本市各事业单位以政府采购方式购买小轿车时，必须购买本市甲公司的产品
B. 某市药品监督管理局对外地商品执行与本地同类商品不同的检验标准，阻碍、限制外地商品进入本地市场
C. 某轴承生产企业与其所有经销商签订合同，限定经销商对外销售轴承的最低价格
D. 某行业协会组织会员企业达成协议，统一出口原材料的价格，以避免恶性竞争

24. 下列各项中，属于世界贸易组织所称的"单独关税区"的是（　　）。
A. 中国（上海）自由贸易试验区
B. 中国香港特别行政区
C. 京津冀一体化都市圈
D. 海南经济特区

25. 根据对外贸易法律制度的规定，反倾销调查应当自立案调查决定公告之日起一定期限内结束。该期限最长为（　　）。
A. 3个月　　B. 6个月
C. 12个月　　D. 18个月

26. 根据外汇管理法律制度的规定，外国人在我国境内连续居住满一定期限后，即成为"境内个人"，其发生在境内外的外汇收支或者外汇经营活动，均适用《外汇管理条例》。该连续居住的期限是（　　）。
A. 6个月　　B. 1年
C. 2年　　D. 3年

二、多项选择题

本题型共16小题，每小题1.5分，共24分。每小题均有多个正确答案，请从每小题的备选答案中选出你认为正确的答案。每小题所有答案选择正确的得分；不答、错答、漏答均不得分。

1. 根据基本民事法律制度的规定，下列各项中,属于无相对人的意思表示的有（　　）。
   A. 抛弃动产
   B. 设立遗嘱
   C. 无权代理的追认
   D. 授予代理权

2. 根据代理法律制度的规定，下列关于委托代理的表述中，正确的有（　　）。
   A. 委托代理中的授权行为属于单方民事法律行为
   B. 代理人与被代理人订立委托代理合同属于双方民事法律行为
   C. 委托授权为要式行为
   D. 被代理人的授权行为只能向代理人进行

3. 根据物权法律制度的规定，债务人有权处分的下列权利中，可以设定权利质押的有（　　）。
   A. 仓单
   B. 现有的以及将有的应收账款
   C. 动产所有权
   D. 建设用地使用权

4. 根据合同法律制度的规定，下列情形中，民间借贷合同无效的有（　　）。
   A. 套取金融机构贷款转贷的
   B. 以向其他营利法人借贷、向本单位职工集资或者以向公众非法吸收存款等方式取得的资金转贷的
   C. 未依法取得放贷资格的出借人，以营利为目的向社会不特定对象提供借款的
   D. 出借人事先知道或者应当知道借款人借款用于违法犯罪活动仍然提供借款的

5. 根据合伙企业法律制度的规定，下列关于有限合伙人未按期足额缴纳出资的法律后果的表述中，正确的有（　　）。
   A. 该有限合伙人应当承担补缴义务
   B. 普通合伙人应当承担连带出资责任
   C. 其他有限合伙人应当承担连带出资责任
   D. 该有限合伙人应当对其他合伙人承担违约责任

6. 根据合伙企业法律制度的规定，下列关于有限合伙企业的损益分配的表述中，正确的有（　　）。
   A. 合伙协议可以约定平均分配利润
   B. 合伙协议可以约定按照出资比例分配利润
   C. 合伙协议可以约定将全部利润分配给部分合伙人
   D. 合伙协议可以约定由部分合伙人承担全部亏损

7. 根据公司法律制度的规定，下列各项中，属于有限责任公司监事会职权的有（　　）。
   A. 向股东会会议提出提案
   B. 提议召开股东会临时会议
   C. 选举和更换由股东代表出任的监事
   D. 决定公司内部管理机构的设置

8. 甲公司为股份有限公司。根据公司法律制度的规定，下列情形中，甲公司可以收购本公司股份的有（　　）。
   A. 甲公司减少注册资本
   B. 甲公司与持有本公司股份的其他公司合并
   C. 甲公司将股份用于员工持股计划或者股权激励
   D. 甲公司接受以本公司的股票作为质押权的标的

9. 根据证券法律制度的规定，上市公司的下列人员中，应当及时向上市公司董事会报送上市公司关联人名单及关联关系说明的有（　　）。
A. 公司的实际控制人
B. 持股5%以上的股东及其一致行动人
C. 公司董事、高级管理人员
D. 公司监事

10. 根据证券法律制度的规定，下列因素中，可用于区分公司债券普通投资者和专业投资者的有（　　）。
A. 投资知识和经验
B. 专业能力
C. 财产状况
D. 金融资产状况

11. 根据企业破产法律制度的规定，下列情形中，如果导致债权人会议的决议损害债权人利益，债权人有权申请人民法院予以撤销的有（　　）。
A. 债权人会议的召开违反法定程序
B. 债权人会议的表决违反法定程序
C. 债权人会议的决议内容违法
D. 债权人会议的决议超出债权人会议的职权范围

12. 根据支付结算法律制度的规定，下列关于国内信用证的表述中，正确的有（　　）。
A. 国内信用证是以人民币计价、不可撤销的跟单信用证
B. 国内信用证结算方式适用于国内企事业单位之间的货物和服务贸易
C. 可转让信用证只能转让一次
D. 若受益人提交了相符单据或者开证行已发出付款承诺，即使申请人交存的保证金及其存款账户余额不足支付，开证行仍应在规定的时间内付款

13. 下列主体中，属于《反垄断法》规制对象的有（　　）。
A. 经营者
B. 行业协会
C. 具有管理公共事务职能的组织
D. 行政机关

14. 根据反垄断法律制度的规定，具有市场支配地位的经营者没有正当理由实施的下列行为中，属于滥用市场支配地位行为的有（　　）。
A. 对条件相同的交易相对人实行不同的数量折扣
B. 对条件相同的交易相对人实行不同的交易价格
C. 对条件相同的交易相对人实行不同的付款条件
D. 对条件相同的交易相对人实行不同的保修内容

15. 根据对外贸易法律制度的规定，下列表述中，正确的有（　　）。
A. 实行国营贸易管理的货物和经授权经营企业的目录，由商务部会同国务院其他有关部门确定、调整并公布
B. 实行自动进口许可管理的货物目录，由商务部会同海关总署等有关部门确定和调整
C. 实行关税配额管理的进口货物目录，由商务部会同国务院有关经济管理部门制定、调整并公布
D. 商务部会同国务院其他有关部门，制定、调整并公布限制或者禁止进出口的货物、技术目录

16. 根据外汇管理法律制度的规定，下列关于我国经常项目外汇管理制度的表述中，正确的有（　　）。
A. 经常项目包括贸易收支、服务收支和经常转移，但不包括投资收益
B. 经常项目外汇收入实行强制结汇制
C. 经常项目外汇支出凭有效单证，无须审批
D. 经常项目外汇收支需有真实、合法的交易基础

三、案例分析题

本题型共4小题50分。

【案例1】（本小题10分。）

2022年3月1日，为支付工程款项，A公司向B公司签发一张以甲银行为承兑人、金额为80万元的纸质银行承兑汇票，汇票到期日为2022年8月1日。甲银行与A公司签署承兑协议后，作为承兑人在该汇票上签章。

2022年4月1日，B公司将该汇票背书转让给C公司，用于支付买卖合同货款。后因C公司向B公司交付的货物存在严重质量问题，双方发生纠纷。

2022年4月10日，C公司为支付广告费，将该汇票背书转让给D公司。D公司负责人知悉B公司与C公司之间合同纠纷的详情，对该汇票产生疑虑，遂要求C公司提供担保。C公司的关联企业E公司与D公司签订了一份保证合同。保证合同约定，E公司就C公司对D公司承担的票据责任提供连带责任保证。但E公司未在该汇票上记载“保证”字样，亦未签章。

2022年6月1日，D公司将该汇票背书转让给F公司，以偿还所欠F公司的厂房租金。F公司对B公司与C公司之间的合同纠纷并不知情。

2022年8月6日，F公司持该汇票向甲银行提示付款，甲银行以A公司资信状况不佳、账户余额不足为由拒绝付款。F公司遂向B公司、D公司行使追索权。B公司以C公司违反买卖合同的约定为由，对F公司的追索予以拒绝。D公司向F公司承担票据责任后，分别向B公司、C公司和E公司行使追索权，B公司仍以C公司违反买卖合同的约定为由，对D公司的追索予以拒绝，E公司亦拒绝。C公司向D公司承担票据责任后，向B公司行使追索权，B公司再次以C公司违反买卖合同的约定为由，对C公司的追索予以拒绝。

要求：

根据上述内容，分别回答下列问题：

（1）甲银行拒绝付款的理由是否成立？并说明理由。

（2）B公司拒绝F公司追索的理由是否成立？并说明理由。

（3）B公司拒绝D公司追索的理由是否成立？并说明理由。

（4）B公司拒绝C公司追索的理由是否成立？并说明理由。

（5）D公司能否向E公司行使追索权？并说明理由。

【案例2】（本小题10分。）

2022年3月10日，债权人A公司以甲公司不能清偿到期债务为由向人民法院提出破产清算申请。甲公司向人民法院提出两项异议：首先，公司虽然暂时因流动资金不足无法立即清偿债务，但公司净资产仍为正值，并未出现资不抵债；其次，公司所欠A公司债务有B公司提供的连带责任保证，且B公司有能力承担保证责任，因此人民法院不应受理破产申请。

2022年4月1日，人民法院裁定受理债权人A公司针对甲公司提出的破产清算申请，同时指定乙会计师事务所为管理人。随后，甲公司及甲公司股东王某（出资额占甲公司注册资本的8%）均向人民法院提出重整申请，甲公司同时提出自行管理财产和营业事务的申请。2022年5月16日，人民法院裁定甲公司重整，批准甲公司在管理人的监督下自行管理财产和营业事务。

由于甲公司制作的重整计划草案调减了甲公司出资人的相应权益，需债权人会议出资人组对此进行表决。甲公司共有股东20名，其中10名股东赞成重整计划草案，合计出资比例为40%；6名股东反对重整计划草案，合计出资比例为20%；其余股东未参加表决。

重整期间，甲公司所欠丙银行一笔借款到期，该笔借款以甲公司正在使用的一台生产设备为抵押担保（办理了抵押登记）。丙银行要求将该设备变卖以实现其抵押权。

重整期间，甲公司擅自将存放于公司仓库的一批贵重原材料无偿转让给其关联企业。部分债权人将此情况报告了管理人。经管理人请求，人民法院裁定终止重整程序，并宣告甲公司破产。

要求：

根据上述内容，分别回答下列问题：

（1）甲公司对破产申请提出的两项异议是否成立？并分别说明理由。

（2）王某是否有资格向人民法院提出重整申请？并说明理由。

（3）重整计划草案是否通过了出资人组表决？并说明理由。

（4）重整期间，丙银行能否就甲公司抵押的设备实现抵押权？并说明理由。

（5）人民法院裁定终止重整程序并宣告甲公司破产，是否符合企业破产法律制度的规定？并说明理由。

【案例3】（本小题15分。）

2022年4月1日，甲公司向乙公司借款1000万元，期限2个月。甲公司以其挖掘机作为抵押，双方于当日签订了书面抵押合同，但未办理抵押登记。双方在抵押合同中约定，如果甲公司不能按期还款，则该挖掘机的所有权直接归乙公司所有。此外，甲公司以其办公楼为该笔借款提供抵押担保，双方于当日签订了书面抵押合同，并于2022年4月10日办理了抵押登记。双方在抵押合同中约定，甲公司不得将该办公楼对外转让，但未将约定进行登记。

2022年4月20日，甲公司在未告知乙公司的情况下，将其用于抵押的挖掘机出租给不知情的丙公司，租期3年，双方签订了书面租赁合同。2022年4月26日，挖掘机出现故障，无法正常工作。丙公司要求甲公司维修，甲公司拒绝。丙公司遂自行维修，花去维修费10万元。丙公司请求甲公司支付该笔维修费，未果。

2022年5月10日，甲公司在未告知乙公司的情况下，将其用于抵押的办公楼转让给不知情的丁公司，并办理了产权转移登记。

2022年6月1日，乙公司的借款到期，甲公司无力清偿借款本息。乙公司主张依照抵押合同的约定直接取得该挖掘机的所有权，遭到甲公司的拒绝。后经双方协商一致，将该挖掘机变卖，乙公司就变卖所得价款优先受偿。乙公司提出，将该挖掘机带着“租约”出售会增加变卖的难度，影响其抵押权的实现，因此甲公司与丙公司的租赁合同应当终止。丙公司则主张，作为承租人，其对该挖掘机享有同等条件下的优先购买权。

乙公司得知甲公司已将用于抵押的办公楼转让给丁公司之后，向人民法院提起诉讼，提出如下主张：（1）请求人民法院确认转让合同无效；（2）请求人民法院确认转让不发生物权效力；（3）请求甲公司承担违约责任。

要求：

根据上述内容，分别回答下列问题：

（1）乙公司对挖掘机的抵押权是否已经设立？并说明理由。

（2）丙公司是否有权请求甲公司支付挖掘机的维修费用？并说明理由。

（3）乙公司是否有权主张依照抵押合同的约定直接取得该挖掘机的所有权？并说明理由。

（4）丙公司是否享有优先购买权？并说明理由。

（5）乙公司关于“甲公司与丙公司的租赁合同应当终止”的主张能否获得人民法院的支持？并说明理由。

（6）对于乙公司请求确认转让合同无效的主张，人民法院是否应予支持？并说明理由。

（7）对于乙公司请求确认转让不发生物权效力的主张，人民法院是否应予支持？并说明理由。

（8）对于乙公司请求甲公司承担违约责任的主张，人民法院是否应予支持？并说明理由。

【案例4】（本小题15分。）

大华公司于2016年8月在上海证券交易所主板上市，普通股总数为10亿股，甲、乙两个公司分别持有大华公司31%、23%的股份。截至2021年12月31日，大华公司净资产额为14亿元。大华公司最近3个会计年度连续盈利，最近3年平均可分配利润为12亿元，最近3年以现金方式累计分配的利润为3亿元，最近3个会计年度加权平均净资产收益率平均为6.2%。

2022年3月，大华公司拟向不特定对象发行可转换公司债券5亿元，董事会拟订的发行方案部分内容如下：（1）可转换公司债券的期限为8年，年利率为5%，每张面值100元；（2）转股价格不低于募集说明书公告日前20个交易日大华公司股票交易均价或者前一交易日的均价，转股价格在一定条件下可以向上修正；（3）可转换公司债券自发行结束之日起3个月之后可转换为大华公司股票；（4）华星证券公司为本次可转换公司债券的发行提供担保，担保方式为连带责任保证。

财务顾问四维公司认为，大华公司财务状况不符合发行可转换公司债券的条件，且发行方案中有多处内容不符合证券法律制度的规定，建议考虑其他融资途径。

2022年4月，大华公司拟公开发行优先股，董事会拟订的发行方案部分内容如下：（1）拟发行优先股4亿股，拟筹资金额10亿元；（2）第一年股息率为6%，此后每年根据市场利率调整一次；（3）优先股股东按照约定股息率分配股息后，还可以与普通股股东一起参加剩余利润分配。

2022年5月8日，在大华公司召开的年度股东大会上，优先股融资方案未获通过。由于融资无望，大华公司股价持续走低。

2022年5月16日，丙公司通知大华公司和上海证券交易所，同时发布公告，称其已于5月15日与大华公司的股东丁公司达成股权转让协议，拟收购丁公司持有的大华公司7%的股份。与此同时，甲公司宣布将在未来12个月内增持大华公司不超过2%的股份。

某媒体经调查后披露，丙公司与乙公司共同出资设有一个普通合伙企业，因此，丙公司与乙公司构成一致行动人，丙公司在收购丁公司持有的大华公司7%的股份时必须采取要约收购的方式。

要求：

根据上述内容，分别回答下列问题：

（1）四维公司关于大华公司财务状况不符合发行可转换公司债券条件的判断是否正确？并说明理由。

（2）大华公司董事会拟订的可转换公司债券发行方案中有哪些内容不符合证券法律制度的规定？并分别说明理由。

（3）大华公司董事会拟订的优先股发行方案中有哪些内容不符合证券法律制度的规定？并分别说明理由。

（4）有关媒体关于丙公司与乙公司构成一致行动人的说法是否正确？并说明理由。

（5）有关媒体关于丙公司在收购丁公司所持大华公司7%的股份时必须采取要约收购方式的说法是否正确？并说明理由。

（6）甲公司增持大华公司2%的股份是否必须采取要约收购方式？并说明理由。

客观题答案速查

我做对了 ________ 题　我得了 ________ 分

一、单项选择题

序号	1	2	3	4	5	6	7	8	9	10
答案	B	D	A	D	C	C	B	A	C	B
序号	11	12	13	14	15	16	17	18	19	20
答案	B	B	D	D	C	A	D	A	B	A
序号	21	22	23	24	25	26				
答案	B	A	D	B	D	B				

二、多项选择题

序号	1	2	3	4	5	6	7	8	9	10
答案	AB	AB	AB	ABCD	AD	ABC	AB	ABC	ABCD	ABCD
序号	11	12	13	14	15	16				
答案	ABCD	ABCD	ABCD	ABCD	ABCD	CD				

参考答案及解析

使用“会计云课堂”App或“微信”扫码对答案、看解析、掌握解题思路，开启轻松过关之旅。

扫码看解析

一、单项选择题

1.【答案】B

【解析】选项ACD：属于“经济法”部门。

2.【答案】D

【解析】(1)选项A：腿部残疾不影响能否辨认自己的行为，15周岁的小赵属于限制民事行为能力人；(2)选项B：18周岁以上、不能完全辨认自己行为的自然人，属于限制民事行为能力人；(3)选项C：8周岁的小孙，无论智力是否超常，均属于限制民事行为能力人；(4)选项D：18周岁以上、完全不能辨认自己行为的自然人，属于无民事行为能力人。

3.【答案】A

【解析】(1)选项A：属于附终止期限的民事法律行为；(2)选项B：属于附解除条件的民事法律行为；(3)选项CD：属于附生效条件的民事法律行为。

4.【答案】D

【解析】选项ABC：20年的最长诉讼时效期间不发生中止、中断问题，但可以延长。

5.【答案】C

【解析】选项ABD：属于诉讼时效中断的事由。

6.【答案】C

【解析】选项C：土地承包经营权自土地承包经营权**合同生效时**设立。

7.【答案】B

【解析】保证合同约定“保证人承担保证责任直至主债务本息还清时为止”等类似内容的，**视为约定不明**，保证期间为主债务履行期限届满之日起**6个月**。

8.【答案】A

【解析】当事人一方明确表示或者以自己的行为表明不履行合同义务的，对方可以在**履行期限届满前**请求其承担违约责任。

9.【答案】C

【解析】当事人没有约定交付地点或者约定不明确的，可以协议补充；不能达成补充协议的，按照合同有关条款或者交易习惯确定；仍不能确定，标的物需要运输的，出卖人甲公司于3月15日将标的物交付给第一承运人丙公司后，标的物毁损、灭失的风险由买受人承担。

10.【答案】B

11.【答案】B

【解析】(1)郑某通知丁某、马某后，丁某开价8000元愿意购买，属于内部转让。根据规定，**合伙人之间**转让在合伙企业中的全部或者部分财产份额时，应当通知其他合伙人。因此，不论马某未表态，还是表示反对，只要郑某愿意转让即可，但题目并未交代“郑某同意以8000元的价格转让”，郑某、丁某之间的内部转让未成功；（2）郑某拟将其财产份额转让给齐某，属于对外转让。根据规定，普通合伙人向合伙人以外的人转让其在合伙企业中的全部或者部分财产份额的，在同等条件下，其他合伙人有**优先购买权**，但合伙协议另有约定的除外。因此，在齐某和马某的付款条件相同的情况下，应当由马某优先购买。

12.【答案】B

13.【答案】D

【解析】选项D：有限合伙人不执行合伙企业事务，不得对外代表有限合伙企业。

14.【答案】D

15.【答案】C

16.【答案】A

17.【答案】D

18.【答案】A

【解析】（1）选项B：和解申请只能由债务人提出；（2）选项CD：和解协议草案经债权人会议表决未获得通过，或者已经债权人会议通过的和解协议未获得人民法院认可的，人民法院应当裁定终止和解程序，并宣告债务人破产。

19.【答案】B

20.【答案】A

【解析】选项A：重要的国有独资公司的改制，履行出资人职责的机构在作出决定之前，应当将改制方案报请本级人民政府批准。

21.【答案】B

【解析】选项B：公开征集期限不得少于10个交易日。

22.【答案】A

23.【答案】D

【解析】（1）选项A：属于法律禁止的抽象行政性垄断行为；（2）选项B：属于法律禁止的地区封锁；（3）选项C：属于法律禁止的纵向垄断协议；（4）选项D：属于可被《反垄断法》豁免的垄断协议（为保障对外贸易和对外经济合作中的正当利益）。

24.【答案】B

25.【答案】D

26.【答案】B

二、多项选择题

1.【答案】AB

【解析】（1）选项AB：属于“无相对人的意思表示”；（2）选项CD：属于“有相对人的意思表示”。

2.【答案】AB

【解析】（1）选项C：委托授权为不要式行为，既可以采用书面形式，也可以采用口头或者其他方式授权；（2）选项D：被代理人的授权行为，既可以向代理人进行，也可以向相对人进行，二者效力相同。

3.【答案】AB

【解析】（1）选项C：可以设立动产质押，但不能设立权利质押；（2）选项D：可以设立抵押，但不能设立权利质押。

4.【答案】ABCD

5.【答案】AD

6.【答案】ABC

【解析】合伙协议绝对不得约定由部分合伙人承担全部亏损。合伙协议能否约定将全部利润分配给部分合伙人？（1）普通合伙企业：绝对不行；（2）有限合伙企业：可以约定在一定时期内将全部利润只分配给有限合伙人。

7.【答案】AB

【解析】（1）选项C：属于**股东会**的职权；（2）选项D：属于**董事会**的职权。

8.【答案】ABC

【解析】选项D：公司**不得接受**以本公司的股票作为质押权的标的。

9.【答案】ABCD

10.【答案】ABCD

【解析】根据**财产状况**、**金融资产状况**、**投资知识和经验**、**专业能力**等因素，公司债券投资者可以分为普通投资者和专业投资者。

11.【答案】ABCD

12.【答案】ABCD

13.【答案】ABCD

14.【答案】ABCD

15.【答案】ABCD

16.【答案】CD

【解析】（1）选项A：经常项目包括贸易收支、服务收支、收益（包括职工报酬和利息、红利等投资收益）和经常转移；（2）选项B：经常项目外汇收入实行意愿结汇制（而非强制结汇制）。

三、案例分析题

【案例1答案】

（1）甲银行拒绝付款的理由不成立。根据规定，承兑人不得以其与出票人之间的资金关系来对抗持票人，拒绝支付汇票金额。

（2）B公司拒绝F公司追索的理由不成立。根据规定，票据债务人不得以自己与持票人的前手之间的抗辩事由对抗持票人，但持票人明知存在抗辩事由而取得票据的除外。在本题中，F公司对B公司与C公司之间的合同纠纷并不知情，B公司不得以自己与C公司之间存在合同纠纷为由拒绝向F公司承担票据责任。

（3）B公司拒绝D公司追索的理由成立。根据规定，票据债务人不得以自己与持票人的前手之间的抗辩事由对抗持票人，但持票人明知存在抗辩事由而取得票据的除外。在本题中，D公司知悉B公司与C公司之间存在合同纠纷仍受让票据，B公司可以拒绝D公司的追索。

（4）B公司拒绝C公司追索的理由成立。根据规定，票据债务人可以对不履行约定义务的与自己有直接债权债务关系的持票人进行抗辩。

（5）D公司不能向E公司行使追索权。根据规定，如果保证人未在票据或者粘单上记载"保证"字样而另行签订保证合同或者保证条款的，不属于票据保证。在本题中，E公司未在票据上记载"保证"字样，亦未签章，不构成票据保证，E公司无须承担票据保证责任，D公司不能向E公司行使追索权。

【案例2答案】

（1）①第一项异议不成立。根据规定，债务人账面资产虽大于负债，但因资金严重不足或者财产不能变现等原因，无法清偿债务的，人民法院应当认定其明显缺乏清偿能力；②第二项异议不成立。根据规定，相关当事人以对债务人的债务负有连带责任的人未丧失清偿能力为由，主张债务人不具备破产原因的，人民法院不予支持。

（2）王某没有资格提出重整申请。根据规定，债权人申请对债务人进行破产清算的，人民法院受理破产申请后、宣告债务人破产之前，出资额占债务人注册资本10%以上的出资人有权向人民法院提出破产重整申请。

（3）重整计划草案通过了出资人组表决。根据规定，出资人组对重整计划草案中涉及出资人权益调整事项的表决，经参与表决的出资人所持表决权2/3以上通过的，即为该组通过重整计划草案。在本题中，参与决议的出资人所持表决权合计60%，其中40%赞成，重整计划草案通过了出资人组表决。

（4）丙银行不能就甲公司抵押的设备实现抵押权。根据规定，在重整期间，对债务人的特定财产享有的担保权暂停行使。

（5）符合规定。根据规定，在重整期间，债务人有欺诈、恶意减少债务人财产或者其他显著不利于债权人的行为，经管理人或者利害关系人请求，人民法院应当裁定终止重整程序，并宣告债务人破产。

【案例3答案】

（1）乙公司对挖掘机的抵押权已经设立。根据规定，以动产抵押的，抵押权自抵押合同生效时设立；未经登记，不得对抗善意第三人。

（2）丙公司有权请求甲公司支付挖掘机的维修费用。根据规定，出租人应当履行租赁物的维修义务，但是当事人另有约定或者因承租人的过错致使租赁物需要维修的除外。承租人在租赁物需要维修时可以请求出租人在合理期限内维修。出租人未履行维修义务的，承租人可以自行维修，维修费用由出租人（甲公司）负担。

（3）乙公司无权主张依照抵押合同的约定直接取得该挖掘机的所有权。根据规定，抵押权人在债务履行期限届满前，与抵押人约定债务人不履行到期债务时抵押财产归债权人所有的，只能依法就抵押财产优先受偿。

（4）丙公司不享有优先购买权。根据规定，只有房屋租赁的承租人才享有优先购买权。其他标的物的租赁，承租人并不享有优先购买权。

（5）乙公司的主张不能获得人民法院的支持。根据规定，动产抵押合同订立后未办理抵押登记，抵押人将抵押财产出租给他人并移转占有，抵押权人行使抵押权的，租赁关系不受影响，但是抵押权人能够举证证明承租人知道或者应当知道已经订立抵押合同的除外。

（6）人民法院不予支持。根据规定，当事人约定禁止或者限制转让抵押财产但是未将约定登记，抵押人违反约定转让抵押财产，抵押权人请求确认转让合同无效的，人民法院不予支持。

（7）人民法院不予支持。根据规定，当事人约定禁止或者限制转让抵押财产但是未将约定登记，抵押人违反约定转让抵押财产，抵押财产已经交付或者登记，抵押权人请求确认转让不发生物权效力的，人民法院不予支持，但是抵押权人有证据证明受让人知道的除外。

（8）人民法院应予支持。根据规定，当事人约定禁止或者限制转让抵押财产但是未将约定登记，抵押人违反约定转让抵押财产，抵押权人请求抵押人承担违约责任的，人民法院依法予以支持。

【案例4答案】

（1）四维公司的判断正确。根据规定，上市公司发行可转换公司债券的条件之一，最近3年以现金方式累计分配的利润不少于最近3年实现的年均可分配利润的30%。在本题中，大华公司最近3年以现金方式累计分配的利润仅为最近3年实现的年均可分配利润的25%（3÷12=25%），未达到30%的法定要求。

（2）①可转换公司债券的期限不符合规

定。根据规定，可转换公司债券的期限最短为 1 年，最长为 6 年；②转股价格不符合规定。上市公司向不特定对象发行可转换公司债券的转股价格应当不低于募集说明书公告日前 20 个交易日发行人股票交易均价和前一个交易日均价，且不得向上修正；③转股期限不符合规定。根据规定，可转换公司债券自发行结束之日起不少于 6 个月后方可转换为公司股票；④华星证券公司不得作为担保人。根据规定，证券公司或者上市公司不得作为发行可转换公司债券的担保人，但上市商业银行除外。

（3）①拟筹资金额不符合规定。根据规定，公司已发行的优先股不得超过公司普通股股份总数的 50%，且筹资金额不得超过发行前净资产的 50%；②采取浮动股息率不符合规定。根据规定，上市公司公开发行优先股时，必须采取固定股息率；③优先股股东按照约定的股息率分配股息后，还可以同普通股股东一起参加剩余利润分配不符合规定。根据规定，优先股股东按照约定的股息率分配股息后，不再同普通股股东一起参加剩余利润分配。

（4）有关媒体的说法正确。根据规定，投资者之间存在合伙、合作、联营等其他经济利益关系，如果没有相反证据，投资者互为一致行动人。

（5）有关媒体的说法不正确。根据规定，丙公司与乙公司属于一致行动人，其所持股份应合并计算，二者所持的股份合计为 30%，未超过 30%，并未触发要约收购义务。

（6）甲公司增持大华公司 2% 的股份无须采取要约收购方式。根据规定，在一个上市公司中拥有权益的股份达到或者超过该公司已发行股份的 30% 的，自上述事实发生之日起 1 年后，每 12 个月内增持不超过该公司已发行的 2% 的股份，可以免于发出要约。

◇中教科（保定）印刷股份有限公司

轻松过关® 1

2022年注册会计师考试
应试指导及全真模拟测试

经济法

（下册）

郭守杰　主编
东奥会计在线　编

北京科学技术出版社

目录 CONTENTS

第三部分 跨章节案例分析题演练

第八章　企业破产法律制度

CHAPTER-8

本章考情分析

在最近 3 年的考试中，本章的平均分值为 11 分，2021 年两份试卷的分值均为 11 分。在四个案例分析题中，肯定有一个 10 分的题目来自企业破产法律制度。

温馨小提示

考生想通过经济法的考试，这 11 分是必须要拿下来的，没有选择！

本章分为十五个单元，共计 49 个考点。大多数考点需要准确理解（部分考点需要结合物权法律制度、合同法律制度和公司法律制度的相关规定），需要死记硬背的考点并不多，复习难度较大。复习本章需要 10 个小时左右。

根据国家发展改革委员会、最高人民法院、财政部等部门于 2021 年 2 月 25 日联合下发的《关于推动和保障管理人在破产程序中依法履职进一步优化营商环境的意见》，2022 年教材对本章内容进行了多处调整。

最近 3 年题型题量分析表

题型	2019 年试卷一	2019 年试卷二	2020 年试卷一	2020 年试卷二	2021 年试卷一	2021 年试卷二
单选题	1 题 1 分	1 题 1 分			1 题 1 分	1 题 1 分
案例分析题	1 题 10 分	1 题 10 分	1 题 10 分	1 题 10 分	1 题 10 分	1 题 10 分
合计	11 分	11 分	10 分	10 分	11 分	11 分

历年试题涉及本章的主要考点

考点	年份 / 题型
破产原因	2012 年案例分析题、2013 年案例分析题、2014 年案例分析题、2015 年案例分析题、2016 年单选题、2017 年案例分析题、2018 年案例分析题、2019 年案例分析题
破产案件的管辖	2020 年案例分析题
破产申请	2016 年案例分析题、2017 年案例分析题、2019 年案例分析题、2021 年案例分析题
破产申请受理的效力	2014 年案例分析题、2017 年案例分析题
基于债务人财产的诉讼	2014 年案例分析题
执行案件的移送破产审查	2018 年案例分析题
管理人制度	2013 年单选题、2014 年多选题、2015 年案例分析题、2018 年案例分析题、2019 年单选题、2021 年案例分析题

续表

考点	年份 / 题型
管理人制度	2013年单选题、2014年多选题、2015年案例分析题、2018年案例分析题、2019年单选题、2021年案例分析题
债务人财产	2014年案例分析题、2015年案例分析题、2016年案例分析题、2018年案例分析题、2020年案例分析题、2021年案例分析题
撤销权	2013年单选题、2013年案例分析题、2015年案例分析题、2018年案例分析题、2021年案例分析题
取回权	2012年案例分析题、2013年案例分析题、2014年案例分析题、2015年案例分析题、2016年案例分析题、2019年案例分析题、2020年案例分析题、2021年案例分析题
抵销权	2012年案例分析题、2013年案例分析题、2015年案例分析题、2020年案例分析题
破产债权	2013年多选题、2016年案例分析题、2017年单选题、2017年案例分析题、2018年单选题、2018年案例分析题
保证	2012年案例分析题、2016年案例分析题、2017年案例分析题
债权人会议	2012年单选题、2016年案例分析题、2021年单选题
债权人委员会	2021年单选题
重整制度	2019年单选题、2019年案例分析题、2020年案例分析题、2021年案例分析题
别除权	2013年案例分析题、2015年案例分析题
破产财产的清偿顺序	2012年单选题、2014年单选题

本章思维导图

- **第八章（一）**
  - 破产申请
    - 破产原因
    - 破产申请
    - 破产申请的受理
  - 破产申请受理的效力
    - 基本规定
    - 尚未履行完毕的合同
    - 基于债务人财产的诉讼
    - 执行案件的移送破产审查

- **第八章（二）**
  - 管理人制度
    - 管理人的资格
    - 管理人的报酬
    - 管理人的职责与限制
  - 债务人财产的一般规定
    - 债务人财产的范围
    - 债务人财产的收回
  - 撤销权
    - 管理人的撤销权
    - 个别清偿
    - 债权人的撤销权
    - 对外债权的诉讼时效
    - 无效行为
  - 取回权
    - 取回权的一般规定
    - 他人财产被违法转让的
    - 代偿取回权
    - 在途标的物的取回权
    - 所有权保留买卖合同中的取回权
  - 破产抵销权
    - 破产抵销权的一般规定
    - 禁止抵销的情形
    - 破产抵销权的特殊规定
  - 破产费用和共益债务
    - 破产费用
    - 共益债务
    - 破产费用和共益债务的清偿
  - 破产债权
    - 债权申报的要求
    - 破产债权的核查与确认
  - 保证
    - 债务人破产
    - 保证人破产
    - 债务人、保证人均破产
  - 有财产担保的债权
    - 别除权
    - 有财产担保的债权（综述）

- **第八章（三）**
  - 债权人会议与债权人委员会
    - 债权人会议
    - 债权人委员会
  - 重整程序与和解制度
    - 重整申请
    - 重整期间
    - 重整计划的制定与执行
    - 重整计划草案的分组表决
    - 重整计划草案的批准
    - 重整计划的效力
    - 上市公司的破产重整
    - 和解制度
  - 破产清算程序
    - 破产财产的清偿顺序
    - 破产财产分配方案的实施
  - 关联企业合并破产
    - 关联企业实质合并破产
    - 关联企业程序合并破产

本章核心考点解读

第一单元　破产申请

使用“会计云课堂”App或“微信”扫码查看本单元视频，快速GET知识点。

【考点1】破产原因（P328）★★★

> **温馨小提示**
>
> 破产原因包括两种情况:(1)不能清偿+资不抵债;(2)不能清偿+明显缺乏清偿能力。

1. 破产原因（破产界限）是指企业法人不能清偿到期债务，并且资产不足以清偿全部债务或者明显缺乏清偿能力。

2.“明显缺乏清偿能力”的认定（2012年案例分析题、2013年案例分析题、2014年案例分析题、2015年案例分析题、2019年案例分析题）

> **名师敲黑板**
>
> 这是考生必须掌握的考点，今年继续关注案例分析题。

债务人账面资产虽大于负债，但存在下列情形之一的，人民法院应当认定其明显缺乏清偿能力：

（1）因资金严重不足或者财产不能变现等原因，无法清偿债务；

（2）法定代表人下落不明且无其他人员负责管理财产，无法清偿债务；

（3）经人民法院强制执行，无法清偿债务；

（4）长期亏损且经营扭亏困难，无法清偿债务；

（5）导致债务人丧失清偿能力的其他情形。

【解释】“经人民法院强制执行，无法清偿债务”，是指只要债务人的任何一个债权人经人民法院强制执行未得到清偿，其每一个债权人均有权提出破产申请，并不要求申请人自己已经采取了强制执行措施。

3. 异议不成立的情形

（1）相关当事人以对债务人的债务负有连带责任的人未丧失清偿能力为由，主张债务人不具备破产原因的，人民法院应不予支持。（2014 年案例分析题、2018 年案例分析题）

名师敲黑板

该考点在案例分析题中经常出现，必须会默写。

【案例】甲公司向乙银行借款 1000 万元，丙公司为连带保证人。因甲公司不能清偿到期债务，债权人乙银行向人民法院申请债务人甲公司破产。甲公司提出异议，虽然自己已经丧失清偿能力，但连带保证人丙公司并未丧失清偿能力，主张其不具备破产原因。在本案中，甲公司的异议不能获得人民法院的支持。

（2）当债权人申请债务人破产时，债务人以其具有清偿能力或者资产超过负债为由提出异议，但又不能立即清偿债务或者与债权人达成和解的，其异议不能成立。（2017 年案例分析题）

（3）当债权人申请债务人破产时，债务人对债权人享有债权的数额提出异议时，如果存在双方无争议的部分债权数额，且债务人对该数额的债务已经丧失清偿能力，则此项异议不影响人民法院对破产申请的受理。

（4）当债权人申请债务人破产时，债务人对债权人的债权是否存在担保等提出异议，因其不影响破产原因的成立，该异议不影响人民法院对破产申请的受理。

（5）人民法院受理破产申请后至破产宣告前，由于债务人财产的市场价值发生变化导致其在案件受理后资产超过负债乃至破产原因消失的，不影响破产案件的受理效力和继续审理，人民法院不得裁定驳回申请。债务人如不愿意进行破产清算，可以通过申请和解、重整等方式清偿债务、结束破产清算程序。（2018 年案例分析题）

（6）破产案件的诉讼费用，应计入破产费用，由债务人财产随时清偿，无须预交。相关当事人以申请人未预先交纳诉讼费用为由，对破产申请提出异议的，人民法院不予支持。（2019 年案例分析题）

经典题解

【例题·单选题】根据企业破产法律制度的规定，下列关于破产案件诉讼费用承担的表述中，正确的是（　　）。（2016 年）

A. 由破产申请人预先支付

B. 由全体债权人按比例分担

C. 从债务人财产中随时拨付

D. 由债权人和债务人分担

【答案】C

【考点2】破产申请（P331）★★★

1. 破产案件的管辖

破产案件由债务人住所地（主要办事机构所在地）人民法院管辖。（2020年案例分析题）

2. 申请人

（1）债务人

债务人发生破产原因，可以向人民法院提出重整、和解或者破产清算申请。

温馨小提示

债务人有“重整、和解或者破产清算”三个选择，债权人有“重整或者破产清算”两个选择。

（2）债权人

债务人不能清偿到期债务，债权人可以向人民法院提出对债务人进行重整或者破产清算的申请，但不能提出和解申请。

（3）没有物权担保的普通债权人享有破产申请权，对债务人的特定财产享有担保权的债权人同样享有破产申请权。

（4）税务机关和社会保险机构只享有对债务人的破产清算申请权，但不享有重整申请权。（2016年案例分析题）

（5）破产企业的职工作为债权人可以申请债务人企业破产清算或者重整，但职工提出破产清算申请应经职工代表大会或者全体职工会议多数决议通过。（2017年案例分析题、2021年案例分析题）

表8-1 破产申请

	破产清算	破产重整	破产和解
债务人	√	√	√
一般债权人	√	√	×
税务机关和社会保险机构	√	×	×
破产企业的职工	√	√	×

3. 破产申请的撤回

（1）破产申请受理前

人民法院受理破产申请前，申请人可以请求撤回申请。

（2）破产申请受理后

人民法院裁定受理破产申请系对债务人具有破产原因的初步认可，破产申请受理后，申请人请求撤回破产申请的，人民法院不予准许。除非经审查发现债务人不符合破产条件，人民法院不得裁定驳回破产申请。

4. 破产申请书（2019年案例分析题）

破产申请书应当载明下列事项：

（1）申请人、被申请人的基本情况；

（2）申请目的；

（3）申请的事实和理由；

（4）人民法院认为应当载明的其他事项。

【考点3】破产申请的受理（P333）★

1. 债务人申请破产

（1）人民法院裁定受理破产申请的，应当将裁定自作出之日起5日内送达债务人。

（2）人民法院裁定受理破产申请的，应当同时指定管理人，并自裁定受理破产申请之日起25日内通知已知债权人，并予以公告。

2. 债权人申请债务人破产

（1）债务人对债权人提出的破产申请有异议的，应当自收到人民法院的通知之日起7日内向人民法院提出，人民法院应当自异议期满之日起10日内裁定是否受理。

（2）人民法院裁定受理破产申请的，应当自裁定作出之日起5日内送达债务人。债务人应当自裁定送达之日起15日内，向人民法院提交“财产状况说明、债务清册、债权清册、有关财务会计报告以及职工工资的支付和社会保险费用的缴纳情况”等有关材料。债务人拒不提交的，不影响人民法院对破产申请的受理和审理，人民法院可以对债务人的直接责任人员采取罚款等强制措施。（2016年案例分析题）

（3）人民法院裁定受理破产申请的，应当同时指定管理人，并自裁定受理破产申请之日起25日内通知已知债权人，并予以公告。

3. 上诉

（1）不予受理

申请人对人民法院不予受理的裁定不服的，可以自裁定送达之日起10日内向上一级人民法院提起上诉。

（2）驳回申请

申请人对人民法院驳回申请的裁定不服的，可以自裁定送达之日起10日内向上一级人民法院提起上诉。

> **温馨小提示**
>
> 在整个破产程序中，当事人可以提起上诉的仅限于“不予受理”和“驳回申请”两个裁定。当事人对人民法院的其他裁定（如宣告破产的裁定、对破产财产分配方案的裁定等）不服的，不能提起上诉。

第二单元　破产申请受理的效力

使用“会计云课堂”App或“微信”扫码查看本单元视频，快速GET知识点。

【考点1】基本规定（P338）★★★

> **名师敲黑板**
>
> 这是考生必须掌握的考点，今年继续关注案例分析题。

1. 人民法院受理破产申请后，债务人对个别债权人的债务清偿无效。但是，债务人以其财产向债权人提供物权担保的，其在担保物市场价值内向债权人所作的债务清偿，不受上述规定限制。（2014年案例分析题、2017年案例分析题）

> **温馨小提示**
>
> 人民法院受理破产申请的时间，是指人民法院裁定受理破产申请之日，而不是受理裁定送达债务人之日。

【解释】人民法院受理破产申请后，即破产程序开始后，债务人财产要公平地清偿全体债权人，因此，对无财产担保的债权人进行的个别清偿无效，但对有财产担保的债权人在担保物市场价值内进行的个别清偿，并不违反公平清偿原则。

2. 人民法院受理破产申请后，债务人的债务人或者财产持有人应当向管理人清偿债务或者交付财产。

【解释1】如果当事人故意违反法律规定向债务人清偿债务或者交付财产，使债权人受到损失的，不免除其清偿债务或者交付财产的义务。（2017年案例分析题）

【解释2】所谓“不免除其清偿债务或者交付财产的义务”，是以债权人因此受到损失的范围为限。如果债务人的债务人或者财产持有人虽向债务人清偿了债务或者交付财产，但债务人将收到的清偿款项或者财产及时全部上交给管理人，债权人并未受到损失，则不必再承担民事责任。

3. 人民法院受理破产申请后，有关债务人财产的保全措施应当解除，执行程序应当中止。（2017年案例分析题）

【解释1】人民法院裁定受理企业破产案件后，管理人持受理破产申请裁定书和指定管理人决定书，依法向有关部门、金融机构申请解除对破产企业财产的查封、扣押、冻结等保全措施的，相关部门和单位应当根据《企业破产法》的规定予以支持配合。保全措施解除后，管理人应当及时通知原采取保全措施的相关部门和单位。管理人申请接管、处置海关监管货物的，应当先行办结海关手续，海关应当对管理人办理相关手续提供便利并予以指导。（2022年新增）

【解释2】人民法院在受理破产申请后，对于可能因有关利益相关人的行为或者其他原因，影响破产程序依法进行的，可以根据管理人的申请或者依职权，对债务人的全部或者部分财产采取保全措施。（2022年调整）

【案例】A、B公司于2022年4月1日签订一份买卖合同，B公司依约发货后，债务人A公司拒绝支付100万元的货款。为此，B公司对A公司提起诉讼，甲人民法院依法审理后于2022年6月5日作出一审判决：A公司向B公司支付货款及违约金共计110万元（因A公司未在法定期限内提出上诉，该判决已生效）。根据B公司的申请，甲人民法院将A公司的办公楼予以查封，拟用于清偿对B公司的上述债务。2022年7月1日，乙人民法院受理了A公司的破产申请。在本案中：（1）甲人民法院在知悉乙人民法院已裁定受理A公司的破产申请后，应当及时解除对该办公楼的保全措施，该办公楼应计入债务人财产，用于对全体债权人的公平清偿；（2）执行程序为什么应当“中止”，而非“终止”？如果乙人民法院最终裁定宣告A公司破产，甲人民法院肯定不用再执行了；如果乙人民法院裁定“驳回A公司的破产申请”，或者依法裁定“终结破产程序”的，应当及时通知甲人民法院恢复相关保全措施和执行程序。

温馨小提示

第3条针对的是“案件已经审结但尚未执行”，第4条针对的是“案件尚未审结”。

4. 尚未审结的民事案件

人民法院受理破产申请后，已经开始而尚未终结的有关债务人的民事诉讼或者仲裁应当中止；在管理人接管债务人财产、掌握诉讼情况后能够继续进行时，该诉讼或者仲裁继续进行。

温馨小提示

管理人在破产程序中只享有一次选择权，不得反向再次行使或者多次行使，尤其是不得在决定或者实际接受继续履行合同后又决定解除合同。

【考点2】尚未履行完毕的合同（P338）★★★

1. 一般规定

人民法院受理破产申请后，管理人对破产申请受理前成立而债务人和对方当事人均未履行完毕的合同有权决定解除或者继续履行，并通知对方当事人。

（1）继续履行

因管理人请求对方当事人履行双方均未履行完毕的合同所产生的债务，属于共益债务。

（2）解除合同

①管理人决定继续履行合同的，对方当事人应当履行；但是，对方当事人有权要求管理人提供担保。管理人不提供担保的，视为解除合同。

②管理人自破产申请受理之日起 2 个月内未通知对方当事人，或者自收到对方当事人催告之日起 30 日内未答复的，视为解除合同。

③管理人依照《企业破产法》规定解除合同的，对方当事人以因合同解除产生的损害赔偿请求权申报债权。对方当事人申报的破产债权以实际损失为限，违约金不得作为破产债权申报。

【案例】甲公司和乙公司签订了 100 万元的买卖合同，约定违约金 30 万元。甲公司的破产程序开始时，双方均未履行完毕。在本案中：（1）如果管理人决定继续履行合同，乙公司发货后，100 万元的货款属于共益债务；（2）如果管理人决定解除合同，乙公司因合同解除实际损失 3 万元，则乙公司可以实际损失申报普通破产债权（最后一步清偿）；30 万元的违约金一笔勾销，既不属于破产费用，也不属于共益债务，更不能申报破产债权。

2. 特殊规定

（1）对于破产企业为他人提供担保的合同，管理人无权选择解除合同。

（2）破产企业对外出租不动产的，管理人不得解除合同，在变价财产时，房屋应当带租约出售，承租人在同等条件下享有优先购买权。（2013 年案例分析题）

【相关链接】租赁物在承租人按照租赁合同占有期限内发生所有权变动的，不影响租赁合同的效力。

【考点 3】基于债务人财产的诉讼（2014 年案例分析题）（P340）★★★

1. 破产申请受理前基于债务人财产的诉讼

破产申请受理前，债权人就债务人财产提起下列诉讼，破产申请受理时案件尚未审结的，人民法院应当中止审理：

（1）主张次债务人代替债务人直接向其偿还债务的；

（2）主张债务人的出资人、发起人和负有监督股东履行出资义务的董事、高级管理人员，或者协助抽逃出资的其他股东、董事、高级管理人员、实际控制人等直接向其承担出资不实或者抽逃出资责任的；

（3）以债务人的股东与债务人法人人格严重混同为由，主张债务人的股东直接向其偿还债务人对其所负债务的；

（4）其他就债务人财产提起的个别清偿诉讼。

> **温馨小提示**
> 该考点涉及第四章的“代位权诉讼”。

> **温馨小提示**
> 该考点涉及第六章的“股东违反出资义务的责任”。

2. 破产申请受理后基于债务人财产的诉讼

破产申请受理后，债权人就债务人财产向人民法院提起上述诉讼的，人民法院不予受理。

【案例】甲公司向乙银行贷款100万元，到期不能还本付息，同时甲公司又怠于行使其对丙公司的到期债权100万元。2022年4月1日，债权人乙银行作为原告，以次债务人丙公司作为被告，向A法院提起代位权诉讼，要求丙公司直接向其清偿100万元。2022年7月1日，B法院裁定受理债务人甲公司提出的破产申请。考生应区分三种情况：

（1）如果在B法院裁定受理甲公司的破产申请之后，乙银行才对丙公司提起代位权诉讼，A法院应不予受理。为什么？因为破产程序开始之后，丙公司欠甲公司的100万元属于债务人财产，用于对全体债权人的公平清偿，乙银行想吃“独食”肯定不行。A法院不予受理后，债权人乙银行可以通过“债权人会议或者债权人委员会”要求管理人依法向丙公司进行追收，并计入债务人财产，用于对全体债权人的公平清偿。

（2）在B法院裁定受理甲公司的破产申请之前，如果A法院已经作出生效民事判决但尚未执行完毕，应中止执行。为什么？因为人民法院受理破产申请后，有关债务人财产的保全措施应当解除，执行程序应当中止。此时，由债权人乙银行向管理人申报普通破产债权（最后一步清偿）即可。

（3）在B法院裁定受理甲公司的破产申请之前，如果A法院对该案件尚未审结，应当中止审理。以后怎么办？考生应区分两种情况：①如果甲公司被B法院裁定宣告破产（甲公司死定了），A法院应当依法驳回乙银行的诉讼请求，除非乙银行在一审中将其诉讼请求变更为“将追收的100万元归入甲公司的破产财产”；②如果B法院依法裁定“驳回甲公司的破产申请或者终结破产程序”，既然甲公司不破产了，A法院应恢复审理乙银行对丙公司提起的代位权诉讼。

【考点4】执行案件的移送破产审查（P341）★★

1. 执行案件移送破产审查的条件

执行案件移送破产审查，应同时符合下列条件：

（1）被执行人为企业法人；

（2）被执行人或者有关被执行人的任何一个执行案件的申请执行人书面同意将执行案件移送破产审查；

（3）被执行人不能清偿到期债务，并且资产不足以清偿全部债务或者明显缺乏清偿能力。

2. 地域管辖与级别管辖（2018年案例分析题）

（1）执行案件移送破产审查，由被执行人住所地人民法院管辖。

（2）在级别管辖上，实行以中级人民法院管辖为原则、基层人民法院管辖为例外的管辖制度。中级人民法院经高级人民法院批准，也可以将案件交由具备审理条件的基层人民法院审理。

（3）为减少异地法院之间移送的随意性，基层人民法院拟将执行案件移送异地中级人民法院进行破产审查的，在作出移送决定前，应先报请其所在地中级人民法院执行部门审核同意。

3. 受移送法院破产审查与受理

（1）受移送法院的破产审判部门应当自收到移送的材料之日起30日内作出是

否受理的裁定。

（2）执行法院收到受移送法院受理裁定后，应当于 7 日内将已经扣划到账的银行存款、实际扣押的动产、有价证券等被执行人财产移交给受理破产案件的法院或者管理人。

（3）执行法院收到受移送法院受理裁定时，已通过拍卖程序处置且成交裁定已送达买受人的拍卖财产，通过以物抵债偿还债务且抵债裁定已送达债权人的抵债财产，已完成转账、汇款、现金交付的执行款，因财产所有权已经发生变动，不属于被执行人的财产，不再移交。

第三单元　管理人制度

使用“会计云课堂”App 或“微信”扫码查看本单元视频，快速 GET 知识点。

【考点 1】管理人的资格（P344）★★★

1. 管理人的资格

（1）管理人可以由有关部门、机构的人员组成的清算组或者依法设立的律师事务所、会计师事务所、破产清算事务所等社会中介机构担任。

（2）对于事实清楚、债权债务关系简单、债务人财产相对集中的企业破产案件，人民法院可以指定管理人名册中的个人为管理人。个人担任管理人的，可以聘任必要的工作人员。

2. 不得担任管理人的情形

（1）因故意犯罪受过刑事处罚；

（2）曾被吊销相关专业执业证书；

（3）与本案有利害关系；

（4）人民法院认为不宜担任管理人的其他情形。

> **温馨小提示**
> 因故意犯罪受过刑事处罚的，下辈子才能担任管理人。

3. 对“利害关系”的司法解释（2018 年案例分析题、2021 年案例分析题）

> **名师敲黑板**
> 这是考生必须掌握的考点，今年继续关注案例分析题。

（1）判断会计师事务所是否存在利害关系（4 条）

①与债务人、债权人有未了结的债权债务关系；

②在人民法院受理破产申请前 3 年内，曾为债务人提供相对固定的中介服务；

③现在是或者在人民法院受理破产申请前 3 年内曾经是债务人、债权人的控股股东或者实际控制人；

④现在担任或者在人民法院受理破产申请前 3 年内曾经担任债务人、债权人的财务顾问、法律顾问。

（2）判断会计师事务所派出的注册会计师是否存在利害关系（4+2 条）

①现在担任或者在人民法院受理破产申请前 3 年内曾经担任债务人、债权人的董事、监事、高级管理人员；

②与债权人或者债务人的控股股东、董事、监事、高级管理人员存在夫妻、直系血亲、三代以内旁系血亲或者近姻亲关系。

表 8-2　利害关系的判断

	WHEN	WHO	WHAT
会计师事务所（4条）		债务人、债权人	有未了结的债权债务关系
	在受理破产申请前3年内	债务人	提供相对固定的中介服务
	现在是或者在受理破产申请前3年内	债务人、债权人	控股股东或者实际控制人
	现在是或者在受理破产申请前3年内	债务人、债权人	财务顾问、法律顾问
注册会计师（4+2条）	现在是或者在受理破产申请前3年内	债务人、债权人	董事、监事、高级管理人员
		债权人、债务人	与控股股东、董事、监事、高级管理人员存在夫妻、直系血亲、三代以内旁系血亲或者近姻亲关系

经典题解

【例题1·单选题】2013年6月1日，人民法院受理了对甲公司提起的破产申请。根据企业破产法律制度的规定，下列人员中，有资格担任管理人的是（　　）。（2013年）

A. 曾于2008年1月1日至2009年12月31日担任甲公司法律顾问的丙律师事务所

B. 甲公司董事丁

C. 3年前被吊销执业证书，但现已重获执业资格的注册会计师乙

D. 甲公司监事会主席的妻子戊

【解析】（1）选项A：现在担任或者在人民法院受理破产申请前3年内曾经担任债务人、债权人的财务顾问、法律顾问，不得担任管理人，丙律师事务所已经超过了3年；（2）选项B：现在担任或者在人民法院受理破产申请前3年内曾经担任债务人、债权人的董事、监事、高级管理人员，不得担任管理人；（3）选项C：曾被吊销相关专业执业证书的，终身不得担任管理人；（4）选项D：与债权人或者债务人的控股股东、董事、监事、高级管理人员存在夫妻、直系血亲、三代以内旁系血亲或者近姻亲关系，不得担任管理人。

【答案】A

【例题2·单选题】根据企业破产法律制度的规定，下列主体中，可以担任管理人的是（　　）。（2019年）

A. 因盗窃行为受过刑事处罚的张某

B. 破产申请受理前根据有关规定成立的行政清算组

C. 因违法行为被吊销执业证书的王某

D. 正在担任债务人财务顾问的李某

【答案】B

【考点 2】管理人的报酬（P347）★★★

1. 管理人的报酬由人民法院确定。债权人会议对管理人的报酬有异议并且无法与管理人协商一致的，有权向人民法院书面提出具体的请求和理由，由人民法院决定是否调整，债权人会议无权直接调整管理人的报酬。

2. 管理人经人民法院许可，可以聘用必要的工作人员。管理人获得的报酬是纯报酬，不包括其执行职务的费用和聘用工作人员的费用。

3. 对清算组中参与工作的有关政府部门派出的工作人员，不支付报酬。

4. 为防止重复计酬，律师事务所、会计师事务所通过聘用本专业的其他社会中介机构或者人员协助履行管理人职责的，所需费用从其报酬中支付；破产清算事务所通过聘用其他社会中介机构或者人员协助履行管理人职责的，所需费用从其报酬中支付。

温馨小提示

管理人由人民法院指定，管理人的报酬由人民法院（而非债权人会议）确定。

温馨小提示

管理人执行职务的费用、报酬和聘用工作人员的费用均计入破产费用。

【解释】管理人确有必要聘请其他社会中介机构或者人员处理重大诉讼、仲裁、执行或者审计等专业性较强的工作，如所需费用需要列入破产费用的，应当经债权人会议同意。

【案例】甲会计师事务所被人民法院指定为管理人，报酬为 1000 万元。在本案中：（1）甲会计师事务所聘用本专业的乙会计师事务所协助履行管理人职责，所需费用 100 万元应从其报酬中支付；（2）甲会计师事务所聘请其他社会中介机构（丙律师事务所）处理重大诉讼等专业性较强工作，如果所需费用需要列入破产费用的，应当经债权人会议同意。

5. 人民法院应根据“债务人最终清偿的财产价值总额”，分段确定管理人报酬。

温馨小提示

如何分段确定？考生可以看教材，但不要求掌握。

【解释】担保权人优先受偿的担保物价值，不计入“债务人最终清偿的财产价值总额”。但是，管理人对担保物的维护、变现、交付等管理工作付出合理劳动的，有权向担保权人收取适当的报酬。（2015 年案例分析题、2018 年案例分析题）

名师敲黑板

这是考生必须掌握的考点，今年继续关注案例分析题。

【案例】甲会计师事务所被人民法院指定为乙公司破产案件的管理人。乙公司的全部财产为 4000 万元，其中包括一台价值 100 万元的机器设备（乙公司以该设备设定抵押向丙银行贷款 100 万元，并办理了抵押登记）。在本案中：（1）担保物属于债务人财产，因此债务人财产为 4000 万元；（2）担保权人优先受偿的担保物价值 100 万元，不计入“债务人最终清偿的财产价值总额”，因此，人民法院应根据“债务人最终清偿的财产价值总额”（计酬基数为 3900 万元），分段确定管理人报酬；（3）甲会计师事务所对该设备的维护、变现、交付等管理工作付出合理劳动的，有权向担保权人丙银行收取适当的报酬。

经典题解

【例题·多选题】甲破产清算事务所被人民法院指定为乙企业破产案件中的管理人，甲破产清算事务所向债权人会议报告的有关报酬方案的下列内容中，符合企业破产法律制度规定的有（　　）。（2014 年）

A. 对受当地政府有关部门指派参与破产企业清算工作的政府官员不发放报酬

B. 甲破产清算事务所聘用外部专家协助履行管理人职责所需费用从其报酬中支付

C. 将乙企业为他人设定抵押权的财产价值计入计酬基数

D. 甲破产清算事务所就自己为将乙企业的抵押财产变现而付出的合理劳动向担保权人收取适当报酬

【解析】选项C：担保权人优先受偿的担保物价值不计入管理人报酬的计酬基数。

【答案】ABD

【考点3】管理人的职责与限制（P349）★

温馨小提示

（1）人民法院受理破产申请后，债务人的债务人或者财产持有人应当向管理人清偿债务或者交付财产；（2）人民法院受理破产申请后，管理人对破产申请受理前成立而债务人和对方当事人均未履行完毕的合同有权决定解除或者继续履行。

1. 管理人的职责

（1）接管债务人的财产、印章和账簿、文书等资料；

（2）调查债务人财产状况，制作财产状况报告；

（3）决定债务人的内部管理事务；

（4）决定债务人的日常开支和其他必要开支；

（5）在第一次债权人会议召开之前，决定继续或者停止债务人的营业；

（6）管理和处分债务人的财产；

（7）代表债务人参加诉讼、仲裁或者其他法律程序；

（8）提议召开债权人会议；

（9）人民法院认为管理人应当履行的其他职责。

【解释1】管理人可以凭人民法院破产申请受理裁定书、指定管理人决定书及管理人负责人身份证明材料，向银行申请开立管理人账户。管理人可以凭人民法院破产申请受理裁定书、指定管理人决定书接管破产企业账户，依法办理破产企业账户资金划转，非正常户激活或者注销，司法冻结状态等账户信息、交易明细、征信信息查询等业务，金融机构应当予以配合并及时办理。破产程序中的企业应当接受税务机关的税务管理，管理人负责管理企业财产和营业事务的，由管理人代表破产企业履行法律规定的相关纳税义务。破产企业因履行合同、处置财产或者继续营业等原因在破产程序中确需使用发票的，管理人可以以纳税人名义到税务部门申领、开具发票。税务部门在督促纳税人就新产生的纳税义务足额纳税的同时，按照有关规定满足其合理发票领用需要，不得以破产企业存在欠税情形为由拒绝。（2022年新增）

【解释2】企业董事、监事或者高级管理人员违反忠实勤勉义务，未履职尽责，致使所在企业破产，被人民法院判令承担相应责任的，管理人可以凭生效法律文书，通过全国企业破产重整案件信息网向市场监管、金融管理等部门申请对相关人员的任职资格限制进行登记。破产企业的有关人员可能涉嫌犯罪的，管理人应当及时将犯罪线索报送司法或者监察机关。（2022年新增）

2. 管理人职责的限制

管理人实施下列行为，应当及时报告债权人委员会；未设立债权人委员会的，管理人应当及时报告人民法院：

（1）涉及土地、房屋等不动产权益的转让；
（2）探矿权、采矿权、知识产权等财产权的转让；
（3）全部库存或者营业的转让；
（4）借款；
（5）设定财产担保；
（6）债权和有价证券的转让；
（7）履行债务人和对方当事人均未履行完毕的合同；
（8）放弃权利；
（9）担保物的取回；
（10）对债权人的利益有重大影响的其他财产处分行为。

【解释1】管理人应当事先制作财产管理或者变价方案并提交债权人会议进行表决，债权人会议表决未通过的，管理人不得处分。

温馨小提示

这三个解释是《司法解释（三）》的内容，考生适当关注一下即可。

【解释2】管理人实施处分前，应当提前10日书面报告债权人委员会或者人民法院。债权人委员会可以要求管理人对处分行为作出相应说明或者提供有关文件依据。债权人委员会认为管理人实施的处分行为不符合债权人会议通过的财产管理或者变价方案的，有权要求管理人纠正。管理人拒绝纠正的，债权人委员会可以请求人民法院作出决定。

【解释3】人民法院认为管理人实施的处分行为不符合债权人会议通过的财产管理或者变价方案的，应当责令管理人停止处分行为。管理人应当予以纠正，或者提交债权人会议重新表决通过后实施。

第四单元　债务人财产的一般规定

使用“会计云课堂”App或“微信”扫码查看本单元视频，快速GET知识点。

【考点1】债务人财产的范围（P351）★★★

1. 债务人财产的概念

（1）债务人财产包括破产申请受理时属于债务人的全部财产，以及破产申请受理后至破产程序终结前债务人取得的财产（如破产申请受理后至破产程序终结前债务人取得的银行存款利息）。

温馨小提示

债务人财产在破产宣告后称为破产财产。确定债务人财产范围的界定时点是破产申请受理之时，而非破产宣告之时。

（2）除债务人所有的货币、实物外，债务人依法享有的可以用货币估价并可以依法转让的债权、股权、知识产权、用益物权等财产和财产权益，人民法院均应认定为债务人财产。

（3）债务人已依法设定担保物权的特定财产，人民法院应当认定为债务人财产。

2. 非债务人财产（2014年案例分析题、2015年案例分析题、2016年案例分析题）

（1）债务人基于仓储、保管、承揽、代销、借用、寄存、租赁等合同或者其他法律关系占有、使用的他人财产；

（2）债务人在所有权保留买卖中尚未取得所有权的财产；

（3）所有权专属于国家且不得转让的财产；

（4）其他依照法律、行政法规不属于债务人的财产。

3. 共有财产

（1）债务人对按份享有所有权的共有财产的相关份额，或者共同享有所有权的共有财产的相应财产权利，以及依法分割共有财产所得部分，人民法院均应认定为债务人财产。

（2）人民法院宣告债务人破产清算，属于共有财产分割的法定事由。基于重整或者和解的需要必须分割共有财产，管理人请求分割的，人民法院应予准许。

（3）因分割共有财产导致其他共有人损害产生的债务，其他共有人请求作为共益债务清偿的，人民法院应予支持。

名师敲黑板

这是考生必须掌握的考点，今年继续关注案例分析题。

【考点2】债务人财产的收回（P351）★★★

1. 出资人（2014年案例分析题、2016年案例分析题、2020年案例分析题、2021年案例分析题）

（1）人民法院受理破产申请后，债务人的出资人尚未完全履行出资义务的，管理人应当要求该出资人缴纳所认缴的出资，而不受出资期限的限制。

（2）管理人代表债务人提起诉讼，主张出资人向债务人依法缴付未履行的出资或者返还抽逃的出资本息，出资人以认缴出资尚未届至公司章程规定的缴纳期限或者违反出资义务已经超过诉讼时效为由抗辩的，人民法院不予支持。

温馨小提示

基于投资关系产生的缴付出资请求权，不适用诉讼时效的规定。

（3）管理人依据《公司法》的相关规定代表债务人提起诉讼，主张公司的发起人和负有监督股东履行出资义务的董事、高级管理人员，或者协助抽逃出资的其他股东、董事、高级管理人员、实际控制人等，对股东违反出资义务或者抽逃出资承担相应责任，并将财产归入债务人财产的，人民法院应予支持。

2. 董事、监事和高级管理人员（2014年案例分析题、2018年案例分析题）

（1）债务人的董事、监事和高级管理人员因返还“绩效奖金”和“其他非正常收入”形成的债权，可以作为普通破产债权清偿。

（2）因返还“普遍拖欠职工工资情况下获取的工资性收入”形成的债权，按照该企业职工平均工资计算的部分作为拖欠职工工资清偿；高出该企业职工平均工资计算的部分，可以作为普通破产债权清偿。

【案例】2021年甲公司在已经出现破产原因的情况下，向董事王某支付了50万元的绩效奖金。在普遍拖欠职工工资的情况下，向董事张某支付了30万元的工资。已知，甲公司2021年职工平均工资为10万元。在本案中：（1）王某应将其50万元的绩效奖金返还，计入债务人财产，王某的债权按照“普通破产债权”清偿；（2）张某应将其30万元的工资返还，计入债务人财产。对于张某的债权，10万元作为“拖欠职工工资”清偿；高出的20万元作为“普通破产债权”清偿。

第五单元　撤销权

使用“会计云课堂”App 或“微信”扫码查看本单元视频，快速 GET 知识点。

【考点 1】管理人的撤销权（P354）★★★

1. 人民法院受理破产申请前 1 年内，涉及债务人财产的下列行为，管理人有权请求人民法院予以撤销：

（1）放弃债权的；

（2）无偿转让财产的；

（3）以明显不合理的价格进行交易的；

（4）对没有财产担保的债务提供财产担保的；

（5）对未到期的债务提前清偿的。

【解释】债务人的上述五种行为，将导致债务人财产的不当减损，由管理人向人民法院申请撤销，追回的财产计入债务人财产。

2. 对没有财产担保的债务提供财产担保的行为

名师敲黑板：这是考生必须掌握的考点，今年继续关注案例分析题。

对没有财产担保的债务提供财产担保的，是指对原来已经成立的无财产担保的债务事后补充设置物权担保，只要补充设置担保的行为发生在人民法院受理破产申请前 1 年内，就可以撤销；但不包括债务人在可撤销期间内设定债务的同时提供的财产担保。（2018 年案例分析题）

【相关链接】当事人办理了抵押预告登记，抵押人破产，经审查抵押财产属于破产财产，预告登记权利人主张就抵押财产优先受偿的，人民法院应当在受理破产申请时抵押财产的价值范围内予以支持，但是在人民法院受理破产申请前 1 年内，债务人对没有财产担保的债务设立抵押预告登记的除外。

【案例 1】甲公司欠乙公司货款 100 万元（无财产担保），2021 年 6 月 1 日到期未清偿。2021 年 11 月 11 日，双方签订补充担保协议，甲公司以其机器设备设定抵押，并办理了抵押登记。2022 年 7 月 1 日，人民法院裁定受理了甲公司的破产申请。在本案中：（1）该担保属于对原来已经成立的无财产担保的债务事后补充设置担保；（2）由于设置担保的行为发生在人民法院受理破产申请前 1 年内，管理人可以向人民法院申请撤销。

【案例 2】2021 年 11 月 11 日，甲公司和乙公司签订一份 100 万元的买卖合同。根据买卖合同的约定，乙公司于合同签订的当日向甲公司交付货物，甲公司 10 日内支付货款。同时，双方又签订一份抵押合同，甲公司以其机器设备设定抵押，用于担保该债务的履行。2022 年 7 月 1 日，人民法院受理了甲公司的破产申请。该案属于设定债务的同时提供财产担保，并未造成债务人财产的不当减少，不能撤销。

3. 以明显不合理的价格进行交易的行为

人民法院根据管理人的请求撤销涉及债务人财产的以明显不合理价格进行的交易的，买卖双方应当依法返还从对方获取的财产或者价款。因撤销该交易，对于债务人应返还受让人已支付价款所产生的债务，受让人请求作为共益债务清偿的，人民法院应予支持。

【案例】2022年4月1日，甲公司将一台市场价值100万元的机器设备作价40万元卖给了不知情的乙公司。2022年7月1日，人民法院裁定受理了甲公司的破产申请。在本案中:（1）对于甲公司以明显不合理的价格进行交易的行为，无论乙公司善意还是恶意，只要该行为发生在人民法院受理破产申请前1年内，管理人均可以请求人民法院予以撤销;（2）人民法院根据管理人的请求撤销该交易行为后，乙公司应当返还该设备;（3）因撤销该交易，对于乙公司已经支付的40万元货款，乙公司请求作为“共益债务”清偿的，人民法院应予支持。

名师敲黑板

这是考生必须掌握的考点，今年继续关注案例分析题。

【考点2】个别清偿（P355）★★★

1. 破产程序开始后的个别清偿

人民法院受理破产申请后，债务人对个别债权人的债务清偿无效。但是，债务人以其财产向债权人提供物权担保的，其在担保物市场价值内向债权人所作的债务清偿，不受上述规定的限制。

【解释】破产程序开始之后:（1）债务人对无财产担保的债权人进行的个别清偿无效;（2）债务人对有财产担保的债权人在担保物市场价值内进行的个别清偿有效。

2. 危机期间的个别清偿（2013年案例分析题、2015年案例分析题）

（1）人民法院受理破产申请前6个月内，债务人不能清偿到期债务，并且资产不足以清偿全部债务或者明显缺乏清偿能力，仍对个别债权人进行清偿的，管理人有权请求人民法院予以撤销。但是，个别清偿使债务人财产受益的除外。

（2）债务人对以自有财产设定担保物权的债权进行的个别清偿，管理人请求撤销的，人民法院不予支持。但是，债务清偿时担保财产的价值低于债权额的除外。

【解释】即使债务人在危机期间对有财产担保的债权人进行了个别清偿，也不会对其他债权人的利益造成损害，该行为不能撤销。但是，如果担保物的价值仅为80万元，而债务人在危机期间向有财产担保的债权人清偿了100万元，这就损害了其他债权人的利益。

（3）债务人经诉讼、仲裁、执行程序对债权人进行的个别清偿，管理人请求撤销的，人民法院不予支持。但是，债务人与债权人恶意串通损害其他债权人利益的除外。

（4）债务人对债权人进行的以下个别清偿，管理人请求撤销的，人民法院不予支持：

①债务人为维系基本生产需要而支付水费、电费等的；

②债务人支付劳动报酬、人身损害赔偿金的；
③使债务人财产受益的其他个别清偿。

名师敲黑板

此处仅限于“人身损害赔偿金”，不包括“财产损害赔偿金”。

经典题解

【例题·单选题】根据企业破产法律制度的规定，人民法院受理破产申请前6个月内，涉及债务人财产的下列行为中，管理人有权请求人民法院予以撤销的是（　　）。（2013年）

A. 支付职工劳动报酬

B. 支付人身损害赔偿金

C. 向他人无偿转让企业财产

D. 在设定债务的同时，为该债务提供财产担保

【解析】选项D：债务人在人民法院受理破产申请前1年内设定债务的同时提供的财产担保，属于对价行为，不能撤销。

【答案】C

3. 对未到期的债务提前清偿的行为（2015年案例分析题、2021年案例分析题）

破产申请受理前1年内债务人提前清偿的未到期债务，在破产申请受理前已经到期，管理人请求撤销该清偿行为的，人民法院不予支持。但是，该清偿行为发生在破产申请受理前6个月内且债务人有破产原因的除外。

名师敲黑板

（1）破产申请受理前已经到期的，不能撤销；（2）破产申请受理时未到期的，可以撤销。

【案例1】甲公司欠乙公司100万元的货款于2022年10月1日到期。2021年11月11日，甲公司向乙公司提前清偿了该笔债务。2022年7月1日，人民法院裁定受理了甲公司的破产申请。在本案中：（1）甲公司对未到期的债务进行了提前清偿，而且该行为发生在“人民法院受理破产申请前1年内”；（2）由于该债务“在破产申请受理时尚未到期”，因此，管理人请求撤销该清偿行为的，人民法院应予支持；（3）如果不提前清偿，破产程序开始之后，乙公司未到期的债权视为已到期，但只能申报普通破产债权，假设清偿率为10%，乙公司只能得到10万元；由于甲公司向乙公司提前清偿了100万元，乙公司占便宜了，但对其他债权人就不公平了，因此该行为可以撤销。

【案例2】甲公司欠乙公司100万元的货款于2022年4月1日到期。2021年11月11日，甲公司向乙公司提前清偿了该笔债务。2022年7月1日，人民法院裁定受理了甲公司的破产申请。在本案中：（1）甲公司对未到期的债务进行了提前清偿，而且该行为发生在“人民法院受理破产申请前1年内”；（2）由于该债务“在破产申请受理前已经到期”，因此，管理人请求撤销该清偿行为的，人民法院不予支持；（3）由于乙公司的债权“在破产申请受理前已经到期”，乙公司并没有占到什么便宜，对其他债权人谈不上不公平，因此该行为不能撤销。

【案例3】甲公司欠关联方乙公司100万元的货款于2022年4月1日到期。2022年3月1日，甲公司在明明知道自己不能清偿到期债务，并且资产不足以清偿全部债务的情况下，向乙公司提前清偿了该笔债务。2022年7月1日，人民法院裁定受理了甲公司的破产申请。在本案中：（1）提前清偿的行为发生在破产申请受理前6个月内且债务人有破产原因；（2）即使该笔债务“在破产申请受理前

已经到期”，但该行为属于“危机期间的个别清偿”，管理人请求撤销该清偿行为的，人民法院应予支持。

【考点 3】债权人的撤销权（P353）★

1. 破产申请受理后，管理人未依据《企业破产法》的规定请求撤销债务人“无偿转让财产、以明显不合理价格交易、放弃债权”行为的，债权人依据《民法典》的规定提起诉讼，请求撤销债务人上述行为并将因此追回的财产归入债务人财产的，人民法院应予受理。

2. 相对人以债权人行使撤销权的范围超出债权人的债权抗辩的，人民法院不予支持。

【案例】甲公司欠乙公司 100 万元，甲公司放弃其对丙公司 300 万元的债权。在本案中:（1）如果甲公司不破产，债权人乙公司行使撤销权时，以其债权 100 万元为限;（2）如果甲公司破产，管理人未依法行使破产撤销权时（这是前提），债权人乙公司依据《民法典》的规定提起诉讼，请求撤销该行为并将因此追回的财产（300 万元）归入“债务人财产”的，人民法院应予受理；相对人丙公司以债权人行使撤销权的范围（300 万元）超出债权人的债权（100 万元）为由进行抗辩的，人民法院不予支持。

【考点 4】对外债权的诉讼时效（P355）★

1. 债务人对外享有债权的诉讼时效，自人民法院受理破产申请之日起中断。

2. 债务人无正当理由未对其到期债权及时行使权利，导致其对外债权在破产申请受理前 1 年内超过诉讼时效期间的，人民法院受理破产申请之日起重新计算上述债权的诉讼时效期间。

【案例】甲公司和乙公司签订一份 100 万元的买卖合同，甲公司依约发货后，乙公司一直未按照合同约定支付货款，甲公司无正当理由未对其到期债权行使任何权利，导致其对乙公司的债权诉讼时效期间于 2022 年 4 月 1 日届满。2022 年 7 月 1 日，人民法院裁定受理了甲公司的破产申请。在本案中，甲公司无正当理由未对其到期债权及时行使权利，导致其对外债权在破产申请受理前 1 年内超过诉讼时效期间的，人民法院受理破产申请之日（2022 年 7 月 1 日）起重新计算上述债权的诉讼时效期间。

【考点 5】无效行为（P354）★

1. 涉及债务人财产的下列行为无效

（1）为逃避债务而隐匿、转移财产的；

（2）虚构债务或者承认不真实的债务的。

2. 在破产清算程序终结之日起 2 年内，债权人可以行使破产撤销权或者针对债务人的无效行为而追回财产。在此期间追回的财产，应当按照破产财产分配方案，对全体债权人进行追加分配。在破产清算程序终结之日起2年后，追回的财产不再用于对全体债权人清偿，而是用于对追回财产的债权人个别清偿。

第六单元 取回权

使用“会计云课堂”App或“微信”扫码查看本单元视频，快速GET知识点。

【考点1】取回权的一般规定（P356）★

1. 人民法院受理破产申请后，债务人占有的不属于债务人的财产，该财产的权利人可以通过管理人取回。但是，《企业破产法》另有规定的除外。

2. 取回权的行使时间

权利人行使取回权，应当在破产财产变价方案或者和解协议、重整计划草案提交债权人会议表决前向管理人提出。权利人在上述期限后主张取回相关财产的，仍可行使取回权，但是应当承担延迟行使取回权增加的相关费用。

3. 取回权行使的对价给付（2016年案例分析题）

权利人行使取回权时未依法向管理人支付相关的加工费、保管费、托运费、委托费、代销费等费用，管理人拒绝其取回相关财产的，人民法院应予支持。

4. 管理人不得不卖

对债务人占有的权属不清的鲜活易腐等不易保管的财产或者不及时变现价值将严重贬损的财产，管理人及时变价并提存变价款后，有关权利人就该变价款行使取回权的，人民法院应予支持。

> 温馨小提示
>
> 人民法院受理破产申请后，债务人的债务人或者财产持有人应当向管理人清偿债务或者交付财产。

【考点2】他人财产被违法转让的（P357）★★★

> 名师敲黑板
>
> 这是考生必须掌握的考点，今年继续关注案例分析题。

1. 第三人善意取得所有权（2013年案例分析题、2020年案例分析题）

债务人占有的他人财产被违法转让给第三人，第三人依据善意取得制度的规定已善意取得该财产的所有权，原权利人无法取回该财产的，人民法院应当按照以下规定处理：

（1）转让行为发生在破产申请受理前的，原权利人因财产损失形成的债权，作为普通破产债权清偿。

（2）转让行为发生在破产申请受理后的，因管理人或者相关人员执行职务导致原权利人损害产生的债务，作为共益债务清偿。

2. 第三人未善意取得所有权

债务人占有的他人财产被违法转让给第三人，第三人已向债务人支付了转让价款，但依据善意取得制度的规定未取得该财产的所有权，原权利人依法追回转让财产的，对因第三人已支付对价而产生的债务，人民法院应当按照以下规定处理：

（1）转让行为发生在破产申请受理前的，作为普通破产债权清偿。

（2）转让行为发生在破产申请受理后的，作为共益债务清偿。

表8-3 他人财产被违法转让的处理

具体情形		处理方法
受理前 被债务人转让	第三人善意取得所有权	普通破产债权
	第三人未善意取得所有权	普通破产债权
受理后 被管理人转让	第三人善意取得所有权	共益债务
	第三人未善意取得所有权	共益债务

【案例】2022年4月1日，甲公司和乙公司签订一份租赁合同，甲公司将其设备租赁给乙公司，租期为1年。2022年6月1日，承租人乙公司以自己的名义将该设备作价100万元卖给了丙公司。2022年7月1日，人民法院裁定受理了乙公司的破产申请。在本案中：(1)乙公司以自己的名义将该设备卖给丙公司的行为构成无权处分，该买卖合同原则上属于有效合同；(2)如果丙公司符合善意取得的要件（善意、合理对价、交付），则丙公司（无论是否已经付款）基于善意取得制度依法取得该设备的所有权，甲公司则丧失了对该设备的所有权，甲公司无法行使取回权，由于转让行为发生在破产申请受理之前，甲公司因财产损失形成的债权，作为普通破产债权清偿；(3)如果丙公司不符合善意取得的要件（如尚未交付），则丙公司不能取得该设备的所有权，甲公司将该设备取回即可。但是，如果丙公司已经支付了100万元的货款，该如何处理？由于转让行为发生在破产申请受理前，丙公司100万元的债权作为普通破产债权清偿。

【考点3】代偿取回权（P357）★★

1. 可以行使代偿取回权的情形

债务人占有的他人财产毁损、灭失，因此获得的保险金、赔偿金、代偿物尚未交付给债务人，或者代偿物虽已交付给债务人但能与债务人财产予以区分的，权利人主张取回就此获得的保险金、赔偿金、代偿物的，人民法院应予支持。

2. 不能行使代偿取回权的情形

债务人占有的他人财产毁损、灭失，因此获得的保险金、赔偿金已经交付给债务人，或者代偿物已经交付给债务人且不能与债务人财产予以区分的，人民法院应当按照以下规定处理：

(1)财产毁损、灭失发生在破产申请受理前的，权利人因财产损失形成的债权，作为普通破产债权清偿。

(2)财产毁损、灭失发生在破产申请受理后的，因管理人或者相关人员执行职务导致权利人损害产生的债务，作为共益债务清偿。

表 8-4 他人财产毁损、灭失后的处理

<table>
<tr><th colspan="4">具体情形</th><th>处理方法</th></tr>
<tr><td rowspan="3">保险金、赔偿金</td><td colspan="3">尚未交付</td><td>代偿取回权</td></tr>
<tr><td colspan="2" rowspan="2">已经交付</td><td>受理前</td><td>普通破产债权</td></tr>
<tr><td>受理后</td><td>共益债务</td></tr>
<tr><td rowspan="4">代偿物</td><td colspan="3">尚未交付</td><td>代偿取回权</td></tr>
<tr><td rowspan="3">已经交付</td><td colspan="2">能够区分</td><td>代偿取回权</td></tr>
<tr><td rowspan="2">不能区分</td><td>受理前</td><td>普通破产债权</td></tr>
<tr><td>受理后</td><td>共益债务</td></tr>
</table>

【案例 1】甲公司将 100 万元的设备出租给乙公司，承租人乙公司破产，该设备在破产申请受理前灭失，保险公司应赔偿 60 万元。在本案中：（1）如果 60 万元的保险金尚未交付给乙公司，甲公司主张取回保险金的（代偿取回权），人民法院应予支持；（2）如果 60 万元的保险金已经交付给乙公司，由于财产毁损、灭失发生在破产申请受理之前，甲公司因财产损失形成的债权，作为普通破产债权清偿。

【案例 2】甲公司将 100 万元的设备出租给乙公司，承租人乙公司破产，该设备在破产申请受理前被丙公司的吊车砸坏，丙公司以一辆五轮小汽车作为赔偿。在本案中：（1）如果五轮小汽车（代偿物）尚未交付给乙公司，或者五轮小汽车虽已交付给乙公司但能与乙公司的其他财产予以区分，甲公司主张取回该车的，人民法院应予支持；（2）如果五轮小汽车（代偿物）已经交付给乙公司且不能与乙公司的其他财产予以区分，由于财产毁损、灭失发生在破产申请受理之前，甲公司因财产损失形成的债权，作为普通破产债权清偿。

【考点 4】在途标的物的取回权（2012 年案例分析题、2014 年案例分析题、2019 年案例分析题、2021 年案例分析题）（P358）★★★

名师敲黑板

这是考生必须掌握的考点，今年继续关注案例分析题。

1. 人民法院受理破产申请时，出卖人已将买卖标的物向作为买受人的债务人发运，债务人尚未收到且未付清全部价款的，出卖人可以取回在运途中的标的物。但是，管理人可以支付全部价款，请求出卖人交付标的物。

2. 出卖人通过通知承运人或者实际占有人中止运输、返还货物、变更到达地，或者将货物交给其他收货人等方式，对在运途中标的物主张了取回权但未能实现，或者在货物未达管理人前已向管理人主张取回在运途中标的物，在买卖标的物到达管理人后，出卖人向管理人主张取回的，管理人应予准许。出卖人对在运途中标的物未及时行使取回权，在买卖标的物到达管理人后向管理人行使在运途中标的物取回权的，管理人不应准许。

名师敲黑板

在货物未达管理人前主张取回的，可以；在货物到达管理人后主张取回的，不行！

名师敲黑板

这是考生必须掌握的考点，今年继续关注案例分析题。

【考点5】所有权保留买卖合同中的取回权（P358）★★★

1. 出卖人破产＋继续履行合同

（1）出卖人破产，其管理人决定继续履行所有权保留买卖合同的，买受人应当按照原合同的约定支付价款或者履行其他义务。

温馨小提示

所有权保留买卖合同的标的物，不适用于不动产。出卖人对标的物保留的所有权，未经登记，不得对抗善意第三人。（2022年新增）

（2）买受人未依约支付价款或者履行完毕其他义务，或者将标的物出卖、出质或者作出其他不当处分，给出卖人造成损害，出卖人管理人依法主张取回标的物的，人民法院应予支持。但是，买受人已经支付标的物总价款75%以上或者第三人善意取得标的物所有权或者其他物权的除外。

（3）因上述原因出卖人未能取回标的物，出卖人管理人依法主张买受人继续支付价款、履行完毕其他义务，以及承担相应赔偿责任的，人民法院应予支持。

温馨小提示

出卖人破产，其管理人决定继续履行合同的，买受人应继续付款；否则，管理人有权将标的物取回（除非不能取回）。

【案例】2022年4月1日，甲公司和乙公司订立一份100万元的买卖合同。根据约定，甲公司将一台机器设备卖给乙公司，交货日期为4月1日，乙公司分期付款，最后一笔款项的付款日期为9月11日；在乙公司付清全部价款之前，该设备的所有权归甲公司所有（所有权保留条款）。2022年7月1日，人民法院裁定受理了出卖人甲公司的破产申请，此时，乙公司已经支付货款60万元，管理人决定继续履行该合同。在本案中：（1）如果乙公司老老实实支付了40万元的货款，钱货两清，大家相安无事；（2）如果乙公司拒绝支付40万元的货款，管理人主张取回该设备的，因乙公司已经支付的价款未达到标的物总价款的75%，人民法院应予支持；（3）如果乙公司于2022年6月5日以自己的名义将该设备作价120万元卖给了不知情的丙公司（已完成交付），尽管乙公司的行为构成无权处分，但丙公司基于善意取得制度依法取得了该设备的所有权，就算乙公司拒绝支付40万元的货款，管理人也无法取回该设备，但管理人有权依法主张乙公司继续支付价款并承担相应的赔偿责任。

2. 出卖人破产＋解除合同

温馨小提示

出卖人破产，其管理人决定解除合同的，买受人应退还标的物；至于买受人已经支付的价款如何处理，要看他过去的表现。

（1）出卖人破产，其管理人决定解除所有权保留买卖合同，并要求买受人向其交付买卖标的物的，人民法院应予支持。买受人以其不存在未依约支付价款或者履行完毕其他义务，或者将标的物出卖、出质或者作出其他不当处分情形抗辩的，人民法院不予支持。

（2）买受人依法履行合同义务并将买卖标的物交付出卖人管理人后，买受人已支付价款损失形成的债权作为共益债务清偿。但是，买受人违反合同约定，出卖人管理人主张上述债权作为普通破产债权清偿的，人民法院应予支持。

【案例】2022年4月1日，甲公司和乙公司订立一份100万元的买卖合同。根据约定，甲公司将一台机器设备卖给乙公司，交货日期为4月1日，乙公司分期付款，最后一笔款项的付款日期为9月11日；在乙公司付清全部价款之前，该设备的所有权归甲公司所有（所有权保留条款）。2022年7月1日，人民法院裁定受理了出卖人甲公司的破产申请，此时，乙公司已经支付货款60万元，管理人决定解除该合同。在本案中：（1）管理人有权要求乙公司退还该设备，乙公司以其不存在“未依约支付价款等情形”进行抗辩的，人民法院不予支持；（2）对于乙公司已经支付的60万元货款，应区分两种情况：①如果乙公司在履行买卖合同时没有违约情形，这60万元属于共益债务；②如果乙公司在履行买卖合同时存在违约情形，这60万元属于普通破产债权（最后一步清偿，至于清偿率，看人品吧）。

3. 买受人破产＋继续履行合同（2015年案例分析题、2019年案例分析题）

（1）买受人破产，其管理人决定继续履行所有权保留买卖合同的，原买卖合同中约定的买受人支付价款或者履行其他义务的期限在破产申请受理时视为到期，买受人管理人应当及时向出卖人支付价款或者履行其他义务。

（2）买受人管理人无正当理由未及时支付价款或者履行完毕其他义务，或者将标的物出卖、出质或者作出其他不当处分，给出卖人造成损害，出卖人主张取回标的物的，人民法院应予支持。但是，买受人已支付标的物总价款75%以上或者第三人善意取得标的物所有权或者其他物权的除外。

（3）因上述原因未能取回标的物，出卖人依法主张买受人继续支付价款、履行完毕其他义务，以及承担相应赔偿责任的，人民法院应予支持。对因买受人未支付价款或者未履行完毕其他义务，以及买受人管理人将标的物出卖、出质或者作出其他不当处分导致出卖人损害产生的债务，出卖人主张作为共益债务清偿的，人民法院应予支持。

> **温馨小提示**
>
> 买受人破产，其管理人决定继续履行合同的，管理人应及时付款（未到期的视为已到期）；否则，出卖人有权将标的物取回（除非不能取回）。

> **名师敲黑板**
>
> 这两个75%，您记住了吗？

【案例】2022年4月1日，甲公司和乙公司订立一份100万元的买卖合同。根据约定，甲公司将一台机器设备卖给乙公司，交货日期为4月1日，乙公司分期付款，最后一笔款项的付款日期为9月11日；在乙公司付清全部价款之前，该设备的所有权归甲公司所有（所有权保留条款）。2022年7月1日，人民法院裁定受理了买受人乙公司的破产申请，此时，乙公司已经支付货款60万元，管理人决定继续履行该合同。在本案中：（1）管理人应当及时向甲公司支付剩余的40万元货款（未到期的视为已到期），否则，甲公司有权主张取回该设备（因为乙公司已经支付的价款未达到75%）；（2）如果乙公司于2022年6月5日以自己的名义将该设备作价120万元卖给了不知情的丙公司（已完成交付），乙公司的行为构成无权处分，但丙公司基于善意取得制度依法取得了该设备的所有权，即使管理人拒绝向甲公司支付剩余的40万元货款，甲公司也无法取回该设备，但甲公司主张这40万元作为共益债务清偿的，人民法院应予支持。

4. 买受人破产＋解除合同

（1）买受人破产，其管理人决定解除所有权保留买卖合同，出卖人主张取回买卖标的物的，人民法院应予支持。

（2）出卖人取回买卖标的物，买受人管理人主张出卖人返还已支付价款的，人民法院应予支持。取回的标的物价值明显减少给出卖人造成损失的，出卖人可从买受人已支付价款中优先予以抵扣后，将剩余部分返还给买受人；对买受人已支付价款不足以弥补出卖人标的物价值减损损失形成的债权，出卖人主张作为共益债务清偿的，人民法院应予支持。

> **温馨小提示**
>
> 买受人破产，其管理人决定解除合同的，直接退货、退钱。货如有毁损，扣钱即可。

【案例】2022 年 4 月 1 日，甲公司和乙公司订立一份 100 万元的买卖合同。根据约定，甲公司将一台机器设备卖给乙公司，交货日期为 4 月 1 日，乙公司分期付款，最后一笔款项的付款日期为 9 月 11 日；在乙公司付清全部价款之前，该设备的所有权归甲公司所有（所有权保留条款）。2022 年 7 月 1 日，人民法院裁定受理了买受人乙公司的破产申请，此时，乙公司已经支付货款 60 万元，管理人决定解除该合同。在本案中：（1）出卖人甲公司有权主张取回该设备、管理人有权要求甲公司返还 60 万元的货款；（2）如果该设备因乙公司使用不当造成毁损，价值减损了 10 万元，退 50 万元即可；如果价值减损了 70 万元，60 万元不用退了，还差 10 万元如何处理？作为共益债务清偿。

第七单元　破产抵销权

使用“会计云课堂”App 或“微信”扫码查看本单元视频，快速 GET 知识点。

【考点 1】破产抵销权的一般规定（P359）★

温馨小提示

除非抵销能使债务人财产受益，否则管理人不得傻乎乎地主动主张抵销。

1. 破产抵销权的行使

债权人在破产申请受理前对债务人负有债务的，可以向管理人主张抵销。

2. 破产抵销的生效

管理人收到债权人提出的主张债务抵销的通知后，经审查无异议的，抵销自管理人收到通知之日起生效。

3. 异议无效

温馨小提示

破产抵销权，无论是否到期，无论标的物种类、品质是否相同，均可抵销。

管理人以下列理由提出异议的，人民法院不予支持：

（1）破产申请受理时，债务人对债权人负有的债务尚未到期；

（2）破产申请受理时，债权人对债务人负有的债务尚未到期；

（3）双方互负债务标的物种类、品质不同。

【考点 2】禁止抵销的情形（P360）★★★

1.《企业破产法》第 40 条

名师敲黑板

这是考生必须会默写的法条，不要问为什么。

（1）债务人的债务人在破产申请受理后取得他人对债务人的债权的。（2012 年案例分析题、2013 年案例分析题、2015 年案例分析题）

【案例】乙公司欠甲公司 100 万元的债务，甲公司欠丙公司 100 万元的债务，人民法院受理甲公司的破产申请后，乙公司以 10 万元的价格取得了丙公司对甲公司 100 万元的债权。在本案中：（1）如果乙公司不去购买丙公司的债权，乙公司作为债务人（甲公司）的债务人只能老老实实地向甲公司的管理人清偿 100 万元的真金白银；（2）如果允许乙公司抵销，乙公司只需要 10 万元就搞定了 100 万元的债务，这对乙公司肯定是有利的，但损害了其他债权人的利益。因此，债务人的债务人在破产申请受理后取得他人对债务人的债权的，禁止抵销。

（2）债权人已知债务人有不能清偿到期债务或者破产申请的事实，对债务人负担债务的；但是，债权人因为法律规定或者有破产申请1年前所发生的原因而负担债务的除外。

【案例】甲公司欠丙公司120万元的债务，债权人丙公司知道债务人甲公司即将提出破产申请，将“不久于人世”，赶紧从甲公司购买了120万元的机器设备，但未付款，即丙公司欠甲公司120万元的债务。当甲公司破产时，丙公司不得主张抵销。

（3）债务人的债务人已知债务人有不能清偿到期债务或者破产申请的事实，对债务人取得债权的；但是，债务人的债务人因为法律规定或者有破产申请1年前所发生的原因而取得债权的除外。

【案例】乙公司欠甲公司100万元的借款，乙公司知道甲公司即将提出破产申请，将“不久于人世”，赶紧向甲公司销售了100万元的破设备，即乙公司又取得了对甲公司100万元的债权。当甲公司破产时，乙公司不得主张抵销。

2. 股东的特定债务禁止抵销（2020年案例分析题）

债务人的股东主张以下列债务与债务人对其负有的债务抵销，债务人的管理人提出异议的，人民法院应予支持：

（1）债务人股东因欠缴债务人的出资或者抽逃出资对债务人所负的债务；

（2）债务人股东滥用股东权利或者关联关系损害公司利益对债务人所负的债务。

【考点3】破产抵销权的特殊规定（P361）★

温馨小提示

该考点适当关注一下即可。

1. 担保权人的抵销

《企业破产法》第40条所列不得抵销情形的债权人，主张以其对债务人特定财产享有优先受偿权的债权，与债务人对其不享有优先受偿权的债权抵销，债务人的管理人以其抵销存在《企业破产法》第40条规定的情形提出异议的，人民法院不予支持。但是，用以抵销的债权大于债权人享有优先受偿权财产价值的除外。

【案例】2021年4月1日，甲公司以其机器设备设定抵押向乙公司借款100万元，并办理了抵押登记。2022年6月1日，乙公司得知甲公司不能清偿到期债务的事实，迅即向甲公司借款100万元。2022年7月1日，人民法院裁定受理了甲公司的破产申请。在本案中：（1）如果用于抵押的机器设备价值180万元，当债权人乙公司向管理人主张抵销100万元，管理人以该抵销存在《企业破产法》第40条规定的情形（债权人已知债务人有不能清偿到期债务或者破产申请的事实，对债务人负担债务的）提出异议时，人民法院不予支持。因为，用于抵押的机器设备价值180万元，乙公司100万元的债权完全可以得到足额清偿，乙公司主张抵销时，自己并未占任何便宜，也未损害其他债权人的利益；（2）如果用于抵押的机器设备价值80万元，乙公司主张抵销100万元（此时乙公司占便宜了），管理人提出异议时，人民法院应予支持。

2. 危机期间的抵销

破产申请受理前6个月内，债务人有《企业破产法》第2条第1款规定的情形（企业法人不能清偿到期债务，并且资产不足以清偿全部债务或者明显缺乏清偿能力的），债务人与个别债权人以抵销方式对个别债权人清偿，其抵销的债权债务属于《企业破产法》第40条第（2）、（3）项规定的情形之一，管理人在破产申请受理之日起3个月内向人民法院提起诉讼，主张该抵销无效的，人民法院应予支持。

【案例】2021年9月1日，甲公司欠关联方乙公司货款100万元。2022年4月1日，乙公司得知甲公司不能清偿到期债务并且资产不足以清偿全部债务的事实，迅即向甲公司借款120万元。2022年4月5日，乙公司主张抵销100万元，甲公司同意。2022年7月1日，人民法院裁定受理了甲公司的破产申请。2022年8月20日（自破产申请受理之日起3个月内），管理人向人民法院提起诉讼，主张该抵销无效，人民法院应予支持。在本案中：（1）如果甲公司在危机期间明目张胆地直接向关联方乙公司进行个别清偿，管理人可以主张撤销该行为；（2）对于甲乙公司合演的“抵销大戏”，即债务人在危机期间与个别债权人以抵销方式对个别债权人进行清偿，管理人可以主张无效（而非撤销）。因为乙公司欠甲公司的120万元债务属于《企业破产法》第40条第（2）项规定的情形（债权人已知债务人有不能清偿到期债务或者破产申请的事实，对债务人负担债务的）。

第八单元　破产费用和共益债务

使用“会计云课堂”App或“微信”扫码查看本单元视频，快速GET知识点。

温馨小提示

破产费用是指在破产程序中为了全体债权人的共同利益而发生的费用。

【考点1】破产费用（P362）★★★

1. 根据《企业破产法》的规定，人民法院受理破产申请后发生的下列费用，为破产费用：

（1）破产案件的诉讼费用；

（2）管理、变价和分配债务人财产的费用；

（3）管理人执行职务的费用、报酬和聘用工作人员的费用。

2. 根据《企业破产法司法解释三》的规定，人民法院裁定受理破产申请的，此前债务人尚未支付的公司强制清算费用、未终结的执行程序中产生的评估费、公告费、保管费等执行费用，可以参照《企业破产法》关于破产费用的规定，由债务人财产随时清偿。此前债务人尚未支付的案件受理费、执行申请费，可以作为破产债权清偿。

【解释】公司强制清算费用、未终结的执行程序中产生的评估费、公告费、保管费等执行费用，之所以作为“破产费用”清偿，是因为在破产程序启动后，因这些费用支付而产生财产性利益和程序性效力利益可能为破产程序中的全体债权人所承受，这些费用虽然产生于破产申请受理之前，也应当参照破产费用清偿。但是，破产申请受理前债务人尚未支付的案件受理费、执行申请费，不具有为全体债权人共同利益支付的性质，因此只能作为“破产债权”清偿。

【考点2】共益债务（P362）★★★

1. 根据《企业破产法》的规定，人民法院受理破产申请后发生的下列债务，为共益债务：

（1）因管理人或者债务人请求对方当事人履行双方均未履行完毕的合同所产生的债务；

（2）债务人财产受无因管理所产生的债务；

（3）因债务人不当得利所产生的债务；

（4）为债务人继续营业而应支付的劳动报酬和社会保险费用以及由此产生的其他债务；

（5）管理人或者相关人员执行职务致人损害所产生的债务；

（6）债务人财产致人损害所产生的债务。

2. 破产申请受理后的借款

（1）根据《企业破产法司法解释三》的规定，破产申请受理后，经债权人会议决议通过，或者第一次债权人会议召开前经人民法院许可，管理人或者自行管理的债务人可以为债务人继续营业而借款。提供借款的债权人主张参照《企业破产法》的规定优先于普通破产债权清偿的，人民法院应予支持，但其主张优先于此前已就债务人特定财产享有担保的债权清偿的，人民法院不予支持。

（2）管理人或者自行管理的债务人可以为上述借款设定抵押担保，抵押物在破产申请受理前已为其他债权人设定抵押的，债权人主张按照《民法典》规定的顺序清偿，人民法院应予支持。

> **温馨小提示**
>
> （1）在破产程序开始前，破产企业所欠职工的劳动报酬，属于"职工劳动债权"；（2）破产程序开始后，为继续营业而应支付的劳动报酬和社会保险费用以及由此产生的其他债务，属于"共益债务"。

> **温馨小提示**
>
> 破产申请受理后，为继续营业而发生的借款，属于"共益债务"，其清偿顺序优先于普通破产债权，但劣后于对债务人特定财产享有担保的债权。

【相关链接】同一财产向两个以上债权人抵押的，拍卖、变卖抵押财产所得的价款依照下列规定清偿：（1）抵押权已经登记的，按照登记的时间先后确定清偿顺序；（2）抵押权已经登记的先于未登记的受偿；（3）抵押权未登记的，按照债权比例清偿。

【考点3】破产费用和共益债务的清偿（P362）★

1. 破产费用和共益债务由债务人财产随时清偿。

2. 债务人财产不足以清偿所有破产费用和共益债务的，先行清偿破产费用。

3. 债务人财产不足以清偿所有破产费用或者共益债务的，按照比例清偿。

4. 债务人财产不足以清偿破产费用的，管理人应当提请人民法院终结破产程序。

【案例】甲公司破产，破产费用共计100万元，共益债务共计500万元（其中包括因管理人请求乙公司继续履行双方均未履行完毕的合同所产生的债务200万元）：（1）如果债务人财产为150万元，因债务人财产不足以清偿所有破产费用和共益债务，先行清偿破产费用100万元，剩下的50万元用于清偿共益债务；因剩下的债务人财产（50万元）不足以清偿所有共益债务（500万元），只能按照10%的比例进行清偿，对乙公司只能清偿20万元；（2）如果债务人财产仅为60万元，不足以清偿破产费用，管理人应当提请人民法院终结破产程序。

第九单元 破产债权

使用“会计云课堂”App或“微信”扫码查看本单元视频，快速GET知识点。

【考点1】债权申报的要求（P363）★★★

名师敲黑板

这是考生必须掌握的考点，今年继续关注案例分析题。

1. 债权申报期限自人民法院发布受理破产申请公告之日起计算，最短不得少于30日，最长不得超过3个月。（2017年案例分析题）

2. 职工劳动债权不必申报

温馨小提示

职工劳动债权的范围，考生应掌握。

（1）债务人所欠职工的工资和医疗、伤残补助、抚恤费用，所欠的应当划入职工个人账户的基本养老保险、基本医疗保险费用，以及法律、行政法规规定应当支付给职工的补偿金，不必申报，由管理人调查后列出清单并予以公示。

（2）职工对清单记载有异议的，可以要求管理人更正；管理人不予更正的，职工可以向人民法院提起诉讼。（2018年案例分析题）

（3）职工劳动债权计算到解除劳动合同时止。

3. 税收债权、社会保障债权以及对债务人特定财产享有担保权的债权均需依法申报。

4. 未到期的债权，在破产申请受理时视为到期。

5. 附利息的债权自破产申请受理时起停止计息。

6. 无利息的债权，无论是否到期均以本金申报债权。

温馨小提示

破产申请受理后，欠缴税款的滞纳金应当停止计算，在破产程序中不得作为破产债权清偿。

7. 滞纳金

破产申请受理后，债务人欠缴款项产生的滞纳金，包括债务人未履行生效法律文书应当加倍支付的迟延利息和劳动保险金的滞纳金，债权人作为破产债权申报的，人民法院不予确认。

8. 附条件、附期限的债权和诉讼、仲裁未决的债权，债权人可以申报。

9. 连带债权人可以由其中一人代表全体连带债权人申报债权，也可以共同申报债权。

【案例】甲公司欠乙公司100万元的货款，之后债权人乙公司分立为丙公司和丁公司。根据规定，法人分立的，由分立后的法人享有连带债权，但是债权人和债务人另有约定的除外。如果债务人甲公司破产，则连带债权人丙公司和丁公司可以选择由其中的一人申报100万元的债权，二者也可以共同申报100万元债权，但不能由丙公司申报100万元的债权，丁公司再申报100万元的债权。

名师敲黑板

这是考生必须掌握的考点，今年继续关注案例分析题。

10. 连带债务人数人的破产案件均被受理的，其债权人有权就全部债权分别在各破产案件中申报债权。（2017年案例分析题）

【案例】甲公司欠乙公司100万元的货款，之后债务人甲公司分立为丙公司和丁公司。根据规定，法人分立的，由分立后的法人承担连带债务，但是债权人和债务人另有约定的除外。如果连带债务人丙公司和丁公司分别破产，则债权人乙公司可以在丙公司的破产案件中申报100万元的债权，在丁公司的破产案件中再申报100万元的债权。如果乙公司在两个破产程序中获得的清偿额合计为120万元，乙公司应当将超过其债权额的部分（20万元属于不当得利）返还各破产人。

11. 管理人依法解除双方均未履行完毕的合同，对方当事人以因合同解除所产生的损害赔偿请求权申报债权。对方当事人申报的破产债权以实际损失为限，违约金不得作为破产债权申报。

12. 债务人是票据的出票人，其破产案件被人民法院受理，该票据的付款人继续付款或者承兑的，付款人以由此产生的请求权申报债权。

【案例】甲公司于4月1日向乙公司签发一张金额100万元、出票后3个月付款的银行承兑汇票，承兑人为丙银行。7月1日，银行承兑汇票到期，人民法院于同日受理了出票人甲公司的破产申请。持票人乙公司于7月3日提示付款，付款人丙银行向乙公司付款后，找甲公司要钱时，发现甲公司已经破产，丙银行只能申报100万元的普通破产债权（最终拿不到100万元了）。

13. 委托合同

（1）债务人是委托合同的委托人，其破产案件被人民法院受理，受托人不知该事实，继续处理委托事务的，受托人以由此产生的请求权申报破产债权。

（2）如果受托人已知该事实，但为了债务人即全体债权人利益而在无法向管理人移交事务的紧急情况下继续处理委托事务的，受托人由此产生的请求权作为共益债务优先受偿。

（3）如果受托人已知委托人破产之事实，无必要的继续处理委托事务，不当增加委托费用与报酬数额的，由此而产生的债权，不得作为破产债权受偿。

经典题解

【例题1·多选题】根据企业破产法律制度的规定，下列债务中，债权人应在人民法院确定的期限内进行债权申报的有（　　）。（2013年）

A. 债务人所欠银行未到清偿期的借款

B. 债务人所欠职工工资

C. 债务人所欠税款

D. 债务人所欠职工医疗费

【解析】选项BD：属于职工劳动债权，不必申报。

【答案】AC

【例题2·单选题】根据企业破产法律制度的规定，下列各项中，免于申报的破产债权是（　　）。（2017年）

A. 社会保障债权

B. 税收债权

C. 对债务人特定财产享有担保权的债权

D. 职工劳动债权

【答案】D

【考点2】破产债权的核查与确认（P368）★★

1. 登记造册

管理人应当依照《企业破产法》的规定对所申报的债权进行登记造册，形成债权申报登记册。管理人不得以其认为债权超过诉讼时效或者不能成立等为由拒绝编入债权申报登记册。（2016年案例分析题、2017年案例分析题）

2. 编制债权表

管理人应当依照《企业破产法》的规定对债权的性质、数额、担保财产、是否超过诉讼时效期间、是否超过强制执行期间等情况进行审查，编制债权表并提交债权人会议核查。

3. 第一次债权人会议核查

管理人依法编制的债权表，应当提交第一次债权人会议核查。经核查后，管理人、债务人、其他债权人等对债权无异议的，列入债权确认表中。

4. 人民法院确认

债权确认表由人民法院裁定确认，但允许通过提起债权确认诉讼予以修正。

5. 债权确认诉讼

（1）债务人对债权表记载的债权有异议向人民法院提起诉讼的，应将被异议债权人列为被告。

（2）债权人对债权表记载的他人债权有异议的，应将被异议债权人列为被告。

（3）债权人对债权表记载的本人债权有异议的，应将债务人列为被告。

（4）对同一笔债权存在多个异议人，其他异议人申请参加诉讼的，应当列为共同原告。

经典题解

【例题·单选题】根据企业破产法律制度的规定，管理人依法编制的债权表，应当提交特定主体核查。该特定主体是（　　）。（2018年）

A. 债权人委员会　　B. 债权人会议主席

C. 人民法院　　D. 第一次债权人会议

【答案】D

第十单元　保　证

使用“会计云课堂”App或“微信”扫码查看本单元视频，快速GET知识点。

【考点1】债务人破产（P366）★★★

1. 连带保证

（1）人民法院受理债务人破产案件，债权人在破产程序中申报债权后又向人民法院提起诉讼，请求担保人承担担保责任的，人民法院依法予以支持。

（2）人民法院受理债务人破产案件后，债权人请求担保人承担担保责任，担保人主张担保债务自人民法院受理破产申请之日起停止计息的，人民法院对担保人的主张应予支持。

（3）担保人清偿债权人的全部债权后，可以代替债权人在破产程序中受偿；在债权人的债权未获全部清偿前，担保人不得代替债权人在破产程序中受偿，但是有权就债权人通过破产分配和实现担保债权等方式获得清偿总额中超出债权的部分，在其承担担保责任的范围内请求债权人返还。债权人在债务人破产程序中未获全部清偿，请求担保人继续承担担保责任的，人民法院应予支持；担保人承担担保责任后，向和解协议或者重整计划执行完毕后的债务人追偿的，人民法院不予支持。

【解释】债务人的保证人已经代替债务人清偿债务的，以其对债务人的求偿权申报债权。债务人的保证人尚未代替债务人清偿债务的，以其对债务人的将来求偿权预先申报债权。但是，债权人已经向管理人申报全部债权的除外。（2016 年案例分析题、2017 年案例分析题）

温馨小提示

债权人已向管理人申报全部债权的，保证人不能再申报债权。

（4）债权人知道或者应当知道债务人破产，既未申报债权也未通知担保人，致使担保人不能预先行使追偿权的，担保人就该债权在破产程序中可能受偿的范围内免除担保责任，但是担保人因自身过错未行使追偿权的除外。

【案例】甲公司向乙银行贷款 100 万元（不考虑利息问题，下同），丙公司为连带保证人，债务人甲公司进入破产清算程序。在本案中：（1）人民法院受理债务人甲公司破产案件，如果债权人乙银行在破产程序中已经申报了 100 万元的债权，保证人丙公司不得再重复申报；债权人乙银行在破产程序中申报债权后又向人民法院提起诉讼，请求丙公司承担保证责任的，人民法院依法予以支持；丙公司主张担保债务自人民法院受理破产申请之日起停止计息的，人民法院对担保人的主张应予支持；（2）如果保证人丙公司已经向乙银行清偿了 100 万元，由于乙银行的全部债权已经得到清偿，乙银行退场，丙公司可以代替债权人乙银行在破产程序中受偿；（3）如果保证人丙公司只向债权人乙银行清偿了 90 万元，由于乙银行的债权未获全部清偿，丙公司不得代替乙银行在破产程序中受偿，但是有权就乙银行通过破产分配（假设清偿率为 20%，乙银行分回 20 万元）和实现担保债权等方式（90 万元）获得清偿总额（110 万元）中超出债权的部分（10 万元），在其承担保证责任的范围内请求乙银行返还（10 万元）；（4）如果保证人丙公司尚未履行保证责任，假设债权人乙银行在破产程序中获得 20 万元的清偿，对于不足部分，乙银行有权请求丙公司继续承担保证责任；（5）如果债权人乙银行知道或者应当知道债务人甲公司破产，自己未申报债权，但通知了保证人丙公司，丙公司可以预先行使追偿权，丙公司可以去申报 100 万元的破产债权，假设清偿率为 20%，丙公司可以分回 20 万元，但这 20 万元并不是丙公司的钱，将来乙银行要求丙公司承担保证责任时，丙公司把这 20 万元乖乖地拿出来，自己再掏 80 万元即可；（6）如果债权人乙银行知道或者应当知道债务人甲公司破产，既未申报债权也未通知保证人丙公司，致使丙公司不能预先行使追偿权的，丙公司就该债权在破产程序中可能受偿的范围内（假设清偿率为 20%，100 万元的破产债权可以分得 20 万元）免除担保责任，但是丙公司因自身过错未行使追偿权的除外。

2. 一般保证

人民法院已经受理债务人破产案件，一般保证人不得行使先诉抗辩权。

名师敲黑板

这是考生必须掌握的考点，今年继续关注案例分析题。

【考点2】保证人破产（P367）★★★

1. 连带保证

（1）保证人被裁定进入破产程序的，债权人有权申报其对保证人的保证债权。

（2）主债务未到期的，保证债权在保证人破产申请受理时视为到期。

【案例】甲公司向乙银行贷款100万元，2022年12月1日到期，丙公司为连带保证人。2022年7月1日，人民法院裁定受理了丙公司的破产申请。在本案中，主债务未到期的，保证债权在保证人破产申请受理时（2022年7月1日）视为到期，乙银行有权申报100万元的破产债权，假设清偿率为20%，乙银行可以分回20万元，不足的80万元向主债务人甲公司追偿。

2. 一般保证

（1）保证人被裁定进入破产程序的，债权人有权申报其对保证人的保证债权。

（2）主债务未到期的，保证债权在保证人破产申请受理时视为到期。

（3）一般保证的保证人主张行使先诉抗辩权的，人民法院不予支持，但债权人在一般保证人破产程序中的分配额应予提存，待一般保证人应承担的保证责任确定后再按照破产清偿比例予以分配。

（4）保证人被确定应当承担保证责任的，保证人的管理人可以就保证人实际承担的清偿额向主债务人或其他债务人行使求偿权。

【案例】甲公司向乙银行贷款100万元，2022年12月1日到期，丙公司为一般保证人。2022年7月1日，人民法院裁定受理了丙公司的破产申请。在本案中：（1）主债务未到期的，保证债权在保证人破产申请受理时（2022年7月1日）视为到期；（2）一般保证人丙公司不得行使先诉抗辩权；（3）一般保证人丙公司毕竟只承担补充责任，这是问题的关键。但是，由于暂时无法确定丙公司保证责任的大小，因此，乙银行可以暂时就全部100万元申报破产债权。假设清偿率为20%，则乙银行可以分得20万元（先将这20万元提存，不一定是乙银行的）。之后，如果甲公司向乙银行清偿了70万元，则丙公司应承担的保证责任应确定为30万元（乙银行对丙公司的破产债权只是30万元），假设清偿率为20%，则乙银行可以拿走的只有6万元，剩下的14万元应分给其他债权人。对于丙公司实际承担的清偿额6万元，丙公司的管理人可以向主债务人甲公司行使求偿权。

温馨小提示

所谓“从一方破产程序中获得清偿后，其对另一方的债权额不作调整”，只限于承担连带责任的保证人。

【考点3】债务人、保证人均破产（P367）★★★

1. 债务人、保证人均被裁定进入破产程序的，债权人有权向债务人、保证人分别申报债权。

2. 债权人向债务人、保证人均申报全部债权的，从一方破产程序中获得清偿后，其对另一方的债权额不作调整，但债权人的受偿额不得超出其债权总额。保证人履行保证责任后不再享有求偿权。

【案例】甲公司向乙银行贷款100万元，丙公司为连带保证人，债务人甲公司和保证人丙公司均被裁定进入破产程序。在本案中：（1）债权人乙银行有权向甲公司、丙公司分别申报100万元的债权；（2）如果乙银行在丙公司的破产程序中获得10万元的清偿，其对甲公司的债权额无须进行调整（还是100万元的债权），如果清偿率为20%，乙银行将从甲公司得到20万元的清偿；（3）丙公司履行10万元的保证责任后对债务人甲公司不再享有求偿权。

第十一单元　有财产担保的债权

使用“会计云课堂”App或“微信”扫码查看本单元视频，快速GET知识点。

【考点1】别除权（P387）★★★

【解释1】别除权是指对破产企业的特定财产享有担保权的权利人，对该特定财产享有优先受偿的权利。其优先受偿权的行使不受破产清算与和解程序的限制，但在重整程序中受到限制（在重整期间，对债务人的特定财产享有的担保权暂停行使）。

温馨小提示

保证人应以自己的全部财产承担保证责任，因此别除权的问题与保证无关。

【解释2】别除权的基础权利是担保物权（抵押权、质权和留置权）和法定特别优先权。例如，承包人的建设工程款债权属于特别优先权。

【解释3】动产抵押合同订立后未办理抵押登记，抵押人破产，抵押权人主张对抵押财产优先受偿的，人民法院不予支持。

1. 破产企业以自己的财产为自己的债务提供抵押担保

（1）如果有财产担保的债权人放弃优先受偿权利的，其债权作为普通破产债权。

（2）如果有财产担保的债权人不放弃优先受偿权利，债权人行使优先受偿权利未能完全受偿的，其未受偿的债权作为普通破产债权。

【案例】甲公司以自己的机器设备设定抵押向乙银行贷款100万元（已经办理了抵押登记），甲公司破产。在本案中：（1）该设备属于债务人财产，但乙银行对机器设备的拍卖价款享有优先受偿的权利（别除权）；（2）如果该设备只拍卖了80万元，则80万元全部清偿乙银行；对于不足的20万元，乙银行接着找管理人去申报普通破产债权（破产人甲公司既是抵押人，也是主债务人）；（3）如果乙银行放弃了对该设备的优先受偿权（但并未放弃100万元的主债权），乙银行找管理人去申报100万元的普通破产债权即可（至于乙银行为什么要放弃优先受偿权，考生可自行查阅弗洛伊德的名著《梦的解析》P250）。

2. 破产企业以自己的财产为他人债务提供抵押担保

（1）破产企业仅作为担保人为他人债务提供物权担保，担保债权人的债权虽然在破产程序中可以构成别除权，但因破产企业不是主债务人，在担保物价款不足以

名师敲黑板

这是考生必须掌握的考点，今年继续关注案例分析题。

清偿担保债权额时，余债不得作为破产债权向破产企业要求清偿，只能向原主债务人求偿。（2013年案例分析题、2015年案例分析题）

（2）别除权人如放弃优先受偿权利，其债权也不能转为对破产企业的破产债权，因二人之间只有担保关系，无基础债务关系。

【案例】甲公司向乙银行贷款100万元，丙公司以其设备设定抵押（已经办理了抵押登记），丙公司破产。在本案中：（1）丙公司只是担保人，并非主债务人，这是问题的关键；（2）乙银行对丙公司设备的拍卖价款享有优先受偿的权利（别除权）；（3）如果该设备只卖了80万元，则80万元全部清偿乙银行，至于不足的20万元和丙公司就没有关系了（乙银行的优先权仅限于抵押物本身，丙公司已经将该设备的拍卖价款全部给了乙银行，丙公司已经做到仁至义尽了），乙银行不能再找丙公司申报普通破产债权了，只能找主债务人甲公司去追偿；（4）如果乙银行放弃了对该设备的优先受偿权，则100万元的债务和丙公司就没有任何关系了，乙银行只能找主债务人甲公司。

3. 第三人以其财产为破产企业的债务提供抵押担保

【案例】甲公司向乙银行贷款100万元，丙公司以其设备设定抵押（已经办理了抵押登记），甲公司破产。在本案中，乙银行对该设备的拍卖价款享有优先受偿的权利。关键的问题是，该情形构成别除权吗？所谓别除权，是指对“破产企业的特定财产”享有的优先受偿的权利。在本案中，甲公司破产，而设备是丙公司的，当然不构成别除权。

经典题解

【例题·多选题】根据企业破产法律制度的规定，对破产人的特定财产享有担保权的权利人，对该特定财产享有优先受偿的权利。下列选项中，构成该项优先受偿权的有（　　）。

A. 破产人为他人债务提供的保证担保

B. 破产人为自己的债务提供的质押担保

C. 破产人为他人债务提供的抵押担保

D. 第三人为破产人的债务提供的抵押担保

【答案】BC

【考点2】有财产担保的债权（综述）（P355、361）★★

1. 该担保能否撤销？

人民法院受理破产申请前1年内，债务人对原来没有财产担保的债务事后提供财产担保的，管理人有权请求人民法院予以撤销；但不包括债务人在可撤销期间内设定债务的同时提供的财产担保。

2. 个别清偿

（1）破产程序开始后的个别清偿

人民法院受理破产申请后，债务人对个别债权人的债务清偿无效。但是，债务人以其财产向债权人提供物权担保的，其在担保物市场价值内向债权人所作的债务清偿，不受上述规定限制。

（2）危机期间的个别清偿

债务人在危机期间对以自有财产设定担保物权的债权进行的个别清偿，管理人请求撤销的，人民法院不予支持。但是，债务清偿时担保财产的价值低于债权额的除外。

3. 担保权人的抵销

《企业破产法》第40条所列不得抵销情形的债权人，主张以其对债务人特定财产享有优先受偿权的债权，与债务人对其不享有优先受偿权的债权抵销，债务人的管理人以其抵销存在《企业破产法》第40条规定的情形提出异议的，人民法院不予支持。但是，用以抵销的债权大于债权人享有优先受偿权财产价值的除外。

第十二单元　债权人会议与债权人委员会

使用“会计云课堂”App或“微信”扫码查看本单元视频，快速GET知识点。

【考点1】债权人会议（P369）★★★

1. 表决权

（1）凡是申报债权者均有权参加第一次债权人会议，有权参加对其债权的核查、确认活动，并可依法提出异议。对于在第一次会议上确认债权以后的债权人会议，只有债权得到确认者才有权行使表决权。（2016年案例分析题）

（2）债权尚未确定的债权人，除人民法院能够为其行使表决权而临时确定债权额者外，不得行使表决权。

（3）一般情况下，债务人的职工和工会代表在债权人会议上没有表决权。但是，如果存在职工劳动债权不能从破产财产中获得全额、及时优先受偿，或者在重整程序中债权人会议决议通过可能影响其清偿、就业利益的重整计划草案等情况时，职工债权人应享有表决权。

（4）对债务人的特定财产享有担保权的债权人，未放弃优先受偿权利的，对通过和解协议和破产财产的分配方案的事项不享有表决权。

2. 债权人会议主席由人民法院从有表决权的债权人中指定。（2016年案例分析题）

> 温馨小提示
>
> （1）管理人由人民法院指定；（2）国有独资公司的董事长、副董事长和监事会主席由国有资产监督管理机构指定。

3. 第一次债权人会议由人民法院召集，自债权申报期限届满之日起15日内召开。

4. 临时债权人会议的召开条件

（1）人民法院认为必要时；

> 温馨小提示
>
> 无须向债权人会议主席提议。

（2）管理人向债权人会议主席提议时；

（3）债权人委员会向债权人会议主席提议时；

（4）占债权总额1/4以上的债权人向债权人会议主席提议时。

5. 债权人会议的职权

温馨小提示

债权表由第一次债权人会议核查，由人民法院确认。

（1）核查债权；

（2）申请人民法院更换管理人，审查管理人的费用和报酬；

（3）监督管理人；

（4）选任和更换债权人委员会成员；

温馨小提示

在第一次债权人会议召开之前，由管理人决定继续或者停止债务人的营业。

（5）决定继续或者停止债务人的营业；

（6）通过重整计划；

（7）通过和解协议；

（8）通过债务人财产的管理方案；

（9）通过破产财产的变价方案；

（10）通过破产财产的分配方案。

6. 人民法院的裁定

（1）债权人会议表决债务人财产的管理方案和破产财产的变价方案时未通过的，由人民法院裁定。债权人（没有资格限制）对人民法院作出的裁定不服的，可以自裁定宣布之日或者收到通知之日起 15 日内向该人民法院申请复议（不能提起上诉），复议期间不停止裁定的执行。

（2）债权人会议表决破产财产的分配方案时，经两次表决仍未通过的，由人民法院裁定。债权额占无财产担保债权总额 1/2 以上的债权人对人民法院作出的裁定不服的，可以自裁定宣布之日或者收到通知之日起 15 日内向该人民法院申请复议（不能提起上诉），复议期间不停止裁定的执行。

名师敲黑板

这是考生必须掌握的考点，今年继续关注案例分析题。

7. 债权人会议的决议方式（2016 年案例分析题）

（1）和解协议、重整计划：1/2+2/3

①和解协议：由出席会议的有表决权的债权人过半数同意，并且其所代表的债权额占无财产担保债权总额的 2/3 以上。

②重整计划的分组表决：出席会议的同一表决组的债权人过半数同意，并且其所代表的债权额占该组债权总额的 2/3 以上。

（2）其他决议：1/2+1/2

由出席会议的有表决权的债权人过半数通过，并且其所代表的债权额占无财产担保债权总额的 1/2 以上。

8. 债权人会议决议的撤销

根据《企业破产法司法解释三》的规定，债权人会议的决议具有以下情形之一，损害债权人利益，债权人申请撤销的，人民法院应予支持：

（1）债权人会议的召开违反法定程序；

（2）债权人会议的表决违反法定程序；

（3）债权人会议的决议内容违法；

（4）债权人会议的决议超出债权人会议的职权范围。

经典题解

【例题 1 · 多选题】根据企业破产法律制度的规定，债权人会议表决的下列事项中，对债务人的特定财产享有担保权且未放弃优先受偿权利的债权人享有表决权的有（　　）。

A. 通过重整计划　　　　　　B. 通过和解协议

C. 通过破产财产的分配方案　　D. 通过破产财产的变价方案

【答案】AD

【例题 2 · 单选题】根据企业破产法律制度的规定，下列各项中，属于债权人会议职权的是（　　）。（2012 年）

A. 调查债务人的财产状况，制作财产状况报告

B. 决定债务人的日常开支

C. 决定债务人的内部管理事务

D. 通过债务人财产的管理方案

【解析】选项 ABC：属于管理人的职责。

【答案】D

【例题 3 · 单选题】根据企业破产法律制度的规定，第一次债权人会议的召集主体是（　　）。（2021 年）

A. 债权人委员会

B. 人民法院

C. 债权额占债权总额 1/4 以上的债权人

D. 管理人

【答案】B

【考点 2】债权人委员会（P371）★★★

1. 债权人委员会（并非必设机构）由债权人会议选任的债权人代表和 1 名债务人的职工代表或者工会代表组成，债权人委员会成员不得超过 9 人。

2. 出任债权人委员会的成员应当经人民法院书面认可。

3. 债权人委员会（破产监督人）的职权

（1）监督债务人财产的管理和处分；

（2）监督破产财产分配；

（3）提议召开债权人会议；

（4）债权人会议委托的其他职权。

4. 债权人会议对债权人委员会的授权

债权人会议可以依法委托债权人委员会行使债权人会议的下列职权：

（1）决定继续或者停止债务人的营业；

（2）监督管理人；

（3）申请人民法院更换管理人，审查管理人的费用和报酬。

> **温馨小提示**
>
> 债权人会议不得委托债权人委员会行使债权人会议的全部职权，该考点需要死记硬背。

5. 债权人委员会的决议方式

债权人委员会决定所议事项应获得全体成员过半数通过，并作成议事记录。

6. 单个债权人的知情权

单个债权人有权查阅债务人财产状况报告、债权人会议决议、债权人委员会决议、管理人监督报告等参与破产程序所必需的债务人财务和经营信息资料。

经典题解

【例题·单选题】根据企业破产法律制度的规定，债权人会议的下列职权中，债权人会议可以决定委托债权人委员会行使的是（　　）。（2021年）

A. 通过债务人财产的管理方案

B. 核查债权

C. 决定继续债务人的营业

D. 通过和解协议

【答案】C

第十三单元　重整程序与和解制度

使用“会计云课堂”App或“微信”扫码查看本单元视频，快速GET知识点。

【考点1】重整申请（P375）★★★

1. 直接申请

债务人或者债权人可以依法直接向人民法院申请对债务人进行重整。

2. 由破产清算程序转为破产重整程序

债权人申请对债务人进行破产清算的，在人民法院受理破产申请后、宣告债务人破产前，债务人或者出资额占债务人注册资本10%以上的出资人，可以向人民法院申请重整；其他债权人也可以申请对债务人进行重整。（2020年案例分析题）

温馨小提示：债务人被宣告破产后，不得再转入重整程序或者和解程序。

名师敲黑板：这是考生必须掌握的考点，今年继续关注案例分析题。

【解释1】当事人提出破产清算与和解申请，以债务人已发生破产原因为前提；而重整申请则在债务人有发生破产原因的可能时即可提出，可以使债务人获得更为充分的挽救机会。

【解释2】税务机关和社会保险机构只享有对债务人的破产清算申请权，但不享有重整申请权。

表8-5　重整与和解的申请

	重整	和解
直接申请	债务人/债权人	债务人
债权人申请破产清算，人民法院受理后、宣告破产之前	（1）债务人 （2）出资额占债务人注册资本10%以上的出资人 （3）其他债权人	债务人

经典题解

【例题1·单选题】根据企业破产法律制度的规定，关于破产案件受理后、破产宣告前的程序转换，下列表述中，正确的是（　　）。

A. 如为债务人申请破产清算的案件，债权人可以申请和解

B. 如为债权人申请债务人破产清算的案件，债务人可以申请重整

C. 如为债权人申请债务人重整的案件，债务人可以申请破产清算

D. 如为债权人申请债务人破产清算的案件，债务人的出资人可以申请和解

【解析】（1）选项 AD：和解申请只能由“债务人”提出；（2）选项 C：已经进入重整程序的破产案件，只有出现法定情形才能转回破产清算程序（债务人不能执行或者不执行重整计划的，人民法院经管理人或者利害关系人请求，应当裁定终止重整计划的执行，并宣告债务人破产），债务人不能申请破产清算。

【答案】B

【例题 2 · 多选题】根据企业破产法律制度的规定，下列表述中，正确的有（　　）。

A. 债务人一旦被宣告破产，则不可能再进入重整或者和解程序

B. 债权人申请对债务人进行破产清算的，在人民法院受理破产申请后、宣告债务人破产前，只有债务人才能提出和解申请

C. 即使债务人未出现资不抵债情形，也可申请重整程序

D. 重整是破产案件的必经程序

【解析】（1）选项 AB：债权人申请对债务人进行破产清算的，在人民法院受理破产申请后、宣告债务人破产之前（开枪之前），特定当事人可以向人民法院申请重整或者和解，但债务人一旦被宣告破产（已经开枪了），则不可能再进入重整或者和解程序；（2）选项 C：提出破产清算与和解申请，以债务人已发生破产原因为前提；而重整申请则在债务人有发生破产原因的可能时即可提出；（3）选项 D：债务人发生破产原因时，债务人有“重整、和解或者破产清算”三个选择，债权人有“重整或者破产清算”两个选择，重整并非破产案件的必经程序，债务人或者债权人均可直接申请“破产清算”。

【答案】ABC

【考点 2】重整期间（P376）★★★

名师敲黑板

这是考生必须掌握的考点，今年继续关注案例分析题。

【解释】自人民法院裁定债务人重整之日起至重整程序终止，为重整期间。重整期间不包括重整计划得到批准后的执行期间。

1. 在重整期间，债务人的财产管理和营业事务执行，可以由管理人或者债务人负责。经债务人申请，人民法院批准，债务人可以在管理人的监督下自行管理财产和营业事务。

【解释 1】根据《民商事审判会议纪要》的规定，重整期间，债务人同时符合下列条件的，经申请，人民法院可以批准债务人在管理人的监督下自行管理财产和营业事务：（1）债务人的内部治理机制仍正常运转；（2）债务人自行管理有利于债务人继续经营；（3）债务人不存在隐匿、转移财产的行为；（4）债务人不存在其他严重损害债权人利益的行为。

【解释2】管理人应当对债务人的自行管理行为进行监督。经人民法院批准由债务人自行管理财产和营业事务的，管理人发现债务人存在严重损害债权人利益的行为或者有其他不适宜自行管理情形的，可以申请人民法院作出终止债务人自行管理的决定。债务人有上述行为而管理人未申请人民法院作出终止决定的，债权人等利害关系人可以向人民法院提出申请。（2020年案例分析题、2021年案例分析题）

2. 在重整期间，对债务人的特定财产享有的担保权暂停行使。但是，担保物有损坏或者价值明显减少的可能，足以危害担保权人权利的，担保权人可以向人民法院请求恢复行使担保权。（2020年案例分析题）

【解释】根据《民商事审判会议纪要》的规定，重整申请受理后，管理人或者自行管理的债务人应当及时确定设定有担保物权的债务人财产是否为重整所必需。如果认为担保物不是重整所必需，管理人或者自行管理的债务人应当及时对担保物进行拍卖或者变卖，拍卖或者变卖担保物所得价款在支付拍卖、变卖费用后优先清偿担保物权人的债权。

3. 在重整期间，债务人或者管理人为继续营业而借款的，可以为该借款设定担保。

【解释】债务人在重整期间为重整进行而发生的费用与债务，可以参照共益债务优先受偿。

4. 在重整期间，债务人的出资人不得请求投资收益分配。

5. 在重整期间，债务人的董事、监事、高级管理人员不得向第三人转让其持有的债务人的股权。但是，经人民法院同意的除外。

6. 债务人合法占有的他人财产，该财产的权利人在重整期间要求取回的，应当符合事先约定的条件。

【案例】甲公司将设备出租给乙公司，租期为2年。租赁期限届满前6个月，人民法院受理了乙公司的破产清算申请，甲公司可以通过管理人取回该设备，不受租赁期限尚未届满的限制。但是，在重整程序中，甲公司只能在租赁期限届满后才能取回该设备。

> 温馨小提示
>
> 招股说明书中引用的财务报表在其最近一期截止日后6个月内有效，特殊情况下发行人可申请适当延长，但至多不超过3个月。

【考点3】重整计划的制定与执行（P378）★★★

1. 债务人自行管理财产和营业事务的，由债务人制定重整计划草案；管理人负责管理财产和营业事务的，由管理人制定重整计划草案。（2019年案例分析题）

2. 债务人或者管理人应当自人民法院裁定债务人重整之日起6个月内，同时向人民法院和债权人会议提交重整计划草案。期限届满，经债务人或者管理人请求，有正当理由的，人民法院可以裁定延期3个月。债务人或者管理人未按期提出重整计划草案的，人民法院应当裁定终止重整程序，并宣告债务人破产。

> 温馨小提示
>
> 不论由谁制定的重整计划，均由债务人自己执行。

3. 重整计划经人民法院批准后由债务人执行。人民法院裁定批准重整计划后，已接管财产和营业事务的管理人应当向债务人移交财产和营业事务。

4. 在重整计划规定的监督期内，由管理人监督重整计划的执行。

经典题解

【例题·单选题】根据企业破产法律制度的规定，下列各项中，负责执行重整计划的是（　　）。（2019 年）

A. 债务人

B. 债权人会议的普通债权组

C. 管理人

D. 人民法院

【答案】A

表 8-6　重整计划的制定、执行和监督

	管理财产和营业事务	制定重整计划草案	执行	监督
第一种情形	管理人	管理人	债务人	管理人
第二种情形	债务人	债务人		

【考点 4】重整计划草案的分组表决（P379）★★★

名师敲黑板

这是考生必须掌握的考点，今年继续关注案例分析题。

1. 分组表决（2021 年案例分析题）

下列各类债权的债权人参加讨论重整计划草案的债权人会议，依照下列债权分类，分组对重整计划草案进行表决：

（1）对债务人的特定财产享有担保权的债权；

（2）职工劳动债权；

（3）债务人所欠税款；

（4）普通债权。

2. 重整计划不得规定减免债务人欠缴的纳入社会统筹账户的社会保险费用，该项费用的债权人不参加重整计划草案的表决。

3. 人民法院在必要时可以决定在普通债权组中设小额债权组对重整计划草案进行表决。（2019 年案例分析题）

温馨小提示

在司法实践中，更为常见的做法是设定统一的数额标准，对每个普通债权该数额以下的部分均给予较高比例的清偿。

4. 根据《企业破产法司法解释三》的规定，对重整计划草案进行分组表决时，权益因重整计划草案受到调整或者影响的债权人或者股东，有权参加表决；权益未受到调整或者影响的债权人或者股东，不参加重整计划草案的表决。

5. 出资人组对重整计划草案中涉及出资人权益调整的事项进行表决时，经参与表决的出资人所持表决权 2/3 以上通过的，即为该组通过重整计划草案。（2019 年案例分析题、2020 年案例分析题、2021 年案例分析题）

名师敲黑板

经参与表决的出资人所持表决权 2/3 以上通过即可，与人数无关！

【考点 5】重整计划草案的批准（P379）★

温馨小提示

该考点考生适当关注即可。

1. 正常批准

（1）出席会议的同一表决组的债权人过半数同意重整计划草案，并且其所代表的债权额占该组债权总额的2/3以上的，即为该组通过重整计划草案。各表决组均通过重整计划草案时，重整计划即为通过。自重整计划通过之日起10日内，债务人或者管理人应当向人民法院提出批准重整计划的申请。

（2）企业的重整不仅是债务减免和财务调整，重整的重点是维持企业的营运价值。人民法院在审查重整计划时，除合法性审查外，还应审查其中的经营方案是否具有可行性。重整计划中关于企业重新获得盈利能力的经营方案具有可行性、表决程序合法、内容不损害各表决组中反对者的清偿利益的，人民法院应当自收到申请之日起30日内裁定批准重整计划，终止重整程序，并予以公告。

2. 强制批准

部分表决组未通过重整计划草案的，债务人或者管理人可以同未通过重整计划草案的表决组协商。该表决组可以在协商后再表决一次。双方协商的结果不得损害其他表决组的利益。未通过重整计划草案的表决组拒绝再次表决或者再次表决仍未通过重整计划草案，但重整计划草案符合下列条件的，债务人或者管理人可以申请人民法院批准重整计划草案：

（1）按照重整计划草案，“对债务人的特定财产享有担保权的债权”就该特定财产将获得全额清偿，其因延期清偿所受的损失将得到公平补偿，并且其担保权未受到实质性损害，或者该表决组已经通过重整计划草案。

（2）按照重整计划草案，“职工劳动债权”和“债务人所欠税款”将获得全额清偿，或者相应表决组已经通过重整计划草案。

（3）按照重整计划草案，“普通债权”所获得的清偿比例，不低于其在重整计划草案被提请批准时依照破产清算程序所能获得的清偿比例，或者该表决组已经通过重整计划草案。

（4）重整计划草案对“出资人权益”的调整公平、公正，或者出资人组已经通过重整计划草案。

（5）重整计划草案公平对待同一表决组的成员，并且所规定的债权清偿顺序不违反《企业破产法》的规定。

（6）债务人的经营方案具有可行性。

人民法院经审查认为重整计划草案符合上述规定的，应当自收到申请之日起30日内裁定批准，终止重整程序，并予以公告。

【解释】人民法院不得滥用强制批准权，确需强制批准重整计划草案的，重整计划草案除应当符合《企业破产法》的规定外，如债权人分多组的，还应当至少有一组已经通过重整计划草案，且各表决组中反对者能够获得的清偿利益不低于依照破产清算程序所能获得的利益。

3. 未批准

重整计划草案未获得债权人会议通过且未获得人民法院的强制批准，或者债权人会议通过的重整计划未获得人民法院批准的，人民法院应当裁定终止重整程序，并宣告债务人破产。

表 8-7　重整计划草案的表决与批准

债权人会议		人民法院	重整程序	结局
①全部通过	√√√√	批准	终止	执行
②全部通过	√√√√	未批准	终止	宣告破产
③部分通过	√√××	强制批准	终止	执行
④部分通过	√√××	未批准	终止	宣告破产
⑤全部未通过	××××	闭嘴	终止	宣告破产

4. 重整程序终止的情形

（1）在重整期间，有下列情形之一的，经管理人或者利害关系人请求，人民法院应当裁定终止重整程序，并宣告债务人破产：

①债务人的经营状况和财产状况继续恶化，缺乏挽救的可能性；

②债务人有欺诈、恶意减少债务人财产或者其他显著不利于债权人的行为；

③由于债务人的行为致使管理人无法执行职务。

（2）债务人或者管理人未按期提出重整计划草案的，人民法院应当裁定终止重整程序，并宣告债务人破产。

（3）人民法院裁定批准重整计划草案的，终止重整程序，并予以公告。

（4）重整计划草案未获得债权人会议的通过且未获得人民法院的强制批准，或者债权人会议通过的重整计划未获得人民法院批准的，人民法院应当裁定终止重整程序，并宣告债务人破产。

5. 重整计划的变更

（1）债务人应严格执行重整计划，但因出现国家政策调整、法律修改变化等特殊情况，导致原重整计划无法执行的，债务人或者管理人可以申请变更重整计划一次。

（2）债权人会议决议同意变更重整计划的，应自决议通过之日起 10 日内提请人民法院批准。债权人会议决议不同意或者人民法院不批准变更申请的，人民法院经管理人或者利害关系人请求，应当裁定终止重整计划的执行，并宣告债务人破产。

（3）人民法院裁定同意变更重整计划的，债务人或者管理人应当在 6 个月内提出新的重整计划。变更后的重整计划应提交给因重整计划变更而遭受不利影响的债权人组和出资人组进行表决。（2021 年案例分析题）

【考点 6】重整计划的效力（P383）★★★

1. 经人民法院裁定批准的重整计划，对债务人和全体债权人（不论是否有财产担保）均有约束力。

2. 按照重整计划减免的债务，自重整计划执行完毕时起，债务人不再承担清偿责任。

3. 债权人对债务人的保证人和其他连带债务人所享有的权利，不受重整计划的影响。

4. 债权人未依照规定申报债权的，可以继续申报债权，但在重整计划执行期间不得行使权利；在重整计划执行完毕后，可以按照重整计划规定的同类债权的清偿条件行使权利。（2019年案例分析题）

5. 债务人不能执行或者不执行重整计划的，且不符合重整计划变更条件的，人民法院经管理人或者利害关系人请求，应当裁定终止重整计划的执行，并宣告债务人破产。

温馨小提示

该考点考生适当关注即可。

6. 人民法院裁定终止重整计划执行的，债权人在重整计划中作出的债权调整的承诺失去效力，但为重整计划的执行提供的担保继续有效。债权人因执行重整计划所受的清偿仍然有效，债权未受清偿的部分作为破产债权。在重整计划执行中已经接受清偿的债权人，只有在其他同顺位债权人同自己所受的清偿达到同一比例时，才能继续接受破产分配。

【**案例**】债务人甲公司分别欠债权人A公司、B公司和C公司货款100万元（均为无财产担保的普通债权），根据重整计划，3年后甲公司分别向三个公司清偿40万元。在重整计划执行期间，甲公司以其机器设备设定抵押向D银行借款250万元（办理了抵押登记），甲公司向A公司清偿了10万元。此时，人民法院经管理人请求，裁定终止重整计划的执行，并宣告债务人破产。在本案中：（1）两个有效：甲公司向A公司清偿的10万元有效，甲公司向D银行设定的抵押担保有效，D银行作为有财产担保的债权人对该机器设备的拍卖价款享有优先受偿权；（2）一个失效：债权人在重整计划中作出的债权调整的承诺（3年后清偿40万元）失去效力，甲公司还是欠B公司和C公司各100万元；（3）债权申报：A公司就未受清偿的90万元申报破产债权，B公司和C公司各申报100万元的破产债权；（4）破产财产的分配：如果清偿率为8%，B公司和C公司各可以分得8万元，A公司不得接受分配；如果清偿率为18%，B公司和C公司各可以分得18万元，A公司可以分得8万元。

【考点7】上市公司的破产重整（P379）★★★

1. 分组表决

出资人组对重整计划草案中涉及出资人权益调整事项的表决，经参与表决的出资人所持表决权2/3以上通过的，即为该组通过重整计划草案。

2. 人民法院在裁定受理上市公司破产重整申请前，应当将相关材料逐级报送最高人民法院审查。（2021年案例分析题）

3. 行政许可

（1）上市公司重整计划草案涉及证券监管机构行政许可事项的，受理案件的人民法院应当通过最高人民法院，启动与中国证监会的会商机制。人民法院应当参考专家咨询意见，作出是否批准重整计划草案的裁定。

温馨小提示

中国证监会设立上市公司并购重组审核委员会，以投票方式对提交其审议的重组上市申请或者发行股份购买资产申请进行表决，提出审核意见。

（2）人民法院裁定批准重整计划后，重整计划内容涉及证券监管机构并购重组行政许可事项的，上市公司应当按照相关规定履行行政许可核准程序。重整计划草案提交出资人组表决且经人民法院裁定批准后，上市公司无须再行召开股东大会，可以直接向证券监管机构提交出资人组表决结果及人民法院裁定书，以申请并购重组许可。

【考点 8】和解制度（P384）★★★

1. 和解申请

在发生破产原因时，债务人可以直接向人民法院申请和解；也可以在人民法院受理破产申请后、宣告债务人破产前，向人民法院申请和解。

2. 和解协议的通过

（1）债权人会议通过和解协议的决议，由出席会议的有表决权的债权人过半数同意，并且其所代表的债权额占无财产担保债权总额的 2/3 以上。

（2）债权人会议通过和解协议的，由人民法院裁定认可，终止和解程序，并予以公告。和解协议草案经债权人会议表决未获得通过，或者已经债权人会议通过的和解协议未获得人民法院认可的，人民法院应当裁定终止和解程序，并宣告债务人破产。

温馨小提示

（1）和解申请只能由债务人提出，而重整申请的主体多元化；（2）只有已经发生破产原因时，债务人才能提出和解申请，而重整程序可以提前启动。

温馨小提示

对债务人的特定财产享有担保权的债权人，未放弃优先受偿权利的，对通过和解协议和破产财产的分配方案的事项不享有表决权。

【解释】（1）和解协议谈不上分组表决的问题，重整计划则必须分组表决；（2）债权人会议通过和解协议后，由人民法院裁定认可，而重整计划则由人民法院批准；（3）在部分表决组未通过的情况下，人民法院可以“强制批准”重整计划，而和解协议不涉及“强制批准”的问题。

表 8-8　和解协议的表决通过方式

债权人会议	人民法院	和解程序	结局
通过	认可	终止	执行
通过	不认可	终止	宣告破产
未通过	闭嘴	终止	宣告破产

3. 和解协议的效力

（1）经人民法院裁定认可的和解协议，对债务人和全体和解债权人（无财产担保的债权人）均有约束力。

（2）有财产担保的债权人不受和解协议的约束，该债权人自人民法院裁定和解之日起就可以行使担保物权。

（3）按照和解协议减免的债务，自和解协议执行完毕时起，债务人不再承担清偿责任。

（4）和解债权人对债务人的保证人和其他连带债务人所享有的权利，不受和解协议的影响。

名师敲黑板

在重整程序、和解程序中，不适用“主债务减少、从债务随之减少”的原则，即无论对主债务人（破产企业）的债务怎么打折，保证人的保证责任不能打折。

（5）和解债权人未依照规定申报债权的，可以继续申报债权，但在和解协议执行期间不得行使权利；在和解协议执行完毕后，可以按照和解协议规定的清偿条件行使权利。

（6）债务人不能执行或者不执行和解协议的，人民法院经和解债权人请求，应当裁定终止和解协议的执行，并宣告债务人破产。

【解释】和解协议没有强制执行的效力。债务人不履行和解协议时，债权人只能向人民法院申请终止和解协议的执行，而不能提起对和解协议的强制执行程序。

温馨小提示

该考点适当关注一下即可。

（7）人民法院裁定终止和解协议的执行的，和解债权人在和解协议中作出的债权调整的承诺失去效力，但债务人为和解协议的执行提供的担保继续有效。和解债权人因执行和解协议所受的清偿仍然有效，不予退回，和解债权未受清偿的部分作为破产债权。在和解协议执行中已经接受清偿的债权人，只有在其他债权人同其原债权所受的和解清偿达到同一比例时，才能继续接受破产分配。

表 8–9　重整与和解的比较

<table>
<tr><th colspan="2"></th><th>重整</th><th>和解</th></tr>
<tr><td colspan="2">未发生破产原因时，能否提前启动</td><td>√</td><td>×</td></tr>
<tr><td rowspan="2">申请人</td><td>直接申请</td><td>债务人 / 债权人</td><td>债务人</td></tr>
<tr><td>债权人申请破产清算，人民法院受理后、宣告破产之前</td><td>（1）债务人
（2）出资额占债务人注册资本10%以上的出资人
（3）其他债权人</td><td>债务人</td></tr>
<tr><td colspan="2">重整计划 / 和解协议草案的制定</td><td>债务人 / 管理人</td><td>债务人</td></tr>
<tr><td rowspan="2">通过方式</td><td>债权人会议</td><td>分组表决：1/2+2/3</td><td>不分组表决：1/2+2/3</td></tr>
<tr><td>人民法院</td><td>批准</td><td>认可</td></tr>
<tr><td colspan="2">人民法院能否强制批准</td><td>√</td><td>×</td></tr>
<tr><td colspan="2">由谁负责执行</td><td>债务人</td><td>债务人</td></tr>
<tr><td rowspan="3">效力</td><td>债务人</td><td>√</td><td>√</td></tr>
<tr><td>债权人</td><td>有担保 / 无担保</td><td>无担保</td></tr>
<tr><td>保证人 / 其他连带债务人</td><td>×</td><td>×</td></tr>
<tr><td colspan="2">执行成功</td><td colspan="2">按照重整计划（和解协议）减免的债务，自重整计划（和解协议）执行完毕时起，债务人不再承担清偿责任</td></tr>
<tr><td colspan="2">不执行或者不能执行</td><td colspan="2">债权人在重整计划（和解协议）中作出的债权调整的承诺失去效力，但为重整计划（和解协议）的执行提供的担保继续有效。债权人因执行重整计划（和解协议）所受的清偿仍然有效，债权人未受清偿的部分作为破产债权。在重整计划（和解协议）执行中已经接受清偿的债权人，只有在其他同顺位债权人同自己所受的清偿达到同一比例时，才能继续接受破产分配</td></tr>
</table>

第十四单元　破产清算程序

使用“会计云课堂”App 或“微信”扫码查看本单元视频，快速 GET 知识点。

【考点 1】破产财产的清偿顺序（P389）★★★

1. 破产财产的清偿顺序

（1）有财产担保的债权；

（2）破产费用和共益债务；

（3）职工劳动债权（破产人所欠职工的工资和医疗、伤残补助、抚恤费用，所欠的应当划入职工个人账户的基本养老保险、基本医疗保险费用，以及法律、行政法规规定应当支付给职工的补偿金）；

（4）破产人欠缴的纳入社会统筹账户的社会保险费用和破产人所欠税款；

（5）无财产担保的普通债权。

【解释 1】根据《破产审判会议纪要》的规定，对于法律没有明确规定清偿顺序的债权，人民法院可以按照人身损害赔偿债权优先于财产性债权、私法债权优先于公法债权、补偿性债权优先于惩罚性债权的原则合理确定清偿顺序。

【解释 2】根据《破产审判会议纪要》的规定，债务人欠缴的住房公积金，按照债务人拖欠的职工工资性质清偿。

2. 特殊规定

（1）在破产案件受理前因欠缴税款产生的滞纳金属于普通破产债权，不享有与欠缴税款相同的优先受偿地位。破产案件受理后，欠缴税款的滞纳金应当停止计算，在破产程序中不得作为破产债权清偿。

（2）商业银行破产清算时，在支付清算费用、所欠职工工资和劳动保险费用后，应当优先支付个人储蓄存款的本金和利息。

经典题解

【例题 1 · 单选题】根据企业破产法律制度的规定，下列债务中，在清偿破产费用和共益债务后，应从破产财产中按第一顺位获得清偿的是（　　）。（2012 年）

A. 破产人所欠职工的伤残补助

B. 破产人所欠税款

C. 破产人所欠红十字会的捐款

D. 破产人所欠环保部门的罚款

【答案】A

【例题 2 · 单选题】甲商业银行破产清算时，已支付清算费用、所欠职工工资和劳动保险费用。根据企业破产法律制度的规定，其尚未清偿的下列债务中，应当优先偿还的是（　　）。（2014 年）

A. 购买办公设备所欠货款

B. 企业账户中的存款本金及利息

C. 个人储蓄存款的本金及利息

D. 欠缴监管机构的罚款

【答案】C

【例题 3 · 单选题】破产企业甲公司在破产案件受理前因欠缴税款产生滞纳金，下列关于该滞纳金在破产程序中清偿顺位的表述中，符合企业破产法律制度规定的是（　　）。（2014 年）

A. 该滞纳金属于普通债权，受偿顺位劣后于欠缴税款

B. 该滞纳金劣后于普通债权受偿

C. 该滞纳金与欠缴税款处于相同受偿顺位

D. 该滞纳金不属于破产债权，在破产程序中不予清偿

【答案】A

【考点 2】破产财产分配方案的实施（P391）★

温馨小提示

诉讼、仲裁未决的债权，债权人可以申报。但债权尚未确定的债权人，除人民法院能够为其行使表决权而临时确定债权额者外，不得行使表决权。

1. 无法通知且无法直接交付或者经通知债权人未受领也无法直接交付的破产财产分配额，管理人应当提存。该债权人自最后分配公告之日起满 2 个月仍不领取的，视为放弃受领分配的权利，管理人或者人民法院应当将提存的分配额分配给其他债权人。

2. 破产财产分配时，对于诉讼或者仲裁未决的债权，管理人应当依争议标的额将其分配额提存，按照诉讼或者仲裁结果处理。自破产程序终结之日起满 2 年仍不能受领分配的，人民法院应当将提存的分配额分配给其他债权人。

第十五单元　关联企业合并破产

温馨小提示

本单元的内容考生适当关注一下即可。

使用“会计云课堂”App 或“微信”扫码查看本单元视频，快速 GET 知识点。

【考点 1】关联企业实质合并破产（P395）★

1. 实质合并是对关联企业资产与负债的合并，即将多个关联企业视为一个单一企业，在统一财产分配与债务清偿的基础上履行破产程序，所有企业同类债权人的清偿率按相同原则确定，各企业的法人人格在破产程序进行期间不再独立。

2. 人民法院裁定采用实质合并方式审理破产案件的，各关联企业成员之间的债权债务归于消灭，各成员的财产作为合并后统一的破产财产，由各成员的债权人在同一程序中按照法定顺序公平受偿。

【考点 2】关联企业程序合并破产（P397）★

1. 程序合并破产在《破产审判会议纪要》中称为协调审理。在程序合并中，各关联企业仍保持法人人格的独立，资产与债务清偿比例等分别确定。

2. 协调审理不消灭关联企业成员之间的债权债务关系，不对关联企业成员的财产进行合并，各关联企业成员的债权人仍以该企业成员财产为限依法获得清偿。但是，关联企业成员之间不当利用关联关系形成的债权，应当劣后于其他普通债权顺序清偿，且该劣后债权人不得就其他关联企业成员提供的特定财产优先受偿，即物权担保失效。

本章小结

下载“会计云课堂”App 学习

您已成功完成“第八章”的学习，本章共 49 个考点，您都学会了吗？

为了让您对章节有更清晰的理解，加倍巩固。本书作者郭守杰老师将通过**“视频导图课”**的方式，带您回顾重要考点。

名师点拨，视听结合，高效提分。

※ 欢迎您扫码，免费观看学习。

案例分析题专项演练

使用“会计云课堂”App 或“微信”扫码快速做题、对答案、看解析、掌握解题思路，开启轻松过关之旅。

【案例 1】（2012 年）

2011 年 10 月，A 公司法定代表人突然出走，不知去向。A 公司内部管理因此陷入混乱。2012 年 1 月，A 公司所欠 B 公司工程款 200 万元债务到期，B 公司要求还款，A 公司因无人理事而未予回应。B 公司遂于 2012 年 2 月 10 日向人民法院申请 A 公司破产。A 公司向人民法院提出异议，称该公司不能偿还 B 公司债务的主要原因是法定代表人至今下落不明，公司无人管理，而非资不抵债，并提出证据证明其账面资产尚大于负债。2 月 27 日，人民法院裁定驳回 A 公司的异议。同日，人民法院裁定受理 B 公司提出的 A 公司破产申请，指定破产管理人，并公告通知债权人申报债权。

管理人在清理 A 公司债权债务过程中，发现如下事实：

（1）2011 年 7 月 1 日，C 公司向银行借款 50 万元，期限 1 年，A 公司为该笔借款提供了一般保证担保。截至破产申请受理之日，C 公司尚欠银行借款本息 40 万元。银行已向 A 公司的管理人申报该 40 万元担保债权。

（2）2011 年 8 月 3 日，D 公司向 A 公司购买了一批塑料薄膜，尚欠 15 万元货款未付。A 公司长期租用 E 公司仓库，至破产申请受理日，已拖欠 E 公司租金 13 万元。2012 年 3 月 5 日，D 公司以 5 万元对价，受让 E 公司对 A 公司的租金债权。D 公司已向管理人主张以该租金债权抵销所欠 A 公司 15 万元货款中的 13 万元。

（3）2011 年 9 月 30 日，A 公司与 F 公司签订一份买卖合同。合同约定：A 公司向 F 公司订购一台设备，2012 年 3 月上旬交货；卖方送货上门，货到付款。2012 年 2 月 25 日，F 公司将设备发运。F 公司于 2 月 29 日获悉 A 公司破产案已被人民法院受理后，立即通知管理人，要求取回在途设备。3 月 1 日，设备到达 A 公司。

在债权人会议对债权申报进行核查时，债权人甲提出，A 公司对银行的保证债务尚未到期，故银行无权进行债权申报。债权人乙提出，A 公司作为一般保证人，对银行享有先诉抗辩权，银行尚未通过诉讼或仲裁向 C 公司求偿，故不得进行债权申报。债权人丙认为，D 公司无权以受让的租金债权抵销所欠 A 公司货款。债权人丁认为，设备已交付，其所有权已由 F 公司转移给 A 公司，构成债务人财产的一部分，故 F 公司无权取回。

要求：

根据上述内容，分别回答下列问题：

（1）人民法院驳回 A 公司异议并裁定受理破产申请的法律依据何在？

（2）债权人甲主张银行无权申报债权的理由是否成立？并说明理由。

（3）债权人乙关于 A 公司对银行享有先诉抗辩权的主张是否成立？并说明理由。

（4）债权人丙关于 D 公司无权进行债务抵销的主张是否成立？并说明理由。

（5）债权人丁关于 F 公司无权取回设备的主张是否成立？并说明理由。

【案例 2】（2013 年）

自 2012 年年初以来，A 公司出现不能清偿到期债务，且资产不足以清偿全部债务的情况，2012 年 12 月 17 日，人民法院经审查裁定受理了 A 公司的破产申请，并指定了管理人。在该破产案件中，存在下述情况：

（1）2011 年 10 月 8 日，B 公司向 C 银行借款 1000 万元，期限 1 年。A 公司以所属机器设备为 B 公司该笔借款提供了抵押担保，并办理了抵押登记，B 公司到期未偿还 C 银行的借款。C 银行将上述抵押物拍卖得款 900 万元，将不足清偿的 150 万元借款本息向管理人申报了债权。

（2）2012 年 7 月，A 公司向 D 公司租用机床一台，租期 1 年，租金已一次性付清。2012 年 11 月，A 公司以 50 万元的市场价格将机床售与 E 公司，双方已交货、付款。E 公司对 A 公司无处分权的事实并不知情。D 公司获悉机床已被 A 公司卖给 E 公司后，要求 E 公司返还机床，遭 E 公司拒绝。

（3）2009 年 1 月，A 公司与 F 公司签订房屋租赁合同，将所属 500 平米门面房出租给 F 公司用作超市经营，租期 5 年，每年 1 月底前支付当年租金，F 公司一直正常缴纳租金。2013 年 2 月，管理人通知 F 公司解除该房屋租赁合同，但 F 公司表示反对。

（4）2011 年 10 月，A 公司欠刘某专利转让费 29 万元到期未付。2012 年 12 月 20 日，刘某将该债权以 15 万元的价格转让给 G 公司。G 公司现提出，以该债权与其所欠 A 公司的 30 万元货款在相同金额范围内抵销。

（5）2012 年 8 月 17 日，供电局向 A 公司发出欠缴电费催收通知书，要求 A 公司一周内补缴拖欠电费 20 万元，否则将对其生产区停止供电，A 公司于 8 月 22 日向供电局补缴了全部拖欠电费。2013 年 2 月，管理人主张撤销 A 公司向供电局补缴电费的行为。

要求：

根据上述内容，分别回答下列问题：

（1）C 银行以抵押物拍卖款不足清偿的 150 万元借款本息向管理人申报债权的行为，是否符合企业破产法律制度的规定？并说明理由。

（2）E 公司是否有权拒绝 D 公司返还机床的请求？并说明理由。如果 E 公司拒绝了 D 公司返还机床的请求，D 公司因财产损失形成的债权，能否向管理人申报普通破产债权？并说明理由。

（3）管理人是否有权解除 A 公司与 F 公司之间的房屋租赁合同？并说明理由。

（4）G 公司关于债务抵销的主张是否成立？并说明理由。

（5）管理人是否有权撤销 A 公司向供电局补缴电费的行为？并说明理由。

【案例 3】（2014 年）

2013 年 10 月 15 日，人民法院根据债权人申请受理了 A 公司破产清算案，并指定了管理人。在该破产案件中，存在以下情况：

（1）根据 A 公司章程的规定，股东分两期缴纳出资，其中，第一期出资于 2010 年 2 月 1 日公司设立时缴纳，第二期出资于 2014 年 2 月 28 日前缴纳。B 公司和 C 公司均为 A 公司创始股东，其中 B 公司按时缴纳了第一期出资，C 公司尚未缴纳任何出资。管理人要求 B 公司和 C 公司补缴其各自认缴的出资，被两公司拒绝，两公司提出，公司章程规定的第二期出资的缴纳期限尚未到期，因此目前无须缴纳，C 公司还主张，虽然其未按公司章程规定的期限缴纳第一期出资，但由于其未履行出资缴纳义务的行为已经超过诉讼时效期间，故可不再缴纳。

（2）2013 年 1 月起，A 公司出现破产原因，但公司董事、监事和高级管理人员仍然领取了绩效奖金。2013 年 4 月起，A 公司普遍拖欠职工工资，但公司董事、监事和高级管理人员仍然领取工资。

（3）2013 年 9 月，A 公司向 D 公司订购一台设备，根据双方合同的约定，A 公司向 D 公司支付了 30% 的货款，D 公司将该设备向 A 公司发运。获悉人民法院受理A公司破产案件后，D公司立即向管理人主张取回在运途中的设备，并通知承运人中止运输、返还货物。但因承运人原因，未能取回设备。2013年10月17日，管理人收到设备。

要求：

根据上述内容，分别回答下列问题：

（1）B、C两公司关于A公司章程规定的第二期出资的缴纳期限尚未届至，目前无须缴纳的主张是否成立？并说明理由。

（2）C公司关于其未履行出资缴纳义务已经超过诉讼时效，可不再缴纳出资的主张是否成立？并说明理由。

（3）对于A公司董事、监事和高级管理人员在公司发生破产原因后领取绩效奖金及在普遍拖欠职工工资的情况下领取工资的行为，管理人应分别如何处理？

（4）管理人收到设备后，D公司还能否向管理人主张出卖人取回权？并说明理由。

【案例4】（2014年）

2014年5月5日，因A公司未能偿还对B公司的到期债务，B公司向人民法院提出对A公司进行破产清算的申请。

A公司收到人民法院通知后，于5月9日提出异议，认为本公司未达破产界限，理由是：第一，B公司对A公司之债权由C公司提供连带保证，而C公司完全有能力代为清偿该笔债务；第二，尽管A公司暂时不能清偿所欠B公司债务，但其资产总额超过负债总额，不构成资不抵债。经审查相关证据，人民法院发现：虽然A公司的账面资产总额超过负债总额，但其流动资金不足，实物资产大多不能立即变现，无法立即清偿到期债务。据此，人民法院于5月16日裁定受理B公司提出的对A公司进行破产清算的申请，并指定了管理人。

在该破产案件中，有以下情况：

（1）2014年4月14日，人民法院受理了D公司诉A公司股东甲的债务纠纷案件。D公司主张，因甲未缴纳出资，故应就A公司所欠D公司债务承担出资不实责任。该案尚未审结。

（2）A公司于2013年4月8日向E信用社借款200万元，期限1年。A公司以其所属厂房为该笔借款提供了抵押担保，双方签订了抵押合同并办理了抵押登记。2014年5月18日，经管理人同意，A公司向E信用社偿还了其所欠200万元借款本金及其利息。经查，A公司用于抵押的厂房市场价值为500万元。有其他债权人提出，A公司向E信用社的清偿行为属于破产申请受理后对个别债权人的债务清偿，故应认定为无效。

（3）2014年6月2日，F公司向管理人提出，根据其与A公司之间的合同约定，由其提供原材料，委托A公司加工了一批产品，现合同到期，要求提货。据查，该批产品价值50万元，现存于A公司仓库，F公司已于2014年2月支付了全部加工费10万元。管理人认为该批产品属于债务人财产，故不允许F公司提走。

要求：

根据上述内容，分别回答下列问题：

（1）A公司以C公司为其债务提供了连带保证且有能力代为清偿为由，对破产申请提出的异议是否成立？并说明理由。

（2）人民法院以 A 公司现金不足，资产大多不能立即变现清偿债务为由，裁定受理破产申请，是否符合企业破产法律制度的规定？并说明理由。

（3）对于 D 公司诉 A 公司股东甲的债务纠纷案，在程序上人民法院应如何处理？并说明理由。

（4）债权人关于 A 公司向 E 信用社清偿行为无效的主张是否成立？并说明理由。

（5）F 公司是否有权提走其委托 A 公司加工的产品？并说明理由。

【案例 5】（2015 年）

A 公司因拖欠 B 公司债务被诉至人民法院并败诉，判决生效后，经人民法院强制执行，A 公司仍无法完全清偿 B 公司债务。A 公司的债权人 C 公司知悉该情况后，于 2014 年 7 月 30 日向人民法院提出对 A 公司的破产申请，A 公司提出异议：第一，A 公司账面资产仍大于负债；第二，C 公司并未就其债权向 A 公司提出清偿要求，因此不能直接判断其债权能否获得清偿。人民法院驳回 A 公司的异议，于 8 月 12 日裁定受理破产申请，并指定了管理人。

管理人接管 A 公司后，在清理债权债务过程中发现如下事项：

（1）2013 年 6 月，D 公司向甲银行借款 80 万元，借期 1 年，A 公司以其设备为 D 公司的借款提供抵押担保，并办理了抵押登记。借款到期后，D 公司未能偿还，经 A 公司、D 公司和甲银行协商，A 公司用于抵押的设备依法变现，所得价款全部用于偿还借款本息，但尚有 14 万元未能清偿。

（2）2013 年 9 月，A 公司向乙银行借款 50 万元，借期 6 个月，E 公司为此提供保证担保。2014 年 2 月 2 日，A 公司提前偿还借款。

（3）2013 年 11 月，F 公司向 A 公司订购一批汽车零部件，合同价款 30 万元，A 公司交货后，F 公司一直未付款，获悉人民法院受理针对 A 公司的破产申请后，F 公司以 30 万元的价格受让了 G 公司对 A 公司的 58 万元债权，之后，F 公司向管理人主张以其受让 G 公司的债权抵销所欠 A 公司的债务。

要求：

根据上述内容，分别回答下列问题：

（1）A 公司就破产申请提出的两项异议是否成立？并分别说明理由。

（2）甲银行能否将尚未得到清偿的 14 万元向管理人申报破产债权？并说明理由。

（3）对 A 公司提前偿还乙银行借款的行为，管理人是否有权请求人民法院予以撤销？并说明理由。

（4）F 公司向管理人提出以其受让 G 公司的债权抵销所欠 A 公司债务的主张是否成立？并说明理由。

【案例 6】（2015 年）

2014 年年底，A 公司已经开始出现破产原因，2015 年 6 月 8 日人民法院依法受理了 A 公司的破产申请，并指定了某律师事务所为管理人。

（1）2015 年 2 月，B 公司委托 A 公司代为销售某产品，A 公司管理人将其归为 A 公司财产。

（2）2015 年 3 月，A 公司运输车辆将董某撞伤，A 公司向董某支付了人身损害赔偿金15万元。

（3）2015年4月，A公司向C公司购买了一批货物，双方约定分期付款，A公司付清全部价款之后才能获得该批货物的所有权。A公司已经支付了90%的货款。A公司管理人决定继续履行该合同，但无正当理由拒绝支付剩余10%的货款。

（4）2014年5月，A公司以其设备设定抵押向D银行借款100万元（办理了抵押登记）。A公司管理人为该抵押物的管理、变现等付出了合理劳动。在确定管理人报酬时，A公司管理人将该抵押物的价值计入了计酬基数，同时请求D银行支付实现抵押权的相应报酬。

要求：

根据上述内容，分别回答下列问题：

（1）B公司委托销售的产品是否属于A公司财产？并说明理由。

（2）A公司管理人是否有权撤销支付给董某的人身损害赔偿金？并说明理由。

（3）C公司能否取回该批货物？并说明理由。

（4）在确定管理人报酬时，该抵押物的价值能否计入计酬基数？管理人请求D银行支付实现抵押权的相应报酬是否符合规定？并分别说明理由。

【案例7】（2016年）

人民法院于2015年11月5日受理了债权人提出的针对A公司的破产申请。法院向A公司送达受理裁定，并要求其在15日内提交财产状况说明、债务清册、债权清册等有关资料，A公司以企业管理不善、资料保存不全为由拒绝。

管理人在调查债务人财产状况时发现下述情况：

（1）2015年1月，A公司向B公司出售一台机床，B公司验货后，将机床暂存于A公司库房。双方约定，在B公司付清全部价款前，A公司保留机床所有权。2015年10月，B公司付清全部价款，但尚未提货。

（2）2015年2月，A公司向C银行借款20万元，由D公司承担连带保证责任。借款到期后A公司未能清偿，C银行已就20万元借款及利息向管理人申报了债权，同时要求D公司承担连带保证责任，D公司遂向管理人预先申报此笔债权，遭到拒绝。

在债权人会议对破产财产的变价方案进行表决时，出席会议并参与表决的债权人共计30人（全体债权人人数为45人），债权额占全部无财产担保债权总额的60%，其中赞成的为28人，债权额占全部无财产担保债权总额的45%。

在人民法院对本案作出破产宣告前，当地社会保险机构以债权人名义提出对A公司进行重整的申请。

要求：

根据上述内容，分别回答下列问题：

（1）A公司拒不提交相关材料，人民法院可对其采取何种处罚措施？

（2）A公司销售给B公司的机床是否属于债务人财产？并说明理由。

（3）管理人拒绝D公司预先申报债权，是否符合企业破产法律制度的规定？并说明理由。

（4）债权人会议关于破产财产变价方案的表决结果，是否达到通过表决方案的法定最低比例要求？并说明理由。

（5）当地社会保险机构是否有权提出重整申请？并说明理由。

【案例8】（2016年）

A公司因不能清偿到期债务，且明显缺乏清偿能力，主动向人民法院申请破产。2016年4月1日，人民法院裁定受理A公司的破产申请，并指定某会计师事务所为管理人。

管理人在清理A公司资产过程中发现，A公司的股东甲于2014年3月认缴增资200万元，根据公司章程的规定，甲应于2014年4月至2017年4月底，至多分4次缴足出资，每次不低于50万元。截至2016年4月1日，甲已经实缴100万元出资。2016年4月6日，管理人要求甲缴纳剩余出资100万元，甲以其出资义务尚未到期为由拒绝。

2016年4月7日，B公司获悉A公司申请破产的消息后，要求取回其委托A公司加工定做的一套高档古典家具，由于B公司尚未支付加工费，管理人以此为由拒绝其取回家具。

2016年4月11日，C公司申报债权。管理人认为，C公司所主张的对A公司的50万元债权，未得到A公司原负责人认可，故以该债权有争议为由拒绝将其编入债权申报登记册。C公司对此提出异议，管理人研究后提出如下处理方案：先将C公司主张的债权列入债权申报登记册，交由第一次债权人会议核查是否成立，但C公司不得参加第一次债权人会议。

债权申报工作结束后，管理人指定本所一名资深注册会计师担任债权人会议主席。

要求：

根据上述内容，分别回答下列问题：

（1）甲拒绝缴纳剩余100万元出资的理由是否成立？并说明理由。

（2）管理人拒绝B公司取回家具的理由是否成立？并说明理由。

（3）管理人拒绝将C公司的债权编入债权申报登记册的理由是否成立？并说明理由。

（4）管理人拒绝C公司参加第一次债权人会议是否符合企业破产法律制度的规定？并说明理由。

（5）管理人指定本所注册会计师为债权人会议主席是否符合企业破产法律制度的规定？并说明理由。

【案例9】（2017年）

A公司是一家拥有200多名职工的中型企业。自2015年年底开始，A公司生产经营停滞，无力偿还银行贷款本息，并持续拖欠职工工资。2017年1月，A公司20名职工联名向人民法院提出对A公司的破产申请，人民法院认为该20名职工无破产申请权，作出不予受理的裁定。2017年2月，A公司的债权人B银行向人民法院申请A公司破产，A公司提出异议称，A公司账面资产总额超过负债总额，并未丧失清偿能力。在此情形下，人民法院召集A公司和B银行代表磋商偿还贷款事宜，但A公司坚持要求B银行再给其半年还款缓冲期，争取恢复生产，收回货款后再清偿贷款，B银行则要求A公司立即清偿债务，双方谈判破裂。人民法院认为，A公司的抗辩异议不成立，于5日后作出受理破产申请的裁定，并指定了破产管理人。在管理人接管A公司、清理财产和债权债务期间，发生如下事项：

（1）C公司欠A公司的20万元货款到期，C公司经理在得知A公司进入破产程序的情况下，因被A公司经理收买，直接将货款交付A公司财务人员。A公司财务人员收到货款后，迅速转交给A公司的股东。

（2）A公司经管理人同意，向其债权人D公司清偿10万元债务，A公司此前为担保该笔债务而以其市值50万元的机器设备设定的抵押，也因此解除。

管理人清理债权债务时还发现，A公司的部分财产已在破产申请受理前发生的多宗民事诉讼案件中被人民法院采取保全措施或者已进入强制执行程序。

要求：

根据上述内容，分别回答下列问题：

（1）人民法院认为A公司20名职工无破产申请权，是否符合企业破产法律制度的规定？并说明理由。

（2）人民法院驳回A公司的抗辩异议，是否符合企业破产法律制度的规定？并说明理由。

（3）C公司向A公司财务人员交付20万元货款的行为是否产生债务清偿效果？并说明理由。

（4）A公司向D公司的清偿行为是否应当认定为无效？并说明理由。

（5）A公司破产申请受理前人民法院对其部分财产所采取的保全措施以及强制执行程序，应如何处理？

【案例10】（2017年）

2016年6月3日，人民法院裁定受理债务人甲公司的破产申请。同日，人民法院发布受理破产申请的公告，确定债权人申报债权的期限。在此期限内，管理人收到以下债权申报：

（1）A公司曾为甲公司的50万元银行借款提供连带保证。2016年3月，因甲公司无力偿还借款，A公司承担连带保证责任，向银行支付50万元借款本息。A公司因此向管理人申报50万元借款本息的债权。

（2）甲公司欠B信用社60万元借款未还。C公司为该笔借款提供连带保证，但尚未承担保证责任。B信用社向管理人申报60万元借款本息的债权后，C公司也提出相同金额债权的申报。

（3）甲公司的关联企业乙公司也进入破产程序。甲公司和乙公司对D公司负有70万元的连带债务。D公司向乙公司管理人申报70万元债权后，又向甲公司管理人申报该70万元债权。

（4）甲公司长期拖欠E公司货款，累计20万元。E公司申报20万元本息的债权。甲公司管理人收到上述申报后，审查了A、B、C、D、E五家债权人的相关资料，认为E公司主张的债权已经超过诉讼时效期间，故未将E公司申报的债权编入债权申报登记册。

要求：

根据上述内容，分别回答下列问题：

（1）债权人申报债权的最短期限和最长期限分别是多少？

（2）管理人对A公司申报的50万元借款本息债权应否确认？并说明理由。

（3）管理人对C公司申报的60万元借款本息债权应否确认？并说明理由。

（4）管理人对D公司申报的70万元债权应否确认？并说明理由。

（5）管理人不将E公司的债权编入债权申报登记册的理由是否成立？并说明理由。

【案例11】（2018年）

2017年9月以来，债务人A公司出现不能清偿到期债务且明显缺乏清偿能力的情形。同年10月23日，债权人B公司向人民法院提出对A公司进行破产清算的申请。A公司向人民法院提出异议，认为所欠B公司债务有C公司提供的连带保证担保，且C公司有能力承担保证责任，因此人民法院不应受理破产申请。

2017年11月2日，人民法院裁定受理A公司破产案件。在选择管理人时，D会计师事务所和E律师事务所参与投标，其中D会计师事务所曾于2013年1月至2014年10月担任A公司的财务顾问，E律师事务所曾于2014年度担任B公司的法律顾问。

清理债务人财产时，管理人发现，A公司自2016年下半年起存在普遍拖欠职工工资的情形。截至2017年年底，A公司董事仍正常领取工资，但未领取2017年度的绩效奖金。

确定破产债权时，管理人对A公司所欠职工工资和医疗、伤残补助、抚恤费用，以及应当列入职工个人账户的基本养老和医疗保险费用等列出清单，进行公示。A公司职工对清单记载的所欠基本养老保险等费用提出异议，要求管理人予以更正。但管理人既未更正，也未作出合理的解释和说明。

破产宣告前，由于A公司的一土地使用权市场价值大幅上升，公司资产价值整体超过负债总数，因此A公司请求人民法院裁定驳回破产申请。

要求：

根据上述内容，分别回答下列问题：

（1）A公司对破产申请提出的异议是否成立？并说明理由。

（2）D会计师事务所和E律师事务所，谁不得担任本案的破产管理人？并说明理由。

（3）对于A公司董事领取的2017年9月以后的工资，管理人应如何处理？并说明理由。

（4）A公司职工对管理人列出的职工债权清单提出异议并要求更正后，管理人未予更正，对此，有何法律救济途径？

（5）对于A公司基于公司资产价值整体超过负债总数这一情况提出的驳回破产申请的请求，人民法院应否支持？并说明理由。

【案例12】（2018年）

2017年4月，申请执行人B公司请求甲地级市乙县人民法院执行A公司（住所地为丙地级市丁县）位于乙县的X房产。乙县人民法院在执行中发现，A公司不能清偿到期债务且资产不足以清偿全部债务。后经 A 公司书面同意，该执行案件移送破产审查。同年 5 月，受移送人民法院确定受理 A 公司破产案件，并指定了破产管理人。

在破产案件审理中，查明下列事实：

（1）A 公司在 X 房产上为其所欠 B 公司 300 万元债务设定了抵押担保。抵押时，X 房产的市场价值约为 350 万元，现该房产市场价值约为 400 万元。除上述抵押外，该房产上没有其他权利负担。

（2）2016 年 8 月，A 公司因正常生产经营所需与 C 公司约定：A 公司从当年 9 月开始每月从 C 公司采购原材料，货款按季度结算，A 公司以其专用存款账户质押担保。之后，A 公司依约提供了质押担保。破产案件审理中，其他债权人提出，A 公司为 C 公司提供质押担保的行为发生于破产申请受理前 1 年内，因此，管理人应请求人民法院予以撤销。

在破产案件审理期间，因国家税收政策调整及不动产市场价格上涨，A 公司资产超过负债。A 公司认为破产原因消失，希望通过变卖部分不动产清偿债务，遂向人民法院提出终止破产程序的申请。

要求：

根据上述内容，分别回答下列问题：

（1）乙县人民法院移送的 A 公司破产案件，根据级别管辖和地域管辖的规则，应当由哪个人民法院管辖？并说明理由。

（2）乙县人民法院在作出执行案件移送破产审查决定前，应当履行何种审核程序？

（3）X 房产应以多少财产价值计入管理人报酬的计酬基数？并说明理由。

（4）A 公司为 C 公司提供质押担保的行为应否撤销？并说明理由。

（5）对于 A 公司提出的终止破产程序的申请，人民法院应否支持？并说明理由。

【案例 13】（2019 年）

2018 年 9 月 3 日，债务人甲公司出现不能清偿到期债务且明显缺乏清偿能力的情况；10 月 15 日，债权人乙公司向人民法院提出针对甲公司的破产申请。甲公司对破产申请提出异议，理由是：（1）甲公司的账面资产大于负债，只是难以变现，不构成明显缺乏清偿能力；（2）乙公司未预先交纳诉讼费用，不应立案。

11 月 1 日，人民法院受理甲公司破产案件，并指定管理人。管理人调查甲公司财产状况时发现：当年 8 月，甲公司向丙公司购买起重机 5 台，总金额 50 万元，约定分两期付款，第二期付款日为 2018 年 12 月 31 日；在甲公司付清价款前，丙公司保留起重机的所有权。至人民法院指定管理人之时，甲公司已经收到 5 台起重机并投入使用，甲公司已经支付价款总计 40 万元。11 月 3 日，管理人决定继续履行起重机买卖合同并通知丙公司，丙公司立即要求管理人支付剩余 10 万元起重机价款，管理人以第二期付款期限尚未届至为由拒绝。丙公司遂要求收回起重机。

此外，当年 8 月，甲公司与丁公司签订购买原材料合同，约定交货时间为 11 月 30 日之前。10 月 20 日，丁公司发货，甲公司的管理人于 11 月 5 日收到货物。

11 月 8 日，丁公司向甲公司催收货款时发现，甲公司破产案件已被人民法院受理，遂要求取回该批货物。

要求：

根据上述内容，分别回答下列问题：

（1）甲公司关于“其账面资产大于负债，只是难以变现，不构成明显缺乏清偿能力”的异议是否成立？并说明理由。

（2）甲公司关于“乙公司未预先交纳诉讼费用，人民法院不应立案”的异议是否成立？并说明理由。

（3）管理人是否有权以付款期限尚未届至为由拒绝支付甲公司所欠丙公司剩余 10 万元起重机价款？并说明理由。

（4）在管理人以第二期付款期限尚未届至为由拒绝付款的情况下，丙公司是否有权收回起重机？并说明理由。

（5）丁公司是否有权要求取回已交付的原材料？并说明理由。

【案例 14】（2019 年）

2018 年 9 月 5 日，债务人 A 上市公司（以下简称“A 公司”）向人民法院申请破产重整，提交了破产申请书等材料。人民法院于 9 月 18 日裁定受理，并指定 B 会计师事务所担任管理人，负责管理 A 公司的财产和营业事务。债务人 A 公司认为，重整申请由其提出，因此，重整计划草案亦应由其制作。

重整期间，管理人确认：A 公司存在欠税、拖欠职工工资及补偿金、无法支付供应商货款、无法向预付费客户返还押金和未消费储值金等情况。管理人提议按照普通债权组、职工债权组和税收债权组的分类，对重整计划草案进行分组表决。但预付费押金、储值金债权人表示异议，认为消费者权益应当受到重视，要求在普通债权组中分设小额债权组对重整计划草案进行表决。

重整计划草案经过多轮调整后提交表决。由于重整计划草案涉及 A 公司出资人权益调整事项，表决时又设立了出资人组。该组对重整计划草案表决的相关情况如下：出席表决会议的出资人 28 人，占 A 公司出资人人数的 70%；出席会议出资人持有的出资额占 A 公司全部出资额的 80%；对重整计划草案投赞成票的出资人为 15 人，持有出资额占 A 公司全部出资额的 60%。

重整计划执行期间，又有数名预付费客户提出，其刚知晓 A 公司重整，要求继续申报债权，立即退还押金。

要求：

根据上述内容，分别回答下列问题：

（1）破产申请书应当记载哪些事项？

（2）A 公司关于重整计划草案应由其制作的主张是否成立？并说明理由。

（3）预付费押金、储值金债权人关于分设小额债权组的要求有无法律依据？是否设立小额债权组应当由谁决定？

（4）根据会议表决情况，A 公司重整计划草案涉及出资人权益调整事项的表决是否获得通过？并说明理由。

（5）对于数名预付费客户提出“继续申报债权，立即退还押金”的要求，应当如何处理？

【案例15】（2020年）

2015年，甲公司经A市B县工商行政管理机关登记设立。此后，甲公司以A市C县为主要办事机构所在地开展经营活动。2019年5月15日，因甲公司不能清偿到期债务且明显缺乏清偿能力，债权人向人民法院提出对甲公司的破产申请。2019年6月12日，人民法院受理破产案件，并指定管理人。管理人在履行职责过程中发现下列情形：

（1）甲公司股东王某认缴出资50万元，出资期限为公司设立后5年内。王某已向甲公司实缴出资10万元。管理人要求王某缴纳剩余40万元出资，王某先以出资缴纳期限尚未届满为由拒绝，后又向管理人提出以甲公司欠其40万元借款本息抵销其欠缴出资。

（2）2019年3月，乙公司与甲公司签订仓储合同，将一批红木交由甲公司保管。2019年4月，甲公司擅自将该批红木以市场价格售予不知情的第三人丙公司并已交付，得款80万元。破产案件受理后，乙公司了解到相关情况，遂要求丙公司返还红木。遭到丙公司拒绝后，乙公司又向管理人主张就甲公司出售红木所得80万元货款行使取回权。

要求：

根据上述内容，分别回答下列问题：

（1）甲公司破产案件应由何地基层人民法院管辖？并说明理由。

（2）王某拒绝缴纳剩余40万元出资的理由是否成立？并说明理由。

（3）王某以甲公司欠其40万元借款本息抵销其欠缴出资的主张是否成立？并说明理由。

（4）乙公司是否有权要求丙公司返还红木？并说明理由。

（5）对于甲公司出售红木所得80万元货款，乙公司是否享有取回权？并说明理由。

【案例16】（2020年）

2019年9月5日，人民法院受理债权人针对债务人甲公司提出的破产申请。随后，甲公司及甲公司股东张某（出资额占甲公司注册资本的比例为15%）均向人民法院提出重整申请，甲公司同时提出自行管理财产和营业事务的申请。9月18日，人民法院裁定甲公司重整，批准甲公司自行管理财产和营业事务，并指定乙会计师事务所为管理人。

重整计划草案调减了甲公司出资人的相应权益，需债权人会议出资人组对此进行表决。甲公司共有股东20人，其中10名股东赞成重整计划草案，合计出资比例为45%；4名股东反对重整计划草案，合计出资比例为15%；其余股东未参加表决。

重整期间，甲公司所欠丙银行一笔借款到期，该笔借款以甲公司正在使用的一台生产设备为抵押担保（办理了抵押登记）。丙银行要求将该设备变卖以实现其抵押权。

重整期间，甲公司擅自将存放于公司仓库的一批贵重原材料转移给其关联企业。部分债权人将此情况报告了管理人乙会计师事务所。乙会计师事务所认为，人民法院已批准甲公司自行管理财产和营业事务，因此管理人不再负有义务。

要求：

根据上述内容，分别回答下列问题：

（1）张某是否有资格向人民法院提出重整申请？并说明理由。

（2）重整计划草案是否通过了出资人组表决？并说明理由。

（3）重整期间，丙银行能否就甲公司抵押的设备实现抵押权？并说明理由。

（4）乙会计师事务所关于“人民法院已批准甲公司自行管理财产和营业事务，因此管理人不再负有义务”的观点是否正确？并说明理由。

（5）对于甲公司擅自转移财产的行为，债权人可以通过何种途径获得法律救济？并说明理由。

【案例 17】（2021 年）

2020 年 10 月 15 日，甲公司因陷入财务困境无法清偿到期债务而向人民法院提出破产申请。此前一周，甲公司职工李某被拖欠多月工资，迳行向人民法院提出针对甲公司的破产申请。2020 年 11 月 10 日，人民法院裁定受理甲公司破产案件，并采用竞争方式确定 A 会计师事务所担任管理人，同时确定 B 会计师事务所作为管理人的接替人选。甲公司曾于 2016 年 9 月 1 日聘用 A 会计师事务所担任其财务顾问，聘期 1 年。

管理人在清理债务人财产过程中发现：

（1）甲公司于 2020 年 5 月 8 日提前向乙公司清偿债务 100 万元，该笔债务本应于 2020 年 10 月 10 日到期。

（2）甲公司于 2020 年 10 月 10 日向丙公司订购了一套生产设备，约定货到付款。丙公司于 11 月 9 日向甲公司发出该设备。在货物运送途中，丙公司于 11 月 12 日得知人民法院受理甲公司破产案件，向承运人及管理人要求将设备运回，但未能实现。该设备于 11 月 13 日到达管理人。

（3）甲公司章程记载其股东王某应于 2021 年 5 月 31 日前向公司缴清价值 50 万元的实物出资。王某已向公司交付一批价值 35 万元的机械设备以履行出资义务。进入破产程序后，管理人要求王某补缴剩余 15 万元出资，王某以其出资期限尚未届满为由拒绝。

要求：

根据上述内容，分别回答下列问题：

（1）人民法院是否应当受理甲公司职工李某迳行提起的破产申请？并说明理由。

（2）A 会计师事务所与本案是否存在影响其忠实履行管理人职责的利害关系？并说明理由。

（3）管理人是否有权要求撤销甲公司向乙公司的提前清偿行为？并说明理由。

（4）管理人是否应当准许丙公司取回生产设备？并说明理由。

（5）王某是否有权以出资期限尚未届满为由拒绝补缴出资？并说明理由。

【案例 18】（2021 年）

2020 年 10 月，甲上市公司（以下简称"甲公司"）向乙市中级人民法院提出重整申请。在受理重整申请前，乙市中级人民法院按规定向上级人民法院报送材料进行审查。经审查后，乙市中级人民法院裁定受理甲公司的破产重整申请，并指定丙会计师事务所为管理人。之后，乙市中级人民法院又批准了甲公司自行管理财产和营业事务的申请。

由于甲公司控股股东违规占用公司资产是造成公司陷入重整困境的重要原因，重整计划草案中有相应调减控股股东股权的内容。债权人会议审议重整计划草案时，设置出资人组对该草案进行表决。现场出席会议和通过网络表决的出资人共 300 人，共计持有有表决权的股份 3 亿股；其中赞成重整计划草案的有 100 人，共计持有有表决权的股份 2.5 亿股。控股股东因回避未参加表决。

重整计划草案表决前，对甲公司的特定财产享有担保权的债权人也要求单独分组表决重整计划草案。

重整计划获得乙市中级人民法院批准后，由于国家相关政策调整，原重整计划的部分内容无法执行。经乙市中级人民法院同意，甲公司对重整计划作了相应调整，并将变更后的重整计划提请表决。

要求：

根据上述内容，分别回答下列问题：

（1）乙市中级人民法院裁定受理甲公司重整申请前，应由何级人民法院对报送材料进行审查？

（2）乙市中级人民法院批准甲公司自行管理财产和营业事务后，管理人丙会计师事务所应当履行哪些义务？

（3）根据表决结果，重整计划草案是否获得出资人组的通过？并说明理由。

（4）对甲公司的特定财产享有担保权的债权人是否应当单独分组表决？

（5）变更后的甲公司重整计划应提交哪些主体表决通过？

案例分析题专项演练参考答案及解析

使用"会计云课堂"App 或"微信"扫码对答案、看解析、掌握解题思路，开启轻松过关之旅。

【案例 1 答案】

（1）债务人账面资产虽大于负债，但法定代表人下落不明且无其他人员负责管理财产，无法清偿债务的，人民法院应当认定债务人明显缺乏清偿能力。

（2）甲的理由不成立。根据规定，保证人被裁定进入破产程序的，债权人有权申报其对保证人的保证债权。主债务未到期的，保证债权在保证人破产申请受理时视为到期。

（3）乙的主张不成立。根据规定，保证人被裁定进入破产程序的，债权人有权申报其对保证人的保证债权，一般保证的保证人主张行使先诉抗辩权的，人民法院不予支持。

（4）丙的主张成立。根据规定，债务人的债务人在破产申请受理后取得他人对债务人的债权的，不得抵销。

（5）丁的主张不成立。根据规定，人民法院受理破产申请时，出卖人已将买卖标的物向作为买受人的债务人发运，债务人尚未收到且未付清全部价款的，出卖人可以取回在运途中的标的物。买受人的破产案件受理时，只要货物尚在运输途中，且价款尚未付清，出卖人向管理人表示行使取回权的，即可发生取回的法律效力。

【案例 2 答案】

（1）C 银行的做法不符合规定。根据规定，破产企业（A 公司）不是主债务人，在担保物价款不足以清偿担保债权额时，余债不得作为破产债权向破产企业要求清偿，只能向主债务人（B 公司）求偿。

（2）① E 公司有权拒绝 D 公司返还机床的请求。根据规定，E 公司基于善意取得制度依法取得了该机床的所有权，E 公司有权拒绝 D 公司返还机床的请求；② D 公司可以向管理人申报普通破产债权。根据规定，债务人占有的他人财产被违法转让给第三人，第三人已善意取得该财产的所有权，原权利人无法取回该财产的，如果转让行为发生在破产申请受理前，原权利人因财产损失形成的债权，作为普通破产债权清偿。

（3）管理人无权解除 A 公司与 F 公司之间的房屋租赁合同。根据规定，破产企业对外出租不动产的，管理人不得解除合同，在变价财产时，房屋应当带租约出售，承租人在同等条件下享有优先购买权。

（4）G 公司关于债务抵销的主张不成立。根据规定，债务人的债务人在破产申请受理后取得他人对债务人的债权的，禁止抵销。

（5）管理人无权撤销 A 公司向供电局补缴电费的行为。根据规定，债务人为维系基本生产需要而支付水费、电费等，管理人请求撤销的，人民法院不予支持。

【案例 3 答案】

（1）B、C 两公司的主张不成立。根据规定，人民法院受理破产申请后，债务人的出资人尚未完全履行出资义务的，管理人应当要求该出资人缴纳所认缴的出资，而不受出资期限的限制。

（2）C 公司的主张不成立。根据规定，管理人代表债务人提起诉讼，主张出资人向债务人依法缴付未履行的出资或者返还抽逃的出资本息，出资人以违反出资义务已经超过诉讼时效为由抗辩的，人民法院不予支持。

（3）人民法院应当认定为非正常收入，管理人应当追回。具体为：

①债务人的董事、监事和高级管理人员因返还“绩效奖金”形成的债权，可以

作为“普通破产债权”清偿。

②债务人的董事、监事和高级管理人员因返还“普遍拖欠职工工资情况下获取的工资性收入”形成的债权，按照该企业职工平均工资计算的部分作为“拖欠职工工资”清偿；高出该企业职工平均工资计算的部分，可以作为“普通破产债权”清偿。

（4）D公司可以向管理人主张出卖人取回权。根据规定，出卖人依据《企业破产法》的规定，通过通知承运人或者实际占有人中止运输、返还货物、变更到达地，或者将货物交给其他收货人等方式，对在运途中标的物主张了取回权但未能实现，或者在货物未达管理人前已向管理人主张取回在运途中标的物，在买卖标的物到达管理人后，出卖人向管理人主张取回的，管理人应予准许。

【案例4答案】

（1）A公司的异议不成立。根据规定，相关当事人以对债务人的债务负有连带责任的人未丧失清偿能力为由，主张债务人不具备破产原因的，人民法院不予支持。

（2）人民法院的做法符合规定。根据规定，债务人账面资产虽大于负债，但存在因资金严重不足或者财产不能变现等原因，无法清偿债务的，人民法院应当认定其明显缺乏清偿能力。

（3）人民法院应当中止审理。根据规定，破产申请受理前，债权人提起诉讼主张债务人的出资人等直接向其承担出资不实责任，案件在破产申请受理时尚未审结的，人民法院应当中止审理。

（4）债权人的主张不成立。根据规定，人民法院受理破产申请后，债务人对个别债权人的债务清偿无效。但是，债务人以其财产向债权人提供物权担保的，其在担保物市场价值内向债权人所作的债务清偿，不受上述规定的限制。

（5）F公司有权提走其委托A公司加工的产品。根据规定，债务人基于仓储、保管、承揽、代销、借用、寄存、租赁等合同或者其他法律关系占有、使用的他人财产，不应认定为债务人财产。在本题中，A公司基于承揽合同占有F公司的财产，且F公司已付加工费，管理人无权拒绝返还加工物。

【案例5答案】

（1）A公司的两项异议均不成立。根据规定，债务人账面资产虽大于负债，但经人民法院强制执行，无法清偿债务的，人民法院应当认定其明显缺乏清偿能力。而“经人民法院强制执行，无法清偿债务”，是指只要债务人的任何一个债权人经人民法院强制执行未能得到清偿，其每一个债权人均有权提出破产申请，并不要求申请人自己已经采取了强制执行措施。在本题中，债权人B公司在经人民法院强制执行后未能得到清偿，故债权人C公司可以提出破产申请。

（2）甲银行不能将尚未得到清偿的14万元向管理人申报破产债权。根据规定，破产企业不是主债务人，在担保物价款不足以清偿担保债权额时，余债不得作为破产债权向破产企业要求清偿，只能向主债务人（D公司）求偿。

（3）管理人无权请求人民法院予以撤销。根据规定，破产申请受理前1年内债务人提前清偿的未到期债务，在破产申请受理前已经到期，管理人请求撤销该行为的，人民法院不予支持。但是，该清偿行为发生在破产申请受理前6个月内且债务人有破产原因的除外。

（4）F 公司的主张不成立。根据规定，债务人的债务人在破产申请受理后取得他人对债务人的债权的，不得抵销。在本题中，债务人的债务人 F 公司是在破产申请受理后取得他人（G 公司）对债务人（A 公司）的债权，故不能抵销。

【案例 6 答案】

（1）B 公司委托销售的产品不属于 A 公司财产。根据规定，债务人基于仓储、保管、承揽、代销、借用、寄存、租赁等合同或者其他法律关系占有、使用的他人财产，不属于债务人财产。

（2）A 公司管理人无权撤销支付给董某的人身损害赔偿金。根据规定，人民法院受理破产申请前 6 个月内，债务人支付的人身损害赔偿金，管理人请求撤销的，人民法院不予支持。

（3）C 公司不能取回该批货物。根据规定，买受人管理人无正当理由未及时支付价款，给出卖人造成损害，出卖人主张取回标的物的，人民法院应予支持。但是，买受人已支付标的物总价款 75% 以上或者第三人善意取得标的物所有权或者其他物权的除外。在本题中，由于 A 公司已经支付了 90% 的货款，C 公司不能取回该批货物。

（4）①该抵押物的价值不能计入计酬基数。根据规定，人民法院应根据“债务人最终清偿的财产价值总额”，分段确定管理人报酬。担保权人优先受偿的担保物价值，不计入“债务人最终清偿的财产价值总额”；②管理人请求 D 银行支付实现抵押权的相应报酬符合规定。根据规定，管理人对担保物的维护、变现、交付等管理工作付出合理劳动的，有权向担保权人收取适当的报酬。

【案例 7 答案】

（1）人民法院可以对 A 公司的直接责任人员采取罚款等强制措施。

（2）A 公司销售给 B 公司的机床不属于债务人财产。根据规定，债务人基于仓储、保管等法律关系占有、使用的他人财产，不属于债务人财产。在本题中，双方约定，在 B 公司付清全部价款前，A 公司保留机床所有权。2015 年 10 月，B 公司付清全部价款后，B 公司即取得了该机床的所有权。尽管 B 公司尚未提货，但 A 公司仅处于保管人的地位，该机床不属于债务人财产。

（3）管理人拒绝 D 公司预先申报债权符合规定。根据规定，对于保证债权，债权人已向管理人申报全部债权的，保证人（D 公司）不得再申报债权。

（4）未达到法定最低比例要求。根据规定，债权人会议对破产财产变价方案作出的决议，应由出席会议的有表决权的债权人过半数通过，并且其所代表的债权额占无财产担保债权总额的 1/2 以上。在本题中，赞成该决议的人数为 28 人，超过出席会议的有表决权的债权人的半数；但是其所代表的债权额仅占全部无财产担保债权总额的 45%，未达到 1/2 以上的法定要求。

（5）当地社会保险机构无权提出重整申请。根据规定，社会保险机构只享有对债务人的破产清算申请权，但不享有重整申请权。

【案例8答案】

（1）甲的理由不成立。根据规定，人民法院受理破产申请后，债务人的出资人尚未完全履行出资义务的，管理人应当要求该出资人缴纳所认缴的出资，而不受出资期限的限制。

（2）管理人的理由成立。根据规定，权利人行使取回权时未依法向管理人支付相关的加工费等费用，管理人拒绝其取回相关财产的，人民法院应予以支持。

（3）管理人的理由不成立。根据规定，管理人应当对债权人申报的债权进行登记造册，不得以其认为债权超过诉讼时效或者不能成立等为由拒绝编入债权申报登记册。

（4）管理人拒绝C公司参加第一次债权人会议不符合规定。根据规定，凡是申报债权者均有权参加第一次债权人会议，有权参加对其债权的核查、确认活动，并可依法提出异议。

（5）管理人指定本所注册会计师为债权人会议主席不符合规定。根据规定，债权人会议主席由人民法院在有表决权的债权人中指定，管理人无权指定债权人会议主席。

【案例9答案】

（1）人民法院认为A公司20名职工无破产申请权符合规定。根据规定，职工提出破产申请应经职工代表大会或者全体职工会议多数决议通过。

（2）人民法院驳回A公司的抗辩异议符合规定。根据规定，债务人以其具有清偿能力或者资产超过负债为由提出抗辩异议，但又不能立即清偿债务或者与债权人达成和解的，其异议不能成立。

（3）C公司向A公司财务人员交付20万元货款的行为不产生债务清偿的效果。根据规定，人民法院受理破产申请后，债务人的债务人或者财产持有人应当向管理人清偿债务或者交付财产，如其故意违反法律规定向债务人清偿债务或者交付财产，使债权人受到损失的，不免除其清偿债务或者交付财产的义务。

（4）A公司向D公司的清偿行为不应当认定为无效。根据规定，人民法院受理破产申请后，债务人对个别债权人的债务清偿无效；但是，债务人以其财产向债权人提供物权担保的，其在担保物市场价值内向债权人所作的债务清偿，不受上述规定的限制。

（5）人民法院受理破产申请后，有关债务人财产的保全措施应当解除，执行程序应当中止。

【案例10答案】

（1）债权人申报债权的期限，最短不得少于30日，最长不得超过3个月。

（2）管理人对A公司申报的50万元借款本息债权应予确认。根据规定，债务人的保证人已经代替债务人清偿债务的，以其对债务人的求偿权申报债权。

（3）管理人对C公司申报的60万元借款本息债权不应予以确认。根据规定，债权人已向管理人申报全部债权的，保证人不得再申报债权。

（4）管理人对D公司申报的70万元债权应予确认。根据规定，连带债务人数人均被裁定适用破产程序的，其债权人有权就全部债权分别在各破产案件中申报债权。

（5）管理人的理由不成立。根据规定，管理人应当对债权人申报的债权进行登记造册，不得以其认为债权超过诉讼时效或者不能成立等为由拒绝编入债权申报登记册。

【案例 11 答案】

（1）A 公司的异议不成立。根据规定，相关当事人以对债务人的债务负有连带责任的人未丧失清偿能力为由，主张债务人不具备破产原因的，人民法院不予支持。

（2）E 律师事务所不得担任破产管理人。根据规定，现在担任或者在人民法院受理破产申请前 3 年内曾经担任债务人、债权人的财务顾问、法律顾问的，不得担任债务人破产案件的管理人。在本题中，D 会计师事务所卸任 A 公司财务顾问的时间为 2014 年 10 月，距人民法院受理破产申请（2017 年 11 月 2 日）已经超过 3 年，而 E 律师事务所自 2015 年起方卸任 B 公司法律顾问，距破产受理时不足 3 年。

（3）管理人应当予以追回。根据规定，债务人发生破产原因时，债务人的董事、监事和高级管理人员在普遍拖欠职工工资情况下获取的工资性收入，应当认定为非正常收入，管理人应当追回。

（4）A 公司职工可以向人民法院提起债权确认诉讼。

（5）人民法院不予支持。根据规定，人民法院受理破产申请后至破产宣告前，由于债务人财产的市场价值发生变化导致其在案件受理后资产超过负债乃至破产原因消失的，不影响破产案件的受理效力和继续审理，人民法院不得裁定驳回申请。

【案例 12 答案】

（1）由被执行人住所地的中级人民法院（丙市中级人民法院）管辖。根据规定，执行案件移送破产审查，在地域管辖上，由被执行人住所地人民法院管辖；在级别管辖上，实行以中级人民法院管辖为原则、基层人民法院管辖为例外的管辖制度。

（2）基层人民法院拟将执行案件移送异地中级人民法院进行破产审查的，在作出移送决定前，应先报其所在地中级人民法院执行部门审核同意。

（3）X 房产应以 100 万元计入管理人报酬的计酬基数。根据规定，担保权人优先受偿的担保物价值（300 万元），不计入“债务人最终清偿的财产价值总额”（管理人报酬的计酬基数）。

（4）A 公司为 C 公司提供质押担保的行为不应撤销。根据规定，对没有财产担保的债务提供财产担保，是指对原来已经成立的无财产担保的债务事后补充设置担保，只要补充设置担保的行为发生在人民法院受理破产申请前 1 年内，就可以撤销；但不包括债务人在可撤销期间内设定债务的同时提供的财产担保。

（5）人民法院不予支持。根据规定，人民法院受理破产申请后至破产宣告前，由于债务人财产的市场价值发生变化导致其在案件受理后资产超过负债乃至破产原因消失的，不影响破产案件的受理效力和继续审理，人民法院不得裁定驳回申请。

【案例13答案】

（1）异议不成立。根据规定，债务人账面资产虽大于负债，但因资金严重不足或者财产不能变现等原因，无法清偿债务的，人民法院应当认定其明显缺乏清偿能力。

（2）异议不成立。根据规定，破产案件的诉讼费用，应计入破产费用，由债务人财产随时清偿，无须预交。相关当事人以申请人未预先交纳诉讼费用为由，对破产申请提出异议的，人民法院不予支持。

（3）管理人无权以付款期限尚未届至为由拒绝支付甲公司所欠丙公司剩余10万元起重机价款。根据规定，买受人破产，其管理人决定继续履行所有权保留买卖合同的，原买卖合同中约定的买受人支付价款的期限在破产申请受理时视为到期，买受人管理人应当及时向出卖人支付价款。

（4）丙公司无权收回起重机。根据规定，买受人管理人无正当理由未及时支付价款，给出卖人造成损害，出卖人主张取回标的物的，人民法院应予支持。但是，买受人已支付标的物总价款75%以上或者第三人善意取得标的物所有权或者其他物权的除外。

（5）丁公司无权取回原材料。根据规定，出卖人对在运途中标的物未及时行使取回权，在买卖标的物到达管理人后向管理人行使在运途中标的物取回权的，管理人不应准许。

【案例14答案】

（1）破产申请书应当载明如下内容：①申请人、被申请人的基本情况；②申请目的；③申请的事实和理由；④人民法院认为应当载明的其他事项。

（2）A公司的主张不成立。根据规定，管理人负责管理财产和营业事务的，由管理人制定重整计划草案。

（3）①预付费押金、储值金债权人关于分设小额债权组的要求有法律依据。根据规定，人民法院在必要时可以决定在普通债权组中设小额债权组对重整计划草案进行表决；②是否设立小额债权组由人民法院决定。

（4）A公司重整计划草案涉及出资人权益调整事项的表决可以获得通过。根据规定，出资人组对重整计划草案中涉及出资人权益调整的事项进行表决时，经参与表决的出资人所持表决权2/3以上通过的，即为该组通过重整计划草案。

（5）该数名预付费客户可以继续申报债权，但无权要求立即退还押金。根据规定，债权人未依照规定申报债权的，可以继续申报债权，但在重整计划执行期间不得行使权利。

【案例15答案】

（1）甲公司破产案件应由A市C县基层人民法院管辖。根据规定，破产案件由债务人住所地（债务人的主要办事机构所在地）人民法院管辖。

（2）王某拒绝缴纳剩余40万元出资的理由不成立。根据规定，人民法院受理破产申请后，债务人的出资人尚未完全履行出资义务的，管理人应当要求该出资人缴纳所认缴的出资，而不受出资期限的限制。

（3）王某以甲公司欠其40万元借款本息抵销其欠缴出资的主张不成立。根据规定，债务人的股东主张债务人股东因欠缴债务人的出资对债务人所负的债务与债务人对其负有的债务抵销，债务人管理人提出异议的，人民法院应予支持。

（4）乙公司无权要求丙公司返还红木。丙公司基于善意取得制度取得了该批红木的所有权，乙公司丧失了对该批红木的所有权，乙公司无权要求丙公司返还红木。

（5）乙公司不享有取回权。根据规定，债务人占有的他人财产被违法转让给第三人，第三人已善意取得该财产的所有权，原权利人无法取回该财产的，转让行为发生在破产申请受理前的，原权利人因财产损失形成的债权，作为普通破产债权清偿。

【案例 16 答案】

（1）张某有资格提出重整申请。根据规定，债权人申请对债务人进行破产清算的，在人民法院受理破产申请后、宣告债务人破产之前，出资额占债务人注册资本 10% 以上的出资人有权向人民法院提出破产重整申请。

（2）通过了出资人组表决。根据规定，出资人组对重整计划草案中涉及出资人权益调整事项的表决，经参与表决的出资人所持表决权 2/3 以上通过的，即为该组通过重整计划草案。在本题中，参与决议的出资人所持表决权共计 60%，其中 45% 赞成，所持表决权超过了 2/3。

（3）丙银行不能就甲公司抵押的设备实现抵押权。根据规定，在重整期间，对债务人的特定财产享有的担保权暂停行使。

（4）乙会计师事务所的观点错误。根据规定，经人民法院批准由债务人自行管理财产和营业事务的，管理人应当对债务人的自行管理行为进行监督。

（5）债权人可以直接向人民法院提出终止债务人自行管理的申请。根据规定，经人民法院批准由债务人自行管理财产和营业事务的，管理人发现债务人存在严重损害债权人利益的行为或者有其他不适宜自行管理情形的，可以申请人民法院作出终止债务人自行管理的决定。债务人有上述行为而管理人未申请人民法院作出终止决定的，债权人等利害关系人可以向人民法院提出申请。

【案例 17 答案】

（1）人民法院不应当受理职工李某迳行提起的破产申请。根据规定，破产企业的职工作为债权人可以申请债务人企业破产清算或者重整，但职工提出破产清算申请应经职工代表大会或者全体职工会议多数决议通过。

（2）A 会计师事务所与本案之间不存在影响其忠实履行管理人职责的利害关系。根据规定，现在担任或者在人民法院受理破产申请前 3 年内曾经担任债务人、债权人的财务顾问、法律顾问的，人民法院可以认定为与本案有利害关系。

（3）管理人无权要求撤销甲公司向乙公司的提前清偿行为。根据规定，破产申请受理前 1 年内债务人提前清偿的未到期债务，在破产申请受理前已经到期，管理人请求撤销该清偿行为的，人民法院不予支持。但是，该清偿行为发生在破产申请受理前 6 个月内且债务人有破产原因的除外。

（4）管理人应当准许丙公司取回生产设备。根据规定，出卖人通过通知承运人或者实际占有人中止运输、返还货物、变更到达地，或者将货物交给其他收货人等方式，对在运途中标的物主张了取回权但未能实现，或者在货物未达管理人前已向管理人主张取回在运途中标的物，在买卖标的物到达管理人后，出卖人向管理人主张取回的，管理人应予准许。

（5）王某无权以出资期限尚未届满为由拒绝补缴出资。根据规定，人民法院受理破产申请后，债务人的出资人尚未完全履行出资义务的，管理人应当要求该出资人缴纳所认缴的出资，而不受出资期限的限制。

【案例18答案】

（1）乙市中级人民法院在裁定受理甲公司破产重整申请前，应当将相关材料逐级报送最高人民法院审查。

（2）管理人丙会计师事务所应当履行的主要义务：①向债务人移交财产和营业事务；②对债务人的自行管理行为进行监督，管理人发现债务人存在严重损害债权人利益的行为或者有其他不适宜自行管理情形的，可以申请人民法院作出终止债务人自行管理的决定。

（3）重整计划草案可以获得出资人组的通过。根据规定，出资人组对上市公司重整计划草案中涉及出资人权益调整事项的表决，经参与表决的出资人所持表决权2/3以上通过的，即为该组通过重整计划草案。

（4）对甲公司的特定财产享有担保权的债权人应当单独分组表决。

（5）变更后的重整计划应提交给因重整计划变更而遭受不利影响的债权人组和出资人组进行表决。

同步强化练习题

使用“会计云课堂”App或“微信”扫码快速做题、对答案、看解析、掌握解题思路，开启轻松过关之旅。

一、单项选择题

1. 根据企业破产法律制度的规定，下列关于破产申请的表述中，正确的是（　　）。

A. 债务人不能清偿到期债务，债权人可以向人民法院提出重整、和解或者破产清算的申请

B. 对债务人的特定财产享有担保权的债权人不享有破产申请权

C. 税务机关和社会保险机构作为债权人可以申请债务人企业破产清算或者重整

D. 破产企业的职工作为债权人可以申请债务人企业破产清算或者重整，但职工提出破产申请应经职工代表大会或者全体职工会议多数决议通过

2. 根据企业破产法律制度的规定，下列关于破产申请与受理的表述中，不正确的是（　　）。
   A. 债务人申请破产，人民法院裁定受理破产申请的，应当同时指定管理人，并在裁定受理破产申请之日起30日内通知已知债权人，并予以公告
   B. 债务人对债权人提出的破产申请有异议的，应当自收到人民法院的通知之日起7日内向人民法院提出
   C. 申请人对人民法院不予受理的裁定不服的，可以自裁定送达之日起10日内向上一级人民法院提起上诉
   D. 申请人对人民法院驳回申请的裁定不服的，可以自裁定送达之日起10日内向上一级人民法院提起上诉

3. 根据企业破产法律制度的规定，下列主体中，可以担任管理人的是（　　）。
   A. 与债权人有尚未了结债务的人
   B. 曾被吊销注册会计师执业证书的人
   C. 破产案件受理的4年前曾担任债务人董事的人
   D. 破产案件受理前2年内曾担任债务人法律顾问的人

4. 千叶公司因不能清偿到期债务，被债权人百草公司申请破产，人民法院指定甲律师事务所为管理人。根据企业破产法律制度的规定，下列表述中，不正确的是（　　）。
   A. 在第一次债权人会议召开之前，甲律师事务所有权决定继续或者停止千叶公司的营业
   B. 甲律师事务所有权处分千叶公司的财产
   C. 甲律师事务所有权决定千叶公司的内部管理事务
   D. 如甲律师事务所不能胜任职务，债权人会议有权罢免其管理人资格

5. 甲公司因严重资不抵债、不能清偿到期债务向人民法院申请破产，人民法院裁定受理了该破产申请。根据企业破产法律制度的规定，下列各项中，属于债务人财产的是（　　）。
   A. 甲公司购买的一批在途货物，但尚未支付货款
   B. 甲公司从乙公司租用的一台设备
   C. 甲公司已经抵押给丙银行的办公楼
   D. 甲公司根据代管协议合法占有的委托人丁公司的两处房产

6. 甲公司被债权人申请破产，人民法院裁定受理了该破产申请。破产申请受理后相关当事人实施的下列行为中，符合企业破产法律制度规定的是（　　）。
   A. 甲公司向乙公司清偿了无财产担保的100万元债务
   B. 管理人解除了甲公司与丙公司订立但双方均未履行完毕的买卖合同
   C. 管理人用甲公司对丁公司的10万元债权抵销了其所欠丁公司的10万元债务
   D. 甲公司的债务人戊公司明知人民法院已经受理破产申请，仍向甲公司清偿债务20万元，被甲公司的高级管理人员挥霍一空

7. 根据企业破产法律制度的规定，在人民法院受理破产申请1年前，债务人所为的下列行为中，无效或者可以撤销的是（　　）。
   A. 债务人对没有财产担保的债务提供财产担保
   B. 债务人对未到期的债务提前清偿
   C. 债务人承认不真实的债务
   D. 债务人对个别债权人进行清偿

8. 根据企业破产法律制度的规定，下列对债权申报期限的表述中，正确的是（　　）。

A. 最短不得少于10日，最长不得超过1个月
B. 最短不得少于15日，最长不得超过3个月
C. 最短不得少于30日，最长不得超过3个月
D. 最短不得少于30日，最长不得超过6个月

9. 根据企业破产法律制度的规定，下列有关债权申报的表述中，正确的是（　　）。
A. 附利息的债权自破产申请受理时起停止计息
B. 破产申请受理后，债务人未履行生效法律文书应当加倍支付的迟延利息，可以作为破产债权申报
C. 破产申请受理后，债务人欠缴的劳动保险金的滞纳金，可以作为破产债权申报
D. 破产申请受理后，债务人欠缴税款的滞纳金，可以作为破产债权申报

10. 根据企业破产法律制度的规定，下列各项中，债权人应在人民法院确定的期限内进行债权申报的是（　　）。
A. 债务人所欠职工工资
B. 破产人所欠职工的医疗、伤残补助
C. 破产人所欠职工的抚恤费用
D. 债务人所欠税款

11. 根据企业破产法律制度的规定，人民法院受理破产申请后，下列各项中，属于共益债务的是（　　）。
A. 因债务人不当得利所产生的债务
B. 管理人执行职务的费用
C. 管理人聘用工作人员的费用
D. 破产案件的诉讼费用

12. 在破产程序中，经债权人会议二次表决未能依法通过破产财产分配方案时，由人民法院裁定。根据企业破产法律制度的规定，有权对该裁定提出复议的债权人是（　　）。
A. 债权额占全部债权总额1/2以上的债权人
B. 债权额占无财产担保债权总额1/2以上的债权人
C. 债权额占全部债权人人数1/2以上的债权人
D. 债权额占全部债权人人数2/3以上的债权人

13. 某破产企业有10位债权人，债权总额为1200万元，其中债权人甲、乙的债权合计为300万元，均有破产企业的房产作抵押，债权人甲、乙未放弃优先受偿权。债权人会议拟表决通过破产财产的分配方案，10位债权人均出席了债权人会议，债权人甲、乙未参加该项表决。根据企业破产法律制度的规定，下列情形中，不能通过破产财产分配方案的是（　　）。
A. 有6位债权人同意，其代表的债权额为600万元
B. 有6位债权人同意，其代表的债权额为800万元
C. 有5位债权人同意，其代表的债权额为450万元
D. 有4位债权人同意，其代表的债权额为600万元

14. 某破产企业有10位债权人，债权总额为1200万元，其中债权人甲、乙的债权合计为300万元，均有破产企业的房产作抵押，债权人甲、乙未放弃优先受偿权。债权人会议拟表决通过和解协议，10位债权人均出席了债权人会议，债权人甲、乙未参加该项表决。根据企业破产法律制度的规定，下列情形中，可以通过和解协议的是（　　）。
A. 有6位债权人同意，其代表的债权额为450万元
B. 有5位债权人同意，其代表的债权额为600万元

C. 有 5 位债权人同意，其代表的债权额为 450 万元

D. 有 4 位债权人同意，其代表的债权额为 600 万元

15. 根据企业破产法律制度的规定，下列关于债权人委员会的表述中，不正确的是（　　）。

A. 债权人委员会的成员人数最多不得超过 7 人

B. 债权人委员会中应当有 1 名债务人的职工代表或者工会代表

C. 出任债权人委员会的成员应当经人民法院书面认可

D. 债权人委员会决定所议事项应获得全体成员过半数通过，并作成议事记录

16. 根据企业破产法律制度的规定，下列关于重整申请的表述中，正确的是（　　）。

A. 债务人可以直接向人民法院申请重整

B. 人民法院受理债权人提出的破产清算申请后、宣告债务人破产前，管理人可以向人民法院申请重整

C. 人民法院受理债权人提出的破产清算申请后、宣告债务人破产前，出资额占债务人注册资本 5% 以上的出资人，可以向人民法院申请重整

D. 人民法院受理债权人提出的破产清算申请后、宣告债务人破产前，债务人不能向人民法院申请重整

17. 在重整期间，当事人的下列行为中，符合企业破产法律制度规定的是（　　）。

A. 对债务人生产用的机器设备享有抵押权的甲银行行使了抵押权

B. 管理人为继续营业向乙银行借款 2000 万元，并以债务人的厂房为该笔借款设定了抵押担保

C. 债务人的出资人丙公司请求投资收益分配

D. 债务人的董事丁未经人民法院同意，将其持有的债务人的股权全部转让给第三人戊

18. 根据企业破产法律制度的规定，下列关于重整计划效力的表述中，不正确的是（　　）。

A. 经人民法院裁定批准的重整计划，对债务人有约束力

B. 经人民法院裁定批准的重整计划，对无财产担保的债权人有约束力

C. 经人民法院裁定批准的重整计划，对有财产担保的债权人有约束力

D. 经人民法院裁定批准的重整计划，对债务人的保证人有约束力

19. 根据企业破产法律制度的规定，下列有关和解协议效力的表述中，不正确的是（　　）。

A. 经人民法院裁定认可的和解协议，对债务人有约束力

B. 经人民法院裁定认可的和解协议，对全体和解债权人有约束力

C. 和解协议对债务人的保证人或其他连带债务人无效

D. 债务人不履行人民法院裁定认可的和解协议的，债权人可以请求人民法院强制执行

20. 根据企业破产法律制度的规定，下列关于商业银行破产分配顺序的表述中，正确的是（　　）。

A. 破产财产优先支付个人储蓄存款本息

B. 破产财产在支付清算费用后，优先支付个人储蓄存款本息

C. 破产财产在支付清算费用、所欠职工工资和劳动保险费用后，优先支付个人储蓄存款本息

D. 破产财产在支付清算费用、所欠职工工资和劳动保险费用、所欠税款后，优先支付个人储蓄存款本息

二、多项选择题

1. 根据企业破产法律制度的规定，下列关于破产案件诉讼费用的表述中，正确的有（ ）。
   A. 破产案件的诉讼费用，应计入破产费用，由债务人财产随时清偿
   B. 破产案件的诉讼费用，应计入共益债务，由债务人财产随时清偿
   C. 破产申请人未预先交纳诉讼费用的，人民法院应裁定不予受理破产申请
   D. 相关当事人以申请人未预先交纳诉讼费用为由，对破产申请提出异议的，人民法院不予支持

2. 根据企业破产法律制度的规定，人民法院作出的下列裁定中，当事人可以提出上诉的有（ ）。
   A. 不予受理破产申请的裁定
   B. 驳回破产申请的裁定
   C. 破产宣告的裁定
   D. 破产程序终结的裁定

3. 债权人甲公司申请债务人乙公司破产，2022年7月1日，人民法院裁定受理该破产申请，同时指定丙会计师事务所为管理人。丙会计师事务所拟派出注册会计师张某等人负责相关工作。根据企业破产法律制度的规定，下列情形中，可以界定为张某与本案存在利害关系的有（ ）。
   A. 张某与甲公司有未了结的债权债务关系
   B. 张某2020年曾经担任过甲公司的财务顾问
   C. 张某2018年曾经担任过乙公司的董事
   D. 张某的妻子现任甲公司的监事

4. 根据企业破产法律制度的规定，下列各项中，属于管理人职责的有（ ）。
   A. 决定债务人的内部管理事务
   B. 通过破产财产的分配方案
   C. 提议召开债权人会议
   D. 代表债务人参加诉讼、仲裁

5. 根据企业破产法律制度的规定，管理人实施的下列行为中，应当提前10日书面报告债权人委员会或者人民法院的有（ ）。
   A. 设定财产担保
   B. 债权和有价证券的转让
   C. 涉及土地、房屋等不动产权益的转让
   D. 探矿权、采矿权、知识产权等财产权的转让

6. 根据企业破产法律制度的规定，人民法院受理破产申请前6个月内，涉及债务人财产的下列行为中，管理人无权请求人民法院予以撤销的有（ ）。
   A. 债务人为维系基本生产需要而支付的水费、电费
   B. 债务人支付的劳动报酬
   C. 债务人支付的人身损害赔偿金
   D. 债务人在设定债务的同时为该债务提供财产担保

7. 根据企业破产法律制度的规定，人民法院受理破产申请后，下列各项中，属于共益债务的有（ ）。
   A. 因管理人请求对方当事人履行双方均未履行完毕的合同所产生的债务
   B. 因债务人不当得利所产生的债务
   C. 为债务人继续营业而应支付的劳动报酬和社会保险费用
   D. 管理、变价和分配债务人财产的费用

8. 根据企业破产法律制度的规定，人民法院受理破产申请前债务人尚未支付的下列费用中，可以参照《企业破产法》关于破产费用的规定，由债务人财产随时清偿的有（ ）。
   A. 公司强制清算费用
   B. 未终结的执行程序中产生的评估费、公告费、保管费

C. 案件受理费
D. 执行申请费

9. 根据企业破产法律制度的规定，人民法院受理破产申请后，下列债权中，应当在人民法院确定的期限内进行申报的有（　　）。
A. 税收债权
B. 社会保障债权
C. 职工劳动债权
D. 对债务人的特定财产享有担保权的债权

10. 根据企业破产法律制度的规定，下列关于破产债权确认诉讼的表述中，正确的有（　　）。
A. 债务人对债权表记载的债权有异议向人民法院提起诉讼的，应将被异议债权人列为被告
B. 债权人对债权表记载的他人债权有异议的，应将被异议债权人列为被告
C. 债权人对债权表记载的本人债权有异议的，应将管理人列为被告
D. 对同一笔债权存在多个异议人，其他异议人申请参加诉讼的，应当列为共同原告

11. 甲公司向乙银行贷款100万元，丙公司为一般保证人，人民法院裁定受理了丙公司的破产案件。根据企业破产法律制度的规定，下列表述中，正确的有（　　）。
A. 乙银行有权申报其对丙公司的保证债权
B. 乙银行的债权未到期的，保证债权在丙公司破产申请受理时视为到期
C. 丙公司主张行使先诉抗辩权的，人民法院不予支持
D. 丙公司被确定应当承担保证责任的，丙公司的管理人可以就丙公司实际承担的清偿额向甲公司行使求偿权

12. 根据企业破产法律制度的规定，下列情形中，构成别除权的有（　　）。
A. 第三人为破产人的债务提供抵押担保
B. 破产人为其他债务人的债务提供连带责任保证
C. 破产人为自己的债务提供质押担保
D. 破产人为其他债务人的债务提供抵押担保

13. 债务人甲公司破产，乙公司依法对甲公司的机器设备享有抵押权，乙公司未放弃优先受偿的权利。根据企业破产法律制度的规定，在债权人会议上，乙公司可以行使表决权的事项有（　　）。
A. 通过和解协议
B. 决定继续或者停止债务人的营业
C. 通过债务人财产的管理方案
D. 通过破产财产的分配方案

14. 根据企业破产法律制度的规定，下列情形中，应当召开临时债权人会议的有（　　）。
A. 人民法院认为必要时
B. 管理人向债权人会议主席提议时
C. 债权人委员会向债权人会议主席提议时
D. 占债权总额1/4以上的债权人向债权人会议主席提议时

15. 根据企业破产法律制度的规定，下列各项中，属于债权人会议职权的有（　　）。
A. 更换管理人
B. 选任和更换债权人委员会中的债权人成员
C. 决定继续或者停止债务人的营业
D. 对破产申请受理前成立而债务人和对方当事人均未履行完毕的合同有权决定解除或者继续履行

16. 根据企业破产法律制度的规定，债权人会议可以依法委托债权人委员会行使的职权有（　　）。

A. 监督管理人
B. 决定继续或者停止债务人的营业
C. 核查债权
D. 申请人民法院更换管理人，审查管理人的费用和报酬

17. 根据企业破产法律制度的规定，下列情形中，人民法院应当裁定终止重整程序的有（　　）。
A. 在重整期间，债务人的行为致使管理人无法执行职务，管理人请求人民法院终止重整程序
B. 债务人或者管理人未按期提出重整计划草案
C. 债权人会议通过的重整计划未获得人民法院的批准
D. 重整计划草案未获得债权人会议通过且未获得人民法院的批准

18. 根据企业破产法律制度的规定，下列债务中，在清偿破产费用和共益债务后，应从破产财产中按第一顺位进行清偿的有（　　）。
A. 破产人所欠职工的医疗、伤残补助
B. 破产人所欠职工的抚恤费用
C. 破产人所欠的应当划入职工个人账户的基本养老保险、基本医疗保险费用
D. 破产人所欠税款

三、案例分析题

【案例 1】

2022 年 7 月 30 日，人民法院受理了甲公司的破产申请，并同时指定了管理人。管理人接管甲公司后，在清理其债权债务过程中，有如下事项：

（1）2021 年 4 月，甲公司向乙公司采购原材料而欠乙公司 80 万元货款未付。2022 年 3 月，甲乙双方签订一份还款协议，该协议约定：甲公司于 2022 年 9 月 10 日前偿还所欠乙公司货款及利息共计 87 万元，并以甲公司所属一间厂房作抵押。还款协议签订后，双方办理了抵押登记。乙公司在债权申报期内就上述债权进行了申报。

（2）2021 年 6 月，丙公司向 A 银行借款 120 万元，借款期限为 1 年。甲公司以所属部分设备为丙公司提供抵押担保，并办理了抵押登记。借款到期后，丙公司未能偿还 A 银行贷款本息。经甲公司、丙公司和 A 银行协商，甲公司用于抵押的设备被依法变现，所得价款全部用于偿还 A 银行，但尚有 20 万元借款本息未能得到清偿。

（3）2021 年 7 月，甲公司与丁公司签订了一份广告代理合同，该合同约定：丁公司代理发布甲公司产品广告；期限 2 年；一方违约，应当向另一方承担违约金 20 万元。至甲公司破产申请被受理时，双方均各自履行了部分合同义务。

（4）2021 年 8 月，甲公司向李某购买一项专利，尚欠李某 19 万元专利转让费未付。李某之子小李创办的戊公司曾于 2021 年 11 月向甲公司采购一批电子产品，尚欠甲公司货款 21 万元未付。人民法院受理甲公司破产申请后，李某与戊公司协商一致，戊公司在向李某支付 19 万元后，取得李某对甲公司的 19 万元债权。戊公司向管理人主张以 19 万元债权抵销其所欠甲公司相应债务。

要求：

根据上述内容，分别回答下列问题：

（1）管理人是否有权请求人民法院对甲公司将厂房抵押给乙公司的行为予以撤销？并说明理由。

（2）A 银行能否将尚未得到清偿的 20 万元欠款向管理人申报破产债权，由甲公司继续偿还？并说明理由。

（3）如果管理人决定解除甲公司与丁公司之间的广告代理合同，并由此给丁公司造成实际损失 5 万元，则丁公司可以向管理人申报的债权额应为多少？并说明理由。

（4）戊公司向管理人提出以 19 万元债权抵销其所欠甲公司相应债务的主张是否成立？并说明理由。

【案例 2】

自 2022 年年初以来，A 公司出现不能清偿到期债务，且资产不足以清偿全部债务的情况。2022 年 7 月 1 日，人民法院裁定受理了 A 公司的破产申请，同时指定了管理人。在该破产案件中，存在下述情况：

（1）2021 年 4 月 1 日，A 公司向甲银行贷款 100 万元，期限 1 年。同日，双方签订一份抵押合同，A 公司以其机器设备向甲银行设定抵押，并办理了抵押登记。2022 年 4 月 1 日，A 公司向甲银行清偿了贷款本息共计 106 万元。已知，A 公司用以抵押的机器设备市场价值为 300 万元。

（2）2022 年 4 月 16 日，供电局向 A 公司发出欠缴电费催收通知书，要求 A 公司一周内补缴拖欠电费 120 万元，否则将对其生产区停止供电，A 公司于 2022 年 4 月 25 日向供电局补缴了全部拖欠电费。2022 年 7 月 10 日，管理人主张撤销 A 公司向供电局补缴电费的行为。

（3）A 公司欠乙银行到期贷款 200 万元，同时 A 公司又怠于行使其对 B 公司的到期债权 200 万元。2022 年 6 月 1 日，乙银行作为原告，以次债务人 B 公司作为被告，向 C 人民法院提起代位权诉讼，要求 B 公司直接向其清偿 200 万元。该案件尚未审结。

（4）2021 年 11 月，D 公司向 A 公司订购一批汽车零部件，合同价款 130 万元。A 公司交货后，D 公司一直未付款，获悉人民法院受理了 A 公司的破产申请后，D 公司以 30 万元的价格受让了 E 公司对 A 公司的 130 万元债权。之后，D 公司向管理人主张以该债权抵销其所欠 A 公司的债务。

要求：

根据上述内容，分别回答下列问题：

（1）根据本题要点（1）所提示的内容，对于 A 公司向甲银行的个别清偿行为，管理人能否请求人民法院予以撤销？并说明理由。

（2）根据本题要点（2）所提示的内容，管理人能否请求人民法院撤销 A 公司向供电局补缴电费的行为？并说明理由。

（3）根据本题要点（3）所提示的内容，对于该诉讼，C 人民法院应如何处理？并说明理由。

（4）根据本题要点（4）所提示的内容，D 公司能否向管理人主张抵销？并说明理由。

【案例 3】

自 2022 年年初以来，A 公司出现不能清偿到期债务，且资产不足以清偿全部债务的情况。2022 年 7 月 1 日，人民法院经审查裁定受理了 A 公司的破产申请，并指定了管理人。在该破产案件中，存在下述情况：

（1）2021 年 7 月 10 日，A 公司向甲银行贷款 100 万元，贷款期限为 9 个月。同日，双方签订一份书面抵押合同，A 公司以其机器设备向甲银行设定抵押，并办理了抵押登记。2022 年 4 月 11 日，A 公司向甲银行清偿了贷款本息共计 105 万元。已知 A 公司用以抵押的机器设备市场价值为 300 万元。

（2）2020 年 4 月 1 日，A 公司将一幢楼房出租给乙公司，租期为 5 年。2022 年 7 月 4 日，管理人在未征得承租人乙公司同意的情况下解除了该租赁合同。

（3）A 公司欠丙银行到期贷款 100 万元，同时 A 公司又怠于行使其对 B 公司的到期债权 100 万元。2022 年 4 月 1 日，债权人丙银行作为原告，以次债务人 B 公司作为被告，向 C 人民法院提起代位权诉讼，要求 B 公司直接向其清偿 100 万元。该案件尚未审结。

（4）2021 年 12 月 1 日，A 公司放弃其对 D 公司的到期债权 1000 万元。人民法院裁定受理 A 公司的破产申请后，管理人一直未请求人民法院予以撤销。债权人丁公司遂向人民法院提起诉讼，请求撤销该行为并将因此追回的财产归入债务人财产，D 公司以丁公司对 A 公司享有的债权仅为 200 万元为由进行抗辩。

要求：

根据上述内容，分别回答下列问题：

（1）根据本题要点（1）所提示的内容，管理人能否请求人民法院撤销A公司向甲银行设定的抵押担保？对于A公司向甲银行的个别清偿行为，管理人能否请求人民法院予以撤销？并分别说明理由。

（2）根据本题要点（2）所提示的内容，管理人能否解除该租赁合同？并说明理由。

（3）根据本题要点（3）所提示的内容，对于该诉讼，C人民法院应如何处理？并说明理由。

（4）根据本题要点（4）所提示的内容，对于丁公司提起的诉讼，人民法院是否应予受理？对于D公司提出的抗辩事由，人民法院是否应予支持？并分别说明理由。

【案例4】

2022年7月1日，人民法院裁定受理了A公司的破产申请，并指定了管理人。在该破产案件中，存在下述情况：

（1）A公司欠其股东甲公司80万元的货款，甲公司欠缴出资80万元。2022年7月4日，甲公司向管理人主张抵销各自的债务，管理人提出异议。

（2）2022年4月1日，A公司和乙公司订立一份100万元的买卖合同。根据约定，A公司将一台机器设备卖给乙公司，交货日期为4月10日，付款日期为9月1日；在乙公司付清全部价款之前，该设备的所有权归A公司所有。乙公司已经按照合同约定支付了60万元货款。人民法院裁定受理A公司的破产申请后，管理人决定解除买卖合同。当管理人要求乙公司向其返还该设备时，乙公司以其不存在未依约支付价款等情形提出抗辩。

（3）2021年11月，A公司向丙公司租用机床一台，租期1年，租金已一次性付清。2022年5月4日，A公司以120万元的市场价格将该机床卖给不知情的丁公司，双方已交货、付款。丙公司获悉该机床已被A公司卖给丁公司后，要求丁公司返还该机床，遭丁公司拒绝。

（4）2021年12月，A公司向戊公司租用挖掘机一台，租期1年，租金已一次性付清。2022年6月5日，该挖掘机因水灾受损，获保险赔偿金60万元。人民法院裁定受理A公司的破产申请时，该保险赔偿金尚未交付给A公司。戊公司向管理人主张取回60万元的保险赔偿金。

（5）2021年9月，A公司将自己一辆市场价格为100万元的小汽车作价60万元卖给了不知情的庚公司，双方已交货、付款。人民法院裁定受理A公司的破产申请后，2022年7月20日，人民法院根据管理人的请求撤销了该笔交易。庚公司向管理人返还该小汽车之后，对于庚公司已经支付的60万元价款，管理人提出，只能作为普通破产债权清偿。庚公司向人民法院提起诉讼，请求作为共益债务清偿。

要求：

根据上述内容，分别回答下列问题：

（1）根据本题要点（1）所提示的内容，管理人对甲公司提出的债务抵销提出异议，能否获得人民法院的支持？

（2）根据本题要点（2）所提示的内容，乙公司能否以其不存在“未依约支付价款等情形”提出抗辩？并说明理由。如果乙公司将该设备返还给管理人，乙公司已支付价款损失形成的债权应如何处理？

（3）根据本题要点（3）所提示的内容，丁公司是否有权拒绝丙公司返还该机床的请求？如果丁公司拒绝了丙公司返还该机床的请求，丙公司因财产损失形成的债权，能否向管理人申报普通破产债权？并分别说明理由。

（4）根据本题要点（4）所提示的内容，戊公司是否有权主张取回60万元的保险赔偿金？并说明理由。

（5）根据本题要点（5）所提示的内容，庚公司的诉讼请求能否获得人民法院的支持？并说明理由。

同步强化练习题参考答案及解析

使用"会计云课堂"App或"微信"扫码对答案、看解析、掌握解题思路，开启轻松过关之旅。

一、单项选择题

1.【答案】D

【解析】(1)选项A：债务人不能清偿到期债务，债权人可以向人民法院提出对债务人进行重整或者破产清算的申请，但不能提出和解申请；(2)选项B：对债务人的特定财产享有担保权的债权人同样享有破产申请权；(3)选项C：税务机关和社会保险机构只享有对债务人的破产清算申请权，但不享有重整申请权。

2.【答案】A

【解析】选项A：人民法院裁定受理破产申请的，应当同时指定管理人，并在裁定受理破产申请之日起25日内通知已知债权人，并予以公告。

3.【答案】C

4.【答案】D

【解析】选项D：管理人由人民法院指定、更换。

5.【答案】C

【解析】(1)选项A：人民法院受理破产申请时，出卖人已将买卖标的物向作为买受人的债务人发运，债务人尚未收到且未付清全部价款的，出卖人可以取回在运途中的标的物，该货物不属于债务人财产；(2)选项BD：债务人基于仓储、保管、承揽、代销、借用、寄存、租赁等合同或者其他法律关系占有、使用的他人财产，不属于债务人财产；(3)选项C：已经设定担保的财产属于债务人财产。

6.【答案】B

【解析】(1)选项A：人民法院受理破产申请后，对无财产担保的个别债权人的债务清偿无效；(2)选项B：人民法院受理破产申请后，管理人对破产申请受理前成立而债务人和对方当事人均未履行完毕的合同有权决定解除或者继续履行；(3)选项C：除非抵销使债务人财产受益，否则管理人不得主动主张债务抵销；(4)选项D：人民法院受理破产申请后，债务人的债务人应当向管理人(而非债务人)清偿债务；如果当事人故意违反法律规定向债务人清偿债务，使债权人受到损失的，不免除其清偿义务。

7.【答案】C

【解析】(1)选项AB：只有在人民法院受理破产申请前1年内才可以撤销，1年前的行为不能撤销；(2)选项C：属于无效行为，与时间无关；(3)选项D：只有在人民法院受理破产申请前6个月内符合法定条件的个别清偿才可以撤销，1年前的个别清偿不能撤销。

8.【答案】C

9.【答案】A

【解析】(1)选项BC：破产申请受理后，债务人欠缴款项产生的滞纳金，包括债务人未履行生效法律文书应当加倍支付的迟延利息和劳动保险金的滞纳金，债权人作为破产债权申报的，人民法院不予确认；(2)选项D：破产申请受理后，欠缴税款的滞纳金应当停止计算，在破产程序中不得作为破产债权清偿。

10.【答案】D

【解析】选项ABC：属于职工劳动债权，不必申报。

11.【答案】A

12.【答案】B

13.【答案】D

【解析】(1)人数：由出席会议的有表决权的债权人(8人)过半数通过(≥5人)；(2)债权额：占无财产担保债权总额(900万元)的半数以上(≥450万元)。

14.【答案】B

【解析】(1)人数：由出席会议的有表决权的债权人(8人)过半数通过(≥5人)；(2)债权额：占无财产担保债权总额(900万元)的2/3以上(≥600万元)。

15.【答案】A

【解析】选项A：债权人委员会成员不得超过9人。

16.【答案】A

【解析】(1)选项A：债务人或者债权人可以直接向人民法院申请重整；(2)选项BCD：债权人申请对债务人进行破产清算的，在人民法院受理破产申请后、宣告债务人破产前，债务人或者出资额占债务人注册资本1/10以上的出资人以及其他债权人(不包括管理人)，均可以向人民法院申请重整。

17.【答案】B

【解析】选项B：在重整期间，债务人或者管理人为继续营业而借款的，可以为该借款设定担保。

18.【答案】D

【解析】债权人对债务人的保证人和其他连带债务人所享有的权利，不受重整计划的影响。

19.【答案】D

【解析】选项D：和解协议无强制执行的效力，如债务人不履行和解协议，债权人不能请求人民法院强制执行，只能请求人民法院终止和解协议的执行，宣告其破产。

20.【答案】C

二、多项选择题

1.【答案】AD

【解析】破产案件的诉讼费用，应计入破产费用，由债务人财产随时清偿，无须预交；相关当事人以申请人未预先交纳诉讼费用为由，对破产申请提出异议的，人民法院不予支持。

2.【答案】AB

3.【答案】ABD

【解析】选项C：现在担任或者在人民法院受理破产申请前3年内曾经担任债务人、债权人的董事、监事、高级管理人员，才界定为与本案存在利害关系。

4.【答案】ACD

【解析】选项B：属于债权人会议的职权。

5.【答案】ABCD

6.【答案】ABCD

【解析】选项D：债务人在人民法院受理破产申请前1年内设定债务的同时提供的财产担保，不能撤销。

7.【答案】ABC

【解析】选项D：属于破产费用。

8.【答案】AB

【解析】选项CD：人民法院受理破产申请前债务人尚未支付的案件受理费、执行申请费，可以作为破产债权清偿。

9.【答案】ABD

10.【答案】ABD

【解析】选项C：债权人对债权表记载的本人债权有异议的，应将债务人列为被告。

11.【答案】ABCD

12.【答案】CD

【解析】（1）选项A：因抵押物属于第三人（而非破产人），不构成别除权；（2）选项B：别除权针对的是有财产担保的债权（如抵押、质押），不涉及保证。

13.【答案】BC

14.【答案】ABCD

15.【答案】BC

【解析】（1）选项A：属于人民法院的职权；（2）选项D：属于管理人的职权。

16.【答案】ABD

17.【答案】ABCD

18.【答案】ABC

三、案例分析题

【案例1答案】

（1）管理人有权请求人民法院予以撤销。根据规定，人民法院受理破产申请前1年内，债务人对没有财产担保的债务提供财产担保的，管理人有权请求人民法院予以撤销。

（2）A银行不能将尚未得到清偿的20万元欠款向管理人申报破产债权。根据规定，破产企业（甲公司）不是主债务人，在担保物价款不足以清偿担保债权额时，余债不得作为破产债权向破产企业要求清偿，只能向主债务人（丙公司）求偿。

（3）丁公司可以向管理人申报的债权额为5万元。根据规定，管理人解除双方均未履行完毕的合同，对方当事人以因合同解除所产生的损害赔偿请求权申报债权。对方当事人申报的破产债权以实际损失为限，违约金不得作为破产债权申报。

（4）戊公司的主张不成立。根据规定，债务人的债务人在破产申请受理后取得他人对债务人的债权的，不得抵销。

【案例2答案】

（1）管理人不能请求人民法院予以撤销。根据规定，债务人对以自有财产设定担保物权的债权进行的个别清偿，管理人依据《企业破产法》的规定请求撤销的，人民法院不予支持。但是，债务清偿时担保财产的价值低于债权额的除外。

（2）管理人不能请求人民法院予以撤销。根据规定，债务人为维系基本生产需要而支付的水费、电费，管理人请求撤销的，人民法院不予支持。

（3）C人民法院应当中止审理。根据规定，破产申请受理前，债权人提起诉讼主张次债务人代替债务人直接向其偿还债务，案件在破产申请受理时尚未审结的，人民法院应当中止审理。

（4）D公司不能向管理人主张抵销。根据规定，债务人的债务人（D公司）在破产申请受理后取得他人对债务人的债权的，不得抵销。

【案例3答案】

（1）①管理人不能请求人民法院撤销A公司向甲银行设定的抵押担保。根据规定，在人民法院受理破产申请前1年内，债务人对原来没有财产担保的债务提供财产担保的，管理人有权请求人民法院予以撤销，但不包括在可撤销期间设定债务的同时提供的财产担保；②对于 A 公司向甲银行的个别清偿行为，管理人不能请求人民法院予以撤销。根据规定，债务人对以自有财产设定担保物权的债权进行的个别清偿，管理人依据《企业破产法》的规定请求撤销的，人民法院不予支持。但是，债务清偿时担保财产的价值低于债权额的除外。

（2）管理人不能解除该租赁合同。根据规定，破产企业对外出租不动产的，管理人不得解除合同，在变价财产时，房屋应当带租约出售，承租人在同等条件下享有优先购买权。

（3）C 人民法院应当中止审理。根据规定，破产申请受理前，债权人提起诉讼主张次债务人代替债务人直接向其偿还债务，案件在破产申请受理时尚未审结的，人民法院应当中止审理。

（4）①人民法院应予受理。根据规定，破产申请受理后，管理人未依据《企业破产法》的规定请求撤销债务人放弃债权等行为的，债权人依据《民法典》的规定提起诉讼，请求撤销债务人上述行为并将因此追回的财产归入债务人财产的，人民法院应予受理；②人民法院不予支持。根据规定，相对人以债权人行使撤销权的范围超出债权人的债权抗辩的，人民法院不予支持。

【案例 4 答案】

（1）人民法院应予支持。根据规定，债务人股东因欠缴债务人的出资对债务人所负的债务，债务人的股东主张以该债务与债务人对其负有的债务抵销，债务人的管理人提出异议的，人民法院应予支持。

（2）①乙公司不能以其不存在“未依约支付价款等情形”提出抗辩。根据规定，出卖人破产，其管理人决定解除所有权保留买卖合同，并要求买受人向其交付买卖标的物的，人民法院应予支持；买受人以其不存在未依约支付价款等情形抗辩的，人民法院不予支持；②乙公司已支付价款损失形成的债权作为共益债务清偿。

（3）①丁公司有权拒绝丙公司返还该机床的请求。根据规定，丁公司基于善意取得制度依法取得了该机床的所有权，丙公司已经丧失了对该机床的所有权，因此，丁公司有权拒绝丙公司返还该机床的请求；②丙公司可以向管理人申报普通破产债权。根据规定，债务人占有的他人财产被违法转让给第三人，第三人已善意取得该财产的所有权，原权利人无法取回该财产的，如果转让行为发生在破产申请受理前，原权利人因财产损失形成的债权，作为普通破产债权清偿。

（4）戊公司有权主张取回 60 万元的保险赔偿金。根据规定，债务人占有的他人财产毁损、灭失，因此获得的保险金尚未交付给债务人，权利人主张取回就此获得的保险金的，人民法院应予支持。

（5）庚公司的诉讼请求能够获得人民法院的支持。根据规定，人民法院根据管理人的请求撤销涉及债务人财产的以明显不合理价格进行的交易的，买卖双方应当依法返还从对方获取的财产或者价款。因撤销该交易，对于债务人应返还受让人已支付价款所产生的债务，受让人请求作为共益债务清偿的，人民法院应予支持。

第九章　票据与支付结算法律制度

CHAPTER-9

本章考情分析

在最近 3 年的考试中，本章的平均分值为 12.5 分，2021 年两份试卷的分值均为 12.5 分。在四个案例分析题中，肯定有一个 10 分的题目来自票据法律制度。值得注意的是，可以选择使用英文回答的案例分析题一般来自票据法律制度。

本章分为四个单元，共计 23 个考点。绝大多数考点需要准确理解，复习难度并不大。复习本章需要 8 个小时左右。

2022 年教材对本章内容未进行重大调整。

温馨小提示

考生如果想通过经济法的考试，这 12.5 分必须坚决拿下来。

温馨小提示

最近 10 年教材对本章内容未进行重大调整，以前年度的试题考生必须熟练掌握。

最近 3 年题型题量分析表

题型	2019 年试卷一	2019 年试卷二	2020 年试卷一	2020 年试卷二	2021 年试卷一	2021 年试卷二
单选题	1 题 1 分	1 题 1 分	1 题 1 分	1 题 1 分	1 题 1 分	1 题 1 分
多选题	1 题 1.5 分	1 题 1.5 分	1 题 1.5 分	1 题 1.5 分	1 题 1.5 分	1 题 1.5 分
案例分析题	1 题 10 分	1 题 10 分	1 题 10 分	1 题 10 分	1 题 10 分	1 题 10 分
合计	12.5 分	12.5 分	12.5 分	12.5 分	12.5 分	12.5 分

历年试题涉及本章的主要考点

考点	年份 / 题型
票据的特征	2021 年多选题、2021 年案例分析题
支票	2015 年单选题、2018 年单选题、2019 年多选题
银行本票	2018 年多选题
商业汇票的出票	2016 年多选题、2020 年多选题
商业汇票的背书	2013 年多选题、2014 年单选题、2014 年多选题、2015 年案例分析题、2016 年单选题、2017 年案例分析题、2018 年案例分析题、2019 年案例分析题、2021 年案例分析题
商业汇票的承兑	2016 年案例分析题、2018 年案例分析题、2019 年案例分析题
商业汇票的保证	2016 年单选题、2016 年案例分析题、2018 年案例分析题、2021 年单选题
票据上的主债务人	2020 年单选题、2021 年单选题
追索权	2014 年多选题
票据权利的取得	2015 年案例分析题、2018 年案例分析题、2020 年案例分析题

续表

考点	年份 / 题型
票据权利的善意取得	2017 年案例分析题、2018 年案例分析题、2020 年案例分析题、2021 年案例分析题
票据基础关系对票据行为效力的影响	2018 年案例分析题、2019 年单选题
票据贴现	2015 年案例分析题、2017 年单选题
票据的伪造	2017 年案例分析题、2019 年案例分析题、2020 年案例分析题
票据的变造	2020 年多选题
票据抗辩	2016 年案例分析题、2018 年案例分析题、2019 年案例分析题、2021 年案例分析题
单位银行结算账户	2016 年多选题、2021 年多选题

本章思维导图

- 第九章
  - 支票和银行本票
    - 票据的特征
    - 支票
    - 银行本票
  - 商业汇票
    - 商业汇票的出票
    - 商业汇票的背书
    - 商业汇票的承兑
    - 汇票的保证
    - 付款请求权
    - 追索权
  - 票据权利和票据行为
    - 票据权利的取得
    - 票据权利的善意取得
    - 票据基础关系对票据行为效力的影响
    - 票据行为的代理
    - 票据的伪造
    - 票据的变造
    - 票据抗辩
    - 票据权利的消灭时效
    - 票据权利的补救
  - 非票据结算方式
    - 汇兑
    - 委托收款
    - 国内信用证
    - 银行卡
    - 单位银行结算账户

本章核心考点解读

第一单元　支票和银行本票

使用“会计云课堂”App 或“微信”扫码查看本单元视频，快速 GET 知识点。

【考点 1】票据的特征（P404）★

1. 票据是债权证券

持票人可以就票据上所载的金额向特定票据债务人行使请求权，其性质是债权，所以票据是债权证券。

2. 票据是金钱证券

持票人享有的权利是请求债务人给付一定的金钱，所以票据是一种金钱证券。

3. 票据是文义证券

票据上的一切权利义务，都严格依照票据上记载的文义而定，文义之外的任何理由、事项都不得作为根据。（2021 年案例分析题）

> 温馨小提示
>
> 票据上的一切权利义务，都严格依照票据上记载的文义而定，该考点后面会多次涉及。

4. 票据是设权证券

所谓设权证券，是指权利的发生必须首先作成证券。票据上所表示的权利，是由出票这种票据行为创设。

经典题解

【例题·多选题】根据票据法律制度的规定，下列关于票据特征的表述中，正确的有（　　）。（2021 年）

A. 票据是设权证券　　　　B. 票据是债权证券

C. 票据是文义证券　　　　D. 票据是金钱证券

【答案】ABCD

【考点 2】支票（P447）★★

> 温馨小提示
>
> 考生可以用“微信”扫描上方二维码，了解支票票样。

1. 支票是指出票人签发的，委托办理支票存款业务的银行或者其他金融机构在见票时无条件支付确定的金额给收款人或者持票人的票据。

2. 支票的出票

（1）绝对必要记载事项

> 温馨小提示
>
> 绝对必要记载事项未记载的，票据无效。

支票的绝对必要记载事项包括：表明“支票”的字样、无条件支付的委托、确定的金额、付款人名称、出票日期和出票人签章。

【解释1】"无条件支付的委托"属于绝对必要记载事项，如果出票人记载了付款人支付票据金额的条件，应认为出票行为欠缺绝对必要记载事项，该支票无效。

【解释2】票据金额、出票日期和收款人名称不得更改，更改的票据无效。

【解释3】票据金额以中文大写和数码同时记载，二者必须一致，二者不一致的，票据无效。

【解释4】票据金额必须是确定的金额，如果是不确定的金额（如100万元以下），票据无效。

【解释5】支票的"金额"属于绝对必要记载事项，但可以由出票人授权补记，未补记前不得背书转让和提示付款。支票的"金额"只能由出票人授权相对人补记，相对人不能再授权他人补记。支票的"金额"经补记之后，才能背书转让和提示付款。

【解释6】支票的"收款人名称"并非绝对必要记载事项，可以由出票人授权补记，也可以由相对人再授权他人补记。例如，甲签发支票给乙，但是未记载收款人名称。乙为支付货款，直接将支票交付给丙，丙将自己的名称记载为收款人后，可以主张票据权利。

【解释7】出票人在票据上的签章不符合规定的，票据无效。

温馨小提示：相对必要记载事项未记载的，票据有效，依法推定即可。

（2）相对必要记载事项

①支票上未记载"付款地"的，以付款人（出票人的开户银行）的营业场所为付款地。

②支票上未记载"出票地"的，以出票人的营业场所、住所或者经常居住地为出票地。

（3）可以记载的事项（任意记载事项）

任意记载事项不记载时不影响票据的效力，记载后则产生票据法上的效力。根据《票据法》的规定，出票人记载"不得转让"字样的，票据不得背书转让。

（4）记载不发生票据法上效力的事项

出票人可以在支票上记载"用途"（如为支付货款），但该记载不发生票据法上的效力。

（5）记载无效的事项

支票限于见票即付，不得另行记载付款日期（到期日）。另行记载付款日期的，该记载无效，支票仍然有效。

经典题解

【例题1·单选题】甲公司签发的支票上，中文大写记载的金额为"壹万玖仟捌佰元整"，而阿拉伯数字（数码）记载的金额为"19810元"。根据票据法律制度的规定，下列关于支票的效力的表述中，正确的是（　　）。（2015年）

A. 甲公司将金额更改为一致并签章后，支票有效

B. 支票无效

C. 支票有效，以中文大写记载为准

D. 支票有效，以阿拉伯数字（数码）记载为准

【答案】B

【例题2·单选题】根据票据法律制度的规定，下列票据记载事项中，可以更改的是（ ）。（2018年）

A. 出票日期　　B. 付款人名称

C. 票据金额　　D. 收款人名称

【答案】B

【例题3·多选题】根据票据法律制度的规定，支票的下列记载事项中，可以由出票人授权补记的有（ ）。（2019年）

A. 出票日期　　B. 付款人名称

C. 收款人名称　　D. 票据金额

【答案】CD

3. 提示付款期限

（1）支票的持票人应当自出票日起10日内提示付款。

（2）持票人未按照规定期限提示付款的，付款人可以不予付款；付款人不予付款的，出票人仍应当对持票人承担票据责任。

（3）支票的持票人对出票人的票据权利，自出票之日起6个月内不行使而消灭。

【解释1】支票的付款人并未在票据上签章，并非票据债务人。支票的付款人可以拒绝付款的情形包括但不限于：（1）持票人未按照规定期限提示付款；（2）空头支票。

【解释2】支票的持票人未按照规定期限提示付款，被付款人拒绝付款后，将丧失对出票人以外的前手的追索权。

【案例】甲公司欠乙公司100万元的货款，2022年4月1日，甲公司向乙公司签发了一张以乙公司为收款人、以自己的开户银行丙银行为付款人的转账支票。2022年4月3日，乙公司将该支票背书转让给丁公司。在本案中：（1）该支票的基本当事人包括出票人甲公司、收款人乙公司和付款人丙银行；（2）持票人丁公司应当自出票日起10日内提示付款，如果丁公司于2022年4月20日才提示付款，付款人丙银行可以不予付款，丁公司也丧失了对其前手（背书人乙公司）的追索权，但出票人甲公司仍应对持票人丁公司承担票据责任。但是，如果丁公司自出票日起8个月之后才要求甲公司承担票据责任，可以吗？这涉及票据权利的消灭时效问题。根据《票据法》的规定，支票的持票人对出票人的权利，自出票日起6个月内不行使而消灭。

【考点3】银行本票（P445）★★

温馨小提示

考生可以用“微信”扫描上方二维码，了解银行本票票样。

1. 银行本票是指由出票人签发的，承诺自己在见票时无条件支付确定的金额给收款人或者持票人的票据。

【解释1】根据出票人的不同，汇票分为银行汇票和商业汇票。我国现行法律规定的本票仅为银行本票。

【解释2】（1）汇票、支票的基本当事人包括出票人、收款人和付款人；（2）银行本票的基本当事人只包括出票人和收款人，因为出票银行自己是付款人。

【解释3】银行本票的出票人，是指经中国人民银行当地分支行批准办理银行本票业务的银行机构，向银行申请签发银行本票的当事人(本票申请人)并非出票人。

名师敲黑板

银行本票的出票人是银行，银行本票由出票银行自己付款，不涉及“付款人名称”的问题。

2. 银行本票的出票

(1)绝对必要记载事项

银行本票的绝对必要记载事项包括：表明“本票”的字样、无条件支付的承诺、确定的金额、收款人名称、出票日期和出票人签章。

名师敲黑板

支票的“金额和收款人名称”可以授权补记，银行本票和汇票不能授权补记。

(2)相对必要记载事项

①银行本票未记载“付款地”的，以出票人的营业场所为付款地。

②银行本票未记载“出票地”的，以出票人的营业场所为出票地。

(3)可以记载的事项(任意记载事项)

出票人如果记载了“不得转让”字样，该银行本票不得转让。

3. 提示付款期限

(1)银行本票自出票之日起，付款期限最长不得超过2个月。

(2)银行本票的持票人未按照规定期限提示付款的，即丧失对出票人以外的前手(背书人及其保证人)的追索权。

名师敲黑板

银行本票未记载“出票地”和“付款地”的，均以“出票人”的营业场所为出票地和付款地，因为银行本票由出票银行自己付款，注意和支票的区别。

【解释】支票的付款人(出票人的开户银行)并未在票据上签章，并非票据债务人。因此，持票人未按照规定期限(10日)提示付款的，付款人可以不予付款。对于银行本票而言，由于出票银行(已经作为出票人在票据上签章)是主债务人，持票人对出票银行的权利(包括付款请求权和追索权)，自出票日起2年内不行使而消灭。银行本票限于见票即付，持票人可以自出票之日起2个月内随时提示付款。即使持票人未在2个月内提示付款，只要未超过2年，其付款请求权并未消灭。持票人向出票银行作出说明，仍可以持银行本票向出票银行请求付款。

【案例】A公司欠B公司100万元的货款。2022年4月1日，甲银行根据A公司的申请，向B公司签发一张100万元的银行本票。4月10日，B公司将其背书转让给C公司，乙公司是B公司的票据保证人。4月20日，C公司又将其背书转让给D公司。在本案中：(1)甲银行是出票人，B公司是收款人，A公司只是申请人(并非出票人)；(2)D公司应于6月1日前向出票人甲银行提示付款；(3)如果D公司于6月5日才提示付款，则丧失了对其前手C公司、B公司及其保证人乙公司的追索权；(4)D公司对出票人甲银行的票据权利(付款请求权)并未消灭，自出票之日起2年内，D公司向甲银行作出说明，仍可以持银行本票向甲银行请求付款。

经典题解

【例题·多选题】下列关于本票的表述中，符合票据法律制度规定的有(　　)。(2018年)

A. 本票为见票即付的票据

B. 本票的收款人名称可以授权补记

C. 我国现行法律规定的本票仅为银行本票

D. 本票未记载付款地的，以出票人的营业场所为付款地

【答案】ACD

第二单元 商业汇票

使用“会计云课堂”App 或“微信”扫码查看本单元视频，快速 GET 知识点。

【考点 1】商业汇票的出票（P430）★★★

1. 汇票的类型

（1）根据出票人的不同，汇票分为银行汇票和商业汇票。

（2）根据承兑人的不同，商业汇票分为商业承兑汇票（企业出票、企业承兑）和银行承兑汇票（企业出票、银行承兑）。

温馨小提示

考生可以用“微信”扫描上方二维码，了解商业承兑汇票和银行承兑汇票的票样。

（3）根据付款日期的不同，商业汇票分为即期商业汇票（见票即付）和远期商业汇票。

【解释 1】当事人向出票银行申请签发 100 万元的“银行汇票”，其账户资金至少应有 100 万元，不可能“空手套白狼”。出票人签发“远期商业汇票”的目的就是想“空手套白狼”，想过几个月再付款，持票人不放心，才出现了“提示承兑”（找人承诺兑现）的问题。支票、银行本票和银行汇票，均为“见票即付”的票据，不涉及“提示承兑”的问题（既然可以马上找银行去提示付款，没必要再去提示承兑了）。见票即付的商业汇票无须提示承兑，只有远期商业汇票才涉及“提示承兑”的问题。

【解释 2】中国人民银行近年来大力推进电子商业汇票业务（包括电子商业承兑汇票和电子银行承兑汇票），要求自 2018 年 1 月 1 日起，单张出票金额在 100 万元以上的商业汇票原则上全部通过电子商业汇票办理。（2022 年新增）

2. 商业汇票的付款日期

商业汇票付款日期的记载方式，分为见票即付、定日付款、出票后定期付款和见票后定期付款四种类型。

【解释 1】定日付款，是指到期日是一个确定的日期。例如，甲公司向乙公司出票时，在汇票上明确记载到期日为 6 月 5 日。

【解释 2】出票后定期付款，根据出票日期确定到期日。例如，甲公司向乙公司出票时，在汇票上记载“出票后 3 个月付款”。如果出票日期为 4 月 1 日，则到期日为 7 月 1 日。由于出票日期是绝对必要记载事项，收款人拿到汇票时就知道该汇票什么时间到期。

【解释 3】见票后定期付款，根据承兑日期确定到期日。例如，甲公司向乙公司出票时，在汇票上记载“见票后 3 个月付款”。如果出票日期为 4 月 1 日，承兑日期为 4 月 10 日，则到期日为 7 月 10 日。由于见票后定期付款的汇票需要根据承兑日期来确定到期日，因此，持票人应尽快去提示承兑。根据《票据法》的规定，见票后定期付款的汇票，自出票之日起 1 个月内提示承兑。

经典题解

【例题·多选题】根据票据法律制度的规定，下列各项中，属于汇票到期日记

载方式的有（ ）。（2020年）

A. 定日付款　　B. 见票即付

C. 出票后定期付款　　D. 见票后定期付款

【答案】ABCD

3. 出票的记载事项

温馨小提示

绝对必要记载事项未记载的，汇票无效。

（1）绝对必要记载事项

汇票的绝对必要记载事项包括：表明“汇票”的字样、无条件支付的委托、确定的金额、付款人名称、收款人名称、出票日期和出票人签章。

【解释1】在出票日期、背书日期、承兑日期、保证日期、付款日期中，只有出票日期属于绝对必要记载事项。

【解释2】汇票出票人的签章，应为该单位的财务专用章或者公章加其法定代表人或其授权的代理人的签名、盖章或者签名加盖章。出票人在票据上的签章不符合规定的，票据无效。

温馨小提示

相对必要记载事项未记载的，不影响汇票的效力，依法推定即可。

（2）相对必要记载事项

①未记载“付款日期”的，为见票即付。

②未记载“付款地”的，以付款人的营业场所、住所或者经常居住地为付款地。

③未记载“出票地”的，以出票人的营业场所、住所或者经常居住地为出票地。

（3）可以记载的事项（任意记载事项）

出票人在汇票上记载“不得转让”字样的，汇票不得转让。如果收款人将该汇票背书转让（包括贴现）给他人，背书行为无效，取得票据的人并不能因此而取得票据权利。

【解释】对于出票人记载“不得转让”字样的汇票，其后手以此票据进行贴现、质押的，通过贴现、质押取得票据的持票人主张票据权利的，人民法院不予支持。

（4）不产生票据法上效力的记载事项

出票人关于票据签发用途的记载，以及有关利息、违约金的记载，这些记载均不具有汇票上的效力。

温馨小提示

银行本票由出票银行自己付款，不涉及“付款人名称”的问题。

温馨小提示

支票的“收款人名称”并非绝对必要记载事项，可以由出票人授权补记，也可以由相对人再授权他人补记。

表9-1 出票时的记载事项

记载事项	内容	汇票	本票	支票
绝对必要事项	表明“××”的字样	√	√	√
	无条件支付的委托/承诺	√	√	√
	确定的金额	√	√	√
	出票日期	√	√	√
	出票人签章	√	√	√
	付款人名称	√	×	√
	收款人名称	√	√	×

续表

记载事项	内容	汇票	本票	支票
相对必要事项	付款日期	√	×	×
	付款地	√	√	√
	出票地	√	√	√

经典题解

【例题 1 · 单选题】根据票据法律制度的规定，某公司签发汇票时出现的下列情形中，导致该汇票无效的是（　　）。

A. 汇票上未记载付款日期

B. 汇票上金额记载为“不超过 50 万元”

C. 汇票上记载了该票据项下交易的合同号码

D. 签章时加盖了本公司公章，公司负责人仅签名而未盖章

【解析】（1）选项 A：“付款日期”属于相对必要记载事项，未记载的不影响汇票的效力；（2）选项 B：汇票金额应为“确定的金额”，否则汇票无效；（3）选项 C：“合同号码”属于不产生票据法上效力的记载事项，是否记载不影响汇票的效力；（4）选项 D：汇票出票人的签章，应为该单位的财务专用章或者公章加其法定代表人或其授权的代理人的签名、盖章或者签名加盖章。

【答案】B

【例题 2 · 单选题】根据票据法律制度的规定，商业汇票的出票人在出票时，下列情形中，将导致票据无效的是（　　）。

A. 记载了“票据不得转让”字样

B. 票据金额仅以数码记载

C. 未记载出票地

D. 未记载付款地

【解析】（1）选项 A：“不得转让”字样属于任意记载事项，是否记载不影响汇票的效力；（2）选项 B：票据金额以中文大写和数码同时记载，二者必须一致，否则票据无效；（3）选项 CD：出票地和付款地属于相对必要记载事项，未记载的，票据有效。

【答案】B

【例题 3 · 多选题】根据票据法律制度的规定，下列各项中，属于汇票上的绝对必要记载事项的有（　　）。（2016 年）

A. 汇票金额　　B. 收款人名称

C. 付款日期　　D. 出票日期

【答案】ABD

4. 出票的效力

（1）对出票人的效力

出票人成为票据债务人，承担担保承兑和担保付款的责任。

（2）对收款人的效力

收款人取得票据权利，包括付款请求权和追索权，以及以背书等方式处分其票据权利的权利。

（3）对付款人的效力

出票是出票人的行为，票据上虽然记载了“出票人委托付款人无条件支付票据金额”的内容，但这仅仅是出票人的记载，付款人自己并未在票据上签章。因此，付款人并不因此而承担票据责任。只有当付款人在票据上承兑、签章之后，才基于该承兑行为而成为票据的主债务人。此时，其称谓从“付款人”改为“承兑人”。

【考点2】商业汇票的背书（P431）★★★

1. 背书，是指持票人为将票据权利转让给他人或者将票据权利授予他人行使，在票据背面或者粘单上记载有关事项并签章，然后将票据交付给被背书人的票据行为。背书包括转让背书和非转让背书（委托收款背书和质押背书）。

温馨小提示

对于电子商业汇票来说，“背书”指的是在电子商业汇票系统中的相应行为，不存在物理意义上的“背面”或者“粘单”。

2. 背书行为的实质要件

背书人必须将票据交付给被背书人，被背书人才取得票据权利。

3. 背书行为的形式要件

（1）绝对必要记载事项：背书人的签章

（2）相对必要记载事项：背书日期

背书未记载日期的，视为在汇票到期日前背书。

温馨小提示

考生可以用“微信”扫描上方二维码，了解背书的示例。

（3）可以补记的事项：被背书人名称

背书人未记载被背书人名称即将票据交付他人的，持票人在票据被背书人栏内记载自己的名称与背书人记载具有同等法律效力。（2017年案例分析题、2018年案例分析题）

【解释】根据《票据法》的规定，被背书人名称属于绝对必要记载事项。根据司法解释的规定，持票人在被背书人栏内记载自己的名称与背书人记载具有同等的法律效力，即背书行为有效。

【案例】甲公司拟将一张银行承兑汇票（丙银行已经承兑）背书转让给乙公司，甲公司在背书人处签章，但在被背书人栏内未记载乙公司的名称即将该汇票交付给乙公司。在本案中：（1）如果乙公司未在被背书人栏内记载自己的名称，由于被背书人名称属于绝对必要记载事项，甲公司向乙公司的背书转让行为无效，乙公司不享有票据权利，丙银行有权拒绝付款；（2）如果乙公司在被背书人栏内记载了自己的名称（与甲公司记载具有同等的法律效力），背书转让行为有效，乙公司依法取得票据权利。当乙公司在法定期限内向丙银行提示付款时，丙银行应当当日足额付款。

4. 部分背书、多头背书：背书无效

将汇票金额的一部分转让或者将汇票金额分别转让给二人以上的，背书无效。

5. 附条件的背书：背书有效

背书时附有条件的，所附条件不具有汇票上的效力，即不影响背书行为本身的效力。（2015 年案例分析题、2017 年案例分析题、2019 年案例分析题）

> 名师敲黑板
>
> 这是考生必须会默写的条文，注意案例分析题。

经典题解

【例题·单选题】甲公司为购买货物而将所持有的汇票背书转让给乙公司，但因担心以此方式付款后对方不交货，因此在背书栏中记载了“乙公司必须按期保质交货，否则不付款”的字样。乙公司在收到票据后没有按期交货。根据票据法律制度的规定，下列表述中，正确的是（　　）。

A. 背书无效

B. 背书有效，乙公司的后手持票人应受上述记载约束

C. 背书有效，但是上述记载没有汇票上的效力

D. 票据无效

【答案】C

6. 任意记载事项

背书人在汇票上记载“不得转让”字样，其后手再背书转让的，原背书人对后手的被背书人不承担保证责任。（2017 年案例分析题、2018 年案例分析题、2021 年案例分析题）

> 名师敲黑板
>
> 这是考生必须会默写的条文，注意案例分析题。

【解释 1】出票人在汇票上记载“不得转让”字样的，汇票不得转让。如果收款人将该汇票背书转让（包括贴现）给他人，背书行为无效，取得票据的人并不能因此而取得票据权利。

> 温馨小提示
>
> 电子商业汇票的出票人记载“不得转让”事项的，该汇票无法进行背书转让。（2022 年新增）

【解释 2】背书人在汇票上记载“不得转让”字样，其后手再背书转让的，背书行为有效，但原背书人对其直接后手以后的后手不承担保证责任。

> 温馨小提示
>
> 电子商业汇票的背书人记载“不得转让”事项的，该汇票无法继续进行背书转让。（2022 年新增）

【案例】A 公司向 B 公司签发一张 80 万元的纸质银行承兑汇票，甲银行已经在票据上承兑并签章。B 公司将该汇票背书转让给 C 公司，同时在汇票上记载“不得转让”字样。C 公司又将该汇票背书转让给 D 公司。D 公司在法定期限内向甲银行提示付款，但甲银行以出票人 A 公司存款账户余额不足为由拒绝付款。在本案中：（1）甲银行拒绝付款的理由不成立。根据规定，承兑人不得以其与出票人之间的资金关系来对抗持票人，拒绝支付汇票金额；（2）C 公司向 D 公司的背书行为有效，D 公司依法取得票据权利；（3）D 公司被拒绝付款后，可以对出票人 A 公司、承兑人甲银行和背书人 C 公司行使追索权，但不能对 B 公司行使追索权。根据规定，背书人（B 公司）在汇票上记载“不得转让”字样，其后手再背书转让的，原背书人（B 公司）对后手的被背书人（D 公司）不承担保证责任；（4）如果 D 公司首先向 C 公司行使追索权，C 公司承担票据责任后，有权向 B 公司行使追索权。根据规定，B 公司向 C 公司的背书行为有效，B 公司对其直接后手 C 公司仍应承担保证责任。

7. 背书连续

（1）以背书转让的汇票，背书应当连续。持票人以背书的连续，证明其汇票权利。

（2）非经背书转让，而以其他合法方式（如税收、继承、赠与、法人的合并或者分立）取得汇票的，不受背书连续的限制，由持票人依法举证，证明其汇票权利。（2015年案例分析题）

8. 委托收款背书

在实际工作中，大多数商业汇票均由持票人委托自己的开户银行作为代理人来提示付款。

（1）委托收款背书，除了背书人签章之外，必须加上“委托收款”（或者“托收”“代理”）字样作为绝对必要记载事项。

（2）通过委托收款背书，被背书人取得代理权，但并未取得票据权利，因此，委托收款背书的被背书人不得再背书转让票据权利。

9. 质押背书

（1）以汇票设定质押时，除了出质人（背书人）签章之外，必须在汇票上记载“质押”（或者“设质”“担保”）字样作为绝对必要记载事项。如果出质人在汇票上只记载了“质押”字样但未在票据上签章的，或者出质人未在汇票、粘单上记载“质押”字样而另行签订质押合同、质押条款的，不构成票据质押。

名师敲黑板

被背书人可以行使付款请求权、追索权，可以进行“委托收款背书”，但不能进行“转让背书或者质押背书”，注意多选题。

（2）经质押背书，被背书人取得票据质权（而非票据权利），票据质权人有权“以相当于票据权利人的地位”行使票据权利，包括行使付款请求权、追索权。但是，质押背书的被背书人并不享有对票据权利的“处分权”。因此，票据质权人再行“转让背书或者质押背书”的，背书行为无效。但是，被背书人可以再进行“委托收款背书”。

【案例】乙公司持有一张80万元的纸质银行承兑汇票，承兑人为甲银行，出票日期为2022年4月1日，到期日为2022年7月1日。因欠丙公司100万元的货款（2022年11月11日到期），2022年4月10日，乙公司将该汇票质押给丙公司（乙公司作为出质人在汇票上签章并在汇票上记载“质押”字样）。在本案中：（1）经质押背书，丙公司取得票据质权（而非票据权利）；（2）丙公司并不享有对票据权利的“处分权”，因此，如果丙公司将该汇票再背书转让（或者质押背书）时，背书行为无效；（3）2022年7月1日，该汇票到期，尽管丙公司的债权尚未到期，但汇票毕竟在丙公司手中，丙公司有权“以相当于票据权利人的地位”行使票据权利（包括行使付款请求权和追索权），从甲银行把100万元先拿到手再说。在行使付款请求权时，丙公司可以向其开户银行作“委托收款背书”，该背书有效；（4）如果丙公司傻乎乎地等到2022年11月12日再动手，早过了法定的提示付款期限，其票据权利将受到影响（将丧失对出票人、承兑人以外的前手的追索权）。

经典题解

【例题 1·单选题】票据权利人为将票据权利出质给他人而进行背书时，如果未记载“质押”“设质”或者“担保”字样，只是签章并记载被背书人名称，则该背书行为的效力是（　　）。（2014 年）

A. 票据转让　　B. 票据承兑

C. 票据贴现　　D. 票据质押

【解析】质押背书，除了出质人在票据上签章之外，必须记载“质押”“设质”或者“担保”字样，否则构成转让背书。

【答案】A

【例题 2·多选题】根据票据法律制度的规定，票据质押背书的被背书人所为的下列背书行为中，无效的有（　　）。（2013 年）

A. 委托收款背书　　B. 有偿转让背书

C. 再质押背书　　D. 无偿转让背书

【答案】BCD

【例题 3·多选题】根据票据法律制度的规定，下列关于票据质押背书的表述中，正确的有（　　）。（2014 年）

A. 被背书人可以行使付款请求权

B. 被背书人可以再进行转让背书

C. 被背书人可以再进行委托收款背书

D. 被背书人可以行使追索权

【答案】ACD

【例题 4·单选题】根据票据法律制度的规定，下列关于票据背书的表述中，正确的是（　　）。（2016 年）

A. 背书时附有条件的，背书无效

B. 背书人未记载背书日期的，背书无效

C. 背书人将票据金额分别转让给二人以上的，背书无效

D. 背书人在票据上记载“不得转让”字样的，其后手的转让背书无效

【答案】C

表 9-2　纸质商业汇票的背书

具体情形	背书的效力
背书人未签章	背书无效
未记载背书日期	背书有效
背书人未记载被背书人名称即将票据交付他人的，持票人在被背书人栏内记载自己的名称	背书有效
附条件的背书	背书有效
部分背书、多头背书	背书无效

续表

具体情形	背书的效力
出票人在汇票上记载“不得转让”字样，收款人再背书转让（包括贴现）的	背书无效
背书人在纸质汇票上记载“不得转让”字样，其后手再背书转让的	背书有效
质押背书的被背书人再行转让背书或者质押背书的	背书无效
质押背书的被背书人再行委托收款背书的	背书有效

【考点3】商业汇票的承兑（P436）★★★

1. 提示承兑期限

（1）见票即付的商业汇票：无须提示承兑；

（2）定日付款或者出票后定期付款的商业汇票：到期日前提示承兑；

（3）见票后定期付款的商业汇票：自出票之日起1个月内提示承兑。

【解释】汇票未按照规定期限提示承兑的，持票人将丧失对出票人以外的前手的追索权。

2. 付款人应当自收到提示承兑的汇票之日起3日内承兑或者拒绝承兑。如果付款人在3日内不作承兑与否表示的，视为拒绝承兑。

3. 承兑的记载事项

（1）绝对必要记载事项

承兑行为的绝对必要记载事项包括承兑文句（“承兑”字样）和签章。

（2）相对必要记载事项

承兑日期属于相对必要记载事项。如果未记载承兑日期的，则以承兑人收到提示承兑的汇票之日起的第3日为承兑日期。

4. 附条件的承兑

（1）付款人承兑汇票，不能附有条件；承兑附有条件的，视为拒绝承兑。

（2）票据保证不得附条件，附条件的，不影响对汇票的保证责任。

（3）背书时附有条件的，所附条件不具有汇票上的效力，即不影响背书行为本身的效力。

5. 承兑的法律效力

（1）承兑人是汇票上的主债务人，承兑人于汇票到期日必须向持票人无条件地支付汇票上的金额。

（2）承兑人不得以其与出票人之间的资金关系来对抗持票人，拒绝支付汇票金额。（2016年案例分析题、2018年案例分析题、2019年案例分析题）

> 名师敲黑板：这是考生必须会默写的条文，注意案例分析题。

（3）承兑人的票据责任不因持票人未在法定期限内提示付款而解除，在持票人作出说明后，承兑人仍应向持票人付款。

（4）持票人即使未按期提示付款或者未依法取证，也不丧失对承兑人的追索权。

【相关链接 1】商业汇票的持票人未在规定期限内提示付款的，将丧失对出票人、承兑人以外的前手的追索权。

【相关链接 2】商业汇票的持票人不能出示相关证明（如退票理由书）的，将丧失对出票人、承兑人以外的前手的追索权。

6. 票据上的主债务人

票据义务人，可以区分为主债务人和次债务人。票据上的主债务人，是指本票出票人、汇票承兑人。之所以将其称为主债务人，是因为最后持票人应当首先对其请求付款，并且在追索关系中，其为最终的偿还义务人，不享有再追索权。

> **温馨小提示**
>
> 考生应准确区分主债务人和次债务人，注意多选题。

7. 票据上的次债务人

> **温馨小提示**
>
> 票据上的保证人，应区分其被保证人的身份而定：如果被保证人是主债务人，则保证人属于主债务人；如果被保证人是次债务人，则保证人属于次债务人。

最后持票人不能首先对其请求付款，而只能对其行使追索权。次债务人如果因为被追索而偿还，通常还可以向其前手行使再追索权。次债务人包括：

（1）汇票上的出票人、背书人；

（2）本票上的背书人；

（3）支票上的出票人、背书人。

8. 非票据义务人

支票上的付款人，以及未经承兑的汇票的付款人，并非票据义务人，而仅仅是票据关系的“关系人”，由于其未在票据上签章，并不承担票据债务，但是其行为会对票据关系产生重要影响。此外，委托收款人以及代理付款人也是票据关系的“关系人”，而非票据义务人。

经典题解

【例题 1 · 单选题】根据票据法律制度的规定，下列主体中，属于票据上主债务人的是（　　）。（2020 年）

A. 支票的出票人　　B. 汇票的承兑人

C. 支票的付款人　　D. 汇票的出票人

【答案】B

【例题 2 · 单选题】根据票据法律制度的规定，下列主体中，属于汇票主债务人的是（　　）。（2021 年）

A. 保证人　　B. 承兑人

C. 背书人　　D. 出票人

【答案】B

> **名师敲黑板**
>
> 票据行为包括出票、背书、承兑和保证，付款并非票据行为。

【考点 4】汇票的保证（P437）★★★

1. 绝对必要记载事项

（1）票据保证的绝对必要记载事项包括：保证文句（表明“保证”的字样）、保证人签章、保证人的名称和住所。

（2）票据保证是一种票据行为，保证人必须在票据上记载“保证”字样并签章，才能发生票据保证的效力。如果保证人未在票据或者粘单上记载“保

> **名师敲黑板**
>
> 如果保证人未在票据上记载“保证”字样并签章，不属于票据保证，当事人并非票据债务人，不得对其行使追索权，注意案例分析题。

证”字样而另行签订保证合同或者保证条款的，不属于票据保证。（2016年案例分析题、2018年案例分析题）

【相关链接】以汇票设定质押时，出质人在汇票上只记载了“质押”字样但未在票据上签章的，或者出质人未在汇票、粘单上记载“质押”字样而另行签订质押合同、质押条款的，不构成票据质押。

2. 相对必要记载事项

（1）被保证人

未记载被保证人的，已承兑的汇票，承兑人为被保证人；未承兑的汇票，出票人为被保证人。

（2）保证日期

未记载保证日期的，出票日期为保证日期。

表9-3 绝对必要记载事项vs相对必要记载事项

出票日期	绝对必要记载事项
付款日期	相对必要记载事项（未记载的，为见票即付）
背书日期	相对必要记载事项（未记载的，视为汇票到期日前背书）
承兑日期	相对必要记载事项（未记载的，以承兑人收到提示承兑的汇票之日起的第3日为承兑日期）
保证日期	相对必要记载事项（未记载的，以出票日期为保证日期）

3. 票据行为人的签章

（1）出票人的签章不符合规定的，整个票据无效。

（2）承兑人、保证人在票据上的签章不符合规定的，其签章无效，但不影响其他符合规定签章的效力（票据本身有效）。

（3）背书人在票据上的签章不符合规定的，其签章无效，但不影响其前手符合规定签章的效力（票据本身有效）。

经典题解

【例题1·单选题】根据票据法律制度的规定，下列票据行为人中，其签章不符合票据法规定可导致票据无效的是（ ）。（2016年）

A. 出票人　　B. 保证人

C. 背书人　　D. 承兑人

【答案】A

【例题2·单选题】下列票据行为人中，在票据上的签章不符合《票据法》的规定将导致票据无效的是（ ）。（2021年）

A. 承兑人　　B. 保证人

C. 出票人　　D. 背书人

【答案】C

4. 保证责任

（1）汇票保证人与被保证人负有同一责任，持票人对被保证人可以主张的任何票据权利，均可向保证人行使，票据保证人不享有先诉抗辩权。

（2）保证人为二人以上的，保证人之间承担连带责任。

（3）保证不得附有条件；附有条件的，不影响对汇票的保证责任，即保证所附的条件不发生票据法上的效力。

（4）保证人清偿汇票债务后，可以对被保证人及其前手行使追索权。

温馨小提示

如果承兑人是被保证人，持票人有权向保证人行使付款请求权，保证人向持票人履行票据债务后，票据关系全部消灭。

【案例】A 公司出票给 B 公司，B 公司背书转让给 C 公司，C 公司背书转让给 D 公司，甲公司是 C 公司的票据保证人，D 公司又背书转让给 E 公司。如果持票人 E 公司被拒绝付款，E 公司可以直接向甲公司行使追索权。甲公司承担保证责任后，可以向被保证人 C 公司及 C 公司的前手 B 公司和出票人 A 公司行使追索权，但不能向 C 公司的后手 D 公司行使追索权。

5. 如果被保证人的债务因形式要件（绝对必要记载事项）的欠缺而无效，保证人也不承担票据责任；如果被保证人的债务因实质要件的欠缺而无效（如当事人欠缺民事行为能力、签章伪造），则不影响票据保证的效力。

【案例 1】甲公司向乙公司出票，丙公司作为出票人甲公司的保证人在票据上签章。如果甲公司出票时未记载“出票日期”（绝对必要记载事项），该票据无效。在本案中，被保证人甲公司的债务因“形式要件”的欠缺而无效，保证人丙公司也不承担票据责任。

【案例 2】王某伪造甲公司的签章以甲公司的名义将票据背书转让给乙公司，丙公司作为甲公司的保证人在票据上签章。在本案中：（1）甲公司作为被伪造人不承担票据责任；（2）被保证人甲公司的债务因“实质原因”而无效，但丙公司作为保证人仍应承担票据责任。

【考点 5】付款请求权（P440）★

1. 商业汇票的提示付款期限

（1）见票即付的汇票：自出票日起 1 个月内向付款人提示付款。

（2）定日付款、出票后定期付款、见票后定期付款的汇票：自到期日起 10 日内向承兑人提示付款。

2. 商业汇票的持票人未在规定期限内提示付款的，将丧失对出票人、承兑人以外的前手的追索权。

【考点 6】追索权（P443）★★★

1. 最初追索权的取得

（1）到期追索权

汇票到期被拒绝付款的，持票人可以行使追索权。

（2）期前追索权

①被拒绝承兑；

②承兑人或者付款人死亡、逃匿；

③承兑人或者付款人被宣告破产或者因违法被责令终止业务活动。

名师敲黑板

承兑附有条件的，视为拒绝承兑，持票人可以行使期前追索权。

经典题解

【例题·多选题】根据票据法律制度的规定，汇票持票人可以取得期前追索权的情形有（　　）。（2014年）

A. 承兑人被宣告破产　　B. 付款人被责令终止业务活动

C. 承兑附条件　　D. 出票人被宣告破产

【答案】ABC

名师敲黑板

如果"承兑人或者付款人"没出事儿，"出票人、背书人或者保证人"死亡、逃匿或者破产的，持票人不能行使期前追索权。

2. 最初追索权的保全

如果持票人不能出示相关证明（如退票理由书）的，将丧失对其前手的追索权。但是，出票人和承兑人仍然应当承担票据责任。

3. 通知义务

持票人应当自收到被拒绝承兑或者拒绝付款的有关证明之日起3日内，将被拒绝的事由书面通知其直接前手，还可以同时通知其他被追索人。未按照规定期限（3日）发出追索通知的，持票人仍可以行使追索权。但因延期通知给其前手或者出票人造成损失的，由其承担该损失的赔偿责任，但所赔偿的金额以汇票金额为限。

【相关链接】汇票的持票人对出票人、承兑人以外的其他前手的"首次追索权"，消灭时效期间为6个月，自被拒绝承兑或者被拒绝付款之日起算。

【案例】A公司于2022年4月1日向B公司签发一张金额为80万元、出票后3个月付款的纸质银行承兑汇票，承兑人为甲银行。B公司将其背书转让给C公司，C公司又将其背书转让给D公司。持票人D公司于2022年7月5日（在法定期限内）向甲银行提示付款时遭到拒绝，并于当日取得了退票理由书，D公司于2022年7月15日才向C公司行使首次追索权。在本案中：（1）持票人D公司向背书人C公司行使"首次追索权"时，尽管未按照规定期限（3日）发出追索通知，但并未超过6个月，D公司仍可以对C公司行使追索权；（2）因D公司延期通知给C公司造成损失的（追索金额中会多一些利息），由D公司承担该损失的赔偿责任，但所赔偿的金额以汇票金额为限。

表9-4　是否丧失对前手的追索权？

具体情形	法律后果
未按照规定期限提示承兑	丧失对出票人以外的前手的追索权
未按照规定期限提示付款	丧失对出票人、承兑人以外的前手的追索权
未取得拒绝证明	丧失对出票人、承兑人以外的前手的追索权
未按照规定期限发出追索通知	仍可以行使追索权

4. 追索金额

（1）最初追索权

①被拒绝付款的汇票金额；

②汇票金额自到期日或者提示付款日起至清偿日止，按照中国人民银行规定的利率计算的利息；

③取得有关拒绝证明和发出通知书的费用。

（2）再追索权

①已清偿的全部金额及其自清偿日起至再追索清偿日止，按照中国人民银行规定的利率计算的利息；

②发出通知书的费用。

温馨小提示

追索金额包括汇票金额、利息和费用，但不包括"间接损失"。

5. 追索对象

出票人、背书人、承兑人和保证人对持票人承担连带责任：

（1）持票人可以不按照汇票债务人的先后顺序，对其中任何一人、数人或者全体行使追索权；

（2）持票人对汇票债务人中的一人或者数人已经开始进行追索的，对其他汇票债务人仍然可以行使追索权。

温馨小提示

如果承兑人以其与出票人之间的资金关系来对抗持票人，持票人对承兑人仍可行使追索权。

【解释1】（1）如果持票人未在法定期限内提示付款的，则丧失对出票人、承兑人以外的前手（背书人及其保证人）的追索权；（2）持票人未按照规定期限发出追索通知的，仍可以行使追索权。

【解释2】背书人在汇票上记载"不得转让"字样，其后手再背书转让的，原背书人对后手的被背书人不承担保证责任。

【解释3】持票人对"伪造人、被伪造人"均无追索权。

【解释4】保证人清偿汇票债务后，可以对"被保证人及其前手"行使追索权。

【解释5】回头背书：（1）持票人为出票人的，对其前手无追索权；（2）持票人为背书人的，对其后手无追索权。

【案例1】A出票给B，B背书转让给C，C背书转让给D，D背书转让给B（前面的背书人）。当B作为最后持票人被拒绝付款时，可以向A追索，但是对C、D没有追索权。根据规定，持票人为背书人的，对其后手无追索权。

【案例2】A出票给B，B背书转让给C，C背书转让给D，D背书转让给A（出票人）。当A作为最后持票人被拒绝付款时，对B、C、D均无追索权。根据规定，持票人为出票人的，对其前手无追索权。

第三单元　票据权利和票据行为

使用“会计云课堂”App 或“微信”扫码查看本单元视频，快速 GET 知识点。

【考点 1】票据权利的取得（P409）★★★

1. 依出票行为，收款人取得票据权利。

2. 以背书转让取得的票据，背书应当连续；持票人以背书的连续，证明其票据权利。非经背书转让，而以其他合法方式（如税收、继承、赠与、法人的合并或者分立）取得票据的，不受背书连续的限制，由持票人依法举证，证明其票据权利。（2015 年案例分析题）

名师敲黑板：这是考生必须会默写的条文，注意案例分析题。

3. 以欺诈、偷盗或者胁迫等手段取得票据的，或者明知有前列情形，出于恶意取得票据的，不得享有票据权利。持票人因重大过失取得不符合票据法规定的票据的，也不得享有票据权利。（2018 年案例分析题、2020 年案例分析题）

4. 凡是善意的、已付对价的正当持票人可以向任何票据债务人请求付款，不受其前手权利瑕疵和前手相互间抗辩的影响。

5. 因税收、继承、赠与可以依法无偿取得票据的，不受给付对价的限制。但是，所享有的票据权利不得优于其前手的权利。

【考点 2】票据权利的善意取得（2017 年案例分析题、2018 年案例分析题、2020 年案例分析题、2021 年案例分析题）（P414）★★★

1. 票据权利善意取得的要件

（1）转让人是形式上的票据权利人，从形式上享有处分权。转让人必须是票据上记载的收款人或者被背书人，受让人才有理由相信其有处分权。

（2）转让人实质上没有处分权。

（3）受让人基于背书转让的方式取得票据，而且符合背书行为的形式要件和实质要件（完成交付）。

（4）受让人善意且无重大过失。

（5）受让人必须付出相当对价。

2. 票据权利善意取得的法律后果

（1）受让人取得票据权利；

（2）原权利人丧失票据权利。

【案例 1】A 向 B 签发转账支票，B 取得票据后因患精神病而丧失民事行为能力，但仍将该支票背书转让给 C，C 又将该支票背书转让给 D。在本案中：（1）无民事行为能力人或者限制民事行为能力人在票据上签章的，其签章无效，但不影响其他符合规定签章的效力。因此，B 对 C 的背书行为无效，C 不能取得票据权利，B 仍然是票据权利人；（2）由于 C 未取得票据权利，C 对 D 的背书转让，实质上没有处分权，但 C 是形式上的票据权利人，只要 D 善意且无重大过失、付出相当对价、符合背书行为的形式要件和实质要件，则D基于善意取得制度依法取得票据权利。

【案例2】A以B为收款人签发转账支票，B受C的欺诈将该支票背书转让给C，C又背书转让给D。在本案中：（1）因欺诈、偷盗、胁迫、恶意或者重大过失而取得票据的，不得享有票据权利；因此，C不能取得票据权利；（2）C对D的背书转让，实质上没有处分权，但C是形式上的票据权利人，只要D善意且无重大过失、付出相当对价、符合背书行为的形式要件和实质要件，则D基于善意取得制度依法取得票据权利。

【考点3】票据基础关系对票据行为效力的影响（P417）★★★

1. 票据基础关系

（1）票据基础关系是指票据关系据以产生的、由民法规定的法律关系。最重要的票据基础关系包括票据原因关系和票据资金关系。

（2）票据原因关系，是指作为票据当事人之间授受票据原因的法律关系，如支付买卖货物的价款、支付租金等。

（3）票据资金关系，是指出票人与承兑人、付款人之间关于将来用于向持票人付款的资金安排的法律关系。一般情况下，出票人与承兑人或者付款人之间在出票前会订立委托合同，对付款资金的安排等事项进行约定。例如，银行承兑汇票的出票人应在票据到期日前将全部票据金额支付给承兑人。

> **温馨小提示**
>
> 承兑人不得以其与出票人之间的资金关系来对抗持票人，拒绝支付汇票金额。

2. 基于票据行为的无因性，票据行为的内容如果与基础关系不一致，票据关系的内容只能依据票据行为来确定。

> **温馨小提示**
>
> 票据上的一切权利义务，都严格依照票据上记载的文义而定，文义之外的任何理由、事项都不得作为根据。

【案例】甲公司和乙公司签订买卖合同，约定价款为100万元。甲公司因为工作失误，向乙公司签发了金额为200万元的支票。此时，甲公司的票据责任应当根据票面上的记载内容（200万元）来确定，而不是根据买卖合同约定的价款（100万元）来确定。

3. 基于票据行为的无因性，票据基础关系的瑕疵并不影响票据行为的效力。（2018年案例分析题）

> **名师敲黑板**
>
> 这是考生必须会默写的条文，注意案例分析题。

【解释】作为原因关系的合同未成立、无效或者被撤销的，票据行为有效。

【案例】甲公司申请乙银行为其签发的银行承兑汇票进行承兑，为此双方签订了承兑协议，乙银行为履行该协议已经在票据上作为承兑人签章。之后，如果承兑协议无效或者被撤销，乙银行承兑行为的效力并不因此而受影响，持票人仍有权请求乙银行承担票据责任。

经典题解

【例题·单选题】甲公司向乙公司签发一张金额为35万元的银行承兑汇票，用于支付购买设备的价款。乙公司随即将汇票背书转让给丙公司，用于支付工程款。在丙公司提示付款前，甲、乙公司之间的设备买卖合同因乙公司欺诈而被人民法院撤销。甲公司的下列主张中，符合票据法律制度规定的是（　　）。（2019年）

A. 请求乙公司返还汇票

B. 请求丙公司返还汇票

C. 请求乙公司返还35万元价款

D. 请求承兑银行对丙公司拒绝付款

【解析】（1）选项ABD：基于票据行为的无因性，票据基础关系的瑕疵（买卖合同被撤销）并不影响票据行为（出票、背书、承兑）的效力，出票人甲公司无权请求乙公司和丙公司返还汇票，甲公司也无权请求承兑银行对丙公司拒绝付款，承兑银行应当向持票人丙公司付款；（2）选项C：一方（乙公司）以欺诈手段，使对方在违背真实意思的情况下实施的民事法律行为，属于可撤销的民事法律行为。民事法律行为被撤销后，行为人因该行为取得的财产，应当予以返还；不能返还或者没有必要返还的，应当折价补偿。因此，甲公司有权请求乙公司返还35万元的价款。

【答案】C

4. 票据贴现（2015年案例分析题）

（1）票据贴现属于国家特许经营业务，只有经批准的金融机构才有资格从事票据贴现业务。

名师敲黑板

这是考生必须会默写的条文，注意案例分析题。

（2）其他组织与个人从事票据贴现业务，票据贴现行为（背书转让）无效，贴现款和票据应当相互返还。但是，贴现人（被背书人）又对该票据进行背书转让时，如果符合票据权利善意取得的构成要件，新的持票人依法取得票据权利。

【案例】甲公司持有一张90万元的纸质银行承兑汇票（2022年11月11日到期），甲公司急需现金。在本案中：（1）如果甲公司找乙银行办理贴现，乙银行扣掉2万元的贴息，实付88万元，甲公司将票据权利背书转让给乙银行。票据贴现，实质上是一种票据权利的买卖，双方并没有真实的交易关系和债权债务关系，但经批准的金融机构可以合法办理票据贴现业务，甲公司向乙银行的背书转让行为有效，乙银行依法取得票据权利；（2）如果甲公司和丙公司达成协议，甲公司将该汇票背书转让给丙公司，丙公司向甲公司支付80万元的现金，由于丙公司没有资格办理票据贴现业务，该背书行为无效，丙公司不能取得票据权利。但是，如果丙公司将该汇票再背书转让给丁公司，尽管丙公司实质上不享有票据权利，但形式上是票据权利人，如果符合票据权利善意取得的构成要件（善意且无重大过失、付出相当对价、符合背书行为的形式和实质要件），丁公司善意取得票据权利。

经典题解

【例题·单选题】A公司因急需资金，将其作为收款人的一张已获银行承兑的商业汇票背书转让给B公司。汇票票面金额为50万元，B公司向A公司支付现金42万元。根据票据法律制度的规定，下列关于A公司背书行为效力的表述中，正确的是（　　）。（2017年）

A. 背书行为有效，因为该汇票已获银行承兑

B. 背书行为有效，因为A公司是票据权利人

C. 背书行为无效，因为B公司无权办理票据贴现业务

D. 背书行为无效，因为B公司未支付对价

【答案】C

【考点 4】票据行为的代理（P413）★

1. 票据代理行为的有效要件

（1）代理人有代理权；

（2）必须明示以“被代理人”的名义，并表明“代理”的意思；

（3）代理人在票据上签章。

【解释】票据行为是一种民事法律行为，可以由代理人进行。例如，大多数票据均由持票人委托其开户银行作为代理人去提示付款。

【案例】甲向乙出具授权委托书，授权乙向丙签发一张转账支票。乙在出票时，应明示“乙作为甲的代理人、以甲的名义出票”，乙作为代理人在票据上签章。在有权代理的情况下，直接由被代理人甲承担票据责任。

2. 越权代理

票据代理人超越代理权限的，应当就其超越权限的部分承担票据责任，在权限范围内的代理行为继续有效。

【案例】甲授权乙向丙出票，出票金额为 100 万元。如果乙超越代理权限向丙签发了 120 万元的票据，则甲承担 100 万元的票据责任，乙承担 20 万元的票据责任。

3. 狭义的无权代理

（1）没有代理权而以代理人名义在票据上签章的，如果本人（被代理人）事后表示追认，票据行为对本人（被代理人）发生效力，并由本人（被代理人）承担票据责任。

（2）如果本人（被代理人）事后未追认，相对人不能取得票据权利，不论本人（被代理人）还是无权代理人均不承担票据责任。但是，相对人又对他人进行票据行为的，如果满足票据权利善意取得的构成要件，无权代理人必须对票据权利人承担票据责任，但本人（被代理人）仍然不承担票据责任。

【案例】甲公司对 A 并未授权，但 A 以甲公司代理人的名义签发一张汇票给乙公司，收款人乙公司明知 A 没有代理权，甲公司事后未追认。在本案中：（1）乙公司不能取得票据权利；（2）如果乙公司将该汇票背书转让给丙公司，如果满足票据权利善意取得的构成要件，丙公司善意取得票据权利。此时，乙公司应承担“背书人”的票据责任，甲公司不承担票据责任（因为甲公司并未在票据上签章），A 应承担“出票人”的票据责任（A 在票据上签了自己的章）。

4. 表见代理

没有代理权而以代理人名义在票据上签章的，如果善意相对人有理由相信其有代理权，则其代理的票据行为有效，本人（被代理人）应承担票据责任，无权代理人不承担票据责任。

【解释】相对人有理由相信无权代理人具有代理权的情形包括但不限于:(1)被代理人对相对人表示已将代理权授予无权代理人，而实际并未授权;(2)无权代理人持有被代理人的介绍信或者盖有印章的空白合同书，使得相对人相信其有代理权;(3)代理关系终止后，被代理人未采取必要的措施而使相对人仍然相信行为人有代理权，并与之进行民事法律行为。

【案例】甲公司授权A帮其购买一台设备，但因过失甲公司直接将盖有甲公司公章的空白授权委托书交给A。A擅自将授权委托书的内容填写为:“甲公司授权A向乙公司签发一张100万元的转账支票”，A向不知情的乙公司出示了该授权委托书之后，以甲公司代理人的名义向乙公司签发一张100万元的转账支票，A作为代理人在该支票上签章。在本案中:(1)善意相对人乙公司有理由相信A有代理权，该代理行为有效，虽然甲公司并未在票据上签章，但被代理人甲公司仍应承担“出票人”的票据责任;(2)在表见代理的情况下，既然由被代理人甲公司承担票据责任，无权代理人A虽然在票据上进行了签章，但不承担票据责任(至于甲公司事后如何向A追偿，与乙公司无关)。

【考点5】票据的伪造(2017年案例分析题、2019年案例分析题、2020年案例分析题)(P418)★★★

【解释1】票据伪造是指假冒或者虚构他人名义在票据上签章而进行的票据行为(包括出票、承兑、保证、背书)。

【解释2】如果票据行为人指明本人(被代理人)的存在并以代理人的身份在票据上签章，即使其欠缺代理权，也不构成票据伪造，而属于无权代理。例如，甲公司对A并未授权，但A以甲公司代理人的名义签发一张支票给乙公司，A在票据上加盖了自己的签章，该情形属于无权代理。如果A伪造甲公司的签章，以甲公司的名义签发一张支票给乙公司，在票据上加盖的是甲公司的签章，A在票据上并没有签章，该情形属于票据的伪造。

名师敲黑板
这是考生必须会默写的条文，注意案例分析题。

1. 伪造人

由于伪造人没有以自己的名义在票据上签章，因此不承担票据责任。但是，如果伪造人的行为给他人造成损失的，必须承担民事责任；情节轻微，不构成犯罪的，依照国家有关规定给予行政处罚；构成犯罪的，还应承担刑事责任。

2. 被伪造人

名师敲黑板
这是考生必须会默写的条文，注意案例分析题。

(1)在假冒他人名义的情形下，被伪造人不承担票据责任。

(2)在虚构他人名义的情形下，并不存在一个真正的被伪造人，因此不存在相应的法律后果承担问题。

3. 真实签章人

名师敲黑板
这是考生必须会默写的条文，注意案例分析题。

票据上有伪造签章的，不影响票据上其他真实签章的效力。在票据上真实签章的当事人，仍应对被伪造的票据的权利人承担票据责任，票据债权人在提示承兑、提示付款或者行使追索权时，在票据上的真实签章人不能以伪造为由进行抗辩。

【案例】2022年4月1日，A公司向B公司签发一张80万元的纸质银行承兑汇票，承兑人为甲银行。4月5日，B公司将该汇票背书转让给C公司。4月10日，该汇票丢失，被张某拾得，张某伪造C公司的签章以C公司的名义将该汇票背书转让给知情的D公司；同时，乙公司作为C公司的保证人在票据上签章并记载了“保证”字样。4月15日，D公司将该汇票背书转让给不知情的E公司，以支付货款。持票人E公司在法定期限内向甲银行提示付款。在本案中：（1）D公司不享有票据权利。根据规定，以欺诈、偷盗或者胁迫等手段取得票据的，或者明知有前列情形，出于恶意取得票据的，不得享有票据权利；（2）E公司善意取得票据权利。根据规定，虽然D公司实质上不享有票据权利，但形式上享有票据权利，E公司符合票据权利善意取得的要件（善意且无重大过失、付出相当对价、符合背书行为的形式和实质要件），E公司善意取得票据权利；（3）甲银行的审查义务仅限于形式上的审查，而不负责实质上的审查，如果甲银行按照正常的工作程序认真进行审查，当时未发现汇票被伪造，则甲银行向E公司付款后，不再承担票据责任（由于E公司享有票据权利，甲银行属于正确付款）；关键的问题是，如果甲银行当时发现了该汇票上C公司的签章系被伪造，能否以此为由拒绝付款？不能。根据规定，票据上有伪造签章的，不影响票据上其他真实签章的效力，在票据上真实签章的当事人，仍应对被伪造票据的持票人承担票据责任，持票人在提示付款时，在票据上真实签章人（甲银行）不能以伪造为由进行抗辩；（4）如果甲银行拒绝付款，持票人E公司可以向真实签章人（出票人A公司、背书人B公司、D公司、承兑人甲银行和保证人乙公司）行使追索权，但不能向伪造人（张某）和被伪造人（C公司）行使追索权。问题之一：E公司向乙公司行使追索权时，乙公司能否以该票据被伪造为由进行抗辩？不能。根据规定，票据上有伪造签章的，不影响票据上其他真实签章的效力。在票据上真实签章的当事人，仍应对被伪造票据的权利人承担票据责任，权利人在依法行使追索权时，在票据上的真实签章人（包括但不限于乙公司）不能以伪造为由进行抗辩。问题之二：E公司能否向C公司行使追索权？不能。根据规定，在假冒他人名义的情形下，被伪造人（C公司）不承担票据责任。问题之三：E公司能否向张某行使追索权？不能。根据规定，由于伪造人（张某）没有以自己的名义在票据上签章，因此不承担票据责任。

4. 表见代行

一般情况下，被伪造人不承担票据责任。但是，如果相对人有理由相信代行人获得了本人（被伪造人）的授权，则类推适用“表见代理”的规定，由本人（被伪造人）承担票据责任。

温馨小提示

该考点适当关注一下即可。

【案例】甲是A公司业务员，多年来一直负责A公司与B公司的业务往来。2022年3月，甲离职，但A公司并未将这一情况及时通知B公司。2022年4月1日，甲仍以A公司业务员的名义到B公司购货，并向B公司签发并交付了一张出票人为A公司、金额为100万元的支票，用于支付货款。之后，甲提走货物自用。经查，支票上所盖A公司公章及其法定代表人人名章均系甲伪造。在本案中：（1）在出票时，甲并非以“A公司代理人”的名义在票据上加盖自己的印章，而是加盖了伪造的A公司公章及其法定代表人人名章，因此，甲的行为不属于“无权代理”，而是票据签章的“伪造”；（2）一般情况下，“被伪造人”不承担票据责任。但是，如果善意相对人B公司有理由相信甲获得了A公司的授权，则类推适用“表见代理”的规定，A公司应当对B公司承担票据责任。

温馨小提示

该考点适当关注一下即可。

5. 错误付款

（1）善意且无重大过失的错误付款

如果付款人不知道提示付款人并非票据权利人，并且无重大过失，则付款人的付款行为与一般的付款具有同等的效力，即全部票据关系消灭。真正票据权利人的票据权利也因此而消灭，其只能根据民法上的侵权责任制度或者不当得利制度向获得票据金额的当事人主张权利。

（2）恶意或者重大过失的错误付款

如果付款人未尽审查义务，对不符合法定形式的票据付款，或者存在恶意或者重大过失而付款的，付款人的义务不能免除，其他债务人也不能免除责任。即票据关系并不因此而消灭，真正票据权利人的票据权利并不因此而消灭，各个票据债务人（包括承兑人）的票据责任并不因此而消灭。付款人的损失，只能另行根据民法上的侵权责任制度或者不当得利制度向获得票据金额的当事人请求赔偿或者返还。

【案例】 A公司向B公司签发一张80万元的纸质银行承兑汇票，承兑人为甲银行。B公司将该汇票背书转让给C公司，后该汇票被张某偷走，张某伪造C公司的签章以C公司的名义将该汇票背书转让给知情的D公司，D公司持该汇票向甲银行提示付款。在本案中：（1）以欺诈、偷盗或者胁迫等手段取得票据的，或者明知有前列情形，出于恶意取得票据的，不得享有票据权利。因此，D公司不享有票据权利；（2）甲银行的审查义务仅限于形式上的审查，而不负责实质上的审查，如果甲银行按照正常的工作程序认真进行审查，当时未发现汇票被伪造，则甲银行向D公司付款后（D公司并非真正的票据权利人，甲银行属于错误付款，但甲银行善意且无重大过失），全部票据关系消灭，甲银行不再承担票据责任，真正票据权利人（C公司）的票据权利也因此而消灭，C公司无权请求甲银行付款，只能根据民法上的侵权责任制度或者不当得利制度向获得票据金额的当事人（D公司）主张权利；（3）如果甲银行当时发现了该汇票被伪造，而且知道D公司并非真正的票据权利人，则甲银行不得向D公司付款，否则构成恶意的错误付款。即使甲银行已经向D公司付款了，票据关系并不因此而消灭，真正票据权利人（C公司）的票据权利并不因此而消灭，甲银行的付款义务并不能免除，C公司仍有权请求甲银行付款。至于甲银行已经向D公司支付的款项，只能另行根据民法上的侵权责任制度或者不当得利制度向D公司请求赔偿或者返还。

温馨小提示

票据的伪造仅限于签章，票据的变造是指对签章以外的记载事项（如出票日期）加以改变。

【考点6】票据的变造（P420）★★

1. 变造前在票据上签章的票据行为人，依照原记载事项负责；变造后在票据上签章的票据行为人，依照变造后的记载事项负责。

2. 如果无法辨别签章发生在变造之前还是之后，视同在变造之前签章。

经典题解

【例题1·单选题】 甲签发一张票面金额为2万元的转账支票给乙，乙将该支票背书转让给丙，丙将票面金额改为5万元后背书转让给丁，丁又背书转让给戊。下列关于票据责任承担的表述中，正确的是（　　）。

A. 甲、乙、丁对2万元负责，丙对5万元负责
B. 乙、丙、丁对5万元负责，甲对2万元负责
C. 甲、乙对2万元负责，丙、丁对5万元负责
D. 甲、乙对5万元负责，丙、丁对2万元负责

【解析】甲、乙的签章在变造之前，应当按照原记载的内容（2万元）负责；丙、丁的签章在变造之后，应当按照变造后的记载内容（5万元）负责。

【答案】C

【例题2·多选题】下列关于票据变造的法律效果的表述中，符合票据法律制度规定的有（　　）。（2020年）

A. 变造前在票据上签章的票据行为人，依照原记载事项负责
B. 变造后在票据上签章的票据行为人，依照变造后的记载事项负责
C. 若变造人也是票据上的签章人，变造人应被视为在变造之后签章
D. 不能辨别是在票据变造之前还是之后签章的，视同在变造之后签章

【解析】选项D：视同在变造之前签章。

【答案】ABC

【考点7】票据抗辩（P423）★★★

> 温馨小提示
>
> 票据抗辩，是指票据债务人基于合法事由对持票人拒绝履行票据债务的行为。

1. 对物抗辩

对物抗辩（绝对的抗辩），是指票据债务人可以对任何持票人进行抗辩。对物抗辩的情形包括但不限于：

（1）票据所记载的“全部票据权利”均不存在

出票时欠缺“绝对必要记载事项”（如未记载出票日期），或者票据金额的中文大写和阿拉伯数码不一致，或者对“票据金额、出票日期和收款人名称”进行了更改，由于票据本身无效，持票人根本就不享有票据权利，票据债务人可以对任何持票人进行抗辩。

（2）票据上记载的“特定债务人”的债务不存在

基于法律规定，某些特定当事人不承担票据责任。其中包括但不限于：

①签章人为无民事行为能力人或者限制民事行为能力人的，其签章无效，不承担票据责任。

②持票人不能出示相关证明（如退票理由书）的，将丧失对其前手的追索权。但是，出票人和承兑人仍然应当承担票据责任。

【解释】对物抗辩可以对“任何持票人”提出，但并非所有的票据债务人均有权提出对物抗辩，只有享有抗辩权的人才有权对“任何持票人”提出抗辩。

【案例】甲向乙出票，乙背书转让给丙，丙背书转让给丁，丁又背书转让给戊。经查，丙属于限制民事行为能力人。在本案中：（1）限制民事行为能力人丙在票据上签章的，其签章无效，丙并非票据债务人，丙（享有抗辩权）可以对“任何持票人”进行抗辩；（2）甲、乙、丁的签章有效，甲、乙、丁（不享有抗辩权）仍应承担票据责任，不能对戊进行抗辩。

名师敲黑板

这是案例分析题的必考考点，除了需要准确理解，还需要准确默写。

2. 对人抗辩（2016年案例分析题、2018年案例分析题、2019年案例分析题、2021年案例分析题）

对人抗辩（相对的抗辩），是指票据债务人可以基于合法事由对特定持票人主张抗辩。

（1）票据债务人可以对不履行约定义务的与自己有直接债权债务关系的持票人，进行抗辩。

（2）票据债务人不得以自己与出票人之间的抗辩事由对抗持票人，但持票人明知存在抗辩事由而取得票据的除外。

（3）票据债务人不得以自己与持票人的前手之间的抗辩事由对抗持票人，但持票人明知存在抗辩事由而取得票据的除外。

（4）凡是善意的、已付对价的正当持票人可以向任何票据债务人请求付款，不受其前手权利瑕疵和前手相互间抗辩的影响。

（5）因税收、继承、赠与可以依法无偿取得票据的，不受给付对价的限制。但是，所享有的票据权利不得优于其前手的权利。因此，票据债务人可以以对抗持票人前手的抗辩事由对抗该持票人。

【案例】A公司与B公司签订买卖合同，A公司购买B公司的一批货物。2022年4月1日，A公司向B公司签发一张金额为80万元、出票后3个月付款的纸质银行承兑汇票，甲银行为承兑人。4月3日，B公司将该汇票背书转让给C公司，以支付货款。4月5日，C公司又将该汇票背书转让给D公司，以支付货款。7月5日，D公司向甲银行提示付款时，甲银行以出票人A公司的资金账户余额不足为由拒绝付款，D公司于当日取得了退票理由书。D公司在向出票人A公司进行追索时，A公司以B公司发来的货物存在严重的质量问题为由，拒绝向D公司承担票据责任。在本案中：（1）甲银行拒绝付款的理由不成立。根据规定，票据债务人（承兑人甲银行）不得以自己与出票人（A公司）之间的抗辩事由对抗持票人；（2）A公司以B公司发来的货物存在严重的质量问题为由，拒绝向D公司承担票据责任的主张不成立。根据规定，票据债务人（A公司）不得以自己与持票人的前手（B公司）之间的抗辩事由对抗持票人；（3）如果D公司先向B公司追索，B公司向D公司承担了票据责任后，转而向A公司追索，则A公司可以对B公司进行抗辩。根据规定，票据债务人（A公司）可以对不履行约定义务的与自己有直接债权债务关系的持票人（B公司），进行抗辩。

3. 票据抗辩的切断制度

在持票人无偿取得票据的情况下，如果其前手的权利已经获得了抗辩切断的保护，该持票人的权利也受到抗辩切断的保护。

【案例】甲、乙之间签订一份买卖合同，乙发货后，2022年4月1日，甲向乙签发一张转账支票。4月2日，乙将该支票作为生日礼物赠与其女朋友丙。4月3日，丙将该支票背书转让给丁，以支付货款。4月4日，丁将该支票作为生日礼物赠与其男朋友戊。后来甲发现乙发来的货物属于假冒伪劣产品，但丙、丁、戊对该事项均不知情。在本案中：（1）如果乙是持票人，票据债务人（甲）可以对不履行约定义务的与自己有直接债权债务关系的持票人，进行抗辩；（2）如果丙是持票人，由于丙无对价取得票据（丙＝乙），票据债务人甲可以对抗乙的抗辩事由来对抗丙；（3）如果丁是持票人，由于丁善意、付出相当对价，丁享有100%的票据权利，不受其前手权利瑕疵和前手相互间抗辩的影响，票据债务人（甲）不得以自己与持票人的前手（乙）之间的抗辩事由对抗持票人丁；（4）如果戊是持票人，甲可以对抗戊吗？不能！虽然戊无对价取得票据，其享有的票据权利不能优于其前手，但也不劣于其前手（戊＝丁），既然甲不能对抗丁，就不能对抗戊。简而言之，在持票人戊无偿取得票据的情况下，如果其前手丁的票据权利已经获得了抗辩切断的保护（丁的票据权利不受其前手权利瑕疵和前手相互间抗辩的影响），那么持票人戊的票据权利也受到抗辩切断的保护。

【考点8】票据权利的消灭时效（P421）★★★

1. 出票人、承兑人

（1）商业汇票的持票人对出票人、承兑人的权利，自票据到期日起2年；见票即付的汇票，自出票日起2年。

（2）银行本票的持票人对出票人的权利，自出票日起2年。

（3）支票的持票人对出票人的权利，自出票日起6个月。

2. 出票人、承兑人以外的其他前手

（1）持票人对其他前手的首次追索权，自被拒绝承兑或者被拒绝付款之日起6个月。

（2）持票人对其他前手的再追索权，自清偿日或者被提起诉讼之日起3个月。

3. 票据权利与民事权利

持票人因超过票据权利时效或者因票据记载事项欠缺而丧失票据权利的，仍享有民事权利，可以请求出票人或者承兑人返还其与未支付的票据金额相当的利益。

表9-5 票据权利的消灭时效

<table>
<tr><th colspan="2">票据类型</th><th>提示承兑期限</th><th>提示付款期限</th><th>票据权利的消灭时效</th></tr>
<tr><td rowspan="4">商业汇票</td><td>见票即付</td><td>×</td><td>出票日起1个月内</td><td>出票日起2年</td></tr>
<tr><td>定日付款</td><td rowspan="2">到期日前</td><td rowspan="3">到期日起10日内</td><td rowspan="3">到期日起2年</td></tr>
<tr><td>出票后定期付款</td></tr>
<tr><td>见票后定期付款</td><td>出票日起1个月内</td></tr>
<tr><td colspan="2">银行本票</td><td>×</td><td>自出票日起不得超过2个月</td><td>出票日起2年</td></tr>
<tr><td colspan="2">支票</td><td>×</td><td>自出票日起10日内</td><td>出票日起6个月</td></tr>
</table>

【案例1】2022年4月1日，甲公司向乙公司签发金额为80万元、出票后3个月付款的纸质银行承兑汇票，丙银行已经承兑。2022年4月10日，乙公司将该汇票背书转让给丁公司。在本案中：（1）甲公司是出票人，也是承兑申请人。在申请承兑时，甲公司应先向丙银行交纳一定数量的保证金，于汇票到期日之前再将剩余金额足额存入在丙银行开立的银行账户；（2）丙银行承兑后，即成为该汇票上的主债务人，即使出票人甲公司的银行账户金额不足，丙银行于汇票到期日必须无条件当日足额付款，否则应承担延迟付款的法律责任；（3）该汇票的出票日期为2022年4月1日，付款日期（到期日）为2022年7月1日。持票人丁公司应当自票据到期之日起10日内提示付款，如果丁公司于2022年7月5日（在法定期限内）向丙银行提示付款，丙银行不得以出票人甲公司的银行账户金额不足为由拒绝付款。根据规定，承兑人不得以其与出票人之间的资金关系来对抗持票人，拒绝支付汇票金额。如果丙银行拒绝付款，丁公司取得退票理由书之后，可以对出票人甲公司、背书人乙公司和承兑人丙银行行使追索权；（4）如果丁公司于2022年7月25日（超过法定期限）才向丙银行提示付款，其付款请求权并未消灭。根据规定，商业汇票的持票人对承兑人的付款请求权，消灭时效期间为2年，自票据到期日起算。在2024年7月1日之前，在丁公司作出说明后，承兑人丙银行仍应对丁公司付款；（5）如果持票人丁公司于2024年8月8日才主张票据权利，由于自票据到期日已经超过了2年，其票据权利已经消灭，但其民事权利并未消灭，丁公司仍有权请求出票人甲公司或者承兑人丙银行返还与其未支付票据金额相当的利益。

【案例2】A公司于2022年4月1日向B公司签发一张金额为80万元、见票后3个月付款的纸质银行承兑汇票，承兑人为甲银行，承兑日期为2022年4月10日。B公司将该汇票背书转让给C公司，C公司又将该汇票背书转让给D公司。在本案中：（1）该银行承兑汇票的付款日期（到期日）为2022年7月10日（根据承兑日期确定到期日），持票人D公司应当自到期日起10日内向甲银行提示付款；（2）如果D公司于2022年7月15日（在法定期限内）向甲银行提示付款时遭到拒绝，并于当日取得了退票理由书，则持票人D公司可以不按照汇票债务人的先后顺序，对承兑人甲银行、出票人A公司、背书人B公司和C公司中的任何一人、数人或者全体行使追索权。其中，持票人D公司对背书人C公司的首次追索权为被拒绝付款之日起6个月；如果C公司向D公司清偿了82万元（包括汇票金额、利息和相关费用），C公司向B公司行使再追索权的期限为清偿之日起3个月。考生应注意的是，当B公司向A公司行使再追索权时，就不是3个月了，而是自汇票到期之日起2年，因为A公司是出票人。

【考点9】票据权利的补救（P426）★★

> **温馨小提示**
>
> 只有“确定付款人”的票据丢失，才可以找“付款人”去挂失止付。对于尚未承兑的商业汇票，不能挂失止付。

1. 挂失止付

（1）可以挂失止付的票据

①已承兑的商业汇票；

②支票；

③填明“现金”字样和代理付款人的银行汇票；

④填明“现金”字样的银行本票。

（2）挂失止付的地位

挂失止付并非票据丧失后票据权利补救的必经程序，它仅仅是失票人丧失票据后可以采取的一种暂时的预防措施，以防止票据被冒领或者骗取。失票人应当在通知挂失止付后 3 日内，依法向人民法院申请公示催告或者提起普通诉讼，也可以在票据丧失后直接向人民法院申请公示催告或者提起普通诉讼。如果付款人或者代理付款人自收到挂失止付通知书之日起 12 日内未收到人民法院的止付通知书的，自第 13 日起，挂失止付通知书失效。

2. 公示催告

（1）公示催告是指人民法院根据失票人的申请，以公示的方式催告利害关系人在一定期限内向人民法院申报权利，到期无人申报权利的，人民法院将根据申请人的申请作出除权判决，申请人可以持除权判决书行使票据权利。

（2）失票人应当向票据付款地的基层人民法院提出书面的公示催告申请。

（3）人民法院在受理公示催告申请的同时通知付款人或者代理付款人停止支付。付款人或者代理付款人应当停止支付，直到公示催告程序终结。

（4）利害关系人在人民法院作出除权判决之前申报权利的，人民法院应通知其向人民法院出示票据，并通知公示催告申请人查看该票据。如果该票据就是申请人申请公示催告的票据，人民法院应裁定终结公示催告程序，并通知申请人和付款人（既然公示催告程序已经终结，付款人就可以付款了）。

（5）公示催告期间届满，且无应裁定终结公示催告程序的事由，申请人可以在届满次日起 1 个月内，申请人民法院作出除权判决。逾期未申请的，人民法院应终结公示催告程序（既然公示催告程序终结，付款人就可以付款了）。

（6）利害关系人因为正当理由不能在除权判决之前向人民法院及时申报权利的，自知道或者应当知道判决公告之日起 1 年内，可以向作出除权判决的人民法院起诉，请求撤销除权判决。

第四单元　非票据结算方式

使用“会计云课堂”App 或“微信”扫码查看本单元视频，快速 GET 知识点。

【考点 1】汇兑（P448）★

温馨小提示

该考点适当关注一下即可。

1. 汇兑是指汇款人委托银行将其款项支付给收款人的结算方式，汇兑适用于单位和个人的各种款项的结算。

2. 汇款回单只能作为汇出银行受理汇款的依据，不能作为该笔汇款已经转入收款人账户的证明；收账通知是银行将款项确已收入收款人账户的凭据。

3. 汇兑的撤销

汇款人对汇出银行尚未汇出的款项可以申请撤销。

4. 汇兑的退汇

（1）汇款人对汇出银行已经汇出的款项可以申请退汇。

（2）汇入银行对于向收款人发出取款通知，经过2个月无法交付的汇款，应主动办理退汇。

温馨小提示

该考点适当关注一下即可。

【考点2】委托收款（P452）★

1. 委托收款是收款人委托银行向付款人收取款项的结算方式。

2. 付款人应于接到通知的当日书面通知银行付款。如果付款人未在接到通知日的次日起3日内通知银行付款的，视同付款人同意付款，银行应于付款人接到通知日的次日起第4日上午开始营业时，将款项划给收款人。

3. 银行在办理划款时，发现付款人存款账户不足支付的，应当通过被委托银行向收款人发出未付款通知书。

温馨小提示

考生可以用“微信”扫描上方二维码，了解国内信用证的示例。

【考点3】国内信用证（P453）★★

1. 信用证的特征

（1）国内信用证（以下简称“信用证”）是指银行依照申请人的申请开立的、对相符交单予以付款的承诺。

（2）我国的信用证是以人民币计价、不可撤销的跟单信用证。

（3）信用证结算方式适用于国内企事业单位之间的货物和服务贸易。

【解释】（1）汇兑、委托收款、银行汇票、银行本票、支票：单位和个人均可使用；（2）国内信用证、托收承付、商业汇票：个人不能使用。

（4）信用证的开立和转让，应当具有真实的贸易背景。但是，在信用证业务中，银行处理的只是单据，而不是单据所涉及的货物或者服务。银行只对单据进行表面审核。银行收到单据时，应仅以单据本身为依据，认真审核信用证规定的所有单据，以确定是否为相符交单。银行不审核信用证没有规定的单据。

（5）信用证与作为其依据的贸易合同相互独立，即使信用证含有对此类合同的任何援引，银行也与该合同无关，且不受其约束。

2. 开证

（1）开证申请人申请开立信用证，须提交其与受益人签订的贸易合同。

（2）开证行可要求申请人交存一定数额的保证金，并可根据申请人资信情况要求其提供抵押、质押、保证等合法有效的担保。

3. 保兑

（1）保兑是指保兑行根据开证行的授权或者要求，在开证行承诺之外做出的对相符交单付款、确认到期付款或者议付的确定承诺。

（2）保兑行自对信用证加具保兑之时起即不可撤销地承担对相符交单付款、确认到期付款或者议付的责任。

4. 转让

（1）转让是指由转让行应第一受益人的要求，将可转让信用证（特别标注“可转让”字样的信用证）的部分或者全部转为可由第二受益人兑用。

（2）可转让信用证只能转让一次，即只能由第一受益人转让给第二受益人，已转让信用证不得应第二受益人的要求转让给任何其后的受益人，但第一受益人不视为其后的受益人。

5. 议付

（1）议付是指可议付信用证项下单证相符或者在开证行或者保兑行已确认到期付款的情况下，议付行在收到开证行或者保兑行付款前购买单据、取得信用证项下索款权利，向受益人预付或者同意预付资金的行为。

（2）信用证未明示可议付，任何银行不得办理议付。

（3）保兑行对以其为议付行的信用证加具保兑，在受益人请求议付时，须承担对受益人相符交单的议付责任。指定议付行非保兑行且未议付时，保兑行仅承担对受益人相符交单的付款责任。

6. 付款

若受益人提交了相符单据或者开证行已发出付款承诺，即使申请人交存的保证金及其存款账户余额不足支付，开证行仍应在规定的时间内付款。

【相关链接】承兑人不得以其与出票人之间的资金关系来对抗持票人，拒绝支付汇票金额。

【考点4】银行卡（P457）★

1. 单位卡

单位人民币卡账户的资金一律从其基本存款账户转账存入，不得存取现金，不得将销货收入存入单位卡账户。

2. 信用卡的计息和收费

（1）信用卡持卡人透支消费享受免息还款期和最低还款额待遇的条件和标准等，由发卡机构自主确定。

（2）信用卡透支的计结息方式以及对信用卡溢缴款是否计付利息及其利率标准，由发卡机构自主确定。

（3）取消信用卡滞纳金，对于持卡人违约逾期未还款的行为，发卡机构应与持卡人通过协议约定是否收取违约金以及相关收取方式和标准。

（4）发卡机构向持卡人提供超过授信额度用卡服务的，不得收取超限费。

（5）发卡机构对向持卡人收取的违约金和年费、取现手续费、货币兑换费等服务费用，不得计收利息。

【考点5】单位银行结算账户（P401）★

温馨小提示

单位银行结算账户按用途可分为基本存款账户、一般存款账户、专用存款账户和临时存款账户。

1. 基本存款账户

（1）基本存款账户是指存款人因办理日常转账结算和现金收付需要开立的银行账户，是其主办账户。

（2）基本存款账户的存款人包括但不限于：企业法人、非法人企业、异地常设机构、单位设立的独立核算的附属机构（如食堂、招待所、幼儿园）。

【解释 1】银行为企业开立、变更、撤销基本存款账户、临时存款账户，要通过人民币银行结算账户管理系统向人民银行当地分支机构备案。账户管理系统生成基本存款账户编号，企业申请开立一般存款账户、专用存款账户、临时存款账户的，应当向银行提供基本存款账户编号。

【解释 2】机关、实行预算管理的事业单位开立基本存款账户、临时存款账户和专用存款账户，应经财政部门批准并经人民银行核准，另有规定的除外。

2. 一般存款账户

（1）一般存款账户是指存款人在基本存款账户开户银行以外的银行营业机构开立的用于办理借款转存、借款归还和其他结算的银行结算账户。

（2）一般存款账户可以办理现金缴存，但不得办理现金支取。

【案例】2021 年 8 月，甲公司在中国工商银行开立了基本存款账户。2022 年 4 月，甲公司因向中国建设银行贷款 1000 万元，需要在中国建设银行开立一般存款账户。

3. 专用存款账户

专用存款账户是指存款人按照法律、行政法规和规章，为对其特定资金进行专项管理和使用而开立的银行结算账户。

4. 临时存款账户

临时存款账户是指存款人因临时需要（如异地临时经营活动）并在规定期限内使用而开立的银行结算账户，临时存款账户的有效期最长不得超过 2 年。

经典题解

【例题 1 · 多选题】根据支付结算法律制度的规定，下列账户种类中，属于单位银行结算账户的有（　　）。（2016 年）

A. 基本存款账户　　B. 一般存款账户

C. 专用存款账户　　D. 临时存款账户

【答案】ABCD

【例题 2 · 多选题】根据支付结算法律制度的规定，下列关于银行结算账户的表述中，正确的有（　　）。（2021 年）

A. 一般存款账户可以办理现金缴存和支取

B. 银行结算账户分为单位银行结算账户和个人银行结算账户

C. 一般存款账户是存款单位的主办账户

D. 临时存款账户的有效期最长不得超过 2 年

【答案】BD

本章小结

您已成功完成"第九章"的学习，本章共23个考点，您都学会了吗？

为了让您对章节有更清晰的理解，加倍巩固。本书作者郭守杰老师将通过**"视频导图课"**的方式，带您回顾重要考点。

名师点拨，视听结合，高效提分。

※ 欢迎您扫码，免费观看学习。

下载"会计云课堂"App学习

案例分析题专项演练

使用"会计云课堂"App或"微信"扫码快速做题、对答案、看解析、掌握解题思路，开启轻松过关之旅。

【案例1】（2015年）

2015年2月1日，为支付货款，A公司向B公司签发一张以X银行为承兑人、金额为80万元、到期日为2015年8月1日的纸质银行承兑汇票，X银行依法在汇票票面上签章。

3月1日，B公司因急需现金，将该汇票背书转让给C公司，C公司向B公司支付现金70万元。

4月1日，C公司将该汇票背书转让给D公司，以支付房屋租金，D公司对B公司与C公司之间票据转让的具体情况并不知晓。D公司将该汇票背书转让给E公司，以支付装修工程款，并在汇票上注明："本汇票转让于工程验收合格后生效"。后E公司施工的装修工程存在严重的质量问题。

5月1日，E公司被F公司吸收合并，E公司办理了公司注销登记。6月1日，F公司为支付材料款将该汇票背书转让给G公司。8月5日，G公司向X银行提示付款，X银行以背书不连续为由拒绝付款。

要求：

根据上述内容，分别回答下列问题：

（1）C 公司能否因 B 公司的背书转让行为而取得票据权利？并说明理由。
（2）D 公司能否因 C 公司的背书转让行为而取得票据权利？并说明理由。
（3）在装修工程未验收合格的情况下，D 公司对 E 公司的背书转让行为是否有效？并说明理由。
（4）在 X 银行拒绝付款时，G 公司应如何证明其是票据权利人？

【案例 2】（2016 年）

2016 年 3 月 1 日，为支付工程款项，A 公司向 B 公司签发一张以甲银行为承兑人、金额为 80 万元的纸质银行承兑汇票，汇票到期日为 2016 年 9 月 1 日，甲银行作为承兑人在汇票票面上签章。

4 月 1 日，B 公司将该汇票背书转让给 C 公司，用于支付买卖合同价款。后因 C 公司向 B 公司交付的货物存在严重质量问题，双方发生纠纷。

5 月 1 日，C 公司为支付广告费，将该汇票背书转让给 D 公司。D 公司负责人知悉 B、C 公司之间合同纠纷的详情，对该汇票产生疑虑，遂要求 C 公司的关联企业 E 公司与 D 公司签订了一份保证合同。保证合同约定，E 公司就 C 公司对 D 公司承担的票据责任提供连带责任保证。但 E 公司未在汇票上记载有关保证事项，亦未在汇票上签章。

6 月 1 日，D 公司将该汇票背书转让给 F 公司，以偿还所欠 F 公司的租金。

9 月 2 日，F 公司持该汇票向甲银行提示付款，甲银行以 A 公司资信状况不佳、账户余额不足为由拒付。

F 公司遂向 B、D 公司追索。B 公司以 C 公司违反买卖合同为由，对 F 公司的追索予以拒绝，D 公司向 F 公司承担票据责任后，分别向 B、E 公司追索，B 公司仍以 C 公司违反买卖合同为由，对 D 公司的追索予以拒绝，E 公司亦拒绝。

要求：

根据上述内容，分别回答下列问题：
（1）甲银行的拒付理由是否成立？并说明理由。
（2）B 公司拒绝 F 公司追索的理由是否成立？并说明理由。
（3）B 公司拒绝 D 公司追索的理由是否成立？并说明理由。
（4）D 公司能否要求 E 公司承担票据责任？能否依保证合同要求 E 公司承担保证责任？并分别说明理由。

【案例 3】（2017 年）

甲公司为支付货款，向乙公司签发一张以 A 银行为承兑人、金额为 80 万元的纸质银行承兑汇票。A 银行作为承兑人在汇票票面上签章，甲公司的股东 B 公司在汇票上以甲公司为被保证人，进行了票据保证的记载并签章。甲公司将汇票交付给乙公司工作人员孙某。

孙某将该汇票交回乙公司后，利用公司财务管理制度的疏漏，将该汇票暗中取出，并伪造乙公司财务专用章和法定代表人的签章，将该汇票背书转让给与其相互串通的丙公司。丙公司随即将该汇票背书转让给丁公司，用于支付房屋租金，丁公司对于孙某伪造汇票之事不知情。

丁公司于汇票到期日向 A 银行提示付款。A 银行在审核过程中发现汇票上的乙公司签章系伪造，故拒绝付款。丁公司遂向丙公司、乙公司和B公司追索，均遭拒绝。后丁公司知悉孙某伪造汇票之事，遂向其追索，亦遭拒绝。

要求：

根据上述内容，分别回答下列问题：

（1）丁公司能否取得票据权利？并说明理由。

（2）乙公司是否应当向丁公司承担票据责任？并说明理由。

（3）B公司是否应当向丁公司承担票据责任？并说明理由。

（4）孙某是否应当向丁公司承担票据责任？并说明理由。

【案例4】（2017年）

2017年2月10日，甲公司向乙公司签发一张金额为50万元的纸质商业汇票，以支付所欠货款。汇票到期日为2017年8月10日。A银行作为承兑人在汇票票面上签章。

3月10日，乙公司将该汇票背书转让给丙公司，用于支付装修工程款，并在汇票上注明："票据转让于工程验收合格后生效"。后丙公司施工的装修工程因存在严重质量问题未能通过验收。

4月10日，丙公司将该汇票背书转让给丁公司，用于支付房屋租金。丁公司随即将该汇票背书转让给戊公司，用于购买办公设备，并在汇票背书人栏内记载"不得转让"字样。

5月10日，戊公司将该汇票背书转让给庚公司，用于支付咨询服务费用，但未在汇票被背书人栏内记载庚公司名称。

8月15日，庚公司持该汇票向A银行提示付款。A银行以庚公司名称未记载于汇票被背书人栏内为由拒付。庚公司在汇票被背书人栏内补记本公司名称后，再次向A银行提示付款。A银行以自行补记不具效力为由再次拒付。庚公司向乙、丙、丁、戊公司追索，均遭拒绝。其中，丙公司的拒绝理由是，丁公司在汇票背书人栏内记载有"不得转让"字样；乙公司的拒绝理由是，丙公司的装修工程未通过验收，不符合乙公司在汇票上注明的背书转让生效条件。

要求：

根据上述内容，分别回答下列问题：

（1）A银行第一次拒付的理由是否成立？并说明理由。

（2）A银行第二次拒付的理由是否成立？并说明理由。

（3）丙公司拒绝庚公司追索的理由是否成立？并说明理由。

（4）乙公司拒绝庚公司追索的理由是否成立？并说明理由。

【案例5】（2018年）

A公司为支付向B公司购买钢材的货款，向B公司签发了一张以甲银行为承兑人、金额为80万元的纸质银行承兑汇票，甲银行作为承兑人在汇票上签章。B公司收到汇票后将其背书转让给C公司，用于偿还所欠租金。C公司为履行向D中学捐资助学的承诺，将该汇票背书转让给D中学，并在汇票上注明"不得转让"字样。D中学将该汇票背书转让给F公司，用于偿付工程款；应F公司的要求，

D中学请E公司出具了担保函，承诺就D中学对F公司的票据债务承担保证责任，但E公司未在票据上作任何记载。

A公司收到B公司交付的钢材后，发现存在重大质量瑕疵，完全不符合买卖合同约定及行业标准，根本无法使用。

F公司于汇票到期日向甲银行提示付款，甲银行以A公司未在该行存入足够资金为由拒付。F公司遂向A、B、C、E公司追索。A公司称，因钢材存在重大质量瑕疵，B公司构成根本违约，已向B公司主张解除合同、退还货款，故不应承担任何票据责任。C公司以汇票上记载有“不得转让”字样为由拒绝承担票据责任。

要求：

根据上述内容，分别回答下列问题：

（1）甲银行拒绝向F公司付款的理由是否成立？并说明理由。

（2）A公司拒绝向F公司承担票据责任的理由是否成立？并说明理由。

（3）C公司拒绝向F公司承担票据责任的理由是否成立？并说明理由。

（4）E公司应否承担票据保证责任？并说明理由。

【案例6】（2018年）

2018年3月5日，A公司为支付货款，向B公司签发一张80万元的纸质银行承兑汇票，汇票到期日为2018年9月4日，甲银行与A公司签署承兑协议后，作为承兑人在票面上签章。后甲银行以对该承兑协议有重大误解为由向人民法院提起诉讼，请求人民法院撤销该承兑协议。

B公司收到汇票后，将其背书转让给C公司，用于支付房屋租金，但未在“被背书人”栏内记载C公司的名称。C公司欠D公司一笔应付账款，遂直接将D公司记载为B公司的被背书人，并将该汇票交给D公司。

6月5日，D公司财务人员李某将其负责保管的该汇票盗出，并伪造D公司相关签章，将该汇票背书转让给与其相互串通的E公司。

7月5日，E公司将该汇票背书转让给F公司，用于支付货款，F公司知道E公司获得该汇票的详情，但仍予接受。F公司随即将该汇票背书转让给G公司，用于支付装修工程款。G公司对于李某的行为及E公司、F公司获取该汇票的经过均不知情。

9月4日，G公司持该汇票向甲银行提示付款，甲银行以其与A公司之间的承兑协议已被人民法院撤销为由拒绝付款。

要求：

根据上述内容，分别回答下列问题：

（1）甲银行拒绝向G公司付款的理由是否成立？并说明理由。

（2）F公司是否取得票据权利？并说明理由。

（3）G公司是否取得票据权利？并说明理由。

（4）G公司是否有权向C公司追索？并说明理由。

【案例7】（2019年）

A公司为结清欠款，向B公司签发一张金额为50万元的转账支票，交付给B公司销售经理甲。甲偶然获知B公司拟将其辞退，心生愤懑。甲知悉B公司拖欠C公司一笔50万元的货款，且与C公司负责人乙熟识，遂伪造B公司财务专用章及财务负责人人名章，加盖于支票背书人栏，将该支票交付给乙，但未在被背书人栏记载C公司名称。C公司欠D公司一笔货款，遂直接将D公司记载为B公司的被背书人，并将支票交付给D公司。

D公司在提示付款期限内向支票记载的付款银行请求付款，银行发现支票上的B公司财务专用章及其财务负责人人名章系伪造，遂予拒绝。D公司向A、B、C公司追索，三公司均以票据系甲伪造为由拒绝。D公司遂要求甲承担票据责任。

要求：

根据上述内容，分别回答下列问题：

（1）A公司是否应当承担票据责任？并说明理由。

（2）B公司是否应当承担票据责任？并说明理由。

（3）C公司是否应当承担票据责任？并说明理由。

（4）甲是否应当承担票据责任？并说明理由。

【案例8】（2019年）

A公司向B公司购买一批生产设备，为支付货款，A公司向B公司签发一张以甲银行为承兑人、金额为50万元的纸质银行承兑汇票。甲银行作为承兑人在票面上签章。B公司收到该汇票后背书转让给C公司，用于偿还其所欠C公司的专利使用费，但未在被背书人栏内记载C公司的名称。C公司欠D公司一笔货款，遂直接将D公司记载为B公司的被背书人，并将该汇票交给D公司。D公司随即将该汇票背书转让给E公司，用于偿付工程款，并在汇票上注明："工程验收合格则转让生效"。E公司随即又将该汇票背书转让给F公司，用于支付办公楼装修费用。后D公司与E公司因工程存在严重安全隐患、未能验收合格而发生纠纷。

B公司未在约定期间内向A公司发货，经催告后仍未发货。A公司遂向B公司主张解除合同、退还货款。

F公司于汇票到期日向甲银行提示付款，甲银行以A公司资信状况不佳、账户余额不足为由拒绝。F公司遂向其前手行使追索权。A公司辩称，因B公司根本违约，其已向B公司主张解除合同、退还货款，故不应承担任何票据责任。D公司辩称，根据其在汇票上注明的条件，D公司对E公司的背书转让并未生效，故D公司无须向F公司承担票据责任。

要求：

根据上述内容，分别回答下列问题：

（1）甲银行拒绝向F公司付款的理由是否成立？并说明理由。

（2）A公司拒绝向F公司承担票据责任的理由是否成立？并说明理由。

（3）D公司对E公司的背书转让是否生效？并说明理由。

（4）C公司是否应当承担票据责任？并说明理由。

【案例9】(2020年)

甲公司向乙公司购买一批原材料，为支付货款向乙公司签发了一张以A银行为承兑人、金额为80万元的纸质银行承兑汇票。A银行作为承兑人在票据上签章。乙公司财务人员楚某与丙公司合谋，利用职务之便将该汇票盗出，并伪造乙公司财务专用章和法定代表人签章，将该汇票背书转让给丙公司。丙公司又将该汇票背书转让给丁公司，用于偿付拖欠丁公司的工程款。丁公司对于汇票伪造一事不知情。

后丁公司被戊公司吸收合并，戊公司于汇票到期日向A银行提示付款。A银行以戊公司不是汇票上的被背书人为由拒付，戊公司遂向乙、丙公司追索。乙公司以“票据转让背书系楚某与丙公司合谋伪造,丙公司和丁公司均未取得票据权利”为由拒绝。

要求：

根据上述内容，分别回答下列问题：

(1)乙公司是否应当承担票据责任？并说明理由。

(2)丙公司是否取得票据权利？并说明理由。

(3)丙公司是否应当承担票据责任？并说明理由。

(4)丁公司是否取得票据权利？并说明理由。

【案例10】(2020年)

A公司为支付工程款，向B公司签发了一张以甲银行为承兑人、金额为50万元的纸质银行承兑汇票。甲银行作为承兑人在票面上签章。

B公司财务人员项某利用职务之便将该汇票盗出，伪造B公司财务专用章和法定代表人签章，将该汇票背书转让给与其合谋的C公司。C公司又将该汇票背书转让给D公司，用于偿付货款。D公司对于汇票伪造一事不知情。

后D公司被E公司吸收合并，E公司于汇票到期日向甲银行提示付款，甲银行以E公司不是汇票上的被背书人为由拒付，E公司遂向B、C公司追索。B公司拒绝，理由是：票据转让背书系项某与C公司合谋伪造，C公司及其后手D公司均未取得票据权利。

要求：

根据上述内容，分别回答下列问题：

(1)C公司是否取得票据权利？并说明理由。

(2)D公司是否取得票据权利？并说明理由。

(3)B公司是否应当承担票据责任？并说明理由。

(4)C公司是否应当承担票据责任？并说明理由。

【案例11】(2021年)

A公司向B公司购买一批货物。为支付货款，A公司向B公司签发一张以甲银行为承兑人的纸质银行承兑汇票，并在买卖合同中约定：“A公司向B公司签发的汇票不得转让”。甲银行作为承兑人在汇票上签章。

B公司收到汇票后，为支付装修款将其背书转让给C公司，并在汇票上注明“不得转让”。C公司为支付房租租金，将该汇票背书转让给D公司。D公司又将该汇票背书转让给E公司，用于购买货物。后E公司未向D公司交付约定质量的货物，构成违约。由于当地突发特大洪水，E公司为捐款赈灾，将该汇票背书转让给红十字会。

汇票到期后，红十字会向甲银行提示付款。甲银行以A公司账户余额不足为由拒绝付款。红十字会遂向前手追索。D公司以E公司违约为由拒绝向红十字会承担票据责任。A公司和B公司均以汇票不得转让为由拒绝向红十字会承担票据责任。

E公司向红十字会承担票据责任后，向D公司追索。

要求：

根据上述内容，分别回答下列问题：

（1）A公司“以汇票不得转让为由拒绝向红十字会承担票据责任”的主张是否成立？并说明理由。

（2）B公司是否应承担票据责任？并说明理由。

（3）D公司“以E公司违约为由拒绝向红十字会承担票据责任”的主张是否成立？并说明理由。

（4）D公司是否应向E公司承担票据责任？并说明理由。

【案例12】（2021年）

A公司为支付货款，向B公司签发一张以甲银行为承兑人、金额为80万元的纸质银行承兑汇票，并在买卖合同中约定：“A公司向B公司签发的汇票不得转让”。甲银行作为承兑人在票面上签章。

C公司向B公司谎称其有一批紧俏物资，诱使B公司将该汇票背书转让给C公司。在取得汇票之后，C公司又将该汇票背书转让给对其诱骗行为不知情的D公司以支付货款，并在汇票上注明“货物验收合格后生效”。后因货物存在质量问题，双方发生纠纷。D公司为捐款建设校舍，又将该汇票背书转让给E学校。

E学校于汇票到期1个月之后向甲银行提示付款，甲银行以E学校未遵期提示付款为由拒绝付款。E学校遂向前手行使追索权。A公司以该汇票不得转让为由拒绝承担票据责任。B公司以其系被欺诈转让票据为由拒绝承担票据责任。C公司以D公司交付的货物验收不合格为由拒绝承担票据责任。

D公司向E学校承担票据责任后，向B、C公司追索。B、C公司以上述同样理由拒绝承担票据责任。

要求：

根据上述内容，分别回答下列问题：

（1）A公司“以票据不得转让为由拒绝承担票据责任”的主张是否成立？并说明理由。

（2）C公司“以D公司交付的货物验收不合格为由拒绝向E学校承担票据责任”的主张是否成立？并说明理由。

（3）B公司“以其系被欺诈转让票据为由拒绝向D公司承担票据责任”的主张是否成立？并说明理由。

（4）C 公司“以 D 公司交付的货物验收不合格为由拒绝向 D 公司承担票据责任”的主张是否成立？并说明理由。

案例分析题专项演练参考答案及解析

【案例 1 答案】

（1）C 公司不能取得票据权利。根据规定，票据贴现属于国家特许经营业务，只有经批准的金融机构才有资格从事票据贴现业务。其他组织与个人从事票据贴现业务的，票据贴现行为（背书转让）无效。在本题中，由于 C 公司并不是有资格从事票据贴现业务的金融机构，B 公司对 C 公司的背书转让行为无效，C 公司不能取得票据权利。

（2）D 公司能取得票据权利。根据规定，尽管 C 公司未取得票据权利，但是由于其形式上是票据权利人，在其向 D 公司背书转让时，符合票据权利善意取得的构成要件，D 公司善意取得票据权利。

（3）D 公司对 E 公司的背书转让行为有效。根据规定，背书时附有条件的，所附条件不具有汇票上的效力，即不影响背书行为本身的效力。

（4）G 公司应依法举证，证明其汇票权利：E 公司与 F 公司发生了吸收合并，尽管背书不连续，但 F 公司基于吸收合并依法取得票据权利；之后，F 公司将该汇票背书转让给 G 公司，G 公司依法取得票据权利。

【案例 2 答案】

（1）甲银行的拒付理由不成立。根据规定，承兑人不得以其与出票人之间的资金关系来对抗持票人，拒绝支付汇票金额。

（2）B 公司拒绝 F 公司追索的理由不成立。根据规定，票据债务人不得以自己与持票人的前手之间的抗辩事由对抗持票人，但持票人明知存在抗辩事由而取得票据的除外。在本题中，F 公司对 B 公司与 C 公司之间的合同纠纷并不知情，B 公司不得以自己与 C 公司之间存在合同纠纷为由拒绝向 F 公司承担票据责任。

（3）B 公司拒绝 D 公司追索的理由成立。根据规定，票据债务人不得以自己与持票人的前手之间的抗辩事由对抗持票人，但持票人明知存在抗辩事由而取得票据的除外。在本题中，D 公司知悉 B 公司与 C 公司之间的合同纠纷，B 公司可以拒绝 D 公司的追索。

（4）① D 公司无权要求 E 公司承担票据责任。根据规定，如果保证人未在票据或者粘单上记载“保证”字样而另行签订保证合同或者保证条款的，不属于票据保证。在本题中，E公司未在票据上签章，无须承担票据保证责任；②D公司有权依保证合同要求E公司承担保证责任。根据规定，保证人未在票据或者粘单上记载“保证”字样而另行签订保证合同的，虽不属于票据保证，但仍具有民法上保证的效力，D公司可基于保证合同要求E公司承担连带保证责任。

【案例3答案】

（1）丁公司取得票据权利。根据规定，虽然丙公司实质上不享有票据权利，但形式上是票据权利人，在其向丁公司背书转让时，符合票据权利善意取得的构成要件，丁公司善意取得票据权利。

（2）乙公司无须向丁公司承担票据责任。根据规定，在假冒他人名义的情形下，被伪造人（乙公司）不承担票据责任。

（3）B公司应当向丁公司承担票据责任。根据规定，票据上有伪造签章的，不影响票据上其他真实签章的效力。在票据上真实签章的当事人（包括但不限于B公司），仍应对被伪造的票据的权利人（丁公司）承担票据责任，票据债权人在提示承兑、提示付款或者行使追索权时，在票据上的真实签章人不能以伪造为由进行抗辩。

（4）孙某无须向丁公司承担票据责任。根据规定，由于伪造人（孙某）没有以自己的名义在票据上签章，不承担票据责任。

【案例4答案】

（1）A银行第一次拒付的理由成立。根据规定，被背书人名称是背书行为的绝对必要记载事项，有权提示付款的持票人应为票面上记载的权利人。在本题中，在补记之前，庚公司不享有票据权利，A银行有权拒绝付款。

（2）A银行第二次拒付的理由不成立。根据规定，背书人未记载被背书人名称即将票据交付他人的，持票人在票据被背书人栏内记载自己的名称与背书人记载具有同等法律效力。在本题中，在补记之后，庚公司享有票据权利，A银行不能拒绝付款。

（3）丙公司拒绝庚公司追索的理由不成立。根据规定，背书人在汇票上记载“不得转让”字样，其后手再背书转让的，原背书人（丁公司）对后手的被背书人不承担保证责任，但其他票据债务人（包括但不限于丙公司）仍应对持票人承担票据责任。

（4）乙公司拒绝庚公司追索的理由不成立。根据规定，背书时附有条件的，所附条件不具有汇票上的效力，即不影响背书行为本身的效力。

【案例5答案】

（1）甲银行拒绝付款的理由不成立。根据规定，承兑人不得以其与出票人之间的资金关系来对抗持票人，拒绝支付汇票金额。

（2）A公司拒绝向F公司承担票据责任的理由不成立。根据规定，票据债务人不得以自己与持票人的前手之间的抗辩事由对抗持票人，但持票人明知存在抗辩事由而取得票据的除外。

（3）C公司拒绝向F公司承担票据责任的理由成立。根据规定，背书人在汇票上记载“不得转让”字样，其后手再背书转让的，原背书人（C公司）对后手的被背书人（F公司）不承担保证责任。

（4）E公司不应承担票据保证责任。根据规定，保证人未在票据或者粘单上记载“保证”字样而另行签订保证合同或者保证条款的，不属于票据保证，E公司无须承担票据保证责任。

【案例6答案】

（1）甲银行拒绝付款的理由不成立。根据规定，基于票据行为的无因性，票据基础关系的瑕疵并不影响票据行为的效力。在本题中，虽然甲银行与A公司之间的承兑协议已被人民法院撤销，但甲银行承兑行为的效力并不因此而受影响，甲银行仍应对持票人承担票据责任。

（2）F公司不能取得票据权利。根据规定，以欺诈、偷盗或者胁迫等手段取得票据的，或者明知有前列情形，出于恶意取得票据的，不得享有票据权利。在本题中，F公司对E公司伙同D公司财务人员李某伪造签章取得票据的行为知情，不得享有票据权利。

（3）G公司取得票据权利。根据规定，虽然F公司实质上不享有票据权利，但形式上享有票据权利，在其向G公司背书转让时，符合票据权利善意取得的构成要件，G公司善意取得票据权利。

（4）G公司不能向C公司追索。根据规定，C公司并未在票据上签章，并非票据债务人，因此不承担票据责任。

【案例7答案】

（1）A公司应当承担票据责任。根据规定，票据上有伪造签章的，不影响票据上其他真实签章的效力。在票据上真实签章的当事人（A公司），仍应对被伪造的票据的权利人承担票据责任。

（2）B公司不承担票据责任。根据规定，在假冒他人名义的情形下，被伪造人（B公司）不承担票据责任。

（3）C公司不承担票据责任。根据规定，C公司并未在票据上签章，并非票据债务人，不承担票据责任。

（4）甲不承担票据责任。根据规定，由于伪造人（甲）没有以自己的名义在票据上签章，因此不承担票据责任。

【案例8答案】

（1）甲银行拒绝付款的理由不成立。根据规定，承兑人不得以其与出票人之间的资金关系来对抗持票人，拒绝支付汇票金额。

（2）A公司的理由不成立。根据规定，票据债务人不得以自己与持票人的前手之间的抗辩事由对抗持票人，但持票人明知存在抗辩事由而取得票据的除外。

（3）D公司的背书转让有效。根据规定，背书时附有条件的，所附条件不具有汇票上的效力，即不影响背书行为本身的效力。

（4）C公司不应承担票据责任。根据规定，C公司并未在票据上签章，并非票据债务人，不承担票据责任。

【案例 9 答案】

（1）乙公司不承担票据责任。根据规定，在假冒他人名义的情形下，被伪造人不承担票据责任。

（2）丙公司不享有票据权利。根据规定，以欺诈、偷盗或者胁迫等手段取得票据的，或者明知有前列情形，出于恶意取得票据的，不得享有票据权利。在本题中，丙公司与伪造人楚某合谋，属于恶意持票人，不享有票据权利。

（3）丙公司应当承担票据责任。根据规定，票据上有伪造签章的，不影响票据上其他真实签章的效力。在票据上真实签章的当事人，仍应对被伪造的票据的权利人承担票据责任，票据债权人在提示承兑、提示付款或者行使追索权时，在票据上真实签章人不能以伪造为由进行抗辩。

（4）丁公司取得票据权利。因为丙公司虽然实质上不享有票据权利，但形式上为票据权利人，而丁公司对伪造一事不知情、以合理对价取得票据，且票面上不存在影响丁公司取得票据权利的形式瑕疵，丁公司有权主张善意取得票据权利。

【案例 10 答案】

（1）C 公司不能取得票据权利。根据规定，以欺诈、偷盗或者胁迫等手段取得票据的，或者明知有前列情形，出于恶意取得票据的，不得享有票据权利。在本题中，C 公司与 B 公司财务人员合谋，属于恶意持票人，不得享有票据权利。

（2）D 公司取得票据权利。因为 D 公司的前手 C 公司虽实质上没有票据权利，但形式上是票据权利人，D 公司对伪造一事不知情、以对价取得票据且票面上不存在影响 D 公司取得票据权利的形式瑕疵，D 公司有权主张善意取得票据权利。

（3）B 公司不应承担票据责任。根据规定，在假冒他人名义的情形下，被伪造人（B 公司）不承担票据责任。

（4）C 公司应当承担票据责任。根据规定，票据上有伪造签章的，不影响票据上其他真实签章的效力。在票据上真实签章的当事人（包括但不限于 C 公司），仍应对被伪造的票据的权利人承担票据责任，票据债权人在提示承兑、提示付款或者行使追索权时，在票据上真实签章人不能以伪造为由进行抗辩。

【案例 11 答案】

（1）A 公司的主张不成立。根据规定，票据上的一切权利义务，都严格依照票据上记载的文义而定，文义之外的任何理由、事项都不得作为根据。在本题中，“汇票不得转让”约定于买卖合同中，而未记载于票据上，不产生票据效力。

（2）B 公司不应承担票据责任。根据规定，背书人在汇票上记载“不得转让”字样，其后手再背书转让的，原背书人对后手的被背书人不承担保证责任。

（3）D 公司的主张成立。根据规定，因税收、继承、赠与可以依法无偿取得票据的，不受给付对价的限制。但是，所享有的票据权利不得优于其前手的权利。因此，票据债务人可以以对抗持票人前手的抗辩事由对抗该持票人。

（4）D 公司不应向 E 公司承担票据责任。根据规定，票据债务人可以对不履行约定义务的与自己有直接债权债务关系的持票人进行抗辩。

【案例 12 答案】

（1）A 公司的主张不成立。根据规定，票据上的一切权利义务，都严格依照票据上记载的文义而定，文义之外的任何理由、事项都不得作为根据。在本题中，“汇票不得转让”约定于买卖合同中，而未记载于票据上，不产生票据效力。

（2）C 公司的主张成立。根据规定，因税收、继承、赠与可以依法无偿取得票据的，不受给付对价的限制。但是，所享有的票据权利不得优于其前手的权利。因此，票据债务人可以以对抗持票人前手的抗辩事由对抗该持票人。

（3）B 公司的主张不成立。因为 C 公司欺诈取得票据，实质上不享有票据权利，但其形式上享有票据权利，而 D 公司对欺诈不知情、已付对价取得票据、票面上不存在影响 D 公司取得票据权利的瑕疵，D 公司善意取得票据权利，B 公司无权以“欺诈转让”为由拒绝向 D 公司承担票据责任。

（4）C 公司的主张成立。根据规定，票据债务人可以对不履行约定义务的与自己有直接债权债务关系的持票人进行抗辩。

同步强化练习题

使用“会计云课堂” App 或“微信”扫码快速做题、对答案、看解析、掌握解题思路，开启轻松过关之旅。

一、单项选择题

1. 根据票据法律制度的规定，支票的下列记载事项中，出票人可以授权补记的是（　　）。

A. 出票日期

B. 出票人签章

C. 付款人名称

D. 收款人名称

2. 甲公司向乙公司签发一张金额为 80 万元的纸质商业承兑汇票，后发现填写有误。根据票据法律制度的规定，下列记载事项中，可以由原记载人更改的是（　　）。

A. 出票金额

B. 收款人名称

C. 出票日期

D. 付款人名称

3. 根据票据法律制度的规定，银行本票的持票人对出票人的权利，自出票日起在一定期限内不行使而消灭，该期限是（　　）。

A. 2 个月　　B. 6 个月

C. 1 年　　D. 2 年

4. 根据票据法律制度的规定，下列各项中，属于银行本票的相对必要记载事项的是（　　）。

A. 收款人名称

B. 确定的金额

C. 出票日期

D. 出票地

5. 根据票据法律制度的规定，下列各项中，属于商业汇票绝对必要记载事项的是（　　）。
A. 出票日期
B. 背书日期
C. 付款日期
D. 保证日期

6. 根据票据法律制度的规定，下列情形中，导致商业汇票无效的是（　　）。
A. 在汇票上更改收款人名称的
B. 在汇票上更改付款人名称的
C. 在汇票上未记载出票地的
D. 在汇票上未记载付款日期的

7. 根据票据法律制度的规定，纸质商业汇票的背书人在票据上记载了“不得转让”字样，但其后手仍进行了背书转让。下列关于票据责任承担的表述中，不正确的是（　　）。
A. 不影响承兑人的票据责任
B. 不影响出票人的票据责任
C. 不影响原背书人之前手的票据责任
D. 不影响原背书人对后手的被背书人承担票据责任

8. 根据票据法律制度的规定，下列选项中，不构成票据质押的是（　　）。
A. 出质人在汇票上记载了“质押”字样而未在汇票上签章的
B. 出质人在汇票粘单上记载了“质押”字样并在汇票粘单上签章的
C. 出质人在汇票上记载了“质押”字样并在汇票上签章，但是未记载背书日期的
D. 出质人在汇票上记载了“为担保”字样并在汇票上签章的

9. 根据票据法律制度的规定，下列关于纸质商业汇票背书的表述中，正确的是（　　）。
A. 背书时附条件的，背书无效
B. 背书时未记载背书日期的，背书无效
C. 将票据金额分别背书转让给二人以上的，背书无效
D. 背书人在票据上记载“不得转让”字样，其后手再背书转让的，背书无效

10. 根据票据法律制度的规定，下列关于票据质押背书的表述中，不正确的是（　　）。
A. 被背书人可以行使付款请求权
B. 被背书人可以行使追索权
C. 被背书人可以再进行委托收款背书
D. 被背书人可以再进行质押背书

11. 甲公司向乙公司签发了一张见票后3个月付款的银行承兑汇票。根据票据法律制度的规定，乙公司持该汇票向付款人提示承兑的期限是（　　）。
A. 自出票日起10日内
B. 自出票日起1个月内
C. 自出票日起3个月内
D. 自出票日起6个月内

12. 根据票据法律制度的规定，下列各项中，不属于票据义务人的是（　　）。
A. 支票上的出票人
B. 支票上的付款人
C. 支票上的背书人
D. 支票上的保证人

13. 根据票据法律制度的规定，下列关于票据保证的表述中，不正确的是（　　）。
A. 票据上未记载保证日期的，被保证人的背书日期为保证日期
B. 保证人未在票据或者粘单上记载被保证人名称的，已承兑的票据，承兑人为被保证人
C. 保证人为两人以上的，保证人之间承担连带责任
D. 保证人清偿票据债务后，可以对被保证人及其前手行使追索权

14. 根据票据法律制度的规定，下列表述中，正确的是（　　）。
A. 背书时未记载背书日期的，背书无效
B. 承兑时未记载承兑日期的，承兑无效
C. 保证时未记载保证日期的，保证无效
D. 出票时未记载出票日期的，票据无效

15. 根据票据法律制度的规定，下列各项中，属于任意记载事项的是（　　）。
A. 保证人在汇票上记载“保证”字样
B. 背书人在汇票上记载背书日期
C. 出票人在汇票上记载“不得转让”字样
D. 承兑人在汇票上签章

16. 根据票据法律制度的规定，票据的持票人行使追索权，应当将被拒绝事由书面通知其前手，通知的期限是（　　）。
A. 自收到有关证明之日起3日内
B. 自收到有关证明之日起7日内
C. 自收到有关证明之日起10日内
D. 自收到有关证明之日起15日内

17. 甲私刻乙公司的财务专用章，假冒乙公司名义签发一张转账支票交给收款人丙，丙将该支票背书转让给丁，丁又背书转让给戊。当戊主张票据权利时，根据票据法律制度的规定，下列表述中，正确的是（　　）。
A. 甲不承担票据责任
B. 乙公司承担票据责任
C. 丙不承担票据责任
D. 丁不承担票据责任

18. 一张商业汇票的出票人是甲公司，乙公司、丙公司、丁公司依次是背书人，戊公司是持票人。戊公司在行使票据权利时发现该汇票的金额被变造。经查，乙公司是在变造之前签章，丁公司是在变造之后签章，但不能确定丙公司是在变造之前还是在变造之后签章。根据票据法律制度的规定，下列关于甲公司、乙公司、丙公司、丁公司对汇票金额承担责任的表述中，正确的是（　　）。
A. 甲公司、乙公司、丙公司、丁公司均只就变造前的汇票金额对戊公司负责
B. 甲公司、乙公司、丙公司、丁公司均需就变造后的汇票金额对戊公司负责
C. 甲公司、乙公司就变造前的汇票金额对戊公司负责，丙公司、丁公司就变造后的汇票金额对戊公司负责
D. 甲公司、乙公司、丙公司就变造前的汇票金额对戊公司负责，丁公司就变造后的汇票金额对戊公司负责

19. 甲公司与乙公司签订一份买卖合同，约定采用见票即付的商业汇票支付货款，后乙公司以自己为付款人签发商业汇票并交付给甲公司，因甲公司欠丙公司货款，甲公司将该汇票背书转让给丙公司。丙公司持票向乙公司行使付款请求权时，乙公司以甲公司未供货为由拒绝付款。经查，丙公司对甲公司未供货不知情。下列关于乙公司拒绝付款是否成立的表述中，符合票据法律制度规定的是（　　）。
A. 不成立，因丙公司为善意持票人，乙公司不得以对抗甲公司的抗辩事由对抗丙公司
B. 成立，因甲公司未供货，乙公司可以拒绝付款
C. 不成立，因甲公司已转让该汇票并已退出票据关系
D. 成立，因丙公司与乙公司并无合同关系

20. 丙公司持有一张以甲公司为出票人、乙银行为承兑人、丙公司为收款人的银行承兑汇票，汇票到期日为2020年6月5日，但是丙公司一直没有主张票据权利。根据票据法律制度的规定，丙公司对甲

公司的票据权利消灭时间是（　　）。
A. 2020 年 6 月 15 日
B. 2020 年 12 月 5 日
C. 2021 年 6 月 5 日
D. 2022 年 6 月 5 日

二、多项选择题

1. 根据票据法律制度的规定，下列各项中，属于票据行为的有（　　）。
A. 出票　　B. 背书
C. 承兑　　D. 付款

2. 根据票据法律制度的规定，下列各项中，属于支票的出票人可以授权补记的事项有（　　）。
A. 出票日期　　B. 金额
C. 收款人名称　　D. 付款人名称

3. 甲公司为了支付货款，签发了一张以乙银行为付款人、以丙公司为收款人的转账支票。丙公司在出票日之后的第 20 天向乙银行提示付款。根据票据法律制度的规定，下列表述中，正确的有（　　）。
A. 如果甲公司在乙银行的存款足以支付支票金额，乙银行应当足额付款
B. 乙银行可以拒绝付款
C. 乙银行应当无条件付款
D. 如果乙银行拒绝付款，甲公司仍应承担票据责任

4. 根据票据法律制度的规定，支票上的下列当事人中，属于次债务人的有（　　）。
A. 出票人　　B. 背书人
C. 保证人　　D. 付款人

5. 根据票据法律制度的规定，下列各项中，属于银行本票出票时绝对必要记载事项的有（　　）。
A. 出票人签章　　B. 出票日期
C. 付款地　　D. 出票地

6. 甲银行出具一张银行本票给乙，乙将该本票背书转让给丙，丁作为乙的保证人在票据上签章。丙又将该本票背书转让给戊，戊作为持票人未按规定期限向出票人提示付款。根据票据法律制度的规定，下列选项中，戊不得行使追索权的有（　　）。
A. 甲银行　　B. 乙
C. 丙　　D. 丁

7. 根据票据法律制度的规定，下列情形中，导致商业汇票无效的有（　　）。
A. 商业汇票上未记载付款日期
B. 商业汇票上未记载出票日期
C. 商业汇票上未记载收款人名称
D. 商业汇票上未记载付款地

8. 根据票据法律制度的规定，下列情形中，导致商业汇票无效的有（　　）。
A. 甲公司出票时在汇票上记载“不得转让”字样
B. 乙公司出票时未记载付款人名称
C. 丙公司出票时将中文大写“伍万元整”的汇票数码记载为“5000”
D. 丁公司出票时未记载付款日期

9. 根据票据法律制度的规定，下列情形中，背书行为无效的有（　　）。
A. 将汇票背书转让给甲时记载了“不得转让”字样
B. 将汇票金额的一半背书转让给甲
C. 将汇票金额分别背书转让给甲和乙
D. 将汇票背书转让给甲但要求甲不得对其行使追索权

10. 根据票据法律制度的规定，下列关于票据质押背书的表述中，正确的有（　　）。
A. 被背书人可以行使付款请求权
B. 被背书人可以再进行委托收款背书
C. 被背书人可以再进行质押背书
D. 被背书人可以再进行转让背书

11. 根据票据法律制度的规定，下列关于商业汇票提示承兑的表述中，正确的有（　　）。
A. 见票后定期付款的汇票的持票人应当自出票日起1个月内向付款人提示承兑
B. 汇票上没有记载付款日期的，无须提示承兑
C. 付款人自收到提示承兑的汇票之日起3日内不作出承兑与否表示的，视为拒绝承兑
D. 承兑附有条件的，视为拒绝承兑

12. 根据票据法律制度的规定，下列主体中，属于票据上主债务人的有（　　）。
A. 支票的付款人
B. 银行本票的出票人
C. 商业汇票的出票人
D. 商业汇票的承兑人

13. 根据票据法律制度的规定，保证人在票据或者粘单上未记载下列事项时，保证人仍应承担票据保证责任的有（　　）。
A. 保证人签章
B. 保证日期
C. 被保证人名称
D. “保证”字样

14. 甲公司在与乙公司交易中获汇票一张，出票人为丙公司，承兑人为丁公司。根据票据法律制度的规定，下列各项中，甲公司可以在汇票到期日前行使追索权的有（　　）。
A. 乙公司申请注销法人资格
B. 丙公司被吊销营业执照
C. 丁公司被宣告破产
D. 丁公司因违法被责令终止业务活动

15. 甲公司受乙公司胁迫开出一张以甲公司为付款人，以乙公司为收款人的汇票，之后乙公司将该汇票赠与丙公司，丙公司又将该汇票背书转让给丁公司，以支付货款。丙、丁公司对乙公司胁迫甲公司取得票据一事毫不知情。根据票据法律制度的规定，下列表述中，正确的有（　　）。
A. 甲公司有权请求丁公司返还汇票
B. 乙公司不享有该汇票的票据权利
C. 丙公司不享有该汇票的票据权利
D. 丁公司不享有该汇票的票据权利

16. 甲公司为清偿对乙公司的欠款，开出一张以乙公司为收款人的纸质银行承兑汇票，丙银行已经承兑。乙公司不慎将该汇票丢失，王某拾得后在汇票上伪造了乙公司的签章，并将该汇票背书转让给不知情的丁公司，用以支付购买丁公司电缆的货款。根据票据法律制度的规定，下列表述中，正确的有（　　）。
A. 甲公司应当承担票据责任
B. 乙公司不承担票据责任
C. 丙银行应当承担票据责任
D. 王某应当承担票据责任

17. 根据票据法律制度的规定，下列票据中，不能申请挂失止付的有（　　）。
A. 已承兑的商业汇票
B. 未记载付款人的汇票
C. 未填明“现金”字样的银行汇票
D. 未填明“现金”字样的银行本票

18. 根据支付结算法律制度的规定，一般存款账户的存款人可以办理的事项有（　　）。
A. 借款转存
B. 借款归还
C. 现金缴存
D. 现金支取

三、案例分析题

【案例1】

甲公司向乙公司购买水泵一台，为支付货款，签发了一张以自己为出票人、以乙公司为收

款人、以M银行为承兑人、票面金额为30万元、到期日为2022年4月1日的纸质银行承兑汇票，并交付给乙公司。甲公司和M银行均在该汇票上进行了签章。

乙公司的财务人员A利用工作之便，将上述汇票扫描，对利用其他途径获得的M银行的空白银行承兑汇票进行技术处理，“克隆”了一张与原始汇票几乎完全一样的汇票，然后将“克隆汇票”留在乙公司，将原始汇票偷出。A以乙公司的名义，向丙公司购买了一批黄金制品，归自己所有，并将原始汇票背书转让给丙公司，在背书人签章处加盖了伪造的乙公司公章，签署了虚构的B的姓名。乙公司为向丁公司购买钢材，将“克隆汇票”背书转让给了丁公司。

在上述汇票到期日，丙公司和丁公司分别持原始汇票和“克隆汇票”向M银行请求付款。M银行以丙公司所持汇票的背书人的签章系伪造为由拒绝付款，以丁公司所持汇票系伪造为由而拒绝付款。

要求：

根据上述内容，分别回答下列问题：

（1）M银行是否可以拒绝丙公司的付款请求？并说明理由。

（2）如果M银行拒绝丙公司的付款请求，丙公司是否可以向甲公司追索？并说明理由。

（3）如果M银行拒绝丙公司的付款请求，丙公司是否有权向A追索？并说明理由。

（4）M银行是否可以拒绝丁公司的付款请求？并说明理由。

（5）如果M银行拒绝丁公司的付款请求，丁公司是否有权向乙公司追索？并说明理由。

【案例2】

A公司为支付货款，向B公司签发了一张金额为80万元的纸质银行承兑汇票，某商业银行作为承兑人在票面上签章。B公司收到该汇票后将其背书转让给C公司，以偿还所欠C公司的租金，但未在被背书人栏内记载C公司的名称。C公司在被背书人栏内补记自己的名称后，将该汇票背书转让给D公司。D公司随后又将该汇票背书转让给E公司，用于偿付工程款，并于票据上注明：“工程验收合格则转让生效”。

D公司与E公司因工程存在严重质量问题，未能验收合格而发生纠纷。纠纷期间，E公司为支付广告费，欲将该汇票背书转让给F公司。F公司负责人知悉D公司与E公司之间存在工程纠纷，对该汇票产生疑虑，遂要求E公司之关联企业G公司与F公司签订了一份保证合同。该保证合同约定，G公司就E公司对F公司承担的票据责任提供连带责任保证。但是，G公司未在汇票上记载任何内容，亦未签章。

F公司于汇票到期日向银行提示付款，银行以A公司未在该行存入足额资金为由拒绝付款。F公司遂向C公司、D公司、E公司、G公司追索。

要求：

根据上述内容，分别回答下列问题：

（1）B公司对C公司的背书转让是否有效？并说明理由。

（2）D公司对E公司的背书转让是否有效？并说明理由。

（3）D公司能否以其与E公司的工程纠纷尚未解决为由，拒绝向F公司承担票据责任？并说明理由。

（4）F公司能否向G公司行使票据上的追索权？并说明理由。

（5）G公司是否应向F公司承担保证责任？并说明理由。

【案例3】

A公司以30万元的价格向B公司订购一台机床，根据合同约定，A公司以银行承兑汇票支付价款。2022年3月1日，A公司签发一张以B公司为收款人、金额为30万元的纸质银行承兑汇票（承兑银行已经签章），到期日为2022年9月1日。A公司将该汇票交给采购经理甲，拟由其携至B公司交票提货。

甲获取汇票后，利用其私自留存的空白汇票和私刻的A公司和承兑银行的公章及其各自授权代理人的人名章，按照A公司所签发汇票的内容进行复制，3月20日，甲将其复制的汇票交付B公司，提走机床并占为己有。4月10日，甲将汇票原件交回A公司，声称B公司因机床断货要求解除合同。

3月23日，B公司为向C公司购买原料，将甲交付的汇票背书转让给C公司。

6月1日，C公司因急需现金，将该汇票背书转让给D公司，D公司则向C公司支付现金26万元。

7月1日，D公司为支付厂房租金，将该汇票背书转让给E公司。E公司对C公司与D公司之间票据转让的具体情况并不知晓。

9月5日，E公司向汇票承兑银行提示付款时，被告知，该汇票系伪造票据，原票据已于4月15日由出票人A公司交还该行并予以作废，该行对此伪造票据不承担票据责任，银行将该汇票退还E公司，并出具了退票理由书。

要求：

根据上述内容，分别回答下列问题：

（1）E公司是否有权向A公司追索？并说明理由。

（2）D公司是否取得了票据权利？并说明理由。

（3）E公司是否取得了票据权利？并说明理由。

（4）E公司是否有权向甲追索？并说明理由。

（5）E公司是否有权向B公司追索？并说明理由。

【案例4】

2022年2月3日，A公司为向B公司支付货款，签发并承兑了一张以B公司为收款人的纸质商业承兑汇票，到期日为2022年8月3日。B公司拟向C公司购买钢材，遂在该汇票背书栏中作为背书人签章，并记载C公司为被背书人，由本公司业务人员携至验货现场。由于发现钢材存在质量问题，该业务人员遂将汇票携回，未予交付。

B公司财务人员甲利用工作之便，将保管于B公司保险柜中的该汇票盗出，并串通D公司法定代表人乙，伪造了C公司公章及其法定代表人丙的人名章，加盖于背书栏第二栏的背书人签章处，并记载D公司为被背书人。D公司为支付租金，将该汇票背书转让给E公司。E公司对于上述事实并不知情。

2022年7月1日，B公司发现该汇票被盗，遂于当日向A公司申请挂失止付，但此后未采取其他措施。

2022年8月5日，E公司向A公司提示付款。A公司以B公司已挂失止付为由拒付。

要求：

根据上述内容，分别回答下列问题：

（1）C公司是否因B公司的背书行为而取得票据权利？并说明理由。

（2）E公司是否取得了票据权利？并说明理由。

（3）E公司是否有权向C公司追索？并说明理由。

（4）E公司是否有权向甲追索？并说明理由。

（5）E公司是否有权向A公司追索？并说明理由。

【案例5】

甲公司欠付乙公司80万元的到期货款，乙公司欠付丙公司80万元的到期租金，乙公司遂要求甲公司直接向丙公司签发一张80万元的银行承兑汇票。2022年4月1日，甲公司签发一张以丙公司为收款人、金额为80万元的纸质银行承兑汇票，到期日为2022年7月1日。A银行已经承兑并在票据上签章。

4月5日，为向丁公司支付原材料采购价款，丙公司在汇票的背面记载“不得转让”字样后，将该汇票背书转让给丁公司。

4 月 10 日，丁公司将该汇票背书转让给戊公司，但丁公司在汇票粘单上记载“只有戊公司交货后，该汇票才发生背书转让的效力”。但戊公司一直未向丁公司交货。

4 月 20 日，为支付厂房租金，戊公司将该汇票背书转让给庚公司。

7 月 5 日，庚公司向 A 银行请求付款，A 银行以出票人甲公司账户资金不足为由拒绝付款，并于当日出具了退票理由书。

7 月 10 日，庚公司向甲公司、乙公司、丙公司和丁公司同时发出追索通知。其中，丁公司以庚公司未在规定期限内发出追索通知为由拒绝承担票据责任，丙公司以自己在背书时曾记载“不得转让”字样为由拒绝承担票据责任。

要求：

根据上述内容，分别回答下列问题：

（1）丁公司对戊公司的背书转让行为是否有效？并说明理由。

（2）A 银行拒绝付款的理由是否成立？并说明理由。

（3）庚公司能否向乙公司行使追索权？并说明理由。

（4）丙公司对庚公司拒绝承担票据责任的理由是否成立？并说明理由。

（5）丁公司对庚公司拒绝承担票据责任的理由是否成立？并说明理由。

【案例 6】

2022 年 7 月 1 日，无权代理人甲以 A 公司的名义签发一张 100 万元的转账支票给 B 公司，该支票上记载收款人为 B 公司，付款人为乙银行，甲在该支票上签章。

7 月 2 日，B 公司在明知甲没有代理权的情况下，仍将该支票背书转让给不知情的 C 公司，以支付货款。7 月 3 日，C 公司为向 D 公司支付租金，将该支票交付给 D 公司，但未在该支票上背书和签章。D 公司因急需向 E 公司支付工程款，D 公司便私刻了 C 公司的财务专用章和法定代表人张某的人名章加盖于背书栏，并直接记载 E 公司为被背书人。E 公司不知有假，接受了票据。

7 月 8 日，E 公司向乙银行提示付款被拒绝。

要求：

根据上述内容，分别回答下列问题：

（1）B 公司是否取得了票据权利？并说明理由。

（2）C 公司是否取得了票据权利？并说明理由。

（3）E 公司能否向 C 公司行使追索权？并说明理由。

（4）E 公司能否向 D 公司行使追索权？并说明理由。

（5）E 公司能否向 B 公司行使追索权？并说明理由。

同步强化练习题参考答案及解析

使用“会计云课堂”App或“微信”扫码对答案、看解析、掌握解题思路，开启轻松过关之旅。

一、单项选择题

1.【答案】D

2.【答案】D

【解析】（1）选项ABC：票据金额、出票日期和收款人名称不得更改；（2）选项D：票据上的其他记载事项，原记载人可以更改，更改时应当由原记载人在更改处签章证明。

3.【答案】D

4.【答案】D

5.【答案】A

【解析】在出票日期、背书日期、保证日期、承兑日期、付款日期中，只有出票日期属于绝对必要记载事项。

6.【答案】A

【解析】（1）选项A：票据金额、出票日期、收款人名称不得更改，更改的票据无效；（2）选项B：付款人名称可以更改，但应当在更改处签章；（3）选项CD：属于商业汇票的相对必要记载事项，未记载的并不影响汇票的效力。

7.【答案】D

8.【答案】A

9.【答案】C

【解析】（1）选项A：背书时附条件的，所附条件不具有汇票上的效力，背书有效；（2）选项B：背书日期属于相对必要记载事项，未记载的，视为到期日前背书，背书有效；（3）选项C：将汇票金额的一部分转让或者将汇票金额分别转让给二人以上的，背书无效；（4）选项D：背书人在汇票上记载“不得转让”字样，其后手再背书转让的，背书有效，但原背书人对其后手的被背书人不承担保证责任。

10.【答案】D

【解析】（1）选项AB：经质押背书，被背书人即取得票据质权，票据质权人有权以相当于票据权利人的地位行使票据权利，包括行使付款请求权、追索权；（2）选项CD：票据质权人进行转让背书或者质押背书的，背书行为无效。但是，被背书人可以再进行委托收款背书。

11.【答案】B

12.【答案】B

13.【答案】A

【解析】（1）选项A：票据上未记载保证日期的，出票日期为保证日期；（2）选项B：未记载被保证人名称的，已承兑的汇票，承兑人为被保证人；未承兑的汇票，出票人为被保证人。

14.【答案】D

15.【答案】C

【解析】(1)选项A：保证人在汇票上记载“保证”字样属于票据保证行为的绝对必要记载事项；(2)选项B：背书日期属于背书行为的相对必要记载事项；(3)选项D：承兑人在汇票上签章属于承兑行为的绝对必要记载事项。

16.【答案】A

17.【答案】A

【解析】(1)选项A：由于伪造人甲在票据上没有以自己的名义签章，因此不承担票据责任；(2)选项B：在假冒他人名义的情形下，被伪造人乙公司不承担票据责任；(3)选项CD：票据上有伪造签章的，不影响票据上其他真实签章的效力，丙和丁属于在票据上真实签章的当事人，仍应对被伪造的票据的权利人承担票据责任。

18.【答案】D

【解析】(1)甲公司、乙公司的签章在变造之前，应按变造前的汇票金额对戊公司负责；(2)丁公司的签章在变造之后，应按变造后的汇票金额对戊公司负责；(3)如果无法辨别丙公司的签章是在变造之前还是变造之后，应视同在变造之前签章。

19.【答案】A

【解析】票据债务人(乙公司)不得以自己与持票人的前手(甲公司)之间的抗辩事由对抗持票人(丙公司)，但持票人明知存在抗辩事由而取得票据的除外。

20.【答案】D

【解析】持票人(丙公司)对出票人(甲公司)的追索权，消灭时效期间为2年，自票据到期日(2020年6月5日)起算。

二、多项选择题

1.【答案】ABC

【解析】票据行为包括出票、背书、承兑、保证。

2.【答案】BC

【解析】支票的金额和收款人名称可以由出票人授权补记。

3.【答案】BD

【解析】支票的持票人应当自出票日起10日内提示付款。持票人未按照规定期限提示付款的，付款人可以不予付款；付款人不予付款的，出票人仍应当对持票人承担票据责任。

4.【答案】ABC

【解析】选项D：支票上的付款人并未在票据上签章，并非票据义务人。

5.【答案】AB

【解析】选项CD：属于“相对必要记载事项”。

6.【答案】BCD

【解析】银行本票的持票人未按照规定期限提示付款的，即丧失对出票人以外的前手(背书人及其保证人)的追索权。

7.【答案】BC

【解析】(1)选项AD：属于“相对必要记载事项”，未记载的，依法推定，商业汇票有效；(2)选项BC：属于“绝对必要记载事项”，未记载的，商业汇票无效。

8.【答案】BC

【解析】(1)选项B：付款人名称属于汇票的绝对必要记载事项，未记载的，汇票无效；(2)选项C：票据金额以中文大写和数码同时记载，两者必须一致；两者不一致的，票据无效；(3)选项D：汇票上未记载付款日期的，为见票即付，汇票有效。

9.【答案】BC

【解析】(1)选项A：属于任意记载事项，背书有效；(2)选项BC：将汇票金额的一部分转让或者将汇票金额分别转让给二人以上的，背书无效；(3)选项D：背书时附有条件的，背书有效。

10.【答案】AB

11.【答案】ABCD

【解析】选项B：汇票上未记载"付款日期"的，为见票即付，无须提示承兑。

12.【答案】BD

【解析】(1)选项A：支票的付款人并非票据义务人，属于票据关系人；(2)选项BD：票据上的主债务人，是指本票出票人、汇票承兑人；(3)选项C：属于票据上的次债务人。

13.【答案】BC

【解析】(1)选项AD：属于票据保证行为的"绝对必要记载事项"，未记载的，不构成票据保证，保证人无须承担票据保证责任；(2)选项BC：属于"相对必要记载事项"，未记载的，不影响票据保证行为的效力，保证人仍应承担票据保证责任。

14.【答案】CD

【解析】(1)选项AB：出票人、背书人或者保证人死亡、逃匿或者破产的，持票人不能行使期前追索权；(2)选项CD：承兑人或者付款人被依法宣告破产或者因违法被责令终止业务活动的，持票人才可以行使期前追索权。

15.【答案】BC

【解析】(1)选项B：乙公司因胁迫而取得票据，不享有票据权利；(2)选项C：因税收、继承、赠与可以依法无偿取得票据的，票据权利不得优于其前手(丙公司的前手乙公司不享有票据权利，丙公司也不享有票据权利)；(3)选项AD：丁公司属于善意的、已付对价的正当持票人，享有100%的票据权利，甲公司无权请求丁公司返还票据。

16.【答案】ABC

【解析】(1)选项AC：票据上有伪造签章的，不影响票据上其他真实签章的效力，在票据上真实签章的当事人(甲公司、丙银行)，仍应对被伪造票据的权利人承担票据责任；(2)选项B：在假冒他人名义的情形下，被伪造人(乙公司)不承担票据责任；(3)选项D：由于伪造人(王某)没有以自己的名义在票据上签章，不承担票据责任。

17.【答案】BCD

18.【答案】ABC

三、案例分析题

【案例1答案】

(1)M银行不能拒绝丙公司的付款请求。根据规定，票据上有伪造签章的，不影响票据上其他真实签章的效力。在票据上真实签章的当事人，仍应对被伪造的票据的权利人承担票据责任，票据债权人在提示承兑、提示付款或者行使追索权时，在票据上真实签章人不能以伪造为由进行抗辩。在本题中，M银行属于在汇票上真实签章的当事人，在持票人丙公司提示付款时，真实签章人M银行不能以伪造为由进行抗辩。

(2)丙公司可以向甲公司追索。根据规定，票据上有伪造签章的，不影响票据上其他真实签章的效力。在票据上真实签章的当事人，仍应对被伪造的票据的权利人承担票据责任，票据债权人在提示承兑、提示付款或者行使追索权时，在票据上的真实签章人不能以伪造为由进行抗辩。在本题中，甲公司属于在汇票上真实签章的当事人，在丙公司行使追索权时，真实签章人甲公司不能以伪造为由进行抗辩。

（3）丙公司无权向A追索。根据规定，由于伪造人没有以自己的名义在票据上签章，因此不承担票据责任。在本题中，A属于伪造人，A在票据上没有以自己的名义签章，因此，A不承担票据责任。

（4）M银行可以拒绝丁公司的付款请求。根据规定，在假冒他人名义的情形下，被伪造人不承担票据责任。在本题中，在丁公司持有的票据（克隆票据）上，M银行的签章系伪造，被伪造人M银行有权拒绝承担票据责任。

（5）丁公司有权向乙公司追索。根据规定，票据上有伪造签章的，不影响票据上其他真实签章的效力。在票据上真实签章的当事人，仍应对被伪造的票据的权利人承担票据责任，票据债权人在提示承兑、提示付款或者行使追索权时，在票据上真实签章人不能以伪造为由进行抗辩。在本题中，在丁公司持有的票据（克隆票据）上，乙公司的签章是真实有效的，乙公司应当对丁公司承担票据责任。

【解析1】在“原始汇票”上：（1）出票人甲公司、承兑人M银行的签章真实有效；（2）乙公司属于被伪造人；（3）A属于伪造人。

甲（真正签章人）→ 乙（被伪造人）→ 丙

M银行（真正签章人）　　A（伪造人）

【解析2】在“克隆汇票”上：（1）A对利用其他途径获得的M银行的空白银行承兑汇票进行技术处理，“克隆”了一张与原始汇票几乎完全一样的汇票，说明票据本身并不是复印件，但A在空白票据上伪造了出票人甲公司和承兑人M银行的签章；（2）A是伪造人，出票人甲公司和承兑人M银行属于被伪造人；（3）乙公司的签章真实有效。

甲（被伪造人）→ 乙（真正签章人）→ 丁

M银行（被伪造人）　　A（伪造人）

【案例2答案】

（1）B公司对C公司的背书转让有效。根据规定，背书人未记载被背书人名称即将票据交付他人的，持票人在票据被背书人栏内记载自己的名称与背书人记载具有同等法律效力。

（2）D公司对E公司的背书转让有效。根据规定，背书时附有条件的，所附条件不具有汇票上的效力，即不影响背书行为本身的效力。

（3）D公司可以拒绝向F公司承担票据责任。根据规定，票据债务人不得以自己与持票人的前手之间的抗辩事由对抗持票人，但持票人明知存在抗辩事由而取得票据的除外。在本题中，F公司明知D公司与E公司的工程纠纷尚未解决，仍接受该汇票，故D公司可以基于该抗辩事由拒绝向其承担票据责任。

（4）F公司不能向G公司行使票据上的追索权。根据规定，G公司未在票据上记载任何内容，亦未签章，其行为不构成票据保证，G公司不属于票据债务人，F公司不能向其行使追索权。

（5）G公司应当向F公司承担保证责任。根据规定，尽管G公司不承担票据保证责任，但G公司与F公司签订了保证合同，作为连带责任保证人，在E公司不履行债务时，G公司应当承担保证责任。

【案例3答案】

（1）E公司无权向A公司追索。根据规定，在假冒他人名义的情形下，被伪造人（A公司）不承担票据责任。

（2）D公司不能取得票据权利。根据规定，票据贴现属于国家特许经营业务，只有经批准的金融机构才有资格从事票据贴现业务。其他组织与个人从事票据贴现业务的，票据贴现行为（背书转让）无效。在本题中，由于D公司并不是有资格从事票据贴现业务的金融机构，C公司对D公司的背书转让行为无效，D公司不能取得票据权利。

（3）E公司取得了票据权利。根据规定，尽管D公司未取得票据权利，但是由于其形式上是票据权利人，在其向E公司背书转让时，符合票据权利善意取得的构成要件，E公司善意取得票据权利。

（4）E公司无权向甲追索。根据规定，由于伪造人（甲）没有以自己的名义在票据上签章，因此不承担（任何）票据责任。

（5）E公司有权向B公司追索。根据规定，票据上有伪造签章的，不影响票据上其他真实签章的效力。在票据上真实签章的当事人（B公司），仍应对被伪造的票据的权利人承担票据责任，票据债权人在提示承兑、提示付款或者行使追索权时，在票据上真实签章人不能以伪造为由进行抗辩。

【案例4答案】

（1）C公司未取得票据权利。根据规定，背书是指持票人为将票据权利转让给他人或者将票据权利授予他人行使，在票据背面或者粘单上记载有关事项并签章，然后将票据交付给被背书人的票据行为。在本题中，尽管B公司在该汇票上记载C公司为被背书人，但未将该汇票交付给C公司，C公司未取得票据权利。

（2）E公司取得了票据权利。根据规定，虽然D公司实质上不享有票据权利，但形式上是票据权利人，在其向E公司背书转让时，E公司基于善意取得制度而取得票据权利。

（3）E公司无权向C公司追索。根据规定，在假冒他人名义的情形下，被伪造人（C公司）不承担票据责任。

（4）E公司无权向甲追索。根据规定，由于伪造人（甲）没有以自己的名义在票据上签章，因此不承担票据责任。

（5）E公司有权向A公司追索。根据规定，票据上有伪造签章的，不影响票据上其他真实签章的效力。在票据上真实签章的当事人（A公司），仍应对被伪造的票据的权利人承担票据责任，票据债权人在提示承兑、提示付款或者行使追索权时，在票据上真实签章人不能以伪造为由进行抗辩。

【案例5答案】

（1）丁公司对戊公司的背书转让行为有效。根据规定，背书时附有条件的，所附条件不具有汇票上的效力，背书有效。

（2）A银行拒绝付款的理由不成立。根据规定，承兑人不得以其与出票人之间的资金关系来对抗持票人，拒绝支付汇票金额。

（3）庚公司不能向乙公司行使追索权。根据规定，由于乙公司未在该汇票上签章，并非票据债务人，庚公司不能向乙公司行使追索权。

（4）丙公司对庚公司拒绝承担票据责任的理由成立。根据规定，背书人（丙公司）在汇票上记载“不得转让”字样，其后手再背书转让的，原背书人（丙公司）对其后手的被背书人不承担保证责任。

（5）丁公司对庚公司拒绝承担票据责任的理由不成立。根据规定，持票人未按照规定期限发出追索通知的，仍可以行使追索权。但因延期通知给其前手或者出票人造成损失的，由其承担该损失的赔偿责任，但所赔偿的金额以汇票金额为限。

【案例6答案】

（1）B公司不能取得票据权利。根据规定，在无权代理的情况下，被代理人事后未追认，相对人（B公司）不能取得票据权利。

（2）C公司取得了票据权利。根据规定，尽管B公司不能取得票据权利，但由于其形式上是票据权利人，在其向C公司背书转让时，C公司善意取得票据权利。

（3）E 公司不能向 C 公司行使追索权。根据规定，在假冒他人名义的情形下，被伪造人（C 公司）不承担票据责任。

（4）E 公司不能向 D 公司行使追索权。根据规定，由于伪造人（D 公司）没有以自己的名义在票据上签章，因此不承担票据责任。

（5）E 公司可以向 B 公司行使追索权。根据规定，票据上有伪造签章的，不影响票据上其他真实签章的效力，在票据上真实签章的当事人（B 公司），仍应对被伪造票据的权利人承担票据责任，票据债权人在提示承兑、提示付款或者行使追索权时，在票据上真实签章人不能以伪造为由进行抗辩。

第四编

经济法律制度

第十章　企业国有资产法律制度

CHAPTER-10

本章考情分析

在最近 3 年的考试中，本章的平均分值为 3 分，2021 年两份试卷的分值均为 2.5 分，题型全部为客观题。

本章分为五个单元，共计 16 个考点。本章考点不多，但大多数考点需要死记硬背，复习难度较大。复习本章需要 3 个小时左右。

2022 年教材对本章内容未进行重大调整。

温馨小提示

最后三章在一份试卷中的分值一般在 3 分左右，绝对不属于“战略放弃”的范围。最后三章，无论如何，要看一遍教材。

最近 3 年题型题量分析表

题型	2019 年试卷一	2019 年试卷二	2020 年试卷一	2020 年试卷二	2021 年试卷一	2021 年试卷二
单选题	2 题 2 分	2 题 2 分	1 题 1 分	1 题 1 分	1 题 1 分	1 题 1 分
多选题	1 题 1.5 分	1 题 1.5 分	1 题 1.5 分	1 题 1.5 分	1 题 1.5 分	1 题 1.5 分
合计	3.5 分	3.5 分	2.5 分	2.5 分	2.5 分	2.5 分

历年试题涉及本章的主要考点

考点	年份 / 题型
企业国有资产的监督管理体制	2016 年多选题、2017 年多选题、2018 年单选题、2019 年单选题、2019 年多选题、2020 年多选题、2021 年单选题
国家出资企业管理者的任免范围	2015 年多选题、2017 年单选题、2018 年单选题、2021 年多选题
企业国有资产的产权登记	2020 年多选题、2021 年单选题
企业国有资产的评估	2016 年单选题、2018 年多选题、2019 年单选题、2020 年单选题、2021 年多选题
国有股东所持上市公司股份通过证券交易系统转让	2019 年单选题

本章思维导图

- **第十章**
  - 企业国有资产法律制度概述
    - 企业国有资产的监督管理体制
    - 国家出资企业的管理者
    - 企业改制
  - 企业国有资产的产权登记
    - 企业国有资产产权登记的范围
    - 企业国有资产产权登记的内容
  - 企业国有资产的评估
    - 企业国有资产评估的范围
    - 核准制与备案制
  - 企业国有资产交易管理制度
    - 企业产权转让
    - 企业增资
    - 企业国有产权的无偿划转
  - 上市公司国有股权变动管理
    - 国有股东所持上市公司股份通过证券交易系统转让
    - 国有股东所持上市公司股份公开征集转让
    - 国有股东所持上市公司股份非公开协议转让
    - 国有股东所持上市公司股份间接转让
    - 国有股东发行可交换公司债券
    - 国有股东与上市公司进行资产重组

本章核心考点解读

第一单元 企业国有资产法律制度概述

使用“会计云课堂”App或“微信”扫码查看本单元视频，快速GET知识点。

【考点1】企业国有资产的监督管理体制（P466）★★★

1. 企业国有资产是指国家对企业各种形式的出资所形成的权益，而不是指国家出资企业的各项具体财产。

【解释】出资人将出资投入企业，所形成的厂房、机器设备等企业的各项具体财产，属于企业法人财产权所指向的对象。出资人对企业法人财产不具有直接的所有权，其对企业享有的是出资人权利，通常表现为资产收益、参与重大决策和选择管理者等权利。

2. 企业国有资产属于国家所有，国务院代表国家行使企业国有资产所有权。

3. 国务院和地方各级人民政府依法代表国家对国家出资企业履行出资人职责。

（1）国家出资企业包括国有独资企业、国有独资公司、国有资本控股公司和国有资本参股公司。

（2）国务院确定的关系国民经济命脉和国家安全的大型国家出资企业、重要基础设施和重要自然资源等领域的国家出资企业，由国务院代表国家履行出资人职责；其他的国家出资企业，由地方人民政府代表国家履行出资人职责。

4. 国务院和地方人民政府应当按照“政企分开、社会公共管理职能与企业国有资产出资人职能分开、不干预企业依法自主经营”的原则，依法履行出资人职责。

5. 履行出资人职责的机构

（1）国有资产监督管理机构

①国务院国有资产监督管理机构（国务院国有资产监督管理委员会），根据国务院的授权，代表国务院对国家出资企业履行出资人职责。

②地方人民政府按照国务院的规定设立的国有资产监督管理机构（如北京市国有资产监督管理委员会），根据地方人民政府的授权，代表地方人民政府对国家出资企业履行出资人职责。

（2）财政部门

国务院授权财政部对金融行业的国有资产进行监管，授权财政部对中央文化企业、中国铁路、中国烟草及中国邮政集团等公司履行出资人职责。

【解释】以上代表本级人民政府履行出资人职责的机构、部门，统称为“履行出资人职责的机构”。

名师敲黑板

这是每年的必考考点，希望考生高度重视。

名师敲黑板

考生应准确区分两个问题：（1）谁代表国家行使企业国有资产所有权？（2）谁代表国家对国家出资企业履行出资人职责？

温馨小提示

国有独资企业依照《全民所有制工业企业法》设立，企业全部注册资本均为国有资本的非公司制企业。

国有独资企业遵循《全民所有制企业法》，国有独资公司遵循《公司法》。

6. 国有资本投资、运营公司

（1）政府授权国有资产监管机构依法对国有资本投资、运营公司履行出资人职责。

（2）国有资本投资、运营公司对授权范围内的国有资本履行出资人职责。

【案例】天津国有资本投资运营有限公司成立于2017年1月22日，由天津市国资委与天津渤海国有资产经营管理有限公司共同出资组建。该公司对所出资企业依法行使股东权利。

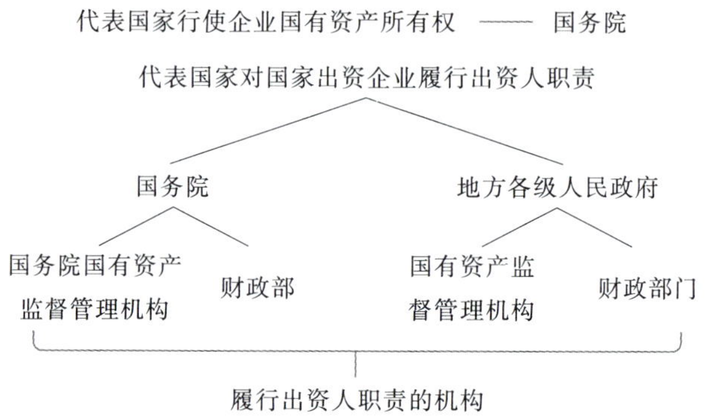

企业国有资产的监督管理体制

经典题解

【例题1·单选题】根据企业国有资产法律制度的规定，代表国家行使企业国有资产所有权的是（ ）。（2019年）

A. 国务院

B. 中国人民银行

C. 国有资产监督管理委员会

D. 财政部

【答案】A

【例题2·多选题】根据企业国有资产法律制度的规定，下列各项中，属于国家出资企业的有（ ）。（2016年）

A. 国有独资企业　　B. 国有资本参股公司

C. 国有资本控股公司　　D. 国有独资公司

【答案】ABCD

【例题3·多选题】根据企业国有资产法律制度的规定，下列各项中，属于国务院和地方人民政府依法履行出资人职责时应遵循的原则有（ ）。（2017年）

A. 保护消费者合法权益

B. 政企分开

C. 社会公共管理职能与企业国有资产出资人职能分开

D. 不干预企业依法自主经营

【答案】BCD

【例题 4 · 单选题】根据企业国有资产法律制度的规定，下列关于企业国有资产的表述中，正确的是（　　）。（2018 年）

A. 企业国有资产是指国家对企业各种形式的出资所形成的权益

B. 国家作为出资人对所出资企业的法人财产享有所有权

C. 企业国有资产即国家出资企业的法人财产

D. 国家对企业出资所形成的厂房、机器设备等固定资产的所有权属于国家

【解析】（1）选项 B：国家作为出资人对企业法人财产不享有直接的所有权；（2）选项 D：国家作为出资人将出资投入企业，所形成的厂房、机器设备等各项具体财产，属于企业所有。

【答案】A

【例题 5 · 多选题】根据企业国有资产法律制度的规定，下列关于我国企业国有资产监督管理体制的表述中，正确的有（　　）。（2019 年）

A. 企业国有资产属于国家所有，国务院代表国家对所有国家出资企业履行出资人职责

B. 地方人民政府无权代表国家对国家出资企业履行出资人职责

C. 国有资本投资、运营公司可对授权范围内的国有资本履行出资人职责

D. 履行出资人职责应当坚持政企分开、社会公共管理职能与企业国有资产出资人职能分开、不干预企业依法自主经营的原则

【解析】选项 AB：国务院和地方各级人民政府依法代表国家对国家出资企业履行出资人职责。

【答案】CD

【例题 6 · 多选题】根据企业国有资产法律制度的规定，下列各项中，属于国务院国有资产监督管理机构职责的有（　　）。（2020 年）

A. 监管中央金融类企业的国有资产

B. 监督所监管企业国有资产保值增值

C. 推动国有经济布局和结构的战略性调整

D. 依法任免所监管企业负责人

【解析】选项 A：财政部门是金融企业国有资产的监督管理部门。

【答案】BCD

【例题 7 · 单选题】根据企业国有资产法律制度的规定，下列关于国有独资企业的表述中，正确的是（　　）。（2021 年）

A. 国有独资企业包括国有独资公司和企业全部注册资本均属国有的非公司制企业

B. 国有独资企业设立的法律依据为《公司法》

C. 国有独资企业对国家授予其经营管理的财产不享有处分权

D. 国有独资企业的企业财产属于全民所有

【解析】（1）选项 AB：国有独资企业依照《全民所有制工业企业法》设立，企业全部注册资本均为国有资本的非公司制企业；（2）选项 C：企业对国家授予其经营管理的财产享有占有、使用和依法处分的权利。

【答案】D

【考点2】国家出资企业的管理者（P469）★★★

1. 管理者的任免范围

履行出资人职责的机构依照法律、行政法规以及企业章程的规定，任免或者建议任免国家出资企业的下列人员：

（1）国有独资企业：任免经理、副经理、财务负责人和其他高级管理人员。

（2）国有独资公司：任免董事长、副董事长、董事、监事会主席和监事。

（3）国有资本控股公司、国有资本参股公司：向股东会、股东大会提出董事、监事人选。

温馨小提示

国有独资公司由职工代表担任的董事、监事，由职工民主选举产生，但必须经履行出资人职责的机构任免。

经典题解

【例题1·多选题】根据企业国有资产法律制度的规定，国有独资公司的下列人员中，应当由履行出资人职责的机构任免的有（　　）。（2015年）

A. 副董事长　　B. 董事长

C. 董事　　D. 监事

【答案】ABCD

【例题2·单选题】根据企业国有资产法律制度的规定，在选择国有资本控股公司的企业管理者时，履行出资人职责的机构享有的权限是（　　）。（2017年）

A. 任免企业的董事长、副董事长、董事和监事

B. 任免企业的经理、副经理

C. 任免企业的财务负责人和其他高级管理人员

D. 向企业的股东会或者股东大会提出董事、监事人选

【答案】D

【例题3·单选题】根据企业国有资产法律制度的规定，下列国有独资公司的人员中，应当由履行出资人职责的机构任免的是（　　）。（2018年）

A. 副董事长　　B. 副总经理

C. 总经理　　D. 财务负责人

【答案】A

【例题4·多选题】根据企业国有资产法律制度的规定，国有独资公司的下列人员中，除国务院和地方人民政府规定由本级人民政府任免的外，应由履行出资人职责的机构依法任免的有（　　）。（2021年）

A. 财务负责人　　B. 总经理

C. 监事会主席　　D. 董事长

【答案】CD

2. 对管理者兼职的限制

温馨小提示

所有公司的董事、高级管理人员均不得兼任监事。

（1）未经履行出资人职责的机构同意，国有独资企业、国有独资公司的董事、高级管理人员不得在其他企业兼职。

（2）未经股东会、股东大会同意，国有资本控股公司、国有资本参股公司的董

事、高级管理人员不得在经营同类业务的其他企业兼职。

（3）未经履行出资人职责的机构同意，国有独资公司的董事长不得兼任经理。

（4）未经股东会、股东大会同意，国有资本控股公司（不包括国有资本参股公司）的董事长不得兼任经理。

【考点3】企业改制（P470）★

1. 企业改制的类型

（1）国有独资企业改为国有独资公司；

（2）国有独资企业、国有独资公司改为国有资本控股公司或者非国有资本控股公司；

（3）国有资本控股公司改为非国有资本控股公司。

2. 企业改制的审批机构

（1）一般情况下，由履行出资人职责的机构决定或者由股东（大）会决定。

（2）重要的国有独资企业、国有独资公司、国有资本控股公司的改制，履行出资人职责的机构在作出决定或者向其委派参加国有资本控股公司股东（大）会会议的股东代表作出指示之前，应当将改制方案报请本级人民政府批准。

3. 国家出资企业改制，应当听取企业工会的意见，并通过职工代表大会或者其他形式听取职工的意见和建议。

4. 职工的安置

（1）企业改制涉及重新安置企业职工的，职工安置方案须经职工代表大会或者职工大会审议通过。

（2）企业实施改制时，必须向职工公布企业主要财务指标的财务审计、资产评估结果。

（3）企业改制时，对经确认的拖欠职工的工资、医疗费等，原则上应当一次付清。

（4）对解除劳动合同且不再继续留用的职工，要支付经济补偿金，对继续留用的职工无须支付经济补偿金。

第二单元 企业国有资产的产权登记

使用“会计云课堂”App或“微信”扫码查看本单元视频，快速GET知识点。

【考点1】企业国有资产产权登记的范围（P471）★

1. 国有企业、国有独资公司、设置国有股权的有限责任公司和股份有限公司、国有企业和国有独资公司投资设立的企业以及其他形式占有国有资产的企业，应当依照规定申请办理国有资产产权登记。

2. 在中华人民共和国境内或者境外设立的金融类企业，其实收资本包括国家资本和国有法人资本的，应当办理国有资产产权登记。

3. 国家出资企业、国家出资企业（不含国有资本参股公司）拥有实际控制权

> **名师敲黑板**
>
> 国有资本参股公司自己应当进行产权登记，国有资本参股公司拥有实际控制权的境内外各级企业及其投资参股企业，不纳入产权登记范围。

的境内外各级企业及其投资参股企业，应当纳入产权登记范围。国家出资企业所属事业单位视为其子企业进行产权登记。

【考点2】企业国有资产产权登记的内容（P472）★★

1. 占有产权登记的内容

（1）出资人名称、住所、出资金额及法定代表人；

（2）企业名称、住所及法定代表人；

（3）企业的资产、负债及所有者权益；

（4）企业实收资本、国有资本；

（5）企业投资情况；

（6）国务院国有资产监督管理机构规定的其他事项。

经典题解

【例题·多选题】根据企业国有资产法律制度的规定，下列各项中，属于企业国有资产产权登记内容的有（　　）。（2020年）

A. 企业的现金流　　B. 出资人名称、住所

C. 企业的实收资本　　D. 企业的投资情况

【答案】BCD

2. 变动产权登记

企业发生下列情形之一的，应当通过所出资企业向产权登记机关申请办理变动产权登记：

（1）企业名称改变的；

（2）企业组织形式、级次发生变动的；

（3）企业国有资本额发生增减变动的；

（4）企业国有资本出资人发生变动的；

（5）企业国有资产产权发生变动的其他情形。

3. 注销产权登记

企业发生下列情形之一的，应当申请办理注销产权登记：

（1）企业解散、被依法撤销或者被依法宣告破产的；

（2）企业转让全部国有资产产权或者改制后不再设置国有股权的；

（3）其他需要注销国有资产产权的情形。

4. 产权登记的管理机关

企业国有资产产权登记机关是各级履行出资人职责的机构。例如，金融类企业国有资产产权登记机关为同级财政部门。

经典题解

【例题·单选题】根据企业国有资产法律制度的规定，县级地方人民政府出资的金融类企业的国有资产产权登记和管理机关是（　　）。（2021年）

A. 同级国有资产监督管理机构

B. 上级国有资产监督管理机构

C. 同级财政部门

D. 上级财政部门

【答案】C

第三单元 企业国有资产的评估

使用“会计云课堂”App或“微信”扫码查看本单元视频，快速GET知识点。

【考点1】企业国有资产评估的范围（P475）★★★

温馨小提示

这是每年的必考考点，希望考生高度重视。

1. 国家出资企业及其各级子企业有下列行为之一的，应当对相关资产进行评估：

（1）整体或者部分改建为有限责任公司或者股份有限公司；

（2）以非货币资产对外投资；

（3）合并、分立、破产、解散；

（4）非上市公司的国有股东股权比例变动；

（5）产权转让；

（6）资产转让、置换；

（7）整体资产或者部分资产租赁给非国有单位；

（8）以非货币资产偿还债务；

（9）资产涉讼；

（10）收购非国有单位的资产；

（11）接受非国有单位以非货币资产出资；

（12）接受非国有单位以非货币资产抵债；

（13）法律、行政法规规定的其他需要进行资产评估的事项。

【解释】金融企业除以上情形外，资产拍卖、债权转股权、债务重组、接受非货币性资产抵押或者质押、处置不良资产等情形也应委托资产评估机构进行资产评估。

2. 国家出资企业及其各级子企业有下列行为之一的，可以不对相关国有资产进行评估：

（1）经各级人民政府或其履行出资人职责的机构批准，对企业整体或者部分资产实行无偿划转；

（2）国有独资企业与其下属独资企业（事业单位）之间或者其下属的独资企业（事业单位）之间的合并、资产（产权）置换和无偿划转。

【解释】除以上情形外，金融企业在发生多次同类型的经济行为时，同一资产在评估报告使用有效期内，并且资产、市场状况未发生重大变化的，以及上市公司可流通的股权转让时，也可以不进行评估。

经典题解

【例题1·单选题】根据企业国有资产法律制度的规定，金融企业发生下列情形时，应当对相关资产进行资产评估的是（ ）。（2016年）

A. 整体改制为有限责任公司

B. 县级人民政府批准其所属企业实施无偿划转

C. 国有独资企业与其下属的独资企业之间的合并

D. 上市公司可流通的股权转让

【解析】选项BCD：可以不进行资产评估。

【答案】A

【例题2·多选题】根据企业国有资产法律制度的规定，国家出资企业及其各级子企业发生下列情形时，应当对相关资产进行资产评估的有（ ）。（2018年）

A. 合并、分立、破产、解散

B. 产权转让

C. 资产转让、置换

D. 以货币资产对外投资

【答案】ABC

【例题3·单选题】根据企业国有资产法律制度的规定，国家出资企业及其各级子企业发生特定行为时，应当对相关资产进行评估。下列各项中，属于此类特定行为的是（ ）。（2019年）

A. 经各级人民政府或其履行出资人职责的机构批准，对企业整体资产实施无偿划转

B. 经各级人民政府或其履行出资人职责的机构批准，对企业部分资产实施无偿划转

C. 国家出资企业整体或部分改制为有限责任公司或股份有限公司

D. 国有独资企业与其下属独资企业之间的资产置换

【解析】选项ABD：可以不进行资产评估。

【答案】C

【例题4·多选题】根据企业国有资产法律制度的规定，国家出资企业及其各级子企业的下列行为中，必须对相关国有资产进行评估的有（ ）。（2021年）

A. 非上市公司国有股东股权比例变动

B. 整体资产或者部分资产租赁给非国有单位

C. 国有独资企业与其下属独资企业之间的合并

D. 资产转让、置换

【解析】选项C：可以不进行资产评估。

【答案】ABD

【考点 2】核准制与备案制（P477）★

1. 核准制

（1）经各级人民政府批准经济行为的事项涉及的资产评估项目，分别由其授权履行出资人职责的机构负责核准。

（2）金融企业下列经济行为涉及资产评估的，资产评估项目实行核准：

①经批准进行改组改制、拟在境内或者境外上市、以非货币性资产与外商合资经营或者合作经营的经济行为；

②经县级以上人民政府批准的其他涉及国有资产产权变动的经济行为。

【解释】中央金融企业资产评估项目报财政部核准。地方金融企业资产评估项目报本级财政部门核准。

（3）凡需经核准的资产评估项目，企业在资产评估前应当向履行出资人职责的机构报告下列有关事项：

①相关经济行为批准情况；

②评估基准日的选择情况；

③资产评估范围的确定情况；

④选择资产评估机构的条件、范围、程序及拟选定机构的资质、专业特长情况；

⑤资产评估的时间进度安排情况。

（4）企业收到资产评估机构出具的评估报告后，应当逐级上报初审，经初审同意后，自评估基准日起 8 个月内向履行出资人职责的机构提出核准申请。

经典题解

【例题·单选题】根据企业国有资产法律制度的规定，国有金融企业经批准进行改组改制涉及资产评估的，资产评估项目应经特定部门核准。该特定部门是（　　）。（2020 年）

A. 财政部门

B. 国有资产监督管理部门

C. 市场监督管理部门

D. 证券监督管理部门

【答案】A

2. 备案制

企业收到资产评估机构出具的评估报告后，将备案材料逐级报送履行出资人职责的机构或其所出资企业，自评估基准日起 9 个月内提出备案申请。

第四单元 企业国有资产交易管理制度

使用"会计云课堂"App或"微信"扫码查看本单元视频，快速GET知识点。

【解释】2016年6月24日，国务院国有资产监督管理委员会、财政部联合发布了《企业国有资产交易监督管理办法》，对除金融、文化类国家出资企业的国有资产交易和上市公司的国有股权转让以外的企业国有资产交易行为的监督管理作出了规定。

温馨小提示

上市公司的国有股权转让，见第五单元。

【考点1】企业产权转让（P480）★★

1. 审核批准

履行出资人职责的机构负责审核国家出资企业的产权转让事项。其中，因产权转让致使国家不再拥有所出资企业控股权的，须由履行出资人职责的机构报本级人民政府批准。

2. 产权转让涉及职工安置事项的，安置方案应当经职工代表大会或者职工大会审议通过。

3. 确定受让方

（1）产权转让原则上通过产权市场公开进行。转让方可以根据企业实际情况和工作进度安排，采取信息预披露和正式披露相结合的方式，通过产权交易机构网站分阶段对外披露产权转让信息，公开征集受让方。其中正式披露信息时间不得少于20个工作日。因产权转让导致转让标的企业的实际控制权发生转移的，转让方应当在转让行为获批后10个工作日内，通过产权交易机构进行信息预披露，时间不得少于20个工作日。

（2）产权转让原则上不得针对受让方设置资格条件，确需设置的，不得有明确指向性或者违反公平竞争原则，所设资格条件相关内容应当在信息披露前报同级履行出资人职责的机构备案，履行出资人职责的机构在5个工作日内未反馈意见的视为同意。

（3）产权转让项目首次正式信息披露的转让底价，不得低于经核准或者备案的转让标的评估结果。信息披露期满未征集到意向受让方的，可以延期或者在降低转让底价、变更受让条件后重新进行信息披露。降低转让底价或者变更受让条件后重新披露信息的，披露时间不得少于20个工作日。新的转让底价低于评估结果的90%时，应当经转让行为批准单位书面同意。

（4）转让项目自首次正式披露信息之日起超过12个月未征集到合格受让方的，应当重新履行审计、资产评估以及信息披露等产权转让工作程序。

（5）产权交易机构负责意向受让方的登记工作，对意向受让方是否符合受让条件提出意见并反馈转让方。产权交易机构与转让方意见不一致的，由转让行为批准单位决定意向受让方是否符合受让条件。

（6）产权转让信息披露期满、产生符合条件的意向受让方的，按照披露的竞价方式组织竞价。

（7）受让方确定后，转让方与受让方应当签订产权交易合同，交易双方不得以交易期间企业经营性损益等理由对已达成的交易条件和交易价格进行调整。

4. 结算交易价款

（1）交易价款原则上应当自合同生效之日起5个工作日内一次付清。

（2）金额较大、一次付清确有困难的，可以采取分期付款方式。采用分期付款方式的，首期付款不得低于总价款的30%，并在合同生效之日起5个工作日内支付；其余款项应当提供转让方认可的合法有效担保，并按同期银行贷款利率支付延期付款期间的利息，付款期限不得超过1年。

【考点2】企业增资（P482）★

1. 审核批准

履行出资人职责的机构负责审核国家出资企业的增资行为。其中，因增资致使国家不再拥有所出资企业控股权的，须由履行出资人职责的机构报本级人民政府批准。

2. 确定投资方

（1）企业增资通过产权交易机构网站对外披露信息公开征集投资方，时间不得少于40个工作日。

（2）产权交易机构负责统一接收意向投资方的投标和报价文件，协助企业开展投资方遴选有关工作。

（3）企业董事会或者股东会以资产评估结果为基础，结合意向投资方的条件和报价等因素审议选定投资方。

（4）增资协议签订并生效后，产权交易机构应当出具交易凭证，通过交易机构网站对外公告结果，公告期不少于5个工作日。

【考点3】企业国有产权的无偿划转（P484）★

1. 审批

（1）企业国有产权在同一履行出资人职责的机构所出资企业之间无偿划转的，由所出资企业共同报履行出资人职责的机构批准。

（2）企业国有产权在不同履行出资人职责的机构所出资企业之间无偿划转的，依据划转双方的产权归属关系，由所出资企业分别报同级履行出资人职责的机构批准。

2. 有下列情况之一的，不得实施无偿划转：

（1）被划转企业主业不符合划入方主业及发展规划的；

（2）中介机构对被划转企业划转基准日的财务报告出具否定意见、无法表示意见或者保留意见的审计报告的；

（3）无偿划转涉及的职工分流安置事项未经被划转企业的职工代表大会审议通过的；

（4）被划转企业或有负债未有妥善解决方案的；

（5）划出方债务未有妥善处置方案的。

第五单元　上市公司国有股权变动管理

使用“会计云课堂”App 或“微信”扫码查看本单元视频，快速 GET 知识点。

【解释 1】2018 年 5 月 16 日，国务院国有资产监督管理委员会、财政部、中国证券监督管理委员会联合发布了《上市公司国有股权监督管理办法》，对上市公司国有股权变动管理作出了具体规定。

【解释 2】上市公司国有股权变动具体包括：（1）国有股东所持上市公司股份通过证券交易系统转让、公开征集转让、非公开协议转让、无偿划转、间接转让、国有股东发行可交换公司债券；（2）国有股东通过证券交易系统增持、协议受让、间接受让、要约收购上市公司股份和认购上市公司发行股票；（3）国有股东所控股上市公司吸收合并、发行证券；（4）国有股东与上市公司进行资产重组等行为。

【考点 1】国有股东所持上市公司股份通过证券交易系统转让（P487）★★★

国有股东通过证券交易系统转让上市公司股份，按照国家出资企业内部决策程序决定，有以下情形之一的，应报履行出资人职责的机构审核批准：

> **温馨小提示**
> 应报履行出资人职责的机构审核批准的具体标准，希望考生高度重视，注意单选题。

1. 国有控股股东

（1）总股本不超过 10 亿股的上市公司，国有控股股东拟于一个会计年度内累计净转让达到总股本 5% 及以上的；

（2）总股本超过 10 亿股的上市公司，国有控股股东拟于一个会计年度内累计净转让数量达到 5000 万股及以上的。

2. 国有参股股东

国有参股股东拟于一个会计年度内累计净转让达到上市公司总股本 5% 及以上的。

经典题解

【例题·单选题】根据企业国有资产法律制度的规定，国有参股股东拟于一个会计年度内通过证券交易系统累计净转让的上市公司股份达到该上市公司总股本特定比例及以上的，应报履行出资人职责的机构审核批准。该特定比例是（　　）。（2019 年）

A. 5%　　　　B. 15%

C. 8%　　　　D. 10%

【答案】A

【考点 2】国有股东所持上市公司股份公开征集转让（P487）★★

1. 信息披露

（1）国有股东拟公开征集转让上市公司股份的，在履行内部决策程序后，应书面告知上市公司，由上市公司依法披露，进行提示性公告。国有控股股东公开征集转让上市公司股份可能导致上市公司控股权转移的，应当一并通知上市公司申请停牌。

（2）上市公司发布提示性公告后，国有股东应及时将转让方案、可行性研究报告、内部决策文件、拟发布的公开征集信息等内容通过管理信息系统报送履行出资人职责的机构。国有股东在获得履行出资人职责的机构同意意见后书面通知上市公司发布公开征集信息。

（3）公开征集信息对受让方的资格条件不得设定指向性或者违反公平竞争要求的条款，公开征集期限不得少于10个交易日。

2. 选择确定受让方

（1）国有股东收到拟受让方提交的受让申请及受让方案后，应当成立由内部职能部门人员以及法律、财务等独立外部专家组成的工作小组，严格按照已公告的规则选择确定受让方。

（2）公开征集转让可能导致上市公司控股权转移的，国有股东应当聘请具有上市公司并购重组财务顾问业务资格的证券公司、证券投资咨询机构或者其他符合条件的财务顾问机构担任财务顾问。财务顾问应当具有良好的信誉，最近3年内无重大违法违规记录，且与受让方不存在利益关联。

3. 审批

国有股东与受让方签订协议后，按照审批权限由国家出资企业审核批准或者由履行出资人职责的机构审核批准。

4. 确定转让股份价格

国有股东公开征集转让上市公司股份的价格不得低于下列两者之中的较高者：

（1）提示性公告日前30个交易日的每日加权平均价格的算术平均值；

（2）最近一个会计年度上市公司经审计的每股净资产值。

5. 收取转让股份价款

（1）国有股东应在股份转让协议签订后5个工作日内收取不低于转让价款30%的保证金，其余价款应在股份过户前全部结清。

（2）在全部转让价款支付完毕或者交由转让双方共同认可的第三方妥善保管前，不得办理股份过户登记手续。

（3）上市公司股份过户前，原则上受让方人员不能提前进入上市公司董事会和经理层，不得干预上市公司正常生产经营。

【考点3】国有股东所持上市公司股份非公开协议转让（P488）★★

1. 可以非公开协议转让上市公司股份的情形

非公开协议转让是指不公开征集受让方，通过直接签订协议转让上市公司股份的行为。符合以下情形之一的，国有股东可以非公开协议转让上市公司股份：

（1）上市公司连续2年亏损并存在退市风险或者严重财务危机，受让方提出重大资产重组计划及具体时间表的；

（2）企业主业处于关系国家安全、国民经济命脉的重要行业和关键领域，主要承担重大专项任务，对受让方有特殊要求的；

> **温馨小提示**
>
> 上市公司面临严重财务困难，收购人提出的挽救公司的重组方案取得该公司股东大会批准，且收购人承诺3年内不转让其在该公司中所拥有的权益，收购人可以免于以要约方式增持股份。

（3）为实施国有资源整合或者资产重组，在国有股东、潜在国有股东（经本次国有资源整合或者资产重组后成为上市公司国有股东）之间转让的；

（4）上市公司回购股份涉及国有股东所持股份的；

（5）国有股东因接受要约收购方式转让其所持上市公司股份的；

（6）国有股东因解散、破产、减资、被依法责令关闭等原因转让其所持上市公司股份的；

（7）国有股东以所持上市公司股份出资的。

2. 签订股份转让协议

（1）国有股东在履行内部决策程序后，应当及时与受让方签订股份转让协议。

（2）涉及上市公司控股权转移的，在转让协议签订前，应按规定聘请财务顾问，对拟受让方进行尽职调查，出具尽职调查报告。

3. 审批

国有股东与受让方签订协议后，按照审批权限由国家出资企业审核批准或者由履行出资人职责的机构审核批准。

4. 确定股份转让价格

国有股东非公开协议转让上市公司股份的价格不得低于下列两者之中的较高者：

（1）提示性公告日前30个交易日的每日加权平均价格的算术平均值；

（2）最近一个会计年度上市公司经审计的每股净资产值。

5. 收取股份转让价款

以现金支付股份转让价款的，国有股东应在股份转让协议签订后5个工作日内收取不低于转让价款30%的保证金，其余价款应在股份过户前全部结清；以非货币资产支付股份转让价款的，应当符合国家相关规定。

【考点4】国有股东所持上市公司股份间接转让（P490）★★

1. 国有股东所持上市公司股份间接转让是指因国有产权转让或者增资扩股等原因导致国有股东不再符合规定情形的行为。

2. 确定上市公司股份价值

> **温馨小提示**
>
> 国有股东所持上市公司股份公开征集转让、非公开协议转让和间接转让，这三种情况下确定上市公司股份转让价格的标准相同。

国有股东间接转让上市公司股份的价格不得低于下列两者之中的较高者：

（1）提示性公告日前30个交易日的每日加权平均价格的算术平均值；

（2）最近一个会计年度上市公司经审计的每股净资产值。

3. 上市公司股份价值确定的基准日应与国有股东资产评估的基准日一致，且与国有股东产权直接持有单位对该产权变动决策的日期相差不得超过1个月。

4. 审批

国有股东所持上市公司股份间接转让的，国有股东应在产权转让或者增资扩股协议签订后，产权交易机构出具交易凭证之前报履行出资人职责的机构审核批准。

【考点5】国有股东发行可交换公司债券（P491）★★★

1. 国有股东发行可交换公司债券，是指上市公司国有股东依法发行、在一定期限内依据约定条件可以交换成该股东所持特定上市公司股份的公司债券的行为。

【案例】甲公司为乙上市公司的国有股东，持有乙上市公司40%的股份。2022年4月1日，甲公司发行10亿元的可交换公司债券。根据公司债券募集说明书，公司债券持有人可以按照约定条件，将其持有的公司债券交换成甲公司所持有的乙上市公司股份。

2. 确定可交换公司债券的价格和利率

（1）国有股东发行的可交换公司债券交换为上市公司每股股份的价格，应不低于债券募集说明书公告日前1个交易日、前20个交易日、前30个交易日该上市公司股票均价中的最高者。

温馨小提示

上市公司发行股份购买资产，发行股份的价格不得低于市场参考价的90%，市场参考价为本次发行股份购买资产的董事会决议公告日前20个交易日、60个交易日或者120个交易日的公司股票交易均价之一。

（2）国有股东发行的可交换公司债券，其利率应当在参照同期银行贷款利率、银行票据利率、同行业其他企业发行的债券利率，以及标的公司股票每股交换价格、上市公司未来发展前景等因素的前提下，通过市场询价合理确定。

3. 审批

国有股东发行可交换公司债券，按照审批权限由国家出资企业审核批准或者由履行出资人职责的机构审核批准。

【考点6】国有股东与上市公司进行资产重组（P492）★

1. 国有股东与上市公司进行资产重组是指国有股东向上市公司注入、购买或者置换资产并涉及国有股东所持上市公司股份发生变化的情形。

2. 信息披露

国有股东就资产重组事项进行内部决策后，应书面通知上市公司，由上市公司依法披露，并申请股票停牌。在上市公司董事会审议资产重组方案之前，应当将可行性研究报告报国家出资企业、履行出资人职责的机构预审核，并由履行出资人职责的机构通过管理信息系统出具意见。

3. 审批

国有股东与上市公司进行资产重组方案经上市公司董事会审议通过后，应当在上市公司股东大会召开之前，按照审批权限由国家出资企业审核批准或者由履行出资人职责的机构审核批准。

本章小结

您已成功完成“第十章”的学习，本章共16个考点，您都学会了吗？

为了让您对章节有更清晰的理解，加倍巩固。本书作者郭守杰老师将通过“视频导图课”的方式，带您回顾重要考点。

名师点拨，视听结合，高效提分。

※ 欢迎您扫码，免费观看学习。

下载“会计云课堂”App学习

同步强化练习题

使用“会计云课堂”App或“微信”扫码快速做题、对答案、看解析、掌握解题思路，开启轻松过关之旅。

一、单项选择题

1. 根据企业国有资产法律制度的规定，代表国家行使企业国有资产所有权的是（　　）。

   A. 全国人民代表大会

   B. 国有资产监督管理委员会

   C. 国家主席

   D. 国务院

2. 根据企业国有资产法律制度的规定，下列国有独资公司的人员中，应当由履行出资人职责的机构任免的是（　　）。

   A. 总经理

   B. 副总经理

   C. 副董事长

   D. 财务负责人

3. 根据企业国有资产法律制度的规定，在选择国有资本参股公司的企业管理者时，履行出资人职责的机构享有的权限是（　　）。

   A. 任免其董事长、副董事长、董事和监事

   B. 任免其经理、副经理

   C. 任免其财务负责人

   D. 向其股东会或者股东大会提出董事、监事人选

4. 根据企业国有资产法律制度的规定，下列企业中，无须进行国有资产产权登记的是（　　）。

   A. 国有独资企业拥有实际控制权的境内外各级企业

B. 国有独资公司拥有实际控制权的境内外各级企业
C. 国有资本控股公司拥有实际控制权的境内外各级企业
D. 国有资本参股公司拥有实际控制权的境内外各级企业

5. 根据企业国有资产法律制度的规定，中央金融企业国有资产产权登记机关是（　　）。
A. 中国人民银行
B. 国务院国有资产监督管理委员会
C. 财政部
D. 商务部

6. 根据企业国有资产法律制度的规定，国有独资企业的下列行为中，可以不对相关资产进行评估的是（　　）。
A. 将部分资产租赁给非国有单位
B. 以非货币资产偿还债务
C. 接受非国有单位以非货币资产抵债
D. 国有独资企业与其下属独资企业之间的资产置换

7. 根据企业国有资产法律制度的规定，金融企业发生的下列行为中，可以不对相关资产进行评估的是（　　）。
A. 债权转股权
B. 债务重组
C. 处置不良资产
D. 上市公司可流通的股权转让

8. 根据企业国有资产法律制度的规定，企业收到资产评估机构出具的评估报告后，应当逐级上报初审，经初审同意后，自评估基准日起一定期限内向履行出资人职责的机构提出核准申请。该期限是（　　）。
A. 6个月
B. 8个月
C. 9个月
D. 1年

9. 根据企业国有资产法律制度的规定，履行出资人职责的机构负责审核国家出资企业的产权转让事项。其中，因产权转让致使国家不再拥有所出资企业控股权的，须由履行出资人职责的机构报特定主体批准。该特定主体是（　　）。
A. 本级人民政府
B. 上级人民政府
C. 国务院
D. 国家发展与改革委员会

10. 根据企业国有资产法律制度的规定，国有资产产权转让采用分期付款方式的，首期付款不得低于总价款的一定比例，该比例为（　　）。
A. 15%
B. 20%
C. 25%
D. 30%

11. 根据企业国有资产法律制度的规定，国有企业产权转让过程中，转让项目自首次正式披露信息之日起超过一定期限内未征集到合格受让方的，应当重新履行审计、资产评估以及信息披露等产权转让工作程序。该期限为（　　）。
A. 24个月
B. 6个月
C. 18个月
D. 12个月

12. 根据企业国有资产法律制度的规定，下列关于国家出资企业产权转让的表述中，不正确的是（　　）。
A. 产权转让项目首次正式信息披露的转让底价，不得低于经核准或者备案的转让标的评估结果
B. 降低转让底价或者变更受让条件后重新披露信息的，披露时间不得少于20个工作日
C. 新的转让底价低于评估结果的90%时，应当经转让行为批准单位书面同意

D. 转让项目自首次正式披露信息之日起超过6个月未征集到合格受让方的，应当重新履行审计、资产评估以及信息披露等产权转让工作程序

13. 根据企业国有资产法律制度的规定，履行出资人职责的机构负责审核国家出资企业的增资行为。其中，因增资致使国家不再拥有所出资企业控股权的，须由履行出资人职责的机构报特定主体批准。该特定主体是（　　）。
A. 上级人民政府
B. 本级人民政府
C. 国家出资企业所在地的省级人民政府
D. 国务院

14. 根据企业国有资产法律制度的规定，国家出资企业增资时，应通过产权交易机构网站对外披露信息公开征集投资方，时间不得少于（　　）。
A. 10个工作日
B. 20个工作日
C. 30个工作日
D. 40个工作日

15. 某白酒类上市公司的总股本为10亿股，其国有控股股东拟通过证券交易系统转让上市公司股份。根据企业国有资产法律制度的规定，下列情形中，应报履行出资人职责的机构审核批准的是（　　）。
A. 拟于一个会计年度内累计净转让2000万股
B. 拟于一个会计年度内累计净转让3000万股
C. 拟于一个会计年度内累计净转让4000万股
D. 拟于一个会计年度内累计净转让5000万股

16. 某白酒类上市公司的总股本为12亿股，其国有参股股东拟通过证券交易系统转让上市公司股份。根据企业国有资产法律制度的规定，下列情形中，应报履行出资人职责的机构审核批准的是（　　）。
A. 拟于一个会计年度内累计净转让3600万股
B. 拟于一个会计年度内累计净转让4800万股
C. 拟于一个会计年度内累计净转让5000万股
D. 拟于一个会计年度内累计净转让6000万股

17. 根据企业国有资产法律制度的规定，国有股东发行的可交换公司债券交换为上市公司每股股份的价格，应不低于一定的标准。下列各项中，属于该标准的是（　　）。
A. 债券募集说明书公告日前10个交易日、前20个交易日、前30个交易日该上市公司股票均价中的最低者
B. 债券募集说明书公告日前10个交易日、前20个交易日、前30个交易日该上市公司股票均价中的最高者
C. 债券募集说明书公告日前1个交易日、前20个交易日、前30个交易日该上市公司股票均价中的最高者
D. 债券募集说明书公告日前20个交易日、前60个交易日、前120个交易日该上市公司股票均价中的最高者

二、多项选择题

1. 根据企业国有资产法律制度的规定，下列各项中，代表国家对国家出资企业履行出资人职责的有（　　）。
A. 全国人民代表大会
B. 全国人民代表大会常务委员会
C. 国务院
D. 地方人民政府

2. 根据企业国有资产法律制度的规定，下列各项中，属于国家出资企业的有（　　）。
A. 国有独资企业
B. 国有独资公司
C. 国有资本控股公司
D. 国有资本参股公司

3. 根据企业国有资产法律制度的规定，下列关于我国企业国有资产监督管理体制的表述中，正确的有（　　）。
A. 国务院代表国家行使企业国有资产所有权
B. 国务院代表国家对所有国家出资企业履行出资人职责
C. 国有资本投资、运营公司可对授权范围内的国有资本履行出资人职责
D. 履行出资人职责应当坚持政企分开、社会公共管理职能与企业国有资产出资人职能分开、不干预企业依法自主经营的原则

4. 根据企业国有资产法律制度的规定，国有独资公司的下列人员中，由履行出资人职责的机构任免的有（　　）。
A. 董事长
B. 经理
C. 董事
D. 监事会主席

5. 根据企业国有资产法律制度的规定，下列关于国家出资企业管理者兼职限制的表述中，正确的有（　　）。
A. 未经履行出资人职责的机构同意，国有独资公司的董事、高级管理人员不得在其他企业兼职
B. 未经股东会、股东大会同意，国有资本控股公司的董事、高级管理人员不得在经营同类业务的其他企业兼职
C. 未经履行出资人职责的机构同意，国有独资公司的董事长不得兼任经理
D. 未经股东会、股东大会同意，国有资本控股公司的董事长不得兼任经理

6. 根据企业国有资产法律制度的规定，下列企业中，应当申请办理国有资产产权登记的有（　　）。
A. 国有资本控股公司拥有实际控制权的境内外各级企业
B. 国有资本控股公司投资参股的企业
C. 国有资本参股公司拥有实际控制权的境内外各级企业
D. 国有资本参股公司投资参股的企业

7. 根据企业国有资产法律制度的规定，下列情形中，企业应当向产权登记机关申请办理变动产权登记的有（　　）。
A. 企业名称改变
B. 国有企业转让全部国有资产产权
C. 企业国有资本出资人发生变动
D. 企业国有资本额发生增减变动

8. 根据企业国有资产法律制度的规定，国家出资企业发生的下列行为中，应当对相关资产进行评估的有（　　）。
A. 以非货币资产对外投资
B. 以非货币资产偿还债务
C. 接受非国有单位以非货币资产出资
D. 接受非国有单位以非货币资产抵债

9. 根据企业国有资产法律制度的规定，金融企业发生的下列行为中，应当对相关资产进行评估的有（　　）。
A. 接受非货币性资产抵押或者质押
B. 接受非国有单位以非货币资产抵债
C. 债务重组
D. 处置不良资产

10. 根据企业国有资产法律制度的规定，金融企业下列经济行为涉及资产评估的，资产评估项目实行核准的有（　　）。
A. 经批准进行改组改制
B. 拟在境内上市
C. 拟在境外上市
D. 以非货币性资产与外商合资经营

11. 根据企业国有资产法律制度的规定，下列情形中，企业国有产权不得实施无偿划转的有（　　）。
   A. 被划转企业的或有负债未有妥善解决方案
   B. 被划转企业职工代表大会未通过无偿划转涉及的职工分流安置事项
   C. 被划转企业主业不符合划入方主业及发展规划
   D. 中介机构对被划转企业划转基准日的财务报告出具了保留意见的审计报告

12. 某白酒类上市公司的总股本为12亿股，其国有控股股东拟通过证券交易系统转让上市公司股份。根据企业国有资产法律制度的规定，下列情形中，应报履行出资人职责的机构审核批准的有（　　）。
   A. 拟于一个会计年度内累计净转让4000万股
   B. 拟于一个会计年度内累计净转让5000万股
   C. 拟于一个会计年度内累计净转让6000万股
   D. 拟于一个会计年度内累计净转让7000万股

13. 根据企业国有资产法律制度的规定，下列情形中，国有股东可以非公开协议转让上市公司股份的有（　　）。
   A. 上市公司连续2年亏损并存在退市风险或者严重财务危机，受让方提出重大资产重组计划及具体时间表的
   B. 上市公司回购股份涉及国有股东所持股份的
   C. 国有股东以所持上市公司股份出资的
   D. 国有股东因接受要约收购方式转让其所持上市公司股份的

14. 根据企业国有资产法律制度的规定，下列关于国有股东所持上市公司股份间接转让的表述中，正确的有（　　）。
   A. 上市公司股份价值确定的基准日应与国有股东资产评估的基准日一致
   B. 国有控股股东所持上市公司股份间接转让，应当按规定聘请财务顾问，对国有产权拟受让方或者投资人进行尽职调查，并出具尽职调查报告
   C. 国有股东应在产权转让或者增资扩股协议签订前，报履行出资人职责的机构审核批准
   D. 国有股东应在产权交易机构出具交易凭证后，报履行出资人职责的机构审核批准

同步强化练习题参考答案及解析

使用“会计云课堂”App 或“微信”扫码对答案、看解析、掌握解题思路，开启轻松过关之旅。

一、单项选择题

1.【答案】D

2.【答案】C
【解析】国有独资公司的董事长、副董事长、董事、监事会主席和监事由履行出资人职责的机构任免。

3.【答案】D

4.【答案】D
【解析】国家出资企业、国家出资企业（不含国有资本参股公司）拥有实际控制权的境内外各级企业及其投资参股企业，应当进行国有资产的产权登记。

5.【答案】C

6.【答案】D

7.【答案】D
【解析】选项 ABC：应当进行资产评估。

8.【答案】B

9.【答案】A

10.【答案】D

11.【答案】D

12.【答案】D
【解析】选项 D：转让项目自首次正式披露信息之日起超过 12 个月未征集到合格受让方的，应当重新履行审计、资产评估以及信息披露等产权转让工作程序。

13.【答案】B

14.【答案】D

15.【答案】D
【解析】国有股东通过证券交易系统转让上市公司股份，总股本不超过 10 亿股的上市公司，国有控股股东拟于一个会计年度内累计净转让达到总股本 5% 及以上的，应报履行出资人职责的机构审核批准。

16.【答案】D
【解析】国有股东通过证券交易系统转让上市公司股份，国有参股股东拟于一个会计年度内累计净转让达到上市公司总股本 5% 及以上的，应报履行出资人职责的机构审核批准。

17.【答案】C

二、多项选择题

1.【答案】CD

2.【答案】ABCD

3.【答案】ACD
【解析】选项 B：国务院和地方各级人民

政府依法代表国家对国家出资企业履行出资人职责。

4.【答案】ACD

【解析】选项B：国有独资公司的经理由董事会聘任或者解聘。

5.【答案】ABCD

6.【答案】AB

7.【答案】ACD

【解析】选项B：应当申办注销产权登记。

8.【答案】ABCD

9.【答案】ABCD

10.【答案】ABCD

11.【答案】ABCD

12.【答案】BCD

【解析】国有股东通过证券交易系统转让上市公司股份，总股本超过10亿股的上市公司，国有控股股东拟于一个会计年度内累计净转让数量达到5000万股及以上的，应报履行出资人职责的机构审核批准。

13.【答案】ABCD

14.【答案】AB

【解析】选项CD：国有股东应在产权转让或者增资扩股协议签订后，产权交易机构出具交易凭证前报履行出资人职责的机构审核批准。

第十一章 反垄断法律制度

CHAPTER-11

本章考情分析

在最近 3 年的考试中，本章的平均分值为 5 分，2021 年两份试卷的分值均为 5 分，题型全部为客观题。

本章分为五个单元，共计 24 个考点。大多数考点需要准确理解，少数考点需要死记硬背，复习难度不大。复习本章需要 6 个小时左右。

2022 年教材的主要变化：(1) 根据 2019 年发布的《国务院反垄断委员会垄断案件经营者承诺指南》，对“经营者承诺”的内容进行了重大调整；(2) 对“反垄断民事诉讼”的内容进行了调整；(3) 根据 2019 年发布的《国务院反垄断委员会横向垄断协议案件宽大制度适用指南》，对“宽大制度”的内容进行了调整；(4) 根据 2021 年发布的《国务院反垄断委员会关于平台经济领域的反垄断指南》，对“市场支配地位认定”的内容进行了调整；(5) 根据市场监管总局等五部委 2021 年 6 月 29 日联合下发的《公平竞争审查制度实施细则》，对“公平竞争审查制度”的内容进行了重大调整。

温馨小提示

2020 年、2021 年教材均对本章内容进行了重大调整。

最近 3 年题型题量分析表

题型	2019 年试卷一	2019 年试卷二	2020 年试卷一	2020 年试卷二	2021 年试卷一	2021 年试卷二
单选题	1 题 1 分	1 题 1 分	2 题 2 分	2 题 2 分	2 题 2 分	2 题 2 分
多选题	2 题 3 分	2 题 3 分	2 题 3 分	2 题 3 分	2 题 3 分	2 题 3 分
合计	4 分	4 分	5 分	5 分	5 分	5 分

历年试题涉及本章的主要考点

考点	年份 / 题型
《反垄断法》的适用范围	2017 年多选题、2020 年单选题、2020 年多选题、2021 年单选题
反垄断执法机构	2021 年单选题
反垄断调查	2019 年多选题、2020 年多选题
经营者承诺	2021 年多选题
反垄断法律责任	2012 年多选题、2015 年单选题
反垄断民事诉讼	2016 年多选题、2018 年单选题、2019 年单选题、2021 年多选题

续表

考点	年份 / 题型
相关市场界定	2014 年单选题、2018 年单选题、2019 年单选题、2021 年多选题
《反垄断法》禁止的垄断协议	2013 年多选题、2018 年多选题
民事诉讼中的举证责任	2020 年单选题
垄断协议的豁免	2014 年多选题、2016 年多选题
对行业协会组织达成和实施垄断协议的规制	2014 年单选题、2014 年多选题
宽大制度	2021 年单选题
市场支配地位的认定	2018 年多选题、2019 年多选题
滥用市场支配地位的行为	2013 年多选题、2018 年多选题
经营者集中的申报	2019 年多选题
经营者集中附加限制性条件批准制度	2020 年单选题、2020 年多选题、2021 年多选题

本章思维导图

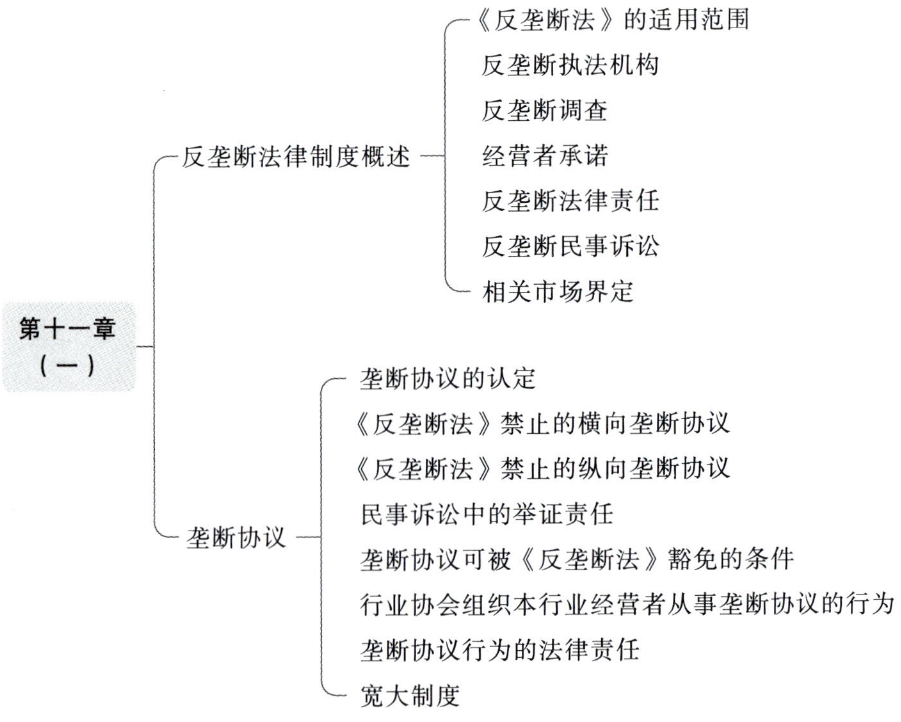

- 第十一章（二）
  - 滥用市场支配地位
    - 市场支配地位的认定
    - 滥用市场支配地位的行为
    - 滥用市场支配地位行为的法律责任
  - 经营者集中
    - 经营者集中的申报
    - 经营者集中的审查
    - 经营者集中附加限制性条件批准制度
  - 行政垄断
    - 行政垄断行为
    - 行政垄断行为的法律责任
    - 公平竞争审查制度

本章核心考点解读

第一单元　反垄断法律制度概述

使用“会计云课堂”App 或“微信”扫码查看本单元视频，快速 GET 知识点。

【考点 1】《反垄断法》的适用范围（P494）★★★

温馨小提示：这是每年的必考考点，希望考生高度重视。

1. 地域范围

（1）境内经济活动中的垄断行为，适用《反垄断法》。

（2）境外的垄断行为，对境内市场竞争产生排除、限制影响的，适用《反垄断法》。

【解释】对于《反垄断法》适用的地域范围，我国采用了“属地原则 + 效果原则”。只要垄断行为发生在境内，无论行为人是否为我国公民或者境内企业，肯定适用中国的《反垄断法》，这就是属地原则；如果垄断行为发生在境外，但对境内市场竞争产生排除、限制影响的，无论行为人是否为我国公民或者境内企业，同样适用中国的《反垄断法》，这就是效果原则。

经典题解

【例题 1 · 单选题】《反垄断法》规定：“中华人民共和国境外的垄断行为，对境内市场竞争产生排除、限制影响的，适用本法。”该规定所确定的适用原则是（　　）。（2021 年）

A. 属地原则　　B. 属人原则

C. 普遍原则　　D. 效果原则

【答案】D

【例题2·多选题】下列关于《反垄断法》适用范围的表述中，正确的有（　　）。（2017年）

A. 只要垄断行为发生在境内，无论该行为是否对境内市场竞争产生排除、限制影响，均应适用《反垄断法》

B. 只要行为人是我国公民或者境内企业，无论该行为是否发生在境内，均应适用《反垄断法》

C. 只要行为人是我国公民或者境内企业，无论该行为是否对境内市场竞争产生排除、限制影响，均应适用《反垄断法》

D. 只要垄断行为对境内市场竞争产生排除、限制影响，无论该行为是否发生在境内，均应适用《反垄断法》

【解析】选项BC：如果境内甲公司和境内乙公司在美国达成垄断协议，但对境内市场竞争没有任何影响，并不适用中国的《反垄断法》。

【答案】AD

2.《反垄断法》适用的主体和行为

（1）经营者

①经营者达成垄断协议；

②经营者滥用市场支配地位；

③具有或者可能具有排除、限制竞争效果的经营者集中。

（2）行业协会参与的垄断行为

（3）行政机关和法律、法规授权的具有管理公共事务职能的组织滥用行政权力排除、限制竞争的行为

3.《反垄断法》的适用除外

（1）知识产权的正当行使

经营者依法行使知识产权的行为，不适用《反垄断法》；但是，经营者滥用知识产权，排除、限制竞争的行为，不可排除《反垄断法》的适用。

（2）农业生产中的联合或者协同行为

《反垄断法》对农业生产者及农村经济组织在农产品生产、加工、销售、运输、储存等经营活动中实施的联合或者协同行为排除适用。

4. 国有垄断企业

对于铁路、石油、电信、电网、烟草等重点行业，国家通过立法赋予国有企业以垄断性经营权，但是，如果这些国有垄断企业从事垄断协议、滥用市场支配地位行为，或者从事可能排除、限制竞争的经营者集中行为，同样应受《反垄断法》的限制。

经典题解

【例题1·多选题】下列主体中，属于《反垄断法》规制对象的有（　　）。（2020年）

A. 行业协会　　B. 经营者

C. 行政机关　　D. 具有管理公共事务职能的组织

【答案】ABCD

【例题2·单选题】下列关于《反垄断法》适用范围的表述中，正确的是（　　）。（2020年）

A. 行使知识产权的行为，不适用《反垄断法》

B. 农业生产中的协同行为，不适用《反垄断法》

C. 国家机关的行为，不适用《反垄断法》

D. 电信、石油等特殊行业的国有企业的行为，不适用《反垄断法》

【答案】B

【考点2】反垄断执法机构（P500）★★

1. 国家市场监督管理总局作为国务院反垄断执法机构，负责反垄断法的行政执法。

2. 国家市场监督管理总局组建后，发布了《关于反垄断执法授权的通知》，概括授权各省、自治区、直辖市人民政府市场监督管理部门负责本行政区域内有关反垄断执法工作。

3. 省级市场监督管理部门负责本行政区域内垄断协议、滥用市场支配地位、滥用行政权力排除限制竞争案件的反垄断执法工作，以本机关的名义依法作出处理。

4. 委托调查

（1）国家市场监督管理总局在案件审查和调查过程中，可以委托省级市场监督管理部门开展相应的调查。

（2）省级市场监督管理部门可以委托其他省级市场监督管理部门或者下级市场监督管理部门开展调查。

（3）受委托的市场监督管理部门在委托范围内，以委托机关的名义实施调查，不得再委托其他行政机关、组织或者个人实施调查。

温馨小提示

国务院反垄断委员会并不是反垄断执法机构，而是关于反垄断工作的议事协调机构。

名师敲黑板

国家市场监督管理总局根据工作需要，可以委托省、自治区、直辖市市场监督管理部门实施经营者集中审查。

经典题解

【例题·单选题】根据反垄断法律制度的规定，现阶段我国的反垄断执法机构是（　　）。（2021年）

A. 国务院反垄断委员会

B. 国家市场监督管理总局

C. 商务部

D. 国家发展和改革委员会

【答案】B

【考点3】反垄断调查（P501）★★★

1. 反垄断执法机构可以依举报人的举报对涉嫌垄断行为立案调查，也可以依职权主动立案。反垄断执法机构调查涉嫌垄断行为，执法人员不得少于2人。

2. 反垄断调查措施

反垄断执法机构调查涉嫌垄断行为，可以采取下列措施：

（1）进入被调查的经营者的营业场所或者其他有关场所进行检查；

温馨小提示

有限责任公司的股东有权要求查阅会计账簿，而股份有限公司的股东并没有该项权利。

（2）询问被调查的经营者、利害关系人或者其他有关单位或者个人，要求其说明有关情况；

（3）查阅、复制被调查的经营者、利害关系人或者其他有关单位或者个人的有关单证、协议、会计账簿、业务函电、电子数据等文件和资料；

（4）查封、扣押相关证据；

（5）查询经营者的银行账户。

名师敲黑板

仅限于查询，不包括冻结！不包括冻结！

经典题解

【例题1·多选题】根据反垄断法律制度的规定，下列各项中，属于反垄断执法机构在调查涉嫌垄断行为时可以采取的措施有（　　）。（2019年）

A. 进入被调查经营者的营业场所进行检查

B. 查询、冻结经营者的银行账户

C. 复制被调查经营者的有关电子数据

D. 查封、扣押相关证据

【答案】ACD

【例题2·多选题】根据反垄断法律制度的规定，下列各项中，属于反垄断执法机构调查涉嫌垄断行为时可以采取的措施有（　　）。（2020年）

A. 进入被调查的经营者的营业场所或者其他有关场所进行检查

B. 复制被调查的有关单位的会计账簿和电子数据

C. 查封、扣押相关证据

D. 要求被调查的经营者的利害关系人说明有关情况

【答案】ABCD

【考点4】经营者承诺（2022年重大调整）（P501）★★★

1. 对反垄断执法机构调查的涉嫌垄断行为，被调查的经营者承诺在反垄断执法机构认可的期限内采取具体措施消除该行为后果的，反垄断执法机构可以决定中止调查和终止调查。该制度主要适用于垄断协议和滥用市场支配地位案件。

2. 执法机构的中止调查及终止调查决定，不是对经营者的行为是否构成垄断行为作出认定。执法机构仍然可以依法对其他类似行为实施调查并作出行政处罚。中止调查及终止调查决定也不应作为认定该行为是否构成垄断行为的相关证据。

3. 经营者承诺的措施可以是结构性措施、行为性措施和综合性措施。

（1）行为性措施包括调整定价策略、取消或者更改各类交易限制措施、开放网络或者平台等基础设施，许可专利、技术秘密或者其他知识产权等。

（2）结构性措施包括剥离有形资产、知识产权等无形资产或者相关权益等。

（3）承诺的措施需要明确、可行且可以自主实施。如果承诺的措施需经第三方同意方可实施，经营者需要提交第三方同意的书面意见。

4. 执法机构在对经营者的承诺进行审查时，可以综合考虑以下因素：

（1）经营者实施涉嫌垄断行为的主观态度；

（2）经营者实施涉嫌垄断行为的性质、持续时间、后果及社会影响；

（3）经营者承诺的措施及其预期效果。

5. 决定中止调查的，反垄断执法机构应当对经营者履行承诺的情况进行监督。经营者应在规定的时限内向反垄断执法机构书面报告承诺履行情况。反垄断执法机构确定经营者已经履行承诺的，可以决定终止调查。

6. 有下列情形之一的，反垄断执法机构应当恢复调查：

（1）经营者未履行或者未完全履行承诺的；

（2）作出中止调查决定所依据的事实发生重大变化的；

（3）中止调查的决定是基于经营者提供的不完整或者不真实的信息作出的。

7. 反垄断执法机构不接受经营者提出承诺的情形

（1）反垄断执法机构对涉嫌垄断行为调查核实后，认为构成违法垄断行为的，应当依法作出处理决定，不再接受经营者提出的承诺。

（2）涉嫌“固定或者变更商品价格、限制商品的生产数量或者销售数量、分割销售市场或者原材料采购市场”等三类严重限制竞争的横向垄断协议，反垄断执法机构不应接受经营者提出的承诺。

经典题解

【例题·多选题】根据反垄断法律制度的规定，涉嫌垄断行为的经营者在被调查期间可以提出承诺，承诺在一定期限内采取措施消除行为影响，但对特定类型的垄断行为，反垄断执法机构不应接受经营者提出的承诺。下列各项中，属于此类型的垄断行为有（　　）。（2021年）

A. 涉嫌分割原材料采购市场的横向垄断协议

B. 涉嫌固定价格的横向垄断协议

C. 涉嫌限制使用新技术的横向垄断协议

D. 涉嫌限制商品销售数量的横向垄断协议

【答案】ABD

【考点5】反垄断法律责任（P499）★★

1. 行政责任

（1）《反垄断法》规定的行政责任主要包括：责令停止违法行为、没收违法所得、罚款、限期恢复原状等形式。

（2）当事人不服反垄断执法机构有关处罚决定的，可以申请行政复议，也可以直接向人民法院提起行政诉讼。

2. 民事责任

民事责任主要包括停止侵害、赔偿损失等。相关当事人可以主张赔偿责任的情形：

（1）因经营者的滥用市场支配地位行为而受损的；

（2）因垄断协议当事人一方对违反垄断协议的他方实施处罚，给其造成损失的；

（3）因垄断协议无效，协议一方当事人向另一方当事人主张返还对价、恢复原状的；

（4）因垄断协议无效，消费者向实施垄断协议的经营者主张返还多付价款的。

3. 刑事责任

(1)《反垄断法》未对“垄断行为”规定刑事责任，仅对“阻碍、拒绝反垄断执法机构审查、调查行为”以及“反垄断执法机构的工作人员滥用职权、玩忽职守、徇私舞弊或者泄露执法过程中知悉的商业秘密”两种情形，规定了刑事责任。

(2)虽然《反垄断法》未对垄断行为规定刑事责任，但《政府采购法》《招标投标法》和《刑法》均对“情节严重的串通招投标行为”规定了刑事责任。

经典题解

【例题1·多选题】根据反垄断法律制度的规定，经营者因实施垄断行为可能承担的法律责任类型有(　　)。(2012年)

A. 行政责任　　B. 民事责任

C. 刑事责任　　D. 宪法责任

【答案】AB

【例题2·单选题】下列垄断行为中，行为人可能承担刑事责任的是(　　)。(2015年)

A. 经营者滥用市场支配地位，搭售商品

B. 经营者与交易相对人达成固定转售价格的协议

C. 经营者未经反垄断执法机构批准，擅自实施集中

D. 经营者之间串通投标

【解析】选项ABC:《反垄断法》未对“经营者的垄断行为”规定刑事责任。

【答案】D

名师敲黑板：这是每年的必考点，希望考生高度重视。

【考点6】反垄断民事诉讼(P502)★★★

1. 原告资格

(1)因垄断行为受到损失以及因合同内容、行业协会的章程等违反《反垄断法》而发生争议的自然人、法人或者其他组织，可以向人民法院提起反垄断民事诉讼。

(2)消费者只要因垄断行为受损，也可以作为垄断民事案件的原告。

2. 民事诉讼与行政执法的关系

人民法院受理垄断民事纠纷案件，是不以执法机构已对相关垄断行为进行了查处为前提条件的。

温馨小提示：人民法院不得仅以虚假陈述未经监管部门行政处罚或者人民法院生效刑事判决的认定为由裁定不予受理。

3. 专家在诉讼中的作用

(1)专家出庭就专门问题进行说明

在反垄断民事诉讼中，当事人可以向人民法院申请一至二名具有相应专门知识的人员出庭，就案件的专门性问题进行说明。专家在法庭上提供的意见并不属于《民事诉讼法》上的证据形式，而是作为法官判案的参考依据。

(2)专家出具市场调查或者经济分析报告

当事人可以向人民法院申请委托专业机构或者专业人员就案件的专门性问题作出市场调查或者经济分析报告。专业机构或者专业人员就案件的专门性问题作出的市场调查或者经济分析报告，应当视为鉴定意见。鉴定意见是《民事诉讼法》上的

一种证据，有法定的审查和采信规则。

4. 诉讼时效

（1）诉讼时效的起算

因垄断行为产生的损害赔偿请求权，诉讼时效期间从原告知道或者应当知道权益受到损害以及义务人之日起计算。

（2）诉讼时效的中断

原告向反垄断执法机构举报被诉垄断行为的，诉讼时效从其举报之日起中断。反垄断执法机构决定不立案、撤销案件或者决定终止调查的，诉讼时效期间从原告知道或者应当知道不立案、撤销案件或者终止调查之日起重新计算。反垄断执法机构调查后认定构成垄断行为的，诉讼时效期间从原告知道或者应当知道反垄断执法机构认定构成垄断行为的处理决定发生法律效力之日起重新计算。

（3）持续性垄断行为的诉讼时效抗辩

原告知道或者应当知道权益受到损害以及义务人之日起超过 3 年，如果起诉时被诉垄断行为仍然持续，被告提出诉讼时效抗辩的，损害赔偿应当自原告向人民法院起诉之日起向前推算 3 年计算。（2022 年重大调整）

（4）最长诉讼时效

自权利受到损害之日起超过 20 年的，人民法院不予保护；有特殊情况的，人民法院可以根据权利人的申请决定延长。（2022 年新增）

经典题解

【例题 1 · 多选题】下列关于反垄断民事诉讼制度的表述中，正确的有（　　）。（2016 年）

A. 因垄断行为受损的消费者，可以作为垄断民事案件的原告

B. 人民法院受理垄断民事纠纷案件，以执法机构已对相关垄断行为进行查处为前提

C. 在反垄断民事诉讼中，当事人聘请具有相应专门知识的人员出庭，就案件的专门性问题发表的专业意见，不属于《民事诉讼法》上的证据

D. 在反垄断民事诉讼中，经人民法院同意或者指定的专业人员就案件的专门性问题作出的市场调查或者经济分析报告，视为鉴定意见

【答案】ACD

【例题 2 · 单选题】根据反垄断法律制度的规定，反垄断民事诉讼的当事人可以向人民法院申请具有相应专门知识的人员出庭，就案件的专门性问题进行说明，此类说明的性质是（　　）。（2018 年）

A. 鉴定意见　　B. 当事人陈述

C. 法官判案的参考依据　　D. 证人证言

【答案】C

【例题 3 · 单选题】下列关于反垄断民事诉讼的表述中，符合反垄断法律制度规定的是（　　）。（2019 年）

A. 作为间接购买人的消费者，不能作为垄断民事案件的原告

B. 因垄断行为产生的损害赔偿请求权，诉讼时效期间从原告知道或者应当知道权益受到损害以及义务人之日起计算

C. 原告提起反垄断民事诉讼，须以反垄断执法机构认定相关垄断行为违法为前提

D. 在反垄断民事诉讼中，具有相应专门知识的人员出庭就案件专门性问题所作的说明，属于《民事诉讼法》上的证人证言

【答案】B

【例题4·多选题】根据反垄断法律制度的规定，下列关于反垄断民事诉讼的表述中，正确的有（　　）。（2021年）

A. 人民法院受理反垄断民事案件，应以执法机构对相关垄断行为进行查处为前提条件

B. 因行业协会章程违反反垄断法而发生争议的经营者，可以向人民法院提起反垄断民事诉讼

C. 经人民法院同意，反垄断民事诉讼当事人可以协商确定专业机构就案件专门性问题作出经济分析报告

D. 反垄断民事诉讼双方当事人都有权向人民法院申请专家出庭，经人民法院准许，双方聘请的专家都可以出庭并发表专业意见

【解析】选项A：人民法院受理垄断民事纠纷案件，不以执法机构已对相关垄断行为进行查处为前提条件。

【答案】BCD

温馨小提示：这是每年的必考考点，希望考生高度重视。

【考点7】相关市场界定（P496）★★★

1. 相关市场的概念

（1）任何竞争行为（包括具有或者可能具有排除、限制竞争效果的行为）均发生在一定的市场范围内。界定相关市场就是明确经营者竞争的市场范围。在禁止经营者达成垄断协议、禁止经营者滥用市场支配地位、控制具有或者可能具有排除、限制竞争效果的经营者集中等反垄断执法工作中，均可能涉及相关市场的界定问题。

（2）相关市场是指经营者在一定时期内就特定商品或者服务（以下统称“商品”）进行竞争的商品范围和地域范围。判断商品之间是否具有竞争关系、是否属于同一相关市场的基本标准，是商品之间“较为紧密的相互替代性”。从需求者角度来看，商品之间的替代程度越高，竞争关系就越强，就越可能属于同一相关市场。

（3）界定相关市场一般包括商品、地域和时间三个维度。在反垄断执法实践中，通常需要界定相关商品市场和相关地域市场。

【案例】在“唐山人人诉百度滥用市场支配地位案”中，人民法院将相关市场界定为“中国搜索引擎服务市场”，其中商品维度就是“搜索引擎服务”，地域维度是“中国”。

（4）当生产周期、使用期限、季节性、流行时尚性或者知识产权保护期限等已构成商品不可忽视的特征时，界定相关市场还应考虑时间性。

【案例】甲水果只在夏天出产，乙水果只在冬天出产，即使两种水果在商品属性上存在较为紧密的相互替代性，但由于上市时间的错位，二者不具有竞争关系，不属于同一相关市场。

（5）在技术贸易、许可协议等涉及知识产权的反垄断执法工作中，商品的概念还会拓展到技术以及完成某项技术创新而从事的研发活动，也就是通常所说的“相关技术市场”和“相关创新市场”。

2. 替代性分析

（1）界定商品市场可以从需求替代和供给替代两个视角进行分析，需求替代是界定相关市场的主要分析视角。

（2）当供给替代对经营者行为产生的竞争约束类似于需求替代时，也应考虑供给替代。

3. 相关商品市场

（1）相关商品市场，是指具有较为紧密替代关系的商品范围。

（2）从需求替代角度界定相关商品市场，可以考虑的因素包括以下几个方面：

①需求者因商品价格或者其他竞争因素变化，转向或者考虑转向购买其他商品的证据。

②商品的外形、特性、质量和技术特点等总体特征和用途。

③商品之间的价格差异。

④商品的销售渠道。

⑤其他重要因素（如需求者偏好或者需求者对商品的依赖程度；可能阻碍大量需求者转向某些紧密替代商品的障碍、风险和成本；是否存在区别定价等）。

（3）从供给角度界定相关商品市场，一般考虑的因素包括：经营者的生产流程和工艺，转产的难易程度，转产需要的时间，转产的额外费用和风险，转产后所提供商品的市场竞争力，营销渠道等。

4. 相关地域市场

（1）相关地域市场，是指相同或者具有替代关系的商品相互竞争的地理区域。

（2）从需求替代角度界定相关地域市场，可以考虑的因素包括以下几个方面：

①需求者因商品价格或者其他竞争因素变化，转向或者考虑转向其他地域购买商品的证据。

②商品的运输成本和运输特征。相对于商品价格来说，运输成本越高，相关地域市场的范围越小，如水泥等商品；商品的运输特征也决定了商品的销售地域，如需要管道运输的工业气体等商品。

③多数需求者选择商品的实际区域和主要经营者商品的销售分布。

④地区间的贸易壁垒，包括关税、地方性法规、环保因素、技术因素等。

⑤其他重要因素。如特定区域需求者偏好、商品运进和运出该地域的数量。

（3）从供给角度界定相关地域市场时，需要考虑其他地域的经营者供应或者销售相关商品的即时性和可行性，如将订单转向其他地域经营者的转换成本等。

经典题解

【例题1·单选题】在“唐山人人诉百度滥用市场支配地位案”中，人民法院将该案的相关市场界定为“中国搜索引擎服务市场”。根据反垄断法律制度的规定，“搜索引擎服务”属于（　　）。（2014年）

A. 相关商品市场　　B. 相关创新市场

C. 相关时间市场　　D. 相关技术市场

【答案】A

【例题2·单选题】根据反垄断法律制度的规定，下列各项中，属于从供给角度界定相关商品市场时所应考虑的因素是（　　）。（2014年）

A. 商品的功能及用途　　B. 其他经营者的转产成本

C. 消费者的消费偏好　　D. 商品间的价格差异

【答案】B

【例题3·单选题】根据反垄断法律制度的规定，下列各项中，属于界定相关商品市场的基本标准的是（　　）。（2018年）

A. 商品的外形、特性、质量和技术特点等总体特征和用途

B. 商品的运输成本和运输特征

C. 商品间较为紧密的相互替代性

D. 商品的使用期限和季节性

【解析】（1）选项AC:“相互替代性”属于界定相关商品市场的基本标准；而“商品的外形、特性、质量和技术特点等总体特征和用途”属于从需求替代角度界定相关商品市场时予以考虑的因素之一，而非基本标准；（2）选项B：属于从需求替代角度界定相关地域市场时予以考虑的因素之一；（3）选项D：属于界定相关时间市场时予以考虑的因素之一。

【答案】C

【例题4·单选题】下列关于相关市场界定的表述中，符合反垄断法律制度规定的是（　　）。（2019年）

A. 只有滥用市场支配地位案件，才需要界定相关市场

B. 界定相关市场的基本标准是商品间“较为紧密的相互替代性”

C. 任何反垄断案件的分析中，相关市场均应从商品、地域和时间三个维度界定

D. 供给替代是界定相关市场的主要分析视角

【解析】（1）选项A：在禁止经营者达成垄断协议、禁止经营者滥用市场支配地位、控制具有或者可能具有排除、限制竞争效果的经营者集中等反垄断执法工作中，均可能涉及相关市场的界定问题；（2）选项C：界定相关市场一般包括时间、商品和地域三个维度，但并非所有的相关市场都必须从这三个维度进行界定；（3）选项D：需求替代是界定相关市场的主要分析视角。

【答案】B

【例题5·多选题】根据反垄断法律制度的规定，界定相关市场时，从供给替代的角度需考虑的因素有（　　）。（2021年）

A. 改造生产设施的投入　　B. 对商品质量的认可程度

C. 转产需承担的风险　　D. 进入目标市场的时间

【解析】选项 B：属于从“需求替代的角度”需要考虑的因素。

【答案】ACD

第二单元　垄断协议

使用“会计云课堂”App 或“微信”扫码查看本单元视频，快速 GET 知识点。

【考点 1】垄断协议的认定（P504）★

1. 垄断协议是指排除、限制竞争的协议、决定或者其他协同行为。协议或者决定可以是书面、口头等形式。

2. 其他协同行为

其他协同行为是指经营者之间虽未明确订立协议或者决定，但实质上存在协调一致的行为。认定其他协同行为，应当考虑下列因素：

（1）经营者的市场行为是否具有一致性；

（2）经营者之间是否进行过意思联络或者信息交流；

（3）经营者能否对行为的一致性作出合理解释；

（4）相关市场的市场结构、竞争状况、市场变化等情况。

3. 垄断协议的类型

（1）根据参与垄断协议的经营者之间是否具有竞争关系，一般将垄断协议分为横向垄断协议和纵向垄断协议。

（2）横向垄断协议是具有竞争关系的经营者达成的联合限制竞争协议。

> **温馨小提示**
>
> 如生产相同产品的经营者达成的固定产品价格的协议、销售相同产品的经营者达成的固定产品价格的协议。

（3）纵向垄断协议是指同一产业中处于不同市场环节而具有买卖关系的企业通过共谋达成的联合限制竞争协议。

> **温馨小提示**
>
> 如生产商与销售商之间关于限制转售价格的协议。

【考点 2】《反垄断法》禁止的横向垄断协议（P505）★★★

1. 固定或者变更商品价格

禁止具有竞争关系的经营者就商品或者服务（以下统称“商品”）价格达成下列垄断协议：

（1）固定或者变更价格水平、价格变动幅度、利润水平或者折扣、手续费等其他费用；

> **温馨小提示**
>
> 如果固定或者变更价格协议是在具有竞争关系的买方之间达成时，此类协议的内容则为锁定、维持或者降低购买价格。

（2）约定采用据以计算价格的标准公式；

（3）限制参与协议的经营者的自主定价权。

2. 限制商品的生产数量或者销售数量

禁止具有竞争关系的经营者就限制商品的生产数量或者销售数量达成下列垄断协议：

（1）以限制产量、固定产量、停止生产等方式限制商品的生产数量，或者限制特定品种、型号商品的生产数量；

（2）以限制商品投放量等方式限制商品的销售数量，或者限制特定品种、型号商品的销售数量。

名师敲黑板

涉嫌“固定或者变更商品价格、限制商品的生产数量或者销售数量、分割销售市场或者原材料采购市场”等三类严重限制竞争的横向垄断协议，反垄断执法机构不应接受经营者提出的承诺。

3. 分割销售市场或者原材料采购市场

禁止具有竞争关系的经营者就分割销售市场或者原材料采购市场达成下列垄断协议：

（1）划分商品销售地域、市场份额、销售对象、销售收入、销售利润或者销售商品的种类、数量、时间；

（2）划分原料、半成品、零部件、相关设备等原材料的采购区域、种类、数量、时间或者供应商。

4. 限制购买新技术、新设备或者限制开发新技术、新产品

禁止具有竞争关系的经营者就限制购买新技术、新设备或者限制开发新技术、新产品达成下列垄断协议：

（1）限制购买、使用新技术、新工艺；

（2）限制购买、租赁、使用新设备、新产品；

（3）限制投资、研发新技术、新工艺、新产品；

（4）拒绝使用新技术、新工艺、新设备、新产品。

5. 联合抵制交易

禁止具有竞争关系的经营者就联合抵制交易达成下列垄断协议：

（1）联合拒绝向特定经营者供应或者销售商品；

（2）联合拒绝采购或者销售特定经营者的商品；

（3）联合限定特定经营者不得与其具有竞争关系的经营者进行交易。

经典题解

【例题·多选题】根据反垄断法律制度的规定，下列具有竞争关系的经营者之间的约定中，属于横向垄断协议的有（　　）。（2018年）

A. 联合拒绝销售特定经营者的商品

B. 划分销售商品的种类

C. 采用据以计算价格的标准公式

D. 拒绝使用新技术

【解析】（1）选项A：属于“联合抵制交易”；（2）选项B：属于“分割销售市场或者原材料采购市场”；（3）选项C：属于“固定或者变更商品价格”；（4）选项D：属于“限制购买新技术、新设备或者限制开发新技术、新产品”。

【答案】ABCD

【考点3】《反垄断法》禁止的纵向垄断协议（P508）★★★

1. 固定向第三人转售商品的价格。

【案例】甲（生产商）在销售商品给乙（销售商）时，对乙将商品转售给第三人的价格进行“固定”（如单价必须为250元）。

2. 限定向第三人转售商品的最低价格。

【案例】甲（生产商）在销售商品给乙（销售商）时，对乙将商品转售给第三人的“最低价格”进行限定（如单价不得低于250元）。

名师敲黑板

限定向第三人转售商品的最高价格，并不违法。

经典题解

【例题·多选题】经营者与其交易相对人达成的下列协议中，被反垄断法律制度明确禁止的有（　　）。（2013年）

A. 限定向第三人转售商品的最低价格

B. 限定向第三人转售商品的最高价格

C. 固定向第三人转售商品的价格

D. 限定向第三人转售商品的地域范围

【解析】选项D：具有竞争关系的经营者之间就“分割销售市场”达成的垄断协议，属于《反垄断法》明确禁止的横向垄断协议，而经营者与其交易相对人（如生产商和销售商）达成的“限定向第三人转售商品的地域范围”的协议，并不违法。

【答案】AC

【考点4】民事诉讼中的举证责任（P505）★★★

名师敲黑板

举证责任：（1）横向垄断协议：被告；（2）纵向垄断协议：原告。

1. 纵向垄断协议

纵向垄断协议排除、限制竞争效果的证明按“谁主张、谁举证”的原则，由原告承担举证责任。

2. 横向垄断协议

被告应对该协议不具有排除、限制竞争效果承担举证责任，即横向垄断协议的排除、限制竞争效果的举证责任倒置，由被告承担举证责任。

经典题解

【例题·单选题】根据反垄断法律制度的规定，下列关于我国反垄断民事诉讼举证责任的表述中，正确的是（　　）。（2020年）

A. 对于横向垄断协议的排除、限制竞争效果，由人民法院直接认定，原、被告均不承担举证责任

B. 对于横向垄断协议的排除、限制竞争效果，适用“谁主张、谁举证”原则

C. 对于纵向垄断协议的排除、限制竞争效果，适用“谁主张、谁举证”原则

D. 对于纵向垄断协议的排除、限制竞争效果的证明，适用举证责任倒置

【答案】C

温馨小提示

豁免与适用除外的区别：（1）《反垄断法》的适用除外是指将特定领域（如农业生产中的联合或者协同行为）排除，根本不予适用；（2）豁免是在适用《反垄断法》的过程中，发现某些行为符合法定条件而不予禁止。

【考点5】垄断协议可被《反垄断法》豁免的条件（P509）★★★

温馨小提示

反垄断执法机构认定被调查的垄断协议属于《反垄断法》第15条规定情形的，应当终止调查并制作终止调查决定书。

1. 属于《反垄断法》规定的特定情形

根据《反垄断法》第15条的规定，垄断协议可被《反垄断法》豁免的情形包括：

（1）为改进技术、研究开发新产品的（技术性卡特尔）；

（2）为提高产品质量、降低成本、增进效率，统一产品规格、标准或者实行专业化分工的（标准化卡特尔、专业化卡特尔）；

名师敲黑板

别忽视这几个卡特尔，以前也曾出现在试题中。

（3）为提高中小经营者经营效率，增强中小经营者竞争力的（中小企业合作卡特尔）；

（4）为实现节约能源、保护环境、救灾救助等社会公共利益的；

（5）因经济不景气，为缓解销售量严重下降或者生产明显过剩的（不景气卡特尔、结构危机卡特尔）；

名师敲黑板

只有第（6）条不要求经营者承担证明责任。

（6）为保障对外贸易和对外经济合作中的正当利益的（出口卡特尔）。

【解释】反垄断执法机构认定被调查的垄断协议是否属于上述情形时，应当考虑下列因素：（1）协议实现该情形的具体形式和效果；（2）协议与实现该情形之间的因果关系；（3）协议是否是实现该情形的必要条件；（4）其他可以证明协议属于相关情形的因素。

2. 垄断协议豁免的附加条件

对于符合上述第（1）至第（5）项情形的垄断协议，《反垄断法》要求经营者应当证明所达成的协议不会严重限制相关市场的竞争，并且能够使消费者分享由此产生的利益。否则，也不能获得豁免。上述第（6）项情形（为保障对外贸易和对外经济合作中的正当利益而达成的垄断协议）不要求经营者承担证明责任。

经典题解

【例题1·多选题】下列垄断协议中，须由经营者证明不会严重限制相关市场的竞争且能使消费者分享由此产生的利益，才能获得《反垄断法》豁免的有（　　）。（2014年）

A. 为改进技术、研究开发新产品达成的垄断协议

B. 为实现节约能源、保护环境、救灾救助等社会公共利益达成的垄断协议

C. 为保障对外贸易和对外经济合作中的正当利益达成的垄断协议

D. 为提高中小经营者经营效率、增强中小经营者竞争力达成的垄断协议

【答案】ABD

【例题2·多选题】下列行为中，违反我国《反垄断法》的有（　　）。（2016年）

A. 国有经济占控制地位的关系国民经济命脉行业的国有企业之间达成垄断协议的行为

B. 为保障对外贸易中的正当利益，具有竞争关系的境内企业就固定商品出口价格达成的垄断协议

C. 外国企业在中国境外实施的对中国境内市场竞争产生排除或者限制效果的垄断行为

D. 农业生产者在农产品生产、加工、销售、运输、储存等经营活动中实施的联合行为

【解析】（1）选项A：对于铁路、石油、电信、电网、烟草等重点行业，国家通过立法赋予国有企业以垄断性经营权，但是，如果这些国有垄断企业从事垄断协议、

滥用市场支配地位行为，或者从事可能排除、限制竞争的经营者集中行为，同样应受《反垄断法》的限制；（2）选项B：为保障对外贸易和对外经济合作中的正当利益而达成的垄断协议（出口卡特尔），予以豁免；（3）选项C：境外的垄断行为，对境内市场竞争产生排除、限制影响的，适用《反垄断法》；（4）选项D：《反垄断法》对农业生产者及农村经济组织在农产品生产、加工、销售、运输、储存等经营活动中实施的联合或者协同行为排除适用。

【答案】AC

【考点6】行业协会组织本行业经营者从事垄断协议的行为（P510）★★

1. 禁止行业协会从事下列行为

（1）制定、发布含有排除、限制竞争内容的行业协会章程、规则、决定、通知、标准等；

（2）召集、组织或者推动本行业的经营者达成含有排除、限制竞争内容的协议、决议、纪要、备忘录等。

2. 行业协会违反规定，组织本行业的经营者达成垄断协议的，反垄断执法机构可以对其处50万元以下的罚款；情节严重的，社会团体登记管理机关可以依法撤销登记。

经典题解

【例题·单选题】下列行为中，涉嫌违反《反垄断法》的是（　　）。（2014年）

A. 经国家有关部门批准，中石油、中石化等石油企业联合上调成品油价格

B. 某行业协会召集本行业经营者，共同制定本行业产品的定价公式

C. 中国移动、中国联通等少数几家国有电信企业共同占据我国电信基础运营业务市场的全部份额

D. 某生产企业通过协议，限制分销商转售商品的最高价格

【解析】（1）选项C：对于铁路、石油、电信、电网、烟草等重点行业，国家通过立法赋予其垄断性经营权，其垄断地位本身并不违法；（2）选项D：限制分销商转售商品的最高价格，不属于法律禁止的纵向垄断协议。

【答案】B

【考点7】垄断协议行为的法律责任（P510）★

1. 民事责任

经营者因达成并实施垄断协议给他人造成损失的，依法承担民事责任。

2. 行政责任

（1）经营者违反规定，达成并实施垄断协议的，由反垄断执法机构责令停止违法行为，没收违法所得，并处上一年度销售额1%以上10%以下的罚款；尚未实施所达成的垄断协议的，可以处50万元以下的罚款。

> 名师敲黑板：注意是“上一年度销售额”，而非“违法所得”。

（2）经营者因行政机关和法律、法规授权的具有管理公共事务职能的组织滥用行政权力而达成垄断协议的，按照上述规定处理。经营者能够证明其达成垄断协议

是被动遵守行政命令所导致的，可以依法从轻或者减轻处罚。

【考点8】宽大制度（P511）★

温馨小提示

注意宽大制度与豁免制度的区别。

1. 宽大制度是指参与垄断协议的经营者主动报告达成垄断协议有关情况并提供重要证据的，反垄断执法机构可以对其宽大处理，酌情减轻或者免除其处罚。

2. 重要证据是指能够对反垄断执法机构启动调查或者对认定垄断协议起到关键性作用的证据，包括参与垄断协议的经营者、涉及的产品范围、达成协议的内容和方式、协议的具体实施等情况。

【解释】根据《国务院反垄断委员会横向垄断协议案件宽大制度适用指南》的规定，经营者提供的重要证据，是执法机构尚未掌握的，并对最终认定垄断协议行为具有显著证明效力的证据，包括：（1）在垄断协议的达成方式和实施行为方面具有更大证明力或者补充证明价值的证据；（2）在垄断协议的内容、达成和实施的时间、涉及的产品或者服务范畴、参与成员等方面具有补充证明价值的证据；（3）其他能够证明和固定垄断协议证明力的证据。（2022年新增）

3. 反垄断执法机构应当根据经营者主动报告的时间顺序、提供证据的重要程度以及达成、实施垄断协议的有关情况，决定是否减轻或者免除处罚。对于第一个申请者，反垄断执法机构可以免除处罚或者按照不低于80%的幅度减轻罚款；对于第二个申请者，可以按照30%至50%的幅度减轻罚款；对于第三个申请者，可以按照20%至30%的幅度减轻罚款。

【解释】根据《国务院反垄断委员会横向垄断协议案件宽大制度适用指南》的规定，经营者组织、胁迫其他经营者参与达成、实施垄断协议或者妨碍其他经营者停止该违法行为的，执法机构不对其免除处罚，但可以相应给予减轻处罚。（2022年新增）

经典题解

【例题·单选题】根据反垄断法律制度的规定，参与垄断协议的经营者主动报告达成垄断协议的有关情况并提供重要证据的，可以申请依法减轻或免除处罚。该制度是（　　）。（2021年）

A. 适用除外制度　　B. 承诺制度

C. 豁免制度　　D. 宽大制度

【答案】D

第三单元 滥用市场支配地位

使用“会计云课堂”App 或“微信”扫码查看本单元视频，快速 GET 知识点。

【考点 1】市场支配地位的认定（P512）★★★

温馨小提示

《反垄断法》对经营者合法取得的市场支配地位并不视为非法，只是对经营者滥用市场支配地位的行为进行严格规制。

1. 市场支配地位的概念

（1）市场支配地位是指经营者在相关市场内具有能够控制商品价格、数量或者其他交易条件，或者能够阻碍、影响其他经营者进入相关市场能力的市场地位。

（2）“其他交易条件”是指除商品价格、数量之外能够对市场交易产生实质影响的其他因素，包括商品品种、商品品质、付款条件、交付方式、售后服务、交易选择、技术约束等。

（3）“能够阻碍、影响其他经营者进入相关市场”，包括排除其他经营者进入相关市场，或者延缓其他经营者在合理时间内进入相关市场，或者导致其他经营者虽能够进入该相关市场但进入成本大幅提高，无法与现有经营者开展有效竞争等情形。

【解释】具有市场支配地位的经营者未必是“独占者”，具有市场支配地位的经营者可以是一个，也可以是多个经营者共同具有市场支配地位。

经典题解

【例题 1 · 多选题】根据反垄断法律制度的规定，市场支配地位是指经营者在相关市场内具有能够控制商品价格、数量或者其他交易条件，或者能够阻碍、影响其他经营者进入相关市场能力的市场地位。下列各项中，属于“其他交易条件”的有（　　）。（2018 年）

A. 付款条件

B. 交付方式

C. 商品品质

D. 售后服务

【答案】ABCD

【例题 2 · 多选题】根据反垄断法律制度的规定，下列关于经营者市场支配地位的表述中，正确的有（　　）。（2019 年）

A. 具有市场支配地位的经营者在相关市场内能够控制商品价格、数量或者其他交易条件，或者能够阻碍、影响其他经营者进入相关市场

B. 经营者具有市场支配地位这一状态本身并不违法

C. 具有市场支配地位的经营者未必是“独占者”

D. 市场支配地位可能由多个经营者共同具有

【答案】ABCD

2. 认定经营者具有市场支配地位时应当依据的因素

（1）经营者在相关市场的市场份额以及相关市场的竞争状况

确定经营者在相关市场的市场份额，可以考虑一定时期内经营者的特定商品销售金额、销售数量或者其他指标在相关市场所占的比重。分析相关市场竞争状况，可以考虑相关市场的发展状况、现有竞争者的数量和市场份额、商品差异程度、创新和技术变化、销售和采购模式、潜在竞争者情况等因素。

（2）经营者控制销售市场或者原材料采购市场的能力

确定经营者控制销售市场或者原材料采购市场的能力，可以考虑该经营者控制产业链上下游市场的能力，控制销售渠道或者采购渠道的能力，影响或者决定价格、数量、合同期限或者其他交易条件的能力，以及优先获得企业生产经营所必需的原料、半成品、零部件、相关设备以及需要投入的其他资源的能力等因素。

（3）经营者的财力和技术条件

确定经营者的财力和技术条件，可以考虑该经营者的资产规模、盈利能力、融资能力、研发能力、技术装备、技术创新和应用能力、拥有的知识产权等，以及该财力和技术条件能够以何种方式和程度促进该经营者业务扩张或者巩固、维持市场地位等因素。

（4）其他经营者对该经营者在交易上的依赖程度

确定其他经营者对该经营者在交易上的依赖程度，可以考虑其他经营者与该经营者之间的交易关系、交易量、交易持续时间、在合理时间内转向其他交易相对人的难易程度等因素。

（5）其他经营者进入相关市场的难易程度

确定其他经营者进入相关市场的难易程度，可以考虑市场准入、获取必要资源的难度、采购和销售渠道的控制情况、资金投入规模、技术壁垒、品牌依赖、用户转换成本、消费习惯等因素。

（6）认定互联网等新经济业态经营者具有市场支配地位，可以考虑相关行业竞争特点、经营模式、用户数量、网络效应、锁定效应、技术特性、市场创新、掌握和处理相关数据的能力及经营者在关联市场的市场力量等因素。

3. 以互联网企业为代表的平台经营者（2022年新增）

根据《国务院反垄断委员会关于平台经济领域的反垄断指南》，分析以互联网企业为代表的平台经营者是否具有市场支配地位时，可以考虑的具体因素：

（1）经营者的市场份额以及相关市场竞争状况。确定平台经济领域经营者市场份额，可以考虑交易金额、交易数量、销售额、活跃用户数、点击量、使用时长或者其他指标在相关市场所占比重，同时考虑该市场份额持续的时间。分析相关市场竞争状况，可以考虑相关平台市场的发展状况、现有竞争者数量和市场份额、平台竞争特点、平台差异程度、规模经济、潜在竞争者情况、创新和技术变化等。

（2）经营者控制市场的能力。可以考虑该经营者控制上下游市场或者其他关联市场的能力，阻碍、影响其他经营者进入相关市场的能力，相关平台经营模式、网络效应，以及影响或者决定价格、流量或者其他交易条件的能力等。

（3）经营者的财力和技术条件。可以考虑该经营者的投资者情况、资产规模、资本来源、盈利能力、融资能力、技术创新和应用能力、拥有的知识产权、掌握和处理相关数据的能力，以及该财力和技术条件能够以何种程度促进该经营者业务扩张或者巩固、维持市场地位等。

（4）其他经营者对该经营者在交易上的依赖程度。可以考虑其他经营者与该经营者的交易关系、交易量、交易持续时间，锁定效应、用户黏性，以及其他经营者转向其他平台的可能性及转换成本等。

（5）其他经营者进入相关市场的难易程度。可以考虑市场准入、平台规模效应、资金投入规模、技术壁垒、用户多栖性、用户转换成本、数据获取的难易程度、用户习惯等。

（6）其他因素。可以考虑基于平台经济特点认定经营者具有市场支配地位的其他因素。

4. 市场支配地位的推定标准

（1）一个经营者在相关市场的市场份额达到 1/2 的，即可推定为具有市场支配地位。

温馨小提示

市场份额并非认定市场支配地位的绝对标准，被推定具有市场支配地位的经营者，如有证据证明不具有市场支配地位的，不应当认定其具有市场支配地位。

（2）对于多个经营者可能共同拥有市场支配地位的情况，两个经营者在相关市场的市场份额合计达到 2/3 的，或三个经营者在相关市场的市场份额合计达到 3/4 的，这些经营者被推定为共同占有市场支配地位。同时，对于多个经营者被推定为共同占有市场支配地位时，其中有的经营者市场份额不足 10% 的，不应当推定该经营者具有市场支配地位。

【考点 2】滥用市场支配地位的行为（P512）★★★

1. 以不公平的高价销售商品或者以不公平的低价购买商品

禁止具有市场支配地位的经营者以不公平的高价销售商品或者以不公平的低价购买商品。认定“不公平的高价”或者“不公平的低价”，可以考虑下列因素：

（1）销售价格或者购买价格是否明显高于或者明显低于其他经营者在相同或者相似市场条件下销售或者购买同种商品或者可比较商品的价格；

（2）销售价格或者购买价格是否明显高于或者明显低于同一经营者在其他相同或者相似市场条件区域销售或者购买商品的价格；

温馨小提示

认定市场条件相同或者相似，应当考虑销售渠道、销售模式、供求状况、监管环境、交易环节、成本结构、交易情况等因素。

（3）在成本基本稳定的情况下，是否超过正常幅度提高销售价格或者降低购买价格；

（4）销售商品的提价幅度是否明显高于成本增长幅度，或者购买商品的降价幅度是否明显高于交易相对人成本降低幅度；

（5）需要考虑的其他相关因素。

2. 没有正当理由，以低于成本的价格销售商品

禁止具有市场支配地位的经营者没有正当理由，以低于成本的价格销售商品。以低于成本的价格销售商品的“正当理由”包括：

温馨小提示

认定低于成本的价格销售商品，应当重点考虑价格是否低于平均可变成本。

（1）降价处理鲜活商品、季节性商品、有效期限即将到期的商品和积压商品的；

（2）因清偿债务、转产、歇业降价销售商品的；

（3）在合理期限内为推广新商品进行促销的；

（4）能够证明行为具有正当性的其他理由。

3. 没有正当理由，拒绝与交易相对人进行交易

禁止具有市场支配地位的经营者没有正当理由，通过下列方式拒绝与交易相对人进行交易：

（1）实质性削减与交易相对人的现有交易数量；

（2）拖延、中断与交易相对人的现有交易；

（3）拒绝与交易相对人进行新的交易；

（4）设置限制性条件，使交易相对人难以与其进行交易；

（5）拒绝交易相对人在生产经营活动中，以合理条件使用其必需设施。

【解释】拒绝与交易相对人进行交易的“正当理由”包括：（1）因不可抗力等客观原因无法进行交易；（2）交易相对人有不良信用记录或者出现经营状况恶化等情况，影响交易安全；（3）与交易相对人进行交易将使经营者利益发生不当减损；（4）能够证明行为具有正当性的其他理由。

4. 没有正当理由，限定交易相对人只能与其进行交易或者只能与其指定的经营者进行交易

禁止具有市场支配地位的经营者没有正当理由，从事下列限定交易行为：

（1）限定交易相对人只能与其进行交易；

（2）限定交易相对人只能与其指定的经营者进行交易；

（3）限定交易相对人不得与特定经营者进行交易。

【解释】限定交易行为的“正当理由”包括：（1）为满足产品安全要求所必须；（2）为保护知识产权所必须；（3）为保护针对交易进行的特定投资所必须；（4）能够证明行为具有正当性的其他理由。

5. 没有正当理由搭售商品，或者在交易时附加其他不合理的交易条件

禁止具有市场支配地位的经营者没有正当理由搭售商品，或者在交易时附加其他不合理的交易条件：

（1）违背交易惯例、消费习惯或者无视商品的功能，将不同商品捆绑销售或者组合销售；

（2）对合同期限、支付方式、商品的运输及交付方式或者服务的提供方式等附加不合理的限制；

（3）对商品的销售地域、销售对象、售后服务等附加不合理的限制；

（4）交易时在价格之外附加不合理费用；

（5）附加与交易标的无关的交易条件。

【解释】此类行为的“正当理由”包括：（1）符合正当的行业惯例和交易习惯；（2）为满足产品安全要求所必须；（3）为实现特定技术所必须；（4）能够证明行为具有正当性的其他理由。

6. 没有正当理由，对条件相同的交易相对人在交易价格等交易条件上实行差别待遇

禁止具有市场支配地位的经营者没有正当理由，对条件相同的交易相对人在交

易条件上实行下列差别待遇：

（1）实行不同的交易价格、数量、品种、品质等级；

（2）实行不同的数量折扣等优惠条件；

（3）实行不同的付款条件、交付方式；

（4）实行不同的保修内容和期限、维修内容和时间、零配件供应、技术指导等售后服务条件。

【解释】差别待遇的“正当理由”包括：（1）根据交易相对人实际需求且符合正当的交易习惯和行业惯例，实行不同交易条件；（2）针对新用户的首次交易在合理期限内开展的优惠活动；（3）能够证明行为具有正当性的其他理由。

经典题解

【例题1·多选题】根据反垄断法律制度的规定，禁止具有市场支配地位的经营者没有正当理由，以低于成本的价格销售商品。下列各项中，属于法定正当理由的有（　　）。（2013年）

A. 清偿债务　　B. 为推广新产品进行促销

C. 处理鲜活商品　　D. 处理积压商品

【答案】ABCD

【例题2·多选题】根据反垄断法律制度的规定，认定具有市场支配地位的经营者以不公平的高价销售商品时，可以考虑的因素有（　　）。（2018年）

A. 销售价格是否明显高于其他经营者在相同或者相似市场条件下销售同种商品或者可比较商品的价格

B. 销售价格是否明显高于同一经营者在其他相同或者相似市场条件区域销售商品的价格

C. 在成本基本稳定的情况下，是否超过正常幅度提高销售价格

D. 销售商品的提价幅度是否明显高于成本增长幅度

【答案】ABCD

【考点3】滥用市场支配地位行为的法律责任（P519）★

1. 民事责任

经营者因实施滥用市场支配地位行为给他人造成损失的，依法承担民事责任。

2. 行政责任

（1）经营者滥用市场支配地位的，由反垄断执法机构责令停止违法行为，没收违法所得，并处上一年度销售额1%以上10%以下的罚款。反垄断执法机构确定具体罚款数额时，应当考虑违法行为的性质、情节、程度、持续时间等因素。

> **名师敲黑板**
>
> 注意是“上一年度销售额”，而非“违法所得”。

（2）经营者因行政机关和法律、法规授权的具有管理公共事务职能的组织滥用行政权力而滥用市场支配地位的，按照上述规定处理。经营者能够证明其从事的滥用市场支配地位行为是被动遵守行政命令所导致的，可以依法从轻或者减轻处罚。

第四单元　经营者集中

使用"会计云课堂"App或"微信"扫码查看本单元视频，快速GET知识点。

【考点1】经营者集中的申报（P519）★★★

1. 经营者集中是指下列情形：

（1）经营者合并；

（2）经营者通过取得股权或者资产的方式取得对其他经营者的控制权；

（3）经营者通过合同等方式取得对其他经营者的控制权或者能够对其他经营者施加决定性影响。

2. 判断经营者是否通过交易取得对其他经营者的控制权或者能够对其他经营者施加决定性影响，应当考虑下列因素：

（1）交易的目的和未来的计划；

（2）交易前后其他经营者的股权结构及其变化；

（3）其他经营者股东大会的表决事项及其表决机制，以及其历史出席率和表决情况；

（4）其他经营者董事会或者监事会的组成及其表决机制；

（5）其他经营者高级管理人员的任免等；

（6）其他经营者股东、董事之间的关系，是否存在委托行使投票权、一致行动人等；

（7）该经营者与其他经营者是否存在重大商业关系、合作协议等。

3. 经营者集中经济效果的两面性，决定了《反垄断法》对它的规制在于"控制"，而非"禁止"。即经营者集中达到国务院规定的申报标准的，经营者应当事先向国家市场监督管理总局（以下简称"市场监管总局"）申报，未申报的不得实施集中。

【相关链接】经营者违反《反垄断法》的规定实施集中的，由国务院反垄断执法机构责令停止实施集中、限期处分股份或者资产、限期转让营业以及采取其他必要措施恢复到集中前的状态，可以处50万元以下的罚款。

4. 申报标准

经营者集中达到下列标准之一的，经营者应当事先向市场监管总局申报：

（1）国际标准

参与集中的所有经营者上一会计年度在全球范围内的营业额合计超过100亿元人民币，并且其中至少两个经营者上一会计年度在中国境内的营业额均超过4亿元人民币。

名师敲黑板：注意是"超过"，而非"达到"。

（2）国内标准

参与集中的所有经营者上一会计年度在中国境内的营业额合计超过20亿元人民币，并且其中至少两个经营者上一会计年度在中国境内的营业额均超过4亿元人民币。

5. 豁免条件

经营者集中有下列情形之一的，可以不向市场监管总局申报：

（1）参与集中的一个经营者拥有其他每个经营者 50% 以上有表决权的股份或者资产的；

（2）参与集中的每个经营者 50% 以上有表决权的股份或者资产被同一个未参与集中的经营者拥有的。

温馨小提示

由于这些企业在集中之前本来就已经具有控制与被控制关系，集中不会产生或者加强其市场支配地位。

6. 申报文件、资料

（1）申报书；

（2）集中对相关市场竞争状况影响的说明；

（3）集中协议；

（4）参与集中的经营者经会计师事务所审计的上一会计年度财务会计报告；

（5）市场监管总局要求提交的其他文件、资料。

【解释】市场监管总局应当对申报人提交的文件、资料进行核查，发现申报文件、资料不完备的，可以要求申报人在规定期限内补交。申报人逾期未补交的，视为未申报。

经典题解

【例题·多选题】下列关于经营者集中申报制度的表述中，符合反垄断法律制度规定的有（　　）。（2019 年）

A. 我国对经营者集中实行强制的事前申报制度

B. 参与集中的每个经营者 30% 以上有表决权的股份或者资产被同一未参与集中的经营者拥有的，可以免于申报

C. 参与集中的所有经营者上一会计年度在全球范围内的营业额合计达到 100 亿元，并且其中至少两个经营者上一会计年度在中国境内的营业额均达到 4 亿元的经营者集中，应当申报

D. 经营者在国家市场监督管理总局规定的期限内未补交应当补交的申报材料的，视为未申报

【答案】AD

【考点 2】经营者集中的审查（P521）★

1. 初步审查

市场监管总局应当自立案之日起 30 日内，对申报的经营者集中进行初步审查，作出是否实施进一步审查的决定，并书面通知经营者。

2. 第二阶段审查

市场监管总局决定实施进一步审查的，应当自决定之日起 90 日内审查完毕，作出是否禁止经营者集中的决定，并书面通知经营者。

名师敲黑板

经营者集中审查程序的最长时限为：30 日（初步审查）+90 日（第二阶段审查）+60 日（可能出现的延长）= 180 日。

【解释】有下列情形之一的，市场监管总局可以延长第二阶段的审查期限，但最长不得超过 60 日：（1）经营者同意延长审查期限的；（2）经营者提交的文件、资料不准确，需要进一步核实的；（3）经营者申报后有关情况发生重大变化的。

3. 审查经营者集中，应当考虑下列因素：

（1）参与集中的经营者在相关市场的市场份额及其对市场的控制力；

（2）相关市场的市场集中度；

（3）经营者集中对市场进入、技术进步的影响；

（4）经营者集中对消费者和其他有关经营者的影响；

（5）经营者集中对国民经济发展的影响；

（6）应当考虑的影响市场竞争的其他因素。

名师敲黑板

经营者承诺的措施可以是结构性措施、行为性措施和综合性措施，注意二者的区别。

【考点3】经营者集中附加限制性条件批准制度（P523）★★★

1. 限制性条件的种类

对于具有或者可能具有排除、限制竞争效果的经营者集中，参与集中的经营者提出的附加限制性条件承诺方案能够有效减少集中对竞争产生的不利影响的，市场监管总局可以作出附加限制性条件批准决定。根据经营者集中交易具体情况，限制性条件可以包括如下种类：

温馨小提示

剥离有形资产、知识产权等无形资产或者相关权益，简称“业务剥离”，是指由参与集中的经营者将自己的部分业务出售给第三方经营者，以保持这部分业务的竞争性。

（1）剥离有形资产、知识产权等无形资产或者相关权益等结构性条件；

（2）开放其网络或者平台等基础设施、许可关键技术（包括专利、专有技术或者其他知识产权）、终止排他性协议等行为性条件；

（3）结构性条件和行为性条件相结合的综合性条件。

名师敲黑板

考生应准确区分结构性条件和行为性条件。

经典题解

【例题1·单选题】根据反垄断法律制度的规定，下列经营者集中附加的限制性条件中，属于结构性条件的是（　　）。（2020年）

A. 许可关键技术　　B. 剥离知识产权

C. 终止排他性协议　　D. 开放平台等基础设施

【答案】B

【例题2·多选题】根据反垄断法律制度的规定，下列经营者集中附加的限制性条件中，属于行为性条件的有（　　）。（2020年）

A. 剥离知识产权　　B. 许可关键技术

C. 开放平台等基础设施　　D. 终止排他性协议

【答案】BCD

【例题3·多选题】根据反垄断法律制度的规定，下列各项中，属于经营者集中审查附加限制性条件中的结构性条件的有（　　）。（2021年）

A. 剥离知识产权等无形资产　　B. 许可关键技术

C. 剥离有形资产　　D. 开放平台等基础设施

【答案】AC

2. 限制性条件的确定

（1）为减少集中具有或者可能具有的排除、限制竞争的效果，参与集中的经营者可以向市场监管总局提出附加限制性条件承诺方案。市场监管总局应当对承诺方案的有效性、可行性和及时性进行评估，并及时将评估结果通知申报人。

（2）市场监管总局认为承诺方案不足以减少集中对竞争的不利影响的，可以与参与集中的经营者就限制性条件进行磋商，要求其在合理期限内提出其他承诺方案，承诺方案存在不能实施的风险的，参与集中的经营者可以提出备选方案。备选方案应当在首选方案无法实施后生效，并且比首选方案的条件更为严格。

3. 限制性条件的履行监督、解除与变更

> 温馨小提示
> 该内容考生适当关注一下即可。

（1）对于附加限制性条件批准的经营者集中，义务人应当严格履行审查决定规定的义务，并按规定向市场监管总局报告限制性条件履行情况。市场监管总局可以自行或者通过受托人对义务人履行限制性条件的行为进行监督检查。通过受托人监督检查的，市场监管总局应当在审查决定中予以明确。

（2）审查决定应当规定附加限制性条件的期限。根据审查决定，限制性条件到期自动解除的，经市场监管总局核查，义务人未违反审查决定的，限制性条件自动解除。义务人存在违反审查决定情形的，市场监管总局可以适当延长附加限制性条件的期限，并及时向社会公布。根据审查决定，限制性条件到期后义务人需要申请解除的，义务人应当提交书面申请并说明理由。市场监管总局评估后决定解除限制性条件的，应当及时向社会公布。限制性条件为业务剥离的，经市场监管总局核查，义务人履行完成所有义务的，限制性条件自动解除。

（3）审查决定生效期间，市场监管总局可以主动或者应义务人申请对限制性条件进行重新审查，变更或者解除限制性条件。市场监管总局决定变更或者解除限制性条件的，应当及时向社会公布。市场监管总局变更或者解除限制性条件时，应当考虑下列因素：

①集中交易方是否发生重大变化；

②相关市场竞争状况是否发生实质性变化；

③实施限制性条件是否无必要或者不可能；

④应当考虑的其他因素。

第五单元　行政垄断

使用“会计云课堂”App或“微信”扫码查看本单元视频，快速GET知识点。

【考点1】行政垄断行为（P526）★★★

> 温馨小提示
> 考生应清楚行政垄断行为的几个类型，具体内容认真看一遍，但无须死记硬背。

1. 行政强制交易

行政机关和法律、法规授权的具有管理公共事务职能的组织不得滥用行政权力，实施下列行为，限定或者变相限定单位或者个人经营、购买、使用其指定的经营者提供的商品和服务（以下统称“商品”）：

（1）以明确要求、暗示、拒绝或者拖延行政审批、重复检查、不予接入平台或者网络等方式，限定或者变相限定经营、购买、使用特定经营者提供的商品；

（2）通过限制投标人所在地、所有制形式、组织形式等方式，限定或者变相限定经营、购买、使用特定投标人提供的商品；

（3）没有法律、法规依据，通过设置项目库、名录库等方式，限定或者变相限定经营、购买、使用特定经营者提供的商品；

（4）限定或者变相限定单位或者个人经营、购买、使用其指定的经营者提供的商品的其他行为。

2. 地区封锁

行政机关和法律、法规授权的具有管理公共事务职能的组织不得滥用行政权力，实施下列行为，妨碍商品在地区之间的自由流通：

（1）对外地商品设定歧视性收费项目、实行歧视性收费标准，或者规定歧视性价格、实行歧视性补贴政策；

（2）对外地商品规定与本地同类商品不同的技术要求、检验标准，或者对外地商品采取重复检验、重复认证等措施，阻碍、限制外地商品进入本地市场；

（3）没有法律、法规依据，采取专门针对外地商品的行政许可、备案，或者对外地商品实施行政许可、备案时，设定不同的许可或者备案条件、程序、期限等，阻碍、限制外地商品进入本地市场；

（4）没有法律、法规依据，设置关卡、通过软件或者互联网设置屏蔽等手段，阻碍、限制外地商品进入本地市场或者本地商品运往外地市场；

（5）妨碍商品在地区之间自由流通的其他行为。

3. 排斥或者限制外地经营者参加本地的招标投标活动

行政机关和法律、法规授权的具有管理公共事务职能的组织不得滥用行政权力，实施下列行为，排斥或者限制外地经营者参加本地的招标投标活动：

（1）不依法发布信息；

（2）明确外地经营者不能参与本地特定的招标投标活动；

（3）对外地经营者设定歧视性的资质要求或者评审标准；

（4）通过设定与招标项目的具体特点和实际需要不相适应或者与合同履行无关的资格、技术和商务条件，变相限制外地经营者参加本地招标投标活动；

（5）排斥或者限制外地经营者参加本地招标投标活动的其他行为。

4. 排斥或者限制外地经营者在本地投资或者设立分支机构

行政机关和法律、法规授权的具有管理公共事务职能的组织不得滥用行政权力，实施下列行为，排斥或者限制外地经营者在本地投资或者设立分支机构：

（1）拒绝外地经营者在本地投资或者设立分支机构；

（2）没有法律、法规依据，对外地经营者在本地投资的规模、方式以及设立分支机构的地址、商业模式等进行限制；

（3）对外地经营者在本地的投资或者设立的分支机构在投资、经营规模、经营方式、税费缴纳等方面规定与本地经营者不同的要求，在安全生产、节能环保、质量标准等方面实行歧视性待遇；

（4）排斥或者限制外地经营者在本地投资或者设立分支机构的其他行为。

5. 强制经营者从事垄断行为

行政机关和法律、法规授权的具有管理公共事务职能的组织不得滥用行政权力，强制或者变相强制经营者从事《反垄断法》规定的垄断行为。

6. 抽象行政性垄断行为

行政机关不得滥用行政权力，以规定、办法、决定、公告、通知、意见、会议纪要等形式，制定、发布含有排除、限制竞争内容的市场准入、产业发展、招商引资、招标投标、政府采购、经营行为规范、资质标准等涉及市场主体经济活动的规章、规范性文件和其他政策措施。

> **温馨小提示**
>
> 与具体行政性垄断行为只针对特定主体和特定事项不同，抽象行政性垄断行为针对不特定对象发布的能反复适用的行政规范性文件，具有一定的“普适性”，其危害更大。

【考点 2】行政垄断行为的法律责任（P529）★

1. 行政机关和法律、法规授权的具有管理公共事务职能的组织滥用行政权力，实施排除、限制竞争行为的，由上级机关责令改正；对直接负责的主管人员和其他直接责任人员依法给予处分。

2. 反垄断执法机构可以向有关上级机关提出依法处理的建议。

> **名师敲黑板**
>
> 反垄断执法机构不能直接作出“责令改正”“行政处分”等决定，但可以向有关上级机关提出依法处理的建议。

【考点 3】公平竞争审查制度（2022 年重大调整）（P527）★

> **温馨小提示**
>
> 这部分内容考生适当关注一下即可，无须死记硬背。

1. 公平竞争审查制度的适用范围和方式

（1）行政机关以及法律、法规授权的具有管理公共事务职能的组织制定的政策措施

行政机关以及法律、法规授权的具有管理公共事务职能的组织（统称政策制定机关），在制定市场准入和退出、产业发展、招商引资、招标投标、政府采购、经营行为规范、资质标准等涉及市场主体经济活动的规章、规范性文件、其他政策性文件以及“一事一议”形式的具体政策措施（统称政策措施）时，应当进行公平竞争审查，评估对市场竞争的影响，防止排除、限制市场竞争。经公平竞争审查认为不具有排除、限制竞争效果或者符合例外规定的，可以实施；具有排除、限制竞争效果且不符合例外规定的，应当不予出台或者调整至符合相关要求后出台；未经公平竞争审查的，不得出台。

（2）国务院制定的行政法规、政策措施，地方性法规、自治条例和单行条例

涉及市场主体经济活动的行政法规、国务院制定的政策措施，以及政府部门负责起草的地方性法规、自治条例和单行条例，由起草部门在起草过程中按照规定进行公平竞争审查。未经公平竞争审查的，不得提交审议。

以县级以上地方各级人民政府名义出台的政策措施，由起草部门或者本级人民政府指定的相关部门进行公平竞争审查。起草部门在审查过程中，可以会同本级市场监管部门进行公平竞争审查。未经审查的，不得提交审议。以多个部门名义联合制定出台的政策措施，由牵头部门负责公平竞争审查，其他部门在各自职责范围内参与公平竞争审查。政策措施涉及其他部门职权的，政策制定机关在公平竞争审查中应当充分征求其意见。

2. 公平竞争审查的联席会议制度

（1）市场监管总局、发展改革委、财政部、商务部会同有关部门，建立健全公平竞争审查工作部际联席会议制度，统筹协调和监督指导全国公平竞争审查工作。

（2）县级以上地方各级人民政府负责建立健全本地区公平竞争审查工作联席会议制度（以下简称“联席会议”），统筹协调和监督指导本地区公平竞争审查工作，

温馨小提示

中央全面依法治国委员会办公室设在司法部。

原则上由本级人民政府分管负责同志担任联席会议召集人。联席会议办公室设在市场监管部门，承担联席会议日常工作。

（3）地方各级联席会议应当每年向本级人民政府和上一级联席会议报告本地区公平竞争审查制度实施情况，接受其指导和监督。

3. 公平竞争审查标准

（1）市场准入和退出标准

①不得设置不合理和歧视性的准入和退出条件；

②未经公平竞争审查不得授予经营者特许经营权；

③不得限定经营、购买、使用特定经营者提供的商品和服务；

④不得设置没有法律、行政法规或者国务院规定依据的审批或者具有行政审批性质的事前备案程序；

⑤不得对市场准入负面清单以外的行业、领域、业务等设置审批程序。

（2）商品和要素自由流动标准

①不得对外地和进口商品、服务实行歧视性价格和歧视性补贴政策；

②不得限制外地和进口商品、服务进入本地市场或者阻碍本地商品运出、服务输出；

③不得排斥或者限制外地经营者参加本地招标投标活动；

④不得排斥、限制或者强制外地经营者在本地投资或者设立分支机构；

⑤不得对外地经营者在本地的投资或者设立的分支机构实行歧视性待遇，侵害其合法权益。

（3）影响生产经营成本标准

①不得违法给予特定经营者优惠政策；

②安排财政支出一般不得与特定经营者缴纳的税收或者非税收入挂钩；

③不得违法违规减免或者缓征特定经营者应当缴纳的社会保险费用；

④不得在法律规定之外要求经营者提供或者扣留经营者各类保证金。

（4）影响生产经营行为标准

①不得强制经营者从事《反垄断法》禁止的垄断行为；

②不得违法披露或者违法要求经营者披露生产经营敏感信息，为经营者实施垄断行为提供便利条件；

③不得超越定价权限进行政府定价；

④不得违法干预实行市场调节价的商品和服务的价格水平。

4. 例外规定

虽然在一定程度上具有限制竞争的效果，但在符合规定的情况下可以出台实施：

（1）维护国家经济安全、文化安全、科技安全或者涉及国防建设的；

（2）为实现扶贫开发、救灾救助等社会保障目的；

（3）为实现节约能源资源、保护生态环境、维护公共卫生健康安全等社会公共利益的；

（4）法律、行政法规规定的其他情形。

属于上述第（1）项至第（3）项情形的，政策制定机关应当说明相关政策措施对实现政策目的不可或缺，且不会严重限制市场竞争，并明确实施期限。

本章小结

下载“会计云课堂”App 学习

您已成功完成“第十一章”的学习，本章共 24 个考点，您都学会了吗？

为了让您对章节有更清晰的理解，加倍巩固。本书作者郭守杰老师将通过**“视频导图课”**的方式，带您回顾重要考点。

名师点拨，视听结合，高效提分。

※ 欢迎您扫码，免费观看学习。

同步强化练习题

使用“会计云课堂”App 或“微信”扫码快速做题、对答案、看解析、掌握解题思路，开启轻松过关之旅。

一、单项选择题

1. 下列情形中，不适用《反垄断法》的是（　　）。
   A. 境外的垄断行为，对境内市场竞争产生排除、限制影响
   B. 滥用行政权力排除、限制竞争的行为
   C. 农村经济组织在农产品生产、加工、销售、运输、储存等经营活动中实施的联合或者协同行为
   D. 经营者滥用知识产权，排除、限制竞争的行为

2. 根据反垄断法律制度的规定，反垄断执法机构调查涉嫌垄断行为时可以采取必要的调查措施，下列各项中，不属于此类措施的是（　　）。
   A. 查阅、复制被调查经营者的有关单证、协议、会计账簿等文件和资料
   B. 查封、扣押相关证据
   C. 进入被调查经营者的营业场所进行检查
   D. 冻结被调查经营者的银行账户

3. 根据反垄断法律制度的规定，经营者承诺的下列措施中，属于结构性措施的是（　　）。
   A. 剥离有形资产、知识产权等无形资产或者相关权益
   B. 调整定价策略
   C. 开放网络或者平台等基础设施
   D. 许可专利、技术秘密或者其他知识产权

4. 根据反垄断法律制度的规定，下列关于反垄断民事诉讼的表述中，不正确的是（　　）。
A. 人民法院受理垄断民事纠纷案件，不以反垄断执法机构已经对相关垄断行为进行了查处为前提条件
B. 消费者如果因垄断行为受损，可以作为垄断民事案件的原告
C. 专业机构或者专业人员就案件的专门性问题作出的市场调查或者经济分析报告，应当视为鉴定意见，鉴定意见是《民事诉讼法》上的一种证据
D. 经人民法院准许，原被告双方聘请的专家都可以出庭并发表专业意见，专家在法庭上提供的意见是《民事诉讼法》上的一种证据

5. 根据反垄断法律制度的规定，下列各项中，属于从需求替代角度界定相关商品市场时所应考虑的因素是（　　）。
A. 商品之间的价格差异
B. 转产需要的时间
C. 转产的难易程度
D. 转产的额外费用和风险

6. 根据反垄断法律制度的规定，下列关于相关市场的表述中，不正确的是（　　）。
A. 判断商品之间是否具有竞争关系、是否属于同一相关市场的基本标准，是商品之间"较为紧密的相互替代性"
B. 界定相关商品市场可以从需求替代和供给替代两个视角进行分析
C. 供给替代是界定相关市场的主要分析视角
D. 在经营者竞争的市场范围不够清晰或者不易确定时，可以按照"假定垄断者测试"的分析思路来界定相关市场

7. 根据反垄断法律制度的规定，下列情形中，属于横向垄断协议的是（　　）。
A. 某药厂通过协议限定经销商向第三人转售其药品的最低价格
B. 某酒厂通过协议限定经销商向第三人转售其白酒的最高价格
C. 某汽车制造厂通过协议要求经销商按照统一价格销售其汽车
D. 某市三家期刊网络公司达成协议，将期刊下载价格固定为每篇5元

8. 根据反垄断法律制度的规定，因下列垄断协议引起的民事纠纷案件中，由原告承担举证责任的是（　　）。
A. 涉嫌联合抵制交易的垄断协议
B. 涉嫌分割销售市场的垄断协议
C. 涉嫌固定或者变更商品价格的垄断协议
D. 涉嫌固定向第三人转售商品价格的垄断协议

9. 下列垄断协议中，经营者无须证明不会严重限制相关市场的竞争且能使消费者分享由此产生的利益，就可以获得《反垄断法》豁免的是（　　）。
A. 技术性卡特尔
B. 标准化卡特尔
C. 不景气卡特尔
D. 出口卡特尔

10. 某行业协会的全体会员企业在相关市场的市场份额合计达到85%。由于近期原材料涨价影响了行业利润，该协会遂组织召开了由会员企业领导人参加的"行业峰会"，与会代表达成了提高产品价格的共识。会议结束后，该协会向全体会员企业印发了关于提高本行业产品价格的通知，明确要求会员企业统一将产品价格提高15%。接到通知后，会员企业按要求实施了涨价。根据反垄断法律制度的规定，下列表述中，正确的是（　　）。
A. 行业协会实施了滥用市场支配地位行为
B. 行业协会实施了经营者集中行为
C. 行业协会实施了行政性限制竞争行为

D. 行业协会实施了组织本行业经营者达成垄断协议行为

11. 在反垄断执法机构查处某横向价格垄断协议案件的过程中，作为垄断协议当事人之一的甲企业因主动向执法机构报告达成垄断协议的有关情况并提供重要证据，被免除处罚。根据反垄断法律制度的规定，甲企业被免除处罚的依据是（　　）。

A. 豁免制度

B. 宽大制度

C. 适用除外制度

D. 经营者承诺制度

12. 某市甲、乙、丙三家零售企业达成协议，联合拒绝采购丁企业的产品。事后，丙企业第一个主动向反垄断执法机构报告所达成垄断协议的有关情况并提供了重要证据。经查，三家企业只是达成了垄断协议，但尚未实施。根据反垄断法律制度的规定，下列表述中，正确的是（　　）。

A. 由于尚未实施所达成的垄断协议，甲、乙、丙三家企业的行为不构成违法

B. 反垄断执法机构可对甲、乙、丙三家企业处以上一年度销售额 1% ~ 10% 的罚款

C. 反垄断执法机构可对丙企业免除处罚

D. 如果甲、乙、丙三家企业的行为后果极为严重，应追究其刑事责任

13. 根据反垄断法律制度的规定，下列关于市场支配地位的表述中，不正确的是（　　）。

A. 市场支配地位是指经营者在相关市场内具有能够控制商品价格、数量或者其他交易条件，或者能够阻碍、影响其他经营者进入相关市场能力的市场地位

B. 市场份额是认定市场支配地位的唯一标准

C. 一个经营者在相关市场的市场份额达到 1/2 的，即可推定为具有市场支配地位

D. 被推定具有市场支配地位的经营者，如有证据证明不具有市场支配地位的，不应当认定其具有市场支配地位

14. 根据反垄断法律制度的规定，下列关于市场支配地位推定的表述中，不正确的是（　　）。

A. 一个经营者在相关市场的市场份额达到 1/2 的，可推定为具有市场支配地位

B. 两个经营者在相关市场的市场份额合计达到 2/3，其中有的经营者市场份额不足 1/10 的，不应当推定该经营者具有市场支配地位

C. 三个经营者在相关市场的市场份额合计达到 3/4，其中有两个经营者市场份额合计不足 1/5 的，不应当推定该两个经营者具有市场支配地位

D. 被推定具有市场支配地位的经营者，有证据证明不具有市场支配地位的，不应当认定其具有市场支配地位

15. 根据反垄断法律制度的规定，我国经营者集中反垄断审查程序的最长审查时限为（　　）。

A. 60 日　　B. 90 日

C. 180 日　　D. 210 日

16. 根据反垄断法律制度的规定，下列经营者集中附加的限制性条件中，属于结构性条件的是（　　）。

A. 剥离有形资产

B. 开放网络等基础设施

C. 许可关键技术

D. 终止排他性协议

17. 根据反垄断法律制度的规定，行政机关滥用行政权力，实施限制竞争行为的，除法律、行政法规另有规定的，反垄断执法机构可以采取的处理措施是（　　）。
   A. 责令行为人改正违法行为
   B. 对直接负责的主管人员和其他直接责任人员给予处分
   C. 对行为人处以罚款
   D. 向有关上级机关提出依法处理的建议

18. 某县政府强令本县的甲公司和乙公司达成垄断协议，共同将价格提高40%，甲公司和乙公司被迫遵照执行。该垄断协议尚未实施时，被反垄断执法机构依法查处。根据反垄断法律制度的规定，下列表述中，正确的是（　　）。
   A. 反垄断执法机构可以责令该县政府限期改正
   B. 反垄断执法机构可以对直接负责的主管人员给予处分
   C. 由于该垄断协议尚未实施，甲公司和乙公司无须承担任何法律责任
   D. 甲公司和乙公司如果能够证明其达成垄断协议是被动遵守行政命令所导致的，可以依法从轻或者减轻处罚

19. 下列行为中，不违反反垄断法律制度规定的是（　　）。
   A. 某药品生产企业因拥有一项治疗心血管疾病的药品专利，占据了相关市场95%的份额
   B. 年销售额在1亿元以上的药品零售企业之间达成联盟协议，共同要求药品生产企业按统一的优惠价格向联盟内的企业供应药品，联盟内的企业按统一的零售价向消费者销售药品
   C. 某市政府在与某国有医药企业签订的战略合作协议中承诺，该国有医药企业在本市医疗机构药品招标中享有优先中标机会
   D. 某省政府招标办公室发布文件称：凡不在本省纳税的企业，一律不得参与本省的招投标活动

20. 根据反垄断法律制度的规定，公平竞争审查联席会议办公室设在（　　）。
   A. 财政部
   B. 商务部
   C. 国家发展改革委
   D. 市场监管部门

二、多项选择题

1. 根据反垄断法律制度的规定，下列关于《反垄断法》适用范围的表述中，正确的有（　　）。
   A. 对于《反垄断法》适用的地域范围，我国采用了“属人原则＋效果原则”
   B. 中华人民共和国境内经济活动中的垄断行为，无论对境内市场竞争是否产生排除、限制影响，均适用《反垄断法》
   C. 中华人民共和国境外的垄断行为，对境内市场竞争产生排除、限制影响的，适用《反垄断法》
   D. 中华人民共和国境外的垄断行为，无论对境内市场竞争是否产生排除、限制影响，均适用《反垄断法》

2. 根据反垄断法律制度的规定，反垄断执法机构调查涉嫌垄断行为，可以采取的措施有（　　）。
   A. 进入被调查的经营者的营业场所进行检查
   B. 查阅、复制被调查的经营者的会计账簿
   C. 查询、冻结经营者的银行账户
   D. 查封、扣押相关证据

3. 根据反垄断法律制度的规定，下列各项中，属于从需求替代角度界定相关商品市场时所应考虑的因素有（　　）。

A. 商品之间的价格差异
B. 商品的销售渠道
C. 需求者对商品的依赖程度
D. 转产的额外费用和风险

4. 根据反垄断法律制度的规定，下列关于反垄断调查的表述中，正确的有（ ）。
A. 反垄断执法机构对涉嫌垄断行为调查核实后，认为构成违法垄断行为的，应当依法作出处理决定，不再接受经营者提出承诺
B. 反垄断执法机构决定中止调查的，应当对经营者履行承诺的情况进行监督
C. 反垄断执法机构确定经营者已经履行承诺的，可以决定终止调查
D. 经营者未履行或者未完全履行承诺的，反垄断执法机构应当恢复调查

5. 根据反垄断法律制度的规定，垄断协议是指排除、限制竞争的协议、决定或者其他协同行为。在认定“其他协同行为”时，应当考虑的因素有（ ）。
A. 经营者的市场行为是否具有一致性
B. 经营者之间是否进行过意思联络或者信息交流
C. 经营者能否对行为的一致性作出合理解释
D. 相关市场的市场结构、竞争状况、市场变化等情况

6. 根据反垄断法律制度的规定，具有竞争关系的经营者之间就商品或者服务价格达成的下列协议中，属于法律禁止的横向垄断协议的有（ ）。
A. 固定或者变更价格变动幅度
B. 固定或者变更折扣、手续费等其他费用
C. 约定采用据以计算价格的标准公式
D. 限制参与协议的经营者的自主定价权

7. 根据反垄断法律制度的规定，具有竞争关系的经营者之间达成的下列协议中，属于法律禁止的横向垄断协议的有（ ）。
A. 联合限定特定经营者不得与其具有竞争关系的经营者进行交易
B. 划分销售商品的种类、数量、时间
C. 限制参与协议的经营者的自主定价权
D. 限制投资、研发新技术、新工艺、新产品

8. 根据反垄断法律制度的规定，经营者与其交易相对人达成的下列协议中，属于法律禁止的纵向垄断协议有（ ）。
A. 固定向第三人转售商品的价格
B. 限定向第三人转售商品的平均价格
C. 限定向第三人转售商品的最低价格
D. 限定向第三人转售商品的最高价格

9. 根据反垄断法律制度的规定，下列关于我国反垄断民事诉讼举证责任的表述中，正确的有（ ）。
A. 对于横向垄断协议的排除、限制竞争效果，适用“谁主张、谁举证”的原则
B. 对于横向垄断协议的排除、限制竞争效果，被告应对该协议不具有排除、限制竞争效果承担举证责任
C. 对于纵向垄断协议的排除、限制竞争效果，适用“谁主张、谁举证”的原则
D. 对于纵向垄断协议的排除、限制竞争效果，被告应对该协议不具有排除、限制竞争效果承担举证责任

10. 下列垄断协议中，必须由经营者证明不会严重限制相关市场的竞争且能使消费者分享由此产生的利益，才能获得《反垄断法》豁免的有（ ）。
A. 为改进技术、研究开发新产品而达成的垄断协议
B. 为提高中小经营者经营效率、增强中小经营者竞争力而达成的垄断协议
C. 为实现节约能源、保护环境、救灾救助等社会公共利益而达成的垄断协议

D. 为保障对外贸易和对外经济合作中的正当利益而达成的垄断协议

11. 下列各项中，属于《反垄断法》禁止的垄断协议有（　　）。
A. 甲、乙两家钢材公司为应对经济不景气、缓解销售量严重下降达成的限定钢材生产数量的协议
B. 甲药厂和乙药店约定乙药店销售甲药厂的某种专利药品时，只能按某一固定价格出售
C. 某日化企业为促销一种新开发的护肤品，与其经销商约定，销售产品时每瓶售价不得超过120元
D. 生产同类产品的甲、乙公司约定，甲公司的产品在长江以北市场销售，乙公司的产品在长江以南市场销售

12. 某市旅游协会召集当地旅行社召开“行业峰会”，商定对游客统一报价，并根据各旅行社所占市场份额，统一分配旅游景点返佣收入，并达成了书面协议。此协议实施前，甲旅行社第一个主动向反垄断执法机构报告了所达成垄断协议的有关情况并提供了重要证据。根据反垄断法律制度的规定，下列表述中，正确的有（　　）。
A. 由于尚未实施，该旅游协会的行为不违法
B. 该旅游协会的行为违法，反垄断执法机构可对其处以50万元以下的罚款
C. 该旅游协会的行为违法，反垄断执法机构可对其处以100万元以下的罚款
D. 对甲旅行社，反垄断执法机构可以作出免除处罚的决定

13. 根据反垄断法律制度的规定，市场支配地位是指经营者在相关市场内具有能够控制商品价格、数量或者其他交易条件，或者能够阻碍、影响其他经营者进入相关市场能力的市场地位。下列各项中，属于“其他交易条件”的有（　　）。
A. 交易选择
B. 技术约束
C. 商品品种
D. 付款条件

14. 根据反垄断法律制度的规定，下列各项中，属于认定经营者具有市场支配地位时应当依据的因素有（　　）。
A. 经营者在相关市场的市场份额以及相关市场的竞争状况
B. 经营者控制销售市场或者原材料采购市场的能力
C. 其他经营者对该经营者在交易上的依赖程度
D. 其他经营者进入相关市场的难易程度

15. 根据反垄断法律制度的规定，认定具有市场支配地位的经营者以不公平的低价购买商品时，可以考虑的因素有（　　）。
A. 购买价格是否明显低于同一经营者在其他相同或者相似市场条件区域购买商品的价格
B. 购买价格是否明显低于其他经营者在相同或者相似市场条件下购买同种商品或者可比较商品的价格
C. 在成本基本稳定的情况下，是否超过正常幅度降低购买价格
D. 购买商品的降价幅度是否明显高于交易相对人成本降低幅度

16. 根据反垄断法律制度的规定，禁止具有市场支配地位的经营者没有正当理由，以低于成本的价格销售商品。下列各项中，属于以低于成本的价格销售商品的“正当理由”的有（　　）。
A. 在合理期限内为推广新商品进行促销的
B. 因清偿债务降价销售商品的
C. 降价处理季节性商品的
D. 降价处理积压商品的

17. 根据反垄断法律制度的规定，禁止具有

市场支配地位的经营者没有正当理由，拒绝与交易相对人进行交易。下列各项中，属于拒绝与交易相对人进行交易的“正当理由”的有（　　）。

A. 因不可抗力等客观原因无法进行交易

B. 交易相对人有不良信用记录，影响交易安全

C. 交易相对人经营状况恶化，影响交易安全

D. 与交易相对人进行交易将使经营者利益发生不当减损

18. 根据反垄断法律制度的规定，具有市场支配地位的经营者的下列行为中，不属于滥用市场支配地位行为的有（　　）。

A. 因清偿债务，以低于成本的价格销售商品

B. 因交易相对人有不良信用记录，影响交易安全，因而拒绝与其进行新的交易

C. 为满足产品安全要求所必须，限定交易相对人只能与其指定的经营者进行交易

D. 为保护知识产权所必须，限定交易相对人只能与其进行交易

19. 根据反垄断法律制度的规定，下列情形中，属于经营者集中的有（　　）。

A. 经营者合并

B. 经营者通过取得股权或者资产的方式取得对其他经营者的控制权

C. 经营者通过合同等方式取得对其他经营者的控制权

D. 经营者通过合同等方式能够对其他经营者施加决定性影响

20. 根据反垄断法律制度的规定，判断经营者是否通过交易取得对其他经营者的控制权或者能够对其他经营者施加决定性影响，应当考虑的因素有（　　）。

A. 交易的目的和未来的计划

B. 交易前后其他经营者的股权结构及其变化

C. 其他经营者董事会或者监事会的组成及其表决机制

D. 其他经营者股东、董事之间的关系，是否存在委托行使投票权、一致行动人等

21. 根据反垄断法律制度的规定，下列各项中，属于审查经营者集中时应当考虑的因素有（　　）。

A. 参与集中的经营者在相关市场的市场份额及其对市场的控制力

B. 相关市场的市场集中度

C. 经营者集中对市场进入、技术进步的影响

D. 经营者集中对消费者的影响

22. 某行业协会组织本行业 7 家主要企业的领导人召开“行业峰会”，就共同提高本行业产品价格及提价幅度形成决议，与会企业领导人均在决议上签字。会后，该决议以行业协会的名义下发给本行业的 60 家企业。已知，与会 7 家企业的市场份额合计高达 85%。根据反垄断法律制度的规定，下列表述中，正确的有（　　）。

A. 行业协会实施了组织本行业经营者达成垄断协议的行为

B. 行业协会实施了行政性限制竞争行为

C. 7 家企业实施了达成垄断协议的行为

D. 7 家企业实施了滥用市场支配地位行为

23. 根据反垄断法律制度的规定，下列情形中，可处以 50 万元以下罚款的有（　　）。

A. 经营者达成垄断协议，但未实施

B. 行业协会组织本行业经营者从事垄断协议行为

C. 经营者未依法实施经营者集中

D. 行政机关滥用行政权力排除竞争

同步强化练习题参考答案及解析

使用“会计云课堂”App或“微信”扫码对答案、看解析、掌握解题思路，开启轻松过关之旅。

一、单项选择题

1.【答案】C

2.【答案】D

3.【答案】A

【解析】选项BCD：属于行为性措施。

4.【答案】D

【解析】选项D：专家在法庭上提供的意见并不属于《民事诉讼法》上的证据形式，而是作为法官判案的参考依据。

5.【答案】A

【解析】选项BCD：属于从供给角度界定相关商品市场时所应考虑的因素。

6.【答案】C

【解析】选项C：需求替代是界定相关市场的主要分析视角。

7.【答案】D

【解析】（1）选项ABC：纵向垄断协议是指同一产业中处于不同市场环节而具有买卖关系的企业（如生产商和经销商之间）通过共谋达成的垄断协议，限定向第三人转售商品的“最高价格”，并不违法；（2）选项D：横向垄断协议是具有竞争关系的经营者（如期刊网络公司之间）达成的垄断协议。

8.【答案】D

【解析】（1）选项ABC：横向垄断协议由被告承担举证责任；（2）选项D：纵向垄断协议由原告承担举证责任。

9.【答案】D

10.【答案】D

11.【答案】B

12.【答案】C

【解析】（1）选项AB：经营者违反《反垄断法》的规定，达成并实施垄断协议的，由反垄断执法机构责令停止违法行为，没收违法所得，并处上一年度销售额1%～10%的罚款；尚未实施所达成的垄断协议的（照样构成违法），可以处50万元以下的罚款；（2）选项C：对于第一个申请者，反垄断执法机构可以免除处罚或者按照不低于80%的幅度减轻罚款；（3）选项D：《反垄断法》未对经营者的垄断行为规定刑事责任。

13.【答案】B

【解析】选项B：市场份额并不是认定市场支配地位的唯一标准和绝对标准。

14.【答案】C

15.【答案】C

16.【答案】A

【解析】选项BCD：属于行为性条件。

17.【答案】D

18.【答案】D

【解析】(1)选项AB：对于县政府的行政垄断行为，反垄断执法机构可以向有关上级机关提出依法处理的建议，但不能直接作出“责令改正”“行政处分”等决定；(2)选项C：尚未实施所达成的垄断协议的，可以处50万元以下的罚款。

19.【答案】A

【解析】(1)选项A：《反垄断法》对经营者合法取得的垄断地位并不视为非法，法律禁止的是当事人滥用其垄断地位排除或者限制竞争的行为；(2)选项B：属于法律禁止的垄断协议；(3)选项CD：属于法律禁止的行政性垄断行为。

20.【答案】D

二、多项选择题

1.【答案】BC

【解析】(1)选项A：对于《反垄断法》适用的地域范围，我国采用了“属地原则＋效果原则”；(2)选项B：中华人民共和国境内经济活动中的垄断行为，采用了“属地原则”，无论对境内市场竞争是否产生排除、限制影响，均适用《反垄断法》；(3)选项CD：中华人民共和国境外的垄断行为，采用了“效果原则”，只有对境内市场竞争产生排除、限制影响的，才适用《反垄断法》。

2.【答案】ABD

【解析】选项C：反垄断执法机构可以查询（不包括冻结）经营者的银行账户。

3.【答案】ABC

【解析】选项D：属于从供给角度界定相关商品市场时所应考虑的因素。

4.【答案】ABCD

5.【答案】ABCD

6.【答案】ABCD

7.【答案】ABCD

【解析】(1)选项A：属于“联合抵制交易”；(2)选项B：属于“分割销售市场或者原材料采购市场”；(3)选项C：属于“固定或者变更商品价格”；(4)选项D：属于“限制购买新技术、新设备或者限制开发新技术、新产品”。

8.【答案】AC

9.【答案】BC

【解析】(1)选项AB：横向垄断协议的排除、限制竞争效果的举证责任倒置（由被告承担举证责任）；(2)选项CD：纵向垄断协议排除、限制竞争效果的证明按“谁主张、谁举证”的原则（由原告承担举证责任）。

10.【答案】ABC

11.【答案】BD

【解析】(1)选项A：因经济不景气，为缓解销售量严重下降或者生产明显过剩所达成的垄断协议，可以得到豁免，不属于法律禁止的垄断协议；(2)选项B：属于法律禁止的纵向垄断协议；(3)选项C：限定转售商品的最高价格，不属于法律禁止的垄断协议；(4)选项D：属于法律禁止的横向垄断协议（划分市场）。

12.【答案】BD

【解析】(1)选项A：该旅游协会的行为属于“召集、组织或者推动本行业的经营者达成含有排除、限制竞争内容的协议”，无论是否已经实施，均构成违法；(2)选项BC：行业协会违反规定，组织本行业的经营者达成垄断协议的，反垄断执法机构可以对其处50万元以下的罚款；(3)选项D：对于第一个申请者，反垄断执法机构可以免除处罚或者按照不低于80%的幅度减轻罚款。

13.【答案】ABCD

14.【答案】ABCD

15.【答案】ABCD

16.【答案】ABCD

17.【答案】ABCD

18.【答案】ABCD

【解析】(1)选项A：因清偿债务降价销售商品的，属于以低于成本的价格销售商品的“正当理由”；(2)选项B：交易相对人有不良信用记录或者出现经营状况恶化等情况，影响交易安全的，属于拒绝交易的“正当理由”；(3)选项CD：属于限定交易行为的“正当理由”。

19.【答案】ABCD

20.【答案】ABCD

21.【答案】ABCD

22.【答案】AC

【解析】(1)选项AB：该行业协会不属于行政机关和法律、法规授权的具有管理公共事务职能的组织，谈不上“行政垄断”的问题；(2)选项CD：7家企业实施了“达成垄断协议”的行为，尽管7家企业的市场份额合计高达85%，但根据题目所述内容，不涉及“滥用市场支配地位”的行为。

23.【答案】ABC

第十二章 涉外经济法律制度

CHAPTER-12

本章考情分析

在最近3年的考试中，本章的平均分值为6分，2021年两份试卷的分值均为5分，题型全部为客观题。

本章分为三个单元，共计20个考点。大多数考点需要准确理解，需要死记硬背的考点并不多，复习难度不大。复习本章需要6个小时左右。

2022年教材对“间接投资项下的外汇管理”的内容进行了重大调整。

温馨小提示

本章的复习难度真的不太大，无非需要多用一点点时间，为了这几分，任何付出都是值得的！终于到最后一章了，加油！别忘了看一遍教材。

最近3年题型题量分析表

题型	2019年试卷一	2019年试卷二	2020年试卷一	2020年试卷二	2021年试卷一	2021年试卷二
单选题	3题3分	3题3分	3题3分	3题3分	2题2分	2题2分
多选题	2题3分	2题3分	2题3分	2题3分	2题3分	2题3分
合计	6分	6分	6分	6分	5分	5分

历年试题涉及本章的主要考点

考点	年份/题型
涉外经济法律制度的基本概念	2021年多选题
《外商投资法》的特色与创新	2020年单选题
外商投资的界定	2021年多选题
外商投资保护	2020年多选题、2021年单选题
外商投资管理	2020年单选题
外商投资安全审查制度	2021年单选题、2021年多选题
对外直接投资法律制度	2015年单选题、2016年单选题、2019年多选题、2020年单选题、2021年单选题
《对外贸易法》的适用范围和原则	2018年单选题、2019年单选题、2021年多选题
国营贸易	2018年单选题、2019年单选题、2020年单选题
货物进出口与技术进出口	2013年单选题、2016年单选题
反倾销措施	2017年单选题、2019年单选题

续表

考点	年份 / 题型
《外汇管理条例》的适用范围	2019年单选题
经常项目	2020年单选题
资本项目	2011年多选题、2015年多选题
直接投资项下的外汇管理	2020年多选题
间接投资项下的外汇管理	2014年多选题、2016年单选题
人民币汇率制度	2015年多选题、2016年单选题、2018年多选题
外汇市场	2019年多选题
特别提款权	2016年多选题、2017年多选题、2018年多选题

本章思维导图

- **第十二章**
  - 涉外投资法律制度
    - 基本概念
    - 准入前国民待遇加负面清单管理制度
    - 外商投资合同
    - 投资促进
    - 投资保护
    - 投资管理
    - 外商投资安全审查制度
    - 对外直接投资法律制度
  - 对外贸易法律制度
    - 《对外贸易法》的适用范围和原则
    - 对外贸易经营者
    - 货物进出口与技术进出口
    - 反倾销措施
    - 保障措施
  - 外汇管理法律制度
    - 《外汇管理条例》的适用范围
    - 经常项目
    - 资本项目
    - 直接投资项下的外汇管理
    - 间接投资项下的外汇管理
    - 外债管理
    - 人民币汇率与特别提款权

本章核心考点解读

第一单元　涉外投资法律制度

使用“会计云课堂”App或“微信”扫码查看本单元视频，快速GET知识点。

【考点1】基本概念（P531）★

1. 涉外经济法律制度

（1）涉外经济法律制度是调整涉外经济关系的法律规范的总称。

（2）一国的涉外经济法律制度尽管仍属于国内法，却必然需要较多地考虑其他国家（地区）的相关法律制度以及通行的国际规则。一国缔结或参加的双边或多边国际条约、协定，对其涉外经济法律制度有重要影响。

（3）按照资本流入、流出的方向不同，涉外投资习惯上又区分为外商投资和对外（海外）投资，从而形成外商投资法律制度和对外投资法律制度这两套各有特点而又相互联系的法律制度。

（4）涉外投资法律制度、对外贸易法律制度和外汇管理法律制度有着不可分割的内在联系，共同构成涉外经济法律制度这个整体。

经典题解

【例题·多选题】下列关于涉外经济法律制度的表述中，正确的有（　　）。（2021年）

A. 一国的涉外经济法律制度属于其国内法

B. 一国缔结或参加的双边或多边国际条约、协定，对其涉外经济法律制度有重要影响

C. 涉外经济法律制度是调整涉外经济关系的法律规范的总称

D. 外商投资法律制度和对外投资法律制度同属涉外投资法律制度

【答案】ABCD

2.《外商投资法》的特色与创新

（1）从企业组织法转型为投资行为法。

（2）强调对外商投资的促进与保护。

（3）全面落实国民待遇原则。

（4）更加周延地覆盖外商投资实践。

经典题解

【例题·单选题】下列关于《外商投资法》的特色与创新的表述中，正确的是（　　）。（2020年）

A. 从投资行为法转型为企业组织法

B. 全面落实外商投资国民待遇原则

C. 相比外商投资促进和保护，更加强调对外商投资的管理

D. 仅适用于外商直接投资，不适用于外商间接投资

【答案】B

3. 外商投资的界定

外商投资，是指外国的自然人、企业或者其他组织（以下简称“外国投资者”）直接或者间接在中国境内进行的投资活动，包括下列情形：

（1）外国投资者单独或者与其他投资者（包括中国的自然人在内）共同在中国境内设立外商投资企业；

（2）外国投资者取得中国境内企业的股份、股权、财产份额或者其他类似权益；

（3）外国投资者单独或者与其他投资者（包括中国的自然人在内）共同在中国境内投资新建项目；

（4）法律、行政法规或者国务院规定的其他方式的投资。

温馨小提示

所谓“在中国境内投资新建项目”，是指外国投资者在中国境内对特定项目建设进行投资，但不设立外商投资企业，不取得中国境内企业的股份、股权、财产份额或者其他类似权益。例如，外国投资者以服务费、特许经营费或者其他约定方式获取投资收益。

经典题解

【例题·多选题】根据涉外投资法律制度的规定，下列各项中，属于外商投资的有（　　）。（2021年）

A. 外国投资者在中国境内投资新建项目

B. 外国投资者取得中国境内合伙企业的财产份额

C. 外国投资者在中国境内设立外商投资企业

D. 外国投资者取得中国境内公司的股份

【答案】ABCD

4. 外商投资企业

外商投资企业，是指全部或者部分由外国投资者投资，依照中国法律在中国境内经登记注册设立的企业。

【考点2】准入前国民待遇加负面清单管理制度（P539）★★★

1. 准入前国民待遇

所谓“准入前国民待遇”，是指在投资准入阶段给予外国投资者及其投资不低于本国投资者及其投资的待遇。

名师敲黑板

我国对外商投资实行“准入前国民待遇”，意味着外商投资在整个投资阶段（准入阶段和准入后的运营阶段）都享有国民待遇。

2. 负面清单

所谓“负面清单”，是指国家规定在特定领域对外商投资实施的准入特别管理措施。国家对负面清单之外的外商投资，给予国民待遇。

（1）外商投资准入负面清单规定禁止投资的领域，外国投资者不得投资。

（2）外商投资准入负面清单规定限制投资的领域，外国投资者进行投资应当符合负面清单规定的股权要求、高级管理人员要求等限制性准入特别管理措施。

（3）外商投资准入负面清单以外的领域，按照内外资一致的原则实施监督管理。

【解释】根据外商投资准入特别管理措施（负面清单）（2021年版），对于教育行业:（1）禁止投资领域：禁止投资义务教育机构、宗教教育机构;（2）限制投资领域：学前、普通高中和高等教育机构限于中外合作办学，须由中方主导（校长或者主要行政负责人应当具有中国国籍，理事会、董事会或者联合管理委员会的中方组成人员不得少于1/2）。

（4）负面清单由国务院投资主管部门（国家发展改革委）会同国务院商务主管部门（商务部）等有关部门提出，报国务院发布或者报国务院批准后由国务院投资主管部门、商务主管部门发布。

【考点3】外商投资合同（P543）★★

1. 投资合同的范围

投资合同，是指外国投资者即外国的自然人、企业或者其他组织，因直接或者间接在中国境内进行投资而形成的相关协议，包括设立外商投资企业合同、股份转让合同、股权转让合同、财产份额或者其他类似权益转让合同、新建项目合同等协议。

2. 禁止投资

外国投资者投资外商投资准入负面清单规定禁止投资的领域，当事人主张投资合同无效的，人民法院应予支持。

3. 限制投资

（1）外国投资者投资外商投资准入负面清单规定限制投资的领域，当事人以违反限制性准入特别管理措施为由，主张投资合同无效的，人民法院应予支持。

（2）人民法院作出生效裁判前，当事人采取必要措施满足准入特别管理措施的要求，当事人主张投资合同有效的，人民法院应予支持。

（3）在生效裁判作出前，因外商投资准入负面清单调整，外国投资者投资不再属于禁止或者限制投资的领域，当事人主张投资合同有效的，人民法院应予支持。

4. 负面清单之外的领域

外国投资者投资外商投资准入负面清单之外的领域形成的投资合同，当事人以合同未经有关行政主管部门批准、登记为由主张合同无效或者未生效的，人民法院不予支持。

【考点4】投资促进（P536）★★★

温馨小提示

该考点需要认认真真地看一遍，但无须死记硬背。

1. 提高外商投资政策的透明度

（1）政府及其有关部门制定的支持企业发展的政策应当依法公开；对政策实施中需要由企业申请办理的事项，政府及其有关部门应当公开申请办理的条件、流程、时限等，并在审核中依法平等对待外商投资企业和内资企业。

（2）制定与外商投资有关的行政法规、规章、规范性文件，或者政府及其有关部门起草与外商投资有关的法律、地方性法规，应当根据实际情况，采取书面征求意见以及召开座谈会、论证会、听证会等多种形式，听取外商投资企业和有关商会、协会等方面的意见和建议；对反映集中或者涉及外商投资企业重大权利义务问题的意见和建议，应当通过适当方式反馈采纳的情况。

（3）与外商投资有关的规范性文件、裁判文书等应当依法及时公布，未经公布的不得作为行政管理依据。与外商投资企业生产经营活动密切相关的规范性文件，应当结合实际，合理确定公布到施行之间的时间。

2. 标准制定

（1）外商投资企业依法和内资企业平等参与国家标准、行业标准、地方标准和团体标准的制定、修订工作。

（2）外商投资企业可以根据需要自行制定或者与其他企业联合制定企业标准。

（3）外商投资企业可以向标准化行政主管部门和有关行政主管部门提出标准的立项建议，在标准立项、起草、技术审查以及标准实施信息反馈、评估等过程中提出意见和建议，并按照规定承担标准起草、技术审查的相关工作以及标准的外文翻译工作。

（4）标准化行政主管部门和有关行政主管部门应当建立健全相关工作机制，提高标准制定、修订的透明度，推进标准制定、修订全过程信息公开。

（5）国家制定的强制性标准对外商投资企业和内资企业平等适用，不得专门针对外商投资企业适用高于强制性标准的技术要求。

3. 政府采购

（1）国家保障外商投资企业依法通过公平竞争参与政府采购活动。政府采购依法对外商投资企业在中国境内生产的产品、提供的服务平等对待。

（2）政府及其有关部门不得阻挠和限制外商投资企业自由进入本地区和本行业的政府采购市场。

（3）政府采购的采购人、采购代理机构不得在政府采购信息发布、供应商条件确定和资格审查、评标标准等方面，对外商投资企业实行差别待遇或者歧视待遇，不得以所有制形式、组织形式、股权结构、投资者国别、产品或者服务品牌以及其他不合理的条件对供应商予以限定，不得对外商投资企业在中国境内生产的产品、提供的服务和内资企业区别对待。

（4）外商投资企业可以依照《政府采购法》及其实施条例的规定，就政府采购活动事项向采购人、采购代理机构提出询问、质疑，向政府采购监督管理部门投诉。采购人、采购代理机构、政府采购监督管理部门应当在规定的时限内作出答复或者处理决定。

4. 融资方式

外商投资企业可以依法在中国境内或者境外通过公开发行股票、公司债券等证券，以及公开或者非公开发行其他融资工具、借用外债等方式进行融资。

5. 建立健全外商投资服务体系

（1）国家建立健全外商投资服务体系，为外国投资者和外商投资企业提供法律法规、政策措施、投资项目信息等方面的咨询和服务。

（2）各级人民政府应当按照政府主导、多方参与的原则，建立健全外商投资服务体系，不断提升外商投资服务能力和水平。

（3）政府及其有关部门应当通过政府网站、全国一体化在线政务服务平台集中列明有关外商投资的法律、法规、规章、规范性文件、政策措施和投资项目信息，并通过多种途径和方式加强宣传、解读，为外国投资者和外商投资企业提供咨询、指导等服务。

6. 依法鼓励和引导外商投资

（1）国家根据国民经济和社会发展需要，制定鼓励外商投资产业目录，列明鼓励和引导外国投资者投资的特定行业、领域、地区。鼓励外商投资产业目录由国务院投资主管部门会同国务院商务主管部门等有关部门拟订，报国务院批准后由国务院投资主管部门、商务主管部门发布。

温馨小提示

负面清单由国务院投资主管部门会同国务院商务主管部门等有关部门提出，报国务院发布或者报国务院批准后由国务院投资主管部门、商务主管部门发布。

（2）外国投资者、外商投资企业可以依照法律、行政法规或者国务院的规定，享受财政、税收、金融、用地等方面的优惠待遇。

（3）外国投资者以其在中国境内的投资收益在中国境内扩大投资的，依法享受相应的优惠待遇。

（4）县级以上地方人民政府可以根据法律、行政法规、地方性法规的规定，在法定权限内制定费用减免、用地指标保障、公共服务提供等方面的外商投资促进和便利化政策措施。

（5）国家根据需要，设立特殊经济区域，或者在部分地区实行外商投资试验性政策措施，促进外商投资，扩大对外开放。

【考点5】投资保护（P538）★★★

温馨小提示

该考点需要认认真真地看一遍，但无须死记硬背。

1. 征收政策

（1）国家对外国投资者的投资原则上不实行征收。

（2）在特殊情况下，国家为了公共利益的需要，依照法律规定对外国投资者的投资实行征收或者征用的，应当依照法定程序、以非歧视性的方式进行，并按照被征收投资的市场价值及时给予补偿。

（3）外国投资者对征收决定不服的，可以依法申请行政复议或者提起行政诉讼。

2. 知识产权

（1）国家保护外国投资者和外商投资企业的知识产权，保护知识产权权利人和相关权利人的合法权益。

（2）国家鼓励在外商投资过程中基于自愿原则和商业规则开展技术合作。技术合作的条件由投资各方遵循公平原则平等协商确定。

（3）行政机关（包括法律、法规授权的具有管理公共事务职能的组织，下同）及其工作人员不得利用实施行政许可、行政检查、行政处罚、行政强制以及其他行政手段，强制或者变相强制外国投资者、外商投资企业转让技术。

3. 商业秘密

（1）行政机关依法履行职责，确需外国投资者、外商投资企业提供涉及商业秘密的材料、信息的，应当限定在履行职责所必需的范围内，并严格控制知悉范围，与履行职责无关的人员不得接触有关材料、信息。

（2）行政机关应当建立健全内部管理制度，采取有效措施保护履行职责过程中知悉的外国投资者、外商投资企业的商业秘密；依法需要与其他行政机关共享信息的，应当对信息中含有的商业秘密进行保密处理，防止泄露。

4. 汇兑管理

（1）外国投资者在中国境内的出资、利润、资本收益、资产处置所得、取得的知识产权许可使用费、依法获得的补偿或者赔偿、清算所得等，可以依法以人民币或者外汇自由汇入、汇出，任何单位和个人不得违法对币种、数额以及汇入、汇出的频次等进行限制。

（2）外商投资企业的外籍职工和中国香港、中国澳门、中国台湾职工的工资收入和其他合法收入，可以依法自由汇出。

5. 依法制定规范性文件

（1）各级人民政府及其有关部门制定涉及外商投资的规范性文件，应当符合法律法规的规定；没有法律、行政法规依据的，不得减损外商投资企业的合法权益或者增加其义务，不得设置市场准入和退出条件，不得干预外商投资企业的正常生产经营活动。

（2）政府及其有关部门制定涉及外商投资的规范性文件，应当按照国务院的规定进行合法性审核。

（3）外国投资者、外商投资企业认为行政行为所依据的国务院部门和地方人民政府及其部门制定的规范性文件不合法，在依法对行政行为申请行政复议或者提起行政诉讼时，可以一并请求对该规范性文件进行审查。

6. 守约践诺

（1）地方各级人民政府及其有关部门应当履行向外国投资者、外商投资企业依法作出的政策承诺以及依法订立的各类合同，不得以行政区划调整、政府换届、机构或者职能调整以及相关责任人更替等为由违约毁约。

> **温馨小提示**
>
> 所谓“政策承诺”，是指地方各级人民政府及其有关部门在法定权限内，就外国投资者、外商投资企业在本地区投资所适用的支持政策、享受的优惠待遇和便利条件等作出的书面承诺。

（2）因国家利益、社会公共利益需要改变政策承诺、合同约定的，应当依照法定权限和程序进行，并依法对外国投资者、外商投资企业因此受到的损失及时予以公平、合理的补偿。

7. 外商投资企业投诉工作机制

（1）国家建立外商投资企业投诉工作机制，及时处理外商投资企业或者其投资者反映的问题，协调完善相关政策措施。

（2）县级以上人民政府及其有关部门应当按照公开透明、高效便利的原则，建立健全外商投资企业投诉工作机制，及时处理外商投资企业或者其投资者反映的问题，协调完善相关政策措施。

（3）国务院商务主管部门会同国务院有关部门建立外商投资企业投诉工作部际联席会议制度，协调、推动中央层面的外商投资企业投诉工作，对地方的外商投资企业投诉工作进行指导和监督。

（4）县级以上地方人民政府应当指定部门或者机构负责受理本地区外商投资企业或者其投资者的投诉。

（5）外商投资企业或者其投资者认为行政机关及其工作人员的行政行为侵犯其合法权益，通过外商投资企业投诉工作机制申请协调解决的，有关方面进行协调时可以向被申请的行政机关及其工作人员了解情况，被申请的行政机关及其工作人员应当予以配合。协调结果应当以书面形式及时告知申请人。外商投资企业或者其投资者依照上述规定申请协调解决有关问题的，不影响其依法申请行政复议、提起行政诉讼。

（6）对外商投资企业或者其投资者通过外商投资企业投诉工作机制反映或者申请协调解决问题，任何单位和个人不得压制或者打击报复。除外商投资企业投诉工作机制外，外商投资企业或者其投资者还可以通过其他合法途径向政府及其有关部门反映问题。

8. 商会、协会

（1）外商投资企业可以依法成立商会、协会。

（2）除法律、法规另有规定外，外商投资企业有权自主决定参加或者退出商会、协会，任何单位和个人不得干预。

（3）商会、协会应当依照法律法规和章程的规定，加强行业自律，及时反映行业诉求，为会员提供信息咨询、宣传培训、市场拓展、经贸交流、权益保护、纠纷处理等方面的服务。

（4）国家支持商会、协会依照法律法规和章程的规定开展相关活动。

经典题解

【例题1·多选题】根据涉外投资法律制度的规定，下列关于外商投资保护的表述中，正确的有（　　）。（2020年）

A. 国家对于外国投资者的投资，原则上可以实行征收

B. 外国投资者在中国境内的利润，可以依法以人民币或者外汇自由汇出

C. 行政机关及其工作人员不得利用行政手段强制或者变相强制外国投资者、外商投资企业转让技术

D. 外国投资者、外商投资企业认为行政行为所依据的国务院部门和地方人民政府及其部门制定的规范性文件不合法，在依法对行政行为申请行政复议或者提起行政诉讼时，可以一并请求对该规范性文件进行审查

【答案】BCD

【例题2·单选题】根据涉外投资法律制度的规定，下列关于我国对外商投资和外国投资者的保护及待遇的表述中，正确的是（　　）。（2021年）

A. 负面清单是指国家规定在特定领域对外商投资实施的准入特别管理措施

B. 国家对外商投资一律给予国民待遇

C. 国家为了公共利益的需要，可以依法对外国投资者的投资实行征收或者征用，并根据实际情况决定是否给予补偿

D. 准入前国民待遇是指给予外国投资者的国民待遇仅限于准入前，准入后不再给予

【解析】（1）选项B：国家对负面清单之外的外商投资，给予国民待遇；（2）选项C：在特殊情况下，国家为了公共利益的需要，依照法律规定对外国投资者的投资实行征收或者征用的，必须依照法定程序、以非歧视性的方式进行，并按照被征收投资的市场价值及时给予补偿（而非根据实际情况决定）；（3）选项D：准入前国民待遇，是包含准入阶段和准入后的运营阶段在内的整个投资阶段的国民待遇。

【答案】A

【例题 3 · 单选题】根据涉外投资法律制度的规定，下列关于地方各级人民政府向外国投资者、外商投资企业所作政策承诺的表述中，正确的是（　　）。（2021 年）

A. 行政区划调整可以作为不履行政策承诺的合理理由

B. 政府换届后可以不再履行上届政府所作的政策承诺

C. 政策承诺包括书面承诺和口头承诺

D. 因国家利益、社会公共利益需要可以依照法定权限和程序改变政策承诺

【答案】D

【考点 6】投资管理（P539）★

1. 登记注册

外商投资企业的登记注册，由国务院市场监督管理部门或者其授权的地方人民政府市场监督管理部门依法办理。

2. 注册资本

外商投资企业的注册资本可以用人民币表示，也可以用可自由兑换货币表示。

3. 组织形式与组织机构

（1）外商投资企业的组织形式、组织机构及其活动准则，适用《公司法》《合伙企业法》等法律的规定。

（2）《外商投资法》施行前依照《中外合资经营企业法》《外资企业法》《中外合作经营企业法》设立的外商投资企业（以下简称“现有外商投资企业”），在《外商投资法》施行后 5 年内，即在 2025 年 1 月 1 日之前，可以依照《公司法》《合伙企业法》等法律的规定调整其组织形式、组织机构等，并依法办理变更登记，也可以继续保留原企业组织形式、组织机构等。

经典题解

【例题 · 单选题】为保持制度稳定性和连续性、保护投资者合理预期，根据《中华人民共和国外商投资法》规定，依照“外资三法”已经设立的外商投资企业，在该法施行后一定年限内可以继续保留原企业组织形式。该年限是（　　）。（2020 年）

A. 1 年　　　　B. 3 年

C. 5 年　　　　D. 10 年

【答案】C

4. 经营者集中

外国投资者并购中国境内企业或者以其他方式参与经营者集中的，应当依照《反垄断法》的规定接受经营者集中审查。

5. 外商投资信息报告制度

外国投资者或者外商投资企业应当通过企业登记系统以及国家企业信用信息公示系统向商务主管部门报送投资信息，所报送的投资信息应当真实、准确、完整。

【考点7】外商投资安全审查制度（P541）★★★

1. 安全审查工作机制

国家建立外商投资安全审查工作机制（以下简称“工作机制”），负责组织、协调、指导外商投资安全审查工作。工作机制办公室设在国家发展改革委，由国家发展改革委、商务部牵头，承担外商投资安全审查的日常工作。

2. 安全审查的申报范围

下列范围内的外商投资，外国投资者或者境内相关当事人（以下统称“当事人”）应当在实施投资前主动向工作机制办公室申报：

（1）投资军工、军工配套等关系国防安全的领域，以及在军事设施和军工设施周边地域投资；

（2）投资关系国家安全的重要农产品、重要能源和资源、重大装备制造、重要基础设施、重要运输服务、重要文化产品与服务、重要信息技术和互联网产品与服务、重要金融服务、关键技术以及其他重要领域，并取得所投资企业的实际控制权。

【解释】对于上述申报范围内的外商投资，工作机制办公室有权要求当事人申报。有关机关、企业、社会团体、社会公众等认为外商投资影响或者可能影响国家安全的，可以向工作机制办公室提出进行安全审查的建议。

3. 一般审查

（1）外商投资安全审查分为一般审查和特别审查。

（2）工作机制办公室决定对申报的外商投资进行安全审查的，应当自决定之日起30个工作日内完成一般审查。审查期间，当事人不得实施投资。

（3）经一般审查，认为申报的外商投资不影响国家安全的，工作机制办公室应当作出通过安全审查的决定；认为影响或者可能影响国家安全的，工作机制办公室应当作出启动特别审查的决定。工作机制办公室作出的决定应当书面通知当事人。

4. 特别审查

工作机制办公室决定对申报的外商投资启动特别审查的，审查后应当按照下列规定作出决定，并书面通知当事人：

（1）申报的外商投资不影响国家安全的，作出通过安全审查的决定；

（2）申报的外商投资影响国家安全的，作出禁止投资的决定；通过附加条件能够消除对国家安全的影响，且当事人书面承诺接受附加条件的，可以作出附条件通过安全审查的决定，并在决定中列明附加条件。

特别审查应当自启动之日起60个工作日内完成；特殊情况下，可以延长审查期限。延长审查期限应当书面通知当事人。审查期间，当事人不得实施投资。

5. 工作机制办公室对申报的外商投资作出通过安全审查决定的，当事人可以实施投资；作出禁止投资决定的，当事人不得实施投资，已经实施的，应当限期处分股权或者资产以及采取其他必要措施，恢复到投资实施前的状态，消除对国家安全的影响；作出附条件通过安全审查决定的，当事人应当按照附加条件实施投资。对附条件通过安全审查的外商投资，工作机制办公室可以采取要求提供有关证明材料、现场检查等方式，对附加条件的实施情况进行核实。

6. 工作机制办公室对申报的外商投资作出不需要进行安全审查或者通过安全

温馨小提示

（1）外商投资安全审查制度由美国于20世纪70年代创设；（2）香港特别行政区、澳门特别行政区、台湾地区投资者进行投资，影响或者可能影响国家安全的，参照《外商投资安全审查办法》的规定执行。

名师敲黑板

（1）中央全面依法治国委员会办公室设在司法部；（2）公平竞争审查联席会议办公室设在市场监管部门。

审查的决定后，当事人变更投资方案，影响或者可能影响国家安全的，应当依照规定重新向工作机制办公室申报。对申报范围内的外商投资，当事人未依照规定申报即实施投资的，由工作机制办公室责令限期申报；拒不申报的，责令限期处分股权或者资产以及采取其他必要措施，恢复到投资实施前的状态，消除对国家安全的影响。

经典题解

【例题1·多选题】根据涉外投资法律制度的规定，下列外商投资中，外国投资者或者境内相关当事人应当在实施投资前主动向外商投资安全审查工作机制办公室申报的有（　　）。（2021年）

A. 投资军工配套领域

B. 投资关系国家安全的重要基础设施，并取得所投资企业的实际控制权

C. 在军事设施周边地域投资

D. 在军工设施周边地域投资

【答案】ABCD

【例题2·单选题】根据涉外投资法律制度的规定，下列关于外商投资安全审查制度的表述中，正确的是（　　）。（2021年）

A. 外商投资安全审查分为一般审查和特别审查

B. 外商投资安全审查不适用于中国台港澳地区投资者的投资

C. 外商投资安全审查制度系中国首创

D. 外商投资安全审查工作机制由公安部牵头

【答案】A

【考点8】对外直接投资法律制度（P544）★★★

1. 对外直接投资概述

（1）中国对外直接投资（以下简称“对外直接投资”），是指中国境内投资者以现金、实物、无形资产等方式在国外及港澳台地区设立或者购买境外企业，并控制企业经营管理权的投资活动。

（2）对外直接投资与外商直接投资性质上均属于国际直接投资，区别仅在于资金的流向。

（3）同外商直接投资一样，对外直接投资也与被投资企业的经营管理控制权相联系，这是其区别于对外间接投资的核心特征。

（4）对外直接投资的形式包括新设、并购、参股、增资、再投资等。

（5）中国境内投资者对外直接投资，需要遵守投资所在国即东道国的法律和政策，以及中国与有关东道国签订的双边投资保护协定和双方共同缔结或者参加的多边条约中的相关规定。与此同时，作为投资者的母国，中国国内法中的相关规定当然也要予以适用。

经典题解

【例题·多选题】根据涉外投资法律制度的规定，中国境内投资者对外直接投资时需要遵守的法律规则包括（　　）。（2019 年）

A. 中国法律

B. 投资所在国法律

C. 中国与投资所在国共同缔结或者参加的多边条约

D. 中国与投资所在国签订的双边投资保护协定

【答案】ABCD

2. 商务部的核准与备案

（1）企业境外投资涉及敏感国家和地区、敏感行业的，实行核准管理；

（2）企业其他情形的境外投资，实行备案管理。

3. 国家发展改革委的核准和备案

（1）涉及敏感国家和地区、敏感行业的境外投资项目，由国家发展改革委核准。敏感行业目录由国家发展改革委发布。

> **温馨小提示**
>
> 敏感行业包括但不限于：（1）新闻传媒；（2）武器装备的研制生产维修。

（2）其他境外投资项目，实行备案管理。其中，中央管理企业实施的境外投资项目、地方企业实施的中方投资额 3 亿美元及以上（≥ 3 亿美元）境外投资项目，由国家发展改革委备案；地方企业实施的中方投资额 3 亿美元以下（＜ 3 亿美元）境外投资项目，由投资主体注册地的省级政府发展改革部门备案。

经典题解

【例题 1·单选题】根据对外直接投资法律制度的规定，我国对于境内企业向境外直接投资采取的管理方式是（　　）。（2015 年）

A. 注册和核准制　　B. 核准和特许制

C. 备案和特许制　　D. 核准和备案制

【答案】D

【例题 2·单选题】某省属企业拟实施一项境外投资项目，中方投资额 2.5 亿美元，项目所在国家系敏感国家。下列表述中，符合对外直接投资法律制度规定的是（　　）。（2016 年）

A. 该项目应报国家发展改革委备案

B. 该项目应报国家发展改革委核准

C. 该项目应报该省发展改革部门备案

D. 该项目应报该省发展改革部门核准

【答案】B

【例题 3·单选题】某非敏感类境外投资项目，投资主体为地方企业，中方投资额为 2 亿美元。根据涉外投资法律制度的规定，下列表述中，正确的是（　　）。（2020 年）

A. 该项目应由国家发展改革委备案

B. 该项目应由国家发展改革委核准

C. 该项目应由投资主体注册地的省级政府发展改革部门核准

D. 该项目应由投资主体注册地的省级政府发展改革部门备案

【答案】D

【例题4·单选题】根据涉外投资法律制度的规定，下列关于对外直接投资的表述中，正确的是（　　）。（2021年）

A. 我国境内投资者对外直接投资不属于国际直接投资

B. 我国境内投资者对外直接投资不适用我国国内法

C. 我国对外直接投资的形式仅包括新设和并购，参股和增资不属于对外直接投资

D. 我国按照对外直接投资的不同情形，实行核准或者备案管理

【答案】D

第二单元　对外贸易法律制度

使用“会计云课堂”App或“微信”扫码查看本单元视频，快速GET知识点。

【考点1】《对外贸易法》的适用范围和原则（P547）★

1.《对外贸易法》的适用范围

（1）我国对外贸易法律制度适用于货物进出口、技术进出口、国际服务贸易以及与此相关的知识产权保护。

（2）《对外贸易法》仅适用于中国内地，中华人民共和国的单独关税区不适用该法。

温馨小提示

香港特别行政区、澳门特别行政区和台湾地区已经分别以“中国香港”“中国澳门”和“中国台北”的名义加入世界贸易组织，成为我国的单独关税区。

经典题解

【例题·多选题】下列各项中，属于《对外贸易法》适用对象的有（　　）。（2021年）

A. 国际服务贸易

B. 货物进出口

C. 与对外贸易有关的知识产权保护

D. 技术进出口

【答案】ABCD

2. 非歧视原则

（1）非歧视原则包括最惠国待遇原则和国民待遇原则。

（2）最惠国待遇是指一国（给惠国）给予另一国（受惠国）的个人、企业、商品等的待遇不低于给惠国给予任何第三国（最惠国）的相应待遇。

（3）国民待遇是指一国给予他国国民（包括个人和企业）与本国国民相同的待遇。

（4）我国在对外贸易方面根据所缔结或者参加的国际条约、协定，给予其他缔约方、参加方最惠国待遇、国民待遇等待遇，或者根据互惠、对等原则给予对方最惠国待遇、国民待遇等待遇。

3. 互惠对等原则

任何国家或者地区在贸易方面对我国采取歧视性的禁止、限制或者其他类似措施的，我国可以根据实际情况对该国家或者该地区采取相应的措施。

经典题解

【例题 1 · 单选题】《中华人民共和国政府和加拿大政府关于促进和相互保护投资的协定》规定："任一缔约方给予另一缔约方投资者在设立、购买、扩大、管理、经营、运营和销售或者其他处置其领土内投资方面的待遇，不得低于在类似情形下给予非缔约方投资的待遇。"该规定体现的待遇是（ ）。（2018 年）

A. 最惠国待遇

B. 国民待遇

C. 公平公正待遇

D. 最低限度待遇

【答案】A

【例题 2 · 单选题】《中华人民共和国对外贸易法》第 7 条规定："任何国家或者地区在贸易方面对中华人民共和国采取歧视性的禁止、限制或者其他类似措施的，中华人民共和国可以根据实际情况对该国或者该地区采取相应的措施。"该条款体现的原则是（ ）。（2019 年）

A. 统一管理原则　　B. 平等互利原则

C. 公平自由原则　　D. 互惠对等原则

【答案】D

【考点 2】对外贸易经营者（P548）★★★

1. 对外贸易经营者既可以是法人，也可以是非法人组织（如合伙企业），还可以是个人。

2. 对外贸易经营无须专门许可

《对外贸易法》于 2004 年修订时取消了外贸特许制，只要依法办理了登记或者其他执业手续的单位和个人均可从事外贸经营。

3. 货物贸易和技术贸易经营者的备案登记

从事货物进出口或者技术进出口的对外贸易经营者，应当向商务部或者其委托的机构办理备案登记；但是，法律、行政法规和商务部规定不需要备案登记的除外。对外贸易经营者未按照规定办理备案登记的，海关不予办理进出口货物的报关验放手续。

4. 国营贸易

（1）国营贸易是世界贸易组织明文允许的贸易制度，国家可以对部分货物的进出口实行国营贸易管理。

> **温馨小提示**
>
> 目前，我国实行进口国营贸易管理的货物涉及粮食、植物油、糖、烟草、原油、成品油、化肥和棉花等类别，而实行出口国营贸易管理的货物主要是烟草专卖品。

（2）实行国营贸易管理货物的进出口业务只能由经授权的企业经营，但国家允许部分数量的国营贸易管理货物的进出口业务由非授权企业经营的除外。

（3）实行国营贸易管理的货物和经授权经营企业的目录，由商务部会同国务院其他有关部门确定、调整并公布。

（4）判断一个企业是不是国营贸易企业，关键是看该企业是否在国际贸易中享有专营权或者特许权，与该企业的所有制形式并无必然联系。

经典题解

【例题1·单选题】根据对外贸易法律制度的规定，下列关于国营贸易和国营贸易企业的表述中，正确的是（　　）。（2018年）

A. 实行国营贸易管理的货物的目录，由海关总署会同其他有关部门确定

B. 实行国营贸易管理的货物的进出口业务一概由授权企业经营

C. 国营贸易是世界贸易组织明文允许的贸易制度

D. 判断一个企业是不是国营贸易企业，关键是看该企业的所有制形式

【答案】C

【例题2·单选题】下列关于我国国营贸易制度的表述中，符合对外贸易法律制度规定的是（　　）。（2019年）

A. 实行国营贸易管理的货物进出口业务只能由经授权的企业专属经营，一律不得由其他企业经营

B. 实行国营贸易管理的货物和经授权经营企业的目录，由商务部会同国务院其他有关部门确定、调整并公布

C. 国家可以对全部货物的进出口实行国营贸易管理

D. 判断一个企业是不是国营贸易企业，关键是看该企业的所有制形式

【答案】B

【例题3·单选题】根据对外贸易法律制度的规定，下列关于国营贸易的表述中，正确的是（　　）。（2020年）

A. 国家可以对全部货物的进出口实行国营贸易管理

B. 实行国营贸易管理的货物和经授权经营企业的目录，由海关总署会同国务院其他有关部门确定、调整并公布

C. 国家可以根据具体情况，允许部分数量的国营贸易管理货物的进出口业务由非授权企业经营

D. 国营贸易企业就是我国过去所称的国营企业

【答案】C

【考点3】货物进出口与技术进出口（P550）★★★

1. 货物进出口自动许可制度

（1）商务部基于监测进出口情况的需要，可以对部分自由进出口的货物实行进出口自动许可并公布其目录。

（2）实行自动许可的进出口货物，收货人、发货人在办理海关报关手续前提出自动许可申请的，商务部或者其委托的机构应当予以许可；未办理自动许可手续的，海关不予放行。

2. 限制进出口的货物

（1）国家对限制进出口的货物，实行配额、许可证等方式管理。国家规定有数量限制的限制进出口货物，实行配额管理；其他限制进出口货物，实行许可证管理。

（2）国家对部分进口货物可以实行关税配额管理。实行关税配额管理的进口货物目录，由商务部会同国务院有关部门制定、调整并公布。

3. 限制进出口的技术

对限制进出口的技术，实行许可证管理，未经许可不得进出口。技术进出口合同自许可证颁发之日起生效。

温馨小提示

实行国营贸易管理的货物和经授权经营企业的目录，由商务部会同国务院其他有关部门确定、调整并公布。

名师敲黑板

（1）自由进出口的技术：合同自依法成立时生效；（2）限制进出口的技术：合同自许可证颁发之日起生效。

经典题解

【例题1·单选题】根据对外贸易法律制度的规定，我国对限制进出口的技术实行的是（　　）。（2013年）

A. 许可证管理　　B. 关税配额及许可证管理

C. 配额管理　　D. 非关税配额及许可证管理

【答案】A

【例题2·单选题】根据对外贸易法律制度的规定，对于国家规定有数量限制的进出口货物，我国实行的管理方式是（　　）。（2016年）

A. 配额管理　　B. 自由进出口管理

C. 备案登记管理　　D. 许可证管理

【答案】A

【考点4】反倾销措施（P553）★★★

温馨小提示

对外贸易救济措施包括反倾销措施、反补贴措施和保障措施。

1. 基本概念

其他国家或者地区的产品以低于正常价值的倾销方式进入我国市场，对已经建立的国内产业造成实质损害或者产生实质损害威胁，或者对建立国内产业造成实质阻碍的，国家可以采取反倾销措施，消除或者减轻这种损害、损害的威胁或者阻碍。

2. 反倾销调查

（1）反倾销调查的启动

①国内产业或者代表国内产业的自然人、法人或者有关组织，可以向商务部提出反倾销调查的书面申请。商务部应当自收到申请书及有关证据之日起60日内，决定立案调查或者不立案调查。

②在表示支持申请或者反对申请的国内产业中，支持者的产量占支持者和反对者的总产量50%以上的，应当认定申请是由国内产业或者代表国内产业提出，可以启动反倾销调查；但是，表示支持申请的国内生产者的产量不足国内同类产品总产量的25%的，不得启动反倾销调查。

③在特殊情形下，商务部虽未收到反倾销调查的书面申请，但有充分证据认为

存在倾销和损害以及二者之间有因果关系的，可以自行决定立案调查。

（2）反倾销调查应当自立案调查决定公告之日起12个月内结束；特殊情况下可以延长，但延长期不得超过6个月。

（3）反倾销调查应当终止的情形

①申请人撤销申请的；

②没有足够证据证明存在倾销、损害或者二者之间有因果关系的；

③倾销幅度低于2%的；

④倾销进口产品实际或者潜在的进口量或者损害属于可忽略不计的；

⑤商务部认为不适宜继续进行反倾销调查的。

名师敲黑板

不论是征收临时反倾销税、征收反倾销税，还是在临时保障措施、保障措施中，只要涉及提高关税的问题，都是由“国务院关税税则委员会”决定。

3. 临时反倾销措施

（1）初裁决定确定倾销成立，并由此对国内产业造成损害的，可以采取下列临时反倾销措施：

①征收临时反倾销税；

②要求提供保证金、保函或者其他形式的担保。

（2）征收临时反倾销税，由商务部提出建议，国务院关税税则委员会根据商务部的建议作出决定，由商务部予以公告，海关自公告规定实施之日起执行。

（3）要求提供保证金、保函或者其他形式的担保，由商务部作出决定并予以公告。

（4）临时反倾销措施实施的期限，自临时反倾销措施决定公告规定实施之日起，不超过4个月；在特殊情形下，可以延长至9个月。

名师敲黑板

临时反倾销措施实施的期限，最长为9个月。

（5）自反倾销立案调查决定公告之日起60天内，不得采取临时反倾销措施。

4. 价格承诺

（1）倾销进口产品的出口经营者在反倾销调查期间，可以向商务部作出改变价格或者停止以倾销价格出口的价格承诺。

（2）商务部可以向出口经营者提出价格承诺的建议，但不得强迫出口经营者作出价格承诺。

（3）商务部对倾销以及由倾销造成的损害作出肯定的初裁决定前，不得寻求或者接受价格承诺。

（4）出口经营者不作出价格承诺或者不接受价格承诺的建议的，不妨碍对反倾销案件的调查和确定。

（5）商务部认为出口经营者作出的价格承诺能够接受并符合公共利益的，可以决定中止或者终止反倾销调查，不采取临时反倾销措施或者征收反倾销税。

5. 反倾销税

（1）终裁决定确定倾销成立，并由此对国内产业造成损害的，可以征收反倾销税。征收反倾销税，由商务部提出建议，国务院关税税则委员会根据商务部的建议作出决定，由商务部予以公告，海关自公告规定实施之日起执行。

（2）反倾销税原则上仅适用于终裁决定公告之日以后进口的产品。

（3）反倾销税的纳税人为倾销进口产品的进口经营者。

（4）反倾销税应当根据不同出口经营者的倾销幅度，分别确定。

（5）在任何情形下，反倾销税税额不超过终裁决定确定的倾销幅度。

（6）反倾销税的征收期限不超过5年，但经商务部复审确定终止征收反倾销税有可能导致倾销和损害的继续或者再度发生的，反倾销税的征收期限可以适当延长。

经典题解

【例题1·单选题】根据对外贸易法律制度的规定，负责决定征收反倾销税的机构是（　　）。（2017年）

A. 财政部　　　　B. 商务部

C. 国家税务总局　　　　D. 国务院关税税则委员会

【答案】D

【例题2·单选题】根据对外贸易法律制度的规定，反倾销调查应当自立案调查决定公告之日起一定期限内结束。该期限最长可以是（　　）。（2019年）

A. 6个月　　　　B. 12个月

C. 18个月　　　　D. 24个月

【答案】C

【考点5】保障措施（P557）★★★

1. 基本概念

因进口产品数量大量增加，对生产同类产品或者与其直接竞争的产品的国内产业造成严重损害或者严重损害威胁的，国家可以采取必要的保障措施，消除或者减轻这种损害或者损害的威胁，并可以对该产业提供必要的支持。

2. 进口产品数量增加，是指进口产品数量的绝对增加或者与国内生产相比的相对增加。

3. 保障措施的启动

（1）与国内产业有关的自然人、法人或者其他组织，可以依法向商务部提出采取保障措施的书面申请，商务部应当及时对申请进行审查，决定立案调查或者不立案调查。

（2）商务部虽未收到采取保障措施的书面申请，但有充分证据认为国内产业因进口产品数量增加而受到损害的，也可以决定立案调查。

4. 临时保障措施

（1）商务部根据调查结果，可以作出初裁决定，也可以直接作出终裁决定，并予以公告。有明确证据表明进口产品数量增加，不采取临时保障措施将对国内产业造成难以补救的损害时，商务部可以作出初裁决定，并采取临时保障措施。

（2）临时保障措施采取提高关税的形式。采取临时保障措施，由商务部提出建议，国务院关税税则委员会根据商务部的建议作出决定，由商务部予以公告，海关自公告规定实施之日起执行。

（3）在采取临时保障措施前，商务部应当将有关情况通知保障措施委员会。

（4）临时保障措施的实施期限，自临时保障措施决定公告规定实施之日起，不超过200天。

> **温馨小提示**
>
> 反倾销和反补贴措施针对的是倾销和补贴这样的不公平贸易行为，而保障措施针对的则是公平贸易条件下的特殊情形。

> **温馨小提示**
>
> 临时保障措施并非必经程序。

【相关链接1】临时反倾销措施实施的期限，自临时反倾销措施决定公告规定实施之日起，不超过4个月；在特殊情形下，可以延长至9个月。

【相关链接2】临时反补贴措施实施的期限，自临时反补贴措施决定公告规定实施之日起不超过4个月，不得延长。

5. 保障措施

（1）终裁决定确定进口产品数量增加，并由此对国内产业造成损害的，可以采取保障措施。保障措施可以采取提高关税、数量限制等形式。

（2）保障措施采取提高关税形式的，由商务部提出建议，国务院关税税则委员会根据商务部的建议作出决定，由商务部予以公告。

（3）采取数量限制形式的，由商务部作出决定并予以公告。

（4）采取数量限制措施的，限制后的进口量不得低于最近3个有代表性年度的平均进口量，但有正当理由表明为防止或者补救严重损害而有必要采取不同水平的数量限制措施的除外。

（5）保障措施的实施期限不超过4年。符合下列条件的，保障措施的实施期限可以适当延长，但在任何情况下，一项保障措施的实施期限及其延长期限不得超过10年：

①按照《保障措施条例》规定的程序确定的保障措施对于防止或者补救严重损害仍有必要；

②有证据表明相关国内产业正在进行调整；

③已经履行有关对外通知、磋商的义务；

④延长后的措施不严于延长前的措施。

表12-1 “两反一保”的比较

	反倾销	反补贴	保障措施
能否主动立案调查	√	√	√
临时措施	①征收临时反倾销税 ②要求提供保证金、保函或者其他形式的担保	征收临时反补贴税	提高关税
临时措施的期限	4个月+5个月	4个月/不得延长	200天
最终措施	反倾销税	反补贴税	提高关税、数量限制
最终措施的期限	5年/可适当延长	5年/可适当延长	4年/最长10年

第三单元 外汇管理法律制度

使用“会计云课堂”App或“微信”扫码查看本单元视频，快速GET知识点。

【考点1】《外汇管理条例》的适用范围(P559)★★★

1. 外汇的概念

外汇包括外币现钞(包括纸币和铸币)、外币支付凭证或者支付工具(包括票据、银行存款凭证、银行卡)、外币有价证券(包括股票、债券)、特别提款权及其他外汇资产。

2.《外汇管理条例》的适用范围

(1)《外汇管理条例》在适用范围上采取属人主义与属地主义相结合的原则。

> 温馨小提示
>
> 对于《反垄断法》适用的地域范围，我国采用了“属地原则+效果原则”。

(2)境内机构和境内个人的外汇收支或者外汇经营活动，不论其发生在境内或者境外，均适用该条例。

(3)境内机构，是指境内的国家机关、企业、事业单位、社会团体、部队等，外国驻华外交领事机构和国际组织驻华代表机构除外。

(4)境内个人，是指中国公民和在中国境内连续居住满1年的外国人，外国驻华外交人员和国际组织驻华代表除外。

(5)境外机构和境外个人，仅对其发生在中国境内的外汇收支和外汇经营活动，适用该条例。

经典题解

【例题·单选题】《外汇管理条例》在适用范围上采取属人主义与属地主义相结合的原则，对于特定主体，仅对其发生在中国境内的外汇收支和外汇经营活动适用该条例。下列各项中，属于此类主体的是(　　)。(2019年)

A. 到广州旅游1个月的美国公民甲

B. 持中华人民共和国居民身份证的中国公民丁

C. 在北京设立的中德合资经营企业乙

D. 已在上海连续居住3年的法国公民丙

【解析】(1)选项A：甲属于境外个人，仅对其发生在中国境内的外汇收支和外汇经营活动适用该条例；(2)选项BD：中国公民和在中国境内连续居住满1年的外国人属于境内个人，境内个人的外汇收支或者外汇经营活动，不论其发生在境内或者境外，均适用该条例；(3)选项C：乙企业属于境内机构，不论其外汇收支或者外汇经营活动发生在境内或者境外，均适用该条例。

【答案】A

【考点2】经常项目（P559）★★★

1. 经常项目包括贸易收支、服务收支、收益（包括职工报酬和利息、红利等投资收益）和经常转移（也称单方面转移，如个人之间的无偿赠与或者政府之间的军事及经济援助、赠与、赔款等）。

温馨小提示

我国目前外汇管理的基本原则是经常项目开放（可自由兑换），资本项目部分管制。

2. 经常项目的外汇收支管理

（1）经常项目外汇收入

经常项目外汇收入实行意愿结汇制（而非强制结汇制）。经常项目外汇收入，可以按照国家有关规定保留或者卖给经营结汇、售汇业务的金融机构。

（2）经常项目外汇支出

经常项目外汇支出凭有效单证，无须审批。

（3）经常项目外汇收支需有真实、合法的交易基础

人民币经常项目可兑换后，对企业和个人经常项目项下用汇的管理，主要体现在对外汇收支及汇兑环节的真实性审核。

3. 个人外汇管理制度

（1）目前，对于个人结汇和境内个人购汇实行年度总额管理，年度总额为每人每年等值5万美元。

（2）个人经常项目项下外汇收支分为经营性外汇收支和非经营性外汇收支，对于个人开展对外贸易产生的经营性外汇收支，视同机构按照货物贸易的有关原则进行管理。

经典题解

【例题·单选题】根据外汇管理法律制度的规定，下列关于经常项目外汇管理制度的表述中，正确的是（　　）。（2020年）

A. 经常项目外汇收入实行强制结汇制

B. 经常项目包括贸易收支、服务收支和经常转移，但不包括投资收益

C. 经常项目外汇支出凭有效单证进行审批

D. 经常项目外汇收支需有真实、合法的交易基础

【答案】D

【考点3】资本项目（P562）★★

温馨小提示

境内个人在境外买房属于资本项目的外汇支出。

1. 资本项目包括资本转移、直接投资、证券投资、衍生产品投资、贷款以及非生产、非金融资产的收买或者放弃等。

经典题解

【例题1·多选题】根据外汇管理法律制度的规定，下列各项中，属于资本项目下外汇收支的有（　　）。（2011年）

A. 境内居民吴某投资B股所得股息

B. 中国投资有限责任公司收购美国摩根士丹利公司股权的价款

C. 日本政府向我国地震灾区提供的经济援助

D. 世界银行向中国政府提供的农业项目贷款

【解析】（1）选项 A：投资收益属于经常项目；（2）选项 C：单方面转移属于经常项目。

【答案】BD

【例题 2・多选题】根据外汇管理法律制度的规定，下列各项中，属于外汇经常项目的有（　　）。（2015 年）

A. 贸易收支　　B. 对外借款

C. 投资收益　　D. 单方面转移

【解析】选项 B：属于资本项目。

【答案】ACD

2. 资本项目的外汇收支管理

（1）资本项目外汇收入

资本项目外汇收入，保留或者卖给经营结汇、售汇业务的金融机构，应当经外汇管理机关批准，但国家规定无须批准的除外。

（2）资本项目外汇支出

资本项目外汇支出，凭有效单证以自有外汇支付或者向经营结汇、售汇业务的金融机构购汇支付。国家规定应当经外汇管理机关批准的，应当在外汇支付前办理批准手续。

【考点 4】直接投资项下的外汇管理（P563）★★★

1. 外商直接投资

无论是直接投资的汇入还是汇出，外国投资者应先在外汇局办理登记。

2. 境外直接投资

（1）境内机构可以使用自有外汇资金、符合规定的国内外汇贷款、人民币购汇或者实物、无形资产及经外汇局核准的其他外汇资产来源等进行境外直接投资。境内机构境外直接投资所得利润也可留存境外用于其境外直接投资。

（2）对于境内机构境外直接投资，已经取消了原来对外汇资金的来源审核，改为实行登记备案制度。

（3）多个境内机构共同实施一项境外直接投资的，由境内机构所在地外汇局分别向相关境内机构颁发境外直接投资外汇登记证。

（4）境内机构将其所得的境外直接投资利润（属于经常项目）汇回境内的，可以保存在其经常项目外汇账户或者办理结汇。

经典题解

【例题・多选题】根据外汇管理法律制度的规定，下列外汇资金中，境内机构可以用于境外直接投资的有（　　）。（2020 年）

A. 符合规定的国内外汇贷款

B. 自有外汇资金

C. 人民币购汇

D. 该机构留存境外的境外直接投资所得利润

【答案】ABCD

【考点5】间接投资项下的外汇管理（2022年重大调整）（P563）★★★

1. 合格境外机构投资者制度

（1）中国证监会、中国人民银行、国家外汇管理局2020年9月25日发布、2021年11月1日起施行的《合格境外机构投资者和人民币合格境外机构投资者境内证券期货投资管理办法》，将此前的QFII制度和人民币合格境外机构投资者（RQFII）制度合二为一，统称合格境外机构投资者，鼓励其使用来自境外的人民币资金进行境内证券期货投资。

（2）中国证监会、中国人民银行依法对合格境外投资者的境内证券期货投资实施监督管理，中国人民银行、国家外汇管理局依法对合格境外投资者境内银行账户、资金汇兑等实施监督管理。

2. 合格境内机构投资者制度

（1）合格境内机构投资者（QDII）制度是指符合条件的境内机构（如商业银行、证券公司、信托公司、保险公司和基金管理公司），经监管部门批准，在一定额度内，通过专用账户投资境外证券市场。

（2）中国证监会、银保监会分别负责各自监管范围内金融机构境外投资业务的市场准入，包括资格审批、投资品种确定以及相关风险管理。

名师敲黑板：该考点必须死记硬背，注意多选题。

（3）国家外汇管理局负责QDII机构境外投资额度、账户及资金汇兑管理。

（4）所谓人民币合格境内机构投资者（RQDII）制度，是指获得国家金融监管机构许可的境内金融机构，可以使用自有人民币资金或者募集境内机构和个人的人民币资金，投资于境外金融市场的人民币计价产品。RQDII开展境外投资，不得将人民币资金汇出境外购汇。

经典题解

【例题1·单选题】根据外汇管理法律制度的规定，负责对合格境内机构投资者（QDII）的境外投资额度进行管理的机构是（　　）。（2016年）

A. 财政部　　B. 国家外汇管理局

C. 国家发改委　　D. 中国证监会

【答案】B

【例题2·多选题】下列关于资本项目外汇收支管理的表述中，符合外汇管理法律制度规定的有（　　）。（2014年）

A. 外商直接投资的汇入和汇出均须在外汇局办理登记

B. 境内机构境外直接投资所获利润可以留存境外继续用于直接投资，也可汇回境内

C. 合格境内机构投资者（QDII）的境外投资额度由国家外汇管理局负责审定

D. 境内机构向境外直接投资，须由外汇局对外汇资金的来源进行审核

【解析】选项 D：对于境内机构境外直接投资，已经取消了原来对外汇资金的来源审核，改为登记备案制度。

【答案】ABC

【考点 6】外债管理（P564）★★

1. 外债的界定

外债包括境外借款、发行债券、国际融资租赁等。

2. 外商投资企业借用的外债资金可以结汇使用。除另有规定外，境内金融机构和中资企业借用的外债资金不得结汇使用。

3. 外保内贷

（1）境内非金融机构从境内金融机构借用贷款或者获得授信额度，在同时满足以下条件的前提下，可以接受境外机构或者个人提供的担保，并自行签订外保内贷合同：

①债务人为在境内注册经营的非金融机构；

②债权人为在境内注册经营的金融机构；

③担保标的为金融机构提供的本外币贷款（不包括委托贷款）或者有约束力的授信额度；

④担保形式符合境内外法律法规。

（2）外保内贷业务发生担保履约的，金融机构可以直接与境外担保人办理担保履约收款。境内债务人应到所在地外汇局办理短期外债签约登记及相关信息备案手续，外汇局在外债签约登记环节对债务人外保内贷业务的合规性进行事后核查。

（3）境内债务人因外保内贷项下担保履约形成的对外负债，其未偿本金余额不得超过其上年度末经审计的净资产数额。超出上述限额的，须占用其自身的外债额度；外债额度仍然不够的，按未经批准擅自对外借款进行处理。在境内债务人偿清其对境外担保人的债务之前，未经外汇局批准，境内债务人应暂停签订新的外保内贷合同；已经签订外保内贷合同但尚未提款或者尚未全部提款的，未经所在地外汇局批准，境内债务人应暂停办理新的提款。

【考点 7】人民币汇率与特别提款权（P565）★★★

1. 人民币汇率制度

（1）自 1994 年 1 月 1 日起，将“官方汇率”和“调剂市场汇率”两种汇率并轨。

（2）自 2005 年 7 月 21 日起，实行以市场供求为基础，参考“一篮子”货币进行调节、有管理的浮动汇率制度。

名师敲黑板

我国目前的人民币汇率制度属于单一汇率制度，但不是固定汇率，而是以市场供求为基础，参考“一篮子”货币进行调节、有管理的浮动汇率。

经典题解

【例题 1 · 多选题】下列关于人民币汇率制度的表述中，符合外汇管理法律制度规定的有（　　）。（2015 年）

A. 单一汇率制度

B. 固定汇率制度

C. 双重汇率制度

D. 有管理的浮动汇率制度

【答案】AD

【例题2·单选题】根据外汇管理法律制度的规定，下列关于人民币汇率制度的表述中，正确的是（　　）。（2016年）

A. 固定汇率制　　　　B. 双重汇率制

C. 自由浮动汇率制　　D. 有管理的浮动汇率制

【答案】D

【例题3·多选题】根据外汇管理法律制度的规定，下列关于当前人民币汇率制度的表述中，正确的有（　　）。（2018年）

A. 参考“一篮子”货币进行调节

B. 有管理的浮动汇率

C. 以市场供求为基础

D. 官方汇率与调剂市场汇率并存

【答案】ABC

2. 外汇市场

（1）基于参与主体和交易方式的不同，外汇市场可以划分为外汇零售市场和外汇批发市场。

（2）外汇批发市场是指以银行业金融机构为主、以非银行金融机构和非金融企业为辅的机构间外汇买卖市场，也称银行间外汇市场。

（3）外汇零售市场是指银行和企业、银行与个人客户之间进行柜台式外汇买卖所形成的市场。

经典题解

【例题·多选题】根据外汇管理法律制度的规定，外汇市场可以划分为外汇零售市场和外汇批发市场。下列市场参与者之间进行的外汇买卖中，属于外汇批发市场的有（　　）。（2019年）

A. 银行与企业之间进行的柜台式外汇买卖

B. 银行与个人客户之间进行的柜台式外汇买卖

C. 银行与银行之间进行的外汇买卖

D. 银行与其他非银行金融机构之间进行的外汇买卖

【解析】（1）选项AB：属于外汇零售市场；（2）选项CD：属于外汇批发市场。

【答案】CD

3. 特别提款权

（1）特别提款权是国际货币基金组织创设的一种特殊的国际储备和支付手段。当成员国发生国际收支逆差时，可以用特别提款权向基金组织指定的其他成员国换取特定种类的外汇。此外，特别提款权还可以与黄金、其他外汇资产一样充作国际储备。特别提款权本身不是货币，但具有价值，其价值由货币篮组成货币的币值按各自权重计算并加总而成。

（2）2015 年 12 月，国际货币基金组织执行董事会正式批准人民币加入特别提款权货币篮，人民币成为与美元、欧元、日元和英镑并列的第 5 种可自由使用货币。

温馨小提示

可自由使用货币的判定涉及相关货币在国际上的实际使用和交易，与货币是否可自由兑换是不同的概念，这也正是人民币尚未完全实现可自由兑换，却能被国际货币基金组织认定为可自由使用货币的原因所在。

经典题解

【例题 1 · 多选题】根据外汇管理法律制度的规定，下列关于特别提款权的表述中，正确的有（　　）。（2016 年）

A. 特别提款权是一种货币

B. 特别提款权本身具有价值

C. 特别提款权的“货币篮”目前由 5 种货币组成

D. 加入特别提款权“货币篮”标志着人民币完全实现了可自由兑换

【答案】BC

【例题 2 · 多选题】根据外汇管理法律制度的规定，下列货币中，属于特别提款权货币篮组成货币的有（　　）。（2017 年）

A. 美元　　B. 加拿大元

C. 英镑　　D. 人民币

【答案】ACD

【例题 3 · 多选题】根据外汇管理法律制度的规定，下列货币中，属于特别提款权货币篮组成货币的有（　　）。（2018 年）

A. 美元　　B. 日元

C. 人民币　　D. 加拿大元

【答案】ABC

本章小结

下载“会计云课堂”App 学习

您已成功完成“第十二章”的学习，本章共 20 个考点，您都学会了吗？

为了让您对章节有更清晰的理解，加倍巩固。本书作者郭守杰老师将通过**“视频导图课”**的方式，带您回顾重要考点。

名师点拨，视听结合，高效提分。

※ 欢迎您扫码，免费观看学习。

同步强化练习题

使用“会计云课堂”App 或“微信”扫码快速做题、对答案、看解析、掌握解题思路，开启轻松过关之旅。

一、单项选择题

1. 根据外商投资法律制度的规定，国家对外商投资实行准入前国民待遇加负面清单管理制度。负面清单由（　　）发布或者批准发布。
   A. 全国人民代表大会
   B. 国务院
   C. 国家发展和改革委员会
   D. 商务部

2. 根据外商投资法律制度的规定，鼓励外商投资产业目录由（　　）批准。
   A. 全国人民代表大会
   B. 国务院
   C. 国家发展和改革委员会
   D. 商务部

3. 根据外商投资法律制度的规定，下列关于准入前国民待遇加负面清单管理制度的表述中，不正确的是（　　）。
   A. 准入前国民待遇是指在投资准入阶段给予外国投资者及其投资不低于本国投资者及其投资的待遇
   B. 负面清单是指国家规定在特定领域对外商投资实施的准入特别管理措施
   C. 国家对负面清单之外的外商投资，给予国民待遇
   D. 负面清单由商务部发布或者批准发布

4. 根据外商投资法律制度的规定，下列关于外商投资合同效力的表述中，不正确的是（　　）。
   A. 对负面清单之外的领域形成的投资合同，当事人以合同未经有关行政主管部门批准、登记为由主张合同无效的，人民法院不予支持
   B. 对负面清单之外的领域形成的投资合同，当事人以合同未经有关行政主管部门批准、登记为由主张合同未生效的，人民法院不予支持
   C. 对负面清单禁止领域内的投资合同，当事人主张投资合同有效的，人民法院应予支持
   D. 对负面清单禁止领域内的投资合同，当事人主张投资合同无效的，人民法院应予支持

5. 根据外商投资法律制度的规定，下列情形中，地方各级人民政府及其有关部门可以改变其向外国投资者、外商投资企业依法作出的政策承诺的是（　　）。
   A. 行政区划调整
   B. 政府换届
   C. 相关责任人更替
   D. 因社会公共利益的需要

6. 根据涉外投资法律制度的规定，外商投资安全审查工作机制办公室设在（　　）。

A. 国家发展改革委
B. 工业和信息化部
C. 商务部
D. 国家市场监督管理总局

7. 某省属企业拟实施一项境外投资项目，中方投资额2亿美元，该投资项目所在国家不属于敏感国家，该项目也不属于敏感行业。下列表述中，符合对外直接投资法律制度规定的是（　　）。
A. 该项目应报国家发展改革委备案
B. 该项目应报国家发展改革委核准
C. 该项目应报该省发展改革部门备案
D. 该项目应报该省发展改革部门核准

8. 某地方企业拟在境外投资新闻传媒行业，中方投资额为2亿美元。根据涉外投资法律制度的规定，下列表述中，正确的是（　　）。
A. 该项目应由国家发展改革委备案
B. 该项目应由国家发展改革委核准
C. 该项目应由投资主体注册地的省级政府发展改革部门核准
D. 该项目应由投资主体注册地的省级政府发展改革部门备案

9.《中华人民共和国外商投资法》第40条规定："任何国家或者地区在投资方面对中华人民共和国采取歧视性的禁止、限制或者其他类似措施的，中华人民共和国可以根据实际情况对该国家或者该地区采取相应的措施。"该条款体现的原则是（　　）。
A. 统一管理原则
B. 平等互利原则
C. 公平自由原则
D. 互惠对等原则

10. 下列关于对外贸易经营者的表述中，符合对外贸易法律制度规定的是（　　）。
A. 对外贸易经营实行特许制，经营者需经审批并获得外贸经营资格
B. 国家可以允许部分数量的国营贸易管理货物的进出口业务由非授权企业经营
C. 对外贸易经营者包括法人和其他组织，但不包括个人
D. 从事货物进出口或者技术进出口的对外贸易经营者，应当向国家市场监督管理总局或其委托的机构办理备案登记

11. 根据对外贸易法律制度的规定，下列关于国营贸易的表述中，不正确的是（　　）。
A. 国家可以对部分货物的进出口实行国营贸易管理，国营贸易是世界贸易组织明文允许的贸易制度
B. 判断一个企业是不是国营贸易企业，关键是看该企业是否在国际贸易中享有专营权或者特许权，与该企业的所有制形式并无必然联系
C. 实行国营贸易管理的货物和经授权经营企业的目录，由商务部会同国务院其他有关部门确定、调整并公布
D. 实行国营贸易管理货物的进出口业务只能由经授权的企业经营

12. 根据对外贸易法律制度的规定，下列表述中，不正确的是（　　）。
A. 国家规定有数量限制的限制进出口货物，实行配额管理
B. 其他限制进出口货物，实行许可证管理
C. 对限制进出口的技术，实行许可证管理
D. 我国对自由进出口技术的进出口实行合同登记制度，合同自登记之日起生效

13. 根据对外贸易法律制度的规定，临时保障措施采取提高关税的形式，有权作出该决定的机构是（　　）。

A. 商务部
B. 海关总署
C. 国家税务总局
D. 国务院关税税则委员会

14. 根据对外贸易法律制度的规定，保障措施采取数量限制形式的，有权作出该决定的机构是（　　）。
A. 商务部
B. 海关总署
C. 国家税务总局
D. 国务院关税税则委员会

15. 应国内化工产业的申请，中国商务部对来自甲国的某化工产品进行了反倾销调查。根据对外贸易法律制度的规定，下列表述中，正确的是（　　）。
A. 自反倾销立案调查决定公告之日起6个月内，不得采取临时反倾销措施
B. 反倾销税税额不应超过终裁决定确定的倾销幅度
C. 甲国某化工产品的出口经营者必须接受商务部有关价格承诺的建议
D. 针对甲国某化工产品的反倾销税征收期限为5年，不得延长

16. 部分中国企业向商务部提出反倾销调查申请，要求对原产于某国的某化工原材料进口产品进行相关调查。商务部终局裁定确定倾销成立，决定征收反倾销税。根据对外贸易法律制度的规定，下列表述中，正确的是（　　）。
A. 构成倾销的前提是进口产品对我国化工原材料产业造成了实质损害，或者产生实质损害威胁
B. 对不同出口经营者应该征收同一标准的反倾销税税额
C. 征收反倾销税，由国务院关税税则委员会作出决定，商务部予以执行
D. 特殊情况下反倾销税税额可以超过终裁决定确定的倾销幅度

17. 根据对外贸易法律制度的规定，在任何情况下，一项保障措施的实施期限及其延长期限不得超过（　　）。
A. 4年
B. 5年
C. 10年
D. 20年

18. 根据外汇管理法律制度的规定，下列关于《外汇管理条例》适用范围的表述中，不正确的是（　　）。
A.《外汇管理条例》对适用范围的规定采取了属人主义与属地主义相结合的原则
B. 对于境外机构和境外个人而言，仅对其发生在中国境内的外汇收支和外汇经营活动适用该条例
C. 在中国境内连续居住满6个月的外国人，属于境内个人
D. 外国驻华外交人员和国际组织驻华代表，不属于境内个人

19. 根据外汇管理法律制度的规定，我国对企业和个人经常项目项下用汇的管理，主要体现为（　　）。
A. 对用汇额度的审核
B. 对外汇用途的审核
C. 对外汇收支及汇兑环节真实性的审核
D. 强制结售汇的管理

20. 根据外汇管理法律制度的规定，负责对合格境内机构投资者（QDII）的境外投资额度进行管理的机构是（　　）。
A. 财政部
B. 商务部
C. 国家外汇管理局
D. 中国证监会

21. 根据外汇管理法律制度的规定，下列关于特别提款权的表述中，不正确的是（　　）。

A. 特别提款权本身不是货币
B. 特别提款权本身具有价值
C. 人民币加入特别提款权“货币篮”标志着人民币属于可自由使用的货币
D. 人民币加入特别提款权“货币篮”标志着人民币完全实现了可自由兑换

二、多项选择题

1. 根据外商投资法律制度的规定，下列情形中，属于外商投资的有（　　）。
A. 外国的自然人与中国境内的自然人共同在中国境内设立外商投资企业
B. 外国的公司与中国境内的自然人共同在中国境内设立外商投资企业
C. 外国的公司取得中国境内合伙企业的财产份额
D. 外国的自然人与中国境内的自然人共同在中国境内投资新建项目

2. 根据外商投资法律制度的规定，下列关于投资促进的表述中，正确的有（　　）。
A. 与外商投资有关的规范性文件、裁判文书等，应当依法及时公布，未经公布的不得作为行政管理依据
B. 外商投资企业可以根据需要自行制定或者与其他企业联合制定企业标准
C. 国家制定的强制性标准对外商投资企业和内资企业平等适用
D. 政府及其有关部门不得阻挠和限制外商投资企业自由进入本地区和本行业的政府采购市场

3. 根据外商投资法律制度的规定，下列各项中，属于外商投资企业可以采用的融资方式有（　　）。
A. 在中国境内公开发行股票
B. 在中国境外公开发行股票
C. 在中国境外公开发行公司债券
D. 借用外债

4. 根据外商投资法律制度的规定，外国投资者的下列所得中，可以依法以人民币或者外汇自由汇入、汇出的有（　　）。
A. 资产处置所得
B. 取得的知识产权许可使用费
C. 依法获得的补偿或者赔偿
D. 清算所得

5. 根据涉外投资法律制度的规定，外商投资安全审查工作机制的牵头机构有（　　）。
A. 国家发展改革委
B. 工业和信息化部
C. 商务部
D. 国家市场监督管理总局

6. 根据涉外经济法律制度的规定，下列情形的外商投资，外国投资者或者境内相关当事人应当在实施投资前主动向外商投资安全审查工作机制办公室申报的有（　　）。
A. 在军事设施和军工设施周边地域投资
B. 投资关系国家安全的重要农产品，并取得所投资企业的实际控制权
C. 投资关系国家安全的重要文化产品与服务，并取得所投资企业的实际控制权
D. 投资关系国家安全的重要金融服务，并取得所投资企业的实际控制权

7. 根据对外贸易法律制度的规定，下列表述中，正确的有（　　）。
A. 只要依法办理了登记或者其他执业手续的单位和个人均可从事外贸经营，无须专门许可
B. 国家可以对部分货物的进出口实行国营贸易管理，实行国营贸易管理货物的进出口业务只能由经授权的企业经营
C. 国家对限制进出口的货物，实行配额、许可证等方式管理
D. 对限制进出口的技术，实行许可证管理，技术进出口合同自依法成立时生效

8. 根据对外贸易法律制度的规定，下列关于临时反倾销措施的表述中，正确的有（　　）。
   A. 自反倾销立案调查决定公告之日起60天内，不得采取临时反倾销措施
   B. 临时反倾销措施实施的期限，自临时反倾销措施决定公告规定实施之日起，不超过4个月；在特殊情形下，可以延长至9个月
   C. 征收临时反倾销税，由商务部作出决定并予以公告
   D. 要求提供保证金、保函或者其他形式的担保，由商务部作出决定并予以公告

9. 根据对外贸易法律制度的规定，下列关于反倾销措施中价格承诺的表述中，正确的有（　　）。
   A. 倾销进口产品的出口经营者在反倾销调查期间，可以向商务部作出改变价格或者停止以倾销价格出口的价格承诺
   B. 商务部可以向出口经营者提出价格承诺的建议，但不得强迫出口经营者作出价格承诺
   C. 商务部对倾销以及由倾销造成的损害作出肯定的初裁决定前，不得寻求或者接受价格承诺
   D. 出口经营者不作出价格承诺或者不接受价格承诺的建议的，不妨碍对反倾销案件的调查和确定

10. 根据对外贸易法律制度的规定，下列关于临时保障措施的表述中，正确的有（　　）。
   A. 临时保障措施采取提高关税的形式
   B. 采取临时保障措施，由商务部作出决定并予以公告
   C. 在采取临时保障措施前，商务部应当将有关情况通知保障措施委员会
   D. 临时保障措施的实施期限，自临时保障措施决定公告规定实施之日起，不得超过6个月

11. 下列各项中，属于《外汇管理条例》所规定的外汇的有（　　）。
   A. 中国银行开出的欧元本票
   B. 境内机构持有的纳斯达克上市公司股票
   C. 中国政府持有的特别提款权
   D. 中国公民持有的日元现钞

12. 根据外汇管理法律制度的规定，下列各项中，属于经常项目外汇收支的有（　　）。
   A. 服务贸易收支　　B. 单方面转移
   C. 直接投资　　D. 证券投资

13. 根据外汇管理法律制度的规定，下列各项中，属于境内机构资本项目外汇支出的有（　　）。
   A. 外商投资企业依法清算后的资金汇出
   B. 外商投资企业外方所得利润在境内再投资
   C. 外商投资企业经营期间的利润汇出
   D. 外商投资企业外籍员工的工资汇出

14. 根据外汇管理法律制度的规定，下列关于直接投资项下外汇管理的表述中，不正确的有（　　）。
   A. 外商直接投资的汇入和汇出均应在外汇局办理登记
   B. 境内机构向境外直接投资，应由外汇局对外汇资金的来源进行审核
   C. 境内机构境外直接投资所获利润可以留存境外继续用于直接投资，也可汇回境内
   D. 境内机构将其所得的境外直接投资利润汇回境内的，可以保存在其资本项目外汇账户或者办理结汇

15. 根据外汇管理法律制度的规定，下列各项中，境内机构可以用于境外直接投资的有（　　）。
A. 符合规定的国内外汇贷款
B. 人民币购汇
C. 无形资产
D. 该机构留存境外的境外直接投资所得利润

16. 根据外汇管理法律制度的规定，下列关于合格境内机构投资者（QDII）制度的管理环节中，属于国家外汇管理局职责范围的有（　　）。
A. 资格审批
B. 投资额度的审定
C. 投资品种的确定
D. 资金汇兑管理

17. 根据外汇管理法律制度的规定，下列关于人民币汇率制度的表述中，正确的有（　　）。
A. 单一汇率制
B. 固定汇率制
C. 自由浮动汇率制
D. 有管理的浮动汇率制

18. 根据外汇管理法律制度的规定，下列货币中，属于特别提款权货币篮组成货币的有（　　）。
A. 欧元
B. 日元
C. 人民币
D. 卢布

同步强化练习题参考答案及解析

使用"会计云课堂"App或"微信"扫码对答案、看解析、掌握解题思路，开启轻松过关之旅。

一、单项选择题

1.【答案】B

2.【答案】B

3.【答案】D

4.【答案】C

5.【答案】D

6.【答案】A

7.【答案】C

8.【答案】B
【解析】涉及敏感国家和地区、敏感行业（包括但不限于新闻传媒）的境外投资项目，由国家发展改革委核准。

9.【答案】D

10.【答案】B

11.【答案】D
【解析】选项D：国家允许部分数量的国营贸易管理货物的进出口业务由非授权企业经营。

12.【答案】D
【解析】选项D：此种合同登记仅具有备案意义，合同自依法成立时生效，不以登记作为合同生效的条件。

13.【答案】D

14.【答案】A

15.【答案】B
【解析】(1)选项A：自反倾销立案调查决定公告之日起60天内，不得采取临时反倾销措施；(2)选项C：商务部可以向出口经营者提出价格承诺的建议，但不得强迫出口经营者作出价格承诺；(3)选项D：反倾销税的征收期限不超过5年，但经商务部复审确定终止征收反倾销税有可能导致倾销和损害的继续或者再度发生的，反倾销税的征收期限可以适当延长。

16.【答案】A
【解析】(1)选项B：反倾销税应当根据不同出口经营者的倾销幅度，分别确定；(2)选项C：反倾销税由海关执行；(3)选项D：在任何情形下，反倾销税税额不超过终裁决定确定的倾销幅度。

17.【答案】C

18.【答案】C
【解析】选项C：在中国境内连续居住满1年的外国人，属于境内个人。

19.【答案】C

20.【答案】C

21.【答案】D
【解析】选项D：人民币尚未完全实现可自由兑换(资本项目还存在限制)。

二、多项选择题

1.【答案】ABCD

2.【答案】ABCD

3.【答案】ABCD

4.【答案】ABCD

5.【答案】AC

6.【答案】ABCD

7.【答案】AC
【解析】(1)选项B：国家允许部分数量的国营贸易管理货物的进出口业务由非授权企业经营；(2)选项D：对限制进出口的技术，技术进出口合同自许可证颁发之日起生效。

8.【答案】ABD
【解析】选项C：征收临时反倾销税，由商务部提出建议，国务院关税税则委员会根据商务部的建议作出决定，由商务部予以公告。

9.【答案】ABCD

10.【答案】AC
【解析】(1)选项B：采取临时保障措施，由商务部提出建议，国务院关税税则委员会根据商务部的建议作出决定，由商务部予以公告；(2)选项D：临时保障措施的实施期限，自临时保障措施决定公告规定实施之日起，不得超过200天。

11.【答案】ABCD

12.【答案】AB
【解析】(1)选项AB：属于经常项目；(2)选项CD：属于资本项目。

13.【答案】AB
【解析】选项CD：属于经常项目外汇支出。

14.【答案】BD
【解析】(1)选项B：对于境内机构境

外直接投资，已经取消了原来对外汇资金的来源审核，改为实行登记备案制度；（2）选项D：境内机构将其所得的境外直接投资利润汇回境内的，可以保存在其经常项目外汇账户或者办理结汇。

15.【答案】ABCD

16.【答案】BD

17.【答案】AD

18.【答案】ABC

03

第三部分

跨章节案例分析题演练

跨章节案例分析题演练

使用“会计云课堂”App或“微信”扫码快速做题、对答案、看解析、掌握解题思路，开启轻松过关之旅。

【案例1】

甲、乙、丙、丁共同投资设立了A有限合伙企业（以下简称“A企业”）。合伙协议的部分内容如下：甲、乙为普通合伙人，分别出资10万元；丙、丁为有限合伙人，分别出资15万元；由甲执行合伙企业事务，对外代表A企业。

A企业存续期间，发生如下事项：

（1）2022年1月，丁自营同A企业相竞争的业务，获利250万元。乙认为，由于合伙协议对此没有约定，因此，丁不得自营同A企业相竞争的业务，其获利250万元应当归A企业所有。

（2）2022年2月，丙以其在A企业中的财产份额出质向B银行借款50万元。乙认为，由于合伙协议对此没有约定，因此，丙不得将其在A企业中的财产份额出质。

（3）2022年3月，甲以其在A企业中的财产份额出质向B银行借款60万元，乙、丙、丁对该事项并不知情。

（4）2022年4月1日，A企业向B银行贷款100万元，期限3个月。4月10日，经全体合伙人一致同意，普通合伙人乙转变为有限合伙人，有限合伙人丙转变为普通合伙人。4月20日，丁提出退伙，并办理了退伙结算，丁从A企业取回财产20万元。7月1日，B银行的贷款到期，A企业的全部财产只有40万元。

要求：

根据上述内容，分别回答下列问题：

（1）根据本题要点（1）所提示的内容，乙的主张是否符合法律规定？并说明理由。

（2）根据本题要点（2）所提示的内容，乙的主张是否符合法律规定？并说明理由。

（3）根据本题要点（3）所提示的内容，甲的出质行为是否有效？并说明理由。

（4）根据本题要点（4）所提示的内容，债权人B银行能否要求合伙人乙承担无限连带责任？并说明理由。

（5）根据本题要点（4）所提示的内容，债权人B银行能否要求合伙人丙承担无限连带责任？并说明理由。

（6）根据本题要点（4）所提示的内容，债权人B银行能否要求合伙人丁承担无限连带责任？并说明理由。

【案例 2】

2021 年 1 月，陈某、王某、林某共同出资设立甲普通合伙企业（以下简称“甲企业”）。全体合伙人一致决定由陈某执行合伙企业事务，并约定标的额超过 50 万元的交易（包括借贷），须经全体合伙人一致同意。

2021 年 7 月，为扩大合伙企业经营规模，陈某未经其他合伙人同意，代表甲企业向不知情的郑某借款 100 万元，双方签订借款合同，约定借款期限为 1 年。陈某的朋友李某单方以书面形式向郑某作出保证，郑某接收且未提出异议。陈某的另一朋友蔡某与郑某签订抵押合同，以其车辆为该借款提供抵押担保，但未办理抵押登记。

2022 年 1 月，经陈某、王某同意，林某退出合伙企业。同月，赵某加入合伙企业。

2022 年 7 月，借款期满，甲企业无力清偿借款本息，郑某以甲企业、陈某、王某、林某、赵某、李某、蔡某为被告，向人民法院提起诉讼，请求甲企业清偿借款本息，陈某、王某、林某、赵某对该债务承担无限连带责任，请求李某对该债务承担保证责任，请求对蔡某抵押的车辆行使抵押权。

对于郑某的诉讼请求，王某抗辩称：陈某代表甲企业向郑某的借款，超出了甲企业对陈某的交易限制，该借款合同无效。林某抗辩称：自己已经退出甲企业，无须对该借款承担无限连带责任。赵某抗辩称：自己在借款合同签订之后才加入甲企业，无须对该借款承担无限连带责任。李某抗辩称：（1）自己只是单方以书面形式向郑某作出保证，未曾与郑某签订保证合同，因此保证合同不成立；（2）即使保证合同成立，郑某也应首先就蔡某抵押的车辆行使抵押权。蔡某抗辩称：车辆抵押未办理登记，抵押权未设立。

已知：郑某与李某、蔡某就实现担保权利的顺序未作约定。

要求：

根据上述内容，分别回答下列问题：

（1）借款合同是否有效？并说明理由。

（2）林某的抗辩是否成立？并说明理由。

（3）赵某的抗辩是否成立？并说明理由。

（4）李某的抗辩（1）是否成立？并说明理由。

（5）李某的抗辩（2）是否成立？并说明理由。

（6）蔡某的抗辩是否成立？并说明理由。

【案例 3】

2022 年 3 月，甲公司因业务需要分别向乙公司和丙公司购买挖掘机和水泥。为筹措资金，甲公司与丁公司签订借款合同，约定借款 1000 万元，期限 1 个月，月利率为 2%。庚公司以其塔吊为该笔债务设定抵押，庚公司与丁公司签订了书面抵押合同，但未办理抵押登记。此外，应甲公司的要求，张某单方以书面形式向丁公司作出保证，丁公司接收且未提出异议。在张某出具的保证书中，约定保证方式为连带责任保证，但未约定承担担保责任的先后顺序。

甲公司和乙公司在挖掘机买卖合同中约定：挖掘机价款为 400 万元，乙公司应于 2022 年 4 月 1 日前交付挖掘机；合同签订次日，甲公司应给付定金 100 万元。合同签订的次日，甲公司如数给付定金。之后，甲公司与辛公司签订挖掘机买卖合同，约定甲公司于 2022

年 4 月 5 日前向辛公司交付挖掘机。最终，乙公司表示 2022 年 5 月 10 日才能向甲公司交付挖掘机。此时，因甲公司不能向辛公司按时交货，该买卖合同已被辛公司解除，甲公司为此遭受损失 120 万元。鉴于乙公司的履行已无意义，甲公司拒绝接受乙公司的履行，通知乙公司解除合同，要求适用定金罚则由乙公司双倍返还定金 200 万元，并赔偿损失 120 万元。乙公司不同意解除合同，拒绝赔偿 120 万元的损失。乙公司还提出，自己不能按时交货是第三人戊公司的过错造成的，不应适用定金罚则。

甲公司和丙公司在水泥买卖合同中约定：水泥价款为 600 万元，甲公司应于收货后 10 日内检验水泥质量并通知丙公司，甲公司于质量检验合格后 7 日内一次付清全部价款。甲公司收货后，由于业务繁忙，至收货后的第 12 日才开始验货，发现水泥质量存在严重问题，不能正常使用，遂通知丙公司解除合同，丙公司拒绝。验货次日，甲公司所在地暴发泥石流，水泥全部毁损。

甲公司未能按期偿还丁公司的借款，丁公司要求张某承担保证责任，张某拒绝，理由是：（1）自己并未与丁公司签订书面保证合同，因此保证合同不成立；（2）即使自己应承担保证责任，丁公司也应首先实现庚公司提供的抵押，对于不足部分自己才承担保证责任。丁公司遂诉至人民法院，请求甲公司偿还借款本金 1000 万元及利息 20 万元。

已知：甲公司与丁公司的借款合同成立时一年期贷款市场报价利率为 3.6%。

要求：

根据上述内容，分别回答下列问题：

（1）甲公司是否有权解除与乙公司的买卖合同？并说明理由。

（2）由于第三人戊公司的过错致使乙公司不能按时交货，能否适用定金罚则？并说明理由。

（3）甲公司能否请求乙公司双倍返还定金 200 万元？并说明理由。

（4）适用定金罚则后，甲公司能否请求乙公司再赔偿 120 万元的损失？并说明理由。

（5）甲公司是否有权解除与丙公司的买卖合同？并说明理由。

（6）水泥遭泥石流毁损的损失由谁承担？并说明理由。

（7）丁公司与张某的保证合同是否成立？并说明理由。

（8）张某关于“丁公司应首先执行庚公司提供的抵押”的主张是否成立？并说明理由。

（9）对于丁公司向甲公司主张的 20 万元利息，人民法院应支持多少金额？并说明理由。

【案例 4】

甲公司需要使用乙公司生产的塔吊，但无力购买，遂请求丙公司购买并出租给自己。2022 年 4 月 1 日，甲、丙公司签订融资租赁合同，约定如下：丙公司购买乙公司生产的塔吊，价款 500 万元；甲公司租赁该塔吊 10 年，年租金 80 万元。

2022 年 4 月 10 日，丙公司为支付货款向丁公司借款 100 万元，双方约定：借款期限 6 个月，利息 10 万元在本金中预先扣除，丁公司实际支付给丙公司 90 万元。为担保该借款债权，丙公司以其一台价值 40 万元的车辆作抵押，丙公司与丁公司签订了抵押合同，但未办理抵押登记；戊公司作为保证人与丁公司签订了保证合同，约定保证方式为连带责任保证，但丁公司与丙公司、戊公司未约定担保权利实现的先后顺序。

2022 年 5 月 1 日，丙公司将该抵押车辆交给庚公司维修。后来，因丙公司拖欠庚公司 20 万元的仓储费用，该车辆被庚公司留置。

丙公司和丁公司约定的借款期限届满后，丙公司无力清偿借款。丁公司拟行使抵押权，发现该车辆已经被庚公司留置。丁公司主张就被留置车辆行使抵押权，理由如下：(1) 庚公司留置该车辆，与其享有的仓储费债权不属于同一法律关系，故庚公司无权留置该车辆；(2) 即使庚公司有权留置该车辆，因抵押权设立在先，丁公司有权优先行使抵押权。
丁公司请求戊公司承担连带保证责任，戊公司抗辩称，该借款债权还存在抵押担保，丁公司应首先行使抵押权。
在融资租赁期间，由于塔吊存在质量问题，吊装的物品坠落并砸伤行人王某，甲公司被迫停产修理。王某请求丙公司承担赔偿责任，遭到丙公司的拒绝。在修理期间，该塔吊因遭雷击全部毁损。丙公司请求甲公司继续支付租金，遭到甲公司的拒绝。

已知：甲公司和丙公司在融资租赁合同中对租赁物毁损、灭失的风险承担等问题未作出约定。

要求：

根据上述内容，分别回答下列问题：
(1) 甲公司拒绝向丙公司继续支付租金是否符合法律规定？并说明理由。
(2) 丙公司拒绝向王某承担赔偿责任是否符合法律规定？并说明理由。
(3) 丙公司向丁公司借款的本金是多少？并说明理由。
(4) 丁公司主张行使抵押权的理由 (1) 是否符合法律规定？并说明理由。
(5) 丁公司主张行使抵押权的理由 (2) 是否符合法律规定？并说明理由。
(6) 戊公司的抗辩理由是否成立？并说明理由。

【案例 5】

甲企业营业执照上载明的主营业务为生产销售挖掘机。2022 年 4 月 1 日，甲企业与乙银行签订借款合同，借款合同约定：甲企业向乙银行借款 8000 万元，借款期限自 2022 年 4 月 1 日至 2022 年 6 月 30 日。甲企业将其现有的以及将有的生产设备、原材料、半成品、产品等一并抵押给乙银行，双方于 2022 年 4 月 1 日签订了抵押合同，并于 2022 年 4 月 5 日办理了抵押登记。此外，应甲企业的要求，张某单方以书面形式向乙银行作出保证，乙银行接收且未提出异议。在张某出具的保证书中，约定保证方式为连带责任保证，但未约定承担担保责任的先后顺序。此外，张某在保证书中承诺其“承担保证责任直至主债务本息还清时为止”。
2022 年 4 月 20 日，甲企业未经乙银行同意，将自己生产的一台挖掘机以 40 万元的市场价格卖给丙公司，丙公司支付了货款，甲企业已经将该挖掘机交付给丙公司。
2022 年 4 月 25 日，甲企业未经乙银行同意，将其用于生产挖掘机的 A 型号数控机床以 1000 万元的市场价格卖给丁公司，丁公司在未进行抵押信息查询的情况下支付了货款，甲企业已经将该数控机床交付给丁公司。
2022 年 5 月 1 日，甲企业与戊公司签订租赁合同，戊公司将一辆大卡车出租给甲企业，租期 3 年。2022 年 5 月 10 日，该卡车出现故障，甲企业请求戊公司维修，戊公司未予理会。甲企业遂将其送至庚公司修理，因甲企业之前欠庚公司 80 万元的买卖合同货款，该卡车被庚公司留置。戊公司请求庚公司返回该卡车，被庚公司拒绝。
2022 年 6 月 1 日，甲企业从辛公司融资租赁一台价值 2000 万元的 B 型号数控机床。为担保租金的实现，辛公司和甲企业以该数控机床订立了担保合同，并在该数控机床交付后 10 日内办理了登记。
2022 年 7 月 1 日，甲企业向乙银行的借款到期，甲企业无力偿还借款本息。乙银行要求张某承担保证责任，张某则主张：该债权既有保证担保，又有甲企业的抵押担保，乙银行应首先行使抵押权。乙银行拟就 B 型号数控机床行使抵押权，辛公司则主张其权利优先于乙银行在先设立的浮动抵押权。

要求：

根据上述内容，分别回答下列问题：
（1）乙银行的浮动抵押权何时设立？并说明理由。
（2）乙银行与张某之间的保证合同是否成立？并说明理由。
（3）张某的保证期间为多长？并说明理由。
（4）张某提出乙银行应首先实现抵押权的主张是否成立？并说明理由。
（5）乙银行是否有权就丙公司所购买的挖掘机主张抵押权？并说明理由。
（6）乙银行是否有权就丁公司所购买的数控机床主张抵押权？并说明理由。
（7）戊公司是否有权请求庚公司返回该卡车？并说明理由。
（8）辛公司关于“其权利优先于乙银行在先设立的浮动抵押权”的主张是否成立？并说明理由。

【案例 6】

甲公司于 2012 年 4 月在上海证券交易所主板上市，因 2020 年、2021 年经审计的净利润连续为负值，上海证券交易所对其股票实施了退市风险警示。乙国有独资公司（以下简称“乙公司”）为甲公司的控股股东，持有甲公司 40% 的股份。甲公司 2021 年度经审计的合并财务会计报告期末资产总额为 20 亿元。
为了解决甲公司面临的严重财务困难，甲公司、乙公司与丙公司经多次磋商，丙公司提出的重大资产重组计划及具体时间表得到了甲公司和乙公司的高度认可。2022 年 3 月 1 日，三方拟订了重大资产重组方案，该方案的部分要点如下：（1）甲公司将其全部经营性资产作价 25 亿元出售给乙公司；（2）乙公司将其持有的甲公司 40% 的股份作价 25 亿元协议转让给丙公司；（3）丙公司将其全资子公司丁公司 100% 的股权作价 25 亿元协议转让给甲公司；（4）丙公司承诺 3 年内不转让其持有的甲公司股份。
丁公司为 2016 年 4 月设立的有限责任公司，2019 年、2020 年和 2021 年的净利润分别为 1000 万元、3000 万元和 5000 万元。截至 2021 年 12 月 31 日，丁公司的资产总额为 28 亿元。
2022 年 3 月 10 日，乙公司与丙公司签订了股份转让协议。该协议的部分要点如下：（1）股份转让价款合计为 25 亿元；（2）丙公司以现金方式支付股份转让价款，丙公司应当于股份转让协议签订后 5 个工作日内向乙公司支付 5 亿元的保证金，其余价款在股份过户前全部结清。
乙公司与丙公司签订股份转让协议后，乙公司报履行出资人职责的机构审核批准。履行出资人职责的机构指出了该协议中存在的不符合规定之处，乙公司与丙公司协商后对协议中的相关内容进行了修改。
在股份过户之前，丙公司要求乙公司将甲公司董事会半数以上成员更换为丙公司委派的人员，遭到乙公司的拒绝。

2022 年 5 月 18 日，甲公司召开临时股东大会审议重大资产重组事项。除乙公司回避表决外，其他出席股东大会的股东所持的表决权合计为 33%，其中，投赞成票的股东所持的表决权合计为 22%。会议结束后，在表决时投反对票的股东王某要求甲公司回购其所持有的甲公司全部股份，被甲公司董事会拒绝。

2022 年 7 月 14 日，甲公司再次召开临时股东大会，讨论吸收合并丁公司的事项，出席股东大会的股东一致通过了该项决议。

甲公司和丁公司于 2022 年 7 月 15 日分别通知了各自的已知债权人，并于 2022 年 7 月 18 日在报纸上进行了公告。戊银行对甲公司享有一笔 2022 年 12 月 3 日到期的借款债权，接到甲公司的合并通知后，2022 年 7 月 28 日，戊银行向甲公司提出偿债请求，甲公司以债务尚未到期为由，予以拒绝。

要求：

根据上述内容，分别回答下列问题：

（1）2022 年 5 月 18 日，甲公司召开临时股东大会对本次重大资产重组事项进行表决时，临时股东大会能否通过本次重大资产重组事项？并说明理由。

（2）甲公司董事会是否有权拒绝回购王某所持有的甲公司股份？并说明理由。

（3）乙公司非公开协议转让所持上市公司股份的做法是否符合企业国有资产法律制度的规定？并说明理由。

（4）在乙公司与丙公司签订的股份转让协议中，有哪些内容不符合企业国有资产法律制度的规定？并说明理由。

（5）在股份过户之前，丙公司要求乙公司将甲公司董事会半数以上成员更换为丙公司委派的人员，是否符合证券法律制度的规定？并说明理由。

（6）丁公司的净利润指标是否符合证券法律制度的规定？并说明理由。

（7）丙公司是否应当向甲公司的所有剩余股东发出收购要约？并说明理由。

（8）甲公司拒绝戊银行偿债请求的理由是否成立？并说明理由。

【案例 7】

A 公司为在上海证券交易所主板上市的上市公司。某机构投资者在对 A 公司进行调研时，发现 A 公司如下信息：

（1）甲为 A 公司的实际控制人，通过 B 公司持有 A 公司 34%的股份。甲担任 A 公司的董事长、法定代表人。2020 年 4 月 7 日，经董事会决议（甲回避表决），A 公司为 B 公司向 C 银行借款 4000 万元提供连带责任保证，并发布公告予以披露。2021 年 3 月 1 日，C 银行通知 A 公司，B 公司的借款到期未还，要求 A 公司承担保证责任。A 公司为此向 C 银行支付了 4100 万元借款本息。

（2）乙在 2020 年 12 月至 2021 年 2 月末期间连续买入 A 公司股票，持有 A 公司股份总额达到 3%。A 公司为 B 公司承担保证责任后，乙于 2021 年 3 月 5 日直接向人民法院提起股东代表诉讼，要求甲赔偿 A 公司因承担保证责任造成的损失。甲则辩称：乙在起诉前未向公司监事会提出书面请求，故请求人民法院驳回乙的起诉。

（3）2021 年 3 月 8 日，A 公司公告拟于 2021 年 4 月 1 日召开年度股东大会。董事会推荐了 3 名独立董事候选人，其中，候选人丙为 B 公司财务主管，候选人丁持有 A 公司 1%的股份。

（4）2021 年 3 月 24 日，乙向 A 公司董事会书面提出年度股东大会临时提案，要求罢免甲的董事职务。A 公司董事会当即拒绝将该临时提案列为年度股东大会审议事项。2021 年 3 月 25 日，乙联合持有 A 公司 8%股份的股东张某，共同公告拟于 2021 年 4 月 1 日在同一地点召开 A 公司临时股东大会。2021 年 4 月 1 日，A 公司的两个“股东大会”在同一酒店同时召开。出席“年度股东大会”的股东持有 A 公司股份总额的 35%；出席“临时股东大会”的股东持有 A 公司股份总额的 40%。

（5）2021 年 4 月 21 日，B 公司与乙达成股份转让协议。2021 年 4 月 23 日，A 公司、B 公司和乙联合公布了该协议内容：B 公司将所持 A 公司 27%的股份转让给乙，转让后 B 公司仍持有 A 公司 7%的股份；同时，乙向 A 公司全体股东发出要约，拟另行收购 A 公司已发行股份的 4%。随后，甲辞职，乙被股东大会选举为董事。

（6）2021 年 6 月 3 日，A 公司董事会通过决议，决定购买乙控制的 D 公司 100%的股权，该交易金额达到 A 公司资产总额的 25%。2021 年 12 月 6 日，A 公司董事会又通过决议，决定购买乙所持 E 公司的全部股权，该交易金额达到 A 公司资产总额的 20%。

要求：

根据上述内容，分别回答下列问题：

（1）A 公司董事会为 B 公司提供担保的决议是否有效？并说明理由。

（2）乙是否具备对甲提起股东代表诉讼的资格？甲请求人民法院驳回乙起诉的理由是否成立？并分别说明理由。

（3）丙、丁是否符合 A 公司独立董事的任职资格？并分别说明理由。

（4）2021 年 3 月 24 日，乙提出的临时提案是否应被列为 A 公司年度股东大会审议事项？并说明理由。

（5）2021 年 4 月 1 日，乙与股东张某共同召集 A 公司临时股东大会的程序是否合法？并说明理由。

（6）乙在受让 B 公司转让的 A 公司 27%的股份时，向 A 公司全体股东发出要约收购 4%的股份是否符合法律规定？并说明理由。

（7）2021 年 12 月 6 日，A 公司董事会通过的购买乙所持 E 公司股权的决议是否有效？并说明理由。

【案例 8】

甲公司是在上海证券交易所主板上市的上市公司，赵某担任甲公司的董事兼总经理，并持有该公司股票 10 万股。钱某为甲公司的董事长兼法定代表人。

2021 年 4 月 20 日，甲公司董事会发布公告：公司将于 2021 年 5 月 16 日召开 2020 年度股东大会，审议公司利润分配方案。2021 年 5 月 4 日，持有甲公司 3%股份的周某（持股期限为 120 日）向甲公司董事会提交临时提案，提议解除赵某的董事职务，并推举康某为新的董事。甲公司董事会收到该提案后当日通知了其他股东，并将该临时提案提交股东大会审议。

2021 年 5 月 16 日，股东大会依法通过了 2020 年度利润分配方案，决议中载明的利润分配完成时间为 90 日，而甲公司章程规定的时间为 30 日。此外，经出席股东大会的股东所持表决权过半数通过，股东大会解除了赵某的董事职务。赵某当即提出，自己的任期还有 19 个月，自己在执行董事职务时一直兢兢业业，并无任何不当行为，股东大会不得无故提前解除自己的董事职务。赵某要求甲公司支付合理的补偿，被甲公司拒绝。2021年5月18日，赵某向人民法院提起诉讼，请求人民法院确认甲公司股东大会的该项决议不发生效力。

2021年5月19日，周某向人民法院提起诉讼，请求人民法院撤销甲公司股东大会决议中关于利润分配完成时间的规定。

2021年6月1日，钱某召集甲公司的董事会，9名董事中有4人出席，另有1名董事孙某因故未能出席，书面委托钱某代为出席投票。经钱某提议，出席董事会的全体董事通过决议，从即日起免除赵某总经理的职务，并聘任吴某为甲公司总经理。赵某提出，自己的聘期还有19个月，自己在执行总经理职务时一直兢兢业业，并无任何不当行为，董事会不得无故提前解除自己的总经理职务。2021年6月6日，悲愤交加的赵某卖出所持的2万股甲公司股票。

2021年6月10日，吴某将甲公司的1000台挖掘机低价卖给其父亲开立的乙公司，给甲公司造成了8000万元的经济损失。2021年8月4日，甲公司对吴某提起诉讼，要求吴某赔偿损失。吴某辩称，该交易已经履行了信息披露、经股东大会同意等法律、行政法规或者公司章程规定的程序，自己无须承担赔偿责任。

2021年8月10日，余怒未消的赵某向中国证监会书面举报称：（1）甲公司曾通过其子公司丙公司向甲公司全体董事提供低息借款，用于个人购房；（2）2021年4月1日，甲公司召开的董事会通过决议为母公司丁公司向银行借款10亿元提供担保，但甲公司并未公开披露该担保事项。

2021年8月16日，中国证监会宣布对甲公司涉嫌虚假陈述的行为立案调查。2021年9月10日，中国证监会宣布：经调查，甲公司存在虚假陈述行为，决定对甲公司给予警告，并处罚款500万元；认定钱某等董事为直接责任人员，并处罚款100万元。钱某辩称，甲公司未披露担保事项是公司实际控制人的要求，自己只是遵照指令行事，不应受处罚。

要求：

根据上述内容，分别回答下列问题：

（1）2021年5月4日，周某是否有资格向甲公司董事会提交临时提案？并说明理由。

（2）周某请求人民法院撤销甲公司股东大会决议中关于利润分配完成时间的规定，能否获得人民法院的支持？并说明理由。

（3）赵某请求人民法院确认甲公司股东大会解除其董事职务的决议不发生效力，能否获得人民法院的支持？并说明理由。

（4）2021年6月1日，甲公司董事会的出席人数是否符合规定？并说明理由。

（5）甲公司董事会能否在无正当理由的情况下解除赵某的总经理职务？并说明理由。

（6）2021年6月6日，赵某卖出所持甲公司2万股股票的行为是否合法？并说明理由。

（7）吴某的抗辩理由能否获得人民法院的支持？并说明理由。

（8）甲公司通过丙公司向所有董事提供低息借款的行为是否合法？并说明理由。

（9）2021年4月1日，甲公司董事会通过的为丁公司提供担保的决议是否合法？并说明理由。

（10）钱某的抗辩理由是否成立？并说明理由。

【案例 9】

A 公司因拖欠 B 公司债务被诉至人民法院并败诉，判决生效后，B 公司请求甲地级市乙县人民法院执行 A 公司（住所地为丙地级市丁县）位于乙县的某房产。乙县人民法院在执行中发现，A 公司不能清偿到期债务且资产不足以清偿全部债务。后经 A 公司书面同意，该执行案件移送破产审查。2022 年 7 月 1 日，受移送人民法院裁定受理 A 公司破产案件，同时指定了破产管理人。

管理人接管 A 公司后，在清理债权债务过程中发现：

（1）此前 B 公司对 A 公司提起诉讼和申请强制执行的过程中，A 公司尚未支付的案件受理费、执行申请费合计为 3000 元，A 公司尚未支付的执行程序中产生的评估费、公告费、保管费等执行费用合计为 5000 元。

（2）破产申请受理后，因 A 公司未履行生效法律文书应当加倍支付的迟延利息为 1000 元。2022 年 7 月 20 日，经债权人会议决议通过，管理人为继续营业而向戊银行借款 1000 万元。戊银行主张，其债权应优先于普通破产债权清偿。

要求：

根据上述内容，分别回答下列问题：

（1）乙县人民法院移送的 A 公司破产案件，根据级别管辖和地域管辖的规则，应当由哪个人民法院管辖？并说明理由。

（2）乙县人民法院在作出执行案件移送破产审查决定前，应当履行何种审核程序？并说明理由。

（3）A 公司尚未支付的案件受理费、执行申请费以及执行程序中产生的评估费、公告费、保管费等执行费用，应如何处理？

（4）因 A 公司未履行生效法律文书应当加倍支付的迟延利息，债权人作为破产债权申报的，人民法院是否应予确认？并说明理由。

（5）戊银行关于其债权应优先于普通破产债权清偿的主张，人民法院是否应予支持？并说明理由。

【案例 10】

甲上市公司（以下简称“甲公司”）于 2016 年 4 月 1 日在上海证券交易所主板上市。甲公司的股本总额为 8000 万股。

2022 年 3 月 10 日，债权人 A 公司以甲公司不能清偿到期债务为由向人民法院提出破产清算申请。甲公司对此向人民法院提出异议称：本公司虽然暂时因流动资金不足无法立即清偿债务，但公司净资产仍为正值，并未出现资不抵债。4 月 1 日，人民法院裁定受理破产申请，同时指定了管理人。

在人民法院宣告甲公司破产之前，2022 年 6 月 1 日，持有甲公司 12% 股份的乙公司向人民法院申请对甲公司进行破产重整。人民法院经审查后认为，该重整申请符合法律规定，裁定甲公司重整。

重整期间，经甲公司申请，人民法院批准，甲公司在管理人的监督下自行管理公司财产和营业事务。2022 年 7 月 1 日，对甲公司正在使用的生产设备享有抵押权的 B 公司要求行使抵押权，被甲公司拒绝。2022 年 7 月 4 日，甲公司为维持正常的生产经营，以其办公楼设定抵押向 C 银行借款 1000 万元。

2022 年 8 月 10 日，甲公司向人民法院和债权人会议提交了重整计划草案。该草案的部分内容如下:（1）甲公司拟通过发行股份购买资产的方式进行重大资产重组，即甲公司向丁有限责任公司（以下简称“丁公司”）的全体股东非公开发行股票 2000 万股，用以购买其持有的丁公司全部股权;（2）股票发行价格为本次发行股份购买资产的董事会决议公告日前 30 个交易日甲公司股票交易均价的 95%。

2022 年 8 月 15 日，审理甲公司破产重整案件的人民法院通过最高人民法院将重整计划草案及相关材料送中国证监会会商。

要求:

根据上述内容，分别回答下列问题:

（1）甲公司的异议是否成立？并说明理由。

（2）乙公司是否有资格申请破产重整？并说明理由。

（3）甲公司能否拒绝 B 公司的要求？并说明理由。

（4）甲公司向 C 银行借款时能否以其办公楼设定抵押？并说明理由。

（5）甲公司拟通过发行股份购买资产的方式进行重大资产重组，其股票发行价格是否符合证券法律制度的规定？并说明理由。

（6）人民法院将重整计划草案通过最高人民法院送中国证监会会商，是否符合企业破产法律制度的规定？并说明理由。

【案例 11】

2022 年 3 月 1 日，A 公司为支付货款，向 B 公司签发了一张金额为 80 万元的纸质银行承兑汇票，汇票到期日为 2022 年 8 月 1 日。甲银行作为承兑人在该汇票上签章。

B 公司收到该汇票后拟将其背书转让给 C 公司，以偿还所欠 C 公司的租金，但未在被背书人栏内记载 C 公司的名称。C 公司欠 D 公司 80 万元的货款，遂直接将 D 公司记载为 B 公司的被背书人，并将该汇票交付给 D 公司。

2022 年 4 月 1 日，D 公司将该汇票背书转让给 E 公司，用于偿付工程款，并于票据上注明:“工程验收合格则转让生效”。后来 D 公司与 E 公司因工程存在严重质量问题，未能验收合格而发生合同纠纷。

2022 年 4 月 10 日，E 公司为履行向 F 中学捐资助学的承诺，将该汇票背书转让给 F 中学，并在背书人栏内记载“不得转让”字样。F 中学对于 D 公司与 E 公司之间的合同纠纷并不知情。

2022 年 4 月 20 日，F 中学将该汇票背书转让给 G 公司，用于支付房屋租金。G 公司对于 D 公司与 E 公司之间的合同纠纷并不知情。

2022 年 8 月 4 日，G 公司向甲银行提示付款，甲银行以 A 公司未在该行存入足够资金为由拒绝付款。G 公司遂向 C 公司、D 公司、E 公司和 F 中学行使追索权。E 公司以自己在汇票上记载有“不得转让”字样为由拒绝承担票据责任。D 公司以自己与 E 公司之间存在合同纠纷为由拒绝承担票据责任。F 中学承担票据责任后，向 D 公司行使追索权，D 公司仍以自己与 E 公司之间存在合同纠纷为由拒绝承担票据责任。

要求:

根据上述内容，分别回答下列问题:

（1）甲银行拒绝付款的理由是否成立？并说明理由。

（2）D公司向E公司的背书行为是否有效？并说明理由。
（3）G公司能否向C公司行使追索权？并说明理由。
（4）E公司拒绝G公司追索的理由是否成立？并说明理由。
（5）D公司拒绝G公司追索的理由是否成立？并说明理由。
（6）D公司拒绝F中学追索的理由是否成立？并说明理由。

【案例12】

2022年4月1日，甲公司签发一张以乙公司为收款人、金额为80万元的纸质银行承兑汇票，A银行已经承兑，付款日期为2022年7月1日。

2022年6月20日，乙公司的财务人员张某利用职务之便，伪造了乙公司的财务专用章和法定代表人王某的人名章，以乙公司的名义将该汇票背书转让给与其串通的丙公司，丁公司以乙公司保证人的名义在票据上签章并记载了“保证”字样，但未记载保证日期。

2022年6月24日，丙公司将该汇票背书转让给不知情的戊公司，以支付货款。

2022年7月4日，戊公司向A银行提示付款，A银行以出票人甲公司银行账户资金不足和票据被伪造为由拒绝付款，并于当日出具了退票理由书。

要求：

根据上述内容，分别回答下列问题：
（1）丁公司在票据上未记载保证日期，保证日期是哪一天？并说明理由。
（2）丙公司是否享有票据权利？并说明理由。
（3）戊公司是否取得了票据权利？并说明理由。
（4）A银行拒绝付款的两个理由是否成立？并分别说明理由。
（5）戊公司能否向乙公司行使追索权？并说明理由。
（6）戊公司能否向张某行使追索权？并说明理由。
（7）戊公司能否向丁公司行使追索权？并说明理由。

跨章节案例分析题演练参考答案及解析

【案例1答案】

（1）乙的主张不符合规定。根据规定，有限合伙人可以自营或者同他人合作经营与本有限合伙企业相竞争的业务；但是，合伙协议另有约定的除外。

（2）乙的主张不符合规定。根据规定，有限合伙人可以将其在有限合伙企业中的财产份额出质；但是，合伙协议另有约定的除外。

（3）甲的出质行为无效。根据规定，普通合伙人以其在合伙企业中的财产份额出质的，须经其他合伙人一致同意；未经其他合伙人一致同意的，其行为无效。

（4）B银行有权要求乙承担无限连带责任。根据规定，普通合伙人转变为有限合伙人的，对其作为普通合伙人期间合伙企业发生的债务承担无限连带责任。

（5）B银行有权要求丙承担无限连带责任。根据规定，有限合伙人转变为普通合伙人的，对其作为有限合伙人期间有限合伙企业发生的债务承担无限连带责任。

（6）B银行无权要求丁承担无限连带责任。根据规定，有限合伙人退伙后，对基于其退伙前的原因发生的有限合伙企业债务，以其退伙时从有限合伙企业中取回的财产承担责任。

【案例2答案】

（1）借款合同有效。根据规定，合伙企业对合伙人执行合伙事务以及对外代表合伙企业权利的限制，不得对抗善意第三人。

（2）林某的抗辩不成立。根据规定，退伙的普通合伙人对基于其退伙前的原因发生的合伙企业债务，应当承担无限连带责任。

（3）赵某的抗辩不成立。根据规定，新入伙的普通合伙人对入伙前合伙企业的债务，应当承担无限连带责任。

（4）李某的抗辩（1）不成立。根据规定，第三人单方以书面形式向债权人作出保证，债权人接收且未提出异议的，保证合同成立。

（5）李某的抗辩（2）不成立。根据规定，被担保的债权既有物的担保又有人的担保的，债务人不履行到期债务或者发生当事人约定的实现担保物权的情形，债权人应当按照约定实现债权；没有约定或者约定不明确，第三人提供物的担保的，债权人可以就物的担保实现债权，也可以请求保证人承担保证责任。

（6）蔡某的抗辩不成立。根据规定，以动产抵押的，抵押权自抵押合同生效时设立；未经登记，不得对抗善意第三人。

【案例3答案】

（1）甲公司有权解除与乙公司的买卖合同。根据规定，当事人一方迟延履行债务或者有其他违约行为致使不能实现合同目的，对方当事人可以解除合同。

（2）适用定金罚则。根据规定，因合同关系以外的第三人的过错，致使主合同不能履行时，适用定金罚则。

（3）甲公司不能请求乙公司双倍返还定金200万元。根据规定，定金的数额不得超过主合同标的额的20%，超过部分不产生定金的效力。在本题中，甲公司向乙公司交付的100万元中，80万元属于定金，超过的20万元不属于定金，甲公司只能请求乙公司返还180万元（返还100万元＋定金罚则80万元）。

（4）甲公司不能请求乙公司再赔偿120万元的损失。根据规定，定金不足以弥补一方违约造成的损失的，对方可以请求赔偿超过定金数额的损失。在本题中，适用80万元的定金罚则后，甲公司只能再请求乙公司赔偿损失40万元。

（5）甲公司无权解除与丙公司的买卖合同。根据规定，当事人约定检验期限的，买受人应当在检验期限内将标的物的数量或者质量不符合约定的情形通知出卖人。买受人怠于通知的，视为标的物的数量或者质量符合约定。

（6）由甲公司承担。根据规定，标的物毁损、灭失的风险，在标的物交付之前由出卖人承担，交付之后由买受人承担，但是法律另有规定或者当事人另有约定的除外。在本题中，由于标的物质量视为符合约定，应认定出卖人丙公司已经完成交付，标的物毁损、灭失的风险应由买受人甲公司承担。

（7）保证合同成立。根据规定，第三人单方以书面形式向债权人作出保证，债权人接收且未提出异议的，保证合同成立。

（8）张某的主张不成立。根据规定，被担保的债权既有物的担保又有人的担保的，债务人不履行到期债务或者发生当事人约定的实现担保物权的情形，债权人应当按照约定实现债权；没有约定或者约定不明确，第三人提供物的担保的，债权人可以就物的担保实现债权，也可以请求保证人承担保证责任。

（9）人民法院应支持 12 万元。根据规定，出借人请求借款人按照合同约定利率支付利息的，人民法院应予支持，但是双方约定的利率超过合同成立时一年期贷款市场报价利率四倍的除外。在本题中，应支付利息 $=1000\times3.6\%\times4\div12=12$（万元）。

【案例 4 答案】

（1）甲公司拒绝向丙公司继续支付租金不符合规定。根据规定，在融资租赁合同中，承租人占有租赁物期间，租赁物毁损、灭失的，出租人（丙公司）有权请求承租人（甲公司）继续支付租金，但是法律另有规定或者当事人另有约定的除外。

（2）丙公司拒绝向王某承担赔偿责任符合规定。根据规定，在融资租赁合同中，承租人占有租赁物期间，租赁物造成第三人人身损害或者财产损失的，出租人（丙公司）不承担责任。

（3）借款本金为 90 万元。根据规定，借款的利息不得预先在本金中扣除。利息预先在本金中扣除的，应当按照实际借款数额（90 万元）返还借款并计算利息。

（4）丁公司主张行使抵押权的理由（1）不符合规定。根据规定，债权人留置的动产，应当与债权属于同一法律关系，但企业之间留置的除外。

（5）丁公司主张行使抵押权的理由（2）不符合规定。根据规定，同一动产上已经设立抵押权或者质权，该动产又被留置的，留置权人优先受偿。

（6）戊公司的抗辩理由成立。根据规定，被担保的债权既有物的担保又有人的担保的，债务人不履行到期债务或者发生当事人约定的实现担保物权的情形，债权人应当按照约定实现债权；没有约定或者约定不明确，债务人自己提供物的担保的，债权人应当先就该物的担保实现债权。

【案例 5 答案】

（1）乙银行的浮动抵押权于 2022 年 4 月 1 日设立。根据规定，动产浮动抵押的抵押权自抵押合同生效时设立。

（2）保证合同成立。根据规定，第三人单方以书面形式向债权人作出保证，债权人接收且未提出异议的，保证合同成立。

（3）保证期间为主债务履行期限届满之日起 6 个月。根据规定，保证合同约定"保证人承担保证责任直至主债务本息还清时为止"等类似内容的，视为约定不明，保证期间为主债务履行期限届满之日起 6 个月。

（4）张某的主张成立。根据规定，被担保的债权既有物的担保又有人的担保的，债务人不履行到期债务或者发生当事人约定的实现担保物权的情形，债权人应当按照约定实现债权；

没有约定或者约定不明确，债务人自己提供物的担保的，债权人应当先就该物的担保实现债权。

（5）乙银行无权就丙公司所购买的挖掘机主张抵押权。根据规定，动产浮动抵押无论是否办理抵押登记，均不得对抗正常经营活动中已支付合理价款并取得抵押财产的买受人。

（6）乙银行有权就丁公司所购买的数控机床主张抵押权。根据规定，买受人在出卖人正常经营活动中通过支付合理对价取得已被设立担保物权的动产，担保物权人请求就该动产优先受偿的，人民法院不予支持，但是有下列情形之一的除外：①购买商品的数量明显超过一般买受人；②购买出卖人的生产设备；③订立买卖合同的目的在于担保出卖人或者第三人履行债务；④买受人与出卖人存在直接或者间接的控制关系；⑤买受人应当查询抵押登记而未查询的其他情形。

（7）戊公司有权请求庚公司返回该卡车。根据规定，企业之间留置的动产与债权并非同一法律关系，债权人留置第三人的财产，第三人请求债权人返还留置财产的，人民法院应予支持。

（8）辛公司的主张成立。根据规定，担保人在设立动产浮动抵押并办理抵押登记后又以融资租赁方式承租新的动产，以融资租赁方式出租该动产的出租人为担保租金的实现而订立担保合同，并在该动产交付后 10 日内办理登记，该出租人主张其权利优先于在先设立的浮动抵押权的，人民法院应予支持。

【案例 6 答案】

（1）临时股东大会可以通过本次重大资产重组事项。根据规定，上市公司重大资产重组事宜与本公司股东或者其关联人存在关联关系的，股东大会就重大资产重组事项进行表决时，关联股东应当回避表决，该事项必须经出席会议的其他股东所持表决权的 2/3 以上通过。在本题中，除乙公司回避表决外，出席股东大会的其他股东所持的表决权合计为 33%，投赞成票的股东所持的表决权合计为 22%，临时股东大会可以通过本次重大资产重组事项。

（2）甲公司董事会有权拒绝回购王某所持有的甲公司股份。根据规定，股份有限公司异议股东的股份回购请求权仅限于对股东大会作出的公司合并、分立决议持有异议的情形。

（3）乙公司非公开协议转让所持上市公司股份的做法符合规定。根据规定，上市公司连续 2 年亏损并存在退市风险或者严重财务危机，受让方提出重大资产重组计划及具体时间表的，上市公司的国有股东可以非公开协议转让所持上市公司股份。

（4）保证金的数额不符合规定。根据规定，以现金支付股份转让价款的，国有股东应在股份转让协议签订后 5 个工作日内收取不低于转让价款 30%的保证金，其余价款应在股份过户前全部结清。

（5）丙公司的要求不符合规定。根据规定，以协议方式进行上市公司收购的，自签订收购协议起至相关股份完成过户的期间为上市公司收购过渡期。在过渡期内，收购人不得通过控股股东提议改选上市公司董事会，确有充分理由改选董事会的，来自收购人的董事不得超过董事会成员的 1/3。

（6）丁公司的净利润指标符合规定。根据规定，上市公司自控制权发生变更之日起 36 个月内，向收购人及其关联人购买的资产总额（28 亿元）占上市公司控制权发生变更的前一个会计年度经审计的合并财务会计报告期末资产总额（20 亿元）的比例达到 100%以上的，上市公司购买的资产对应的经营实体应当是股份有限公司或者有限责任公司，且符合《首次公开发行股票并上市管理办法》规定的其他发行条件，其中包括但不限于最近 3 个会计年度净利润均为正数且累计超过人民币 3000 万元。在本题中，丁公司最近 3 个会计年度的净利润均为正数，合计为 9000 万元，符合规定。

（7）丙公司可以不向甲公司的所有剩余股东发出收购要约。根据规定，上市公司面临严重财务困难，收购人提出的挽救公司的重组方案取得该公司股东大会批准，且收购人承诺 3 年内不转让其在该公司中所拥有的权益，收购人可以免于以要约方式增持股份。

（8）甲公司的理由不成立。根据规定，公司合并的，债权人（不论债权是否到期）自接到通知书之日起 30 日内，未接到通知书的自公告之日起 45 日内，可以要求公司清偿债务或者提供相应的担保。

【案例 7 答案】

（1）A 公司董事会为 B 公司提供担保的决议无效。根据规定，公司为公司股东或者实际控制人提供担保的，必须经股东大会决议。

（2）①乙不具备对甲提起股东代表诉讼的资格。根据规定，股份有限公司连续 180 日以上单独或者合计持有公司 1% 以上股份的股东可以依法提起股东代表诉讼。在本题中，乙持有 A 公司股份的时间不足 180 日；②甲请求人民法院驳回乙起诉的理由成立。根据规定，公司董事、高级管理人员执行公司职务时违反法律、行政法规或者公司章程的规定，给公司造成损失的，股份有限公司连续 180 日以上单独或者合计持有公司 1% 以上股份的股东可以书面请求监事会向人民法院提起诉讼；监事会收到股东的书面请求后拒绝提起诉讼或者自收到请求之日起 30 日内未提起诉讼，或者情况紧急、不立即提起诉讼将会使公司利益受到难以弥补的损害的，该股东才可以以自己的名义直接向人民法院提起诉讼。在本题中，乙在起诉前未向 A 公司监事会提出书面请求，不符合规定。

（3）①丙不符合独立董事任职资格。根据规定，在直接或者间接持有上市公司已发行股份 5% 以上的股东单位任职的人员不得担任该上市公司的独立董事；②丁不符合独立董事任职资格。根据规定，直接或者间接持有上市公司已发行股份 1% 以上的自然人股东不得担任该上市公司的独立董事。

（4）乙提出的临时提案不应被列为年度股东大会的审议事项。根据规定，单独或者合计持有公司 3% 以上股份的股东，可以在股东大会召开 10 日前提出临时提案并书面提交董事会。在本题中，乙提出临时提案的时间距年度股东大会召开时间不足 10 日。

（5）乙与股东张某共同召集 A 公司临时股东大会的程序不合法。根据规定，股东大会由董事会召集，董事长主持；董事会不能履行或者不履行召集股东大会会议职责的，监事会应当及时召集和主持；监事会不召集和主持的，连续 90 日以上单独或合计持有公司 10% 以上股份的股东可以自行召集和主持。

（6）乙发出要约收购 4% 的股份不符合规定。根据规定，以要约方式收购一个上市公司股份的，其预定收购的股份比例不得低于该上市公司已发行股份的 5%。

（7）A 公司董事会通过的购买乙所持 E 公司股权的决议无效。根据规定，上市公司在 1 年内购买、出售重大资产超过公司资产总额 30% 的，应当由股东大会作出决议，并经出席会议的股东所持表决权的 2/3 以上通过。

【案例 8 答案】

（1）周某有资格向甲公司董事会提交临时提案。根据规定，股份有限公司单独或者合计持有公司 3% 以上股份的股东，可以在股东大会召开 10 日前提出临时提案并书面提交董事会。

（2）可以获得人民法院的支持。根据规定，股东大会决议中载明的利润分配完成时间超过公司章程规定时间的，股东可以自决议作出之日起 60 日内，请求人民法院撤销决议中关于该时间的规定。

（3）不能获得人民法院的支持。根据规定，董事任期届满前被股东大会有效决议解除职务，其主张解除不发生法律效力的，人民法院不予支持。

（4）出席人数符合规定。根据规定，股份有限公司董事会会议应有过半数的董事出席方可举行。在本题中，9 名董事中有 4 人出席，另有董事孙某书面委托钱某代为出席投票，出席会议的董事共计 5 人，超过了全体董事的半数。

（5）甲公司董事会可以在无正当理由的情况下解除赵某的总经理职务。首先，决定聘任或者解聘公司总经理及其报酬事项属于董事会的职权；其次，法律并未规定董事会解聘公司总经理必须要有一定原因，甲公司的公司章程对此也没有明确的规定，因此，甲公司董事会可以在无正当理由的情况下解除赵某的总经理职务。

（6）赵某的行为不合法。根据规定，董事、监事、高级管理人员离职后 6 个月内，不得转让其所持有的本公司股份。

（7）不能获得人民法院的支持。根据规定，关联交易损害公司利益，原告公司依法请求控股股东、实际控制人、董事、监事、高级管理人员赔偿所造成的损失，被告仅以该交易已经履行了信息披露、经股东会或者股东大会同意等法律、行政法规或者公司章程规定的程序为由抗辩的，人民法院不予支持。

（8）甲公司通过丙公司向所有董事提供低息借款的行为不合法。根据规定，股份有限公司不得直接或者通过子公司向董事、监事、高级管理人员提供借款。

（9）董事会的决议不合法。根据规定，股份有限公司为股东或者实际控制人提供担保的，必须经股东大会决议。

（10）钱某的抗辩理由不成立。根据规定，受到股东、实际控制人控制或者其他外部干预，不得单独作为不予处罚的情形认定。

【案例 9 答案】

（1）由丙市中级人民法院管辖。根据规定，执行案件移送破产审查，在地域管辖上，由被执行人（A 公司）住所地人民法院管辖。在级别管辖上，实行以中级人民法院管辖为原则、基层人民法院管辖为例外的管辖制度。

（2）乙县人民法院应先报甲市中级人民法院执行部门审核同意。根据规定，基层人民法院拟将执行案件移送异地中级人民法院进行破产审查的，在作出移送决定前，应先报其所在地中级人民法院执行部门审核同意。

（3）A 公司尚未支付的案件受理费、执行申请费，可以作为破产债权清偿。A 公司尚未支付的未终结的执行程序中产生的评估费、公告费、保管费等执行费用，可以参照《企业破产法》关于破产费用的规定，由债务人财产随时清偿。

（4）人民法院不予确认。根据规定，破产申请受理后，债务人欠缴款项产生的滞纳金，包括债务人未履行生效法律文书应当加倍支付的迟延利息和劳动保险金的滞纳金，债权人作为破产债权申报的，人民法院不予确认。

（5）人民法院应予支持。根据规定，破产申请受理后，经债权人会议决议通过，或者第一次债权人会议召开前经人民法院许可，管理人或者自行管理的债务人可以为债务人继续营业而借款。提供借款的债权人主张参照《企业破产法》的规定优先于普通破产债权清偿的，人民法院应予支持。

【案例 10 答案】

（1）甲公司的异议不成立。根据规定，债务人账面资产虽大于负债，但因资金严重不足或者财产不能变现等原因，无法清偿债务的，人民法院应当认定其明显缺乏清偿能力。
（2）乙公司有资格申请破产重整。根据规定，债权人申请对债务人进行破产清算的，在人民法院受理破产申请后、宣告债务人破产前，出资额占债务人注册资本 10%以上的出资人，可以向人民法院申请重整。
（3）甲公司可以拒绝 B 公司的要求。根据规定，在重整期间，对债务人的特定财产享有的担保权暂停行使。
（4）甲公司可以以其办公楼设定抵押。根据规定，在重整期间，债务人或者管理人为继续营业而借款的，可以为该借款设定担保。
（5）股票发行价格不符合规定。根据规定，上市公司以发行股份购买资产的方式进行重大资产重组，发行股份的价格不得低于市场参考价的 90%，市场参考价为本次发行股份购买资产的董事会决议公告日前 20 个交易日、60 个交易日或者 120 个交易日的公司股票交易均价之一。
（6）人民法院将重整计划草案通过最高人民法院送中国证监会会商符合规定。根据规定，上市公司重整计划草案涉及证券监管机构行政许可事项的（包括但不限于发行股份购买资产），受理案件的人民法院应当通过最高人民法院，启动与中国证监会的会商机制。

【案例 11 答案】

（1）甲银行拒绝付款的理由不成立。根据规定，承兑人不得以其与出票人之间的资金关系来对抗持票人，拒绝支付汇票金额。
（2）背书行为有效。根据规定，背书时附有条件的，所附条件不具有汇票上的效力，即不影响背书行为本身的效力。
（3）G 公司不能向 C 公司行使追索权。根据规定，由于 C 公司未在汇票上签章，并非票据债务人，不承担票据责任，G 公司不能向 C 公司行使追索权。
（4）E 公司拒绝 G 公司追索的理由成立。根据规定，背书人在汇票上记载“不得转让”字样，其后手再背书转让的，原背书人对后手的被背书人不承担保证责任。
（5）D 公司拒绝 G 公司追索的理由不成立。根据规定，票据债务人不得以自己与持票人的前手之间的抗辩事由对抗持票人，但持票人明知存在抗辩事由而取得票据的除外。
（6）D 公司拒绝 F 中学追索的理由成立。根据规定，因税收、继承、赠与可以依法无偿取得票据的，不受给付对价的限制。但是，所享有的票据权利不得优于其前手的权利。因此，票据债务人（D 公司）可以以对抗持票人前手（E 公司）的抗辩事由对抗该持票人（F 中学）。

【案例 12 答案】

（1）保证日期为 2022 年 4 月 1 日。根据规定，未记载保证日期的，出票日期为保证日期。
（2）丙公司不享有票据权利。根据规定，以欺诈、偷盗或者胁迫等手段取得票据的，或者明知有前列情形，出于恶意取得票据的，不得享有票据权利。
（3）戊公司取得了票据权利。根据规定，尽管丙公司不享有票据权利，但由于其形式上是票据权利人，在其向戊公司背书转让时，戊公司符合票据权利善意取得的构成要件，戊公司善意取得票据权利。

（4）① A银行以出票人甲公司银行账户资金不足为由拒绝付款的理由不成立。根据规定，承兑人不得以其与出票人之间的资金关系来对抗持票人，拒绝支付汇票金额；② A银行以票据被伪造为由拒绝付款的理由不成立。根据规定，票据上有伪造签章的，不影响票据上其他真实签章的效力，在票据上真实签章的当事人，仍应对被伪造的票据的权利人承担票据责任，票据债权人在提示承兑、提示付款或者行使追索权时，在票据上的真实签章人不能以伪造为由进行抗辩。

（5）戊公司不能向乙公司行使追索权。根据规定，在假冒他人名义的情形下，被伪造人（乙公司）不承担票据责任。

（6）戊公司不能向张某行使追索权。根据规定，由于伪造人（张某）没有以自己的名义在票据上签章，因此不承担票据责任。

（7）戊公司可以向丁公司行使追索权。根据规定，票据上有伪造签章的，不影响票据上其他真实签章的效力，在票据上真实签章的当事人，仍应对被伪造的票据的权利人承担票据责任，票据债权人在提示承兑、提示付款或者行使追索权时，在票据上的真实签章人不能以伪造为由进行抗辩。

◇中教科（保定）印刷股份有限公司